北海市地图

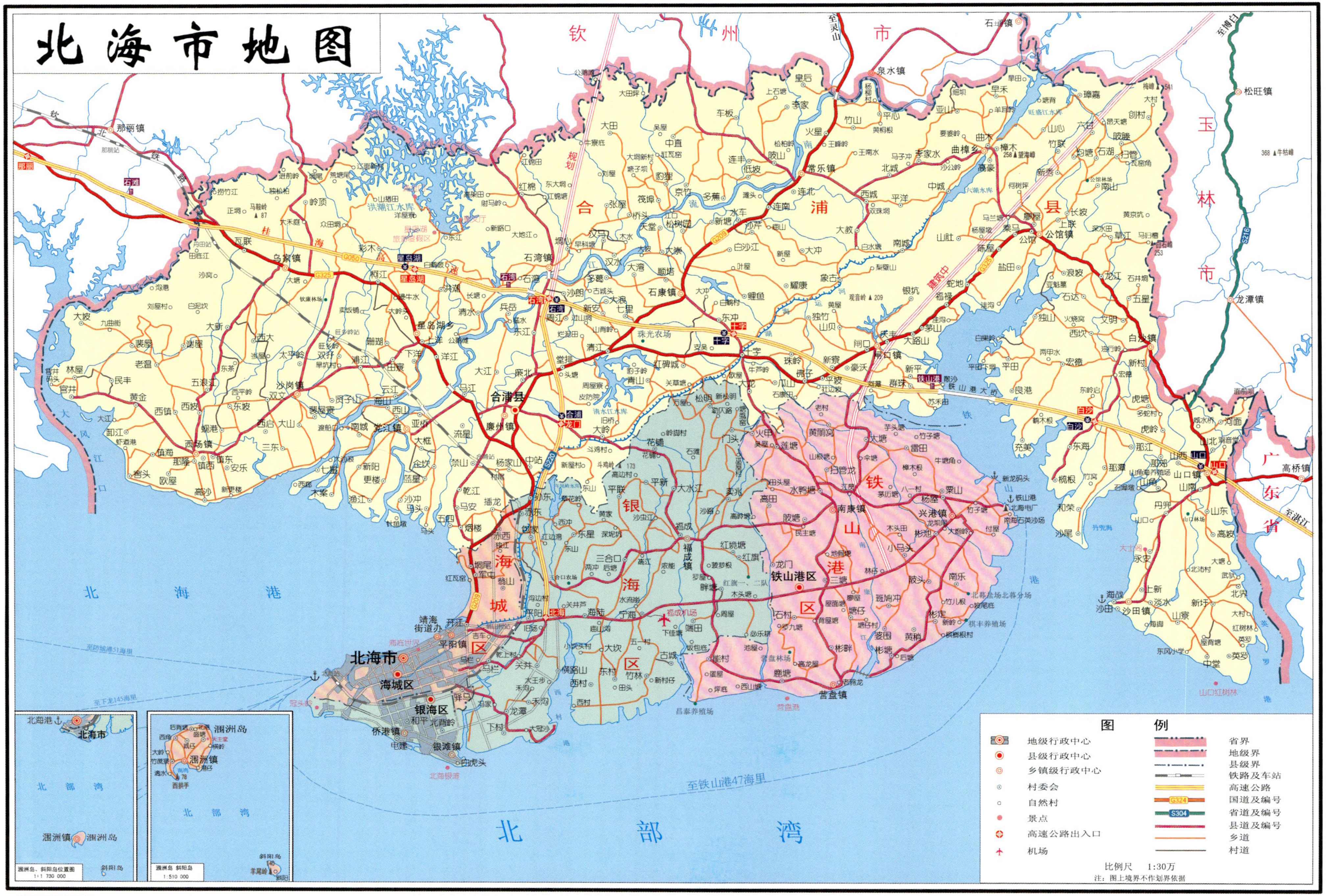

图例

符号	说明	符号	说明
	地级行政中心		省界
	县级行政中心		地级界
	乡镇级行政中心		县级界
	村委会		铁路及车站
	自然村		高速公路
	景点	G324	国道及编号
	高速公路出入口	S304	省道及编号
	机场		县道及编号
			乡道
			村道

比例尺 1:30万

注：图上境界不作划界依据

广西地图院编制

审图号：桂S（2008）51号

2008年8月

北海海事局

十年光阴在苒，十年风雨坎坷，十年艰苦创业，十年成就辉煌。2011年5月18日，北海海事局迎来了10周年华诞，广西海事局局长李国凯，北海市人大常委会副主任罗恩平、陈承才，北海市副市长杨志远，北海市政协副主席李树华以及相关单位和部门的领导，与北海海事局全体干部职工共200余人欢聚一堂，共庆北海海事局建局10周年。

2011年5月，交通运输部海事局副书记、纪检组长徐津津（右三）视察北海海事局

在北海海事局建局10周年联欢晚会上，北海海事局局长李建榜首先介绍了北海海事十年来的发展历程、发展成就，对长期以来关怀和支持北海海事发展的各级领导、默默奉献的新老职工表示感谢，并提出了未来发展的美好愿景。

广西海事局李国凯局长在讲话中高度赞扬了北海海事局十年来取得的辉煌成就，要求北海海事局全体干部职工以建局10周年为契机，进一步增强做好水上交通安全监管工作的使命感和责任感，加强人才队伍建设，创新工作方式，提高工作效率，进一步振奋精神、坚定信心、恪尽职守，扎扎实实做好水上交通安全监管工作，为地方经济发展保驾护航。

北海市杨志远副市长在致辞中对北海海事局十年来为维护北海水上交通安全形势稳定，促进全市的经济发展和社会稳定所作出的突出贡献给予了高度肯定，并对北海海事局提出了几点希望：一是强化监管，保障北海市水上交通安全形势持续稳定；二是主动作为，为北海经济社会发展作好服务和支持保障；三是真抓实干，为北海跨越发展作出新的贡献。

2011年2月，广西海事局局长李国凯（右三）亲赴北海海事局指导春运水上交通安全监管工作

2011 年 3 月，广西海事局局长李国凯（左一），北海市委常委、副市长孙大光（左四）视察慰问北海侨港海事处

2011 年 3 月，湖北省委常委、纪委书记、原交通运输部副部长黄先耀（左三）由广西海事局党组书记李玉华（右一）、北海市委副书记曹坤华（右三）等陪同到北海侨港海事处检查指导工作

北海海事局现任领导班子（右起）：闫松银、詹世昆、李建榜、甘海斌

2011 年 4 月，北海市委常委、副市长李红杰（右二）与广西海事局领导出席由广西海事局和北海市人民政府主办、北海海事局承办的北海—涠洲岛“安全畅通文明航线”创建活动启动仪式

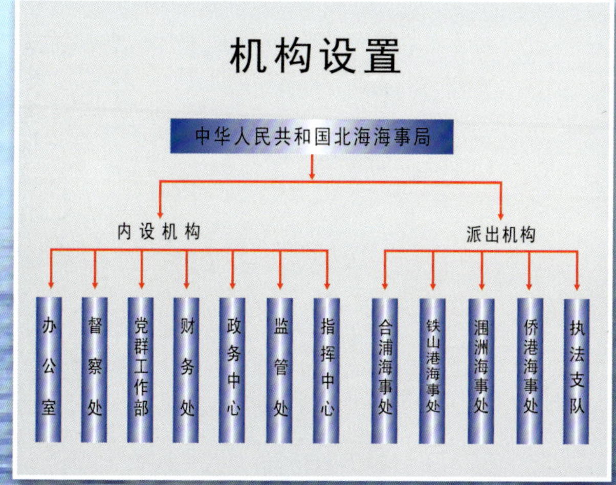

北海海事局机构设置

2011 年 5 月 18 日，广西海事局局长李国凯，北海市人大常委会副主任罗恩平、陈承才，北海市副市长杨志远，北海市政协副主席李树华以及相关部门和单位的领导，与北海海事局干部职工合影

北海市公安局

2010年春节期间，国务委员、公安部部长孟建柱（左三）到北海视察，自治区主席马飚（右一），市长连友农（左二），副市长、公安局局长周原生（左一）陪同视察

2010年，北海市公安局在市委、市政府和上级公安机关的正确领导下，以科学发展观为指导，紧紧围绕“保增长、保民生、保稳定”的总体要求，按照市局党委确定的为北海实现“三年新跨越”保驾护航的总体工作思路，主动服务第一要务、认真履行第一责任，切实强化执法为民理念、不断完善各类机制，全面加强公安信息化、执法规范化、和谐警民关系、队伍正规化、保障标准化建设，强力推进社会矛盾化解、社会管理创新、公正廉洁执法工作，充分发挥职能作用，在夯实基础和主动工作上下工夫，全力维护社会稳定，为全市经济社会健康发展营造了良好的社会环境。全年全市共破获刑事案件4271起，破案绝对数同比上升19.57%；查处治安案件23059起，同比上升34.7%；全市立命案37起，破命案34起，破案率92%；共逮捕1849人，同比下降0.75%；收缴各类非法枪支1502支，各类子弹290发，炸药650公斤，管制刀具1556把，淫秽出版物191件，毒品海洛因6497克，汽车30辆，摩托车378辆，罚没款1728.5万元，物品折款394.6万元；成功抓获逃犯648人，送劳动教养242人。年内全市公安机关共有63个单位被评为先进立功嘉奖（其中三等功12人），500位民警评为先进个人（其中二等功5人，三等功30人，嘉奖265人），评为公务员优秀等次的200人。

自治区副主席、公安厅厅长梁胜利（左一）到桂海公安检查站进行视察，对桂海公安检查站在保证广州亚运会顺利举行发挥的重要作用给予了充分的肯定

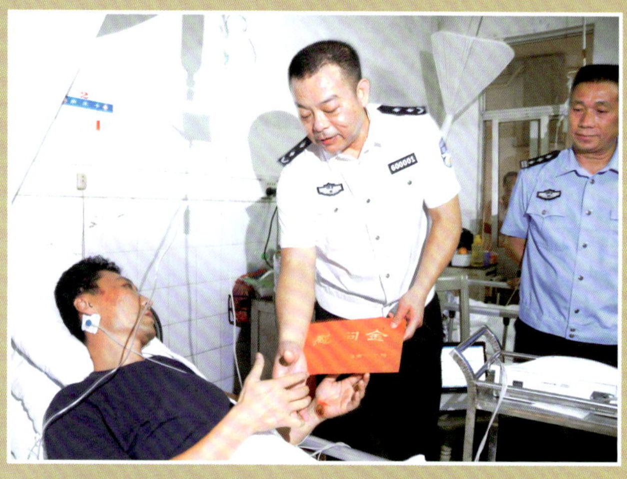

副市长、公安局党委书记、局长周原生到医院慰问“飞车擒凶”受伤民警

全区公安系统第一届运动会足球比赛在北海举行

市公安局新办公大楼揭牌仪式

市公安局召开全市第六次全国人口普查户口整顿工作动员部署会议

市公安局开展社会治安大清查

公安边防部队赴海地维和警察防暴队先进事迹报告会在北海市公安局举行

市公安局组织打击传销活动

北海市地方税务局

北海市地税局党组书记、局长黎海君（左五）到北海港调研

税法宣传下企业

税务人员参观“北海地税文化长廊”

2010年，北海市地税局以开展“规范管理年”、“工作落实年”、“创先争优”活动为载体，以组织收入为中心，扎实推进“服务优化、法制建设、征管精细、信息支撑、素质提升”五项工程，各项事业激情飞越：

北海市地税系统累计组织各项收入28.54亿元，同比增收12.88亿元，增长82.23%，税收总量、增量、增幅创历史最高，收入进度及增幅在全区地税系统15个征收单位中均居榜首。

完成契税职能划转接收，契税征管步入正轨；建立股权转让控管机制，强化股权转让个税征管；健全重点税源管理机制，加强重点项目税源监控；累计征收契税3.86亿元、股权转让个税2257万元，重点税源户累计纳税13.03亿元。

大力实施“服务优化”工程，制定和完善文明礼仪等9项工作制度；完成市区5个办税服务厅规范化、标准化建设；创建首个房地产行业“纳税人之家”；积极推行“同城通办”、国地税联合办证；扩大网上申报，财税库银联网系统；广泛开展“十百千服务纳税人”，领导干部联系重点项目、税收志愿服务和“大接访”活动，纳税服务质效明显提升，积极推进和谐税企构建。

北海市地税局税务干部到合浦县李家水村开展新春慰问

北海市首个房地产行业“纳税人之家”成立

组织开展耕地占用税清理，严格执行土地增值税税收政策，强化资源税税收政策执行，规范两个所得税政策落实，认真落实税收优惠政策，开展重点行业专项检查，严厉打击涉税违法行为，营造公平公正的税收环境。累计减免税款 1.5 亿元，稽查查补及约谈入库税款 3300 多万元，捣毁制售假发票窝点 4 个，端掉制售假发票团伙 9 个。

大力推行信息支撑工程，成功运行系统省级集中模式；推广运用“货运发票税控系统”、两个所得税管理系统、广西地税行政审批系统，税收征管信息支撑能力全面增强。

推行“四定”（定事、定人、定质、定时）、“四有”（业务有规范、操作有标准、工作有压力、过错有追究）措施目标，年内先后取得市级以上各类荣誉 12 个，获第二届北海市公务礼仪文明风采大赛二等奖和最佳创意奖，“北海地税文化长廊”吸引了系统内外 800 多人次参观学习。

2010 年，全市社会综合治税工作专题会议召开

捐资助学

北海市地税局参加“农行杯”第二届北海市公务礼仪文明风采大赛

举办“先锋杯”气排球比赛

北海市交通运输局

市委书记、市人大常委会主任王小东（右二）检查交通运输工作

北海市交通运输局是主管全市公路、水路交通行业和交通基础设施建设的政府工作部门。内设办公室、综合运输科、法规科、规划建设科、财务审计科、人事科、监察室等科室，下辖市公路运输管理处、市航务管理处、市公路管理处、市交通综合行政执法支队等行业管理和执法单位。近年来，北海市交通运输局以“三个代表”重要思想为指导，认真学习实践科学发展观，发扬实干精神和“为人民服务，对社会负责”的理念，率领交通运输系统广大干部职工抢抓机遇，团结奋进，促使交通运输发展更好地服务于经济和社会发展全局，服务于社会主义新农村建设，服务于人民群众安全便捷出行，切实提高交通运输公共管理和社会服务水平，努力建设一支行为规范、运转协调、公正透明、廉洁高效的交通管理队伍，树立了北海交通的良好形象。

“十一五”时期是北海交通发展最快、成效最显著的时期。五年来，在市委、市政府的正确领导下，交通运输部门紧紧围绕改革、发展和稳定大局，抢抓机遇，迎难而上，突出重点，把科学发展的要求贯彻落实到推进交通运输各项工作中，交通基础设施建设快速推进，运输行业全面发展，交通改革成效显著，交通各项事业取得突破性进展，北海交通运输事业跨入新的发展阶段。“十一五”时期，交通运输行业投资规模实现大幅提高，行业固定资产投资完成 97.77 亿元，为“十五”的 11.5 倍；公路基础设施总量跃上新台阶，全市管养公路密度达到 73.03 千米 / 百平方千米，位居全区第一，高于全区平均水平 30 个百分点；港口水运项目建设取得重大突破，广西北部湾港北海铁山港区实现开港，港口货物吞吐能力为“十五”末的 2.71 倍；公路、水路运输生产保持快速增长，公路、水路客货运输和港口生产各项指标克服全球经济危机和灾害气候影响，实现全面快速增长。

市长连友农（左三）、副市长杨志远（左一）检查春运工作

2010 年，北海市交通运输局围绕实施北海三年跨越发展工程，以夯实发展基础为目标，着力抓好三个重点：

一是克难攻坚，着力推进交通基础设施重点项目建设；二是突出民生，着力推进农村公路和为民办实事项目；三是统筹兼顾，着力推进交通运输各项工作全面进步。全年固定资产投资增长116%，总量和增幅均创历史之最；运输生产指标持续攀升，公路、水路客货运输周转量分别增长20.47%和30.89%；强化项目攻坚初显成效，相继启动和加快推进一批项目；农村公路和为民办实事项目建设全面完成；行业发展加快，运输市场整治工作取得新成效；安全生产形势稳定，控制指标全面下降。

“十二五”北海交通运输发展将以科学发展为主题，以加快转变交通运输发展方式为主线，以结构调整为主攻方向，坚持交通优先发展战略，继续把加快交通基础设施建设作为重中之重，全力推进交通运输大建设大发展，持续掀起建设新高潮，使交通总量规模适当超前、总体结构趋于合理、交通网络逐步完善和档次全面提高；着力调整交通运输结构，加快构建综合运输体系，统筹各种运输方式，促进交通运输产业和现代物流业发展，提高交通运输整体服务效能，构建和谐交通、文明交通、廉洁交通，为北海的经济社会发展提供有力的交通运输保障。

自治区交通运输厅厅长潘巍（右三）到北海检查慰问

局领导现场研究加快交通项目建设

局领导深入“结对帮扶”点——星岛湖乡采木村调研

2010年10月，南珠汽车客运站落成

2010年12月，北海港三期工程开工建设

交通执法人员开展执法检查

海景大道二段远眺

北海市城市建设投资发展有限公司

市委常委、副市长孙大光视察世客会普度寺规划路

副市长张鹏（左二）到公司指导工作

总经理高红建（右十二）参加民生路网二期（云南路）通车庆典

北海市城市建设投资发展有限公司成立于2005年2月23日，是经广西壮族自治区人民政府授权，北海市人民政府批准设立的国有独资有限责任公司。公司直属北海市人民政府领导，是城市基础设施建设的融资平台、投资主体和项目业主。公司通过运营城建国有资产，运用多元投资方式，多渠道筹措资金，完成市政府确定的重大城建、城改项目，经营盘活城建国有资产，确保国有资产保值增值，通过资本市场运作，推动企业又好又快发展，实现社会效益和经济效益最优化。

自成立以来，公司通过一系列的重组以及其他资产的注入运作，资产由成立之初的6000多万元增扩至目前的32.92亿元，注册资本1.82亿元。公司法定代表人为陈敬恩董事长，总经理为高红建。公司目前有四家下属企业，分别为北海市慧诚资产管理有限公司、北海市高隆城市建设有限责任公司、北海市城投广告有限责任公司和北海市红坎污水处理厂，此外，控股广西国力担保有限公司和参股北海银滩开发投资股份有限公司。

截止到2010年底，公司累计为北海市城市基础设施建设融资约25亿元，顺利完成了北海机场航站楼工程、海景大道基础设施建设项目、银滩改造、市区内涝排污整治工程、互联网络中心工程、东北城区基础设施建设项目、民生路网（一、二期）工程、金海岸大道、西南大道、南珠大道、北铁一级公路进港道路、重庆路、广东路续建工程、高德港大桥、为民办实事工程、“五化”道路工程、红坎污水处理厂二级处理一期工程、城区北岸污水管网工程等工程项目。2011年，公司将大力推进上海路续建工程、新世纪大道续建工程等在建工程项目的建设，重点开展民生路网三期工程、城市主干道“七纵七横”工程、城市内涝二期整治工程、红坎污水处理厂二级处理（二期）工程及城市污水管网等项目建设。

在市委、市政府的正确领导下，公司将多元化开展城建经营，积极筹措资金，全力推进市政基础设施建设，为建设宜居北海作出新的贡献。“雄关漫道真如铁，而今迈步再跨越”，阔步前行的北海市城投公司热忱欢迎海内外投资团体和国际友人开发北海、投资北海、建设北海！

地　址：北海市北海大道建设大厦6-10楼　电　话：0779-2026251
传　真：0779-2023668　E-mail:bhctgs@yahoo.com.cn

海景大道高德港大桥远眺

图1

集团专线业务是中国移动联合中国铁通面向集团客户提供的专线接入服务，可满足集团客户内部数据传输、语音接入、互联网接入等多种应用需求。

接入自由：可选择多种专线类型，接入地域、设备协议、承载业务无限制。

接入安全：网络通道物理隔离，端到端连接安全可靠。

接入稳定：享受中国移动提供的7×24小时端到端全程保障服务。

图2

您对您家的宽带还满意吗？
中国移动i万家高速互联，网络更稳定、速度更畅快、价格更实惠、服务更贴心。

现在，中国移动i万家高速互联体验活动已经全面启动，首批1000个2M宽带免费体验名额，全城火热预约，名额有限，先到先得，赶快到中国移动或中国铁通营业厅参与预约吧！

图3

综合集群网业务是中国移动提供的移动电话和固话相融合的综合语音通信解决方案，可将集团客户内部的手机、固定电话组成一个综合虚拟专用网，实现手机与手机间、手机与固话间的通信优惠。

自由编号：集团客户可按部门、职位或个人偏好来编排成员手机和固话的短号码。

手机和座机短号互拨：内部成员拨打手机或座机的短号即可通话。

费用控制：可选择集团账户或个人账户方式计费，并设定呼入呼出控制，设定话费额度。

客户服务电话:10086

北海市人民医院

北海市人民医院始建于1886年，其前身是大英传教会创建的北海普仁医院，至今建院已125周年。该院是北海市高层次医学专业人员最多、专科最齐全、医疗技术水平最高，集医疗、教学、科研、预防保健、急救为一体的国家三级甲等综合医院。

医院现有硕士生导师21人，有兼职教授、副教授64人。与广西医科大学联合培养硕士生32人、本科全程教育学生326人。

“十一五”期间共引进人才21人，柔性引进人才12人，较“十五”期间引进人才9人有较大幅度增长。现拥有博士2人，在读博士1人，硕士60人，研究生班毕业67人。

2010年，医院被中共北海市委组织部、市人事局确定为北海市临床医学人才小高地，科研项目2006~2010年连续四年获北海市科技进步一等奖。共获科研成果奖共25项，其中厅级2项，填补了近十年北海市医药卫生领域厅级获奖的空白。SCI收录论文6篇。

2011年1月，新的住院大楼投入使用，大大改善了北海市人民医院的医疗环境，手术室、消毒供应室、重症医学科和新生儿重症监护室的建设达广西区内一流水平。

国家文物保护局领导来院调研

创建全国百姓放心示范医院考核顺利通过

1903年第二任院长李惠来兴建的普仁医院医生楼

图为全体受表彰优质护理服务人员合影

PICC 中国人保财险 北海市分公司

2010年，中国人民财产保险股份有限公司（简称中国人保财险）北海市分公司全年保费收入1.23亿元，同比增长27.9%；共承担各种风险保障296.4亿元，向中央和地方财政缴纳税费1598.04万元。

承保车辆共119451辆，保费收入同比增长37.33%，其中：交强险同比增长24.08%，商业车险同比增长44.45%。在全区人保系统中，北海分公司车险保费增长速度以及车险经营综合评价均排在前列。

承担涉农保险风险5700万元。2010年，公司非车险业务继续保持稳步增长，保费收入同比增长10.41%，其中：财产险增长22.25%，船舶货运险增长11.91%；意外健康险增长31.49%，责任信用险增长26.89%。

共受理各种理赔报案13980件，结案赔付13628件，赔款金额6348.64万元，充分发挥了保险的经济补偿职能作用。

成立“电话车险”服务部

2010年，公司案件处理率达116%，同比增加15个百分点；车险理赔周期24.2天，同比提速8.2天，获中国人保财险广西区分公司“理赔管理优秀单位”荣誉称号。

为适应新形势需要，2010年6月，经上级公司批准，新增设电话营销服务部，开通“4001234567”车险电话投保业务渠道，为客户提供“价格省、服务多、理赔快”的专属服务，在为广大车主提供优惠快捷服务的同时，也为公司在车险业务发展上开辟新的渠道。

隆重热烈的客户联谊会

公司地址：北海市四川路61号

为北部湾城市形象大使比赛选手提供保险

中国农业银行

AGRICULTURAL BANK OF CHINA

北海分行

全国金融五一奖章获得者、农行北海分行党委书记、行长张乃松

中国农业银行股份有限公司北海分行是广西区分行的辖属二级分行，有14个内设机构，下辖35个营业网点，覆盖北海市一县三区，布局合理，连接城乡。截至2010年末，该行各项存款余额101.13亿元，首次突破百亿元大关，成为当地首家存款超百亿的金融机构；各项贷款余额51.04亿元，存款规模连续多年稳居北海市金融同业首位。

农行北海分行网点功能齐全，所有网点均具备办理存、贷、中间业务的功能，并构建了集网上银行、电子商务、电话银行、手机银行和自助银行为一体的电子银行服务体系；形成了“金钥匙”、“金光道”、“金穗卡”、“金e顺”和“金益农”等五金产品系列金融产品，可为社会各界人士和广大客户提供多功能、全方位、高效率的本外币金融服务。

2010年，全年累计发放贷款27.77亿元，贷款余额比年初增长14.41亿元。支持北海市工业园区、出口加工区、高新技术区、铁山港区工业园区等重点园区建设，助推“北海三年跨越发展”步伐；支持北海市、合浦县两级土地储备机构以及“万泉城”、“森海豪庭”等房地产标志楼盘建设，助力房地产业发展；大力发展个人住房贷款及个人生产经营贷款，支持个人客户置业、创业和致富。

农行北海分行根据农业银行服务“三农”的要求，以“提升县域业务经营活力，改善县域金融服务能力”为中心，实施以合浦县支行为载体和平台，创新机制，打造渠道，切实提升服务“三农”的能力和水平，扎实推进三农事业部制改革，成为县域金融业务发展的主流金融力量，取得了良好的社会效益和经济效益。

2010年12月31日，北海市市长连友农（右二）亲切慰问农行北海分行干部员工，对该行2010年的工作给予充分肯定

农行广西区分行党委书记、行长张军洲（前排中）到北海铁山港调研，考察铁山港泊位规划情况

2010年农行北海分行经营业绩显著，硕果累累。获第五届“全国农行精神文明建设工作先进单位”，“全区农行2010年度二级分行综合绩效考评第一名”，“全区农行2010年度城市对公业务经营转型先进单位”，“‘农行杯’第二届北海市公务礼仪文明风采大赛一等奖”等荣誉称号。

农行北海分行2010年经营业绩突出，在全区农行二级分行综合绩效考评中名列第一

农行北海分行获“农行杯”第二届北海市公务礼仪文明风采大赛一等奖。（后排左三：中共北海市委副书记曹坤华，后排右三：中共北海市委常委、宣传部长、副市长廖德全，后排右二：农行北海分行党委书记、行长张乃松）

办公地址：广西北海市四川路54号　欢迎垂询：3082518　3082377　3082399（传真）

客服热线：95599　网址：www.abchina.com　www.95599.cn

北海市区农村信用社

自治区区联社主任罗军（右一）视查市区联社网点

北海市区农村信用社下辖对外营业网点37个，其中市区网点16个，郊区及乡镇营业网点21个，网点遍布城乡。资金结算业务功能齐全、种类丰富、方便快捷、安全可靠，支持结算品种丰富，已推出的电子银行产品有网上银行、电话银行、短信通等品种，发行的银行卡“桂盛卡”是具有消费、转账结算、存取现金、代收代付等功能的“银联”国际标准借记卡，已在市区繁华商业区、各网点安装自动柜员机23台，为市区民众提供便捷的金融服务。

截至2010年末，北海市区联社各项存款余额43.69亿元，比年初增加12亿元；各项贷款余额29.92亿元，比年初增加3亿元。

2010年，北海市区联社牢固确立立足“三农”、服务县域的市场定位，在信贷投放上充分发挥经营决策高效、灵活快捷的优势，积极为辖区“三农”提供资金支持，同时通过扶持涉农龙头中小企业，有针对性地引导辖区农业经济向“公司＋农户”产业化方面发展，2010年，市区联社累计发放各类涉农贷款近8亿元；在满足“三农”资金需求的同时还积极扶持涉及政府新培植的产业及高科技企业等优良客户市场，全年支持中小企业贷款近5亿元。

市区联社积极开展反假币宣传活动

市区联社捐资助学

市区联社参加北海市“碧海阳光杯”气排球比赛获第二名

理事长　李启平

市区联社召开职工代表大会

北海市区农村信用社召开 2010 年度工作会议

北海联社支持海产品养殖获丰收

联社机关员工在联欢晚会上

市区联社守押人员进行实弹训练

市区联社积极支持辖内农民大棚种植

支农获丰收

北海供电局

北海供电局成立于1985年，是隶属于广西电网公司的供电企业，担负着北海市一县三区（合浦县、海城区、银海区、铁山港区）的供电任务，截至2010年底，北海网区（含合浦）总运行户数达44.7户，总容量2929兆伏安。

局长陈于华陪同市长连友农现场办公

北海电网最高电压等级为220千伏。拥有平阳和冲口、墩海、铁山4座220千伏变电站，主变6台，容量为810兆伏安；拥有海角、高德、银滩、沙湾、翁山、合浦、三塘、星岛湖、苏屋、乾江、群和11座110千伏变电站，主变20台，容量为799兆伏安。110千伏及以上变电站已全部实现无人值守管理。网区所辖110千伏及以上线路688.22千米，其中，220千伏线路9回共391.87千米；所辖110千伏线路18回，线路总长约296.35千米。110千伏输电网络采用环网建设，开环运行。2010年完成20.26亿千瓦时，同比增长18.06%；城市供电可靠率99.87%，综合电压合格率99.89%；装机容量41.33万千瓦，同比增长13.41%。2010年完成电网投资2.39亿元，竣工投产8个电网基建项目，新增主电网变压器容量400兆伏安，新增及改造电力线路长度165.18千米。输变电竣工投产规模及投产数量创历史之最。

近年来，在北海市委、市政府和广西电网公司的正确领导下，北海供电局先后获得“全国五一劳动奖状”、“全国精神文明建设工作先进单位”、“全国模范职工之家”、“全国厂务公开先进单位”、“全国巾帼文明岗”、“广西壮族自治区文明单位”、“广西壮族自治区企业管理先进单位”、“广西电网公司先进单位”、“广西电网公司创建四好领导班子先进单位”、“广西电网公司安全生产先进单位”、“北海市十佳企业”等荣誉称号。

广西电网公司黄进平总经理一行到北海供电局墩海巡维中心检查指导工作

新开业的广东南路营业厅

北海供电局荣获南网公司优质服务技能竞赛团体三等奖。图为节能小品

北海市红坎污水处理厂

北海市红坎污水处理厂是北海市落实国家节能减排目标、创建国家环保模范城市的重要城市基础设施，为实现城市生态环境的良性循环，保护海洋环境，提高城市人居环境质量，创造良好投资环境发挥重要作用。该厂位于北海市海角路红坎垌，占地约10.27公顷。

自治区党委常委、自治区副主席陈武，市委书记、市人大常委会主任王小东，市长连友农等领导参加项目投产仪式

该厂目前采用二级生化微曝氧化沟工艺，日处理能力10万吨。该项目于2008年9月15日开工建设，项目建设期间得到了自治区和北海市政府的高度重视，各方参建单位克服了台风、连续暴雨等自然灾害、资金短缺等困难。2009年7月1日，项目建成并经自治区环保厅批复投入试运行。2010年8月31日，项目通过自治区环保厅环保竣工验收，标志着北海在城镇污水处理能力方面提高到了一个新的高度。

北海市红坎污水处理厂服务流域范围包括北海大道以北、原东规四路以西的北岸旧城区流域，北海大道以南、铁路以北的西南大道流域，赤壁新区、七星江、龙头江一带包括工业园区、高德镇在内的龙头江流域，以及铁路线以南包括银滩、侨港镇在内的南岸滨海大道流域等161.24平方千米的区域，负责接纳处理此范围的生活污水和经自行处理达到《污水排入城市下水道水质标准》(CJ3082-1999)排放指标的工业污水，服务人口约40万人，日平均处理污水约8万吨，负荷率最高达到87.4%，污水处理后尾水各项指标均达到国家GB18918-2002的一级B标排放标准，COD年消减量约7000吨，出色完成北海市下达的减排目标，为北海市创建国家环保模范城市、大力实施节能减排工作、营造最佳宜居环境发挥了重要作用。

污水处理工艺关键设施——氧化沟浇注

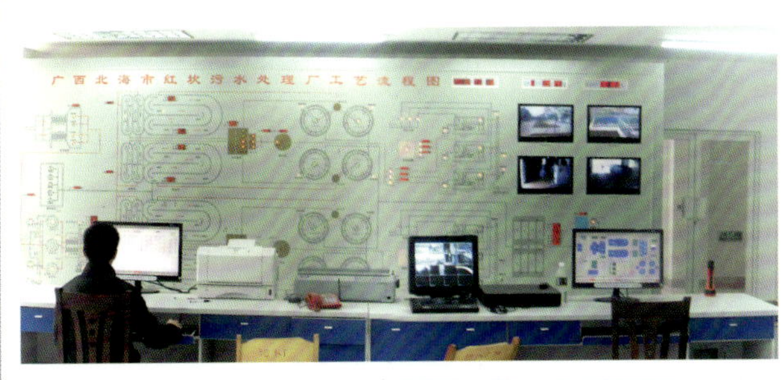

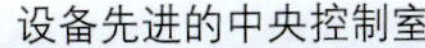

设备先进的中央控制室

左图为污水进水明渠，右图为污水经过处理后的二沉池出水

项目建设前后对比

北海市金昌房地产开发有限公司

北海市金昌房地产开发有限公司成立于2004年4月，注册资金2000万元。公司的母公司为浙江金昌房地产集团有限公司，成立于1995年2月。经过十余年开拓创新、发展积累，目前已成为一家注册资本6亿元，具有一级房地产开发资质，总资产70亿元，以房地产开发为主业、集多元产业为一体的大型民营企业集团。

北海金昌公司项目定名为“北海·森海豪庭”，“森海豪庭”是金昌地产公司的注册商标，公司将凭借浙江绍兴“森海豪庭”的成功经验，倾力打造该项目。

森海豪庭为上层温泉社区项目，总占地约40.67公顷，总建筑面积达45万平方米，总户数约3000户。一期榕树园50栋(60套)精品别墅区已全面交付使用;二期建筑面积10余万平方米，分别是梧桐园104栋(123套)欧陆风格别墅已于2010年交付使用，观海阁6幢高层海景公寓及4万平方米五星级大酒店也于2011年交付使用；三期为更为精彩的环岛别墅区和大型景观区的高层观海公寓，将于2011年精彩亮相。

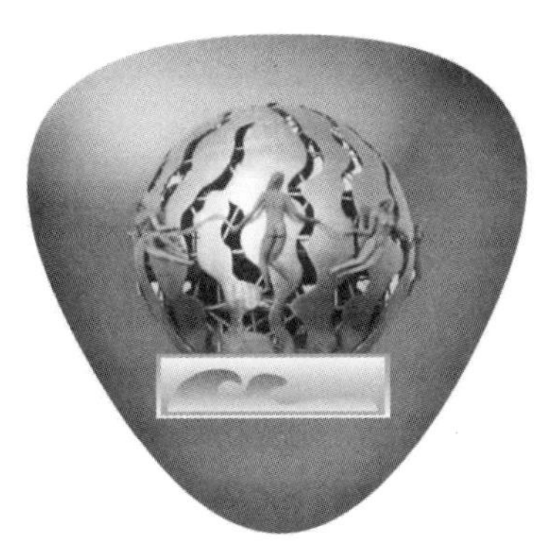

2011
北海年鉴

BEIHAI ALMANAC

北 海 市 人 民 政 府 主办
北海市地方志编纂委员会 编

广西民族出版社

图书在版编目(CIP)数据

北海年鉴. 2011 / 北海市地方志编纂委员会编. —南宁：广西民族出版社，2011.12

ISBN 978-7-5363-6293-2

Ⅰ. ①北… Ⅱ. ①北… Ⅲ. ①北海市—2011—年鉴 Ⅳ. ①Z526.73

中国版本图书馆 CIP 数据核字(2011)第 220664 号

BEIHAI NIANJIAN

北海年鉴·2011

北 海 市 人 民 政 府 主办

北海市地方志编纂委员会 编

出版发行	广西民族出版社 （地址:南宁市桂春路 3 号 邮政编码:530028）
发行电话	(0771)5523216 5523226 传 真:(0771)5523246
E - mail	CR@gxmzbook.cn
责任编辑	何杏华
封面设计	梁颢蓝
版式设计	南宁佳彩广告设计有限公司
责任校对	沈雪岩
责任印制	余秀玲
印 刷	深圳市佳信达印务有限公司
规 格	890 毫米×1240 毫米 1/16
内文印张	32.5
彩页印张	5.75
字 数	1200 千字
版 次	2011 年 12 月第 1 版
印 次	2011 年 12 月第 1 次印刷
印 数	1～1000 册

ISBN 978-7-5363-6293-2/Z·658 定价:180.00 元

如发现印装质量问题,影响阅读,请与出版社联系调换。 电话:(0771)5523219

北海市地方志编纂委员会

《北海年鉴》编辑部

《北海年鉴·2011》编写小组

中共北海市委

包盛刚　李舜国

市委组织部

韦克龙　李邦庆　何　来　陈大僖　赵京峰　周仁权　李宗展

市委宣传部

梁震威　戚旺家　唐锦忠

市委统战部

黄志勇　曾秀莹　唐思薇

市民族宗教局

余　轶　农　军

市文明办

邱灼明　温传强

市直机关工委

杨桂莲　陈财初　韦克天　梁海霞　陈恒坤

市委老干部局

王队瑞　莫保良

市委政法委

王金吾　庄宗华　胥军芳　王奕亮

市委政研室

包盛刚　蒋　明　庞莉娜

市委党史研究室

徐传英　邓桂青　包建平

市纪检委

黄　毅　符发胜　李晓东

市社科联

洪小龙　邓超斌

市人大

曾作雷　姚浩燕

市政府

曾家海　严廷宁　张英毅

市政协

韩江初　廖端诚　刘振贤　苏比坚

民革北海市委会

曾作琴　陈柏秀

民盟北海市委会

石　昆　陈建凤　沈晓雁

民建北海市委会

张鹏飞　王文华

民进北海市委会

黄湫鲁　龙怡红　王成栋

农工党北海市委会

洪伟东　张世坤

致公党北海市委会

欧余军　黄伟明

九三学社北海市委会

杨志远　余晓寒

市工商联

林明豪　梁海文

市北部湾办

韦　宏　罗远鹏

市总工会

许光波　曹　文　杨炳贵　潘能强　蒋修旭

团市委

池　樱　袁　斌　邱泽滨　冯冬明

市妇联

庞光玲　裴碧海

市人事局

毛艳琼　易兴雄　冯廷光　彭岳军　徐卫祥

市编委办

邝世华　夏逸民　陈　海　刘增兰　潘顺林

市民政局

曹茉莉　赖　乾　林明锤

市残联

梁鸿君　陈清志

市老龄协会

廖锦香

市信访办

刘红苗　满文祺　罗　鹏　黄美玉　余　梅　庞家鑫

市外事办

张坤鹏　王慧才　刘　冬

市招商促进局

谢小麟　张忠扬　潘能斌

市扶贫办

王　雄　陈　剑　黄世明

市归国华侨联合会

周庭雯　吴俊起

市法制办

张栋源　陈毅华

市公安局

周原生　刘　海　刘俊智　樊　斌

市中级人民法院

莫锦荣　张均佑　文　全

北海海事法院

梁　梅　邱德平　陆英涛

市人民检察院

蔡　敏　许　强　梁广平

市司法局

李　贤　唐　倩　陈嘉倩

北海军分区

陈同生　沈见阳

武警北海市支队

何方礼　谢兴平

市人防办

宋伯岱　戚贤宙

市工信委

张均光　黄　奖　周熔辉　卢道云　周　坚

苏思惠　王大秀　王喜楠

广西电网公司北海供电局

李家宁　谢稍来

国投北部湾发电有限公司

李勇猛　郭　楠

中国石油化工股份有限公司北海分公司

陈亚统　李晓智　覃辉平

广西北海工业园区管委会

陈　勋　林　琳　谢　文　杨　桢　刘新国　韩艳玲　刘忠广　王　刚　庞子森

北海出口加工区管委会

游绍勇　张居荣

广西北海高新技术产业园区管委会

陈兆辉　易　帅

广西合浦工业园区管委会

杨　驰

铁山港区(临海)工业园

容春华

市农业局

韩劲峰　花铭隆　庞伟明　罗远萍　叶桂娟　洪逢春　苏东梅　庞小莲　卢　明　李秀玲　付木兰

市农机局

汤基成　庞振强

市林业局

陈　婧

市水利局

李武团　冉鄂东　李国军　杨文光　黄瑞河　周作旺　陈　伟　周永江　周宝增　罗小莉　邓日心

市水产畜牧兽医局

庞许明　蔡小春　李　芳　谭铁强　傅仁东　谭海燕　石永胜　黄浩铭　邓永言

市交通局

左晓峰　曾聪人　黄强波　陈锋铭

市港务局

徐相波　章飞红　梁小燕

北海机场公司

黎　雄　聂卫萍

广西沿海铁路股份有限公司北海火车站

韦善庭

北海港股份有限公司

廖雪萍

北部湾旅游股份有限公司

陈德贵

北海无线电管理处

李　红　杨萍基　吴兴洁　庞　源

市邮政局

庄艳雯　莫文海　王娟儒　彭志武　陈小梅　王晶晶

中国电信北海分公司

罗明星　李智影

市城市信息中心

覃　茜

中国移动广西北海分公司

张　虹　杨小华　林秀燕

中国联通广西北海分公司

李　静　潘小云

市住房和城乡建设局

刘　梁

市城市管理局

杨成莲　刘　跃　刘艳敏　李尤冰

市规划局

杨立志　廖健宁　王　颖

市环保局

张海涛　廖子可　陈燕凤

市园林局

傅　文　黄　萍　赵以平

广西烟草公司北海市公司

王　天　何荣辉

中国石油化工股份有限公司
广西北海石油分公司

叶　扬

北海市供销合作社

欧阳光如　姚媛媛　邓家朝

北海盐务管理局

向继新　李津津

市商务局

张小林　丁剑渠　盛少燕

市旅游局

李　军　庞远琼　李　洁

市财政局

欧阳经华　徐锡勇　林晓梅　庞　泳
张馨文

市政府采购中心

韦成文　苏志勇　林小丽

市国家税务局

劳浦雄　韦水涛

市地方税务局

蒋志霞

人民银行北海市中心支行

屈宝林　秦浦杰　赵仰远

工商银行北海分行

冯　登　杨通运　陈澍年　翟晓晖

农业银行北海市分行

张乃松　梁家宏　朱安业

中国银行北海分行

廖国忠　詹远文　黄惠云　庞　烨

建设银行北海分行

高立新　马　群

交通银行北海支行

莫　静

农业发展银行北海市分行

刘　滨

市农村合作信用社联合社

李启平　劳贤勋

广西北部湾银行北海分行

徐博宁　江庆彬

中国人保财险北海分公司

杨　健　李小猛　许振园

中国人寿保险北海分公司

温　文　蔡联霞

太平洋财险北海支公司

苏　华　肖建中　苏　强

太平洋人寿保险北海支公司

吴郁斌　黄飞艳

国海证券北海北海大道营业部

崔建勋

东方证券北海北部湾西路营业部

王国庆

市发展和改革委员会

朱会东　陈　红　王培县　姚碧霞　吴　刚
陈国伟　江　丹

市粮食局

张振荣　周　战　陈小葵

市劳动和社会保障局

郑廷仁　陈火清　陈　斌

市国资委

李绍文　周国清　叶绿野　刘建贤　韦国猛
陈　庆　阳　玲　刘福聚　宁幸智　包少兰
石景运　蒋丽君　罗远峰　何运才　梁秀斐

市物价局

玉燕春

市工商行政管理局

聂邕坪　李明辉　劳创华　高志亮

市国土资源局

韦华军

市审计局

康新春　葛庆新　陈东方

市食品药品监督局

王运杰　陈　戈　何朝霞

市质量技术监督局

洪伟伟　张翠超

市安全生产监督局

徐　海

市统计局

陈廷强　孙玉刚　周　虹　陈　宁

市口岸办

苏元亮　张军旗

北海海关

杨保清　周秀海　邱德平

北海海关缉私分局

谢文明　李　昂　梁朝前　黄　勇　张彦海
郭　涛

北海检验检疫局

覃仕英

北海海事局

李建榜　李书田　善国乘

市科技局

谢真国　沈琼远　朱其宝　杨小英　蓝庆毅
苏立东

市经济研究中心(经济信息中心)

丁焰辉　岑以文　巫祥雯　梁少强　胡南迪
陈喜梅

国家海洋局北海海洋环境监测中心站

李武全　莫如喜　周　雄　张春华　何　莹

市气象局

李　宇　陈雪莲

市地震局

邓　雄　罗春强　曾　嵘

广西北海水文工程地质矿产勘察院

欧业成　黄喜新　黄玉婷

中国海监第九支队

翁美钦　陈国清　黄　双　黄远和　潘　艳

市科学技术协会

廖思伟　王行美　刘家娥

市教育局

李沛新　李才能　彭吉和　唐海波　姚致光

市委党校

何文礼　陈荣国　彭　卫

市文化局

陈月梅　陈京燕　蔡云胜　李　钢　徐锡维

市文联

董晓艳　杨　子

市新闻出版局

孟　杰　张德传　王新砚

市广播电视局

刘江河　方国瑾　吴小燕

北海日报社

郑定雄　许开德

市档案局

李淑琴　冯敏华　何清富

市地方志办公室

符丽明　杨　宇

市卫生局

伍朝胜　李伟春　黄文胜　翟　伟　谈正昭
庞碧华　何祥兴　刘青华　伍海燕　陈忠如
高悦民　叶　海　岳海东　左　宁　陈志满
韦晓东　陈　源　利　平

市体育局

叶献新　陈　瑛

市人口和计划生育委员会

唐德华　顾乃廉　张国庆　梁培艳　郑文进
陈智红　梁智华　廖烈娟　韩青云　胡　坚
叶琼宝　陆振冲　周燕华

合浦县

王　逸　陈汝遥　何修奎　周利强

海城区

李海文　吴　滔　顾能文

银海区

邓昌达　李国智　邓培嫁　黄寅贤　刘贵文

铁山港区

李派欣

市住房资金管理中心

操峥嵘　裴　强　凌千水　石　韬　班明华

市二轻联社

潘子明　钟志慧

编 辑 说 明

一、《北海年鉴》是北海市人民政府主办的系统记述北海市自然、政治、经济、文化、社会等方面情况的年度资料性文献，旨在为领导机关决策提供翔实的信息，为社会各界及全国各地投资者和海外人士了解和研究北海提供资料。

二、本年鉴以马克思列宁主义、毛泽东思想、邓小平理论、“三个代表”重要思想、科学发展观为指导，存真求实，客观地记载2010年北海市的基本情况。

三、本年鉴采用分类编辑法，栏目设类目、分目和条目三级，以条目为主要载体，部分条目设子目。条目标题统一用黑体字加【 】表示，条目下的子目标题用楷体字。全书分为40个类目，依次是：特载、特辑、大事记、概况、中国共产党北海市委员会、中共北海市纪律检查委员会（监察局）、北海市人民代表大会、北海市人民政府、中国人民政治协商会议北海市委员会、民主党派和工商联、人民团体、法制、军事、工业、园区经济、农村经济、渔业、交通、城市建设与管理、环境保护、旅游业、商务、信息产业、财政·税务、金融、经济管理和监督、口岸管理、科学技术、教育、文化、出版·广播电视、卫生、体育、外事·侨务、社会事务、县区概况、先进人物、附录、彩图单位名录和索引。

四、本年鉴刊登的文稿，均由北海市直各部门及有关单位编写组撰写和提供，并经撰稿单位负责人审核。某些专业性数据由主管部门提供。

五、本年鉴的特载、特辑和彩色图片的内容不受年度限制。

六、本年鉴配备书后检索系统。索引采用内容分析法，款目按汉语拼音（同音字按声调）排列，索引范围详及条目、图片和表格等。

七、本年鉴配有电子版（光盘），采用先进的全文检索技术。

八、本年鉴的编辑出版，得到各级领导和编写人员的关心和支持，在此谨表谢忱。由于时间紧，编辑水平有限，疏漏和不妥之处在所难免，恳请读者提出宝贵意见。

《北海年鉴》编辑部

目　　录

中共北海市纪律检查委员会（市监察局）

北海市人民代表大会

北海市人民政府

中国人民政治协商会议北海市委员会

民主党派和工商联

人民团体

法　　制

军　事

工　业

园区经济

农村经济

渔 业

交通运输业

城市建设和管理

环境保护

旅 游 业

商 务

信息产业

财政·税务

金　融

经济管理和监督

口岸管理

科学技术

教　育

文　化

出版·广播电影电视

卫　生

体 育

外事·侨务

社会事务

县区概况

先进人物

附　　录

索　引

彩色图片专辑

2011 年 8 月，全国人大常委会副委员长华建敏（前右三），自治区党委书记、自治区人大常委会主任郭声琨（前左二），在市委书记、市人大常委会主任王小东（前左一），市长连友农（后右二）等领导的陪同下视察北海　　**马继涛 摄**

2010年初上马的北海诚德新材料项目，一期工程已于2011年3月建成投产，创造了同类项目建设的最快纪录。图为厂区一角

沈雪岩 摄

2010年1月10日，市委书记王小东（前左一），市长连友农（右四）陪同自治区主席马飚（前左二）考察铁山港深水公共码头　　**铁山港区 供**

2010年3月3日，北海炼油异地改造石化项目（20万吨/年聚丙烯）开工建设。2011年9月底进入试生产阶段，该项目建成投产掀开了北海石化产业发展历史新的一页。图为建设工地一角

沈雪岩 摄

铁山港深水公共码头　　**沈雪岩 摄**

六禾科技
SIX WO TECHNOLOGY
TOP-AL250

景光电子
JINGGUANG
JING GUANG ELECTRONICS

电子信息产业迅猛发展

2010年，在市委、市政府全力推动下，北海市电子信息产业快速发展，年产值超过180亿元，建兴光电、景光电子、惠科电子、冠德电子等电子信息产业项目相继建成投产或顺利开工，中电产业园发展势头迅猛。

本页摄影：沈雪岩

2010 年 12 月 28 日，以"秦汉古风"、"碧海丝路"、"珠还合浦"、"珠乡风情"等为主题的 20 辆彩车在庆祝大会主席台前通过并沿着广东路—北部湾路—四川路—站前路巡游全城

2010 年 12 月 28 日，文化部党组成员、国家文物局局长单霁翔（左一）在市委书记、市人大常委会主任王小东（右二），市长连友农（左二），市政协主席车延风（右一），市人大常委会副主任李蔚（左三）等领导的陪同下参加庆祝大会

2010年，市委、市政府大力繁荣发展先进文化，城市文化软实力进一步提升，申报国家历史文化名城喜获成功，进一步激发了全市干部群众认知北海、热爱北海、唱兴北海、建设北海的热情，提高了北海的知名度和美誉度，增强了北海跨越发展的精神动力和文化支撑。

2010年12月28日，市委书记、市人大常委会主任王小东在北海市被列为"国家历史文化名城"庆祝大会上发表重要讲话

本页摄影：马继涛

2010年，市委、市政府着力改善民生，积极推进民生路网二期工程，12个路段如期完工，第三期民生路网工程已相继启动，大大缓解了百姓关心的出行难问题。

2010年1月1日，一批道德模范、见义勇为英雄、行业先进代表等应邀参加民生路网一期竣工剪彩　　李君光 摄

2010年1月1日，新开通的湖南南路清新宽敞　　李君光 摄

改建后并投入使用的广东南路　沈雪岩　摄

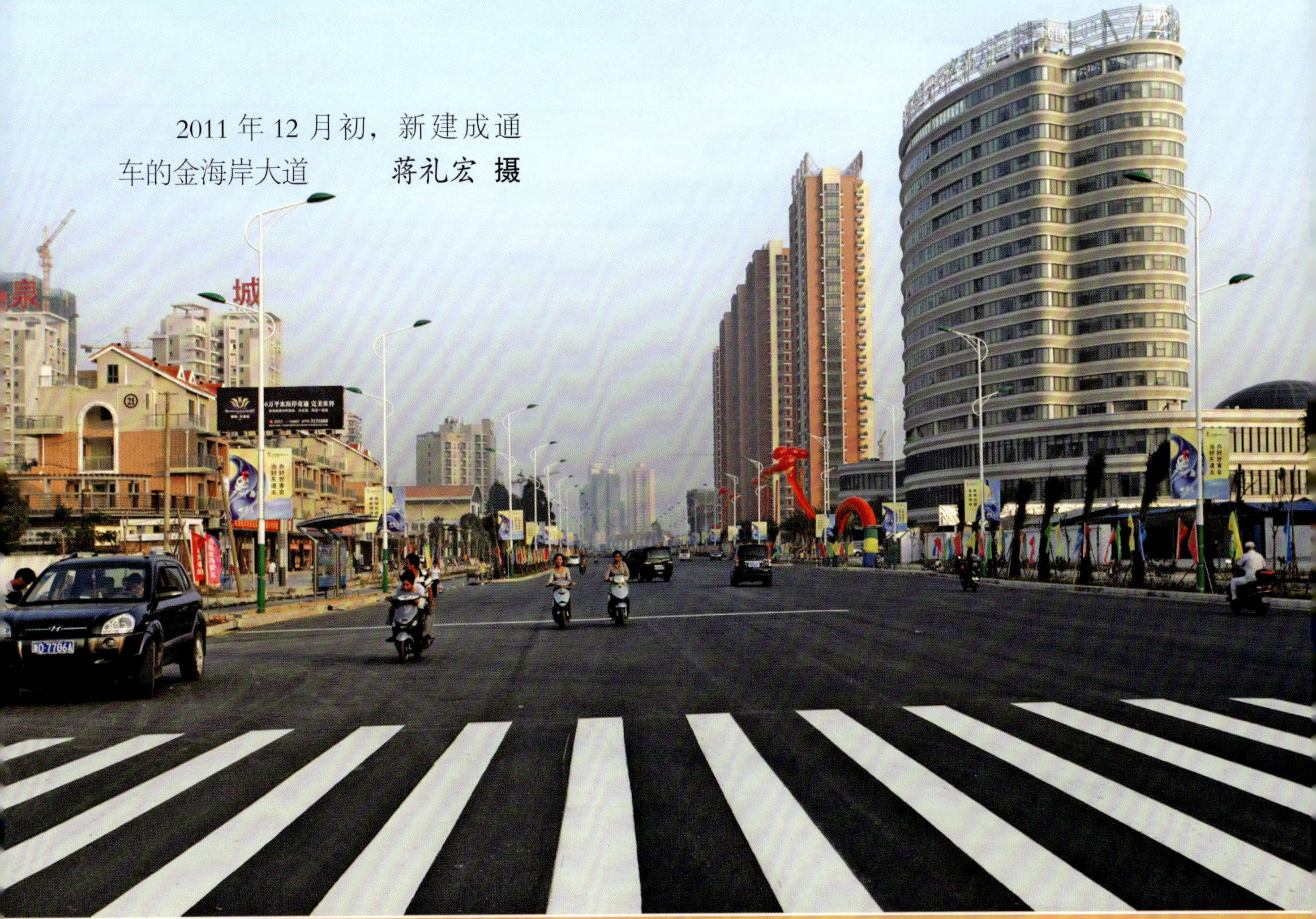

2011 年 12 月初，新建成通车的金海岸大道　　　蒋礼宏　摄

2010 年 12 月 2 日上午，市委、市政府为“亚洲飞人”——劳义举行庆功大会，市委书记、市人大常委会主任王小东（右一）出席庆功会，为在广州亚运会上夺得男子 100 米冠军的北海籍田径运动健儿劳义（左一）颁发奖金

李君光 摄

2010 年 4 月 8 日，在北海市文联九届六次全委（扩大）会上，市委书记、市人大常委会主任王小东（右一）为先进文艺工作者颁奖

李君光 摄

2010 年 12 月 6 日，银滩镇群众举行“和谐新农村 美好新家园”欢乐银滩晚会，图为白虎头村文艺队表演的腰鼓舞《越来越好》

陆威 摄

2011年6月29日晚，市委组织部、市委老干部局、市人力资源和社会保障局、市文化局联合主办“颂歌献给党”文艺晚会　　马 斌 摄

2010年11月22日，海城区第三小学选送的《我和螃蟹握握手》荣获自治区新儿歌、新童谣汇演金奖　　温传强 摄

2010 年 12 月 21 日，北海中学异地搬迁项目举行隆重的开工仪式。市委书记、市人大常委会主任王小东（左二）宣布这一大民生工程项目开工　　马继涛 摄

2010 年 12 月 21 日，市领导为北海中学异地搬迁项目奠基　　蒋礼宏 摄

2010年5月27日，自治区党委副书记陈际瓦（右二），市委书记、市人大常委会主任王小东（右四）等领导来到银海区丰海小学，看望留守儿童，勉励小朋友们好好学习，健康成长　　李君光 摄

2010年7月5日，北海市普通高中助学金发放启动仪式　　马 斌 摄

2010年12月21日，市第二人民医院迁建开工奠基典礼

蒋礼宏 摄

2010年，北海市进一步完善城镇基本医疗保障政策，逐步建立覆盖城镇全体居民的多层次医疗保障体系。图为医务人员进街道开展医疗服务现场

北海日报社 供

北海医务工作坚持防疫从孩子抓起。图为医务人员给孩子们讲解卫生常识　**沈雪岩 摄**

市人民医院住院楼内的消毒中心
沈雪岩 摄

新投入使用的北海市人民医院住院综合大楼　沈雪岩 摄

沈雪岩 摄

2011 年初北海机场开通边检通关口岸

沈雪岩 摄

俯瞰北海机场新启用的新航站楼

沈雪岩 摄

繁忙的铁山港码头　邓培燎 摄

机场路焕然一新　冯 敏 摄

2010年9月6日，2010“嘉福杯”北部湾城市形象大使选手入城仪式暨记者见面会在北部湾广场举行

北部湾城市形象大使大赛

2010 年 9 月 29 日，2010“嘉福杯”北部湾城市形象大使大赛总决赛暨颁奖晚会在海滩公园广场举行。市长连友农在致辞中说，北部湾城市形象大使大赛是北部湾经合组织和北海市政府共同举办的一大盛事，此次大赛为北部湾经合组织各城市之间的交流搭建起良好的桥梁，对提升北部湾城市群的知名度有着积极的意义。经过角逐，湛江市的李春玉获得冠军，北海市的付荣获得亚军，海口市的戴其轩获季军。

本页摄影：李君光

合 浦 县

合浦县领导现场办公研究推进西门江综合整治工程建设（左：时任县委书记罗诗汉；中：时任县长蒋达；右：时任县委常委、副县长王逸）

2010年，合浦县深入贯彻落实科学发展观，坚定不移地实施“开放兴县、工业强县、文化立县”的发展战略，抢抓北部湾经济区大开发和中国—东盟自由贸易区建成的新机遇，深入实施三年跨越发展工程，团结拼搏，开拓创新，真抓实干，经济社会事业快速发展，实现地方生产总值、工业总产值、全社会固定资产投资“三个超百亿元”。

项目建设力度加大，发展后劲不断增强。坚持以项目建设提升县域工业化、城镇化，全年扩大内需中央投资项目基本完成。高岭科技、县城污水处理厂及管网一期工程等自治区统筹推进的重大项目如期竣工投产。自治区、北海市统筹推进的玉林—铁山港高速公路、钦州—北海高速铁路等重大交通基础设施项目顺利推进。北海沙田港、永能生物质发电等重大项目实现新开工。为合浦跨越式发展奠定了良好的基础。

工业经济快速发展，工业主导地位凸显。坚定不移地实施“工业强县”发展战略，产业结构不断优化，工业实力明显壮大。中粮二期、北海高科等重大工业项目顺利竣工。华润水泥、华电风电、钛白粉生产项目等工业项目顺利推进。水泥制品、人造板制造、制糖、电力供应、水产品加工等重点骨干企业、重点行业实现逆势增长。合浦工业园区扩容提级，陶瓷产业园、铁山港东岸合浦产业园等园区前期工作稳步推进。2010年，全县规模以上工业企业发展到84家，产值超亿元企业发展到18家，并实现产值超十亿元企业零的突破。

城市建设步伐加快，城市功能日趋健全。高起点、高标准地完成了县城总体规划和土地利用、海洋利用总体规划修编。大力推进城市建设，廉租房一期、经济适用房一期工程、县城污水处理厂及管网一期工程如期建成投入使用。汉文化主题公园、文体中心、合浦大道、内东环路、廉州广场改造等一批重大城建项目加快建设。城市基础设施逐步完善，城市框架不断拉大，城市管理不断加强，城市品位不断提升，全县城镇化率升至46%。

培育发展现代农业，打造特色农业经济。2010年，合浦成为全国首批50个之一、广西唯一的国家现代农业示范区，进入了农业现代化的新阶段。超级稻推广取得较大成效，蔬菜、甘蔗、木薯、畜牧、水产等特色产业保持稳定发展。高产高油花生、优质高效蔬菜、高产高淀木薯、高产高糖甘蔗、高产优质玉米、超级稻、亚热带名优水果、禽畜、水产品、南珠等十大农业基地加快建设。中粮、果香园、恒兴饲料、常乐茧丝等一批农业产业化龙头企业的带动作用加强，有效促进现代特色农业的发展。廉州免村、烟楼、大石屯、石湾清水等以“一村一品”建设为主要模

千年古城换新颜。图为合浦县城廉州大道

传承和弘扬历史文化——合浦县汉文化公园启动建设

合浦污水处理厂建成投产庆典

式的新农村建设示范村，取得了明显成效。

民生工程扎实推进，社会事业全面发展。坚持以保障民生为重点，全力发展各项社会事业。自来水“村村通”工作逐步推进，修建通村硬底化公路 66.6 千米。廉租房一期工程竣工投入使用，二期工程已动工建设，经济适用房一期工程顺利完成，切实保障了城镇低收入居民的住房需求。更螺围、乾江围等标准海堤建设顺利推进。义务教育阶段入学率在全区保持领先地位，各类教育实现均衡、协调、快速发展。新型农村合作医疗继续保持全区领先，参合率超过 95%。城镇居民参加基本医疗保险总人数达 16.8 万人。农村劳动力转移职业培训 3898 人，实现城镇新增就业 8638 人。城乡 2 万余户贫困家庭享受城市农村低保。诚信计生深入开展，全县符合政策生育率达 92.7%。社会治安综合治理和社会管理进一步加强，社会秩序明显好转。全县呈现出经济建设快速发展、社会事业协调发展、民生保障持续改善、社会大局和谐稳定的良好局面。

合浦城市建设越来越亮丽。图为廉州广场音乐喷泉

雄伟的合浦汉代文化博物馆

文化建设取得新成绩。图为蓬勃开展的广场文艺活动

人饮工程建设成效显著。图为合浦日供水规模 6000 吨党江镇供水工程，可解决 2.2 万人的饮水安全问题

千里南疆第一堤——合浦县西沙标准海堤

合浦工业园是广西发展较快的自治区级工业园区之一

农产品加工业蓬勃发展。图为合浦果香园食品公司车间

蚕桑业快速发展。图为合浦常乐茧丝公司缫丝车间

农用车走出国门销往东南亚。图为合浦惠来宝机械制造有限公司组装车间

海 城 区

市委常委、宣传部部长、副市长廖德全（左二），市委常委、市委秘书长伍国辉（右二）出席中央民族大学附中北海国际学校开工庆典

海城区位于北海市大陆半岛西南部，地处市中心区，北与合浦县接壤，东与银海区相邻，南与海南隔海相望，西濒越南，是北海市政治、经济、文化、交通中心和市委、市政府机关所在地。辖区大陆部分位于北海半岛北岸，海岛部分地处北海半岛南面的涠洲、斜阳两岛，2010年，下辖涠洲镇和东街、中街、西街、海角、地角、高德、驿马7个街道办事处，共有行政村19个、社区居委会45个，总面积141.24平方千米，总人口29.1万人。

2010年，全区地区生产总值达到67.1亿元，同比增长14.65%；工业总产值48.98亿元，同比增长10.6%；财政总收入5.69亿元，同比增长19.49%；城镇居民可支配收入17192元，比增10.02%；农民人均纯收入5645元，同比增长14%；全社会固定资产投资完成181亿元，同比增长54.8%；实际利用外资910万美元，引进内资项目45个，实际到位资金31.1亿元。

辖区内与大陆隔海相望的涠洲、斜阳两岛被誉为“大小蓬莱”，其中涠洲岛是我国最大、最年轻的火山岛，1995年被核准为自治区级旅游度假区，2003年被核准为自治区级地质公园，2004年被核准为国家地质公园，2005年荣获中国最美的十大海岛第二名，是北海旅游开发的热点。北海百年老城是近年兴起的旅游景点，位于广西北海市区北面，濒临海边，是中国保存最长的骑楼老街之一，又称“百年西洋街”，是历史文化名城标志之一。外沙海鲜岛、北海海底世界以及10多处西洋建筑和普度震宫等旅游景点文物古迹均座落辖区。

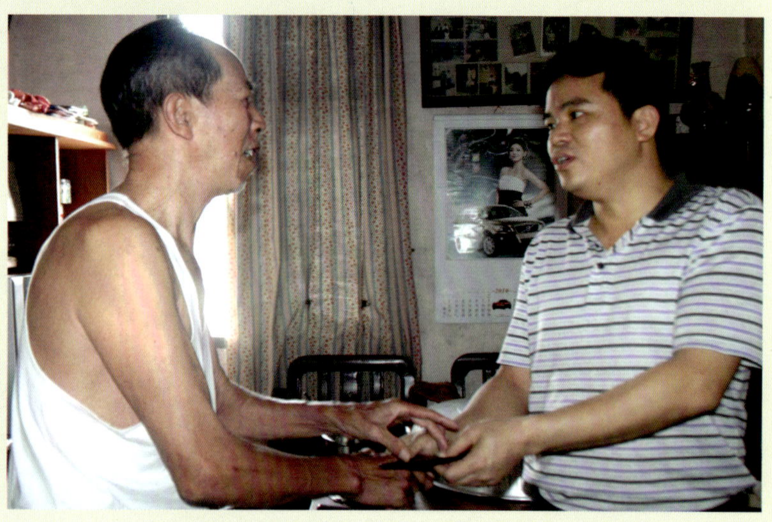

区委书记祝小东（右一）将一次性医保送到群众家里

2010年，海城区荣获全国科普示范县（区）、全国计划生育优质服务先进单位、自治区未成年人思想道德建设工作先进区、自

社会保障覆盖面不断扩大，积极为困难企业退休职工购买长期医疗保险。图为区领导将医疗保险送到退休职工手中

创新开展计生服务上渔船

治区爱国拥军模范单位、自治区低保工作先进单位、广西区2009~2010年实施全民科学素质工作先进单位、广西区统筹城乡就业试点县（区）、广西招商引资工作先进县区、北海市人口和计划生育目标管理党政线进步单位、北海市就业工作先进县（区）。辖区的驿马劳动保障事务所和独树根东社区劳动保障工作站分别荣获全国人力资源和社会保障系统2006~2007年度、2008~2010年度优质服务窗口单位，独树根东社区关工委获得“全国关心下一代工作先进单位”称号。涠洲盛塘村被列为自治区历史文化名村。疍家咸水歌、外沙龙母庙会被列为首批自治区级非物质文化遗产项目。

促进城乡充分就业取得实效，被确定为北海市唯一的广西区统筹城乡就业试点县区

涠洲伴生气综合利用工程项目

配合中央电视台拍摄《疍家人的海上婚礼》，在中央电视台《走遍中国》栏目播出

区四家班子领导在全区“七一”晚会上为党的生日献歌

和谐海城春来早，群众文化满社区

举全区之力抓好民生路网工程（二期）11条道路的征地拆迁工作

银 海 区

2010年5月25日，自治区党委副书记陈际瓦（右二）到银海区检查教育工作

银海区是一个新兴的沿海开放城区，因北海银滩座落在辖区，南临北部湾大海而得名“银海”。行政区域面积475.16平方千米，辖4个镇47个村（社区）委员会，总人口15.25万人。北海飞机场、火车站、国际客运码头座落在辖区，公路、铁路、航空、海运四通八达，区位优势明显，是承接北海中心城区建设南移的重点区域。拥有国家4A级王牌景区北海银滩和大冠沙金海湾休闲旅游区、海洋之窗、大江埠风景区、田野生态旅游观光园等一批著名景区景点，旅游文化资源得天独厚。银滩因其滩长平、沙细白、水温净、浪柔软、无鲨鱼、无污染而被誉为“天下第一滩”。驻有北航北海学院、桂电北海学院等多所高等院校，是北海市迅速发展的旅游教育文化新区。

2010年，银海区实现地区生产总值37亿元；农林牧渔业总产值26.04亿元；规模以上工业总产值13.44亿元；财政收入4.2亿元，其中地方财政收入2.21亿元；内联引资35.02亿元；直接利用外资832.3万美元；城镇居民人均可支配收入17146元；农民人均纯收入5452元。完成固定资产投资额87.6亿元，同比增长50%。随着一批重点项目的开工建设，银海区在北海城市化建设中的地缘优势更加明显，发展空间更加广阔，投资潜力明显提升。

大棚农业种植面积超过9000亩，占北海大棚农业种植面积的85%以上，荣获广西特色水产业先进县区。加紧规划建设面积达2000亩的银海区产业园项目，整合辖区内18个旅游景区景点的资源，初步构建了银海区旅游休闲长廊框架。加快推进新城区、新城镇、新农村“三新”建设，全区4个新农村建设试点村和11个村庄改造项目进展顺利，全市城乡风貌改造工程经验会在银海区召开。

2010年10月，市长连友农（左三）、常务副市长孙大光（左二）检查银滩一号项目建设工作

银海区作为北海市新农保工作唯一的试点县区，全区去年累计完成参保人数40616人，提前完成市里下达参保人数4万人的任务；新型农村合作医疗参合人数为11.15万人，参合率达到98.1%，超过全市平均水平，荣获自治区新农合先进县（区）。启动运行了电子政务及效能管理系统，率先在北海市一县三区实现行政办公及效能管理电子信息化。

区领导到宁海村视察大棚农业

区领导到“民生路网”项目建设工地现场办公

区领导到福成镇检查指导春耕生产工作

区领导到平阳镇检查指导城乡风貌改造工作

银海区城乡风貌改造开工仪式

大棚瓜果喜获丰收

金海湾红树林

铁山港区

北海市铁山港区是北部湾畔正在崛起的临海工业城区，现辖南康、营盘、兴港三镇，总面积394平方千米，人口16.8万人，海岸线总长53千米，滩涂80平方千米，是著名的“南珠”产地，是《广西北部湾经济区发展规划》五大功能组团之一。铁山港，位处西南地区以及华南、华中部分地区最便捷的出海口，处于西南经济圈、泛珠三角经济圈和东盟经济圈的中心枢纽位置，是中国南海难得的以规划发展大型工业为主的综合性大港。铁山港区被冠予“沟通中国与东盟各国的桥头堡”。

市委书记、市人大常委会主任王小东（左一）陪同自治区主席马飚（左二）考察铁山港深水公共码头

2010年，全区完成地区生产总值31.6亿元，同比增长13.2%；财政收入3.28亿元，增长17.99 %；农林牧渔业增加值12.8亿元，增长2.96%；实现工业总产值24.77亿元，增长29.4%；规模以上工业增加值4.98亿元，增长17.6%；全社会固定资产投资13.3亿元（不含铁山港工业区），增长49.44%；城镇居民人均可支配收入17155元，增长13.69%；农民人均纯收入5226元，增长13.6%。三次产业快速发展，结构由2005年的41 ∶ 41.5 ∶ 17.5调整为2010年的40.6 ∶ 32.7 ∶ 26.7。

2010年铁山港区全面落实《国务院关于进一步促进广西经济社会发展的若干意见》，深入实施“北海三年跨越发展工程”，狠抓重大项目服务，取得了显著成效。中国石化北海炼油异地改造石油化工（20万吨/年聚丙烯）项目成功落户并开工建设，一期总投资60.69亿元，项目用地面积1943.8亩，计划2011年9月建成投产，年销售收入将达到300多亿元、利税70多亿元，同时带动320万立方米原油商业储备和北海至南宁成品油管道首站等一系列石化配套项目；北海迄今为止最大的工业项目诚德新材料一期工程于2011

2010年3月3日，中国石化北海炼油异地改造石油化工项目土建开工。市委书记王小东（中）、中国石油化工股份有限公司副总裁张克华（左一）出席了当天举行的开工仪式

建设中的北海炼油异地改造项目

铁山港区深水公共码头一期 1~2 号泊位已建成开港

中国石化北海炼油异地改造石油化工（20 万吨 / 年聚丙烯）项目

铁山港深水公用码头 10 万 ~15 万吨级 1 号泊位迎来货轮

年 3 月 21 日竣工投产，速度之快、效率之高，创造了同类项目建设的最快纪录，一期项目已完成投资 30 亿元人民币，形成了年产量达 60 万吨，年产值 100 亿元的规模，二期、三期项目也已在紧锣密鼓的推进中，回转窑矿热炉系统将于 2011 年下半年建成投产，2012 年二期建成后，将形成流程复合、产品多元、成本集约、高附加值镍合金产业；圣安时代"一指键"智能家居项目基本建成；华润、永固和大韩重一 3 个混凝土项目建成投产；高新区标准厂房、丰环标准厂房 2 个项目均已建成厂房主体；林浆纸一体化、中信大锰、远洋船舶修造等一批项目相继落户。全区工业已经开始从结构单一、规模偏小的旧格局，大步迈向以石化产业为龙头，电力、冶金、船舶修造等多种产业竞相发展的崭新格局，一座日益繁荣的工业新城正在迅猛崛起。

铁山港区承载大工业发展的基础设施日臻完善，铁山港航道二期工程顺利完工，铁山港 10 万 ~15 万吨深水公用码头 1~2 号泊位建成开港，四号路、进港路、七号路、兴港路、石化 3.1 千米配套道路等城区道路已经通车，工业区 44.7 万吨 / 日供水工程和 5 万吨 / 日生活水厂及管网工程已经建成，110 千伏和 220 千伏 2 个配套变电站及 2 条供电线路投入使用，2 万吨 / 日污水处理厂基本完工，3~4 号泊位、玉铁高速公路、新建铁山港铁路支线、合河铁路铁山港支线、中石化铁路专用线和经四路、经五路、纬七路、新二路、八号路等基础项目正在加快建设。

北海诚德新材料项目的建设总投资 120 亿元，年产 160 万吨镍铬合金新材料

北海市食品药品监督管理局

2009~2010年，北海市食品药品监管系统经历职能调整和体制转变的大变革。在职能调整方面，2009年6月1日，《中华人民共和国食品安全法》实施后，北海市食品药品监督管理局承接了餐饮服务食品、保健食品、化妆品监管职能，向卫生行政部门移交了食品安全综合协调和组织查处食品安全重大事故职能。在体制改革方面，由垂直管理向地方分级管理转变，2010年10月，北海市食品药品监督管理局作为市政府工作部门设置。

执法人员对药店进行监督检查

北海市食品药品监督管理局依法全面履行餐饮服务食品监管职能，严格餐饮服务准入，全力防控餐饮服务环节食品安全事故，大力推进餐饮服务食品安全整顿，认真开展餐饮食品监督抽样，积极完善餐饮服务食品安全保障机制。坚持不懈深化药械监管，不断加强药品日常监督工作，扎实开展各种专项检查和抽验工作，强化药品医疗器械广告监测，积极完善药械不良反应(事件)报告制度。全年无餐饮食品、药械安全事故发生。因出色完成中越青年大联欢活动餐饮食品安全保障工作，获国家食品药品监督管理局通报表扬。

执法人员对餐饮服务单位进行现场检查

在务实应对改革、壮大监管事业的同时，北海市食品药品监督管理局注重机关文化建设，由局党组书记、局长王运杰编导，干部职工组成演员队伍的原创舞蹈《“绿”剑出鞘》在全区食品药品监管系统首届“三金杯”文艺汇演中荣获第一名。组织参加全区首届食品药品监管系统运动会，取得羽毛球男子双打第二名和男子单打第三名、团体广播体操第六名的成绩。

公开销毁假劣药械

舞蹈《绿剑出鞘》获全区食品药品监管系统首届“三金杯”文艺汇演一等奖

参加全区首届食品药品监管系统运动会团体广播体操比赛

北海市中心血站

北海市中心血站位于西南大道西段血站路上，是不以赢利为目的的公益性卫生事业单位。负责全市一县三区 160 多万人血液的统一采供血工作，目前血站年供血量约为 5.5 吨。血站占地面积 10 亩，现有业务用房建筑面积 1700 多平方米。现有在职人员 68 人，其中高级卫生技术人员 6 人，中级卫生技术人员 5 人，初级卫生技术人员 30 人。根据采供血流程管理设置的要求，内部机构有：办公室、财务科、总务科、质量管理科、血源管理科、临床供血科、检验科、设备科。拥有流动采血车 3 台、献血屋 1 间、血球计数仪、酶标仪、自动生化分析仪、血细胞分离机、大容量离心机、深低温冰柜、血细胞滤白柜、血浆病毒灭活机、全自动酶免仪和全自动血型仪等仪器设备。固定资产约 1200 万元。

自治区卫生厅副厅长梁远（右二）和市卫生局局长王铭枢（右一）到血站检查指导工作

卫生部督查组到血站检查指导工作

实验室对所有的无偿献血血液样本进行乙型肝炎病毒表面抗原 (HBsAg)、丙型肝炎病毒抗体（抗 -HCV)、艾滋病病毒抗体（抗 -HIV）、梅毒螺旋体抗体（TP）、丙氨酸氨基转移酶（ALT）等项目进行初检、复检双次检测等，确保血液质量安全。大力推行成分输血和合理用血，向临床提供的血液制品有全血、悬浮红细胞、洗涤红细胞、浓缩红细胞、冷沉淀，新鲜冰冻血浆、机采血小板、手工血小板、滤白红细胞等血液产品及临床输血服务，连续四年临床用血 100% 来自于无偿献血。成分输血率达到 99.8% 以上。近三年采供血工作有了长足的发展，管理工作逐渐走向科学化、制度化、规范化。

北海市中心血站树立“血液质量是血站的生命线”的理念，以血液质量为中心，为广大无偿献血者和患者提供安全优质的服务。

血站业务办公楼

血站领导班子研究工作

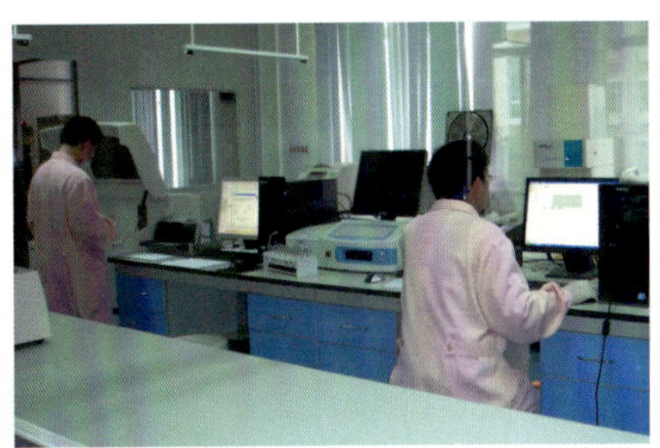

血站实验室

海景广场绿化

北海市园林管理局

长青公园

北海市园林管理局是副县（处）级参照公务员法管理的事业单位。主要负责城市绿化的规划、建设、保护和管理方面及风景名胜区设立、规划、保护、利用和管理方面的具体工作。内设办公室、综合管理科、规划管理科三个科室。下辖北海市城市绿化管理站、北部湾广场管理站、中山公园管理处、海滨公园管理处、长青公园管理处、东区公园管理处、园林苗圃、园林花卉研究所等8个科级基层事业单位。在加快改革开放和城市建设的进程中，始终坚持“绿色生态，以人为本，建设宜居北海”的城市建设方针，以“整治城市环境，完善城市功能，提高城市品味，塑造城市形象”为目标不断推进城市园林绿化建设，为北海城市园林绿化事业作出了长期的努力和贡献。尤其是近年来致力于创建国家园林城市和争创中国人居环境奖等各项工作，实施内部管理体制改革，推行“以费养事”和绩效管理，在推进创建国家园林城市项目建设、城市绿化美化彩化工程、义务植树、道路绿地绿化维护及管理、公园广场管理、盆花生产、市区节日环境布置、市花展览、园林育苗等各项工作中都取得了较好的成绩。北海市先后获得“广西园林城市”、“全国园林绿化先进城市”、“中国人居环境奖之生态环境及园林绿化范例奖”、“中国人居环境奖之银滩改造与生态保护范例奖”等称号，为北海赢得了荣誉。

北海市花展

海滩度假区绿化

住宅小区绿化

北海市公安消防支队

2010年，北海市共发生火灾13起，连续12年无重特大火灾发生，火灾总量控制在低位水平。北海市公安消防支队共接警485起，出动车辆754台次，官兵4377人次，救助被困人员108人，抢救财产价值265.1万元。

北海市公安消防支队全力打造社会消防安全“防火墙”，努力落实政府部门“四项责任”、提高社会单位“四个能力”、夯实农村社区“四个基础”、提高监督管理“四个水平”。积极开展“大走访”活动，主动服务铁山港石化项目群、中电产业园等重点工程。扎实开展火灾隐患“大排查大整治”、社会单位消防安全“四个能力”建设，开展消防产品、人员密集场所、建筑装修材料等多项消防安全专项整治，圆满完成老街文化艺术节、世界比基尼小姐总决赛、中越青年大联欢等大型活动及重大节日消防安保任务。共派检查组539个，检查单位2483家，发现火灾隐患4890处，督促整改4711处。

北海市公安消防支队多次发起爱心捐赠活动，捐款3万余元；3月至4月，派出3车15名官兵赴百色抗旱救灾，累计出动官兵443人次，消防车辆151辆次，为旱区3个县35个乡镇125个村屯23所学校的受灾群众和师生送水1103吨，解决旱区人员饮水18995人次，树立消防部队“亲民、爱民、为民”的良好形象。坚持科技强警，大力开展信息化建设，努力完善队伍管理、训练作战、组织指挥及通信调度工作制度。广泛开展“大练兵”、“打造铁军”活动，组队参加“全区消防铁军大比武”荣获团体第四名，两人入选区总队集训队参加全国西南片区铁军比武并取得第二名、第五名的好成绩。荣获总队“2010年安全工作先进单位”，全区“军(警)民共建精神文明先进单位”。参加“全区消防监督执法大比武”活动荣获团体第一，个人成绩3人进入前十。年内荣获总队“消防监督执法先进单位”。扎实开展“大宣传大培训”，荣获全市公安宣传工作“优秀奖”。

抓好海城大队“全区公安机关和谐警民关系建设示范单位”建设，年内海城大队被评为“全区公安机关爱民实践模范集体”。部队连续多年没有发生警民纠纷，受到驻地党政机关和群众的一致好评。

公安部消防局局长陈伟明少将（中）视察北海消防

副市长周原生指导社会单位“防火墙”工程建设

北海市综合应急救援支队揭牌

消防指挥中心奠基

“四个能力”建设现场会

消防铁军训练

广西海警第一支队

海警第一支队新营区办公楼落成庆典

海警 45001 舰服役仪式 。自治区副主席、公安厅厅长梁胜利(中)出席仪式

广西海警第一支队 2010 年共开展“冬季行动”、“春季路查”、“世博安保”、“亚运安保”等重大执勤执法、海上安保任务 10 余次；出动船艇 619 航次，航时 1780.8 小时，总航程 18427.9 海里；执行北部湾巡逻监管任务 33 次，航行 231 小时，航程 4094 海里，检查鱼船 24 艘，共办理刑事案件 3 起，其中毒品案 1 起，缴获新型毒品 K 粉 2012.5 克，刑拘 4 人；调解轻伤害案 2 起；办理治安案件 3 起，行政拘留 3 人；办理行政案件 37 起，处理涉案人员 97 人，缴获无合法手续成品油 104.39 吨、橡胶及橡胶制品 53.78 吨，抓获走私小汽车 2 辆，总案值 300 余万元，协同兄弟单位和地方公安机关，查获海洛因 2400 多克，“三非”越南人员 43 人；化解海上纠纷 33 起，开展海上救助 22 起，救助遇险群众 35 人次，为群众挽回经济损失 500 多万元。

支队以开拓创新的精神，在全区海警部队中首次推出了“警官兼任渔官”的新举措，拓宽了交流渠道，巩固了警民定期联系制度和长效协作机制。

2010 年，支队荣获多项集体和个人荣誉，2 个单位荣立集体三等功，18 人荣立个人三等功，2 个集体 8 人次获省部级以上表彰。

海警第一支队党委常委

巡逻编队

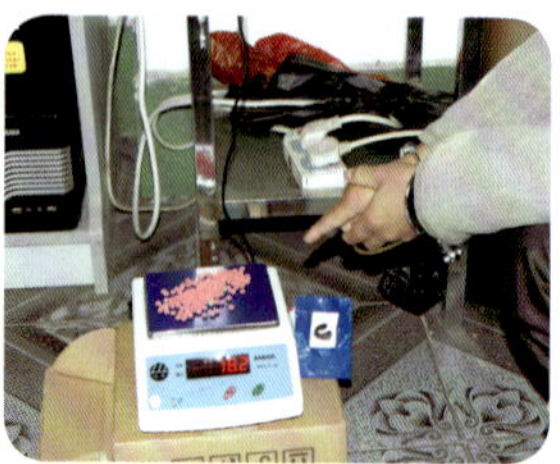

缴获的毒品

救助失火渔船

救助重伤游客

北海市烟草专卖局（公司）

北海市烟草专卖局（公司）成立于1985年5月，历经不断的改革和发展，现设合浦县局和北海市城区局等2个县级局及9个基层专卖管理所，机关职能部门有11个，分别为办公室（后勤科）、人力资源管理科（政工科）、纪检监察科（审计科）、财务科、综合科（整顿办）、信息科、安全保卫科、营销管理科、物流管理科、专卖科（内管科）、法规科等。下辖城区烟草专卖局（营销部）、合浦县烟草专卖局（营销部）。截至2010年底，共有从业人员243人，其中劳务派遣人员14人。近年来，北海市烟草专卖局（公司）以科学发展观为指导，以“卷烟上水平”为使命，紧紧围绕建设“严格规范、富有效率、充满活力”北海烟草要求，把心思用在管理上，把重点放在基础上，把着力点放在市场监管、品牌培育和队伍建设上，经营管理水平明显提高，辖区卷烟市场秩序良好，企业整体运行质量全面提升，综合经济实力得到增强。2010年，北海市烟草专卖局（公司）被自治区烟草专卖局评为2010年度先进单位、经营业绩进步奖、卷烟销售完成任务奖和特殊贡献奖四个先进奖项，被北海市劳动和社会保障局、北海市总工会评为“劳动关系和谐单位”，被北海市消费者协会评为“诚信经营户”。

2010年9月18日，国家烟草专卖局副局长何泽华（左一）一行来北海烟草局视察工作

2010年12月18日，北海市工商局、烟草局联合举办烟草法制宣传暨卷烟打假成果展

积极参与“3·15”消费者权益维护活动日活动

2010年5月6日，一名白血病患者的父亲（右）为感谢北海烟草局捐款为其儿子治病，特赠送锦旗一面

北海市保安服务公司

Beihai security service company

- 第二届全国先进保安服务公司
- ISO国际质量管理体系认证单位
- 第一届全区先进保安服务公司
- 广西区级青年文明号单位、诚信单位

北海市保安服务公司于1987年经北海市人民政府批准成立，是由北海市公安局主管的为社会提供专业化、有偿安全防范的特殊性企业。

公司目前下辖北海威正金融护卫有限公司及北海阳光雨保安物业服务有限公司两个全资子公司。业务范围含人力保安、技术防范、金融护卫、物业服务等。现有保安、押运员1000多人，管理人员30多名。各保安执勤点遍布在全市各大机关、金融机构、储备粮库、学校和企（外资）事业单位等，形成了基本覆盖全市的安全防范的一线网络。

公司成立以来一直以“爱岗敬业、规范服务、确保安全、争创一流”为主导思想，坚持以社会效益为主、经济效益为辅的经营理念，充分发挥辅警作用，积极协助公安机关做好社会治安防范工作，预防打击各种刑事犯罪，取得了良好的社会效益和经济效益。近年来协助公安机关抓获抢劫抢夺犯罪嫌疑人100多名，各类盗窃嫌疑人800多名，扑救火灾100多起，为驻勤单位挽回损失3000多万元，派出保安协助公安机关执勤和维护公共安全5000多人次。承揽“同一首歌”、“泛北论坛”、“世界比基尼小姐大赛”、“老街文化艺术节”等大型活动100多场，安全率达100%。公司管理在全区名列前茅，是全区保安行业中唯一没有发生保安人员非正常死亡的企业。各项工作得到了区保安协会、主管领导的充分肯定，受到社会各界的好评和认可。公司相继荣获第二届全国先进保安服务公司，第一届全区先进保安服务公司，北海市、广西壮族自治区“诚信单位”、“青年文明号”单位。并于2006年通过ISO9001：2000国际质量管理体系认证。

总经理　宾颖

第二届全国先进保安服务公司

ISO国际质量管理体系认证单位

第一届全区先进保安服务公司

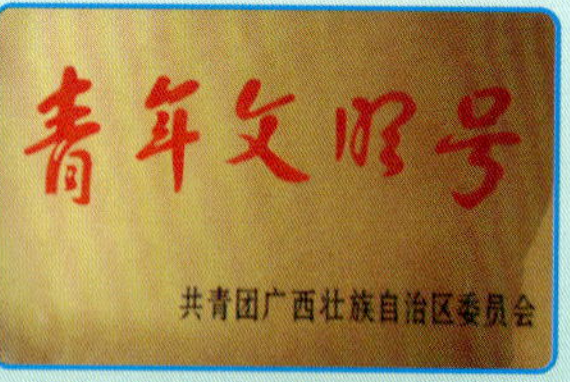

广西区级青年文明号单位

市公安局领导与受奖保安合影

技能竞赛大练兵

广西北海工业园区

广西北海工业园区成立于2001年8月22日，2003年3月24日经广西壮族自治区人民政府批准为自治区级开发区，2005年12月8日经国家发改委确认为全国第一批通过审核公告的省级开发区。

广西北海工业园区地处《广西北部湾经济区发展规划》中五大功能组团之一北海组团的中心位置，总规划面积19.381平方千米，是规划中重点建设的13个工业开发集中区面积最大的一个开发区，园区中由规划面积3000亩的中国电子北海产业园和规划面积4000亩的台湾（北海）电子产业园构成的北海电子产业园是自治区重点支持的11个重点产业园区之一。目前工业园区已累计投入基础设施建设资金超过10亿元，建成覆盖中心区的“八通一平”，可以满足各类企业的入驻和发展需要。

截至2010年12月，园区共引进项目（企业）266个，计划总投资232.14亿元。其中2010年引进项目（企业）38个，计划总投资32.43亿元。主要企业有：中国电子、长城科技、景光电子、冠德科技电子、六禾科技、惠盛电子、国钰电子、玉柴高级润滑油、广西福达汽车、杭州贝因美、韩国泰华木材、泰国正大卜蜂水产、北海国发等。项目涉及电子信息、生物制药、食品加工、机械制造等行业。从业人员达1.3万人。

2010年园区完成固定资产投资68.15亿元，同比增长54.16%；上缴税金3.27亿元，同比增长80.3%；完成工业总产值107.8亿元，首次突破百亿元大关，成为广西北部湾经济区三个超百亿元园区之一。

随着广西北部湾经济区发展规划的全面实施，以及北海国家科技兴贸创新（电子信息）基地的加快建设，园区围绕中国电子北海产业园项目为龙头的电子信息产业基地正在形成；围绕福达汽车项目为重点的汽车（机械）制造及关联产业基地正在建设；围绕贝因美营养食品项目为中心的食品加工及生物制药产业基地正在不断发展。园区将以效益为中心、以项目为依托、以招商为联结、以诚信服务为根本、以高效廉洁为保障，推动园区又好又快发展。

2010年7月26日，海南省党政考察团在自治区党委书记郭声琨、自治区主席马飚、市委书记王小东、市长连友农等陪同下到园区参观考察

2010年2月2日，自治区政协主席马铁山在市委书记王小东、市长连友农等陪同下到园区考察

2010年8月17日，自治区党委副书记陈际瓦在市委书记王小东、市长连友农等陪同下到园区检查工作

2010年11月4日，自治区党委组织部副部长梁海萍一行到园区检查工作

2010年2月4日，宁波市委书记在市委书记王小东等陪同下到园区考察

2010年12月14日，市长连友农，副市长彭鸣达、梁丁丁等在园区管委会会议室主持召开北海电子产业园电子信息产业专题调研座谈会

北海市工商行政管理局

市委书记、市人大常委会主任王小东视察北海市政务服务中心大厅工商窗口

局长聂邕坪带队到喷施宝有限公司调研

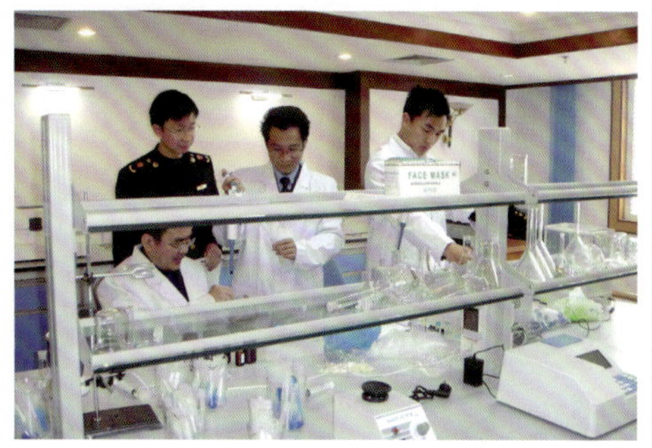

2010 年 12 月，北海市工商局食品安全检测中心建成投入使用，这是全区工商系统第二个投入使用的食品安全检测中心。图为工作人员在进行日常检测

2010 年，北海市工商局通过放宽市场准入，下放管理权限，简化办事程序，不断推动北海市各类注册主体总量上规模，结构上档次，质量上水平。截至 12 月底，全市累计实有内资企业 2242 户，注册资本 1572018.2 万元。下半年北海市工商局成为全区工商系统第一个将企业档案室迁入市政务服务中心大厅的单位。优质的服务使得去年工商窗口连续 10 多次获得流动红旗，被评为北海招商引资综合评价第一名。同时积极帮助辖区非公企业建立党支部，目前全市共建立非公经济规模企业党支部 125 个。全年办理动产抵押登记 35 份，为企业融资 26877 万元。北海市工商局强化监管职能，突出重点整治，市场经济秩序明显好转。一是高压长效打击传销。2010 年共开展打击传销清查行动 812 次，出动执法人员 5205 人次，发出行政警示 35 次，清查涉嫌传销出租屋 3753 间，清理遣返传销人员 3810 人，捣毁传销窝点 322 个；共立传销案件 18 件，结案 10 件；吊销营业执照 1 户。二是加强流通环节食品安全监管。2010 年底北海市工商局食品安全检测中心建成投入使用。先后开展了“家电下乡”、“地沟油”、文化市场、烟草制品、农资市场、假冒珍珠粉、商业贿赂等专项整治行动。三是加强市场旅游监管。“3·15”期间向社会正式公布“三罚退市制”——旅游市场整治工作机制。先后牵头组织开展了 14 次联合执法，共查处旅游市场违规案件 14 件，罚款 8.91 万元。

2010 年，北海市工商局先后获得“全区工商行政管理系统先进工商局”、“全区工商行政管理系统档案规范化建设先进单位”、“支持非公经济发展先进单位”等荣誉称号，黄乃煜同志被自治区人民政府授予“自治区先进工作者”荣誉称号。

2010 年北海市工商局开展规范化建设，对市局、一县三区分局机关和 43 个基层工商所主体背景、路牌指示、政务公开、执法车辆等统一了外观标志设置，图为标志规范后，北海市 12315 消费者申诉举报中心焕然一新

“3 · 15”期间北海市政府新闻办召开新闻发布会，北海市工商局向社会正式公布旅游市场整治工作机制——三罚退市制

北海市万泉房地产开发有限公司

北海市万泉房地产开发有限公司隶属于国家一级城市综合开发企业——厦门住宅建设集团有限公司。北海万泉公司秉承集团“致力城市建设、成就人居梦想”的开发理念，致力于品牌建设，用心筑就一生之城，引领城市新人居潮流，为城市建设和社会发展作出不懈努力。八年来，公司先后获得“优秀房地产开发企业”、“中国最佳社会责任地产企业”、“中国地产品牌影响力企业”、“北部湾城市建设贡献企业”等荣誉称号。

2010年4月，厦门市国资委领导莅临公司检查指导工作

“银滩万泉城”项目雄踞银滩核心区域，坐拥连绵百里的银滩海岸线这一绝佳景观，毗邻新规划的北海市行政、文化、体育和会展中心，置身城市发展之源，集居住及投资价值于一体。该项目总占地约440亩，建筑面积60万平方米，总投资约13亿元，建设期为8~10年。项目由国际建筑设计大师——美国建筑师协会终身院士拉里·凯勒先生亲自操刀设计，获得2005年中国住宅创新成果规划设计金奖。秉承“以人为本”及建筑与自然和谐共存的理念，社区设有羽毛球馆、商务会所、康体中心、幼儿园和商业街等配套服务设施。依托蜿蜒遍布社区的活水循环水系，别墅区引入了草坡式设计，高层区将中心景观和空中走廊的主体、绿化相互融合，使窗前“大花园”和远处海景交相辉映，尽显东南亚景观园林风情。

万泉团队

公司在“和、实、新”的企业精神引导下，经过八年开拓经营，奠定了“万泉房产”在北海房地产业内的标杆地位。本着“深耕北海、区域发展”的思路，公司将继续关注宏观政策、跟踪市场动态，以合理规划及开发节奏实现持续、稳健的发展，努力打造成北部湾区域一级地产名片。

2010圣诞狂欢夜

万泉城景

荣誉墙

北海万家兴房地产开发有限责任公司

北海万家兴房地产开发有限责任公司成立于 2003 年 10 月 17 日，公司下设有酒店、物业公司、超市等产业，现有员工 800 人。2003 年公司成功开发了政府 28 个烂尾楼工程之一的“万家兴大厦”项目，建筑面积约 7 万平方米；约 10 万平方米的二期工程“万家兴苑”也于 2011 年 5 月交付使用。“安居万家兴，乐业千秋盛。”全国各地甚至还有其他国家的业主聚在这个大家庭里，让公司感到无限的光荣与自豪。

企业理念：一个人走一百步不如一百人走一步。

企业宗旨：创新、自强不息。

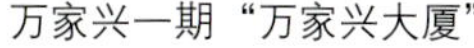

万家兴一期“万家兴大厦”

万家兴二期“万家兴苑”

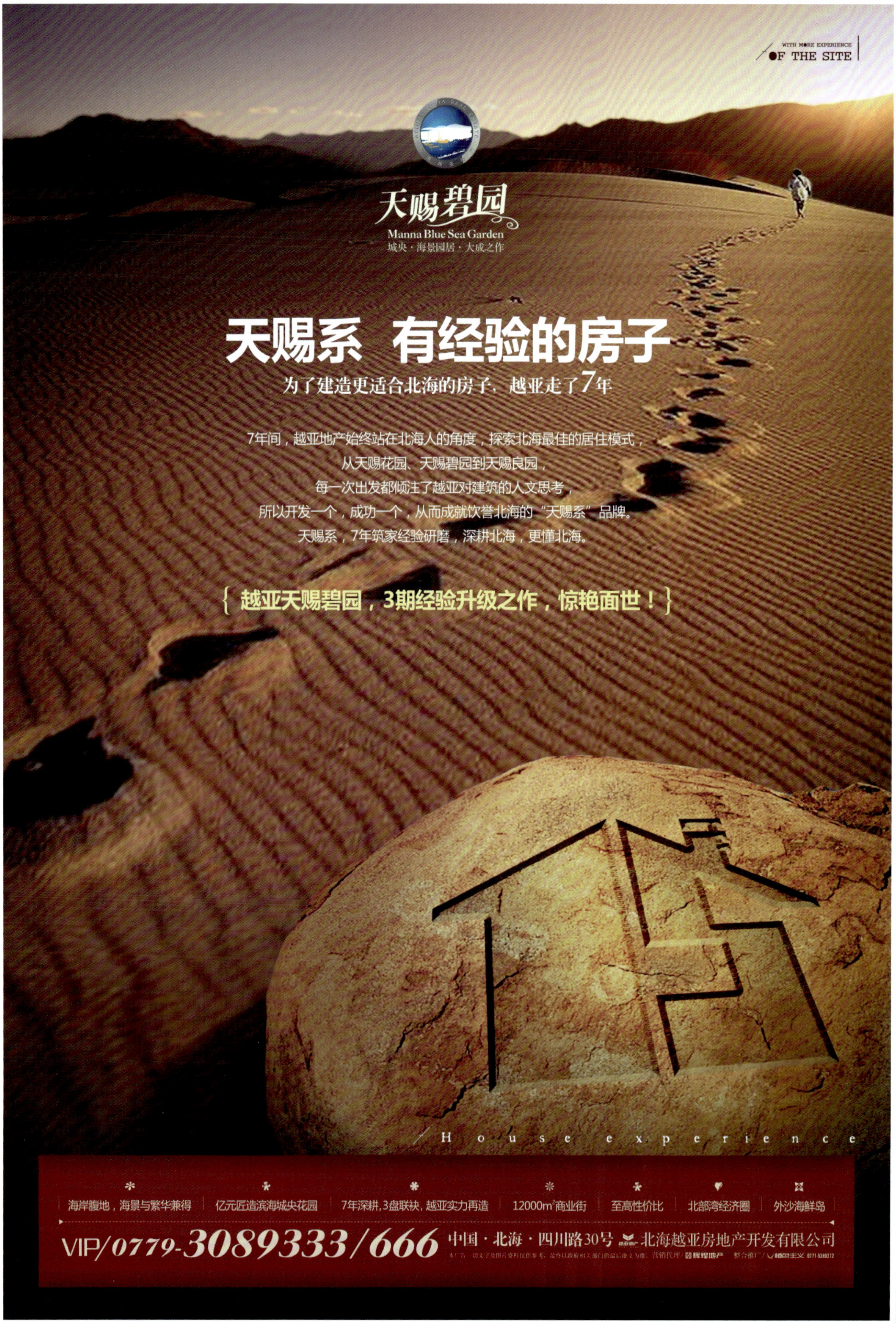
WITH MORE EXPERIENCE
OF THE SITE
天赐碧园
Manna Blue Sea Garden
城央·海景园居·大成之作
天赐系 有经验的房子
为了建造更适合北海的房子，越亚走了7年
7年间，越亚地产始终站在北海人的角度，探索北海最佳的居住模式，
从天赐花园、天赐碧园到天赐良园，
每一次出发都倾注了越亚对建筑的人文思考，
所以开发一个，成功一个，从而成就饮誉北海的“天赐系”品牌。
天赐系，7年筑家经验研磨，深耕北海，更懂北海。
{越亚天赐碧园，3期经验升级之作，惊艳面世！}
House experience
海岸腹地，海景与繁华兼得
亿元匠造滨海城央花园
7年深耕，3盘联袂，越亚实力再造
12000m²商业街
至高性价比
北部湾经济圈
外沙海鲜岛
VIP/0779-3089333/666
中国·北海·四川路30号
北海越亚房地产开发有限公司

特　　载

真抓实干　乘势而上
奋力推进北海三年跨越发展工程

——在中共北海市第九届委员会第十次全体会议上的报告

北海市委书记、市人大常委会主任　王小东

（2011 年 2 月 28 日）

同志们：

这次市委全会是在我们圆满完成“十一五”目标任务、迎来“十二五”开局之年、北海三年跨越发展工程进入关键时期的形势下，召开的一次十分重要的会议。全会的主要任务是：学习贯彻中央经济工作会议和全区经济工作会议精神，全面总结市委九届八次全会以来的工作，认真分析当前形势，部署今年的工作，动员全市党员和干部群众，全面贯彻落实科学发展观，振奋精神、加油鼓劲、凝聚力量、真抓实干，奋力推进北海三年跨越发展工程，确保实现“两年明显见成效”和“十二五”发展良好开局。

现在，我代表市委常委会向全会作报告。

一、全市党员干部群众真抓实干，实现了北海三年跨越发展工程良好开局

市委九届八次全会以来，在自治区党委、政府的坚强领导下，市委团结带领全市党员和干部群众，深入贯彻落实科学发展观，积极落实《国务院关于进一步促进广西经济社会发展的若干意见》和《广西北部湾经济区发展规划》，坚持“真抓实干，把事干成，造福百姓”的理念，扎实开展“创先争优”和“工作落实年”活动，全面实施北海三年跨越发展工程，统筹推进经济建设、政治建设、文化建设、社会建设以及生态文明建设和党的建设，取得了明显成效。据统计，2010 年全市完成地区生产总值 397.6 亿元、增长 17.6%，财政收入 47.1 亿元、增长 31.75%，全社会固定资产投资 485.2 亿元、增长 50.8%；重大项目加快推进，园区经济蓬勃发展，优势产业不断壮大，发展环境显著优化，开放合作不断深化，社会事业全面进步，民生状况持续改善，城市软实力明显提升，社会保持和谐稳定，干部群众精神振奋，既为“十一五”的发展画上了圆满的句号，又为“十二五”时期的跨越发展奠定了坚实的基础。

1.谋划发展有新思路。坚持把科学发展观作为谋划北海发展的指导方针，并根据形势的发展变化不断完善和创新思路，使北海的发展路子更加符合中央和自治区党委的要求、更加切合北海的实际、更能体现人民的意愿。2010 年初，市委九届八次全会作出了实施北海三年跨越发展工程的重大决策，提出“一年继续打基础、两年明显见成效、三年实现大跨越”，努力把北海基本建设成为区域性国际化的现代产业集聚基地、旅游商贸物流中心、开放合作重要平台和生态宜居文明城市。市委九届九次全会对“十二五”时期北海经济社会发展进行了科学谋划，号召全市人民团结拼搏，努力把北海建设成为产业支撑强、开放水平高、生态环境美、人民生活好、发展前景广的宜居之城。这一系列重大决策，描绘了振奋人心的发展蓝图，提出了切实可行的具体措施，得到了全市干部群众的衷心拥护。

2.产业支撑有新增强。坚持以定人员、定职责、定时间、定进度的“四定”办法强力推进项目，大力发展优势产业，做大做强园区经济，取得了显著成效，跨越发展的产业支撑明显增强。全市规模以上工业总产值365.9亿元、增长57.7%。园区经济蓬勃发展，完成产值占全市规模以上工业产值比重达70.5%，北海工业园区年产值超过100亿元，北海出口加工区年产值达到73亿元，北海高新技术产业园区年税收超过1亿元，铁山港工业区项目建设热火朝天。重点产业呈现出良好发展势头：北海炼油异地改造石化项目（20万吨/年聚丙烯）进入建设高峰，将于今年9月投产；电子信息产业快速发展，年产值超过180亿元，一批电子信息产业项目相继建成投产或顺利开工，中电产业园发展势头迅猛；临港产业显现出强劲的发展势头；农产品加工业年产值超过100亿元，提前实现了三年跨越发展目标，成为北海第二个产值过百亿元的产业；《涠洲岛旅游区发展规划》通过国家评审，一批高星级酒店加快建设，全年接待国内游客数增长15%，实现国内旅游收入67亿元、增长29.9%。

3.开放合作有新进展。坚持实施开放带动战略，抓住机遇积极承接产业转移，拓展开放合作的广度和深度。加强与国内外友好城市的交流，积极组团参加大型商务交流活动。大力支持外贸企业加快发展，外贸进出口总额突破10亿美元大关，达到13.7亿美元，增幅居全区首位，建兴光电成为广西出口第一的企业。重视航空市场的培育和扶持，旅客吞吐量再创新高，接近70万人次。世界客属第24届恳亲大会筹备工作取得了阶段性成效。

4.文化支撑有新突破。加强对北海历史文化的挖掘和利用，提升城市文化软实力。一是申报国家历史文化名城喜获成功，进一步激发了全市干部群众认知北海、热爱北海、唱兴北海、建设北海的热情，提升了北海的知名度和美誉度，增强了北海跨越发展的精神动力和文化支撑。5个民间传统文化项目被列入自治区级非物质文化遗产保护名录。二是加强对外文化交流。策划拍摄《走遍中国—走进北海》7集系列专题片，在中央电视台播出。在京举办北海水彩画作品展览，成功举办第五届北海国际海滩旅游文化节。三是实施文化惠民工程。积极推进一批文化基础设施项目，精心策划组织“北海历史文化宣传月”活动，深化了干部群众对北海历史文化的认知；推进广播电视“村村通”，取得明显成效。

5.改善民生有新成效。积极发展各项社会事业，完善社会保障体系，加大扶贫工作力度，积极为民办实事、好事。推进民生路网二期工程，12个路段如期完工。加大对农村水利、交通等基础设施建设的投入力度。科技、教育、文化、卫生、体育等社会事业加快发展，北海中学异地搬迁和第二人民医院迁建项目开工建设。社会保障体系进一步健全，保障性住房建设加快推进，低收入群体基本生活得到保障，“整村推进”扶贫开发成效明显。2010年，城镇居民人均可支配收入16798元、增长11%，农民人均纯收入5426元、增长15.52%，民生状况得到持续改善。

6.发展环境有新改善。坚持把优化发展环境作为集聚发展要素、推动跨越发展的重要举措。一方面，加快完善基础设施。大力推进铁路、港口、路网等建设，加大城市主干道建设力度，推进城市净化、绿化、彩化、亮化、美化工程，抓好节能减排，改善城市生态环境，荣获“中国人居环境范例奖”。另一方面，继续优化发展软环境。积极打造高效廉洁的政务环境、诚实守信的金融环境等“六大环境”，特别是抓好新的政务服务中心建设，把这项工作作为从源头上预防腐败、关心爱护干部、提升政府形象的治本之策和重要举措，如期建成投入使用并规范运作。扎实开展大排查、大接访、大调解、大防控活动，积极化解人民内部矛盾、促进社会和谐稳定。严厉打击传销并取得显著成效。狠抓金融生态环境建设，全市金融机构不良贷款率由2009年初的25%降至2010年底的7.31%，兴业银行北海分行开业。北海发展环境不断优化，被国际机构评为中国最具投资潜力50强城市。

7.党的建设有新加强。围绕推动北海跨越发展大局，切实加强新形势下党的建设。一是推进学习型党组织建设。全面加强理论武装工作，健全学习制度，加大干部培训力度，举办“扬帆前行”等各类知识讲座30场。二是扎实开展“创先争优”活动。组织广大党员围绕服务项目建设、推动工作落实、做好本职工作“创先争优”，取得阶段性成效。三是着力形成有利于科学发展的选人用人导向。积极深化干部人事制度改革，把发展实绩作为干部选拔任用、职务调整及奖惩的重要依据，去年在“三个一线”提拔处级干部32名，占提拔处级干部总数的46%；加大竞争性选拔干部工作力度，集中开展了9个批次的竞争性选拔干部工作，通过竞争性方式选拔的处级干部占提拔处级干部总数的比例超过50%，选人用人公信度进一步提高。据全国民意调查结果，北海干部选拔任用的满意度提高了11.98个百分点，增幅在全国排第十位。四是加强和改进人才工作。从市财政拨出1000万元设立人才发展专项资金，引进了一批高层次人才，为跨越发展提供了人才支撑。五是推进惩治和预防腐败体系建设。认真落实党风廉政建设责任制，深入开展“反腐倡廉制度建设年”活动。加强反腐倡廉教育，深入推进源头治理工作，加强对重点领域的监督和整治，查办了一批违纪违法案件，有效遏制了行业不正之风。

同时，统筹推进其他各项工作，人大、政协工作不断加强，促进了社会主义民主政治建设、巩固和发展了爱国统一战线。人民团体、党管武装和“双拥”等工作取得新成效。

在极不平凡的2010年，市委、市政府团结带领全市党员和干部群众，在2009年实现“七开”的基础上，在努力把北海炼油异地改造石化项目推上建设高峰的同时，干成了一批造福于民的实事好事和打基础、利长远的大事要事，实现了“八个成功”：成功建好诚德新材料项目一期工程，成功实现建兴光电等一批电子产业项目投产，成功获批国家历史文化名城，成功获准为国家级加工贸易梯度转移重点承接地，成功摘掉金融高风险区的“帽子”，成功建设新的政务服务中心并投入使用，成功实施民生路网二期工程，成功建好市人民医院住院大楼。这些成绩实属来之不易，是国家和自治区高度重视、关心支持的结果，是历届班子历任领导不懈努力、打好基础的结果，是市委、市政府科学决策、真抓实干的结果，是全市人民开拓创新、团结拼搏的结果。实践充分证明，市委实施北海三年跨越发展工程的重大决策是完全正确的，全市各级各部门和广大党员干部的工作是富有成效的。借此机会，我谨代表中共北海市委，向为实施北海三年跨越发展工程付出辛劳、作出贡献的全体同志和各方朋友，表示衷心的感谢！

在肯定成绩的同时，也必须清醒地看到，我们的工作与中央和自治区党委的要求、人民群众的愿望相比，还存在不小差距，主要表现在：一是少数项目有条件推进得更好更快，但由于种种原因未能如期推进，基础设施有待完善，优势产业还需要发展壮大。二是社会事业发展相对滞后的状况还没有得到明显改变，一些民生问题还没有得到很好解决。三是少数干部素质不高、能力不强、作风不实，与推动北海跨越发展的要求不相适应。四是城市建设与管理存在薄弱环节，社会管理创新有待加快，影响社会和谐稳定的因素还不少。对这些问题，我们要高度重视，采取有力措施，切实加以解决。

过去一年的成绩，是在2009年成功应对国际金融危机、实现重大项目突破、打下良好基础的前提下取得的。回顾两年来的工作，我们有以下五点深刻体会：

——必须坚持加强党的领导和全面抓好党的建设。充分发挥党委“统揽全局、协调各方”的领导核心作用，抓班子、带队伍，坚决贯彻中央和自治区党委的决策部署，做到把方向、出思路、定目标、谋举措、抓大事，确保各项工作沿着正确的方向扎实有效开展；切实按照“五位一体”的格局，全面加强和改进党的建设，不断提高各级党组织的创造力凝聚力战斗力，为推动发展提供有力保证。

——必须坚持把科学发展观的普遍性要求与推动北海经济社会发展的具体实践结合起来。深入学习实践科学发展观，坚持用科学理论武装头脑、指导实践、推动工作，认真研究北海市情，适应形势的发展变化，合理确定发展目标，不断完善发展思路，抓住机遇、发挥优势，增强城市发展的产业支撑和文化支撑。

——必须坚持“真抓实干，把事干成，造福百姓”的理念。倡导并形成“只有真抓实干才能推动科学发展，只有把事干成才能实现科学发展，只有造福百姓才能体现科学发展”的共识，抓好形势任务教育，转变干部作风，提高机关效能，营造良好氛围，动员和组织广大干部群众，咬住目标、真抓实干、用心干事、取得实效。

——必须坚持“科学谋划、方向正确、方法得当、上下一心、真抓实干”的要领。这一点，体现了思想性、科学性、有效性的有机统一，强调了团结和务实的重要性，是我们在成功应对国际金融危机挑战中形成的经验总结，也是实现“一年继续打基础”各项目标任务的法宝，还是我们破解各种难题的有力武器，只要一以贯之地坚持，必将有利于我们夺取更大的新胜利。

——必须坚持在加快发展的同时注重改善民生促进社会和谐稳定。坚持发展为了人民、发展依靠人民、发展成果由人民共享，顺应全市人民过上更加幸福美好生活的新期待，既坚定不移地把发展放在第一位，不断增强经济实力，为改善民生提供财力支撑，又坚持以人为本，随着经济的发展和财力的增强，加快发展社会事业，保障和改善民生，激发并调动广大干部群众的积极性和创造力。同时努力化解人民内部矛盾、促进社会和谐稳定，形成全市人民共同促进发展、共享发展成果的良好局面。

成绩来之不易，经验弥足珍贵。实践已经充分证明，以上“五个必须坚持”符合科学发展观的要求、符合北海的实际、符合人民群众的愿望，必须在今后的工作中继续坚持、科学运用并不断完善。

二、奋力推进北海三年跨越发展工程，确保实现“两年明显见成效”

今年是实施北海三年跨越发展工程的承上启下之年，又是“十二五”开局之年，北海大事多、喜事多，我们将要隆重纪念中国共产党成立90周年，完成市、县、乡镇、村四级集中换届，确保北海炼油异地改造石化等重大项目建成投产，承办第二十四届世客会，任务繁重而艰巨。做好今年各项工作，确保实现“两年明显见成效”和“十二五”发展的良好开局，对于北海迅速增强综合实力、充分发挥在广西北部湾经济区开放开发中的重要作用、不断提升在国内外的知名度和美誉度，具有十分重大的意义。

当前，北海跨越发展面临前所未有的机遇。一是自治区鲜明地强调优先发展北部湾经济区，为我们争取项目、扩大开放合作、承接产业转移，提供了十分有利的条件。二是北海的园区经济及电子信息等优势产业的发展明显提速，临海工业发展方兴未艾，跨越发展的产业支撑明显增强。三是近两年的大规模投资，特别是以石化项目为代表的一批重大项目将陆续建成投产，成为今年重要的经济增长点，使我们实现既定目标更加有基础、有支撑、有底气。四是随着北海三年跨越发展工程的加快实施，广大干部群众切身感受到了北海的显著变化，看到了北海发展的优势和前景，对北海的发展思路和奋斗目标更加认同，精神振奋、热情高涨、干劲倍增，推动跨越发展有了更加坚实的思想基础和群众基础。只要我们加油鼓劲、真抓实干、乘势而上，实现"两年明显见成效"是完全有把握的。

2011 年全市工作的指导思想是：**以邓小平理论和"三个代表"重要思想为指导，深入贯彻落实科学发展观，以科学发展引领跨越发展、以跨越发展落实科学发展，认真贯彻中央经济工作会议和全区经济工作会议精神，全面落实自治区党委关于实现"富民强桂"新跨越的决策部署，坚持"真抓实干，把事干成，造福百姓"的理念，统筹加快经济建设、政治建设、文化建设、社会建设以及生态文明建设和党的建设，奋力推进北海三年跨越发展工程，实现"两年明显见成效"，加快建设区域性国际化的现代产业集聚基地、旅游商贸物流中心、开放合作重要平台和生态宜居文明城市。**

围绕北海三年跨越发展工程的奋斗目标，今年要重点完成好以下六项主要任务。

1.强力推进项目壮大产业，进一步增强跨越发展的产业支撑。坚持把推进项目、壮大产业作为经济工作的重中之重，认真研究和落实国家产业政策，贯彻落实"让大企业顶天立地、让小企业铺天盖地"的要求，做大做强园区经济和非公有制经济，千方百计推进那些上级有要求、发展有需要、资金有保障、群众有期待、现实有支撑的项目，加快发展壮大石油化工、电子信息、临港产业等重点产业。一要继续落实"四定"推进项目。两年来的实践充分证明，以定人员、定职责、定时间、定进度的办法推进项目，行得通、做得到、效果好。把这个办法落实好，就能够有效地确保力量、明确责任、把握节点、提高效率，体现真抓实干，最终把事干成。各级各部门要尽快制订今年的"四定"方案，抓好实施。二要加快推进在建项目特别是重大项目。各级各部门要对所负责的在建项目进行全面分析梳理，列出影响项目推进的因素并找准症结，加强协调指导、督促检查、跟踪服务，积极化解项目推进中的关键性难题，提高项目推进效率。特别是要切实解决影响中石化等重大项目建设的突出问题，确保项目如期建成投产。对诚德新材料项目，要抓紧做好用电和排污指标的申请报批等相关工作。三要加强项目前期工作力争多上项目。抓紧做好各类项目的报批审批、用地用海、征地搬迁等前期工作，对条件成熟的重大项目审批事项，涉及多个部门和单位的，尽可能实行联合审批，以提高效率，抓紧开工一批新项目，保持项目推进的良好态势，特别要力争广西(北海)LNG 项目年内开工，积极推进中石化北海铁山港炼化一体化项目(炼油 1000 万吨 / 年、芳烃 90 万吨 / 年)前期工作；认真研究改进征地搬迁办法，抓好失地失海农民的就业转产安置，最大限度地增强推进项目的合力；必须抓住当前国家和自治区有关部门正在编制"十二五"各类专项规划的时机，扎实做好项目前期工作，加强与上级相关部门的沟通衔接，争取北海有更多的项目进入国家和自治区各类专项规划的"盘子"。四要努力实现推进项目与发展产业的良性互动。抢抓一批龙头项目建成投产或加快推进的机遇，尽快研究出台扶持优势产业发展的相关文件，以各产业园区为平台和依托，加快企业集聚、延长产业链条、优化产业配套、扩大产业规模，做大做强石化、电子信息、临港产业和农产品加工业，提高工业化水平，同时加快发展旅游产业、商贸业等，增强城市发展的产业支撑。坚持走新型工业化道路，积极培育发展战略性新兴产业，积极发展循环经济、低碳经济，重视并抓好节能减排工作。

2.加快推进基础设施建设，增强跨越发展的承载力。近年来北海的基础设施有了明显改善，但与实现跨越发展和建成特大城市的要求相比，仍然远远不能适应需要，必须加快以交通为重点的基础设施建设，促进北海组团和铁山港(龙潭)组团联动发展。基础设施建设的大批具体项目都已经安排部署，要进一步加大推进力度，把握住几个重点：一是加快完善铁山港的基础设施。铁山港工业区是北海发展现代化大工业的主战场，必须抓紧修通铁路和高速公路，加快建设深水泊位和疏浚航道，完善路网、供水、供电、环保和口岸等方面的配套设施。二是进一步完善城市功能。抓紧完善和实施各种专项规划，加大查处违法建设的力度，发挥规划在城市建设中的龙头作用。下决心落实建设用地，完善各种公共服务设施，努力解决好市民反映强烈的教育、文化、卫生、体育等便民利民设施不完善的问题。积极创建国家园林城市，推进城市净化绿化彩化亮化美化工程，提高城市管理人性化、精细化、国际化水平，优化宜居环境，改善城市景观，美化市容市貌，提升城市品位。同时围绕推进城镇化完善合浦县城和集镇基础设施，更好地发挥县城和集镇在发展经济、促进就业、吸纳农村富余劳动力和辐射带动农村经济社会发展中的重要作用。三是加强农村基础设施建设。加强村镇规划建设和管理，加快社会主义新农村建设，不断改善农村生产生活条件。要坚决贯彻落实《中共中央国务院关于加快水利改革发展的决定》，抓住国家加大水利建设投资的有利时机，积极争取项目和资金，推进病险水库除险加固和标准化海河堤建设，掀起水利建设高潮，提高水利保障能力。

3.坚持扩大开放深化合作，持续增强发展活力和后劲。开放合作是发展的活力之源。推动北海跨越发展，需要大量资金、技术、人才来支撑，需要大批的项目、企业来带动，单靠北海自身的力量还不够，必须通过实施开放带动战略，广借外力，加速推进工业化、信息化、城镇化、市场化、国际化。一要解放思想增强互惠双赢意识。正确认识和处理眼前利益与长远利益的关系。在招商引资工作中，要坚持互惠双赢的原则，懂得算大账、算长账，对好项目要舍得让小利图大利、让近利谋远利。二要把握机遇增强招商引资实效。当前，北海的发展态势很好，受到海内外客商的关注，推进开放合作、承接产业转移正当其时。我们必须把握机遇，更广泛更有效地集聚资源，助推跨越发展。要大力宣传推介北海的发展优势、发展基础、发展成效和发展前景，根据发展优势产业的需要，积极招商引资，努力提高招商引资成功率特别是资金到位率，让更多的项目在北海落地。三要发挥优势加快发展对外贸易。用心研究并用足用好政策，充分发挥国家科技兴贸创新基地、国家级加工贸易梯度转移重点承接地的优势和作用，扩大优势产品出口，积极发展货运航线、改善口岸服务、优化通关环境，促进港口物流业发展。四要确保完成第二十四届世客会的承办任务。落实自治区的部署和要求，抓紧推进筹备工作，努力把世客会办成具有北海特色、展现北海风采、助推跨越发展的国际性盛会。

4.进一步保障和改善民生，不断提高人民生活质量。保障和改善民生是落实科学发展观、体现执政为民的必然选择。近两年来，我们在这方面做了大量工作并取得了明显成效，但与人民群众的期待相比，还有很大的提升空间。要坚持民生为先、民生为重、民生为要，加快发展社会事业，切实保障和改善民生，提高城乡居民收入水平和生活质量，使城乡居民分享到更多的发展成果。一要加快发展社会事业。在经济发展、财力增强的基础上，根据需要和可能，针对薄弱环节和突出问题，完善和实施规划，深化各项改革，加大财力投入，争取上级资金，吸引民间资本，加快发展各项社会事业。加强人口和计划生育工作，统筹解决人口问题，扎实推进医药卫生体制改革，切实提高医疗保健水平，加快完善覆盖城乡居民的社会保障体系，促进社会全面进步，实现经济社会协调发展。二要积极为民办实事。实施民生路网三期工程，建设或改造 13 个路段；加快推进教育、卫生等公益惠民在建项目。加快推进廉租房、公租房和经济适用房等保障性住房建设。大力促进全民创业，积极为创业者提供相关服务，扶持微型企业发展，促进充分就业。三要加大改善农村民生力度。认真落实各项惠农利农政策，切实减轻农民负担，确保农民得到最大实惠；坚持开展科技、文化、卫生“三下乡”活动，促进科技兴农，丰富农村文化生活，逐步解决农民看病难、治病贵问题；加强对农村劳动者特别是失地失海农民的免费职业培训，帮助他们转产转业增加收入；启动新一轮贫困村“整村推进”扶贫开发工作。

5.推进文化大发展大繁荣，全面提升城市文化软实力。充分发挥北海作为国家历史文化名城的优势，加快创建全国文明城市步伐，大力繁荣发展北海文化，不断提升城市文化软实力，充分发挥文化引导社会、教育人民、推动发展的重要作用，提高市民文明素质和社会文明程度，增强城市发展的文化支撑。一要加强思想道德建设。切实加强思想政治教育，推进社会主义核心价值体系建设，夯实全市人民团结奋斗、推动跨越发展的共同思想基础；加强社会公德、职业道德、家庭美德教育，广泛开展群众性精神文明创建活动，积极建设学习型城市，形成热爱学习、终身学习、多读好书的社会风尚；繁荣发展哲学社会科学。二要加快发展文化事业和文化产业。推进文化基础设施项目，加快建设公共文化服务体系，搭建文化共享平台，加速提升旅游等现代服务业和城市建设的文化含量；推进文化惠民工程，促进广播电影电视、新闻出版发展，繁荣文艺创作，繁荣发展群众文化，满足人民群众不断增长的精神文化需求。三要加大对外宣传力度。精心策划、整合力量，吸引海内外媒体聚焦北海、宣传北海，增强宣传效果，不断提升北海在海内外的美誉度和影响力。

6.积极推进社会管理创新，努力保持社会和谐稳定。发展是第一要务，稳定是第一责任。当前，北海正处在经济社会发展的黄金期，也是社会矛盾的凸显期，维护社会和谐稳定尤为重要。必须加强和创新社会管理，维护社会秩序、促进社会和谐、保障人民安居乐业，为推动北海跨越发展营造良好社会环境。一要加强和完善社会管理格局。切实加强党的领导，强化政府的社会管理职能，加强和完善党和政府主导的维护群众权益机制，形成科学有效的利益协调机制、诉求表达机制、矛盾调处机制、权益保障机制。二要积极化解人民内部矛盾。加强社会矛盾源头治理，针对重点领域、重点工作和群众反映突出的实际问题，深入开展社会矛盾大排查、大接访、大调处、大防控活动，最大限度地减少不和谐不稳定因素。三要切实确保社会公共安全。加强防灾减灾体系建设，健全突发事件应急管理机制，不断提高处置突发事件、保障公共安全、危机管理和抗风险能力；加强安全生产工作，突出抓好道路交通、烟花爆竹等重点领域的专项整治，坚决遏制重大事故发生；加强食品药品生产销售监管，确保人民群众饮食用药安全。四要推进依法治市。加强社会治安综合治理，健全社会治安防控体系，加强对流动人口的管理和服务，切实解决治安突出问题，依法严厉打击各种违法犯罪活动，增强人民群众的安全感。

同时，加强社会主义民主政治建设，大力发展社会主义民主，保障人民群众的民主权利。坚持和完善人民代表大会制度、中国共产党领导的多党合作和政治协商制度。加强统战工作和群团工作，巩固和发展爱国统一战线，注意发挥好人民团体在推动跨越发展、促进社会和谐中的重要作用。巩固和发展“双拥”成果，做好优抚安置工作，增进军政军民团结，加强国防动员和民兵预备役建设。

三、全面加强党的建设，为实现“两年明显见成效”提供可靠保证

推进北海三年跨越发展工程，关键在党、关键在人、关键在各级领导班子和干部队伍。繁重而艰巨的任务，对我们的素质能力和工作水平提出了更高要求。全市各级党组织要紧紧围绕发展大局，全面推进党的思想建设、组织建设、作风建设、制度建设和反腐倡廉建设，不断增强党组织的创造力、凝聚力、战斗力，为推动北海跨越发展提供可靠保证。

1.进一步贯彻落实“真抓实干，把事干成，造福百姓”的理念，充分激发广大党员干部开拓进取的激情和潜能。近两年来，市委一直强调要坚持“真抓实干，把事干成，造福百姓”的理念。这个理念是结合实际贯彻落实科学发展观的具体体现，有着丰富的科学内涵和很强的现实针对性。

“真抓实干”既是一种从政理念，也是一种政治觉悟，更是一种工作作风。马克思有一句名言：“一步实际行动胜过一打纲领”。邓小平同志讲过，世界上的事情都是干出来的，不干，半点马克思主义都没有。这些都是被大量事实和历史经验证明了的道理。推动北海跨越发展需要真抓实干，否则，一切都无从谈起。全市各级各部门和广大党员干部要发扬求真务实、真抓实干的良好作风，团结带领全市人民，脚踏实地、埋头苦干，把握机遇、乘势而上，进一步把市委实施北海三年跨越发展工程的决策部署贯彻落实好。

“把事干成”既是一种坚毅决心，也是一种庄重承诺，更是干部素质能力的体现。把事干成，反映出来的是党性和境界，体现出来的是意志和胆识，检验出来的是能力和水平。只有把事干成，才能向老百姓交账；只有把事干成，老百姓才会认账。要把解决问题、推动工作、促进发展作为检验工作成效的重要标准，把精力放在解决问题上，把功夫下在推动工作上，把本领用在促进发展上，对所负责的工作任务，做到坚定信心、下定决心、保持恒心，一股劲抓到底，确保把事干成。

“造福百姓”既是党的宗旨的内在要求，也是坚持以人为本关注民生的具体体现，更是一种重大的政治责任。实现好、维护好、发展好人民群众的根本利益，是我们一切工作的出发点和落脚点。我们在推进北海三年跨越发展工程的过程中，必须自觉落实科学发展观的要求，真心实意为民解难，尽心竭力为民办事，想方设法保障和改善民生，让老百姓真切感受到近年来发生的积极变化，分享到北海跨越发展的丰硕成果，过上更加幸福美好的生活。

全市各级党组织和广大党员干部，必须把“真抓实干，把事干成，造福百姓”的理念，贯彻到实施北海三年跨越发展工程的各方面和全过程，不能把“真抓实干”当作空洞口号，也不能让“把事干成”变成空泛承诺，更不能使“造福百姓”成为空头支票。

2.进一步把握正确的用人导向，着力建设高素质干部队伍。只有把领导班子和干部队伍建设好，才能又好又快地推动北海跨越发展。在换届工作中必须坚持正确的用人导向，按照德才兼备、以德为先的标准，公道正派地选人用人，给想干事的人以机会，为能干事的人提供舞台，确保干部队伍人心稳定，保持工作的连续性。继续深化干部人事制度改革，完善干部选拔任用机制，健全领导班子和领导干部考核评价制度。坚持重点在“三个一线”发现、培养、考察和使用干部，并注意选拔那些埋头苦干、任劳任怨、不事张扬的干部。推进新一轮大规模培训干部工作，加强干部实践锻炼，加强对干部的教育、管理和监督。加快人才队伍建设，为跨越发展提供人才支撑和智力保障。

3.进一步加强党的组织建设，不断提高党建工作科学化水平。强化理论武装，不断提高党员干部的思想政治素质和推动跨越发展的能力。深化拓展“创先争优”活动，讲求实际效果，建立长效机制，达到中央关于“四个更加注重”的目标要求，就是更加注重融入中心工作、更加注重保障改善民生、更加注重加强基层组织、更加注重务求实效。继续深入开展“党组织建设年”活动，推进基层组织建设规范化、示范化、品牌化、信息化建设。强化党建带工建、团建、妇建工作。精心组织好庆祝建党90周年的各项活动，加强党史、党情和党的理论路线方针政策教育，增强全市党员保持先进性和发挥先锋模范作用的自觉性。

4.进一步抓好党风廉政建设，为跨越发展提供有力保证。深入贯彻落实“以人为本、执政为民”理念，切实加强对贯彻执行上级党委重大决策部署的监督检查，严明党的政治纪律，确保政令畅通。加强对反腐倡廉建设中群众反映强烈突出问题的治理，进一步纠正损害群众利益的不正之风，切实维护群众利益。推进惩治和预防腐败体系建设，切实抓好理想信念教育和党性党风党纪教育，做到教育在先、预防在先。通过加强教育、让人不想腐败，通过完善制度、让人不能腐败，通过严肃惩处、让人不敢腐败，防止出现“项目上去、干部倒下”的现象。加强领导干部廉洁自律工作，认真贯彻落实中央新修订的《关于实行党风廉政建设责任制的规定》，严格执行廉政准则和领导干部报告个人有关事项规定，积极探索对党政主要领导的刚性监督制约制度，防止权力失控、决策失误、行为失范。加强对全市性重大决策过程的监督。积极开展公共资源集中交易试点改革工作，着力从源头上治理和预防腐败。加大查办违纪违法案件工作力度，严肃查处重点领域和关键岗位发生的腐败案件。帮助纪检监察机关解决实际困难和问题,保证纪检监察机关充分履行职责。需要特别强调的是,在换届过程中,要严明换届纪律,加强对换届工作的全过程监督和严格问责,用铁的纪律保证换届风清气正。

5.进一步加强作风效能建设,切实提高执行力和服务水平。常言道:“三分决策,七分执行。”正确的决策能不能产生理想的效果,关键在于执行。执行得好,就能让决策层的决心及意图转化为实际行动和显著成效;得不到执行或执行不力,再好的决策部署都会落空。因此,提高执行力,既是能力和水平问题,又是党性和作风问题。必须巩固“工作落实年”活动成果,推进加强机关效能和干部作风建设,提高执行能力,确保政令畅通,确保市委实施北海三年跨越发展工程的决策部署全面有效落实。广大党员干部特别是领导干部要切实改进工作作风,做到咬住目标不动摇、工作标准不降低、自我要求不放松、换届之年不浮躁,自觉戒骄、戒懒、戒空、戒虚、戒假、戒奢,敢于担当、敢于负责,认真干事、用心干事、把事干成,努力把市委、市政府明确要求做和自己应该做、必须做、能够做的各项工作做实做好。要集中精力确保各项工作迅速有效开展,尽量压缩各种会议的数量、规模和时间,最大限度地减少没有实效的外出考察和各种不必要的迎送、应酬,切实把精力投入到工作中。

同志们,推动北海跨越发展,面临着难得的机遇,具备了较好的条件,展现出广阔的前景。让我们更加紧密地团结在以胡锦涛同志为总书记的党中央周围,高举中国特色社会主义伟大旗帜,以邓小平理论和“三个代表”重要思想为指导,全面贯彻落实科学发展观,深入贯彻落实市委九届八次、九次全会的决策部署,奋力推进北海三年跨越发展工程,确保实现“两年明显见成效”和“十二五”发展的良好开局,以优异成绩迎接中国共产党成立90周年!

北海市人大常委会工作报告

——在北海市十三届人大七次会议上

市人大常委会副主任　李　蔚

（2011 年 1 月 12 日）

各位代表：

我受市人大常委会委托，向大会报告工作，请予审议。

2010 年的主要工作

2010 年是我市实施三年跨越发展工程的第一年，也是市委团结带领全市人民坚定信心，开拓奋进，夺取经济建设、政治建设、文化建设、社会建设以及生态文明建设重大胜利的一年。一年来，常委会在市委的正确领导下，以邓小平理论和“三个代表”重要思想为指导，深入贯彻落实科学发展观，坚持党的领导、人民当家做主、依法治国有机统一，围绕中心，服务大局，以推动北海三年跨越发展工程为主题，认真贯彻落实《市委关于进一步加强和改进人大工作的决定》，依法行使好监督权、人事任免权、重大事项决定权，加强自身建设，提高履职能力，充分发挥地方国家权力机关的职能作用，为促进我市经济发展和社会进步作出了新贡献。

一、围绕中心，突出重点，推动市委重大决策部署贯彻落实成效显著

一年来，常委会千方百计推动市委重大决策部署贯彻落实，积极投入优化环境、推进项目、改善民生工作，全面推进北海三年跨越发展工程。

（一）积极推动经济发展

推动北海经济快速发展是实现三年跨越发展工程的核心内容。常委会充分发挥自身职能作用，全力促进我市经济跨越发展。

——全力服务推进重大项目建设。重大项目建设是加快经济发展的重中之重。按照市委“全市把项目建设作为头号大事来抓”的要求，市人大常委会全力支持和依法监督政府及有关部门推进重大项目建设。一是审议工作报告提出建议。常委会听取审议了市政府关于计划执行和财政预算执行情况报告等有关重大项目建设情况报告，着重就强力推进重大项目建设提出建议并督促办理落实。二是深入项目现场调研检查督促。常委会领导 16 次带领由常委会委员、人大代表组成的调研组深入到有关部门、企业和项目现场调研视察，督促加快推进项目建设。三是积极参与项目建设主战场工作。常委会领导担任中石化项目征地搬迁指挥部指挥长，深入一线做艰苦细致的群众工作，协调解决相关困难和问题，及时有力推进征地搬迁。四是为解决项目建设资金不足的瓶颈和难题出力。常委会先后作出 6 项决定决议，依法支持政府通过投融资平台筹措资金，支持项目建设。

——加强对经济工作监督，促进产业发展。常委会把加强对国民经济和社会发展计划、预算制定与执行的监督，作为推动全市经济跨越发展的着力点，及时听取和审议政府及发改、财政和审计等部门工作报告，有针对性地提出加快经济发展的意见和建议。特别是扩大了常委会组成人员、人大机关委室对国民经济和社会发展计划、预算执行情况预审的参与面，并对发改、财政部门的工作报告首次采取票决制测评。常委会注意推动产业发展，听取审议了市政府关于旅游产业发展情况报告，提出了要规划先行、理顺体制等加快旅游产业发展 9 条建议，市委、市政府对此高度重视，就相关问题作出了具体安排。

（二）积极推动保障和改善民生

保障和改善民生是北海三年跨越发展工程的重要内容之一。去年，常委会听取审议的“一府两院”16 个专项工作报告中，有 8 个报告直接涉及老百姓普遍关注的民生问题，开展的 12 项执法检查也大多与民生问题密切相关。

教育、医疗卫生、住房、就业等民生问题，常委会高度关注。就群众关注度较高的市区中小学布局不合理，中小学生上学难问题，常委会听取审议了市政府关于市区中小学布局规划工作报告，提出了完善布局，科学规划，搬迁、新建一批学校等5条建议。市政府认真研究落实建议,已启动市区中小学布局重新规划,逐步增加建设学校。被征地农民生活和就业问题也是一个重要的民生问题,常委会听取审议了市政府关于被征地农民生活就业工作情况报告,提出了要采取有效措施帮助被征地农民解决就业问题等6条意见建议,推动有关部门积极想方设法帮助群众解决生活就业问题。为改善我市归侨侨眷住房困难,常委会听取审议了市政府关于归侨侨眷危旧房改造情况报告,对危旧房改造提出了意见和建议。常委会还听取审议了市政府关于传染病防治工作情况报告,提出了尽快建设医疗垃圾处理厂等建议。政府认真落实建议,及时启动并加快了医疗垃圾处理厂建设。一年来,常委会对民生路网建设、北中和二医院搬迁等一批民生项目进行了视察调研。

(三)积极促进社会和谐稳定

促进社会和谐稳定,加快建设宜居北海,是北海三年跨越发展工程的重要组成部分。常委会为促进社会和谐稳定也作出了应有的努力。一抓普法工作,推进依法治市。常委会积极参与对我市落实"五五"普法和依法治市情况进行全面检查。二抓有关工作审议。听取审议了市中级人民法院关于民事执行工作报告。三抓信访工作。制定了《北海市人大信访工作制度》,坚持常委会领导信访接待日制度,耐心倾听群众诉求,积极化解社会矛盾,加强信访案件的督查督办,推动解决了人民群众关心的一批实际问题。全年接待群众来信126件,来访154件383人次,受理152件,已办结109件,办结率达72%。所办结信访件经回访,当事人都表示基本满意。

二、强化措施,改进方法,监督实效明显增强

常委会严格按照监督法要求,积极探索完善监督工作方法,认真监督和积极支持"一府两院"的工作。在坚持测评专项工作报告、引入舆论监督等成功做法的基础上,学习借鉴外地经验,积极改进监督工作方法,努力增强监督实效,得到了自治区人大常委会的充分肯定,《中国人大》、《人民代表报》和《广西人大》等媒体也作了宣传报道。

强化审议监督。常委会在通过媒体公开向社会征集议题,并征求常委会组成人员及人大代表意见和建议选好议题的基础上,切实加强会议审议。全年听取审议专项报告16个,比上年增加了3个,是本届常委会审议议题最多的一年。为了提高审议质量,常委会改变了过去主要在全体会议审议,很少进行分组审议的做法,在集中听取专项工作报告之后,都实行分组审议,会议时间也适当延长,使常委会组成人员能够充分发表意见。常委会把开展询问作为常态,每次常委会会议都要求有关部门负责人列席听取意见建议,回答常委会组成人员的询问。如在审议市政府关于住房公积金管理情况报告时,常委会组成人员就干部职工反映的提取住房公积金环节多、手续繁的问题,请列席会议的有关部门负责人作说明,常委会组成人员在更详尽了解情况基础上提出更中肯可行的建议。通过这种面对面的对话交流互动,使人大通过必要的监督来达到推动和支持政府工作的目的。

强化调研监督。通过调研推进有关工作,是去年常委会大力加强而且取得良好效果的一项措施。一是对要审议的议题都由常委会领导带领常委会委员、人大代表、群众代表参加的调研组进行深入调查研究。通过调研,全面、真实、准确地了解专项工作情况,在审议时提出更有针对性的意见建议,也把调研当作促进工作的过程。二是围绕市委重大决策部署和事关民生问题开展调查研究,强力推动有关工作。一年来,常委会开展各类专题调研活动32次,并且写出了不少高质量的调查报告。人大各专门委员会和常委会工作机构、办事机构也开展了一系列调查研究,为领导科学决策和常委会正确行使职权提供了必要参考,为促进有关工作发挥了积极作用。

强化跟踪监督。做好跟踪督办工作,是审议专项工作报告取得实效的根本保证。去年,常委会注重抓审议建议的跟踪督办,力促建议办理更实在、更到位、更有效。除了跟踪督办当年所有审议意见建议以外,还对往年审议意见建议办理情况,特别是关于加快建设医疗垃圾处理厂、改善市区交通状况等等涉及大局和民生,该办能办的实事,进行了持续、反复的跟踪督办,有效地推动了相关工作,取得良好的监督效果,医疗垃圾处理厂已于去年底建成点火运行,北海大道若干路口改造基本完成。常委会注重加强执法检查,开展了《城市规划法》等12个法律法规的执法检查工作。出台《北海市人大常委会规范性文件备案审查办法》,开展相关工作,共备案政府规范性文件8件。

三、依法办事,建章立制,常规性工作成绩可喜

过去的一年,我们在紧紧围绕市委工作重点,依照人大职能和工作特点做好以上工作的同时,努力做好人大经常性工作,在建立决定重大事项制度、发挥代表和专门委员会作用、人事任免和信访等方面都取得了可喜成绩。

(一)建立制度,决定重大事项取得新突破

常委会依法制定了《北海市人民代表大会常务委员会讨论决定重大事项办法》,在讨论决定重大事项规范化方面取得新突破。《办法》对讨论决定重大事项的原则、程序和重大事项的范围作了明确规定。《办法》的制定实施,进一步提高和保证了重大事项决定的规范化、程序化、科学化和民主化。一年来,常委会认真行使重大事项决定权,作出决议决定10项,通过法定程序把市委的重大决策变成地方国家权力机关的决议、决定,成为广大人民群众的意志和行动。

（二）加强服务，代表工作实效获得新提高

为了充分发挥人大代表作用，常委会采取了一系列措施加强代表工作。一是更加注重加强代表建议办理。听取审议代表建议办理工作报告由过去年末一次审议改为年中、年末两次审议，并在媒体上公布审议意见，督促承办单位认真抓紧落实整改。提高督办频率和强度，持续督办、反复督办重点建议办理，常委会领导带领常委会委员和部分人大代表多次深入县区和承办单位督办检查。这些措施，有效地促进了代表建议办理，市十三届人大六次会议和闭会期间收到的115件建议全部办结并答复代表。二是更加注重提高代表参与程度。每次常委会会议都邀请与议题有关的代表列席，专门委员会也邀请代表参加相关会议或调研；常委会组织的执法检查、专题视察调研、各种座谈会都邀请相关方面代表参加，全年共有516名代表参加了上述活动，发表意见，提出建议，为提高常委会和专门委员会工作质量发挥了积极作用。三是更加注重加强代表服务工作。制定和完善了常委会领导接访代表制度、代表视察办法，使代表工作有章可循。组织代表学习培训，不断提高代表履职能力。

（三）严格依法，人事任免工作取得新成绩

常委会坚持党管干部与依法任免干部相统一原则，努力实现党内工作程序与常委会法定工作程序有机结合。一年来，常委会共任免市国家机关工作人员53人次，其中政府30人次，法院16人次，检察院7人次。

四、强化学习，改变作风，自身建设不断加强

常委会坚持把加强自身建设摆在重要位置，采取有效措施提高常委会组成人员履职能力和机关工作人员服务水平，常委会思想、制度、作风和组织建设得到了进一步加强。

（一）政治建设进一步加强

常委会坚持把思想政治建设摆在首位，把坚持正确政治方向贯穿于人大依法履职的全过程。常委会和人大机关举行了科学发展观座谈会，开展创先争优活动，举办了常委会组成人员学习培训班。市委书记、市人大常委会主任王小东亲自给组成人员作学习动员报告，要求组成人员务必增强学习意识、核心意识、使命意识、法律意识和大局意识，就把握人大工作正确政治方向，牢固树立党的领导核心等问题提出了明确要求。组成人员通过听动员报告、听专家讲课、讨论交流、实地考察，政治素质得到了进一步提升。

（二）制度建设进一步加强

去年，是制度建设卓有成效的一年，我们制定完善了常委会会议、主任会议和机关的议事规则和工作制度，推进人大工作的制度化、规范化。常委会制定了议事规则、讨论决定重大事项办法、规范性文件备案审查办法、代表视察办法等等，主任会议通过了常委会领导接访代表制度、主任会议议事规则，机关制定了办文工作制度、信访工作制度。这些制度的实施，使常委会和机关工作进一步提高了议事办事效率。

（三）机关建设进一步加强

市人大机关按照吴邦国委员长“政治坚定、业务精通、务实高效、作风过硬、团结协作、勤政廉洁”的要求，努力创建学习型、创新型、实干型、和谐型服务班子。通过党组理论学习中心组、常委会组成人员培训班、机关人员学习班等多种形式，认真学习邓小平理论、“三个代表”重要思想和科学发展观，学习宪法、法律，学习业务知识专业技能，学习《国务院关于进一步促进广西经济社会发展若干意见》和《广西北部湾经济区发展规划》，努力提高自身政治素质、工作水平和能力。坚持依法办事，积极作为，注意探索做好人大工作的新思路、新途径、新方法。转变工作作风，深入实际视察调研，监督促进相关工作，尽力为推动我市经济发展和民生改善做实事。主动做好社会主义新农村建设联系点工作，为合浦县大新村等联系点协调解决危桥、抗旱、特困群众住房等急难问题。协助全国人大和自治区人大做好执法检查、视察、调研、会议和培训等工作。加强对外交往，通过外出学习考察，借鉴外地经验和到县区乡镇人大作工作调研，加强和改进了我们的工作。全年接待各级各地人大客人430批，3700多人次，为宣传北海，提高北海美誉度做了有益工作。继承和发扬团结协作的优良传统，全面完成各项工作任务，常委会及机关形成团结和谐、努力做事的工作氛围，树立了风清气正的良好形象。

各位代表！一年来，常委会工作取得了可喜的成绩，得到了市委和自治区人大的肯定。这些成绩的取得，是在市委正确领导下，全体代表、常委会组成人员、专门委员会组成人员与市人大机关工作人员共同辛勤工作的结果，是“一府两院”及其工作部门积极配合、各县区人大常委会大力支持的结果，是在座各位以及全市人民关心支持的结果。借此机会，我代表市人大常委会，向大家致以崇高的敬意和衷心的感谢！

在肯定成绩的同时，我们也清醒地认识到，常委会的工作还存在一些薄弱环节，主要有：监督工作的针对性、实效性还需要进一步增强，代表履职活动的形式和内容还需要进一步丰富，自身建设还要进一步加强。我们将在今后的工作中高度重视，不断加以改进。

2011 年的主要任务

2011 年是实施“十二五”规划的第一年，也是实施北海三年跨越发展工程的关键一年。做好今年工作，意义重大而深远。常委会 2011 年工作的总体要求是：以邓小平理论和“三个代表”重要思想为指导，深入贯彻落实科学发展观，按照市委九届九次全会和本次大会精神，紧紧围绕三年跨越发展工程和“十二五”规划目标，积极服务大局，主动服务群众，依法行使职权，增强监督实效，努力推动市委重大决策部署贯彻落实，为促进经济平稳较快发展，深化改革开放，保障和改善民生，保持社会和谐稳定作出新的更大贡献。2011 年，在继续做好讨论决定重大事项和人事任免工作的同时，重点要做好以下工作：

一、坚持正确方向，突出工作重点，进一步做好监督工作

坚持党的领导、人民当家做主、依法治国的有机统一。突出工作重点，依法开展好监督工作，加快推动北海三年跨越发展工程。以推进项目建设、壮大优势产业为目标，进一步加强对经济工作的监督。除了听取审议计划和财政报告以外，重点听取审议市政府关于政务服务、推进农业产业化经营、水污染防治等工作报告。跟踪督查监督去年对旅游产业发展、融资平台贷款使用管理等工作报告审议意见的办理情况。深入调研促进石化项目、电子产业园和临港工业等重大项目、支柱产业建设。以促进社会和谐稳定为目标，进一步加强对解决民生问题的监督。重点听取审议市政府关于社会治安、食品安全管理、城市管理、经济适用房和廉租房建设等工作报告，跟踪督查市区中小学布局、被征地农民生活就业工作报告审议意见建议办理情况。以增强监督实效为目标，进一步完善监督工作方法。依法开展专题询问。加强专项工作审议，加强视察调研，加强对审议意见办理情况的跟踪督查，继续探索引入舆论监督新方法，强化监督工作宣传。

二、提高服务意识，完善工作措施，进一步做好代表工作

进一步完善代表工作制度，努力提高服务意识和水平，更好地发挥代表的作用。把办理代表建议和推动改进工作更有效地结合起来，完善代表建议的交办、办理和督办工作机制，加强与“一府两院”联系沟通，强化重点建议跟踪办理。把代表参与常委会活动与提高常委会工作水平更有效地结合起来，精心组织代表列席常委会会议和专门委员会会议，参加执法检查和专题调研等活动，认真听取和吸收代表的意见和建议，不断改进常委会工作。把代表闭会期间活动与提出议案建议更有效地结合起来，精心组织代表专题调研和集中视察，帮助代表提高议案建议水平。

三、加强理论学习，努力开拓创新，进一步搞好自身建设

继续加强自身建设，牢牢把握人大工作正确政治方向，牢固树立党的观念、政治观念、大局观念、群众观念和法治观念。完善工作制度，加强调查研究，密切联系群众，充分发挥专门委员会作用，不断提高审议质量和工作水平。要以创新、高效、和谐为目标，全面加强机关建设，更好地发挥集体参谋助手和服务班子的作用。

四、坚持党的领导，严格依法办事，做好换届筹备工作

今年是人民代表大会换届之年，我们要在市委领导下，按照“明确分工、落实责任、精心组织、统筹安排、密切配合”的要求，做到常规性工作和换届工作两不误，缜密细致地做好北海市人民代表大会换届选举各项组织筹备和服务保障工作，确保任务顺利完成。

各位代表！我们的目标宏伟而催人奋进，我们的使命艰巨而光荣神圣。让我们在市委的正确领导下，团结进取，扎实工作，为推动北海科学发展、和谐发展、跨越发展而努力奋斗！

政府工作报告

——在北海市十三届人大七次会议上

北海市市长　连友农

（2011 年 1 月 12 日）

各位代表：

现在，我代表北海市人民政府向大会作政府工作报告，请各位代表连同《北海市国民经济和社会发展第十二个五年规划纲要（草案）》一并审议，并请各位政协委员和其他列席人员提出意见。

一、“十一五”时期工作回顾

“十一五”时期是北海发展历史上极不平凡的五年。五年来特别是 2009 年以来，在自治区党委、政府和市委的正确领导下，在市人大及其常委会的监督和市政协的支持下，市政府团结带领全市人民，坚持以邓小平理论和“三个代表”重要思想为指导，深入学习实践科学发展观，抢抓广西北部湾经济区开放开发纳入国家战略和中国—东盟自由贸易区建成的新机遇，克服国际金融危机冲击和冰冻干旱自然灾害等困难，开拓创新，真抓实干，圆满完成了国民经济和社会发展第十一个五年规划。过去五年，是我市经济社会发展取得重大成就、进入跨越发展新时期的五年，是北海人气加快集聚、城市形象和知名度迅速提升的五年，是人民群众得到更多实惠、和谐社会建设成效显著的五年。

——地区生产总值从 2005 年的 165 亿元提高到 2010 年的 397.6 亿元，年均增长 15.85%，比“十五”时期快 4.30 个百分点。人均地区生产总值从 11080 元提高到 24315.85 元，高出广西平均水平 5276 元；

——财政收入从 16.8 亿元提高到 47.1 亿元，年均增长 22.89%；

——全社会固定资产投资累计完成 1230 亿元，是“十五”时期 208 亿元的 5.9 倍，年均增长 48.5%；

——规模以上工业增加值从 27 亿元提高到 115.32 亿元，年均增长 31.91%；

——外贸进出口总额从 2 亿美元提高到 13.7 亿美元，年均增长 46.83%；

——新引进项目实际到位资金 640 亿元，是“十五”时期 110 亿元的 5.8 倍。实际利用外资 3.67 亿美元，是“十五”时期 1.14 亿美元的 3.2 倍；

——城市建成区面积从 66.05 平方公里提高到 85.82 平方公里，城镇化率从 47.4%增加到 51.3%，高于全区水平 10.7 个百分点。境内等级公路里程达 2414 公里，公路密度位居全区第一；

——城镇居民人均可支配收入从 9520 元提高到 16798 元，年均增长 12.03%。农村居民人均纯收入从 3180 元提高到 5426 元，年均增长 11.28%；

——社会消费品零售总额从 46.24 亿元提高到 108 亿元，年均增长 19.66%。

上述 14 项指标增幅全部为“九五”以来最高，其中外贸进出口总额增幅为“六五”以来最高。

五年来，全市经济社会发展呈现出以下显著特点：

（一）三次产业协调发展，产业结构持续优化。三次产业结构由 25.3∶36.3∶38.4 调整为 22.0∶42.2∶35.8，工业主导地位明显增强，产业结构进一步优化。园区经济成为经济发展的重要支撑，占全市规模以上工业产值比重超过 60%。2010 年北海工业园区完成产值超过 100 亿元，成为广西少数几个产值超百亿元园区之一；北海出口加工区完成进出口及保税物流总额 10.4 亿美元，进出口业绩位居中西部（含东北）22 个海关特殊监管区第三位。铁山港（临海）工业区成为广西沿海三大工业区之一。2010 年电子信息产业产值 180 亿元，其中制造业占广西的比重超过 50%。农业基础地位得到加强，产业化程度不断提高，龙头企业达 42 家，农村基础设施建设步伐加快，社会主义新农村建设扎实推进。累计接待国内游客 3521.32 万人次、旅游收入 209.86 亿元，年均分别增长 12.72%和 18.99%；接待境外游客 28.54 万人次、旅游创汇 0.78 亿美元，年均分别增长 13.59%和 21.1%。涠洲岛规划建设得到国家重视和支持，《涠洲岛旅游区发展规划》通过国家评审，全面开发建设步入新阶段。北海机场新航站楼投入使用，旅客吞吐量从 2005 年的 20 万人次提高到 2010 年的 70 万人次。累计完成港口吞吐量 4925.4 万吨、集装箱 23.6 万标箱，分别是“十五”时期的 1.58 倍和 2 倍。

(二)重大项目建设实现历史性突破,发展基础不断夯实。累计实施重大项目469个,完成投资432亿元。盼望多年的北海炼油异地改造石化项目(20万吨/年聚丙烯)开工建设,将于今年9月正式投产,掀开了北海石化产业发展历史新一页。诚德新材料一期工程建成。中电北海产业园当年招商、当年动工、当年开园。建兴光电、景光电子、惠科电子、冠德电子、中粮20万吨燃料乙醇等产业项目建成投产。铁山港1~2号泊位建成并开港,3~4号泊位、邮轮码头、南宁至北海铁路扩能改造、玉林至铁山港铁路和高速公路开工建设。涠洲岛旅游观光、金海湾红树林生态游、老街步行街等旅游项目建成运营,冠岭、森海豪庭等8个高星级酒店项目,北部湾体育中心、北海中学异地搬迁和二医院迁建等社会事业项目开工建设。

(三)城镇化步伐加快,城市面貌日新月异。坚持高起点规划、高标准建设、高水平管理,完成城市总体规划和土地利用总体规划修编。城市定位更加准确,区域分工更加合理,北海组团和铁山港(龙潭)组团错位发展和互动发展,拉开了城市发展的全新格局。合浦县城建设步伐加快。银滩中区改造建设扎实推进,征地拆迁基本完成;东、西区开发建设全面启动,加快推进。基础设施逐步完善,城市功能不断提升,"烂尾楼"痕迹彻底消除,房地产市场全面复苏并进入持续健康发展的新阶段。房地产业完成投资232.25亿元,是"十五"时期的7倍。特别是2009年以来,民生路网一期、二期工程23条道路如期完成,城区主干道路基本修通完善,南珠客运站建成使用,交通状况显著改善。城乡清洁工程和城乡风貌改造深入实施,净化、绿化、彩化、亮化、美化工程成效明显。污水和垃圾处理项目建设力度空前,一批设施投入使用。节能减排扎实推进,万元生产总值能耗、万元规模以上工业增加值能耗年均分别降低2%和13.44%,主要污染物总量减排指标2009年提前达到"十一五"末控制目标。入选"中国十佳宜居城市"、"中国十大休闲城市"和中国最具投资潜力城市50强,荣获"中国人居环境范例奖"。

(四)各项改革扎实推进,开放合作深入开展。全市159家国有企业已完成改制94家。四大国有投融资平台完成融资56.15亿元。与国家开发银行合作的银投公司融资76亿元项目,被誉为"以城建城、以城兴城、以城养城"的新模式。土地延包工作完成,集体林权制度改革和医药卫生体制改革扎实推进,机构改革进展顺利。大力深化国际国内多区域经济合作,出海通道、交流桥梁、合作平台的地位与作用明显增强。成功承办2008泛北部湾经济合作论坛,发起并举办三届泛北部湾区域经济合作市长论坛。获批国家科技兴贸创新基地、加工贸易梯度转移重点承接地。预计2010年外贸进出口总额增幅排广西第一位。

(五)各项事业全面进步,社会建设加快推进。申报国家历史文化名城喜获成功,《碧海丝路》荣获国家"五个一"工程奖,文化软实力不断提升。国家级高新技术企业达10家,自治区级达36家。"两基"巩固提高通过国家验收,高中教育阶段毛入学率达87%,职教攻坚全面展开,大学园区初具规模,高校在校生超过2.6万人,为2005年的3.5倍。新型农村合作医疗参合农民107.5万人,参合率达95.69%。人口自然增长率控制在10‰以内。竞技体育成果丰硕,涌现出陈业青、劳义等世界冠军和亚洲冠军。再次荣获全国双拥模范城。妇女儿童、老龄、残疾人事业等方面工作取得新成绩。人才、监察、审计、统计、供销、二轻、扶贫、粮食、人防、海防、消防、民族、宗教、气象、防震、地方志、档案、外事、侨务、社会科学、经济研究等各项工作取得新进步。

(六)切实解决民生问题,人民生活全面改善。投入民生领域资金117.7亿元,是"十五"时期的4.6倍。累计城镇新增就业13.44万人,城镇登记失业率控制在3.5%以内,农村劳动力转移就业10.75万人。社会保障体系不断完善,社会保险覆盖范围进一步扩大。城市低保每月保障人数达3.3万人,农村低保6.6万人。市场价格总体保持稳定,低收入群体基本生活得到保障。减轻社会负担1.6亿元。建成廉租住房12.08万平方米、经济适用房13.07万平方米。坚持集中财力解决涉及群众切身利益的问题,办成了一大批教育、文化、医疗、广电、农村基础设施等方面的实事。

刚刚过去的2010年,是实施"北海三年跨越发展工程"的第一年,我们按照定人员、定职责、定时间、定进度的"四定"要求,扎实做好各项工作,主要经济指标增幅继续位居广西前列,为三年跨越发展继续打基础之年的各项任务全面完成。全年实现地区生产总值增长17.6%;财政收入增长31.75%;全社会固定资产投资485.2亿元,增长50.8%;规模以上工业增加值增长42.1%;社会消费品零售总额增长18.89%;居民消费价格指数控制在3.1%以内;城镇居民可支配收入增长11%;农村居民人均纯收入增长15.52%;城镇新增就业人数38164人;城镇登记失业率控制在3.06%以内;实际利用外资0.99亿美元,新引进项目实际到位资金250亿元;年初确定的12件为民办实事项目全部完成。

五年来,我们切实加强政府自身建设,完善政府工作和管理制度,进一步转变作风,加强能力建设,提高行政效能和政府执行力,扎实构建服务政府、责任政府、法治政府、廉洁政府。深化行政审批制度改革,推进政务公开和政府信息公开,建成全区最大的政务服务中心。千方百计化解历史遗留问题,累计化解历史债务32亿元。金融生态环境实现根本性改善,金融机构贷款余额从127亿元提高到238亿元,不良贷款率从最高的38.83%降为7.31%,北部湾银行、兴业银行先后设立北海分行。安全生产状况和社会治安形势持续好转,应急救援及时高效,人民群众安全感明显增强,社会保持和谐稳定。

五年来,我们认真贯彻执行市人大及其常委会各项决议决定,加强向市人大及其常委会报告工作,主动接受市人大及其常委会依法监督。加强与市政协联系,支持政协委员参政议政。切实做好建议和提案办理工作,人大代表建议和政协提案办结率达100%,满意率达99.4%。

各位代表!“十一五”时期取得的成绩来之不易,这是自治区党委、政府和市委科学决策的结果,是市人大及其常委会和人民政协监督支持的结果,是历届班子历任领导打好基础的结果,是各级各部门和全市人民真抓实干、团结拼搏的结果。在此,我代表市人民政府,向广大干部群众,向驻市人民解放军和武警官兵,向中央、自治区驻市单位,向所有关心、支持和参与北海建设的海内外朋友表示崇高的敬意!对各位人大代表、政协委员给予政府的高度信任和大力支持表示衷心的感谢!

在肯定成绩的同时,我们也清醒地看到,我市经济社会发展还存在不少困难和问题:经济总量偏小、综合竞争力不强、可用财力不足的状况还没有根本改变;重大项目前期工作推进还不够快,基础设施建设依然滞后,港口物流优势尚未得到充分发挥;社会事业发展仍不能满足需要,保障和改善民生仍有许多工作要做;投资软硬环境还需进一步优化,政府自身建设还需进一步加强;等等。我们将高度重视这些问题,努力加以解决。

二、“十二五”时期目标任务

“十二五”时期是北海实现跨越发展的关键时期,我们必须主动适应新形势、抢抓新机遇、完成新使命、实现新跨越。今后五年工作的总体思路是:以邓小平理论和“三个代表”重要思想为指导,深入贯彻落实科学发展观,以科学发展引领跨越发展,以跨越发展落实科学发展,深入实施《国务院关于进一步促进广西经济社会发展的若干意见》和《广西北部湾经济区发展规划》,全面落实自治区“富民强桂”新跨越和市委九届九次全会的决策部署,坚持“以空间换时间、以资源换产业、以存量换增量”的发展理念,以保障和改善民生为立足点,以“推进项目,壮大产业”为抓手,着力完善基础设施,着力增强产业支撑,着力转变经济发展方式,着力优化发展布局,着力深化改革开放,着力提升城市软实力,着力发展循环经济,着力发展社会事业,着力改善人民生活,如期完成“北海三年跨越发展工程”,不断提高工业化、信息化、城镇化、市场化、国际化水平,推动北海科学发展、和谐发展、跨越发展。

在综合分析各方面因素基础上,根据市委九届八次、九次全会通过的《中共北海市委员会关于制定国民经济和社会发展第十二个五年规划的建议》精神,《纲要(草案)》提出了“十二五”时期全市经济和社会发展的主要预期目标:经济总量较“十一五”实现较大跨越,转变经济发展方式取得实质性进展,人民物质文化生活明显改善,努力把北海建设成为产业支撑强、开放水平高、生态环境优、人民生活好、发展前景广的区域性国际化现代产业集聚基地、旅游商贸物流中心、开放合作重要平台和生态宜居文明城市。力争到2015年实现全市地区生产总值比2010年翻一番以上、达到1000亿元,人均GDP达到5万元,财政收入翻两番、达到190亿元。

——经济发展实现新跨越。培育发展一批大型骨干企业,工业化、城镇化达到全国平均水平,打造广西沿海新的增长极。地区生产总值年均增长14%(可比价),力争达到18%(可比价);财政收入年均增长28%,力争达到32%。

——经济质量迈上新台阶。发展方式加快转变,产业结构优化升级,产业支撑能力明显增强。工业增加值、财政收入占GDP的比重进一步提高。

——改革开放不断深化。统筹城乡综合配套改革成效明显,服务型政府建设取得新成效,非公有制经济发展活力不断增强。开放合作水平不断提高。力争口岸开放范围覆盖铁山港、涠洲岛、石步岭港区、北海机场等区域。建成面向东盟的出口加工基地。招商引资实现重大突破,利用外资质量明显提高,全方位、多层次、宽领域的开放合作格局全面形成。

——社会建设明显加强。科技发展步伐明显加快。主要劳动年龄人口平均受教育年限达到10年。完善文化基础设施建设,基本建立覆盖城乡的公共文化服务体系。加快推进医药卫生体制改革,基本建立覆盖城乡的卫生服务体系。城镇基本养老保险、失业保险和基本医疗保险覆盖面均达到95%以上,新型农村合作医疗参合率保持在90%以上,低收入人群社会保障水平稳步提高,社会救助体系比较完备。其他各项社会事业全面发展,社会管理水平不断提升,社会更加和谐稳定。

——生态宜居城市建设成效显著。区域协调和空间整合取得重大进展,建成功能完善、布局合理、安全高效的现代化基础设施网络。推进海湾新城(滨海新区)、冯家江新区、涠洲岛旅游区建设,完善城市功能,丰富宜居内涵。资源利用效率显著提高,生态环境保持良好。2015年,城镇污水集中处理率和垃圾无害化处理率均达80%以上,森林覆盖率31.6%,城市绿化覆盖率38%。国家园林城市创建成功,初步建成功能健全的生态宜居城市。

——人民生活水平显著提高。实现城乡居民收入增长和经济发展同步、劳动报酬增长和劳动生产率提高同步,低收入者收入明显增加，中等收入群体持续扩大，城乡居民收入差距扩大的趋势得到扭转。城镇居民人均可支配收入年均增长11%以上，农村居民人均纯收入年均增长11%以上。

为实现上述目标，“十二五”时期必须重点抓好以下八个方面的工作：

（一）优化城市空间结构，统筹协同“两大组团”发展

划分主体功能区，构建高效、协调、可持续发展的空间开发格局。统筹各产业园区与城市新区互动发展，实现发展产业与完善城市功能协调衔接。通过工业和港口物流等产业发展，带动铁山港区加快城市化进程。优化布局，提高县域经济竞争力。推进北海组团与铁山港（龙潭）组团联动发展，形成分工协同、互为依托的产业发展格局。北海组团重点发展高新技术产业和现代服务业，充分发挥城市依托优势。铁山港（龙潭）组团重点开发铁山港（临海）工业区和铁山港东岸地区，加快建设亿吨大港，大力发展临港产业和现代物流业，逐步建设成为现代化新城区、临海产业基地和现代物流中心。

（二）着力打造百亿元产业，培育壮大现代工业

做大石油化工产业。建成北海炼油异地改造石化项目（20万吨/年聚丙烯）、原油商业储备工程、北海至南宁成品油管道、铁山港至山口原油管道，启动和推进千万吨级炼油化工一体化、广西（北海）LNG等项目，积极发展中下游深加工产业，形成企业集群，打造石化产业基地。力争到2015年产值超过500亿元。

做强电子信息产业。按照硬件制造、软件开发和信息服务“三位一体”发展模式，打造中西部地区重要的信息产业制造基地、面向东盟的电子产品出口基地和承接东部产业转移示范基地。力争到2015年产值超过500亿元。

培育壮大临港产业。加快推进诚德新材料二期工程，积极引进深加工和物流配套企业，打造新材料产业园；加快发展风力发电、港口机械等装备制造产业；大力发展船舶修造及配套产业；积极发展能源化工和特种专用汽车制造业。力争到2015年产值超过500亿元。

发展林浆纸产业。大力发展纸浆、纸板、高档用纸和林板材生产，推动相关产业聚集，加快形成符合环保要求的制浆造纸企业集群。

做优农产品加工业。依托丰富的农业和海洋渔业资源，大力发展农产品精深加工业。积极培育加工龙头企业。申报和建设国家级水产品出口基地。力争到2015年产值超过200亿元。

（三）积极发展现代服务业，全面繁荣第三产业

做大做强旅游业。加快高端旅游产品开发，实施《涠洲岛旅游区发展规划》，全力推动涠洲岛整体开发。加快银滩国家旅游度假区深度开发。建设高星级滨海度假酒店群，大幅提升旅游竞争力。推进老街保护与开发，推动星岛湖、红树林、廉州湾休闲旅游带、合浦汉文化主题公园开发建设。加强旅游基础设施和公共服务体系建设，开辟连接泛北部湾地区各国的海上黄金航线，建设区域性国际滨海休闲度假旅游目的地和旅游集散中心。

建设区域性商贸物流基地。优化市区商业网点布局，建设新的大型专业市场、商业中心和会展中心。规划建设若干条专业商贸一条街。积极引进世界500强商贸企业。加快城镇集贸市场建设，引导和促进农村消费升级。坚持以港兴市战略，积极发展现代物流业。加快物流园区建设，培育现代物流企业。扩大港口吞吐能力和疏运能力，增开海运空运航线航班。加快发展石化、大宗农产品等专业物流。

促进房地产业健康有序发展。结合宜居北海建设，加强规划引导，保持合理投资规模，促进房地产业与旅游、文化及商业服务等产业协同发展。依法加强市场监管，确保房地产市场健康发展。加强保障性住房建设和管理，加快危旧房、棚户区、“城中村”改造。

加速发展现代金融业。继续优化金融生态环境，加大金融机构引入力度，拓展金融服务领域。健全银企合作长效机制，积极争取金融机构加大中长期信贷支持力度。大力拓展投融资渠道，鼓励发展新型金融服务业务和风险创业投资。

（四）推进城乡统筹发展，加快社会主义新农村建设

大力发展现代农业。推进农业科技进步和创新，促进农业发展方式转变，加快发展现代特色农业。加强粮食综合生产能力建设。积极发展设施农业和都市型特色农业。巩固发展名特优新水产品养殖，积极拓展远洋渔业。推进新一轮“菜蓝子”基地建设。加快建设中国—东盟北部湾（北海）现代渔港经济区和国家级农业科技园区、现代农业示范区。建立健全农业社会化服务体系。大力发展农村经济合作组织。

拓宽农民增收渠道。落实强农惠农政策，提高农民职业技能和创收能力，促进农民收入增长和经济增长同步。巩固提高农民家庭经营性收入。推进农村中等职业教育免费进程，抓好农民转产转业技能培训。大力发展劳务输出，促进农民就近转移就业。完善农业补贴制度。推动发展农村非农产业。积极创造条件增加农民财产性收入。规范涉农收费，减轻农民负担。

推进农村基础设施建设和公共服务。打造高效快捷的城乡交通路网体系。改造县乡道548公里，建设通建制村公路410公里、通自然村公路422公里，实现100%建制村通硬底化道路。提高水利保障能力，推进海河堤标准化建设和河道治理、灌区节水改造和节水技术应用。争取到2015年农村自来水普及率达到70%。实施农村安居工程，推进农村危旧房改造，支持垦区和林场危房改造。逐步建设污水排放和垃圾处理设施。健全农村电信服务网络，推进有线电视网络向农村延伸。

健全城乡一体化发展体制机制。精心编制统筹城乡发展总体规划，力争在广西率先实现城乡一体化发展。促进土地增值收益和农村存款主要用于农业农村发展。建立城乡统一的户籍管理制度，探索以身份证管理为核心的人口流动管理模式。积极探索覆盖城乡的公共财政体制、城乡教育无差距经费保障机制、城乡公共卫生服务均等化经费保障机制。促进城乡社会保障体系相衔接，逐渐缩小保障水平、管理服务等方面的差距。

（五）完善城市基础设施，增强发展承载能力

构建现代综合交通体系。新增铁路200公里，公路通车里程超过2800公里，力争把北海港打造成亿吨大港，北海机场升格为国际机场。建成广西沿海铁路扩能改造钦州至北海段、玉林至铁山港、合浦至湛江、铁山港支线和大型企业专用线等铁路。建成玉林至铁山港、贵港至合浦、松旺至山口等高速公路及广西滨海公路北海段，完成桂海高速公路北海段扩能改造，改造提升通达各乡镇的公路等级。建成铁山港公共码头3～10号泊位、石步岭港区三期工程、邮轮码头、公共客运码头，推进铁山港公共码头11～20号泊位、石步岭港区四期工程、铁山港航道疏浚三期和四期工程。扩建北海机场，适时启动涠洲岛小型通用航空基地建设。

完善市政基础设施。衔接好城市总体规划和土地利用、环境保护等规划，合理有序地推进城市基础设施建设。力争建成新行政中心。深入推进民生路网工程，完善市区主干道路网改造。继续实施净化、绿化、彩化、亮化、美化工程，优化和提升城市形象。争取获得联合国人居范例奖。

加强信息基础网络建设。加强信息技术在各领域的广泛应用，积极提高信息化水平。建立“数字城市”基础平台，优化电子政务系统，加快实施“天网工程”，建设区域物流供求信息平台。

（六）强化体制改革，扩大开放合作

加快经济体制改革。深化投融资、财税、国有和集体企业、要素市场、收入分配等领域的改革。鼓励和引导非公经济健康发展，拓宽民间投资的领域和范围。完善对中小企业的支持政策，健全中小企业信用担保体系。进一步理顺财政分配关系，完善税收征管制度。

深化行政管理体制改革。深化政府机构改革，加快政府职能转变，提高政府行政效能。健全科学决策、民主决策、依法决策机制。进一步理顺市与城区、园区权责关系。改革和创新城市管理体制机制。积极稳妥推进事业单位绩效工资改革。

推进社会管理体制改革。以扩大就业、完善社会保障体系、理顺分配关系和发展社会事业为着力点，合理调节社会利益关系。充分发挥各类社会组织作用。引入竞争机制，实现基本公共服务提供主体和提供方式多元化。维护公众和社会组织对社会管理的参与权。

深化农村体制改革。积极稳妥推进土地承包经营权规范有序流转，发展适度规模经营。完善农村金融体系和信用担保体系，健全农业保险制度。深化集体林权制度改革。

扩大多区域合作。全方位、多领域拓展区域合作空间，积极推进泛北部湾经济合作，继续办好泛北部湾区域经济合作市长论坛。深化与珠三角、长三角等区域合作，加强与香港、澳门、台湾的交流合作。提高对外开放质量和水平。

大力发展对外贸易。加快转变外贸增长方式，优化贸易结构，扩大商品出口。加快国家级加工贸易梯度转移重点承接地建设。培育涉外企业，推进企业经营国际化。加快出口加工区扩区和转型升级为综合保税区或保税港区，实现出口加工区B区封关运行。推动高新技术产业园区升级为国家级园区。

（七）加大环境保护力度，切实加强生态文明建设

加强节能管理。合理控制能源消费总量，提高能源利用效率。抑制高耗能产业过快增长，加强重点用能单位节能。强化节能目标责任考核，健全奖惩制度。深入开展节能低碳行动、绿色建筑行动和全民节能减排行动。

大力发展循环经济。鼓励企业建立循环经济联合体，推动产业循环式组合。积极推行清洁生产。完善再生资源回收体系和垃圾分类回收制度，促进资源再生利用产业化。推动形成绿色生活方式和消费模式。

强化资源节约和管理。全面实行资源利用总量控制、供需双向调节、差别化管理，促进资源节约利用；完善土地管理制度；加强水资源管理和有偿使用，严格控制地下水开采，对涠洲岛实行最严格的用水管理，建设节水型社会。

构筑生态安全体系。加大环境保护力度，加强环境综合治理。加强海岸和海岛生态保护，推进重点区域生态整治。

加快森林公园、湿地公园和水源林、生态林、沿海防护林、红树林建设。提升自然保护区建设水平。严格执行污染物排放标准和环境影响评价制度。加强环境保护执法监督,健全重大环境事件和污染事故责任追究制度。加快地质灾害监测预警体系建设,增强防灾减灾抗灾能力。切实保护好银滩、涠洲岛、星岛湖等重要区域的生态环境。

(八)加快社会事业发展,保障和改善民生

实施科教兴市和人才强市战略。建设创新型城市,大力发展科技事业,加强政策扶持,搭建合作平台,提高服务水平,支持企业科技创新;加大科普力度,全面提高市民的科技素质。坚持优先发展教育,实施学前教育发展三年计划,巩固提高义务教育,加快普及高中教育,大力发展职业教育,促进提升高等教育。支持现有高等院校做大做强,积极引进知名高校到北海办学,加快建设北部湾经济区(北海)教育科研基地。制订实施中长期人才发展规划,完善人才激励政策,加强人才小高地建设,加快培养和引进大批急需紧缺人才。

推进文化事业和产业发展。充分发挥北海作为国家历史文化名城的优势,深入挖掘历史文化资源,努力繁荣发展先进文化,逐步把文化产业发展成为支柱产业。推进北海城市馆(博物及规划)、文艺中心、广电中心、会展中心、青少年活动中心等文化基础设施建设。加快建设文化产业园、北海动漫基地和服务外包集聚区。发展广播电影电视、新闻出版等事业。发展繁荣农村文化、社区文化、广场文化、企业文化、校园文化,创作推出一批文艺精品。

积极发展卫生体育等事业。优化卫生资源配置,深化医药卫生体制改革,加快基层医疗卫生体系建设,加强基本公共卫生服务。推动全民健身活动深入开展,加快城乡体育设施和训练基地建设。全面落实促进就业的各项政策措施,不断扩大就业。加快建立覆盖城乡居民的社会保障体系,建立健全新型社会救助体系。全面抓好人口计生工作,促进人口长期均衡发展。

三、2011 年工作安排

今年是“十二五”起步之年,也是三年跨越发展明显见成效之年。做好全年各项工作,意义十分重大。必须加快经济发展方式转变,着力提高经济增长质量和效益,促进和谐社会建设,进一步实现又好又快发展。经济社会发展主要预期目标是:全市地区生产总值增长 17%(现价),财政收入增长 18%,全社会固定资产投资增长 20%,社会消费品零售总额增长 19%,城镇居民人均可支配收入增长 11%,农村居民人均纯收入增长 11%,城镇登记失业率控制在 5%以内,居民消费价格指数控制在 4%左右,全面完成自治区下达的节能减排指标。力争地区生产总值增长 20%(现价),财政收入增长 28%,全社会固定资产投资增长 25%。

(一)抓好项目建设,促进投资增长

把抓项目增投资作为推动跨越发展的核心举措,继续按照“六个一批”的要求,集中力量推进,发挥投资的强大拉力。完成全社会固定资产投资 585 亿元,力争达到 606 亿元。全力推进中石化项目及配套基础设施建设,确保北海炼油异地改造石化项目(20 万吨 / 年聚丙烯)9 月份竣工投产。实现诚德新材料一期工程投产,诚德新材料二期工程、高蛋白饲料粕物流及加工等一批重大临港产业项目开工建设。全面推进入驻企业的项目开工建设和竣工投产。加快推进玉林至铁山港铁路、广西沿海铁路扩能改造钦州至北海段、中石化项目铁路专线,贵港至合浦、玉林至铁山港高速公路和北铁一级公路改造二期、银滩支线(1)公路改造工程,邮轮码头、铁山港 5 ~ 10 号泊位、石步岭港区三期等交通建设项目,建成铁山港 3 ~ 4 号泊位;加快推进城市配电网建设与改造等能源项目,争取合浦西场风电场列入国家海上风电场示范项目开工建设;加快推进铁山港污水处理工程、冯家江生态环境综合整治等市政基础设施项目,营盘中心渔港等农林水项目,银滩实景演出场馆等旅游项目,北部湾体育中心、北海中学异地搬迁和二医院迁建、北海广电中心、山东省体育训练基地等社会事业项目建设。

(二)夯实工业基础,增强产业支撑

完成更新改造投资 158 亿元,培育年销售额 50 亿元以上企业 2 家,电子信息产业产值达 240 亿元,工业化率达 2.5。制定和完善工业发展政策,发挥产业专项资金作用,强化服务工作,优化企业发展环境,逐步完善和延伸产业链。积极争取发行企业债券,落实上市扶持政策,推动资本市场融资。围绕石化、电子、临港等产业项目建设,全面推进铁山港(临海)工业区开放开发,加快石化产业园、出口加工区 B 区、高新区铁山港分园、中电二期和台湾电子信息产业园,提高产业转移承载力。抓好广投集团煤炭配送中心等一批投资 5000 万元以上的产业项目建设,完善产业规划和布局。积极培育发展战略性新兴产业。

(三)发展现代农业,着力解决“三农”问题

推动农业生产经营专业化、标准化、规模化、集约化。培育龙头企业,提升农业产业化水平。严守耕地保护红线,确保全年粮食播种面积达 8 万公顷、总产量达 38 万吨以上。积极拓宽农民增收渠道。调整优化产业布局和品种结构,加快发展特色高效设施农业,扩大优势特色品种规模养殖。抓好以水利为重点的农村基础设施建设。开发南沙渔业。加快推进农业科技创新，力争科技对农业的贡献率提高5个百分点。加大扶贫开发力度，切实改善贫困村和群众的生产生活条件。

（四）建设生态北海，提高城市品位

完善主城区各项控制性详细规划，完成一批重点区域规划编制。编制历史文化名城规划，严格保护和科学开发历史文化遗产。规划建设海湾新城（滨海新区）。继续完善城市基础设施，完成新世纪大道、上海路等道路改造，加快实施红坎污水处理厂二级处理二期工程和内涝整治二期工程，全力推进银滩区域污水处理设施建设。新增绿地637公顷，完成城市干道绿化彩化改造，确保申报国家园林城市成功。完善城市公交线路。全面加强城市管理，深入拓展城乡清洁工程，加大城市综合执法力度，营造优美整洁的市容市貌。推进节能减排和循环经济发展，加快淘汰落后产能、关闭污染严重小企业，推动节地、节水和集中节约用海。

（五）促进旅游发展，繁荣第三产业

完成编制《北海市旅游总体规划》、《涠洲岛建设总体规划》。严格按规划开发建设涠洲岛，开工建设环岛风景路等基础设施项目，加快打造"国际休闲度假海岛"。完善银滩中区旅游功能，推进国家5A级旅游景区创建。完成北海老街创4A工作。开工建设4家五星级酒店。拓展中越海上旅游航线。加大培育航空市场力度，力争旅客吞吐量突破100万人次。继续培育壮大港口物流业，推进中国东盟商贸物流中心建设。发展健康养生产业。大力发展金融服务、商务会展、科技研发等服务业。促进房地产业健康发展，加强住房保障体系建设。

（六）发展外经外贸，扩大开放合作

完成外贸进出口总额19亿美元，新引进项目实际到位资金310亿元，实际利用外资2亿美元。创新利用外资方式，吸引外商投资特色优势产业、战略性新兴产业，以及教育、文化、卫生、现代服务业等新领域。推进国家科技兴贸基地建设，加快转变外贸增长方式。加快口岸基础设施建设，推动铁山港和涠洲岛成为正式对外开放口岸。全力办好第24届世界客属恳亲大会、2011泛北部湾区域经济合作市长论坛和海滩国际旅游文化节，扩大城市知名度。进一步提高招商引资成效，扩大专题招商成果，吸引更多的大企业落户北海。

（七）加强财税金融工作，提高保障能力

拓宽财政收入和融资渠道，积极向上争取政策和资金支持。综合利用财经政策手段，支持优势产业、骨干企业和高新技术企业发展。加大"三农"、教育、科技、医疗卫生、社会保障、保障性住房、环境保护等方面的投入。加大对民营经济的资金支持。深化与各金融机构的战略合作，加强金融协调服务，优化信贷结构，增加有效信贷投入。

（八）切实保障和改善民生，继续集中财力为民办实事

千方百计增加城乡居民收入。进一步促进全民创业，建成创业服务指导中心。努力拓宽就业渠道，增加就业岗位。完善社会保障体系，加强社会保险扩面征缴，完善城镇职工基本养老、基本医疗、失业、生育、工伤保险制度。加快城乡特殊困难群众社会救助体系建设，发展社会福利和慈善事业。把稳定价格水平放在更加突出的位置。继续扩大廉租房和经济适用住房建设规模，做好失地和转产农民社会保障工作，改善库区移民居住条件。

在全面完成今年自治区确定的为民办实事项目基础上，办好以下12件实事：

1."三农"扶持工程。筹集资金2910万元，建设农村饮水安全工程11项，解决4.85万农村人口的饮水安全问题，其中合浦县项目6个、总投资2400万元，银海区项目2个、总投资300万元，铁山港区项目3个、总投资210万元。筹集资金790万元，新建户用沼气池2500座。筹集资金15万元，新建和改造农家店30家。

2.民生路网三期工程。筹集资金2.5亿元，建设改造云西路（云南路至西藏路段）、西藏路（拉萨路至新世纪大道段）、南京路（新世纪大道至江苏路段）、北星路（北海大道至湖海路段）、京泰路（创基路至广东南路段）等13条道路。

3.农村道路建设工程。筹集资金1525万元，按三级公路标准建设店塘至福成通乡油路17公里。筹集资金2400万元，按四级公路标准建设若干条通村硬底化道路（水泥路面），总长约60公里。筹集资金163万元，修筑贫困地区8个乡镇共10个行政村村屯道路14条，总长18.1公里。

4.水库移民新村建设和移民村屯道路硬化工程。筹集资金1200万元，建设水库移民新村项目14个，改造移民旧房180户，实现移民村屯道路硬化22公里。

5.文化惠民工程。筹集资金1000万元，建设20个村级公共服务中心；开展农村、社区、学校、军营文化惠民演出100场次以上，组织在北部湾广场和海门广场演出140场次以上。筹集资金82万元，补贴放映农村公益电影4116场，实现每个行政村每月放映1场以上电影。规划建设一批城市形象公益宣传牌。

6.教育惠民工程。筹集资金8000万元，继续对全市存在安全隐患的校舍进行加固改造、重建或避险迁移，加固改造、重建校舍8万平方米。筹集资金2280万元，对进入中等职业学校学习的15100名贫困学生给予资助；筹集资金

520万元，对就读普通高中的4430名家庭经济困难学生进行资助。

7.卫生惠民工程。筹集资金180万元，在农村新建3000座无害化卫生厕所。

8.体育惠民工程。筹集资金120万元，安装20条健身路径。

9.劳动就业保障工程。筹集资金2000万元，实现城镇新增就业2万人以上，农村劳动力转移就业新增1.5万人以上，免费对下岗失业人员、进城求职务工的农村劳动者及水库移民、被征地农民开展职业培训1.5万人次。

10.住房保障工程。筹集资金21186万元，建设廉租住房2404套，其中市本级1704套、合浦县700套；发放廉租住房租赁补贴970户；加快实施经济适用住房建设，新开工建设494套，共4.5万平方米；推进公共租赁住房建设，新开工建设72套，共0.4万平方米；棚户区改造357套，共2.6万平方米；建设限价商品房42套，共0.4万平方米。

11.教师安居工程。筹集资金1000万元，建设教师宿舍120套共8000平方米，解决部分困难教职工住宿问题和农村中小学教师周转用房。

12.银滩西区近岸海域综合整治工程。筹集资金1500万元，在银滩西区整治沙滩浴场，清理附近海域工程废弃物及养殖场，恢复自然生态，增加市民休闲活动场所。

（九）发展社会事业，构建和谐社会

积极申报“海上丝绸之路”世界文化遗产，推进历史文化“五个一”精品工程，加快文化设施建设和文化产业发展。编制教育布局结构调整规划，新建北海市第十中学、海城区十七小，加快沿海职教园区建设步伐，支持现有高校扩建升格。推进国家级高新技术创业服务中心建设，新增高新技术企业5家。深化医药卫生制度改革，提高医疗服务质量，加强食品药品安全监管能力。深入开展群众体育活动，积极备战第十二届区运会，申办第十三届区运会。坚持计划生育基本国策，稳定低生育水平，提高人口素质，综合治理性别比偏高问题。推动其他各项事业取得新成绩。

努力争创全区社会和谐稳定模范城，严厉打击各种犯罪活动，确保社会平安稳定。完善应急体系建设。严格落实安全生产责任制和各项管理措施，突出抓好烟花爆竹、危险化学品、火灾、道路交通等专项整治，杜绝重大安全事故发生。做好社会矛盾纠纷排查调处工作。切实加强未成年人思想道德教育。广泛开展创建文明社区、文明村镇、文明单位活动，提高文明素质。

（十）加强自身建设，合力推动发展

加强民主法制建设，提高依法行政水平。严格执行市人大及其常委会的各项决议决定，完善接受监督的工作机制。积极支持人民政协履行政治协商、民主监督、参政议政职能，主动听取各民主党派、工商联、无党派人士及各人民团体的意见和建议。切实做好人大代表议案、建议和政协提案办理工作。主动接受社会公众监督和舆论监督。严格按照法定权限和程序行使权力。继续完善行政管理决策机制，推进决策科学化、民主化。完善行政执法评议考核，进一步落实行政执法责任制和行政过错责任追究制。

严格落实“四定”要求，进一步转变机关和干部作风，不断提高政府执行力和公信力。加强管理，提升能力，优化结构，努力建设一支政治坚定、业务精湛、作风过硬、人民满意的公务员队伍。加快完善市政务服务中心建设，充分发挥其作用。建立高效政务信息化平台，积极推行网上审批，减少环节，优化程序，提高效率。推进政务公开和政府信息公开，增强行政透明度。加强执法监察和效能监察，充分发挥审计在维护财经秩序、促进依法行政、加强廉政建设等方面的作用。深入开展党风廉政建设和反腐败斗争，进一步完善教育、制度、监督并重的预防和惩治腐败体系。

各位代表！面对新目标新使命，我们既深感任重道远，又充满必胜信心。让我们紧密团结在以胡锦涛同志为总书记的党中央周围，在自治区党委、政府和市委的正确领导下，深入贯彻落实科学发展观，进一步解放思想，奋发有为，扎实工作，为全面完成三年跨越发展和“十二五”规划确定的各项目标任务，推动北海科学发展、和谐发展、跨越发展，让人民过上更加幸福美好的生活而努力奋斗！

中国人民政治协商会议 北海市第八届委员会常务委员会工作报告

——在政协北海市第八届委员会第六次会议上

北海市政协副主席　吴道业

（2011 年 1 月 10 日）

各位委员：

我受政协北海市第八届委员会常务委员会的委托，向大会作工作报告，请予审议，并请与会的领导和嘉宾提出宝贵意见和建议。

2010 年工作回顾

2010 年，是北海全面实施三年跨越发展工程的起步之年，也是北海政治、经济、文化和社会建设取得突破性进展的一年。一年来，在市委的正确领导和市政府的大力支持下，市政协坚持以科学发展观为指导，围绕中心，服务大局，认真贯彻落实《国务院关于进一步促进广西经济社会发展的若干意见》（以下简称《若干意见》）和《广西北部湾经济区发展规划》，紧紧围绕实施北海三年跨越发展工程，充分发挥政协的优势和作用，切实履行政治协商、民主监督和参政议政职能，积极献策出力，为推动北海科学发展、和谐发展、跨越发展作出了新的贡献。

一、围绕中心服务大局，推动北海跨越发展

坚持把推动科学发展作为履行职能的第一要务，充分调动政协委员的积极性，为推动北海跨越发展献策出力。

（一）围绕《若干意见》落实和“十二五”规划编制协商议政，建推动发展之言。一年来，我们与报纸、电视、电台、网络等新闻媒体合作，开辟“委员议政”专栏，以如何抢抓《若干意见》出台的机遇、加快北海发展为主线，精心设计议政专题，组织委员接受媒体采访，并刊发了同心谋划跨越发展、聚焦社会主义新农村建设、探索改善民生新途径等“委员议政”系列报道。我们还与有关新闻媒体联合推出委员学习《若干意见》大型宣传活动，组织委员深入学习和解读《若干意见》，20 多名委员结合各自工作实际，围绕推动高新技术产业上新台阶、打造产业“联合舰队”、加快发展现代产业等六大专题，谈体会，建诤言。同时，我们积极为我市科学编制“十二五”规划咨政建言。市政协领导率领部分委员参加市政府召开的“十二五”规划编制征求意见座谈会，市政协有关专门委员会认真参与北海生态宜居城市建设规划、北海产业发展规划、北海近期建设规划等课题的研究制订工作，就编制“十二五”规划中关于转变经济发展方式、发展区域经济、统筹城乡发展等问题出谋献计。

（二）围绕经济社会发展全局调研视察，献推动发展之策。在过去一年，市政协组织开展专题调研视察活动 18 次，向市委、市政府报送调研视察报告 18 篇，内容涵盖了经济和社会发展的各个方面，提出对策建议 100 多条，为市委、市政府决策提供了重要参考。经市政协八届十七次常委会审议上报的《北海市金融产业发展调研报告》，引起市政府主要领导的高度重视，并作出了批示：“该报告内容丰富，分析透彻，观点正确，对做好我市金融产业发展工作具有重要参考价值，请市金融办认真研究报告所提意见和建议，并提出相应措施和办法，力求迅速做大做强我市金融产业”。该报告对进一步推动我市金融产业发展起到了积极的促进作用。此外，《展示优势，加快我市文化产业发展步伐调研报告》提出的建议，部分被纳入了“十二五”规划；《涠洲岛旅游资源现状的视察报告》，受到了市旅游局及有关部门的肯定；《关于北海“贝雕技艺”文化产业发展的视察报告》，引起了有关方面对保护和发展北海“贝雕技艺”这个自治区级非物质文化遗产项目的重视。我们还积极配合全国政协、自治区政协到我市开展的“发展海洋经济，提高可持续发展能力、加快北部湾港口物流体系建设”等课题的调研活动，主动向上级汇报我市发展情况和存在困难，尽力为北海争取国家和自治区更多的政策和资金支持。

（三）围绕项目建设和企业发展服务，尽推动发展之力。认真落实贾庆林主席 2010 年春节期间在北海考察时关于北海要加快发展工业，努力做到“让大企业顶天立地、小企业铺天盖地”的指示精神，积极配合推进全市的重大项目建设，主动服务委员的企业发展。先后组织部分政协常委、委员，深入北海炼油异地改造石油化工(20万吨/年聚丙烯)项目、北海诚德新材料生产项目、铁山港深水码头工程、冠岭项目、民生路网(二期)工程等全市重大项目建设工地，现场考察项目进展情况，为加快项目建设加油鼓劲、献计献策。在市委、市政府的正确领导下，我们还利用市政协联系面广的优势，牵头推动佛教文化园建设项目，得到了广大政协委员和社会各界的大力支持。经过各方努力，截止2010年底，社会各界捐资捐物近3000万元，加快了项目建设。目前该项目已完成工程投资1000多万元，为今年第24次世界客属会在北海召开前投入使用奠定了基础。我们进一步健全市政协领导联系委员企业制度，深入北海强盛集团、新未来信息产业公司、田野科技种业公司、黑珍珠化妆品公司等委员的企业，了解情况，努力帮助委员企业解决发展中遇到的难题，增强企业做大做强的信心。

二、突出重点关注热点，增强民主监督实效

坚持把经济社会发展中的重大问题和关系人民群众切身利益的热点难点问题作为民主监督的重点，不断增强民主监督的实效。

(一)专题听取情况通报，为委员知情监督提供平台。精心组织召开各类情况通报会，为政协委员知情议政、民主监督提供平台。市政协八届十八次常委会听取了市中级法院和市人民检察院的工作情况通报。常委们就如何加强民主法制建设，发挥司法机关维护社会公平与正义的职能作用等方面提出了意见和建议。去年7月，市政协组织召开北海市环境保护情况通报会，邀请市政府领导通报我市环境保护工作情况，委员们在会上提出的“要加强生态规划建设，强化环境执法和查处环境问题违法行为力度，为推动我市经济发展方式转变、创建全国优秀宜居城市作贡献”等建设性意见和建议，得到与会政府领导和有关部门的赞同。去年10月，市政协主要领导率领委员到市公安局交警支队，召开知情明政情况通报会，实地考察我市交通管理工作情况，针对交通管理工作中存在的科技含量低、设施投入不足等问题，提出了具体的整改意见和建议。

(二)加大重点提案督办力度，推动热点难点问题解决。八届五次会议以来，共收到委员提案稿244件，立案243件。委员们的提案涉及我市经济建设、社会发展、城建、环保、民生等多方面内容，经主席会议讨论，确定10件提案由市政协领导牵头进行重点督办。一年来，市政协领导积极跟踪督办各自负责的重点提案，带队深入提案承办单位，主持召开专题会议，听取提案办理落实情况汇报，协调推进问题解决，提高了提案办理质量。在各位领导的大力推动下，《关于进一步加强我市医疗废物处置的建议》、《改善银行服务，提高工作效率》等10件重点督办的提案，得到了市政府的高度重视，分管副市长分别督办，相关部门积极采纳，推动了群众关注的社会热点难点问题的有效解决。

(三)积极参与监督评议，推动有关职能部门转变作风。一年来，我们积极推荐政协委员担任我市各行各业监督员，并组织他们参与了区、市“工作落实年”活动的点评工作；参与民生路网(二期)工程建设的督查；参与全市公务员、事业单位职员招聘考试的监督；参与相关部门的行风评议、执法监督和绩效督查；列席市政府常务会议等活动，有效地督促有关职能部门改进工作，提高服务质量和办事效率。

三、以人为本关注民生，维护团结和谐局面

坚持以人为本，积极协助党委政府着力解决民生问题、化解社会矛盾，努力维护团结、安定、和谐的政治局面。

(一)积极开展扶贫帮困和反映社情民意工作，助推民生问题解决。市政协领导深入各自联系的村屯、社区调研视察，联系协调相关部门落实政策，争取资金30多万元帮助联系点修建农村道路、饮水改厕等基础设施建设，解决群众饮水难、行路难等问题。联系各界人士捐赠助学金近20万元，为80多名学生解决学费难题，以实际行动为改善民生、造福百姓作贡献。抓好政协社情民意信息工作，积极反映群众的意愿、呼声。2010年，共向全国政协、自治区政协和市委、市政府及有关部门报送《政协信息》11期，《关于进一步完善国家基本药物制度改革的建议》、《关于将学校周边午托服务纳入中小学安全管理的建议》等社情民意信息，引起了有关方面的重视。

(二)协调关系化解矛盾，营造良好社会环境。积极协助党委和政府做好理顺情绪、协调关系、化解矛盾的工作，为北海实现跨越发展营造良好的社会环境。组织委员深入环保、城建、规划、民政和重大项目办等部门和单位，就市民意见比较集中的生态环境保护、交通拥堵、投资软环境等，进行深入的调查研究。去年7月，市政协接到自治区政协委员、北海某投资集团有限公司董事长“关于请求市政协协调解决公司在北海工业园区申请查封四宗土地的法律执行问题”情况反映后，及时组织调查了解，将情况向市政府有关领导反映，使该问题得到妥善处理，提高了政府的公信力，有利于进一步优化北海的投资环境。

(三)出版文史资料《老城旧事》，存史资政团结育人。为配合北海国家历史文化名城的申报工作，丰富充实北海国家历史文化名城的史料，市政协组织人员精心编辑出版北海文史第24辑《老城旧事》，全书近20万字、200张图片，系统地介绍了北海老城一百多年来风雨沧桑的历程。该书的出版，对于推介北海历史文化，宣扬北海深厚的文化积淀，让后人了解北海人文历史，进一步激发社会各界认识北海、热爱北海、唱兴北海、建设北海的热情，具有重要的意义。同时，为配合北海申报国家历史文化名城工作，市政协还组织人员挖掘、整理、提供了相关文史资料，为我市荣获“国家历史文化名城”称号作出了贡献。

四、加强联谊广交朋友，促进多方交流合作

充分发挥政协联系广泛的优势，多形式、多方位开展联谊工作，不断促进政协与各方面的交流与合作。

（一）加强与各民主党派的联系，增进团结合作。积极为各民主党派在政协履行职能创造条件，精心安排民主党派成员在政协全体会议、常委会议和专题议政会上发表意见，营造民主团结氛围。市政协八届五次全会，我市各民主党派、工商联就关系国计民生的重大问题提出了意见和建议，到会听取意见的市政府领导表示要认真研究，积极采纳，并尽快付诸实施，使更多的调研成果和合理建议转化为推动北海发展的实际效果。2010年，市政协各专门委员会积极与各民主党派联合开展调研视察，集思广益，共同为北海的发展建言献策。科教委先后与民进市委会、农工党市委会、民革市委会联合开展了发展职业教育、医疗改革、医疗废物处置课题的调研；外联民宗委与致公党市委会、市侨联开展了我市外资企业发展情况的调研；经建委与民进市委会联合召开了北海市环境保护工作情况通报会；提案委邀请民盟市委会有关人员参加了我市民生配套项目规划及建设情况的视察。

（二）加强与港澳委员的联络，促进交流合作。市政协八届五次全会期间，精心组织港澳委员参政议政和参观考察，激发他们为北海经济社会发展出实招、办实事的热情。会议期间，港澳委员共捐助学金10万元，为50名贫困学生解决学费难题。去年上半年，我们在深圳召开驻港澳市政协委员学习通报会，向委员通报我市经济社会的发展情况，坚定他们为实现北海三年跨越发展作贡献的信心和决心。会后，港澳委员多次组织工商界人士到北海参观考察，开展捐资助学活动。澳门委员易文龙带头并发动港澳慈善人士捐资60万元，为我市特殊学校建立康复功能室，现已建成投入使用。港澳委员还帮助我市有关部门组织北海市粤剧团赴澳门参与敬老献温情粤曲交流晚会演出，促进了两地的文化交流。

（三）加强与各城市政协的联谊，宣传推介北海。去年6月，我们举办了全国十三市区州政协工作第22次研讨会，来自北京、上海等13个城市的50多名代表齐聚北海，以政协工作研讨为平台，共商合作发展大计，促进了各城市间的横向联系和协作。与新疆伊犁哈萨克自治州政协建立了友好关系，加强了与少数民族地区政协的沟通与联系。热情接待到北海的各城市政协考察团，向他们介绍广西北部湾经济区开放开发的情况和北海发展的良好态势，宣传北海宜居宜业的独特优势，扩大了北海的知名度和美誉度。

五、切实加强自身建设，提高履职能力水平

以贯彻落实自治区党委和市委《关于进一步加强人民政协工作的意见》（以下简称《意见》）作为重点，扎实开展“工作落实年”活动，创先争优，推动政协工作落实，不断提高履职的能力和水平。

（一）学习贯彻《意见》精神，增强履行职能责任感。自治区党委和市委《意见》的出台以及全市政协工作会议的召开，对政协工作是一个极大的促进，对委员履行职能是一个很好的动力。为切实贯彻落实好文件和会议精神，特别是市委王小东书记在全市政协工作会议上的重要讲话精神，市政协通过召开党组会、主席会、常委会、委员座谈会等形式，深入学习、逐级贯彻，进一步提高了广大政协委员和政协机关工作人员对人民政协性质、地位和作用的认识，增强了大家履行职能、做好工作的责任感。

（二）全面加强政协机关建设，提高机关综合效能。按照市委的统一部署，市政协以开展“工作落实年”活动、“创先争优”活动为抓手，以创建“学习型、服务型、创新型、和谐型”机关为重点，以政协履职活动为依托，全面推进机关工作的程序化、制度化和规范化建设，不断提高机关综合效能。认真制定政协年度工作目标任务和考评细则，做到责任到专委会、到科室、到个人，增强了机关工作人员的责任意识。同时，在市委的重视和关怀下，成立了市政协研究室和委员联络办公室，为更好地履行职能打下了基础。

（三）加强对县区政协工作的联系指导，增强政协组织履职的整体合力。坚持完善与县区政协联谊交流、相互合作、共同促进的工作格局，建立健全市政协联谊活动相关制度。2010年，市政协领导多次带队到县区政协走访慰问、调研视察、开展联谊活动，增进了与县区政协的交流合作，增强了全市政协组织的凝聚力和履行职能的整体合力。

回顾过去一年的工作实践，我们深深地体会到，要切实把政协各项工作做好，必须坚持依靠党委的领导、政府的支持和各方面的配合；必须坚持围绕党委、政府的中心工作履行职能；必须坚持以人为本，把实现和维护最广大人民的根本利益作为政协工作的出发点和落脚点；必须坚持真抓实干，把事干成，造福百姓；必须坚持改革创新，用新理念、新思路、新机制推动政协工作。2010年政协工作所取得的新成效，是市委正确领导和市政府大力支持的结果，是全体政协委员和参加政协的各民主党派、工商联、人民团体以及各县区政协共同努力的结果，是各有关部门和社会各界积极配合的结果。在此，我代表市政协常委会向所有重视、关心和支持政协工作的领导、同志们、朋友们，表示衷心的感谢和崇高的敬意！

在总结工作成绩的同时，我们也清醒地看到，与新形势新任务的要求和人民群众对政协的期望相比，我们的工作还存在许多不足和差距，主要是：履行职能的实效有待提高；服务发展、民主监督的方式方法有待完善；发挥委员主体作用的渠道有待拓展，等等。对此，我们将在今后的工作中认真研究，不断探索，积极采取有效措施，切实加以改进和解决，争取更大的工作成效。

2011年工作意见

2011年，是“十二五”规划的开局之年，也是北海三年跨越发展工程的承上启下之年。在新的一年里，我们要高举中国特色社会主义伟大旗帜，深入贯彻落实科学发展观，认清形势，坚定信心，紧紧围绕市委、市政府的决策部署，找准履行职能的切入点和着力点，深入调查研究，积极建言献策，合力推动跨越发展，为加快实施北海三年跨越发展工程，确保“两年明显见成效”和“十二五”发展良好开局作出新的贡献。

一、认清形势统一思想，增强推动发展的责任感和紧迫感

全市各级政协组织要把学习贯彻党的十七届五中全会、自治区党委九届十三次全会和市委九届九次全会精神，作为当前的一项重要政治任务，认真组织各级政协委员深入学习、深刻领会有关文件和会议精神，切实把思想和行动统一到党中央、自治区党委和市委的重大决策部署上来，充分认识“十二五”开局之年也是北海实现三年跨越发展目标的关键时期，我们既面临加快发展的难得机遇，同时也面临挑战，要适应国内外和北海形势的新变化，顺应北海人民过上更美好生活的新期待，进一步坚定推动北海跨越发展的信心，增强履行政协职能的责任感和紧迫感，朝着把北海建设成为区域性国际化的现代产业集聚基地、旅游商贸物流中心、开放合作重要平台和生态宜居文明城市的目标而不懈努力。

二、把握科学发展主题，为实施“十二五”规划献策出力

科学发展是“十二五”时期全市经济社会发展规划的主题，我们要把握好这一主题，围绕市委九届九次全会的决策部署和市政府关于国民经济和社会发展第十二个五年规划纲要的报告，组织开展调研视察、协商议政活动，为推动科学发展贡献更多智慧和力量。一要坚持把专题协商议政作为推动科学发展的重要形式。围绕“转变经济发展方式、推进工业化城镇化、壮大优势产业、增加居民收入、提升城市软实力”等重点工作，组织开展专题协商议政活动，为推动科学发展咨政建言。二要继续大力开展专题调研视察，不断破解发展中遇到的各类难题。各专门委员会要按照突出重点、选择难点、围绕热点的原则，紧扣“十二五”规划，选择党委政府重视、人民群众关心的课题开展调研视察，努力为我市转变经济发展方式、破解发展难题谋长远之计、建有据之言、献务实之策。今年要对“推动项目建设、增强产业支撑、推进现代农业、加快社会主义新农村建设、完善社会保障体系、建设生态北海、促进旅游和文化产业发展、学前教育资源分布、民营医院发展”等课题，进行重点调研和视察，为市委、市政府提供科学性、可行性、前瞻性的意见和建议，不断提高建言献策实效。三要加大政协民主监督力度，通过建议案、委员视察、委员提案、委员举报、大会发言、反映社情民意等多种形式开展民主监督，重点对贯彻执行中央方针政策情况、贯彻落实市委市政府重大决策情况、党政机关及其工作人员履行职责情况进行有力度、有实效的民主监督，使民主监督在服务大局中发挥更重要的作用，为推动科学发展优化环境。四要坚持并不断完善市政协领导服务重大项目、联系政协委员企业制度，全力配合推进重大项目建设，主动服务企业发展，帮助企业进一步做大做强。

三、发挥优势增进团结，为实现北海跨越发展凝心聚力

人民政协是大团结、大联合的组织，要积极协助党委政府做好化解矛盾、凝聚人心、汇集力量的工作。一是要进一步建立健全各民主党派、人民团体、工商联和无党派人士在政协中发挥作用的制度，积极为他们搭建民主协商、参政议政的平台，把他们的优势、潜力和作用充分发挥出来。二是要坚持把协调关系、化解矛盾、增进团结作为履行职能的重点，努力促进政党关系、民族关系、宗教关系、阶层关系和海内外关系的和谐，形成推动北海和谐发展的强大动力。三是要更加关注民生问题。围绕劳动就业、教育文化、医疗卫生、环境保护、社会保障、安全生产以及弱势群体权益维护等群众最关心、最直接、最现实的利益问题，深入开展调研视察、协商议政、提案监督、反映社情民意等工作，为全市人民共享北海跨越发展的成果而不懈努力。

四、适应形势任务需要，推进政协工作不断创新发展

面对新形势新任务，我们要积极探索政协工作的新思路、新举措，努力推动我市政协事业不断创新发展。一要坚持用科学的理论指导和推进政协工作。通过开展内容丰富、形式多样的学习活动，帮助政协委员不断提高思想理论和科学文化水平。二要更加重视政协委员主体作用的发挥。进一步建立健全发挥委员主体作用的制度和评先奖优激励机制，激发委员履行职能的积极性。强化委员的责任意识、大局意识，引导委员特别是企业家委员积极投身经济建设主战场，为推动北海跨越发展作贡献。三要进一步抓好政协专门委员会建设，切实增强工作活力，充分发挥政协履行职能的基础作用。四要不断加强政协机关的思想、组织、作风建设，健全科学合理的工作机制，营造真抓实干、把事干成的良好氛围，为政协全面有效履行职能提供有力保障。五要加大政协宣传工作力度，提升政协影响力。加强与新闻媒体沟通联系，争取新闻媒体的支持，并认真利用好互联网在政协工作中的作用，拓展履职渠道。

各位委员，同志们，朋友们，回顾过去，我们为北海“十一五”时期经济社会发展取得的显著成就深感自豪；展望未来，我们对北海“十二五”时期的科学发展蓝图充满信心。让我们在中共北海市委的正确领导下，广泛凝聚各方面的智慧和力量，与时俱进，开拓创新，求真务实，同心同德，为不断开创政协工作新局面，为实现北海三年跨越发展工程和“十二五”规划目标任务而努力奋斗！

关于北海市2010年国民经济和社会发展计划执行情况及2011年国民经济和社会发展计划(草案)的报告

——在北海市十三届人大七次会议上

北海市发展和改革委员会主任 朱会东

(2011年1月12日)

各位代表:

受市人民政府委托，现将北海市2010年国民经济和社会发展计划执行情况及2011年国民经济和社会发展计划(草案)提请市十三届人民代表大会第七次会议审议,并请市政协委员和其他列席人员提出意见。

一、2010年国民经济和社会发展计划执行情况

2010年,全市广大人民在市委的正确领导下,认真贯彻落实科学发展观,积极落实《国务院关于进一步促进广西经济社会发展的若干意见》和《广西北部湾经济区发展规划》,全面实施三年跨越发展工程,经济社会呈现振奋人心的良好态势,实现了三年跨越发展良好开局。市十三届人大六次会议批准的国民经济和社会发展计划执行情况良好,主要预期目标完成。

2010我市经济社会发展呈现以下主要特点:

(一)国民经济较快增长,三次产业协同发展

初步预计,全年实现地区生产总值372亿元,增长17%,比年初预期目标高出2个百分点,三次产业增加值分别增长5%、25%、13.5%。全社会固定资产投资完成485亿元,增长50.7%。财政收入完成47.1亿元,增长31.75%,其中一般预算收入27.5亿元,增长59.73%。三次产业结构预计由上年的24∶36.9∶39.1调整为21.8∶39.3∶38.9,产业结构进一步优化。

农业产业化程度不断提高。特色现代农业成效显著,大力发展优质高产粮食等10大特色优势产业,建成30个特色现代农业示范基地。农业龙头企业带动作用明显,全市农业龙头企业总数达41家,其中国家级3家、自治区级17家,直接带动农户7.5万农户实现订单农业生产。建立健全农产品流通体系,“菜篮子”工程、“南菜北运”成效显著。预计全年粮食总产量38.71万吨,增长2.60%;肉类总产量12.13万吨,增长2.2%;水产品总产量91.3万吨,增长3.75%。

工业经济快速增长。预计实现规模以上工业总产值360亿元,增长52.2%,规模以上工业增加值110亿元。园区经济成为经济发展的重要支撑,占全市规模以上工业产值比重超过60%,北海工业园区完成产值首次超过100亿元,成为广西少数几个产值超百亿元园区之一;北海出口加工区完成出口及保税物流总额10.4亿美元,进出口业绩位居中西部(含东北)22个海关特殊监管区第三位。铁山港(临海)工业区成为广西沿海三大工业区之一。预计电子信息产业产值180亿元,其中制造业占广西的比重超过50%。石化、电力、农副食品、非金属矿、有色金属、机械等主要行业生产增速保持上扬。新增规模工业企业48家。

现代服务业加快发展。《北海涠洲岛旅游区发展规划》通过国家旅游局评审,银滩景区和涠洲岛鳄鱼山景区创5A、金海湾红树林景区创4A工作积极推进。预计接待国内游客938万人次增长14.98%;接待入境旅游者7.3万人次,增长18.89%;实现国内旅游收入67亿元,增长29.67%;实现国际旅游收入2152万美元,增长25.01%。航空市场培育实现新突破,北海机场旅客吞吐量超过70万人次,增长38.6%。港口物流业加快发展,完成港口吞吐量1250.51万吨,增长23.22%。社会消费品零售总额113亿元,增长18.5%。房地产业持续健康发展,完成投资98.8亿元,增长70%。

(二)坚持“四定”抓落实,项目建设掀高潮

坚持采取定人员、定职责、定时间、定进度的“四定”办法,全力抓项目、增投资、促发展,项目建设迎来高峰期。全年完成城镇固定资产投资447.6亿元,增长46%。三年跨越发展工程186个重点项目顺利推进,完成投资180亿元。

工业项目方面,北海炼油异地改造石油化工项目(20万吨/年聚丙烯)厂区土建工程于2010年3月3日全面铺开,11月进入装置安装阶段;铁山港原油商业储备工程土方工程已全部完成,主体工程开工建设;诚德新材料生产项目一期工程当年开工当年竣工,已具备试生产条件;景光电子等一批电子信息企业入驻并投产。

交通项目方面，铁山港公用码头3～4号泊位，石步岭港区三期工程、北海邮轮码头、公共客运码头开工建设；广西沿海铁路钦州北至北海段扩能改造工程、铁山港铁路支线、玉林至铁山港铁路（北海段）、玉林至铁山港高速公路（北海段）推进顺利。

农业项目方面，在全区率先完成15座病险水库除险加固任务，银海区端田海堤标准化建设工程、合浦县更螺围海堤（k0+000～k2+460堤段）工程完工，完成20个农村饮水安全工程项目，解决了4.3万人饮水不安全问题。

社会事业项目方面，北海中学异地搬迁、第二人民医院迁建工程开工，市校舍安全工程、市中等职业技术学校暨市职业教育中心新校区各个子项目陆续完工，市中医院住院综合大楼、市人民医院住院大楼即将投入使用。

中央投资项目建设成绩显著。2008至2009年，我市共获得四批中央扩大内需项目156个，下达投资计划9.5亿元，其中中央预算内资金3.95亿元，截止2010年底156个项目已全部开工，开工率100%，已有146个项目竣工，竣工率93.59%。2010年争取到中央预算内投资项目71个，下达投资计划3.74亿元，其中中央预算内资金1.83亿元，已有61个项目开工，开工率85.92%，已有25个项目完工。

（三）改革取得新进展，开放取得新成就

重点领域和关键环节改革取得新进展。制订国企改制总体方案，继续深化企业改制工作，完成水产供销总公司、化肥厂、淀粉工业总厂等企业的改制前期工作，完成副食饲料总公司等8家企业职工安置工作。政府机构改革进展顺利，政务服务中心投入使用，服务型政府建设得到加强。农村土地延包、流转，集体林权制度改革等工作稳妥开展。积极稳妥地推进价格改革，加强政府定调价管理，改进价格监管，保持价格总水平基本稳定。医药卫生体制改革取得阶段性成果，启动实施国家基本药物制度试点工作。

开放合作向纵深发展。成功举办2010泛北部湾区域经济合作市长论坛、全国少数民族城市市长联席会议第二十四次会议、北部湾经济合作组织第六次成员大会。组团参加“携手四川合作开发北部湾经济区”活动、桂台经贸合作论坛、第七届中国—东盟博览会等系列大型招商经贸活动，招商成效显著，预计实际到位资金总额250亿元，增长43.18%。申报国家级加工贸易梯度转移重点承接地成功获批，国家科技兴贸创新基地建设扎实推进。对外贸易快速增长，全年完成进出口总额13.1亿美元，增长65.73%，其中出口总额8.22亿美元，增长73.95%。利用外资跃上新水平，全年实际利用外资0.99亿美元（商务口径），增长97.97%。

（四）市政设施建设加快，生态宜居水平提高

城市功能得到进一步完善。编制和完善中心城区的专项规划、控制性详细规划等一批重要规划。加快市政公用基础设施建设，广东南路、新世纪大道、上海路、南珠大道等主干路网改造工程加快推进，民生路网（二期）工程12条道路全部建成通车，南珠客运站建成投入使用，重要道口改造结束，增设红绿灯18套，开通10条公交线路完成118座公交候车亭建设。

全力推进生态环境建设。创建国家园林城市工作扎实推进，深化拓展城乡清洁工程，深入实施城市净化、绿化、彩化、亮化、美化工程，荣获“中国人居环境范例奖”。合浦县城污水处理厂投入运行，铁山港区污水处理厂正在施工，市生活垃圾中心转运站试运行。

全面完成节能减排任务。淘汰落后产能工作力度不断加大，完成淘汰落后小火电产能5.076万千瓦、落后水泥产能75.4万吨、小造纸10.35万吨、落后酒精产能4.8万吨。万元生产总值能耗下降1.5%，万元规模以上工业增加值能耗下降12%，二氧化硫和化学需氧量排放总量控制指标完成“十一五”目标任务。

（五）社会事业加快发展，社会保持和谐稳定

科技创新能力不断提升。北海国家级农业科技园区获批，科技兴贸创新基地建设扎实推进，加大对高层次人才、专业化人才的引进力度，电子信息产业专业孵化器新增入孵企业15家。

教育事业加快发展。基础教育水平进一步提升，通过了自治区义务教育阶段学校常规管理工作评估验收。教育惠民工程惠及面不断扩大，22.6万名城市和农村义务教育阶段学生获得免除学杂费补助，19万名农村义务教育阶段学生获得课本费补助，2.3万名农村义务教育贫困寄宿生获得生活费资助。高等教育规模进一步扩大，桂林电子科技大学北海职业技术学院西校区投入使用。

文化事业迈上新台阶。国家历史文化名城申报喜获成功，《走遍中国—走进北海》系列片在央视国际频道热播，“北海历史文化宣传月活动”深入开展，城市软实力不断提升。《北海咸水歌》等5个项目列入自治区级非物质文化遗产保护名录。建立健全城乡社区基本公共文化服务体系，文化惠民工程硕果辉煌，12个村级公共服务中心基本完工，完成村村通广播电视工程。

卫生人口体育事业成效显著。艾滋病、手足口病等传染病报告发病率保持在较低水平，孕产妇、婴儿死亡率等控制水平位居全区前列。基层医疗卫生体系进一步健全,基层卫生服务能力进一步提高。落实新增教育、卫生、文化支出主要用于农村的政策。人口和计划生育工作扎实开展,低生育水平持续稳定。竞技体育成果丰硕,涌现出劳义等亚洲冠军。

就业和社会保障工作进一步加强。城镇新增就业人数38164人,下岗失业人员再就业人数4197人,全市城镇登记失业率3.06%;新增农村劳动力转移就业21893人;解决了4166名关闭破产集体企业和国有困难企业退休人员医疗保险问题,稳步推进农村养老保险试点工作。加快新农合制度建设,全市参合农民达107.5万人,参合率为95.69%。全市落实公共卫生服务费2241.66万元,开展9类国家基本公共卫生服务项目,促进城乡公共卫生服务均等化。加快住房保障体系建设,建成廉租住房7.54万平方米,经济适用房6.7万平方米。积极维护市场价格稳定,切实保障低收入群体基本生活。城乡居民收入稳步增长,预计城镇居民人均可支配收入16647元,增长10%;农民人均纯收入5214元,增长11%。

社会和谐稳定。深入开展"大排查、大接访、大调解、大防控"活动,切实解决群众信访问题,及时消除突发性群体性事件苗头隐患。组织开展一系列专项行动,有力打击遏制违法犯罪,特别是持续重拳打击传销,促进社会治安形势好转,人民群众安全感明显增强。

(六)"十一五"规划执行良好,"十二五"规划编制完成

"十一五" 规划目标胜利完成。"十一五" 期间,全市地区生产总值年均增长15.73%;三次产业结构由2005的25.3∶36.3∶38.4调整为2010年的21.8∶39.3∶38.9;财政收入年均增长22.89%;全社会固定资产投资累计完成1230亿元,是"十五"时期的5.9倍,年均增长48.5%;外贸进出口总额年均增长48.16%;城镇居民人均可支配收入年均增长11.8%;农村居民人均纯收入年均增长10.4%。

"十二五"规划编制完成。根据《中共北海市委员会关于制定国民经济和社会发展第十二个五年规划的建议》精神,改进和创新"十二五"规划编制方法,在充分调查研究和广泛听取专家、社会各界人士及市民意见的基础上,经过多方共同努力,编制完成了《北海市国民经济和社会发展第十二个五年规划纲要(草案)》以及一批重点专项规划和县区规划。初步筛选了一批关系全局、具有战略意义、带动作用强的重大项目,积极申请纳入国家和自治区"十二五"规划。

过去的一年,全市经济社会发展取得了良好的成绩。但是我们也要清醒地认识到一些制约我市跨越发展的困难和问题:一是重大产业项目还处在建设期,全市经济总量小、综合竞争力不强、可用财力不足的状况还没有根本改变;二是口岸基础设施建设严重滞后,口岸开放范围不够广,严重影响我市开放水平;三是重大项目前期工作推进不够快,征地难拆迁难制约重大项目建设速度;四是社会民生事业领域还存在相当的薄弱环节。面对这些困难和问题,在今后工作中我们将采取更加有效的措施加以解决。

二、2011年经济社会发展的主要目标和任务

今年是"十二五"起步之年,也是三年跨越发展工程明显见成效之年。做好今年经济社会发展的各项工作,对保持经济平稳较快发展、加快发展方式转变、为实现"十二五"良好开局和三年跨越发展工程明显见成效打下坚实基础,具有十分重要的意义。

今年经济社会发展的主要预期目标是:

——地区生产总值增长17%(现价);

——财政收入增长18%;

——全社会固定资产投资增长20%;

——社会消费品零售总额增长19%;

——城镇居民人均可支配收入增长11%;

——农村居民人均纯收入增长11%;

——利用外资总额2亿美元(全口径);

——外贸进出口总额19亿美元;

——城镇新增就业人数2万人以上。

在实际工作中,为确保2011年主要预期目标以及三年跨越发展工程目标的实现,必须按照更高的工作目标去努力,力争地区生产总值增长20%(现价),全社会固定资产投资增长25%,财政收入增长28%。

实现2011年经济社会发展目标,必须要重点抓好以下工作:

(一)狠抓重点项目建设,保持投资持续较快增长

全力推进重大项目前期工作。对已上报国家和自治区尚未获批的重大项目,加强跟踪、汇报和衔接,争取年初获审批或核准一批。对已落户但因产业政策等原因未开工的项目进行集中清理,引导业主及时调整项目,尽快完成审批,尽快动工建设。加大在谈项目的对接力度，争取更多项目落地。实行部门并联审批机制，开展重大项目集中联合审批活动。充分利用北海市被列入土地"征转分离"试点的契机，统筹安排好重点项目用地指标。调整充实征地拆迁政策，依法依规加大征地拆迁力度。

千方百计筹措项目建设资金。加大项目前期经费的投入，按照国家、自治区的投资重点和我市经济社会发展的薄弱环节开展前期工作，储备一批项目，组织申报一批中央投资项目。规范政府融资平台管理，积极支持城投、路港、银投、旅游集团扩大融资规模。充分运用现有产业引导资金的作用，切实抓好产业招商、园区招商，扩大招商引资规模。对已建成的政府投资项目，具备条件的经过批准可以依法转让经营权或产权以回收资金，重大基础设施项目通过BT、BOT、PPP等方式筹措建设资金。进一步优化金融生态环境建设，加强政银企合作，积极协助各银行机构争取总行增加信贷规模。

切实加强项目管理。继续坚持采取"四定"办法推进项目，确保项目建设的全过程落到实处、显出成效。制定重大项目管理办法，实行重大项目约谈制度，坚持重大项目部门联席会议制度，及时协调解决项目建设中遇到的问题。加强对中央投资项目建设进度、招投标以及工程质量的监督检查，确保按期建成。

（二）着力优化工业结构，促进现代工业集聚发展

着力打造百亿元产业。举全市之力确保北海炼油异地改造石化项目（20万吨/年聚丙烯）竣工投产，促使林浆纸一体化项目早日开工，加快引进和建设电子信息、新材料产业项目。加快产业规划工作，加大招商引资力度，积极承接产业转移，延长产业链条，加快产业集聚，扩大产业规模。加快运用高新技术改造提升传统产业，鼓励企业加大技改投入，增强企业核心竞争力，重点抓好制糖、水产品加工、陶瓷、建材等产业的升级改造。

加快园区基础设施建设。大力推进重点产业园区基础设施建设，促进优势龙头企业、资金、技术、人才和项目用地向园区集中，促进园区特色化，形成比较优势。全面推进铁山港工业区开发建设，启动铁山港石化产业园、台湾电子产业园，加快出口加工区扩区申报工作，推动铁山港东岸开发建设。

加强工业运行调节。继续开展"服务企业年"活动，解决企业实际困难，支持企业做大做强。完善工业发展的政策支撑体系，尽快出台促进石化、电子信息等工业产业发展的政策文件。抓好北海电厂等重点企业的增盈工作。提升工业服务水平，加快建设北海高新技术创业服务中心，发挥生产力促进中心、中小企业服务中心的作用。

（三）加快农业产业化步伐，夯实新农村建设基础

加快发展现代特色农业。加强粮食综合生产能力建设，大力发展区域性粮食现代物流和粮油加工产业。抓好"菜篮子"工程建设，大力发展现代特色农业和外向型农业。积极推进北海国家农业科技园区和国家现代农业示范区建设。加快农产品加工业升级，扶持壮大农业产业化龙头企业，培育知名品牌。加快农业科技创新，加快推进农业机械化，加强农业技术推广普及。完善农产品市场调控，加大临时收储力度，避免农产品价格大起大落。推进农产品质量安全体系建设，加强农产品市场准入和质量监督。

着力改善农村生产生活条件。加强社会主义新农村规划建设，完善农村基础设施和公共服务设施，积极推进农村土地综合整治。加强以农田水利和渔港为重点的农业基础设施建设。抓好农村公路、沼气、农村饮水安全等工程建设，继续实施农村危房和农村电网改造。

（四）加快建设宜居城市，不断提高城市品位

加快城市专项规划工作。多渠道筹措资金，加快城市专项规划编制工作。重点抓好产业规划、城镇建设规划、交通规划、园区规划、旅游规划、社会事业发展规划、历史文化资源保护规划等七大类专项规划的编制工作。

进一步完善城市功能。全力创建国家园林城市确保申报国家园林城市成功。实施净化、绿化、彩化、亮化、美化工程。加快改造完善新世纪大道、上海路等主干路网，民生路网（三期）工程13条道路建成通车。继续完善城市公交线路，新开通10条公交线路，新建70座公交候车亭。加强公共厕所、公交车站、残疾人通道及停车场、候车亭、小广场、小绿地等公共服务设施建设。

切实抓好节能减排工作。继续加大落后产能淘汰工作力度，抓好重点行业重点领域节能工作，限制高耗能企业能耗消费量，推行清洁生产和发展循环经济，完善原有及新建污水处理厂的污水收集系统及城市污水管网，提高污水处理厂的污水收集量和处理负荷率。

提高城市管理水平。创新城市管理运行机制和手段，降低城市管理成本，提高城市管理效率。改进和加强市政设施维护、园林绿化养护、景光灯饰维护。抓好市政公用、绿化、环卫等运行养护作业的市场化运作。积极防治交通拥堵、环境污染、乱搭乱建、城乡结合部脏乱差现象突出等"城市病"。加强市区道路交通标志建设，规范道路交通管理，整治占道经营和违章通行，确保道路安全畅通。

(五)做大做强旅游业,全面繁荣服务业

出台加快旅游产业发展的意见,为旅游产业大发展提供政策支撑。编制完成《北海市旅游发展总体规划》、《涠洲岛建设总体规划》。加快推进涠洲岛整体开发,开工建设环岛风景路等基础设施项目,加快打造“国际休闲度假海岛”。推进银滩国家5A级旅游景区创建工作。确保森海豪庭高星级酒店投入使用,加快在建高星级酒店建设步伐,引资新建更多高的星级度假酒店。加快邮轮码头建设,拓展中越海上旅游航线。办好国际海滩旅游文化节。进一步做大航空市场,加密北海至国内重要城市的航班,旅客吞吐量达100万人次以上。深入开展旅游市场综合治理,维护旅游城市良好形象。

培育现代服务业产业体系。把发展服务业作为培育经济增长点、推动产业结构优化升级的战略重点,营造有利于服务业发展的政策和体制。改造提升传统服务业,重点发展商贸流通业、金融服务业、房地产业。发展壮大新兴服务业,重点发展现代物流业、会展服务业、信息服务业、服务外包业、中介服务业。进一步加快发展科技、教育培训等服务业,大力发展医疗保健、养老托幼、家政服务等社区服务业,培育更多的服务业新增长点。

(六)着力深化改革,提高开放合作水平

坚持以改革促发展。加快企业改制工作,多渠道筹集资金完成已停产企业的职工安置工作,解决困难国有企业的历史遗留问题。积极推进行政管理体制改革,按照建设服务型政府的要求,进一步下放审批权限,减少行政许可事项和行政审批环节,规范程序,提高效率。围绕新农村建设,全面深化农村经济体制改革,推进新型农村社会养老保险和农村新型合作医疗改革,推进集体林权制度和国有林场改革。加快财税、粮食、教育、卫生、科技、文化等其他领域的体制改革。

扩权强县,发展重点镇。按照自治区工作部署,积极开展扩权强县各项工作,扩大县域发展自主权;加大对具有较强经济实力、发展潜力和集聚带动效应的重点镇的扶持,以重点镇带动县域城镇化先向发展,加快推进全市城镇化步伐。进一步理顺市与城区权责关系,着手开展市直部分事业单位分类改革和乡镇机构改革前期准备工作,探索建立精干高效行政管理体制和运行机制。

进一步深化开放合作。加快口岸开放进程,力争铁山港区和涠洲岛港口纳入北海港口岸开放范围,北海港客运口岸联检楼建成投入使用。全力以赴办好世界客属第24届恳亲大会,继续办好2011泛北部湾经济区域合作市长论坛。以2011年“中国—东盟友好交流年”为契机,大力推动与东盟各国的经贸交流合作。加快转变外贸发展方式,深入实施多元化战略。积极推进北海国家加工贸易梯度转移重点承接地建设。加大国际市场开拓力度,继续巩固香港、欧美等传统市场,开拓欧盟、俄罗斯、中东、拉美等新兴市场。优化外资结构,培育外资新的增长点。进一步扩大重点领域的外资规模,引导外资投向第三产业,重点扩大现代服务业、房地产、酒店业、物流运输和商贸服务业的外资规模。

(七)加快社会事业建设,着力保障和改善民生

促进全民创业和增加城乡居民收入。建成创业服务指导中心,为创业者提供全方位服务,营造全民创业氛围。建立覆盖城乡的公共就业服务体系,统筹做好高校毕业生、农民工、城镇失业人员、水库移民、被征地农民等重点人群就业工作,千方百计扩大就业规模。按照城乡居民收入与经济同步增长的要求,进一步强化措施,努力提高城乡居民收入水平。大力发展农村经济,切实增加农民生产性收入;支持中小企业和非公有制经济发展,努力提高城镇居民收入。

大力推进科技创新。大力推进北海国家农业科技园区和科技兴贸创新基地建设,积极开展科技创新和产学研合作,加大对高新技术产业的服务扶持力度,新增高新技术企业5家。加快科技园区及高新技术创业服务中心建设,新建孵化面积15000平方米以上。

统筹城乡教育均衡发展。编制教育布局调整规划和学前教育发展规划,优化配置教育资源。争取北海艺术设计职业学院升格为本科院校,尽快完成市中等职业学校异地搬迁,加快北海中学异地搬迁项目建设,如期完成市机幼搬迁建设并入园办学,继续实施校舍安全工程。

繁荣发展文化体育事业。实施南珠文化工程,继续发掘利用好疍家文化、客家文化和海上丝绸之路文化,加大对文化遗产保护的力度。实施文化惠民工程,大力开展群众性文化活动。发展体育事业,加快体育设施建设,推动全民健身,提升我市竞技体育实力。

加快医药卫生工作。深入推进医药卫生体制工作,以实施国家基本药物制度和基层医疗卫生机构综合改革为重点,加强基层医疗卫生服务体系建设,推进基本公共卫生服务均等化工作,全力推进市第二人民医院迁建、市卫生学校二期及三期工程等重点项目建设。加强人口和计划生育工作,健全人口和计划生育目标管理责任制,推进县乡村人口和计划生育服务网络建设。

加大保障和改善民生的工作力度。加大为民办实事力度,着力解决人民群众最关心、最直接、最现实的利益问题。

加强保障性住房建设，积极发展经济适用房和廉租住房，加快推进老城区改造。不断增加对农村发展的投入，推动公共服务向农村延伸；按照“整村推进”的工作目标，继续抓好村屯道路、饮水工程、沼气工程等基础设施建设，切实改善贫困村屯和贫困群众的生产生活条件。扩大社会保障城乡覆盖面，加大保险基金扩面征缴力度，进一步巩固基本医疗保障，发展农村新型合作医疗。完善城乡低收入困难群众的社会救助体系，做好城乡特殊困难群众的社会救助工作，发展社会福利和慈善事业，建设市残疾人康复综合服务中心和托养服务中心。

保持社会和谐稳定。深入开展矛盾纠纷排查调处工作，努力化解不稳定因素。严厉打击各种犯罪行为，营造社会治安良好形势。提高应对突发公共事件能力，加强食品药品安全监管，抓好烟花爆竹、火灾等专项整治和隐患排查，落实安全生产责任制。推进社会管理创新，努力争创全区社会和谐稳定模范城。

三、2011 年我市重点项目建设安排

继续把抓项目增投资作为推动经济社会跨越发展的核心举措，抓好一批重大项目建设，带动其他中小项目，继续按照开工一批、竣工一批、推进一批、招商一批、储备一批、策划一批的要求，集中力量策划推进，发挥投资的强大拉力。完成全社会固定资产投资 585 亿元，力争达到 606 亿元。

工业方面。石化项目，加快建设北海炼油异地改造石化项目(20 万吨 / 年聚丙烯)、铁山港原油商业储备工程、北海—南宁成品油管道、铁山港—山口原油管道等重大项目，确保年内按计划竣工投产，力争完成投资 50 亿元。电子信息项目，加快建设中电产业园产业项目、冠德电子二期、景光电子三期项目，开工建设长城科技显示器等项目等，力争完成投资 10 亿元。临港工业项目，积极开展粘胶短纤维生产项目前期工作，开工建设诚德新材料二期工程，力争高蛋白饲料粕物流及加工项目当年开工当年竣工，力争完成投资 30 亿元。

农林水设施方面。加快建设合浦县更螺围海堤标准化、北部海堤标准化等项目，开工乾江围海堤标准化、古城海堤标准化、农村人饮工程、营盘中心渔港等项目，力争开工建设鲤鱼地国家湿地公园、罗汉松大世界。力争完成投资 5 亿元。

旅游方面。开工建设北海银滩创 5A 配套、银滩实景演出场馆、涠洲岛环岛风景路项目、涠洲岛五彩滩景区等项目，加快建设北海老城保护改造、中信国安生态旅游区、涠洲岛火山国家地质公园旅游基础设施等项目。冠岭一期、森海豪庭五星级酒店、银滩一号会议中心、天隆休闲体育公园投入使用，加快建设富丽华、腾飞北海、洲际度假、星都湾、北海之星等五星级酒店项目，开工冠岭项目二期。力争完成投资 25 亿元。

交通基础设施方面。铁路方面，积极推进玉林至铁山港铁路、广西沿海铁路扩能改造钦州至北海段、合浦至湛江铁路、铁山港铁路支线及中石化项目铁路专用线等，力争完成投资 40 亿元。公路方面，加快建设玉林至铁山港高速公路、营盘经石头埠至闸口二级公路 C 段工程等，开工建设贵港至合浦高速公路、广西滨海公路大风江至高德段、北铁一级公路改造二期、银滩支线(1)公路改造工程，力争完成投资 15 亿。港口方面，建成铁山港公用码头 3～4 号泊位，开工 5～10 号泊位，加快推进石步岭港区三期工程、铁山港航道疏浚三期工程，力争完成投资 10 亿元。

能源方面。加快建设 7 个 110 千伏至 220 千伏送变电工程，完成城市配电网工程和农村电网升级改造工程建设，开工建设 5 个 110 千伏至 220 千伏送变电工程。加快建设涠洲油田伴生气综合利用工程。开工建设广西(北海)LNG 项目和广西投资集团北海能源基地煤炭配送中心及码头项目，力争开工建设热电联产项目。力争完成投资 12 亿元。

市政基础设施方面。启动冯家江生态环境综合整治工程，开工建设冯家江大桥、金海岸大道(冯家江至大冠沙段)。完成新世纪大道、上海路等主干路网改造，民生路网(三期)工程 13 条道路建成通车，启动红坎污水处理厂二级处理二期工程、大冠沙污水处理厂、中心城区污水管网工程和内涝整治二期工程，确保北郊水厂续建工程竣工。力争完成投资 16 亿元。

园区基础设施建设方面。建成合浦工业大道、铁山港工业区排水明渠(一期)和八号路 B 段，加快推进出口加工区 B 区基础设施、营盘至铁山港石化厂道路(营盘道路)等，开工建设铁山港石化产业园配套路网、铁山港工业区六号路 A 段、铁山港工业区七号路西段(一期)、铁山港工业经四路、台湾电子产业园基础设施。力争完成投资 15 亿元。

社会事业方面。加快建设北海中学异地搬迁一期工程、第二人民医院迁建、北部湾体育中心一期工程、中等职业技术学校暨市职业教育中心新校区、市卫生学校二期及三期工程等项目，完成一批中心卫生院、村卫生所达标建设。开工建设城市馆(博物及规划)、体育馆、山东省体育训练基地等。力争开工文化艺术中心、广电中心等项目。力争完成投资 4 亿元。

各位代表，在新的一年里，让我们在市委的正确领导下，在市人大及其常委会的依法监督下，在市政协的民主监督及各民主党派的积极参与下，上下一心、真抓实干，圆满完成 2011 年的各项目标任务，为实现三年跨越发展工程目标和“十二五”北海经济社会发展良好开局而努力奋斗!

关于北海市全市和市本级2010年财政预算执行情况和2011年财政预算草案的报告

——在北海市十三届人大七次会议上

北海市财政局局长　欧阳经华

（2011年1月12日）

各位代表：

受市人民政府的委托，现将2010年全市和市本级预算执行情况以及2011年全市和市本级预算草案提请市十三届人大第七次会议审议，并请市政协委员和其他列席会议的同志提出意见。

一、2010年全市与市本级预算执行情况

2010年，面对复杂的财政经济形势，在市委、市政府的正确领导和自治区财政厅的支持指导下，在市人大、市政协的监督支持下，我市各级财税部门深入学习实践科学发展观，继续贯彻落实积极财政政策，围绕"北海三年跨越发展工程"的目标，创新财政工作方法，狠抓收入征管，加强支出管理，财政收入继续保持快速增长态势，各项重点支出得到有效保障，圆满完成了市十三届人大六次会议确定的各项财政收支计划，财政整体运行健康良好，财政科学化精细化管理工作水平不断提升。

（一）2010年全市财政收支执行情况

预计全市财政总收入769044万元，财政总支出646179万元，收支相抵，年终滚存结余122865万元，扣除结转下年继续使用的专款116178万元，调入预算稳定调节基金9000万元，全市财政当年收支净结余-2313万元，历年累计收支结余-23925万元。

全市财政总收入的构成为：1.一般预算收入275093万元；2.上级补助收入338129万元；3.2009年结转到2010年继续使用的各项专款和结余收入133822万元；4.发行地方政府债券收入22000万元。

预计全市组织的财政收入471036万元（含成品油消费税改革增量，下同），完成年初预算的121.30%（简称"预算"，下同），比2009年增加113519万元，增长31.75%（如剔除成品油消费税改革增量14322万元，全市组织的财政收入完成456714万元，同口径相比增长43.7%）。其中，全市税收收入完成394492万元，增长24.13%；非税收入76544万元，增长92.76%。

预计全市一般预算收入完成275093万元，完成预算的131.06%，增长59.73%；上划中央收入完成133094万元，完成预算的103.95%，下降9.01%；上划自治区收入完成62849万元，完成预算的124.67%，增长61.07%。

预计2010年全市一般预算支出633762万元，完成预算的91.32%，增长24.28%。

此外，预计全市当年基金预算收入355617万元，全市当年基金支出167229万元。当年基金收入和支出相抵后（含上级补助收入和补助下级支出），全市当年基金结余188388万元。

（二）2010年市本级财政收支执行情况

预计市本级财政总收入429055万元，财政总支出343431万元，收支相抵，年终滚存结余85624万元，扣除结转下年度继续使用的专款75084万元，调入预算稳定调节基金9000万元，市本级财政当年收支净结余1540万元，历年累计收支结余-3885万元。

市本级财政总收入的构成为：1.一般预算收入179579万元；2.上级补助收入116846万元；3.上年专项结转和结余收入88287万元；4.下级上解收入26193万元；5.发行地方政府债券收入18150万元。

预计市本级组织的财政收入281082万元（含成品油消费税改革增量，下同），完成预算的126.66%，比2009年增加79714万元，增长39.59%（如剔除成品油消费税改革形成的增量8736万元，市本级组织的财政收入为272346万元，同口径相比增长53.72%）。其中，市本级税收收入完成224111万元，增加44399万元，增长24.7%；非税收入56971万元，增加35315万元，增长63.07%。

预计市本级一般预算支出330343万元，完成年度预算的90.3%，同比增长43.62%。主要项目完成情况如下：1.一

般公共服务支出 26997 万元,完成年度预算的 99.25%。2.国防支出 2052 万元,完成年度预算的 73.63%。3.公共安全支出 19682 万元,完成年度预算的 84.76%。4.教育支出 29718 万元,完成年度预算的 94.05%。5.科学技术支出 1513 万元,完成年度预算的 97.49%。6.文化体育与传媒支出 3388 万元,完成年度预算的 85.45%。7.社会保障和就业支出 9375 万元,完成年度预算的 99.9%。8.医疗卫生支出 15702 万元,完成年度预算的 92.17%。9.环境保护支出 11337 万元,完成年度预算的 85.85%。10.城乡社区事务 46288 万元,完成年度预算的 86.63%。11. 农林水事务支出 37445 万元,完成年度预算的 86.64%。12.交通运输支出 14122 万元,完成年度预算的 68.6%。13.资源勘探电力信息等事务支出 8026 万元,完成年度预算的 80.28%。14.商业服务业等事务支出 11853 万元,完成年度预算的 98.04%。15.金融监管等事务支出 314 万元,完成年度预算的 76.03%。16.国土资源气象等事务支出 12635 万元,完成年度预算的 87.55%。17.住房保障支出 5938 万元,完成年度预算的 99.18%。18.粮油物资储备管理事务支出 26 万元,完成年度预算的 86.67%。19.国债还本付息支出 2519 万元,完成年度预算的 98.21%。20.其他支出 71413 万元,完成年度预算的 97.65%。支出增幅较大的项目有:教育支出增长 42.97%、社会保障和就业支出增长 60.39%、医疗卫生支出增长 24.31%、环境保护支出增长 126.11%、城乡社区事务支出增长 52.3%、交通运输支出增长 30.74%、商业服务业等事务支出增长 160.05%、金融监管等事务支出增长 630.23%、国土资源气象等事务支出增长 476.41%、住房保障支出增长 27.42%、其他支出同比增长 263.76%。

预计市本级当年基金预算收入 309255 万元,市本级当年基金支出 119542 万元。当年市本级基金收入和支出相抵后(含上级补助收入和补助下级支出),市本级当年基金结余 189713 万元。但市本级财政还有征地拆迁成本借款 78263 万元、投融资平台还本付息和项目建设资金借款 42652 万元、市国资委参股银投公司资本金借款 63000 万元,共计 183915 万元需要逐步消化处理。

由于决算尚未完成,现在向各位代表报告的 2010 年全市及市本级预算执行情况与实际执行情况相比会有一些出入,待全市决算编成后再按《预算法》和《广西壮族自治区预算监督条例》的有关规定,报市人大常委会备案。

(三)2010 年为完成预算任务所做的主要工作

1.注重抓好财税征管,保持财政收入持续高速增长。2010 年我市财政收入组织工作面临复杂的形势,有诸多不确定因素。一是全国经济形势错综复杂和宏观调控政策的影响;二是我市最大的纳税大户中石化炼油厂因异地搬迁改造比计划提前停产,税收同比减少 4.97 亿元;三是上年的一次性增收因素抬高了基数;四是政策性减收因素如交警罚没收入上缴自治区、供电局增值税预征率下调和增值转型政策施行;五是契税征管职能划转对队伍的影响。面对复杂而严峻的形势,财税部门早谋划、早部署、早行动,重点在财税征管上下工夫,做到三个结合:一是税与非税的结合。加强税收征管,同时加大非税收入的统筹力度,确保应收尽收。二是做到点与面的结合,完善重点税源监控机制对重点行业、重点企业依法加大征管力度。三是做好部门与部门之间的结合,建立综合治税机制。财税部门通过采取有力措施,依法加强收入征管,取得了来之不易的成绩:

——在 10 月底提前 2 个月在全区率先完成自治区下达的年初财政收入任务,连续三年是全区第一个完成自治区下达年初任务的市;

——全年完成财政收入 47.1 亿元,超额完成今年自治区调整下达的 45 亿元,市委、市政府下达的 47 亿元财政收入奋斗任务,财政收入年增量首次突破 10 亿元,达到 11.35 亿元;

——2010 年财政收入增幅达 31.75%,全区名列第三,连续三年增幅排名全区前三;2010 年一般预算收入增幅为 59.7%,排名全区第一;

——在实现财政收入高增长的同时,继续保持财政收入高质量,2010 年我市税收收入占财政收入的比重为 83.75%,占一般预算收入的比重为 72.33%,排名全区前列。

2.注重加大对经济建设的支持力度,进一步夯实跨越发展的基础。一是加大向上争取力度。全年共争取自治区各项补助资金 22.68 亿元,比上年增长 15.68%。同时还争取到地方债券 2.2 亿元,有效缓解了我市发展建设的资金需求压力。

二是继续加大对重点项目建设的支持。全年市本级财政安排重点项目建设资金 8.33 亿元。

三是加大园区建设力度,打造企业投资发展的平台。市本级全年共拨付工业园区、出口加工区、高新区和铁山港工业园区建设发展资金 4.23 亿元。经过几年的发展,原有的三大园区已经建成拥有较为完善的基础设施,为电子信息产业的发展起到了重要的支撑和推动作用;铁山港临海工业园区基础设施建设成果显著,已建成 2 个万吨泊位,航道疏浚二期工程、进港路、中石化 3.1 公里配套项目、兴港路、污水处理工程等项目建设进展顺利。

四是加大城市基础设施建设力度,打造现代服务业发展平台。路网工程方面,2010 年市财政安排配套资金 8000

万元用于民生路网二期和其他城市道路建设，民生路网二期12条道路已于12月31日全部通车，广东南路、上海路、新世纪大道改造开始动工。安排7900万元用于城市“五化”建设，城市面貌焕然一新。铁山港区污水处理厂正在进行紧张施工，市生活垃圾转运站工程的中心转运站主体已完工。

五是积极改善金融生态环境，打造有利于企业发展的金融平台。积极实施“引银入北”战略，引进兴业银行、南证期货，拓宽金融服务体系。积极支持申报小额贷款公司，规范发展融资担保公司；与广西金融投资集团签订《中小企业贷款担保合作协议书》，为中小企业融资构筑担保平台，努力解决中小企业融资难问题。推动企业上市融资，10家企业纳入我市上市企业后备库，并报自治区金融办备案；主动与国海证券合作，签订《金融战略合作协议》，为拟上市企业提供专业支撑；拟定了《北海市鼓励和促进企业上市若干规定》。

3.注重促进和谐社会建设，各项社会事业进一步发展。一是认真落实为民办实事资金。市财政筹集建设资金7.28亿元用于2010年我市确定的12件为民办实事项目，并按照项目进度及时拨付到位。

二是优先发展教育事业。投入资金5598万元，完成自治区下达的三年职业教育投入攻坚任务。足额安排中小学校安工程建设资金5900万元，有力保障了市本级校安工程建设的推进。筹措资金约4535万元，落实资助家庭经济困难学生。市本级财政安排的教育支出增幅达42.97%，大大高于财政经常性收入增幅。

三是加大“三农”投入力度，推动农业农村经济持续发展。2010年全市支农惠农支出共4.6亿元。其中投入农业水利基础设施建设资金1.09亿元，修缮合浦县白沙干渠、党江更螺围、石康七星围等一批水利设施，农业生产条件进一步改善；率先在全区完成15座病险水库除险加固任务。拨付林业、渔业生产用油补贴资金1.86亿元，确保农业生产稳定。实施水稻良种及玉米良种补贴，拨付良种补贴资金1402万元。拨付资金6485万元落实库区移民后期扶持政策，提高和改善了水库移民的基本生产和生活条件。市本级财政安排农业支出增幅达21.5%，高于财政经常性收入增幅。

四是加大科技自主创新推进力度，安排科技经费520万元，重点扶持中小企业科技成果产业化；安排200万元支持科技兴贸创新基地建设。市本级财政安排的科学技术支出增幅达10.02%，高于财政经常性收入增幅。

五是加大文化体育事业投入，文化体育成果显著。安排1350万元申报国家历史文化名城喜获成功，安排50万元支持“北部湾画风——北海水彩画作品展览”在京成功举办，城市软实力不断提升。文化惠民工程面向基层服务群众，筹集资金240万元建设10个行政村公共服务中心；筹集资金50万元实现每个行政村每月放映一场电影。全民健身运动和竞技体育水平跨上新台阶，北海籍运动员劳义勇夺亚运会百米金牌。

六是加大公共医疗卫生事业投入。全市落实公共卫生服务费2242万元，开展九类国家基本公共卫生服务项目，促进城乡公共卫生服务均等化。安排380万元用于各种疫情防控工作，有效预防和控制艾滋病、手足口病在我市发生和流行。拨付贴息资金750万元支持市中医院住院综合大楼、市人民医院住院大楼建设，项目主体工程已完工。拨付资金150万元，实施国家基本药物制度改革，有效缓解群众看病难看病贵的问题。拨付资金1300万元，实施市本级公共卫生机构绩效工资改革。

七是加大社会保障投入力度。筹集资金1614万元用于新型农村社会养老保险试点工作，实现4万人参保。安排城市低保配套资金150万元，农村低保配套资金45万元，确保了城乡低保对象低保金的发放。筹集资金525万元解决和改善农村五保户集中供养，建设35个五保村。筹集资金3373万元完善城镇居民基本医疗保险制度，使参保人数达到41.88万人。筹集资金12858万元用于新型农村合作医疗，2010年我市参合农民总数为107.5万人，全市参合率达95.69%。筹措资金5047万元(不含医保基金调剂)，用于关闭破产国有企业退休人员参加医疗保障，破产企业1839人、关闭企业11806人已纳入医保，100%完成任务。

八是加大保障社会稳定经费投入。落实基层政法经费保障体制改革资金，有力地保障了公检法司工作开展。足额安排综治经费，加大社会综治方面投入；落实专项资金，促进社会矛盾化解，安排2000万元用于解决历史遗留积案，完成市直三家规模以上国有企业——北海市淀粉工业总厂、北海化肥厂、北海市水产供销总公司的改制职工安置。

4.注重支出管理，提高财政资金使用效益。一是采取有效措施，加快预算支出进度。我市财政部门首先按照2010年财政支出进度达到90%的总体目标，具体分解落实半年、第三季度和全年的支出进度目标，细化各时间段的进度比例。其次是完善财政支出进度考核制度，加强对县区和市直有关部门预算支出进度的考核。抓好预算执行情况的分析和落实，通过建立本地财政形势分析联席会议制度、不定期召开部门支出进度专题分析会等方式，及时掌握和分析本级各部门预算执行进度和项目实施情况。再是加快转移支付资金下达进度。对上级安排的各项转移支付，做到第一时间分解下达。对于重大项目、涉及民生方面的支出以及上级配套资金，采取提前下达或预拨的办法，做到早下达、快拨付，同时加强资金调度和监管。上半年，我市受项目建设进度缓慢的影响，财政支出进度较慢，落后于时间进度。在市人大常委会的关注和支持下，经过多方努力，下半年以来，我市一般预算支出进度取得较大进展，下降幅度逐月收窄。截止 12 月 31 日,全市一般预算支出 633762 万元,完成年度预算的 91.32%,超额完成自治区提出的力争完成年度预算 90%的目标任务。

二是加强资金使用管理,提高资金使用效益。首先是积极开展各项监督检查工作。认真组织开展全市“小金库”专项治理工作。继续做好中央政府公共投资项目日常监管工作。开展抗旱救灾资金管理使用情况专项督查。开展全市强农惠农资金专项清理和检查工作。对全市农村居民最低生活保障补助资金、冬令春荒生活补助资金和抗旱救灾资金使用管理情况进行检查。开展内部检查,深化内部监督,促进内部建立健全管理机制。其次是加强财政性投资项目的评审。2010 年市财政投资评审中心评审预结算项目 185 个,涉及工程 407 项,审核资金 157631 万元,审定金额 129981 万元,合理审减资金 27650 万元,审减率 17.54%,使政府投资效益得到明显提高。第三是通过政府采购促进节支。建立健全政府采购评审专家库继续扩大协议供货采购范围,将计算机、空调、电视机、公务用车、汽车保险等都纳入协议采购范围。2010 年市本级采购预算金额为 25091 万元,采购合同金额为 23094 万元,节约资金 1997 万元,节约率 7.96%。第四是积极推进公务卡制度。2010 年我市正式启动公务卡制度试点上线工作,市财政局、市监察局、人民银行北海市中心支行、市审计局、市卫生局、市物价局、市农业局等 10 个单位作为我市本级第一批上线的试点单位。

5.注重深化财政改革,努力推进财政科学化精细化管理。一是继续深化财政改革。深化预算编制改革,编制综合部门预算,细化部门专项资金、财政专项资金预算,推行政府性基金预算编制,提高预算编制的完整性和准确性。深化国库集中支付制度改革,扩大国库集中支付范围,提高直接支付比例;继续加强政府债务管理,努力防范和化解政府债务风险;稳步推进全市事业单位绩效工资改革;继续推进农村综合改革,抓好抓实海城区村级集体公益事业“一事一议”建设试点工作;大力支持和协助合浦县做好自治区直管县财政体制改革试点工作认真抓好各项工作的衔接和政策的落实;在深入调研的基础上拟订新一轮市对辖区财政体制和市对园区财政政策方案上报。

二是从细节和基础推进财政科学化精细化管理。首先是进一步健全和完善财政管理规章制度;加强基础数据库建设,规范档案管理。其次是全方位提高预算编制管理水平。第三是切实强化预算执行管理,建立健全财政资金安全保障机制,强化预算支出约束力,加大对预算执行情况的分析力度。加强政府性债务管理,防止债务风险转化为财政风险。第四是建立健全政府性资金和财政运行全过程的监督机制。重点加强对政府投资的监督检查和投资评审,凡属自治区重大项目和市财政性资金建设的项目,均进行项目预算评审,核定项目预算上限控制价,严格控制投资成本。

三是努力加强干部队伍建设。巩固学习实践科学发展观活动成果。加强勤政廉政教育,防微杜渐。

(四)向市人大重点报告的情况

1.预算收支平衡情况。预计市本级财政总收入 429055 万元,财政总支出 343431 万元,收支相抵,年终滚存结余 85624 万元,扣除结转下年度继续使用的专款 75084 万元,调入预算稳定调节基金 9000 万元市本级财政当年收支净结余 1540 万元,历年累计收支结余 -3885 万元。

2.重点支出的安排和资金到位情况。根据市委和市政府的部署,市财政预算在资金安排上,对保运转、保民生以及重大项目建设方面进行了倾斜。全年市财政的重点支出主要有:(1)保障工资发放和维持机关事业单位正常运转的基本支出 7.3 亿元。(2)拨付和预借 17.2 亿元支持重大项目建设。(3)偿还债务支出 1.45 亿元。(4)为民办实事支出 7.28 亿元。(5)节能减排 2000 万元。(6)扶持新航线支出 2500 万元。

3.预算超收收入的安排和使用情况。根据桂财预〔2008〕162 号文件精神,对年度预算执行中的超收,除部分用于必要支出外,原则上结转到以后年度经过预算安排使用。2010 年,市本级一般预算收入完成 179579 万元,超年度预算收入 9000 万元调入预算稳定调节基金。

4.部门预算制度建立和执行情况。目前,与市本级财政发生经常性缴拨关系的 360 个单位已全部实行部门预算管理(包括纳入财政非税收缴管理的区直单位)261 个单位纳入国库集中支付管理。合浦县、海城区和银海区已经开始实行国库集中支付管理。下一步,市财政计划按“横向到边,纵向到底”的原则,逐步扩大国库集中支付范围。

5.加大转移支付力度,支持县区社会各项事业发展。2010 年,市财政共向市辖县区拨付专项转移支付资金 42658 万元,涉及农业、教育、医疗、城乡公共设施、社区环境卫生、职工安置以及救灾等方面,完成年初预算的 114.58%。

2010 年,我市依法理财深入推进,财政运行不断规范,预算完成情况总体较好。但是,由于多方面的原因,仍然存在不少困难和问题。我市财源基础薄弱,收入增长对房地产、石油加工和电力等行业依赖性大,固定资产投资和重要工业项目对财政的拉动作用还没有显现;刚性支出增长过快,发展建设需求与实有财力之间仍然存在很大差距,收支矛盾仍十分突出;各级财政仍然比较困难;部门预算的约束力仍有待加强,财政资金效益有待提高;政府财政债务风险不容忽视等。我们将进一步采取措施,不断提高财政管理水平,推进财政科学化精细化管理,促使我市经济社会实现又好又快发展。

二、2011年全市和市本级预算草案

(一)2011年全市预算安排的指导思想

高举中国特色社会主义伟大旗帜，以邓小平理论和“三个代表”重要思想为指导，深入贯彻落实科学发展观，落实好中央继续实施积极财政政策的各项措施，深化财政管理制度改革；进一步优化财政支出结构，加大对“三农”、教育、科技、医疗卫生、社会保障和就业、保障性住房、节能环保等方面的支持力度，切实保障和改善民生，促进经济增长、结构调整、区域协调和城乡统筹发展；坚持依法理财、统筹兼顾和增收节支的方针，加强财政科学管理；继续抓好厉行节约，严格控制一般性支出，对一般性项目原则上实行零增长，提高财政资金使用效益。在重点“保工资、保稳定、保法定支出”的同时，集中财力向市委、市政府确定的关系全局的重点项目倾斜，为全市三年跨越发展提供资金支持。

(二)2011年全市及市本级财政收支预算

根据上述指导思想和2011年全市国民经济发展的主要指标及有关财政政策，全市组织财政收入安排555800万元，比上年完成数增加84764万元，增长18%，其中：上划中央“两税”收入安排107970万元，增长64.58%；上划中央所得税收入安排59580万元，增长12.06%；上划自治区分享“四税”收入安排81824万元，增长30.19%；地方一般预算收入安排306426万元，增长11.38%。全市财政支出333366万元，增加44722万元，增长15.49%。其中：市本级支出238366万元，按同比口径增长12.56%。

市本级财政收入安排319908万元，比上年完成数增加38833万元，增长13.82%。市本级地方一般预算收入项目中，各项收入安排如下：各项税收收入安排277369万元，增长23.63%；专项收入安排3550万元，增长14.7%；行政性收费收入安排7760万元，增长11.53%；罚没收入安排6699万元，增长15.34%；国有资源(资产)有偿使用收入安排24125万元，下降40.41%；其他收入安排405万元，增长4.11%。

市本级财政支出安排情况主要是：教育支出22774万元；科学技术支出1415万元；社会保障和就业支出11164万元；医疗卫生支出9248万元；环境保护支出6071万元；农林水事务支出8376万元；国防支出2320万元；一般公共服务支出22859万元；公共安全支出18055万元；文化与传媒支出4105万元；交通运输支出7874万元；城乡社区事务支出24992万元；债务支出12189万元。

由于各县区的预算批准时间与全市总预算编制时间尚不衔接，2011年全市总预算中县区级预算仍由市财政汇总各县区财政上报的财政收支预测代编。

(三)2011年预算草案主要考虑

2011年全市财政收入预期目标为55.58亿元，增长18%，工作目标为60.29亿元，增长28%。这样安排主要考虑到2011年我市经济社会发展机遇与挑战并存，财税收入仍面临着复杂的形势。

有利条件主要有：

一是按照市委、市政府“四定”要求全力推进项目建设，诚德镍钢项目投产，预计增加税收6000万元；工业园区随着各大项目的陆续建成投产，预计较2010年增加税收10000万元以上，其中：中电北海产业园增加7500万元，玉柴高级润滑油公司增加1500万元，其他企业增加1000万元以上。

二是我市固定资产投资将继续保持较快增长，随着北部湾港铁山港区1～2号泊位建成开港，3～4号泊位、邮轮码头、玉林至铁山港铁路和高速公路等一批重大基础设施项目和北部湾体育中心等一批公用设施项目加快建设及房地产项目发展，预计我市建安企业税收有较大增长。另外，我市随着森海豪庭、冠岭山庄、富丽华等五星级酒店项目连续推进和历史文化名城效应、第二十四届世界客属恳亲大会的举行，预计第三产业税收将出现较大的拉升。

三是中央、自治区进一步加大支持北部湾(广西)经济区建设力度，特别是我市“三年跨越发展”工程的全面推进，将促进我市经济保持又好又快的发展势头，从而促进财政收入的增长。

四是随着经济形势的逐步回暖，预计我市工业企业的形势会逐步向好，经济效益进一步提高，税收将会增加。

五是进一步推进精细化科学化管理，加大税收征管力度，大力开展清缴欠税，也会促使财政收入的增加。

不利和不确定因素主要有：

一是中石化异地搬迁改造项目预计年内难以形成税收。去年年初作三年跨越发展规划的财政收入目标预测时，按2011年有二至三个月的产销期税收进行预测，估算2011年可提供约10～15亿元的税收。2010年下半年经反复调研，现初步预计2011年9月可建成试产，但由于从试产到产出合格产成品并进入销售环节需要3～4个月时间，年内难以形成税收，同比将直接减少税收2.5亿元。

二是2010年财政收入中，包括信达资产包处置收入和海域使用金等一次性非税收入3.32亿元，而今年难有此一次性收入，增大了2010年的收入基数、增加了今年收入增长的难度。

三是我市房地产行业依然受国家对房地产调控政策的影响，预计今年房地产仍处低迷期，行业税收能保持去年的水平已是不易，要实现大的增长则更难。

因此，综合以上有利和不利因素分析，2011 年财政收入安排 55.58 亿元，增长 18%的目标是积极稳妥的。

需要说明的是，2011 年度预算执行中如有超预算收入，将按照自治区财政厅有关文件的规定，除按法律、法规和财政体制规定增加的有关支出外，原则上作为财政结余结转下一年度或调入预算稳定调节基金，报经市人大批准后使用；如有短收，将根据《中华人民共和国预算法》的规定，编制预算调整方案，提请市人大常委会审查和批准。

（四）2011 年市财政支出安排重点

——首先确保机关事业单位正常运转。2011 年市本级财政安排基本支出 87861 万元，占本级财力支出 37.82%，增长 10.81%。一是安排机关事业单位财政供养人员及离退休人员的工资、津贴、离退休费等共计 80998 万元；二是安排定额公用经费支出 6839 万元，保障各行政事业单位正常运转。

——优先发展教育、农业、科技事业。2011 年市本级财政安排农业支出（含农、林、水支出）8376 万元，同比增加 1791 万元，增长 27.2%；教育支出安排 22774 万元，同比增加 5922 万元，增长 35.71%；科学技术支出安排 1415 万元，同比增加 170 万元，增长 13%。以上三项属法定支出增长科目，已超过了市本级经常性财政收入 12.68%的增长比例。

——加大保障和改善民生支出。全年安排城镇职工基本医疗保险基金支出 1615 万元，确保退休人员基本养老政策兑现；建立与我市财政经济承受能力、物价消费水平、最低工资标准及失业救济标准相均衡的保障机制，全年安排城市低保配套资金 95 万元，农村低保配套资金 42 万元；加快基本医疗保障制度建设，安排新型农村合作医疗补助资金 1252 万元；解决低收入人群住房难问题，安排廉租房建设资金 13957 万元。

——相应安排上级财政部门扣款和偿还历年土地、工程欠款支出 12189 万元，逐步降低和化解政府财政债务风险。

——贯彻落实积极财政政策，促进经济增长。安排重点项目建设资金 186442 万元（含预留的重大项目建设资金）；安排重大项目前期经费 2500 万元；安排航线培育专项经费 3500 万元。

——重点保障财源建设资金，支持经济发展。市财政在土地基金收入中安排产业发展资金 43198 万元。同时，根据市对园区财政管理政策，安排 3000 万元用于园区税收分成和土地收入返还，通过各园区管委会加大招商引资和承接产业转移工作力度，落实兑现对企业的优惠政策，进一步做大做实做强我市工业经济基础。

——加大财政支持力度，加快城市建设步伐。安排 15000 万元用于创建国家园林城市；安排市政建设配套费支出 8000 万元；继续安排节能减排专项资金 2000 万元，推动节能减排工作的深入开展，促进资源节约和环境保护。

——继续安排对下转移支付资金缓解县区财政困难。2011 年市本级财政安排对下转移支付支出 6080 万元。

三、依法理财、科学管理，确保完成 2011 年预算

（一）着力发挥财政职能作用，进一步加大对经济建设的支持力度

一是抢抓机遇千方百计筹资融资。认真研究中央和自治区的有关政策措施，准确把握国家投资重点和倾斜领域，加强与上级部门的沟通联系，大力争取项目和资金。创新融资服务方式，全力支持金融业发展，增强各投融资平台的融资能力，为经济发展提供更多的资金支持。

二是继续把支持项目建设作为拉动经济发展的重要举措，整合财政资金，将性质相同、用途相近的各级、各渠道的资金整合起来，捆绑使用，集中投入到项目上，以项目建设拉动经济增长。

三是支持经济结构调整。发挥产业发展资金的拉动作用，扶持我市支柱产业、支柱税源发展壮大。通过石油化工、电子信息两个支柱产业带动，扩大工业总量。积极扶持旅游业、文化产业、港口物流等现代服务业的发展，促进房地产业持续健康发展，增强消费对需求的拉动作用。

四是支持园区经济发展。支持园区的基础设施建设、产业升级、科技创新和节能减排等，推动园区经济跨越式发展。

五是积极推动城市基础设施建设积极支持创建国家园林城市等创城工作。

（二）着力强化财政收支管理，进一步增强财政保障能力

一方面，大力提高财政收入总量和质量。坚持开源和挖潜并重，税收收入和政府非税收入并重，加强重点行业和重点税种征收，强化非税收入征管，堵塞征管漏洞，确保应收尽收。同时，注重优化收入结构，不断提高财政收入质量，壮大地方财政实力。

另一方面，不断加强财政支出管理和调控。科学合理地安排财政支出，努力实现公共服务均等化。积极筹措资金，保障事业单位绩效工资改革、政法系统经费保障体制改革和医药卫生体制改革的实施，保障农业、教育、科技等法定支出的增长，保障机关事业单位的正常运转，提高政府应对突发事件的能力。强化预算约束力，严格控制一般性支出，严格控制公务用车、会议经费、公务接待、因公出国等经费的增长，严格控制党政机关楼堂馆所建设和信息化建设项目。坚持厉行节约、勤俭办事，坚决制止各种铺张浪费，更好发挥财政资金使用效益。

（三）着力保障和改善民生，进一步促进和谐社会建设

一是关注民生，保证重点工程建设。积极筹集和调度财政资金，努力保障社保、科技、教育、文化、城市建设等重点领域和项目的支出需要，全力支持市委、市政府决定的重点工程建设。

二是加大财政强农惠农力度，推动农业农村持续发展。整合财政支农资金，大力支持农业基础设施建设。落实新农村建设的各项财政政策，确保对“三农”投入高于财政一般性支出的增长。全面落实强农惠农补贴政策，增加农民收入，拉动农村消费。

（四）着力实施财政精细化管理，进一步提高科学管理水平

一是继续深化财政改革。深化预算编制改革，努力提高预算编制的科学性、准确性和精细化程度。编制综合部门预算，细化部门专项资金、财政专项资金的预算，推行政府性基金预算编制，与公共财政预算、国有资本经营预算、社会保障基金预算共同组成并有机衔接，全面反映政府收支活动，减少年中追加和调整，提高预算编制的完整性和准确性。深化国库集中支付制度改革，按“横向到边、纵向到底”的原则，扩大国库集中支付范围，提高直接支付比例；在市本级推行公务卡改革，进一步规范单位的支出管理；进一步扩大政府采购规模，规范政府采购行为；稳步推进市本级事业单位绩效工资改革；继续加强政府债务管理，努力防范和化解政府债务风险。

二是强化财政监督。加大对重点项目的监督，作好事前、事中检查，及时跟踪检查财政资金分配使用情况。完善财政内部监督制约制衡机制，健全财政监督结果执行情况跟踪复查制度，增强财政监督结果的强制执行力。切实加强财政投资评审工作，规范政府投资项目管理，确保政府投资资金发挥更大的效益。

各位代表，成绩只代表过去，实现北海跨越式发展对做好财政工作提出了新的、更高的要求，完成 2011 年的财政工作，任务艰巨、使命光荣。我们将在市委、市政府的正确领导下，在市人大、市政协的监督指导下，认真落实科学发展观，坚定信心，开拓创新，奋发进取，扎实工作，不断开创财政工作新局面，争取全面完成各项财政工作任务，为我市科学发展、加快发展、跨越发展作出新的更大的贡献！

北海市国民经济和社会发展第十二个五年规划纲要(节选)

（2011年1月13日北海市十三届人大七次会议通过）

北海市发展和改革委员会编

《北海市国民经济和社会发展第十二个五年规划纲要》(以下简称《纲要》)根据《中共北海市委员会关于制定国民经济和社会发展第十二个五年规划的建议》编制,阐明"十二五"时期经济社会发展的主要目标、主要任务和政策措施,引导市场主体行为,凝聚社会各方力量,推动全市经济社会科学发展、和谐发展、跨越发展。本《纲要》是全市人民为之共同奋斗的行动纲领,是政府履行经济调节、市场监管、社会管理和公共服务职责的重要依据。

第一章　全力推动北海跨越发展

"十二五"时期是我市科学发展、和谐发展、跨越发展的关键时期,是深化改革开放,加快转变经济发展方式的攻坚时期,是扩张经济总量、提高经济质量的重要阶段。全市上下必须适应新形势、抢抓新机遇、完成新使命、实现新跨越。

第一节　"十一五"时期经济社会发展成就

"十一五"时期是极不平凡的五年,也是北海历史上发展既好又快的五年。五年来特别是2009年以来,面对宏观经济环境的新变化和严峻挑战,市委市政府团结带领全市人民,坚决贯彻落实中央和自治区的一系列决策部署,积极应对国际金融危机,大力优化环境,强力推进项目,着力改善民生,全面实施"北海三年跨越发展工程",加快推进经济建设、政治建设、文化建设、社会建设,取得了重大成就。"十一五"规划确定的发展目标大部分提前实现(见专栏1),经济社会发展迈上新台阶,进入跨越发展新时期。

——**综合实力显著增强**。"十一五"期间,全市地区生产总值从2005年的165亿元提高到2010年的397.6亿元,经济总量大幅提升,年均增长15.85%,比"十五"时期高4.31个百分点,增幅位居全区前列;人均地区生产总值从11080元提高到24315.85元,比广西平均水平多5276元。产业结构不断优化,电子信息产业产值达到180亿元,工业对全市经济的支撑作用明显增强。2010年地区生产总值、财政收入、工业增加值、外贸进出口总额、全社会消费品零售总额比2005年翻一番以上,全社会固定资产投资累计完成1230亿元,为"十五"时期的5.9倍。

——**重大项目建设实现历史性突破**。"十一五"时期,全市实施重大项目469项,完成投资432亿元。中电北海电子产业园开园并引进企业50多家,诚德新材料一期工程建成,北海炼油异地改造石化(20万吨/年聚丙烯)项目加快推进,将于2011年建成投产,产业支撑明显增强。广西北部湾港铁山港开港,1~2号泊位(10万吨级)投入使用,3~4号泊位(10万吨级)加快建设,石步岭港区三期工程、邮轮码头开工,玉林至铁山港铁路、钦北铁路扩能改造、玉林至铁山港高速公路等项目顺利推进,交通基础设施支撑能力大幅提升。冠岭、森海豪庭等一批高星级酒店相继开建,旅游设施进一步完善。北海中学异地搬迁、市中等职业技术学校暨市职业教育中心新校区、市第二人民医院迁建等一批公益项目开工,桂林电子科技大学北海校区投入使用,社会事业加快发展。

——**城乡建设成效显著**。完成城市总体规划和土地利用总体规划修编。民生路网一、二期工程等23条道路完工,西南大道、广东南路等一批主干道改造完成。银滩中区改造建设扎实推进,银滩东、西区开发建设全面启动。全市新增建成区19.77平方公里。基础设施逐步完善,城市功能不断提升,人居环境明显改善,市区人口集聚加快。市区内涝整治一期工程、红坎污水厂二级处理一期工程、合浦污水处理厂一期工程、白水塘垃圾处理厂改扩建工程完工,一批垃圾转运站、公厕投入使用。节能减排扎实推进,万元生产总值能耗、万元规模以上工业增加值能耗年均分别降低2%和13.44%,主要污染物总量减排指标提前一年达到"十一五"末控制目标。强化城市管理,深入实施城乡清洁工程和城乡风貌改造,"净化、绿化、彩化、亮化、美化"工程成效明显。合浦县城建设提速,一批各具特色的重点集镇较好地发挥了辐射带动作用。农业和农村经济稳步发展，新农村建设扎实推进，乡村道路和农田水利建设、农村电网改造、安全饮水工程和户用沼气建设、危房改造、环境整治成效显著，农村教育、卫生、文化、体育等生产生活条件明显改善。入选“中国十佳宜居城市”、“中国十大休闲城市”和中国最具投资潜力城市50强，荣获“中国人居环境范例奖”。

——文化事业迈上新台阶。加强文化遗产保护，申报国家历史文化名城喜获成功，《北海咸水歌》等5个项目列入自治区级非物质文化遗产保护名录。积极推进文艺创作，《碧海丝路》荣获“五个一工程奖”。建立健全城乡社区基本公共文化服务体系，“文化惠民”工程硕果辉煌，18个村级公共服务中心基本完工，完成村村通广播电视工程。体育设施不断完善，北部湾体育中心开工建设；竞技体育成果丰硕，涌现出陈业青、劳义等世界冠军和亚洲冠军。

——改革开放加快推进。一些重要领域和关键环节改革取得新突破。全市159家国有企业完成改制94家。医药卫生体制改革扎实推进。农村土地延包、集体林权制度改革工作稳妥开展。组建银滩开发投资股份有限公司、旅游集团、路港建设投资开发有限公司等投融资平台。金融生态环境优化，引进商业银行分支机构2家，摘掉了“金融高风险区”的帽子。成功举办2008泛北部湾经济合作论坛，创办并连续举办了三届泛北部湾区域经济合作市长论坛。加快北海出口加工区、广西北海工业园区、铁山港（临海）工业区基础设施建设，北海获批为国家加工贸易梯度转移重点承接地。拓展航线，加密航班，北海福成机场旅客吞吐量从2005年的20万人次提高到2010年的近70万人次。累计完成港口吞吐量4925.4万吨、集装箱吞吐量23.6万标箱，分别是“十五”时期的1.58倍和2倍。参与东盟、珠三角、港澳台、西南地区等区域合作成效显著。

——社会建设全面加强。科技创新成效显著，全市有100多项成果通过市级以上科技成果鉴定，有高新技术企业46家、高新技术产品58种，北部湾电子信息产业孵化基地投入使用，国家科技兴贸创新基地申报成功。“两基”教育成果进一步巩固，义务教育实现免费入学，高中教育阶段毛入学率87%，职教攻坚全面展开，高等教育蓬勃发展，北部湾（北海）教育科研基地初具规模，中等职业教育在校生达2.97万人，高等教育在校生超过2.6万人，为2005年的3.5倍。城乡社区基层医疗机构和公共卫生服务体系加快建设，艾滋病、地中海贫血病等重大疾病预防控制不断加强。人口和计划生育扎实开展，人口自然增长率控制在10‰以内。多次荣获全国双拥模范城。妇女儿童、老龄、残疾人事业等方面的工作取得新成绩。人才、监察、审计、统计、供销、二轻、扶贫、粮食、人防、海防、消防、民族、宗教、气象、防震、地方志、档案、外事、侨务、社会科学、经济研究等各项工作取得新进步。政治文明、精神文明建设明显加强，社会和谐稳定，人民安居乐业。

——人民生活明显改善。城乡居民收入大幅提高，城镇居民可支配收入由2005年的9520元提高到2010年的16798元，年均增长12.03%；农村居民人均纯收入由2005年的3180元提高到2010年的5426元，年均增长11.28%。统筹城乡就业工作加快推进，累计城镇新增就业13.44万人，城镇登记失业率控制在3.5%以内，累计农村劳动力转移就业10.75万人。社会保障体系不断完善，社会保险覆盖范围进一步扩大。城市低保每月保障人数达3.3万人，农村低保6.6万人。市场价格总体保持稳定，低收入群体基本生活得到保障。减轻社会负担1.6亿元。建成廉租住房12.08万平方米、经济适用住房13.07万平方米。城镇居民医疗保险和被征地农民养老保险及新型农村养老保险试点工作全面铺开。医疗保障覆盖面迅速扩大，全市新型农村合作医疗参合农民达107.5万人，参合率为95.69%，城乡居民健康水平稳步提高。

专栏1：北海市“十一五”主要经济社会目标完成情况表

指标名称	2010年目标	“十一五”年均增长率目标%	2010年完成总量	“十一五”年均增长率%
地区生产总值（亿元）	370	15	397.6	15.85
全市工业增加值（亿元）	—	20	144.92	26.39
工业增加值占地区生产总值比重（%）	—	—	36.5	—
人均地区生产总值（元）	—	11	24315.85	17.02
三次产业结构	15：45：40	—	22.0：42.2：35.8	—
财政收入（亿元）	40	16	47.1	22.89
全社会固定资产投资（亿元）	580（五年累计）	20	1230（五年累计）	48.5
社会消费品零售总额	—	—	108	19.66
外贸进出口总额（亿美元）	—	25	13.7	46.83

续表

指标名称	2010年目标	“十一五”年均增长率目标%	2010年完成总量	“十一五”年均增长率%
旅游总收入(亿元)	—	15	67	18.99
高中阶段教育毛入学率(%)	> 80	—	87	—
城镇登记失业率(%)	低于4	—	3.06	—
城镇新增就业人数(万人)	2	—	3.8	—
转移农业劳动力(万人)	1.5	—	2.2	—
城镇居民人均可支配收入(元)	—	8	16798	12.03
农村居民人均纯收入(元)	—	6	5426	11.28
万元生产总值能源消耗(吨标煤)	1.01	—	1.0057	−1.5
万元规模以上工业增加值能源消耗(吨标煤)	0.9	—	0.9	−13.44
化学需氧量排放总量(万吨)	4.1(五年累计)	−2.4	4.0(五年累计)	−2.83
二氧化硫排放总量(万吨)	4.04(五年累计)	−2	3.85(五年累计)	−2.85

注:地区生产总值、全市工业增加值、人均地区生产总值年均增长按可比价格计算。

第二节 “十二五”是实现跨越发展的关键时期

当前和今后一个时期,世情、国情、区情、市情继续发生深刻变化,北海经济社会发展呈现出新的阶段性特征。

从世情看,和平、发展、合作仍是时代潮流,经济全球化、区域经济一体化继续向纵深发展,中国—东盟自由贸易区正式建成,泛北部湾区域经济合作逐步深化,有利于北海发挥沿海开放城市的优势,利用国际资源和国际市场,广泛集聚资金、技术、人才等发展要素,发展外向型经济,壮大综合实力。同时,必须看到,国际金融危机影响深远,世界经济增长速度减缓,各种形式的保护主义抬头,这将对北海发展外向型经济和承接出口加工产业转移产生较大制约。

从国情看,我国仍处于可以大有作为的重要战略机遇期,经济持续向好发展;国家深入实施西部大开发战略,对北部湾地区的发展更加重视、寄予厚望,有利于北海得到国家更多的支持和帮助;产业转移加速,潜力巨大。但我国发展中的不平衡、不协调、不可持续问题依然突出,经济增长的资源环境约束强化,区域竞争日趋激烈,也给北海“十二五”时期部分产业的发展带来严峻挑战。

从区情看,自治区党委、政府坚持优先发展北部湾经济区,在发展定位、政策扶持、项目布局、资源配置、宣传推介等方面都给予大力支持,有利于北海乘势而起、跨越发展。同时必须清醒地看到,广西尚处在工业化的初期向中期过渡的阶段,加快经济转型升级所面临的压力巨大,经济社会生态统筹协调发展的任务艰巨,经济结构性问题和社会问题将更加突出。

从市情看,北海区位优势突出,高品位旅游资源和海洋资源丰富,生态环境优美宜居,历史文化底蕴深厚,多年来已经打下了较好的发展基础,特别是随着近两年来发展理念的更新、发展定位的明确、发展思路的明晰、发展合力的凝聚、重大项目的突破、产业支撑的增强、城市软实力的提升,在多重机遇叠加、区位优势突出、资源条件优越、上级重视支持而且总量相对较小的情况下,完全有条件、有可能、有希望在“十二五”期间实现跨越发展。然而北海的经济基础薄弱、产业链不完整、开放合作不充分、城市综合竞争力不够强、社会事业发展相对滞后等问题还比较突出,解决这些问题需要付出艰苦的努力,而且需要一个过程。

综合分析基本市情,北海底子薄、实力弱、欠发达和在沿海开放城市中相对落后的状况没有改变,人民群众日益增长的物质文化需要同落后的社会生产之间的矛盾没有改变,发展的状况离人民的期待还有着较大的差距。从北海正处于跨越发展战略机遇期的实际出发,紧紧抓住面临的重大发展机遇,积极应对面临的困难和挑战,尽快实现跨越发展、迅速提升综合实力,是全市人民最重要最紧迫的中心任务。全市人民必须切实增强责任感、使命感和紧迫感,强化发展意识、机遇意识、忧患意识和赶超意识,坚持用发展来统一思想、用发展来坚定信心、用发展来凝聚力量、用发展来改善民生、用发展来解决问题、用发展来维护稳定,振奋精神、抢抓机遇、科学谋划、真抓实干、把事干成,努力开创北海经济社会发展的新局面。

第三节 指导思想

以邓小平理论和“三个代表”重要思想为指导，深入贯彻落实科学发展观，适应国内外和北海发展形势的新变化，顺应北海人民过上更好生活的新期待，以科学发展引领跨越发展、以跨越发展落实科学发展，加快转变经济发展方式，更加注重以人为本，更加注重全面协调可持续发展，更加注重统筹兼顾，更加注重保障和改善民生，深入实施《国务院关于进一步促进广西经济社会发展的若干意见》和《广西北部湾经济区发展规划》，全面落实自治区“富民强桂”新跨越和市委九届八次、九次全会的决策部署，加快推进北海三年跨越发展工程，不断提高工业化、信息化、城镇化、市场化、国际化水平，着力完善基础设施，着力增强产业支撑，着力优化发展布局，着力深化改革开放，着力发展社会事业，着力改善人民生活，推动北海科学发展、和谐发展、跨越发展。

突出科学发展主题，坚持把经济结构战略性调整作为加快转变经济发展方式的主攻方向，坚持把科技进步和创新作为加快转变经济发展方式的重要支撑，坚持把保障和改善民生作为加快转变经济发展方式的根本出发点和落脚点，坚持把建设资源节约型、环境友好型社会作为加快转变经济发展方式的重要着力点，坚持把改革开放作为加快转变经济发展方式的强大动力，提高发展的全面性、协调性、可持续性，实现经济社会又好又快发展。具体把握以下基本原则：

——必须推动跨越发展。充分发挥北海的区位优势、资源优势、开放优势、文化优势和后发优势，坚持以空间换时间、以资源换产业、以存量换增量的战略思维，抓住北海面临的多重叠加重大发展机遇，扩大投资规模，推动城乡消费升级，加快发展外向型经济，在充分发挥投资对经济增长拉动作用的同时，逐步增强消费和出口对经济增长的拉动力度，加快形成投资、消费、出口协调拉动经济增长的新局面，在迅速扩张经济总量的过程中不断提高经济发展质量，确保北海经济社会跨越发展。

——必须坚持绿色发展。加快生态文明建设，坚持走新型工业化道路，推进经济和社会信息化，大力发展循环经济和低碳经济，在全社会倡导低碳生活，加快建设资源节约型、环境友好型社会，继续保持并不断增强北海生态环境良好的优势和竞争力，确保可持续发展。

——必须落实协调发展。坚持全市发展“一盘棋”，协调城乡发展、区域发展、经济社会发展，优化发展空间布局，推动北海组团和铁山港（龙潭）组团协调发展，实现区域协调联动、城乡优势互补的有序发展。

——必须体现惠民发展。坚持以人为本、富民优先，从解决关系人民群众切身利益的现实问题入手，更加注重保障和改善民生，不断提高城乡居民收入水平和生活质量，使全市人民共享发展成果，促进社会和谐稳定。

第四节 发展目标

“十二五”时期，全市经济社会发展的主要目标是：力争到 2015 年实现全市地区生产总值比 2010 年翻一番以上，财政收入翻两番，人均地区生产总值在广西保持领先地位，在全面完善基础设施、推进工业化城镇化、壮大优势产业、建设亿吨大港、扩大贸易规模、增加居民收入和提升城市软实力等方面取得重大突破，把北海建设成为产业支撑强、开放水平高、生态环境美、人民生活好、发展前景广的区域性国际化现代产业集聚基地、旅游商贸物流中心、开放合作重要平台和生态宜居文明城市。

——经济发展实现新跨越。建成一批基础设施和产业项目，培育发展一批大型骨干企业，工业化、城镇化达到全国平均水平。全市地区生产总值年均增长 14%（可比价），力争达到 18%（可比价）；财政收入年均增长 28%，力争达到 32%。价格总水平基本稳定。

——经济质量迈上新台阶。发展方式加快转变，产业结构优化升级，产业支撑能力明显增强，石油化工、电子信息、临港产业、林浆纸、农产品加工、旅游、商贸、房地产等八大支柱产业的规模不断壮大。三次产业结构由 2010 年的 22∶42.2∶35.8 调整为 2015 年的 12∶55∶33。

——改革开放不断深化。统筹城乡综合配套改革成效明显，服务型政府建设取得新成效，经济体制更加完善，非公有制经济发展活力不断增强。开放合作水平不断提高，口岸开放范围扩大到涠洲岛、铁山港等区域，建成面向东盟的出口加工基地和对外开放新高地，招商引资实现重大突破，利用外资规模明显扩大，全方位、多层次、宽领域的对外开放格局全面形成。

——社会建设明显加强。科技发展步伐明显加快，期末研究与开发经费支出占地区生产总值比重达到 2.5%。主要劳动年龄人口平均受教育年限达到 10 年。完善文化基础设施建设，基本建立覆盖城乡的公共文化服务体系。加快推进医药卫生体制改革，完善医疗卫生服务设施，提高医疗服务水平，基本建立覆盖城乡的卫生服务体系。城镇基本养老保险、失业保险和基本医疗保险覆盖面均达到95%以上，新型农村合作医疗保险参保率保持90%以上，低收入人群社会保障水平进一步提高，社会救助体系比较完备。广播电视、新闻出版、体育、档案等社会事业全面发展，社会管理水平不断提高，社会更加和谐稳定。

——生态宜居城市建设成效显著。区域协调和空间整合取得重大进展，建成功能完善、布局合理、安全高效的现代化基础设施网络。资源利用效率显著提高，生态环境保持良好。2015年，节能减排完成自治区下达的任务，城镇污水集中处理率和垃圾无害化处理率均达80%以上，森林覆盖率31.6%，城市绿化覆盖率38%，国家园林城市创建成功，城市美誉度进一步提升，生态环境进一步优化。

——人民生活水平显著提高。城镇居民人均可支配收入年均增长11%以上，农村居民人均纯收入年均增长11%以上，低收入者收入明显增加，中等收入群体持续扩大，贫困人口显著减少，城乡居民收入差距扩大的趋势得到扭转，人民生活质量明显改善。

专栏2:“十二五”时期经济社会发展主要目标

类别	指标名称	2010年	2015年	年均增长	五年累计	属性
经济发展	地区生产总值(亿元)	397.6	800	14%	—	预期性
	人均地区生产总值(元)	24315.8	45000	14%	—	预期性
	财政收入(亿元)	47.1	160	28%	—	预期性
	全社会固定资产投资(亿元)	485.2	1000	16%	3965	预期性
	社会消费品零售总额(亿元)	108	265	19%	—	预期性
	外贸进出口总额(亿美元)	13.7	58	34%	—	预期性
	其中:出口总额(亿美元)	8.4	30	29%	—	预期性
	工业增加值比重(%)	36.5	51	—	14.5	预期性
	服务业增加值比重(%)	35.8	33	—	-2.8	预期性
	城镇化率(%)	51.3	55	—	3.7	约束性
科技教育	九年义务教育巩固率(%)	87	94	—	7	预期性
	高中阶段教育毛入学率(%)	87	88	—	1	预期性
	研究和试验发展经费支出占地区生产总值比重(%)	1.95	2.5	—	0.55	预期性
	每万人口发明专利拥有量(件)	0.28	3	—	2.72	约束性
资源环境	单位工业增加值用水量降低(%)	—	—	—	30	约束性
	耕地保有量(万亩)	182.4	182.4	—	—	预期性
	农业灌溉用水有效利用系数	0.43	0.45	—	0.02	约束性
	单位地区生产总值能源能耗(吨标煤)	1.0057	按自治区分解下达任务			约束性
	单位地区生产总值二氧化碳排放总量(万吨)	—	按自治区分解下达任务			约束性
	化学需氧量排放总量(万吨)	4.0	按自治区分解下达任务			约束性
	二氧化硫排放总量(万吨)	3.85	按自治区分解下达任务			约束性
	氨氮排放总量(万吨)	0.45	按自治区分解下达任务			约束性
	氮氧化物排放总量(万吨)	2.30				约束性
	森林覆盖率(%)	31.1	31.6	—	0.5	约束性
	森林蓄积量(万立方米)	390	450	—	60	约束性

续表

类别	指标名称	2010 年	2015 年	年均增长	五年累计	属性
人民生活	全市总人口(万人)	161	<168	<9‰	—	约束性
	城镇登记失业率(%)	3.06	<5	—	—	预期性
	城镇新增就业人数(万人)	—	—	—	12.5	预期性
	城镇参加基本养老保险人数(万人)	10	15	—	5	约束性
	城乡三项医疗保险参保率(%)	85	95	—	10	约束性
	城镇保障性安居工程建设(套)	2037	—	—	9412	约束性
	城镇居民人均可支配收入(元)	16798	28000	11%	—	预期性
	农村居民人均纯收入(元)	5426	9000	11%	—	预期性

注:地区生产总值和城乡居民收入绝对数按2010年价格计算,速度按可比价格计算;城乡三项医疗保险是指城镇职工基本医疗保险、城镇居民基本医疗保险和新型农村合作医疗。总人口不包括人口机械增长数。

特　　辑

在北海市被列为国家历史文化名城庆祝大会上的讲话

北海市委书记、市人大常委会主任　王小东

（2010 年 12 月 28 日）

今天的北海花红树绿、生机盎然，处处洋溢着喜庆欢乐的氛围。我们在这里隆重集会，热烈庆祝北海市被国务院批准列为国家历史文化名城，这是 160 万北海人民的一件大喜事。

此时此刻，我们无比敬仰创造北海辉煌历史的先辈们。从最早的“海上丝绸之路”始发港到 19 世纪开埠，再到 1984 年成为全国首批沿海开放城市，北海经历了三次开放高潮的洗礼。2000 多年来，在这块土地上繁衍生息的先民们，用聪明才智和勤劳双手，开荒耕种、采珠捕鱼、经商贸易、扬帆远航，创造了光辉灿烂的历史文化，促进了多种文化的融合发展，塑造了开放、进取、包容和诚信的城市品格。这些，是珠城北海无比宝贵的精神财富，是我们扬帆远行的力量源泉。正是因为他们的劳动和创造，正是因为长期以来众多有识之士对历史文化遗存的珍惜和保护，北海才能有今天的成功与荣耀！

此时此刻，我们深深感到“名城”的殊荣来之不易。申报国家历史文化名城，是市委、市政府贯彻落实科学发展观、提升城市软实力、造福北海人民的一项重大决策。由于申报的要求十分严格，我们虽然有“志在必得”的决心，但并无“手到擒来”的把握。申报工作启动以来，从市委、市政府到相关部门和单位，从领导干部到每个工作人员，都各负其责、密切配合、全力以赴，付出了艰辛的努力和大量的心血。一方面组织专门力量开展座谈研讨、收集整理资料、确认历史文化遗存、落实历史文化保护相关要求；另一方面加强与国家和自治区有关部门的工作衔接，邀请领导和专家到北海实地考察指导。同时，我们策划拍摄了 7 集北海历史文化系列专题片，在中央电视台播出，精心组织开展“北海历史文化宣传月”活动，为申报工作营造了良好氛围。回首申报过程的这一幕幕，我们的工作，得到了住房和城乡建设部、国家文物局和自治区党委、政府及有关厅局的关心指导与大力支持，得到了众多专家学者和媒体朋友的鼎力相助，得到了广大市民的热情参与和积极配合。正是因为上下一心、众志成城，我们才得以把事干成、喜获成功。借此机会，我谨代表北海市委、市政府和全市人民，向所有关心支持和指导帮助申报工作的各级领导，向所有为申报工作作出贡献的专家学者、新闻媒体、相关工作人员和各界人士，表示衷心的感谢并致以崇高的敬意！

此时此刻，我们更加坚信“名城”对北海具有重大而深远的意义。对于正在努力实现跨越发展的北海来说，能够进入国家历史文化名城行列，是一笔巨大的宝贵财富，是一枚城市价值的权威印戳，是一张亮丽的城市名片，是一面极具号召力和凝聚力的文化旗帜，必将对北海当前和未来的发展产生重大而深远的影响。国务院批准北海为国家历史文化名城，进一步确认了北海作为“海上丝绸之路”重要始发港和近代对外重要通商口岸的历史地位，明确昭示北海在国家对外开放格局和实施《广西北部湾经济区发展规划》中的重要地位与作用，这是对北海历史和地位的权威认定，充分表明了国家对北海这座城市历史文化价值的肯定。这不仅从根本上消除了人们对北海的种种误读，还原了北海的历史本来面目，更是极大地增强了全市人民的自信心和自豪感，凝聚成推动北海跨越发展的强大合力。

同志们、朋友们，产业是一个城市发展的根本支撑，文化则是推动其发展的动力源泉。一个城市要实现长期可持续发展，不仅需要振兴产业、繁荣经济、抓好城建，还需要传承和弘扬优秀历史文化、塑造文化品格和城市精神。我们要以成功申报名城为契机，在新的起点上弘扬优秀历史文化，繁荣发展先进文化，为加快发展提供源源不竭的动力，早日把北海建设成为区域性国际化现代产业集聚基地、旅游商贸物流中心、开放合作重要平台和生态宜居文明城市。

我们要以名城申报成功为新起点，进一步增强推动北海跨越发展的精神动力。文化是一个城市的灵魂和推动经济社会发展的强大力量。申报历史文化名城、发掘历史文化的过程，就是我们对北海这座城市因知而爱、因爱而行的过程，就是一个体现真抓实干、把事干成、造福百姓的过程。申报成功之后，我们更要增强责任感和使命感，进一步坚定推动北海跨越发展的信心和决心，焕发建设共同家园的热情，唱响奋进、文明、和谐的时代主旋律，汇聚起热爱北海、唱兴北海、建设北海的强大合力。

我们要以名城申报成功为新起点，加快建设文化北海提升城市软实力。文化伴随着城市的发展，不断丰富和发展。我们要在加快发展经济、增强城市硬实力的同时，努力繁荣发展北海文化，充分发挥文化引导社会、教育人民、推动发展的功能，不断提升城市软实力，把文化的影响力变成城市的竞争力，把文化的软实力变成社会生产力，并以这种薪火相传的文化“定力”，作为提升城市竞争力的强大精神支柱。要加大文化投入，完善文化基础设施，加快建成公共文化服务体系，以“出精品、创品牌、塑特色”为着力点繁荣文艺创作，大力发展群众文化，进一步满足人民群众不断增长的精神文化需求，增强城市发展的文化支撑。

我们要以名城申报成功为新起点，加大宣传推介力度树立城市新形象。开放，无论是过去、现在还是将来，都是北海最突出的比较优势，也是北海实现跨越发展的必由之路。要在新的形势下进一步扩大开放、深化合作，就必须树立起良好的城市形象。我们一定要充分发挥国家历史文化名城的优势，加强策划，整合力量，进一步加大对外宣传力度，大力宣传北海的区位优势、历史文化、投资环境、建设成就、发展前景，让世界更好地了解北海，不断提升城市的美誉度，让我们的共同家园同其他华夏名城一样，以更加光辉的形象屹立中国、走向世界！

同时，我们还要十分清醒地认识到，依法保护好历史文化遗产，是 160 万北海人的共同责任。当我们接过这笔丰富而宝贵的历史文化遗产之时，也接过了一份保护和传承历史文化的神圣职责。我们只有切实履行好这份职责，把国务院的有关要求贯彻落实到位，正确处理城市建设与历史文化遗产保护的关系，编制好历史文化名城保护各项规划，制订严格的保护措施，才能不辜负国家和人民的重托，真正做到无愧于先人、无愧于子孙。

同志们，北海被列为国家历史文化名城，是全市人民的无尚荣耀；推动北海跨越发展，是所有北海人的共同责任。以史为鉴可以知兴替，北海的大开放大发展，是历史的必然。我们要倍加珍惜、倍加团结、倍加努力，高扬开放的风帆，重铸昔日的辉煌，把北海建设成为北部湾畔富裕、文明、和谐的宜居之城、活力之城、恒常发展之城！

大 事 记

1月

4日 从2003年1月1日开始停航的北海到昆明航线复航。

10日 自治区主席马飚到北海对推进重大项目、加快产业发展和沿海基础设施建设进行调研。市委书记、市人大常委会主任王小东，市长连友农全程陪同马飚一行到中电北海产业园、北海出口加工区的建兴光电科技(北海)有限公司、冠岭项目建设工地、北海炼油异地改造石化项目施工现场、广西北部湾港铁山港区深水公共码头等处进行考察调研，听取相关部门负责人汇报，详细了解项目建设进展情况，分析问题，共商对策，解决问题。

11~12日 自治区总工会副巡视员朱昌斌到北海检查考评2009年工会目标任务，并向市困难企业、困难职工和劳动模范送上"送温暖"资金36万元。

11日 中关村大学科技园联盟北海工作站揭牌仪式在自治区科技厅举行，这标志着北海市与中关村大学科技园联盟建立了常态性的合作工作机制，双方在孵化器建设、企业培育、技术投资、技术咨询、试验示范、人才培训、公共技术服务平台建设等方面有了合作平台。揭牌仪式上，北海市生产力促进中心还与北航北海学院、北京国通合源科技有限公司及北海深蓝科技发展有限公司签订了"北海工信部—微软嵌入式技术联合实验室"项目合作协议书。

12日 市委书记、市人大常委会主任王小东，市长连友农听取中国城市规划设计研究院专家关于《北海历史文化名城保护规划》修改情况的汇报。

12日 全市第三批深入学习实践科学发展观活动分析检查阶段工作座谈会举行。

12~15日 北海组团参加在南宁举行的2010年广西科技活动周活动。活动期间，一批在科技创新中作出贡献的单位和个人在科技活动周的开幕式上受到了表彰。其中，北海市中粮生物质能源公司的"年产20万吨木薯燃料乙醇示范工程"成果获广西科技进步奖一等奖；攀钢集团北海钢管的"钢管企业ERP、条形码、自动信息采集技术集成系统的研发与应用"，新未来公司的"高焦耳电压敏器件"等成果获广西科技进步奖三等奖。林贵获得"科技种养大王"称号，吴炳强、林志兴、王坚3人获得"科技种养能手"称号。北海市企业与境外、区外企业达成了3个合作项目，包括北海蓝波湾海洋生命科技有限公司和中国科学院海洋研究所的"北部湾海参高值化产品的生产与技术开发"；北海正渔生物技术有限公司和越南环球生物工程有限责任公司的"对越水产应用微生物技术合作和输出水产养殖水质改良剂产品"；北海杰通科技有限公司和康达（澳大利亚）有限责任公司Kangd(Aust.)Pty.Ltd的"环保节能型空气热水机合作开发"等科技项目。北海在科技活动周的签约金额达到了6500万元。副市长杨志远参加了签约仪式。

13日 北海市召开银滩白虎头地区概念性规划方案国际征集成果汇报会，并原则通过了规划方案。会上，美国易道(上海)环境规划设计有限公司、英国阿特金斯顾问(深圳)有限公司上海分公司负责人从发展定位、总体布局、功能分区、生态环境、人文景观等方面分别对各自规划方案进行了介绍。市长连友农在听取汇报后，对银滩白虎头地区概念性规划的两个方案均表示肯定的同时对规划方案提出了修改意见。

13日 国家旅游局发出公告，涠洲岛火山国家地质公园鳄鱼山景区，顺利通过了国家旅游局专家评审组审核评定，荣膺国家4A级旅游景区。至此，北海市4A级旅游景区已增添到4家。

13日 市长连友农在香格里拉大饭店会见了前来北海调研的全国社保基金会理事长戴相龙。北海劳动和社会保障局有关负责人参加了会见。自治区副主席陈章良陪同戴相龙考察调研。

14日 自治区政协副主席李彬到北海市海城区高德街道办事处、龙沟鲁村绿化点和开江村排灌渠道现场参加自治区统一部署的“兴水利、大种树、优生态、强基础、惠民生、促发展”主题实践活动。

15日 中国共产党北海市第九届委员会第八次全体会议召开。全会传达学习了全区经济工作会议精神，听取和讨论了市委书记、市人大常委会主任王小东代表市委常委会作的工作报告。全会认为，王小东所作的题为《开拓创新，乘势而上，为实现北海三年跨越发展而努力奋斗》的报告，全面总结了2009年的工作，科学分析了当前的形势，对实施“北海三年跨越发展工程”进行了动员和部署。全会明确了实施“北海三年跨越发展工程”的奋斗目标是“一年继续打基础，两年明显见成效，三年实现大跨越”：到2012年，把北海基本建设成为区域性国际化的现代产业集聚基地、旅游商贸物流中心、开放合作重要平台和生态宜居文明城市。综合实力明显壮大，产业支撑明显增强，开放合作明显深化，城市品位明显提升，人民生活明显改善。与2008年相比，全市生产总值翻一番达到600亿元、人均地区生产总值达到3.5万元左右，财政收入翻两番超过100亿元。固定资产投资达到700亿元，规模以上工业总产值突破1000亿元。城镇居民人均可支配收入达到2万元，农民人均纯收入力争赶上全国平均水平。

中旬 在北京召开的第三批国家科技兴贸创新基地授牌大会暨科技兴贸创新基地工作座谈会上，副市长董仕军代表北海市正式领回“国家科技兴贸创新基地”牌匾。此牌匾的获得对北海的电子信息产业发展具有里程碑式的意义。

16日 北海市第十三届人民政府第三次全体会议在市政府小礼堂召开。会上，市长连友农总结了2009年政府工作，对今后的工作作了部署。会上，市政府就全力实施“北海三年跨越发展工程”，努力做到“一年继续打基础、两年明显见成效、三年实现大跨越”，与市直主要经济部门、市辖县区、各产业园区签订了2010年经济社会发展主要目标责任书。

17日 以江西省政协主席傅克诚为组长、青海省人大常委会副主任郭汝琢为副组长的中央学习实践活动第六巡回检查组一行10人到合浦东园家酒厂，就“贯彻学习科学发展观，加强企业党建，发展循环经济，发挥企业龙头作用，带动周边农民致富”主题进行调研。

18日 自治区党委常委、政法委书记温卡华率自治区有关部门领导到北海，在市委书记、市人大常委会主任王小东、市长连友农的陪同下，到铁山港区营盘镇、南康镇和合浦县廉州镇参加自治区统一部署的“兴水利、大种树、优生态、强基础、惠民生、促发展”主题实践活动。

18～21日 中国人民政治协商会议北海市第八届委员会第五次会议召开。会议听取和审议市政协副主席吴道业代表常务委员会所作的工作报告和市政协副主席沈礼森代表常务委员会所作的提案工作情况报告。

19～21日 北海市第十三届人民代表大会第六次会议召开。大会开幕式由大会主席团常务主席、市委书记、市人大常委会主任王小东主持。市长连友农代表市政府在开幕式上作《政府工作报告》。

21～22日 贵港市委书记、市人大常委会主任赖德荣和市长唐成良、市政协主席廖毅民率贵港市党政代表团一行40余人到北海考察。

22日 世界第二大光驱制造厂——建兴光电科技有限公司在北海出口加工区投资的建兴电子园区正式投产。项目投资9600万美元。自治区政府副秘书长魏然在投产庆典仪式上宣读了自治区主席马飚对建兴公司投产庆典的贺信。受马飚的委托，自治区党委常委、副主席陈武参加庆典并应邀宣布企业正式投产。

22日 全国总工会副主席、书记处书记倪健民一行，在自治区政协副主席、总工会主席李达球，市委常委、组织部部长蔡中平，市人大常委会副主任、市总工会主席许光波的陪同下，慰问北海市的困难职工、自治区劳动模范。

23日 民政部副部长罗平飞由自治区民政厅厅长陈利丹、副厅长黄瑞平等陪同到合浦县星岛湖乡下洋村委督查灾后重建、冬春救助工作。

24日 自治区党委、政府在南宁召开加快广西北部湾经济区发展工作座谈会。自治区主席马飚在讲话中指出，北海电子产业园、北海铁山港工业区是自治区重点支持的11个重点产业园区的重要部分，要集合各方面的力量、以最快的速度完善好园区的基础设施，吸引更多的企业落户园区，迅速壮大产业，尽快看到实效。

25日 自治区政府委托自治区住建厅在北海市组织召开北海市历史文化街区评审会。会议同意将北海市珠海路—沙脊街—中山路、合浦县中山路、合浦县阜民路、高德三街、涠洲南湾及南康6个街区申请为自治区级历史文化街区。

25日 自治区党委、政府召开全区民族团结进步创建活动经验交流视频会，并对广西区获得国务院第五次全国民族团结进步模范的集体和个人进行颁奖。北海市银海区民族宗教局荣获国务院第五次全国民族团结进步模范集体，市民族宗教局干部农军荣获国务院第五次全国民族团结进步模范个人。

25日 合浦县、海城区、银海区、铁山港区同时开展领导干部“公开大接访”活动，集中处理群众信访事项。当天，一县三区共接待来访群众225批659人次，当场解决的来访事项33件。市委常委、秘书长、海城区委书记伍国辉参加了海城区的“公开大接访”活动。

26～28 日 国家旅游局局长邵伟琪，国家旅游局党组成员、规划财务司司长吴文学率队到北海，对北海和涠洲岛的旅游开发进行专题调研。期间，在自治区副主席高雄，自治区旅游局局长陈建军，市长连友农和市委常委、常务副市长孙大光的陪同下，邵伟琪一行先后到冠岭项目、北海老街、银滩以及涠洲岛的鳄鱼山景区、石螺口潜水基地、天主教堂、标志广场、地质博物馆等景点进行考察。

29 日 以自治区党委宣传部副部长李海荣为组长的自治区检查考核组到北海对市委理论学习中心组2009年度理论学习情况进行考核检查。

1 月 市政府确定2010年为民办实事的具体事项共12件，这12件实事分别为：社会保障惠民工程、教育惠民工程、医疗保障惠民工程、文化惠民工程、安居工程、农村基础设施建设和物流服务体系工程、“放心肉”工程、超级稻种子补贴工程、民生路网二期工程、就业促进工程、交通便捷工程和老龄服务工程。

2 月

2 日 自治区政协主席马铁山到北海考察重大项目建设情况。市委书记、市人大常委会主任王小东，市政协主席车延风，市委常委、市委秘书长伍国辉，副市长董仕军，市政协秘书长廖端诚陪同马铁山一行到中石化北海炼油异地改造石化项目建设工地、广西北部湾港北海铁山港区及中电北海科技产业园考察。

4 日 江苏省南通市委书记、市人大常委会主任罗一民率南通市党政代表团到北海参观考察。

5 日 双层旅游巴士和微型巴士在北海正式营运。双层旅游巴士从外沙岛开往银滩，途经北部湾广场、华美广场、海洋之窗、国际客运站、银滩五路、海滩公园等站点。微型巴士的两条公交支线，一是从北部湾西路开往十二小，一是从海天花园开往海城苑，平均5分钟发出一班车。

6 日 北海民生路网(一期)工程最后两条道路——贵州南路(重庆路至西南大道路段)、重庆路段(西藏路至贵州路段)竣工。至此，全市民生路网(一期)工程的11条道路及排水工程建设全部完成。

6 日 中央电视台中文国际频道（CCTV4）摄制的《走遍中国—走进北海》7集专题片本日起在央视四套连续播出。该专题片从不同侧面反映了北海作为“海上丝绸之路”重要始发港和19世纪鸦片战争后成为通商口岸的史实。

7 日 中央学习实践活动办公室指导协调二组组长、中组部干部五局副巡视员路京生一行到北海考察指导新社会组织学习实践活动。

8 日 中石化总公司所属的工程部、物装部、北海炼油异地改造石化项目筹备组、北海分公司、管道储运分公司、洛阳石化工程以及北海炼油异地改造石化项目指挥部召开“北海炼油异地改造石化项目及配套工程建设工作协调会”。会议强调，各部门要紧紧围绕北海炼油异地改造石化项目于3月1日土建工程的开工，来做好相关服务工作。

9 日 市政府召开专项工作会议，对2010年全市财政、国资、人事、劳动保障、招商引资、建设、国土、环保、安全生产等九个方面的工作进行部署落实。

9 日 以“走近大师，聆听经典，相约新年，欢乐祥和”为主题的“北海旅游之春”新年大型交响音乐会在香格里拉大饭店举行。音乐会正式奏响前，“百年老街、百米T台、百名佳丽创吉尼斯纪录授牌仪式、涠洲岛4A景区授牌仪式和电视剧《北海风云》北海首映式、赠片仪式分别举行。市委常委、常务副市长孙大光致辞。

10 日 全市组织工作会议在市人民剧场召开。市委书记、市人大常委会主任王小东出席会议并作重要讲话，并提出五点意见:一是充分认识实施“北海三年跨越发展工程”对组织工作的新要求，切实增强组织工作的前瞻性和科学性；二是坚持正确的用人导向，努力提高干部选拔任用工作满意度；三是全面推进新一轮干部人事制度改革，不断健全有利于优秀人才脱颖而出的干部选任机制；四是深入实施人才强市战略，为推动北海跨越发展提供强有力的人才支撑；五是夯实推动北海科学发展的组织基础，着力提高服务跨越发展的能力水平。

17～18 日 中共中央政治局常委、全国政协主席贾庆林在自治区党委书记郭声琨、自治区政协主席马铁山和自治区党委常委、秘书长余远辉的陪同下到北海考察。贾庆林对北海加快工业化和城镇化、加强生态环境建设和历史文化保护等方面的工作提出了明确要求，对北海实现跨越发展寄予厚望。

17～18 日 国务委员、公安部长孟建柱在自治区主席马飚等自治区领导的陪同下到北海考察银滩、海洋之窗、老街等处。

19 日 全国人大常委会副委员长、九三学社中央主席韩启德一行到北海考察。

20 日 市委书记、市人大常委会主任王小东率市发改委、市商务局、市北部湾办等部门主要负责人来到北海炼油异地改造石化项目工地进行现场办公，协调解决存在的具体问题，确保3月1日项目地下管网工程全面开工。

21 日 市委书记、市人大常委会主任王小东主持召开市委常委扩大会议，传达学习贯彻中共中央政治局常委、全国政协主席贾庆林等国家领导人春节期间在北海考察工作时的重要讲话精神。

23日 国家住房和城乡建设部授予广西北海市银滩改造与生态保护项目“2009年中国人居环境范例奖”。北海银滩改造及生态保护项目位于北海半岛南部中段，包括银滩公园、海滩公园区域，海岸线总长约4千米。

23日 中央召开贯彻实施《中国共产党党员领导干部廉洁从政若干准则》电视电话会议。市长连友农在北海分会场参加会议后强调，全市党员领导干部要以贯彻实施《廉政准则》为契机，进一步振奋精神，奋发有为，勤政廉政，扎实工作，为实现北海三年跨越发展的目标而努力奋斗。

23~24日 市政府召开“北海三年跨越发展工程”实施工作会议，专题研究“北海三年跨越发展工程”实施方案和相关工作。

25日 北部湾敏感元器件与传感器产业发展研讨会在广西新未来信息产业股份有限公司召开，来自国内12个国内知名企业、科研院所的企业家和专家研讨北部湾（北海）敏感元器件与传感器产业发展。

25日 《北海申报历史文化名城保护规划》通过了自治区评审。受自治区政府委托，区建设厅会同区文化厅在南宁组织召开了专家评审会。来自历史文化名城专家委员会、同济大学、重庆大学等部门的7位区内外专家对《保护规划》进行认真的评审后一致认为，《保护规划》以保护历史文化遗产和协调保护与建设发展为目的，确定了保护的原则、内容和重点，规定了保护范围，提出了保护措施。《保护规划》资料齐全，内容丰富，层次清晰，科学合理，非常符合北海的实际情况，具有很强的可操作性。

26日 市委、市政府召开全市农村工作会议。会议明确了2010年全市“三农”工作的总体要求：以规划建设北海国家农业科技园区为重点，以推进创建“广西特色现代农业示范市”为核心，加大强农惠农政策执行力度，着力发展农业、繁荣农村、富裕农民，扎实推动农业农村经济科学发展、和谐发展、创新发展。计划全年农业增加值增长10%以上，农民人均纯收入增长12.7%以上。

28日 北海市与广西北部湾国际港务集团有限公司战略合作洽谈会在香格里拉大饭店举行，双方就把广西北部湾港铁山港区打造成亿吨大港合作中遇到的土地、海域使用、配套物流体系等事宜进行了洽谈。市委书记、市人大常委会主任王小东对广西北部湾国际港务集团为北海经济社会发展作出的重大贡献表示感谢，并表示，在合作中，市委、市政府将严格按照定人、定责、定时间、定进度的“四定”要求，做到事事有回音，事事有落实，为企业创造良好的投资环境。

28日 为迎接第二十四届世界客属恳亲大会2011年在北海召开，多名专家学者聚会北海建言献策。来自北京、福建、江西、广东等地的多名客家文化专家、学者与自治区、北海市的专家学者以及世客会筹委会工作人员就北海如何办好世客会、打好客家文化牌举行座谈。

2月28日~3月1日 国务院国资委主任、党委书记李荣融到北海考察。在自治区副主席杨道喜、自治区国资委党委书记尹建国及主任肖文荪、市委书记、市人大常委会主任王小东和市长连友农的陪同下，到中电北海产业园、广西长城电脑公司、北海市景光投资服务有限公司、中石化北海炼油异地改造石化项目建设工地等处进行了考察。

2月 在一年一度新春佳节到来之际，市委书记、市人大常委会主任王小东到困难老党员、企业困难职工、民生路网搬迁户、自治区道德模范和科研专家代表家中走访慰问，把党和政府的关怀与温暖送到他们的心坎上。

3月

1日 自治区人民政府正式颁发实施《关于加快广西北部湾经济区大产业大港口大交通大物流大城建大旅游大招商大文化发展实施意见》，明确了今后3~5年为完成“八大工作”的发展目标，计划总投资为15336亿元。“八大工作”中涉及北海市共有217个项目，总投资额2524.8亿元。其中涉及北海产业方面的重大产业项目92个，投资1370.1亿元；重大港口投资149.5亿元；重大交通项目5个，投资304亿元。重大物流项目15个，投资176.7亿元。重大城建项目68个，投资193.6亿元。重大旅游项目20个，投资294亿元。重大文化项目17个，投资36.9亿元。

2日 总投资达12.6亿元的中电北海产业园内的景光电子二期项目、八达光电研发及生产基地项目、宇能陶瓷金属耦合润滑油项目，工业园区内的逢时电子节能灯生产项目、好科输配电及控制设备研发生产项目、金洋电力控制设备生产项目、中电北海产业园基础设施配套二期工程等7个项目同时在市工业园区和“园中园”中电北海产业园破土动工。市委书记、市人大常委会主任王小东宣布项目开工。市委常委、常务副市长孙大光在动工庆典上致辞。

2日 全市领导干部公开大接访活动在市人民剧场举行。市委书记、市人大常委会主任王小东率四家班子领导以及31个市直单位、部门的主要负责人，面对面倾听群众诉求，协调解决来访群众反映的实际问题。

3日 北海炼油异地改造石化项目土建开工仪式隆重举行，该项目的地下管网和装机、设备机组等土建工程全面铺开，标志着这一重大项目朝着2011年9月建成投产目标迈出了重要一步。市委书记、市人大常委会主任王小东宣布项目开工。中石化股份有限公司副总裁张克华致辞。市委常委、常务副市长孙大光讲话。市四家班子领导车延风、李蔚、伍国辉、刘宏武以及中石化北海分公司、管道储运公司、销售华南分公司及市直相关部门的人员共500多人参加了开工仪式。

4～5日 自治区推进惩防体系建设工作检查组第四组组长、自治区纪委副书记尹彤率检查组到北海检查相关工作。

5日 北海市新华书店与市昌旭房地产开发有限公司正式签约,合作开发北海书城。该项目内容包括北海新华书店营业场所、办公场所、北海市图书批发市场、住宅区等多种功能的高档商住综合楼。项目地址位于北海市四川南路,占地面积为3000平方米。

6日 广西北部湾创业股份有限公司暨华宝控股集团开业庆典在北海工业园区举行。市政协主席车延风与华宝控股集团董事长张云海共同为广西北部湾创业股份有限公司暨华宝控股集团的开业揭牌。市委常委、常务副市长孙大光致辞。中国银行广西区分行行长杨展鹏、区财政厅副厅长吴云及市领导唐利群、伍国辉、刘宏武、彭鸣达等参加了庆典仪式。

7～9日 自治区副主席李康率调研组一行100多人到北海开展"广西高校服务北部湾行"活动。7日下午,市政府与广西师范学院、桂林电子科技大学、广西医科大学、广西师范大学、广西民族大学、广西中医学院、广西工学院等高校签订了市校合作框架协议;北海海志船舶代理公司、北海市中等职业技术学校、北海水利局、中粮广西生物质能源公司等单位和企业分别与广西英华国际职业学院、柳州职业技术学院、桂林理工大学、广西大学等高校签订了合作协议。

10日 北海市机关幼儿园新园区开工仪式举行。新园区位于南京路以东、公务员小区以西,占地约0.78公顷,建筑面积约7018.75平方米,项目总投资850万元。新园区拟定于2010年9月完工并进行整体搬迁。

11～13日 以中央纪委副书记张毅为组长的中央纪委第三检查组到北海检查惩治和预防腐败体系建设工作。市委书记、市人大常委主任王小东主持召开北海市推进惩治和预防腐败体系建设工作座谈会,向检查组汇报了北海市2009年度推进惩治和预防腐败体系建设情况。检查组对市委、市政府领导班子成员进行了民主测评。自治区纪委副书记黄翔、蒋克昌,自治区党委副秘书长黄世勇和市四家班子领导车延风、李蔚、曹坤华、唐利群、廖德全、莫亦翔、蔡中平、宁小平、伍国辉等出席座谈会。

13日 市委召开全市深入学习实践科学发展观活动总结大会。大会的主要任务是:学习贯彻全区深入学习实践科学发展观活动总结大会精神,全面总结北海市开展学习实践活动的主要做法、成效和经验,动员全市上下进一步巩固和扩大学习实践活动成果,深入贯彻落实科学发展观,推动北海经济社会科学发展、和谐发展、跨越发展。

13日 市委书记、市人大常委会主任王小东等市四家班子领导到冯家江海景大道曲湾段开展"兴水利、大种树、优生态、强基础、惠民生、促发展"主题实践活动。驻市部队官兵、市直机关干部职工、大中专院校志愿者及群众近千人参加了当天的义务植树活动。

17日 全国组织系统深入推进"讲党性、重品行、作表率"活动视频会议召开。市委常委、组织部长蔡中平在北海分会场参加会议并对贯彻落实会议精神提出了要求。

17日 全市公安系统公开推荐选拔领导干部工作会议召开。这是北海公安系统首次以公推公选方式选拔处科级领导干部。此次公开选拔的领导职位共28个,其中副处级职位8个,正科级职位6个,副科级职位14个。

18日 市委召开传达学习全国"两会"精神大会。

18日 玉林至铁山港铁路征地拆迁动员大会召开。玉林至铁山港铁路(简称玉铁铁路)是洛湛线永州—岑溪—玉林段向广西北部湾港铁山港区的延伸,是广西北部湾特别是北海铁山港的重要疏港通道,是一条以货运为主兼顾客运的区域性铁路。全长98.2千米,为国家一级铁路,设计时速为160千米,在北海境内主要经过合浦县曲樟乡、常乐镇、闸口镇和铁山港区南康镇,线路长约31千米,征地面积约95.27公顷。其中,合浦县89.54公顷,铁山港区5.73公顷。副市长杨志远代表市政府在会上与合浦县政府、铁山港区政府签订了玉林至铁山港铁路征地拆迁工作责任状。

18日 桂林航天工业高等专科学校副校长郝德温率领"桂航服务北部湾考察团"到北海调研。期间,市委常委、宣传部长、副市长廖德全代表市政府与该校签订了合作框架协议。

20～23日 由香港国际商会联合体主席陈樟仁为团长,香港东京投资(集团)有限公司董事局主席、香港国际商会联合体副主席陈基尤为副团长以及美国首位华裔市长、医学博士黄锦波率领的联合体考察团一行130多人,对北海竹林盐场、北海银滩国家旅游度假区、北海工业园区、北海出口加工区等地进行了投资考察。

21日 由香港东京投资集团投资的铁山港鑫鑫铝业年产6.5万吨铝型材精加工项目厂房和位于北海大道中心地段的北海中环国际广场大厦项目分别举行隆重的开工庆典仪式。铁山港鑫鑫铝业项目占地面积20公顷,总投资7.2亿元人民币。中环国际广场大厦总建筑面积3.5万平方米,总投资1.5亿元人民币,高达32层的大厦将作为"香港东京投资集团北海总部"所在地。

22～23日 文化部党组成员、国家文物局局长单霁翔到北海调研北海申报国家历史文化名城工作。单霁翔充分肯定了北海市的申报工作以及对文化遗产保护工作所取得的成效,认为北海文化遗产丰富、文化底蕴深厚,完全有资格申报国家历史文化名城。

22日 合浦县工业园区北联食品有限公司发生一氧化碳中毒事件，致使55人不同程度中毒并入医院治疗。

22日 由广西生态省（区）建设工作领导小组办公室和市政府主办的《北海生态市建设规划（2009～2020）》专家论证会在北海召开。以国家环境保护部部长顾问、中国工程院院士金鉴明为组长的专家组对北海市建设规划生态市等方面进行了调研，并形成了论证意见。

25日 全市抗旱工作紧急会议召开。截至本月19日，全市作物受旱面积达15.394千公顷，其中轻旱14.818千公顷，重旱0.576千公顷，因旱造成4.21万人、5.044万头大牲畜饮水出现临时困难。

25日 全国人大常委会副委员长、党组成员兼秘书长李建国率全国人大常委会执法检查组到北海开展《妇女权益保障法》执法检查。

25日 河北省沧州市市委书记郭华率党政代表团到北海考察。

26日 印尼集团总裁、大同党主席、印尼客属总会会长吴能彬到北海考察。

26日 全市工业工作暨纳税增长大户表彰会议召开。会议表彰了中国石油化工股份有限公司北海分公司等23家工业纳税增长大户。

26～27日 越南西北莱州侨校师生暨乡亲2010广西北海联谊会在侨港镇举行。

27～28日 “泛珠·东盟·新南行记”粤桂滇黔党报大型联合采访活动采访团一行31人到北海进行采访活动。市委常委、宣传部长、副市长廖德全会见了采访团一行。

28日 山东省副省长黄胜率团到北海考察。

29日 自治区党委常委、统战部长黄道伟率自治区党委统战部专题调研组到北海调研。

29日 团区委副书记严霜率自治区党委督查组到北海督查党建带工建团建妇建工作。

30日 中央扩大内需促进经济增长政策落实暨治理工程建设领域突出问题监督检查电视电话会议在北京召开。市委常委、常务副市长孙大光在北海分会场参加会议并对全市贯彻落实会议精神提出了要求。

4月

1日 自治区环保厅副厅长钟兵率自治区城乡风貌督查组一行到北海检查城乡风貌改造二期工程。

1日 陕西省委书记、省人大常委会主任赵乐际率领陕西省党政代表团到北海参观考察。自治区党委书记、自治区人大常委会主任郭声琨，自治区政协主席马铁山，市委书记、市人大常委会主任王小东，市长连友农陪同考察。

6日 北海涠洲岛旅游发展规划成果汇报会召开。由北京同和时代旅游规划设计院、湖北大学旅游发展规划研究院和上海同异城市设计有限公司等单位组成的专家组进行规划编制工作，规划的编制已完成初稿。

6～8日 国家民委纪检组长杜鹃率中央扩大内需促进经济增长政策落实暨治理工程建设领域突出问题检查组第十四小组到北海检查指导工作。

7～8日 新加坡贸工部兼新闻、通讯及艺术部政务次长陈振泉率新加坡政府代表团到北海，实地考察了铁山港工业区的北海炼油异地改造石化项目工地、广西北部湾港务集团铁山港码头和银滩国家旅游度假区。

7日 美国、越南、香港、台湾钦廉灵防（四属）同乡考察团到北海考察。期间，市委常委、组织部长蔡中平会见并宴请了考察团一行。

8日 市委宣传部、市文联召开《发轫之路——北海文学三十年》出版座谈会。中国作家协会副主席陈建功，全国小说散文家协会副理事杜渐坤，中国作家协会主席团委员、广西文学院院长冯艺，广西理论家协会副主席、南方文坛主编张燕玲以及北海市部分文学创作者代表分别在会上发言。

9日 国家环境保护部等9个部委联合召开全国继续深入开展整治违法排污企业保障群众健康环保专项行动电视电话会议。在北海分会场，市长连友农对学习贯彻会议精神开展环保专项行动提出了具体要求。强调要切实采取有力措施确保完全实现自治区下达的环保目标任务。

9日 全市干部挂职锻炼工作会议召开。会上，市委常委、组织部长蔡中平对干部挂职锻炼工作进行了动员和部署。从4月起，北海市将组织实施“百名干部实践锻炼计划”，选派150名左右干部进行交流挂职锻炼。

9～12日 全国人大常委、全国人大华侨委副主任、致公党中央副主席杨邦杰一行9人，就“生物质能源的科技创新与产业化发展”到北海调研。

12日 合浦县西场镇发生一起1名精神病患者追砍路人的惨案，造成放学途中的西镇小学1名二年级学生和1名老人死亡，另有5人受伤，其中1人伤势严重。行凶者后被控制。

12～13日 四川省主要新闻媒体采访团到北海采访银滩、出口加工区、中电产业园、珠海路老街和铁山港区北海炼油异地改造石化项目。市委常委、宣传部长、副市长廖德全会见了采访团全体成员。

12日 市政府召开会议，动员部署北海市本级推行公务卡制度相关工作。公务卡是指预算单位工作人员所持有的主要用于日常公务支出和财务报销业务的具有信用支付功能的银联标准信用卡(贷记卡)。推行公务卡制度的直接作用就是将传统现金支付结算改为用公务卡支付结算。

13日 自治区副主席高雄到北海调研涠洲岛旅游发展规划情况。市长连友农向高雄汇报了《规划》的编制背景、工作开展情况和近期工作重点,表示,北海将在国家、自治区的关怀和支持下,按照"打造国内一流、国际知名休闲度假海岛"的要求,依据《规划》,加大力度,加快速度,扎实工作,努力把涠洲岛建设成为品质上乘、独具魅力、包容广泛、游客向往的国际旅游目的地。

14日 市政府召开全市手足口病防控工作会议,研究部署当前手足口病防控工作。截至4月12日24时,2010年全市累计报告手足口病病例185例,其中重症病例1例,尚无死亡病例。

14日 合浦县公馆镇铁山港花炮厂发生爆炸,事故导致2人死亡、2人受伤。该花炮厂发生爆炸后即被责令停产整顿。

15日 广西北部湾经济区重点产业园区建设工作会议在北海召开。

17日 上海世博会北海唯一参展展品——"珍珠仙女"启运仪式在南珠宫举行。

19日 国务院召开全国食品安全工作电视电话会议。市委常委、宣传部长、副市长廖德全在北海分会场参加会议并讲话。

19日 北海市成品油管道项目领导小组召开石化项目成品油管道建设工作会议。管道工程起于北海,途经北海、钦州、南宁三市,管道线路全长约230千米(其中北海境内72千米),全线设站场2座(北海首站、南宁末站)。设计管径为508×8.7毫米,设计输量为800万吨/年。

20日 广西壮族自治区人民政府和四川省人民政府在成都共同举办"携手四川合作开发广西北部湾经济区"介绍会。市委书记、市人大常委会主任王小东率北海市经贸代表团全体成员参加了会议。在随后举行的广西与四川合作项目签约仪式上,北海铁山港临海工业区、北海工业园区分别签约1个项目,总投资约1.9亿元。

21日 北海市革命老区建设促进会成立大会召开。市委副书记曹坤华到会祝贺并为促进会揭牌。

22日 中共中央办公厅、中共中央政法委联合督查组在最高人民检察院政治部主任李如林的率领下到北海督查政法工作。

22~23日 自治区侨联副主席刘汉祥到北海考察"侨心工程"项目。

22日 全国集中销毁侵权盗版及非法出版物活动举行。北海分会场在云南路一工厂内销毁侵权盗版及非法出版的5万册书籍和5万张光盘。

23日 北海市向青海玉树地震灾区献爱心捐款活动在市政府小礼堂举行。市四家班子领导和各机关单位干部职工代表,共向青海玉树地震灾区捐款103610元。

24日 北海市面向公安系统公开推荐选拔领导干部职位的竞岗面试在市五中举行,共有257名公安干警竞争27个领导岗位。

26日 2010年度市人大代表建议和政协提案交办会在市政府小礼堂举行。2010年全市"两会"期间,共收到市人大代表建议83件、政协提案241件。《关于尽快落实建设我市医疗废物集中处理项目的建议》、《安装道路交通摄像头,加强道路交通管理》等涉及民生利益的21件建议和提案列入了2010年市人大常委会和市政协重点督办的工作日程。

27日 广西金融投资集团和下属广西中小企业信用担保有限公司在北海正式设立办事处。

28日 全市打击传销工作会议在市府小礼堂召开。

28日 2010年全市招生考试工作大会在市教育局召开。市县(区)政府,市县(区)教育行政部门、招生考试机构签订了2010年招生考试工作目标管理责任书。

30日 北海市庆祝"五一"国际劳动节暨劳动模范先进工作者表彰大会在人民剧场隆重举行。

5月

1日 为期一个月的"北海历史文化宣传月"活动在北部湾广场启动。活动分"北海历史文化大展播"、"北海历史文化大展演"、"北海历史文化大展示"和"北海文化大家谈" 四大板块,向市民展示北海光辉灿烂的历史文化。同日,位于解放路市文化局大院内的北海历史文化展馆正式免费向市民和游客开放。展馆展出内容包括合浦汉墓群、北海近代建筑、非物质文化遗产、历史文化街区、宗教文化等150幅图片。

7日 市妇联、市文明办、市发改委、市科协联合在北部湾广场"百姓乐苑"举办"低碳家庭·时尚生活"科普传播进社区主题实践活动启动仪式暨"献给母亲的歌"文艺晚会。

7日 市委常委、市政法委书记莫亦翔和副市长、公安局长周原生率114名联合执法人员到广东路禾塘新村开展打击传销专项行动,共查获传销人员158人,传销窝点18个。

10日 自治区检查组到北海检查扩大内需中央投资项目和工程建设领域突出问题专项治理工作。

12日 北海市打击传销工作汇报会召开。由国家工商总局直销监督管理局副局长沈根申带领的督查组到北海指导打击传销工作。

13日 市委书记、市人大常委会主任王小东主持召开市委常委(扩大)会议,学习贯彻中共中央政治局常委、中央书记处书记、国家副主席习近平在广西考察调研时的重要讲话以及自治区党委书记、人大常委会主任郭声琨在全区领导干部大会上的讲话精神。

13～16日 市委书记、市人大常委会主任王小东在深圳参加由自治区党委、政府组织的北部湾产业发展招商考察活动。北海在此次招商考察活动中共签约7个重点项目,引进资金31.34亿元,位列全区考察各市之首。

13日 自治区政府召开全区坚决完成“十一五”节能减排目标任务工作电视电话会议。

15日 自治区发改委副主任韩庆东到北海检查防汛工作,要求加快推进电建渔港、南沥渔港的中央投资扩大内需项目建设,确保工程按期完工。

15日 2010年广西青少年“我爱祖国海疆”北部湾海岸环保大行动、我的低碳生活——2010年青少年科学调查体验活动珠城科普广场活动启动仪式在北部湾广场举行。

16日 自治区伏季休渔督查组一行6人到北海专项督查伏季休渔期渔港的消防安全及防台风工作。

18～19日 自治区政协副主席蒋济雄一行到北海对“加快北部湾港口物流体系建设”进行专题调研。

18日 北海市政府、北部湾经济合作组织召开新闻发布会,宣布2010“嘉福杯”北部湾城市形象大使大赛全面启动。广东、广西、海南三省区13市(县区)将选出若干优胜选手于9月29日在北海角逐北部湾城市形象大使桂冠。

22日 广西机电工业学校北海实训基地、国土资源实训基地、北海工业园区人力资源公司举行揭牌仪式。

23日 北海市朱熹思想研究会成立庆典大会暨朱子思想学术讲座在外沙岛珍珠湾酒店召开。

23日 由市委宣传部、市文联主办的纪念毛主席《在延安文艺座谈会上的讲话》发表78周年“北海原创音乐演唱会”在市图书馆举行。

26日 市政府召开全市公共机构节能工作联席会议。会议强调要切实抓好公共机构节能改造,开展公共机构节能绩效考评和创建节约型机关活动。

27日 以自治区政协副主席林国强为组长的自治区党委督查组到北海对贯彻落实《中共广西壮族自治区委员会关于进一步加强人民政协工作的意见》文件精神进行督查。

27日 自治区党委副书记陈际瓦到北海考察调研设施农业和高效农业发展情况。

28日 北海市渔业资源增殖放流活动正式启动。整个活动期间,市水产畜牧兽医局和市渔政渔港监督支队将向北部湾投放9250万尾鱼、虾、蟹苗种。

28日 北海银行业协会在香格里拉大饭店举行揭牌暨自律公约签约仪式。市长连友农和副市长文政出席了揭牌和签约仪式。市委副书记曹坤华在仪式上致辞。

30～31日 自治区环保厅主要污染物减排督查组到北海检查节能减排工作。

31日 《北海市志》(1991～2005)首发式举行。市委常委、宣传部长、副市长廖德全出席首发式并讲话。自治区地方志办公室副巡视员文崇礼、市政协副主席黄濑鲁出席了首发式。

6月

3日 市长连友农和广西电网公司总经理黄进平在香格里拉大饭店签订了《北海市电动汽车充电设施建设战略合作框架协议》。

3～5日 由住房和城乡建设部、国家文物局、中国城市规划设计研究院、全国历史文化名城保护专家委员会、中国文化遗产研究院等单位的11位专家组成的国家历史文化名城评估考察组到北海,对北海申报国家历史文化名城工作进行评估考察。

5日 作为南证期货在广西地区设立的首家营业部,南证期货北海营业部开业庆典在北海市香格里拉大饭店举行。

5日 以“土壤环境与健康”为主题的第三届“中国环境与健康宣传周”广西区宣传活动在北海市铁山港区南康镇文化广场举行。自治区政协副主席、农工党广西区委主委彭钊在南康活动现场宣布第三届“中国环境与健康宣传周”广西区宣传活动周启动。

8日 广东省河源市委常委、宣传部长、第23届世客会组委办主任吴善平一行到北海考察,商量有关第23届世客会宣传推介事宜。

9日 市委中心组召开2010年第二季度集中学习会。学习会的主题是深入学习贯彻党的十七届四中全会精神、努力推进学习型党组织建设。

10日 北海市民生路网工程(二期)全面启动。二期工程共12条道路。建设内容包括完善民生路网的路面、排水、人行道、路灯、绿化以及交通设施。总投资人民币2.35亿元。

11日 由中国作家协会、中国烟草总公司、中华文学基金会共同开展的广西北海市15所中小学“金叶育才图书室”捐建仪式在市华侨小学举行。中国作家协会副主席、北海籍著名作家陈建功,中华文学基金会秘书长李小慧,国家烟草专卖局办公室新闻联络处调研员毛保红等代表“金叶育才图书室”工程向北海市15所中小学校捐赠图书3万多册,价值将近100万元。

16日 大型民俗歌舞晚会《我们的节日——北部湾·端午情,我的北海我的海》在北部湾一号广场举行。市委常委、宣传部长、副市长廖德全,市政协副主席文泉源与市各界群众1000多人观看了晚会。

17日 《北海涠洲岛旅游区发展规划》通过评审。国家旅游局在北京主持召开了《北海涠洲岛旅游区发展规划》(以下简称《规划》)专家评审会。来自世界旅游组织、国务院研究室、国家发展改革委、中国科学院、中国社会科学院、北京交通大学等单位的专家组认为,由同和时代旅游规划设计院、湖北大学旅游研究院和上海同异城市规划设计院等三家国家旅游规划甲级和城市甲级资质单位完成的《规划》是一个全面创新、国内一流、具有引领示范作用的高水平旅游规划成果,对编制海岛规划具有示范意义,一致同意通过评审。

17日 联合国驻中国总代表罗黛琳,在联合国开发计划署驻华代表处、商务部以及广西国土资源厅等单位的有关人员的陪同下,就中国南部沿海生物多样性管理项目(SCCBD项目)在广西示范区的开展情况专程到山口红树林生态自然保护区进行访问考察。

20日 自治区党委常委、自治区常务副主席李金早在市长连友农,市委常委、政法委书记莫亦翔和副市长陈玉玉的陪同下,到合浦风门岭水库、合浦防汛抗旱指挥中心、党江更螺围海堤和洪潮江水库检查防汛工作。

21日 自治区人大内务司法委员会副主任委员罗国泉率自治区人大常委会执法检查组一行到北海开展《中华人民共和国禁毒法》执法检查活动。

23日 自治区"劳动模范"和"先进工作者"事迹报告会在北海市人民剧场举行。市直机关和企事业单位的干部职工600多人参加了报告会。

25日 "百场欢歌惠珠乡"北海市侨港休渔文化周活动正式启动。此次"百场欢歌惠珠乡"侨港休渔文化周活动由文艺演出、美术摄影展、北海历史文化图片展、非物质文化遗产项目展演、文艺培训等系列活动组成。

27日 北部湾沙田港码头及航道一期工程正式开工。北部湾沙田港码头是北海港东岸唯一的综合性商业港口,沙田港建设一期工程占地面积约66.67公顷,总投资6.62亿元,建设7个5000吨级泊位(水工预留10000吨)及5个800吨级泊位,建设内容包括码头水工、装卸工程、码头前沿泊地、仓储堆场等配置设施,年吞吐量达1000万吨以上。沙田港航道一期工程建设标准为10000吨级进港航道,疏浚里程约9千米,设计船型为10000吨级杂货船,总投资3.16亿元。

28日 北海市召开全市深入开展创先争优活动动员部署会议。

28日 北海市贯彻实施四项监督制度进一步提高选人用人公信度工作会议在市政府小礼堂召开。

30日 北海市"关爱明天,普法先行"青少年普法教育活动在市实验学校正式启动。

7月

1日 市生活垃圾中心转运站竣工试运行。该站占地面积约9060平方米,总建筑面积约2011平方米,概算总投资约2725.45万元,设计规模为日转运生活垃圾480吨,是目前广西区内一座比较先进的生活垃圾转运站。

1~9日 以市委书记、市人大常委会主任王小东为团长,市委常委、常务副市长孙大光为副团长的北海市经贸代表团赴台湾参加第六届"2010桂台经贸文化合作论坛"系列活动。活动期间,北海部分企业与台企签订了9个项目,总投资额2.2亿美元。

2日 广东海洋大学中国东方歌舞团艺术学院北海旅游集团实习基地建设签约和挂牌仪式在北海举行。

3日 2010年北海市普通高中助学金发放启动仪式在北海二中举行,发放总额为80万元。北海市实施助学金按每人每学期500元、每学年1000元的标准发放,优先资助寄宿制民族高中班学生、孤残学生、父母丧失劳动能力学生、少数民族家庭经济困难学生、库区移民家庭经济困难学生、烈士子女与单亲家庭经济特别困难学生、农村最低生活保障家庭学生、城镇居民最低生活保障家庭和因突发事件导致家庭经济特别困难学生、农村计划生育独生子女和双女户家庭学生等九大类学生。

5~16日 "北部湾画风——北海水彩画作品展览"80幅作品在北京中国美术馆展出。市长连友农在开幕式上,代表市委、市政府对关心支持北海文化事业发展的国家、自治区宣传文化部门表示感谢,并对画展的成功举办表示热烈的祝贺。中国文联书记处书记、副主席冯远,中国作协副主席陈建功,中国油画学会主席詹建俊,中国美协分党组书记、副主席吴长江,中国美协副主席、中国美术馆馆长范迪安,自治区文联主席潘琦,自治区党委宣传部常务副部长唐华,市委常委、宣传部长、副市长廖德全等领导以及一批中国美术界顶级专家、学者,出席了北海水彩画作品展览开幕式。

7日 国务院扶贫办开发指导司副司长张森一行到北海,在自治区扶贫办副主任黄本和以及副市长陈玉玉的陪同下,到果香园果汁有限公司调研。

7~8日 中南地区纪检监察工作联系点汇报交流会在北海召开。

8日 北海至信小额贷款有限公司开业庆典仪式举行。

8日 自治区全面推进城镇污水生活垃圾处理设施建设工作督查组到北海,检查合浦县城污水处理厂和北海红坎污水处理厂二级处理一期工程进行城镇污水处理运行情况。

9日 中东承包与管理集团董事长阿基米一行到北

海回访。

9日 2010年南流江中下游河库洪水联合调度联席会议在北海召开。来自玉林、钦州市水文部门负责人与北海市防汛抗旱指挥部负责人共同审议通过了《2010年南流江中下游河库洪水联合调度方案》,确定了南流江中下游河库洪水联合调度联席会议制度。

12日 以全国人大民族委员会副主任委员列确为组长的全国人大民族委员会调研组到北海对加快少数民族和民族地区经济和社会发展进行调研。

12日 北海客家联谊会召开常务理事会研究换届筹备工作。市委常委、常务副市长孙大光应邀出席会议并向北海客家联谊会通报了"世客会"筹备工作情况。客属企业家现场捐款260万元用于2011年世界客属第二十四届恳亲大会。

13日 广西住房保障工作第三督查组到北海督查。督查组对北海市的保障性住房建设表示满意,认为北海市保障性住房建设符合国家要求,居广西各市前列。

14日 市政府召开强农惠农资金专项清理和检查工作动员会。

15日 国家防汛抗旱总指挥部召开防御今年第2号台风"康森"视频会商会议。副市长陈玉玉在北海分会场上对全市防御台风"康森"的工作进行了部署。

15日 自治区党委第一巡视组对北海开展巡视工作。

16日 自治区党委常委、政法委书记温卡华到银海区银滩镇南沥社区开展结对共建、创先争优主题党日活动。

16日 国务院召开电视电话会议部署第六次全国人口普查工作。

18日 2010年北海市面向全国公开选拔领导干部面试在北海市第五中学进行。来自全国20个省、自治区、直辖市的116人分别参加了13个副处级职位、3个企业经营管理者职位、5个正科级职位总共21个领导职位的面试。

21~23日 中国人与生物圈国家委员会对山口红树林生物圈保护区进行该保护区加入世界生物圈保护区网络10年的阶段性评估。评估组认为,加入世界生物圈保护区网络组织10年来,红树林保护区天然面积扩大了12%,对保护广西海洋生态环境产生了巨大影响,并一致同意通过了加入世界生物圈保护区网络10周年的评估。期间,自治区副主席陈章良,市委书记、市人大常委会主任王小东,在北海会见了中国人与生物圈国家委员会主席、原北京大学校长许智宏院士一行,双方就如何做好山口红树林保护区的保护工作进行了交流。市长连友农参加会见并汇报了北海保护红树林的工作。市委常委、常务副市长孙大光,副市长张鹏等参加了会见。自治区政协副主席李彬,中国人与生物圈国家委员会秘书长王丁,国家海洋局海环司副司长陈力群,广西海洋局局长张创智和市政协副主席文泉源出席了评估会。

22日 2010年第3号热带风暴"灿都"在广东省吴川市沿海登陆并进入北海境内及带来强降雨。

23日 全国政协常委、自治区工商联主席磨长英一行6人在市委常委、统战部长唐利群陪同下到合浦东园家酒厂调研。

26日 海南省省委书记、省人大常委会主任卫留成和省长罗保铭率海南省党政考察团到北海考察。自治区党委书记、自治区人大常委会主任郭声琨,自治区主席马飚,市委书记、市人大常委会主任王小东和市长连友农,陪同客人到北海银滩、北海老街和中电北海产业园进行了考察。

29日 北海市第一个农村信用镇在合浦县乌家镇举行揭牌仪式。

29日 2010"嘉福杯"北部湾城市形象大使大赛北海赛区总决赛在市人民剧场举行,5名佳丽获得代表北海市参加总决赛的资格。

30日 广西北部湾港北海铁山港区3~4号泊位、新建铁路合浦至铁山港北线暨邮轮码头三大项目开工仪式举行。这三大项目的开工,标志着铁山港加快向亿吨大港目标迈进。北海铁山港区3~4号泊位码头工程投资18亿元,建设2个10万吨级散杂货码头,码头水工结构按15万吨设计,设计年吞吐量为800万吨,计划2011年底完工;新建铁路合浦至铁山港北线是合浦至湛江铁路的一段,西起合浦火车站,向东至铁山港北站,是一条以客为主的客货共线铁路,属国家I级双线电气化铁路,正线长度26.85千米,联络线32.44千米,估算总投资33.42亿元;石步岭邮轮码头项目选址于冠头岭国家森林公园西侧,总投资62042万元,包括1个5万吨级、1个2万吨级邮轮泊位,3个2000吨级客船泊位以及引桥、护岸和陆域配备的客运中心等建筑物及水电等配套设施,年通过能力为200万人次。自治区主席马飚在开工仪式宣布项目开工。自治区党委常委、自治区副主席陈武,自治区副主席杨道喜,市委书记、市人大常委会主任王小东分别致辞。自治区政府秘书长王跃飞主持开工仪式。自治区政协副主席蒋培兰,市四家班子领导连友农、车延风、孙大光、唐利群、蔡中平、宁小平、伍国辉以及自治区有关部门负责人参加了开工仪式。

8月

1~3日 市委书记、市人大常委会主任王小东率北海代表团随广西党政代表团到上海出席世博会广西活动周开幕式及系列活动。

3日 泰国内政部部长差瓦乐·参威拉军率经贸考察团到北海考察。市长连友农会见了差瓦乐·参威拉军一行。

5日 自治区旅游局、北海市人民政府在南宁联合举办第五届北海国际海滩旅游文化节暨2010年世界比基尼小姐大赛总决赛新闻发布会。32家中央、港澳、自治区主流媒体和广西北部湾经济区“4+2”城市主要媒体的代表参加了发布会。

5日 北海市审计学会召开成立大会。会议通过了《北海市审计学会章程》,选举产生了第一届理事会会长、副会长、秘书长、副秘书长及常务理事、理事。

6日 自治区人大常委会副主任覃瑞祥率领的北部湾经济区开发建设资源环境保护情况专题调研组到北海调研。

8~10日 市长连友农率队到山东济南考察,并与山东省体育局签订北海国家级综合训练基地项目合作协议。该项目占地面积约50.67公顷,由山东省体育局投资6亿元建设。综合训练基地由主训练基地和皮划艇、飞碟训练基地及帆船、帆板训练基地三大部分组成。

8日 第二届广西体育节开幕式北海分会场启动仪式在海滩公园举行。

9日 自治区党委组织部部长周新建在市委书记、市人大常委会主任王小东陪同下,考察了北海工业园区和北海出口加工区。

11日 全国总工会系统“五五”普法调研检查组到北海检查工会普法工作。

11日 德昌集团在北海出口加工区建立的电机生产基地项目投产庆典仪式隆重举行。市委书记、市人大常委会主任王小东出席庆典仪式并宣布项目正式投产。市长连友农在仪式上致辞。

11~13日 第五届北海国际海滩旅游文化节隆重举行。文化节包括2010年世界比基尼小姐大赛总决赛、2010南珠文化展览会暨南珠精品交易会、北海老街文化艺术节三大主题活动。

13日 第24次全国少数民族自治区城市市长联席会议在北海召开。会议的主题为:“少数民族城市历史文化保护与传承”。会议审议通过了《全国少数民族自治区城市市长联席会第24次会议的会议纪要》,并确定了第25次全国少数民族自治区城市市长联席会由乌鲁木齐市承办。这次全国少数民族自治区城市市长联席会议共有呼和浩特、拉萨、乌鲁木齐、银川、南宁、鄂尔多斯、呼伦贝尔、延吉、桂林、北海等10个城市参与主办,由北海市承办。市长连友农在会上致辞并作了题为《从历史文化中汲取科学发展的动力,培育城市发展的内驱力和生命力》的主题发言。

13~14日 以“合作、交流、共赢、发展”为主题的2010年泛北部湾区域经济合作市长论坛在北海举行。论坛围绕“泛北部湾城市发展的金融支撑问题”和“中国—东盟自由贸易区建成后,泛北部湾城市产业发展与合作”两个议题进行探讨,并就发挥泛北城市合作在中国—东盟自由贸易区中的重要作用,推动泛北城市间的产业合作,进一步扩大相互之间的贸易规模,不断完善互利合作机制达成共识。来自中国、泰国、菲律宾、越南、柬埔寨、日本、韩国等7个国家的29个市长或市长代表,新加坡、越南、柬埔寨、老挝等驻华使馆官员,著名专家学者、商界代表共200多人应邀参加了论坛活动。出席论坛的市长共同签署了《2010泛北部湾区域经济合作市长论坛宣言》。

14日 中国扶贫基金会副会长陈开枝一行在自治区扶贫办主任吴宇雄、副市长董仕军的陪同下,到位于合浦县常乐镇的北海高岭科技有限公司调研高岭土项目建设进展情况。

14日 市长连友农在香格里拉大饭店先后会见了前来参加“2010泛北部湾区域经济合作市长论坛”的柬埔寨、越南和泰国代表团,并代表市政府与柬埔寨白马省签订了《缔结友好省市关系协议书》。

中旬 中国城市竞争力研究会评出2010年中国最适合夏季旅游的十大城市,北海以丰富的海洋资源、优美的海洋环境跻身第五名。与北海一同入选中国最适合夏季旅游十大城市的还有大连、烟台、连云港、苏州、长春、海口、珠海、湛江、桂林。

16日 广西投资集团董事长管跃庆率公司高层主要领导到北海,就该集团的北海产业一体化项目相关问题与市委书记、市人大常委主任王小东,市长连友农以及相关部门负责人进行磋商,共同推进项目建设。北海产业一体化项目的先期建设项目包括:总投资31亿元的北海煤炭储运配送中心一期工程、总投资52亿元北海热电联产项目一期工程及总投资12亿元的年产30万吨碳阳极项目。

17日 自治区党委副书记陈际瓦率领检查组到北海检查指导开展创先争优活动以及中越青年大联欢北海分会场活动的筹备情况。

17日 市委举行欢送北海市13名道德模范前往上海参观世博会启程仪式。市委书记、市人大常委会主任王小东出席欢送仪式并讲话。

17~20日 自治区人大常委会副主任吴恒率自治区“五五”普法检查验收组到北海检查验收“五五”期间依法治市工作。

18日 自治区政协副主席梁春禄率自治区调研组到北海,就“十二五”期间自治区构建国际区域合作新高地问题进行专题调研。

19日 自治区主席马飚在南宁市主持召开《北海涠

洲岛旅游区发展规划》编制专题汇报会。

23日　自治区开展“工作落实年”活动督查组到北海督查，重点检查项目建设、民生工程、节能减排、防汛抗旱及灾后重建、维护稳定以及党建工作等六个方面的情况。

24日　市总工会2010年金秋助学仪式在北部湾广场举行，共发放助学金30多万元。

25日　市政府召开第六次全国人口普查工作会议，对全市人口普查工作作全面动员部署。

25～27日　参加2010年“中越青年大联欢”活动的越南和云南省、黑龙江省的青年代表到北海分会场开展联谊活动。联欢活动围绕着“中越友好、青年携手、世代相传”的主题进行。北海分会场的联谊活动以进学校、游银滩、访园区等方式开展。北海市共接待来自越方的青年代表347名、来自云南、黑龙江两省的青年代表40名。

27日　国家人力资源与社会保障部副部长杨志明在自治区人力资源与社会保障厅厅长蒋明红陪同下，率调研组到北海调研。

29日　交通运输部南海救助局北海基地海上救助志愿者分队在北海挂牌成立。

8月　中国图书馆在全国公共图书馆和高校系统图书馆中评出10家“全民阅读示范基地”，市少年儿童图书馆是全国少年儿童图书馆唯一获此殊荣的单位。

9月

1日　自治区人民政府决定，对全区职工月最低工资标准进行调整。北海市作为一类地区，实行最低工资标准将由现行的670元/月、5元/小时调整为820元/月、6元/小时。合浦县作为四类地区，最低工资标准将由现行的460元/月、3.5元/小时调整为565元/月、4.5元/小时。

2～3日　中国石化广西液化天然气(LNG)项目可行性研究报告评审会在北海香格里拉大饭店举行。广西液化天然气(LNG)项目包括码头及陆域形成工程、接收站工程（含冷能综合利用）、输气管道工程三个单项工程。码头及陆域形成工程和接收站工程安排在铁山港工业区。

3日　市委宣传部、市委党史研究室举行纪念中国人民抗日战争胜利65周年座谈会。

6～7日　国务院节能减排督察组一行到北海，实地检查红坎污水处理厂、国投北部湾发电厂、合浦县常乐恒源酒精厂等项目和企业节能减排工作落实情况。

6日　2010“嘉福杯”北部湾城市形象大使大赛总决赛入城仪式暨记者见面会在北部湾广场举行。市委常委、宣传部长、副市长廖德全参加入城仪式并致辞。

10日　全市庆祝教师节大会在人民剧场隆重举行。全市156名优秀教师和31名优秀教育工作者在会上受到表彰。

12日　中央民族大学附中北海国际学校开工庆典仪式举行。该校位于北海市上海南路附近驿马社区，占地约10.56公顷，总投资1.23亿人民币。

12日　“广西(北海)二轻企业旅游工艺品展览”活动开幕式在北部湾东路市二轻联社大院内举行。

12日　北海市北部湾甘蔗良种繁育推广中心正式挂牌成立。

15日　市长连友农会见专程到北海考察林浆纸一体化项目的斯道拉恩索集团全球执行副总裁马诺德一行。

20日　广西长城计算机有限公司显示器生产扩能暨北海长城能源科技股份有限公司电源生产项目签约仪式在香格里拉大饭店举行。

21日　广西壮族自治区“和谐建设在基层”活动“和谐家庭”建设深入推进仪式在北部湾广场隆重举行，这标志着和谐家庭建设活动全面启动。

26日　市委理论学习中心组召开2010年第三季度集中学习会。学习会的主题是深入学习把握中国—东盟自由贸易区知识，努力提高北海对外开放水平。广西社会科学院副院长古小松研究员作了《中国—东盟自由贸易区与我们的开放发展》专题辅导。

27日　自治区宗教事务局局长林东昭率队到北海对宗教活动场所情况进行调研。

28日　2010年是中国人民抗日战争和世界反法西斯胜利65周年。市委常委、组织部长蔡中平慰问了邢干农等5位北海市抗战时期参加革命工作的离休干部，代表市委、市政府向他们致以崇高的敬意和亲切的慰问。

28日　北海市的“十月科普大行动”活动拉开序幕。

29日　北海市庆祝中华人民共和国成立61周年书法作品展在市图书馆开展。

29日　2010嘉福杯”北部湾城市形象大使大赛总决赛暨颁奖晚会在海滩公园广场举行。市长连友农在致辞中说，北部湾城市形象大使大赛是北部湾经合组织和北海市政府共同举办的一大盛事，此次大赛为北部湾经合组织各城市之间的交流搭建起了良好的桥梁，对提升北部湾城市群的知名度有着积极的意义。湛江市的李春玉获得冠军，北海市的付荣获得亚军，海口市的戴其轩获季军。

29日　北部湾经济合作组织第六次成员大会在北海市枫林蓝湾酒店召开。大会主题为“携手合作，共同打造北部湾区域经济发展新增长极”。会议讨论通过广东省茂名市、海南省澄迈县加入北部湾经济合作组织。商定2011年第三届北部湾城市形象大使大赛在海口市举行，

2012年北部湾经济合作组织第七次成员大会在防城港市举行。

10月

10日 自治区召开深入开展“大排查、大接访、大调解、大防控”活动视频会议。

10日 为期两个月的广西社会科学普及10月大行动在北海市启动。市委常委、宣传部长、副市长廖德全主持了启动仪式。自治区社科联党组书记、主席庞汉生，自治区社科联副主席姚兵和市政协副主席林梅溪出席了活动。

11日 自治区人大内务司法委员会主任委员陆炳华率自治区人大常委会专题调研组到北海调研。

11日 副市长张鹏在市格里拉大饭店会见日本国八代市副市长上野美磨一行。

13日 市政府召开政府机构改革动员会。市长连友农在会上强调，政府机构改革事关政府工作全局，各级各部门一定要高度重视，精心组织，周密部署，狠抓落实，积极稳妥地完成政府机构改革任务。市委常委、常务副市长孙大光宣读了《关于北海市人民政府机构设置的通知》。市委常委、组织部部长蔡中平主持会议并就贯彻落实会议精神提出了具体要求。

14日 市银屋学校组织学生乘公共汽车到田野生态乐园秋游，在返回学校路途上发生交通事故，造成33名学生不同程度受伤(其中轻伤2人，轻微伤31人)。

19～24日 市委书记、市人大常委会主任王小东和市长连友农率北海代表团到南宁参加第七届中国—东盟博览会。21日上午，王小东、连友农参加了北海市重点发展产业推介会暨合作项目签约仪式。在此届中国东盟博览会上，北海市共签订合作项目33个，投资总额291.8亿元人民币，项目涉及石化能源、电子信息、仓储物流、旅游、农产品加工、文化创意产业、商贸等领域。

20日 自治区人大常委会副主任莫永清在北海市香格里拉大饭店会见到北海参观考察的哈萨克斯坦反经济与腐败犯罪署署长卡扎姆扎罗夫一行，双方就进一步加强反腐倡廉工作进行了交流。自治区监察厅厅长、纪委副书记何开长，中央纪委监察部外事局副局长邵蜀望和市委常委、纪委书记宁小平参加了会见。

22日 国务院法制办行政复议司副司长方军率全国市县行政复议工作检查组到北海检查行政复议工作。

23日 市委常委、政法委书记莫亦翔在有关部门人员的陪同下，慰问因救溺水少年而光荣献身的农勇汉、郑文舟夫妇遗属，并送上6万元慰问金。

23～24日 “真龙杯”广西第二届城乡万人气排球北海赛区进行决赛，铁山港气排球队获乡镇街道组第一名；海城区文化体育广播电视局获单位混合组第一名；北海至信小额贷款有限公司获女子公开组第一名；北海四方物流有限公司获男子公开组第一名。全市共34支队伍300多人参加了决赛。

23～25日 市政府组织召开《广西北海铁山港工业区石化产业园发展规划》专家评审会。

25～27日 中国著名粤剧表演艺术家欧凯明率广州红豆粤剧团回北海盛情献演大型现代粤剧《刑场上的婚礼》以及《黄飞虎反五关》。演出期间，粤剧大师红线女也为北海观众演唱了《荔枝颂》。

26日 北海市政务服务中心揭牌仪式举行。市委书记、市人大常委会主任王小东和市长连友农出席揭牌仪式并共同为政务服务中心揭牌。北海市政务服务中心于2010年4月开始建设，使用面积12867平方米，已有55个具有行政许可事项的审批部门和公共服务机构进驻该中心，设有42个独立窗口和1个综合窗口。

26日 开竣工的12个项目庆典仪式在北海工业园区同时举行。这12个项目总投资12.48亿元人民币。开工的7个项目分别是：北海中电兴发科技集团有限公司投资的平安城市信息系统研发及产业化基地项目、北海六禾科技有限公司投资的贴片项目、北海忠章科技公司投资的标准厂房项目、冠德科技(北海)有限公司投资的冠德电子产业基地项目(三期)、科达美实业(北海)有限公司投资的电子玩具加工项目(二期)、广西雅力耐磨材料有限公司投资的铸铁金属件制造产品生产项目和北海市海王星海洋工程有限公司投资的海洋高压柔性复合管生产项目；竣工的5个项目分别是：广西华辰药业有限公司的中草药系列养生保健饮品生产项目、北海惠盛电子有限公司的显示器和液晶电视生产项目、科达美实业(北海)有限公司的电子玩具加工项目(一期)、北海创新塑业有限公司的系列塑料制品及棍塑设备生产项目和北海市巨欣生物科技有限公司的核酸功能等系列食物生产项目。

26日 广西中粮生物质能源有限公司的中粮节能改造工程项目竣工庆典仪式举行。

26日 广西运德集团北海南珠汽车站落成典礼举行。南珠汽车站由广西运德集团投资8000多万元按照交通部一级客运站标准建成。占地面积约4.67公顷，总建筑面积22560平方米。

26日 北海高岭科技有限公司一期工程开工典礼在该公司厂区举行。工程总投资2.9亿元，设计产能规模为30万吨/年。

27～28日 由中国残联党组副书记、常务副理事长、国务院残工委秘书长王乃坤率领的国务院残疾人工作委员会第七检查组，在自治区政协副主席蒋培兰的陪同下，到北海检查残疾人事业“十一五”规划纲要执行情况。

28日 合浦县城污水处理厂一期工程投产庆典仪式举行，这标志着合浦县城生活污水未经处理直接排放历史的终结。

28日 全市查处损害投资软环境行为营造高效廉洁政务环境工作动员部署会召开。

下旬 合浦汉文化公园工程的开工庆典仪式举行。合浦汉文化公园项目占地约8.19公顷，工程投资1838万元。项目规划分博物馆展区、主入广场区、人工湿地展示区、海上丝绸之路展示区、特色汉文化街、滨水景观带及绿化隔离带等7个功能区。

11月

1日 第六次全国人口普查入户登记工作正式展开,全市共有8582名普查指导员和普查员参与入户登记工作。

4日 市委宣传部、市文明办在人民剧场举行“农行杯”北海市第二届公务礼仪风采大赛决赛,决出了一、二、三等奖及最佳着装奖、最佳创意奖、最佳仪态奖等奖项。市委副书记曹坤华,市委常委、宣传部长、副市长廖德全,市人大常委会副主任顾乃峰，市政协副主席林梅溪观看了比赛,并为获奖单位和个人颁奖。

4~5日 自治区党委组织部副部长梁海萍率领调研组到北海调研创先争优活动情况。

8日 北海新闻网(www.bhxww.com)和“世界客属第二十四届恳亲大会官方网站”(hakka.bhxww.com）正式开通,同时,北海新闻网与中国移动北海分公司合作主办的《北海手机报》也正式开通。

9日 自治区副主席林念修在市委书记、市人大常委会主任王小东的陪同下到铁山港区召开现场办公会,协调解决北海炼油异地改造石油化工（20万吨/年聚丙烯)项目及配套工程在建设中遇到的问题。

9日 中国工程院院士林浩然率水产专家组一行,在自治区水产兽医畜牧局副局长王强的陪同下到北海考察水产养殖、水产品加工和渔港码头、水产品市场等方面的情况。

9日 国务院正式批复广西壮族自治区人民政府关于申报北海市为历史文化名城的请示，同意将北海市列为国家历史文化名城。

10日 自治区副主席、公安厅长梁胜利到北海市桂海公安检查站慰问边防武警、公安交警、公安特警及检查各警种执行亚运安保任务情况，对广西辖区的亚运安保工作进行部署。

11~12日 中央宣传部组织人民日报、新华社等12家中央媒体和4家区直媒体的采访团记者到北海集中采访报道。

12日 北海市文化中心（一期)——北海市博物馆概念方案评审会召开。博物馆定位为新城区第一座集文物收藏、规划展示和文化交流等功能于一体的综合性文化设施。

12日 位于西南大道东段的北海市消防指挥中心奠基仪式举行。市消防指挥中心主体建筑面积约9000平方米,预算投资1800万元,计划建设工期一年。

15~17日 自治区创建社会和谐稳定模范区督查组到北海督查创建社会和谐稳定模范市工作。

中旬 北海市城乡风貌改造二期工程全部竣工。改造后的合浦县白沙镇洋墩村在内的6个自然村，建设了村屯硬化道路(含排水沟)、垃圾池、篮球场、小型污水处理厂、公厕、绿化、计生服务所(室)、未成年人校外活动中心、远程教育终端点、村级兽医室(卫生室)、新农村示范点、农家书屋、村级配套用房、科技示范点、科技示范中心、五保新村、农村沼气等项目。

16日 商务部、人力资源和社会保障部、海关总署三部门在深圳联合举行新闻发布会，将北海市列为第三批加工贸易梯度转移重点承接地。

18~23日 以陈玉玉为团长的北海市代表团到玉林市参加广西第十二届少数民族传统体育运动会。

21~22日 青海省委书记、省人大常委会主任强卫率青海省代表团到北海考察。

22日 北海市籍运动员劳义在广州举行的第十六届亚运会男子100米决赛上以10秒24的成绩夺得冠军,成为中国历史上第一个亚运会男子百米冠军。

23~25日 以“共同探讨新形势下‘两广十市’旅游合作,共商发展大计,共绘合作蓝图,共铸合作品牌”为主题的“两广十市”区域旅游合作联席会议在北海召开。来自茂名、阳江、湛江、云浮、钦州、防城港、玉林、贵港、来宾、北海等10个城市主管旅游的市政府领导、旅游企业负责人、专家、学者、媒体共150多人参加了会议。与会的10个城市共同签署了“关于共同推广‘两广十市’旅游精品线路和推广发行《两广十市旅游一本通》”的协议书。

24日 第十九届全国海事审判研讨会在北海召开。

24~25日 中国共产党北海市第九届委员会第九次全体会议在市政府小礼堂召开。

26日 劳义又与队友陆斌、梁嘉鸿、苏炳添再获4×100米亚运会接力金牌，为中国田径队重新夺回已间隔20年的金牌。劳义回到北海后,市委、市政府举行了庆功大会,奖励劳义和现任教练陈文忠各20万元,启蒙教练范福华10万元。

26~29日 市委书记、市人大常委会主任王小东到北京协调北海申报国家历史文化名城后续工作。

28日　最高人民检察院检察长曹建明到北海视察。曹建明深入基层检察院检查指导工作，看望慰问一线干警，同时就检察机关贯彻落实党的十七届五中全会精神、做好当前检察工作以及加强检察队伍建设进行调研。

29～30日　世界客属第23届恳亲大会在广东省河源市召开。市长连友农在第23届世客会主席团会议上就北海第二十四届世客会筹备情况作了发言；会议期间，市长连友农拜会了全国政协原副主席罗豪才，香港世界客属总商会主席、天星国际控股集团董事局主席李金松，全球客家崇正会联合总会总执行长、世客会创办人黄石华，曾宪梓之子、金利来集团有限公司副主席兼行政总裁曾智明等重要客属人士，就办好第二十四届世客会进行了交流与探讨。并代表市政府正式聘请客属乡贤、全国人大常委会原常委、香港金利来集团董事局主席曾宪梓，全球客家崇正会联合总会总执行长、世客会创办人黄石华为北海市承办第二十四届世客会最高顾问。在世界客属第23届恳亲大会会旗交接仪式上，连友农接过象征着客家精神与文化传承的世客会会旗，向广大海内外客属乡亲发出2011年12月到北海参加恳亲大会、共创客家事业新辉煌的邀请。廖德全在第23届世客会举行的乡情报告会暨《客家古邑文化书系》、《天下客家》电视片首发式上作了乡情报告；来自全球约20个国家和地区的客属团体和人士近6000人参加了会议。曹坤华、唐利群、廖德全参加了拜会活动及见证了恳亲大会会旗的交接。

12月

3日　北海至香港航线正式复航。

5～7日　全国人大常委会原副委员长、中国科协名誉主席、中国科学院院士周光召到北海考察。

8日　自治区城乡风貌改造验收组到合浦县考评验收城乡风貌改造二期工程建设情况。验收组认为合浦县在实施城乡风貌改造二期工程中基本上能按照自治区有关指标和标准完成任务，同意通过验收。

9日　自治区政府办公厅副主任吴建新率督查组到北海督查指导村级公共服务中心建设工作。市委常委、宣传部长、副市长廖德全向督查组汇报了北海2010年村级公共服务中心的建设情况。

10日　市委理论学习中心组召开2010年第四季度集中学习会。学习会的主题是深入学习贯彻党的十七届五中全会精神、学习马克思主义民族理论和党的民族政策，努力推动北海跨越发展。

10日　自治区召开全区学前教育工作会议暨县域农村学前教育发展机制改革试点启动会，就落实国务院《关于当前发展学前教育的若干意见》作出重要部署。

11日　由全国政协常委、教科文卫体委员会副主任、卫生部原部长张文康率领的全国政协“卫生三下乡”专家组一行17人到合浦县开展“卫生三下乡”活动。

11日　以中国社会科学院党组成员、副院长高全立为团长的中国社会科学院2010年青年学者国情考察团一行22人到北海开展国情考察活动。

14日　北海基层医疗卫生机构第二批实施国家基本药物制度暨综合改革试点启动会召开，部署全市第二批实施国家基本药物制度暨综合改革试点下一阶段工作。

14日　自治区召开厂务公开民主管理工作经验交流暨先进单位表彰电视电话会议，北海市一批先进单位获得表彰。其中，北海供电局荣获全国厂务公开民主管理先进单位，北海市卫生局、广西中粮生物质能源有限公司、国投北部湾发电有限公司、广西移动通信有限责任公司北海分公司荣获全区厂务公开民主管理工作先进单位。

14日　全国党的基层组织党务公开工作电视电话会议在北京召开。市委书记、市人大常委会主任王小东在北海分会场参加会议。

16日　市长连友农主持召开专题会议，研究解决全市落后于“四定”进度的重点项目和重点工作。

17日　为期三天的2010年中央环境保护专项资金中央统筹项目实施管理工作会议在北海召开。国家环境保护部规划财务司副司长张士宝在会上讲话。国家环境保护部规划财务司副司长刘宏武、国家环境保护部环境规划院副院长吴舜泽、自治区环保厅副厅长钟兵，来自16个省、区、市环保厅的相关负责人，部分市、县环保局局长以及获得2010年中央环境保护专项资金支持的中央统筹项目实施单位负责人参加会议。副市长彭鸣达出席会议并向与会人员介绍了北海的基本情况。

17日　市委召开武委会第19次暨市国动委第13次全体（扩大）会议。

20日　自治区人民检察院党组副书记、副检察长邓海华一行到北海召开座谈会，向北海市的自治区人大代表介绍全区检察系统今年的工作情况并征求代表们的意见。

21日　2010年彩色珍珠开采暨珍珠交易会在市云南南路珍珠城开幕。彩色珍珠的研发成功，对于南珠文化的发展、创新和提升具有重要意义。

21日　高德港大桥建成通车。该桥始建于2008年4月，项目概算总投资9004.4万元。大桥主桥单跨99米，面宽32.6米，采用下承式拱桥结构形式，主桥长99米，引桥长241米，道路长660米，斜跨高德港航道而过。高德港大桥是北海环岛滨海道路交通的重要节点工程。它的建成通车，不仅贯通了廉州湾沿海走廊，其时尚的造型也为北岸海滩增添了一道亮丽的风景。

21 日 总投资 2.32 亿元的铁山港七号路正式建成通车。铁山港七号路项目位于铁山港(临海)工业区,路全长 11.47 千米,宽 40 米,按城市主干路Ⅰ级标准建设。该道路的建成通车,标志着铁山港(临海)工业区三横五纵路网系统基础设施建设在不断完善。

21 日 北海中学异地搬迁项目以及北海市第二人民医院迁建分别举行隆重的开工仪式。北海中学异地搬迁项目建设和市第二人民医院迁建工程是北海实施三年跨越发展的重点项目。北海中学异地搬迁项目占地 28 公顷,总投资估算 2.55 亿元。项目有学生宿舍楼、教学楼、多功能楼、行政办公楼、图书馆、综合体育馆等。北海市第二人民医院迁建工程占地面积 9.6 公顷,按国家三级甲等医院建设,一期工程建筑面积为 106000 平方米,总投资概算为 4.7 亿元,建成后将成为北海规模最大的综合医院。

21～22 日 自治区第七届市容"南珠杯"竞赛检查团到北海,对北海市市容"南珠杯"竞赛活动内容项目分别进行检查。

22 日 中国石化股份有限公司副董事长、总裁王天普在自治区副主席林念修、市长连友农的陪同下,到北海炼油异地改造石油化工(20 万吨/年聚丙烯)项目及配套工程现场办公,协调解决项目建设中存在的具体问题,确保项目按期投产。

22 日 腾飞北海大酒店、北海之星大酒店、北海银滩洲际大酒店三个五星级标准酒店项目开工仪式隆重举行。腾飞北海大酒店项目位于北海市渔业基地以东,大墩海村以南,约用海 8 公顷。建筑面积约为 16 万平方米,总投资约 12 亿元人民币;总投资 7 亿元人民币的"北海之星大酒店"项目位于西南大道南侧、湖南南路尽头以西 100 米,规划用地 16738 平方米,建筑占地面积 3677.8 平方米,总建筑面积 132419.6 平方米;北海银滩洲际大酒店坐落于北海银滩中路北侧、上海路以东 200 米,距银滩公园门口 100 米处,占地面积约 3.13 公顷。项目预算总投资 3.5 亿元人民币,总建筑面积约 8 万平方米(一期工程为 5.3 万平方米)。

26 日 北海客家投资协会成立。

26 日 北海市首届"高新杯"科技创业大赛启动仪式在桂林电子科技大学北海校区举行。

27 日 北海市被列为"国家历史文化名城"新闻发布会召开。市委常委、常务副市长孙大光向来自海内外的 24 家媒体发布:国务院 2010 年 11 月 9 日批复同意将北海市列为国家历史文化名城。这是广西北部湾经济区唯一获得国家历史文化名城的城市。从而成为广西区继桂林、柳州之后的第三个国家历史文化名城。

28 日 北海市被列为"国家历史文化名城"庆祝大会在北海火车站广场隆重举行。文化部党组成员、国家文物局局长单霁翔出席庆祝大会并代表国家文物局对北海市被列为中国历史文化名城表示衷心的祝贺。市委书记、市人大常委会主任王小东发表了重要讲话,市长连友农宣读了国务院批复文件和自治区人民政府贺电。大会结束后,举行了彩车游行仪式,以"秦汉古风"、"碧海丝路"、"珠还合浦"、"珠乡风情"等为主题的 20 辆彩车在大会主席台前通过并沿着广东路—北部湾路—四川路—站前路巡游全城。当天晚上在火车站广场举行了盛大的焰火晚会。单霁翔,中国作协副主席陈建功,覃溥和市领导廖德全、陈承才、林梅溪以及市直各部门领导、劳动模范代表、道德模范代表以及广大市民约 10 万人观看了焰火晚会。

28 日 自治区人大常委会副主任刘新文到北海市银海区侨港镇侨南社区调研,并赠送了一批用于今后社区普法建设的法律、农技类书籍以及 20000 元的资金。

29 日 以自治区教育厅副厅长白志繁为组长的自治区考核组来到北海考核 2010 年人口和计划生育目标管理责任制(市级党政线)完成情况。

29 日 兴业银行北海分行隆重开业,这是继去年北部湾银行进驻北海市后的第二家商业银行。

29 日 北海高新技术产业园区内由石基公司投资兴建的"软件研发及全国客户服务中心"项目以及由高新区投资兴建的铁山港高新技术产业分园标准厂房项目正式竣工。

29～30 日 自治区党委常委、自治区副主席、广西北部湾经济区管委会主任陈武在市委书记、市人大常委会主任王小东和市长连友农的陪同下,到北海异地改造 20 万吨聚丙烯石化项目工地、铁山港铁路支线项目建设现场,中电北海产业园的景光电子、六禾科技、惠盛电子以及北海出口加工区等企业考察调研,协调解决项目存在的问题,看望慰问奋战在项目一线的职工。30 日,北海电子产业园内的六禾科技公司贴片生产项目、惠盛公司液晶电视项目投产仪式以及北海电子产业园生活配套项目、景光公司三期项目开工典礼隆重举行。自治区党委常委、自治区副主席、广西北部湾经济区管委会主任陈武宣布项目投产、开工。市委书记、市人大常委会主任王小东在致辞中说,电子信息产业是北海三年跨越发展工程确定的重点支柱产业。在去年首次突破 100 亿元的基础上,今年可望达到 180 亿元,呈现出跨越发展的喜人态势。同时表示,市委、市政府将全面实施《国务院关于进一步促进广西经济社会发展的若干意见》和《广西北部湾经济区发展规划》,认真落实自治区党委、政府关于加快发展工业支柱产业和特色优势产业重大决策,坚定不移地把电子信息产业做强做大,力争电子信息产业产值 2012 年达到 300 亿元,把北海打造成中国中西部地区重要的信息产业制造基地、面向东盟的电子产品出口基地和承接东部产业转移示范基地。广西北部湾经济区管委会副主任、办公室常务副主任陈瑞贤在致辞中说:“目前,北海电子产业园已引进项目50个,厂房的开建工面积已经达到65万平方米,今年产业园的发展速度令人振奋,各个项目填补了广西的空白,创造了八项广西第一。生产广西第一台笔记本电脑、第一块笔记本电池、第一台海量存储器、第一台电脑电源、第一台LED自适应显示器、第一台液晶电视,拥有广西第一条固态干钽电容器生产线、第一家万级液晶模组无尘车间。”他相信,在自治区党委、政府的正确领导下,在北海市委、市政府和入园企业的共同努力下,北部湾“硅谷”的梦想一定能实现。

30日 广西北部湾港北海石步岭港区三期工程开工庆典仪式举行。这是北部湾经济区实施“八大”工程,推进大港口建设,推动大旅游发展的一项重大举措。自治区党委常委、自治区副主席、广西北部湾经济区管委会主任陈武宣布工程开工。市委书记、市人大常委会主任王小东在庆典仪式上致辞。北海港石步岭港区三期工程是2008年至2012年广西北部湾经济区大港口建设项目之一,由北海港股份有限公司投资建设,概算总投资为11.62亿元,包括新建2万吨级、3万吨级和5万吨级多用途泊位码头各一个,设计通过能力为200万吨。同时建设海监、海事及工作船码头。码头后方根据泊位功能布置杂货堆场、集装箱堆场、仓库、综合仓储物流堆场和综合管理区及水电等配套设施等。项目计划于2012年8月完工。

30日 北海市2009年重点工程、市民生工程、杭州路廉租住房小区二期工程和老城区廉租住房工程竣工典礼仪式举行。杭州路廉租住房小区二期工程项目总投资约7000万元、总建筑面积4.86万平方米、项目占地2.97万平方米、共948套,已全部竣工。老城区廉租住房工程项目位于西南大道(湖南路至上海路中段),共建150套、0.75万平方米、总投资1150万元,于2009年9月28日开工建设,已全部竣工。

31日 北海市医疗废物集中处置项目——医废焚烧气化炉试点火仪式举行。北海市医疗废物集中处置项目地处福成镇白水塘垃圾场,距离北海市区14千米,厂区占地面积1.04公顷,工程总投资1300万元,日处理医疗废物规模5吨。这标志着北海市医疗废物无序处置、卫生安全及环境安全隐患长期存在历史的终结。

12月 合浦县地震局被评为“2009年度全国县级防震减灾工作先进单位”。

概　　况

自然地理

【地理位置】 北海市地处广西南部,北部湾东北岸,南、北、西三面环海,位于东经108°50′～109°47′,北纬20°26′～21°55′。有涠洲、斜阳二岛,素有"大小蓬莱"之称,距市区大陆20.2海里。全市陆地总面积3337平方千米,其中市区面积957平方千米,岛屿面积26.63平方千米,海岸线长500.13千米。北海市地势从北向南倾斜,东北、西北为丘陵,南部沿海为台地和平原,南流江下游为冲积平原,沿海多港滩,市区地形南北狭,东西长,呈犀牛角状。

【自然资源】

土地资源　北海市陆地总面积3337平方千米,土地平坦。市区海滨平原土地占总面积的70%以上,平均高度10～15米,土质主要由砂质黏土、沙砾等构成,地耐力每平方米达18～15吨;有20%左右的土地是海洋沙滩地,标高25～15米,地耐力每平方米12～16吨。具有成片开发、建筑时间短,投资省、工效高的优越条件。

矿产资源　主要矿产有铁钛矿、高岭土、石英砂、水泥用石灰岩、石膏等,其中:钛铁矿共有矿床、矿点10处,储量约350万吨,已列入国家重点矿产勘探项目;石英砂预测储量也达3000万吨以上。

海洋生物资源　北海市濒临北部湾,是中国开发北部湾著名渔业资源的基地之一,湾内海域12.85万平方千米,拥有经济鱼类500多种,虾类230种,持续资源量约73万吨,年最佳捕捞量45万吨,产量较大的有鱿鱼、墨鱼、鲨鱼、石斑鱼、虾类等。海洋药用生物主要有中国鲎、海蛇、海龙、及海马等。有10米等深线以内的浅海,滩涂面积20万公顷,最佳养殖面积8287公顷。水产养殖有4大品种(珍珠、对虾、文蛤、牡蛎)和6个主要基地(沙岗、西场对虾养殖基地,营盘、山口珍珠养殖基地,西场牡蛎养殖基地,党江文蛤养殖基地,营盘、山口珍珠育苗基地,冠头岭下的鲍鱼育苗基地),其中凝重硕大、晶莹圆润、光泽持久的"合浦南珠"自古以来蜚声中外、名扬世界。

海洋化工资源　北海市海域平均盐度31%～32%,海水含溴量达55～60PPM,气温、水温高,蒸发量大,日照时间长,可全年进行生产,是制盐和提溴的理想地区。丰富的海藻又是制甘露醇、碘、褐藻酸钠、琼脂等的主要原料。

旅游资源　北海地处亚热带,气候温暖湿润,空气清新,每立方厘米空气中的负离子含量高达2500～5000个,比内陆城市高出50～100倍,占据发展滨海旅游业"海水、阳光、沙滩"的全部要素,具有开发滨海旅游的优越条件及巨大的发展前景。

亚热带综合资源　北海土地肥沃、阳光充足、雨量充沛,很适合亚热带农、林、经济作物的种植。因此,自古是富裕的鱼米之乡,盛产粮食、花生、黄红麻、甘蔗、蚕桑等,是广西油料、黄红麻、糖业及蚕桑基地。同时,具有丰富的森林资源,全市现有森林面积7.87万公顷,其中有适种速生桉树林地4万公顷,现有桉树3.5万公顷为发展粘胶纤维工业提供了丰富的原料;亚热带水果种类繁多,主要品种有柑橘、龙眼、荔枝、树菠萝、芒果、香蕉等,为发展罐头食品加工和饮料工业提供了可靠的保证。

(北海市地方志办公室供稿)

【气候·水文】 2010年,北海市各地平均气温23.1℃～23.7℃,与历年相比,北海偏高0.3℃,涠洲偏高0.6℃,合浦偏高0.9℃;各地年降水量1285.1～1356.4毫米,与历年相比,北海偏少26%、涠洲偏少7%、合浦偏少29%;各地日照时数1924.8～2109.5小时,与历年相比,北海偏少

102.4小时，涠洲偏少100.5小时，合浦偏多196.7小时。

全年各地温度与历年相比普遍偏高，降水与历年相比普遍偏少，北海、涠洲日照时数与历年相比偏少，合浦与历年相比偏多；7、8、9月受热带风暴、强热带风暴影响及暴雨影响。

【重大天气气候事件】 2010年，总体上北海市汛期气候属偏旱年景，汛期总雨量与历史同期相比，北海市及合浦县偏少2～3成，涠洲岛雨量正常；三站汛期总平均气温略高；其中前汛期雨量偏少，后汛期雨量正常到略少。2010年北海市热带气旋影响个数为3个（进入18° N以北，112° E以西影响北海市的热带气旋），与历年同期相比数量略多，但影响程度偏轻。暴雨以上降雨日数北海8天，合浦9天，涠洲7天，单站最大日降水量为208.2毫米。在7月份，全市雨量比历年同期偏少8成多，有轻度干旱发生。值得注意的是，全年北部湾海面西南大风影响日数偏多。

1002号台风“康森”天气过程 热带风暴“康森”于7月12日在西太平洋吕宋岛以东海面生成，之后西行过程中逐渐加强为台风；13日夜间登陆吕宋岛；14日上午进入南海东南部海面，进入纬度为14.8°，随后强度减弱为热带风暴继续以20千米左右的时速向西偏北方向移动，强度再度开始加强；15日上午加强为强热带风暴，夜间加强为台风；16日19时50分在海南省三亚市亚龙湾登陆，登陆时中心附近最大风力达12级（35米/秒）；之后，“康森”台风中心沿着海南岛西南海岸线向西北方向移动，17日凌晨进入北部湾南部海面，继续以15～20千米的时速向偏西北方向移动，维持强热带风暴强度，傍晚进入北部湾西北部海面，20时10分在越南太平再次登陆，登陆后强度明显减弱；18日凌晨减弱为低气压。由于副高始终维持位置偏南偏西，强度偏强，造成“康森”移动路径偏南偏西，为历年7月份热带气旋路径少见。“康森”给北海市带来了一定程度的风雨天气，市区普降小到中雨，局部大雨，北部湾北部海面大到暴雨，市区出现5级风，阵风7级，海面出现7级大风，阵风9～10级。此次台风过程大大缓解了持续半个月的高温炎热天气，对旱情也有所缓解。另外，根据从防汛部门和民政部门了解的情况，此次台风过程由于防范得当，又恰逢休渔期，海上船只全都提前回港避风，陆地风力并不大，所以灾情不明显。

1003号台风“灿都”天气过程 台风“灿都”于7月19日20时在南海中东部生成；21日凌晨加强为强热带风暴，17时加强成为台风；22日13时45分在广东省吴川市沿海地区登陆，登陆时中心附近最大风力有12级（35米/秒），最低气压为970百帕，19时45分“灿都”从广东廉江市进入广西博白县境内，进入时中心附近最大风力有11级（30米/秒），最低气压为980百帕，21时减弱为热带风暴。“灿都”途经广西的博白、浦北、灵山、邕宁、南宁市兴宁区、武鸣、隆安、平果、田东、田阳等县（市），于7月23日20时减弱消失在百色市境内。受“灿都”的影响，北海市普降暴雨到大暴雨，局部特大暴雨，市区出现平均风6级，阵风7级，沿海地区出现平均风6级，阵风8级，海面出现平均风8级，阵风9～10级大风。

1005号强热带风暴“蒲公英”天气过程 热带气旋“蒲公英”于8月23日8时在南海西沙群岛附近海面生成，16时加强为强热带风暴，沿西偏北方向移动，在海南省以南海面经过；24日凌晨进入北部湾南部海面，19时前后在越南北部义安省沿海地区登陆，登陆时中心附近最大风力11级（30米/秒），最低气压980百帕；登陆后减弱很快，25日早晨在越南北部减弱为热带低压并逐渐消失。受冷空气和副热带高压影响，强热带风暴“蒲公英”路径偏南，对北部湾海面影响较大，对城区影响相对偏弱。受其影响，北海市整个过程普降小到中雨、局部大雨，市区出现5级风、阵风7级，沿海地区出现4级风、阵风7级，海岛自动站出现7级风、阵风9级。

（李 宇 陈雪莲）

人文地理

【建置沿革】 北海古属百越之地。秦始皇三十三年（公元前214元），秦统一岭南地区，设南海、桂林、象郡，北海属象郡地。秦二世胡亥三年至西汉元鼎五年（公元前207年至公元前112年），北海为南越国领地。西汉元鼎六年（公元前111年）属合浦郡合浦县地。三国时，属吴国辖地，先后归珠官郡合浦县、合浦郡合浦县地。直至隋，北海属合浦县地。唐武德四年（621年），合浦郡更置越州，贞观八年（634年）改越州为廉州。但北海属合浦县境不变。五代南汉乾亨元年（917年），合浦县境析置常乐州，廉州统合浦、封山、蔡龙、大廉四县。南汉大宝三年（960年），改合浦县为媚川都，北海先后属合浦县、媚川都辖地。北宋开宝四年（971年），撤媚川都，次年，撤常乐州，所辖县地隶廉州。北海属合浦县境。北宋太平兴国八年（983年），廉州更置为太平军，撤合浦县并入石康县，北海属太平军石康县辖境。北宋咸平元年（998年），撤太平军，重置廉州和合浦郡，统合浦、石康二县，隶广南西路，北海属合浦县境。元至元十五年（1278年）设湖广行中书省，合浦郡更置为廉州路安抚司，至元十七年（1280年）改置廉州路总管府。至元二十八年（1291年）改置海北海南道肃政廉访司，领合浦、石康二县。北海境属合浦县。明洪武元年(1368年)湖广行中书省析置为广东、广西行省,改廉州路为府,领合浦、石康二县。三月,廉州隶于广西行省,四月改隶广东行省。这是北海境属广东的开始。洪武初,自石城(今廉江县)界西起,沿海设置防倭八寨,依次为川江寨、陇村寨、调埠寨、珠场寨、白沙寨、武刀寨、龙潭寨、古里寨,以巡检一员驻居中的珠场寨(今南康镇)统辖,北海市境分属龙潭、古里二寨防地。洪武七年(1374年)十月,降廉州府为廉州。洪武十四年(1381年)五月,恢复廉州为府,廉州府领合浦、灵山、石康3县和钦州。明成化八年(1472年),撤石康县并入合浦县,隶廉州。北海属合浦县地。

清顺治元年(1644年),廉州府建置与隶属沿旧未变。康熙初,设北海镇标,驻北海,这是北海地名始见。道光八年(1828年),广东省举办团练,合浦县分设16团,53局。北海为靖海团管区,辖北海、涠洲、高德3局。咸丰六年(1856年)珠场巡检移驻北海,北海属廉州府合浦县珠场巡检司治地。光绪十四年(1888年),廉州府统合浦、灵山2县,光绪二十年(1894年)以遂溪县属的涠洲岛归辖合浦,光绪三十二年(1906年)设廉钦道,统廉州府、钦州。宣统三年(1911年)八月,廉钦道更置钦廉军政府,统属府州县不变。同时议设北海自治会,属廉州府合浦县。民国元年(1912年),废廉州府,成立广东省钦廉军政分府,旋又改称为钦廉绥靖处,辖原廉州府境。北海同时成立自治会,行使管理市政职权,下辖第三、四行政区。民国三年(1914年),撤钦廉绥靖处,改设钦廉道,民国九年(1920年)撤钦廉道,合浦县直属广东省。北海属合浦县辖市。民国十五年(1926年),成立北海市政筹备处,行市建制,直辖于广东省。民国十七年(1927年)十一月,撤市政筹备处,复归合浦县管辖。民国十九年(1930年)设南区绥靖公署,合浦县归辖,北海属合浦县辖市不变。民国二十年(1931年),合浦县分设自治区,北海市属第二区,区治北海,下辖北海、高德、涠洲3镇和海西、海东、高北、高南、福成5乡。民国二十一年(1932年)十月,设立涠洲、斜阳管理局,受省直辖;民国二十二年(1933年)六月,撤涠洲、斜阳管理局,涠洲、斜阳仍归北海市管辖,设北海市政局。民国二十五年(1936年),撤南区绥靖公署,设第八区行政督察专员公署,辖合浦、钦县等7县,北海隶属合浦县。民国二十八年(1939年),合浦县第二区改为第五区,辖北海、南康2镇和高德、福成、白龙、白鹅江、大龙圩5乡。撤北海市政局,改置北海镇公所。民国二十九至三十四年(1940~1945年),合浦县第五区改为第三区,辖北海东镇、西镇、南康南镇、北镇4镇和高德、福成、白龙3乡。民国三十四年(1945年)六月,涠洲岛收复,为合浦县辖乡。民国三十五年(1946年),撤合浦县第三区。民国三十八年(1949年)。北海东镇、西镇、高德乡、涠洲乡、婆围乡、福成乡直属合浦县管辖。

1949年12月4日,北海解放。1950年5月,设北海镇人民政府,属合浦县领导。1951年1月,北海镇改为地级市建制,3月成立北海市人民政府,直属广东省政府领导,并领城区、郊区2个政府,5个区公所(政府)。1952年3月北海划归广西省,北海市将原来5个区改为4个区,分建22个乡和3个镇。1955年7月1日,北海复归广东省,归中共合浦地委领导,省辖市建制不变。1956年4月,北海市改为县级市。1958年11月,北海市改为合浦县北海人民公社。1959年6月,北海改为县级镇,受湛江专署管辖。1964年10月,恢复县级市建制。1965年6月,北海市划归广西壮族自治区,由钦州专员公署管辖。1968年4月,成立北海市革命委员会。1980年11月,撤销北海市革命委员会,恢复北海市人民政府,县级市不变。1983年10月,恢复地级市建制,由广西壮族自治区直接领导。1984年9月,北海市辖海城、郊区2区和地角、新港(后改侨港)、涠洲3镇,高德、西塘、咸田3乡。1987年7月1日,原隶属钦州地区的合浦县划为北海市属县。1993年12月,西塘乡、咸田乡改为镇建制。1995年2月,撤销郊区,设立银海区,原属合浦县的福城镇划入银海区;增设铁山港区,由原合浦的南康、营盘及增设的兴港镇3镇组成。至此,北海市行政区划为合浦县、海城区、银海区、铁山港区。2010年,北海市辖1县3区,21个镇、2个乡,7个街道办事处,342个村委会,84个社区居委会。

(北海市地方志办公室供稿)

【行政区划】 北海市二级政区,位于广西壮族自治区南端,北部湾东北岸,地处东经108°50′45″~109°47′28″,北纬20°26′~21°55′34″之间。2010年,全市总面积3337平方千米,其中岛屿面积为26.63平方千米。市政府驻海城区和平路,辖海城区、银海区、铁山港区和合浦县,共21个镇2个乡7个街道办事处84个社区居委会342个村委会。

合浦县辖15个乡镇:曲樟乡、星岛湖乡、廉州镇、党江镇、沙岗镇、西场镇、乌家镇、石湾镇、石康镇、常乐镇、闸口镇、公馆镇、白沙镇、山口镇、沙田镇,245个村委会,28个社区居委会。

海城区辖1个镇、7个街道办事处:涠洲镇、高德街道办事处、驿马街道办事处,东街街道办事处、中街街道办事处、西街街道办事处、海角街道办事处、地角街道办事处,19个村委会,45个社区居委会。

银海区辖4个镇:银滩镇、平阳镇、侨港镇、福成镇,40个村委会,7个社区居委会。

铁山港区辖3个镇:南康镇、营盘镇、兴港镇,38个村委会,4个社区居委会。

【人口】 2010年末,北海市常住人口153.93万人,比上年末减少5.04万人,降低3.17%。全市常住人口中共有家庭户40.3万户,家庭户人口为146.77万人,平均每个家庭户的人口为3.60人。性别构成全市常住人口中,男性人口为80.09万人,占52.03%;女性人口为73.84万人,占47.97%。年龄构成全市常住人口中,14岁及以下人口为31.08万人,占20.19%;15~59岁人口为103.28万人,占67.10%;60岁及以上人口为19.57万人,占12.71%,其中65岁及以上人口为14.07万人,占9.14%。民族构成全市常住人口中,汉族人口为150.94万人,占98.06%;各少数民族人口为2.99万人,占1.94%。(第六次全国人口普查数据)

(周　虹)

【民族】 2010年,北海市有壮、苗、瑶、侗、仫佬、毛南、回、京、彝、水、仡佬、满、蒙古、土家、朝鲜、白、傣、高山、藏、黎、达斡尔、东乡、维吾尔等20多个少数民族,少数民族常住人口有近2.5万人,约占全市总人口的1.6%,人口在1000人以上的少数民族有壮族和瑶族。(农　军)

【宗教】 2010年,北海市正式登记的宗教类别有佛教、天主教、基督教,宗教团体8个;有正式登记的宗教活动场所31个;共有教徒10806人,宗教教职人员43人。

佛教　有教职人员12人,其中比丘8人,比丘尼4人;居士3500人;有宗教活动场所18个,主要的寺庵有位于合浦县的东山寺、保仔庵、北山庵等。

天主教　有教职人员16人,其中神甫3人,修女13人;教徒3366人;有宗教活动场所5个,主要教堂有北海天主堂、涠洲盛塘天主堂等。

基督教　有教职人员15人,其中牧师2人,长老1人,传道12人;教徒3940人;有宗教活动场所8个,主要教堂有北海基督教礼拜堂、合浦县基督教礼拜堂。

(农　军)

县处级以上机构和领导

中共北海市委员会

书　记:王小东
副书记:连友农　曹坤华
常　委:戴时木(2010.06免)
　江裕卓(2010.06任)
　孙大光　刘　海
　唐利群(女)　廖德全
　莫亦翔　蔡中平
　宁小平　伍国辉
　李红杰(挂职,2010.11任)
　尹刚强(挂职,2010.12任)

北海市人大常委会

主　任:杨　康(2010.01免)
　王小东(2010.01任)
党组副书记:李　蔚　黎尚军
副主任:叶上辉　罗恩平
　许光波(女)　顾乃峰
　陈承才　张玉兴

北海市人民政府

市　长:连友农
副市长:孙大光
　李　蔚(2010.01免)
　廖德全(2010.01任)
　莫　桦(2010.01免)
　杨志远　陈玉玉(女)
　刘宏武　周原生　彭鸣达
　文　政(挂职,2010.11免)
　董仕军(挂职,2009.12任)
　梁丁丁(挂职,2010.05任)
　张　鹏(挂职,2010.05任)
　李红杰(挂职,2010.11任)
　尹刚强(挂职,2010.12任)

政协北海市委员会

主　席:车延风
副主席:吴道业　陈小琴(女)
　林梅溪(女)　李树华
　滕朝祥(2010.01任)
　沈礼森　文泉源
　韩江初　黄漱鲁

中共北海市纪律检查委员会

书　记:宁小平
副书记:莫业绪　李永均　吴玉南
常　委:韦标锡　卢妙平(女)
　彭有朋　吴平堂
市绩效考评办公室主任:韦标锡

市委直属机关

中共北海市委办公室

秘书长:伍国辉
副秘书长:陈德柱　包盛刚
　刘红苗　邓永壬
　张剑涛(挂职,2010.09免)
　李文君(挂职,2010.03任)
督查室主任:邓永壬
保密办(局)主任(局长):莫　非
机要局(国家密码管理局)局长:
　程　慧(女)
副局长:梁　志
总工程师:邓东恩(试用,2010.12任)

中共北海市委组织部

部　长:蔡中平
副部长:韦克龙
　毛艳琼(女,2010.04免)
　余兴国(2010.08免)
　郑廷仁(2010.10任)
　杨　斌

中共北海市委宣传部

部　长:廖德全
副部长:谢　能　邱灼明　梁思奇
　梁振威
精神文明办主任:邱灼明
对外宣传办(政府新闻办)主任:
　高　峰

中共北海市委统战部

部　长:唐利群(女)
副部长:王力术　余　铁　肖仙业
　黄志勇(2010.08任)

台湾工作办公室(台湾事务办公室)

主 任:肖仙业

民族宗教事务局局长:余 铁

中共北海市委政法委员会

书 记:莫亦翔

副书记:刘宏武(兼) 王金吾
熊玉莲(女)

政法纪工委书记:王 勇

政治部主任:张北雁

610办公室主任:熊玉莲(女,兼)

副主任:邓大辉 刘奕如

综治办主任:王金吾

副主任:辛序林(2010.12免)

打私办主任:李俊文 副主任:(缺)

中共北海市委政策研究室

主 任:包盛刚(兼)

副主任:李千林 蒋 明

北海市机构编制委员会办公室

主 任:邝世华

副主任:夏逸民 陈 海 刘增兰

中共北海市直属机关工作委员会

书 记:杨桂莲

副书记:陈财初 韦克天

纪工委书记:梁海霞(女)

中共北海市委老干局

局 长:韦克龙

副局长:王队瑞 梁桂红(女)

市委、市政府信访局

主 任:刘红苗(2010.10任)

副局长:满文祺(2010.10任)
罗 鹏(2010.10任)
罗德志(2010.10任)

北海市人大常委会办公室和各委员会

秘书长:谢安河

副秘书长:庞逸民 王善健 黄 先
苏武骏 潘能朝

研究室主任:王善健

副主任:(空缺)

选举联络工作委员会

主 任:潘丽远(女)

副主任:林 岗

法制委员会

主任委员:张 旭

副主任委员:陈伟萍(女)

财政经济委员会

主任委员:李振上

副主任委员:邓克燕(女)

农村经济委员会

主任委员:廖 俊

副主任委员:谢慧燕(女)

教育科学文化卫生委员会

主任委员:李岐支

副主任委员:廖佩才

外事华侨民族宗教委员会

主任委员:吴益容(女)

副主任委员:(空缺)

城市建设环境保护委员会

主任委员:罗传忠

副主任委员:(空缺)

政协北海市委员会办公室和各委员会

秘书长:廖端诚

副秘书长:曾志前 林永雄
陈亚敏(女) 陈 东(兼)
郝青丽(女) 黄德海
刘振贤

提案委员会

主 任:曾志前

副主任:余海宇

经济建设委员会

主 任:林永雄

副主任:马兰玉(女)

科教文卫体委员会

主 任:梁 锦(女)

副主任:姚致光(兼)

社会法制委员会

主 任:陈 东

副主任:裴从儒

文史资料委员会

主 任:陈亚敏(女)

副主任:陈胜强

外事联谊民族宗教委员会

主 任:黄润军

副主任:黄深浦(2010.12免)

北海市人民政府部门

北海市人民政府办公室

(市民族宗教事务局、市法制办公室、市海防办公室)

秘书长:常 勇

市长助理:苏鸿飞(2010.12免)
苏海金(挂职,2010.12免)
党曦明(2010.12任)

副秘书长:冯学清 杨国合(兼)
冯群声
朱会东(2010.11免)
骆文韬(2010.05免)
欧阳思飞 庞天宏
孟荣展(2010.12免)
蒋同根 莫永超(兼)
徐华蕊(挂职,2009.12免)
何小龙(2010.03任)

市民族宗教事务局局长:余 铁

市法制办公室主任、党组书记:
张栋源

副主任:何 如(女) 包能华
王晓阳

纪检组组长:冯远华(2010.10免)

北海市发展和改革委员会

(市物价局、市粮食局)

主任、党委副书记:
陈继达(2010.12免)
朱会东(2010.12任)

党委书记、副主任:陈 红

副主任:梁吴明(2010.01免)
张振荣 石 昆(兼)
王培县(试用,2010.10任)
潘能辉 叶海源

纪委书记:庄宗球(2010.10免)
伍克达(2010.12任)

北海市物价局

局 长:梁吴明(2010.01免)

副局长:钟亚华

北海市粮食局

局 长:张振荣

北海市教育局

局长、党委副书记:李沛新

党委书记、副局长:
陈月梅(女,2010.12免)
叶宗沛(2010.12任)

副局长:李才能
叶卫国(试用,2010.12任)
邓军彪(挂职,2010.10任)

纪委书记:林起发

北海市科学技术局

局长、党组书记:黄 健

党组副书记、纪检组组长:唐德坚
副局长:叶长洲
明星朗(2010.10任)
罗新平　李　腾　周国福

北海市工业和信息化委员会

主　任:吴　绚　(2010.12任)
副主任:黄忠东(2010.10任)
欧余军[兼,(2010.10任)]
刘　琳(2010.10免)
林德泉(2010.10免)
宾月景(试用,2010.10任)
赵太峰
罗远鹏(试用,2010.10任)
纪检组组长:张均光

北海市公安局

局长、党委书记:周原生
党委副书记、副局长:
玉　石(2010.01免)
党委副书记:刘　海
副局长:朱永辉　徐　坚　林桂明
莫富生(挂职,2010.12任)
纪委书记、督察长:覃善府
政治部主任:周日升

北海市监察局

局　长:莫业绪
副局长:韦标锡　姜通海
卢妙平(女)　曾　伟

北海市民政局

局长、党组书记:曹茉莉
党组副书记、纪检组组长:黄祖文
副局长:张　伟　蒋罗生
廖　达(试用,2010.09任)

北海市司法局

局　长:冯永昌
党组书记:冯永昌(2010.12免)
李　贤(2010.12任)
副局长:唐　倩(女)　方诗生
黄子跃(试用,2010.01任)
纪检组组长:唐启文
政治部主任:刘再华

北海市财政局

局长、党组书记:欧阳经华
党组副书记、纪检组组长:曹国荣
副局长:韦国猛(2010.10免)
徐锡勇
周柯伊(试用,2010.01任)

北海市人力资源和社会保障局

局长、党组书记:郑廷仁(2010.12任)
党组副书记、纪检组组长:
刘火清(2010.10任)
副局长:莫学伟(2010.10任)
易兴雄(2010.10任)
冯廷光(2010.10任)
覃乃煌(2010.10任)

北海市海洋局

局　长:罗星烈(2010.12任)
党组书记:庄宗球(2010.10任)
纪检组组长:何　明(2010.10任)

北海市环境保护局

局长、党组书记:
吴崇华(2010.01免)
张海涛(2010.01任)
副局长:曾庆富　卢学军
彭在清(试用,2010.10任)
程金平(挂职,2010.05任)
纪检组组长:洪　强

北海市住房和城乡建设局
(市人民防空办公室)

主任、党委副书记:
王　洪(2010.12任)
党委书记、副局长:
刘剑涛(2010.10任)
副局长:邹　文(2010.10任)
钟寿天(2010.10任)
宋　毅(2010.10任)
黄德胜(2010.10任)
裴庆科(试用,2010.10任)
纪委书记:陈鸿立(女,2010.10任)
总工程师:陈世谊(2010.10任)

市人民防空办公室

主任、党组书记:宋伯岱
党组副书记、纪检组组长:张　君
副主任:罗孔康
陈　彪(2010.10任)

北海市城市管理局

局长、党组书记:
杨成连(2010.12任)
副局长:胡忠兴(2010.10任)
王　任(2010.10任)
纪检组组长:刘　跃(2010.10任)

北海市规划局

局长、党组书记:杨立志(2010.12任)
副局长:包盛中(2010.10任)
阮勇军(试用,2010.10任)
总工程师:李斌施(2010.10任)

北海市交通运输局

局长、党组副书记:
左晓峰(2010.12任)
党组书记、副局长:
曾聪人(2010.10任)
副局长:李杞凤[女,(2010.10任)]
王　陆(2010.10任)
纪检组组长:罗树理(2010.10任)
总工程师:刘　刚(2010.12免)

北海市水利局

局长、党委副书记:李武团
党委书记、副局长:
许家英(女,2010.12免)
党委副书记、纪委书记:王　林
副局长:冉鄂东(2010.10任)
刘　勇
吴志全(试用,2010.01任)
总工程师:庞世祚

北海市农业局
(市林业局、市扶贫开发办公室)

局长、党委副书记:卢永佳
党委书记、副局长:覃　勇
党委副书记、纪委书记:薛万春
副局长:黄　琳　占远城　彭定永
总农艺师:何锐宗

北海市林业局

局长、党组书记:李东凤
党组副书记、纪检组组长:
张全利(2010.04任)
副局长:刘　琳(2010.10任)
陈晓毛
陈润龙(试用,2010.09任)
彭建军(挂职,2010.05任)

北海市扶贫开发办公室

主任、党组书记:
段永浓(2010.12免)
党组副书记、纪检组组长:
钟　军(2010.10任)
副主任:李东霞(女,2010.10免)
王　雄(2010.10任)
陈　剑(2010.10任)

北海市水产畜牧兽医局

局长、党委副书记:庞许明

党委书记、副局长:王克海
副局长:陈全彪 黄庆锐 周宏禹
陈泮文(2010.12免)
关常欢(试用,2010.01任)
纪委书记:李松山

北海市商务局
(市招商促进局、市口岸办公室)

局长、党委副书记:
李绍文(2010.01免)
党委书记、副局长:
张小林(2010.12免)
甘建钢(2010.12任)
党委副书记、纪委书记:
廖 新(2010.10任)
副局长:郑仁伟(2010.01免)
冯全忠 余海啸(女)
张浩勇
刘剑平(试用,2010.10任)
何其华(挂职,2010.09任)

北海市招商促进局

局 长:谢小麟
党组书记:甘建钢
副局长:叶吉许(2010.01免)
冉鄂东(2010.10免)
孟 力 何家灵
欧其全(试用,2010.01任)
纪检组组长:姚 凤(女)

北海市口岸办公室

主 任:郑仁伟(2010.01免) (空缺)
副主任:黄天亮

北海市文化局
(市广播电影电视局、市新闻出版局)

局长、党委副书记:
廖美材(2010.01免)
陈月梅(2010.12任)
党委书记、副局长:
周善明(2010.12免)
王善健(2010.12任)
副局长:胡钟生 陈言启(2010.05任)
陈 彪
纪委书记:陈京燕(女)

北海市广播电影电视局

局长、党组副书记:
刘江河(2010.10任)
党组书记、副局长:
易 崇(2010.10任)
副局长:岳鲁东(2010.10任)
朱起伟(2010.10任)
纪检组组长:彭琪瑞(2010.10任)

北海市新闻出版局

局长、党组书记:孟 杰
党组副书记:
张全利(2010.10免) (空缺)
副局长:明星朗(2010.10免)
石定波
孔 凡(试用,2010.10任)
纪检组组长:张全利(2010.10免)
潘雪辉(女,试用,2010.10任)

北海市卫生局

局长、党委副书记:王铭枢
党委书记、副局长:
郑廷仁(2010.10免)
陈 劲(2010.10任)
副局长:张 颖(女)
陈志宇(试用,2010.01任)
纪委书记:伍朝胜

北海市食品药品监督管理局

局长党组书记:王运杰(2010.12任)
副局长:柳治明(女,2010.10任)
李绍成(2010.10任)

北海市人口和计划生育委员会

主任、党组书记:唐德华(女)
副主任:顾乃廉 张国庆(女)
纪检组组长:梁培艳(女)

北海市审计局

局长、党组书记:康新春
副局长:葛庆新(女) 刘文惠(女)
纪检组组长:刘 跃(女,2010.10免)
李态聪(试用,2010.12任)
总审计师:黄廷中

北海市安全生产监督管理局

局长、党组书记:岑英高
副局长:王庆国 陈 华
叶家发(2010.01任)
纪检组组长:叶华生

北海市体育局

局长、党组书记:关国明
党组副书记、纪检组组长:唐永钦
副局长:邱方宁 陈道武
陈 起(2010.08任)
吴玲令(2010.01任)

北海市统计局

局长、党组书记:陈廷强
副局长:蒙振刚 云永安
纪检组组长:何 明(2010.10免)
刘承洁(试用,2010.12任)
总统计师:涂建强

北海市旅游局

局长、党组副书记:许华本
党组书记、副局长:
朱洪彬(2010.10任)
党组副书记:陈国森(2010.10任)
副局长:岑博雄 郑秋玲(女)
鲁性东
李 军(试用,2010.01任)
高元衡(试用,2010.10任)
施 宇(挂职,2010.09任)
纪委书记:苏华荣(2010.01免)
吴乃辉(试用,2010.04任)

北海市外事侨务办公室

主任、党组书记:张坤鹏(2010.10免)
(空缺)
党组副书记、副主任:
王慧才(女,2010.10任)
副主任:程 洪(2010.10任)
檀余军(2010.10任)
纪检组组长:黎太平(2010.10任)

北海市人民政府国有资产
监督管理委员会

主任、党委副书记:李绍文
党委书记、副主任:周国清
党委副书记、纪委书记:叶绿野
副主任:刘建贤 韦国猛(2010.09任)
陈 庆 阳 玲(女)

北海市人民政府派出机构

广西北海工业园区管理委员会

主任、工委副书记:陈 勋
工委书记、副主任:
沈 平(2010.02免) (空缺)
工委副书记、纪工委书记:
林 琳(女)
副主任:曾庆富(兼) 谢 文
刘新国
杨 桢(2010.01任)
韩艳玲(女)
刘忠广(试用,2010.01任)
王 刚(试用,2010.10任)

广西北海高新技术产业园区管理委员会

主任、工委副书记：李光劭
工委书记、副主任：石宝峰
副主任：谢其范　傅文伟
陈　剑（2010.09免）
张国莲（女，试用，2010.01任）
王保岳（试用，2010.10任）
阳　玲（女，挂职，2010.03任）
林敬松（挂职，2010.09任）
纪工委书记：韦明道

北海出口加工区管理委员会

主任、党组书记：彭鸣达（2010.02免）
沈　平（2010.02任）
党组副书记、副主任：刘永康
副主任：李　斌（女）　龙　江
梁　田
喻荣辉（试用，2010.10任）
黄全胜（挂职，2010.09任）
董希楠（挂职，2010.09任）
纪检组组长：陈炎招

北海银滩国家旅游度假区管理委员会

主任、工委副书记：陈永怡
工委副书记、纪工委书记：谢世安
副主任：林炳腾（兼）　陈冠秀（女）
陈承雄

北海市涠洲岛旅游区管理委员会

主　任：苏鸿飞（2010.08任）
副主任：陈　铜（2010.08任）
沈振华（2010.08任）

北海市北部湾（广西）经济区建设管理委员会办公室

主　任：莫　桦（兼，2010.02免）
刘宏武（兼，2010.02任）
常务副主任：韦　宏
副主任：张文军（兼，2010.02免）
刘志明（兼，2010.02免）
黄海波（兼，2010.02任）
莫华福（兼，2010.02任）
窦兴明（2010.10免）
曾　玲（女，试用，2010.11任）
纪检组组长：王　勇（2010.12任）

北海市铁山港工业区管理委员会

主　任：莫　桦（兼，2010.02免）
刘宏武（兼，2010.02任）
副主任：韦　宏
杨成连（2010.10免）
刘志明（兼，2010.02免）
冯　卫　谢卫新　梁　超
肖沪和（试用，2010.10任）
莫华福（兼，2010.12任）
贺丰果（挂职，2010.03任）
覃民昌（挂职，2010.09任）

北海市人民政府驻外办事处

金海岸企业有限公司（香港）

董事长、总经理：章　林

北海市人民政府驻北京联络处

主　任：（空缺）
副主任：廖克辉

北海市人民政府驻广州办事处

主　任：（空缺）
副主任：杨　桢（2010.01免）（空缺）

北海市驻越南下龙办事处

主　任：苏永光
副主任：张晓平

法院、检察院、海事法院

北海市中级人民法院

院　长：滕朝祥（2010.01免）
张培健（2010.01任）
党组书记：张培健
党组副书记、副院长：
许立新（2010.12免）（空缺）
副院长：李　贤　徐小明
莫锦荣（挂职）
纪检组组长：田炎中
政治部主任：程红武

北海市人民检察院

检察长、党组书记：黄　坚
党组副书记、副检察长：陈善强
副检察长：蔡　敏　梁　壮
纪检组组长：田卫民（2010.08免）
（空缺）
政治部主任：范朝武

北海海事法院

院　长：廖少昆（2010.01免）
梁　梅（女，2010.01任）
党组书记：廖少昆（2009.12免）
梁　梅（女，2009.12任）
副院长：张乾成　张德生

北海市直属正处级事业单位

北海市委党校

校　长：曹坤华（兼）
常务副校长：骆文韬
副校长：张治钦（2010.12免）
王昌雄　何文礼
校务委员：邓家懋（女）　赖文葵（女）
北海市行政学院院长：骆文韬
副院长：毛艳琼（兼，2010.04免）
张治钦（2010.12免）
王昌雄（兼）　何文礼（兼）
北海市社会主义学院院长：
黄漱鲁（兼）
常务副院长：骆文韬（兼）
副院长：张治钦（兼，2010.12免）
王昌雄（兼）　何文礼（兼）

北海日报社

社　长：郑定雄
总编辑：徐敦廉
副社长：朱新权　樊国仁
副总编辑：潘世远

中共北海市委党史研究室

主　任：徐传英（女）
副主任：邓桂青（女）

中共北海市委接待办公室

主　任：陈德柱（兼，2010.04免）
吴　强（试用，2010.04任）
副主任：（空缺）

北海市人民政府接待办公室

主　任：杨国合
副主任：周建华

北海市人民政府经济研究中心

主　任：丁焰辉
副主任：岑以文　宁顺主
林坚毅（2010.01免）

北海市档案局（馆）

局（馆）长：李淑琴（女）
副局（馆）长：刘庆珍（女）　崔　朋

北海市地方志编纂委员会办公室

主　任：符丽明（女）
副主任：（空缺）

合浦水库工程管理局

局长、党委书记：李建全
副局长：梁永进　吴名尧
纪委书记：（空缺）

北海市二轻城镇集体工业联合社

主任、党委书记：潘子明
副主任：叶瑞章
纪委书记：田延学（2010.09 任）

北海市供销合作社

主任、党委书记：陈　松（女）
副主任：彭健平
　　欧阳光如（2010.01 任）
纪委书记：苏崇辉

北海市港务管理局

局长、党组书记：徐相波
副局长：乔桂荣

北海市地震局

局　长：邓　雄
副局长：陈汉涛
　　谭永红（2010.01 任）

北海市水库移民工作管理局

局长、党组书记：柳金红（女）
副局长：钟　瑞
　　劳　健（2010.01 任）
纪检组组长：黄其华（2010.08 任）

北海市政务服务中心管理办公室

主　任：张文玉（2010.10 任）
副主任：庞光强（2010.11 任）

群众团体、民主党派

北海市总工会

主　席：许光波（女，兼）
党组书记、副主席：曹　文
党组副书记、副主席：满峰奇（女）
副主席：杨炳贵
纪检组组长：伍国将

共青团北海市委员会

书记、党组书记：池　樱（女）
副书记：徐东明　袁　斌

北海市妇女联合会

主席、党组书记：庞光玲（女）
副主席：林忠礼（女）　祝小燕（女）

北海市文学艺术界联合会

主　席：董晓燕（女）
副主席：伍道扬　谭为民（兼）
　　肖畅恒（兼）

北海市科学技术协会

主席、党组书记：廖思伟
副主席：王行美
　　张其辉（女，2010.09 免）
　　黄海波（兼）　陈　勋（兼）
　　林旺兴（兼）　李才能（兼）
　　徐锡勇（兼）
　　张　颖（女，兼）

北海市残疾人联合会

理事长、党组书记：林志华
副理事长：温祥华（2010.01 免）
　　梁鸿君

北海市归国华侨联合会

主　席：周庭雯（女）
副主席：莫华福（兼）　何　聪（兼）
　　陈亚振（兼）　周玉富（兼）

北海市社会科学界联合会（社科院）

主席（院长）：洪小龙
副主席：邓超斌（专职）
　　张我伟（专职，2010.02 任）

北海市工商业联合会

主　　席：王国强（兼）
党组书记：王力术
党组副书记、副主席：
　　林明豪（2010.05 免）（空缺）
副主席：刘凤省（2010.05 任）
　　利　群（女）　徐　光（兼）
　　王世全（兼）　黄炳权（兼）
　　顾勇彪（兼）　刘惠民（兼）
　　王祥林（兼）　吴秀荣（兼）
　　杨绍军（兼）　叶少波（兼）
　　黎冠钦（兼）

北海市红十字会

副会长：李东霞（女）

民主建国会北海市委员会

主任委员：谢小麟
副主任委员：张鹏飞
　　谢志一（女，兼）
　　徐　伟（兼）

民主同盟北海市委员会

主任委员：石　昆
副主任委员：吴　伟（兼）

农工民主党北海市委员会

主任委员：洪伟东
副主任委员：王　穗（兼）

国民党革命委员会北海市委员会

主任委员：顾乃峰
副主任委员：曾作琴（女）
　　姚致光（兼）　武绍会（兼）

民主促进会北海市委员会

主任委员：黄漱鲁
副主任委员：胡钟生（兼）
　　林　绿（兼）　符丽明（女，兼）

致公党北海市委员会

主任委员：欧余军
副主任委员：张红剑（兼）
　　花德伟（兼）

九三学社北海市委员会

主任委员：杨志远
副主任委员：林祯海（兼）
　　朱其明（兼）

一县三区

合浦县

党委

书　记：罗诗汉
副书记：蒋　达
　　黄志勇（2010.08 免）
　　余兴国（2010.08 任）
常　委：林祯光　王　逸
　　陈　起（2010.08 免）
　　谭忠德　郑继冲
　　韦晓红（女）
　　林德光（2010.08 任）
　　潘晓波
　　田卫民（2010.08 任）
　　张均栋（2010.05 任）
　　宋　毅（挂职，2010.02 任）

人大常委会

主　任：方庆山
副主任：谢志一（女）　封子合
　　梁世安　张　荣

政府

县　长：蒋　达
副县长：王　逸
　　陈　起（2010.08 免）
　　林德光（2010.08 任）
　　何来国（2010.07 任）
　　朱其明　李　曲（女）
　　陈振华
　　杨志勇（挂职，2010.12 免）
　　宋　毅（挂职，2010.02 任）
　　梁　田（挂职，2010.03 任）

政协

主　席：张均雄

副主席:张均满　潘能强
　　　吴景美(女)　林德海

海城区

党委

书　记:祝小东
副书记:曾　伟
　　　毛艳琼(女,2010.04任)
常　委:莫顺强　李海文　游君宇
　　　廖自强　陈以良(2010.04任)
　　　梁剑波　罗传芬(女)
　　　陈汉涛(挂职,2010.02免)
　　　梁雪梅(女,2010.04任)
　　　唐启文(挂职,2010.02任)

人大常委会

主　任:陈希光
副主任:陈汝桥　庞焕邦
　　　许铭高　陈　然(女)

政府

区　长:祝小东(2010.07免)
　　　毛艳琼(女,2010.07任)
副区长:李海文　游君宇
　　　陈学军　杨玲玲(女)
　　　贾志刚(2010.07任)
　　　裴文昌
　　　陈汉涛(挂职,2010.02免)
　　　唐启文(挂职,2010.08任)
　　　张鹏飞(挂职,2010.03任)
　　　龙雪津(女,挂职,2010.09任)
　　　韦发宁(挂职,2010.09任)

政协

主　席:许光远
副主席:蔡联海　彭英华(兼)
　　　严焕媚(女)

银海区

党委

书　记:李德全
副书记:邓昌达　刘耀辉
常　委:王　军　李国智　梁　旭
　　　陆金英　陈言启(2010.05免)
　　　罗远富　黄忠伟
　　　金佩铭(2010.04任)
　　　李玉婷(女)
　　　李东霞(女,挂职,2010.02免)
　　　黄庭军(挂职,2010.12免)
　　　潘荫昶(挂职,2010.02任)

人大常委会

主　任:龙绍忆
副主任:温启美　陈远工
　　　吴　健　王凤金(女)

政府

区　长:邓昌达
副区长:李国智　梁　旭
　　　林举坤(2010.07任)
　　　林炳腾　吴智祥
　　　栗　红(女)
　　　李东霞(女,挂职,2010.02免)
　　　黄庭军(挂职,2010.12免)
　　　潘荫昶(挂职,2010.02任)

政协

主　席:林秀霞(女)
副主席:苏志清　吴小丽(女,兼)

铁山港区

党委

书　记:叶　山
副书记:刘志明
　　　陈　劲(2010.12免)
　　　莫华福(2010.12任)
常　委:吴东和　黄小健　莫杰宏
　　　覃　闯　林德光(2010.08免)
　　　秦子山　沈德棠(2010.12任)
　　　彭岳军(2010.04任)
　　　黄深浦(2010.12任)
　　　李安洪
　　　覃仲林(挂职,2010.02免)
　　　韦建勋(挂职,2010.08任)

人大常委会

主　任:欧万海
副主任:曾明初　陈旭昌
　　　梁绍洪　陈德萍(女)

政府

区　长:刘志明
副区长:莫华福(2010.12免)
　　　林德光(2010.08免)
　　　黄小健(2010.12任)
　　　沈德棠　孙　旭
　　　蒋兆娟(女)　林　焱(女)
　　　李庆辉(2010.07任)
　　　洪伟东(挂职,2010.12免)
　　　覃仲林(挂职,2010.02免)
　　　罗　鹏(挂职,2010.03任)
　　　韦建勋(挂职,2010.08任)

政协

主　席:冯卓武
副主席:符丽明(女,兼)
　　　严锡强(兼)

(统计截至2010年12月,市委组织部供)

国民经济和社会发展

【概况】 2010年是"十一五"收官之年,也是北海实施"三年跨越发展工程"的开局之年,北海市深入学习实践科学发展观,落实《国务院关于进一步促进广西经济社会发展的若干意见》和《广西北部湾经济区发展规划》,坚持真抓实干、把事干成、造福百姓的理念,扎实开展"创先争优"和"工作落实年"活动,全面实施北海三年跨越发展工程,统筹推进经济建设、政治建设、文化建设和党的建设,经济社会呈现振奋人心的良好发展态势,地区生产总值、固定资产投资、财政收入等指标快速增长。2010年,全年实现地区生产总值397.6亿元,增长17.6%。其中第一、二、三产业分别完成增加值87.55亿元、167.88亿元、142.14亿元,同比分别增长4.1%、31.9%、10.2%。三次产业结构调整为22∶42.2∶35.8。全社会固定资产投资完成485.3亿元,增长50.77%;财政收入完成47.1亿元,增长31.75%;物价水平基本稳定,人民生活水平进一步提高。科教文卫体等各项社会事业全面发展。

【产业发展】

农林牧渔业　2010年粮食种植面积81349公顷,增长5.4%,总产量36.45万吨,减少2.83%;油料种植面积15306公顷,增长7.03%,总产量3.6万吨,增长8.8%;甘蔗种植面积32363公顷,增长3.1%,总产量234万吨,增长8.3%;蔬菜种植面积

32727公顷，增长1.3%，总产量63.8万吨，增长4.03%；木薯种植面积14189公顷，减少0.8%；全市水产品养殖面积32171公顷（海水养殖面积25487公顷，淡水养殖面积6684公顷）；水产品总产量92.5万吨（海水产品产量84.9万吨，淡水产品产量7.6万吨）；全市肉类总产量12.3万吨，增长5.5%；2010年完成农林牧渔业产值152.48亿元，增长4.36%。其中，农业产值36.64亿元，增长5.09%；林业产值1.86亿元，增长4.31%；畜牧业产值25.17亿元，增长4.37%；渔业产值86.28亿元，增长4.08%。

工业和建筑业　2010年全市规模工业企业239家，新增规模以上工业企业48家（亿元产值企业新增15家，5亿元产值企业新增7家）；规模以上工业企业累计完成总产值365.9亿元，增长57.7%。全市累计完成规模以上工业增加值115.32亿元，增长42.08%。全年实施工业项目317项，完成工业投资190亿元，增长35.2%；实施技术改造项目263项，完成技改投资125亿元，增长42.7%；全市电子信息制造业、农副食品加工行业（糖业、水产、饲料、林木、皮革、酒类及饮料）、石化行业、电力生产和供应行业、非金属矿采选、制品行业、机械制造行业、有色金属冶炼及压延加工行业等八个主要行业生产增速继续保持上扬。电子信息制造业继续占据主导地位，完成产值149.7亿元，增长116.9%；占全市规模以上工业比重40.9%，新增产值80.7亿元，拉动全市规模以上工业34.8个百分点的增幅。园区经济成为经济发展的重要支撑，占全市规模以上工业产值比重超过60%。2010年北海工业园区完成产值超过100亿元，成为广西少数几个产值超百亿元园区之一；北海出口加工区完成进出口及保税物流总额10.4亿美元，进出口业绩位居中西部（含东北）22个海关特殊监管区第三位。铁山港（临海）工业区成为广西沿海三大工业区之一。建筑业蓬勃发展，2010全市城镇市政公共基础设施建设、房地产等完成总投资136.98亿元，其中房地产投资90.59亿元，市政基础设施建设及其他投资46.39亿元。

旅游、服务业　旅游基础设施进一步完善，旅游产业蓬勃发展。《北海涠洲岛旅游区发展规划》通过国家旅游局评审，银滩景区和涠洲岛鳄鱼山景区创5A、金海湾红树林景区创4A工作积极推进。接待国内游客938.43万人次，增长15.03%；接待入境旅游者7.3万人次，增长18.83%；实现国内旅游收入67.17亿元，增长29.99%；实现国际旅游收入2173.03万美元，增长26.241%。航空市场培育实现新突破，北海机场旅客吞吐量再创新高，接近70万人次。港口物流业加快发展，完成港口吞吐量1250.51万吨，增长23.22%。社会消费品零售总额108亿元，增长18.9%。房地产业持续健康发展，2010年北海市房地产销售面积为179.58万平方米，增长2.3%。全市金融机构存款余额达到469.76亿元，较年初新增存款87.8亿元，金融机构贷款余额达到238.18亿元，较年初新增贷款49.99亿元。

【固定资产投资和项目发展】

固定资产投资　2010年全市完成全社会固定资产投资485.26亿元，增长50.8%，增幅排自治区第一位。其中城镇投资完成455.44亿元，增长48.5%，在城镇投资中，基本建设完成192.93亿元，同比增长29.8%；更新改造完成156.62亿元，增长78.9%；其他投资完成8.54亿元，下降30.7%；房地产投资完成97.34亿元，增长67.5%。农村投资完成22.77亿元，增长93.9%。园区投资建设步伐加快，高新区、出口加工区、工业园区、铁山港工业区分别完成投资9亿元、26亿元、69.6亿元、109亿元。从投资运行的主要特点看，基本建设总量仍居首位，全年基本建设施工项目个数为432个，增长8.3%，增长势头较缓。农村投资全年均呈高速增长态势，2010年北海市农村投资完成22.77亿元，增长93.9%。其中非农户投资完成19.64亿元，增长101.7%，主要是农林牧渔业、采矿业、制造业、交通业、水利业等行业加大投入拉动农村投资成倍增长。城镇私人建房高速增长，完成6.99亿元，增长105.2%。

项目建设　2010年全市实施北海三年跨越发展工程重点项目186项，新开工项目39个，竣工项目70个，完成投资197.35亿元。工业项目方面，北海炼油异地改造石油化工项目（20万吨/年聚丙烯）厂区土建工程于2010年3月3日全面铺开，11月进入装置安装阶段；铁山港原油商业储备工程土方工程全部完成，主体工程开工建设；北海至南宁成品油管道工程前期工作完成，并于2010年4月开工建设，2010年完成投资约5亿元。诚德新材料生产项目一期工程当年开工当年竣工，具备试生产条件；景光电子等一批电子信息企业入驻并投产。交通项目方面，铁山港公用码头3～4号泊位、北海邮轮码头等开工建设；广西沿海铁路钦州北至北海段扩能改造工程、铁山港铁路支线、玉林至铁山港铁路（北海段）、玉林至铁山港高速公路（北海段）推进顺利。农田水利项目方面，在自治区范围内率先完成15座病险水库除险加固任务，银海区端田海堤标准化建设工程、合浦县更螺围海堤（k0+000～k2+460堤段）工程完工，完成20个农村饮水安全工程项目，解决4.3万人饮水不安全问题。

【重大项目前期工作】

工业项目　北海铁山港至湛江原油管道项目可行性研究报告获中石化总部审批，铁山港区和合浦县的路由走向许可意见已出具，路由走向踏线工作完成。北海涠洲岛原油码头及配套工程项目用地预审、交通运输行业审查、海域使用论证获国家相关部委批复，项目海洋环境影响评价、安全预评价等各项专项评价均得到批复。4800吨/天高蛋白饲料粕物流及加工项目完成在自治区发改委备案、节能审查等手续。

交通项目 铁路方面，广西沿海铁路扩能改造工程钦州北至北海段，完成可用于征地的勘测定界草图和线状图，征地拆迁工作基本完成。合浦至湛江铁路项目可行性研究报告通过铁道部鉴定中心评审，报铁道部及国土资源部待批，初步设计已完成，待可行性研究批复后即可评审。玉林至铁山港铁路，打桩、放线、挖边沟工作基本完成，测定界图已出，权属调查工作完成，进入征拆工作阶段。铁山港铁路支线，延长线(4.2千米)于2010年10月完成用地勘测定界工作。中石化铁路专用线，完成该项目可行性研究报告及初步设计的评审，建设资金及业主落实完毕。港口方面，2010年9月15日，北海港石步岭三期工程取得北海市规划局三期工程选址范围图，用海预审、海域使用、海洋环评、项目环评、工程可研和项目申请报告评审等前期工作顺利推进；铁山港5~10号号泊位的项目申请报告、工程可行性研究已委托广西交通规划勘察设计院编制；石步岭港区邮轮码头项目完成规划选址、用海预审、海域使用、海洋环评、项目环评、工程可研和项目申请报告评审等全部前期工作，获得核准。

【外经外贸】 外经外贸工作取得可喜的成绩。在继2009年申报国家级科技兴贸创新基地后，2010年北海市成功获批国家级加工贸易产业转移重点承接地，为北海市电子信息产业和加工贸易大发展奠定良好的基础。

2010年，全市外贸进出口总额13.7亿美元，首次突破10亿美元大关，增长72.27%，增幅全区排名第一。其中：出口8.38亿美元，增长77.41%，出口总额自治区排名第三，增幅排名第二；进口5.32亿美元，增长64.75%。全市新批外商投资企业项目21个(其中独资企业17家，合资企业3家，合作企业1家)，比上年同期增加3家；投资总额46964万美元，增长88.48%；合同外资金额30177万美元，增长172.06%；实际利用外资9934万美元，增长97.97%。新批项目主要来自中国香港、中国台湾、澳大利亚、韩国，投资集中在制造业和服务业，项目投资总额超过500万美元的项目11个，1000万美元以上的项目6个。制造业在利用外资中占绝对主导地位。全市新批外商投资制造业项目11个，占新批项目数的57.89%；制造业实际利用外资4250万美元，占全市实际利用外资的84.70%。其中电子设备制造业实际利用外资1515万美元，占制造业实际利用外资的35.65%。外向型企业进一步向园区集聚，园区进出口比重不断提高。全市各园区进出口总值合计9.46亿美元，占全市总值的69.02%，北海出口加工区成为北海市利用外资的主阵地。其中北海出口加工区进出口总值7亿美元，增长109.49%，占全市总值的51.1%；北海工业园区进出口总值1.84亿美元，增长57.4%，占全市总值的13.43%；北海出口加工区全年实际利用外资3880万美元，占全市总额的39.06%。

【社会事业】

科技 2010年，全市推进高新技术创业服务中心建设，先后促成工业园、中电集团北海产业园合作共建的电子信息产业孵化器，建立创业种子资金，尝试搭建创业投融资平台。推进科技兴贸创新基地建设，与中关村大学科技园联盟协作，联盟北海工作站正式挂牌生产力中心，并与北航北海学院签署协议共同筹建工信部—微软嵌入式技术北海联合实验室。同时，为科技兴贸创新基地企业提供科技服务，共组织企业人员培训9期，参加培训678人次；组织企业申报科技项目13项。推进产学研合作，组织6家企业的8个项目参加重庆高新技术交易会、北京国际科技博览会、深圳高交会，收集120多项科技项目，与5家高校科研院所进行的技术项目洽谈。加强知识产权管理工作，全市企业和个人共向国家知识产权局专利局申请专利161项，同比增长87.2%。加强企业专利实施工作，使全市的专利实施率达到的60%~70%。

教育 深入实施教育惠民工程，2010年共有22.6万名城市和农村义务教育阶段学生获得免除学杂费补助，有19万名农村义务教育阶段学生获得课本费补助，有2.3万名农村义务教育贫困寄宿生获得生活费资助。2010年秋季学期全市公办学校接收进城务工人员随迁子女23973人，比上学期增加8521人，全部免收学杂费、借读费。全市各中小学切实关注“留守儿童”，加强家校联系，充分发挥帮扶小组作用和学生互助作用，切实解决9311名留守儿童学习和生活问题。全年共筹措资金2329.29万元，资助学生38823人次。其中资助中职学生33189人，共发放资助金2077.62万元；资助家庭经济困难的高中学生5634人，共发放资助金251.67万元；对1470名考上大学、家庭困难的新生实施上学路费和短期生活费补助，共发放资助金67.71万元。特别是2010年北海市首次对1200名市直普通高中家庭经济困难学生发放普通高中助学金，共发放资助金80万元。加强组织和开展生源地信用助学贷款工作取得显著成绩，全年全市各县区资助中心共受理4235名大学生生源地信用助学贷款协议签订工作，合同贷款金额达2499.22万元。职业教育基础能力进一步强化，全年全市共有中等职业学校9所，在校生首次接近3万人，达到2.97万人，是2006年的2.5倍。高等教育进一步壮大，2010年全市共有北海职业学院、北海市广播电视大学、北京航空航天大学北海学院、桂林电子科技大学职业技术学院和北海艺术设计职业学院等5所高等院校，教职工人数为1698人（其中专任教师909人）。全年全市高校招生人数为10319人，在校生总人数达到2.6万人，比2009年增加5500多人，是2006年2.6倍。

文化　北海文化事业繁荣发展。2010年北海市申报国家历史文化名城成功获批。制作《历史文化名城——北海》DVD资料片以及一批《历史文化名城——北海》宣传挂图，配合完成中央电视台专题片《走遍中国——走进北海》的拍摄。组织文化遗产维修保护工作，加强北海老街的保护管理，完成双孖楼旧址的维修，协调并推进涠洲圣母堂旧址的维修。开展"文化惠民"工程取得丰硕成果，开工建设18个（含2009年试点6个）村级公共服务中心项目。推动一批文化项目建设，北海城市馆（博物及规划）、北海文化艺术中心、北海书城、合浦汉文化主题公园等一大批文化项目开工建设或准备开工建设。阵地文化活动形式多样，2010年举办各类艺术展览70多次，展出作品1000多件、举办各类艺术培训班49期、培训学员2000多人次。文艺演出业发展势头良好，北海歌舞剧院、市粤剧团在完成市委市政府下达的文化惠民演出任务的同时，想办法抢占演出市场，2010年，市画院组织20多位画家，80多件作品进京参展。展览在京城艺术界获得好评，北海水彩画的知名度和美誉度进一步提高。

卫生　惠民措施进一步落实，城乡居民健康水平稳步提高。全面推进城乡居民健康档案规范化建档，全市报告乙类传染病5340例，发病率345.2/10万，持续保持在较低发病水平，无甲类传染病和重大公共卫生事件发生。妇女儿童各项健康指标均提前达标，孕产妇、新生儿死亡率控制水平居全区前列。农村居民医疗保险人数达历史新高，全市参加新型农村合作医疗人员达107.5万人，参合率为95.69%。卫生收入和固定资产投入达历史新高，全市卫生收入达6亿余元，较上年4.42亿元增长35%；完成固定资产投资2亿元左右，建设项目共26个，市人民医院、市中医院住院大楼等一批项目竣工，市第二人民医院迁建工程开工奠基。在全市基层医疗卫生机构实施国家基本药物试点工作，实行药品零差率销售。进一步落实艾滋病"四免一关怀"和免费婚检政策。按照城乡居民人均15元的标准，全市落实公共卫生服务费2337.9万元。卫生行风进一步好转，调查患者满意度率达96.3%。

体育　体育设施不断完善。2010年，总投资超过6亿元的国家级综合体育训练基地项目建设项目顺利签约，将于2011年6月正式动工建设。北部湾体育中心一期工程业余体校项目进展顺利。北岸游泳场改造工程动工建设。投入资金为94万元的两个乡镇农民体育健身工程、8个行政村篮球场和6个城乡风貌改造村的体育设施建设全部完成。围绕第二届广西体育节开展各项全民健身体育活动，先后举办体育节启动仪式、沙滩运动会、环北部湾汽车集结赛、自行车公路赛、摩托艇表演赛、第三届漓泉杯北海市业余足球联赛、全市游泳爱好者分组比赛、千人围棋大赛、老年人健身展示表演、气排球大赛、羽毛球赛等10多项全区性、全市性赛事及活动，各体育协会、俱乐部开展各类活动57次，游泳协会选拔20多人赴台湾参加日月潭畅游活动。同时培训社会体育指导员107人。在2010年全区年度锦标赛中北海市参加13个项目的比赛，共获金牌56枚、银牌46枚、铜牌52枚。培训二级裁判员101名，三级裁判员9名，游泳救生员19名。2010年北海市运动员劳义代表中国体育代表团参加第十六届亚洲运动会田径男子100米和4×100米接力比赛，11月22日，在100米决赛中劳义以10秒24的优异成绩获得冠军，填补中国在亚运会田径男子100米没有金牌的空白，从而结束中国选手36年的等待，为中国体育代表团贡献了一枚含金十足的金牌。11月26日劳义与队友团结协作、密切配合、顽强拼搏、力压群芳，最终以38秒78夺冠，相距20年后中国又重新捧回该项目金牌，为广西竞技体育作出贡献。抓好体育彩票销售，体育彩票销售点由上年的47个增加至73个，比上年增长36%，销售彩票2308多万元，比上年同期翻了一番。

【人口、人民生活和生态环境】

人口　2010年全市人口出生19898人，出生率12.65‰，低于控制数2.85个千分点；出生政策符合率92.70%，同比提高3.24个百分点；政策外多孩率1.02%，同比下降0.78个百分点；全市依法征收社会抚养费2717.3万元，市本级财政投入共572万元，人均达3.6元，比2009年人口计生事业费财政投入增长19.4%。

人民生活　人民生活水平显著提高，城镇居民人均可支配收入16798元，增长10.99%；农民人均纯收入5426元，增长15.5%，分别较上年提高2和6.5个百分点。城镇新增就业人数3.3万人，城镇登记失业率低于3.5%。居民消费价格指数上涨3.1%。金融机构存款余额达到469.76亿元，较年初新增存款87.8亿元；金融机构贷款余额达到

238.18 亿元,较年初新增贷款 49.99 亿元。

社会保障和福利　2010 年新开工廉租住房项目 2 个，共 876 套，4.54 万平方米。经济适用住房(含集资房)在建项目 7 个,共 772 套,7.32 万平方米。开工建设公共租赁住房 50 套,3000 平方米，开工建设 3 个限价商品房项目，共建设新住房共 187 套,1.9 万平方米;启动 2 个棚户区改造工作，项目施工总面积为 40332 平方米,建设住房 390 套。组织 720 多家(次)单位,举行大型招聘会 11 场，提供岗位 16000 多个;同时组织 250 多家(次)单位开展网上招聘,5300 人通过人才市场走上就业岗位。

生态环境及节能减排　坚持环保优先和节约优先，继续加大落后产能淘汰工作力度，做好重点行业重点领域节能工作，限制高耗能企业能耗消费量，推行清洁生产和发展循环经济，完善原有及新建污水处理厂的污水收集系统及城市污水管网，提高污水处理厂的污水收集量和处理负荷率。单位地区生产总值能耗为 1.0057 吨标准煤 / 万元，同比下降 1.5%。完成化学需氧量(COD)削减 4800 吨,二氧化硫(SO_2)减排 300 吨，超额完成自治区 2010 年下达的污染减排任务〔化学需氧量（COD)4653 吨、二氧化硫(SO_2) 153 吨〕;“十一五”节能减排目标任务按期完成。完成饮用水水源地保护区划分技术报告及方案编制,重点污染源普查动态更新 353 家,2 家自治区挂牌督办企业完成整改;完成 11 家国控重点污染源企业现场端自动监控设施安装和验收，实现与国家、自治区监控平台联网运行;市医废处置项目基本建成；工程领域治理排查 347 项，补审 72 项,补验 26 项；完成常规监测 22 项,达《地表水环境质量标准》Ⅲ级,近海海域水质达二类海水水质标准。空气质量 309 天,优 179 天,良 125 天，优良率 99%;《北海生态市建设规划》修编完成,饮用水水源地保护区划分及方案编制通过评审,“城市环境综合整治定量考核”评比获自治区前四名。

（姚碧霞　陈国伟　江　丹）

招商引资

【概况】 2010 年是北海市实施“三年跨越发展工程”的第一年,也是招商基础工作明显见成效的一年。按照市委、市政府的统一部署,市招商招商促进局加强招商引资统筹协调,大力优化环境,强力推进项目,形成共同推进招商引资工作的强大合力,取得显著成效。

【招商引资目标任务】 2010 年,市招商促进局紧紧抓住广西北部湾经济区开放开发和中国—东盟自由贸易区成立的机遇,围绕电子信息、石油化工、旅游等重点产业大力开展招商引资工作,通过产业链招商、以商招商和委托招商等多种方式,主动承接东部产业转移企业和外商投资企业。2010 年,北海市新引进项目 157 个,比上年同期增加 32 个,同比增长 25.6%；实际到位资金总额 251.5 亿元,比上年同期增加 76.9 亿元,同比增长 44%,完成年度招商引资任务(210 亿元)的 119.8%,实际利用外资 2 亿美元（全口径统计),比上年同期增加 7000 万美元,同比增长 53.8%,完成北海市年度利用外资任务(1.6 亿美元)的 125%,完成自治区年度利用外资任务(1.5 亿美元)的 133%。

【优化政务环境】 2010 年，北海市投资 1 亿元,由市招商促进局承建,建成广西面积最大，达 12867 平方米的北海政务服务中心。共有 55 个具有行政许可事项的审批部门和公共服务机构入驻市政务服务中心，共设 44 个独立窗口和 1 个综合窗口。市政务服务中心所有办理项目,全部实行“统一收件、统一收费、统一出件”模式。由窗口单位派驻中心的工作人员统一收件，建立首席代表负责制，各窗口单位确定一名负责人作为本单位的行政首长首席代表常驻窗口,充分授权,进驻的部门启用“审批专用章”,并派驻领导到中心现场办理审批事项。设有与自治区政务服务中心及北海市监察局联网的电子监察系统和监控机房，可以自动、实时采集每一个审批事项办理过程的具体信息，即时、同步、全面地对工作人员的工作作风、服务质量、在岗情况和办事效率等进行详细监控。努力构建“全国一流、广西最优”政务服务平台,为投资者提供热情周到的服务。

【招商基础工作】 2010 年，市招商促进局及时收集、整理介绍北海投资环境、优惠政策和重点招商项目的资料,组织编印 2010 年版《北海投资指南》,并结合北海市重点发展的电子、石化、临港、旅游等八大产业，重新收集整理符合北海产业发展规划的 100 多个招商推介项目,通过政府网对外公开发布。同时,按照“招商一批、储备一批、策划一批”的要求,切实加强项目储备,修改完善《北海市主要投资平台及重点产业招商推介项目》,印刷成册,通过各种招商推介活动和日常招商接待进行宣传，签订一批符合北海产业发展且前景广阔的项目。

【重大招商活动】 2010 年，北海市组团参加“携手四川合作开发北部湾经济区”、“桂台经贸文化交流会”、“广西北部湾经济区（深圳)产业发展恳商会”、“深化广西与长三角面向东盟合作发展论坛”(上海)、第六届泛珠三角经贸合作“广西北部湾经济区招商推介会”、“全国知名民营企业兴业北部湾活动”以及

"第七届中国—东盟博览会"等系列大型招商活动，吸引大批有实力的企业家来北海投资兴业。全年招商推介活动共签约项目48个，投资总额310.81亿元。其中，第七届中国—东盟博览会是北海市组织企业参会人数最多的一届，期间，共签订合作项目33个，投资总额291.8亿元。

【区域合作会议】 2010年，市招商促进局筹备和举办第二十四次全国少数民族自治区城市市长联席会议，北部湾经济合作组织第六次成员大会，参与北部湾城市形象大使总决赛等区域合作活动。8月13日，在北海市举行的第二十四次全国少数民族城市市长联席会议，参会城市有呼和浩特市、拉萨市、乌鲁木齐市、银川市、南宁市、鄂尔多斯市、呼伦贝尔市、桂林市、延吉市和北海市等10个成员城市的市长或市长代表率团参加，与会城市代表围绕"少数民族城市历史文化保护与传承"这一主题进行深入探讨。通过这次的市长联席会议，促进各成员城市非物质历史文化交流，展现北海经济社会发展成就，增进友谊，同时，进一步宣传北海开放开发新形象，营造北海申报中国历史文化名城的氛围。9月29日，在北海市召开的北部湾经济合作组织第六次成员大会，会议有湛江市、海口市、防城港市、茂名市、北海市、东方市、临高县、徐闻县、澄迈县以及湛江港集团、南宁铁路局等公司共17个单位主要领导率团参加。会议就加强北部湾区域合作进行探讨。

【招商引资项目大兑现】 2010年，按照自治区实施招商引资项目大兑现的要求，北海市开展"工作落实年、党组织活动年、服务企业年"活动，市各级招商部门按照"定人员、定时间、定进度、定职责"的四定要求，创新服务机制，为投资者提供优质高效的服务。北海工业园区管委会通过推行"四个一"(即一表《项目建设倒排表》、一卡《项目跟踪工作联系卡》、一册《班子成员及科室职能分工联系册》、一牌《项目推进责任牌》)来落实"四定"要求，提高为项目服务的水平；采取"五办"原则来提升服务质量，即"急事急办，特事特办，新事新办，好事多办，能办必办"，在项目建设中创造"北部湾速度"。北海惠盛电子有限公司的显示器和液晶电视生产项目2010年7月签约入驻园区，租用园区厂房建设，15天安装完毕生产线，25天组装模组生产车间，8月就正式生产显示器和液晶电视；六禾科技公司的贴片项目，2010年9月当月谈判，当月签约入园。10月开始装修1万平方米的厂房，仅用60天就完成价值2000万元的厂房装修，12月5日前价值近3亿元的机器设备基本安装完毕，进入正式投产阶段。合浦县招商局坚持"保姆式"服务，保证锦海、新星汇和北海高岭科技3个高岭土深加工项目按时投产。重点推进合浦绿色运动产业园、华润水泥生产、华电西场海上风电发电、15000吨金红石型钛白粉生产、常乐工业集中区和石康陶瓷产业园等6个项目，这6个项目前期工作均进展顺利。同时，统筹兼顾生物质发电、麦芽、通佳制鞋等项目，为生物质发电项目前期土地、规划等工作顺利推进多次协调相关部门，为麦芽项目顺利推进，组织人员到深圳法院了解情况。2010年，北海市纳入招商引资大兑现项目74个，投资总额170.8亿元，项目履约率、开竣工率和资金到位率分别为100%、97.3%和64.3%。其中纳入自治区招商引资大兑现管理的项目30个，投资总额115.4亿元，项目履约率、项目开竣工率和资金到位率分别为100%、96.7%和71.8%。

（潘能斌）

精神文明建设

【概况】 北海市精神文明建设委员会办公室(简称市文明办，在市委宣传部挂牌)，属市财政全额拨款的行政单位，主要承担指导、协调和组织实施全市精神文明建设各项工作。主要职能和任务是：主持制定全市精神文明建设总体规划、年度计划和重要制度，并组织实施；指导、协调县(区)和各行业及驻市部队开展群众性精神文明创建和军(警)民共

2010年2月9日，市委书记、市人大常委会主任、市文明委主任王小东慰问道德模范。图为王书记(右)与见义勇为模范何锦秀亲切交谈　　市文明办 供

建等活动；指导协调全市加强和改进未成年人思想道德建设工作；组织协调全市思想道德教育、学先进树楷模和各种“创优争先”活动，承办市委、市政府和市文明委及自治区文明办交办的各项任务。2010年在编人数7名，实有人数7人(其中1人于11月调离)，内设3个职能科，设主任1名(由市委宣传部副部长兼任)、副主任1名，科级领导职数4名。

2010年，北海市精神文明建设工作紧紧围绕市委、市政府工作大局，贯彻落实科学发展观，以加强社会主义核心价值体系建设为根本，以提高城乡文明程度，构建和谐社会为目的，创新载体，全面推进，群众性精神文明创建工作取得了显著成效，为促进北海三年跨越发展工程作出了积极贡献。

【贯彻落实《公民道德建设实施纲要》】 2010年，北海市认真贯彻落实《公民道德建设实施纲要》，深入推进社会主义核心价值体系建设，进一步提高市民文明素质和道德水准，全市公民思想道德建设呈现出积极、健康、向上的良好态势。

学习宣传道德模范　2010年2月，北海市走访慰问25名生活困难的道德模范，给他们送去了党和政府的关怀。组织召开全市道德建设宣传工作座谈会，部署思想道德建设工作。开展道德模范巡回宣讲活动，大力弘扬道德模范精神，编著《品德华章——首届北海市道德模范风采录》，集中宣传道德模范的先进事迹。8月，组织北海市道德模范赴上海世博会参观考察，体现了市委、市政府对道德模范的关爱，树立一种好人有好报的价值导向；开展“我推荐、我评议身边好人”活动，在全社会营造了崇尚先进、学习先进、争当先进的浓厚氛围，北海市推荐的刘鸿盛等4人荣登“中国好人榜”候选名单；中国文明网、广西日报、北海日报等新闻媒体对北海市道德模范活动作了大力宣传。同时，还加强精神文明舆情信息工作，全年被中国文明网等上级媒体采用的稿件达81篇。

2010年，北海市道德模范王合喜被评为全国劳动模范，尹文荣、蒋智勇等被评为自治区劳动模范（先进工作者），范先觉、冯筱玲等被评为北海市道德模范(先进工作者)。

学习实践文明礼仪　2010年6月，市文明办组织开展“文明观世博，热情迎亚运，和谐迎国庆——做文明有礼的中国人”签名寄语活动，共有3500人参与签名寄语。引导人们自觉在言谈举止、公共场合、邻里相处、行路驾车、旅游观光、网上交流等六个方面做到文明有礼，倡树人人争当文明人，争做文明事的良好社会风尚。

以“大兴礼仪之风，打造文明北海”为主题，举行“农行杯”北海市第二届公务礼仪文明风采大赛。分别于10月31日和11月4日举行初赛和决赛，通过职业装展示、综合素质测试、休闲装仪表形象展示、才艺表演等四个环节，展示了北海市党政机关干部、企事业单位工作人员的文明风采。北海市教育局、中国农业银行北海分行获得一等奖，北海市地方税务局、铁山港区代表队、广西机场管理集团北海机场、合浦县代表队获得二等奖，北海市国家税务局、北海市建设委员会、广西电网公司北海培训中心、海城区代表队、北海市中等职业技术学校、北海市卫生学校获得三等奖，银海区代表队、北海市人民医院、北海工业园区管委会、北京航空航天大学北海学院获得优秀奖。此外，广西机场管理集团北海机场荣获最佳着装奖，北海市教育局蓝静荣获最佳仪态奖，中国农业银行北海分行沈任荣获最佳才艺奖，合浦县代表队吕红霞荣获最佳风范奖，北海市地方税务局荣获最佳创意奖，北海市建设委员会莫翊菲荣获最具活力奖。

2010年，广泛开展文明礼仪学习实践活动。各县区和各文明单位抓住文明礼仪、公共秩序等方面存在的突出问题，发挥市民文明学校的作用，普遍对辖区居民、干部职工进行文明礼仪教育。如市地税局举行的“文明规范服务”礼仪暨岗位技能竞赛活动，体现了北海地税人语言文明规范、举止庄重得体的良好精神面貌。

实施文明交通行动计划　年

2010年8月21日，北海市组织道德模范参观上海世博会，大力倡导“好人好报”的价值导向。图为道德模范在世博轴上合影　市文明办　供

2010年11月4日，“农行杯”第二届北海市公务礼仪文明风采大赛决赛在市人民剧场举行。图为职业装展示　　温传强　摄

内，由市政府组织，市文明办、市公安交警支队等部门协调联动，群策群力，以“八个百万”（“百万驾驶人”、“百万农民”、“百万学生”、“百万青年”、“百万职工”、“百万妇女”、“百万居民”、“百万网民”）文明交通宣传员行动为载体，按照中央文明办和公安部提出的“四个六”主题开展文明交通义务劝导活动，共同加强对交通参与者的交通安全宣传教育力度，营造浓厚的文明交通宣传氛围，带动全市群众树立“文明交通，人人有责”的意识，形成了“关爱生命，文明出行”的社会风尚。

弘扬优秀传统文化　2010年，北海市组织开展了“我们的节日”系列活动。组织“欢乐和谐贺新春”春节喜庆氛围环境布置评比、“我们的节日——清明”大型文艺晚会和文明祭奠活动、“我们的节日”大型民俗歌舞晚会——《北部湾—端午情》、“我们的节日”——北海市贺中秋文艺晚会等活动。10月，在北海市人民剧场举办“著名粤剧表演艺术家欧凯明率团回乡盛情献演”活动，演出了《刑场上的婚礼》等爱国主义题材粤剧。著名粤剧表演大师红线女登台演艺。12月，举办“当代著名书画家《走进北海》作品展”，展出了湖南省书法家协会副主席陈羲明，湖南花鸟画家协会主席、湖南省书画院特聘画家柯桐枝，北京香山画院院长、一级美术师唐湘子和重庆科普美术协会理事长武辉夏等书画家的大量作品。丰富了群众的精神文化生活，弘扬了民族优秀传统文化。

【开展“迎世博、迎亚运、讲文明、树新风”活动】

深入开展志愿服务行动　2010年2月9~11日，团市委、市文明办等单位（部门）开展服务上海世博会志愿者面试选拔工作，入围志愿者22人，其中8人于7月21日至8月6日期间抵达上海为世博会服务。2010年，还组织志愿者开展了“2010泛北市长论坛志愿服务活动”、“关爱农民工子女志愿服务行动”等志愿服务活动，在全社会造成了良好的影响。北海市志愿者韦昌飞被评为全国百名优秀志愿者之一。

开展文明短信传递活动　5~12月，面向移动、联通等在网手机客户开展“迎世博、迎亚运”文明短信传递活动，组织群众通过创作编辑短信、彩信方式参与活动，充分运用手机短信交流平台，传播文明、引领风尚，这一活动得到了广大群众的欢迎。6月，北海市民吴龙赢得短信活动大奖。同时，北海市开展了“文明交通，平安叮咛”主题文明短信传递活动。

开展“和谐建设在基层”活动　2010年，北海市深入贯彻自治区文明委《关于印发〈关于在全区开展“和谐创建在基层”活动的实施意见〉的通知》有关精神，着眼于倡导和谐理念、培育和谐精神、传播和谐

2010年10月25~27日，北海籍粤剧表演艺术家、广州红豆粤剧团团长欧凯明率团回乡献演《刑场上的婚礼》等爱国主义题材粤剧。图为《刑场上的婚礼》剧照　　市文明办　供

文化，培育融洽人际关系，促进人与自然和谐，带动全市形成崇尚和谐、追求和谐、维护和谐的良好局面。精心培育一批“和谐单位、和谐乡镇、和谐村屯、和谐街道、和谐社区、和谐家庭、和谐学校、和谐企业、和谐邻里”示范点，共建成自治区、市、县(区)三级各类示范点43个。9月22日，自治区和谐家庭建设深入推进仪式在北海市举行。北海市共有225户家庭被评为国家级、自治区级、市县区级“五好”、“文明”等特色家庭先进。北海市海城区被评为全国和谐社区建设示范城区，海城区独树根东社区、广场东里社区、贵州南路社区被评为全国和谐社区建设示范社区。

扎实开展文明城市、文明村镇、文明单位等创建活动　1月，北海市荣获“自治区文明城市”称号。为深化文明城市创建活动，北海市召开文明委全体成员会议，总结经验，部署精神文明建设工作，对北海市创建第五轮自治区文明城市先进单位和个人进行了表彰；做好第十三批自治区文明村镇、文明单位、军(警)民共建单位评选工作，2010年有8个村镇、11个单位、2对军(警)民共建单位被评为自治区文明村镇、文明单位、军(警)民共建单位；开展第十六批北海市文明村镇、文明单位、军(警)民共建单位评选；文明小区、青年文明号、文明集市、“绿色机关(单位)”等创建活动向纵深推进。

【创建“北部湾文明示范带”】

深入实施“城乡风貌改造二期工程”　2010年，北海市争取自治区文明办支持，创建了合浦县山口镇山北村、白沙镇良港村和银海区平阳村等三个乡村未成年人校外活动乐园，各配备价值3万元的文体、科普学习设施，丰富了农村未成年人课余文化生活。

培育文明乡风　2010年，市文明办组织开展文明镇、文明村、和谐乡镇、和谐村屯、和谐家庭、和谐邻里、卫生村、生态村等创建活动，积极在农村传播先进的思想文化、道德观念和健康向上的生活方式，推崇讲道德、讲文明、树新风；开展“五进家、树新风”(科普、文明、法律、文化、道德进家)和“美德在农家”等主题活动，帮助农村加强文化宣传设施建设，引导广大村民树新风、破旧俗，教育村民自重、自爱、自强，营造文明和谐良好氛围。

推进文化惠民工程建设　北海市争取中央文明办和自治区文明办支持，开展“绿色电脑进西部”赠送活动。11月，“绿色电脑进西部”北海赠送仪式在铁山港区营盘中学举行，将220台联想商务电脑赠送到北海市部分中小学和基层文化站，有效解决北海市部分乡镇、社区文化站和中小学校缺乏电脑的问题；北海市文明办争取中国作家协会、中国烟草总公司、中华文学基金会的大力支持，为北海市15所中小学捐建“金叶育才图书室”。6月11日，“金叶育才图书室”捐建仪式在银海区华侨小学举行，北海市15所中小学受赠图书3万多册，价值近100万元，给北海市未成年人送上精神食粮。

【未成年人思想道德建设】

净化社会文化环境　2010年，在文明委的统一协调下，各有关部门密切配合，行动迅速，措施有力，多次联合开展整治“黑网吧”、网吧、书报刊音像制品市场、校园周边环境等专项行动，严厉查处网吧接纳未成年人的违规行为。全年北海市共出动执法人员3965人次，检查文化经营场所6544家次，收缴各类非法图书及报刊29000多册，非法音像制品25160张，非法电子出版物及盗版软件1400盘(套)。取缔各类游商复印、图书报刊等无证经营摊点51个。处罚网吧5家，停业整顿1家。

开展“做一个有道德的人”主题教育实践活动　2010年，通过举办青少年新年音乐会、欢度元宵——二胡和钢琴演奏音乐会、《孝德好少年》演讲比赛，开展爱国主义教育、《孝在我心中》读书教育、“传唱优秀童谣、做有道德的人”网上签名寄语等活动，提高未成年人综合素质；组织开展评选推荐2010学年度全市中小学德育工作“十佳学校”、“十佳工作者”和德育“十佳少年”活动，推动北海市中小学德育工作的深入开展；11月，组织参加全区“新童谣、新儿歌”创作表演成绩喜人，北海市获得表演金奖2个，创作金奖1个，编导金奖2个。

自治区未成年人思想道德建设先进评选推荐和创新案例撰写工作　北海市海城区被评为自治区未成年人思想道德建设工作先进县(区)，海城区第九小学被评为先进单位，北海市有6人被评为先进个人。北海市组织参加全区未成年人思想道德建设创新案例评选，有1个案例荣获全区二等奖，3个案例荣获全区三等奖。

(温传强)

中国共产党北海市委员会

概　　述

2010年，中共北海市委员会在自治区党委的正确领导下，团结带领全市党员和干部群众，深入贯彻科学发展观，认真落实《国务院关于进一步促进广西经济社会发展的若干意见》和《广西北部湾经济区发展规划》，全面实施“北海三年跨越发展工程”，坚持用发展来统一思想、用发展来坚定信心、用发展来凝聚力量、用发展来改善民生、用发展来解决问题、用发展来维护稳定，抢抓重大发展机遇，做到科学谋划、思路正确、方法得当、上下一心、真抓实干，把事干成，统筹推进经济建设、政治建设、文化建设、社会建设和党的建设，取得了明显成效。发展思路更加明晰，项目建设实现突破，改革开放不断深化，城市建设加快推进，社会事业全面发展，民生状况明显改善，综合实力逐步增强，全年完成地区生产总值397.6亿元、增长17.6%，财政收入47.1亿元、增长31.75%，全社会固定资产投资485.3亿元、增长50.8%，全年农民人均纯收入5426元、增长15.5%，城镇居民人均可支配收入16798元、增长11%，全面实现了“十一五”的各项目标任务，为“十二五”时期的跨越发展奠定了坚实的基础。

强化理论武装，增强领导和推动科学发展的能力　坚持把理论武装作为加强党的思想建设的根本任务，不断加强和改进理论武装工作，为推动北海跨越发展提供理论支持和政治保证。坚持和改进市委中心组学习制度，扎实推进学习型党组织建设，深入学习和全面理解科学发展观的科学内涵、精神实质和根本要求，学习《国务院关于进一步促进广西经济社会发展的若干意见》，学习党的十七届四中、五中全会和自治区党委九届十三次全会精神，学习中央和自治区党委印发的一系列重要文件及领导的重要讲话，健全理论学习考学、评学、述学制度，加强督促检查。坚持理论学习与研究解决实施北海三年跨越发展工程的重大问题相结合，把运用理论解决发展、民生、稳定等实际问题的能力，作为评价领导班子和领导干部的重要依据，积极营造重视学习、崇尚学习的浓厚氛围，推动勤于学习、善于思考、勇于探索良好风气的形成。

正确把握形势，科学谋划北海发展　坚持把科学发展观作为谋划北海发展的指导方针，根据形势的变化不断完善和创新发展思路，使北海的发展路子符合中央和上级党委的要求、切合北海的实际、体现人民的意愿。2010年初，根据北海已经进入跨越发展阶段的新形势，市委作出了从2010年至2012年实施北海三年跨越发展工程的重大决策，要求做到“一年继续打基础、两年明显见成效、三年实现大跨越”，努力把北海基本建设成为区域性国际化的现代产业集聚基地、旅游商贸物流中心、开放合作重要平台和生态宜居文明城市。2010年11月，召开市委九届九次全会，深入学习贯彻党的十七届五中全会和自治区党委九届十三次全会精神，审议通过“十二五”规划建议，对“十二五”时期全市经济社会发展进行了科学谋划，确定了指导思想、主要目标和重大举措，号召全市人民团结拼搏，努力把北海建设成为产业支撑强、开放水平高、生态环境美、人民生活好、发展前景广的宜居之城。这一系列重大决策，描绘了振奋人心的发展蓝图，提出了切实可行的具体措施，受到了全市干部群众的衷心拥护。

强力推进项目建设，加快发展优势产业　认真贯彻落实自治区党委、政府关于北部湾经济区“产业要振兴”和“做强大产业”的决策部署，结合开展“工作落实年”和“创先争优”活动，继续采取定人员、定职责、定时间、定进度的“四定”办法强力推进项目，做大做强园区经济，大力发展优势产业，为跨越发展提供强有力的产业支撑。北海炼油异地改造石化项目(20万吨/年聚丙烯)进入建设高峰，诚德新材料已经建成即将投产，六禾公司贴片生产项目、惠盛公司液晶电视项目、景光公司三期项目等一批重大产业项目相继建成投产或顺利开工。园区经济蓬勃发展，中电北海产业园呈现强劲发展势头，全市电子信息产业产值达187亿元，北海工业园区产值达100.03亿元，北海出口加工区产值达到73.78亿元，铁山港工业区项目建设热火朝天。港口、铁路、高速公路等基础设施项目加速推进，一批高星级酒店加快建设。

扩大开放合作，增强发展活力 坚持实施开放带动战略，抓住机遇积极承接产业转移，拓展开放合作的广度和深度，不断增强发展活力。一是加强区域合作与交流。精心办好2010泛北部湾区域经济合作市长论坛，组团出访新加坡、韩国、日本等周边国家城市，积极参加"携手四川合作开发北部湾经济区"、"桂台港口物流发展与合作论坛"、"世界五百强对话北部湾"等大型商务交流活动，有针对性邀请国内外知名企业来北海考察，不断拓宽对外合作的领域和途径。加强对国内外友好城市的交流，中央电视台国际频道于2010年12月26日播出了北海与澳大利亚黄金海岸市"城市一对一"节目，扩大了北海在海内外的影响力。承办2011年"第二十四届世界客属恳亲大会"的各项筹备工作推进顺利。二是加大招商引资力度。以产业园区为平台，创新招商引资方式方法，积极承接东部产业转移，引导项目向产业园区集聚，提高招商引资成功率和履约率。全年引进项目151个，实际到位资金总额251.5亿元、增长44%，实际利用外资2亿美元、增长53.8%。三是深化航空客运合作。大力拓展航空通道，带旺旅游等现代服务业。开通或复航了北海直达香港、昆明、成都、重庆、桂林等航线，每周进出港航班达174个，航班上座率达80%，旅客吞吐量在2009年突破历史最高的基础上再创新高，达到70万人次。四是加快发展对外贸易。落实支持出口的各项政策，帮助企业降低出口运营成本，拓宽出口融资渠道。外贸进出口总额13.7亿美元，增长72.4%，增幅居全区14个市的首位，加工贸易出口增长1倍以上，建兴光电成为广西进出口总额排名第一的企业。北海申报国家加工贸易梯度转移重点承接地获得成功。

优化发展环境，提高城市发展承载力 坚持把优化发展环境作为保护集聚发展要素和推动北海跨越发展的重要举措，做到软硬环境一起抓，努力营造良好发展环境。一是加快完善基础设施。加强港口基础设施建设，大力推进铁山港铁路支线、港口、码头、航道、路网等建设，完善配套设施，提高港口吞吐能力。推进北部湾体育中心、北海中学迁建、北海二医院迁建等项目，不断完善和增强城市功能。加强市政设施建设和生态设施建设，加大城市主干道建设力度，推进城市净化、绿化、彩化、亮化、美化工程，抓好节能减排，改善城市生态环境。二是继续优化发展软环境。大力营造高效廉洁的政务环境、公平正义的司法环境、安全有序的治安环境、诚实守信的金融环境、文明和谐的社会环境和舒适便捷的人居环境。严格执行"首问负责制"、"限时办结制"和"责任追究制"，健全"跨部门并联审批"等重大项目服务制度，畅通项目建设"绿色通道"。把建设新的政务服务中心，作为从源头上预防腐败、关心爱护干部、提升政府形象的治本之策和重要举措，确保如期建成投入使用并规范运作，全市54个部门和单位入驻新政务服务中心，初步实现了"应进必进、充分授权"，为投资者和市民群众提供"一站式"服务。高度重视并扎实抓好维护社会稳定工作，始终牢记"发展是第一要务、稳定是第一责任"，落实维护社会稳定责任制，强化社会治安综合治理，依法开展打击传销违法犯罪专项整治行动；扎实开展"大接访、大排查、大调处、大防控"活动，重视信访工作，积极配合做好广州亚运会"环粤安保圈"的有关工作，有效预防和化解各类社会矛盾。优化金融生态环境成效显著，金融机构不良贷款率在2009年下降13.1个百分点的基础上，再由2010年初的12.69%下降至年底的7.31%。兴业银行于2010年底在北海设立分支机构。三是不断提升城市文化软实力。发挥北海历史文化底蕴深厚的优势，加强对历史文化的研究保护及开发利用，积极申报国家级历史文化名城。从市委、市政府到相关部门和单位，从领导干部到每个工作人员各负其责、密切配合、全力以赴，组织专门力量开展座谈研讨、收集整理资料、确认历史文化遗存、落实历史文化保护相关要求，加强与国家和自治区有关部门的工作衔接，邀请领导和专家到北海实地考察指导，同时策划拍摄《走遍中国—走进北海》7集系列专题片，中央电视台国际频道在2010年春节前夕黄金时段播出，广受好评。2010年5月开展"北海历史文化宣传月"活动，精心推出北海历史文化大展播、大展演、大展示、大家谈，做到了有创意、有力度、有规模、有影响。在北京举办北海水彩画作品展览，受到美术界的关注和好评。在国家有关部门和自治区党委、政府及有关厅局的关心指导与大力支持下，在广大市民的热情参与和积极配合下，申报"国家历史文化名城"喜获成功，激发了全市干部群众认知北海、热爱北海、唱兴北海、建设北海的热情，提升了北海的知名度和美誉度，增强了北海跨越发展的文化支撑和精神支撑。扎实推进"双拥"工作，第二次获得"全国双拥模范城"、第五

次获得“自治区双拥模范城”荣誉称号。

发展社会事业，大力改善民生 坚持把改善民生作为加快发展的出发点和落脚点，在大力发展经济的同时，加快发展各项社会事业，积极办好与人民群众切身利益紧密相关的实事。一是推进惠民项目建设，扎实抓好12件为民实事，努力保障和改善民生。特别是在2009年“民生路网”一期工程修通11个路段的基础上，继续实施二期工程，投资2.35亿元修通和改造了12个与市民生活密切相关的市政路段。二是加快发展社会事业。科技、教育、文化、卫生、体育、广播电视等各项社会事业的综合改革力度不断加大，基础设施建设加快推进，市人民医院住院大楼顺利落成，迄今为止北海在教育、医疗事业方面投资最大的惠民公益项目，北海中学异地搬迁和第二人民医院迁建项目已开工建设，其中二医院项目投资4.7亿元。社会保障体系进一步健全，人口与计划生育工作不断规范。三是扎实抓好“三农”工作。落实各项强农惠农政策，加快社会主义新农村建设，现代农业稳步发展，积极探索农村土地流转，稳妥推进集体林权制度改革，组织开展农民科技培训，推进特色现代农业示范基地，设施农业、高效农业、订单农业初具规模。

加强政治文明建设，加快发展民主政治 充分发挥党委“总揽全局、协调各方”的核心作用，发展社会主义民主政治，保障人民知情权、参与权、表达权、监督权。坚持和完善人民代表大会制度，支持市人大及其常委会依法履行监督权、重大事项决定权、人事任免权，对法律法规实施情况进行检查，组织人大代表进行视察，加强对“一府两院”工作的监督。坚持和完善中国共产党领导的多党合作和政治协商制度，推进人民政协政治协商、民主监督、参政议政的规范化和制度化。切实抓好统战工作，民族、宗教、侨务、对台等工作得到进一步增强。加强民主党派、工商联建设，帮助他们解决实际困难、改善工作条件，支持民主党派、工商联围绕北海改革发展稳定的重大问题进行专题调研，形成了一批有价值的调研报告；虚心听取民主党派、工商联、无党派人士对市委重大决策的意见建议，推动决策的科学化和民主化。充分发挥工青妇等群团组织作为党联系人民群众的桥梁与纽带作用。加大依法治市力度，积极开展“五五”普法，干部群众的法制观念日益增强，行政机关和司法机关执法水平不断提高。加强基层民主建设，坚持和完善基层群众自治制度，搞好城乡社区建设，进一步健全政务公开、厂务公开、村务公开、校务公开等制度。

加强党的建设，保障科学发展 紧紧围绕推动北海跨越发展大局，切实加强和改进新形势下党的思想建设、组织建设、作风建设、制度建设和反腐倡廉建设。一是大力推进学习型党组织建设。认真做好深入学习实践科学发展观活动的总结和整改后续工作，建立健全促进科学发展的长效机制，巩固和扩大学习实践活动的成果。积极营造重视学习、崇尚学习的浓厚氛围。组织引导广大党员在推进项目建设、破解发展难题、维护社会稳定等工作中加强对各方面知识的学习，广泛开展党员干部读书活动，举办重点产业发展、历史文化等专题讲座30场，全市党员干部的学习能力不断提升、思想政治水平和知识素养不断提高。二是扎实开展创先争优活动。根据中央和自治区党委的部署与要求，以深入贯彻落实科学发展观为主题，以“打造推进科学发展战斗堡垒、争当推进科学发展时代先锋”为主线，紧紧围绕实施北海三年跨越发展中心任务，突出实践特色、务求实际效果，组织广大党员围绕服务项目建设、推动工作落实、做好本职工作，扎实开展创先争优活动，取得了阶段性成效，实现了发展上水平、群众得实惠。三是提高选人用人的公信度。坚持“德才兼备，以德为先”的用人标准，把发展实绩作为干部选拔任用、职务调整及奖惩的重要依据，强调考核评价和选拔任用干部要“纵向比增长、横向比排位、总量比份额、个人比贡献”，重点在“三个一线”即项目建设一线、化解矛盾一线、维护稳定一线发现、培养、考察和使用干部，坚持“五湖四海”选人用人和“老中青”合理搭配，不让有真才实学和埋头苦干的“老实人”吃亏，形成有利于科学发展的选人用人导向。加大竞争性选拔干部工作力度，2010年集中时间、集中力量深入开展了9个批次的竞争性选拔干部工作，树立了良好的用人导向，优化了干部队伍结构，激发了广大干部做事创业的积极性。四是切实加强基层组织和党员队伍建设。优化基层党组织设置，不断扩大党在社会各个领域的组织覆盖面和工作覆盖面。重点抓好乡镇、村党组织书记队伍建设，强化党务工作者队伍建设，提高村干部待遇。加强党员队伍建设，推行联系培养发展党员制度和农村、社区党员“星级”目标管理办法，不断发挥农村、社区党员在推动发展、维护稳定中的先锋模范作用。深入开展机关党组织与基层党组织“结对共建、先锋同行”活动、“党内互促共进”关爱帮扶活动，激发了基层党组织的生机活力。完善“农事村办”为民办事全程代理制，大力开展社区“红色沙龙”活动，不断提高基层党组织服务发展、服务群众的能力水平。五是坚持不懈抓好党风廉政建设和反腐倡廉建设。坚持标本兼治、综合治理、惩防并举、注重预防的方针，认真落实《自治区党委关于贯彻落实〈建立健全惩治和预防腐败体系2008～2012年工作规划〉的实施意见》。严格执行党风廉政建设责任制，扎实抓好

领导干部廉洁自律各项规定的贯彻落实。大力弘扬求真务实的作风，以戒骄、戒懒、戒空、戒虚、戒假、戒奢为着力点，教育引导广大党员特别是领导干部真抓实干、把事干成。加大查办案件工作力度，坚决纠正损害群众利益的不正之风。加强对重大项目、专项资金、招投标等重点领域的监管，强化源头治理，防止出现“项目上去、干部倒下”的现象。严格执行“四项监督制度”，切实加强对领导干部特别是主要领导干部行使权力的监督，建立健全决策权、执行权、监督权既相互协调又相互制约的权力结构和运行机制，确保权力在阳光下运行。

重要会议与重要工作

【中共北海市第九届委员会第八次全体会议】 1月15日，中国共产党北海市第九届委员会第八次全体会议在市政府小礼堂召开。全会由市委常委会主持。全会传达学习了全区经济工作会议精神，听取和讨论了市委书记王小东代表市委常委会作题为《开拓创新，乘势而上，为实现北海三年跨越发展而努力奋斗》的工作报告。报告全面总结了2009年的工作成绩，总结了在今后的工作中必须继续坚持、科学运用并不断完善的五条经验：必须科学谋划，善于抢抓机遇；必须思路正确，奋力开拓创新；必须方法得当，确保工作实效；必须上下一心，共同团结奋斗；必须真抓实干，致力把事干成。王小东要求，实施“北海三年跨越发展工程”必须突出重点，要优化环境创优势，继续扩大北海长远发展的承载能力；推进项目求突破，不断增强北海城市发展的持续后劲；发展产业壮大实力，切实增强北海全面发展的产业支撑；扩大开放添活力，充分发挥北海作为开放城市的窗口作用；繁荣文化聚合力，不断强化北海持续繁荣兴旺的精神支撑；改善民生促和谐，广泛凝聚北海跨越发展的强大合力，努力做到“一年继续打基础、两年明显见成效、三年实现大跨越”，推动北海科学发展、和谐发展、跨越发展，为把广西沿海建设成经济新高地和发展新一极作出积极贡献。全会审议并通过了《中国共产党北海市第九届委员会第八次全体会议关于追认中共北海市委员会常务委员会给予麦斌开除党籍处分的决定》。市委委员29人、候补委员6人出席了会议，市纪委委员和有关方面负责同志列席了会议。

【深入学习实践科学发展观活动圆满结束】 从2008年9月开始，全市各级党组织和广大共产党员，按照党中央和自治区党委的有关部署与要求，紧紧围绕“党员干部受教育、科学发展上水平、人民群众得实惠”的总要求和“扬起开放风帆、推动科学发展、共筑增长一极，建设宜居北海”的主题，牢牢把握“坚持解放思想、突出实践特色、贯彻群众路线、正面教育为主”的原则，先后分三批开展了深入学习实践科学发展观活动。通过全市党员的共同努力，至2010年4月，全市开展深入学习实践科学发展观活动圆满结束。2月26日，自治区党委召开全区深入学习实践科学发展观活动总结大会电视会议，市委书记、市人大常委会主任王小东在北海分会场要求全市第三批学习实践活动单位要按照中央和自治区党委的统一部署，继续积极抓好整改落实，注重解决实际问题，不断健全完善学习实践科学发展观的长效机制，不断地巩固、扩大和运用好这些成果。3月13日，市委召开全市深入学习实践科学发展观活动总结大会。市委书记、市人大常委会主任王小东要求全市各级党组织和广大党员干部，必须以科学发展观为指导，坚持把发展放在第一位，全面落实市委九届八次全会的决策和部署，继续解放思想、奋力开拓创新、致力把事干成，抓好学习实践活动的总结和深化整改落实工作，抓紧建立和完善深入学习实践科学发展观的长效机制，在新的起点上继续深入贯彻落实科学发展观，努力开创北海科学发展、和谐发展、跨越发展的新局面。4月6日，全党深入学习实践科学发展观活动总结大会视频会议在北京举行。会后，市委书记、市人大常委会主任王小东在北海分会场要求全市各级各部门要继续抓好学习实践活动整改后续工作，进一步健全和落实学习实践科学发展观的有效制度，统筹推进当前各项工作。

【申报国家历史文化名城获得成功】 为充分发掘北海开放历史的文化资源，进一步增强推动北海跨越发展的文化支撑，市委大力推动申报国家历史文化名城工作并获得成功。1月12日，市委书记、市人大常委会主任王小东听取中国城市规划设计研究院专家关于《北海历史文化名城保护规划》修改情况的汇报。王小东对《保护规划》的内容给予了充分肯定，同时要求项目组的工作人员和有关部门互相配合，按照专家的意见进行进一步的修改完善，力争申报名城工作取得成功。1月25日，受自治区人民政府委托，自治区住建厅在北海市召开北海市历史文化街区评审会。会议同意将北海市珠海路—沙脊街—中山路、合浦县中山路、合浦县阜民路、高德三街、涠洲南湾及南康等6个街区申请为自治区级历史文化街区。2月6日起，由市委书记、市人大常委会主任王小东亲自策划并指导摄制的《走遍中国—走进北海》7集专题片在中央电视台国际频道连续播出，集中展示了北海的历史、地理和民俗文化，广泛宣传推介了北海，在国内外引起广泛关注。2月25日，《北海申报历史文化名城保护规划》通过了自治区建设厅和自治区文化厅组织的专家评审。5月，市委、市政府开展了为期一个月的"北海历史文化宣传月"活动，通过开展"北海历史文化大展播"、"北海历史文化大展演"、"北海历史文化大展示"和"北海文化大家谈"四大板块的活动，全面、深入、生动地向市民展示北海光辉灿烂的历史文化，推动申报国家历史文化名城工作深入人心，进一步激发广大干部群众"合力唱兴北海"的积极性和主动性。6月3~5日，由国家住房和城乡建设部、国家文物局、中国城市规划设计研究院、全国历史文化名城保护专家委员会、中国文化遗产研究院等单位的11位专家组成的考察组前来北海，对北海市申报国家历史文化名城工作进行评估考察。在5日召开的北海市申报国家历史文化名城评估会上，考察组专家认为，北海市委、市政府对历史文化的挖掘梳理卓有成效，北海申报国家历史文化名城材料丰富。王小东在评估会上要求全市各有关部门按照各位专家的意见，进一步做好历史文化名城保护工作，充分发挥北海开放历史悠久、文化底蕴深厚的优势，以更加坚定的信心、更加有效的举措、更加务实的作风，朝着把北海建设成为区域性国际化的现代产业集聚基地、旅游商贸物流中心、开放合作重要平台和生态宜居文明城市的目标不懈努力。12月28日，市委、市政府在北海火车站广场隆重举行北海市被列为国家历史文化名城庆祝大会。市委书记、市人大常委会主任王小东在会上发表重要讲话，指出北海能够进入国家历史文化名城行列，是一笔巨大的宝贵财富，是一枚城市价值的权威印戳，是一张亮丽的城市名片，是一面极具号召力和凝聚力的文化旗帜，必将对北海当前和未来的发展产生重大而深远的影响。王小东要求全市各级各部门以名城申报成功为新起点，进一步增强推动北海跨越发展的精神动力，倍加珍惜、倍加团结、倍加努力，高扬开放的风帆，把北海建设成为北部湾畔富裕、文明、和谐的宜居之城、活力之城、恒常发展之城。国家、自治区有关部门领导、市四家班子成员以及全市干部群众5000余人参加了大会。会后，举行了彩车巡游活动。

【全市政法工作会议】 2月3日，市委在市人民剧场召开全市政法工作会议。会议全面总结了2009年的全市政法工作，表彰了2009年度综治和平安建设先进单位和个人、铁路护路联防工作的先进单位和先进个人，对2010年的政法工作任务进行了全面部署。市委书记、市人大常委会主任王小东在会上作重要讲话时强调，全市各级党委和各有关部门要切实增强做好政法工作、维护社会稳定的责任感、使命感和紧迫感，切实发挥法律保障和法律服务的职能作用，全面落实"平安北海"建设的各项措施，努力为实施"北海三年跨越发展工程"营造稳定有序的社会环境。市四家班子有关领导以及市、县区政法系统领导干部参加了会议。

【全市组织工作会议】 2月10日，市委在市人民剧场召开全市组织工作会议。会议全面总结了2009年的全市组织工作，对2010年的组织工作进行了部署。市委书记、市人大常委会主任王小东在会上作了重要讲话，强调全市各级党委和各有关部门要切实增强组织工作的前瞻性和科学性，坚持正确的用人导向，全面推进新一轮干部人事制度改革，不断健全有利于优秀人才脱颖而出的干部选任机制，深入实施人才强市战略，夯实推动北海科学发展的组织基础，着力提高服务跨越发展的能力水平。市辖县区党委书记和组织部部长，市直副处级以上单位、市属部分企业及中直、区直驻市有关单位主要负责人、分管领导及人事科长等参加了会议。

【推进中石化北海异地炼油改造石化项目建设】 中石化北海炼油异地改造石化(20万吨/年聚丙烯)项目是事关北海发展全局的重大项目，对于北海增强产业支撑、顺利实现三年跨越发展目标，具有重要的意义。项目自开始筹备以来，市委就对推进该项目的有关工作高度重视，采取有效措施，协调解决各种困难和问题，全力确保项目按计划推进。2月20日，市委书记、市人大常委会主任王小东率市直部门主要负责人来到项目工地进行现场办公，解决项目推进中遇到的困难和问题，强调各部门要竭尽全力支持北海炼油异地改造石化项目及配套工程建设，竭尽全力做好有关协调服务工作，及时研究、积极协调解决项目建设过程中遇到的各种问题，提供优质高效的服务。3月3日，北海炼油异地改造石化项目土建开工仪式隆重举行。市四家班子有关领导，中石化集团有关负责人，市直相关部门负责人和施工单位代表共500多人参加了开工仪式。4月7日，市委副书记、市长连友农率市直有关部门负责人到项目工地现场办公，协调解决存在问题，要求各级各部门加大协调力度，切实做好服务，确保项目顺利推进。11月9日，自治区副主席林念修在王小东等市领导的陪同下到铁山港区召开现场办公会，协调解决项目及配套工程在建设中遇到的问题。林念修强调各相关部门要全力以赴，按照目标不变、任务不减的要求，确保项目在2011年9月如期建成。王小东表示，北海市将根据会议精神，会同项目业主与自治区相关部门积极对接，对存在问题逐一解决，确保项目按时、优质、高效建成投产。区直有关部门负责人，市委、市政府分管领导，以及市直有关部门负责人参加了现场办公会。

【贾庆林到北海考察】 2月17~18

日,中共中央政治局常委、全国政协主席贾庆林在自治区党委书记、自治区人大常委会主任郭声琨,自治区政协主席马铁山,自治区党委常委、秘书长余远辉等自治区领导的陪同下到北海考察。贾庆林一行在市委书记、市人大常委会主任王小东和市委副书记、市长连友农等市领导的陪同下,到银滩、中电北海产业园、老街等处进行了实地考察。贾庆林在考察中指出,北海的发展态势好、路子对,但经济总量还小,加快发展是北海最重要最紧迫的任务。一个地区的经济建设,必须做到大企业顶天立地、小企业铺天盖地,推进工业化进程。在加快经济发展的同时,要抓好城市建设,提高城镇化水平,这样才能实现跨越发展。贾庆林还对北海加快工业化和城镇化、加强生态环境建设和历史文化保护等方面的工作提出了明确要求,为北海推进跨越发展指明了正确方向并寄予殷切期望。

【市委理论学习中心组学习】 3月1日,市委理论学习中心组召开2010年第一季度集中学习会,专题学习《国务院关于进一步促进广西经济社会发展的若干意见》(以下简称《意见》)。市委书记、市人大常委会主任王小东主持学习并作重要讲话,要求全市各级各部门以学习贯彻《意见》为契机,加快实施“北海三年跨越发展工程”,努力把北海建成区域性国际化的现代产业集聚基地、旅游商贸物流中心、开放合作重要平台和生态宜居文明城市。市委常委、副市长孙大光作了中心发言。市委理论学习中心组成员参加了学习。6月9日,市委中心组召开2010年第二季度集中学习会,学习贯彻党的十七届四中全会精神和党中央、自治区党委关于推进学习型党组织建设的有关文件以及《党政领导干部选拔任用工作责任追究办法(试行)》等四项监督制度等有关文件精神。市委书记、市人大常委会主任王小东主持学习讨论,要求全市各级党组织进一步落实党的十七届四中全会的部署和要求,围绕北海发展大局,紧密结合实际,积极创新方法,坚持学用结合,不断完善制度,用改革创新精神推进学习型党组织建设。市委常委、宣传部长、副市长廖德全作了中心发言,市委理论学习中心组成员参加了学习。9月26日,市委理论学习中心组召开2010年第三季度集中学习会,专题学习中国—东盟自由贸易区知识,并邀请广西社会科学院副院长古小松研究员作主题为《中国—东盟自由贸易区与我们的开放发展》的专题辅导。市委书记、市人大常委会主任王小东主持学习会并作了小结,要求全市各级各部门必须充分认识中国—东盟自由贸易区建成的重大意义,认真学习掌握相关政策、法规、协议及知识,进一步夯实与东盟国家城市合作的产业基础,进一步深化与东盟国家城市在产业发展、资源开发、社会事业等方面的交流与合作,进一步营造宽松的投资和贸易环境,用好用足相关政策,不断提高开放合作水平,推动北海跨越发展。市委常委、副市长孙大光作了中心发言,市委理论学习中心组成员参加了学习。12月10日,市委理论学习中心组召开2010年第四季度集中学习会,深入学习党的十七届五中全会精神和学习马克思主义民族理论、党的民族政策。市委书记、市人大常委会主任王小东主持学习会并作了小结,要求全市各级各部门围绕学习贯彻党的十七届五中全会精神,集中开展形势政策宣传教育,认真编制好全市“十二五”规划纲要,结合实际切实抓好民族工作,促进民族团结。市委常委、统战部长唐利群作了中心发言。市委理论学习中心组成员参加了学习。

【全市政协工作会议】 4月27日,市委在市政府小礼堂召开全市政协工作会议。会议的主要任务是贯彻落实中央、自治区党委关于进一步加强人民政协工作的文件及全区政协工作会议精神,研究部署进一步加强新形势下的政协工作。市委书记、市人大常委会主任王小东在会上作了重要讲话,强调全市各级各部门要充分认识做好新时期人民政协工作的重大意义,不断增强做好人民政协工作的责任感和使命感,大力支持政协围绕北海经济社会发展中的重大问题开展专题视察、民主监督活动,认真研究办理、及时答复政协提出的提案、建议案、调研视察报告和社情民意信息,各级各部门要认真研究办理、及时答复,充分尊重和保障政协委员的履职权利,积极支持委员参加政协组织的活动。各级政协组织要在推动北海跨越发展上有新贡献、要在推进民主政治建设上有新成效、要在促进社会和谐上有新作为。市四家班子领导,市中级人民法院、人民检察院、北海海事法院的领导以及市直有关部门负责人参加了会议。

【市委领导班子调整】 1月8日,市委转发自治区党委通知(桂委会〔2009〕336号):伍国辉任中共北海市委常委;宁小平任中共北海市委委员、常委、纪律检查委员会书记;免去李蔚的中共北海市委常委、委员职务。11月16日,市委转发自治区党委通知(桂委会〔2010〕163号):李红杰挂任中共北海市委委员、常委。12月7日,市委转发自治区党委通知(桂委会〔2010〕190号):尹刚强挂任中共北海市委委员、常委。

【大力推进干部人事制度改革】 市委坚持“德才兼备,以德为先”的用人标准,把发展实绩作为干部选拔任用、职务调整及奖惩的重要依据,重点在项目建设一线、化解矛盾一线、维护稳定一线发现、培养、考察和使用干部,2010 年在“三个一线”提拔干部 32 名,形成了有利于科学发展的选人用人导向。同时,加大竞争性选拔干部工作力度,全年集中开展了 9 个批次的竞争性选拔干部工作,通过竞争性方式选拔的处级干部 41 人,占提拔处级干部总数的比例超过了 50%,激发了广大干部干事创业的积极性。

【全市年中工作会议】 7 月 30 日,市委、市政府在市政府小礼堂召开全市年中工作会议。会议的主要任务是,传达学习全区年中工作会议精神,总结全市 2010 年上半年经济社会发展情况,研究部署下半年工作。市委书记、市人大常委会主任王小东在会上作了重要讲话,他强调全市各级各部门要认真学习贯彻全区年中工作会议精神,进一步落实“一年继续打基础”的要求,坚定不移地推进项目建设,坚定不移地加快发展优势产业,坚定不移地深化开放合作,坚定不移地发展社会事业改善民生,坚定不移地维护社会和谐稳定,坚定不移地全面加强党的建设,做到思想不松、目标不变、力度不减,扎实推进北海三年跨越发展工程。市委副书记、市长连友农传达了全区年中工作会议精神,总结了上半年的工作,部署了下半年工作。会议还表彰了 2009 年度全市的科学发展优秀乡镇和进步乡镇。市四家班子领导,市辖县区和市直各部门、各单位及驻市各单位的主要领导,全市各乡镇、街道办事处党政主要领导参加了会议。

【自治区党委巡视组到北海巡视】 从 7 月 15 日起,自治区党委第一巡视组对北海开展为期 3 个月的巡视工作。这次巡视工作重点对市、县(区)领导四家班子及其成员在五个方面进行监督检查:一是贯彻执行党的路线、方针、政策和决议、决定的情况,特别是贯彻落实邓小平理论、“三个代表”重要思想和科学发展观的情况;二是贯彻执行民主集中制的情况;三是执行党风廉政建设责任制和廉政勤政的情况;四是开展作风建设的情况;五是选拔任用干部的情况。当天,市委召开巡视工作动员会,对相关工作进行动员部署。自治区党委第一巡视组组长顾荣喜在动员会上作了重要讲话,提出了有关要求。自治区党委巡视工作办公室主任王荣文对在北海市开展的巡视工作作了具体说明。市委书记、市人大常委会主任王小东代表市委作了表态发言并向巡视组汇报了北海市工作情况。市委副书记、市长连友农主持会议。自治区党委第一巡视组副组长黄健出席了动员会。市四家领导班子成员和市中级人民法院、市人民检察院、北海海事法院主要领导,市辖县区、市直各有关部门、各人民团体、各民主党派和部分企业主要负责人,届内退休的市级老领导、部分市级党代表、人大代表、政协委员参加了会议。动员会之后,巡视组按照自治区党委的有关要求和巡视工作方案开展巡视工作。

【中共北海市第九届委员会第九次全体会议】 11 月 24 日至 25 日,中国共产党北海市第九届委员会第九次全体会议在市政府小礼堂召开。全会听取和讨论了市委书记王小东代表市委常委会作的工作报告,审议通过《中共北海市委员会关于制定国民经济和社会发展第十二个五年规划的建议》,市委副书记、市长连友农受常委会委托,就《建议》向全会作了说明。王小东强调,全市各级党组织和广大共产党员必须深入贯彻落实科学发展观,以科学发展引领跨越发展、以跨越发展落实科学发展,加快转变经济发展方式,深入实施《国务院关于进一步促进广西经济社会发展的若干意见》和《广西北部湾经济区发展规划》,全面落实自治区党委关于实现“富民强桂”新跨越的决策部署,加快推进北海三年跨越发展工程,不断提高工业化、信息化、城镇化、市场化、国际化水平,着力完善基础设施,着力增强产业支撑,着力优化发展布局,着力深化改革开放,着力发展社会事业,着力改善人民生活,推动北海科学发展、和谐发展、跨越发展,朝着把北海建设成为区域性国际化的现代产业集聚基地、旅游商贸物流中心、开放合作重要平台和生态宜居文明城市的目标而不懈努力。市委委员 31 人、候补委员 6 人出席了会议。市纪委委员和有关方面负责人列席了会议,自治区及北海市第九次党代会代表中部分基层人和专家学者也列席了会议。

【全市人才工作会议】 11 月 10 日,市委、市政府在市政府小礼堂召开全市人才工作会议。会议的内容是学习贯彻全国、全区人才工作会议精神,对当前和今后一个时期全市的人才工作进行部署。市委书记、市人大常委会主任王小东在会上作了重要讲话,强调全市各级各部门要从推动北海跨越发展的战略高度,充分认识做好新形势下人才工作的极端重要性和现实紧迫性,大力实施人才强市战略,加强和改进党对人才工作的领导,不断提高人才工作科学化水平,为推动北海科学发展、和谐发展、跨越发展提供坚强的人才保障和智力支持。与会市领导向北海市第九批优秀专家颁发了荣誉证书、向北海市第二批人才小高地载体单位授牌。市四家班子领导,市直有关部门负责人和优秀专家代表、人才小高地载体单位代表出席了会议。

【全市教育工作会议】 11 月 10 日,市委、市政府在市政府小礼堂召开全市教育工作会议。会议的内容是传达学习全国、全区教育工作会议精神和《国家中长期教育改革和发展规划纲要(2010～2020年)》等文件精神，研究部署全市教育改革发展工作，推动教育事业科学发展。市委书记、市人大常委会主任王小东在会上作了重要讲话，强调全市各级各部门要把优先发展教育作为推动北海跨越发展的根本大计，促进教育公平，加快发展职业教育，积极发展高等教育，推进教育改革创新，调整优化学校布局，加大教育投入，加强师德师风建设，开创北海教育事业新局面。市四家班子有关领导，市直有关部门负责人，市辖县区有关领导，全市各高等院校、中等职业学校、中学和部分小学负责人参加了会议。　（包盛刚　李舜国）

组织工作

【概况】 2010年，中共北海市委组织部内设办公室(信息办)、调查研究科、组织科、干部科、青年干部科、干部综合调配科、干部教育科、干部监督室、人才工作科、公务员管理科等10个职能科室，下辖北海市党员干部远程教育管理办公室、市委组织部党员电化教育中心，并受市委委托管理市委组织员办公室，在编人员34人。

2010年，北海市组织工作紧紧围绕市委中心任务，围绕发展抓党建，抓好党建促发展，找准服务经济建设的着力点，以改革创新精神推进组织工作，切实把组织资源转化为发展资源，把组织优势转化为发展优势，把组织活力转化为发展活力，为全面实施北海三年跨越发展工程提供了坚强的组织保证和人才支持。

【组织工作满意度大幅提升】 2010年全国组织工作满意度民意调查结果显示，北海市组织工作满意度综合排位同比大幅提升，组织工作、组工干部形象、干部选拔任用、防止和纠正用人不正之风四项指标均晋升了1～2个档次。其中，对干部选拔任用情况的评价与2009年相比提高11.98分，增幅在全国设区市排名第10位。

【全面深化干部人事制度改革】 *加大竞争性选拔干部力度*　2010年，市委组织部把加大竞争性选拔干部力度作为深化干部人事制度改革的突破口，运用公开选拔、公推公选、竞争上岗等选拔方式，先后组织开展了面向企业公开选拔11名处科级领导干部、面向机关和企事业单位公推公选15名副处级领导干部、面向公安系统公推公选28名处科级领导干部、面向全国公开选拔25名处科级领导干部、开展市直部门65个中层领导职位集中竞争上岗和面向全国公开选调83名大学优秀毕业生到基层机关事业工作锻炼等9个批次竞争性选拔干部工作，共拿出263个职位，涵盖了机关、事业和企业等不同类别的单位，以及副处、正科、副科等不同层次，选拔的规模、选拔的密度、选拔的范围前所未有。2010年通过竞争性方式选拔的处级干部占到同期提拔处级干部总数的59.4%。

突出在“三个一线”选人用人　组织部门继续采取动态跟踪考核的办法，着重在项目建设一线、化解矛盾一线、维护稳定一线考察识别和选拔使用干部；通过纵向比增长、横向比排位、总量比份额、个人比贡献的“四比”方法，科学评价干部的发展实绩，把“真抓实干、把事干成、造福百姓”作为使用干部的基本要求和重要标准，大力选拔使用那些敢于负责、勇于担当、实绩突出、群众公认的优秀干部。2010年，共在“三个一线”选拔处级干部32名，占同期提拔处级干部总数的46%。其中，从乡镇(街道)主要领导岗位上提拔6名表现突出、做出实绩的优秀干部。

全面推行重要干部任用票决制　扩大选拔任用过程民主，全面推行重要干部任用票决制，探索实行差额票决，不断扩大票决范围，营造有利于常委、委员充分发表意见的良好氛围，较好地发挥了票决制度在推动党内民主、选准用好干部方面的重要作用。2010年，市委常委会先后10次对104名新提拔干部和重要干部人选进行了无记名投票表决，分别按1∶2和1∶3的比例对6

2010年北海市面向全国选拔领导干部新闻发布会现场，全年累计开展竞争性选拔干部工作9个批次　市委组织部　供

2010 年北海市竞争性选拔干部工作新闻发布会现场　　市委组织部　供

个职位 14 名拟任初步人选进行了差额票决。对 10 名市政府工作部门行政正职人选进行了全委会票决；全委会闭会期间，对 3 名县区党政正职和市直部门行政正职人选，采取书面方式征求了全委会成员的意见。

【加强干部教育培养与监督管理】按照“三年跨越发展工程”确定的重点目标和主要任务，市委组织部在石油化工、电子信息、港口物流、商贸旅游等重点产业举办了 10 期“扬帆前行”专题讲座。分四批次选派市县区党政领导赴新加坡进行城市规划建设与管理专题培训。组织实施“千名干部在重点项目一线服务”和“百名干部实践锻炼计划”。抓好四项监督制度和中央《关于进一步从严管理干部的意见》的贯彻落实，综合运用教育、管理、监督等多种手段，突出关键岗位干部的管理，对 15 名处级领导干部进行了经济责任审计，对 5 名工作不上心、推进工作不力的干部进行了岗位调整。2010 年共接听“12380”举报电话 43 次，收到群众信访举报 68 件(次)，接待来访群众 27 人次。任前公示干部 8 批共 86 人。试点推行上级组织部门派员列席下级党委(党组)讨论决定重要干部任免会议制度。

【基层党组织和党员队伍建设】*扎实开展创先争优活动*　充分发挥组织部门牵头抓总的职能作用，组织指导不同行业、不同领域广泛开展争当“发展惠民”、“和谐亲民”、“服务为民”、“强农富民”、“创业利民”等 5 大先锋活动和“结对共建”、“承诺联评”、“典型示范”、“绩效考评”、“党群共建”、“表率引领”、“优质服务”等 7 大行动，着力在推动北海三年跨越发展、维护社会稳定促进社会和谐、服务群众改善民生、转变作风狠抓落实、加强党组织自身建设、做好当前各项工作等 6 个方面创先进、争优秀，以创先争优活动促进跨越发展、用跨越发展的成果来检验创先争优活动的成效。从 2010 年 5 月份正式启动以来，全市共有 3330 个党组织、64265 名党员参加，全市建立创先争优活动各级党员领导干部联系点 471 个，拓展“农事村办”服务点 342 个，为基层和群众解决实际问题 1051 件。

扎实推进党组织组建“百日攻坚行动”　根据自治区党委的统一部署，从 9 月下旬开始，用 100 天时间集中开展非公有制经济组织和社会组织党组织组建“百日攻坚行动”，按照“成熟一个，发展一个；成立一个，规范一个；巩固一个，活跃一个”的思路，采取条件成熟单独建、地域相邻联合建、行业相近统筹建、下派党员支持建、依托市场挂靠建、提前介入源头建等方式，提前 16 天全面完成自治区提出的 4 个 100%目标。全市 126 家规模以上非公有制企业已 100%建立党组织，符合组建党组织条件的 445 家非公有制企业和 29 个社会组织已 100%建立党组织，不符合组建党组织条件的 2870 家非公有制企业和 468 个社会组织已 100%选派党建指导员，已建立党组织的非公有制企业和社会组织已 100%建立工青妇组织，实现了党组织在“两新”组织的全覆盖。

开展党组织建设年活动　围绕“建组织”、“建队伍”、“建格局”、“建制度”等四大建设，组织部门调整和优化设置了一批党组织，撤销市直部门党委 5 个，改设部门(单位)党组 21 个，调整和理顺基层党组织 42 个；集中培训了 100 名基层党组织书记和 100 名基层党务干部；选派 686 名新农村建设指导员驻村指导新农村建设和农村基层组织建设；选派 27 名处科级干部担任基层党建工作指导员并挂任基层党组织“第一书记”，抓好后进基层党组织整顿转化工作；公开选拔了 3 名优秀村(社区)党组织书记到乡镇(街道)领导班子任职；公开招录了 11 名优秀村干部进入乡镇公务员队伍；面向社会公开选聘了 23 名高校毕业生到城区、街道担任党建工作组织员；完成了 60 个村级组织活动场所建设任务；进一步提高了村干部待遇，全市村干部基本补贴人均增加 150 元；首次设立“党内关爱互助金”，进一步完善了党内关爱机制。通过“结对联系培养”等方式发展党员，2010 年全市共发展新党员 1766 人。

【推进“人才强市”战略】2010 年，

市委组织部落实牵头抓总职责，牢固树立"抓发展必须抓人才、抓人才就是抓发展"的理念，把人才工作放在优先发展的位置来认识、谋划和推进。高规格筹备召开全市第三次人才工作会议，组织拟草了《大力引进和培养高层次人才实施意见》，组织编制首个《北海市中长期人才发展规划纲要(2010~2020年)》，从市财政划拨1000万元设立人才发展专项资金，着力做好重点产业、重点项目、重点领域高层次人才引进培养工作。重点围绕石油化工、电子信息、临港产业、林浆纸、农产品加工、旅游、商贸等重点产业引进急需紧缺的高层次人才，为北海的项目建设和产业发展提供有力的人才保障和智力支持。2010年选拔引进了9名博士、53名硕士等一批产业急需、发展紧缺的专业人才充实到重大产业、重要领域的重点岗位上。组织评选表彰了市第九批优秀专家10名，市第六批优秀青年专业技术人才17名。申请2名全国第十一批博士服务团成员到北海市挂职服务。到国家知名高校和科研院所引进4名博士服务北海市经济建设。

【部门自身建设】

增强组织工作透明度　2010年，市委组织部首次建立新闻发言人制度，加大干部工作信息公开力度。坚持依法依规、适时适度的原则，推进干部工作的政策公开、程序公开、标准公开、过程公开、结果公开。健全完善考察预告、任前公示等制度，探索完善群众有序参与的办法和渠道。全年先后召开4场新闻发布会，同时还组织开展2次组织工作开放日活动，及时发布干部工作政策法规和全市干部选拔任用阶段性重要工作等信息，推动干部工作从封闭走向开放，从神秘走向透明。

践行组织工作"五出"要求　认真贯彻组织部门要出生产力、出社会和谐、出群众满意度、出干部积极性、出风清气正的"五出"要求，把带头创先争优与深化讲党性、重品行、作表率活动和"作风建设年"活动有机结合起来，通过搭建组织部长下基层、组工干部大轮训、组工干部下基层调研等载体，抓素质提升、抓能力提高、抓形象培树，扎实推进勤于学习、民主开放、求真务实、温暖和谐、清正廉洁的组织部门建设，组工干部学习上有新进步、思想上有新提高、作风上有新加强、工作上有新促进、形象上有新提升，进一步树立了组织部门和组工干部的良好形象。2010年开展调查研究69次，形成调研报告32篇。充分发挥《北海党建》的桥梁和纽带作用，探索改版，加强对外交流，提升北海组工知名度、美誉度。2010年全国组织工作满意度民意调查结果显示，对全市组工干部的评价得分高于广西平均水平。

【筹备2011市县乡村集中换届】 2010年，市委组织部深化对换届工作的规律性认识，坚持早摸底、早部署、早培训、早到位，提早启动2011年市县乡领导班子换届和村(社区)"两委"换届工作，做到思想上高度重视、力量上重点安排、责任上强化落实，牢牢把握换届工作的主动权。组织力量深入县区、乡镇、村（社区），对县区领导班子情况和影响农村(社区)换届热点难点问题进行专题调研，全面掌握县区领导班子的职数、年龄、性别、文化、专业、结构等方面的情况以及重点摸清村（社区）内部、村(社区)与村(社区)之间土地、山林、水利、海滩涂"四大纠纷"，宗族冲突，征地搬（拆）迁引发的矛盾纠纷等不稳定因素和群众关注的热点难点问题，提早研究草拟《北海市2011年市、县区、乡镇领导班子和村(社区)"两委"换届工作总体方案》，为扎实推进换届工作奠定了良好基础。

（何　来　陈大僖　赵京峰　周仁权　李宗展）

宣传工作

【概述】 2010年，中共北海市委宣传部(含市文明办、市委外宣办)编制28人，内设11个科室。北海市宣传思想战线坚持以邓小平理论和"三个代表"重要思想为指导，深入贯彻落实科学发展观，高举旗帜，唱兴北海，不断提高宣传思想工作的质量和水平，为推动北海科学发展、和谐发展、跨越发展，促进全市经济社会又好又快发展提供了强大思想保证、舆论氛围、精神动力和文化支撑。

【理论学习】 2010年初，市委下发了《中共北海市委2010年全市理论学习通知》，明确四个学习专题，对全市学习型党组织建设作了周密部署。市委中心组召开的四次集中学习会，都作了充分准备，效果明显，市委书记王小东对此予以高度评价。各级党委(党组)认真组织开展中心组学习，县区和市直党委（党组)中心组全年共组织学习491次，全市理论学习力有了显著提升。

【理论宣传】 2010年，各级党委宣传部门开展理论下基层大宣讲，开展社科知识普及。市委聘请专家授课，举办推进学习型党组织建设暨全市理论骨干研讨班、推出"扬帆前行"领导干部教育培训系列专题讲座等。举办报告会、专题学习会、知识讲座、北部湾讲坛等，组织党员干部深入学习宣传贯彻党的十七届三中、四中、五中全会精神。聘请专家作辅导报告，拓宽党员干部的知识面。共举办理论学习讲座436期，举办理论学习和业务培训班1000多期，领导带头宣讲586次。

【理论研究】 2010年，市委宣传部围绕市委、市政府的中心工作，在全市范围内开展调查研究活动，共收到调研文章98篇，编发工作简报8期，介绍全市开展学习型党组织建设活动经验,交流工作体会。组织撰写了15篇评论员文章,在《北海日报》头版陆续刊发,并在《北海日报》开设《开放论坛》理论专版,打造理论学习交流平台。编写建设学习型党组织系列辅导资料,编印1000册《北海三年跨越发展60题》供各单位学习，扩大理论学习宣传和理论研究成果。

【新闻宣传】

重点宣传　2010年，市委宣传部围绕“三重”(重点工作、重要活动、重大题材)开展新闻宣传工作：在北海日报(含晚报)上,开设了《实施“三年跨越发展工程”》、《弘扬北海历史文化推动三年跨越发展》、《回眸十一五　展望十二五》等专栏46个,开设北海历史文化、学习贯彻市委九届八次全会精神、北海炼油异地改造(聚丙烯20万吨/年)石化项目建设、民生路网(二期)等内容的专版20多个;北海电台在广西人民广播电台发稿458篇，在中央人民广播电台发稿95篇,其中在《新闻和报纸摘要》、《全国新闻联播》节目中播出15篇;北海电视台上送中央电视台播发稿件34条,其中《新闻联播》2条，上送广西电视台播发稿件334条;开通运行北海新闻网,与北海电视台合作，并先后制作了北海海滩旅游文化节专题宣传片、参加河源第23届世客会专题片等。

对外宣传　2010年，市委宣传部以“树立北海形象，扩大北海影响,合力唱兴北海”为目的,加强对外宣传：一是及时与广西和全国主流媒体的联系,通报相关工作亮点,加大对北海的报道力度，使国内主流媒体对北海的报道明显增多。全年在中央和省级媒体发稿1500多篇。其中,新华社发稿40多篇;中新社发稿97篇,图片85幅,中新网发稿206篇。二是先后接待粤、桂、滇、黔党报媒体大型跨省联合采访团,“聚焦自贸区”大型跨国采访团先遣组、桂台新闻采访组、重庆新闻采访团、中央媒体聚焦北部湾等10多个采访团(组),接待境内记者人数达220多人次,境外记者37人次。三是协助中央电视台完成拍摄并播出了《走遍中国—走进北海》七集专题片、《“城市1对1”北海—澳大利亚黄金海岸》专题片;《人民日报》推出《国务院支持广西经济社会发展若干意见特刊》时,刊发了市委书记王小东的感言文章;12月底,又推出北海历史文化名城宣传专版;“两会”期间,中央人民广播电台《两会阳光热线》播出了北海市市长连友农的专访;《经济日报》整版推出了北海旅游宣传专版；新华社对北海市处理遗留问题、推进选人用人制度改革等作了内部报道；中新社在银滩拆迁事件中播发的通稿，对澄清事实、压缩炒作起到了重要作用。

【抓好舆论引导】　2010年，市委宣传部制订出台了关于领导活动和节庆的报道规定,并加强督察落实,完善和规范新闻发布会制度以及新闻发言人制度,确定95名单位新闻发言人和70名新闻联络员。2010年举办16场新闻发布会,参加记者共约380人次。出台《北海市关于回复人民网网友留言的暂行规定》等文件;成立北海市回复人民网网友留言工作协调小组,增强对网上热点、敏感问题和突发事件的敏感意识，提高网络引导水平和应对公共事件舆情的能力。共编发《互联网舆情快报》36期、《互联网舆情专报》2期、《互联网舆情旬报》2期，多次得到市委市政府主要领导的批示。加强网络宣传和管理，健全完善突发事件的应急处置机制。先后对涠洲岛14名小学生疑似甲流、合浦工业园区一氧化碳泄漏致使55人中毒、合浦县西场镇“4.12”凶杀案、银滩拆迁群众上访等突发、敏感事件进行有效处置。针对处置打击传销工作协调举行了多场新闻发布会，扭转了打击传销问题上的舆情被动局面。

【思想道德教育和精神文明创建工作】

国防教育和爱国主义教育　2010年,市委宣传部坚持点面结合,组织开展中国人民抗日战争暨世界反法西斯战争胜利65周年系列纪念活动;加强爱国主义教育基地管理,检查督促涠洲岛爱国主义教育基地“533”项目建设;抓好全民国防教育日宣传和边海防一线“国旗工程”建设,加强先进典型的宣传。举办“我们的节日”系列文艺晚会,弘扬民族传统文化，增强群众民族自豪感和自信心。

公民思想道德建设　春节前后，在全市掀起学习宣传道德模范热潮。市委书记、市人大常委会主任王小东等市领导高度重视，分别走访慰问了25名道德模范代表;8月17日,市委书记、市人大常委会主任王小东亲自为前往上海参观上海世博会的北海市道德模范考察团送行。2010年,市文明办等部门通过座谈会、编印资料、巡回报告会等形式,宣传道德模范事迹,扩大其社会影响力。

未成年人思想道德建设　2010年，市委常委会专门研究部署未成年人思想道德建设工作。六一期间，王小东、曹坤华、廖德全等市领导分赴各县区对中小学生开展慰问活动。开展“做一个有道德的人”主题实践活动、“孝在我心中”读书教育活动、“孝德好少年”演讲比赛等,取得较好成绩。海城区荣获自治区未成年人思想道德建设工作先进县(市、区)称号,海城区第九小学荣获先进单位(集体)称号,有6人荣获先进个人称号;在广西“新童谣、新儿歌”创作表演大赛中,有6项获金奖。市领导和有关部门领导深入学校调研,帮助解决实际问题,海城区九小获赠18台电脑,争取中央文明办、中国作家协会等单位的支持,全市中小学校和基层文化站获赠电脑220台;为全市15所中小学捐建“金叶育才图书室”,赠送价值近100万元的图书3万多册。分别荣获未成年人思想道德建设多个奖项。

加强群众性精神文明创建 2010年1月北海市荣获“自治区文明城市”称号。继续推进创建“北部湾文明示范带”和“银滩百里文明海岸”,开展以创建全国文明城市为主要内容的群众性精神文明创建活动并取得实效。做好自治区第十三批、北海市十六批文明单位推荐申报工作,全市荣获第十三批自治区文明村镇、文明单位、军(警)民共建精神文明先进单位共23个,其中自治区文明村镇8个,自治区文明单位11个,自治区军(警)民共建精神文明先进单位2对。举办北海市第二届北海市公务礼仪文明风采大赛。

【文化北海建设】

申报历史文化名城并获成功 2010年5月,举办了“北海历史文化宣传月”活动,成功举办“北海历史文化大展播”、“北海历史文化大展演”、“北海历史文化大展示”和“北海历史文化大家谈”。44000多人次参加北海名胜古迹万人游,21000名观众观看27场《碧海丝路》、《咕哩美》、《珠还合浦》文艺演出,4000多人次现场聆听18场专题讲座;11月9日,北海市被国务院批准为国家历史文化名城;12月28日举行了北海市荣获国家历史文化名城庆祝大会,国家文物局局长单霁翔出席大会。

实施文化惠民工程 重点推进公共文化服务设施建设、文化信息共享、广播电视“村村通”、农村电影放映、送书下乡及农家书屋建设、文化进企业、文艺精品生产、城乡文化活动等,加大村级公共服务中心建设力度,12个项目竣工。建成200家农家书屋,成为惠泽老百姓的“民心工程”。各文艺团体共组织“文化惠民”演出110场次、观众超过3万多人次,各类业余曲艺团体进行广场演出100多场,观众2万多人次。举办春节、清明、端午、中秋等“我们的节日”综合文艺晚会,推出“五一”、“十一”广场文艺演出周,让人民群众共享文化成果。

抓好文化精品创作 以“出精品、创品牌、塑特色”为着力点,制定下发《北海市文学创作出版资助方案》,以资助形式,鼓励北海市及外来文学艺术家创作更多文艺精品,促进文学、戏剧、舞蹈、美术、书法、摄影等艺术门类的创新和发展。精品剧目逐步推向市场,实现社会效益和经济效益双赢。组织《咕哩美》、《碧海丝路》等精品剧目到外省市演出外,并在北海市进行商演30多场次,取得较好的社会效益和经济效益。

引导文化产业发展 2010年,市委宣传部指导制定了《北海市加快广西北部湾经济区大文化发展实施意见》,引导社会力量发展文化产业:一是艺术培训业不断做大。市粤剧团、歌舞剧院、市群众艺术馆、市艺术学校分别举办了音乐、舞蹈、绘画等各种类型的培训班,受众面广,经济效益好。二是文艺演出业发展势头良好。北海歌舞剧院、市粤剧团在完成市委市政府下达的文化惠民演出任务的同时,想办法搞活演出市场,两院团共组织商业演出200多场次,演出收入200万元。三是广告美术产业稳中有升。市群艺馆下属的广告美术公司想方设法拓展广告业务,生产规模不断扩大,全年产业收入突破200万元。

重大文化项目建设和文物保护工作 2010年,北海文化艺术中心、北海博物馆、北海广电中心、北海书城等重点文化项目规划建设的相关工作取得进展。如:北海文化艺术中心项目完成可行性报告的编制工作,并就项目规划选址进行了多次讨论研究。在历史文物和非物质文化遗产保护方面:北海市加大了对民间非物质文化遗产的发掘整理。完成北海市第三次文物普查工作,共复查不可移动文物113处,新发现不可移动文物共计145处,确定不可移动文物消失的有9处,普查工作通过自治区文物局的验收。非物质文化遗产《北海咸水歌》、《疍家婚礼》、《外沙龙母庙会》、《老杨公》、《北海贝雕技艺》等五个项目成功申报为自治区级非物质文化遗产保护名录。

对外文化交流与合作 7月在北京中国美术馆举办“北部湾画风——北海水彩画作品展览”,受到全国美术界、在京专家以及媒体的高度关注,确定了北海水彩画的学术地位;10月著名粤剧艺术大师红线女、欧凯明率广州红豆粤剧团到北海演出,在珠城掀起一股粤剧热,20个区内外文艺团体纷纷亮相北海舞台;2010年北海市文艺团体赴香港、澳门、广州等地演出,获得当地观众赞誉;举办第五届北海国际海滩旅游文化节暨2010世界比基尼小姐大赛总决赛、北部湾形象大使大赛和中越青年大联欢文艺晚会,促进了北海市对外文化交流合作和文化品位的提高。

【舆情调研和文化产业监管】

社会舆情收集分析工作 2010年市委宣传部向自治区党委宣传部、市委办、市直属机关工委等报送调研舆情信息397条(篇),完成自治区党委宣传部下达的全年定量考核任务,被自治区党委宣传部采用102条(篇),在全区各市宣传部中位居第三。编发《北海宣传信息》6期。加强调研舆情信息网络和队伍建设,印发《关于报送舆情信息工作人员名单的通知》,举办全市网络宣传评论员暨舆情信息员培训班,对170人进行了培训。

互联网管理 2010年，北海市多部门联合开展“扫黄打非”和校园周边环境及文化市场的综合治理整顿工作。在整治互联网和手机媒体淫秽色情及低俗信息专项行动中，共清理关闭低俗内容的网站18个、清理未备案网站14个、发现并取消虚假备案网站3个，关闭栏目19个，删除了内容低俗的图片和信息25条。

加强对文化市场的监管 2010年，北海市开展了文化市场护苗专项整治行动及“平安世博”文化市场专项行动。全年共对文化市场稽查1831次，出动稽查人员3535人次，检查场所4544家次。查处违规文化经营单位15家，查处违法经营音像制品单位9家，依法停业整顿音像制品经营单位9家；查处并取缔非法音像制品流动摊点3个，证据登记保存非法音像制品2950张；取缔无证照经营场所2家，受理举报28起，查处28起；收缴各类非法图书及报刊26000多册，非法音像制品20000多张；查处并取缔各类游商走贩等无证经营摊点39个。

（唐锦忠）

政策研究工作

【概况】 2010年，中共北海市委政策研究室设秘书信息科、工交财贸科、社会文教科、农村经济科等4个科室。2010年，政研工作坚持围绕市委工作部署，开展“创先争优”活动，面向社会，面向基层，面向群众发挥职能作用，当好决策参谋，为北海跨越发展服务。

【文稿起草】 2010年，市委政策研究室坚持把搞好文稿服务作为彰显政研部门作用的重要工作来抓，认真学习研究和贯彻落实市委重大决策，组织开展政策研究工作，充分发挥业务骨干文稿写作整体能力较强的优势，承担文稿写作任务，做到严格要求、精益求精，不断提高文稿服务总体水平。2010年，参与起草市委的重要文稿、领导讲话和市委全会等重要会议文稿共计10多篇，参与《中共北海市委员会关于制定国民经济和社会发展第“十二个”五年规划的建议》等多份政策性文件的起草、审改和修订工作。

【课题调研】 2010年，市委政策研究室针对北海经济社会发展的重大问题、群众关注的热点问题，组织开展广泛深入的调查研究，取得一批富有价值的调研成果，较好地发挥了参谋助手作用。

围绕推动北海跨越发展开展调研 紧扣推动北海跨越发展大局开展课题调研，研究国家和自治区的宏观政策走向，超前思考关系北海改革发展的重大问题，谋划加快发展的办法措施，研究借鉴先进发达地区的典型经验，会同有关部门，协助市委办公室完成了《推动北海“十二五”时期经济社会跨越发展的对策研究》，为市委起草修改“十二五”规划建议做了大量前期工作。为进一步加强北海国土及海洋资源的管理和开发利用，保障和服务北海三年跨越发展工程，与北海市国土资源局（海洋局）开展了专题调研，完成了《优化用地用海服务，推动北海跨越发展——北海市国土及海洋资源保护与开发利用调研报告》，提出了构建合理开发利用、支撑经济社会可持续发展的国土及海洋资源管理新机制的对策建议。开展北海房地产业发展的专题调研，形成了《促进北海房地产业健康有序发展对策研究》调研报告，提出了一系列促进北海房地产业健康发展的对策建议。

社会热点调研 针对北海经济社会发展过程中出现的重点、热点、难点问题，组织开展调查研究并形成有价值的调研成果，为领导决策提供参考意见，协助有关部门和单位总结推介成功经验。在“学习型党组织建设”活动中，会同市委宣传部开展了全市推进学习型党组织建设专题课题调研，撰写了《以加强学习为先导，推动北海跨越发展——北海市建设学习型党组织调研报告》，并在《北海日报》上刊发，有效地推动了全市学习型党组织建设，部分建议被上级有关部门采纳。为更好地总结北海成功申报国家历史文化名城的经验，继续发扬成绩，巩固国家历史文化名城申报成果，不断提升城市软实力，与市委宣传部合作完成了文稿《弘扬历史文化提升城市软实力的成功实践——北海市开展“历史文化宣传月”活动的调查与思考》，文章在《北海日报》发表，在社会上引起较大反响，收到了良好效果。

针对群众关心的难点问题开展调研 坚持贴近基层、贴近群众，关注群众所关心的问题，反映实际情况，分析存在问题，寻找解决问题的方法。与市委办公室组成联合调研组，到合浦县党江镇沙冲村就村级党组织加强党建工作促进经济发展开展专题调研，形成调研报告《合浦县党江镇沙冲村加强党建工作促进经济发展的调查与思考》，深入分析研究新形势下农村基层党组织如何及时调整产业结构、转变经济发展方式，通过抓好党建带动经济建设，进一步提高农村基层党组织的创造力、凝聚力、战斗力等有关问题，为领导决策参考提供了有价值的意见建议。为推动北海市土地与房屋权属登记遗留问题的解决，通过走访有关职能部门、研究相关政策法规和外地做法，完成了《解决北海土地与房屋权属登记历史遗留问题对策研究》和《北海市部分近郊农村“村转居”后的土地权属登记发证问题对策研究》两篇专题研究报告，提出了在遵守国家及自治区法律法规和政策文件的前提下妥善解决北海各

类土地和房屋权属登记历史遗留问题的具体操作方法。

协助上级部门及外地研究机构开展调研　配合上级有关部门和上海、天津、山西、广东、湖南等地研究机构的10多个课题组在北海开展调研活动，做好有关协调服务工作，组织召开座谈会，提供有关调研材料。按照自治区党委政策研究室的要求，完成了农村义务教育、体育产业发展等专项调查研究任务，撰写了《北海农村义务教育发展情况报告》、《北海体育产业发展情况报告》等专题调研报告。

【办好市委机关读物】 2010年，市委政策研究室坚持正确的政治方向，坚持内容上的政策性、开放性、导向性，按照市委的部署与要求，做好市委机关读物《北海开发》（双月刊）的编务工作，努力提高编印质量，增强指导性、知识性和可读性，充分发挥党委机关读物的舆论导向作用。全年共编辑出版《北海开发》6期约40万字，呈送市四家班子领导，分发到全市各级党组织和有关单位，并与国内300多个大中城市党委政策研究室和其他研究机构进行交流，为研讨北海的经济社会发展问题、促进决策科学化和调研成果的转化应用、宣传北海发展的新成就新经验、树立北海新形象、扩大北海与各地的交流发挥了积极作用。同时广泛搜集高层言论、政策信息、各地动态、方略举措以及北海经济社会发展中的一些热点问题等，经分析研究整理后，编成内部参考资料《领导参阅》，报送市领导并分发到有关部门，主动、及时为领导提供综合信息服务。

（蒋　明　庞莉娜）

统战工作

【概况】 2010年，市委统战部（含市民族宗教事务局、市台湾事务办公室）内设6个科室，共22名编制。2010年，全市统战工作在市委的正确领导下，以邓小平理论和“三个代表”重要思想为指导，深入学习实践科学发展观，重点在“提前谋划，做好民主党派政治交接工作；广泛凝心聚力，围绕中心服务大局；服务好非公有制企业，促进非公有制经济健康发展”，在主动开展世界客属第二十四届恳亲大会筹备工作等方面，积极而为、努力创新，较好地完成了全年统战工作目标任务，荣获2010年度全区统战理论研究优秀组织奖。

【学习贯彻全国、自治区统战工作会议精神】 2010年，市委统战部按照自治区党委和市委的统一部署，一是结合统战工作实际，开展以“打造推进科学发展战斗堡垒，建设推进科学发展时代先锋”为主题的创先争优活动。二是于3月2日召开了全市统战工作会议，明确了开展政治交接教育实践活动、团结和凝聚各方面的力量、服务好非公有制企业、推动北海三年跨越发展工程等主要任务，统筹推进全市各项统战工作。三是部班子成员带头调研，完成《促进非公有制经济蓬勃发展的对策研究》、《加强非公有制经济党建的思考》、《影响民主党派成员思想态势的主要因素的思考》等论文。2010年，市委统战部共完成统战理论研究文章24篇，获得2010年全区统战理论研究工作优秀组织奖，有1篇论文获得个人二等奖，1篇获三等奖，2篇获优秀奖。

【民主党派工作】

多党合作　2010年，市委统战部在加强统一战线成员的思想道德建设的同时：一是及时组织各民主党派、工商联集中学习中共北海市委九届八次、九次全会等重要会议精神，指导开展政治交接教育实践活动10多次，进一步坚定统一战线成员走中国特色社会主义政治发展道路信念。二是组织统一战线唱响“北海三年跨越发展”主旋律活动，召开专题辅导会，帮助解读跨越发展的目标任务；组织各民主党派、工商联主要负责人在《北海日报》“学习市委九届八次全会精神专版”上发表署名文章。三是按照市委的统一部署和要求，与组织部门密切配合，“共同规划、共同物色、共同协商、共同推荐、共同考察”，提前谋划并协助稳步推进各民主党派市委会、市工商联换届工作。

调研工作　2010年，市委统战部坚持“党委出题、党派调研、政府采纳、部门落实”的制度，指导民主党派、无党派人士、工商联围绕“北海三年跨越发展工程”和《国务院关于进一步促进广西经济社会发展的若干意见》等完成重点课题调研报告18篇。创新“领导阅示—部门落实—及时反馈—年终督查”的调研成果汇报及落实转化方式。

党外干部队伍建设　2010年市委统战部一是进一步完善党外代表人物库和市委常委重点联系党外代表人物制度，市委常委重点联系党外代表人物共26名。二是加强与组织部门的配合，创新形成“共同规划、共同物色、共同协商、共同推荐、共同考察”的“五个共同”工作法，加紧实施《2009～2012年北海市党外代表人士队伍建设规划》和2010年全市“百名干部实践锻炼计划”，选派200多人次参加各类学习班30余期，协助将民主党派市委会的处级主委全部安排到政府经济部门任职或到重点项目一线工作，推荐19名优秀党外后备干部挂职锻炼。三是指导银海区加强自治区党外干部挂职基地建设。至年底，市政府31个工作部门已配备党外干部14名，县区88个工作部门配备14名，配备干部数分别占部门总数的45.2%、15.9%。

【民族宗教工作】

民族工作　2010年，北海市制定了民族团结进步创建活动实施方案，该方案由市委办、市政府办联合转发，并召开专题会议进行具体部署；多次召开少数民族知名人士座谈会，在《北海日报》刊登民族政策宣传8期；推进各民族间的交流、沟通和团结，建立民族关系信息收集、汇总上报和民族关系监测评价等制度；组织实施少数民族发展资金项目，开展城市民族工作，向8名少数民族优秀学生发放入学补助1.6万元；争取市财政10万元专款，组团参加全区第12届少数民族传统体育运动会，并获3枚银牌、6枚铜牌。

宗教工作　2010年，北海市开展了"和谐寺观教堂"创建活动，组织推荐全国和谐寺观教堂先进集体和先进个人评选，王伟东和张业忠荣获"首届全国创建和谐寺观教堂先进个人"称号；召开全市实施《宗教事务条例》五周年座谈会，加大依法治理基督教私设聚会点力度，为穆斯林群众过宗教生活提供政策指导；指导市佛教协会建立民主决策、财务管理和有关审计监督等制度；配合推进冠岭佛教文化园建设和涠洲城仔圣母堂维修问题调研。

【文化统战工作】　2010年市委统战部依托"国家历史文化名城"的名片和承办第二十四届世客会的平台，进一步打造统一战线"风雨同舟"品牌，举办了全市统战系统首届"和谐杯"气排球比赛，各民主党派市委会、市工商联、无党派代表人士、全市各宗教性团体、留学人员联谊会等共16支代表队参加了比赛。协助各民主党派市委会举办纪念多党合作知识竞赛、庆祝晚会，开展送医送药送法律下乡、捐资助学等活动42次。指导市基督教三自爱国运动委员会、市基督教协会举办了"祝福祖国"文艺晚会。

【经济统战工作】　2010年，市委统战部抢抓机遇，创新平台，促进非公经济同步健康发展。一是创新服务非公有制经济平台建设。调整充实市非公有制经济工作协调领导小组，书记、市长亲自担任组长，明晰了市委办等30个成员单位的职责。整合资源，在市政务服务中心设立了协调服务非公有制企业的专门窗口。二是营造有利于非公有制经济发展的良好氛围。及时召开有关政策解读会，组织统战系统学习贯彻《国务院关于进一步促进中小企业发展的若干意见》和中央《关于加强和改进新形势下工商联工作的意见》等。三是引导非公企业服务八大产业发展。指导市非公经济工作协调领导小组成员单位制定年度工作计划，精心指导市工商联等围绕"北海三年跨越发展工程"开展调研，引导非公企业围绕八大产业做好配套服务；做好区内外近10批次非公经济人士到北海市考察、洽谈项目的对接服务，推动工商联、商(协)会间的联系。四是切实帮助解决融资难、人才招聘难等瓶颈问题。指导举办中小企业融资洽谈会、民营企业招聘周等，帮助一批中小企业解决贷款5.09亿元，达成用工意向1000多人次，吸纳工商联新会员至4274个，比增6.4%。五是创新非公有制经济组织党建机制建设。建立"双重四定"责任制、挂牌销号制度，健全联席会议、挂点联系、"一周一通报"等制度，加强分类指导，提前16天实现非公有制经济组织党组织百日攻坚行动"四个100%"目标。

【对台工作和海外统战工作】

对台工作　2010年，北海市强化对台资企业及台胞台属的服务，推动有关部门切实贯彻落实《惠台政策》，减免台资企业所得税1100多万元，劳动和社会保障部门确定了24家台资企业为再就业定点培训机构。牵头抓好赴台参加"2010年桂台经贸合作论坛"活动，考察团领导先后拜会了中国国民党荣誉主席吴伯雄等知名人士，协助在台湾举办了北海桂台客属企业家合作与发展恳谈会，有关园区与台企签订项目9个，总投资额2.2亿美元。协助台湾主流媒体做好在北海的采访工作。

海外联谊　2010年北海市发挥海外联谊会的平台作用，通过举办海联会联欢晚会、组团参加香港广西各地市同乡联谊会新春联欢晚会、香港广西社会团总会第三届理事会就职典礼、全国部分中等城市海外联谊会第十六次网络年会等活动，加强海外联谊交流工作。2010年接待广西青年交流团、广西海外总商会等来访的港澳知名人士及社团5批96人次，进一步宣传、推介北海。

【世界客属第二十四届恳亲大会筹备工作】　2010年，北海市筹备世界客属第二十四届恳亲大会：一是建立了全球知名客属社团及社团负责人基本资料库，协助召开北海客属企业家迎春座谈会，向全球100多个客属社团、近2000名客属乡贤寄送春节贺卡。二是协助在台湾举办150多位台湾各界企业家、客属代表参加的"北海桂台客属企业家合作与发展恳谈会"，中国国民党中央常委朱凤芝、刘盛良等政界人士出席。市委书记、市人大常委会主任王小东致辞，介绍北海经济社会发展情况和世客会筹备工作情况，诚挚邀请广大台商、客属人士参加二十四届世客会。三是利用到河源参加二十三届世客会并喜接会旗的契机，协助做好市领导拜访全国政协原副主席罗豪才，全联会总执行长、世客会创办人黄石华，香港世界客属总商会主席李金松，金利来集团有限公司副主席兼行政总裁曾智明等重要客属人士的工作。四是协助推进场馆建设、市政道路、航线培育，推动为办会服务的"五个一"工程（一本宣传画册、一张城市宣传光碟、一本北海客家书籍、一个客家书画展、一台闭幕式晚会)加紧实施。

【统战宣传工作】 2010年，市委统战部对重大统战事件、重要统战活动加强了宣传报道的力度，在《北海日报》、北海电视台、北海人民广播电台等主要新闻媒体进行有关宣传报道达60多篇(条)次，其中《北海日报》专版刊登了各民主党派、工商联负责人学习市委九届八次全会精神的署名文章。统战部网站进行了改版，进一步丰富栏目和板块，提高信息更新频率，及时宣传和报道了北海市重大统战事件和活动。

(曾秀莹　唐思薇)

老干部工作

【概况】 2010年市委老干部局内设机构增设市关心下一代工作委员会办公室，增设后市委老干部局内设2室3科即办公室、关心下一代工作委员会办公室、安置保健科、宣教科、活动管理科，人员编制没有变化。截止2010年12月底，全市健在的离休干部共有364人。

2010年，在市委、市政府的正确领导和市委组织部的直接领导下，坚持以邓小平理论和"三个代表"重要思想为指导，深入贯彻落实科学发展观，认真学习贯彻党的十七届五中全会和全国离退休干部"双先"表彰大会、全国老干部局局长会议以及全区老干部工作会议精神，以实施"北海三年跨越发展工程"为契机，围绕中心，服务大局，落实离休干部的政治、生活待遇，组织引导老干部在建设富裕文明和谐北海中发挥作用，加强自身建设，较好地完成老干部工作的各项目标和任务。

【政治待遇的落实】

情况通报 2010年北海市两次召开离退休干部情况通报会。春节前，在离退休干部春节团拜会上，市长连友农通报2009年北海市经济社会发展情况和2010年北海市经济社会发展目标、任务和举措，市委书记王小东作了重要讲话；8月，市委书记王小东、市长连友农委托市委常委、副市长孙大光给市区离退休干部通报2010年上半年经济社会发展情况。

政治理论学习 市委老干部局根据离休干部年老体弱，行动不便的实际，就近就地和方便老干部的原则，以离退休干部党支部为载体，组织老干部参加学习和活动。为了让广大离休干部及时了解掌握市委九届九次全会精神，市委老干部局会同市委组织部编印了北海市离休干部学习资料《中共北海市九届九次全会文件汇编》，分发到每一位市直离休干部手上。同时，市委老干部局还为全市每一位离休干部订阅了一份《老年知音》，市委组织部从主管党费中列支18000元，为市直离休干部每人订阅了一份《当代广西》杂志。

组织参加重要会议、重大活动和参观考察 2010年市政府特邀离休干部代表对《政府工作报告(征求意见稿)》进行征求意见；邀请离休干部代表参加革命老区促进会座谈会；组织召开了市直离休干部代表学习贯彻市委九届九次全会精神座谈会，市委常委、组织部长蔡中平受市委书记王小东的委托到会看望离休干部代表并作重要讲话；"七一"期间，市委组织部邀请离休干部代表参加选人用人情况座谈会，广泛听取老同志的意见和建议；召开市离退休干部代表座谈会，通报市委常委2009年度民主生活会征求意见整改情况，征求离退休干部的意见；组织市直离休干部参观考察市经济社会建设项目，市工业园区中国电子北海产业园、市容市貌和田野生态园。北海市被国家列为历史文化名城时，邀请离休干部代表参加庆典大会。

【来访信访工作】 2010年，市委老干部局沟通协调市有关部门解决离休干部张子富的副处级待遇和陈顺和正科级待遇；根据市委书记王小东《关于落实老干部政策解决组织归属恢复工资级别的报告》批示精神，专门召开局务会研究，成立调查小组，先后到市人事局、档案局和合浦县委老干部局、县教育局等单位进行调查了解核实，查阅档案资料。与老干部沟通解释，直到本人表示满意为止。

【生活待遇的落实】

走访慰问老干部 2010年，市委老干部局按照市直老干部居住点分三个片区，工作人员，明确分工，负责落实到个人，坚持登门祝寿，发送生日蛋糕和贺卡。重大节日期间，市委领导走访慰问市直副厅以上离退休领导干部，老干部局领导也带领工作人员登门走访处级以下老干部和探望生病住院的老干部：春节前夕，市委书记王小东以个人名义给市直离休干部每人发贺年卡，市委常委、组织部长蔡中平代表市四家班子领导走访慰问曾担任市四家班子领导的离休干部；在纪念中国人民抗日战争胜利65周年活动中，全市老干部工作部门对抗战时期参加革命工作的老干部进行走访慰问，给他们发送慰问金3000元/人；市委常委、组织部长蔡中平代表市委、市政府走访慰问抗战时期参加革命工作的副厅级待遇以上的市直离休干部。

落实离休干部离休费和医药费 2010年，全市离休干部离休费均按时足额发放，新增加的生活性补贴，机关事业单位离休干部已经全部发放到位，困难企业的离休干部已协调市财政、社保等部门全部发放到位。非困难企业单位离休干部新增

加的生活性补贴全部兑现。全市没有拖欠离休干部医药费的现象。

解决厅级离休干部住院（高级病房）免交床位费问题 2010年,市委老干部局针对厅级（含享受厅级医疗待遇）离休干部到市人民医院高级病房住院缴交床位费只免一半、另一半要拿票据到市劳动和社会保障局医保科申报，市委老干部局协调市劳动和社会保障局、市卫生局、市人民医院,解决了厅级(含享受厅级医疗待遇)离休干部到市人民医院高级病房住院免交床位费的问题。

组织离休干部健康体检 2010年，市委老干部局协调市人力资源和社会保障局及医院,于2010年11月底至12月对市直、区直离休干部进行身体健康检查,对卧病在床的老干部协同医院医生、护士上门服务。

【离退休干部党支部建设】

起草"离退休干部党支部建设"意见 2010年，市委老干部局起草了《关于进一步加强和改进离退休干部党支部建设工作的意见》,经市委组织部,市直机关工委、市委老干部局、市人力资源和社会保障局党组修改,联合下发《关于进一步加强和改进离退休干部党支部建设工作的意见》,为加强全市离退休干部党支部建设提供了政策指导依据。

党组织建设年活动 2010年，市委老干部局根据市委的统一部署,拟订了《北海市委老干部局开展党组织建设年活动的实施方案》,开展"结对共建、先锋同行"活动,市委老干部局支部与北海市一中退休教职员工党支部为结对共建单位,签订了《"结对共建、先锋同行"协议书》，安排专人担任党建指导员,帮助指导结对支部规范化建设。2010年，市委组织部从党费中列支2412元，为市直每个离退休干部党支部各订阅1份《金秋红枫》。市委老干部局组织离退休干部党支部书记代表参加全区学习培训。

做好困难离休干部党员的帮扶工作 2010年，市委组织部从党费中拨出8000元,慰问救济生活困难离休干部党员16名。在"七一""送温暖"主题活动中,慰问了局老党员和困难党员3名,各发放慰问金300元，慰问了共建单位市一中退休教职员工党支部病瘫9年的退休教师党员李杞芳,发给慰问金500元,送去了组织的关怀和温暖。

【两个阵地建设】 市委老干部局原办公大院正在进行整体改造，为使老干部活动、学习阵地不受影响,从2009年8月起，租赁了市老龄活动中心三楼,面积约1000多平方米作为老干部学习、开展文化活动的临时场所。2010年文化活动场所每天全时开放,市离退休干部艺术团、老年大学粤剧团自编自演节目，活跃广场文化、社区文化。市老年大学继续开设了书法、国画、粤曲、音乐、舞蹈、电子琴、太极拳、英语8科,参加学习人数349人,粤曲班演出58场次,节目228个,参加演出人员1510多人次,观众约3万人,为北海历史文化名城增添了光彩。

【发挥离退休干部作用】 2010年,市委老干部局充分利用老干部的政治、经验、威望等优势,为他们创造条件、搭建平台,开展"合力唱兴北海"活动。市关工委组织"五老"队伍参与净化社会文化环境，加强网吧监督工作,提高网吧监督水平。开展"三爱四好"教育(爱祖国、爱广西、爱北海)和"五送"(送法律、送科普、送文艺、送图书、送温暖)关爱活动,扶贫助困,捐资助学,传播技术,奉献爱心,以各种方式为实施"北海三年跨越发展工程"作贡献。2010年,全市"五老"作教育报告158场,听众123899人次。在百色、河池市遭受特大旱灾,人畜饮水极度困难时,市关工委开展了向灾区青少年"捐一桶饮用水,奉献一份爱心"活动,共捐得善款28024元。并将16000元捐款送到百色、河池受灾严重的学校。充分体现了北海市"五老"对革命老区青少年的深切关爱。

【加强自身建设】

民主集中制 2010年，市委老干部局在班子内部，坚持民主集中制，坚持集体领导和个人分工负责相结合,按照集体领导、民主集中、个别酝酿、会议决定的原则,凡重大问题、重要开支和干部任免都经集体讨论研究决定,不搞个人说了算,班子成员之间互相信任,互相尊重,团结协作,和谐共事。

落实党风廉政建设责任制 按照上级纪检监察机关的要求，切实加强党风廉政建设，落实党风廉政建设责任制,坚决贯彻落实《党员领导干部廉洁从政若干准则》,坚持党政领导干部选拔任用工作四项监督制度,厉行节约,勤俭办事,严格执行公务用车、公务接待等规章制度,坚决反对和杜绝违法违纪现象的发生。

加强学习培训，不断提高素质 2010年，除组织参加上级组织的各种政治学习和相关业务培训外,市委老干部局按照上级的部署安排,组织开展了全市老干部工作者业务知识竞赛,学赛结合,以赛促学,编印了老干部业务知识汇编，为每一位干部订购了由中共中央组织部老干部局编印的《老干部工作文件选编》、《老干部工作政策业务知识问答》。通过竞赛,老干部工作者的基本业务素质有新的提高，工作业绩有新的突破。

开展"讲党性、重品行、作表率"活动 按照建设模范部门，打造过硬队伍为目标。市委老干部局在机关内部开展"讲党性、重品行、作表率"活动,从一言一行、小事小节上抓起、做起,教育引导党员干部明明

白白、堂堂正正做人，勤勤恳恳、踏踏实实做事，清清楚楚、干干净净做官。

开展“创先争优”活动 按照市创先办的部署要求，制定了《关于开展“争当服务老干部先锋”主题活动实施方案》，在老干部工作部门和老干部工作者中，开展“争当服务老干部先锋”的主题活动，转变作风，提高服务质量，在工作、服务、业绩上争先，在学习、作风、素质上争优，“建一流班子，带一流队伍，做一流服务，创一流业绩”。

开展“工作落实年”活动 按照上级的统一部署，市委老干部局拟定了“工作落实年”活动实施方案。该方案紧密联系老干部工作实际，重在健全老干部的“三个保障机制”和落实“两个待遇”。针对市直离休干部普遍进入“双高期”，年老体弱，行动不便，大多数离休干部不能参加外出健康休养的客观实际，为了照顾到大多数离休干部能够享受到健康休养的生活福利待遇，给市政府起草了《关于给予市直离休干部发放健康休养费的请示》。

（莫保良）

市直属机关党建工作

【概况】 2010年，中共北海市直属机关工作委员会（简称市直属机关工委），内设办公室、组织部、宣传部、市直机关纪律检查工作委员会、共青团市直机关工作委员会和市直机关妇女工作委员会。管辖2个基层党委、14个机关党委、12个党总支、247个党支部，党员4536名。

【开展学习型党组织创建活动】 2010年，按照市委开展学习型党组织创建活动的部署，市直属机关工委以创建“三个学习型”为目标，下发《市直机关工委2010年中心组理论学习计划》、《关于深入开展学习型党组织创建活动的实施意见》，从指导思想、学习内容、实施步骤、监督机制等方面提出具体要求，采取“五带头”、“五建设”、“五个一”的工作措施，切实抓好机关学习型党组织的创建工作。先后举办形势报告会、专题讲座、党务干部和党建信息员等各种培训班，协助市委干部教育领导小组举办“扬帆前行”领导干部系列专题讲座，编发季度党课资料，为市直属机关全体党员赠送书籍，引领机关基层党组织和党员开展学习创建活动。委辖各基层党组织采取集中学习、网络学习和自主学习等形式，运用党课联学、讲坛领学、分片助学，在竞赛中学习、向身边典型学习，创新了学习载体，得到市委的肯定，工委先后两次在全市创建学习型党组织工作会上作典型发言，委辖市财政局、国税局、市委党校等机关党组织也分别在会上进行经验交流。组织机关党建调研工作，注重推动成果转化。委辖党组织全年共完成调研文章99篇，选送上报51篇，其中，市体育局、财政局等选送的16篇论文在党建研讨会上进行了交流。2010年，委辖党组织共上报党建信息1580条（篇），采用1264条（篇）；工委向相关单位报送信息29条（篇），北海日报刊登12条（篇），电视台播发8条。

【机关基层党组织建设】 2010年，市直属机关以开展主题实践活动为载体，扎实推进创先争优活动，有力促进机关党组织建设和党员队伍建设。

“创先争优”活动 2010年，市直属机关要求各基层党组明确“科学发展创先进，立足岗位争优秀”机关活动主题，做到活动有方案、有机构、有目标、有要求、有措施、有典型。充分运用推进会、报告会、图片展等形式，宣传表彰了市国税局、科技局等10个先进典型党组织和地税局的王嘉运等8名典型个人。承诺评议采取日常点评与调研督查相结合、实地点评与民主测评相结合、领导点评与集中点评相结合、落实措施与确保质量相结合的办法，收到了明显效果。

特色主题实践活动 “七一”期

“七一”期间，市直属机关100多个党组织的300多名党员组成6支服务队，在北岸海滩、北部湾广场和出口加工区等地开展党员净化环境、政策咨询、企业解疑等活动。图为市委常委、组织部长蔡中平（右二）和市委常委、市委秘书长伍国辉（右四）在机关工委领导陪同下，以普通党员身份在北部湾广场参加党员奉献日活动

市直机关工委　供

间，组织了“为基层党组织和全体党员送一本书、开展一次党员奉献日、同上一堂廉政党课和举办一届气排球比赛、召开一次研讨会”的“五个一”活动，共为委辖全体党员、党务干部和基层支部赠送《核心能力塑造与提升》、《党章学习讲座》等书籍4900多本，委辖党组织共为基层送书约7000本。组织委辖100多个党组织2500多人（次），开展了“党员奉献日”活动，全年共慰问困难党员1480多人，慰问金85.84万元；为农村办好事280多件，解决问题209个，投入包村经费239.7万元。委辖48个基层党组织组成46支队伍参加第二届“先锋杯”气排球比赛，展示了市直属机关良好的精神风貌。

“结对共建、先锋同行”活动 委辖69个党组织深入结对单位走访调研，落实共建措施。市药监局党支部为共建村赠送电视机、激光打印机等一批办公用品；北海海事法院党支部选派1名综合素质较强的党员担任结对村党支部“周末书记”。工委支部采取“五个一”措施，与出口加工区西盟联合支部开展结对共建，提升了活动的层次和质量。

市直机关工委召开机关党建研讨暨创先争优活动推进会。图为创先争优活动先进典型代表、市地税局直属分局计征股副股长王嘉运在推进会上发言

市直机关工委　供

【“党组织建设年”活动】 2010年，市直机关工委按照“党组织建设年”的要求，进一步完善机关党建信息库，对委辖党组织实行科学管理，指导44个党组织完成了换届、补选工作，改建、理顺、新建党组织一批。接管市旅游局、市规划局等4个党委，划出市林业局、扶贫办等11个党组织。全面落实发展党员公示制和票决制，发展新党员80名，转正预备党员87名，培训入党积极分子258名。细化党建目标考评办法，党建目标考评中，84个党组织达到90分以上，其中市委办、市审计局等28个党组织被评为优秀档次。严格规范管理，编印了《北海市直属机关党务干部工作手册》，下发委辖350多名党务干部；按规定清理、转出“空挂”组织关系的党员41名。发挥党建工作联络组和党建指导员的作用，9个联络组开展业务培训、学习研讨、慰问帮扶、参观交流和文体比赛等活动，拓展了机关党组织活动空间。先后4次召开“党建例会”，多次深入委辖党组织调查研究，分析机关党建中存在的问题，重点针对基层党组织活动经费得不到保障的难点，多次与市财政局等部门沟通，专题向市政府报告，得到市委、市政府的重视，第一次将全市195个机关、全额拨款事业单位的党组织活动经费188万多元，列入2011年度财政预算安排，有效改善基层党组织的工作条件。

【机关党风廉政建设】 2010年，市直机关工委开展廉政宣传教育月、专题廉政报告会、观看廉政警示教育电教片、学习“四项监督制度”及《廉政准则》等多项宣传教育活动，牵头组织委辖105个党组织3200名党员参加廉政知识测试。落实党风廉政建设责任制，签订责任状。不断完善党风廉政监督员、信息员的管理网络，较好地发挥廉情预警作用。落实领导干部廉洁自律有关规定和反腐败形势季报、月报制度，推动反腐倡廉各项任务的落实。严格查办职责范围内的案件，全年共对5人进行了立案查处，其中，协助市纪委立案查处2人，指导下辖党组织立案查处1人，结案4人；对210名科级以下干部的任用、调动、退休、出国、推荐后备干部和单位评先等进行了廉政鉴定。

【机关群团组织建设】 2010年，市直机关工委充分发挥群团组织的桥梁和纽带作用，举办各种健康有益、凝聚人心的主题活动。组织团干深入铁山港工业区，“感受大项目，促进大发展”参观学习，选派代表队参加“团旗在心中、青春建家园”知识竞赛。做好中越青年大联欢机关组的各项联谊工作，受到了市领导的肯定。结合庆祝“三八”国际劳动妇女节100周年，举办大型游园联欢活动，委辖1000多名妇女参加团体接力、知识竞赛等项目。参与“孝在我心、以廉保家、构建和谐”的实践教育活动，促进了和谐机关、和谐家庭建设。牵头抓好机关27个成员单位“五五普法”检查验收等工作，进一步强化了机关依法行政的意识。

（陈财初　韦克夭　梁海霞　陈恒坤）

机构编制工作

【概况】 2010年，北海市机构编制委员会办公室（北海市事业单位登记管理局）（简称市编委办）深入贯彻落实科学发展观，围绕实现北海市三年跨越发展工程，以政府机构改革为主线，不断创新和优化行政管理体制，竭力服务经济社会发展，促进社会和谐稳定，严格机构编制管理，机构编制工作规范化、法定化得到加强。

【政府机构改革】 2010年4月29日，自治区党委办公厅、自治区人民政府办公厅批复《北海市人民政府机构改革方案》。10月13日召开全市政府机构改革动员会，市长连友农作动员讲话，常务副市长孙大光、组织部长蔡中平参加了会议，政府机构改革立足职能调整，政府转型，严格控制机构编制和领导职数。12月31日，市委、市政府批复了县、区《政府机构改革方案》。通过改革，优化政府组织结构，进一步理顺市与城区的权责关系，增强基层管理能力，初步建立符合北海市经济社会发展需要的行政管理体制。改革后，市政府设置组成部门、直属特设机构32个，比改革前减少8个，领导职数和人员编制得到严格控制，做到了只减不增。

【理顺管理体制】 2010年，市编委办结合政府机构改革，认真研究解决旅游和园区管理中的体制机制问题。一是理顺涠洲岛旅游区管理体制。组建中共北海市涠洲岛旅游区工作委员会和北海市涠洲岛旅游区管理委员会，分别为市委和市人民政府的派出机构，不再保留在海城区人民政府挂牌的北海涠洲岛旅游度假区管理委员会，将涠洲镇成建制委托给涠洲岛旅游区管理，授权和委托涠洲岛旅游区管理委员会行使城区一级事权。二是理顺旅游管理体制。撤销北海市旅游产业发展委员会，其职能划归北海市旅游局。北海银滩国家旅游度假区管理委员会不再单独设置，改为与北海市旅游局合署办公。三是理顺铁山港工业区管理体制。北海市北部湾（广西）经济区建设管理委员会办公室和北海市铁山港（临海）工业区管理委员会分设。北海市北部湾（广西）经济区建设管理委员会办公室设在北海市发展和改革委员会，但保持相对独立性。北海市铁山港（临海）工业区管理委员会在铁山港区人民政府挂牌。

【优化政务环境】 2010年，市编委办着力完善政务服务运行机制，推进北海市集中办理行政审批工作和政务公开，将市行政办证大厅管理服务中心更名为北海市政务服务中心管理办公室，为市政府直属的财政全额拨款事业单位。调整、充实内设机构、人员编制和领导职数，保障了北海市政务服务中心管理机构的正常运转。同时，启动市辖区政务服务管理机构组建程序。

【优化资源配置】 2010年，市编委办围绕市委、市政府重大决策，统筹机构编制和经济社会发展，科学配置公共服务资源。完成契税征管职能划转工作，妥善安置遗留地方人员。做好事业单位转企改制的服务和基层农业推广体系改革与建设中涉及机构编制的相关工作。抓好市及辖区中小学教职工编制的核定和市辖区教师编制的调整工作。配合全国实施国家基本药物制度改革试点，规范海城区乡镇卫生机构名称，重新核定编制和领导职数。整合特殊教育资源，将海城区启智学校整体并入北海市特殊教育学校。主动调剂编制用于引进人才和面向全国公开选拔领导干部，为北海三年跨越发展提供人才保障。

【促进社会和谐稳定】 2010年，市编委办注重解决影响发展稳定大局的突出问题，规范政法委系统、纪检监察机关、公安局交警支队和“110”指挥中心的设置，增加人员编制，配齐、配强执法力量。设立涠洲岛交警大队，解决岛内交通秩序混乱的问题。全年为公检法系统使用政法专项编制新增警力100余名，较好地弥补了基层一线警力不足的问题。稳步推进市场管办脱钩工作，妥善解决管办脱钩人员的编制问题。微调乡镇部分事业单位的编制，解决乡镇财政所因职能增加而出现的人员超编情况。主动与市组织、人事部门沟通，妥善解决统配大中专毕业生、政策性安置退伍兵等人员入编遗留问题。

【关注民生保障领域】 2010年，市编委办围绕经济社会的发展变化，加强关系民生的组织机构并为其增编增人，确保有足够的力量服务民生。成立市及辖区学生资助管理、市辖县区绩效考评、银海区新型农村社会养老保险经办、海城区地角办事处新型合作医疗工作、市价格成本调查监审、市文化名城保护、市公共节能管理和市法学研究会等机构，增核市住房公积金管理中心、海城区高德和驿马街道办事处新型农村合作医疗工作办公室、市辖区档案局（馆）等机构的编制，强化疾病预防控制机构职能，不断满足社会事业的需要。

【机构编制监督检查】 2010年，市编委办做好机构编制日常监督检查和12310举报电话受理、查处工作，开展乡镇机构编制和实有人员专项督查，重点抓好中纪委《机构编制违纪行为适用〈中国共产党纪律处分条例〉若干问题的解释》的学习、宣传和落实。做好群众来信来访工作，努力化解矛盾，全年共接待来访群众达50多人次，答复率为100%。

【事业单位登记年检】 2010年，市编委办改进登记管理工作，简化办事程序，划分区域（系统）办理、网上报送材料、预约办理、实行网上公告等办法，完成580个事业单位年检，年检率100%，合格率100%。建立与劳动保障、技术监督、物价、银行等部门协调机制，全面地掌握全市事业单位登记和运行的现状，促进和规范事业单位的社会行为。

【机关自身建设】 2010年，市编委办深入开展党组织建设年活动，完成党支部换届选举工作。按照建设学习型机关的要求，加强干部的理论学习、业务培训和调查研究，提高了干部用科学发展观指导机构编制工作的综合能力。与银海区三合口民族学校开展“结对共建、先锋同行”活动，取得丰硕成果。完成“关于做好政府部门协调配合机制”等10个课题调查研究，其中3个课题的调查研究报告在自治区编委办的评比中获奖。上报信息60篇，被中央编办网站（中国机构网）采用19篇，自治区级采用4篇，市级采用46篇。通过完善《市编办行政管理规范化标准化建设制度汇编》，规范办事程序，机关工作作风明显转变、服务能力明显增强、办事效率明显提高。推进电子政务建设，完善办公室网站内容，实现政务公开。

（潘顺林　庞作艺）

信访工作

【概况】 2010年，北海市有党政合设信访工作机构5个，其中市委、市政府信访局1个，县（区）党委、政府信访办4个，共有信访干部30人；另有市直机关信访科（室）6个，信访干部15人；乡、镇、街道办事处兼职信访干部30人。根据《中共北海市委员会　北海市人民政府关于进一步加强信访工作的意见》的要求，市信访办更名为“北海市信访局”，2010年，信访部门深入贯彻落实科学发展观，以确保社会稳定为重点，坚持“以人为本、和谐信访”的工作理念，贯彻落实自治区和市委、市政府“一个决定、四个配套文件”的精神，信访工作秩序进一步好转，为把北海建设成社会和谐稳定模范城市和“实施北海三年跨越发展工程”作出应有的贡献。

【处理群众来信来访】 2010年，市级共收到群众来信556件，其中初信417件，重信42件。接待群众来访809批2916人次，其中初访571批1692人次；重访238批1224人次；集体访120批1922人次。全年立案交办数占初信初访件（批）次总数比例为20%。有权处理机关对交办案件到期结案率为100%。上级交办、领导批示批办信访件共19件，已办结19件，到期办结率100%。

【群众来访反映主要问题】

农村土地征用问题　1.合浦县公馆镇南山村委“范”姓村民约130多人集体到市政府上访，要求解决林地权属问题；2.海城区高德办事处独江村民约60人集体上访市政府，要求归还林地。

城乡建设　海城区猛鸡特大鹏小区约50人集体到市政府上访，要求政府为他们处理土地纠纷问题，维护他们的权益。

企业改制和劳动社保　市纺织总公司33名职工到市政府集体上访，要求解决职工安置经济补偿金等问题。

社会管理　南珠市场摊主60多人5次集体上访市政府，要求北海市政府协调解决市场开发服务中心通过消防整改收取押金和摊位重新招投标问题。

复退军人　铁山港区、银海区退伍军人80多人集体上访市政府，要求解决有关待遇问题，特别是要求解决低保问题。

教育　合浦县原代课教师小教大专班毕业生陈某等38人集体到市政府上访，要求解决录用为公办教师问题。

【领导干部“公开大接访”活动】 2010年，北海市把领导干部“公开大接访”活动作为化解人民内部矛盾、密切联系群众的有效载体，共举办过3次“领导干部公开大接访活动”（其中市级1次，县（区）级2次）。在3月2日的市级“领导干部公开大接访”活动中，有13名厅级领导，31个市直机关的主要领导，共140名处级领导、184名科级干部和209名科级以下干部参加接访。本次“公开大接访”活动共接待来访群众368批767人次。县（区）级开展2次“领导干部公开大接访”活动，合计共有3名厅级干部，93名处级干部，140个单位参加接访，共接待来访群众349批1178人次，当场解决的信访事项有68件。

【处理信访突出问题及群体性事件】 2010年，全市信访部门为依法妥善处置非访和集体访，成立应急工作班子，完善应急预案，明确处置工作的原则、程序和部门责任。在特殊敏感时期，组建由政法、公安、民政、信访等单位组成的劝返工作组，在第一时间做好接人劝返工作，进京到邕非正常上访批次人次同比有所下降，没有发生影响社会稳定的群体性事件，确保了春节、全国和全区“两会”、上海世博会、广州亚运会等重大敏感时期的社会和谐稳定。2010年，北海市进京非正常上访共5批38人次，辖区人员进京非正常上访人数没有20人以上集体非正常上访;也没有20人以上集体非正常上访在京滞留48小时以上的情况。全市到邕非正常上访为2批39人次,没有发生辖区人员50人以上到自治区的集体非正常上访和集体上访;没有出现集体非访人员在邕滞留48小时以上的情况。

【开展"四大活动"】 根据自治区关于深入开展"四大活动"(即:大排查、大接访、大调解、大防控)的部署,北海市迅速召开动员大会,成立领导机构,制订工作方案,扎实推进"四大活动"的开展。一是进一步采取"集中大排查、重点排查和专项排查"三结合的做法,切实加强排查工作。二是创新方法,采取多种手段,有效解决一批影响稳定的突出问题。三是搭建调解平台,筑牢社会稳定第一道防线。市信访局在全市各乡镇(街道)设立综治信访维稳中心,在基层初步构建矛盾纠纷大排查、大调查的工作平台,使矛盾纠纷排查更准确、底数更清楚、化解更高效。四是广泛开展"领导干部下访"和"领导干部公开大接访活动",努力解决实际问题。使"领导干部下访"和"领导干部公开大接访活动"常态化、制度化和规范化,变"大接访"为"长接访",体现领导干部同群众之间的零距离。全市共办结"大接访"信访事项256件。五是建立"大防控"工作机制,掌握维护社会稳定和社会治安工作的主动权。市信访局以基层创建为载体,构建以县(区)为单位。人防、物防、技防相结合的治安防控体系,提高动态环境下预防和控制违法犯罪的能力。

【信访信息】 2010年,全市信访部门抓好重大信息、信访统计报送工作。做到重大信访信息、紧急信访事项立即报告,每月的信访信息报表按时报送。全年共编印《信访要情》39期,编印《信访形势分析研判报告》12期,做到信访数据统计内容准确、按时上报,无疏漏差错或瞒报、错报的现象发生。2010年,市信访局投入北海市信访信息系统建设费36万元,实现同自治区信访信息系统的互联互通,市一级和合浦县均已与自治区信访专网连通,并使用信访专网上报信息。从2010年9月起能在专网登记、办理信访件,每月信访信息数据库数据与报送统计数据总量误差不超过5%。

【设立解决特殊疑难信访问题专项资金】 2010年,市信访局为了进一步落实信访部门工作经费,解决信访突出问题专项经费的投入,北海市设立解决特殊疑难信访问题专项资金。用于解决对北海市长期积累、久拖未决、难以落实责任主体的特殊疑难信访问题和重大突发公共事件所需的经费。市级财政2010年安排解决信访疑难问题配套资金,在应急专项资金中予以安排并及时据实拨付。2010年,市委、市政府拿出了1779.39万元来解决一批多年来没有解决的信访问题。 (庞家鑫)

党史研究与编纂

【概况】 2010年,北海市委党史研究室内设机构有:秘书科、征编科、资料科。编制10人,实有10人,其中大专以上学历9人,中级职称6人。北海市委党史研究室坚持以邓小平理论和"三个代表"重要思想为指导,深入学习实践科学发展观,认真学习贯彻中发〔2010〕10号、桂发〔2010〕32号文件以及全国、全区党史工作会议精神,坚持党史工作为全市的中心工作服务、为实施北海三年跨越发展服务的方向,团结协作,真抓实干,开拓创新,完成全年的各项工作任务,取得了显著的成绩,得到了上级部门的好评。室下属的征编科被评为全区党史系统先进集体,记集体二等功。

【编纂工作】

编辑《中共北海市历史文献》 该书收录1949年12月4日北海市新中国成立后至1954年中共北海地方组织的重要文件,内容包括政治、经济、文化、党建等各个方面,从历史的触角,探视北海市发展变化的历史轨迹,把握中共北海地方党组织的实践与探索的历史脉络。全书约40万字,已完成了送审稿。

编辑《反腐倡廉 廉洁从政》(暂名) 该书从不同侧面反映新中国成立以来北海市反腐倡廉建设的历程,展示成就、总结经验。全书包括组织建设篇、法规制度篇、廉政教育篇、廉政人物篇、反腐警示篇等,全书约20万字,已完成初稿。

修编《北海之最》 该书于2009年开始收集、整理资料,当年完成初稿,2010年进行修改、完善,并完成了送审稿。

修改《中国共产党北海历史》(第二卷) 市委党史研究室贯彻落实中办发〔2006〕23号和桂办发〔2006〕46号文件精神,继续搞好党史正本《中国共产党北海历史》(第二卷)的修改工作。该书于2006年开始编纂,2008年完成初稿,并通过专家评审,2010年进行第三、第四次修改,充实了部分章节的内容。

编辑《北海市大事记摘编》(月刊) 《北海市大事记摘编》属内部发行刊物,每月出版一期,每期约2万字,每期发行300册。该刊物收录了2010年市委、市政府出台的重大决策、市四家班子领导的重要工作活动和全市各行各业在工作中取得的重大成果,及时、全面地记录北海市政治、经济、文化等领域发生的大事。

【革命遗址遗迹普查工作】 2010年,市委党史研究室贯彻落实自治区党史研究室《关于贯彻落实全国革命遗址遗迹普查工作会议精神，进一步推动广西区革命遗址遗迹普查工作的通知》文件精神，进一步做好北海市革命遗址遗迹普查后续工作。各县区在普查工作基本完成的基础上，对革命遗址遗迹普查成果进行整理、核实，做好党史教育基地的审核、申报工作，全市有3个党史教育基地命名的有关材料已上报自治区党史研究室审定。同时，根据全国革命遗址遗迹普查工作方案要求，配合自治区党史研究室做好革命遗址遗迹普查成果的编辑出版工作，收集、整理革命遗址遗迹的历史背景、图片等，为编纂出版北海市革命遗址遗迹普查成果一书打好基础。

【党史资料征集与研究】 2010年，市委党史研究室开展社会主义时期党史专题资料的征集工作。为推进北海党史正本第二卷的修改和第三卷编写工作，市委党史研究室贯彻落实市委办北办发〔2009〕14号文件精神，广泛征集全市各行各业、各部门的社会主义时期党史资料。4月28日，举办了共有100名党史工作联络员参加的全市社会主义时期党史专题资料征集动员大会和党史编纂业务培训班，部署落实全市社会主义时期党史专题资料征集任务，邀请自治区党史研究室专家樊东方在培训班上授课，讲授党史专题、大事记的编写技巧。到11月，全市88个党史专题资料的征集、编写工作已取得阶段性的成果，为编辑《北海市社会主义时期党史专题集》和修改完善《中国共产党北海历史》(第二卷)打下扎实基础。

【党史宣传】 2010年，市委党史研究室开展重大节庆和重大事件纪念活动。“七一”前夕，在市第二小学举行庆祝中国共产党成立89周年党史专题报告会，邀请党史专家讲授中国共产党的发展历程，市直部分单位党员干部和学校党员教职员工共100多人参加聆听了党史专题报告会。9月2日，市委党史研究室与有关单位联合举办纪念抗日战争胜利65周年座谈会，参加或者见证抗日战争的老同志及有关部门的负责人共100多人参加了座谈会。

【指导市辖县区党史工作】 2010年，市委党史研究室领导多次深入各县区党史办调查研究、指导基层党史部门开展业务工作。本室针对市辖海城区、银海区、铁山港区党史办是非常设机构、人员不落实、工作运转不正常的情况，向有关部门反映，争取支持，并向市编委写了专题请示，以争取将这三个区党史办从非常设机构改为常设机构，落实专职人员编制。

（包建平）

北海市社会科学界联合会

【概况】 2010年，北海市社会科学界联合会机关设内部机构1个（办公室），编制3人，现有工作人员5人。现任领导机构是第三届委员会，有委员33人。党组书记、主席洪小龙，专职副主席邓超斌(兼秘书长)、张我伟。年末有团体会员24个，会员2万余人。

【学术活动】 2010年，围绕北海经济社会发展的实际，立足服务北海三年跨越发展，北海市社科联组织社科工作者，发挥优势，联合攻关，认真开展课题调研和学术研究活动，为党委和政府提供决策参考。3月，与北海市委宣传部联合举办第四期北海发展论坛，就学习贯彻《国务院关于进一步促进广西经济社会发展的若干意见》精神，推动北海三年跨越发展进行了研讨。5月，与广西社科联、北海市直属机关工委联合举办第五期北海发展论坛，就“学习贯彻《国务院关于进一步促进广西经济社会发展的若干意见》精神，促进北海三年跨越发展”进行了研讨。此外，北海市社科联还组织开展一系列社科课题研究活动，主要有“关于促进北海房地产业健康有序发展的对策研究”、“北海三年跨越发展工程提出的依据和实现路径研究”、“加强北海市区流动人口管理和服务”、“北海银滩旅游产业发展模式创新研究”等等。

【科普活动】 2010年，北海市社科联抓好社会科学普及工作，举办了18期“北部湾讲坛”，开展多次社科知识进广场、进农村、进校园、进社区活动。1月29日和5月19日，先后到合浦县常乐镇和山口镇开展科普进农村活动，展出了《科学发展观》、《社会主义核心价值体系》科普知识系列展板，受到广大村民的欢迎，1000多农民观看了展览。3月，举办第20讲北部湾讲坛，邀请著名旧体诗词研究专家熊东遨来北海作了题为“旧体诗词时代精神略述——兼谈诗词创作中的常见问题”的讲座。5月，连续举办了17场“北部湾讲坛——北海历史文化系列专题讲座”，邀请北海市文史专家和文史研究人员进行讲解，听众达4000多人次。9月28日，北海市社科联到银海区侨港镇社区开展科普进社区活动，展出《科学发展观》、《社会主义核心价值体系》科普知识展板，受到侨港镇社区广大群众的欢迎，近2000名群众参观了展览。10月10日，“全区社会科学普及十月大行动启动仪式暨北部湾广场科普活动”在北海北部湾广场隆重举行。启动仪式上，自治区社科联向廉州镇烟楼村等4个单位赠送了科普书籍。北海社科联组织16个学会向群众提供咨询服务。举办了社会科学知识展览，共展出《科学发展观》、《社会主义核心价值体系》、《北海合浦海上丝绸之路始发港》等系列主题展板共50多块。11月16日，到合浦县乾江中学开展科普进校园活动，向合浦县乾江中学赠送了社科类书籍200册，展出《科学发展观》、《社会主义核心价值体系》、《北海合浦海上丝绸之路始发港》科普知识展板，受到广大师生的欢迎。

【北部湾讲坛】 2010年北海市社科联举办了18期“北部湾讲坛”。3月，举办第20讲北部湾讲坛，邀请著名旧体诗词研究专家熊东遨教授来北海作了题为“旧体诗词时代精神略述——兼谈诗词创作中的常见问题”的讲座。5月6日～18日，北海市社科联连续举办了17场“北部湾讲坛——北海历史文化系列专题讲座”，邀请12名北海市文史专家和文史研究人员，分别就13个专题从不同的角度、不同的侧面讲述了北海两千多年的历史脉络、文化积淀、文明成果。讲座先后在市直机关、海城区、银海区、北航北海学院、北海职业学院、北海艺术设计职院举办，共组织80多个市直机关、事业单位的干部职工，部分大专院校的师生参加了讲座，直接听众达4000多人次。通过举办这一系列的专题讲座，教育引导全市广大干部群众认知北海、热爱北海、唱兴北海、建设北海，激发了干部群众关注北海历史文化、了解北海市情的热情，增强了干部群众自豪感，收到了显著的社会效果。

【全区社会科学普及十月大行动启动仪式暨北海市北部湾广场科普活动】 2010年10月10日上午，“全区社会科学普及十月大行动启动仪式暨北部湾广场科普活动”在北海北部湾广场隆重举行。北海市委常委、宣传部长、副市长廖德全主持启动仪式。自治区社科联党组书记、主席庞汉生宣布2010年全区科学普及十月大行动启动，自治区社科联副主席姚兵作了动员讲话。启动仪式上，自治区社科联向廉州镇烟楼村等4个单位赠送了科普书籍。启动仪式后，到场领导与到场的社科工作者、学生及各界群众共同观看了文艺演出。在北部湾广场，北海社科联组织16个市属学会、协会、研究会派出的专家为市民提供计划生育、妇女维权、钱币、理财、法律、教育、商业保险、理财知识，老年保健、心理健康房产知识等与市民日常生活密切相关领域的现场咨询服务。同时举办了社会科学知识展览，16个学会制作了各专题的社科知识展板，共展出“科学发展观”、“社会主义核心价值体系”、“北海合浦海上丝绸之路始发港”等系列主题展板共50多块，近3000群众参观了展览。

【北海市开展社科进农村、进校园、进社区活动】 2010年1月29日和5月19日，北海市社科联先后到合浦县常乐镇和山口镇开展科普进农村活动，展出了《科学发展观》、《社会主义核心价值体系》科普知识系列展板，展出受到广大村民的欢迎，1000多农民观看了展览并表现出浓厚的兴趣。展览采用了图文并茂的形式，让村民看得懂、看得明白。2010年9月28日，北海市社科联到银海区侨港镇社区开展科普进社区活动，展出《科学发展观》、《社会主义核心价值体系》科普知识展板，受到侨港镇社区广大群众的欢迎，2000名群众参观了展览。2010年11月16日，北海市社科联到合浦县乾江中学开展科普进校园活动。当天，北海市社科联向合浦县乾江中学赠送了社科类书籍200册，展出《科学发展观》、《社会主义核心价值体系》、《北海合浦海上丝绸之路始发港》科普知识展板(44块展板)，展出受到广大师生的欢迎。

【北海市第四次社会科学研究优秀成果评奖活动】 为总结、检验2004年以来北海市哲学社会科学研究成果，北海市开展第四次(2004～2010年度)社会科学研究优秀成果评奖活动。此次评奖活动共收到申报成果41项，经北海市第四次社会科学研究优秀成果评审委员会严格评审，共评出获奖成果26项，其中特别奖3项、一等奖5项、二等奖8项、三等奖10项。获奖成果通过北海日报向社会公示无异议。北海市委、市人民政府联合发文对北海市2004～2010年度社会科学研究优秀成果进行了表彰。（邓超斌）

中共北海市纪律检查委员会(市监察局)

综　述

【概况】 2010年，北海市各级纪检监察机构161个，专职纪检监察干部298人。市纪委监察局派驻(出)机构35个(含双派驻机构)，其中市纪委派驻(出)机构24个、市监察局派驻(出)机构29个。市直属单位内设纪检机构31个，县(区)纪委、监察局4个，乡镇纪委23个。市纪委、监察局内设12个室，编制46人，在职干部38人，平均年龄44.7岁，大专以上学历的干部占总数的94.8%。

【队伍建设】 2010年北海市深入开展以“做党的忠诚卫士、当群众的贴心人”为主题的实践活动，在全市纪检监察系统开展了以党性教育、廉洁自律教育、创建学习型机关、“解难题、办实事”和创优争先为主要内容的干部素质教育活动。围绕抓“五项教育”、促“三新”的目标，组织全市121名纪检监察干部参加了为期三天培训，组织全市纪检监察干部进行一次综合素质检验，全市309名纪检监察干部参加综合知识测试，使其能力素质有新的提升、工作创新上有新举措、作风形象上有新转变。围绕“明确职责，发挥纪委书记作用”这个主题，组织县(区)和市直纪委书记、纪检组长进行一次专题座谈会，开展交流研讨和提醒教育，进一步加强对县(区)和派驻派出纪检机构的管理。市委调整县(区)和市直单位纪委书记、纪检组长11人，充实7人，市纪委监察局提任监察室主任3人，通过贯彻落实中纪委9号、10号文件，协调解决了县级纪检监察机关编制、职级配备、决策参与等问题，全市纪检监察力量得到了有效整合。

2010年7月，“中纪委第八纪检监察室、中南地区纪检监察工作联系点汇报交流会”在北海市召开　　市纪检委　供

党风廉政建设

【廉政制度建设】 2010年，市纪委监察局严格围绕实施惩治和预防腐败体系《工作规划》推进党风廉政建设，进一步规范各级领导干部的从政行为。一是推进惩治和预防腐败体系建设。认真执行《工作规划》和市委的《实施办法》，组织市直机关34个牵头单位和62个协办单位承担了215项任务，形成齐抓共管合力。在惩防体系建设的迎检工作方面，得到了中央纪委和自治区纪委检查组的充分肯定。二是切实抓好党风廉政建设责任制工作。把加强党风建设的主要任务进行分解细化，确定目标任务，印发《北海市2010年党风建设工作要点》和《北海市直属机关和驻市单位贯彻落实2010年反腐倡廉工作任务的分工意见》，把领导干部作风建设和廉洁自

律、厉行节约、基层党风廉政建设作为工作重点推进落实。三是认真落实领导干部廉洁从政各项规定。继续开展制止公款出国(境)旅游专项工作，严格执行公务用车配备使用管理的各项规定，进一步规范公务接待，切实抓好"小金库"专项治理"回头看"工作。四是进一步加强农村党风廉政建设。全市342个行政村、23个乡(镇)设立了党务公开栏，紧紧抓住基层党员群众最关心的"热点"、"难点"问题，推行点题公开。坚持开展农村基层干部任前廉政谈话、诫免谈话、述职述廉、廉政承诺和个人事项报告、村民评议村干部等制度。2010年全市农村基层共有270人进行了任前廉政谈话、诫勉谈话，1522人参加述职述廉，730名乡镇、村主要领导报告了有关事项，村民评议村干部1208人次。在农村、国有企业和学校中建成了廉州镇廉南社区、兴港镇彬定村、市自来水公司、北海一中等为代表的20多个示范单位，以点带面推进全市基层党风廉政建设深入开展。

【廉洁自律教育】 2010年，纪检监察机关推出反腐倡廉专题系列报道活动。在市广播电台、电视台、《北海日报》等新闻媒体开设了"推进惩防体系建设"宣传专栏，登载专稿或消息33篇，宣传北海市贯彻落实《工作规划》、推进反腐倡廉建设取得的成果和经验。建立了一个反腐倡廉宣传教育网站。在群众关注、点击率高的北海政府网上，开设了"市纪委分站点"，为全面开展反腐倡廉网上宣传教育提供有效平台。组织了"五个一"学习贯彻《廉政准则》活动。在开设宣传专栏、进行专题学习、举办学习座谈等基础上，组织相关领导到县(区)和市直有关部门进行了巡回宣讲，组织开展了《廉政准则》知识考试和知识竞赛，全市5000多名党员干部参加了考试。推进示范教育工作。举办了钟世才同志先进事迹巡回报告会，组织122名处级领导干部到北海监狱开展了警示教育和集体廉政谈话。继续抓好一项精品工作。组织任前廉政考试9批，64名拟提拔领导干部参加了考试，接受任前廉政教育。广泛开展廉政文化活动。组织举办全市纪检监察工作服务经济工作成果展览，在市直机关党员干部中开展了"党风廉政宣传教育月"活动。

【"反腐倡廉制度建设年"活动】 2010年，全市开展"反腐倡廉制度建设年"活动，各单位从领导干部廉洁从政、查办案件、源头治腐、监督检查、优化环境等8个方面制定和完善了反腐倡廉制度20项。通过清理，取消行政审批事项103项。推进干部人事制度、财税制度和投资体制等8个领域的改革工作。建立完善重大项目公示制度、政府性资金投资评审制度和建筑市场信用管理办法等一批制度。严格执行厉行节约的规定，组织工作组对24个市直单位及其下属部门进行了抽查，深入开展了公款出国(境)、公车管理、公务接待等专项治理工作。切实抓好"小金库"专项治理工作，对北海市使用国有资金和财政资金的342个项目进行了排查，对发现的44个问题进行了整改。通过"回头看"，新发现4个单位有"小金库"。

2010年3月11日，北海市推进惩治和预防腐败体系建设工作座谈会召开

市纪检委　供

行政监察

【重点项目监察】 2010年，市纪委监察局紧紧围绕市委、市政府确定的主攻方向和重点内容，突出对"一批重大项目、一项民生工程、一个中心建设"实施同步监督、全程监督。组织督查组对全市32个牵头单位186个重点项目"四定"工作落实情况进行了全面监督检查。重点组织力量全程跟进对总投资280亿元、年税收60亿元的北海"一号工程"中石化北海炼油异地改造重大项目建设的监督检查，协调解决了项目推进中遇到的有关问题。突出抓好对市财政投资3.49亿元的民生路网一期工程和投资额2.35亿元的民生路网二期工程进行监督检查，检查发现6个问题，问责处理了2个不按时完成任务的单位。全程跟进监督检查市政务服务中心建设的前期筹备工作，确保新的政务服务中心按要求正式投入使用，为企业和群众提供了"一站式"服务。

【行业专项监察】 2010年，市纪委监察局抓了工程建设领域问题的专项治理和扩大内需项目的监督检查。对没有按规定进度推进污垃项目和未完成节能减排任务等责任单位主要领导和分管领导分别进行了4次集体约谈,督促提醒整改,有效促进了项目建设。启动问责程序追究了13个单位和13名干部的责任。其中对不按规定进驻中心和对审批事项实行“两头受理”等问题比较严重的水产畜牧、农机等部门进行调查和问责处理,追究了相关单位领导的责任,市农机局一名负有直接领导责任的副局长引咎辞职。通过在全市进行通报教育,对北海市进一步实现“阳光行政,政务公开”起到了较大的触动作用。

纠风工作

【惠农资金专项清理】 2010年,北海市组织开展惠农补贴发放等方面的专项监督检查,确保强农惠农政策落实到位。清理检查强农惠农专项资金项目157个,涉及金额51732.12万元,纠正和整改违规问题涉及金额68.73万元,查处哄抬农资价格、制售假劣农资坑农害农行为63个,涉及金额7.46万元。

【清理行业乱收费】 2010年,市纪委监察局对全市教育收费、征地拆迁补偿款等行业收费问题进行了集中清理。查处学校乱收费问题2个,清退违规收费26.1万元。取消行业协会和市场中介组织收费项目2个,涉及金额315万元。通过集体约谈,促进一县三区和市直有关部门贯彻落实全市保障性住房补贴政策,并对存在的问题进行整改。

【拓宽宣传投诉渠道】 2010年,市纪委监察局通过广播热线播出“关注民生、优化发展环境、改进作风”为主题的节目共45期,受理群众电话和手机短信529件,解答行政政策、服务询疑308件,核查具体问题和投诉145件,采纳意见、建议76条,发现并纠正了征地补偿、失业保险金、耕地毁坏等许多损害企业和群众利益的苗头性问题。在合浦县创建了广西首个县级“效能和行风热线”网站,为百姓和政府搭建了一个全新的沟通平台。

【作风建设】 2010年,市纪检监察机关按照集中整顿、重点排查的思路,集中开展纪律作风整顿活动。组织力量对一县三区和市政务服务中心、建设、政法、农林水等系统的上岗情况进行了突击检查和通报。重点查处了市劳保局一名科长上班时间利用办公电脑上网查看股市信息被曝光事件,督促相关部门对其作出免职处理。加强对市政务服务中心窗口工作纪律的监管。对市农机局、市司法局、市人事局3个单位窗口工作人员上班时间违反工作纪律观看业务之外电脑视频的问题进行了调查,作出通报批评、取消责任人当年评优评先资格的处理。联合市委组织部下发了《北海市查处损害投资软环境行为营造高效廉洁政务环境的实施方案》,组织全市从9月至12月开展对部门(单位)及其工作人员在履行职能和执行公务、服务重大项目建设中发生的9类损害投资软环境的行为进行专项查处,大力整治损害投资软环境行为。抓好行政效能监察工作。受理行政效能投诉38件,其中自办14件,转办24件,办结36件。同时强化电子监察结果的运用,对出现的5起行政审批业务超时办结亮红灯情况进行了调查处理,对自治区监察厅发现北海市政务服务中心部分窗口工作人员上班时间观看视频、炒股、玩游戏等违纪行为进行了问责处理。各县区和市直6个系统集中开展民主评议政风行风活动,整改问题124个,建立完善规章制度202项。全市民主评议乡镇基层站所356个,144个民主评议基层站所查处不正之风问题19个,20人受党纪政纪处分和其他处理。

案件查处

【信访工作】 2010年,全市各级纪检监察机关共接受信访举报952件(次),初核案件线索315件,立案150件,其中县处级干部5人,乡科级干部32人。给予党政纪处分139人。各级纪检监察机关做到了依纪依法、安全文明办案,力度进一步加大,其中移送司法机关追究刑事责任18人,立案查处贪污贿赂类疑难案件64件。

【查办案件】 2010年,全市各级纪检监察机关通过解决“一个难点、一个重点、一个焦点”的关键问题上取得了重大突破。在解决难点上,围绕涉及北海渔民利益的突出问题,组织人员对有关部门人员涉嫌截留、挪用渔民渔船油补问题等进行专项调查,重点查办了某水产畜牧兽医部门涉嫌截留南沙渔业用油补贴专项资金120多万元的问题,相关责任人员受到了党政纪处分。在解决重点问题上,围绕重点领域和关键环节的违纪违法问题,查办了一起规划、土地部门个别人与社会中介人员勾结,非法倒卖土地使用权的违纪违法案件。这是北海市近年来在没有使用“两规”措施情况下,首次成功告破的一起非法买卖土地案。在解决焦点问题上,围绕市委常委会的重大决策部署,对市迎宾大道项目建设中有关人员参与围标串标、收受贿赂案件,治理工程领域突出的问题组织查处,取得了重大进展。通过核实,对37名轻微违纪的党员干部进行了适当处理,为失实举报的96名党员干部澄清了是非,有效保护了干部,调动干部的工作积极性。

(黄　毅　符发胜　李晓东)

北海市人民代表大会

综　述

2010年，市人大常委会在市委的正确领导下，以邓小平理论和“三个代表”重要思想为指导，深入贯彻落实科学发展观，坚持党的领导、人民当家做主、依法治国有机统一，围绕中心，服务大局，以推动北海三年跨越发展工程为主题，认真贯彻落实《市委关于进一步加强和改进人大工作的决定》，加强自身建设，提高履职能力，充分发挥地方国家权力机关的职能作用，为促进北海经济发展和社会进步作出了新贡献。

2010年，市人大常委会行使重大事项决定权，作出决议决定10项，通过法定程序把市委的重大决策变成地方国家权力机关的决议、决定，成为广大人民群众的意志和行动；听取审议了“一府两院”关于农村基础设施建设、法院民事执行工作、市区中小学布局规划、被征地农民生活就业、旅游产业发展、归侨侨眷危旧房改造、传染病防治等16个专项工作报告，有针对性地提出加快经济发展和改善民生的意见和建议，推动相关工作；围绕市委重大决策部署和事关民生问题开展调查研究，开展各类专题调研活动32次，并写出调查报告，为领导科学决策和常委会正确行使职权提供了必要参考，为促进有关工作发挥了积极作用；开展《城市规划法》等12个法律法规的执法检查工作；出台《北海市人大常委会规范性文件备案审查办法》，共备案政府规范性文件8件；积极化解社会矛盾，加强信访案件的督查督办，解决了人民群众关心的一批实际问题。全年接待群众来信126件，来访154件383人次，受理152件，已办结109件，办结率达72%；市十三届人大六次会议和闭会期间收到的115件建议全部办结并答复代表；每次常委会会议都邀请与议题有关的代表列席，专门委员会也邀请代表参加相关会议或调研；常委会组织的执法检查、专题视察调研、各种座谈会都邀请相关方面代表参加，全年共有516名代表参加相关活动；坚持党管干部与依法任免干部相统一原则，努力实现党内工作程序与常委会法定工作程序有机结合，共任免市国家机关工作人员53人次，其中政府30人次，法院16人次，检察院7人次。

2010年，常委会和人大机关加强自身建设，一是制度建设进一步加强，制定完善了常委会会议、主任会议和机关的议事规则和工作制度，进一步推进人大常委会和机关工作的制度化、规范化。制定了常委会议事规则、讨论决定重大事项办法、规范性文件备案审查办法、代表视察办法等，主任会议通过了常委会领导接访代表制度、办文工作制度、信访工作制度。这些制度的实施，使常委会和机关工作进一步提高了议事办事效率。二是采取有效措施提高常委会组成人员履职能力和机关工作人员服务水平。通过党组理论学习中心组、常委会组成人员培训班、机关人员学习班等多种形式，认真学习邓小平理论、“三个代表”重要思想和科学发展观，学习宪法、法律，学习业务知识专业技能，学习《国务院关于进一步促进广西经济社会发展若干意见》和《广西北部湾经济区发展规划》，努力提高自身政治素质、工作水平和能力。市委书记、市人大常委会主任王小东在常委会组成人员培训班上亲自给组成人员作学习动员，常委会组成人员通过听动员报告、专家讲课、讨论交流、实地考察等活动，政治素质和履职能力都得到了进一步提升。市人大机关坚持依法办事，积极作为，注意探索做好人大工作的新思路、新途径、新方法。转变工作作风，深入实际视察调研，监督促进相关工作，尽力为推动北海经济发展和民生改善做实事。主动做好社会主义新农村建设联系点工作，为合浦县大新村等联系点协调解决危桥、抗旱、特困群众住房等急难问题。协助全国人大和自治区人大做好执法检查、视察、调研、会议和培训等工作。三是加强对外交往，通过外出学习考察，借鉴外地经验和到县区乡镇人大作工作调研，加强和改进了人大常委会及其机关的工作。全年接待各级各地人大代表430批，3700多人次。

重要会议

【市第十三届人民代表大会第六次会议】 市十三届人民代表大会第六次会议于1月19～21日举行。会议听取和审议了市长连友农所作的政府工作报告、市人大常委会副主任黎尚军所作的市人大常委会工作报告、市中级人民法院代理院长张培健所作的市中级人民法院工作报告、市人民检察院检察长黄坚所作的人民检察院工作报告。大会选举王小东为北海市第十三届人民代表大会常务委员会主任，选举李蔚为北海市第十三届人民代表大会常务委员会副主任、广西壮族自治区第十一届人民代表大会代表；张培健当选为北海市中级人民法院院长。市委书记、市人大常委会主任王小东在闭幕大会上作重要讲话。市人大常委会副主任李蔚、黎尚军、叶上辉、罗恩平、许光波、顾乃峰、陈承才、张玉兴，秘书长谢安河出席会议。大会期间还召开了市十三届人民代表大会第六次会议新闻发布会。

市第十三届人民代表大会第六次会议召开　　市人大　供

【市人大常委会会议】 2010年，市人大常委会共举行8次会议。

市十三届人大常委会召开第二十八次会议　1月11日举行。会议由市人大常委会副主任黎尚军主持，市人大常委会副主任叶上辉、罗恩平、许光波、顾乃峰、陈承才、张玉兴，秘书长谢安河出席会议。会议表决通过了杨康、李蔚、廖德全等人员的人事任免事项，审议通过关于代表资格审查的报告、关于市十三届人大六次会议筹备情况的汇报、关于市十三届人大六次会议列席人员名单、市人大常委会工作报告、市十三届人大六次会议有关文件材料、关于代表资格审查的报告。市委常委、常务副市长孙大光，市中级法院、市检察院有关领导列席会议。

市十三届人大常委会召开第二十九次会议　4月1日举行。市委书记、市人大常委会主任王小东主持会议并作重要讲话，市人大常委会副主任李蔚、黎尚军、叶上辉、罗恩平、许光波、顾乃峰、陈承才、张玉兴，秘书长谢安河出席会议。会议通过了市检察院和海事法院有关人事任免；审议通过了《北海市人大常委会2010年工作要点》、《北海市人民代表大会代表视察办法》、《北海市人大常委会规范性文件备案审查办法》、市政府关于提请将北海市城市建设投资有限公司向广西北部湾银行北海分行的贷款列入财政预算的议案，并作出决议。市委常委、常务副市长孙大光，市检察院、市中级法院、北海海事法院等有关领导列席会议。

市十三届人大常委会举行第三十次会议　5月24日举行。会议表决通过了市中级人民法院关于民事执行情况的报告、市人民政府关于北海市出入境工作情况的报告、市人民政府关于北海传染病防治工作的报告，会议还通过了《北海市人民代表大会常务委员会议事规则》，通过了有关人事任免事项。市人大常委会副主任黎尚军、叶上辉、罗恩平、许光波、顾乃峰、陈承才、张玉兴，秘书长谢安河出席会议。市中级法院、市检察院相关负责人列席了会议。

市十三届人大常委会召开第三十一次会议　6月29日举行。市人大常委会副主任李蔚主持会议。市人大常委会副主任黎尚军、叶上辉、许光波、罗恩平、陈承才，秘书长谢安河出席会议。会议听取审议了市审计局关于2009年度市本级预算执行和其他财政收支的审计工作报告、市政府关于全市和市本级2009年财政决算的报告、市政府关于旅游产业发展工作情况的报告、《北海市人民代表大会常务委员会讨论决定重大事项办法》(草案)。市委常委、常务副市长孙大光,副市长彭鸣达,市中级法院、市检察院等有关部门负责人列席会议。

市十三届人大常委会召开第三十二次会议　8月10日举行。会议听取审议了市政府《关于农村基础设施建设工作情况的报告》、《关于上半年北海国民经济与社会发展计划执行情况的报告》、《关于上半年北海财政预算执行情况的报告》、《关于完善市区中小学布局工作情况的报告》、《关于代表建议、批评和意见办理工作情况的报告》等事项。市人大常委会副主任李蔚主持会议。市人大常委会副主任黎尚军、叶上辉、罗恩平、许光波、顾乃峰、陈承才、张玉兴,秘书长谢安河出席会议。市委常委、常务副市长孙大光,副市长陈玉玉,市中级法院、市检察院等有关部门负责人列席会议。

市十三届人大常委会召开第三十三次会议　9月25日举行。会议听取审议市政府《关于融资平台贷款使用管理工作情况的报告》、《关于被征地农民生活就业工作情况的报告》、《关于归侨侨眷危房改造工作情况的报告》、关于北海市环半岛滨海道路工程——高德港大桥项目建设资金有关问题等5个议案。会议还表决通过了北海海事法院的有关人事任免事项。市有关部门的主要负责人列席了会议并接受询问。市人大常委会副主任李蔚主持会议。市人大常委会副主任黎尚军、叶上辉、罗恩平、顾乃峰、陈承才、张玉兴,秘书长谢安河出席会议。市委常委、常务副市长孙大光,市中级法院、市检察院、北海海事法院有关领导列席会议。

市十三届人大常委会召开第三十四次会议　11月30日举行。会议听取审议市检察院《关于查办和预防职务犯罪工作情况的报告》、市政府《关于住房公积金使用管理工作情况的报告》、《关于代表建议、批评和意见办理工作情况的报告》。会议还表决通过了有关人事任免事项。市委书记、市人大常委会主任王小东向新任命人员颁发了任命书。市人大常委会副主任叶上辉、罗恩平、顾乃峰、陈承才、张玉兴,秘书长谢安河出席会议。副市长梁丁丁,市中级法院、市检察院、北海海事法院领导列席会议。

市十三届人大常委会召开第三十五次会议　12月31日举行。会议决定,市十三届人大七次会议于2011年1月11日召开。会议听取审议了关于召开市十三届人大七次会议的决定、关于市十三届人大七次会议筹备情况的汇报、关于代表资格审查的报告、关于2010年财政收支预算调整的说明、关于市十三届人大七次会议建议议程、市十三届人大七次会议主席团和秘书长、主席团常务主席、执行主席分组、大会副秘书长等建议名单和市十三届人大七次会议代表编组、各代表团召集人名单、市十三届人大七次会议列席人员名单,还表决通过了有关人事任免事项。市人大常委会副主任李蔚主持会议。市人大常委会副主任叶上辉、罗恩平、许光波、顾乃峰、陈承才、张玉兴,秘书长谢安河等出席了会议。副市长彭鸣达,市中级法院、市检察院领导列席了会议。

【新闻发布会】 2010年市人大常委会共举行新闻发布会1次,1月20日举行。新闻发布会由市人大常委会秘书长、市十三届人大六次会议新闻发言人谢安河主持,市发改委、市建委、市旅游局的主要负责人先后向与会新闻媒体记者介绍了北海有关重大项目、民生路网工程、旅游重大项目等方面情况,并就相关问题回答了记者的提问。

监督工作

【围绕中心,服务大局】 2010年,市人大常委会根据市委重大决策部署,积极投入优化环境、推进项目、改善民生工作,全面推进北海三年跨越发展工程。按照市委"全市把项目建设作为头号大事来抓"的要求,市人大常委会全力支持和依法监督政府及有关部门推进重大项目建设。一是审议工作报告提出建议。常委会听取审议了市政府关于计划执行和财政预算执行情况报告等有关重大项目建设情况报告,着重就强力推进重大项目建设提出建议并督促办理落实。二是深入项目现场调研检查督促。常委会领导16次带领调研组深入到有关部门、企业和项目现场调研视察,督促加快推进项目建设。三是参与项目建设主战场工作。由常委会领导担任中石化项目征地搬迁指挥部指挥长,深入一线做好劝解群众搬迁工作,协调解决相关困难和问题。四是为解决项目建设资金不足的瓶颈和难题出力。常委会先后作出6项决定决议,依法支持政府通过投融资平台筹措资金,支持项目建设。常委会把加强对国民经济和社会发展计划、预算制定与执行的监督,作为推动全市经济跨越发展的着力点,及时听取和审议政府及发改委、财政和审计等部门工作报告,有针对性地提出加快经济发展的意见和建议。特别是扩大了常委会组成人员、人大机关委室对国民经济和社会发展计划、预算执行情况预审的参与面,并对发改委、财政部门的工作报告首次采取票决制测评。常委会注意推动产业发展,听取审议了市政府关于旅游产业发展情况报告,提出了要规划先行、理顺体制等加快旅游产业发展9条建议,市委、市政府对此高度重视，就相关问题作出了具体安排。

【关注民生，推动改善】 2010年，市人大常委会积极推动保障和改善民生工作，听取审议的“一府两院”16个专项工作报告中，有8个报告直接涉及老百姓普遍关注的民生问题，开展的12项执法检查也大多与民生问题密切相关。高度关注教育、医疗卫生、住房、就业等问题，就群众关注度较高的市区中小学布局不合理，中小学生上学难问题，常委会听取审议了市政府关于市区中小学布局规划工作报告，提出了完善布局，科学规划，搬迁、新建一批学校等5条建议。市政府认真研究落实建议，已启动了市区中小学布局重新规划工作。被征地农民生活和就业问题也是一个重要的民生问题，常委会听取审议了市政府关于被征地农民生活就业工作情况报告，提出了要采取有效措施帮助被征地农民解决就业问题等6条意见建议，推动有关部门积极想方设法帮助群众解决生活就业问题。为改善北海归侨侨眷住房困难，常委会听取审议了市政府关于归侨侨眷危旧房改造情况报告，对危旧房改造提出了意见和建议。常委会还听取审议了市政府关于传染病防治工作情况报告，提出了尽快建设医疗垃圾处理厂等建议。政府认真落实建议，及时启动并加快了医疗垃圾处理厂建设。2010年，市人大常委会还对民生路网建设、北中和二医院搬迁等一批民生项目进行了视察调研。

【创新方式，增强实效】 2010年，市人大常委会通过强化审议监督、强化调研监督和强化跟踪监督的方式，创新工作方式方法，增强了监督实效。一是强化审议监督，通过媒体公开向社会征集议题，并征求常委会组成人员及人大代表意见和建议选好议题，切实加强会议审议。全年听取审议专项报告16个，比上年增加3个。为了提高审议质量，常委会改变了过去主要在全体会议审议，很少进行分组审议的做法，在集中听取专项工作报告之后，都实行分组审议，会议时间也适当延长，使常委会组成人员能够充分发表意见。常委会把开展询问作为常态，每次常委会会议都要求有关部门负责人列席听取意见建议，回答常委会组成人员的询问。通过面对面的对话交流互动，达到推动和支持政府工作的目的。二是强化调研监督，对要审议的议题都由常委会领导带领常委会委员、人大代表、群众代表参加的调研组进行深入调查研究。通过调研，全面、真实、准确地了解专项工作情况，在审议时提出更有针对性的意见建议，也把调研当作促进工作的过程。同时围绕市委重大决策部署和事关民生问题开展调查研究，强力推动有关工作。全年共开展各类专题调研活动32次，为促进有关工作发挥了积极作用。三是强化跟踪监督。做好跟踪督办工作，是审议专项工作报告取得实效的根本保证。2010年，市人大常委会注重抓审议建议的跟踪督办，力促建议办理更实在、更到位、更有效。除了跟踪督办当年所有审议意见建议以外，还对往年审议意见建议办理情况，特别是关于加快建设医疗垃圾处理厂、改善市区交通状况等涉及大局和民生，该办能办的实事，进行了持续、反复的跟踪督办，有效地推动了相关工作，取得良好的监督效果，医疗垃圾处理厂已于去年底建成点火运行，北海大道若干路口改造基本完成。

市人大常委会组织市人大代表开展年终视察活动　　市人大　供

代表和信访工作

【代表工作】 2010年，市人大常委会为了充分发挥人大代表作用，采取一系列措施加强代表工作。一是注重加强代表建议办理。听取审议代表建议办理工作报告由过去年末一次审议改为年中、年末两次审议，并在媒体上公布审议意见，督促承办单位认真抓紧落实整改。提高督办频率和强度，持续督办、反复督办重点建议办理，常委会领导带领常委会委员和部分人大代表多次深入县区和承办单位督办检查，有效地促进了代表建议办理，市十三届人大六次会议和闭会期间收到的115件建议全部办结并答复代表。二是注重提高代表参与程度。每次常委会会议都邀请与议题有关的代表列席，专门委员会也邀请代表参加相关会议或调研；常委会组织的执法检查、专题视察调研、各种座谈会都邀请相关方面代表参加，全年共有516名代表参加了上述活动，发表意见，提出建议，为提高常委会和专门委员会工作质量发挥了积极作用。三是注重加强代表服务工作。制定和完善了常委会领导接访代表制度、代表视察办法，使代表工作有章可循。组织代表学习培训，不断提高代表履职能力。

举办市人大常委会组成人员培训班　　市人大　供

【信访工作】 2010年，市人大制定了《北海市人大信访工作制度》，坚持常委会领导信访接待日制度，耐心倾听群众诉求，积极化解社会矛盾。加强信访案件的督查督办，推动解决了人民群众关心的一批实际问题。全年接待群众来信126件，来访154件383人次，受理152件，已办结109件，办结率达72%。所办结信访件经回访，当事人都表示基本满意。

（曾作雷　姚浩燕）

北海市人民政府

综　述

2010年，在自治区党委、政府和市委的正确领导下，北海市人民政府深入学习实践科学发展观，全面落实《国务院关于进一步促进广西经济社会发展的若干意见》和《广西北部湾经济区发展规划》，全面实施北海三年跨越发展工程，坚持“以空间换时间、以资源换产业、以存量换增量”的发展理念，切实按照定人员、定职责、定时间、定进度的“四定”要求，大力优化环境，强力推进项目，着力改善民生，合力唱兴北海，全市上下信心更加坚定、思路更加清晰、作风更加扎实、措施更加有力，发展环境不断优化，基础设施加速完善，重大项目加快推进，民生状况持续改善，社会大局稳定和谐，经济社会发展取得显著成效，进入了跨越发展的新阶段。

年末，全市地区生产总值397.58亿元，增长17.6%；财政收入47.1亿元，增长31.8%；全社会固定资产投资485.26亿元，增长50.8%；规模以上工业增加值115.32亿元，增长42.1%；社会消费品零售总额108亿元，增长18.9%；居民消费价格指数降幅控制在3%之内；城镇居民可支配收入16798元，增长11%；农民人均纯收入5426元，增长15.5%；城镇新增就业人数38164人；城镇登记失业率控制在3.06%以内。北海三年跨越发展工程继续打基础之年和“十一五”规划的各项任务全面或超额完成。

全市有科学研究与技术开发机构12个，获地厅级以上奖项的科技成果20项，推广应用科技成果35项。大学5所，教师943人，在校学生2.6万人；中专10所，教师833人，在校生2.8万人；普通中学82所，教师5904人，在校学生10.42万人；小学394所，教师7155人，在校学生15.34万人。文化馆(室)3个，图书馆(室)3个，藏书39万册；博物馆1个。专业艺术表演团体3个。广播人口综合覆盖率98.59%，电视人口综合覆盖率98.99%。医疗卫生机构66个(不含个体)，专业卫生人员7204人，其中执业医生2045人，医院、卫生院床位4312张。城镇人均住房面积35.73平方米，农民居民人均住房面积27.3平方米。城市污水日处理能力19万立方米。人口出生率12.65‰，人口自然增长率9.17‰。全年科学研究与技术开发财政投入2102万元，教育事业财政投入118803万元，卫生事业财政投入45648万元，社会保障财政投入32728万元。

一是重点项目建设加快推进，固定资产投资持续增长。切实按照“四定”要求，全力抓项目、增投资、促发展，全力推进33个自治区层面重大项目和186个市层面重大项目。涉及软件开发、电子元件、机械制造、生物制药、食品加工等多个领域的数十个项目竣工投产，一大批产业项目实现开工。北海炼油异地改造石油化工(20万吨/年聚丙烯)、诚德新材料等重大项目进入建设高潮，铁山港3号、4号泊位，邮轮码头和新建铁路合浦至铁山港北线建设加快推进，铁山港铁路支线和玉林至铁山港高速公路等一批基础设施项目加快推进，冠岭项目等一批旅游接待项目和高星级酒店加快施工，一批中央扩内需项目加快实施。

二是外经外贸强劲增长，开放合作成效显著。坚持实施开放带动战略，深化区域合作，组团参加“携手四川合作开发北部湾经济区”活动、桂台经贸合作论坛、第七届中国—东盟博览会、第七届中国—东盟商务与投资峰会，招商成效显著。2010年，全市新引进项目157个；新签项目合同投资额194.8亿元；实际到位资金总额251.5亿元，比去年同期增加76.9亿元，同比增长44%。成功举办2010泛北部湾区域经济合作市长论坛，成功获批国家级加工贸易梯度转移重点承接地，国家科技兴贸创新基地建设扎实推进。对外贸易快速增长，完成进出口总额

137026万美元，同比增长72.4%，高于全区平均增幅48.1个百分点；加工贸易进出口总量71649万美元，同比增长80.9%。进出口总额增幅和加工贸易总量居全区第一。全市出口超千万的企业达到14家，其中建兴光电为自治区2010年首个出口超2亿美元的企业，在广西出口企业中排第一位。外资新批项目增多、增资项目投资大，利用外资跃上新水平，全口径实际利用外资2亿美元，比去年同期增加7000万美元，同比增长53.8%，完成自治区年度利用外资任务(1.5亿美元)的133%。

三是宜居城市建设迈出新步伐，节能减排扎实推进。2010年，北海市被国务院列为国家历史文化名城之一；创建国家园林城市及争创中国人居环境奖工作扎实推进，荣获"中国人居环境范例奖"。强化规划引导，编制和完善《铁山港(临海)工业区分区规划(2009～2025)》等一批重要规划。深化拓展城乡清洁工程，深入实施城市净化、绿化、彩化、亮化、美化工程。加强生态文明建设，开展城市环境综合整治。二氧化硫和化学需氧量排放总量控制提前完成"十一五"目标任务。

四是工业经济快速发展，产业园区主导作用进一步增强。全年新增规模工业48家，亿元产值企业15家，5亿元产值企业7家。完成规模以上工业总产值365.9亿元，比增57.7%，增幅排全区第三位；规模以上工业增加值115亿元，增长42.1%，排全区第一位。电子信息产业形成规模，产值持续高速增长，建成投产电子信息企业40余家，电子信息产业产值187亿元以上，电子信息制造业完成现价产值149.7亿元。园区经济规模不断扩大，园区经济占全市的比重进一步提高。全市各经济园区全年完成产值258.2亿元以上，占全市规模以上工业产值比重为70.6%。其中工业园区完成产值107.8亿元，增长77.98%；出口加工区完成产值73.8亿元，增长430%。

五是"三农"工作得到加强，新农村建设稳步推进。克服旱涝灾害影响，抓好农业生产，促进农民增收。认真落实各项强农惠农政策，提高农业综合生产能力。大力发展特色现代农业，促进农业结构优化升级，积极创建特色现代农业示范基地，北海市农业龙头企业总数达41家，其中国家级3家、自治区级16家，全面涵盖种植、养殖、加工、流通、旅游观光等五大领域，整体规模、水平、效益全面提升。全市已获认定的无公害种植业基地5.93万多公顷，占全市耕地总面积的74%。农村信息网络建设更加完善，建立农村信息站点40个，发展农村信息员1500多人；农产品产供销服务体系日趋完善，100多个农产品贸易市场建成投入使用。

六是现代服务业加快发展，人流物流加速集聚。《北海涠洲岛旅游区发展规划》通过国家旅游局评审，银滩景区和涠洲岛鳄鱼山火山口景区创5A、金海湾红树林景区创4A工作积极推进。举办中外知名品牌酒店高峰论坛。2010年接待国内游客938.43万人次，比增15.03%；实现国内旅游收入67.17亿元，比增29.99%；接待入境旅游者7.3万人次，比增18.83%；实现国际旅游收入2173.03万美元，比增26.24%。北海南珠汽车客运站正式落成。培育航空市场，原停航的航线已基本或完全恢复，多条航线加密了航班，完成旅客吞吐量70万人次，比上年同期增长近五成。北海港口货物吞吐量累计完成1250万吨，比增23.22%。

七是社会事业协调发展，民生进一步改善。高度重视人才和教育工作，投入1000万元设立人才工作专项资金，着手科学编制人才工作、教育工作中长期规划。科技服务工作取得明显成效。北海中学、市中职校搬迁工作顺利推进。在北京举办北海水彩画系列作品展览，受到广泛关注和好评。医药卫生体制改革工作不断深化，启动实施国家基本药物制度试点工作和城镇居民基本医疗保险制度。农村医保制度建设参合率位居全区前列，主城区基本建成10分钟医疗卫生服务圈。人口与计生工作不断规范。年初确定的12项为民办实事项目全面完成。民生路网二期工程全部完成。杭州路小区廉租住房建设项目一期工程竣工验收交付使用，合浦县廉怡小区廉租房交付使用。城乡风貌改造工程全部竣工，进入北海高速公路路段村屯屋外立面改造完成503户，完工率100%，城市主要出入口村屯绿化、村级道路硬底化建设已全部完成。

(张英毅)

重要会议

【北海市第十三届人民政府第三次全体会议】 1月16日，北海市第十三届人民政府第三次全体会议在市政府小礼堂召开。会上，市长连友农总结了2009年政府工作，并对当前和春节期间的各项工作作了部署。连友农要求，各级政府及各部门领导班子要带头学习好、贯彻好、落实好市委九届八次全会精神，把思想和行动统一到市委的决策和部署上来，以更加积极的工作态度、创新的工作思路、扎实的工作作风，做好今年的政府工作，全力实施"北海三年跨越发展工程"，努力做到"一年继续打基础、两年明显见成效、三年实现大跨越"。市政府与市直主要经济部门、市辖县区、各产业园区在会上签订了2010年经济社会发展主要目标责任书。

【全市专项工作会议】 2月9日，市政府召开专项工作会议，对2010年全市财政、国资、人事、劳动保障、招商引资、建设、国土、环保、安全生产等九个方面的工作进行部署落实。

市长连友农在会上强调，要以求真务实之风，开拓创新，扎实工作，力争各项专项工作取得新突破，全面完成全年各项目标任务，为推动北海三年跨越发展作出新的更大的贡献。市委常委、副市长孙大光，副市长刘宏武、彭鸣达分别对上述九个方面的工作进行了具体部署。

【北海三年跨越发展工程实施工作会议】 2月23～24日，市政府召开北海三年跨越发展工程实施工作会议，专题研究北海三年跨越发展工程实施方案和相关工作。会议听取了各责任单位制订北海三年跨越发展工程实施方案的情况汇报，研究了三年跨越发展各阶段的目标任务，按照定人员、定职责、定时间、定进度的要求，逐项细化分解明确县区政府、有关部门单位实施北海三年跨越发展工程的目标任务。会上，市长连友农强调，实施三年跨越发展工程是今后三年政府工作的主线，政府系统各级各部门的工作都要围绕这个主线来谋划、来布局，确保工作重点和主要精力放在工程实施上。要整合资源，形成合力，努力把各种资源和要素聚集到实施北海三年跨越发展工程上来。要梳理整合现有资源，统筹安排人力物力财力，出台强有力的保障政策，凝聚各种资源和要素，形成推动跨越发展的强大合力。会议还逐个研究了2010年重点推进的101个项目。

【全市安全生产工作会议】 4月16日，全市安全生产工作会议召开。市长连友农在会上传达了市委书记、市人大常委会主任王小东关于切实抓好全市安全生产工作特别是加强烟花爆竹行业安全管理的重要指示，并强调要高度重视烟花爆竹行业的安全监管，切实加强安全生产行政执法力度，坚决打击和取缔违法生产企业，遏制事故发生。副市长彭鸣达在会上对近期安全生产工作进行了具体部署。全市各有关单位负责人参加了会议。

【全市年中工作会议】 6月30日，市委、市政府在市政府小礼堂召开全市年中工作会议，学习传达自治区年中工作会议精神，总结全市上半年工作，分析当前面临的形势，部署下半年工作。会议要求，全市各级各部门要认真学习贯彻全区年中工作会议精神，按照市委、市政府的决策部署，进一步落实“一年继续打基础”的要求，做到思想不松、目标不变、力度不减，扎实推进北海三年跨越发展工程。市长连友农对下半年的工作作了具体安排。会议表彰了2009年度全市的科学发展优秀乡镇和进步乡镇。

【北部湾经济合作组织第六次成员大会】 9月29日，北部湾经济合作组织第六次成员大会在北海市召开。大会主题为“携手合作，共同打造北部湾区域经济发展新增长极”。市长连友农在会上致辞，并作了题为《抢抓机遇，深化合作，共同打造面向东盟的国际区域经济合作先行示范区》的主题演讲。湛江市、海口市、防城港市、海南省临高县、广东省徐闻县、广东省湛江港、南宁铁路局、湛江建发集团先后作了主题发言。北部湾经济合作组织发布了《北部湾经济合作组织第六次成员大会工作报告》。会议讨论通过广东省茂名市、海南省澄迈县加入北部湾经济合作组织。

【政府机构改革动员会】 10月13日，市政府召开政府机构改革动员会，贯彻落实党中央、国务院，自治区党委、政府关于政府机构改革的精神和市委的决策，部署市政府机构改革工作。市长连友农在会上强调，政府机构改革事关政府工作全局，各级各部门一定要高度重视，精心组织，周密部署，狠抓落实，积极稳妥地完成政府机构改革任务。一要切实加强组织领导；二要严格执行工作纪律；三要完善统筹协调机制，建立健全部门间协调配合机制，正确处理好部门管理机构与主管部门的关系，建立健全内设工作机制；四要做好思想政治工作；五要保证改革与当前工作齐头并进。市委常委、副市长孙大光宣读了《关于北海市人民政府机构设置的通知》。

（张英毅）

重大决策和活动

【实施北海市三年跨越发展工程重大决策】 2010年1月15日，北海市委九届八次全会作出了“一年继续打基础、两年明显见成效、三年实现大跨越”的“北海三年跨越发展工程”的重大决策。奋斗目标是：到2012年，把北海基本建设成为区域性国际化的现代产业集聚基地、旅游商贸物流中心、开放合作重要平台和生态宜居文明城市。达到“五个明显”：综合实力明显壮大，产业支撑明显增强，开放合作明显深化，城市品位明显提升，人民生活明显改善。与2008年相比，全市生产总值翻一番达到600亿元、人均地区生产总值达到3.5万元左右，财政收入翻两番超过100亿元。固定资产投资达到700亿元，规模以上工业总产值突破1000亿元。城镇居民人均可支配收入达到2万元，农民人均纯收入力争赶上全国平均水平。

【建兴电子园区正式投产】 1月29日，世界第二大光驱制造厂建兴光电科技有限公司在北海出口加工区投资的建兴电子园区正式投产。项目总投资9600万美元，预计2010年产值达4.5亿美元，2012年达7.3亿美元。自治区政府副秘书长魏然在投产庆典仪式上宣读了自治区主席马飚的贺信。受马飚的委托，自治区党委常委、副主席陈武参加庆典并应邀宣布企业正式投产。市委书记、市人大常委会主任王小东在庆典活动中致辞，市长连友农主持投产庆典仪式。

【贾庆林到北海考察】 2月17～18日，中共中央政治局常委、全国政协主席贾庆林在自治区党委书记、自治区人大常委会主任郭声琨、自治区政协主席马铁山和自治区党委常委、秘书长余远辉的陪同下到北海考察。贾庆林对北海加快工业化和城镇化、加强生态环境建设和历史文化保护等方面的工作提出了明确要求，对北海实现跨越发展寄予厚望。期间，市委书记、市人大常委会主任王小东和市长连友农等陪同贾庆林到中电北海产业园、银滩、老街等处进行了实地考察。

【北海炼油异地改造石化项目土建开工】 3月3日，北海炼油异地改造石化项目土建开工仪式隆重举行，该项目的地下管网和装机、设备机组等土建工程全面铺开。北海炼油异地改造石油化工项目及配套工程由中国石油化工股份有限公司投资200多亿元，分两期建设，一期建设内容包括北海炼油异地改造石油化工(20万吨/年聚丙烯)项目、涠洲岛30万方原油码头及配套工程、北海320万方原油商业储备基地工程、北海至南宁成品油管道工程等4个项目，二期将建设千万吨级炼化项目。

【《北海涠洲岛旅游区发展规划》通过评审】 6月17日，《北海涠洲岛旅游区发展规划》(以下简称《规划》)通过评审。国家旅游局在北京主持召开了《北海涠洲岛旅游区发展规划》专家评审会。来自世界旅游组织、国务院研究室、国家发展改革委、中国科学院、中国社会科学院、北京交通大学等单位的专家组认为，由同和时代旅游规划设计院、湖北大学旅游研究院和上海同异城市规划设计院等3家国家旅游规划甲级和城市甲级资质单位完成的《规划》是一个全面创新、国内一流、具有引领示范作用的高水平旅游规划成果，对编制海岛规划具有示范意义，一致同意通过评审。市长连友农在评审会上对支持和关心涠洲岛旅游规划编制工作的各级部门及领导表示感谢，并表示将认真落实好《规划》内容，加快涠洲岛的基础设施建设。

【第五届北海国际海滩旅游文化节】 8月11～13日，第五届北海国际海滩旅游文化节隆重举行。文化节包括2010年世界比基尼小姐大赛总决赛、2010南珠文化展览会暨南珠精品交易会、北海老街文化艺术节三大主题活动。

【2010年泛北部湾区域经济合作市长论坛在北海举行】 8月13～14日，以"合作、交流、共赢、发展"为主题的2010年泛北部湾区域经济合作市长论坛在北海举行。论坛围绕"泛北部湾城市发展的金融支撑问题"和"中国—东盟自由贸易区建成后，泛北部湾城市产业发展与合作"两个议题进行探讨，并就发挥泛北城市合作在中国—东盟自由贸易区中的重要作用，推动泛北城市间的产业合作，进一步扩大相互之间的贸易规模，不断完善互利合作机制达成共识。来自中国、泰国、菲律宾、越南、柬埔寨、日本、韩国等7个国家的29个市长或市长代表，新加坡、越南、柬埔寨、老挝等驻华使馆官员，著名专家学者、商界代表共200多人应邀参加了论坛活动。出席论坛的泛北国家城市共同签署了《2010泛北部湾区域经济合作市长论坛宣言》。

【"中越青年大联欢(北海)"活动】 2010年是中越建交60周年和中越友好年，根据中越两国达成的共识，中国在2010年8月邀请越南3000名青年到广西与中国青年代表举行大联欢活动。活动的主会场设在南宁，北海是广西七个分会场之一。8月25～29日，越南青年代表团北海分团347名成员及中国云南省、黑龙江省青年代表团40名成员和北海青年代表600人欢聚北海，共同开展以"中越友好·青春携手·世代相传"为主题的大联欢活动。北海认真贯彻自治区党委关于中越青年大联欢活动做到"三个展示"、"三个确保"的要求，落实市委、市政府的决策部署，以"实"抓工作、以"诚"待友人、以"新"出效果、以"情"串活动、以"细"暖人心、以"稳"保成功，进行以进学校、游银滩、访园区等方式为主的联欢活动，进一步增进了中越双方青年友谊，活动取得了圆满成功。

【北海列为国家历史文化名城】 2010年2月25日《北海申报历史文化名城保护规划》通过自治区评审。为配合国家历史文化名城申报工作，2010年5月，北海市启动为期一个月的"北海历史文化宣传月"活动。6月3～5日，国家住房和城乡建设部等单位的11位专家，组成国家历史文化名城评估考察组，对北海申报国家历史文化名城工作进行实地评估考察。评估考察组专家认为，北海对历史文化的挖掘梳理卓有成效，北海申报国家历史文化名城材料丰富，扎实齐全，实事求是，专家组将积极指导北海做好申报国家历史文化名城的后续工作。11月9日，国务院正式批复同意将北海市列为国家历史文化名城。（张英毅）

驻外地办事处工作

【驻北京联络处】 2010年，驻京联络处围绕市委、市政府中心工作大局，完善职能、强化管理、优化服务，力求将联络处打造成北海的——“招商平台、接待之家、宣传窗口和维稳工作站”。一是招商引资出成效。为了配合北海市“三年跨越发展工程”的全面实施，在做好传统接待工作的基础上，利用首都北京的信息和资源优势，多渠道多方位开展招商引资工作，破难攻关，锲而不舍，实现招商引资工作新突破。2010年，成功引进山西长实房地产开发集团公司投资建设北海银滩“希尔顿”国际品牌五星级酒店项目。该项目计划投资总额为5亿元人民币，占地面积10.67公顷，建设规模500间客房和部分度假公寓式酒店，配有相应的会议场所、餐饮设施、SPA休闲设施等。该项目的投资协议已经签订，市规划委已研究通过规划选址和用地面积，市国土局正依法推进项目供地工作。二是策划和推动缔结友好城市(镇)工作。10月15日，北海市海城区和上海市宝山区罗店镇完成了签约缔结友好城镇工作，签约后驻京联络处推动落实了北海市海城区魅力海景婚纱摄影公司与上海平达信息技术有限公司合作打造上海在北海的海景婚纱摄影基地，并争取涠洲岛成为每年一度的上海国际婚博会的实景分会场；推动落实北海喷施宝集团公司与罗店企业合作在上海总代理喷施宝公司生产的中国首家野生性大米，同时争取推广北海其他优势特产，促进沪海贸易合作与交流。三是做好接待服务和配合工作。为了推动历史文化名城、园林城市、中石化异地炼油改造项目、石油化工项目和涠洲岛规划开发等重大项目落实和审批工作，市有关领导及相关部门来京开展工作日益频繁，平均每月都有数名(批)市委或市政府领导、其他领导或部门领导来京开展工作，除了安排提供相关接待服务外，还联系对应的中央各部门，做到“事前联系、事中协调、事后跟踪服务”，有效的为有关部门来京推进重大项目、重点工程做好配合工作。

【驻广州办事处】 2010年，驻广州办事处人员精诚团结、努力工作，充分发挥“窗口”作用，完成北海市委、市政府和广州市协作办交予的各项工作任务，并推动和加强与广州的区域合作，参与广州城市建设和管理，参与“亚运”期间的维稳工作，较好地履行了各项职能目标。一是探索新时期驻穗机构工作机制，推动驻穗工作的全面协调发展。深入实践新时期驻穗机构工作主题和总体要求，以区域经济、文化、社会综合治理的协作为重点，按照北海市及广州市关于区域协作的要求进行工作部署，紧密联系广州市协作办和自治区驻穗办，在他们的指导下有条不紊地开展工作，发挥区域协作的桥梁作用。二是充分发挥“窗口”、“桥梁”作用，在改革和发展中勇于开拓、大胆创新，以“双向服务”推动区域合作。加强与驻地党政机关的政务联系，为北海市领导提供驻地党政工作的相关信息，参与协助市主要领导与驻地党政领导的会见。根据市委、市政府的要求和工作部署，驻广州办事处始终把促进驻地与北海间的经济、科技、文化、教育交流以及承接东部产业转移作为办事处一项重要的工作来抓。把办事处从“事务接待型”转变为“经济服务型”。利用资源，提供便捷，协助组织北海市在驻地开展的有关商务活动。协助北海市有关部门在驻地参加商务活动，2010年，先后参与组织参加广东中小企业博览会、广交会、广东“山洽会”、深圳高交会等，累计参展企业38家，参加人员300多人。此外参与组织北海市政府参加在广东河源举办的世界客属第23届恳亲大会。三是做好接待工作，为北海市到穗工作的有关人员的工作和生活提供服务。全年共接待的来穗访问人员共计33批106人次(未包括协助组织参会参展人员)。四是参与“和谐广州”建设，开展社会治安综合治理工作，配合所在社区开展精神文明建设，在维护广州社会稳定方面，尤其是“亚运会”期间的维稳工作作出应有的贡献。2010年，驻广州办事处无恶性案件、无“七害”活动、无人参加非法组织和违法活动。

【驻越南办事处】 2010年，驻越南办围绕市委“三年跨越发展工程”和把北海建设成“现代产业聚集基地，旅游商贸物流中心，开放合作重要平台、生态宜居文明城市”目标，结合驻越办工作，为实现市委市政府的发展规划作具体扎实的工作。一是配合做好促进东盟经济区合作。8月13～14日，第二届泛北部湾区域经济合作市长论坛在北海市举行。为做好邀请越南海上港口城市市长参加北海市长论坛工作，驻越南办配合北海市与越南各海上港口城市政府做好该论坛舆论宣传工作。越南有4个省市代表团和外交部代表团出席了论坛。同时，认真做好由市政府市长连友农率领的自治区赴越南代表团北海市分团访问越南的工作；陪同市人大副主任罗恩平率团出访邀请越南、老挝、柬埔寨、缅甸东盟四国的工作，促进北海与东盟的经贸旅游合作。第二次参与市政府与越南海防市政府代表团推动旅游合作会谈。参加中联部、外交部、团中央主办的中越青年大联欢北海分会场的工作。二是维护和促进北海—下龙湾海上航线正常运营。北海—越南下龙湾海上旅游航线，是北海作为全国优秀旅游城市和打造海上东盟国际旅游中心城市的重要航线。驻越南办把维护和促进该航线的运营与扩展延伸，作为工作的重中之重。平时注意和市旅游部门及游船运营部门保持联系沟通，及时掌握海上航线旅游业务和动态。三是为北海企业走进东盟提供咨询服务。随着中国东盟10+1自由贸易区的建成，中国东盟经贸旅游合作不断扩大发展，北海市实施开放带动战略,鼓励支持企业走出去,走进越南走进东盟进行经贸活动的企业和人员越来越多。但一些企业和人员对越南的法规、政策和运作不够了解，驻越南办经常耐心细致做好来访企业和人员的咨询，帮助企业和个人了解在越南投资合作的有关政策和法规。（张英毅）

经济研究

【概况】 北海市政府经济研究中心(北海市经济信息中心)是北海市人民政府负责决策咨询研究和提供决策信息服务的重要职能部门，同时也是全市信息化推进的协调部门和电子政务建设的管理机构，属市政府直属正处级事业单位，经自治区人事厅批准参照机关公务员管理。2010年,中心内设区域发展研究科、产业发展研究科、社会发展研究科、信息化推进科、网络技术科、办公室6个职能科室，核定编制30人。年末,实有在编在职人员26人,其中公务员22人,工人4人;本科以上学历15人,占54%,高中级职称14人,占50%。中心拥有全市最大、最完整的电子政务机房和网络信息系统，网络设备齐全，现有服务器23台,交换机20台,安装有机房动力监测系统、视频监控系统、气体消防系统、机房设备防雷设施、备用电源系统等,是《北海市网上办公系统》、《北海市政府门户网站》的运行管理中心,为全市200多个部门、单位免费提供网上办公服务、机房环境资源和网络接入服务。

2010年3月,北海市政府门户网站建设工作会议召开　　经研中心　供

【重点课题与研究】 为更好地贯彻落实《国务院关于进一步促进广西经济社会发展的若干意见》和《广西北部湾经济区发展规划》精神,2010年,中心围绕“北海三年跨越发展工程”目标,以争取国家和自治区政策支持、主动融入国际区域经济合作、改善投资环境和加快项目推进等为重点，有针对性地就北海市存在的突出问题进行选题，并结合政府重点课题安排,主要开展了《关于化解征地拆迁突出矛盾加快北海项目推进工作的对策研究》、《关于抢抓海南建设国际旅游岛的机遇，加快北海旅游业发展的对策研究》等8个重点课题的调查研究。2010年,大部分政府重点课题均已完稿，并形成了一批科学性、前瞻性、针对性和操作性较强的研究成果和对策建议。2010年，中心还完成了市政府交办的多项临时性课题研究任务，主要有：春节后北海园区用工荒问题的调研、关于北海园区地方税负情况的调研、重大项目失地农民生活保证问题的调研以及银滩公司经营情况的调研等;上报了《关于北海渔业现代化建设的对策研究》、《关于以大力发展港口贸易为突破口，推进北海区域性国际贸易大港建设的对策研究》、《关于北海园区经济发展方式转型与优势产业发展的对策研究》等多个调研考察报告。

【决策咨询与服务】 2010年，中心本着服务政府领导决策、服务北海发展大局宗旨，开展决策咨询与信息服务工作。一是通过收集整理《关于北海信息化发展和电子政务建设的若干意见》、《用足用活政策推动民间投资实现北海跨越发展》、《紧扣城市“四要素”打造北海南珠之都品牌》等文稿材料,共编印了《调研情况专报》内刊20期,为市委、市政府领导决策提供了一批针对性、操作性较强的对策建议和参考；二是主动向市政府提出了建立北海市人民政府专家决策咨询委员会的建议,并在获准后开展专家库建立、专家管理办法制定等前期有关工作;三是结合自治区课题调研开展,及时提出了《关于组建北海农村资金互助社，深化农村金融改革试点工作的建议》;四是为其他省市的多批考察组在北海调研,提供了《抓住中国—东盟自由贸易区建成机遇,推进北海新一轮发展的总体思路》、《北海市基本情况介绍及北部湾城市合作概况》等一批参考资料。

【文稿起草和完善】 直接参与市政府重大政策文稿的起草制定，是近年来经研中心工作职能转型的主要方式之一。2010年,中心完成了市政府交办的几十项重要文稿的起草、审核工作。其中包括:(1)2010年泛北部湾区域经济合作市长论坛25

个综合材料的起草、审核;(2)第二十四次全国少数民族自治区城市市长联席会议材料起草;(3)北部湾经济合作组织第六次成员大会全套文件的起草、审核工作等。此外,中心还根据市政府要求,参与了《北海市“十二五”规划》、2010年政府工作报告的起草、审核工作,以及《北海三年跨越发展工程保障政策》、《关于进一步加强旅游产业发展的意见》、《关于加快经济发展方式转变的决定》、《争取国家、自治区支持涠洲岛旅游开发政策意见》等多个政策文稿的修改、完善工作。

(巫祥雯　梁少强)

民政工作

【概况】 2010年,市民政局内设办公室、民间组织管理科、优抚科(北海市拥军优属拥政爱民工作领导小组办公室)、退伍军人和军队离退休干部安置办公室、救灾救济科(北海市人民政府抗灾救灾领导小组办公室)、基层政权和社区建设科、区划地名科、社会福利和社会事务科、计划财务科、市老龄工作委员会办公室、最低生活保障办公室、监察室等12个科室。现有机关行政及工勤人员29人。下辖合浦县民政局、海城区民政局、银海区民政局、铁山港区民政局。

【五个民政建设年工作】 2010年,北海市民政局立足“五个民政建设年”活动主题,强化管理,扎实推进,取得了明显成效。一是民政项目建设全面完成。2010年自治区下达北海市五保村建设任务35个,其中列入城乡风貌改造项目2个。为做好五保村建设,市政府把建设35个五保村工作列入为民办实事内容之一,签订目标责任状,落实配套资金,建立倒计时工作制度等有力措施推进项目建设。共投入资金557万元,全面完成35个五保村建设任务。二是民政基层建设不断完善。2010年,全市各级民政部门落实《北海市人民政府关于进一步加强民政工作的通知》要求,采取有力措施加强民政基础建设。做到每个乡镇民政办工作经费都列入财政预算安排,每个乡镇配备3名以上民政工作人员,每个乡镇都有专用民政办公室用房、档案室和救灾物资储备仓库,并配备有电脑、打印机、数码相机、下乡用的电动车。切实解决了基层民政办有人办事、有钱办事、有地方办事、有手段办事的问题。三是民政法制建设有效开展。从2010年起,北海市在出台《北海市优抚对象医疗保障办法》、《北海市民政专项资金使用监督管理制度》等政策性文件的基础上,参照自治区民政厅的“八项制度”制定实施了北海市民政局“八项制度”,逐步提升民政法制化管理模式,为民政工作规范化、制度化打下良好基础。在成立法制科,落实专门法制专职人员的同时,结合全市各种宣传日活动开展民政法规宣传活动,努力营造“法制民政”的良好氛围。四是民政信息化建设逐步提升。2010年,市民政局在建立局域网、互联网,OA办公系统、机要网的基础上,不断完善市、县(区)、乡镇(街道)三级民政业务信息平台,逐步实现“网上互动、资源共享”的无纸化网上办公网络。在原有民政视频会议系统的基础上,投入15万元添置了大型投影、视频音响等新设备,使民政局信息化建设逐步提升。五是规范管理不断加强。2010年是民政规范化建设管理年。为此,市民政局按照区厅的部署,开展了全市民政系统“规范管理,提高效能,促进民政事业科学发展大讨论”活动,进一步强化了全市民政系统干部职工规范管理,依法行政的意识。同时,以“管理”为抓手,抓好规范化建设工作,切实做到“两规范两建立”(即:规范民政资金、福利设施、救灾物资和统计台账的管理和使用;规范民政工作人员绩效考评制度;建立资金审批和备案制度;建立物资审批和备案制度),通过强化管理,推动北海市民政工作规范化管理水平步上新的台阶。

【最低生活保障和救济工作】

规范城乡低保管理　2010年全市保障城市低保对象2.56万人,月人均补助152元,保障农村低保对象5.53万人,月人均补助50元。实现按标施保和动态管理下的应保尽保。同时,共资助132名低保家庭子女上大学,发放资助金5.92万元。

完善城乡医疗救助　全市城市医疗救助资金支出99.06万元,其中住院支出78.78万元,门诊支出2.51万元,资助参保支出17.77万元。城市医疗救助10088人,其中住院救助786人,门诊救助38人,资助参保9264人;农村医疗救助资金支出336.93万元,其中住院支出302.65万元,门诊支出0.81万元,资助新农合支出33.47万元。农村医疗救助12432人,其中住院救助1276人,门诊救助12人,资助新农合11144人。

五保供养按标准施保　全市共供养五保对象1.18万人,供养标准月人均达到自治区规定的“50元、30斤米、1斤油”的标准。

灾害救助到点到位　加大救灾资金预算的力度,落实灾害救助资金预算,重点解决基层民政部门缺少应急救援工具等问题,进一步抓好受灾群众生活安排和因灾倒塌民房重建工作。安排冬春生活救助资金771.97万元,发放救济口粮840.4吨,发放衣被5.6261万件(套),救助困难群众131395人。全市投入资金140.7万元恢复重建111户倒房户,全市各界为玉树地震抗震救灾捐赠款109万元。

【双拥和优抚安置】

落实双拥优抚政策　制定和实

行《北海市优抚对象医疗保障办法》，为优抚对象提供医疗保障。2010年出资7.18万元为1906名重点优抚对象缴纳城镇居民基本医疗保险和新型农村合作医疗，为325人次的优抚对象发放医疗救助金28.2万元，缓解了重点优抚对象看病难、看病贵的问题。临时救助540人次，发放临时救济金12.9万元；建立和完善了优抚对象抚恤补助标准自然增长机制，为优抚对象提高生活标准提供保障。2010年共发放抚恤费1126.816万元；发放义务兵优待金1014户、共231.7994万元，义务兵优待面达100%；2010年春节、“八一”期间投入资金100多万元走访慰问优抚对象1046人次，赠送给慰问金（品）折款30万元，为优抚对象送春联4227对；投入7.3万元帮助12户优抚对象解决生活难、医疗难和住房难问题，使他们感受到党和政府对他们的关怀。

退役士兵安置　2010年全市共接收退役士兵509人，其中退伍义务兵和复员士官496人，转业士官13人。经审核，确认符合安置条件的194人，其中城镇退伍兵（含一、二期复员士官）181人，转业士官13人。截至年底，全市已安置退役士兵就业27人，安置自谋职业121人。通过公开招考、货币补偿、技能培训等多种途径，拓宽退役士兵就业创业渠道。投入20万元举办了为期8个月的汽车驾驶与维修培训，参加培训的城镇退役士兵共52人，提高退役士兵自主创业的能力。此外，落实军休人员的政治待遇和生活待遇，不断提高军休服务管理水平。

增加城镇退役士兵自谋职业补助金　2010年，市民政部门对退伍义务兵和一、二期复员士官自谋职业一次性经济补助标费按当地上年度在岗职工人均工资收入的100%发给，转业士官按150%发给；复员士官和转业士官从服满义务兵年限后第一年算起，每多服役一年，增加当地上年度在岗职工人均一个月工资收入的补助，整年之外的按月计发。服役期间荣获二等功奖励人员增发补助费2400元，荣获一等功以上奖励人员增发补助费3600元。新标准从2009年12月1日起执行。

【基层民主自治和社区建设】

“难点村”治理　2010年为提高村民自治水平，做好北海市“难点村”的治理工作，市民政部门通过采取“调查摸底、根源剖析、针对治理”等措施，制定出台了《北海市村务公开民主管理难点村治理工作方案的通知》等一系列治理政策。并投入资金300多万元，采取组织相关村干部参加广西民政干部培训等有效办法，基本完成“难点村”治理，使村务公开民主管理工作取得新的成效。

创建“和谐示范社区”活动　2010年，市民政部门依据《中华人民共和国居民委员会组织法》和社区各项规章制度加强对社区的管理，严格执行民主选举、民主管理、民主决策、民主监督制度。市民政部门投入20多万元加大城乡社区基础设施的建设力度，完善了社区办公设施和活动场所，完成了城镇社区服务站建设，农村社区基础设施建设也得到进一步加强。

【开展“老龄服务工程”】 2010年，市民政部门结合“北海三年跨越发展工程”的实施，北海市以“党政主导、社会参与、全民关怀”为方针：通过对全市100岁以上（含100岁）老人每人每月发放100元百岁津贴；70周岁以上（含70周岁）老年人免费乘坐市区内公共汽车；各类公园、博物馆、纪念性陵园和已开放的文物点对持老人优待证的老人实行门票全免；各类旅游景点、风景名胜区和自然保护区对老年人实行价格优惠；持老人优待证的老人到各类医院就医时，享受优先就诊、化验、检查、交费、取药和免收普通门诊挂号费的优待；各邮政、电信、移动网点营业厅分别设立老年人专门窗口，为老年人提供优先服务；各大银行为老年人提供存、取业务优先办理“绿色通道”等一系列举措。借此，大力宣传民办养老机构的扶持政策及有效开展老龄服务工程，引导社会各界人士参与到社会福利事业中，加快北海市社会福利社会化进程。

【流浪人员救助管理】 2010年以来，市民政部门严格贯彻执行国务院《救助管理办法》和民政部《救助管理办法实施细则》，按照“自愿求助，无偿救助”的原则，切实抓好站内救助、街头巡查劝导和返乡安置等救助管理工作。全年共接待和劝导救助人员2154人，实际救助1100人，其中男性受助人员869人、女性受助人员231人；本省救助人员220人，外省救助人员880人；精神病人33人，痴、呆、傻等病人57人，年龄最大72岁，最小8岁。大大减少流浪乞讨人员在市区停滞的现象，提升了城市形象，确保城市无流浪乞讨人员饿死与冻死的事件发生。

【区划地名工作】 2010年，市民政部门共审核地名70个，路名94条。做到用字读音规范，位置准确，符合法规。同时，开展北海玉林，北海湛江边界、北海钦州和市内县区边界联检工作。通过联检，开展平安边界创建活动，不断探索平安边界建设的有效形式，维护界线附近地区社会稳定。通过市场运作及政府采购等方式，设置和完善城区主干道路及街巷地名标志，把公路两侧设置地名标志纳入城乡风貌改造工程，共同推进地名标志设置工作。

【民间组织管理】 2010年，市民政部门加强对民间组织管理的力度。在登记工作中，对社会组织报来的材料做到认真审核，依法规、按程序，在承诺的时限内办理。在办理过程中始终保持高度的政治敏锐性，严把特殊群体要求组成社会组织这一关，做好解释劝退工作。2010年以来，全市新登记成立社会团体20个，民办非企业单位20家，办理变更登记20起，撤销登记64个，注销登记2个。至年底，全市共有社会团体299个，民办非企业单位292家。此外，市民政局还按照社会组织党组织建设年活动及在创先争优中开展社会组织的党组织组建百日攻坚行动的要求，强力推进社会组织的党建工作，不断开创社会组织党建工作新局面。全面完成了三个100%任务(即符合组建党组织的100%建立了党组织，未建立党组织的100%选派党建指导员，已建立党组织的100%建立工、青、妇组织)，得到了市委组织部的充分肯定。

（赖　乾）

人事工作

【概况】 2010年，北海市有人事行政机构5个，其中市属部门1个，县(区)部门4个，共有人事行政干部45人。2010年，北海市人事局以开展"党组织建设年"、"工作落实年"、"转变作风、争先创优"活动为推手，以服务"北海三年跨越发展工程"为目标，贯彻落实自治区党委政府有关全区经济社会发展的决策精神、自治区人力资源和社会保障系统年度工作会议精神，以及中共北海市委九届八次全会精神，抓住人事制度改革、收入分配制度改革、人才队伍建设等工作重点，努力破解公务员管理、政策环境建设、高校毕业生就业等难题，提高人事人才公共服务绩效，完成或超额完成阶段性工作任务，为北海市经济社会发展提供了应有的人才智力支撑。

【机构改革】 根据2010年10月13日《中共北海市委员会　北海市人民政府关于北海市人民政府机构设置的通知》精神，成立北海市人力资源和社会保障局。10月22日，市委印发通知(北委会〔2010〕144号)，成立北海市人力资源和社会保障局党组。11月3日，市委印发《北海市人民政府机构改革实施意见》，明确组建市人力资源和社会保障局，不再保留市人事局、市劳动和社会保障局，原市人事局、市劳动和社会保障局的职责整合划入市人力资源和社会保障局；原市人事局、市劳动和社会保障局机关人员划入市人力资源和社会保障局；原市人事局、市劳动和社会保障局离退休人员及下属单位归市人力资源和社会保障局管理。2010年12月17日，原市人事局机关、引进办搬迁至原市劳动和社会保障局机关办公。

【公务员队伍建设】 北海市严格按照自治区统一要求，妥善处理广西2010年公务员招考泄题事件有关工作，并于4月25日开展有2728人参加的公共科目笔试重考（其中报考公务员职位的有1761人，报考选调生职位的有967人），同时，实行"阳光"考务，顺利实施了涉及210个职位557名考生的面试工作，确保了公开招考工作有序进行。2010年，共招录公务员(含参公管理人员)129名。

为解决考核工作中"年度一考定优劣"的问题，市人事局会同市委组织部共同印发《关于进一步规范和加强机关事业单位工作人员平时考核工作的通知》，对公务员平时考核的内容、方法、考核结果的使用作出了详细的规定；2010年，会同市委组织部在17个部门的65个岗位中开展竞争上岗。另外，向自治区公务员局上报68个事业单位的参公管理申请材料。

【急需紧缺人才引进】 11月16～26日，市人事局牵头组团赴北京、武汉、成都、重庆四市参加自治区举办的广西重点领域急需紧缺人才招聘会。包括网上报名在内，共有来自北京大学、中国人民大学、武汉大学、四川大学、重庆大学、德国Duisburg-Essen大学(杜伊斯堡大学)、澳大利亚莫纳什大学、新西兰怀卡国立大学等国内外院校的736名求职者表达了来北海发展的意愿，并递交了应聘材料。其中，具有博士学位的应聘人员20人，硕士学位的627人，涵盖区域经济学、城市规划、旅游管理、生物化学与分子生物学、电子信息工程、道路桥梁、物流管理等多个北海市急需紧缺专业。

【国外智力引进】 2010年，市人事局着眼服务优势产业、重点领域、重大项目，实施引进国外智力项目6个，即：风机叶片及机舱罩的设计及生产、2.5兆瓦直驱永磁风力发电技术、轻质碳素弓箭洋弓制造技术、耳鼻喉头颈外科临床医疗技术引进、小儿脑瘫康复评估及治疗、颅内动脉瘤夹闭术。引进德国、美国、韩国、丹麦等国的优秀专家10人提供技术服务，如：北海双赢洋弓制造有限公司引进韩国专家韩基泰和朴敬来，对碳素弓生产技术进行指导；市第二人民医院引进的治疗脑瘫的专家Ursula Dietz，不仅带来国际上最先进的脑瘫物理治疗方法，还义务到北海市脑瘫康复中心讲课并无偿赠送了价值数万元的脑瘫康复设备。此外，北海市还推荐工业和信息化委员会副主任赵太峰参加自治区重点产业紧缺人才赴美国中期培训和见习项目。

【收入分配制度改革】 2010年，市人事局会同市教育局、市财政局，组织科技、教育、文化等行业部分人员，深入市直和县区12所义务教育学校调查研究，指导学校开展绩效考核工作，制定奖励性绩效工资分配办法；在广泛调研、采集数据、开展培训的基础上，会同市财政局、卫生局拟订《市本级公共卫生与基层医疗卫生事业单位实施绩效工资方案》；针对事业单位工作人员收入较低的情况，参照2006年年终奖励的发放办法和标准，发放了生活补贴；为使机关工勤人员收入分配更加合理规范，草拟了调整机关工勤人员生活补贴方案，将生活补贴划分为生活性补贴和工作性津贴，按不同的岗位重新设定标准。

【岗位设置管理及职称制度改革】 2010年，市人事局全面推行聘用制，完成北海市2009年事业单位考试聘用工作人员收尾工作，督促指导各单位为新招聘的254人办理聘用手续；采取分期培训、集中办公方式，应用统一的岗位设置核准审批管理系统，完成全市事业单位初次岗位设置方案预审，指导各单位完善设置方案。

组织1699人参加了职称外语考试，5698人参加职称计算机考试，418人参加全国经济类职称（执业资格）考试。市职改办与各系列职称评审委员会共同努力，组织532人参加了自治区教育、工程、农业、新闻、文化等系列副高以上职称评审，通过293人，通过率为55%；评审中级职称1613人，通过1119人，通过率为70%；评审初级职称220人，通过207人，通过率为94%。

【工资福利审核与退休人员服务】 2010年，市人事局共办理工作人员正常晋升级别（薪级）工资、职务（岗位）变动调整工资11659宗，办理新录（聘）用人员和工作调动人员确定工资手续297宗，审核办理“参公”人员重新套改工资、津补贴269宗，审核市直机关事业单位工作人员年终一次性奖金、事业单位工作人员年终生活补贴和退休人员生活补助费共10985宗，审核调整机关公务员津贴补贴标准2867宗，审核调整机关工勤人员生活补贴标准1234宗，审核机关离退休人员生活补贴标准235宗；审核调整义务教育学校工作人员基础性绩效工资（岗位津贴）和生活补贴标准1269宗；两次调整了市本级机关事业单位工作人员死亡后遗属困难补助标准，为市直机关事业单位工作人员死亡后遗属调整困难补助标准102宗；审核机关事业单位工作人员和离退休人员死亡一次性抚恤金、遗属生活困难补助费51宗；审核市政府系统机关事业工作人员到龄退休、提前退休223宗。组织退休干部1200多人（次）参加市委、市政府召开的各种重要会议。

【人才交流服务】 2010年，市人才交流中心全年共办理人才入库登记16000多人（次），为用人单位和广大求职者提供了便捷的就业信息服务；举行大型招聘会12场，共有1500多家（次）单位参与招聘活动，共提供招聘职位22300多个（次）。参加现场招聘的单位有1000多家（次），参加网上招聘的单位有500多家（次）。通过参加现场招聘会求职者达3万多人（次），通过北海人才网网上求职者达12000多人（次）；开展毕业生就业“春风行动”，启动就业见习基地见习工作，实施“三支一扶”毕业生招募选拔（引进24名优秀毕业生），召开毕业生专场招聘会，开展政策咨询和宣传工作，引导毕业生到中小企业和基层就业，使1880名高校毕业生实现就业。

全年共办理人员调动手续928人，其中市外调入255人，市内调出124人，市内调动549人。2010年接收普通院校大中专毕业生档案4468份，新办理流动人才人事代理手续1200宗，出具资格报考证明1855人次，为100名外地来北海市就业的毕业生办理了落户手续。

【军转干部安置】 2010年，市人事局共接收安置军转干部65人，其中，计划安置29人，自谋职业36人。计划安置人员中，有团职11人，营级以下及技术干部18人。通过与组织、编制等部门协调，使14人安置到行政机关（其中1人安置到自治区直属机关），15人安置到参照公务员管理事业单位和其他事业单位。同时牵头开展了有北海市、防城港市、钦州市122名军转干部参加为期11天的适应性培训。

【干部培训】 2010年，市人事局举办2期有213人参加的公务员初任培训班；组织全市公务员及参照公务员法管理的事业单位工作人员学习《国务院关于进一步促进广西经济社会发展的若干意见》，并组织6652人参加全区统一考试；组织50名公务员参加低碳经济发展与广西对策专题远程培训班；组织40人参加水资源管理与实践远程培训。继续抓好专业技术人员继续教育有关科目的补考工作，其中参加知识产权补考340人，东盟知识补考390人，创新知识补考410人。

【人才环境建设】 2010年，市人事局在市委组织部的统一指导和协调下，牵头起草了《关于服务北海三年跨越发展工程　大力引进和培养高层次人才的实施意见》的政策性文件；拟订了自治区级和市级人才小高地各项管理办法和规章制度；制定了《人才中介机构审批办事指南》、《举办人才交流大会备案办事指南》。自6月起，安排专人到市政务服务中心受理人才中介机构申报业务，使审批窗口前移。（徐卫祥）

地方志工作

【概况】 2010年，北海市地方志编纂委员会办公室（以下简称市志办）内设机构有综合管理科、编纂研究科和业务指导科，编制13人，实有11人，其中研究生学历1人，本科学历6人；高级职称1人，中级职称5人。2010年完成了《北海市志》（1991～2005）出版发行及《北海年鉴·2010》编纂出版等工作。2010年11月，市志办被中国地方志指导小组、国家人力资源和社会保障部共同评为“全国地方志系统先进集体”。

【《北海市志》（1991～2005）出版发行】 全面、系统、实事求是记述北海市1991～2005年15年间改革开放成就的《北海市志》（1991～2005）于2009年12月由广西人民出版社出版。该志书共有27篇100章488节，191万字，分序、凡例、概述、大事记、志、传、图、表、录、索引、后记等部分。内容涉及北海市自然与社会各方面历史和现状，记载了1991～2005年以来北海在政治、经济、文化、教育及社会生活等各方面取得的成就和发生的变化。该志书是新中国成立后北海市人民政府编撰出版的第二部市志，是全国第二轮修志中、广西地级市第一部出版发行的市志。

2010年5月31日举行了《北海市志》（1991～2005）首发式，参加首发式的有自治区、湛江、南宁、钦州、防城港等区内外方志办有关领导及市志各承修单位的领导共200多人。

【《北海年鉴·2010》编纂工作】 按照《北海市人民政府办公室关于做好〈北海年鉴·2010〉编纂工作的通知》要求，市志办于2010年3月上旬召开全市《北海年鉴·2010》编纂工作会议，相关责任单位100多人出席了会议。会议对该卷年鉴编纂工作进行了动员和部署，并要求各承编单位要按照市政府文件要求做好组稿工作。6月下旬，完成文稿编辑及彩版征集工作，8月底完成总纂工作，9月送市政府验审。全书115万字，分为特载、特辑、大事记、概况、正文、附录等部类，全面记述北海在市委、市政府的领导下政治、经济、文化、社会发展取得的新成就，于2010年12月由广西人民出版社出版发行。

【启动北海地情信息网页建设】 北海地情信息网页建设启动于2010年3月。建立地情网页的主要目的和任务有四条，一是全面系统地搜集和科学管理地情资料，展示地方志丰富而独特的资源宝库；二是交流地方志工作经验，为修志用志提供最新信息和管理服务；三是开发利用地方志资源，传承中华文明，传播优秀传统文化，激发北海人民热爱家乡建设家乡的热情；四是搜集传播地情信息，宣传北海优势，扩大北海的知名度，吸引更多的省外国外人士来北海投资创业和观光旅游。同时，为各级领导的科学决策提供资政服务，为人民群众的生产生活提供咨询服务。6月下旬，北海地情网已完成网页框架建设，随后相关资料、图片陆续上传。同年12月28日，北海地情网页成功开通，共有图片新闻、大事记、史志动态、地情博览、北海风情、北海市志、北海年鉴、机构设置、法规文件等11个栏目。2010年度市志办主动公开政府信息14条，其中法规标准类2条，新闻动态类8条，其他类信息4条。

（杨　宇）

档案工作

【概况】 2010年，全市共有档案行政管理部门6个（市级1个，县、区4个，专业1个）。北海市档案局是市档案行政管理部门，主管全市档案工作，是北海市政府直属事业单位，同时履行档案行政管理和档案保管利用两种职能。局（馆）内设办公室、监督指导科、法规科教科、档案管理科（档案信息科），编制14人，年末有干部职工13人，其中研究生学历3人，大学本科学历6人。2010年，北海市档案局（馆）以开展“创先争优”活动为动力，解放思想，开拓进取，努力拼搏，越级晋升为国家二级综合档案馆，在全区排位第二（与南宁市档案馆并列），档案工作在服务大局、服务社会、服务民生中较好地发挥了作用。

【档案馆建设】 2010年，市档案局（馆）为提升档案馆工作水平，配合北海市创建全国文明城市，在馆库基础条件差、档案业务经费非常紧张的情况下，迎难而上，越过国家三级档案馆环节，举全局之力，直接创建国家二级档案馆。10月28日，市档案馆以总评85分，通过自治区档案局的测评，跃升为国家二级综合档案馆。

启动馆藏档案全文数字化　为推进档案信息化管理，正式启动馆藏档案数字化转换工程，聘请专业人员对部分重要档案先行开展全文数字化工作，建立了16.88万页纸质“民国档案”、“房产档案”、“婚姻档案”、近61小时的音视频档案和3286张照片档案等5个全文数据库。完善馆藏档案、资料的文件级、案卷级目录数据库工作，完成目录著录13万条。

国家重点档案抢救和保护　争取国家、自治区档案抢救经费20万元，对民国时期档案和新中国成立前后利用频繁且破损严重的馆藏部分房产档案开展全方位抢救工作，抢救破损房产档案4949页，完成全部房产档案目录的编制和目录数字化，更新房产档案装具，维护档案原貌。防虫害隐患，消毒档案474卷。

档案编研　利用馆藏档案资料，完成了《北海市改革开放三十年大事记（1979～2008）》、《1979～2008年国家领导到北海视察情况专题汇编》、《北海市档案馆指南》、《档案馆制度汇编》、《2001～2009年档案

利用事例汇编》等近百万字的资料汇编。

档案馆硬件建设　为确保档案的安全和科学管理档案，积极筹措资金，新购置了16组礼品档案柜、2组底图柜，2台扫描仪、5台计算机和1台电子触摸屏，使档案馆的硬件建设能够基本满足档案管理的需要。

档案征集和接收　及时将2010年春节期间，国家领导人视察北海时拍摄的照片，录像，光碟及讲话稿等有关档案资料收集进馆；加大了特色档案征集力度，征集了北海名胜古迹（文物）有关资料画册2套、照片394张、光碟1张；接收2010泛北市长论坛礼品档案3件、照片16张、文书档案4盒（112件）；接收中越青年大联欢北海分会场礼品档案1件、照片262张、文书档案一批。开展了查考征集英国、德国、法国等八国驻北海的领事档案和外交档案工作，制订了工作方案上报市政府。全年共接收44个单位文书档案5719卷、实物档案23件进馆并整理、编目、上架。

科学管理馆藏档案　2010年，整理档案资料1942卷册盒，其中档案908卷、照片616张、资料418份。对馆藏建国后1～5批122个全宗1977年以前已开放的档案137806条文件级目录，参照标准重新进行开放审查。

【档案服务】

服务地方经济建设　2010年，市档案局（馆）加强重大建设项目档案工作，一是走访了项目主管单位市湾办、工业园区管委会协商重大建设项目档案管理事宜，深入中石化股份公司、中电北海产业园区、湖海公司、中信国安等项目业主单位开展档案业务指导，多次为铁山港供水项目、工业园区污水管网和市污水处理项目提供竣工档案验收指导，参与了市重大建设项目北海西南大道续建，北海银滩东区二、三号道路排水等12个工程的竣工验收。二是探索和推进企业档案工作。多次督促、指导归档整理工作，整理北海市12家城市信用社和清算组档案（约4.5万卷）、市化肥厂档案（约3万卷），为档案进馆做好前期准备工作。以北海凯运药业公司作为民营企业建档工作的示范点，指导帮助该公司建立了档案收集、整理、保管、利用等一系列规章制度。

服务政治文明建设　贯彻《政府信息公开条例》规定，建立政府信息接收工作机制，根据公众利用需要提供纸质和电子档案的查阅服务。全年接待社会各界档案利用359人次，调阅档案资料701卷次，解决了一批与人民群众切身利益息息相关的实际问题。已接收并向社会公开提供利用各单位纸质政府公开信息文件资料2712件，以北海档案信息网为依托，将政府信息进行网上公开，截至12月25日，北海市政府信息公开查阅中心网上查阅点击率达到8万次。

服务新农村档案建设和林权制度改革　指导和协助推进合浦县创建全国社会主义新农村建设档案工作示范县工作，帮助合浦县档案局为该县245个行政村全部配备了铁皮档案柜。抓好全市集体林权制度改革档案工作，指导县区林改办把在林改中形成的各种载体原始资料及时整理造册、立卷归档和保管。加强民生档案工作，多次到市社会保险经办中心指导档案业务工作，对市档案馆馆藏知青下乡、招工等民生档案优先整理编目。

【机关档案规范化建设】　2010年，市档案局（馆）开展全市机关单位档案工作年检，督促有关单位改善工作条件、添置软件，完善管理，提高档案工作水平。审核了44个机关单位的《机关文件材料归档范围和文书档案保管期限表》，并提出了反馈意见。指导房产交易中心、公积金管理中心等12个单位开展机关档案室达标升级活动，全年有7个单位的机关档案室通过了升级考评。

【档案执法检查】　2010年，市档案局（馆）开展全市乡镇机关档案工作执法检查，重点抽查了银海区侨港镇和平阳镇，海城区中街办事处和西街办事处，铁山港区的南康镇和营盘镇，促进乡镇（街道办事处）对档案工作查漏补缺，完善管理。与市民政局联合开展了对县区民政局婚姻登记档案和收养登记档案管理工作进行检查和指导。

【档案宣传和业务培训】　2010年，市档案局（馆）与北海工业园区管委会联合举办了一期重点项目单位档案员培训班，园区企业、项目建设单位、监理单位的40多名档案人员参加了培训。为市直机关、团体、事业单位的档案员举办了“机关档案工作如何为北海三年跨越发展服务”专题讲座。在市国税局举办了档案管理业务培训班，培训档案员130多名。

（何清富）

中国人民政治协商会议北海市委员会

综　述

2010年，在市委的正确领导和市政府的大力支持下，市政协坚持以科学发展观为指导，围绕中心，服务大局，认真贯彻落实《国务院关于进一步促进广西经济社会发展的若干意见》（以下简称《若干意见》）和《广西北部湾经济区发展规划》，紧紧围绕实施北海三年跨越发展工程，充分发挥政协的优势和作用，切实履行政治协商、民主监督和参政议政职能，为推动北海科学发展、和谐发展、跨越发展作出了新贡献。

献策出力。围绕《若干意见》落实、"十二五"规划编制、经济社会发展全局、项目建设和企业发展进行调查研究、协商议政。组织开展专题调研视察活动18次，向市委、市政府报送调研视察报告18篇，提出对策建议100多条。组织考察北海炼油异地改造石油化工（20万吨/年聚丙烯）项目等重大项目建设工地，为项目建设加油鼓劲、献策出力。牵头推动佛教文化园建设项目，截止2010年底，得到社会各界捐资捐物近3000万元，完成工程投资1000多万元，为第二十四届世客会在北海召开前投入使用打好了基础。

增强民主监督。专题听取市中级法院、市人民检察院、市环保局、市公安局等部门的情况通报，为委员知情监督提供平台。加大《关于进一步加强我市医疗废物处置的建议》、《改善银行服务，提高工作效率》等10件重点提案的督办力度，推动热点难点问题解决。推荐政协委员担任各行各业监督员，参与"工作落实年"活动的点评等工作，推动职能部门进一步转变作风，树立良好的职业风范。

维护团结和谐。开展扶贫帮困和反映社情民意工作，助推民生问题解决。协调落实30多万元资金帮助农村基层联系点修建农村道路、饮水改厕等基础设施，解决群众饮水难、行路难等问题。联系各界人士捐赠助学金近20万元，为80多名学生解决学费难题。通过政协信息等渠道反映社情民意，向上级报送《关于进一步完善国家基本药物制度改革的建议》等信息，引起重视。组织委员深入环保、城建、规划、民政和重大项目办等部门和单位，就市民意见比较集中的生态环境保护、交通拥堵、投资软环境等问题，进行深入调研，助推矛盾解决，优化发展环境。出版北海文史第24辑——《老城旧事》，充分发挥文史资源"存史资政、团结育人"的作用。

促进交流合作。加强与各民主党派的联系，增进团结合作。精心安排民主党派成员在政协全体会议、常委会议和专题议政会上发表意见，与各民主党派联合开展调研视察，营造民主团结氛围，共同为北海的发展建言献策。加强与港澳委员的联络，促进交流合作。2010年，港澳委员共捐助学金10万元，为50名贫困学生解决学费难题。澳门委员易文龙带头并发动港澳慈善人士捐资60万元，为北海市特殊学校建立康复功能室。举办全国十三市区州政协工作第22次研讨会，加强与各城市政协的联谊，宣传推介北海，促进与各地区的交流与合作。

重要会议

【政协八届五次委员会议】 1月18～21日在市人民剧场召开。市委、市人大、市政府领导以及港澳嘉宾、历届政协领导等参加大会开幕式和闭幕式。市委书记、市人大常委会主任王小东在开幕大会上发表重要讲话，市政协主席车延风在闭幕式上致词。会议通过了市政协副主席吴道业代表常务委员会所作的工作报告和市政协副主席沈礼森代表常务委员会所作的提案工作情况的报告，列席了市十三届人大六次会议，听取并讨论了市长连友农所作的

《政府工作报告》及其他报告，听取了市各民主党派、工商联的大会发言。委员们围绕北海市政治、经济、文化和社会建设中的重要问题，围绕人民群众普遍关注的社会热点问题，建言献策，提出了许多具有建设性的意见和建议。会议一致同意增选滕朝祥为市政协八届委员会副主席，并表彰了市政协八届四次会议以来的优秀提案共30件。

【八届常委会议】

十五次常委会议　1月12日上午在市政协常委会议室召开。市政协主席车延风主持会议。会议确定市政协八届五次会议召开的时间，审议通过市政协八届五次会议议程(草案)、日程、选举办法(草案)等，原则通过政协北海市第八届委员会常委会工作报告和市政协八届四次会议以来的提案工作情况报告，书面通报市人民政府关于市政协八届四次会议提案办理情况的报告。市政协副主席吴道业、陈小琴、林梅溪、李树华、沈礼森、韩江初、黄潄鲁，秘书长廖端诚参加会议，市政协党组成员滕朝祥列席会议。

十六次常委会议　5月6日在市政协常委会议室召开，市政协主席车延风主持会议。会议学习贯彻全市政协工作会议精神及《中共北海市委员会关于进一步加强人民政协工作的意见》，提出全市政协组织和广大政协委员要站在推动北海跨越发展的战略高度，充分认识学习贯彻会议精神对自觉坚持中国共产党领导的多党合作和政治协商制度，充分发挥人民政协作为大团结大联合组织的优势，实现北海科学发展、和谐发展、跨越发展的重大意义，尽快把思想和行动统一到市委的决策和部署上来，通过各种有效的方式，深入扎实地开展学习贯彻活动。与会常委认为，《意见》的出台对政协工作是一个极大的促进，作为政协委员必须增强责任感和使命感，加强学习，提高素质，多献发展之策，多助发展之力。市政协副主席吴道业、陈小琴、林梅溪、李树华、滕朝祥、沈礼森、文泉源、韩江初、黄潄鲁，秘书长廖端诚参加会议。

十七次常委会议　8月12日在市政协常委会议室召开，市政协主席车延风主持会议。会议审议通过了《北海市金融产业发展调研报告》。副市长文政在会上介绍了2009年以来北海市的金融工作情况，对调研报告给予充分肯定，要求有关部门高度重视，认真研究，积极采纳报告中的意见和建议，把北海金融产业做强做大。市政协副主席吴道业、陈小琴、林梅溪、李树华、滕朝祥、沈礼森、文泉源、韩江初、黄潄鲁，秘书长廖端诚参加会议。

十八次常委会议　12月31日上午在市政协常委会议室召开，市政协主席车延风主持会议。会议听取市中级人民法院院长张培健、市人民检察院检察长黄坚分别所作的市中级人民法院、市人民检察院2010年工作情况通报，听取市政协各专委会2010年的工作汇报，审议召开市政协八届六次会议时间、议程和日程以及市政协八届委员会常委会工作报告、市政协八届五次会议以来提案工作情况的报告等，书面通报北海市人民政府关于市政协八届五次会议提案办理情况的报告。委员充分肯定“两院”一年来的工作，认为“两院”用司法服务北海跨越发展大局，着力维护社会秩序，努力提高队伍素质，响应人民群众对司法公正的需求，全力促进社会公义，真正做到了为党政分忧，为百姓解难。市政协副主席吴道业、陈小琴、林梅溪、李树华、滕朝祥、沈礼森、韩江初、黄潄鲁，秘书长廖端诚参加了会议。

【全市政协工作会议】　4月27日上午召开全市政协工作会议，市委书记、市人大常委会主任王小东发表重要讲话，市委副书记、市长连友农主持会议。会议的主要任务是，贯彻落实中央、自治区党委关于进一步加强人民政协工作的文件和全区政协工作会议精神，研究部署进一步加强新形势下的政协工作。王小东提出，要充分认识做好新时期人民政协工作的重大意义，切实发挥人民政协在推动北海跨越发展中的重要作用，切实增强做好人民政协工作的责任感和使命感。一要在推动

4月27日上午，全市政协工作会议召开　　市政协　供

北海跨越发展上有新贡献，二要在推进民主政治建设上有新成效，三要在促进社会和谐上有新作为。连友农表示，全市各级政府及政府系统各部门、各单位，要更好地听取政协的意见和建议，更好地接受政协的民主监督，更好地办理政协提案，建立健全政协调研成果采纳落实机制，不断完善政府与政协的工作联系机制，形成群策群力促发展、万众一心创伟业的良好局面。市四家班子领导曹坤华、孙大光、唐利群、廖德全、宁小平、伍国辉、顾乃峰、陈玉玉、周原生、吴道业、陈小琴、李树华、滕朝祥、沈礼森、文泉源、韩江初、黄潄鲁以及市中级法院、人民检察院、北海海事法院领导参加了会议。

【全国十三市、区、州政协工作第22次研讨会】 5月25～27日在北海召开，北海市政协承办。河南省平顶山市、北京市西城区、上海市静安区、甘肃省兰州市、河北省邯郸市、吉林省延边朝鲜族自治州、天津市和平区、天津市滨海新区、浙江省温州市、黑龙江省牡丹江市、云南省大理白族自治州、新疆维吾尔自治区昌吉回族自治州和广西壮族自治区北海市等13个市、区、州的政协代表共50多人出席会议。市政协主席车延风主持开幕式，市委副书记曹坤华代表市委、市人大、市政府到会祝贺。曹坤华指出，会议的召开，为加强与各城市之间的联系交流、促进彼此的合作发展，构建了平台、架起了桥梁。希望进一步扩大北海与各兄弟城市在经济、文化、科技等领域的交流和合作，推动区域共同发展。会议期间，与会代表考察了北海银滩、金海湾红树林生态休闲度假旅游区、市工业园区、北海老街等地。市委书记、市人大常委会主任王小东会见代表，市政协副主席吴道业、陈小琴、林梅溪、李树华、滕朝祥、沈礼森、文泉源、韩江初、黄潄鲁，秘书长廖端诚出席了研讨会。

视察调研和提案办理

【委员视察】

视察农业生产情况 6月23日，市政协主席车延风带领市政协机关工作人员到合浦县西场镇林屋村视察农业生产情况。视察人员与当地干部进行座谈，详细了解西场镇、林屋村农民的收入和生产情况，实地察看林屋村甘蔗生产、豆角种植、饮水工程建设以及新农村集市建设等情况。车延风要求村镇干部做好招商引资工作，做大做强特色农业，促进农民增收，带动农民致富。继续做好社会稳定工作，营造更好的社会环境，推动经济更好更快发展。市政协副主席李树华、滕朝祥、沈礼森，秘书长廖端诚参加视察。

视察北海贝雕产业发展情况 8～9月，市政协文史委在市政协副主席李树华带领下，对北海市贝雕企业发展情况进行视察调研。调研组前往生产贝雕的北海市恒兴珠宝有限公司和北海市二轻联社听取汇报、召开座谈会，详细了解贝雕企业的生存情况和存在问题。针对入选自治区级非物质文化遗产项目名录的北海贝雕出现的消亡危状，委员们呼吁，主管部门尽快给予政策扶持，使北海贝雕这一具有鲜明地方特色的传统工艺得到有效保护、传承和发展。同时，加强产业联动，形成“文化＋旅游”的产业发展模式，使北海贝雕成为真正意义的“城市名片”。

视察宗教活动场所 9月15日，市政协外事联谊和民族宗教委员会在市政协副主席吴道业的带领下，对北海市宗教活动场所进行视察。视察团一行前往合浦东山寺、保子庵，市区的普度寺(在建)、天主教堂、基督教堂等宗教活动场所了解情况，召开座谈会听取市佛教协会、天主教爱国会、基督教会等部门的情况介绍。针对宗教活动场所在建设、确权、修缮等方面存在的问题，委员们提出要提高认识，增强做好宗教工作的自觉性和主动性，有关部门要深入宗教活动场所，排查化解各种矛盾和纠纷，支持宗教团体争取维修教堂、寺院的资金，协助宗教团体解决土地、房产纠纷等实际问题。

视察重点民生配套项目的规划及建设情况 9月17日，市政协副主席沈礼森率领部分市政协委员，对北海市学校、医院、市场、公园等重点民生配套项目的规划及建设情况进行专题视察。委员们听取了市规划局关于北海市民生配套项目规划及建设情况的汇报，实地察看了市二医院、廉政公园、北背岭回建区市场、北海中学等处的建设情况。委员们对北海市民生配套项目规划及建设工作给予充分肯定。

视察市区道路交通管理工作 10月25日上午，市政协主席车延风、副主席陈小琴带领部分市政协委员视察市区道路交通管理情况。委员们先后来到车管所办证大厅、顺达机动车考试场和海城区法院驻海城大队道路交通事故损害赔偿调解室视察，并听取相关情况汇报。委员们对北海市交通管理工作中存在的科技装备落后、交通管理效率偏低、旅游旺季银滩景区容易发生拥堵等问题高度关注，指出交通管理是一个城市的文明标志，也是广大市民关注的热点问题，应该加大公共投入，不断加强基础设施建设，大力推进科技强警，切实提高城市文明执法水平和能力，为实现北海三年跨越发展提供优质服务和保障。

视察“万村千乡市场工程” 10月26日，市政协副主席文泉源、黄潄鲁带领市政协经建委的部分政协委员前往铁山港区南康镇，视察政府为民办实事项目——“万村千乡

市场工程”改造、农资流通网络建设及双百市场工程落实情况。视察组一行走访了“农家店”、金桥农资配送中心、南康市场等地，并向相关工作人员了解农资供应、市场经营及建设管理情况。委员们认为，随着经济发展、群众生活水平的不断提高，“万村千乡市场工程”改造等项目建设意义重大，各主管部门要全力抓好示范点推进，把更多惠及广大群众生活的事情做实做好。

视察合浦县文物保护工作　10月26日，市政协文史委在市政协副主席李树华带领下，就合浦县文物保护工作进行视察。委员们先后视察了石康古塔、石康唐城遗址、罗公祠等合浦重点文物保护单位及合浦汉墓博物馆，听取了合浦县、石康镇有关负责人对文物保护工作的情况介绍。委员们对合浦县近年来文物保护工作所取得的成绩给予充分肯定，认为合浦文物古迹保护措施有力，成效明显，建议进一步加大对文物古迹保护的宣传力度，做到在宣传中利用，在利用中宣传。同时，加强对文物保护工作的统筹规划，切实把文物资源保护好、开发好、利用好，让文物资源真正为社会公众所共享。

视察徐闻现代农业发展情况　11月15日，市政协副主席韩江初带领市政协委员一行16人赴徐闻县考察现代农业发展情况。考察组通过现场参观、与农业专家交流了解徐闻县现代农业的发展规模、措施和方法，提出要学习徐闻县因地制宜调结构，大力发展种植高效作物；全力发展节水农业，为种植作物营造理想环境；全面推进标准化生产，依靠品牌打造竞争优势；积极投入建市场，努力畅通农产品流通渠道等经验和做法。

视察民生路网（二期）工程建设情况　11月26日，在副市长张鹏的陪同下，市政协主席车延风带领市政协常委对北海市民生路网（二期）工程建设情况进行专项视察。委员们现场了解广东路、站前路、重庆路、西藏路等路段建设情况，认为民生路网建设解决了困扰百姓多年的“出行难”问题，提升了北海的城市形象，体现了市委、市政府以人为本，造福百姓的施政理念。建议路网建设要提高规划、建设的前瞻性，严把“质量关”，确保工程质量。同时做好相关工作，避免市容市貌受到影响。市政协副主席吴道业、陈小琴、林梅溪、滕朝祥、沈礼森、韩江初、黄漱鲁，秘书长廖端诚参加了视察。

11月26日，市政协主席车延风（左三）带领市政协常委视察北海市民生路网（二期）工程建设情况　　市政协　供

【调查研究】

涠洲岛旅游资源现状调研　3月30～31日，市政协文史委在市政协副主席李树华带领下，对涠洲岛旅游资源现状进行专题调研。委员们前往市旅游局、市海洋局、涠洲镇政府听取情况介绍，并对涠洲岛内有关自然资源、生态资源和人文资源开展实地考察。视察重点为涠洲岛生态资源中的珊瑚礁、自然资源中的淡水和人文资源中的宗教文化。针对涠洲岛旅游开发背景下的资源保护现状及存在问题，委员们建议：一要建立海洋特别保护区，将保护纳入法制轨道上来；二要多渠道开发水资源，从根本上解决淡水供应问题；三要大力开发以宗教民俗为核心的文化旅游产品，做好“宗教文化”的文章。

北海金融产业发展调研　4月21～26日，市政协副主席文泉源带领由市政协经建委和人民银行北海市中心支行组成的联合调研组，就北海金融产业发展情况进行专题调研。调研组听取了人民银行北海中心支行、市金融办有关负责人关于北海市金融产业发展情况汇报，召开了政府部门座谈会、金融单位专题座谈会，深入市银监局、中国银行等金融单位进行实地调研，广泛征求了各方意见和建议。调研组认为，金融业是经济发展的强力引擎，应当加强对金融产业发展的政策扶持，确立“金融先行”发展战略，尽快构建现代金融产业体系。一要研究制定金融产业发展规划，加快金融产业发展；二要扩大信贷投放，加大对优势产业和中小企业的资金支持；三要完善金融生态环境建设，营造良好的产业发展环境；四要推进金融改革和创新，做大做强金融产业；五要强化金融意识，提高金融工作领导能力。

垃圾处理设施建设情况调研 4月下旬至5月下旬，市政协社法委组织委员在市政协副主席陈小琴的带领下，就北海市垃圾处理设施建设情况进行专题调研，市建委、环保局、规划局等部门负责人参与调研。调研采取收集书面材料、实地考察、召开座谈会、走访群众等形式进行。针对当前城市发展中垃圾处理设施建设存在的困难和问题，调研组提出要充分认识垃圾设施建设在环境保护中的重要地位，加大对市区生活垃圾处理的投资力度；创新运行机制，加强舆论宣传；科学规划，逐步建立城乡一体化的垃圾处理机制等建议。

实施国家基本药物制度改革试点工作情况调研 6月中旬，市政协副主席林梅溪带领由市政协科教委与农工党市委会组成的调研组，深入海城区基层卫生院，就实施国家基本药物制度改革试点工作进行调研。委员们发现，在改革试点工作中存在许多亟待解决的问题，特别是药物品种少、来源渠道不畅、医疗机构资金不足等问题突出。委员们建议，应广泛深入社区调研居民用药情况，及时向上级申请补充、改进、完善基本药物目录，切实满足社区居民用药需求，稳妥推进基本药物制度改革；要明确卫生院公益性质，加大财政投入和政策支持，全面实施公共卫生服务均等化；要建立客观、全面的绩效考核制度，保障医务人员收入，调动医务人员的积极性，保障基层卫生院持续健康发展。

加快北海文化产业发展情况调研 6～7月，市政协副主席沈礼森率领市政协提案委员会组成的调研组，对北海市文化产业发展问题进行专题调研。调研组分析了北海文化产业的优势和劣势，提出要建立健全发展文化产业领导机构、编制文化产业发展规划、设立文化产业发展基金、引进高端的文化产业经营管理人才等建议。

外资企业经营发展情况调研 10月13日，市政协副主席滕朝祥带领由市政协委员，市商务局、外事办、侨办、侨联、致公党市委会、外商投资企业协会等有关单位人员组成的联合调研组，对全市外资企业的现状及发展情况进行为期十多天的调研。调研组在卜蜂（北海）水产饲料有限公司等10多家企业开展实地考察，并通过召开汇报会、座谈会，发放问卷、个别走访等形式深入了解北海市外资企业发展情况。委员们指出，目前北海市外资企业的发展仍存在经济发展环境不佳、行业配套不完善、融资渠道有限、劳动力不足等问题，建议要提高对外资企业的认识、创新引资方式、加强对外商投资项目的管理与协助、加强投资环境建设、拓宽资金融通渠道、认真维护外资的合法权益等。

【提案办理】 2010年，市政协共征集提案稿244件（市政协八届五次会议期间228件，平时16件），经审查立案243件。其中，委员提案182件，民主党派、工商联、有关人民团体和政协专门委员会的集体提案61件。市政协和市人大、市政府联合召开了建议提案交办会，把提案分别送交60个承办单位办理。截至2010年底，当年提案已经全部办复。提案所提问题和建议已解决采纳的139件，占57.20%；列入计划逐步解决和采纳的95件，占39.10%；留作参考的9件，占3.70%；提案者对办理结果的反馈意见，很满意的占29.76%；满意的占57.14%；基本满意的占13.10%。提案中许多意见建议已被吸收到政府重要规划、措施和党政部门工作中，对协助党委政府实现决策民主化、科学化，促进北海市经济平稳较快发展发挥了积极作用。

【专门委员会工作】

港澳委员学习贯彻《国务院关于进一步促进广西经济社会发展的若干意见》座谈会 3月25日，市政协组织人员赴深圳召开港澳委员学习贯彻《国务院关于进一步促进广西经济社会发展的若干意见》（以下简称《若干意见》）座谈会。市政协副主席吴道业、滕朝祥为委员详细解读《若干意见》，并传达了全国“两会”精神及国家领导人在春节期间考察北海的讲话精神。会议指出，《若干意见》的颁布实施给北海带来了千载难逢的发展机遇，为北海实现三年跨越发展指明了方向。市政协港澳委员要认真学习、广泛宣传，增强学习《若干意见》的积极性和主动性，以高度的责任感、使命感，合力宣传北海、唱兴北海。要正确认识广西北部湾经济区发展的新形势及北海面临的新机遇、新挑战，努力在推进项目、发展产业、扩大开放、改善民生等关系全市发展大局的重要问题上，献策出力，多做实事。要充分发挥港澳委员联系广泛的优势，引导港澳人士关心北海发展、支持北海发展，多到北海参观考察、投资兴业，形成推动北海发展的强大合力。会后，市政协港澳委员组织多批工商界人士赴北海参观考察、捐资助学，以实际行动促进北海与港澳地区的合作与交流。

召开环境保护工作情况通报会 7月6日上午，市政协经建委召开北海市环境保护工作情况通报会，市政协副主席黄漱鲁主持会议。副市长刘宏武向市政协委员通报了北海市环境保护工作总体情况、存在问题和今后工作计划。委员们就改进北海市环境保护工作提出了意见和建议，希望市政府加大投入，各职能部门加大节能减排和环境综合整治力度，加快推进污水处理、垃圾（特别是医疗垃圾）处理、城市配套管网等基础设施项目的建设。同时，大力加强生态规划建设，进一步强化环境执法和查处环境问题违法行为力度，继续深化全民环境保护宣传教

10月22日上午，市政协科教委委员在市环保局听取有关部门对政协重点提案《关于进一步加强我市医疗废物处置的建议》落实情况的通报　　市政协　供

育，为推动北海市经济发展方式转变和全面推进北海三年跨越发展工程、创建全国优秀宜居城市作出新的贡献。市环保、规划、海洋局等部门负责人列席了会议。

听取《关于进一步加强我市医疗废物处置的建议》落实情况通报　10月22日上午，市政协科教委组织委员到市环保局召开专题会议，听取有关部门对政协重点提案——《关于进一步加强我市医疗废物处置的建议》落实情况的通报。据悉，在2010年市政协八届五次会议上，民革北海市委会和刘文海委员适时提交了《关于进一步加强我市医疗废物处置的建议》及《关于我市医疗废物集中处置问题的再建议》的提案，有力地推动了北海市医疗废物处置项目的建设。项目于当年下半年进入实质性建设阶段，12月建成，次年1月全面投入试运行。市政协副主席林梅溪希望全社会理解、关心、支持医疗废物处置项目建设，保证项目按时按质按量完成，净化环境，造福百姓。

出版《北海文史》第24辑——《老城旧事》　12月下旬，由市政协文史委精心编辑的《北海文史》第24辑——《老城旧事》正式出版，该书为第六、第七、第八届市政协委员周德叶所撰，收录图片200多幅、文章83篇共20多万字，内容涉及北海老街、西洋建筑群、普仁医院、廉州故事等，时间跨度从秦汉到民国，追溯了北海源远流长的人文历史，宣扬了北海深厚的文化积淀。该书的出版，对于推介北海历史文化，进一步激发社会各界认识北海、热爱北海、唱兴北海、建设北海的热情，具有十分重要的意义。　　（苏比坚）

12月下旬，由市政协文史委精心编辑的《北海文史》第24辑——《老城旧事》正式出版　　市政协　供

民主党派和工商联

中国国民党革命委员会北海市委员会

【概况】 2010年，中国国民党革命委员会北海市委员会（简称民革市委会）第五届委员会委员15人，常务委员7人，其中主任委员1人，副主任委员3人。有党员180人，设总支4个，支部14个。民革北海市委机关内设办公室、组织宣传科，有机关干部4人。2010年，市委会被评为民革中央"学习践行社会主义核心价值体系先进组织"；获自治区级及市级的表彰5次，党员获"先进个人"表彰18人次；基层组织荣获各级"先进支部"称号8次，其中，民革银海区总支获民革中央"先进基层支部"荣誉称号。

【自身建设】 2010年，民革市委会以树立和践行社会主义核心价值体系为主线，强化"五个好"（即：班子好、队伍好、工作机制好、参政议政好、社会反映好）机制建设，进一步提高机关工作效能和服务水平。开展政治理论学习、主题活动，营造风清气正的换届环境。2010年，民革市委会共召开4次常委会，2次委员会，6次主副委学习会，6次专委会议，1次党员大会，1次骨干培训，9次座谈会。民革市委会发展新党员6人，平均年龄38.6岁。

创建特色支部　3月，民革市委会召开五届九次委员会议，专门部署"特色支部"创建工作；向民革党员通报北海市经济、社会、政治等方面的新情况，并学习了中共北海市委九届八次全会精神，认真领会"北海三年跨越发展工程"主要目标与精神。2010年，市委会围绕"创建特色支部"工作，举办参加各项文体活动，激发基层支部活力。其中，5月，市委会举办了"北海民革首届气排球比赛"活动；组队参加全市统战系统"和谐杯"气排球比赛和全区民革运动会气排球比赛，均夺冠军。

践行社会主义核心价值体系　6月，民革市委会召开"学习和践行社会主义核心价值体系"专题座谈会，民革广西区委会主委刘新文等领导为60多名党员进行了专题辅导，各总支代表在会上谈了学习体会。

学习交流　3月，民革中央调研组就后备干部队伍建设情况到北海调研，召开"民革中央调研组座谈会"。5月，柳州民革赴北海市就组织建设与机关建设工作开展学习交流，召开了"柳州北海民革工作座谈会"。2010年，民革市委会选派3人

民革北海市委会获2010年民革全区运动会气排球比赛冠军。图为北海民革党员精彩扣球瞬间　　市民革　供

2010年6月，民革北海市委会召开“学习和践行社会主义核心价值体系”座谈会　　市民革　供

参加广西社会主义学院的学习，选派1人到城区信访办学习锻炼，推荐1人到乡镇挂职两年。并接待了来访的民革中央、民革区委、上海民革、湛江民革等组织。

【参政议政】 2010年，民革市委会组织专干和党员参政议政。在市政协八届五次大会上，市委会递交了29份提案，其中6份集体提案。副主委曾作琴在会上作了《关于银滩的现状及未来发展方向》的发言。集体提案《逐步推行北海城市功能分区建设，以构建特大城市框架》、《关于高速客船进出电建渔港限速通行的建议》获2009年度市政协优秀提案荣誉称号。《关于增强我市公共体育运动设施的建议》、《关于进一步加强我市医疗废物处置的建议》入选市政府重点督办的10件提案。10月，市委会与市政协联合举办了《关于进一步加强我市医疗废物处置的建议》重点提案通报会。就“合浦与北海城区互补发展”的调研课题，市委会三次组织党员到合浦调研，在10多个部门召开座谈，倾听建议，探寻合浦县与城区互补发展的对策，形成调研报告《促进合浦县城与北海中心城区互补发展对策研究》。针对北海如何乘势发展石油化工产业，市委会调研组深入北部湾办、中石化北海分公司等10多个单位开展座谈，征询意见，形成有分量的调研报告《北海乘势发展石油化工产业对策研究》。

2010年，民革市委会提案《保护与开发并重，科学建设“涠洲国际旅游岛”》获民革全区参政议政成果讲评会二等奖；《把红树林打造成展示广西落实科学发展观的窗口》上送民革中央，形成《加强北部湾沿海红树林保护工作刻不容缓》作为2010年全国政协提案。

【宣传工作】 2010年，民革市委会按期编辑出版《北海民革》期刊、建设好北海民革及书画院网站。在《团结报》、《北海日报》、《广西民革》等报刊、杂志上发表各类稿件共50多篇。其中《民主党派后备干部队伍建设之我见》、《老店新韵》等在《团结报》上刊登。《学做一把钥匙》、《知北海　爱北海　建设北海》、《领导干部要敢于担当》等文章在《北海日报》发表。民革市委会在民革广西区委组织的“我的中国心·我的民革情”征文比赛中被评为组织三等奖，党员征文分别获二等奖、三等奖。

为配合创建国家历史文化名城的宣传，3月，主委顾乃峰为海城区干部作“当前形势和我们的任务”的专题讲座；5月，为全市领导干部共210人作了专题讲座；此外，还应邀到北海五中、华侨中学作“北海开放史话”的讲座。

【社会服务】 2010年，民革市委会积极开展社会服务活动。主要有组

自治区党委常委、统战部长黄道伟(左二)，市委书记、市人大常委会主任王小东(右二)等领导会见著名书法家薛铸　　市民革　供

织党员参与“春蕾计划”活动；举行“向青海玉树地震灾区捐款仪式”，捐款逾万元；市委会领导慰问高德困难归侨和到都安县隆福乡参加抗旱救灾活动等。

【对台工作】 2010年，民革市委会多次召开对台工作方面的座谈会，及时向党员传达台情信息，使党员认清形势、明确任务，更有针对性地开展对台宣传和海外联谊工作。2010年，市委会共走访、接待了台胞台属约30多人次。召开了台资企业座谈会；与返乡的黄耀羽等台胞开展座谈，加强与台胞台属的交流沟通，增进友谊。

【举办两届北海中山书画院画展】 2010年，民革市委会举办了北海中山书画院第二届、第三届书画展，举行书画交流会、笔会等。

3月至4月，举办了北海中山书画院第二届书画展，邀请中国知名书法家薛铸等到北海进行书画交流，举办了“北部湾艺术之旅”活动。

11月，举办了北海中山书画院第三届书画展——“醉山居三人展”。推出著名国画家张善平等三位画家书画作品60余幅。市领导等社会各界人士200多人参加了开幕式，期间还到合浦举办了笔会。

【编辑出版《与北海同成长》】 2010年，民革市委会为配合换届工作，编辑出版了《与北海同成长——民革北海市委会十年回眸》一书。全书共分阳光圣地、黄金时代、海峡两岸、话语同源、情定民间、时空回望6个部分，40多万字。该书回顾了北海民革在参政议政、对台工作、自身建设、社会服务等方面获得的成绩以及党员的风采，彰显了民革参政议政的成果与特色。

（曾作琴　陈柏秀）

曾作琴副主委赴台湾参加“两岸妇女论坛”活动。图为参会人员在台湾桃园妇女馆的合影　市民革　供

2010年11月，北海中山书画院“醉山居三人展”隆重开幕　市民革　供

民革北海市委会承办编印的《北海旅游文化丛书》　市民革　供

中国民主同盟北海市委员会

【概况】 2010年，民盟北海市第六届委员会（简称：市盟），主委石昆，副主委吴伟。有市盟委员19人，常委9人。市盟设参政议政、文化教育科技经济、妇女等3个专门委员会。市盟机关设办公室、组宣科和社会服务科3个科室，专干编制7人。截止2010年底，北海市共有盟员340人，2010年发展新盟员14人，下设总支3个（合浦县总支、海城区总支、银海区总支），支部22个。2010年，盟市委领导班子充分调动广大盟员的积极性，发挥专长，在经济建设和民生工程实施等方面献计献

策。在自治区、市两级政协会议上共提交反映北海经济社会发展情况、反映社情民意、反映界别呼声的提案10多件。多项调研报告和提案引起党委政府的重视。

【组织建设】 2010年，北海市盟在自身建设方面，主要抓以下三项工作：

领导班子建设 市盟第六届委员会按集体领导、分工负责的民主集中制原则，建立了主委、常委、委员分工负责具体任务和分工联系基层的工作制度。领导班子成员本着“不干预、多支持、多指导”的原则帮助基层开展工作、解决问题，培训基层支部负责人，对部分支部负责人作适当调整，增设了银海区总支，使支部盟的活动更正常，工作更顺利。

机关建设 2010年，市盟分别举办市盟委员专题学习座谈会10余次，盟内骨干学习班4次，新盟员学习班2次。市盟机关专干坚持每周一个半日政治学习制度，学习全国“两会”精神、社会主义核心价值体系内容、中共十七届历次全会精神和中共北海市委九届九次全会精神，努力加强机关工作的制度化、规范化、程序化建设，从而带动机关作风建设、效能建设的深入开展。此外，市盟在经费有限的情况下组织盟员开展汽排球比赛、健身行、考察重点项目、游园等活动，通过活动提高盟组织的凝聚力，为盟员相互了解搭建了有利的平台。

发展新盟员 2010年，市盟坚持“人才强盟”“质量第一”的原则，把参政议政能力强，素质较高的新生力量发展为新盟员。2010年共发展新盟员14名，都是大学学历，中级以上职称，他们分别来自大中院校、医疗机构、政府机关和企业。

宣传工作 5月编印信息汇编一期，7月编印《北海盟讯》一期，在学习引导，经验推广和榜样示范等方面发挥了作用。多次组织专家学者到学校、机关讲授诗歌对联知识，为传承传统文化和擦亮地方名片出大力。

【换届准备工作】 2010年是盟市委五年一次的换届工作年，盟市委领导班子从全局的高度来充分认识换届工作的重大意义，全面把握换届工作的指导思想、总体要求和基本政策，带领全市各级盟组织，切实做好换届准备工作。一是专门召开委员扩大会议。邀请委员和各支部正副主委参加，传达学习《民盟广西区委关于做好2010年广西壮族自治区辖市委员会换届工作的意见》以及中共北海市委统战部关于民主党派换届有关批示精神，让每个支部都知晓换届工作的要求，做到心中有数，努力营造“讲政治、顾大局、促团结、创和谐”的良好氛围。二是成立以市盟主委为组长、副主委为副组长的换届工作领导小组，工作人员从办公室、组宣科中抽调。领导小组制定实施方案，及时制定了换届工作方案，方案做细做实，步骤严密，措施得力，方法得当。三是认真推选委员候选人。截止2010年底，各支部已经把市盟委员候选人推选出来，在推选过程中严格按照上级的指示精神来操作，从德、能、勤、职、廉方面严格把关，经过一而再地推选，也经过主委会议研究，确定了25名委员候选人，市盟考核小组对委员候选人展开进一步的考核工作。四是通过深入了解支部盟员情况，广泛听取各方面意见，组织召开支部会议，由支部反复酝酿，民主协商产生候选人，引导盟员正确行使民主权利，在选举中体现出较高的政治素质。截止2010年底，市委会所属22个基层支部按计划圆满完成了2010年换届准备工作，并增建了银海区总支。为2011年的民盟北海市委会换届工作奠定了良好的基础。

【参政议政】

积极参政 2010年，市盟主委石昆担任广西区政协委员，北海市政协常委，兼任北海市发展和改革委员会副主任。2010年，市盟盟员担任市人大代表2人，市政协委员16人（其中任市政协常委2人）。市盟盟员受聘为教育局督导员1人，市监察局特邀监察员1人，市国税局特邀监督员1人。

调研工作 2010年，市盟领导班子组织北海市盟员共同讨论调研课题，围绕难点热点深入调研，按时按质完成《广西北部湾海洋生态环境现状及保护对策》、《北海打造商贸物流中心的对策建议》、《北海银滩旅游产业发展新路径的研究》等调研报告，并全部编入中共市委统战部编写的专集。市盟主委石昆在各种意见征询会上代表市盟多次发言，对北海的经济发展、项目建设等方面提了很多合理化的意见。

课题研究 市盟根据市委统战部的要求，开展课题研究，写出了《文化统战工作研究》、《影响民主党派成员思想态势的主要因素研究》、《增强政党意识，加强民主党派基层组织建设》等三篇统战理论研究文章。2010年，市盟提供给盟区委、市委统战部、市政协采用的信息共12条。并配合盟区委在北海开展调研工作。

【社会服务】 2010年，市盟利用盟员的智力优势，采取多种形式开展社会服务活动。

2月初，在盟市委主委石昆的组织安排下，盟员唐雄先为基层群众义务挥春。3月2日，盟市委举办了“庆三八”健康讲座暨北海三年跨越发展工程座谈会。3月12日，应原市政协副主席、盟市委常委、市诗词楹联学会会长沈礼森之邀，著名诗人、诗词研究专家熊东遨到北海市党校举行诗词讲座。4月14日，青海省玉树藏族自治州玉树县发生7.1级强烈地震，灾情牵动着民盟北海市委会广大盟员的心，盟员们纷纷响应民盟中央的号召，发扬中华民族“一方有难、八方支援”的优良传统，踊跃捐款，帮助灾区人民渡过难关。截止到5月10日，市盟112位盟员共向玉树灾区捐款8540元。7月31日，在主委石昆的带领下，市委会组织医务专家10多人到北海市福城镇为基层群众义诊义检。10月30日，应盟市委暨北海市诗词楹联学会邀请，广西楹联学会会长周绍麟、廖铁星两位学者开设讲座，给北海市诗联作者及爱好者讲授诗联知识，并介绍近年来国内诗联创作活动的动态信息，让诗联爱好者领略诗联的魅力。12月底，主委石昆带头捐资，并组织盟员到营盘镇福利院慰问孤寡老人，向他们赠送了慰问金和慰问品。（陈建凤　沈晓雁）

中国民主建国会北海市委员会

【概况】 2010年，中国民主建国会北海市委员会（简称民建市委会）第八届委员会委员17人，常务委员会9人，主任委员1人，副主任委员3人。民建市委会设经济研究和参政议政工作委员会、维权委员会、妇女委员会等三个专门委员会。年末，全市共有会员293人，下设5个总支部、15个支部。民建市委会机关内设办公室、组织宣传科，专干4人。2010年，北海民建会员中有2人获广西壮族自治区劳动模范，7人获民建广西区优秀会员，1人到海城区挂任副区长；1个总支部获全国先进基层组织称号，2个总支部获全区先进基层组织称号。

【思想建设】 2010年是中国民主建国会成立65周年，也是民建市委会成立50周年。常委会以此为契机，以加强和改进思想建设为主题，继续深入开展学习贯彻科学发展观、社会主义核心价值体系的教育活动，坚持以科学发展观指导参政履职实践，以社会主义核心价值体系引领价值取向和道德风尚，开展以学习会章、会史和建国会的优良传统为主题的教育活动，增强广大会员坚持中国共产党领导、坚定走中国特色社会主义道路的信念。

社会主义核心价值体系宣讲　8月5日，民建广西区委主委钱学明到北海宣讲社会主义核心价值体系，并与北海民建骨干会员进行了亲切座谈。8月24日，民建市委主委谢小麟前往合浦开展社会主义核心价值体系宣讲活动。并要求北海民建会员结合当前正在开展的换届工作，以社会主义核心价值体系为指导思想，以为广大会员服务、提高参政党竞争力为宗旨，用长远和发展的眼光，充实和完善领导队伍，扎扎实实地做好换届工作。

开展纪念中国民主建国会成立65周年暨民建北海市委会成立50周年活动　2010年是中国民主建国会成立65周年，也是北海民建市委会成立50周年，市委会以此为契机开展以纪念中国民主建国会成立65周年暨民建北海市委会成立50周年为主题的征文、评先等系列活动，编印出版《北海民建50周年》画册，一幅幅珍贵的照片记述了北海民建半个世纪的发展变迁，回顾北海民建50年来与中国共产党肝胆相照、风雨同舟的光辉历程。12月召开庆祝中国民主建国会成立65周年暨民建北海市委会成立50周年纪念大会，大会向任玉岭、林虹等老领导颁发了北海民建事业杰出贡献奖，向梁泽深、张振钿等老会员颁发了北海民建事业突出贡献奖，并对2个先进基层组织和41名优秀会员进行了表彰。

【组织建设】 2010年，民建市委会共召开常委会5次，及时传达学习有关会议和文件精神，提高了领导班子成员对形势和政策的判断把握能力。在中国民主建国会成立65周年纪念大会上，海城区总支部获得民建中央授予的“全国先进基层组织称号”，合浦县总支部和退休总支部获民建广西区委会授予的“全区先进基层组织称号”，经济总支部和综合总支部获民建北海市委会授予的“北海市先进基层组织称号”。

基层组织换届工作　2010年是基层组织换届年，市委会非常重视

在庆祝中国民主建国会成立65周年暨民建北海市委会成立50周年纪念大会上，任玉岭、林虹等老领导为作出突出贡献的会员颁奖　市民建　供

换届工作,制定了《民建北海市2010年基层组织换届调整方案》,对基层组织换届工作的时间、内容、形式等作了具体部署并指导基层组织按规定开展换届工作。通过推荐、考核、确定候选人、选举等程序，到8月底,完成了所有总支、支部的换届选举工作。一批政治觉悟高、思想素质好、热心会务工作、有较强的参政议政能力和组织领导能力的会员走上了基层组织的领导岗位，为基层组织更好的开展工作奠定了坚实基础。

市委会换届准备工作　根据民建广西区委和中共北海市委统战部的安排和部署，市委会积极开展市委会换届准备工作，制定了换届工作方案，并成立了换届工作领导小组，制定第九届代表大会代表名额和产生办法，确定第九届委员会规模，并按时上报民建广西区委和市委统战部。

新会员发展工作　2010年,民建市委会在组织发展工作中坚持“注重质量、注意数量”的方针和“三个为主”的原则,全年共发展会员11名。全部具有大专以上学历,有效地改善了本会会员的知识和年龄结构。

后备干部队伍建设　加强后备干部队伍建设，认真做好后备干部的培养的推荐工作。4月,民建市委会副主委张鹏飞到海城区挂任副区长，这是继主委谢小麟铁山港挂职之后，民建市委会专职领导再次挂任县区政府领导职务。7月,选派海城区总支和合浦总支的主任参加广西区统战部在广西社会主义学院举办的民主党派基层组织领导干部培训班学习。8月,选派合浦总支9位会员骨干到合浦县委党校参加合浦县委组织部、统战部举办的2010年合浦县党外干部培训班学习，不断提高会员骨干思想政治素质、管理水平和参政议政能力。

【参政议政】

建言献策　2010年初，在市政协八届五次会议上，民建北海市委会共提交了19份提案,其中集体提案7份,个人提案12份。会上副主委张鹏飞代表市委会作了《加强区域经济合作　共筑增长新一极》的大会发言。市委会提案《关于加快我市电子信息产业集群化建设的建议》被列为这次大会“一号提案”,这也是继2009年民建北海市委会再次蝉联“一号提案”的殊荣。而《突破电子信息发展瓶颈，加快打造北海部湾“硅谷”》和《关于高度重视中小企业面临困难的建议》等2份提案被评为2009年度优秀提案。

2010年4月中国风险投资座谈会在北海召开　　市民建　供

市委会还十分重视发挥县区基层组织参政议政的积极性并取得了显著的成绩,1月，在合浦县政协第十一届五次会议上，合浦总支部共向大会提交了8份集体提案，居全县各民主党派提交数量之首。会上合浦总支部主任钟宏、会员廉世明被评为“提案工作先进个人”;2月,在海城区政协三届五次会议上,民建海城区总支部再次被评为“参政议政先进集体”。这是海城区总支部自2002年成立以来连续9次获此殊荣。

调研工作　2010年，市委会按照“市委出题,党派调研,政府采纳、部门落实”的原则,充分发挥经济研究和参政议政委员会的作用，针对发展开放型经济和建设服务型政府进行调研,完成了《进一步扩大开放合作,大力发展开放型经济,实现北海经济跨越发展》和《关于建设服务型政府，全面提升北海市场化进程的对策研究》等调研报告。3月,市委会组织调研组赴东园家酒厂、广西惠利机械有限公司、鸿霞珠宝等会员企业开展北海市中小企业发展状况调研,撰写了《中小企业发展状况的调研报告》。6月,市委会和统战部联合成立统战系统调研组对北海市水产行业发展情况调研，调研组先后赴水产畜牧局、国税局、商务局及万景、洪恩等水产出口大户进行实地调研。

风险投资座谈会　4月,市委会举办风险投资座谈会，中国风险投资研究院副院长、博士吴西镇、北海市政策研究室、市高新区管委会等有关单位负责同志以及各企业负责人参加了座谈会，为加快北海市的开发建设，特别是开拓风险投资平台,扶持企业做大做强出谋划策。

2010年，民建市委会会员中担任全国政协委员1人，自治区政协委员2人,市政协常委4人、委员13

人，县（区）政协副主席1人、常委5人、委员19人；市人大常委1人、代表2人，县（区）人大副主任1人、常委2人、代表5人；被聘为市监察局特邀监察员2人。

庆“三八”献爱心活动现场　　市民建　供

【社会服务】

建立社会报务帮扶点　北海市特殊学校成立不久，民建市委会了解到就读特殊学校的孩子们家庭都比较困难，提议组织全体女会员到市特殊教育学校开展“迎三八·献爱心”活动。会员们现场为孩子们捐款4000多元，购买了洗衣机、学习和生活用品等；10月，为了让孩子们过一个温暖的冬天，民建市委会第二次组织企业家会员为市特殊学校孩子们送去被褥71床，当得知孩子们的生活费比较紧张时，现场捐款3770元作为孩子们的生活费；11月，再次组织会员企业家为市特殊学校的孩子们送去运动服100套。通过几次接触，会员们和孩子们建立起了深厚的感情，12月，在市特殊学校成立一周年的庆典上，民建市委会和北海市特殊学校签订了帮扶协议书，将市特殊学校作为民建市委会的长期帮扶点。

抗震救灾　4月，在民建市委会的倡议下，广大会员为青海玉树地震灾区人民渡过难关，重建家园，慷慨解囊，不少出差在外的会员也积极电话认捐，献上自己的一片爱心，现场共募集善款14760元。

扶贫助学　6月，在合浦总支主任钟宏的提议和积极带动下，5名民建会员捐资为合浦廉州镇陈屋小学修建了“民建篮球场”；9月初，民建市委会组织会员赴合浦县沙田镇开展秋季助学活动，为孩子们送去生活用品和学习用具，并当场为贫困学生捐赠了生活费；9月中旬，民建市委会组织北海民建企业家会员赴青海省大通县东峡镇中心小学，以民建广西区委的名义捐赠了70万元，用于该校教学综合楼建设。

北海民建会员以民建广西区委名义捐赠70万元给大通县东峡镇中心小学
市民建　供

社会公益　7月，合浦总支部与县委统战部、北海市律师协会到沙田镇开展“送法下乡”，为村民提供法律咨询40多人次。随后，为该镇沙田、海战村委赠送了价值2800元的法律书籍一批，受到了广大农民群众的热烈欢迎；8月，合浦总支部组织部分会员到合浦儿童福利院开展慰问活动，并赞助3000元给福利院修理供电线路。北海民建会员的善举得到了社会各界的高度赞扬，《北海晚报》、北海电视台对上述善举给予了报导。　（王文华）

中国民主促进会北海市委员会

【概况】 2010年，中国民主促进会北海市委员会（以下简称民进市委会）第五届委员会主任委员1人，副主任委员3人，常委9人，委员19人，秘书长1人。有会员254人，设总支2个，支部17个。

【思想工作】 2010年，民进市委会

把深入学习贯彻科学发展观与政治交接教育实践活动结合起来，宣传社会主义核心价值体系，将广大会员自觉追求社会主义核心价值体系作为思想教育工作的重点。1月4日，民进市委会领导班子在五届十八次常委会议上，重点学习《危机之年的重大转折》的社论文章，要求把思想统一到"立足把事干成，合力唱兴北海"，"实现经济社会的大步跨越"上来，围绕"北海三年跨越发展工程"这个大局，做一个合格的参政党地方组织。3月18日，召开五届六次全体委员会议，学习中共十七届四中全会和中央经济工作会议精神，传达学习民进十二届三中全会精神和民进广西区九届四次全会精神，听取和审议过去一年的工作总结和2010年的工作安排。6月12日，举办了2010年北海民进新会员学习班，市委会主委黄漱鲁作了《做一名合格的民进会员》的讲座。10月下旬，民进市委会领导班子集中学习中共十七届五中全会精神，在领导学习的基础上，引导民进会员开展自学。

3月，民进市委会召开五届六次全体委员会议　　市民进　供

【组织建设】 2010年，民进市委会以领导班子建设、后备干部队伍建设和基层支部建设为重点，努力使自身建设上水平。2010年，民进市委会发展新会员11人。根据形势发展和《会章》规定，成立中国民主促进会北海市第八中学支部，黄玲等3名会员担任支部领导班子成员。

领导班子建设　2010年，民进市委会召开五届十八、十九两次常委会，研究年度工作计划、年度调研工作计划、第六次代表大会和市委会换届等工作。

基层组织建设　4月29日，民进市委会召开了基层组织工作会议，以合浦联合支部等5个支部为创建先进基层组织的工作重点，切实加强基层组织建设。10月18日组织退休支部的会员共同庆祝重阳节。

举办会庆活动　12月31日，举办了民进成立65周年会庆活动，表彰了三年来北海民进的先进集体和个人。

12月31日，民进市委会主办了民进成立65周年会庆活动，表彰了三年来民进先进集体和个人　　市民进　供

【参政议政】 2010年，北海民进会员中任自治区政协常委1人、委员1人；市人大代表4人，市政协副主席1人、常委3人、委员14人；县(区)人大代表1人，县(区)政协副主席2人、常委2人、委员11人。被聘为市监察局特邀监察员1人。沈毅远、李鸿梅、蒋道明等会员2010年参加了中共北海市委组织部组织的挂职培养。

参与政协工作　在北海市八届五次政协大会上，市委会主委黄漱鲁作了《改善民生注重发展养老事业》的政协大会发言，民进市委会及会员中的政协委员提交了《关于将我市渔业互助保险纳入政策性保险的建议》等25份提案。

调研工作　按照"呈报领导审批，部门分别落实，情况及时反馈，强化督促检查"的要求，2010年完成了《北海建设区域国际海洋文化名城对策研究》和《繁荣发展北海市文化产业对策研究》的调研课题。

联合调研活动　民进市委会加强与市政协各专门委员会的协作，于

4月13日至16日，民进市委会联合市政协科教文卫体委开展了题为《北海市职业教育发展》的课题调研。

【社会服务】 2010年，民进市委会领导及全市会员积极发挥界别优势，广泛开展社会服务活动，不断丰富政治交接教育实践活动内容。一是积极开展文化统战工作。5月7日晚，民进市委会协助市妇联、市文明办等单位在北部湾广场成功举办了“献给母亲的歌”文艺晚会。6月26日晚和7月2日晚，民进市委会在侨港镇参与主办了2场“百场欢歌惠珠乡”演出。12月30日，民进市委会联合市文化局、市妇联、市文联等单位组织了“北海市2011新年中外经典歌曲合唱音乐会”。二是教育惠民，为北海教育事业作贡献。5月28日，民进市委会领导班子来到民办学校——北海市光明学校一起进行了“六一”慰问活动，并赠送学校一批体育运动器材。三是利用教师节深入基层，慰问教育工作者。9月10日，民进市委会在百年名校乾江中学合浦县第五中学开展“民进北海市委会庆祝第26个教师节暨‘文化、卫生、科技’三下乡慰问活动”，为全校师生开展电器维修、医疗咨询、文艺演出等社会服务。

（王成栋）

5月，民进市委会领导班子与北海市光明学校师生一起参加“六一”活动，并赠送学校一批体育运动器材　　市民进　供

中国农工民主党北海市委员会

【概况】 2010年，中国农工民主党北海市委员会（以下简称农工党市委会）第五届委员会，主任委员1人，副主任委员1人，常委7人，委员13人。下属总支委员会2个，基层组织13个(含1个小组、1个总支筹委小组)，成员188人。农工党市委会内设办公室、组宣科，专职干部5人。2010年，农工党市委会组织广大党员认真学习邓小平理论、中共十七大精神和科学发展观，用社会主义核心价值体系教育党员，各支部涌现出一批立足岗位建功立业的先进事迹。其中，市人民医院支部科研成果丰硕，罗大山完成两项课题分别获得北海市科技进步一等奖及通过省级鉴定，周家萍、李云菁分别有一项课题通过市级鉴定。科技支部张世天获得广西科学技术特别贡献奖。银海区一支部陈燕获市防保先进工作者，合浦人民医院支部李萍获北海市第六批优秀青年专业技术人才称号。

【思想建设】

开展政治交接教育实践活动　2010年，农工党市委会结合实际深入开展政治交接学习教育活动。一是将学习教育活动和树立践行社会主义核心价值观相结合。每周固定学习时间，组织专干学习社会主义核心价值体系的有关理论；组织党员骨干培训班和新党员培训班将学习教育活动和党员骨干的培养相结合，带领支部班子领导和新党员参观爱国民主人士陈铭枢将军的故居，实地进行爱国主义教育。二是将学习教育活动和农工党成立80周年纪念活动相结合。通过组织知识竞赛，出版纪念板报，出版调研报告汇编，召开纪念大会等形式，带领全市农工党党员重温党史，树立和践行社会主义核心价值观，更坚定拥护中国共产党领导下的多党合作和政治协商制度，更坚决地走有中国特色的社会主义道路。

宣传信息工作和理论研究工作　2010年，农工党市委会采取三项措施提高宣传理论工作水平。一是全年在各类新闻媒体上发表言论、活动消息、事件通讯等20篇(次)，对农工党代表性人物及基层组织富有典型意义的活动和事迹进行大力宣传，取得良好的社会效果。其中，市委会举办“第三届中国环境与健康宣传周”活动，被自治区、北海市的多家媒体报道。二是根据农工党区委、中共北海市委统战部理论研究工作的部署，制定了统战理论研究课题计划，动员全体机关专干撰写统战论文。共收集5篇论文参加农工党广西区委论文评选，其中3篇获奖，农工党市委会也获得2010年农工党广西统战理论研究优秀组织奖。三是积极编撰出版农工党市委会的刊物《北海农工》两期，努力做好农工党中央刊物《前进论坛》的征订工作，2011年度全市订阅率达到党员总数的74%以上。

农工党北海市委会纪念农工党成立80周年知识竞赛现场　　市农工党　供

【组织建设】

换届准备工作　2010年，农工党市委会成立“农工党北海市委换届工作领导小组”，及时制定换届选举工作方案，并上报区委会组织部备案，同时对换届选举工作内容时间安排都作了具体的部署。农工党市委会将机关专干分成会务组、组织组、后勤组，分别进行宣传动员、组织推荐、组织考察和确定候选人等工作，并起草工作报告、选举办法等十多份换届选举文件。

开展评优活动　2010年，农工党市委会结合农工党建党80周年开展优秀党员评选活动，在北海农工党员中，评选出在思想建设、组织建设、参政议政、社会服务和在本职工作岗位上作出突出贡献的7名农工党党员，在纪念大会上给予表彰。

发展新党员　农工党市委会坚持“三个为主”、注重质量、兼顾数量、保持特色、改善结构的要求，积极发展高层次人才加入农工党，不断优化党员队伍结构。2010年北海农工党共发展新党员14人。其中：大学本科10人、大专4人。新党员中，具有高级职称的1人、中级职称9人，占77%。组织发展工作在界别上和区域上又有所拓展，发展了2名企业老总，并在没有农工党员的铁山港区发展了4名新党员。

【参政议政】

参加政治协商　2010年，农工党市委会领导积极参加中共北海市委、市政府召开的民主协商会、座谈会、通报会近10次，分别就北海市经济建设、文化建设、社会建设的重大问题提出各类意见和建议，认真履行职能。2010年，以农工党市委会名义提交集体提案5份，党员个人提案9份，主委洪伟东作了《关于提高我市农村劳动力就业增加农民收入》的大会发言。有2份提案获得2009年度优秀提案，党员周家萍有1篇个人提案获得优秀提案，其本人获得先进提案工作者。在一县三区的政协会议上，农工党党员积极提交提案，有2人获银海区政协优秀委员称号；1人获银海区政协提案先进个人称号。至年底，农工党市委会的5份集体提案全部收到提案书面答复，银海区一支部有2个提案作为2010年银海区的重点提案督办。

2010年新党员培训班现场　　市农工党　供

调研工作　2010年，农工党市委按照中共北海市委的调研工作部署，深入基层和第一线，了解和把握第一手资料，认真调查，深入研究，高质量地完成了《加快发展我市农产品加工业的对策研究》和《关于创新我市招商引资体制机制调研情况报告》两篇调研报告。其中重点课题《加快发展我市农产品加工业的对策研究》切合北海市三年跨越发展工程的要求，为市委、市政府的决策

第三届“中国环境与健康宣传周”活动启动仪式(左五广西政协副主席农工党广西区主委彭钊、右五北海市委副书记曹坤华)　　市农工党　供

提供了有用的参考。

【社会服务】

帮扶点工作　2010年，农工党市委继续帮扶秋风塘村的5名贫困儿童，助学捐款2000多元。另外，农工党市委还结合纪念农工党成立80周年到秋风塘村开展送医送药、法律咨询活动，捐赠农业科技书籍价值9000余元，为村卫生室捐赠药品价值500余元。

“宣传周”活动　2010年6月农工党市委和农工党广西区委联合主办，市环保、教育等9个单位协办的第三届“中国环境与健康宣传周”广西区活动在铁山港南康镇文化广场举行，活动内容包括文艺演出、送医送药、环保法律咨询服务等。共组织演员、专家、工作人员100多人，免费发放资料1000余份、药品1000多元，服务群众1500多人次。广西区政协副主席、农工党广西区委主委彭钊，中共北海市委副书记曹坤华、中共北海市委统战部部长唐利群出席了这次农工党市委会迄今为止最大规模的活动。11月，农工党市委开展第二十二届“国际科学与和平周”系列活动。一周内，农工党市委及基层支部开展了乡村医生培训、义诊咨询等活动4次，共有5个支部30名党员参加了活动，培训乡村医生80多人，受益群众达700多人，取得了良好的效果。

“服务百姓健康百千万”活动　2010年农工党市委会继续充分发挥优势，扩大影响范围，开展义诊、农业科技法律咨询服务活动6次，送出药品5000元。联合铁山港区卫生局举办乡村医生培训活动，邀请市人民医院的两位专家在营盘镇卫生院对80多名乡村医生及卫生院医务人员进行了“急性胸外伤处理”及“手足口病防治（2010最新版）”培训。此外，分布在北海市市区及部分乡镇的支部也积极开展“百千万”活动。其中合浦总支到合浦钦廉林场开展了医疗咨询和义诊活动，银海二支部与市人民医院支部联合侨港镇侨中社区卫生服务站在侨港镇开展的义诊咨询及糖尿病宣传活动。至年底，参加“百千万”活动的医生人数超过40人，受益群众超过2000人。被评为2009～2010年度农工党广西“服务健康百千万活动先进集体”。

扶危济困　2010年青海省玉树州发生地震后，农工党市委会组织全市农工党员积极捐款，帮助灾区抗震救灾。全市党员共计捐款6700元。12月，农工党市委会新发展的农工党党员吴元华，向北海市铁山港区营盘镇营盘中学捐款200万元人民币，用于修建营盘中学图书馆。

【机关工作】　2010年，农工党市委会按照农工党中央的要求，努力抓好规范化、程序化和制度化建设。同时以建设和谐机关为目标，做了以下几项工作：一是在坚持机关专干每周集中学习半天的同时，选送干部到各级社会主义学院学习。并通过不间断地组织机关专干参加各类

农工党北海市委会送医送药送书籍下乡　　市农工党　供

培训，提高队伍的政治素质和业务水平。至年底，共组织专干参加12天以上培训2人(次),6~12天培训3人(次),6天以内培训4人(次)。二是完善了《机关节能制度》、《档案归档制度》、《普法学习制度》等规章制度,并按照《公务员管理条例》严格规范机关专干行为，搞好具有参政党特色的机关形象建设。并完成了年度档案的归档整理工作、机关节能工作、普法学习宣传工作。特别是归档整理工作，顺利通过北海市档案工作检查。（力　婕）

中国致公党北海市委员会

【概况】 2010年，中国致公党北海市委员会(以下简称致公党市委)第五届委员会委员18人、常务委员8人、主任委员1人、副主任委员2人、秘书长1人,下设1个总支、9个支部,共有党员231人,机关设1室1科(办公室、组宣科),专干4人。担任各级人大代表、政协委员34人,其中担任自治区人大代表1人,市政协常务委员3人；担任市特邀监察员1人、特邀审计员1人、教育督导员2人、城建卫生行风评议员1人。

【思想建设】

政治理论学习　2010年，致公党市委积极组织致公党北海市全体党员认真学习贯彻中共中央十七大精神,全国“两会”精神,《国务院关于进一步促进广西经济社会发展的若干意见》精神,中共市委九届九次全会精神，致公党中央十三大精神以及新党章。结合实际,深入学习贯彻科学发展观，以纪念中国致公党成立85周年为契机,不断加强思想建设，努力提高全体党员的思想政治素质，继承和发扬老一辈优良传统，增强全体党员的政治使命感和责任感。

基层组织建设年活动　按照致公党广西区委在全区范围开展基层组织建设年活动的指示精神,3月初成立致公党北海市基层组织建设年活动领导小组，召开了基层组织建设年活动动员大会,制订下发了《致公党北海市委关于基层支部工作的条例》,并通过在广大党员中树立和践行社会主义核心价值体系，提高全体党员的思想政治素质，使社会主义核心价值体系内化为广大党员的价值取向,外化为行为准则。11月9日、19日分别与致公党沈阳市委会、桂林市委会基层组织建设学习考察团召开组织建设年经验座谈会,相互介绍经验,促进了各地市的基层组织建设工作。

思想宣传工作　2010年，致公党市委在及时做好学习贯彻宣传中共中央十七大和十七届五中全会精神的同时,订阅各种重点报刊书籍,组织党员、专干学习;积极组织致公党北海市各支部通讯员和专干向《中国致公》、《广西致公》、《北海日报》等报刊投稿,全年被采用10多篇;出版内部刊物《北海致公》2期。

7月18日晚,致公党市委会与市飞田贸易有限公司共同举办“南国明珠　明悦星都”大型文艺晚会　市致公党　供

【组织建设】 2010年，致公党市委进一步加强领导班子建设，健全民主集中制,加强集体领导,定期召开主委会议、常委会议、委员会议,按中共市委组织部要求，做好领导班子届中述职、考察工作;严格遵守换届纪律，做好换届准备工作，根据《中国致公党章程》的规定和各民主党派广西区委关于做好自治区辖区市委会2010年换届工作座谈会纪要精神，依照程序成立换届领导小组,制定换届方案,并做好了代表、委员候选人的推荐、审核和考核工作。把好政治质量关,积极稳妥发展高素质的新党员8人。

【参政议政】

政治协商、建言献策　2010年，致公党市委领导积极参加中共北海市委、市政府召开的座谈会、协商会、通报会和各级政协及有关单位组织的调研、视察活动20多人次。组织在北海市各级人大、政协、参政议政专委会中的致公党党员，围绕北海市如何在广西北部湾经济区开发建设中发挥应有作用多次发言，并在年初的“两会”中积极建言献策,提出议案、提案共69件。致公党市委在市政协八届五次会议上作了“关于推进城乡交通互动发展的对

策研究"的大会发言，提交了《关于大力发展服务业，促进北海组团建设》等22件提案，所有的提案都得到有关部门的答复和采纳。在实施中，有的提案得到了市政协的好评和市委、市政府的肯定。其中，《关于加大对北海工业类园区人才资源扶持力度的建议》的提案荣获2010年度北海市政协优秀提案奖。

调研工作　4月9日至12日，致公党市委协助致公党中央副主席杨邦杰到北海开展"生物质能源的科技创新与产业化发展"的调研，联系协调市政府和一县三区政府有关部门，配合做好了调研工作，受到好评。

6月后，致公党市委按照中共北海市委的要求，围绕党委、政府的中心工作，为实现"北海三年跨越发展工程"精选调研课题，并组成了领导、专家为一体的调研队伍，针对"关于北海国家科技兴贸创新基地产业发展的对策研究"等课题进行深入调查研究，撰写了"关于北海国家科技兴贸创新基地产业发展的调研报告"等3份调研报告；积极开展"一支部一调研"活动，组织支部开展调研并完成"关于强化银海新城区建设管理工作的调研"等4份调研报告，为2011年致公党在北海市及县、区"两会"上建言献策提供资料。

2010年5月，致公党北海市委组织党员及专干参加北海市统战系统"和谐杯"气排球竞赛，获得亚军　　市致公党　供

【对外联谊】　2010年，致公党市委鼓励广大党员充分利用各种机会和渠道与海外亲友通讯互访，联络亲情友情，广泛宣传对外开放的优惠政策和"一国两制"的伟大意义，积极联系和介绍国内外的亲朋好友，前来北海投资建设，为北海市招商引资牵线搭桥，引进国内资金2500万元在北海注册贸易公司、酒店、环保砖厂，收到了很好的经济和社会效果。全年共接待回乡探亲的"三胞"、华人200多人(次)，热情接待本党各地组织来访100多人（次），致公党员前往国外和境外探亲访友、交流合作10多人(次)。5月，组织党员及专干参加北海市统战系统2010年"和谐杯"气排球竞赛，获得亚军。10月，致公党市委海外联谊专委会组织海外联谊委员及各支部骨干开展了联谊活动。

2010年3月31日，致公党北海市委会举行基层组织建设年动员会暨抗旱救灾捐款仪式　　市致公党　供

【社会服务】

拓宽工作思路，打造"文化统战"工作亮点　致公党市委认真贯彻落实自治区党委统战部关于开展三个统战工作的精神，深入开展文化统战工作。7月18日，致公党市委与北海市飞田贸易有限责任公司等公司共同举办了"南国明珠、明悦星都"大型文艺晚会，组织致公党党员和市机关干部、群众一起观看，出席晚会的市领导、干部和群众近1000人，收到了很好的社会宣传效果，对提高北海市的城市文化形象和对外形象的宣传力度起到很好的作用，

同时促进了北海企业文化的发展。通过打造北海市“文化统战”工作，为推进经济统战、和谐统战工作等三个统战工作夯实基础，为两个文明建设探索出了新的工作思路。

开展救灾扶贫、爱侨服务活动

2月11日，致公党市委到侨港镇侨中社区看望慰问孤寡老人及困难群众，为老人和困难群众送上米、油等慰问品。3月31日，举行抗旱救灾捐款仪式，发动广大致公党员，以实际行动践行社会主义核心价值体系，向灾区献爱心，支援抗旱救灾工作，在救灾捐款仪式期间，共收到捐款8000元，寄到致公党广西区委由他们代转灾区建储水池。7月，为环江县纳龙小学认捐购买了5套课桌椅。12月4日，全国法制宣传日期间，与市侨联等部门联合到侨港镇开展侨法宣传和医疗服务活动，义诊100多人次，送药600多元，发放侨法宣传资料500份，侨法咨询300多人次，为归侨侨眷提供侨法咨询和送医送药等服务。12月19日，与银海区统战部、致公党广西中医学院支部10多位专家教授到侨港镇开展以“和谐统战”为主题的义诊、咨询活动，为600多名归侨侨眷群众提供义诊、咨询服务。（林永清）

2010年12月4日，致公党市委会与市侨联等部门联合到侨港镇开展侨法宣传和医疗服务活动　市致公党　供

九三学社北海市委员会

【概况】 2010年，九三学社北海市委员会(以下简称社市委)第二届委员会委员13人，常务委员7人，主任委员1人，副主任委员2人。社市委会共有社员88人，设基层组织支社(小组)6个，机关专干2人。社员中担任自治区政协委员1人，副市长1人，副县长1人，副区长1人；市人大代表2人，市政协委员10人(其中常委2人)；县(区)人大代表2人，县(区)政协委员4人(其中常委1人)。担任市特约监察员1人，市民政局社会义务监督员1人，市政府教育督导团特约教育督学员2人。

【思想建设】 2010年，社市委在社员中继续开展以“坚持走中国特色社会主义政治发展道路为主题的政治交接学习教育活动”，进一步加强自身建设，努力提高政治把握能力、参政议政能力、组织领导能力和合作共事能力。引导广大社员学习、了解社史，宣传中国多党合作制度光辉历史和广阔前景，提高认识，进一步增强接受中国共产党领导、坚持走中国特色社会主义发展道路的坚定性和自觉性，不断巩固北海市广大社员的思想基础。为积极应对国际国内形势发展变化、增强中国特色社会主义理论吸引力和凝聚力，以树立和践行社会主义核心价值体系加强社员思想建设。积极组织社员参与社中央举办的“九三学社树立和践行社会主义核心价值体系研讨会”征文活动，共撰写了《论九三学社树立和践行社会主义核心价值体系的实践途径》、《建立九三学社核心价值观之设想》等2篇论文，通过加强理论学习与研究，推动社市委理论研究工作再上新的台阶。

进一步完善学习制度，加强政治理论学习，学习党和国家的重大会议、文件、讲话的精神，先后集中学习了中共中央总书记胡锦涛的重要讲话、学习中共北海市委第九届委员会八次、九次两会会议报告等内容，通过这个学习机制，使九三学社市委机关人员与社员通过学习理念的更新，优化知识结构，提高了综合素质，促进形成改进工作的新思路、新办法，积极投身北海的发展建设。

【组织建设】 2010年组织建设的重点是加强领导班子和干部队伍建设。社市委把建立健全基层组织作为重中之重来抓，着重完善基层领导班子建设，社市委积极与各县(区)的中共统战部门沟通，在广泛征求社员意见的基础上确定基层支社领导班子考察对象，经过民主换届选举，完成了五年一届的基层组织换届工作，五个支社和一个小组全部顺利实施了换届，一批政治素质好、知识层次高、年轻的有一定代表性的同志进入了班子，为明年社市委会换届打下了良好的基础，为社组织建设提供了有力保障。

认真学习贯彻《九三学社中央

2010年7月石化厂支社委员朱仲海在九三学社广西区委基层组织经验交流会上发言　　市九三学社　供

关于进一步做好组织发展工作若干问题的意见》的文件精神；保持特色，发展以科学技术界高、中级知识分了为主体的界别特色，严格组织发展秩序，积极稳妥地做好组织发展工作。发展3名优秀人才入社，其中博士生1人，平均年龄33岁，给社的组织增添了新鲜血液。

社市委把组织发展与后备干部队伍建设有机结合起来，把一批政治思想好、业务素质高、有一定参政议政能力、热心九三学社工作的新同志及时充实到后备干部队伍中去。

7月石化厂支社作为优秀基层组织参加社区委基层组织经验交流会，并在大会上作了专题发言。

3月社市委主委杨志远被选派到北京挂职锻炼一年，5月一名机关专干被市委组织部选派到基层街道办挂职锻炼2年。

【参政议政】 参政议政是民主党派的基本职能，社市委始终把这一工作放在主要位置。2010年1月，副市长、主委杨志远在九三学社北海市第二届全委(扩大)会议上就对社市委今年的参政议政工作提出要求与部署，要求各社员重视和关注热点、难点，认真开展调查研究活动，使社的参政议政工作取得较好的成效。在全年的自治区、市级两会上，社市委共提交23份议案与提案、大会发言1份(集体提案5份，个人提案18份)。其中集体提案《关于加强和改善征地工作的建议》、《关于我市养老产业的建议》被评为市政协2010年优秀提案，另还有多份提案建议被政府相关部门采纳。

【社会服务】 玉树"4·14"强烈地震牵动着北海九三人的心。灾情发生后，社市委领导、机关专干、各基层组织和全市社员积极响应党中央、国务院的号召，紧急行动起来。"我要为地震灾区人民做点什么"成为社员的共同心愿。他们积极参与本地区、本单位、本社区的捐款献爱心活动。社员们通过各种途径捐款6370元。

2010年7月在南宁参加九三学社广西区委社务工作会议　　市九三学社　供

8月，社市委与九三学社河南省委联合对北海社区服务情况调研时，得知北海市贵州路南社区想修建室外健身场地以方便社区居民强身健体，但由于资金不足未能如期进行，立即为其解决修建沙池的费用，使该社区居民高兴地用上健身器材，为共建和谐社区出了一份力。

发挥科技优势，积极开展送科技、法律下乡活动。社市委领导经常带领有关人员深入基层农村，访贫问苦，扶助弱势群体。　　(余晓寒)

北海市工商业联合会

【概况】 2010年，北海市工商业联合会、北海市总商会(以下简称市工商联、总商会)第十一届执委会执委81人，常委48人，主席1人，副主席12人(其中专职主席2人)。市工商联内设4个部(室)，现有机关干部8人；总商会会长1人，副会长13人(其中专职会长2人)，除专职主席(会长)外，工商联主席与总商会副会长不重复。

【思想建设】

贯彻中共中央总书记胡锦涛讲话精神　年初，中共中央总书记胡锦涛站在全局和战略的高度，要求非公有制企业要在加快经济发展方式转变、保障和改善民生、提升自身素质3个方面争取更大作为，同时就加强和改进新形势下工商联工作提出了新的更高要求。为深入贯彻落实总书记讲话精神，按照自治区工商联的要求和部署，市工商联于5月27日召开了执委会议进行学习传达，把讲话精神传达到广大非公有制经济人士当中。

2010年11月29日,市工商联召开专题会议组织非公经济人士学习中央16号文件 市工商联 供

学习中央文件精神 9月16日,中共中央颁发了《中共中央、国务院关于加强和改进新形势下工商联工作的意见》(以下简称《意见》)。《意见》的出台,是加强和改进新形势下工商联工作,促进非公有制经济健康发展和非公有制经济人士健康成长的一项重大举措。市工商联于11月29日召开了执委扩大会议,认真学习领会《意见》精神。通过学习,进一步明确了工商联工作的目标和方向,增强了做好工商联工作的自豪感、使命感和紧迫感。

全力推进非公有制经济组织的党建、创先争优和百日攻坚行动 由市委统战部牵头,市工商联与市工商局成立了全市非公有制经济组织争先创优活动指导小组,并及时组织召开指导工作动员会对全市非公有制经济组织创先争优活动进行动员部署,制定下发了《活动实施意见》,以"加快发展方式转变、促进企业科学发展"为主题,以"立足岗位比奉献、为民办事比实效"为载体,指导非公党组织结合实际开展形式多样的创先争优活动,促进非公有制经济健康发展。9月底至12月底在创先争优活动中开展百日攻坚行动,采取单独建、联合建、挂靠建等多种方式,大力推进非公有制经济组织党组织组建工作,成效明显。工商联党组十分重视此次活动,为进一步推动行动深入开展,专门召开会议,对全市非公有制经济组织党组织组建百日攻坚行动进行动员和部署。截至2010年底,全面完成了"四个100%"的任务。

【组织建设】

基层组织建设 2010年,全市工商联共发展新会员256个,完成年度发展计划的116%,全市工商联会员数增加到4274个。一大批优秀的非公有制企业,如北海市景光电子有限公司、北海高岭科技有限公司等陆续进入工商联组织,改良了会员结构,提升了工商联的感召力。此外,通过深入走访摸底,充分掌握资料,全面了解背景的前提下,完成了北海市工商联北海福建商会和北海市工商联北海四川商会的组建工作。两个商会组建以来在市工商联的指导下,各项会务工作均能正常运转。

换届筹备工作 根据《中国工商业联合会章程》规定和上级有关文件精神,市工商联召开了领导班子会议,认真学习关于工商联换届工作的文件精神。为确保换届工作的顺利进行,分别征求执委领导班子成员关于做好换届工作的意见,进一步统一了大家的思想,并结合北海的实际情况,拟定了关于北海市工商联换届工作的实施意见,明确了换届工作目标、措施和方法步骤。同时,在全市重点非公企业及非公经济代表人士中开展了调查筛选工作,认真征求所在地党委的意见,了解重点非公经济代表人士的政治意愿、社会贡献、群众反映等各方面情况,向市委统战部推荐工商联领导班子执行委员候选人人选。至年底,换届选举前期准备工作基本就绪。

【参政议政】

2010年,市工商联配合自治区工商联对"广西民营企业项目投资意愿调查"、"陆资入岛"、"民间投资成本比较"及北海市非公经济发展等重要课题进行了深入的调查研究。同时还组织会员企业配合自治区工商联填写"政府依法行政与民营企业发展调查问卷",为深入了解当前民营企业生存的法治环境,探究政府依法行政与民营企业发展之间的关系,发现政府依法行政过程中存在的问题,并提出了有针对性的政策建议。此外,2010年,市工商联高质量完成了市委下达的调研课题《让小企业在北海"铺天盖地"发展对策研究》和《2010年北海市非公有制经济运行情况综合分析》。11月22日,市委召开会议征求各民主党派、工商联、无党派人士对十二五规划的意见,市工商联主席王国强代表非公经济人士在会上作了发言,如实向市委表达了非公经济人士的意见和建议,得到了有关领导的重视和好评。

【服务会员】

搭建交流平台 2010年,市工

商联积极构筑非公有制经济人士的信息联系平台，书面向上级部门及相关部门报送信息20多份，向各会员企业通报市委、市政府的各种会议精神及招商引资的各项信息。2月1日市工商联在香格里拉大酒店举行“2010年非公经济人士迎春酒会”，市领导、有关部门领导以及金融机构相关人员参加，促进了非公经济人士与政府及相关部门的交流与合作。

2010年7月14日，自治区工商联“民间投资成本比较”调研组在东园家酒厂开展调研　　市工商联　供

银企洽谈　4月1日，市工商联与北部湾银行、广西中小企业信用担保有限公司联合举办了中小企业银企融资洽谈会，北部湾银行和广西中小企业信用担保有限公司的主要领导及贷款业务的负责人和近60多家非公有制企业参加了洽谈，至7月底，北部湾银行向北海市中小企业发放贷款10450万元。

吸纳贤才　5月16日，市工商联与北航北海学院联合举办“北海市2010年夏季校园招聘会”，有500多名大学生、83家企业参加，共提供岗位729个，达成招聘意向300多人。5月23日市工商联与市劳动和社保局、市教育局、市总工会联合在市人力资源市场举办了2010年民营企业招聘会。参加的企业103家，提供岗位5000个，其中进场求职有2800人，达成意向688人。

评优争先　“五一”劳动节前夕，市工商联利用所掌握的资源，从会员中有针对性地向市总工会推荐2010年自治区、北海市劳动模范和先进工作者的候选人。其中市工商联推荐的会员徐伟、黄炳权、会员企业员工石宗全、梁国兵4人分别被评为2010年自治区劳动模范；齐同波、庞念国、会员企业员工李开坚3人分别被评为2010年北海市劳动模范。

2010年2月1日，北海市非公经济人士2010年迎春酒会隆重举行，市领导、有关部门领导、金融机构相关人员以及北海市非公经济代表人士参加了酒会

市工商联　供

教育培训　2010年，市工商联先后共组织了2批20多人次（包括企业家和机关干部）分别参加北京大学民营经济研究院助企工程广西论坛、全区工商联行业商会专题培训班的培训。

走出去，请进来　2010年全市各级工商联都加大了对外交流与往来，增进了与海内外工商社团的联系与沟通。全市各级工商联在充分发挥商会职能，积极配合市委、市政府开展招商引资活动中，接待各地客商10批280人次；引进投资项目（包括协议项目）18个，投资总额9.36亿元人民币，到位资金5.2亿元人民币。

【设立协调服务非公企业办公室】 2010年，根据市委领导的有关指示，市工商联联合有关部门在市政务服务中心设立北海市协调服务非公有制企业办公室（服务窗口），为企业搭建公益服务平台、技术服务平台、信息宣传平台、资源整合平台，提供政策咨询、诉求受理、产业引导等服务。　（梁海文）

人民团体

北海市总工会

【概况】 2010年,北海市总工会(以下简称市总工会)下辖合浦县、海城区、银海区、铁山港区4个县(区)总工会,机关、教育、财贸旅游、二轻、建设、工业园区、出口加工区7个产业(系统)工会和私企、旅游、外企3个行业工会工作委员会。市总工会内设办公室、组织部、宣教部、劳动保护部、保障工作部、法律工作部、财务部、女职工工作部等8个职能部门,下属事业单位有职工业余学校、职工技术协作交流站和工人文化宫。建有北海市总工会职工援助中心、北海市总工会法律援助站和北海市总工会职工维权中心。2010年,市总工会自觉把工会工作融入党委、政府工作全局,结合开展“创先争优”活动,以“大讨论、大调研”活动和“为企业、职工办十件实事”活动为载体,主动服务经济发展,切实维护职工合法权益,各项工作取得了显著成绩,荣获2010年广西区工会工作先进单位一等奖。

【开展“创先争优”活动】 2010年,市总工会在全市工会系统开展了“党工共建,创先争优”活动,以“创先争优作表率、党工共建促发展”为主题,重点在组织开展职工劳动技能竞赛、创建劳动关系和谐企业、帮扶救助困难职工等方面创先争优。一是以开展“非公经济组织和社会组织工会组建百日攻坚行动”为载体,推进工会组建,夯实组织基础。二是以创建学习型党组织为契机,深化“创争”活动,提升职工素质。三是以培育百名技术标兵为平台,开展劳动竞赛,推动经济发展。四是以扩大职工医疗互助保障覆盖面为抓手,为民办实事,实现职工利益。五是以签订工资集体合同为重点,稳定劳动关系,促进社会和谐。六是以加强工会保障机制建设为着力点,深化“送温暖”工程,加大帮扶力度。在全市各级工会的共同努力下,全面完成了各项工作任务,“创先争优”活动成效明显。

【组织建设】

工会组建和会员发展 2010年,全市各级工会以开展“党工共建,创先争优”活动为契机,进一步完善“党建带动工建、工建服务党建”工作格局,以地税代收工会组建筹备金的企业、事业单位为重点,开展工会组建和会员发展“突击月”活动,扩大工会组织和工会工作的覆盖面。全市新建工会组织387家,发展会员21835人。

“百日攻坚行动” 2010年,市总工会开展了非公有制经济组织和社会组织工会组建“百日攻坚行动”。与县(区)、产业(系统)工会、工委会签订了工作责任状,加强与市委组织部门、政府职能部门的工作联系,争取各方支持形成工作合力,运用地税代收工会建会筹备金这一有效手段,主动、反复深入非公企业和社会组织中做工作,把一批条件成熟、筹备工作到位的非公经济组织和社会组织工会组建起来。同时,以企业集中的商贸楼宇、城区商会等为重点区域,以商贸、珍珠、干海味、旅游等行业非公企业为重点单位,组建区域性、行业性工会联合会。全面完成了市委下达的“百日攻坚行动”任务。

工会基层组织建设 2010年,在海城区总工会进行了城区工会标准化建设试点工作,经自治区总工会考核验收,被评为全区仅有的两个“城区工会标准化建设达标单位”之一;进一步巩固了县级工会标准化建设工作成果和乡镇(街道)工会标准化建设工作成果,合浦县总工会荣获全区巩固发展县级工会标准化建设成果先进单位称号;开展了市直基层工会先进集体表彰活动,一批市属基层工会得到了表彰,夯实了北海市工会基层组织的基础。全市各级工会继续开展建设“合格职工之家”活动。在开展“建家”工作中，加强工会干部培训工作，全市共培训工会干部2906人，提高了工会干部队伍的整体素质。

【帮扶工作】

“送温暖”工作　2010年元旦春节期间，全市工会共发放“送温暖”解困资金124.5万元，23家困难企事业单位和5023名困难职工和农民工得到节日慰问。始终关注农民工冷暖，继续开展“农民工平安返乡行动”。

“送清凉、送健康、送知识”活动　2010年盛夏时节，全市各级工会深入工厂、建筑工地、渔船，为一线工人、农民工、渔民送去电风扇和清凉饮料、海带、绿豆等食品和劳动法律法规读本、夏季防暑小知识、职工互助保障等宣传册子，在关心一线工人健康的同时，也向他们宣传生活和维权知识。

扩大职工医疗互助保障计划覆盖面　2010年，全市各级工会稳步推进职工医疗互助保障计划，加大宣传力度，开展了职工医保“突击月”活动，共完成职工医疗互助保障69518份，完成自治区总工会下达任务的216.5%，构筑了一道职工健康防线。

农民工培训　2010年，全市各级工会积极开展农民工培训，协助政府做好促进再就业工作，依托培训基地和劳动密集型企业，为职工、农民工免费提供职业技能培训，举办各类培训班88期，培训农民工和下岗失业人员8390人次，参加各类招聘会19场(次)，帮助农民工实现就业2230人次。

“金秋助学”活动　2010年各级工会积极开展“金秋助学”活动，2010年共筹集资金78.8万元，为490多名困难职工、农民工子女解决了部分学费问题。

关爱劳模　市总工会积极为劳模办实好事，帮助他们解决一些实际困难。在市委、市政府的支持下，通过多年不懈努力，2010年妥善解决了劳模津贴待遇问题，全市414名劳模享受到更实在的利益。

工会开展“金秋助学”活动　　市总工会　供

【民主管理】

厂务公开　2010年全市已建立工会组织的356家国有、集体及其控股企业，548家公有制事业单位100%建立了职代会和厂务公开民主管理制度；已建立工会组织的2508家非公有制企业中，职代会制度和厂务公开制度的建制率分别达93%、94%。建立职工董事、职工监事制度的国有和国有控股企业3家，建制率100%。建立区域性、行业性职代会制度10个，覆盖企业423家，覆盖职工16920人。

平等协调签订集体合同　2010年全市通过平等协商签订工资集体合同973份，覆盖企业1802个、职工12.7万多人。其中，区域性集体合同13份，覆盖企业263个；行业性集体合同7份，覆盖企业586个。推动女职工特殊权益保护专项集体合同与集体合同同步协商、同步签订、同步履行，全市工会应签订女职工特殊权益保护专项集体合同任务为401家，完成427家。

发展和谐劳动关系　2010年全市各级工会大力发展和谐劳动关系，进一步完善劳动争议调解组织建设，区域性、行业性劳动争议调解组织的工作制度得到完善，大部分劳动争议能在本行业、本区域内及时得到调解。与政府有关部门密切合作，对2008、2009年劳动关系和谐单位进行了复核，并评选了北海市第三批“劳动关系和谐单位”。

【提高职工队伍素质】　市总工会不断深化“创建学习型组织，争做知识型职工”活动，深入实施职工素质工程。2010年全市约3210个单位开展了“创争”活动，新树立了一批先进典型。培育了北海出口加工区职工培训中心和北海怡林园林公司职工学校两个基层职工培训学校示范点。各级工会女职工组织以大力推进女职工组织建设、维护女职工特殊利益和提高女职工素质为重点，广泛开展“女职工建功立业工程”，争创“五一巾帼标兵岗”、争当“五一巾帼标兵”活动。

【“职工书屋”建设】　2010年，全市建立全国“职工书屋”示范点2个、自治区“职工书屋”示范点3个，以及一批市级“职工书屋”，进一步扩大了职工读书活动网络。在全市各“职工书屋”和广大职工中开展了“倡导全民阅读，共建书香珠城”主题读书活动，“职工书屋”吸引力得到提高，读书活动效果明显。铁山港区南康镇工会、银海区侨港镇工会“职工书屋”分别荣获2009年度、2010年度全区“十佳职工书屋”称号。

【职工文体活动】 2010年，市总工会参与组织了多场职工文艺演出活动。举行了职工文明交通行动计划启动仪式，开展上街劝导活动。参加全市文明交通知识电视大赛荣获第一名。各级工会结合实际开展了形式丰富的职工文体活动，进一步活跃职工文化。

【劳动竞赛】 市总工会紧紧围绕实施“北海三年跨越发展工程”，在全市工会组织开展形式多样的劳动竞赛，实现了“四个推动”（推动企业提高效益；推动重点建设项目优质安全如期完成；推动绿色低碳经济发展模式转变；推动企业增强自主创新能力）。把“创先争优”活动与创建“工人先锋号”结合起来，把争当劳模先进、创新能手与职业技能带头人结合起来，开展职工岗位练兵、技术比武和“培育选拔百名技术标兵”等活动，激发了职工“学技术、比服务、创一流”的热情，促进了企业发展。组织全市企业开展“安康杯”竞赛活动，强化企业安全生产管理，提高职工安全意识和保护能力，保障了企业生产稳定和职工生命安全。

【工会“大讨论，大调研”活动】 2010年3月，北海市总工会根据自治区总工会的部署，在全市工会组织和工会干部中开展“我为工会事业大发展作贡献”大讨论活动和“加强能力建设，提高工作水平”大调研活动。各级工会干部围绕如何推进北海工会事业科学发展、创新发展，服务“北海三年跨越发展”积极建言献策，对存在问题实事求是找原因、定措施。市总工会向各级工会发放工会工作调查表800份，征求意见表220份，经回收统计，梳理出在工会组织建设、转变机关作风、加强指导基层工会发展工作等方面的意见、建议37条，为研究对策、制定措施和推进北海工会工作掌握了第一手材料。经深刻分析，出台了一批改进措施，对存在问题进行了改进。

（潘能强）

共青团北海市委

【概况】 2010年，共青团北海市委员会内设办公室、组织部、宣传部、经济工作部、学校部等5个部室，在编工作人员10人。2010年，在市委和共青团广西区委的正确领导下，全力实施“青年就业创业行动”、“党建带团建——团建基础工程”、服务“北海三年跨越发展”生力军工程、“温暖同行——北海青年志愿者行动”等四项重点工作，广泛开展“北海青少年造林绿化行动”，深入推进少先队、希望工程等工作，为推动实施“北海三年跨越发展工程”发挥生力军和突击队作用，获得“2010年全区共青团工作目标管理考核优秀奖”、“2010年全区共青团工作创新奖”、“中越大联欢活动先进集体”等荣誉称号。

【青少年思想教育】 2010年，团市委深化“我与祖国共奋进，我与北海同发展”主题教育实践活动，丰富思想教育内涵，引导青少年爱祖国爱家乡。以纪念五四运动91周年为契机，举办了五四表彰大会、“团旗在我心，青春建家园”知识竞赛、“碧海阳光杯”青年气排球邀请赛和组织观看大型舞剧《碧海丝路》五四专场等活动；在上海世博会召开期间，开展“感受世博精彩，建设美好家园”主题教育活动，组织21名优秀青年参加“广西千名青年精英世博学习之旅”活动；在北海申报“国家历史文化名城”喜获成功之际，组织返乡大学生召开“喜看家乡新变化”座谈会，激发了青少年爱祖国爱家乡的情感。

【服务重大节庆活动】 2010年，团市委积极服务北海市重大节庆活动，为北海跨越发展作贡献。为庆祝中越友好邦交60周年，8月25~27日，中联部、外交部、团中央共同组织的越南青年代表团北海分团347人抵达北海市，团市委作为大联欢活动北海分会场牵头单位之一，在组委会的领导下，举全市共青团之力，招募组织青年志愿者1000多人（次）参与服务工作，筹划举办了中国（北海市）—越南千名青年“用友

中国（北海市）—越南千名青年“用友谊共绘美好未来”大型彩绘签名活动

团市委　供

谊共绘美好未来”大型彩绘签名等4项大型集体活动，得到了与会各方的高度评价。为服务2010泛北部湾区域经济合作市长论坛，组织120名志愿者参与迎送、食宿、礼仪及部分翻译等论坛服务工作。此外，选拔推荐18名优秀青年志愿者为上海世博会提供服务。

【服务青年就业创业】 2010年，团市委把促进青年就业创业工作作为服务党政工作大局、服务青年发展的重要切入点。5月21日，联合北海银监分局在合浦县廉州镇举办“送金融知识下乡活动月”启动仪式暨金融知识讲座，全面启动2010年北海市“送金融知识下乡”活动。9月20日，联合中国邮政储蓄银行北海市分行举办小额信贷工作推进会暨金融知识培训班，截止11月底，带动1468名青年实现创业就业。在寒、暑假期，以“用远程教育送技能、以志愿服务促学用”为主题，组织动员491名返乡大学生志愿者深入全市各乡镇、343个行政村开展远程教育学用培训工作，促进农民群众创业就业。由团市委牵头成立的大学生服务远程教育北海市项目办、合浦县项目办、铁山港项目办荣获“广西大学生志愿服务万村远程教育2010年寒假行动优秀组织奖”。

【青年志愿者行动】 3月，在全市范围广泛开展以“大力弘扬雷锋精神，建设绿色和谐北海”为主题的青少年学雷锋志愿服务月活动，通过开展“无偿献血，爱心永恒”、“多等一秒，平安出行”文明倡导、“进城青年农民工技能培训月”、“创建宜居北海青少年美化环境大行动”等志愿服务活动，促进广大青少年道德素质和社会文明程度不断提高；6月11日，联合长江商学院广西校友会在北海银滩举办“2010长江校友·蓝丝带海洋环保中国行北海站活动”，吸引了500名青少年和社会公众加入环保志愿者队伍。2010年，全市共有2万人次参加了敬老助残、社会救助、环境保护、赛会服务等青年志愿服务活动，结成“一助一”帮扶对子490多对，北海青年韦昌飞被授予“全国百名优秀志愿者”称号。

【服务“绿满八桂”造林绿化工程】 2010年，为配合市委、市政府实施“绿满八桂”造林绿化工程和北海创建国家级园林城市，团市委引导全市广大青少年发挥生力军和突击队作用，联合市林业局、市教育局、市绿委办共同开展“北海青少年造林绿化行动”。3月2日，在共青团北海市委员会十四届六次全委（扩大）会议上举行了“北海青少年造林绿化行动”启动仪式，拉开了北海市青少年植树造林的序幕。先后开展了“北海青少年生态林种植活动”、“青年志愿者大冠沙红树林种植活动”、“北海市青少年经济林种植活动”、“合浦县青少年造林绿化志愿行动”、“中越青年友谊林种植活动”、“北海青少年造林绿化捐植活动”，募集青少年造林绿化捐植款6万余元。

【支援抗旱救灾】 2010年上半年，广西区西北部和北海市部分地区遭遇特大干旱。为帮助灾区、旱区群众抗旱救灾，团市委于3月下旬召开动员会成立了北海共青团抗旱救灾工作指挥部。4月2日，在市府大院举行“北海青少年爱心甘霖进旱区募捐活动”启动仪式，当天共收到捐款3万余元。启动仪式后，全市各级团组织、青年文明号集体以开展“我为灾区捐瓶水”、“三送三帮促三保”和“抗旱救灾青年服务队”以及“青年志愿者节能宣传”等活动为载体，广泛发动团员青年、少先队员开展“爱心甘霖进旱区活动”，累计募集捐款11万多元。

【少先队工作】 “六一”前夕，在北部湾广场举办“争当四好少年，创造美好生活”北海市少年儿童庆“六一”活动，北海市少先队员、少先队工作者代表等近400人欢聚一堂，以少年儿童快乐游主题队会的形式共同庆祝“六一”国际儿童节，活动中市领导为留守儿童、贫困家庭子女代表赠送了节日礼物。为纪念中国少年先锋队成立61周年，10月15日，联合市教育局在海城区第九小学主办“北海市纪念中国少年先锋队成立61周年暨红领巾科普宣传进校园活动启动仪式”，活动期间《小哥白尼》杂志社向15所小学捐赠了价值10万元的少儿科普书刊。

【希望工程圆梦行动】 继续开展

北海青年种植红树林　　团市委　供

"希望工程圆梦行动",与广西运德北海市汽车总站合作开行"爱心快巴",帮助33名贫困大学生解决他们从家门口到学校的交通费问题。2010年,北海"希望工程圆梦行动"共发放助学金、奖学金42万元,支助30名贫困大学生和奖励20名优秀大学生上大学。

【青年文明号】 2010年,北海市青年文明号集体积极开展"冬日送温暖大行动"、扶贫济困等活动,发挥先进青年集体的表率作用。3月15日,北海创建青年文明号活动组委会办公室在《北海日报》设立专版公布北海市108家市级"青年文明号"名单及监督电话,有效规范了行业文明建设。2010年,吸收认定"武警北海市消防支队特勤大队"等24个集体为"2010年度北海市创建青年文明号参赛集体"。

【基层组织建设和基层工作】 2010年,通过实施"全市非公组织和新社会组织"建团工作和在"粤务工青年"团建两项百日攻坚工作,全市在已建党组织的非公企业和新社会组织中完成建团任务100%。11月,组织县区及部分市直团组织负责人前往广州、东莞、深圳等市开展建立驻外团工委工作,建立了"北海驻东莞市团工委"等市级驻粤团工委5个、"合浦县驻深圳市通程塑胶五金有限公司团工委"等县(区)级驻粤团工委11个、"海城区团委驻东莞市石碣镇团支部"等乡镇级驻粤团工委27个,成立了北海驻深圳"合浦人在深圳Q群"团工委等6家富有特色的共青团组织。2010年,全市范围内选好8个党建带团建试点,开展"团干下支部"活动和"农村团支书帮扶温暖行动"等各类主题活动362次,为基层团组织、团员青年办实事551件,有113个城镇团组织、青年文明号集体和个人与农村团支书结成帮扶对子,先后举办了北海市共青团干部培训班、青年文明号现场观摩交流培训、少先队工作学会暨辅导员培训班等,2010年共培训各级团干、青年文明号负责人、少先队辅导员1500多人次。

(池 樱 袁 斌 邱泽滨 冯冬明)

北海市妇女联合会

【概况】 2010年北海市妇女联合会内设办公室、权益部、宣传部、儿童部、北海市妇女儿童工作委员会办公室,有在职干部10人(退休2人),工勤人员1人。下辖妇女儿童活动中心、阳光幼儿园、滨城幼儿园。

2010年,北海市妇联认真贯彻落实党的十七大、十七届四中、五中全会精神以及中共中央总书记胡锦涛在纪念"三八"妇女节100周年大会上的重要讲话精神,围绕市委提出的实施北海三年跨越发展工程的宏伟目标,以建设"坚强阵地"和"温暖之家"为主线,不断提高组织妇女、引导妇女、服务妇女和维护妇女儿童合法权益的能力,团结带领广大妇女共促科学发展、共建和谐社会、共创美好生活,为实现北海科学发展、和谐发展、跨越发展作出了积极的贡献。2010年,北海市在全区和谐家庭魅力秀演出评比中,获得了第一名的好成绩。市妇联还荣获全国妇联系统"维护妇女儿童权益贡献奖"先进集体荣誉称号。

【统筹城乡妇女发展】

实施"农村妇女科技服务能力建设"项目 4月29日,市妇联联合市农业局在市佳家酒店二楼会议室举办"农村妇女科技服务能力建设"妇女骨干培训班,培训女能人、妇女骨干60人,并组织培训班的20多名优秀农村女能人、妇女骨干到来宾市、玉林市参观了考察哈密瓜、食用菌、番石榴种植等"妇"字号基地。2010年,市妇联联合合浦县、海城区、铁山港区妇联举办了大棚瓜菜、香蕉、南瓜、辣椒、西瓜种植,对虾、罗非鱼养殖培训班4期,培训妇女约400人。11月,"农村妇女科技服务能力建设"项目顺利通过了市科技局的验收。通过该项目的实施,培育、扶植了一批新型农村女能人和致富女能手,激发了广大农村妇女为新农村建设作贡献的热情。

开展妇女小额担保贷款工作 2010年,市妇联联合市财政局、人力资源和社会保障局、农行北海分行加强对农村妇女小额贴息贷款工作的指导,6月9~11日,组织市农行有关人员、一县三区的妇联干部及部分农村女能人到来宾市学习考察妇女小额贴息贷款工作,并参观了武宣县的妇女小额信贷种植基地。该活动对宣传,引导和带动妇女申请贷款创业就业,起到了积极的作用。至年底,由全市妇联系统向农行推荐并已发放的妇女小额贷款1242.3万元,有效地帮助妇女解决了创业资金瓶颈问题,全市270多户获贷妇女发展种植业和养殖业。

"女大学生创业导师行动" 11月,与北海职业学院、北海市女企业家协会、北海市就业服务中心联合在职业学院举办了2011届毕业生双向选择校园洽谈会,组织北海香格里拉大酒店、北海宽利水产有限公司、合浦红林大酒店等6家公司参加了招聘会,共提供就业岗位约250个。北海香格里拉大酒店、北海海洋之窗获得了全国"女大学生创业就业实践基地"荣誉称号。

"巾帼建功"活动 1月22日,在市地税局直属税务分局五楼会议室召开全市"巾帼文明岗"创建工作经验交流会,举行第三批"岗村牵手共建巾帼示范村"结对仪式,组织11个文明岗与10个村委结对共建。同时组织32个参与结对的巾帼文明岗向结对帮扶村开展"五送"活动,共为结对村办好事实事60余件,解决发展资金约10万元。"三八"节期

间，市妇联加大对先进集体和个人的宣传力度，评选表彰了"巾帼文明岗"、"巾帼建功"标兵、"巾帼示范村"、"岗村牵手共建巾帼示范村"先进岗等。同时，市妇联还采取集中检查与抽查暗访、听汇报和收集群众意见等方式对全市45个自治区"巾帼文明岗"、111个市级"巾帼文明岗"进行了检查，对不符合条件或需要更名的文明岗及时上报自治区和市"巾帼建功"活动领导小组撤销或更名，确保文明岗的先进性。10月，组织23个岗位参加了新一轮市级"巾帼文明岗"创建竞赛活动。

【维护妇女儿童合法权益】

普法宣传教育 3月8日，市维护妇女儿童合法权益协调小组、市妇儿工委办组织有关成员单位联合在北部湾广场开展北海市2010年"三八"妇女维权周暨免费婚前医学检查宣传活动，重点宣传《妇女权益保障法》、《婚姻法》、《劳动法》等法律法规及《中国妇女儿童发展纲要》、婚检知识和实行优生优育知识，发放宣传资料近2万多份。开展"6·26"国际禁毒日、"12·1"防艾宣传等系列普法活动。抓住《自治区实施〈中华人民共和国妇女权益保障法〉办法》颁布施行的有利契机，开展了系列宣传活动。印发《实施办法》和知识问答宣传资料，在《北海广播电视报》上开辟宣传专栏，在北海市"十月科普大行动"科普宣传活动中开展《实施办法》的宣传活动。6月24日，与市卫生局在良港酒店会议室联合举行了北海市艾滋病综合防治示范区对妇女"面对面"宣传教育活动启动仪式暨骨干培训班，组织招募了一批对妇女"面对面"防艾宣传教育志愿者。11月5日，配合区妇联权益部开展《实施办法》宣讲报告，借配合市人大做好全国人大关于《妇女权益保障法》实施情况的执法检查和自治区人大关于《禁毒法》实施情况检查工作的机会，进一步加大了对《妇女权益保障法》的宣传，提高妇女的法律意识。

信访工作 2010年，全市妇联坚持维权和维稳相结合，做好群众信访工作，全年共受理来信来访来电345件，处理327件，处理率94.8%。开通了妇女维权12338热线，建立完善了乡（镇）、街（道）妇女维权服务站30个，村（社区）妇女儿童维权站324个，16名妇联干部担任人民陪审员。5月26日，市妇联联合市综治、计生、民政局等成员单位在侨南社区举行了新一轮"平安家庭"暨"流动妇女平安之家"创建活动启动仪式，并在该社区建立了北海市首个"流动妇女平安之家"试点。在加强对"流动妇女平安之家"试点工作指导同时，总结经验，以点带面，督促县（区）妇联分别在廉东社区、高莱村委、石头埠社区等地建立了3个"流动妇女平安之家"，以家庭的平安促进社会的和谐稳定。

献爱心活动 切实关爱妇女儿童弱势群体，在春节、"三八"节、"六一"节期间，组织开展慰问贫困妇干、患病儿童、失地妇女、流动留守儿童活动，与市先觉医院联合在海城区地角办事处为群众送医送药的"送健康下基层"活动等。做好"春蕾计划"工作，拓展"春蕾计划"的扶持对象，资助高中贫困女生10名，发放资助款1万元。发动和组织开展为玉树地震灾区、为患重病妇女捐款活动，共收到捐赠款25万多元。与市总工会一起为河池市天峨县三堡乡中心校捐赠"爱心水柜"一个，帮助贫困妇女解决饮水、发展生产问题。与市妇儿工委成员单位一起开展了"博爱救心"募捐活动，募集捐款40余万元。

【落实"两纲"重点难点指标】

召开北海市妇女儿童工作暨儿童发展议事会 5月13日。会议总结2009年实施妇女儿童发展规划工作，部署2010年"两纲"终期达标任务，各县（区）妇儿工委和市妇儿工委成员单位就各自实施"两纲"情况和存在问题进行了总结分析，探讨解决重点难点指标的有效办法。

推动全市免费婚前医学检查工作 加大免费婚前医学检查宣传和优生优育知识宣传，积极争取市政府领导的重视和支持，多次召开协调会议，共同推动北海市婚前医学检查工作。总结推广铁山港区婚检一站式服务的先进经验，推动各级婚检机构为免费婚前医学检查开设绿色通道，提高婚检率，提高北海市出生人口素质。2010年全市平均婚检率为45.45%，比上年提高了37.15个百分点。

2010年11月5日，自治区妇联贯彻《广西壮族自治区实施〈中华人民共和国妇女权益保障法〉办法》宣讲报告会在北海召开　　市妇联　供

【夯实妇女儿童思想道德基础】

妇女思想宣传工作　以“三八”妇女节100周年为契机，通过举办纪念暨表彰大会、“桃花别样红”文艺演出、老妇干回娘家座谈会、“植百年巾帼树，造家庭幸福林”等丰富多彩的系列纪念活动，进一步宣传男女平等思想，展示北海市妇女事业的发展成果，彰显新时期北海女性的风采。从6月起，市妇联通过媒体加大宣传力度，并在《北海广播电视报》开辟了妇女工作专版，使妇联工作的社会影响不断扩大。

和谐家庭创建活动　5月7日，在北部湾广场举办了北海市“低碳家庭·时尚生活”科普传播进社区主题实践活动启动仪式，向群众发放倡议书和宣传资料1万多份。通过海城区独树根东社区的节水试点工作，巩固和深化了节水家庭创建成果，“三八”节期间，北海市评选表彰了10户“十佳节水”。6月28日，在独树根东社区举办了创建节水家庭颁奖晚会。5～12月，在全市开展“百万妇女”文明交通宣传员行动。通过举办文明交通宣传晚会、文明交通义务劝导、“文明交通，平安叮咛”宣传教育进家庭等活动，将文明交通新风吹入了千万家庭。9月，由自治区党委宣传部、区文明办、区妇联联合主办的全区“和谐建设在基层”活动“和谐家庭”建设深入推进现场会在北海举行，促进了北海市和谐家庭创建工作的深入开展。

未成年人思想道德建设　配合自治区文明办、自治区妇联等单位开展的“争做合格家长、培养合格人才”百场家庭教育大讲堂八桂行活动，2010年，在一县三区的学校、社区等组织开展了12场家庭教育报告会，受益家长5000多人，家庭教育知识普及范围不断扩大。“六一”前夕，陪同自治区党委副书记陈际瓦到银海区丰海小学开展“六一”慰问活动。5月30日，举办了北海市庆“六一”、“我爱我家”家庭才艺展示赛。6月1日，举办了“快乐读书每一天”、庆“六一”文艺演出、为留守儿童捐书活动。北海市妇女儿童活动中心积极发挥职能，加大培训力度，2010年共举办了四期共22个学科培训班，培训学生约6600多人。活动中心排演的歌舞代表北海参加全区“新童谣、新儿歌”作品汇演，获得了金奖。12月，北海市儿童合唱团成立，为少年儿童开辟了新的文化生活阵地。

全区“和谐建设在基层”活动，“和谐家庭”建设深入推进仪式现场

市妇联　供

【实施“强基固本”工程】

完善组织网络　深入机关单位、乡(镇)、街(道)和村(社区)开展妇联基层组织建设情况调研，督促指导未成立妇委会的8个市直机关党(工)委成立了妇委会。至2010年底，市辖党(工)委100%建立了妇委会。以“百日攻坚”行动为契机，开展在非公经济组织和社会组织中建立妇女组织的活动，在已建立党组织的228家非公经济组织和78家社会组织中建立了妇女组织，完成了“在已建党组织的非公经济组织和社会组织100%建立妇女组织”的任务，拓宽了妇联工作领域，妇联组织网络进一步完善。

新一轮“妇女之家”创建活动　2010年，市妇联以解决有人干事、有阵地做事、有经费办事和加强管理、统一标志、丰富活动为重要内容，在全市村、社区开展新一轮的“妇女之家”创建活动。培植了银海区侨港镇、侨南社区、合浦县沙冲村、海城区独树根东社区等全国、自治区妇联基层组织建设示范乡镇、村（社区)，并以点带面，推动“妇女之家”的创新发展。各基层妇联组织通过依托“妇女之家”阵地开展各项活动，实现了妇联工作重心的下移，使妇联组织真正成为“坚强阵地”和“温暖之家”。

开展“调研、服务、创新年”活动　按照自治区妇联的工作部署，结合“工作落实年”扎实开展“调研、服务、创新年”活动。市妇联领导带领妇联干部深入一县三区、村委、社区，园区管委会等就妇联基层组织建设、妇女发展、免费婚前医学检查、小额贴息信贷、“巾帼文明岗”创建等工作开展调研活动，推动解决妇女群众最关心、最直接、最现实的利益问题，不折不扣地落实妇女儿童“得实惠、普受惠、长受惠”的目标。（裴碧海）

法　　制

市委政法工作

【概况】 中共北海市委政法委员会是北海市党委领导管理政法工作的职能部门。2010年内设办公室、政治部、执法监督室等部室，合署办公机构有市综治办、市维稳办、市610办，挂靠机构有市打私办，派驻机构有市政法纪工委，共有干部职工30人。2010年，北海市政法各部门认真贯彻落实全国、全区政法工作会议的部署，紧紧围绕实施北海三年跨越发展工程大局，以贯彻实施"一个决定、四个配套文件"，争创社会和谐稳定模范市为主线，扎实推进政法三项重点工作并取得良好成效。

社会治安综合治理 2010年，制定出台《北海市社会治安综合治理和维护社会稳定领导责任制实施办法》、《北海市单位、行业、场所治安防范暂行办法》等文件，对全市各级党政机关、企事业单位、学校、私营企业等应承担的综治和维稳责任以及处罚进行明确规定。市委、市政府、市综治委与一县三区和67个综治委成员单位签订责任书。建立市综治委成员单位包镇办联系点制度，结合新农村建设工作，对平安建设工作实行市综治委成员单位包镇(办)责任制，全市30个镇办全部落实综治委成员单位包镇办责任制。

社会稳定维护 2010年，市委、市政府高度重视维护社会稳定工作，市委召开5次常委会专题研究部署维稳工作，市委书记王小东、市长连友农多次对维稳工作作出重要批示，亲自参与大接访。各级各部门扎实做好排查调处工作，深入开展"大排查、大调解、大接访、大防控"活动，大力推进社会矛盾化解。2010年全市共化解可能引发群体性事件和集体非正常上访事件31起；发生群体性事件1起，同比下降75%；群众集体上访337批5368人次，与上年同比下降12%；共有38人次进京非正常上访，同比下降38%。

政法队伍建设 2010年，市法学会以及市、县(区)两级维稳工作机构均已落实人员编制和领导岗位配置。2010年，市委政法委共考察批复县区党委和政法部门上报的政法领导干部任免53人次。强化对政法干警的教育培训，全市政法各部门共组织对政法干警集中培训87批2529人次，平均每名干警年内培训累计超过7天，对新任政法领导干部、新进政法队伍的干警岗前培训不少于15天。

【矛盾纠纷预防化解】 2010年，全市各乡镇(街道)综治信访维稳中心在综治工作中心管理运作的基础

北海市委常委、政法委书记莫亦翔(左三)慰问见义勇为者家属　市委政法委　供

上，严格按照“五个一”（一个窗口服务群众、一个平台受理反馈、一个流程调解到底、一个机制考核落实、一个口子立卷归档）进行科学管理，不断完善“矛盾联调、治安联防、问题联治、工作联勤、平安联创、人口联管”的“六联”机制，在基层初步构建矛盾纠纷大排查、大调解的工作平台，全市基本形成以综治牵头，以司法行政和信访为基础，人民调解、行政调解、司法调解相互衔接，职能部门既各负其责、又协调联动，矛盾综合调处、治安综合治理、社会综合管理的大排查、大调解、大维稳新格局。2010年，全市共排查出影响稳定的各类矛盾纠纷8057起，调处8057起，调处率100%；调解成功7811起，调解成功率97%。同时，市政府安排4000多万元解决国企改制职工安置、拖欠工程款等信访突出问题，使一批历史遗留问题得到解决，一些不稳定因素得到有效防控。

【社会治安重点整治】 2010年，北海市加强对街头路面的治安防范，建立“一方警情、多方联动”的打防控管机制，组织公安干警及武警官兵、警校培训民警、治安巡逻防范协警员三个梯次的防控力量，在全市区范围内实施“网格化”治安巡防，有力地遏制了“两抢一盗”案件高发的势头。为动员各单位及广大人民群众积极配合专项行动，充分发挥群防群治的威力，市委政法委率先垂范，积极参与，根据“看好自家门”的综治工作原则，聘请4名协警对政法委门前的北京南路（北海大道至站前路段）从每天8:00至次日凌晨0:30分不间断开展路面步行巡逻，政法委45周岁以下的男性干部负责每间隔2小时驾车巡查一次，为进一步完善全市大防控机制建设积累经验。2010年10月，自治区暗访组到各地市调查群众对治安状况的满意度，北海市的群众满意度呈上升态势。

【“两项活动”深入开展】 2010年，市委政法委按照中央和自治区的部署，深入开展“两项活动”（集中清理涉法涉诉信访积案活动、百万案件评查活动）。制定《关于继续开展集中清理涉法涉诉信访积案活动的工作方案》和《关于开展“百万案件评查”活动的工作方案》，成立由市委常委、政法委书记担任组长，市直政法各部门主要领导担任副组长，市直政法各部门分管领导任组员的领导小组及刑事和治安案件评查组、民事和执行案件评查组、涉法涉诉信访案件评查组三个专门工作组。组织人员到各县区和市直政法各部门，对开展“两项活动”的方法、标准、范围、电脑软件操作应用等各项内容进行培训。2010年，全市共排查案件1409起，查出有质量瑕疵的案卷65起。经排查并经中央政法委核定，全市排查出信访积案21件，已化解18件。

【流动人口服务管理机制健全】 2010年，市委政法委大胆探索流动人口服务管理新途径，由公安机关牵头，在全市建立暂住人口信息、房屋出租户信息、旅馆住宿人员信息等融于一体的全市流动人口综合信息管理系统。坚持“以房管人”为手段，落实登记、安全检查等各项管理措施。在海城、银海两区范围内初步确立了84家物业公司作为首期流动人口和出租屋管理协管单位，加强对流动人口和出租房屋的管理。大胆探索流动人口服务管理新途径，通过在海城区建立流动人口服务管理工作中心（站），开展流动人口服务管理工作新机制试点工作，推进社会管理方式和警务运行机制相结合的改革创新。

【深入打击传销违法犯罪活动】 市委、市政府高度重视打击传销工作，市委常委会先后2次对全市打击传销工作进行研究，3次召开全市性打击传销工作会议，对全市打击传销工作进行动员部署。从各相关部门抽调精干人员成立打击传销专业队，同时将打击传销工作责任向各县（区）、乡镇（街道办）、村（居）委会（社区）层层分解，与各级、各部门层层签订工作目标责任状。建立健全打击传销犯罪举报奖励机制，对群众举报传销活动有效线索的，一次奖励人民币200元；对群众举报揭发传销犯罪线索，构成定罪量刑的，一次奖励人民币500元。2010年，全市共开展集中清查行动50余次，清查涉嫌传销出租屋3700多户（间），清理遣返传销人员3588人次，捣毁传销窝点291个，打掉传销团伙76个；共立传销案件247件、破获240起，破案率97%；刑拘传销头目、传销骨干578人，逮捕73人，劳教225人，行政拘留43人。全市传销活动的举报投诉显著下降，举报比例从2009年占全区的1/5下降到2010年的1/14。

（王金吾　庄宗华　胥军芳　王奕亮）

政府法制工作

【概况】 2010年，市法制办公室（市政府调解处理土地、山林、水利纠纷办公室）由市人民政府工作部门调整为在市人民政府办公室挂牌，人员划入市政府办。不再保留市政府调解处理土地、山林、水利纠纷办公室牌子。行政编制16名，其中后勤服务编制2名。内设机构有秘书行政科、规范性文件审查科、复议应诉科、政府法律事务科、调处科。下属事业单位：北海仲裁委员会秘书处、市法制咨询服务中心。2010年，市法制办围绕北海三年跨越发展的目标任务，依法制订、审查、审核拟出台的政策性文件，扎扎实实做好复议应诉工作，开展“三大纠纷”的调处工作，全面推进依法行政，为三年跨越发展工程提供了优质的法律服务。

【办理政府法律事务】 2010年，市法制办完成政府法律事务746件，主要包括提高容积率补交土地出让金、确认土地所有权和使用权、政府采购、拆除违法违章建设、市政府拟对外签订的合同协议的审查等。如对银滩拆迁行政裁决及行政强拆问题进行法律审查，保证银滩搬迁工作依法进行；针对个别新闻媒体的报道，研究、审查有关答复意见，澄清误区。为快速遏制违法建设，对市政府转送的20多份强制拆除违法建设的文件，保证在收文后1个工作日内依法办结，及时对制止违法建设给予法律支持。审查市政府及相关部门拟对外签订的30多份合同、协议，维护市政府及相关部门合法权益。

【债权债务清理处置】 2010年，市法制办债权债务清理处置方面完成29件。其中协调市建委以市政府名义积极追诉北海实业开发有限公司有关补(赔)偿费用一案，法院判决实业公司应支付市政府300多万元，市政府一审胜诉；对西安海粤公司诉市政府返还修路款及补偿1000万元一案，代理市政府出庭应诉，经依法积极争取，法院一审判决驳回西安海粤公司诉讼，市政府一审胜诉；对信达公司诉市财政局、发改委、钦北公司一案积极协调。所提供的法律意见，得到市政府及有关部门的采纳，为政府决策较好地发挥了法律参谋作用。2010年政府法律事务科获记集体三等功1次。

【行政许可项目及非行政许可审批项目的清理】 为进一步精简行政审批项目，提高行政效率，2010年，市法制办牵头开展了市级行政许可项目及非行政许可审批项目的清理工作。共有61个市级部门报送行政许可项目381项、非行政许可审批项目387项。经清理，共保留行政审批事项665项、取消103项。上述清理结果经北海市人民政府2010年第六次市长办公会议审议通过，以《北海市人民政府关于印发全市市级部门行政审批项目清理结果的通知》(北政发〔2010〕47号)正式发布。

【依法审核规范性文件】 2010年，围绕加快北部湾经济建设和城市发展的重点，市法制办共审查、修改拟以市政府名义颁布实施的规范性文件105件，内容涉及社会发展各领域，具体包括《北海市海上旅游项目管理办法》、《北海三年跨越发展工程保障政策》、《市政府暂停办理涠洲岛（含斜阳岛）新增人口迁入公告》等。组织起草了《北海市文化娱乐项目用地供地暂行办法》、《北海市教育项目用地供地暂行办法》、《北海市城镇用地单位改变国有土地使用权用途审批程序暂行规定》、《北海市规模企业技术骨干住宅用地供地审批程序暂行规定》、《关于贯彻落实〈广西壮族自治区危旧房改住房改造暂行办法〉的实施意见(试行)》等5个规范性文件。处理国务院立法征求意见稿1件、自治区立法征求意见稿10件。会同市卫生局、市林业局、市水利局等相关职能部门，先后开展《广西壮族自治区艾滋病防治办法》、《广西壮族自治区实施〈中华人民共和国森林法〉办法》和《广西壮族自治区水利工程管理条例》立法后评估工作，向自治区提出立法建议20多条。此外，完成北海老街保护规定的法律审查工作。

【起草北海银滩保护条例】 自治区政府于2010年4月确定将《广西壮族自治区北海银滩保护条例》作为自治区政府2010年的立法项目之一。市法制办牵头该项工作，成立了起草小组，积极推进立法工作，并已将第五次修改稿报自治区法制办审核。

【行政复议工作】 2010年，市法制办收到行政复议申请54件，受理40件，不予受理9件，告知2件，作其他处理3件，审结39件。其中维持23件，占已审结案件的63.89%；撤销5件，占已审结案件的13.89%；终止审理方式调解、和解案件11件，占已审结案件的30.56%。行政应诉案件10件，已审结8件，其中经复议后起诉案件2件，法院均予维持复议决定。2010年，市法制办加大力度促成行政复议当事人通过和解、调解方式解决行政争议，在审结行政复议案件过程中实行三次调解制，即案件受理前进行调解，审理过

全国行政复议工作专项检查组到北海市检查指导　　市法制办　供

程中再次调解，复议决定发出前进行最后的调解，力争做到“止纷定争、案结事了”。为增强法院与政府行政机关之间的相互沟通，8月，市法制办与市中院建立联席会议制度。因复议工作成绩突出，2010年市法制办复议应诉科记集体二等功一次。10月22日，国务院法制办副司长方军到北海检查，也对行政复议工作给予了充分肯定。

【处理“三大纠纷”工作】 2010年，市法制办共受理“三大纠纷”案件197宗，调结170宗，调结率86%。其中，土地纠纷110宗，调结98宗；山林纠纷86宗，调结72宗；水利纠纷1宗，还没有调结。此外，共接待群众来信来访36次，完成市委市政府交办的其他工作。（张栋源　陈毅华）

审　判

北海市中级人民法院

【概况】 2010年，北海市中级人民法院深入贯彻科学发展观，紧紧围绕市委提出的“三年跨越发展工程”，主动将法院工作融入党委政府工作大局，以高效司法保障经济社会和谐稳定发展，各项工作取得新的进展。全年全市两级法院共受理各类案件10399件，办结9824件，结案率为94.47%。

【刑事审判】 2010年，全市两级法院共受理刑事一审案件1195件1913人，审结1178件1864人，结案率为98.58%。受理刑事二审案件148件，审结146件，结案率为98.65%。积极把握北海市治安形势特点，突出打击严重暴力犯罪，深入开展打击“两抢一盗”和传销违法犯罪活动，全市法院共审结该类案件415件682人，打击了犯罪分子，维护了社会稳定，切实提升了人民群众安全感。深入开展"打黑除恶"等专项斗争，依法审结以杨觉为首的黑社会性质组织犯罪案件，判处首犯杨觉死缓。积极开展禁赌专项斗争，依法审结了崔承熙（韩国人）等22人电脑网络赌球案，该案是广西首例以开设赌场罪作出判决的案例，在国内外反映良好。同时，加大打击毒品犯罪力度，审结涉毒案件11件，涉案毒品12000多克，判处毒犯15人，其中陆和林运输毒品9000多克被判处死刑。积极参与整顿和规范市场经济秩序，依法审理传销、诈骗、走私等犯罪案件21件28人；及时审结了范家辉利用合同诈骗47户养殖户147万元的特大诈骗案件，保护了群众合法权益。积极推进量刑规范化工作，并通过认真做好量刑规范化工作进一步提升审判质量效率。大力开展刑事被害人司法救助工作，制定实施了《刑事被害人救助工作实施办法（试行）》，对5名特困刑事被害人实施救助10.5万元，在解决被害人生活困难、化解双方矛盾、维护社会和谐稳定方面发挥了重要的作用。同时在刑事审判中注重附带民事赔偿调解，全年调解结案31件，调解率达71%，赔偿金额达215万元。

【民商事审判】 2010年，全市两级法院共受理民商事一审案件4075件，审结3850件，结案率为94.48%。涉诉标的金额11.48亿元。受理民商事二审案件557件，审结557件，结案率为100%。及时审理金融、房地产企业债务纠纷案件23件，涉及金额4.99亿元；成功调解解决涉及“顺风大厦”、“凯旋大厦”等房地产纠纷案件，尽可能实现各方互利共赢，促进经济发展繁荣。加大对“三农”权益的司法保护力度，审理假冒农药致合浦县党江镇108户农民种植马蹄受损赔偿纠纷案件时，深入调查核实证据，最终认定由假冒方和销售方共同赔偿农户经济损失60多万元，维护农民合法利益，打消了农户对司法不公的疑虑，农户派代表给法院送来了感谢信及锦旗。妥善处理劳动争议案件，有效地化解了劳资和群体性纠纷。及时处理婚姻家庭纠纷案件，仅用5天时间就办结阮某离婚财产分割上诉案件，有力地维护了离婚妇女的权益；为此，北海中院民一庭被评为“北海市维护妇女儿童合法权益先进集体”。

【行政审判】 2010年，全市两级法院共受理行政一审案件164件，审结132件，结案率为80.49%。受理行政二审案件99件，审结98件，结案率为98.99%。其中维持行政行为75件，撤销行政行为1件，撤诉22件。维护和监督行政机关依法行使行政职权，努力探索行政案件协调工作机制，坚持能动司法，支持政府依法创新社会管理，有力地促进了政府依法行政能力。2010年北海中院共审结各类行政诉讼案件120件，结案率97.56%，行政机关胜诉率75.76%，同比上升25.76%。对涉及众多拆迁户的银滩二期改造工程等重大、重点项目，主动跟进相关服务工作：一是及时提出前瞻性法律意见，支持政府依法创新社会管理。对上述拆迁的土地性质给出法律意见，相关政府职能部门采纳了法院意见，促进了上述拆迁工作的顺利进行。二是提前提供法律咨询和指导，预防行政违法行为发生。着眼于和谐拆迁，北海中院为银滩拆迁各环节遇到的问题提前提供法律咨询和宏观的指导，促进政府职能部门阳光操作，依法行政。三是高质高效审结相关行政纠纷案件，确保司法强制拆迁顺利进行，依法维护了拆迁工作秩序，保障项目各项工作稳步推进。北海中院在办理北海市工商机关处罚北海老街商家无证经营非诉执行复议系列案中，提出由北海工商机关撤回执行申请、北海市人民政府统一协调处理的解决方案，

市中院宣判一起农村黑社会性质组织犯罪案件，首犯杨某被判处死缓

市中院 供

还就老街的综合治理向北海市政府提出了《司法建议书》，并召集相关的商家协调，此举得到北海市委政法委的肯定，最终得以成功实施，有效保护了北海投资环境，为“北海历史文化名城”的成功申报作出了积极的贡献。坚持行政执法与行政审判联席会议等沟通协调机制，预防和化解行政争议纠纷。在行政执法与行政审判联席会议中，互通信息，充分沟通，及时协调，发挥其预防和化解行政争议的功能。北海中院主持召开行政执法与行政审判专题研讨会5次，应邀参加各种行政执法研讨会、协调会10多次，为市编办、法制、计生、城建、劳动保障、公安、山林土地纠纷调处等行政执法部门提供法律咨询和指导，促进其完善制度，依法行政。

【执行工作】 2010年，全市两级法院共受理执行案件3089件，结案2812件，执行到位标的额10.95亿元，执结率为91.03%。深入开展执行队伍教育整顿，完善执行内设机构，调整执行队伍，扎实开展清理执行积案活动；修订了《委托评估拍卖变卖规定》，新设司法技术管理室，专门负责全市法院委托评估拍卖工作，把委托评估拍卖工作从执行庭分离，得到了社会赞同与好评。积极把握人民群众解决执行难的期盼，认真开展集中清理执行积案和涉执信访案件专项活动，全市法院排查近年来委托执行积案91件、涉执信访积案53件，共执结105件，金额4800多万元。上访多年的广西兴盛公司执行积案，经多次组织协调最终促成和解，以支付260万元债务息诉息访。对涉及民生利益和社会稳定的案件，讲究执行方式方法，实现较好的社会效果。年初，北生集团公司近百职工上访市政府要求兑现工资，市领导作出批示后，中院主动与多家债权人反复沟通协调，最终争取370多万元解决工人工资。

【审判监督工作】 2010年，全市两级法院共受理各类再审案件64件，审结47件，结案率为73.44%。一是树立依法纠错的司法理念，正确把握纠正错误与维护生效裁判既判力和权威性的关系。对于原审裁判中存在的一般性缺陷或瑕疵，能够通过裁定更正、执行补救或和解、另案处理、说服息诉等方式解决的，一般不随意启动再审程序；对于原审裁判确有错误或有重大瑕疵，不能采取补救措施，且符合再审条件的案件，严格依法再审。二是扎实推进“审判质量效率年”活动。5月下旬，认真组织开展案件质量评查活动，制订下发了《关于案件质量评查工作实施方案》，明确了评查的指导思想、目标、范围及时间、机构、规则、步骤、结果的运用等事项，并抽调资深审判员组成两个评查小组，分别负责评查本院及四个基层法院的案件。将评查结果向相关业务庭和基层法院反馈、通报。召开分析会，认

2010年2月，为北海“三年跨越发展”提供司法保障，召开新闻发布会

市中院 供

真查找和分析办案发生差错、出现问题的原因，研究提高审判质量的办法，根据自查、复查的结果对发现的问题进行排查汇总，针对评查中发现的各种问题及时采取整改措施。三是认真做好减刑、假释案件的审理工作。10月1日至12月31日开展减刑、假释案件开庭审理试点工作，制定了具体的工作方案，增强减刑、假释工作的公开性和透明度。认真协调好同级检察机关出庭履行法律监督职责，协调监狱、公安局等刑罚执行机关出庭执行提请减刑、假释建议的职责，协调监狱机关做好开庭地点、布置审判法庭等工作，与相关部门取得共识，互相配合，形成合力。

【立案信访工作】 积极推进"立案信访窗口"建设，全面落实司法为民措施。新设400多平方米的诉讼服务大厅，为群众提供立案、调解、信访等八项功能的"一站式服务"。关注社会弱势群体，对11名民事诉讼当事人实施法律援助，减缓免交诉讼费35.92万元。加强立案受理及管辖工作，强化审判流程管理，确保服务大局和民生。为当事人提供热情、高效的司法服务，对符合立案条件的，当天即给予办理立案手续；对敏感案件及影响社会稳定的案件，采取谨慎适时受理原则，实现法律效果与社会效果的统一。强化涉诉信访工作力度，涉诉信访工作取得好成效。2010年全区法院绩效考评，北海中院被自治区高院授予涉诉信访工作二等奖。2010年北海两级法院共排查涉诉信访积案22件，已化解19件，化解率86.36%，超额完成了自治区高院提出的化解率70%的任务。积极开展"大排查、大接访、大调解、大防控"活动，落实院长接待日制度，北海中院院领导带头接访群众28批51人次，组织法官下访当事人55人次，北海中院立案调解民商事案件52件，化解了多年以来难以解决的进京非正常上访案件8件，维护了社会稳定。

【基层法院工作】 大力加强对基层法院工作的监督、指导和支持，推动基层法院公正高效司法。全市四个基层法院全年共受理案件8335件，办结7846件，同比分别上升4.29%和19.68%；结案率为94.13%，同比提高12个百分点。强化审判监督指导，认真审理对基层法院裁判不服而上诉的案件796件，依法改判和发回重审147件，发改率为18.47%，同比下降9.24个百分点；维持原判451件，维持率56.66%；调解撤诉194件，调撤率24.37%；其他4件。坚持发改案件反馈机制，针对审判疑难问题进行专题讨论，统一裁判标准。加强对基层法院班子协管力度，强化对基层法官的教育培训，全年共组织培训基层法官600人次。加强人民陪审员制度，提请县区人大常委会任命人民陪审员55名，人民陪审员参审案件1010件。积极指导基层开展调解工作，民商事案件调解、撤诉1922件，调撤率达50.12%。积极创新司法为民措施，在县区交警大队首次设立调解室，成立3个月就调解结案57件，涉及金额220多万元。大力加强队伍建设，改进司法作风，树立良好的司法形象。全年基层法院5个集体、45名个人立功受奖，其中海城区法院、银海区法院被自治区高级法院记集体三等功。

院长张培健(左)接待来访当事人　　市中院　供

【队伍建设】 一是加强政治理论学习。以深入开展"创先争优"、"人民法官为人民"主题实践活动为载体，以创建学习型党组织活动为契机，深入学习党员陈燕萍、杜云等先进事迹，强化社会主义法治理念教育。二是加强廉政建设。开展案例警示教育，落实党员廉政承诺，邀请监督员明察暗访；制定《办案责任追究办法》，随案附送"五个严禁"监督卡，加大违法违纪查处力度；全年收到群众信访举报46件，全部进行了初核初查，其中立案查处3件，诫勉谈话3人、通报批评2人、警告1人。三是加强作风建设。深入整顿办案作风纪律，在全市法院开展两次纠风检查，通报接访不热情、庭审不严肃等作风问题，并通过整改促进办案作风的好转；着力改进司法为民作风，认真落实院长接待日制度，开展法官下访活动，随机回访案件当事人，公布投诉电话和电子邮箱，对群众来电来信做到件件有答复。四是深化人事改革和教育培训。首次开辟“法官课堂”进行专题讲谈，组织各类培训300多人次；对重点岗位实行人员轮岗，公开民主选拔中层干部，营造公平用人、公正办案的良好风气。五是积极开展争先创优活动。在全市法院组织开展“争创五个十”（十个先进集体、十个先进个人、十名办案标兵、十件精品案件、十份优秀裁判文书）竞赛活动，大力弘扬爱岗敬业精神，大力表彰先进典型。全年有5个集体、28名个人立功受奖，其中刑一庭、民二庭被评为“全区法院先进集体”，刑一庭副庭长张黔鄂被评为全区法院先进个人，民一庭魏玉芳法官个人调解结案93件，被评为“全市法院调解能手”、全区法院办案标兵。2010年，通过加强队伍作风建设，干警的整体风貌有了明显转变，人民群众对法官的评价有了较大提高。全年共收到当事人寄来的表扬信、牌匾和锦旗10件（封）。其中，市政府和中国银行北海分行送来感谢函和感谢信。

1月29日，院长张培健（右二）慰问营盘镇白东村孤寡老人　　市中院　供

【内部管理】 一是建立健全审判制度。制订或完善《审判委员会工作规则》、《裁判文书签发权限暂行规定》等12项审判制度，进一步规范案件签发、督办、评查、考核等环节工作，强化了对案件质量与效率的监督力度。二是全面落实绩效考评。重点抓了26个审判执行指标的量化考核，定期公布排名情况，使绩效考评成为推进审判工作上新台阶的重要措施。全年结案率、调解率、申诉率等16个指标均优于2009年度。三是加强审判质量检查。深入开展“百万案件评查”活动，先后三次抽查全市法院重点案件828件，经验收全部评为合格，优良率达93.36%。四是加强审限监督。严格审限管理，坚持每月通报审限制度，全年法定审限内结案率达到98.92%。五是坚持审判公开。公开诉讼收费标准，公开查询办案流程；三次召开新闻发布会通报重大案件和重要工作，在法院网站上首次公开生效的法律文书，在全区法院首次进行庭审网络直播，不断提高司法透明度。五是加强机关安保工作。切实采取强有力措施，在人力、物力、财力上下工夫，为促进审判执行等工作的顺利进行提供了有力保障。共投入资金近30万元，用于修建、改造和完善安保设施，添置各种安全设备等，使安保工作逐步形成了人防、物防、技防的良好格局。同时，认真抓好机关的管理，制定和完善机关门卫接待工作制度，严格外来人员接待、接访工作，防患于未然。（文　全）

北海海事法院

【概况】 北海海事法院负责管辖广西壮族自治区所属港口、水域，北部湾海域及其岛屿和水域以及云南省的澜沧江至湄公河等与海相通的可航水域发生的海事、海商案件，具有涉外案件管辖权。2010年，法院内设政治部、办公室、立案庭、海事庭、海商庭、执行局、研究室、监察室、法警支队，有贵港法庭、云南景洪法庭、防城港法庭3个派出机构。在编人员53人，法官33人。不服北海海事法院一审判决的上诉案件，由广西壮族自治区高级人民法院管辖。

【海事审判】 北海海事法院作为专门法院，紧紧围绕服务中国—东盟自由贸易区建设、北部湾经济区开放开发的大局开展审判工作，为北海市实施三年跨越发展工程、为广西壮族自治区经贸、航运事业的发展提供更加有力的司法保障。2010年共受理各类案件267件，结案259件，解决诉讼标的金额1.8亿元，实现了“零上访、零再审、零超审限、零违法违纪”。在全区中级法院2010年度工作绩效考评总分排名第三，获全区法院年度绩效考评二等奖。

坚持服务大局　为中国—东盟自由贸易区建设发展提供专项服务。该院设立了涉东盟国家海事海商案件专项合议庭，从全院法官中选出8名资深法官专门审理涉东盟国家海事海商案件；出台了《涉东盟国家海事海商案件立案办法》等一系列相关制度；建成一个具有三声道同声传译系统的涉外法庭；全天候接待立案信访和安保监控，确保了涉东盟国家海事海商案件的公正、高效审理。坚持依法平等保护原

则、调解优先、调判结合原则、高效便民原则和公开透明原则，妥善审结了一批涉东盟国家海事海商案件。全年受理的涉东盟国家海事海商案件全部调解结案并履行完毕，获得中外当事人的好评，得到了自治区高院罗殿龙院长的批示肯定。该项工作经验及成果被《人民法院报》刊发。

开展海事巡回审判工作　该院针对管辖范围“面广线长”的特点，坚持以派出法庭为支点，积极开展海事巡回审判工作，对一些当事人属弱势群体、远离法庭且交通不便、群众普遍关注等类型案件尽可能到当事人所在地、案发地巡回审判。在巡回审判过程中，主动加强与地方党委、人大、政府和司法机关的汇报联系，取得广泛支持；建立了司法联络员队伍，健全多元纠纷调解机制；坚持办案和说法相结合，如利用渔民回港时间到渔港渔村进行案件审理和法制宣传，通过送法上门的方式普及海事海商法律知识，积极落实为民措施，为群众提供贴心的海事司法服务，有效化解了大量基层矛盾纠纷，取得良好效果，受到群众的广泛欢迎。最高法院民四庭充分肯定了该做法，相关经验材料被《人民法院报》刊发。

强化调解工作　院领导亲自抓调解，将调解率列为法官考核范围，每月对每个法官的调解率进行一次通报，在年终作为评先评优的重要指标；建立多元调解机制，制定了《关于建立多元化调解工作机制的暂行规定》，与海事局、渔监、人民调解委员会等7个单位建立了调解联动机制，实现“诉调对接”；通过有针对性地提司法建议，做好调解后的延伸工作，调解协议履行率达到90%以上，真正做到“案结事了”。2010年，成功调解影响较大的黄××等10名船东诉钦州市某公司等四家港航企业航道疏浚合同纠纷系列案，案涉的236名农民工劳动报酬获得兑现，消除了影响社会稳定的隐患，取得了原被告各方满意和当地党委、政府满意的社会效果。2010年，在全区中级法院调解工作考评中获三等奖。

加强审判管理　进一步完善立案审查机制，全年共有98件案件实现当日立案，占一审案件收案数的74.24%，立案准确率达到100%；成立审判质量效率管理机构——审判管理办公室，对案件质量效率进行监督、评查、指导，按月通报；完善了案件质量监督分析、质效定期通报制度，每月用审判、执行质效信息表形式将每个审判人员的承办案件数、结案数、结案率、调解率等数据详细列明，进行高低排序，在院内进行通报，并落实案件质量责任倒查、裁判文书错漏责任追究等措施；及时总结了近年来审判工作经验，制定了《规范案件质量若干问题规定》、《裁判文书责任管理规定》等多项制度；加强对司法统计工作的管理，认真研究落实广西法院审判质量效率评估指标体系，先后邀请区高院、最高法院研究室的司法统计人员专题讲课，严格按照规程进行统计，确保报表的统一、真实、准确；邀请区高院民四庭领导及法官讲解办案方法和心得，对在上诉案件中发现的问题进行了有针对性的讲解指导，并落实了多项整改措施；9月，区高院组织案件评查组抽查了该院的50件案件，全部被评为优秀；开展了精品案件、办案能手、调解能手、庭审驾驭能力、裁判文书质量和书记员技能竞赛活动；开设了“海事法官论坛”，由审判经验丰富的法官讲授法学理论和办案经验，促进干警司法能力的提高。2010年，在全国法院优秀裁判文书评比中，1篇裁判文书获二等奖；在全区法院优秀裁判文书评比中，该院参评的5篇裁判文书全部获奖，获奖率居全区各中院首位；其中，获一等奖2篇，二等奖1篇，三等奖2篇；2010年9月，自治区高级法院组织案件评查组抽查了该院的50件案件，全部被评为优秀等级；有3件案件被评为精品案件。

【执行工作】　一是继续做好清理积案工作，对30件积案共同研究执行方案，分案到人，加强督办，2010年办结27件，为争创“无执行积案法院”打好基础。二是建立立案、审判、执行相互衔接、协调联动的工作机制，进一步加强与海事局等有关部门的沟通协调，合力解决执行难。三是加大执行和解力度，坚持调解优

向新农村建设联系点村委会捐书　　叶　枫　摄

先原则，文明执行、和谐执行，想方设法促成执行和解，力求案结事了。四是进一步加强执行规范化管理。严格实施执行案件流程管理规定，通过执限预警、建立台账、加强督办等措施促进执行效率的提高；规范了委托评估、拍卖工作，明确由审判管理办公室负责，初步选定评估、拍卖机构，建立了名册，对评估、拍卖机构的选定一律采取公开摇珠方式进行；及时将执行情况录入全国法院执行案件信息管理系统；对执行工作开展动态分析，每月召开一次分析会，执行法官逐一汇报办案进度、未结案原因，及时总结办案经验教训，督促办案。2010年，被区党委政法委和区高院评为“全区集中清理执行积案先进集体”。

院长梁梅（右四）、副院长沈洪（右三）深入港口开展调研　　叶　枫　摄

【队伍建设】 一是坚持以党建促队建，积极开展“党组织建设年”和“创先争优”活动，不断增强党员干警的党性修养和组织观念，提高队伍的凝聚力、战斗力和创造力，取得了良好的效果。在2010年北海市直机关党建工作考评中，被评为优秀等次；二是抓好思想政治建设，提高队伍的政治理论素养。推行思想政治工作领导责任制和目标责任制，进一步加强班子自身建设；深入开展“人民法官为人民”主题实践活动；组织全院干警认真学习最高法院下发的法官职业道德准则和行为规范；推行政治工作联络员制度。三是加强绩效管理、人事管理以及开展创先争优活动。制定了《干部任用规定》；修订了《绩效考核办法》，根据考核结果奖优罚劣；推荐2名处级干部参加高院中层缺额职位的竞争上岗，1人已由组织任命为该院副院长；推荐2名法官到高院挂职学习。四是加强司法能力培养和教育培训。组织150人次参加了各级各类业务培训班学习。五是大力加强党风廉政建设。党组与各部门、部门与个人层层签订了廉政责任状；组织全体党员对《中国共产党员领导干部廉洁从政若干准则》进行知识考试；编发《廉政摘报》92期，发廉政倡议书，悬挂廉政格言；建成了廉政教育园地，在启用仪式上，全院干警庄严地进行了廉政宣誓。2010年，防城港法庭被评为全区法院先进集体，有2名干警分别被评为全区法院先进个人和全区法院办案标兵。

【制度和基础建设】 一是开展“立案信访窗口”建设。建立了导诉、一次性告知等10多项制度，并将这些制度翻译成中英文以及东盟国家语言对照的版本，方便中外当事人诉讼；开展“一站式”服务，采取上门立案、设立案件查询系统等，为当事人提供便捷的立案服务。2010年，该院被自治区高级法院评为“立案窗口达标单位”。二是加强对法庭审判工作的指导和管理。实行法庭审判工作每月巡视指导制度和法律文书汇集检查制度，定期旁听法庭庭审，每月听取法庭对调解工作的汇报，加强对法庭工作的指导。三是完善内部办公局域网建设。全面改版升级内部局域网，将内网与审委会议系统、电子档案系统互联，使审判管理、司法政务管理完全实现了无纸化办公和全程信息化管理，提高了信息化应用水平，促进了审判和行政工作质量与效率的提高。四是进一步加强安全防范工作。严格落实24小时警力巡查、突发事件应对、例行值班情况零报告等多项制度，添置X光安检机、安检探测仪等安保设施，使法院始终处在有效安全防范状态，保障了海事审判工作顺利开展。在北海市2010年度综治和平安建设工作检查考评中，该院的综治和平安建设工作被评为优秀等次。

【调研宣传】 2010年，成功举办了第十九届全国海事审判研讨会。研讨会围绕海事行政诉讼等四个议题展开深入的理论研讨，成果丰硕，共收到论文76篇，评选出获奖论文18篇并结集成书。该院法官撰写的论文获一等奖和二等奖各1篇；2010年，有2个调研课题获全区法院优秀调研成果三等奖；获全区法院系统第二十一届学术讨论会组织奖，并有3篇论文分别获二等奖、三等奖和优秀奖；调研论文、宣传稿件被《人民法院报》、《人民司法》、《中国审判》等各类报刊媒体采稿150多篇次，其中，关于派出法庭的调研报告和巡回审判、涉东盟案件审判工作经验分别被《人民司法》与《人民法院报》刊发;《为13名孟加拉国船员追薪》获全区社会治安综合治理优秀新闻作品评选优秀奖。

（陆英涛 邱德平）

检　察

【概况】 2010年，北海市人民检察院内设办公室（人民监督员办公室)、政治部、法律政策研究室(检察委员会秘书处、专家咨询委员会)、侦查监督科、公诉科、反贪污受贿局(反贪污贿赂案件侦查指挥中心)、反渎职侵权局、监所检察科、民事行政检察科、控告申诉检察科(举报中心、刑事赔偿办公室)、检察技术科、职务犯罪预防科、纪检组(监察科)、行政财务装备科、司法警察支队等15个科局室。下辖合浦县、海城区、银海区、铁山港区4个基层人民检察院。全市在职检察人员266人(市院88人)，其中大学本科学历210人,研究生学历27人。2010年,全市检察机关大力推进三项重点工作。查办贿赂案件、刑事审判监督、民事执行监督、民事息诉五种方法、人民监督员制度试点、教育系统职务犯罪调查分析、办理“3·07”传销案、从严治检公正廉洁执法、“两反”专项教育等10项工作,在全区检察会议上介绍经验或被自治区检察院简报转载。在12项全区检察业务绩效考评中,审查起诉、刑事审判监督、控告申诉、法警等4项进入前三名;人民监督员工作还被推荐为广西政法机关执法公开的典型上报中央政法委。有7个集体、21人次获自治区、市级以上表彰。2010年,自治区检察院检察长张少康三次到北海市调研指导，对市检察工作创先争优寄予厚望。11月28日,最高检察院检察长曹建明以及自治区有关领导到北海市考察调研，对市检察机关主动服务大局、落实三项重点工作、探索创新机制、强化队伍素质等做法给予较高评价,勉励检察干警“争当杜云式模范检察官,争创全国先进检察院”。

10月27日,自治区人民检察院检察长张少康(前排左二)在市检察院检察长黄坚(前排左一)的陪同下到银海区调研　　市检察院　供

【服务社会经济发展】

推进三个专项教育活动深入开展　2010年,市检察院把“检察职业道德教育”、“反特权思想、反霸道作风”教育和廉政准则“照镜子、扯袖子、亮牌子”教育三个专题教育紧密结合起来，根据北海检察工作和队伍建设特点,开展“十个一”活动,扎实推进三个专题教育深入开展。一是开展一次广泛深入的学习动员，要求两级院、各部门结合本职工作实际,进行一次再教育动员,确保三项教育深入人心。二是组织两级院全体检察人员认真学习《党章》、《廉政准则》、《检察官职业道德规范》等，筑牢两级院检察人员的思想道德防线。三是按照《广西检察机关检察人员“廉洁守纪”自查自纠对照参考提纲》,每名检察人员开展一次认真细致的对照检查，以党支部为单位,支部书记负责讲评。四是每周开展“一警示”,坚持每周在机关局域网上刊载一段寓意深刻的格言警句滚动播放,同时在机关办公场所、走廊悬挂格言警言。五是检察长和党组成员分别上一次廉政党课。六是观看一次警示教育片。七是举办一期廉检守纪版报，宣传三个专项教育活动成果。八是组织一次廉政提醒谈话。九是召开一次党组民主生活会,贯彻落实《廉政准则》、《四项监督制度》,恪守检察职业道德等要求,开展批评与自我批评。十是召开一次由人大代表、政协委员、人民监督员、企业代表、律师等参加的座谈会,征求对检察机关党风廉政建设、职业道德以及有无特权思想、霸道作风等方面的意见和建议。

开展“四走进四服务”活动　2010年4月,市检察院扎实开展“走进企业、走进社区、走进农村、走进基层,服务经济、服务社会、服务基层、服务群众”主题实践活动,取得明显成效,受到了当地党委、政府和走访单位领导和人民群众的广泛好评。两级院5名检察长、27名院领导带领80余名检察人员分别走进重大项目、企业、乡镇、社区、农村、学校和基层单位，开展工作调研56次,建立固定联系点37个,发现各类问题

82 个,已解决或初步解决 51 个。

深入化解社会矛盾　2010 年，市检察院积极参与对突出治安问题的集中整治和专项治理，制定涉检信访排查化解预案，密切配合排查调处人民内部矛盾，妥善处置来信来访,努力减少社会不稳定因素。全年共受理群众各类信访 389 件次，受理辖区内刑事申诉案件 13 件。深入开展送法“六进”和“举报宣传周”活动,坚持检察长接待日制度,确保来信来访件件有着落,事事有回音。监所科以平安街社区为试点，探索社区矫正工作机制，强化对监外执行的检察监督,确保无漏管、脱管。继续开展“集中清理涉法涉诉信访积案”、“百万案件评查” 两项活动,将 2009 年 12 月 31 日前信访人对政法机关的生效裁决或信访办理结论不服,采取来信来人形式上访,至今尚未息诉罢访的信访案件,全部纳入排查清理范围逐一排查、登记汇总。

【打击刑事犯罪】　2010 年，市检察院完善公诉一体化、主诉制、提前介入引导侦查等机制，深入开展严厉打击黑恶势力、涉枪、“两抢一盗”、传销犯罪等专项工作，依法从重从快批捕起诉重大团伙、暴力犯罪以及严重影响群众安全的多发性犯罪,促进社会治安大局稳定。全年共批捕各类刑事犯罪嫌疑人 1599 人，同比下降 5.8%;起诉 1506 人,同比上升 6.3%。其中批捕 10 人以上的重大团伙、涉众型犯罪案件 11 件。积极探索轻微刑事案件快速办理、刑事和解机制，落实宽严相济刑事政策,慎重办理未成年人犯罪案件,稳妥处理人民内部矛盾、群体性事件引发的刑事案件。依法对涉嫌犯罪但无逮捕必要的 82 人不予批捕,对犯罪情节轻微、依照刑法不需要判处刑罚或免除刑罚的 104 人不予起诉,确保良好的办案效果。

【查办和预防职务犯罪】　2010 年，市检察院突出查办大案要案和群众反映强烈、社会影响大的职务犯罪案件,推进反腐倡廉建设。全年共立案侦查贪污贿赂案件 63 人,其中涉案金额 5 万元以上大案 30 件、处级要案 3 人,大要案率 60.4%;贿赂案 38 人,占 60.4%;立案侦查渎职侵权案件 10 人。重点查办了医疗购销系统贿赂案 15 人、国土规划系统贪污贿赂案 9 人、粮食系统贪污案 10 人、迎宾路劣质工程贿赂案 11 人。立查渎职侵权大案 8 件、要案 2 人。推行职务犯罪案件《侦、捕、诉一体化机制》,实行限期侦结、审结、起诉并跟踪审判，公诉部门提前介入引导侦查、“两级两审”等措施,提高办案质量与效率。继续深化实施职务犯罪案件由上一级检察院审查决定逮捕的改革，全面推行讯问职务犯罪嫌疑人全程同步录音录像，推进侦查一体化、指挥中心和办案区建设,规范办案行为,提高办案质量。注重服务大局,依法办案,努力实现办案的法律效果、社会效果、政治效果的有机统一。深入开展职务犯罪预防工作，加大预防职务犯罪工作力度。主动与 60 多个单位建立职务犯罪预防联系制度，开展案例分析 70 件、预防调查 45 件、预防咨询 193 次、警示宣传教育 180 次,提出检察建议 180 件，提供行贿犯罪档案查询 580 件次。积极介入招投标现场监督，探索重大工程项目专项预防。

【强化诉讼监督】　2010 年，市检察院完善行政执法与刑事司法衔接、侦捕诉衔接等机制,突出监督重点,狠抓薄弱环节,强化监督实效,维护司法公平正义。全年共监督立案 89 件,监督撤案 23 件,同比上升 14.1% 和 75%；纠正应当提请批捕未提请 56 人,纠正应当移送起诉未移送 55 人;纠正侦查违法 82 件次;提出刑事抗诉 13 件,改判 9 件。发挥民事行政诉讼监督职能，维护国有资产和民生利益,妥善化解社会矛盾,共提出抗诉 9 件，提请及建议提请抗诉 60 件,发出检察建议 11 件,息诉 34 件。合浦县廉东社区居委会民事抗诉案、合浦县副食品公司执行监督案，获评为全区十大精品民行抗诉案件。加快推进监所检察工作规范化建设,强化刑罚执行监督,全年共审查减刑、假释、保外就医案件 858 件,派员出席职务犯罪减刑公开庭审监督 4 件 4 人，纠正各类违法 138 件。严肃查办司法不公背后的职务犯罪,立查司法人员渎职案件 1 人。

【强化办案质量】　2010 年，市检察院扎实开展“办案质量年”活动,提高办案质量效率。全年,市院针对办案质量、效率方面存在的突出问题,专门召开党组会、检委会进行研究部署,制定反贪、反渎、侦监、公诉、民行五部门“办案质量年”活动方案,以非常认识、非常要求、非常措施、非常办法、非常力度,切实提高案件质量与效率，全年没有出现无罪判决。主要采取了以下措施:一是切实转变理念,强化质量意识。组织办案人员学习研讨，强调要切实转变理念,牢固树立质量第一、质量是生命线的观念。全年所立的案件没有不起诉、撤案和无罪判决。二是扎实开展案件质量评查及整改。一季度,两级院反贪、反渎、侦监、公诉、民行部门对 2009 年所办理的案件进行全面的质量评查，提出改进措施。其中,反贪、反渎部门对 2009 年 39 件积存案件、4 件 7 人立案后撤案、2 件 6 人无罪案件进行了全面清理和评查，侦监部门评查捕后不诉 112 人、撤案 9 件 12 人、无罪 2 件 6 人等重点案件，公诉部门评查重点案件 497 件。三是建立办案质量效率监控、预警、督办机制。出台实施制度的具体办法,对侦监、公诉、反贪、反渎部门办案全程质量实现动态实时监控预警。其中,特别加强了对职务犯罪案件办案效率的监督。四是全面实施"一把手"工程，强化对办案工作的领导。两级院检察长亲自掌控自侦案件的办案进度与质量，密切掌控整个过程、各个环节，从提高侦查能力水平、优化执法环境、调动干警积极性、加强执法规范化管理等方面，花更大力气、花更多精力去抓案件质量。2010年，市院分别指导合浦县、海城区、银海区检察院成功突破了一批窝案串案。五是探索完善密切联系协作机制。进一步与审计等部门探索建立更为密切的协作制度，审计部门将对各行政部门、主要负责人等的经济责任审计报告送检察院备案，联合查办重大复杂案件；与公安、工商、海关等有关部门探索建立协作机制，将立案的案件送检察院备案。加强内部监督制约与配合协作，侦查部门主动将事后监督转变为事前监督、动态监督，形成办案合力。六是强化办案规范及安全防范。开展扣押款物专项检查"回头看"工作，对清查出来的诉讼终结案件的待处理涉案款物进行了依法处理，解决历史遗留问题；把安全防范工作始终贯穿到办案的全过程，认真开展办案安全专项检查、整改，消除安全隐患，杜绝了办案安全事故发生；进一步完善讯问全程同步录音录像工作，市院出台了《规范职务犯罪案件办案工作录音录像及拍照的规定》。

【强化队伍素质】 一是加强专业素能培训，着力培养业务尖子和办案骨干。深化"一对一"带传帮教，实行全员"网上每月一考"督促学习机制，全面提高检察人员办文、办会、办事、办案技能。采取"训、考、督、评"办法，开展"四大"(素能大进修、业务大练兵、专业大培训、技能大比武)活动，推行"一案一总结"、"每周一讲评"制度，不断强化业务自学、业务培训、业务竞赛和岗位练兵。鼓励法律学历教育和司法考试，提升学历层次和专业素养。2010年，全市检察系统共有8人通过司法考试。二是加强内部监督管理，着力提升公正廉洁执法水平。落实党风廉政建设和业务工作责任制，实行中层负责人以上领导干部"一岗双责"和述职述廉，落实班子内部谈心制度和上下级定期谈话诫勉制度。积极实施人事干部制度改革，2010年有4名检察人员通过竞争上岗担任中层领导。组织全市检察人员参观广西检察机关自身反腐倡廉教育展览，在银海区检察院建立全市检察机关廉政文化警示教育基地，强化廉洁警示教育。以"十个一"活动扎实开展"反特权思想、反霸道作风"专项教育活动，大力加强检察队伍纪律作风建设，教育引导全市检察人员牢固树立"立检为公、执法为民"执法观，提高检察执法公信力。坚持检务督察常态化，开展整治违规驾车和禁酒令、办案安全、会纪会风等专项督察3次。结合学习全国模范检察官杜云先进事迹，注重培育身边先进典型，发挥模范引领作用，市2名干警的先进事迹在《检察日报》等媒体报道。推行"黄牌"警告制度，对在工作不负责任及社交有不文明行为的2名检察人员予以通报批评。

【基层检察院建设】 2010年，市检察院落实全区基层院建设工作会议部署，推动基层院执法规范化、队伍专业化、管理科学化、保障现代化建设取得了新进展。加大挂点对口指导帮扶力度，市院领导分头带队深入基层院开展专题调研，找差距、谋对策，破解争创难题。两级院向党委、人大、政府专题报告，努力解决基层干部职级、经费装备问题。制定落实绩效量化考评的具体意见和实施方案，将目标任务分解到各院、各部门和各岗位、各个人，推动全市检察机关"两个争创"活动深入开展。在党委、人大、政府、政协及有关部门关心、支持下，各县区院业务工作、队伍建设、检务保障有了新进步。

【自觉接受监督】 一是坚持党对检察工作的绝对领导，主动向党委请示汇报重大事项和重大案件，坚决执行党委的指示、决定。二是自觉接受人大和政府、政协及社会各界的监督。两级院主动向人大、政协报告，通报工作和邀请人大代表、政协委员、人民监督员座谈、视察、评议工作13次，及时办结人大常委会转办的案件和人大代表的批评、意见及建议，报送信息21条。三是接受自治区检察院巡视组的工作巡视，应巡视组要求及时完成各类材料的收集整理以及干部谈话。四是深化人民监督员制度。2010年，人民监督员共对全市检察机关立案查办的11件11人"三类案件"进行了监督和独立评议表决，保证检察权依法公正行使。五是深化检务公开，主动联络新闻媒体，发送稿件31篇。六是加强检察机关党风廉政建设，抓好廉政勤政教育，落实《建立健全惩治和预防腐败体系2008~2012年工作规划》，市院政治部主任为全市4个基层检察院作"恪守检察职业道德、促进公正廉洁执法"专题讲座，市院纪检部门考核4个基层检察院落实党风廉政建设责任制情况。

【综合工作】 一是强化办公室职能。认真做好重大文稿起草、公文收发处理、会议会务等工作。加强与人大代表、政协委员的联络。及时全面编发检察信息，市院编发工作简报、情况反映、重大情况专报、教育简报等信息刊物121期，报送信息232条，上级采用92条。加强检察宣传工作，主动联络新闻媒体，发送稿件62篇。加强机要保密密码、统计、档案管理工作，组织开展了计算机、移动储存介质、办公网络使用管理情况、保密工作等专项检查活动，举办全市检察统计、信息培训班、绩效考评工作培训班各1期。二是深入开展检察理论研究。全市检察人员共撰写理论调研文章252篇，公开发表121篇，在省级以上研讨会交流82篇。加强专题调研和成果转化，扩大交流合作，组织调研骨干与政法高校学者座谈交流3次，与《法制与经济》杂志社加强了交流与合作。受理检察委员会议案62个，完成30次检委会会务工作。三是加强检察技术工作。认真完成各项技术办案工作，共办结检验鉴定8件、文证审查296件、现场勘验9件、技术协助137件，出具各类证据材料416份。执行办案讯问全程同步录音录像51件次；完成录像32次、照相83次。做好计算机网络维护和保障工作，积极推进信息化应用，全力保障检察专网畅通，推进电子政务、检察信息化建设。完成二、三级网远程会议和培训5次。积极推进网上办公办案，共发布有效信息3.4万条。四是推进司法警察规范化建设。狠抓队伍素能训练，组织全市法警进行了历时3个月的强化集训，11月份参加自治区院法警总队举办的全区检察机关司法警察警务技能竞赛，市院法警代表队荣获了团体组织奖及两个单项第一。加强枪支、弹药安全管理，确保全年无涉枪弹事故发生。充分发挥警务保障作用，全市检察机关法警共执行传唤157人次、保护犯罪现场2次、执行拘传25人次、押解犯罪嫌疑人139人次、执行看管任务246次、参与搜查25次、协助执行拘留32人次、协助追捕逃犯10人次、送达文书2961份、参与死刑临场监督1次、参与处置突发事件33次、保护公诉人出庭379次、完成检察长交办任务110次。安保工作成绩突出，完成了高检院检察长曹建明、自治区检察院检察长张少康等领导在北海考察等多次重要安保任务，以及市院“检察开放日”中各个岗位的安保工作。五是加大财务、后勤管理力度。改进财务管理工作，提高服务保障效率。大力改善办公办案条件，新增购置计算机、打印机、空调、桌椅、文件柜等办公设备一批，为各科室安装了互联网光纤。完成市院办公区域和宿舍区的规范管理，聘请专业的物业公司进行物业管理，提高了物业管理水平和管理档次。（许 强）

公 安

【概况】 2010年，北海市公安系统切实强化执法为民理念、不断完善各类机制，全面加强公安信息化、执法规范化、和谐警民关系、队伍正规化、保障标准化建设，强力推进社会矛盾化解、社会管理创新、公正廉洁执法工作，全力维护社会稳定，为全市经济社会健康发展营造良好的社会环境。全年全市共破获刑事案件4271起，破案绝对数同比上升19.57%；查处治安案件23059起，同比上升34.7%；全市立命案37起，破命案34起，破案率92%；共逮捕1849人，同比下降0.75%；收缴各类非法枪支1502支，各类子弹290发，炸药650公斤，管制刀具1556把，淫秽出版物191件，毒品海洛因6497克，汽车30辆，摩托车378辆，罚没款1728.5万元，物品折款394.6万元；成功抓获逃犯648人，送劳动教养242人。全年全市公安系统共有63个单位被评为先进或立功嘉奖（其中立三等功的12个），500位民警评为先进或立功嘉奖（其中二等功5人，三等功30人，嘉奖265人）。

2010年，市公安局各警种部门完成搬迁到北海大道原北生大楼办公，并基本完成对新办公大楼的翻修改造。

【维护社会稳定】 2010年，北海市公安系统牢固树立“稳定压倒一切”的思想，紧紧围绕全国“两会”期间等敏感节点，以及北海市重大项目建设可能出现的稳定问题，深入开展矛盾纠纷排查调处工作，努力化解不稳定因素，取得了明显效果：一是情报信息收集研判、突发事件处置能力得到提升。建立了以内部多警种参与、外部多部门联络的情报信息汇总研判机制，切实提高突发事件的发现、控制、处置及防范、预警能力，为各级领导正确决策提供了可靠的依据。二是矛盾纠纷排查化解能力得到提升。通过落实“五级五访”、“信访超市”工作机制和责任倒查与过错追究，有效促进公安信访工作的开展。积极妥善处理一大批信访事项，成功化解了各类矛盾纠纷。三是复杂治安形势驾驭能力得到提升。在全国全区“两会”、北海市“两会一节”、中越青年大联欢活动和上海世博会、广州亚运会安保中，有效处置各类群体性事件。实现了工作部署“零失误”、重点人员“零失控”、重大活动“零干扰”、安全事故“零发生”的目标，确保没有发生来自北海的干扰。四是周密部署，确保各项警卫任务万无一失。全年市局承担各类各级警卫任务和安全保卫任务200多次。

2010年，北海市公安监所管理部门认真履行监管职责，及时开展监所安全隐患排查整治活动，及时救治患病在押人员，有效预防了死亡事故的发生；同时加强了重点监室、重点人员的管控，建立健全各种规章制度，有效防止各类事故的发生，保证了监管场所的安全稳定。

【打击刑事犯罪】 2010年，北海市公安系统紧紧抓住命案侦破工作不放松，积极整合警力资源，发挥多警种联合作战效能作用，并实行领导挂案督办和专人专案的工作机制，带动全市侦破命案工作向纵深发展。2010年发生37起命案，破案34起，有力地震慑了刑事犯罪分子。2010年，北海市公安系统全力推进打黑除恶行动的开展，全年共打掉

援疆特警凯旋　　市公安局　供

各种犯罪团伙302个，抓获团伙成员527人，破获团伙作案的刑事案件759起。

2010年，北海市公安局积极开展"夏季行动"、"冬季行动"、打击涉枪涉爆等专项行动，成功破获了海城区"7·1"故意伤害致死案、"7·24"故意伤害致死案、"9·5"抢劫杀人案、"9·8"抢劫杀害奔驰车车主命案，合浦县"5·11"持枪杀害案、"5·11"抢劫杀害案、"6·17"杀人案，银海区"10·8"拦路抢劫杀人案，铁山港区"2·27"故意伤害致死案等一批大要案件。同时，把"两抢一盗"等侵财案件的作为重点为整治工作来抓，有效推动了侦破"两抢一盗"侵财案件的开展。全年共破获抢劫案件308起，同比下降24.5%；破抢夺案件269起，同比上升5.49%；破盗窃案件2179起，同比上升25.95%；狠狠地打击了犯罪分子的嚣张气焰，提高了广大市民的安全感。

2010年，北海市公安系统加大了对在逃人员家属和知情人走访的力度，全年共抓获网上逃犯650名，通过讲政策、讲法律，认真做细思想教育和疏导工作，规劝了一批在逃命案和其他犯罪嫌疑人员投案自首，全年共有130名在逃人员投案自首，其中32名是命案网上逃犯，有力地推动了追逃破案工作。

【110报警服务】 2010年，北海市公安局110报警服务台共接受群众报警176986起，其中处警54741起，受理求助4986起，救助群众1247人，接受其他报警24622起；110勤务出警直接抓获违法人员487人；为供电、供水、卫生、交通、民政等部门提供警情信息1364条。

【打击经济犯罪】 2010年，北海市公安机关认真围绕中央提出的"保增长、保民生、保稳定"的中心工作，结合公安业务开展打击经济领域的犯罪行为，先后深入开展"打击传销违法犯罪"、"打击银行卡犯罪"、"打击发票犯罪"等多个专项行动，严厉打击各类经济犯罪活动。全年共破获经济犯罪案件308起，抓获经济犯罪嫌疑人589人，为国家和受害人挽回经济损失1730.74万元。2010年公安机关与地税、国税部门密切配合，重拳出击，对全市发票市场进行彻底清理，破获出售伪造发票案6起，捣毁出售假发票窝点8个，收缴各类假发票共194176份，发票面金额总计逾9877万元；收缴假人民币0.15万元、假美元1.7万美元；共立传销案件247起，破案240起，扣押、冻结传销涉案资金927万元，刑事拘留传销骨干成员578人，逮捕73人，移送起诉43人，劳教225人，行政拘留43人，打掉传销团伙76个，捣毁窝点322处，清理遣返传销人员3500多人次，清理传销出租屋3750间，解救传销人员381人，收缴传销书籍2.36万本。

【打击毒品犯罪】 2010年，全市各级公安机关紧紧围绕公安部、公安厅关于为期三年禁毒人民战争的部署要求，不断增强破案打击能力，达到以打促防，遏制毒品流通供应的目的。结合北海市实际，市公安局在两广结合部的合浦县山口镇建立了毒品查缉检查点，还对通往广东、玉林、博白非高速等级公路等主要部位，采取定点与不定点、定时与不定时方式，适时开展公路查缉行动；并且重视对昆明、成都等入港航班和香港等出港航班及北海至越南境外旅游航线的查缉毒品力度，加强对旅客及货物的检查，防止毒品出入境，还启动邮政、物流行业查毒措施，防止贩毒分子利用物流渠道贩运毒品。全年共破获毒品刑事案件284起，缴获毒品海洛因、氯胺酮、摇头丸等共计49297克（其中海洛因6497克），逮捕毒品犯罪嫌疑人253名，查获吸食新型毒品案件1452起，送强制隔离戒毒745人，出所人员生理脱毒100%。缴获非法枪支以及作案工具、毒资、汽车、手机、摩托车等赃物赃款一批。禁毒工作创造了三项新高：一是破案总数创历史新高达89起；二是破大要案数创历史新高达28起；三是全市共缴获各类毒品49297克为历年之最。

【治安管理】 2010年，北海市公安机关坚持严打、严管、严查的"三严"工作方针，围绕上海世博、广州亚运安保工作，进一步加大治安案件查处力度,全力整治社会治安问题,持续不断地开展打黄打非、打黑除恶、打击赌博、打击涉枪犯罪等多个专项行动,对涉黄嫌疑场所进行全面清理,持续对辖区治安乱点进行整治,建立完善长效机制,巩固提高整治效果。2010 年共查获出售淫秽影碟的流动摊点、窝点多家,收缴淫秽出版物 191 件。同时,重点打击公共娱乐场所的电子游戏机赌博活动,以及集贸市场、车站、码头、农村、市区各乡镇街头巷尾场所等社会面传统型赌博活动。在公共安全管理方面,治安管理部门加强了烟花爆竹及爆炸物品管理,严格易燃易爆物品的检查,从生产、储存、运输等方面监控;整治娱乐服务场所、废旧、二手交易市场,重点清理了流动暂住人口聚集地;结合安全生产大检查工作,及时收缴流散社会的非法枪支和爆炸物品,重点加强了对大型集贸市场、商业网点、文化娱乐场所和高层建筑的消防检查;坚持"预防为主,突出重点,落实责任,确保安全"的原则,落实了民警在校园周边巡逻工作机制,有条件的学校配备了专职保安,强化了校园内部安全检查,及时排查消除安全隐患,校园周边治安环境得到改善。全年共查处治安案件 23059 起,收缴各类非法枪支 1502 支,各类子弹 290 发,炸药 650 公斤、管制刀具 1556 把,在城市治安巡防工作投入警力 3 万多人次,确保了全市社会稳定和重大活动的顺利进行。

组织警力加强校园周边地区安全防范工作　　市公安局　供

【户政管理】 2010 年,市公安户政管理部门坚持以户籍管理为中心,为推进城镇化发展和招商引资探索出新的途径。公安民警采取走出去的方式,深入各企事业单位和农村为员工、村民,办理户口准迁证和户口项目变更手续,并为群众解答有关户籍迁移、入户等问题。第六次人口普查期间,全市共核对户数 441540 户,人数 1643140 人,登记人户分离 41704 人,暂住人口 25447 人,注销暂住人口 3556 人,登记户口待定人员 39804 人,出生未报户口 28780 人,解决入户 23311 人(已解决政策外生育人员 19011 人),变更更正户口项目 113952 项,纠正公民身份号码重错号 1065 人,装订门牌 27202 个,清理使用频度极低的"问题姓氏"128 人,完成全市户口整顿工作任务和北海市第六次人口普查户口整顿工作任务。2010 年,北海市公安局户政管理部门共登记暂住人口 50251 人,办理暂住证 48712 人,录入暂住人口信息 51251 条,登记出租屋 20691 间,签订治安责任书 1755 份,录入出租屋信息 8031 间。2010 年全市有流动人口管理机构 145 个(其中县级领导小组 2 个、乡镇管理站 30 个、村街居委申报站 113 个),协管员 333 人(包括首批聘用 87 家物业管理单位的 87 名协管员)。

【道路交通安全管理】 2010 年,全市公安交通管理部门把强化重点路段、重点单位、重点车辆、重点违法、重点人员的管理作为严防事故的切入点,狠抓辖区道路交通秩序整治,有力地打击了各类交通违法行为,确保全市交通安全形势整体平稳。全年共处罚交通违法 10.36 万起,扣留各类车辆 5734 辆次,行政拘留 208 人,全力预防和堵截交通事故趋高的态势。全年全市共发生道路交通事故 172 起,直接经济损失 47.95 万元,受伤 239 人,同比下降 16%,死亡 58 人,同比下降 15.9%。

【出入境管理】 2010 年,北海市公安机关出入境管理部门切实维护申请人的合法权益,在办理出入境过程中履行了"出入有境,服务无境"的承诺,全面推进外管工作信息化、正规化建设。依法管理境外境内出入境人员,有效维护国家的安全。全年共办理内地居民往来港澳地区证件申请 20252 人次,办理因私护照申请 5769 人次,办理边境旅游 18700 人次,外国人签证申请 555 人次,办理内地居民赴台申请 829 人次;在外国人管理工作方面,公安出入境管理部门加强了对排查整治工作,全年共查处或协助相关单位查处"三非"外国人 244 人,立涉外刑事案件 10 起,刑事拘留涉案外国人 5 人;破获组织他人偷越国(边)境案件 2 起,抓获组织、协助人员 3 人,有效遏制了"三非"外国人的违法活动。

【公安消防管理】 2010年，全市共发生火灾14起，同比下降39.1%，死亡2人，直接经济损失15.45万元。除救火任务外，市公安消防部门积极完成各类紧急抢险救灾任务，全年共接警546起，出动消防车811辆次，救助各类事故人员108人，抢救国家和人民群众的财产价值265.1万元。2010年，北海市公安消防部门认真贯彻《消防法》，加强消防安全检查，全年共组织检查组539个，检查单位2483个，发现火灾隐患4890处，下发法律文书2180份，督促整改火灾隐患4890处，火灾隐患整改率为100%；共罚款40.25万元，处罚单位51个、个人10人，其中责令"三停"单位10个，行政拘留6人，整治了一大批火灾隐患和消防违法行为。同时，全年共开展消防培训16期，培训1830人；发放宣传资料10万余份，发送手机短信30余万条；消防站对外开放48次，接待群众达5万余人次。

【边海防管理】 2010年，北海市公安边海防管理部门紧紧围绕中央提出的保稳定、保增长、保民生和"两个稳定"(内部、辖区治安稳定)的工作主线，坚持以"爱民固边"的战略思路为目标，全力维护北海市边海防地区的安全和稳定，共破获刑事案件514起，同比上升18%，查处治安案件2645起，同比上升12%；破获制贩枪支窝点1个、破涉枪案11起，收缴非法枪支163支；打掉涉黑团伙1个，抓获涉黑团伙成员13人；共查获"三非"外国人46批261人，遣返35批201人；共抓获各类违法犯罪嫌疑人2108名，其中网上在逃人员16名。

2010年，公安海边防管理部门全面对辖区渔船和渔民进行照相登记，加强对辖区全部大小船舶和渔民的注册登记工作，把渔船渔民资料录入管理信息系统，进一步规范沿海船舶、渔船民的管理。

【执法办案】 2010年，公安法制部门严格把好案件质量关，在办案中坚持以事实为依据，以法律为准绳的工作原则，严把劳动教养审核关，全年共受理劳动教养案件356起，审理批准劳教241人，受理行政复议案件5起，其中维持原案4起，变更1起。

【宣传工作】 2010年，北海市市委宣传部、市公安局、北海电视台以及文化、教育等部门，通过举办文艺晚会，开展法律法规宣传、咨询活动、发送禁毒宣传短信息等多种形式向广大市民宣传相关法律法规增强市民法律意识。在6月20日国际禁毒日，市禁毒办副主任、市公安局禁毒支队政委陈振华走进北海电台，向广大市民宣传《禁毒法》禁毒理念，强调打击毒品违法犯罪、戒毒管理、禁毒宣传等禁毒工作的重要性，宣传《禁毒法》并回答市民提问，增强市民法律意识，提高了市民对毒品危害的防范能力。

2010年，北海市公安宣传部门紧紧围绕公安中心工作，大力宣传公安民警先进典型事迹，展示公安工作成果。2010年，北海市公安机关在各级媒体上发表稿件3706篇，其中国家级媒体566篇，自治区级媒体890篇，地市级媒体2250篇。

【队伍建设】 2010年，北海市公安系统进一步加强党风廉政建设，局领导与下属各单位签订党风廉政建设责任状33份，并落实领导干部"一岗双责"制；在全体民警中开展以"加强理想信念教育，整顿思想、整顿作风、整顿纪律"为主题的"一教育三整顿"活动和以贯彻执行"五条禁令" 为主要内容的教育整顿工作，提高了全体民警遵纪守法意识。全年立案查处民警违纪案件2起4人，其中辞退1人，纪律处分3人，立案查处案件数比上年明显下降；共受理办结群众来信来访193件。3月中旬至5月下旬，北海市公安系统进行了公开推荐选拔领导干部工作，面向公安系统以公推公选的方式选拔28名处、科级领导干部。全年全市各级公安机关共有142名领导干部进行了任职前廉政谈话，对275名民警、37个单位的任职、评选进行了廉政鉴定，做到了廉政警钟长鸣。全年共开展廉政专题讲课12期，受教育领导干部852人次，公安机关反腐倡廉工作取得了明显的效果。

（周原生　刘　海　刘俊智　樊　斌）

司法行政

【概况】 2010年，北海市司法局内设政治部、监察室、办公室、基层科(刑释解教安置帮教办公室、社区矫正工作办公室)、法宣科(市依法治市领导小组办公室)、公律科、法律援助中心、法制科8个科室。市司法局下辖合浦县、海城区、银海区、铁山港区4个县区级司法局。全系统政法专项编制人员155人（市司法局48人，合浦县司法局29人，海城区司法局7人，银海区司法局7人，铁山港区司法局6人，全市各基层司法所58人）。全市基层司法所30个，基层司法所人员113人(其中占政法专项编制的58人)。基层法律服务机构28个，法律服务工作者78人。人民调解组织464个，人民调解员2391人。公证处有市、县2个公证处，公证员11人。律师事务所19家，执业律师160人。全市有司法鉴定机构5家，专职注册国家司法鉴定人26人。

2010年，全市司法行政工作认真贯彻落实自治区司法厅和市委、市政府的工作部署，大力推进"社会矛盾化解、社会管理创新、公正廉洁执法”三项重点工作,通过深入开展“人民调解加强年”、“工作落实年”、“创先争优”等各项活动,促进司法行政各项工作取得了明显成绩。2010年,全市司法行政系统共担任法律顾问207家,办理诉讼代理1900件,办理非诉讼法律事务66件,办理公证案件9821件,承办各类法律援助案件599件,接待法律咨询2603件,办理司法鉴定案件566件,出具司法鉴定意见采信率96%。共排查出各类矛盾纠纷8057起,调处8057起,调解成功7811起,调处率100%,调解成功率97%。共接收刑释解教回归社会人员573人,帮教率、安置率均为100%。市领导建立学法用法联系点5个,县区领导建立学法用法联系点20个,民主法制示范村开展面100%。全系统举办各级各类培训班93班次,培训367人次。选派11名优秀年轻干部到基层挂职锻炼和到上级机关跟班学习。

2010年,铁山港区司法局被评为“全区政法系统百名人民满意政法单位”,荣记集体二等功1次;合浦县司法局被自治区人社厅、司法厅记集体二等功1次;合浦县山口镇人民调解委员会主任唐国强被评为全国模范人民调解员,获司法部表彰,并被评为全区政法系统百名人民满意政法干警,记个人二等功1次;铁山港区兴港镇人民调解委员会主任郑连海被评为全国模范人民调解员,获司法部表彰,并被自治区人社厅、司法厅记个人二等功;局办公室主任唐学平、基层科长蔡德勇在“1·31”追逃案中表现突出受到自治区司法厅通报嘉奖。

【普法和依法治理】 一是以“五五”普法检查验收工作为重点,认真做好“五五”普法检查验收工作。8月,以自治区人大常委会副主任吴恒为团长的自治区“五五”普法检查验收团,对北海市“五五”普法依法治理工作进行了全面检查验收。检查验收团采取听取工作汇报、查阅台账和档案资料、召开座谈会、问卷调查等方式,实地检查和抽查了机关单位、农村、社区、学校、企业等不同类型单位开展普法依法治理工作的情况,并以较好的成绩顺利通过自治区“五五”普法检查验收团的检查验收。二是以“北海三年跨越发展工程”为中心,大力开展法律宣传活动。2010年,市司法局围绕市委、市政府中心工作和重大项目征地拆迁活动开展形式多样的法制宣传教育活动。“三八”妇女维权周宣传活动、“2010年北海政法宣传周”、“12·4”全国法制宣传日、打击传销、银滩二期改造拆迁等专题活动日都收到明显成效,共出动宣传车5台,挂宣传横幅15条,出板报20块,印发宣传资料10000份,接受法律咨询800多人次。开展刑释解教人员、法轮功人员回访调查和“结对子”帮教主题实践活动,共结“对子”4对。开展法律服务进社区活动,组织律师、法律服务工作人员到农村、厂矿、企业、学校、机关、社区等开展法律咨询维权活动受到人民群众的广泛好评。三是以“二个创建”为抓手,全面深化基层依法治理。按照全国、自治区和市“民主法治示范村(街道)”建设要求,市司法局协调相关部门,全面推进全市23个乡镇、7个街道办事处的“民主法治示范村(街道)”创建工作。2010年,全市“民主法治示范村”开展面100%。四是以领导干部学法用法示范点为典范,全力推进全市公民的学法用法。结合领导干部学法用法的实际情况,在坚持领导干部学法用法的五项制度基础上,2010年市领导建立学法用法联系点5个,县区领导建立学法用法联系点20个。同时,顺利组织全市机关企事业单位干部职工进行2010年度普法考试,参考率、合格率均为100%。

【公证管理】 2010年,共办理各类公证事项9821件,较去年增长了11.8%,其中办理国内民事经济类公证6746件,比去年增加了33%。公证质量监控良好,2010年无错证、假证,无诉讼、无赔偿。此外,全市两家公证处分别为市、县两级政府银滩拆迁改造项目、合浦县西门江改造工程、廉租房和经济适用房分配等项目提供公证工作,为各级政府的重大项目建设保驾护航。

【律师管理】 2010年,市司法局大力加强律师队伍建设和律师行业党的建设。一是深化“中国特色社会主义法律工作者”主题教育,强化律师政治意识和大局意识的培养。在全市律师队伍中开展警示教育活动,以“李庄案”为戒、做到警钟长鸣,引导广大律师自觉践行中国特色社会主义法律工作者的基本要求和职责使命,确保律师工作正确的政治方向;引导广大律师围绕深入推进社会矛盾化解、社会管理创新、公正廉洁执法三项重点工作,充分发挥职能作用,积极参与市(县)委、政府领导大接访活动、“百万案件大评查”活动;以“送法进机关、进校园、进企业、进乡村”等多种形式全面开展法律服务六进活动,送法进监狱,零距离为服刑人员提供法律咨询和普法教育,提前介入刑释解教和安置帮教工作,为全面创建社会和谐稳定模范区营造良好的法制环境。二是健全完善律师参与重大、群体性、敏感性案件的处置报告备案、集体讨论制度。密切跟踪、正确指导律师有针对性地做好群众工作,推动社会矛盾化解纳入法制化轨道。三是抓好大学习大培训活动,强化律师岗位培训。2010年,组织律师参加各类培训、论坛共9场次,参训人数达800人次。四是深入开展全市律师行业党的基层组织和党员创先争优活动,以“结对共建、先锋同行”活动为载体,在全市律师队伍中建立创先争优联系点和党建示范点,北海市广西启迪律师事务所被列为“广西律师行业创先争优活动示范点”。五是进一步强化服务意识,优化“两结合”管理。协调相关单位为全市律师及律师事务所聘用人员参加社会保险开辟“绿色通道”,依法规范了律师事务所与其聘用律师及其他工作人员的劳动用工关系;指导、监督市律师协会加大行业管理力度,按照“两结合”的管理方式,实现了司法行政机关对律师工作的政策政治性指导和行业协会业务指导相结合的双轨管理体制。六是组织律师参政议政、参与社会公益活动,树立律师良好的社会形象。2010年,全市律师共接待免费法律咨询3411人次,承办法律援助案件105件,为各类公益活动捐款6.3万余元。

【法律援助】 2010年,北海市法律援助中心积极引导群众依法合理表达诉求,努力为困难群众提供免费的法律援助,做到应援尽援,维护受援人合法权益,化解矛盾纠纷,为北海经济发展提供良好的法治环境。

“12348法律援助热线”平台 市司法局把法律援助中心作为司法行政的窗口单位,加大投入,重点改善办公设施,出资聘请社会律师、基层法律服务工作者充实壮大“12348”法律援助热线专业法律人员队伍,解答法律咨询,进一步拓宽了受理法律援助受理范围,简化了受理程序。推广使用司法部法律援助信息管理系统,全面实行法律援助工作信息化管理。2010年全市办理法律援助案件599件,比去年增加65.5%,接待群众来电、来访咨询2603人次,比去年增加74.5%。据不完全统计,共为受援人挽回直接经济损失800多万元。

积极创建法律援助规范化建设达标单位 在市法律援助中心的指导下,海城区、银海区和铁山港区法律援助中心开展法律援助规范化建设,全部被司法厅批准授予“法律援助工作规范化建设达标单位”,全市5个法律援助中心规范化建设全部达标。

申报中央彩票公益金法律援助项目 市法律援助中心被批准为中央专项彩票公益金法律援助项目实施单位。该项目由财政部从中央彩票公益金中抽取部分项目资金对农民工、残疾人、老年人、妇女和未成年人五类人群提供“低于当地城镇职工最低工资标准”的法律援助。该项目的实施,进一步降低经济困难的标准,扩大了法律援助范围,拓宽了法律援助经费渠道。

【司法所建设】 2010年,北海市司法系统按照抓班子、带队伍、促改革、强基层、创亮点、保稳定的工作思路,进一步完善各项规范制度,不断加强基层司法所规范化建设。一是对全市基层司法所标志使用情况进行全面调查统计,进一步规范司法所外观和牌匾、徽标的使用。二是进一步理顺基层司法所的管理。2010年,合浦县和铁山港区共18个基层司法所已实现垂直管理。三是加强培训,提高司法所工作人员政治素质和业务素质。从各县区选派了部分司法所工作人员参加自治区司法厅组织的基层工作业务培训班。四是启动市(县、区)业务用房建设申报工作,市(县、区)均派专人抓好业务用房建设项目前期准备工作,并按规范的程序和要求做好立项申报工作。

【人民调解】 2010年,全市人民调解工作紧紧围绕“人民调解加强年”这一活动主题,组织开展了以下的工作:一是制定了全市开展“人民调解加强年活动”工作方案,对全市开展“人民调解加强年”活动进行了全面部署;二是成立了由市司法局局长为组长的“人民调解加强年”活动领导小组;三是加大“人民调解加强年”活动的宣传,上报各种新闻信息和人民调解案例共20多篇;四是建立和完善各级人民调解组织,对全市的调解组织和人民调解员进行一次全面大普查,相关资料及时录入电脑,更新档案信息,进行电子信息化管理;五是开展“矛盾纠纷百日大排查大调处活动”,化解一批老矛盾,有效预防新矛盾,真正把矛盾纠纷化解在基层。2010年,全市共排查出各类民间纠纷8057件,调处8507件,调解成功7811件,调解率100%,调解成功率97%,防止群体性械斗84件,避免因民间纠纷转化为刑事案件45件。

【基层法律服务】 2010年,全市基层法律服务工作以法律服务行风建设为目标,加强基层法律服务机构的规范化建设,并按照司法部“司法行政工作为农村改革发展服务”的要求,大力拓展农村法律服务领域,为社会主义新农村建设解决“三农”问题、为实施北海三年跨越发展提供了法律服务。2010年,全市共有基层法律服务所28家、基层法律服务工作者78人,担任法律顾问267家,代理诉讼事务391件、非诉讼事务598件,办理法律援助事务335件,解答法律询问22186人次,避免和挽回经济损失413万元。

【刑释解教回归人员安置帮教工作】 2010年,全市刑释解教人员安置帮教工作按照“帮教社会化、就业市场化、管理信息化、工作职责规范化”的“四化”要求,及时召开全市刑释解教人员安置帮教工作会议并调整充实安置帮教领导小组及其办公室组成人员;继续加强对刑释解教人员的管控,建立完善刑释解教信息平台;继续做好刑释解教人员调查摸底工作,对“两劳”回归人员进行登记造册,建立个人档案;继续深化“结对子工程”,实现“无缝对接”,有效地预防了刑释解教人员重新违法犯罪。2010年,全市共接收刑释解教人员573人,其中刑满释放人员 560 人，解除劳教人员 13 人，在有关部门的配合下，帮教率、安置率均为 100%，重新违法犯罪率为零。

【社区矫正工作】 2010 年，全市的社区矫正工作在各县(区)启动并全面开展。北海市成立了由市委常委、政法委书记莫亦翔担任组长，公、检、法、司等有关职能部门组成的北海市社区矫正工作领导小组；起草了《关于在全市开展社区矫正工作的实施意见》；组织骨干人员到钦州等地学习社区矫正工作经验；主动与相关部门进行联系和对接，社区矫正工作顺利启动和开展。

【司法鉴定】 2010 年，全市有司法鉴定机构 5 家：还珠司法鉴定所、广西天辰会计师事务所有限公司、北海建设工程质量检测中心、北海市建设工程造价管理站司法鉴定所、北海市价格认证中心。业务范围包括：法医临床鉴定、价格认证鉴定、司法会计鉴定、建筑工程质量评定、建筑工程质量事故鉴定、建筑工程造价纠纷鉴定。执业司法鉴定人 26 名。全年共办理鉴定事项 556 件，采信率 96%。

【司法考试】 2010 年，市司法局继续按照“平稳、安全、顺利、有效”的工作要求，圆满完成年度国家司法考试各项任务。全市报名参加司法考试人员 319 人，实际参加考试人员 261 人，合格 49 人，应试人员通过率 18.77%。报名材料和资格申请材料经司法厅审核，合格率 100%。

【队伍建设】 2010 年，在全系统广泛开展了“大学习、大练兵、大整顿”专题教育活动，全系统举办各级各类培训班 93 班次，培训 367 人次。选派 11 名优秀年轻干部到基层挂职锻炼和到上级机关跟班学习。并通过深入开展建设学习型党组织和学习型机关活动、“创先争优”活动，通过落实干部平时考核等各项制度和措施，有效提高了队伍的整体素质，树立了司法行政机关的良好形象。全面贯彻落实惩治和预防腐败体系工作规划，加强党风廉政教育，继续深入开展创建“无干警违法违纪单位”活动，增强了党员干部廉洁自律的意识和拒腐防变的能力。

（陈嘉倩）

军　事

北海军分区

【政治建设】 2010年，北海军分区政治工作坚持以科学发展观为指导，紧紧围绕分区党委决策部署展开工作，以抓好自身建设为基础，以完成大项任务为重点，与时俱进、竭力落实，开拓进取、创新发展。较好地完成了年度各项工作任务。

政治教育 2010年采取上下联学的方式，完成了6个专题的学习。搭建好与上级机关、军队院校，与驻地党委机关、地方院校，与团级单位、基层部队等多种联学平台，拓展学习渠道。第一季度，针对部队中存在的学习实践活动已结束，实践活动就放松的问题，用一个月的时间，在分区部队中开展了一场横向到边、纵向到底的“工作标准”大讨论活动。根据基层工作特点和官兵思想、文化实际，探索了“理论班会”新模式，把每月最后一个教育日的下午定为“理论班会”时间，并规定每年基层干部完成12篇、士兵完成48篇心得体会，确保学习创新理论在基层终端的落实。

基层建设 2010年结合分区部队实际，制订分区年度《抓建基层计划》和《基层建设量化考评办法》，突出抓好“四个基本”、“三个一线”和“两个经常”的工作。分区2010年重点抓了合浦县人武部，每个团级单位重点抓1～2个连级单位，同时重点抓建了11个基层武装部的基层建设。3月，对基层党支部书记队伍进行培训，围绕基层经常遇到的重点难点问题，以模拟训练的形式进行研讨培训，收到良好效果。分区先后两次对落实七项组织制度进行检查和规范，下发了《进一步规范党团日活动的通知》，分区先后3次组织全体党员上党课。5月，组织1期思想骨干培训，提高骨干工作能力。分区主要领导先后2次带工作组对75494部队从党委工作思路、中心工作的摆位、后装保障能力的评估、安全稳定工作的落实等进行讲评等进行了全面、深入、系统的检查，对《纲要》规定的八项经常性工作在基层终端落实进行具体规范，提高了基层建设质量。

干部工作 坚持德才兼备、以德为先、注重实绩、群众公论的用人标准选拔任用干部，2010年提拔使用干部59人，上下反映好。采取自主办班培训、依托院校培训、代职培训（进修）、岗位锻炼、交叉任职等多种模式，加强人才培养。2010年组织送学培训69人，组织营连主官、新学员和人武干部进行4期培训。广泛开展岗位“四学”、“三写”、“双争”活动，有效提升了干部队伍能力素质。2010年，有17人在两级军区组织的比武竞赛中取得好名次，4名干部参加广西军区组织的优秀政治教员比赛取得优异成绩，3人评为“十佳政治教员”，1人评为优秀政治教员，1人被总部表彰为“全军优秀指挥军官”。严格干部队伍教育管理，先后2次讲评班子成员和机关干部，结合演训、比武竞赛等重大活动加强对干部考评，2010年对营连级单位主官进行了1次综合考评。

纪检工作 一是注重抓好党纪法规学习。坚持把党纪法规学习教育纳入思想政治教育整体筹划，进入党委议事日程。利用党委中心组理论学习、主题教育、干部理论培训、组织生活等时机，采取党委带机关、上级带下级、党员带群众的方法，组织官兵认真学习党的创新理论和各类法规制度，不断强化官兵的法纪观念和自律意识。二是注重抓好反腐倡廉专题教育。5月下旬，以强化法规意识、廉洁从政意识为重点，在分区党员干部中开展了“学廉政法规，倡廉洁新风，树清廉形象”的反腐倡廉教育。10月上旬，组织分区全体党员干部进行了作风纪律教育整顿。三是注重抓好经常性警示教育。结合中心组理论学习、党课教育和部队专题教育，抓好经常性警示教育。组织不同层次、不同岗位的7名优秀党员干部和1名优秀

军容风纪检查　　　　　　　　　　　　　　　　北海军分区　供

干部家属作先进事迹报告，使官兵学有榜样。同时，结合重大节日、敏感时期和干部调整、选改士官、选送技术兵、保送学员、征接兵等工作时机，适时开展警示教育，公布廉政监督措施，设立举报箱，公布举报电话，自觉接受群众监督，让大家时刻紧绷遵规守纪、廉洁自律这根弦。

开展文体活动　2010年，在集中抓好75494部队基层文化设施的基础上，协调海城区政府投入近20万元帮助75494部队建设政工网，投入近16万元完善了79分队文化设施和政治环境建设。2010年，接收20多万元的文化器材下发部队。4月，组织教歌员、裁判员、理发员培训，广泛开展百歌连、故事会连、无烟酒连、军营小广播等群众性文化活动，建设和发挥好板报、墙报、广播、DV、政工网、学习园地6个小阵地的作用，丰富了官兵精神生活。

安全保卫　落实每季度一次官兵思想情况调查和节日维稳值班制度，召开2次维稳工作会议和1次“四反”工作会议；开展1次“四反”专题教育，对多名重要岗位人员、新毕业学员、新兵进行政审，对分区的出租门面、招待所、文化队进行敌社情调研；举办1期保卫委员和思想骨干队伍培训，选送2名保卫干部参加军区培训，进行1次预防职务犯罪知识竞赛；组织2次安全工作检查。

新闻报道　3月，组织召开1次新闻报道工作会议，传达学习两级军区新闻报道工作会议精神，制定下发《分区新闻报道奖励措施》，举办1期新闻报道骨干培训班，选送2名报道骨干到《战士报》社学习，新闻报道骨干队伍的能力素质明显提高。2010年，分区在中央媒体刊稿35篇，其中《解放军报》16篇，中央电视台播发新闻3条，《战士报》116篇；其他省级媒体刊稿98篇，地市级265篇，被广西军区评为新闻宣传工作先进单位。

【军事训练】 2010年，分区军事训练，以军区年度军事训练指示为依据，以军事斗争准备转变为牵引，紧贴分区担负的使命任务，聚焦中心，注重质量，狠抓落实，突出抓好基础训练和首长机关指挥训练，完成了各项军事训练任务。

党委（支部）重视　2010年，分区各级党委（支部）坚持以大项军事训练活动为抓手，通过按纲施训，正规秩序，强化技能，提高部队整体训练水平。分区党委坚持每季度召开一次议训会和每月召开一次首长办公会，分析部队训练形势，查找薄弱环节，统筹安排军事训练工作，对新兵入伍训练、预提指挥士官集训、比武竞赛等重大活动，做到专题专议；团级党委坚持每月召开一次议训会，每季度召开一次训练形势分析和讲评会，促进训练的有效落实。分区机关加强对军事训练的检查指导和保障力度。全年投入80万元，对基层训练基础设施进行维修和完善，累计请领和下发训练教材180余册。同时，深入一线进行面对面指

庆“八一”文艺晚会　　　　　　　　　　　　　　北海军分区　供

队列会操　　北海军分区　供

导，分区机关组织军事教学研究和考核18余次。

从严治训　严格按纲施训，突出抓基础课目训练、机关参谋业务训练。认真组织教练员"四会"能力分级联考，做法被广西军区推广。狠抓训练"四落实"，所训科目及格率在90%以上。坚持以集训、竞赛活动为抓手，深入开展岗位练兵活动。2010年，组织8期各类干部和专业兵集训，培养组训"明白人"。从严规范训练秩序，把建立正规有序的训练秩序作为从严治训的重要内容来抓，落实分区、团每月、连每周召开专题会议，协调军事、政治、后勤等工作，保证军事训练的中心位置，确保军事训练在人力、物力、时间上得到重点保障。从严追究训练责任，对在从严治训中出现方向偏差、决策失误、发生重大训练事故、单位不能完成训练任务的，追究有关单位党委(支部)和机关职能部门的责任；对从严治训不落实的单位，追究主官的领导责任；把所带单位的训练成绩、组训课目的训练成绩和个人的训练成绩作为讲评干部工作和奖惩升迁的重要依据。

注重基础训练　一是突出专业技能基础训练。在训练预备期间，分区组织各类干部骨干进行教学法集训；在新兵入伍训练阶段，采取集中组训、分片实施的形式，打牢了新兵的训练基础；在官兵分训阶段，采取"大专业小集中，小专业大集中"的编组方法组织士兵训练，分队军官由团组织训练，提高干部、战士的专业技能；预提指挥士官集训，分区成立集训领导小组，调整、配强干部、骨干和教员队伍，对集训进行全程指导，合理进行教学分工，确保训练质量。二是抓好首长机关训练。采取机关带人武部集中训、分部门训和个人自训的方法，完成机关学习训练内容。为确保人员训全，训练前进行点名登记，每周通报团机关训练出勤情况，每月进行讲评科(股)训练出勤情况。为确保内容训实，安排手枪射击、北部湾兵要地志、多媒体制作、计算机基础知识、指挥自动化系统操作、手工战术标图等内容的学习和训练。为确保训练质量，坚持每季度组织一次考核，建立机关干部训练成绩登记本和公布栏。三是突出协同基础训练。分区注重在谋求整体协同上下工夫，在兵种专业训练中，针对兵种多、组训难的实际，对小兵种专业普遍采取大编组集中训练，对大兵种专业采取集中分专业训练的方式，较好地解决了教学、保障和考评三者协同难的问题，提高了训练效果。四是抓好官兵体能训练。分区(团)机关坚持落实每天一小时体能训练制度，采取考勤登记、考核存档、组织讲评的措施，增强了机关干部的体能素质；考核中，分区和团坚持主官先考、体能必考，干部晋职先过体能关等。

【海防战备】 2010年，分区部队、民兵战备工作坚持以新时期军事战略方针为统揽，以作战准备为牵引，紧紧围绕提高部队、民兵防卫作战能

升国旗仪式　　北海军分区　供

力，突出抓好方案完善、战备教育、战备演练、战备设施建设等工作，增强官兵的战备意识，坚持各项战备制度，落实各项战备工作，完成年度战备工作任务。

扎实推进中长期军事斗争准备　一是完善作战方案。根据军区赋予的作战任务调整情况，及时召开方案修订任务部署会，重新调整作战力量，修订完善作战方案。7月和9月，两次组织到各团级单位检查方案拟制情况。2010年，各预案情况预想、力量使用、情况处置比较切合实际，基本符合上级要求。二是组织军事斗争准备检验评估。分区和各团级单位均对照《军事斗争准备检验评估细则》，组织指挥所勘察，进一步完善"三室两库"建设，展开针对性训练，逐条逐项抓好军事斗争准备落实，在广西军区组织的检验评估中取得良好的成绩。三是抓战场设施和作战保障建设。抓好国防工程维护管理，已完成各坑道工程整治预算，上报整治方案。6月，建立完善分区指挥一体化平台。

加强战备教育　一是抓好战斗精神教育。把战斗精神培养作为提高部队"打赢"能力的大事来抓，坚持每季度一次形势战备教育和经常性的军队根本职能教育。通过学习教育，有效地克服了部分官兵中存在的模糊认识，激发官兵真打实备的政治热情。二是抓好节日防护期、敏感期等重要时机的战备教育。在坚持每月一次战备教育的基础上，规定每次节日防护教育时间不得少于半天，且内容要有针对性和时效性，以强化官兵的战备观念。三是抓好"三战"训练。上半年，依据《心理战纲要》，组织各心理战分队进行为期半个月的集训。组织观看了心理战教育训练教学示范片，培养了心理战训练示范班，进一步统一了组织心理战训练的方法路子。四是抓好政治动员建设。2010年，市、县（区）均建立完善了政治动员办公室，下设政治动员小组和国防教育小组，每个乡镇都建有国防教育室，落实人员编制和经费保障。定时开展政治动员潜力调查，掌握了全市精神力量、指挥人才、舆论宣传等方面的动员潜力，制定北海市政治动员预案。认真贯彻《国防教育法》，建立健全了国防教育"进党校、进社区、进乡镇、进学校"的"四进"制度。通过组织地方领导干部过"军事日"、国防教育常识竞赛、国防形势报告会等一系列活动，推动全市国防教育深入、持久地开展，人民群众的国防观念不断增强。

海城区军警民共建"双拥模范岛"启动仪式　　北海军分区　供

狠抓战备制度落实　一是落实情况分析研究制度。分区根据作战任务和上级指示，加强针对性的军情研究，将越军、美军和中国台湾军队的编制体制、兵力部署、作战特点以及最新动态等内容列入机关训练计划进行学习。二是落实战备演练制度。2010年，分区分别组织了高炮连参加广州军区防空兵实弹战术演习、海防部（分）队海岛反袭扰作战演练和分区、团首长机关室内战术演练。通过演练进一步检验各级作战方案，提高分区部队遂行作战任务的能力。三是落实战备值班制度。在抓好正常战备值班的同时，重点抓节假日和政治敏感期的战备值班，特别对首长、作战、通信、机要值班建立定期检查和不定期抽查制度，使战备值班得到有效的落实。四是严格落实战备检查制度。分区（团）坚持每季度（月）组织一次战备工作检查。重大节日期间，分区领导分别带机关人员采取"不打招呼"的方法对部队的战备工作进行抽查，使分区部队战备制度得到有效的落实。

【后勤保障】

后勤战备训练　一是进一步完善战备方案。上半年，按照军区小型作战会议精神，与司令部门对接，组织本级和指导各团级单位修订完善了各类保障计划、方案60余份，做到了内容完整、格式统一，更加贴近实际，更加符合战备要求。二是后勤专业训练。严格按新大纲要求，科学施训，抓好机关干部训练，突出专业分队训练。着重抓好专业军官新技能训练，实现专业士官"一专多能"；突出专业分队实战条件下的抢修、急救、供应、防卫训练。结合后勤专业比武竞赛，采取请进来教、送出去学的方法，狠抓战勤、营房、财务、驾驶、卫生等干部、技术兵等后勤岗位练兵和船艇专业比武竞赛，提高训练质量和保障水平，带动分区后勤训练水平全面提升。在两级军区组织的后勤岗位练兵比武竞赛和船艇专业比武竞赛中，取得后勤岗位7个项目4个第一、3个第二的好成绩,7人被广州军区评为训练标兵。三是扎实抓好非战军事行动后勤准备工作。深入研究遂行非战争军事行动后勤保障新情况新特点，组织各团级单位结合驻地实际有针对性地制订完善反恐维稳、抢险救灾、海上运输等后勤保障行动预案；加强军地协调,结合民兵整组,采取新建和赋予任务等形式，调整落实非战争军事行动后勤保障专业队伍人员编组,深入抓好应急物资生产预储；结合部队和民兵综合演练，抓好后勤保障分队的训练。

深化后勤改革　一是完善军民融合、军地互通的后勤保障体系。按照军民融合的思路，将地方政府及交通、人防、卫生、粮食、石油等部门及辖区军种后勤纳入指挥机构,统一编成，后勤动员保障力量建设进一步完善。在中石油建立IC卡定点定车油料供应保障；依托新奥海洋运输公司建立军地联合保障体系，全年利用地方运力累计运输各类物资600余吨，节约经费近20万元；协调地方有关部门与北海市人民医院、博华医院、合浦县人民医院等5家地方医院建立定点医疗。二是深化行政消耗性开支管理改革。把行政消耗性开支预算单列、限额管理，预算执行中,按“双轨制”和先申请后开支的原则，由财务部门和事业部门双重管理。对接待费、差旅费、水电费等一些难管理的消耗性经费,加大了管控力度,成效明显。三是全面推行公务卡结算支付。按军区统一部署,安装了财务POS系统，协调工行办理了公务卡，并组织了业务培训，公务卡结算支付业务全面推行。四是落实基层连队自助餐。采取向上请领一点、分区解决一点、基层自筹一点的方式为所有基层连队配齐了炊具设备和自助餐桌、餐具，分区所有伙食单位全部落实了自助餐制度。

全面推进后勤建设　2010年，分区狠抓服务保障意识，后勤建设水平全面得到提高。一是经费保障有保证。坚持量力而行、量入为出、收支平衡的原则，严格经费管理和控制。突出训练和生活保障工作,把所有经费纳入年度预算，规范年度预算编制,给分区党委、首长提供准确的“理财”依据。二是军需保障能力有突破。先后组织2期司务长培训，选送9名战士参加等级厨师培训;推广种植一批耐旱菜苗,使蔬菜生产始终保持“三个1/3”;生猪养殖实行自繁自养、梯次搭配、均衡出栏和滚动发展。全年生产蔬菜7万余公斤，蔬菜自给率达85%；出栏猪150余头,产肉1万公斤,肉类基本自给；生产收益补助伙食费11.8万元。完成物资发放1.36万余套(件)，一次发放适体率达90%以上，满意率达100%。三是军交油料保障有新成效。年初制定下发了《分区油料使用管理规定》,修订了《分区部队车船管理规定》,规范了车辆、船艇使用审批程序,严格带车带船制度,车辆必须干部带车，船艇使用必须由队干部带船、分区机关科长跟船。严格控制超指标用油，做到军油不外流。在保障任务重的情况下,积极与上级机关协调,筹措油料,保证全年的正常供应。全年派登陆艇和出资协调地方船只为海岛驻军运送油料、弹药、各种物资器材、设施设备等1800多吨，运送人员、车辆800人(台)次,船艇30余航次；动用车辆9000余台次，安全行驶30万多千米,有力保障了部队生活、训练、战备工作的正常进行。四是卫勤保障有新进步。投入160万余元,组织对75494部队卫生队进行重建,完善了基层连队卫生室建设。加大传染病防控力度,深入开展灭“四害”活动,完善疫情报告制度,提高疫情预警和应急处置水平。全年门诊800多人次，协调三〇三医院专家上岛为官兵、家属体检300多人次；保证新兵复检率、健康教育率、预防接种率达到3个100%；献血300余人次,献血量8.5万余毫升。五是基础设施建设有新发展。筹资1000余万元，在分区招待所原址为75494部队新建一幢五层中转接待用房；投入190余万元，完成民兵武器装备仓库附属工程和配套设施建设；投入110余万元，对教导队营院进行综合整治,新建家属楼,装修改造综合楼,安装热水器；维修机关及直属队营房1.6万余平米,改造供水供电

后勤人员培训。图为现场点评刀工　北海军分区　供

设施,较大改善了官兵住用环境。

加强后勤规范化管理 分区全面贯彻柳州会议精神，坚持依法施管,抓好后勤制度、标准的精细化管理。一是完善规章制度。2010年,制定了《二〇一〇年分区部队油料供应保障规定》、《分区财务工作管理规定》、《物资集中采购实施办法》、《分区部队工程建设管理规定》、《接待管理规定》等规章制度。二是加强人、车管控。重点抓好“两外”、“三圈”管理,认真落实从严治部要求,自觉遵守机关办公秩序，抓两个经常性工作落实。配合司令部共同抓好驾驶员、卫生员、炊事员等小远散直人员的管理。组织开展军车号牌清理整顿，狠抓司机队伍的技能培训和考核,确保行车安全。三是抓安全管理。结合后勤工作实际,有针对性地进行安全教育；定期组织安全形势分析,开展查思想、查制度、查纪律、查事故苗头的“四查”活动;严格落实安全工作责任制，保证安全工作时时有人抓,事事有人讲,处处有人管。四是规范空余房地产管理秩序。规范租赁程序,调整改签不合理合同6份;加大检查力度,先后25人次对空余房地产租赁情况进行检查和清理，确保分区部队空余房地产管理正规、安全。五是完善区域联合物资采购。成立领导小组和监督小组，下设办公室并配齐办公人员及设备，确定北海区域联合采购供应商20余家,车辆维修2家。全年采购物资节约经费8万多元。

【城市警备】 2010年，分区城市警备工作以共同条令、《警备条令》和《广州军区警备工作补充规定》为依据，紧密结合北海市城市警备工作实际,认真履行警备工作职能,加强警备队伍自身建设,严查违纪军人,严纠违章军车,严厉打击假冒军车,为加强部队作风纪律建设、维护部队和社会稳定发挥了重要作用。2010年，共组织1次北海驻军联合查纠外出军人军车违章违纪行动,1次军地联合打击假冒军车行动。派出警备纠察人员116批1098余人次,执勤车辆127台次,检查外出军人145人次，纠正军容不整和违纪军人5人次,检查军车320台次,纠正违章违纪军车33台次,收缴假冒军车号牌11块,查扣假冒军车7台,查获假军人1人;执行了4次重大保障任务,维护了社会稳定和军队形象。

【拥政爱民】 2010年，为争创全国双拥模范城，分区积极组织和指导部队大力开展双拥争创活动和拥政爱民活动。3月,组织部队开展“学雷锋、做好事、送温暖”为主题系列活动；结合八一建军节，组织1次市(县、区)四家班子领导过军事日活动;9月，牵头召开1次驻军创模协调会，并先后2次对驻军部队开展双拥工作进行检查。据统计,分区部队全年义务植树2400株、种草3000平方米,献血300余人次8.5万余毫升，军训学生3500名，扑灭山火5次，派出38名官兵出任课外辅导员,动用民兵应急分队1000多人次协助地方维稳，为驻地的经济建设和社会稳定发挥了应有的作用。

军民共建植树活动　　北海军分区　供

【征兵工作】 2010年，北海市冬季征兵工作认真贯彻执行上级的指示、命令和政策规定,以兵员质量为核心,加强组织领导,不断研究新情况,解决新问题,严把兵员政治、身体质量关，圆满地完成了自治区赋予全市的征集任务。2010年,全市共有适龄青年24371人,其中,高中文化程度以上的6077人,应届毕业生3592人,外出青年9055人。报名应征2505人,占适龄青年10%,其中,高中文化程度以上的1298名,占报名数的52%；各级各类应届毕业生712人,占报名数28%。全市上站总检1108人，合格555人，合格率50%,经复检复查,体检政审双合格525人。　　（陈同生　沈见阳）

民兵·预备役工作

【党管武装工作进一步加强】 2010年,市委、市政府始终把武装工作作为重要职责,纳入议事日程、任期目标、地方经济建设和社会发展总体规划,定期召开议军会、武委会和国动委会，认真筹划和研究解决国防动员建设中的重大问题。先后投入国防建设经费300余万元，完成了分区民兵武器装备仓库建设、市地下指挥所主体建设等;完善《北海市党管武装工作规定》、《北海市基层武装部正规化建设"三年规划"》、《北海市城市民兵工作经费保障办法》、《北海市民兵预备役建设若干规定》等地方性国防法规，确保各项建设工作稳步推进。各级党委、政府认真贯彻上级文件精神，按照定编制、定人员、定职责的要求，保持国防动员机构的稳定。2010年，市、县（区）两级均成立了国防动员委员会，下设综合、人民武装动员、国民经济动员、人民防空、交通战备、政治动员、科技和信息动员办公室共7个专业办公室，配备专职和兼职人员115人，编制落实到位，确保国防动员工作顺利进行。

银海区民兵应急拉动演练　　北海军分区　供

【政治动员建设进一步提高】 2010年，认真贯彻《国防教育法》，建立健全国防教育"进党校、进社区、进乡镇、进学校"的"四进"制度，组织多场国防知识讲座。开展"6·19"纪念、"全民国防教育日"等活动，强化全民国防意识。制定完善各种政治动员预案，加强战时政治工作研究，健全完善参战支前政治工作各类预案，利用各种演练组织战时动员、宣传发动，在实战中进一步检验和完善预案。建立完善新闻工作者、法律工作者、心理专家等人才潜力和网络、广播、通信等传媒潜力数据库，每年组织更新，完成政治动员潜力调查与评估。

【交通战备保障能力得到加强】 2010年，新建滨海公路银滩支线，改建北海大道，修复被台风损毁的涠洲岛环岛战备公路；完成斜阳岛300吨级客货码头、合浦至石头埠国防战备公路、涠洲岛环岛战备公路三期工程建设的立项审批工作。组织北海市运力动员潜力统计数据库的建设；完善民用海上船舶、沿海港口基础设施和公路平板车动员潜力调查，准确掌握了全市海上运输船舶和公路货运挂车的数量、种类及分布等情况；研究调整全市三级交通重点保障目标，修订北海市战时交通保障计划。突出抓好国防交通专业保障队伍建设，组织开展抢修抢建、抢装抢运、应急通讯、应急救援等演练，提高交通专业保障队伍的综合保障能力。

【国民经济动员能力不断增强】 2010年，结合经济建设，重点抓军民兼容和战备物质储备工作的落实。深入开展国民经济潜力调查，重点调查物资仓储、交通运输、通信设施、医疗卫生、工业、食品、油料、建筑、维修等方面，准确掌握全市人力、物力、科技资源的数量质量及分布情况。根据上级要求，精心筹划，严密组织，完善北海市国民经济动员预案，落实动员任务，明确保障措施，实现综合预案与行业、企业预案衔接，需求与保障一致，提高预案的编制质量。

【科技、信息动员建设有新进展】 2010年，开展科技动员潜力调查，摸清全市科技资源的种类、数量质量和分布情况；制定完善科技应急动员方案，成立新技术研究和情报分队、新科技装备维修分队、装备保障和军品攻关分队等3支科技保障队伍。开展信息动员潜力调查，制定信息应急方案，完成市本级的国防动员指挥信息系统9条专线建设，实现市本级各专业办之间、市与县之间、市国动委与自治区国动委之间的专网互联，为战时实施快速动员打下良好基础。

【参建参治作用取得明显成效】 一是承担战备执勤和各种保障任务。2010年，北海市先后出动民兵应急分队3000余人次，圆满完成上级领导视察北海、保障参演部队过境等任务，受到上级领导的好评。二是组织民兵参与社会综合治理、治安巡防和情报搜集等行动，为维护社会稳定发挥了重要作用。2010年，共出动治安巡防1000余人次，协助公安机关破案10多起，抓获各类犯罪嫌疑人20余名，搜集情报20余份，有6条有价值的信息被广西军区采用。三是组织民兵参加属地城乡清洁工程建设、重点工程建设和扶贫帮困等公益活动，特别是协助政府拆除违规建筑，民兵队伍完成任务较好。四是在急难险重任务中发挥突击队作用。2010年，北海市共出动民兵800余人次参与抢险救灾工作，封堵

溃堤300余米，转移群众1000余人，救助渔船10余艘，抢运群众财产500多万元。（陈同生　沈见阳）

武警北海市支队

【**概况**】 2010年，武警北海市支队紧紧围绕“三个坚持”，振奋精神，真抓实干，坚持不懈地扎实抓经常打基础，坚定不移地扭住依法从严治警不放松，坚决转变作风聚精会神抓落实，支队建设保持了稳中有进的良好发展势头。支队被武警总部连续八年评为预防事故案件先进单位，一中队、合浦县中队被总队评为基层建设先进中队。

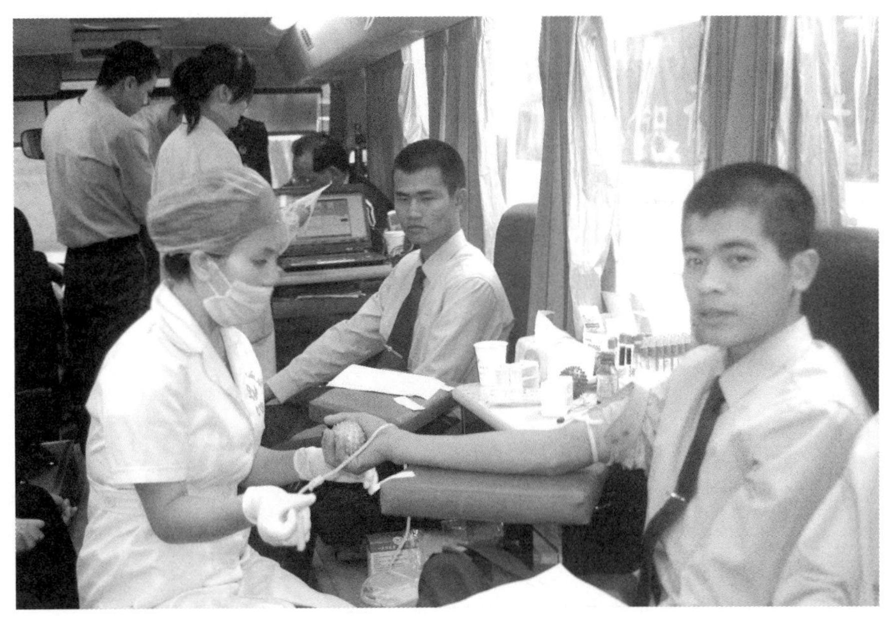

官兵们踊跃无偿献血　　武警支队　供

【**强化自身建设**】 始终把讲政治把方向作为支队党委的首要任务，抓好理论武装。严格落实党委中心组带机关学习制度，在学好“两个读本”（《军队高中级干部理论学习读本》、《中国特色社会主义理论体系基层读本》）和“两本选编”（《国防和军队建设贯彻落实科学发展观重要论述选编》、《胡锦涛关于武警部队建设重要指示选编》）的基础上，重点对科学发展观、“建设学习型党委机关，争做学习型领导干部”专题学习教育等内容进行了通读精学。运用“坐下来学理论，请进来搞宣讲，走出去看变化”等方法，提高理论学习成效。党委成员全年累计下部队宣讲、利用电视会议系统上大课16场次。结合课题牵引，全年党委成员和机关干部共撰写调研文章112篇。

搞好班子团结　2010年，支队党委班子调整面比较大，班子坚持以追求和谐为最高境界，以共进共赢为目标，以心态调整为抓手，引导班子成员用“和而不同”、“求同存异”的和谐思维处理和化解班子成员中的不同见解。

提高决策质量　系统学习《关于民主集中制论述选编》、《党委工作条例》，党委班子按法规制度办事的自觉性进一步增强。坚持走“大事必上会、议事先议政、决策后公示、分工抓落实、失误敢纠错”的路子，做到重大问题问计于兵、敏感问题公示于兵、难点问题借智于兵。对于专业性、技术性强的重大问题，及时请专家进行咨询论证，党委决策更趋民主，更趋科学。

突出风气建设　坚持以公开求公正，以公正促风气。严格落实党务、政务公开，设立队务公开栏、民主监督箱和意见簿，开通举报电话和网上首长信箱，凡不涉及秘密的事项，都要广泛征求意见。在处理士兵学技术、选改士官、考学提干、入党、立功受奖等敏感问题上，坚持自下而上民主推荐，严格程序，将名额指标一次性分配到基层，不留机动，实行指标、条件、程序、结果公开，进一步营造了风清气正的政治生态环境。2010年，选送预提指挥士官集训和技术学兵41人、发展党员33人，考学11人，官兵普遍满意。9月，武警总队党委巡视组到支队巡视时，对支队风气建设给予了高度评价。

提高官兵思想政治素质　扎实抓好主题教育。按照“支队上大课、中队上小课、班排抓讨论、个人抓读书、全员受教育”的路子抓教育，支队《用“小课”消化大课、确保教育末端不踩空》的经验做法被总队推广。广泛开展“我的哨位党放心”、“向灾区人民献爱心”等主题实践活动，有效深化了“三个认同”（理论认同、政治认同、感情认同）。深入开展每周“五个一”（上好一堂教育课、唱响一首革命歌曲、观看一部红色影视片、精读一篇优秀文章、抄诵一条名言警句）活动，持续开展“三观”（政绩观、进步观、责任观）、“三个正确看待”（正确看待形势、正确看待进步、正确看待压力）、“培育健康婚恋新风尚”等教育，引导官兵知法守纪，知恩图报，知责而为，知本奉献。全年为官兵解决涉法问题1起，有效转化个别人4名。投入专项经费3.2万元，为8名特困干部发放了救济经费。集中举办了1期保卫委员、心理工作骨干、思想工作骨干集训，提高了“三支队伍”开展工作的能力。

提高官兵军事能力素质　一是抓好勤务教育。深刻汲取1997年7月2日北海市看守所在押人员脱逃事件教训，在监墙逃跑位置悬挂警示牌。同时，结合驻地社会治安形势抓好警惕性教育，增强官兵哨位阵地意识和自警意识。二是抓好军事训练。把军事训练作为经常性工作常抓不懈，以《大纲》为依据，以提高执勤能力为核心，突出训练的针对性、实战性。8月，支队以参加总队“卫士-10”演习为契机，抽调官兵140人前后三次进行处突演练，有效提高了部队快速反应和执行任务能力。三是抓好正规组勤。坚持每月对执勤隐患整治情况回头看一遍，每季召开“议中心”会议，每半年进行集中排查整治，积极开展“三共”、“三个一遍”活动，固定目标绝对安全。8月，北海市禾塘新村发生了大规模传销人员聚众闹事事件，支队领导率部队第一时间赶到事发现场，为迅速平息事态赢得了主动，得到副市长、公安局长周原生的称赞。

【推进部队安全发展】 牢固树立安全工作是“第一核心竞争力”的思想，推进部队安全发展。针对不同时期，扎实开展“治三松、严纪律、保安全”，“明职责、守纪律、树形象”，“刹酗酒、守纪律、树形象”专项教育整顿以及“条令学习暨安全宣传教育月”活动，及时将2名要求不严的士官驾驶员调离岗位，共消除各类安全隐患13项，总队检查组对支队安全工作给予了充分肯定。逐级签订保密责任书，投入2万余元购买手机存放柜、电磁信号干扰器等保密设备，筑牢技术防线。对涉密文件和存储介质日清月结，集中保管，全年部队没发生政治性事件和失泄密现象。落实新条令和总队《安全工作群防联控机制实施意见》，在部队、社会、家庭建立“三位一体”管控机制，及时发现和消除漏洞。

【基层建设稳步推进】 坚持工作重心下移，把精力、物力、财力向抓基层打基础上聚焦。年初，在配齐配强干部的基础上，分批对基层党支部逐个考察帮建，突出解决个性问题，做到一队一案、一队一策。2010年，支队共派出4批工作组、56人次进行帮建指导，党支部建设普遍得到加强。2010年，完成了警勤中队、机关办公楼防水工程建设、集资房大门改造、合浦县中队营院“四化”（绿化、亮化、美化、文化）工程。

【保障能力不断提升】 投入10.2万元对车辆、船艇进行了全面检修维护，充实了一批战备物资，先后3次协同司令部进行机关带机动分队的实兵拉动演练，提高了后勤应急保障能力。投入1.6万元为全体干部进行体检，投入2.2万元充实基层药品储备，卫生队坚持每周下队巡诊，送医送药到一线。一中队、三中队和合浦县中队因地制宜发展种养，全年出栏猪46头，种菜36500斤，创收9.2万元。严格落实“双主食”、“分餐制”，官兵对伙食的满意率达95%以上。以参加总队举行后勤专业技能比武暨后勤保障综合演练为契机，大抓后勤人员业务培训，先后组织司务长、炊事员、军械保管员、医生、卫生员、驾驶员进行业务培训，各类后勤专业人员的素质明显提高，在总队后勤专业技能比武中，卫勤和军需比赛分别取得全总队第三名、第六名的好成绩。

【圆满完成中央首长视察北海期间一级警卫勤务】 2月17～18日，中共中央政治局常委、全国政协主席贾庆林在自治区党委书记、自治区人大常委会主任郭声琨的陪同下到北海视察工作。根据自治区党委、政府和公安厅的统一部署，支队出动160名官兵，圆满完成了中央首长视察北海期间的住地警卫、专机警卫和机动备勤的一级警卫勤务。

【成功抓捕破坏生产经营案犯罪嫌疑人】 6月13日，支队派出50名官兵担负北海公安局对组织破坏生产经营案10名主犯实施抓捕行动，抓获了10名犯罪嫌疑人，得到驻地政府、公安机关和人民群众的广泛赞誉。

【圆满完成三起临时警卫勤务】 6月16日，2010《大海湾·端午情》歌舞晚会在北海市区海景大道举行，支队派出50名官兵担负演出现场外围安全警戒和机动备勤；8月25～28日，中越青年“大联欢”在北海银滩公园举行，支队派出50名官兵担负活动现场备勤；9月29日至10月2日，“嘉福杯”北部湾城市形象大使总决赛颁奖晚会在银滩公园

植树造林，为珠城增添新绿　　　武警支队　供

支队官兵圆满完成“嘉福杯”北部湾城市形象大使总决赛颁奖晚会现场安保任务　　武警支队　供

举行，支队派出100名官兵担负活动现场安全警戒和机动备勤任务，圆满完成了各活动的安全保卫和机动备勤任务。

【圆满完成北海市“两会一节”安保任务】 8月11～15日，支队出动198名官兵，圆满完成了“第五届北海国际海滩旅游文化节暨世界比基尼小姐大赛总决赛、泛北部湾区域经济合作论坛和少数民族自治区城市市长联席会议”现场警卫勤务。

【完成亚运会环粤安保任务】 10月25日至12月30日，支队派出145名官兵在山口桂海检查站担负设卡防控任务，每天派出一中队20名兵力担负城市武装巡逻任务。

（何方礼　谢兴平）

人民防空

【概况】 2010年11月，北海市实施机构改革，将北海市人民防空办公室由议事协调机构的常设办事机构调整为在北海市住房和城乡建设局挂牌机构，但运行机制不变。2010年，市人民防空办公室内设人事秘书科、工程科、通信指挥科、财务平战科；行政编制8名、后勤服务编制1名；实有行政编制11人，后勤服务编制1人。直属事业单位有北海市人防指挥信息保障中心（2010年调整为工作人员参照公务员管理的“参公”单位）、北海市人防工程管理处。2010年，市人民防空办公室开展了“创先争优”活动、“党组织建设年”活动。全面推进机关党的思想、组织、作风、制度和反腐倡廉建设，提高机关党的建设科学化水平。以“结对共建，先锋同行”、“五个一”活动为载体，不断增强服务基层、服务群众的能力，不断提高工作质量和办事效率，为实现北海三年跨越式发展目标服务、为北海人防建设事业的科学发展提供坚强的组织保证。

支队官兵担负城市武装巡逻任务　　武警支队　供

【指挥通信】

巩固和完善疏散基地建设　2010年，市人民防空办公室按照年度工作计划，会同海城区、合浦县、铁山港区政府、人武部等有关单位，对人口疏散基地不断巩固完善，经自治区人防办组织检查，基本达到要求。全市所有重要经济目标均落实防护责任单位。

开展人防专业队实兵演练　2010年，市人民防空办公室按自治区人防办要求举行代号为“桂防-10”防灾害事故应急救援专业队演习，达到预期的效果，得到自治区人防办领导的好评，为战时开展防空袭斗争和平时开展防灾救灾工作积累了实践经验。

加强防空警报系统建设　2010年，市人民防空办公室新增多台警报器，使全市警报器布局合理。9月18日依法组织防空警报试鸣，鸣响率达100%，城区音响覆盖率达95%

以上。

【工程建设】 2010年，市人民防空办公室贯彻执行《人民防空法》、《广西壮族自治区实施〈人民防空法〉办法》以及广州军区关于结合民用建筑修建防空地下室的有关规定，依法加强人防工程设施的建设和管理，加强人防工程易地建设费的征收工作。抓好人防地面指挥中心建设的前期准备工作，于12月确定了招标投标代理公司；全年共审批包括易地建设项目在内的多项报建项目；按规定征收防空地下室易地建设费；维护管理早期人防工事，完成自治区人防办下达的维护管理任务。

【行政执法】 根据《人民防空行政执法规定》和《自治区人民防空行政执法办法》，2010年市人民防空办公室结合北海实际，依法开展人防执法监察工作，建立行政执法案件报告制度，在12月20日前按时报送行政执法总结和行政机关具体行政行为统计表。根据自治区人防办关于5000平方米以上规模防空地下室的大项目由自治区人防办审批的规定，开展上门服务，陪同投资者到自治区人防办办理审批手续和协助投资者办理审批项目多项。全年查处违法案件26宗，结案率达100%。

【人防宣传】 2010年，市人民防空办公室按自治区人防办要求制定人防宣传计划，落实专人负责，经费落实到位，结合具体工作抓好人防宣传工作。一是开展"庆祝新中国人民防空创立60周年" 大型宣传活动。二是结合9月18日的防空警报试鸣工作开展人防宣传。在宣传活动中举办广场大型"关注人民防空，建设和谐家园"文艺演出、建设人防宣传一条街、开展人防宣传进社区、进学校、进机关活动，在《北海日报》、北海电视台、北海广播电台、《北海广播电视报》开设"人防宣传专栏"、"人防征文"活动。通过《广西日报》、《北海日报》、北海电视台、北海广播电台等新闻媒体，向社会开展人防法律法规和人防知识的宣传普及教育，营造良好的社会环境。与北海市教育局协调安排全市初级中学的人防知识教育课程，在全市多所初级中学学生中开展人防知识教育，在学期末考核中，95%的学生取得优秀成绩，合格率为100%。 （戚贤宙）

工　　业

综　　述

【概况】 2010年，北海市工业紧紧围绕"保增长、保民生、保稳定，保持和扩大经济社会发展良好势头"的总体目标，认真贯彻落实《国务院关于进一步促进广西经济社会发展的若干意见》和《自治区党委　自治区人民政府关于做大做强做优我区工业的决定》等决策部署，把"创先争优"活动与"服务企业年"、"项目建设年"、"工作落实年"活动有机结合起来，实施"五个非常"、"简化、贴息、减免、奖补、促销"五项措施，坚持以投资拉动为主线，以项目建设为龙头，全面超额完成了北海市工业"三年跨越发展工程"头一年的工作目标，开创了做大做强做优北海市工业的新局面。2007~2010年北海市连续四年获得广西工业发展争先创优先进单位一等奖。

2010年，北海市工业总产值444.47亿元，其中规模工业总产值完成365.9亿元，比增57.7%，产值增幅全自治区排名第二；规模工业增加值完成115.3亿元，比增42.1%，工业增加值增幅全自治区排名第一；规模企业实现利润总额10.9亿元，比增54.19%；培育新增规模企业48家；产值超亿元企业53家，其中新增15家。效益和速度同步增长，实现又好又快发展目标。

2010年，全市共实施271项技改投资项目，完成工业投资200.3亿元，比增42.5%；技术改造投资156.6亿元，制造业投资170.5亿元，工业投资增速和总量均创历史新高。

2010年，全市规模以上万元工业增加值能耗同比下降21.71%；全市8家重点用能企业完成节能量75173吨标准煤，完成全年目标任务的140.8%；全面完成自治区下达北海市淘汰落后水泥产能43.8万吨、淘汰落后造纸产能7.15万吨的任务。

【工业运行】 2010年，全市工业运行呈现以下特点：一是园区规模工业生产发展增速平稳，所占比重过7成。全市工业园区全年完成产值258.2亿元，比增82.9%；占全市规模以上工业产值比重为70.6%；新增产值117亿元，拉动全市规模以上工业50.4个百分点的增幅。二是市辖县、区整体工业生产增速平缓。一县三区全年规模以上工业共完成产值129.3亿元，比增24.4%，低于全市规模工业生产增速33.3个百分点，所占全市规模工业产值比重为35.3%；新增产值25.4亿元，拉动全市规模工业10.9个百分点的增幅；放缓的主要原因是占大比重的合浦县和海城区增速慢所致，两者分别占全市规模工业产值比重为20%和6.9%，增速分别是28.2%与6.7%；另外，铁山港区和银海区同比增速分别为34.9%和31.6%。三是亿元工业企业比重大、贡献突出。全市53家亿元以上工业企业全年共完成产值302.7亿元，比增58%，占规模以上工业产值比重为82.7%；新增产值111.1亿元，拉动全市规模以上工业47.9个百分点的增幅，对规模工业增长贡献率达83个百分点。四是新增企业对规模工业增长贡献率过5成、比重占2成。全市新增的规模工业企业达48家，全年共完成产值76.7亿元，占规模以上工业产值比重为21.0%；新增产值75.7亿元，拉动全市规模以上工业32.6个百分点的增幅，对规模工业增长贡献率达56.6个百分点。五是各主要行业生产趋势平稳，电子信息制造业继续占据主导地位。全市7个主要行业生产增速继续保持上扬。全市电子信息产业完成现价产值187亿元，同比增长88.3%，其中：电子信息制造业完成现价产值149.7亿元，同比增长116.9%；占全市规模以上工业比重40.9%，新增产值80.7亿元，拉动全市规模以上工业34.8个百分点的增幅。

【工业项目】 2010年，北海市工业

2010年3月9～10日，自治区工信委主任束华（左三）率调研组到北海市开展调研活动　　市工信委　供

积极推进实施重大项目建设。

一是石化项目。按照市委市政府部署，各部门全力配合中石化集团，加快北海炼油异地改造石油化工项目的设计、施工和人员培训，确保项目按期建成投产。

二是中国电子北海产业园。确保二期14万平方米厂房投入使用，形成集聚效应。

2010年，北海市继续加大打造核心产业力度，通过石油化工、电子信息两个支柱产业带动，扩大工业总量，推动结构调整，进一步强化工业主导地位。编制石化产业发展规划，开展石化配套产业招商，延长石化产业链，为建造北部湾石化产业基地夯实基础。编制电子信息产业发展规划，强力推进计算机、电子元器件、通信设备、LED照明和光伏设备生产以及配套项目招商，带动上下游产业链的不断延长，把电子信息产业打造成为北海可持续发展的重要支柱产业。

【节能减排】 2010年，是“十一五”最后一年，工业节能降耗目标是政治任务和刚性约束性指标，必须不折不扣地完成。北海市积极应对由于经济复苏引发国投北部湾发电有限公司等企业综合能源消费量大幅增长的不利局面，研究制订有效办法，采取有效调控措施，取得显著的工业节能降耗效果。

2010年，列入淘汰计划的11家造纸企业和3家水泥企业已按时间、按标准要求拆除了相关落后生产线或设备，完成自治区下达北海市的淘汰落后产能工作任务。按照自治区的统一部署，于2010年9月10日前完成淘汰落后造纸产能7.15万吨（11家小造纸企业，分别是合浦常乐春光纸厂0.45万吨、合浦县石湾天惠纸业有限公司1.2万吨、合浦县福利油毡纸厂0.9万吨、合浦县公馆新华纸厂0.3万吨、合浦英业造纸有限公司2.5万吨、公馆长兴纸厂0.3万吨、公馆造纸厂0.3万吨、周国金造纸厂0.3万吨、合浦金华造纸厂0.3万吨、公馆廖烈强纸厂0.3万吨、公馆大山纸厂0.3万吨）和淘汰落后水泥产能43.8万吨（3家水泥企业，分别为北海市银岭水泥厂30万吨、合浦县盛源水泥厂8.8万吨、广西合浦广源水泥厂5万吨），并通过了自治区检查组的核查。此外，对未列入自治区淘汰计划的3家酒精生产企业进行了淘汰，拆除了3家酒精生产企业的生产线和设备。

“十一五”期间，北海市淘汰火力发电厂2家（公馆火电厂、北海柴油机发电厂），关停制糖企业自备发电机组1套，共淘汰落后小火电5.08万千瓦；淘汰8家落后水泥厂生产线，淘汰落后水泥生产能力75.4万吨；淘汰13条落后造纸生产线，淘汰落后造纸产能10.25万吨。

2010年，北海市列入自治区财政奖励项目共8项，其中6项获得自治区财政奖励资金，共获自治区财政奖励资金506万元。获得自治区财政奖励的项目合计完成节能量5.54万吨标准煤，完成投资15686万元，截止12月底，广西合浦西场永鑫糖业有限公司节能技改项目和北海东红制革有限公司锅炉综合改造项目、热磨预蒸煮、热磨系统及电机变频节能技术改造项目等已基本完成；广西华劲集团股份有限公司北海糖业分公司锅炉节能技改项目、北海市康健陶瓷厂窑炉技术改造项目、广西合浦县伟恒糖业有限公司能量系统优化技术改造项目也基本按原计划完成。

2010年完成推广高效节能照明产品11.5万只，完成目标任务的115%。

【主要举措】 2010年北海市工业继续以做大做强做优北海市工业为主线，紧紧围绕“三年跨越发展工程”核心任务，做好以下措施：

一是加大培育壮大主要产业和重点企业力度，确保工业运行平稳。对企业监控数据实现了按旬分析预测，使工业各项数据更加及时、准确。

二是加大重点企业协调力度。针对亿元以上企业发展存在的资金短缺问题，加强对重点企业的协调，提高企业自身抗风险能力和面临突发市场变化的能力。

三是紧抓重大项目建设和技术

2010 年 8 月 11～13 日,2010 年北海国际南珠文化展览会暨南珠精品交易会现场 市工信委 供

改造,大力优化经济结构。积极争取项目扶持资金。2010 年北海市共有 7 家企业(项目)获得自治区技改及"两化融合"资金共 1800 万元,21 家企业获得自治区产业转移资金 231.59 万元。北海市从产业发展专项资金中安排 1810 万元奖励 9 家龙头企业。

四是积极推进园区建设，加强产业发展承载能力。

五是制定落实工业和信息化扶持政策,着力优化产业发展环境。

制糖工业

【概况】 2010 年，全市有西场永鑫糖业有限公司、北海华劲糖业有限公司、广西农垦集团星星糖业有限公司、伟恒糖业有限公司 4 家制糖企业,其中:北海华劲糖业有限公司是广西华劲集团股份有限公司于 2010 年 7 月以华劲集团北海糖业分公司的资产注册成立的全资子公司，并于 2010 年 9 月至 2011 年 1 月分三次把股份转让给中粮集团有限公司，成为中粮集团有限公司 100%控股的法人独资有限责任公司。至年底，北海华劲糖业有限公司、广西农垦集团星星糖业有限公司、伟恒糖业有限公司为国有企业,西场永鑫糖业有限公司为民营企业。2010～2011 年榨季,从北海华劲糖业有限公司于 2010 年 11 月 13 日率先开榨，至 2011 年 3 月 23 日伟恒糖业有限公司最后收榨，历时 131 天。全市 4 家制糖企业累计榨蔗量 191.21 万吨，产糖量 21.66 万吨,入榨量与产糖量与上榨季基本持平。

【蔗区管理】 2010～2011 年榨季,北海市甘蔗种植面积 3.62 万公顷,榨蔗量 191.21 万吨，与上榨季基本持平。2010 年糖价连续创新高,糖价达到 7000 元/吨以上，企业对糖价走势异常关注。高糖价为企业增加收入打下了良好基础，收购糖料蔗价格的提高，使农民种植甘蔗有了更好收益，甘蔗种植处于相对优势地位，提高了农民种植的积极性。2010～2011 年榨季工作的重点和难点是维护好蔗区秩序，市政府高度重视蔗区秩序管理，为了防止糖料蔗不外流或少外流，市糖业主管部门制定了措施，严格维护好蔗区秩序,防止"外流内乱",与交通执法部门联合加大打击违规跨区抬价抢购糖料蔗的力度，保证糖业又好又快发展。

【企业自律】 2010～2011 年榨季继续完善《制糖企业自律公约》,强化企业自律。2010 年 11 月 12 日,全市 2010～2011 年榨季工作会议召开，会上在市制糖工业协会的倡导下,4 家制糖企业本着自愿、公平原则签订了 2010～2011 年榨季《自律公约》。严格实施新榨季《自律公约实施细则》,成立了由协会牵头,各有关部门和签约企业派人参加的联合检查组，对企业遵守自律公约条款的情况进行检查监督，确保北海市制糖企业有序竞争,为避免"内乱"起到了积极的作用。 （周 坚）

饲料工业

【饲料生产】 2010 年，北海市通过年度备案的配合饲料厂 16 家,鱼粉厂 8 家,饲料添加剂预混料厂 1 家。其中，合浦县有配合饲料厂 13 家、鱼粉厂 1 家;海城区有配合饲料厂 3 家,鱼粉厂 2 家;饲料添加剂预混合饲料厂 1 家;银海区有鱼粉厂 5 家。2010 年，北海市配合饲料厂生产企业年班产能力 33 万吨,鱼粉厂生产企业年班产能力 3 万吨。饲料品种主要有两大类：一类是水产养殖饲料(对虾饲料、罗非鱼饲料等),二类是畜禽养殖饲料(猪饲料、鸡饲料、鸭饲料等)。2010 年,全市生产饲料 273663.99 吨，比上年同期减 13.65%，生产饲料添加剂预混合饲料 1540.35 吨，比上年同期减 52.49%,生产鱼粉 22647.48 吨,比上年同期增 33.44%。

【饲料安全监管】

饲料生产企业审查合格证备案工作 2010 年，市水产畜牧局宣传贯彻自治区水产畜牧兽医局《关于开展2010年度饲料生产企业审查合格证备案工作的通知》精神，统一审查尺度，严格审查企业设立条件，强化服务意识，做好饲料生产企业(配合饲料、浓缩饲料)审查合格证的备案。对已取得饲料生产审查合格证的企业实行不定期的检查，对检查中发现的问题及时提出整改意见，督促企业继续完善生产条件和质量保证体系，保证和提高饲料产品质量。

开展饲料执法专项整治　一是加强组织领导。成立北海市饲料产品质量安全整治工作领导小组。下设办公室具体组织和协调有关单位以及县区水产畜牧兽医部门；二是制定工作方案，有计划步骤开展工作。根据自治区和市政府的要求，结合具体情况，制定《北海市打击水产畜牧产品中违法添加非食用物质和滥用食品添加剂专项整顿工作案》下发县区和有关单位实施；三是积极开展产品抽检工作。结合自治区饲料年度监测计划的要求，开展产品抽检工作。2010年共抽取饲料产品41份送检，检测合格率均达100%；四是开展对企业告知和承诺活动。在加强检查和查处违规行为的同时，开展对生产、经营、养殖企业告知和承诺活动，要求企业按规定承诺：不得生产、销售、使用违禁饲料和饲料添加剂。统一印发《致养殖场(户)告知书》、《致饲料生产、销售企业(户)告知书》、《关于禁止销售和使用瘦肉精等违禁药物告知书》发放到生产、经营企业和养殖户手上，并与企业签订《北海市饲料生产经营企业产品质量安全生产承诺书》、《养殖企业(户)安全使用饲料承诺书》、《饲料销售经营企业（户）承诺书》等150份；五是加强检查，强化整改。组织人员对重点产品、重点区域、重点单位开展突击检查。全年共出动执法人员112人次，出动督查人员261人次，检查饲料生产、销售企业（门店)384个次，兽药店250个次，发出整改通知书20份。

（傅仁东）

石油化工

【概况】 中国石油化工股份有限公司北海分公司（以下简称中国石化北海分公司）位于北海市铁山港4号路西侧，距北海市区近50千米，是中国石油化工股份有限公司的一家直属企业。

中国石化北海分公司原名北海综合化工厂，1989年由广西信托投资公司、中海油南海西部石油公司、北海国际信托投资公司3家单位共同投资兴建，1991年5月建成投产。1993年1月，北海综合化工厂产权转让给原中国石油天然气总公司滇黔桂石油勘探局，更名为滇黔桂石油勘探局北海石油化工厂。1998年5月国务院对石油行业进行战略重组，北海石油化工厂随滇黔桂石油勘探局划到中国石化集团公司，2002年7月北海石油化工厂从滇黔桂石油勘探局剥离，划归中国石油化工股份有限公司直接管理，更名为“中国石油化工股份有限公司北海分公司”。

2009年7月，中国石化成立了北海炼油异地改造石化项目筹备组，开始筹建北海炼油异地改造石化(20万吨/年聚丙烯)项目。该项目是中国石化和自治区为落实党中央、国务院西部大开发战略，加快北部湾经济区发展规划的重要举措；是中国石化布局西南地区大型石油化工基地，实现资源优化和合理布局的重要战略部署。2010年4月1日，北海分公司装置全面停产，人员全体并入项目筹备组。

【北海炼油异地改造石化(20万吨/年聚丙烯)项目建设】 项目总投资为66亿多元，共建设聚丙烯装置、硫磺回收装置、原料预处理装置等10套装置，计划2011年9月建成投产。项目投产后预计实现销售收入218亿元、利润约11亿元、税收64亿元。2010年3月3日，北海炼油异地改造石化(20万吨/年聚丙烯)项目土建开工。12月20日，以焦炭塔吊装顺利就位为标志，北海炼油异地改造石油化工（20万吨/年聚丙烯)项目进入全面设备安装阶段。截止2010年底，项目设计工作全面进入收尾，按统筹计划和现场施工需求基本完成设备订货工作，现场施工全面转入设备安装阶段，整体进度处于受控状态。2010年，共完成固定资产投资22.06亿元，为中石化总部下达年度投资计划的100.25%。

（覃辉平）

电力工业

广西电网公司北海供电局

【概况】 广西电网公司北海供电局负责规划、建设和经营管理北海电网，确保北海市一县三区的电力供应。截止2010年底，北海电网最高电压等级为220千伏，拥有平阳、冲口、墩海和铁山共4座220千伏变电站，主变6台，容量810兆伏安；拥有海角、高德、银滩、沙湾、翁山、合浦、三塘、星岛湖、苏屋、乾江、群和11座110千伏变电站，主变20台，容量为799兆伏安，110千伏及以上变电站已全部实现无人值守；35千伏变电站7座，容量45.9兆伏安。网区所辖110千伏及以上线路688.22千米，其中，220千伏线路9回共391.87千米；所辖110千伏线路18回，线路总长约296.35千米。110千伏输电网络采用环网建设，开环运行。35千伏线路8回，共144.43千米。10千伏线路112条，共1499.59千米；电缆232.22千米。

2010年，面对复杂多变的经济

环境，北海供电局以安全为生命线，着力服务“北海三年跨越发展工程”，围绕“保安全、优电网、添绿色、强基础、重和谐”五个关键，大力倡导“责任、制度、效率、创新、和谐”理念，全局上下同心协力，统筹推进各项工作并取得了明显成效。保持了安全生产总体平稳的态势。2010 年完成售电量 20.26 亿千瓦时，同比增长 18.06%；实现上缴税金 6398.31 万元，同比增长 -13.74%(因税率降低而税金减少)。城市供电可靠率 RS1:99.87%；电压合格率 99.89%；城市居民端电压合格率 99.55%。线损率完成 4.81%，同比下降 0.07 个百分点。截至 2010 年底，北海网区（含合浦）总运行户数达户 44.7 万户，容量为 292.9 千伏安，趸售用户 1 户(合浦县)。

2010 年北海网区(含合浦)全社会用电量 214625.85 万千瓦时，同比增长 17.33%。其中：第一产业用电为 14615.36 万千瓦时，同比增长 16.63%；第二产业用电量为 89369.18 万千瓦时，同比增长 19.50%；第三产业用电量为 45046.8 万千瓦时，同比增长 17.13%；城乡居民用电量为 65594.51 万千瓦时，同比增长 14.77%(其中，城市居民用电量为 44387.687 万千瓦时，同比增长 15.14%；农村居民用电量为 21206.82 万千瓦时，同比增长 14.00%)。

2010 年，北海供电局荣获“全国厂务公开民主管理工作先进单位”、“南方电网公司先进基层党组织”、“广西学习型组织先进单位”、“广西百家模范职工之家”、“广西电网公司先进单位”、“广西电网公司优秀思想政治工作单位”等多项荣誉。

【电力供应与优质服务】 2010 年，面对复杂困难的电力供需形势和艰巨的节能减排电力调控任务，北海供电局迎难而上，保障了电力的有序供应，各项经营指标完成情况良好，售电量突破了 20 亿千瓦时的大关。2010 年北海电网最高负荷 41.4 万千瓦，同比增长 24.77%，10 次创历史新高；平均负荷 24.51 万千瓦，同比增长 19.42%；日供电量 8 次创历史新高，突破 800 万千瓦时，达到 849.15 万千瓦时，与 2009 年最大日供电量相比增长 16.12%。2010 年组队参加南方电网公司第四届“万家灯火，南网情深”杯优质服务技能竞赛并获团体三等奖。

服务北海跨越发展　针对北海市实施三年跨越发展工程，对中石化炼油异地改造、诚德镍业等重大项目建立了跟踪服务机制，提前介入了解供电需求，落实电网配套服务，在确保项目早日投产的同时，有效提高了北海电网的用电负荷。积极主动向市政府和广西电网公司汇报工作，配合公司与北海市政府签订《电动汽车充电设施建设框架协议》，推进了北海市新能源汽车的发展。

做好节能减排电力调控　为配合政府做好节能减排电力调控工作，北海供电局采取有力措施严控高耗能行业用电。10 月至 11 月，北海网区负荷比指标值低 4～5 万千瓦，电力调控力度到位，有力支持了北海实现“十一五”节能减排目标。

“无现金”缴费解难题　通过开展“轻松缴电费、开心赢礼品”活动等方式推广“无现金”缴费工作，重点宣传银行代扣、电费充值卡等无现金缴费方式，新增广东厅、旺盛厅两个营业厅，新增电费通网点 14 个，缓解了柜台收费压力，切实为客户解决“缴费难”问题。全年新增客户 3.35 万户，新增容量 288.2 兆伏安，同比增长 26.55%。

创新营销管理机制见成效　大力推进标准化、流程化、指标化的营销管理机制，开展营销指标态势分析，将年度营销目标任务按月进行细化并分解至各班组。实现平均应收电费余额由 2009 年末的 421 万元下降到 2010 年末的 160 万元。

稳步推进线损“四分”工作　建立健全“四分”制度和基础资料库，实现了线变、变户资料对应率均达 100%，加强线损分析和异常闭环管理，通过了南方电网公司线损“四分”管理网级达标验收。

建立综合停电管理机制　加强停电计划分析和协调，最大限度减少重复停电和临时停电，有效保证“一处停电，多处施工”的停电工作模式，实现停电效益最大化。同时，加强转供电管理，杜绝非配网结构原因导致用户停电。

开展带电作业工作　全年开展带电作业 98 次，减少停电 1.93 万时户数，多供电量 73.12 万千瓦时，供电可靠率提高 0.0743 个百分点。

【电网规划与建设】 2010 年北海供电局完成电网投资 2.39 亿元，其中 110 千伏及以上电网完成 1.52 亿元，配网完成 4800 万元，农网完成 1590 万元。竣工投产 8 个电网基建项目，新增主电网变压器容量 400 兆伏安，新增及改造电力线路长度 165.18 千米。输变电竣工投产规模及投产数量创历史之最（电网建设)。顺利启动 500 千伏变电站前期工作，为北海电网实现 500 千伏质的飞跃奠定基础。

政企合力促电网发展　紧紧依靠地方党委、政府开展工作，促进电网建设框架协议落到实处。“经济要发展，电力要先行”，北海电网建设得到市政府领导和相关部门的高度重视，电网建设纳入到北海市三年跨越发展的规划蓝图中，统筹安排，协同推进，构建起政策体系和政企合作常态化机制。同时，在地方政府和相关单位的协调帮助下，及时清理 220 千伏北冲线、北平线、冲平线走廊内危及安全的速生桉树林，解决了困扰电网安全的老大难问题，确保电网安全稳定运行和电力有效供应。

电网规划实现新跨越　编制了《北海"十二五"电网规划》、《北海网区"十二五"小型基建规划》,并且都通过广西电网公司审查；与北海市城规院合作编制完成《北海市铁山港工业园区电网规划（2010～2025)》，与北海市规划部门合作开展《电力专项规划》。通过参与土地利用规划、城市控制规划、市政规划等，将北海电网规划纳入到相应规划文本中，为今后电力建设项目的前期工作做足准备，为北海供电局"十二五"期间的输变电工程在城乡和土地利用总体规划中预留了建设用地和线路走廊。

推进项目建设获新突破　全年完成110千伏及以上送变电工程共7个,竣工投产5个。新增110千伏及以上变电容量40万千伏安,新增线路219.6千米。建成手拉手联络供电的10千伏配网结构,解决了市区长期以来无电源支撑和配网线路负荷难转的局面。完成核准220千伏红路岭送变电工程等项目4个,为2011年电网建设作好项目储备。

完善配网网架结构　全年安排配网建设资金4800万元,用于新建(改造）公用配变工程以及过负荷、影响主干线或支线安全的改造工程；在110千伏苏屋站与110千伏高德站、海角变之间建成手拉手联络供电的10千伏配网结构,更加完善了市区10千伏配网网架。

农网建设有序推进　完成农网工程投资1590万元,共74个项目,项目投运后，共有3268户1.6万人受益。完成农网技改大修项目资金215万元,改善了农村电网供电能力不足的困境。

【电网运行与安全生产】　2010年，北海供电局以开展"安全管理年"活动为契机，坚持不懈地抓好安全生产工作。完满完成亚运保供电等重大保供电任务，线损四分管理达网标，安全生产风险管理体系获得南网公司"两钻"评价,取得了2011年春节后安全知识考试全体员工全满分的好成绩。全年没有发生人身、电网、设备、火灾、交通事故,继2009年后，再次实现全年安全生产无事故，发生设备一类障碍7起。截至2010年12月31日，安全生产长周期为926日。

落实"六个更",夯实安全生产基础　认真落实广西电网公司提出的"六个更"要求(更强烈的安全意识、更浓厚的安全氛围、更细化的规章制度、更到位的管理方式、更严厉的处罚措施、更扎实的工作作风),一是抓制度，制定完善了安全生产责任、考核、激励、问责"四类"制度,形成职责明确、逐级负责的责任传递机制;二是抓教育,加大安全知识及技能培训力度，有效增强了员工的安全意识;三是抓落实,实行现场人员到岗到位标准，实现了管理重心下移,加强现场安全监督管理,确保"双十禁令"落到实处;四是抓文化,不断深化"以人为本"的安全文化建设,营造了浓厚的安全生产氛围。

推进体系建设和管理规范化　全面系统地推进和完善北海供电局安全生产风险管理体系，顺利通过外审,达"二钻"。全面推广了生产班组规范化管理工作，覆盖率、培训率、执行率均达100%。实现变电站运行管理标准化100%,输电线路运行管理标准化系统正式投运。

突出风险管控，增强应急能力　优化电网运行方案，制定完善电网风险控制措施，预警并成功化解了电网运行和新设备投运风险13次。滚动修编并组织演练11个预案方案,经受住了"康森"等4次热带风暴(强降雨)的考验。

全力保障重大活动和抗旱救灾的电力供应　调集精兵强将，圆满完成广州亚运(残)会保供电艰巨任务，得到亚组委会和南方电网公司的肯定。圆满完成第五届北海国际海滩旅游文化节、泛北部湾区域经济合作市长论坛、第二十四次少数民族自治区城市市长联席会议等重大活动的保供电工作。面对年初的旱情,为确保农业抽水灌溉用电,北海供电局筹措资金4.72万元，为旱区农业基地安装变压器，保障了抗旱救灾用电，得到了地方政府和群众的好评。

推进信息化建设，科技应用上水平　全力推进五大核心业务系统的建设和实施，不断完善综合数据网,做好信息化安全防护建设,信息化水平显著提升。全年完成公司和自行安排技改项目投资4896万元,大修项目投资1552万元,完成永磁直驱风力发电机的电网接入研究项目等3个科技项目,提高了企业在电网及设备管理方面的科技应用水平。

加强可靠性数据管理　建立配网GIS系统,实现10千伏配网中压数据与配网单线图同步更新,110千伏及以上设备数据在设备投运7天内更新，确保可靠性系统档案资料与实际一致。加强可靠性停电时间统计管理，停电时间统计通过了省级达标验收。

【创先争优与党建】　2010年北海供电局创造性推行了"学习促党建、制度保党建、活动兴党建、阵地宣党建"的"四位一体"的党建工作新模式,以党员"五讲一争先"为载体深入开展党建创先争优活动。获得"全国厂务公开民主管理工作先进单位"和"南方电网公司先进基层党组织"等荣誉称号。

深入开展创先争优活动　紧扣"创先争优强堡垒，科学发展促三好"主题,以"堡垒工程"为载体,深入推进"红旗党委"建设、抓好党支部规范化建设和党支部书记素质提升工程；加强学习型党组织建设,创新开展"快乐读书"活动,营造良好学习氛围；通过扎实推进党员"五讲一争先"活动,设置党支部安全生产委员、在基层班组建立党小组等方式,充分发挥党组织政治核心、战斗堡垒作用和党员先锋模范作用。

大力推进党风廉政建设　创新廉洁文化载体《海门清风》,在北海市党风建设暨宣教调研工作座谈会上,该刊物作为经验材料发放与会代表交流。率先引入"行贿犯罪档案查询"工作,效能监察项目获广西电网公司优秀奖,廉洁文化调研课题获南网三等奖,党廉责任制考核连续两年获得满分。

加强企业文化和精神文明建设　扎实开展文明系列创建活动和"深植南网文化,建设文明和谐电网"主题活动,提炼并推进"南珠文化"建设,实现了南网文化的落地和延伸,促进了企业和谐发展。发挥工会、共青团的纽带作用,充分调动广大干部员工工作积极性,为促进企业中心工作提供助力。

(李家宁　谢稍来)

国投北部湾发电有限公司

【概况】 2010年,在面临电力市场竞争激烈、煤炭成本居高不下、节能减排任务繁重、融资困难等巨大压力下,国投北部湾发电有限公司在北海市委、市政府的大力支持下,全面贯彻落实党的十七届五中全会精神,以科学发展观为指导,以全面建设安全、稳定发展企业为载体、以健全完善全面风险综合管理体系建设为契机、以进一步提高公司经营效益为目的,解放思想,开拓创新,进一步深化了公司各项生产经营管理工作,取得良好的生产经营业绩:全年完成发电量35.1亿千瓦时,上网电量32.7亿千瓦时,年度供电标准煤耗336.94克/千瓦时,同比下降0.8克/千瓦时,综合厂用电率6.76%。其中2010年3月份完成发电量45456万千瓦时,一季度完成发电量125403万千瓦时,均创公司机组投产以来的历史最高记录。全年实现利税0.589亿元;累计上缴税收5.45亿元。

2010年,该公司先后被评为广西100强企业71名,被国务院国资委授予"中央企业红旗班组"、获得"2009～2010年度国家开发投资公司(集团)年度财务报告编制工作先进单位"、"全国安康杯竞赛优胜企业"、"百佳模范职工小家"、"广西壮族自治区厂务公开先进单位"、"北海市劳动和谐企业先进单位"、"北海市职业卫生量化评审A级单位"等荣誉称号。

【安全管理】 2010年,国投北部湾发电有限公司围绕进一步加强安全生产工作问题,确立2010年安全生产总体工作思路,明确2010年安全生产的目标和指标,开展春季安全大检查、安全生产大检查、安全生产活动月、全面排查整治防台防汛隐患、设备隐患、人的行为隐患、管理隐患等安全治理活动,举办员工、承包商队伍综合管理体系知识竞赛、防台演练等多科目预案演习活动,提高人员安全意识,全年安全生产局面稳定。截止2010年底,国投北部湾发电有限公司两台机组实现连续安全生产1934天,2010年连续安全生产365天,未发生人身轻伤及以上事故、主要设备重大损坏事故、火灾事故及环境污染事故、交通事故以及一类障碍以上事故。全年实现3个"百日安全无事故"周期,为保障广西电网和南方电网安全稳定运行作出积极贡献。

【生产管理】 2010年,国投北部湾发电有限公司NOSA综合管理体系建设通过重新调整部分安健环区域代表及元素负责人,理清职责,详细规划安健环整改目标,重点发挥区域代表及定期巡查小组的作用等手段,进一步深化综合管理体系实施效果,并以综合评分92分的优异成绩,顺利通过NOSA"五星"复审,高质量保持了管理体系运行水平。

2010年国投北部湾发电有限公司完成了节能减排体系建设工作,自主编制《节能减排评价体系》,进一步规范公司节能减排工作的实施。节能减排工作得到了自治区节能技改财政奖励98万元。此外,公司通过机组A修,完成2号机组磨煤机衬瓦、凝结水泵变频改造、2号炉电除尘电控系统改造。大修后电除尘投入率达100%,出口含尘量达到国家新标准(50毫克/标准立方米);汽轮机热耗及汽耗、锅炉效率、脱硫效率得到了显著提高;磨煤机电流平均下降15安;电除尘节电率达到43%;凝结水泵节电率达到42%。

2010年4月2日国投北部湾发电有限公司顺利通过自治区清洁生产企业评审,成为自治区首家通过评审的电力企业,获得北海市经委奖励2万元。清洁生产工作开展共实施了52项无/低费方案、11项中/高费方案,其中可量化考核部分的资金投入1040万元。

2010年国投北部湾发电有限公司顺利通过能源审计。通过审计表明该公司单位产值能耗由2005年的7.55tce/万元降至2010年底的5.88tce/万元,共计实现节能量22万吨标准煤,"十一五"节能目标完成率已达到110%,超额完成"十一五"节能目标。

【经营管理】 2010年,国投北部湾发电有限公司根据董事会下达的各项财务指标,运用科学合理的成本分析与控制,认真测算,反复调整,编制了科学合理、操作性较强的公司年度财务预算,保证该公司全年经营费用开支科学合理。在成本控制上，坚持对燃料成本、资金成本、折旧分摊费用等重点成本，开展了重点控制和分析，及时把握趋势和动向。推行归口部门管理，将全面预算财务指标实行分解管理，认真分析指标完成情况，较好的控制了各项成本费用；在财务预算执行过程中，细化月度财务预算管理，实行预警机制，及时发现财务预算执行中存在的问题，对财务预算执行情况进行跟踪落实、控制，分析，保证预算执行落到实处。该公司全年实现营业收入123966万元。

【扩建工程】 随着中国—东盟自由贸易区建设的进一步推进和北部湾广西经济区不断加快开放开发，广西区经济发展将会迎来新的大发展。国投北部湾发电有限公司抓住机遇，全力推进二期扩建项目(2×660兆瓦机组)的建设工作。2010年，得到北海市人民政府、广西区发改委、广西电网公司等有关部门大力支持，二期扩建工程前期工作取得较好进展。

2010年，国投北部湾发电有限公司根据北海市铁山港临海工业区发展规划，争取并开展了北海市铁山港区热电联产项目前期工作。截止到年底，该项目初可工作已完成，并得到北海市发改委、自治区发改委的充分认可。

【企业文化】 2010年，国投北部湾发电有限公司的企业文化建设以国投集团的“为出资人、为社会、为员工”的“三为”企业宗旨为根本，对公司特色的“和·畅”(即劳动关系和谐，人际关系和谐；工作流程通畅，工作心情舒畅)企业文化，进行了全面整合与提炼，加强宣传引导，积极开展了各项文体活动，进一步深化企业文化建设，优化了企业外部环境，公司内部凝聚力得到大大提高，员工队伍表现出了积极向上的良好精神风貌。 （李勇猛）

二轻工业

【概况】 2010年，北海市二轻联社作为市政府直属事业单位进行了参公管理。主要职责是贯彻落实轻工产业发展政策，指导、协调二轻产业发展，服务全市轻工中小企业，促进工业经济发展。成员企业21家，涉及工艺美术品、橡胶制品、劳保用品、电器元件、烟花爆竹、木器家具和食品等产品的生产。年末从业人员1217人，全年完成工业总产值44958万元，工业销售产值完成44683万元，产品出口交货值43000万元，实现税金932万元。

2010年8月，自治区联社在北海召开现场会推介北海联社的工作；9月全国手工业总社在乌鲁木齐召开全国会议，北海联社被推选为全国5个大会发言单位之一进行了大会发言。

【解决企业民生安置】 2010年，北海市二轻联社紧紧围绕“民生、稳定、发展”的工作主线，把工作融入市委、市政府的工作大局中，结合二轻实际切实妥善解决好事关民生稳定的企业职工就业安置问题。2010年，联社筹措资金，创立“二轻企业大病救助基金”，实行临时性救助；创建了“二轻职工创业、企业发展扶持基金”，推动“下岗职工再就业”项目的实施，实施“二轻核桃工艺品”、“糕点制作”项目，解决了50名下岗职工就业；创建了“北海二轻企业就业培训服务中心”，为职工再就业提供劳动技术技能培训。

为解决企业职工安置问题，二轻联社自筹资金240万元，并向市政府申请返还土地出让金1749万元，顺利安置了北海市服装工业公司、北海市木器厂、北海市旅游用品公司共751名职工。争取财政等部门支持，落实专项资金228万元，及时解决了北海市糖饼厂、北海市商标厂两个困难企业182名退休职工医保问题。筹措资金100万元解决了历史遗留的78名无企业退休职工医保问题，彻底、妥善解决了二轻企业所有退休职工的医保问题。截止2010年，二轻系统下属16家企业已完成改制企业14家，共安置职工2807人。

【创新思路谋发展】 2010年，北海

2010年9月12日，“广西(北海)二轻企业工艺品展”开幕式现场

市二轻联社 供

百鸟朝凤　　　　市二轻联社　供

二轻联社党委开展“服务发展比贡献，唱兴二轻创一流”的创先争优主题活动，加强行业指导，服务轻工企业发展。制定实施《北海二轻联社2010～2012工作规划》、《北海二轻旅游工艺品发展规划》；开展“服务企业，结对共建”活动，协议共建企业80家，发展吸纳新成员企业11家，为20家企业免费制作信息网页上挂“北海二轻信息网站”；帮助5家企业建立工会，3家企业建立党组织，帮助培训员工295人；积极扶持、推动北海恒兴珠宝有限公司“贝雕技艺”申报非物质文化遗产保护，北海“贝雕技艺”于2010年5月被列入广西区非物质文化遗产保护名录。联社扶持开发的“二轻核桃工艺品”项目，荣获自治区旅游局授予“广西旅游商品基地”，二轻核桃工艺品先后参加全国全区的旅游工艺品展、文化产品精品展，均有作品获金奖或各种奖励。2010年9月策划并成功举办了“二轻工艺　美丽同行”为主题的“广西（北海）二轻企业工艺品展”，重点推介了北海贝雕、合浦角雕和二轻核桃工艺品。

（潘子明　钟志慧）

园区经济

广西北海工业园区

【概况】 广西北海工业园区成立于2001年8月22日,2003年3月24日,经广西壮族自治区人民政府批准为自治区级开发区;2005年12月8日,经国家发展改革委确认为全国第一批通过审核公告的省级开发区。

广西北海工业园区位于北海市区东北部,距市中心3千米,东接渝湛高速公路,西濒北部湾,海景大道、北海大道、西南大道、北海至铁山港大道等出入市区的主干道均贯穿园区,园区内还有香港路、澳门路、台湾路、吉林路和经五路等主要道路,市1路公交车在园区内有多个站点,交通十分便利。园区已开发的约15平方千米中心区,供水、供电和排污等基础配套设施一应俱全。园区各主要道路旁均有绿化带,园区内有七星江水库和龙头江水库,环境优美,是典型的绿色生态工业园。

2010年园区生产经营企业92家,其中长城电脑、景光科技等电子信息企业17家,贝因美、西河水产等食品加工企业11家,玉柴润滑油、东晟香料等能源和化工企业11家,启利新材料、华润混凝土等建材生产企业10家,福达汽车、科达威风机厂等机械制造企业9家,坤隆、陆顺等物流企业8家,振鸿纸业、弘业包装等印刷和包装企业7家,潮缘服饰、新盛纺织等纺织加工企业3家,国发制药、凯运药业等医药生产企业3家,其他金融等服务类企业13家。自中国电子北海产业园发展有限公司2007年5月落户北海以来,广西北海工业园区注重引进电子信息等高科技企业,其中2010年

2010年7月26日,由省委书记、省人大常委会主任卫留成(左五)和省长罗保铭(左四)率领的海南省党政考察团一行80多人抵达北海考察。自治区党委书记、自治区人大常委会主任郭声琨(右四),自治区主席马飚(右三),以及市委书记、市人大常委会主任王小东(右五),市长连友农(右二)陪同考察团考察北海电子信息产业发展情况　马继涛　摄

入驻园区的电子信息企业有8家。

全年园区累计完成工业总产值107.8亿元,同比增长77.98%,其中规模以上工业总产值完成100.03亿元,同比增长72.73%;完成固定资产投资68.15亿元,同比增长54.16%;上缴税金3.27亿元,同比增长80.3%;新增就业岗位2237个,同比增长16.39%;企业平均从业人数13864人,同比增长23.93%;外贸进出口1.84亿元,完成全年任务1.38亿元的133.33%;实现到位资金42.78亿元,完成全年任务38.4亿元的111.41%;外资到位资金4332.74万美元,完成全年任务2761万美元的156.93%。2010年园区工业总产值首次突破百亿元大关,成为广西北部湾经济区3个超百亿元园区之一。

【招商引资】 2010年,园区的招商工作得到了各级党委政府的高度重视,自治区党委书记、自治区人大常委会主任郭声琨在全区经济工作会议上对广西北海工业园区的工作进行了点评和指导,肯定了"以商招商"的模式,并就园区项目招商亲自作批示;自治区政府副主席陈武,自治区北部湾办常务副主任陈瑞贤,北海市委书记、市人大常委会主任王小东,市长连友农等领导多次带队前往长三角、珠三角联合招商,主持了多场中国电子北海产业园招商恳谈会,并亲自与有意向入驻的大企业商谈在北海的发展事宜。5月14~15日,自治区党委常委、自治区副主席陈武率团参加了北海工业园区承办的广西北部湾经济区(深圳)产业发展恳谈会。在考察活动中,园区与5家电子企业签订了计划总投资31.2亿元的合同或协议;12月26~27日,自治区党委常委、自治区副主席陈武率自治区北部湾办、自治区工信委、自治区财政厅负责人以及北海市委、市政府主要领导组成考察工作组,赴厦门对冠捷科技集团进行考察并就冠捷集团北海项目合作事宜进行洽谈,双方达成共识,签订了合作备忘录。

2010年,入园企业参与园区招商,形成了以商招商的创新模式,产业聚集明显加快。长城科技引来了冠捷科技,景光电子带来了六禾科技。产业的聚集、产能的扩大带动了广西陆顺物流的入驻,富士康集团国琏电子等一批企业也纷沓而至。2010年园区共引进项目(企业)38个,其中入驻中国电子北海产业园项目12家。项目计划总投资32.43亿元,其中投资额超亿元的项目6个,分别是:投资6亿元的北海六禾科技有限公司贴片项目,投资5亿元的北海中电兴发科技集团有限公司平安城市信息系统研发及产业化基地项目,投资4.5亿元的景光电子二期项目,投资2亿元的北海惠盛电子有限公司液晶电视生产项目,投资1.25亿元的北海宇能科技有限公司年产5万吨陶瓷金属耦合润滑油项目,投资1亿元的北海忠章科技标准厂房项目。

【项目建设】 2010年,园区进一步完善项目建设目标责任制和各项督促检查制度。按照一个项目、一名牵头领导、一个协调服务小组的"三个一"要求,以定人员、定责任、定时间、定进度的"四定"措施,全力推进项目建设。在具体落实措施的过程中,对园区240个项目一一进行了任务分解,编印发《园区班子成员及科室职能分工联系册》、《项目建设责任人通讯录》、《项目建设倒排表》到每个相关人员,便于项目业主与项目建设责任人的沟通和协调;在每个项目的显要位置设立了项目推进责任牌,将推进项目建设责任人的电话和职责在牌上公开,便于群众对项目推进工作的监督;印制了《项目跟踪工作联系卡》,每个项目责任人不定时持卡深入项目建设现场,做到一访一卡制,确保项目责任人能够坚持到项目建设现场了解情况、解决问题。2010年,园区项目推进工作取得了显著成效,景光电子二期、北海宇能科技有限公司的陶瓷金属耦合润滑油和北海六禾科技有限公司贴片等17个项目开工;北海六禾科技有限公司贴片、北海惠盛电子有限公司的液晶电视和科达美实业(北海)有限公司的电子玩具加工等9个项目竣工投产;北海惠盛电子有限公司的显示器和液晶电视生产项目2010年7月签约入驻园区,租用园区厂房建设,15天安装完毕生产线,25天组装模组生产车间,8月正式生产显示器和液晶电

2010年2月18日,中共中央政治局常委、全国政协主席贾庆林(前左二)视察北海工业园　　广西北海工业园区　供

视;六禾科技公司的贴片项目,2010年9月谈判,当月签约入园,当月开始装修,56天基本完成厂房装修,9天基本完成价值近2亿元的机器设备安装,12月30日正式投产。2010年园区投产企业创造了广西多个第一。全国第一条固态干钽电容生产线在北海景光电子公司投产,广西第一块笔记本计算机电池、第一台电脑电源在北海长城能源公司生产,广西第一台LED自适应显示器在广西长城计算机公司下线,广西第一台液晶电视在北海惠盛电子公司下线,广西第一只低压氧化热敏电阻在北海新未来公司生产,广西第一盏LED灯在冠德研发试产等。

2010年3月25日,全国人大常委会副委员长兼秘书长李建国(前右二)在自治区政协主席马铁山(前右一)等领导的陪同下到园区考察

广西北海工业园区　供

【服务企业】 2010年园区开展“改进作风、提高效能”活动,提倡管委会职工要以急事急办,特事特办,新事新办,好事多办,能办必办的“五办”原则做好服务企业的各项工作,不断提升园区管委会的行政效能,营造园区良好的政务环境。主要采取了四种措施提高服务企业的质量:一是上门服务,加强沟通。园区管委会领导和工作人员经常上门帮助协调项目的建设工作,与企业协商进度计划、设备安装、员工招聘等事宜。二是搭建企业融资平台。园区成立专业服务团队,协调、疏通企业与政府、企业与银行的关系,为园区企业申请扶持资金和贷款。三是建立高效畅通的办证通道,提高保证效率。办证人员采取保姆式、一站式服务,免费为各入园企业代办各类证照。全年园区管委会共受理294个企业(项目)证照34类1167个,办结1135个,办结率97.2%。四是开展关爱活动。园区管工委在2010年“端午节”组织给企业职工送粽子活动;7月购买了20000斤西瓜,分别送到园区各企业或项目施工现场;8月组织为企业“送电影”活动。2010年,园区还组织开展“园区职工运动会”、“园区青年联谊会”、“文艺晚会”、“大合唱”和“文明礼仪大赛”等丰富多彩的文体活动,充实员工的文化生活,增进员工之间的友谊,营造了园区和谐的大家庭氛围。自治区精神文明委员会于2010年3月给园区颁发了“2009年度精神文明先进单位”奖牌。

【基础设施建设】 2010年园区投入基础设施建设资金13920万元,不断完善园区道路、管道和水电等各种配套设施。其中:中国电子北海产业园厂区道路及排水工程完成投资4300万元,已建成44~52米宽的混凝土路面道路6038米;台湾(北海)电子产业园基础设施配套工程(一期),即经九路、辽宁路、西南大道、台湾路等道路及给排水、照明、绿化、交通设施等工程,已完成投资5000万元,建成道路3500米;北海电子产业园基础设施配套项目(二期)部分道路已开工建设,已完成投资120万元;中国电子北海产业园外围道路及给排水二期工程已完成投资4500万元,建成道路4000米;台湾东路(辽宁路—疏港大道)管道安装已完成90%,路床整形已完成60%;规划一路(北海大道—吉林路)管道安装已完成90%;中电北海产业园军屯分支供电高压线路和通讯电缆迁移完成;经五路段(澳门路—台湾路)路灯安装完成。

【土地规划盘整】 2010年园区共组织召开了15次项目用地规划会议,审批了宇能、中电兴发、双剑、华辰扩建工程、佳德信、戈登弗林、财富天威、玖嘉久、启利以及桂能等项目规划设计方案53宗;完成台湾(北海)电子产业园的控制性详细规划编制工作;完成园区规划环评前期材料收集工作;完成园区住房保障规划,对园区筹备建设的公租房进行初步的年度计划安排;完成新丝路比基尼产业园、工业园区第二文化宫选址、工业园区建材市场等项目的规划选址方案;完成桂能公司项目用地的清场工作;完成中国电子北海产业园生活科研配套区30.27公顷用地附着物清场工作;完成园区开发公司6.87公顷储备土地的勘测定界工作;完成原玉柴生活配套区7.93公顷项目用地挂牌出让工作,获土地出让金收入1.25亿元;

完成中电回建区3.73公顷土地和水库南地块13.33公顷土地挂牌出让的前期工作；开展中电二期、台湾电子产业园一期工程项目用地的征地拆迁前期工作。

【创先争优活动】 2010年园区以“争当科学发展先锋，推动园区跨越发展”为主题，以“建设一流队伍、提供一流服务、创造一流业绩、打造一流园区”为载体，以推动园区三年跨越发展为目标，全面深入地开展创先争优活动。一是在市委组织部相关领导的亲自指导下编印了《园区创先争优活动指南》，把中央和自治区领导的有关重要讲话、市委的重要部署和园区开展创先争优活动方案、党员承诺制实施方案、党组织建设年活动方案、工作落实年实施方案和各项工作制度收编其中，组织党员群众认真学习，提高认识，增强了党员群众参与创先争优活动的热情和干劲。二是开展“党员承诺”活动，组织园区广大党员结合自己的工作岗位，作出一句话履职承诺，党员佩戴有别于一般群众的工作牌，向群众亮身份、亮岗位、亮职责、亮承诺，诚信践诺。三是在企业中开展“争当诚信经营、创业发展先锋”活动，指导园区各企业党组织设立“党员先锋岗”、“党员责任区”，引导一线党员带头学技术、长知识、强本领，增强主人翁意识，争当生产能手、技术标兵、业务骨干，做到党员身边无事故、党员身边无违章、党员身边无次品，做到一个党员就是一面旗帜，为企业谋发展、为党组织添活力；业主党员带头履行党员义务，讲党性、重品行、做表率，争当“遵纪守法好、诚信经营好、照章纳税好、支持党建好、奉献社会好”的“五好”业主。四是开展“党组织建设年”和“园区非公企业党组织组建百日攻坚行动”，制定了《园区党员领导干部联系企业党建工作制度》和《园区工委向非公有制企业选派党建指导联络员制度》，园区每个班子成员挂钩联系1～2家规模以上非公有制企业，并把园区每个非公企业的党组织建设工作任务都具体落实到园区管委会的每个党员干部，做到定任务、定时间、定进度，强化责任，在规定时间内全面完成了市委下达的4个100%任务，即园区规模以上非公有制企业100%建立党组织，符合组建党组织条件的非公企业100%建立党组织，还未组建党组织的非公企业100%选派党建指导员，已经建立党组织的非公企业100%建立工会、共青团和妇联组织。

2010年，园区开展的创先争优活动得到了上级领导的充分肯定。8月9日和17日，自治区党委组织部部长周新建和自治区党委副书记陈际瓦先后到园区考察，对园区工委发挥基层党组织和党员作用，按照“定人、定责、定时间、定进度”的要求，让党员根据各自岗位作出公开承诺，开展“争创科学发展先锋，推动园区跨越发展”的活动给予充分肯定；10月26日，自治区党委组织部副部长梁海萍到园区考察，对园区工委发挥基层党组织和党员作用给予了充分肯定，并指出园区的创先争优活动思路清晰、有特色，贴近实际、工作扎实，值得很好总结；11月23日自治区党委副书记陈际瓦在陪同青海省代表到园区考察时说：“北海工业园区是我们广西创先争优活动推广的示范点”。

【领导关怀】 2010年，园区建设得到了各级领导的关怀和指导。1月10日，自治区主席马飚到园区考察指导工作；2月18日，全国政协主席贾庆林到园区考察，提出了“大企业要顶天立地，小企业要铺天盖地”的发展要求，为园区今后的发展确定了方向；3月11日，中央纪委副书记张毅到园区考察指导工作；3月25日，全国人大常委会副委员长兼秘书长李建国到园区考察指导工作；7月26日，自治区党委书记、自治区人大常委会主任郭声琨和自治区主席马飚陪同海南省党政考察团到园区考察；8月9日，自治区组织部部长周新建一行到园区检查指导创先争优工作；8月17日自治区党委副书记陈际瓦到园区检查指导创先争优工作；11月23日自治区党委副书记陈际瓦陪同青海省代表团到园区考察；12月30日，自治区党委常委、自治区副主席陈武到园区参加广西北部湾经济区北海电子产业园2个项目投产和2个项目开工的庆典仪式。2010年，北海市委书记、市人大常委会主任王小东、市长连友农等市领导到园区检查指导工作不少于20次。 （庞子森）

广西北海出口加工区

【概况】 广西北海出口加工区A区位于北海市区西侧，总规划面积约1.45平方千米，首期开发围网面积1.14平方千米，2003年3月10日经国务院批准设立，2005年4月正式运作，是中国西部地区唯一临海的、最靠近东盟国家的出口加工区。在自治区和北海市两级党委、政府的领导下，北海出口加工区紧紧把握东部产业转移和国际产业分工进一步深化的契机，抓住北部湾经济区开放开发带来的机遇，优化投资环境，主动承接产业转移，培育产业集群。截止2011年3月，北海出口加工区累计批准企业57个，进区企业投资总额约5.22亿美元，累计实现进出口额超过18亿美元，园区就业人数超过15000人，初步形成了电子信息、运动休闲、林板材等出口产品加工为主导的产业集群。代表性投资商有日本三洋、台湾光宝集团旗下建兴电子股份有限公司、台湾建准集团、广东永昶集团、香港德昌电机集团、加拿大嘉汉板业集团、深圳万港物流集团、深圳惠科电子、韩国双赢洋弓、模雅特电子等。

2010年，北海出口加工区完成工业总产值73.78亿元，是2009年的4.3倍。其中电子信息产业67.5亿元；完成进出口总额(含保税物流货值)10.7亿美元，是2009年的3.2倍，占北海市同期进出口总额的53%。外资到位7454万美元，占全市利用外资的46%。2010年，北海出口加工区创造了广西“五个第一”：一是产值增幅在广西的经济园区中排第一，二是进出口额增幅居广西排序的16个单位第一，三是加工贸易规模在广西经济园区中排名第一，四是建兴光电科技(北海)公司在广西企业中进出口额排名第一，五是北海保通食品有限公司在广西同行业中出口排名第一。2010年，北海出口加工区综合实绩位列中西部(含东北)地区22个海关特殊监管区的第三位(仅次于成都、西安)。

2010年，为满足发展的需要，自治区人民政府已向国务院申请设立北海出口加工区B区。国务院已批转征求海关总署和国土资源部等10部委意见。B区选址位于广西北部湾经济区发展规划中的铁山港(龙潭)组团内的铁山港工业区，规划总面积10.39平方千米。11月，北海市获批为全国加工贸易梯度转移重点承接地，为北海出口加工区发展电子信息等产业提供良好的条件和机遇。B区将发挥北海出口加工区保税加工、保税物流、生产型服务一体化的优势，以电子信息产业、机电一体化产业、新材料产业、林板材深加工产业等为主要产业导向，有效地承接东部加工贸易以及现代服务业转移。

【项目建设】 截止2010年底，园区建成厂房建筑面积达86万平方米。鉴隆实业(北海)有限公司二期2号、3号厂房、北海佳林兴投资有限公司投资建设的嘉逸花园22号楼项目、永昶1号宿舍楼、富达兴4号、5号楼主体已封顶，其余新开工项目建设进展顺利；富达兴6号楼、综合楼建成交付使用，完成成都路、北部湾西路改造工作，建成出口加工区警务室并移交地角边防派出所投入使用。

【招商引资】 2010年，出口加工区管委会实行市场化招商模式，成立专门的招商公司，实行市场化招商；实施“招工引商”战略，设立专门的招商服务中心和人力资源公司，为企业提供办证、招工、业务帮扶等保姆式服务；努力做好“以商引商”工作，利用引进企业的资源优势，通过做好入区企业特别是龙头企业的帮扶工作，并以引进电子信息产业项目和广西优势产业项目作为重点方向，达到“服务大企业，引进配套商”的目的。全年北海出口加工区引进项目11个，完成全年项目引进任务的110%，计划投资总额3.03亿元；新增到位资金7亿元人民币，完成全年任务5.8亿元的120.7%；利用外资7454万美元，完成全年任务7338万美元的101.6%，占全市利用外资的46%。引进项目有：韩国模雅特株式会社的微电机生产项目、嘉汉木业有限公司的木地板加工项目、北海安翔电子科技有限公司的电子通信产品生产项目、北海佳林兴投资有限公司的生活配套项目、日本群英公司精密橡塑项目等。另外，储备在谈项目超过30个，其中一批已基本达成投资意向，其中：台湾建准电机微型散热风扇、日本神昌钢铁零件供应和美盈森包材等项目，投资企业高层多次考察北海。在做好北海出口加工区现有区域招商引资的同时，做好B区的招商工作，现已储备了一批意向项目。

【改善物流环境】 2010年，北海出口加工区牵头协调港口、海事、海关、国检、船公司等单位和部门，理顺企业货物进出口问题，降低企业成本，解决企业进出口物流不畅问题。同时，为增加企业发展后劲，北海出口加工区主动协调上级有关部门，为企业争取了物流补贴、技术改造补贴、贴息贷款等专项资金。此外，增加北海—香港的集装箱固定班轮，最高峰时达到3条驳船往返于北海和香港之间，优先服务园区内企业，提高园区物流的时效性，降低企业运营的物流成本，有效解决长期制约北海外向型产业的发展及国际物流瓶颈问题。

【服务企业】 2010年，管委会围绕市委、市政府三年跨越发展战略目标，制定了《2010年北海出口加工区项目(企业)责任制》，实行主要经济指标任务分工负责制，实行“定人、定责、定量、定时”管理，专人对口服务各企业各项目，大力挖掘企业增长点。对因各方面原因而面临困境、甚至生产陷入停顿的各CRT生产企业，引导企业转型升级，如，惠科、威德、华州等公司已全部或部分转型生产液晶显示器和液晶电视机，有效开拓了新的市场。广州亚运会的射箭比赛项目使用了北海双赢洋弓制造公司的产品。同时，管委会加大对园区龙头企业的帮扶力度，协调建兴光电(北海)有限公司在关务、配套协助、政策咨询、资金申报等方面工作；协调和沟通德昌电机(北海)有限公司，在深加工结转、设备入区的通关工作。管委会还重点完善了办证业务管理，以“办事员、调研员、服务员”为标准，规范代办业务审批流程，及时向企业反馈信息，加强沟通。

招工和培训服务 2010年，管委会帮助园区企业解决用工和培训问题，全年共为企业免费招聘员工21874人次，并与自治区工信委下属10多所大中专院校建立了校政企人才合作关系，满足主要企业的用工需求。北海出口加工区培训中心被

全国总工会评为“2010年度全国职工教育培训优秀示范点”，是北海唯一获此殊荣的单位。管委会与中央电大联合办学，在园区开设专科、本科学历教育，共招收400多名员工，2010年毕业生80名。

关爱企业员工　园区员工主要来自大中专毕业生、失地农民、城镇失业人员及外来务工人员，为切实维护劳动者合法权益，园区工会和园区劳资关系调解中心及时化解劳资矛盾，解决劳资纠纷。员工工资收入逐年增加，劳资关系和谐。其次，管委会重视劳动保护，始终把维护职工的安全和健康作为重要任务，要求企业将职工的劳动时间、休息休假、工作环境、安全与卫生等条款写入合同，督促企业改善劳动条件。截至2010年，管委会连续成功举办五届“职工运动会”。通过形式多样的活动，引导企业形成企业文化，增强企业员工的向心力。从2010年6月1日开始，管委会连续用1个月左右的时间在园区开展一系列关爱员工活动，并逐步建立长效机制。

治安管理　2010年，管委会设立园区安保部门，以军事化管理模式协助海关做好各项监管工作，完善园区治安联防机制，完善出口加工区警务室建设，与辖区派出所、社区街道办及园区企业共同构建立体群防群治网络，每日18:30至凌晨开展治安巡逻。共处置(协助)调解涉及打架斗殴、寻衅滋事、赌博、工程结算、劳资等治安及经济纠纷42起，协助治安拘留8人，逮捕刑拘2人，协助抓获网上逃犯1名。通过一系列监管治理措施，确保园区通关秩序、治安秩序、交通秩序和谐平稳，为经济建设快速发展提供了强有力的保障。

【出口加工区B区建设及规划简介】
2010年，北海出口加工区B区已办理土地使用证120公顷，已完成B区及配套产业园区规划选址，B区及配套产业园区控制性详细规划已通过市政府审批。已完成一期开发3平方千米配套基础设施项目备案。已通过一期市政道路项目环评，正编制水土保持方案。北海出口加工区B区规划范围为10.39平方千米，按照远期发展为综合保税区的标准来进行规划，采取“一次性规划，分期建设，适时调整，分步实施”的原则。B围网区域规划面积1.842平方千米，位于铁山湾西岸，封关区域规划四至为：南至三号路、西至七号路、北至五号路、东至营闸路。B区包括保税加工产业园、林板材加工物流展示基地、耗材和再制造产业园、物流园及工业配套产业园等5个产业园。五大产业园基础设施概算投资约24.45亿元，引进项目总投资预计超过172亿元，年产值1170亿元以上，年创利税约30亿元。

保税加工产业园(一期)　占地1.842平方千米(首期封关区，并规划预留0.98平方千米作为二期建设用地)。内设台湾光宝集团投资的光宝产业园、广达电脑城、日本产业园。以台湾光宝集团、广达电脑、日本爱普生等意向投资商为主招商方向，主要承接东部和境外电子信息、机电一体化产业的递度转移以及为临海大工业配套的上、下游外向型产业。计划利用5年时间完成产业园的整体开发建设，初步估算所有入驻封关区的企业总投资80亿元人民币，年产值在800亿元以上，年可创利税约16亿元，可直接为地方提供30000个以上就业岗位。

林板材加工物流展示基地　占地约2.58平方千米，分为板材精深加工、物流配送区以及展示服务区三大功能区。与加拿大上市公司嘉汉林业有限公司和广西林业投资集团合作，以2家企业为龙头带动企业，利用该公司的资金和林板材资源优势，采取联合招商模式，主要承接以东莞、顺德等珠三角地区家具加工业以及浙江、江苏、山东等地木地板等中高档木制品加工业的转移，引进10家有一定规模的家具、地板、门窗等林板材成品深加工企业和20家胶合板、人造板、刨花板或中（高）密度纤维板生产配套企业。计划利用5~8年时间完成基地的开发建设，初步估算所有入驻基地的企业总投资36亿元人民币，年产值在120亿元以上，年可创利税约6亿元，可直接为地方提供16000个以上就业岗位。

耗材和再制造产业园　占地约1.4平方千米。与北海泰达电子科技有限公司的投资商合作，主要承接珠海市耗材加工产业的递度转移以及机电设备再制造为主的循环经济产业。计划利用4年时间完成产业园的整体开发建设，初步估算所有入驻封关区的企业总投资20亿元人民币，年产值在70亿元以上，年可创利税约1.5亿元，可直接为地方提供10000个以上就业岗位。

物流园　占地约2平方千米。为林浆纸一体化、中石化等临海大工业产业以及林板材加工基地配套的物流业务；辐射北部湾经济区、中国西南地区、中南地区进出海物流业务。计划利用5年时间完成产业园的整体开发建设，初步估算所有入驻封关区的企业总投资25亿元人民币，年产值在150亿元以上，年可创利税约5亿元。

工业配套产业园　占地约0.42平方千米。按集中引进、集中管理、集中排放、集中治理的原则引进上规模、技术领先的线路板生产、五金电镀等工业基础配套产业，配套专门的污水处理厂，完善基础产业配套，降低工业投资商整体运营成本。计划利用3年时间完成产业园的整体开发建设，初步估算所有入驻封关区的企业总投资11亿元人民币，年产值在30亿元以上，年可创利税约1.5亿元，可直接为地方提供5000个以上就业岗位。

（游绍勇　张居荣）

铁山港(临海)工业区

【概况】 2007年10月29日，北海市人民政府印发《北海市人民政府关于设立北海市铁山港(临海)工业区管理委员会的通知》，成立北海市铁山港(临海)工业区管理委员会，为北海市人民政府派出机构。主要负责组织编制铁山港(临海)工业区(下称工业区)经济和社会发展规划，组织编制和修订工业区总体规划，协调编制土地利用规划，制订工业区各项管理规定及产业政策、优惠政策，经市政府批准后组织实施；根据市政府的授权，行使市级规划、国土、环保、建设、发展改革、港口、商务等管理权限；负责工业区基础设施的统一规划、统一建设、统一管理；组织协调工业区投融资工作，多渠道筹集资金，做大做强投融资平台；组织编制工业区财政预收支计划并组织实施，负责工业区新增国有资产保值、增值及盘活；组织协调工业区招商引资和宣传推介工作；负责协调市直部门设在工业区相应机构的工作和国家有关部委、区直有关部门驻工业区机构的工作；承办市委、市政府交办的其他事项。

2010年，北海市铁山港(临海)工业区管理委员会内设办公室、招商发展科(对外称招商发展局)、规划建设科(对外称规划建设局)、国土环保科(对外称国土环保局)、财务科(对外称财政国资局)、港口物流科(对外称港口物流局)6个职能科室(局)。下设北海市铁山港(临海)工业区管理委员会综合服务中心。

截至2010年底，有工作人员35人(含兼、挂职)，专业涉及经济区发展亟须的机械制造、工业、经济、规划、人力资源、物流管理、油气田开发工程等，大学以上学历人数占总人数77%，其中本科学历占总人数54%，研究生学历占总人数的23%，其中博士1人。中级职称以上人员占总人数49%，其中高级职称4人。

【基础设施】 工业区列入广西北部湾经济区重大产业发展专项资金基础设施项目共27个项目，其中2010年列入广西北部湾经济区重大产业发展专项资金基础设施项目共14个项目，总投资210307万元，安排自治区专项资金16350万元，自治区下达2010年投资计划94024万元，2010完成投资计划72684万元，占2010年投资计划的77.3%。14个项目完成可研项目14个；完成初设项目13个；已在建开工项目13个，未开工项目1个，计划推迟至2011年初开工项目1个。

铁山港污水处理工程(二厂一期工程) 日处理城市污水4万立方米污水处理厂1座，配套建设D400～D1000毫米污水收集管网26.75千米；污水泵站2座，规模分别为1200升/秒、1400升/秒。厂区土建主体完工，进入设备安装阶段。

中石化异地改造石化项目配套道路 位于中石化异地改造石化项目南边，连接4号路，长3千米，路幅宽50米，包括道路、排水、交通工程。伐树、挖树蔸80930棵，路基清表42400立方米，路基挖土方262074.32立方米，路基利用土方226120.26立方米，雨污水管节安装2064米。项目原定红线范围已全部完成征地和搬迁拆除房屋工作，正抓紧施工。

铁山港工业区排水明渠(一期)工程 起于兴港路以西北铁一级公路以南，沿新二路往海边排放。线路全长约7995米，设雨水排泄流量为193.93立方米/秒。2010年，已基本完成青苗丈量登记及青苗费发放，已签订征地协议14公顷，一、二标段已开工建设。

中石化异地改造石化项目搬迁安置小区一期项目基础设施 小区道路、排水、绿化共10公顷。2010年，完成清表80000平方米，土方平衡42000立方米，路槽开挖2900平方米，水泥稳定基层1500平方米，雨水管安装720米，污水管安装700米，污水井81个，雨水井28个，挡墙砌筑450立方米，集水井15个，完成砼路面2653平方米。

北海营盘经石头埠至闸口二级公路C段工程 该路段按二级公路标准建设，全长约20千米，水泥混凝土路面。2010年，完成清表145000平方米；完成开挖土方360940立方米；石方开挖3000立方米，路基填方555950立方米，挖除软土61000立方米，无纺土工布7040平方米，软基处理的土工格室57700平方米，土工格栅18000平方米，沙砾层换填17100立方米等，级配碎石底基层备料13000立方米，浇筑混凝土用碎石备料20000立方米，级配碎石底基层9000立方米，片石4000立方米，桥梁钢筋进场80吨等；桥梁桩基础完成224米，桥梁下构墩柱8根，桥梁下构盖梁混凝土完成290立方米，桥梁空心板预制36块，涵洞完成948米等。

北海电子产业园外围道路及给排水工程 道路总长2459米，其中：吉林北路长532米、宽40米；台湾西路长897米、宽40米；规划二路长1030米、宽44米。给排水管道总长9880米，其中：雨水管道DN300-1200长3690米；污水管道DN300-800长3690米；给水管道DN300-400长2500米。

北海电子产业园厂区道路及给排水工程 道路总长6038米，红线宽8～15米，混凝土路面。建设内容包括行车道、人行道、绿化、路灯及给排水工程等。中纬六路东完成工程土方340.86方，铺设雨水管道260.6米，开挖雨水井座8座；完成厂区道路给水600米，中经四路雨水管83.3米，沟槽土方128.96立方米，雨水检查井3座，中经五路雨水管 80.6 米，沟槽土方 116.42 立方米，雨水检查井 3 座。

铁山港工业区启动区 8 号路 B 段　一期工程位于启动区西区内，8 号路 B 段路线长 3.80 千米，路幅宽 36 米；包括道路、排水、交通工程。项目征地 29.45 公顷，已完成青苗丈量 20 公顷，占任务的 67.9%；已开展征地协议签订工作，项目前期工作和招投标工作已完成，开工完成投资 3710 万元。

中石化异地改造石化项目配套路网工程　经四路长 7121 米，规划红线宽 50 米；6 号路 A 段西北起 7 号路，东南止营闸二级公路，全长 1498 米，按城市Ⅰ级支路建设。已完成立项、可研、初设、环评、水土保持等前期工作；已完成经四路征地 51.27 公顷，青苗丈量登记 38.53 公顷，发放青苗费 26.67 公顷，签订协议 40 公顷，完成 78%，丈量登记房屋 270 户，签订迁坟协议 423 座，其中迁坟 97 座。已完成部分征地并动工清表建设经四路项目，投资完成 9721 万元。

中石化异地改造石化项目进厂道路　起于 4 号路，终于北海炼油异地改造石油化工项目厂区边，总长 730 米，红线宽 40 米，按三级公路建设。已完成立项、可研、初设、环评、水土保持；道路征地工作；正抓紧开展房屋拆迁工作，完成部分清表工作。

台湾(北海)电子产业园基础设施配套工程(一期)　道路宽 20～40 米，总长约 10.3 千米。其中：纬三路长 405 米，宽 25 米；纬四路长 2549 米，宽 30 米；纬八路长 2234 米，宽 40 米；纬十路长 735 米，宽 20 米；纬九路长 1517 米，宽 20 米；经一号路长 300 米，宽 20 米；经十一路长 472 米，宽 20 米；澳门路长 300 米，宽 40 米；经十二路长 501 米，宽 25 米；经十三号路长 446 米，宽 25 米；经十四路长 261 米，宽 25 米；经六路长 573 米，宽 25 米。2010 年，已完成项目立项及水保批复、施工图的设计、环评、可研，一期工程中的首批次 33.33 公顷土地征地指标已落实，第二批次 66.67 公顷正报征工作。12 月已开工建设台湾路（北海大道—经九路段）供水工程。

中国电子北海产业园基础设施配套工程(三期)　长约 5480 米，道路宽 5～30 米。已完成征地及项目规划设计工作，已完成立项、环评、勘探、设计等前期工作；部分道路已于 12 月 20 日开工建设。

中石化异地改造石化项目及污水处理厂尾水排海管　建设中石化及铁山港污水处理厂排海管至 B3 排放点，其中排海管道约 6000 米。已完成立项、可研、初设水土保持。

铁山港深水码头 1～4 号泊位工程　拟建 4 个 10 万吨级通用泊位，设计年吞吐量 1200 万吨，岸线总长 1306 米，总用地面积约 300 公顷，总投资 36 亿元。项目分阶段实施，首先施工 1 号、2 号、泊位码头工程总投资约 17 亿元，设计年吞吐量 600 万吨，其中件杂货 100 万吨，散货 500 万吨。铁山港 1～2 号公共泊位已具备 10 万吨级船舶停泊作业条件，新增港口吞吐能力 600 万吨，现已进入试运行阶段，3～4 号公共泊位项目已于 7 月 30 日开工建设，正在进行沉箱浇筑和基床施工。

【招商引资项目】

嘉诺生物柴油产品项目　投资方是江门市江海区嘉诺化工发展有限公司，项目总投资约 8 亿元，用地总面积约 533.33 公顷，项目建设期 3 年，主要建设 20 万吨生物柴油生产线。其中项目一期投资 4 亿元，建设年产 10 万吨 / 年生产能力的生产线，二期投资 4 亿元，建设年产 10 万吨 / 年生产能力的生产线。项目一、二期全部建成投产后，产值可达 10 亿元，利税总额可达 3 亿元。

铁山港工业区聚乙烯醇项目　项目总投资 4.9 亿元，建设 5 万吨 / 年聚乙烯醇。

珠海盈德工业供气　项目投资方是珠海盈德气体有限公司，项目总投资约 2 亿元，用地总面积约 13.33 公顷，项目建设期 3 年，主要投资、运行空气分离装置，建设生产氧气、氮气、氩气等工业用气，并提供配套服务。

北海电厂二期扩建工程　项目总投资 40.5 亿元，拟建 2×600 兆瓦级超临界燃煤机组，配套建设烟囱、脱硫、脱硝等设施。预计总产值约 25 亿元，税收约 1.5 亿元。可研报告通过了电力规划设计总院的评审，正在争取国家发改委同意将项目列入国家“十二五”电源建设计划。同时项目业主也提出建设热电联产项目。

北海盐港修造厂项目　项目总投资约 10.23 亿元，建设 7 万吨级修造船坞 1 座，2～7 万吨级舾装码头 4 座以及相关的车间、厂房和堆场等配套设施。项目用海 33.07 公顷，占用岸线 550 米。达产后，造船能力 21 万载重吨 / 年、修船能力 30～50 艘 / 年。预计总产值约 20 亿元，税收约 1.4 亿元。海域论证和海洋环评已编制完成，并已通过评审。水土保持已通过自治区批复。

铁山港 10 万吨精炼棕榈油　项目由广西北海汇同兴油脂有限公司投资建设，项目总投资 2.76 亿元，建设 10 万吨棕榈油精炼生产线，项目建成投产后税收可达 5000 万元。2010 年，已完成项目备案。

【重点产业项目】　2010 年，工业区重点产业项目工作取得明显实效。一期总投资约 150 亿元的中石化北海炼油异地改造石化龙头产业项目全面动工，北海诚德新材料生产项目一期进入试产阶段。斯道拉恩索北海林浆纸一体化项目、北海诚德新材料生产项目二期、中信大锰北海新材料项目、广西投资集团北海煤炭储运配送中心项目一期工程、凯迪生物能源综合项目、北部湾(国际)金属物流加工配送中心及物资码头项目、4800吨/天饲料粕加工物流项目等为代表的10余个总投资超过500亿元的重点产业项目正在加快建设。同时20万吨/年催化裂化油浆处理项目、运德集团铁山港物流中心项目、圣安时代"一指键遥控家居系统"项目等7个总投资100多亿元的项目前期工作正在推进中。

北海炼油异地改造石油化工项目及配套工程由中国石油化工股份有限公司投资建设，项目分两期建设,总投资200多亿元,其中项目一期总投资146.04亿元，共包括5个项目,项目一期全部建成投产后,年销售收入将达到300多亿元，利税70多亿元；二期将建设千万吨级炼化项目。

北海炼油异地改造石油化工(20万吨/年聚丙烯)项目　总投资60.69亿元，计划2011年9月建成投产。主要生产装置有:聚丙烯、原料预处理、催化裂化、气体分馏、加氢脱硫、产品精制、硫磺回收等10套装置。原料为进口混合原油,以生产聚丙烯为主，兼顾生产其他石油化工产品。聚丙烯产品可生产25个产品牌号的注塑、拉丝、薄膜和纤维料聚丙烯均聚物。2010年,土建工程已全面进入施工阶段，装置建设已进入全面安装阶段。

涠洲岛30万吨原油码头及配套工程　总投资28.4亿元,建设30万吨级原油码头一座，设计接卸能力2000万吨/年、60万方原油库区及73千米输油管道(其中海底管道53千米)，管直径711毫米。2010年,已完成码头水文工程。

北海320万方原油商业储备基地工程　总投资27.89亿元，建设32座10万方原油储罐及辅助设施。正进行储罐的安装。项目用地面积69.97公顷。

北海—南宁成品油管道工程　总投资9.38亿元，建设成品油管道226千米,管直径508×8.7毫米,设计输量600万吨/年,最大输送能力可达800万吨/年，设置站场2座,首站在铁山港、末站在南宁的屯里油库。正进行铺设工作。

湛江—北海原油管道工程　总投资19.68亿元,建设195千米原油管道。2010年,项目可研报告已获中石化总部批复并已开工建设。

斯道拉恩索北海林浆纸一体化项目　项目总投资174.5亿元(包括原料林基地部分)，其中年产90万吨浆,90万吨纸和纸板，项目用地250公顷。现已累计完成投资约20亿元，其中年产90万吨浆,90万吨纸和纸板项目工厂建设完成投资约2亿元,原料林基地建设完成投资约18亿元。预计产值约100亿元,税收约11亿元。2010年,该项目的《项目申请报告》已通过中咨公司评估,并已报国家发改委待批，项目的规划选址意见书、土地预审、环评审批和水土保持审批等前期工作已完成,项目的勘探和总平面设计基本完成,施工设计正在抓紧实施;项目厂址已开展土地平整，已完成土地清表约66.67公顷，平整土地约46.67公顷；项目需配套原料林16万公顷，其中北海市配套原料林地4万公顷。截至年底,北海市已完成原料林地4.01万公顷，已完成原料林地移交2.1万公顷,还有2.1万公顷原料林地正移交之中。

北海诚德新材料生产项目　项目总投资约50亿元,分三期建设总规模150万吨镍铬合金材料，全部建成后预计产值约300亿元，税收不少于5亿元。项目一期投资12亿元,生产规模为年加工60万吨镍铬合金基料、板坯产品,建设1座2×132平方米烧结车间、1座2×450立方米初炼炉车间、1座100万吨镍铬合金精炼车间、制氧间、石灰窑以及相应的生产辅助设施。项目一期已于2009年7月动工建设,现已进入试产阶段，预计产值约43.65亿元,税收约2.1亿元。同时二期项目也进入工程建设阶段。

北部湾(国际)金属物流加工配送中心及配套物资码头项目　项目总投资18亿元,用地用海总面积为84.15公顷,其中用地48.92公顷,用海35.23公顷,建设金属加工及配送中心,配套建设物资码头,一期建设投资约4亿元,建设1个5000吨级和1个3000吨级杂货泊位。二期建设1个4万吨级杂货船码头泊位和一个5千吨级的物资转驳杂货船泊位。预计产值约6.1亿元,税收约0.2亿元。一期项目于2009年4月开工,抽砂回填方案正在制定中,2010年回填厂址面积约14公顷。

凯迪生物能源综合项目　原煤制尿素工程、灰渣综合利用建材项目已备案,受国家产业政策影响,建设内容进行调整，调整后的主项目15万吨燃料乙醇及生物质电厂预可研已完成，项目业主正争取自治区和国家发改委的"路条"。凯迪动工的用地为66.67公顷,其中已回填约53.33公顷。

中信大锰北海新材料项目　项目总投资28亿元,用地用海总面积为78.07公顷，其中用地40.47公顷,用海37.67公顷,建设50万吨硅锰铁合金生产装置，高炉公称容积为800立方米,矿热电炉2.5万千伏安等,配套建设1个5万吨级码头。预计总产值约50亿元,税收约4亿元。项目的厂址回填已施工,回填面积约26.67公顷,同时进行围堰填海作业。受自治区岸线前置审批影响,已停工。

北海远洋万吨级船舶修造厂项目　项目总投资5.16亿元，用地用海总面积为14.47公顷，其中用地5.80公顷,用海8.67公顷,北部湾首家万吨级船舶修造项目,规划建设5万吨级修造船坞和舾装码头各1座,200吨龙门吊1座,门座吊4座,厂房38000平方米，配置高端造船光电跟踪切割,数控切割,焊接等产品设备。项目达产后年修船能力30~50艘。预计总产值约10亿元,税收约0.7亿元。项目前期工作已基本完成,并取得《海域使用证》和《国有土地使用证》。已完成船坞施工围堰,地质详勘、船坞基础桩图出图。9月17日正式动工厂房,现正进行厂房的建设。

广西投资集团北海煤炭储运配送中心项目一期工程　项目总投资31亿元,建设2个10万吨码头及年煤炭配送能力1000万吨的配煤堆场及年运输能力900万吨的铁路专用线。该项目被列入自治区层面统筹推进重大项目，目前该项目码头使用岸线已通过自治区沿海岸线使用联合审核组前置审核，正在办理核准手续。

农垦产业园鑫鑫铝业北海精加工项目　项目总投资7.2亿元,用地10公顷,年产6.5万吨铝型材。预计总产值约1.5亿元,税收约0.5亿元。2010年,该项项目已备案,已完成用水、用电批复、设计、勘探、环评等一系列的工作,完成土地平整工作。

大韩重一100万吨立方/年混凝土项目　项目总投资0.37亿元，用地约1.67公顷，主要建设年产100万立方米/年的预拌混凝土,总产值约2.5亿元，税收约0.1亿元。2010年5月项目竣工投产。

运德集团北部湾物流中心项目　项目总投资1.5亿元,用地10公顷,建设配送中心、停车场、仓储、修理服务辅助用房等相关配套设施,预计总产值约0.3亿元，税收约0.02亿元。因项目选址涉及很多争议用地,市国土局建议重新选址,现正进行调整。

圣安时代“一指键遥控家居系统”项目　项目总投资8856万元，用地3.33公顷，主要建设一指键遥控智能(开关集中控制)系统,总建筑面积约2.45万平方米。项目经营目标为两期：其中项目一期经营目标位20万套。预计总产值约5亿元,税收约0.3亿元。项目于2010年3月开工建设。

铁山港工业区标准厂房项目　项目总投资2亿元，用地13.33公顷,建设8幢跨度28~32米标准厂房、1幢办公楼及相应配套设施,项目一期建设标准厂房2栋，总建筑面积约1.43万平方米。预计总产值约9800万元，税收约490万元。2010年,已开始建设1栋主厂房。

中石化广西液化天然气项目　广西液化天然气项目包括码头及陆域形成工程、接收站工程(含冷能综合利用)、输气管道工程等部分,总投资158亿元。中国石化广西液化天然气项目可行性研究报告于2010年9月2日通过有关评审。

4800吨/天高蛋白饲料粕物流及加工项目　项目总投资11.1亿元,年加工大豆可达400万吨,年产155.4万吨高蛋白饲料粕、3万吨发酵豆粕、37.5万吨大豆油及1.5万吨磷脂。项目选址位于国际港务集团铁山港1~4号泊位用地范围内,已经完成备案并开始进入地基处理阶段。

北海铁山港高新技术产业园标准厂房　项目总投资650万元,用地0.24公顷，已累计完成投资0.05亿元，预计总产值约3000万元,税收约100万元。2010年，项目已备案,已完成地基,主厂房已开始建设。

北海永固铁山港商品混凝土项目　项目总投资4650万元，用地2公顷,预计总产值3亿元,税收1500万元。2010年项目竣工投产。

（容春华）

广西北海高新技术产业园区

【概况】 2010年，北海高新区按照市委市政府关于实施“北海三年跨越发展工程”的总体部署,坚持“创新发展体制、拓展发展空间、做大经济总量、化解遗留问题、提升科技能力、引导产业升级”的发展思路,努力构建核心区集人居、科研、孵化、中试和创业为一体的园区“中心”,加快推进银河产业园与铁山港产业园等“多基地”的建设,使园区“一区多园、联动发展”的创新发展格局跃上一个新台阶。全年北海高新区共完成固定资产投资9.5亿元，比增68%；实现规模以上工业产值26.07亿元,比增27%。其中电子信息产业实现产值22亿元,比增20%,园区的主导产业已由水产加工等传统产业转变为电子信息等新兴产业;实现工业增加值11.2亿元,比增27%;新增贷款1.27亿元,比增27%;出口创汇2449万美元,比增22%;实际利用外资105万美元；招商引资实际到位资金4.35亿元。特别是园区税收实现跨越性发展，完成税收1.07亿元,首次突破亿元大关,比上年翻了一番多，标志着园区发展迈上一个新的台阶。

【基础设施建设】 2010年，北海高新区共完成江苏路路面改造工程、浙江路改造工程、工业小区道路改造工程以及浙江路、工业小区路灯工程等基础设施建设工程，园区环境不断改善。铁山港产业分园的标准厂房一期工程项目完成主体施工。投资2.7亿元的10万吨棕榈油生产项目正在开展项目选址等前期工作。

【重点项目】 2010年，北海高新区承担“北海三年跨越发展工程”的多项重点项目。经过园区与企业的共同努力,各项目普遍进展顺利。广西银河艾万迪斯风力发电有限公司2.5兆瓦直驱永磁风力发电机组项目已基本完工，正在开拓国内外市场；北海石基信息技术有限公司软件研发及全国客户技术支持中心项目一期工程、北海鸿成海洋科技食品有限公司海产品深加工产业项目及铁山港分园标准厂房第一期工程项目顺利竣工；北海市辉煌朗洁环保科技有限公司汽车尾气催化转化器项目已经完成2号厂房主体钢结构；北海裕信包装印刷科技有限公司包装彩印项目厂房主体装修及两台主要设备安装基本完成；北海生巴达生物科技有限公司微藻海洋生物产业项目厂房主体建设完成。

【招商引资】 2010年，北海高新区加大对广东等东部发达地区的招商力度，分别组织小分队赴广东、上海、山东招商，与这些地区建立了长久的合作关系。储备了上海新致、特种专用汽车、纳米晶金属箔膜等一批意向项目，并在中国—东盟博览会上签约南京银石软件、10万吨棕榈油生产项目。

【申报国家级高新技术产业园区】 2010年5月，北海高新区派专人参加了科技部在京召开的全国省级高新区工作座谈会。期间，得知国务院计划集中升级一批国家级高新区，立即向市领导汇报了科技部准备启动高新区升级的精神。市委市政府高度重视该项工作，市长连友农多次作了重要批示。市政府专门成立了由市长连友农担任组长、副市长彭鸣达、董仕军担任副组长、各有关部门和园区主要领导为成员的北海市申报国家级高新技术产业园区工作领导小组。在申报过程中，北海高新区以《广西北部湾经济区发展规划》及《国务院关于进一步促进广西经济社会发展的若干意见》中提出的大力发展高新技术产业，推进北部湾经济区国家高新技术产业带建设作为申报重点，整合全市科技资源和产业资源，得到了科技部、自治区政府和自治区各厅局的支持。2010年，该项工作已列入科技部和自治区政府"部区会商"工作会议的议题，取得阶段性成效。

【科技成果转化与技术创新】 2010年，北海高新区不断完善科技企业孵化器功能，推进"产学研"，先后完成了自治区科技厅下达的"技术与产品创新服务平台建设"和"海洋生物产业孵化器"等2项课题，进入验收阶段；新承担自治区科技厅下达的"北海高新区海洋生物产业公共创新平台建设"及"特色水产品加工产业化基地建设"等2项课题。成功引进广东海洋大学海洋研究所、螺旋藻协会等一批初创型科技企业和研发机构入驻园区孵化器；与一批高等院校建立了产学研合作关系；协助园区企业辉煌公司、石基公司申报获批国家高新技术企业，园区高新技术企业增至7家。全年共组织实施科技创新计划11项，开发新产品6项，新产品产值1440万元，新技术7项，专利申请15项，专利授权2项，新增自治区级企业技术中心1家。园区与市科技局首次联合举办"高新杯"科技创业大赛，在全市高校和社会各界引起良好的反响。

【服务企业】 2010年，北海高新区在多层次、宽领域、全方位为企业提供优质软硬环境。为推进项目建设、助力企业发展，北海高新区全力为企业做好项目代办服务。协助园区企业及项目办理涉及工商、税务、规划、国土、建设、消防、环保、金融等多个职能部门的审批手续和相关机构的证照；帮助企业协调解决融资、人才培养、市场开拓、环境保护等问题；加强科技项目及专项资金、创业资金、技改资金等方面的培训、指导、申报服务工作，全年共为7家企业15个项目争取上级扶持资金1000多万元；定期开展各项安全生产检查工作，健全安全生产管理机制。园区还主动联系市工商部门到园区开展营业执照集中年检，联系市国税部门为园区企业举办税法培训班等。

【开展创先争优活动】 2010年，创先争优活动在党的基层组织和广大党员中深入开展。北海高新区根据上级的决策部署，制定了活动实施方案，成立了以党工委统一领导、各党支部参与的创先争优活动领导小组。活动开展期间，园区认真落实市委关于推进学习型党组织建设工作有关部署，切实抓好党员的学习教育，坚持理论学习制度，推进学习型党组织建设；深入开展"结对共建、先锋同行"主题活动；要求园区党工委管辖的4个党支部、45名党员全部进行了公开承诺，接受广大群众的监督。2010年，根据《关于在创先争优活动中开展非公有制经济组织和社会组织党组织组建百日攻坚行动的通知》，北海高新区在全面完成对园区非公企业党组织建设调查摸底工作后，按照"有党员抓组建，无党员抓发展，有组织抓规范，无组织抓指导"的思路，采取区域联建、行业编组等非公企业党建工作措施，分别建立了1家独立党支部和3家联合党支部，实现了党组织对园区非公企业的全面覆盖。随后，北海高新区党工委进一步加强对非公企业群团组织的指导工作，在已经实现党组织覆盖的企业分别建立了工青妇组织。（陈兆辉）

【北海银河高科技产业股份有限公司】 北海银河高科技产业股份有限公司创建于1993年，1998年股票发行上市（深市代码000806），2002年3月又成功增发5000万新股，公司注册资本69921万元。银河科技旗下拥有多家控股子公司，以变压器制造、电子元器件生产为支柱产业。业务遍及全国20多个省市、自治区，多类产品荣获国家、省市科技进步奖和新产品奖，并出口到东南亚及欧美地区。截至2010年底，公司拥有一支由博士、硕士，高级工程师、工程师等组成的高层次的人才队伍，具备强大的技术开发能力，公司总人数达到2286人。总资产达29.15亿元，全年完成营业收入9.77亿元。

2010年，银河科技在复杂多变的经济形势和日益激烈的市场竞争下，适应环境变化，优化客户结构，巩固主营产品的品牌优势，提升产品的市场竞争能力，同时大力推进主要下属子公司的技术改造和产业升级，加快新品开发、提高产品技术含量，切实保障了公司生产经营的平稳运行，为经营业绩改善打好了坚实的基础。

2010 年，银河科技拥有江西变压器科技股份有限公司、广西柳州特种变压器有限责任公司以及北海银河科技变压器有限公司等 3 家变压器公司，主要产品有整流变压器、电力变压器、干式变压器、非晶合金变压器、箱式变压器、锅炉变压器等，在变压器制造领域具有极强的市场竞争优势。公司拥有一支优秀的研发、销售团队，尤其在整流变压器领域的市场占有率在 65%以上。控股子公司四川永星电子有限公司是国内型号、系列品种最全的片式电阻器及片式电阻网络开发与制造企业之一。同时也是国防科工委认定的一类军工定点厂，国家大二型电子元件生产企业。从“神舟一号”开始，四川永星一直在全力为飞船系统提供高质量的电子元器件，为“神舟”飞船和运载火箭研制配套作出重要贡献。

2010 年，面对输配电设备行业产能严重过剩、需求减少、竞争加剧的市场形势，公司审时度势，主动调整销售政策，加强市场管理和销售队伍建设，进一步整合销售渠道，完善产品区域布局，加大市场开拓力度，在市场需求萎缩的同时，巩固现有市场，开拓新客户，并逐步进军新兴市场，确保了公司主营业务的竞争优势。截止到 2010 年底，银河科技 5 家下属控股子公司均通过高新技术企业的评审。（易　帅）

广西合浦工业园

【**概况**】 2010 年，广西合浦工业园以“文化立县、开放兴县、工业强县”为发展思路，按照“十一五”规划，初步实现了园区经济总量的扩张、生产力布局的优化、管理体制的创新和可持续发展。按照县委、县政府的工作部署，贯彻党的十七届四中、五中全会精神和中央经济工作会议、全区经济工作会议精神，开展“工作落实年”和“创先争优”活动，突出园区企业服务、基础设施建设等工作重点，创造性地开展工作，确保了园区经济平稳较快的发展势头，基本实现了各项预定目标。全年完成固定资产投资 13.33 亿元，同期比增 30%；完成工业总产值 36.55 亿元，同期比增 11.8%；完成工业增加值 11.33 亿元，同期比增 16%；完成税收 8000 万元，与去年同期持平。“十一五”期间，园区累计完成固定资产投入 43 亿元，完成工业总产值 123.59 亿元，完成工业增加值 38.42 亿元，完成税收 3.1 亿元。

【**基础设施**】 2010 年，园区全力推进基础设施重大项目——合浦工业大道建设。项目动工以来，道路建设总体推进顺利，项目完成投资 11135 万元，完成实际投资计划 88.13%。其中：完成土石方 38.9 万立方米，完成计划 99.35%；铺设道路雨水管道 10350 米，完成计划 100%；铺设道路污水管道 6500 米，完成计划 100%；浇筑桥梁基础混凝土 4800 立方米，完成计划 63.32%；铺筑级配碎石基层 2280 米，完成计划 45.81%；铺筑水泥稳定层 780 米，完成计划 15.67%；铺筑水泥路面 160 米，完成计划 3.2%；拆迁建(构)筑物 1430 平方米，完成计划 84.61%。合浦大道廉州镇杨家山段需建的铁路立交桥问题经与铁路部门、合浦大道施工单位多次协商及沟通，施工单位已将铁路立交桥分包给铁路部门施工，目前正在施工中。

【**招商引资**】 截至 2010 年，合浦工业园已累计引进 85 个工业项目，合同投资总额 52.57 亿元，引进的工业项目涉及生物质能源、电子产品、医用制药、机械制造、保健食品、生物制品、水产品及农产品深加工、包装印刷、啤酒饮料等多个行业。在项目用地紧缺的情况下，园区管委会通过解放思想，大胆创新招商方式，采取通过与园区相邻的国有三合口农场合作招商，整合园区闲置土地进行二次招商等办法，继续推动招商引资工作向前发展。2010 年成功引进通力润滑油、旺昌纸品包装、源通混凝土、通佳鞋业制造等 4 个工业项目，合同投资总额 5 亿元。

【**园区服务**】 2010 年，合浦工业园在抓好基础设施重大项目建设工作的同时，统筹兼顾，坚持抓好工业项目的建设，为园区经济总量的扩张打好基础，促进固定资产投资的快速增长。全年园区在建的工业项目共 26 项，总投资 19.6 亿元，通过加强服务，协调解决项目建设中遇到的困难，做到了按预定的时间进度推进，尤其是园区的主要产业——生物质能源、电子、水产品加工等在建项目进展较快。其中，中粮二期食用乙醇生产项目、永诚利电子产品生产项目、源通混凝土、和生生物科技、田野已按照原定计划顺利竣工，相继点火试产。2010 年，园区各投产企业也根据自身实际，成立了“综治工作领导小组”、“安全生产领导小组”，并与建立健全党、工、团、妇等组织相衔接，逐步形成了“多位一体”共抓综治、齐抓安全的工作格局。通过党、工、团、妇等组织的相互配合，引导职工进行定期排查、及时疏导，有效化解企业内部各种矛盾纠纷，把矛盾解决在“萌芽”状态。加强园区联防队伍建设和管理，由园区管委会和乾江派出所统一指挥，一旦发生警情立即响应。通过建立综治工作网络图、治安防范图等，进一步明确综治、调解、治安巡逻等岗位人员工作职责，进一步建设“平安园区”，确保园区各项工作的平稳发展。（杨　驰）

农村经济

农业综述

【概况】 2010年，北海市乡镇个数23个，村民委员会342个，居民委员会52个，村民小组7118个。全市总户数44.18万户，总人口166.84万人，农业人口116.91万人，其中乡(镇)村户数21.92万户，乡(镇)村人口86.41万人，乡(镇)村劳动力资源数50.25万人，乡(镇)村从业人员46.84万人，其中农林牧渔业从业人员25.76万人。全市农业机械总动力121.26万千瓦，大中小型拖拉机14355台，大中小型拖拉机动力18.77万千瓦，农用排灌机械13226台，农用排灌机械动力9.33万千瓦，机耕地面积112643公顷。全年有效灌溉面积46601公顷，旱涝保收面积31024公顷。

全市农作物总播种面积181281公顷，同比增1.59%。其中粮食作物播种面积81349公顷（其中水稻播种面积51858公顷，玉米播种面积9566公顷，豆类播种面积1788公顷，薯类播种面积17998公顷)，同比增1.66%；经济作物播种面积63197公顷(其中油料作物播种面积15306公顷，甘蔗播种面积32363公顷，木薯播种面积14189公顷)，同比增2.97%；其他农作物播种面积36735公顷（其中蔬菜播种面积32727公顷，西瓜3329公顷)，同比减0.83%。年末果园面积14601公顷。全市主要农产品总产量分别是：粮食36.46万吨、同比减2.72%，油料3.59万吨、同比增8.13%，甘蔗233.97万吨、同比增5.34%，木薯11.37万吨、同比增4.92%，蔬菜63.81万吨、同比增1.39%，水果8.27万吨、同比增13.27%。

全市农林牧渔业总产值152.48亿元(当年现行价，下同)，同比增4.36%。其中，农业产值36.65亿元，同比增5.09%。农民人均纯收入5426.2元，比增15.5%。　(韩劲峰)

【社会主义新农村建设】 2010年，北海市继续实施新农村示范建设，对已建新农村建设示范村、“一村一品”经济强村进行巩固完善提高，第二批200户科技与生态示范户联合创建，进一步带动全市新农村建设。合浦县常乐镇石城颜屋村、海城区涠洲镇盛塘村列入自治区百村示范试点村。

树立样板　继续从扶持特色产业、发展设施建设、开展环境整治等急难问题入手，扎实推进。一是重点扶持合浦县廉州镇烟楼村、马江免村、海城区高德赤西村、银海区平阳镇平阳村、石桥塘村、福成镇三合口新安村、铁山港区营盘镇塘仔村示范村建设，建成一批新型居住区，树立新农村新建村典型；二是推进常乐镇石城颜屋村、涠洲镇盛塘村两个自治区百村示范村建设。

加快特色现代农业发展　开展形式多样的强基惠农、助农增收活动。全市创建“广西特色现代农业示范市”活动取得明显成效。农业结构进一步优化，高效优质生态安全农业持续发展，继续创建优势特色产业基地。继续推广地膜覆盖、拱棚育秧、大棚栽培、良种良法、测土配方施肥等先进实用新技术。北海特色现代农业体系已成为新农村建设产业支撑。

新农村建设资金投入及成效　2010年全市新建设投入资金5.11亿元，其中，县区2.4亿元、部门投入2.7亿元。合浦县级以上财政投入125万多元，对全县45个村级活动场所进行维修建设，2010年，3个新建项目基本完成，其中1个投入使用，42个维修项目基本完成改造维修工作；海城区投入123万元，主要用于盛塘、赤西两个示范村建设；银海区投入23700万元重点用于银滩新村、石桥塘等示范村基础设施建设及平阳、宁海等现代特色现代农业示范基地建设；铁山港区投入68万元，主要是市级下拨专项资金，用于塘仔村建设及产业扶持。各级各部门投入2.7亿元推进农村基础设施建设，其中，标准化海河堤建设完成投资8500万元，新建海河堤18米；大中型水库除险加固，完成石康、牛尾岭水库投资2000万元，专项规划内15座水库全部完成建设任务和工程验收，在全区率先完成水库除险加固任务；灌区渠道改造疏浚，完成合浦水库、洪潮江水库灌区节水改造投资3500万元，恢复有效灌面积0.32万公顷；农村人畜饮水安全，完成项目28个，占计划的100%，完成投资3136万元，解决5.99万人；投入资金800万元，推广种植超级稻1.33万公顷；全市通村硬底化公路建设投入约9429万元，建设里程约160米；修建渡口改造和危桥项目汉水小桥等4座、135延米，投资400多万元；投入750万元，建成沼气池2500座；共筹集资金2355万，开展基本公共卫生服务项目建设，年人均基本公共卫生服务经费标准达到15元；投入2600万元，全面完成北海城乡风貌改造二期工程建设。（花铭隆）

【农业产业化企业建设】 2010年围绕"北海三年跨越发展工程"工作任务，以做大做强龙头企业为重点，全市农业产业龙头企业不断发展壮大。一是龙头企业数量质量不断增加。确定"保质量，稳数量"的原则开展对龙头企业评审工作，组织评审2010年市级龙头企业，还对现有的龙头企业进行监测，新增加市级龙头企业3家，总量达到43家，其中国家级3家，自治区级17家，质量和数量均排在自治区前列，形成种植、养殖、加工、流通和旅游观光五大主导产业，龙头企业成为农业产业化的核心力量；二是龙头企业订单增长，新开拓一批新产品，在全国建立健全销售网络。2010年，企业年销售收入达38亿元，创历史新高。销售收入超5亿元有3家，超亿元9家；三是不断扩大龙头企业基地。新增生产基地1333公顷，有效缓解企业因原料不足影响加工量的突出问题，确保食品安全质量，带动农民发展标准化生产；四是加强企业对农民的服务力度。每个企业基本建有服务和发展农民的专门机构，并以各种方式，加大扶持农民发展生产，龙头企业新带动农户2.1万户，总数达到7.5万户，占农户的30%；五是加强龙头企业管理。企业注重推动新技术研发及应用，加强引进新高层管理人才，培育新的现代管理队伍，开创新的产品品牌；六是通过中国农业招商项目、广西2010年技改项目、桂粤农业合作项目等进行发布招商，组织一批龙头企业参加国家和自治区举办各项招商会，引进国内外各类农业项目资金2.2亿元。

（庞伟明）

【招商引资】 2010年，北海市以项目推进为核心，坚持把招商引资作为振兴经济的战略性工作来抓。北海市农业局坚持以市场为导向，以资源为依托，遵循"政府引导、政策扶持、市场运作、社会参与"的原则，从总体与全局上把握招商引资工作，变过去盲目、仓促、低效招商为目的、有序、有效招商。在此基础上，做好项目建议书、可行性研究报告编制及土地、规划、环评等前置审批与备案工作，加强项目的动态管理，切实做到快节奏和不间断提出具有吸引力的招商引资项目，确保项目建设"储备一批、推出一批、开工一批"，使招商引资工作扎实有效推进。继续采取引进来，走出去的办法，充分利用国内国际市场，发挥农业区域优势，采取招商引资、合作经营的方式，争取引进落户一批企业和项目，使更多著名品牌企业入驻，不断开创全市农业对外开放工作新局面，使招商引资工作呈现出强劲发展势头。在2010年第七届中国—东盟博览会签约项目上，北海市蔬菜配送中心和北海中盛生态产业有限公司；北海绿加益农业开发有限公司和越南DEVYT贸易与物流有限公司分别签订北海市蔬菜配送中心二期工程项目和北海特色蔬菜速食产品加工开发基地建设项目合作协议，2010年这两个项目完成投资1930万元。全年全市农业招商引资到位资金6150万元。（罗远萍）

【农产品网上流通体系】 为更好展示北海名特优农产品，发挥农产品网上交易优势。2010年，市农业局一是大力开展"农业信息服务进企业"活动，动员各企业、流通协会、流通、种植大户加入广西农产品贸易网企业网员专区，为企业提供优质个性化农产品网上展示平台。发展广西北海桂生生态农业科技开发有限公司、北海市金品东盟百花园科技开发有限公司等7个企业、种养大户成为会员；二是以实施"金农工程"为契机，促进农产品网上销售。以实施"金农工程"项目为契机，充分利用项目配备的设备，组织各县区信息员进行培训，发动他们在北海农业信息网、广西农业信息网等网站，为企业、种养大户、流通大户发布供求动态信息，组织他们参与农产品网上展销节，促进农产品流通。在广西农产品交易网上开办的"广西(网上)西甜瓜节"，由于北海市宣传组织到位，种植大户、经销大户参展，提高了北海农产品的市场知名度，各地客商争相采购北海农产品，为解决北海市农产品卖难、促进农民增收中发挥作用，取得显著成效。全年全市网上签约量10.1万吨，签约金额10850万元，成交量9.2万吨，成交金额8760万元。

（叶桂娟）

【农业执法】 2010年，是种子执法年暨加强农药监管年，北海市农业局全面贯彻落实全国农资打假工作电视电话会议精神，围绕创建"广西特色现代农业示范市"活动，以加强农业综合行政执法为抓手，以市级农业执法规范化建设为主线，以强化农产品质量安全监管为重点，强化农资市场管理，进一步规范农资市场的经济秩序，完善农业执法各项规章制度，推进农业依法行政、依法治理，从源头上确保农业生产和农产品质量安全，为农业和农村经济发展提供强力支撑。一是继续抓农业综合执法体系规范化建设。市农业综合行政执法支队正式成为参照公务员管理的事业单位，办公条件和执法条件大为改善。二是开展全市性农资打假专项治理行动。全年共出动执法人员2237人次，出动执法车辆699台次，整顿市场257个次，检查农资生产、经营单位1419个次，立案91起，结案91起。罚没金额31万多元。三是加强农业法制宣传教育。深入开展"放心农资下乡进村"和"送法下乡"活动，抓住农时和农资销售旺季，组织执法人员深入田间地头和农户家中，向农民群众提供咨询服务，宣传法律法规和相关标准，引导农民选购质量好的农资产品。全市共出动宣传车16辆次，组织放心农资下乡进村街日宣传周活动一次，牵挂过街横幅20条，张贴标语120多条，发放宣传资料10多万份，组织1万多元放心农资现场展示。通过宣传教育增强农民维权意识、辨别真假农资的能力。四是开展农资产品质量抽检工作。

（洪逢春）

【农村综合改革】 2010年北海市农村改革实现新的突破，农村的基本政策落到实处，农民合法权益得到切实维护，农村基本经营制度进一步稳定和完善，促进农业发展、农民增收、农村和谐。一是总结、推广银海区平阳、宁海村试点村规模经营、大棚种植经验，开展土地流转工作，进一步健全流转机制、规范流转行为，推进土地规模经营，加快发展现代农业。2010年全市农村土地承包经营权流转总面积15333公顷，占农户承包地总面积的25%，土地流转涉及农户为55201户，占农户总数的22%。土地经营权流转促进专业生产基地和农产品加工业的发展，产品结构、产业形态、产业链建设得到不断优化和升级，促进现代农业的稳步发展；二是农民专业合作社有新突破。围绕农业生产有组织、产业基地有规模、特色产品有市场、加工流通有效益，新发展农民专业合作社31家，比上年增长56%，总量达到86家，并拥有"绿桂园"水果、"南珠"牌蔬菜、"孙东"牌蔬菜、"南珠"海鸭蛋、"叮铛鸡"、"浦康"牌花生油等6个注册商标，合作社成为带动农民致富中坚力量。三是落实强农惠农政策，资金落实到位。全年强农惠农各种补贴资金7592万元，受益农户27.7万户，补贴资金全部由县级财政通过"一卡通"存折拨付给农民。四是有序推进村级公益事业建设一事一议财政奖补工作，全市370村居委全部建立"一事一议"筹资投劳管理制度。全年落实财政补贴自筹资金829万元，投入劳工18000个工作日，农村公益事业建设得到进一步完善。（庞伟明）

农业科技

【科教培训】 2010年，以市县农广校、农民专业合作社、农业龙头企业为阵地，以农业实用技术和就业创业技能为主要内容，着重抓好村干部、种植大户、示范户和骨干农民的培训，实现市级培训覆盖到县区和重点乡镇，县级培训覆盖到乡镇和重点村、乡镇培训覆盖到村组和重点农户，提高农业生产科技含量，促进农村经济发展。全年组织开展农民科技培训3.1万人次，完成任务103%，开展农村劳动力转移培训阳光工程项目培训3850人，完成任务100%，市农广校招收学员346人，完成任务133.08%。（苏东梅）

【农业良种良法推广】 2010年，北海市各级农业部门围绕"粮食增产、农业增效、农民增收"，深入开展服务"三农"比奉献、创先争优活动，扎实推进农业科技创新，大力推广良种良法，全年推广农作物优良品种110多个，全市优质谷率达87%、优质玉米率达88%、花生良种覆盖率达83%、蔬菜良种覆盖率达95%、水果良种覆盖率达92%、优质果品率达59%，甘蔗良种覆盖率保持在95%以上。2010年北海市超级稻种植面积13333公顷，主要推广Y两优302、中浙优1号、特优航1号、丰两优4号、天丰优998等超级稻品种，应用隔层育秧、免耕栽培、测土配方施肥、病虫害统防统治等技术，主攻单产，扩大种植面积，提高水稻品质和效益，增强粮食综合生产能力和市场竞争力，实现粮食生产大面积增产增收；推广"木薯+玉米（豆类、西瓜）"、"甘蔗+香瓜（玉米）"、"桉树+南瓜（西瓜、木薯、红薯）"、"西瓜+辣椒"等十多种间套种模式共9073公顷，大幅度提高土地利用率和产出率；应用膜覆盖保水技术、秸秆覆盖保水技术、甘蔗深耕深松保水技术、滴灌技术、微喷灌技术、膜下滴灌和膜下微喷灌技术等农田节水技术面积37000公顷；全市实施测土配方施肥面积80000公顷，取土化验3000个，发放施肥卡32000份，施用配方肥4500吨；推广"三避"技术56667公顷，其中大棚栽培厚皮甜瓜、辣椒等技术发展迅速，减缓或抵御不利天气对农作物生长的影响，种植效益显著；推广"万家灯火"、"性诱技术"等绿色植保技术，降低农药使用量，全年新增推广频振式杀虫灯200台，推广性诱瓶10000套。实施《鲜食（甜、糯）玉米新品种引进及集成栽培技术试验示范与推广》项目获2009年度北海市科学技术进步奖二等奖。2010年，大力发展以瓜果菜为主的高效设施农业，加快转变农业发展

市农业局领导检查春耕生产　　韩劲峰　摄

方式,全面提高土地利用率、产出率和农民增收贡献率，大幅度提升特色农业规模化、设施化和现代化水平。在平阳镇平阳村、东星村、孙东村、福成镇宁海村、古城村、八一、三合口村、石康镇大庄江村、红碑城村等建立高效设施农业基地 20 多个，辐射带动全市发展高效设施农业面积 7667 公顷。依靠"农作物三辟技术"和设施栽培取得节地、节水、节肥、节药、节种、节能、节劳力以及增产、增效、增值、增收的显著效果。

（苏东梅　庞小莲）

【农作物主要病虫害防治与检疫】2010 年，全市主要农作物病虫害发生总体属中等发生年份，病虫鼠草害发生面积 39.23 万公顷次。其中"两迁"害虫稻飞虱和稻纵卷叶螟发生较重，为中等局部中等偏重发生年份,发生 9.00 万公顷次;南方水稻黑条矮缩病全年发生面积 0.08 万公顷次。主要农作物病虫害防治 34.8 万公顷次，防治后挽回损失产量 67300 吨,实际损失 10518 吨。其他主要农作物病虫害发生情况：水稻病虫害发生 7.4 万公顷次;玉米病虫害发生 1.53 万公顷次；花生病虫害发生 1.67 万公顷次；甘蔗病虫害发生 5.2 万公顷次；蔬菜病虫害发生 6.53 万公顷次；水果病虫害发生 1.53 万公顷次；农田鼠害发生 4.03 万公顷次,草害发生 9.67 万公顷次。全市全年共实施种子、种苗产地检疫 155.56 公顷次,主要检疫水稻、玉米杂交制种。实施调运检疫 135 批次共 2743 吨。

（卢　明）

【农产品质量安全】 2010 年，市农业局进一步加强农产品质量安全管理工作，加快农产品质量安全体系建设，推进农产品质量安全例行监测工作,着重抓好"五个加强",全面提升北海市农产品质量安全水平和市场竞争力,保证农产品质量安全。一是加强健全制度,落实责任。继续健全农产品质量安全制度，分别与县区农业局、局辖各科室各单位签订责任书，并与农资生产经营业主签订守法责任状；二是加强宣传教育。通过召开农资人员培训班、农民培训和放心农资进村下乡等活动，对农资生产经营业主和农民进行培训,推介放心农资,接受农民咨询；三是加强对从事农业标准化生产的农民进行指导和培育；四是加强农资市场执法检查，加大案件查处力度;五是加强蔬菜水果监测,加大对北海市主要生产基地、农产品批发市场和主要农贸市场、超市实行蔬菜质量监督抽检的监测密度等。通过这些措施对农产品生产的过程实行全程监管，特别是重点对禁用的高毒高残留农药的监管，从源头上杜绝高毒高残留农药的生产、销售和使用,确保农产品质量安全。全年共例行监测蔬菜样品 7007 个,水果样品 450 个。先后建成合浦花生标准化基地、合浦县蔬菜生产基地、合浦县水果生产示范基地等 6 个无公害农产品生产基地。全市通过自治区认定的无公害农产品生产基地总面积达 58467 公顷，占全市耕地面积 73%,涵盖油料、蔬菜、粮食、水果等四大类。通过无公害生产示范基地的建设，农业标准化生产水平明显提高，农产品质量安全水平明显改善。

（洪逢春）

种植业

【粮油生产】 2010 年，北海市坚持以科学发展观为指导，以促农增收为核心，深入实施产业提升和促农增收计划,采取有力措施,加大示范推广力度,开展粮油高产创建活动,进一步调动农民发展粮油生产的积极性,促进粮油生产稳定增长。全年粮食作物播种面积 8.13 万公顷,单产 4482 公斤 / 公顷，总产量 36.46 万吨,同比增 1.63%、减 4.29%和减 2.72%。其中:水稻面积 5.19 万公顷,单产 5234 公斤 / 公顷,总产量 27.14 万吨,同比减 0.57%、增 1.77%和赠 1.04%;玉米 0.96 万公顷,单产 4177 公斤 / 公顷,总产量 4 万吨,同比增 4.34%、减 9.08%和减 5.88%;红薯面积 1.73 万公顷,单产 2695 公斤 / 公顷，总产量 4.65 万吨，同比增 3.59%、减 23.89%和减 21.32%。油料作物面积 1.53 万公顷,单产 2343 公斤 / 公顷,总产量 3.59 万吨,同比增 6.7%、1.08%和 8.46%。其中,花生面

合浦党江超级稻生产基地　　韩劲峰　摄

积 1.5 万公顷，单产 2364 公斤 / 公顷，总产量 3.56 万吨，同比增 7.14%、1.03%和 8.21%。北海市超级稻推广取得历史性突破，面积达 1.35 万公顷，比增 18.42%。

（李秀玲）

【甘蔗生产】 2010 年，北海市以发展现代农业为主攻方向，大力实施科技兴蔗战略，抓住蔗糖市场回升的机遇乘势而上，确保蔗糖支柱产业健康、稳定发展，加强高产高糖糖料蔗产业基地建设，大力推广早植、合理密植、节水灌溉、深耕深松、测土配方施肥、病虫害综合防治等技术，推广甘蔗间(套)种西瓜、大豆、南瓜、玉米等种植模式。全市甘蔗种植面积 3.24 万公顷，单产 7.23 万公斤 / 公顷，总产量 233.97 万吨，同比分别增 3.18%、2.4%、5.33%。其中糖料蔗面积 3.22 万公顷，单产 7.22 万公斤 / 公顷，总产量 232.30 万吨，同比分别增 3.21%、2.27%、5.31%。果蔗面积 183 公顷，单产 9.14 万公斤 / 公顷，总产量 1.67 万吨，同比分别增 5.17%、3.86%、9.15%。推广高产高糖新良种面积 2.94 万公顷，深耕深松 1.26 万公顷，蔗叶还田 0.56 万公顷，测土配方施肥 0.39 万公顷，节水灌溉 0.6 万公顷，间套种 0.37 万公顷。原料蔗平均收购价格 341 元 / 吨，产糖量 21.36 万吨，糖料蔗总收入 6.53 亿元。

（李秀玲）

【蔬菜生产】 2010 年，北海市蔬菜种植面积 32727 公顷，同比增 1.43%，总产量 63.81 万吨，同比增 3.5%，总产值 10.10 亿元，同比增 4.54%，农民人均蔬菜收入 864 元，比上年增加 136 元。西瓜香瓜种植面积 3859 公顷，同比增 4.18%；总产量 10.81 万吨，同比增 7.88%。北海市蔬菜产业呈现以下五个特点：一是生产规模不断扩大，区域布局基本形成。全市逐步发展形成以常乐、石康、石湾等镇为中心的无公害豇豆、玉豆生产基地；以银海区福成、平阳、铁山港区兴港等镇为中心的大棚设施蔬菜基地；以合浦县廉州、常乐、海城区驿马、高德、地角和铁山港区南康等镇(办事处)为中心的根茎类、叶菜类蔬菜基地；以铁山港区南康镇为中心的南瓜、辣椒基地等一批规模种植、配套较好、优势明显的区域特色蔬菜生产基地，其产品产量占全市蔬菜总产量的 50%以上；二是蔬菜种植品种突出特色，结构不断优化。全市栽植蔬菜有 100 多个品种，能满足市场需求，确保市民菜篮子蔬菜品种丰富；三是蔬菜设施栽培快速发展，科技支撑作用明显。全市发展设施蔬菜面积达 7667 公顷，主要模式有“甜瓜 + 甜瓜 + 菜”、“甜瓜 + 菜 + 菜”、“菜 + 甜瓜 + 菜”、“甜瓜 + 菜”等；四是蔬菜产品质量稳步提升，品牌效应初步显现。各级农业部门大力推广使用有机肥和生物农药，推行“农产品质量安全监督员”制度，实行田头固定监测和例行机动检测相结合，监测蔬菜样品合格率达 99.4%。提升“还珠蔬菜”、“孙东蔬菜”、“桂森西甜瓜”等

合浦豆角畅销外地　　韩劲峰　摄

一批有一定影响力的农产品品牌。五是蔬菜保持产销两旺，畅销北京、上海、长沙、重庆、天津、南京、哈尔滨等大城市，而且价格普遍上扬，实现农业增效、农民增收的目标。

（付木兰）

大棚栽种的辣椒　　韩劲峰　摄

【水果生产】 2010年，北海市水果种植面积14601公顷，同比增3.08%，水果总产量8.27万吨，同比增9684吨，增13.27%，全市水果总产值2.59亿元，同比增11.07%，农民人均增加16元。其中：荔枝面积3004公顷，同比减0.43%，产量0.93万吨，同比增9.89%；龙眼面积4749公顷，同比减0.14%；产量1.23万吨，同比增4.48%；蕉类面积1998公顷，同比增3.95%，产量3.47万吨，同比增25.73%；柑橙面积2877公顷，同比增16.05%，产量1.01万吨，同比增7.29%；其他水果面积1168公顷，与上年持平，产量1.02万吨，同比增5.51%。产量1.57万吨，同比增4.41%。北海市继续大力实施“优果工程”建设，在水果结构调整，新品种引进推广，水果标准园建设，新技术推广应用等方面均有所突破。2010年全市水果优质果品率59.6%，比上年提高2.8%。良种覆盖率91.5%，比上年提高2.6%。完成果树品种结构调整老果园更新2000公顷，果树创高提质、节本增效技术推广面积667公顷，果树“三避”技术推广应用面积3333公顷。间套种技术推广面积1333公顷。此外，围绕创建特色现代农业示范市要求，重点抓好海城区高德独江香蕉搭架防风技术示范基地、涠洲香蕉节水灌溉示范基地和合浦县乌家镇、山口镇、营盘镇等香蕉水肥一体化、防风栽培技术示范基地等7个基地。通过示范辐射带动，实施果业增产、农民增收、农业增效的目标。大力发展水果精深加工业，加大果园旅游观光、休闲度假等功能的开发力度，延长水果产业链，大幅度提高果业效益。

（付木兰）

铁山港种植西瓜获丰收　　韩劲峰　摄

农业机械化

【概况】 北海市农业机械化管理局内设办公室、科教质量科和监督管理科等3个职能科室，人员编制10人，有北海市农机安全监理所、北海市农业机械化技术推广站、北海市农业机械化技术学校、北海市农机管理服务中心、北海市农业机械耕作队等5个下属单位。合浦县的县级农机化机构与市级对口设置，市辖三区未设置农机化机构。年末，全市农机系统编制内职工人数234人（合浦县139人）；农村农机户1.44万户（合浦县0.79万户），比2009年减少5582户，减少27.91%；全市农机总动力121.26万千瓦（合浦县59.76万千瓦），比2009年增2.99万千瓦，增2.53%；农机具12.38万台套（合浦县9.50万台套），比2009年增3.82台套，增44.63%；农村农机维修网点164个（合浦县82个），与2009年基本持平；农机经销点23个

（合浦县23个），与2009年基本持平；全年完成农机作业面积24.43万公顷（合浦县15.56万公顷），比2009年增加0.98万公顷，增4.18%，农机化农田基本建设作业量1.05万立方米（合浦县0.9885万立方米），机械初加工农产品数量17.12万吨（合浦县14.74吨），设施农业约7667公顷（合浦县约4533公顷）；完成农机作业值11.78万元，比2009年增加1.56万元，增15.26%；全年农机化总投入4775.44万元（合浦县2752.38万元），比2009年增加1427.44万元，增42.64%；2010年，全市农作物耕种收综合机械化水平约36%（其中，水稻耕种收综合机械化水平达58%，甘蔗耕种收综合机械化水平达41%），比2009年增加4个百分点，排在全区第一。市农机局被评为全区“千乡万村现代农机装备推进工程”先进单位。

【农机购置补贴】 2010年，是实施自治区“千乡万村现代农机装备推进工程”的第三年，农机部门把落实农机购置补贴政策作为实施“千乡万村现代农机装备推进工程”的保障措施来抓。2010年，自治区农机局下达北海市农机购置补贴资金总量为1359万元（其中中央资金1314万元，自治区资金45万元），比上年增加68%，截止2010年9月，全市提前完成农机购置补贴资金1359万元，占任务的100%，其中，完成中央补贴资金1314万元（合浦777万元），自治区资金45.70万元（合浦25.57万元）。引导农民投入购机资金约4000万元（合浦2404万元），比2009年增加170.94%。共购置各类农业机械12890台套（合浦8005台套），其中，大中型拖拉机44台（合浦25台），手扶拖拉机797台（合浦678台），水稻机动插秧机102台（合浦59台），水稻联合收割机8台（合浦7台），增氧机9005台（合浦4635台），其他机具2934台（合浦2601台）。

【农业机械化技术推广】 2010年，主要推广水稻生产机械化、甘蔗生产机械化及水产养殖水体增养这3种农机化新技术，引进试验木薯收获机械化技术。建立新技术推广示范基地6个，其中，水稻生产机械化示范基地4个（铁山港区3个，合浦1个），面积约100公顷，进行现代高性能水稻插秧机和联合收割机新技术的示范推广。水稻插秧机主要推广使用久保田、洋马、东洋、福田雷沃、小精等名牌机，这些插秧机均配置性能优异的大功率汽油机、精准可靠的行走系统、高精度的栽插系统和人性化的操作系统，把“人、机、苗、田”等关系有效地组合起来，真正实现浅栽、宽行、窄距、定苗、定穴插秧，达到高效、节本、增产、增收的效果。2010年，水稻机插秧面积达到940公顷（其中合浦600公顷），比2009年增加405公顷，增长75.70%。联合收割机主要推广使用桂联、广西开元、碧浪、久保田、洋马、福田雷沃系列等品牌的收割机。2010年，水稻机械化收割面积达到41650公顷（其中合浦33760公顷），比2009年增加15791公顷，增长61.07%。在广西北部湾农垦农场建立甘蔗机械化技术示范基地1个，面积约66公顷，推广机械化蔗地深耕深松、中耕培土、甘蔗收获、蔗叶粉碎还田等技术。12月3日，市农机局联合中国热带农业科学院农业机械研究所，在广西北部湾农垦总场举办甘蔗叶机械化粉碎还田技术现场演示会。市人民政府副秘书长庞天宏、市经委、市农业局、广西北部湾农垦总场等部门领导以及农场职工、蔗农代表共90多人参加现场演示会。在合浦县乌家镇建立1个53公顷的木薯机械化示范基地，重点示范推广木薯深耕深松、木薯收获等机械化技术。年初，市农机局还在田野生态园举办木薯机械化收获技术现场演示会。来自河南坤达公司、武鸣农机技术推广站、中国热带农业科学院农业机械研究所等3个单位研制的木薯收获机进行作业演示。2010年，推广水产增氧机9005台，比2009年增加3918台，增77.02%。

【农机专业合作社】 2010年，贯彻《农业部关于加快发展农机专业合作社的意见》，加大引导宣传和各种扶持力度，推进农机专业合作社多样化创建、规范化运营、市场化服务、产业化经营。2010年，新增农机专业合作社15个，至年底，全市农

水稻机械化收割　　农机局　供

机专业合作社已达20家，共有社员126人，有包括汽车、拖拉机、收割机、小型多功能拖拉机、水稻插秧机等主要农业机械在内的农机具288台套，总资产1136.32万元。

【农机安全管理及技能培训】

农机安全管理　2010年，围绕防事故、保平安、促增收的农机安全生产管理工作目标，开展各项农机安全工作。一是突出加强节假日和重大活动期间农机安全生产工作；二是组织开展拖拉机无牌无证以及悬挂外省机动车号牌的低速货车、三轮汽车和拖拉机交通违法行为的专项整治行动；三是开展农机安全文化乡村行活动，5月29日，市农机局、市农机监理所与市交警支队、市文明办联合开展以"文明出行、守法走路"为主题的"百万农民"志愿者文明交通义务劝导活动；四是开展"平安农机"创建活动，进一步完善创建机制，落实工作措施。2010年，全市没有发生重特大农机安全事故，农机安全生产保持良好态势。

技能培训　2010年，农机部门创新培训模式，提高农民技术素质。2010年，举办村"两委"干部培训2期，培训"两委"干部50人，举办拖拉机驾驶员培训班10期，培训驾驶员527人；农机部门与农机生产企业技术人员联合举办以微型耕作机、水稻插秧机、水稻收割机等机具的操作、维护为内容的培训班共计13期，培训农民约1300人。

（庞振强）

东园牛场　　市水产畜牧兽医局　供

畜牧业

【综述】 2010年，北海市畜牧工作者落实全市农村工作会议和全市水产畜牧工作会议精神，以增加农民收入为目标，加大贯彻落实国家扶持畜牧业生产发展的各项政策的力度，结合实际调整和优化畜牧业结构，推广优良畜禽品种和科学饲养管理技术，加强畜产品质量安全生产，畜牧业生产稳步发展，畜禽产品供应充足，价格稳定。2010年，北海市生猪出栏97.57万头，比上年同期增5%；牛出栏3.01万头，比上年同期增6.36%；家禽出栏2701.14万羽，比上年同期增5.59%；全市肉类总产量12.53万吨，比上年同期增5.65%；奶类产量0.15万吨，比上年同期增7.14%；禽蛋产量1.6万吨，比上年同期增7.38%。全市肉类人均年占有量78.02公斤，比上年同期增5.37%；禽蛋人均年占有量9.96公斤，比上年同期增7.09%；奶类人均年占有量0.93公斤，比上年同期增6.89%。2010年第四季度，瘦肉型活猪价14.13元/公斤，比上年同期增15.82%；猪瘦肉28元/公斤，比上年同期增16.66%；牛肉40元/公斤，与上年同期持平；活鸡价18元/公斤，比上年同期增12.5%。全市畜牧业总产值25.17亿元(现行价)，比上年同期增4.37%，占农林牧渔业总产值的16.51%。

合浦凤翔公司养鸡场　　市水产畜牧兽医局　供

【生猪标准化规模养殖场(小区)项目建设】 2010年,中央和国务院及各级政府高度重视生猪标准化规模养殖,继续出台扶持生猪标准化生产的政策和措施。北海市各级畜牧兽医部门落实国家相关政策,作好生猪标准化规模养殖场(小区)项目建设。根据广西壮族自治区发展和改革委员会、广西壮族自治区水产畜牧兽医局《关于下达广西生猪标准化规模养殖(小区)建设项目2010年中央预算内投资计划的通知》精神,中央预算内投资北海市生猪标准化规模养殖(小区)建设项目250万元,改扩建养殖场(小区)10个,极大地激发北海市广大投资者和农民扩大规模养殖的积极性,促进生猪生产发展。

合浦堂排优质的肉猪　　市水产畜牧兽医局　供

【动物防疫】 2010年针对国外国内动物疫情的情况,北海市各级畜牧兽医部门采取以下措施防止重大动物疫情传入和爆发。市、县、乡镇三级政府和畜牧兽医部门层层召开会议落实动物防疫工作目标责任制,明确各自的责任。围绕高致病性禽流感、高致病性猪蓝耳病、牲畜口蹄疫、猪瘟4个强制免疫病种和鸡新城疫全面开展免疫工作。

动物免疫 2010年全市禽流感免疫3761.15万羽,密度99.75%;口蹄疫免疫生猪137.36万头、牛免疫26.27万头、羊免疫2.92万头,免疫密度分别达到99.23%、99.88%和99.61%;猪瘟免疫138.97万头,密度99.81%;高致病性猪监耳病免疫134.76万头,密度99.23%;鸡新城疫免疫2488.11万羽,密度99.88%;狂犬病免疫2.27万只,免疫密度74.55%。

加强动物疫病监测 根据自治区的部署及北海市防疫工作实际要求,在春秋两季抽检动物疫病免疫抗体,禽流感抗体平均合格率为98%;牲畜O型口蹄疫抗体平均合格率为78.3%;牛、羊亚洲Ⅰ型口蹄疫分别为97.00%、100%;猪瘟抗体平均合格率98.33%;鸡新城疫抗体平均合格率94.00%。免疫抗体合格率均达到自治区的要求。全年采集580份鸡喉头泄殖腔棉拭子,监测高致病性禽流感,采200头份牛血清,监测牛A型口蹄疫病;采300头份猪肺、脾、淋巴、血清,监测猪口蹄疫和高致病性猪蓝耳病;采30头份猪鼻腔棉拭子和血清,监测猪甲型流感;采猪、牛、羊血清分别294头份、494头份、21头份监测布病,采牛脑50头份,监测疯牛病,结果均为阴性。用"牛提纯结核菌素变态反应"检奶牛280头。采集禽血样3880头份检验禽流感免疫抗体,合格率为76.5%;采集家畜血样5462头份,检验口蹄疫免疫抗体,合格率为77.3%;采集猪血样3167头份,检验猪瘟免疫抗体,合格率为79.6%;采集鸡血样2566头份,检验鸡新城疫免疫抗体,合格率为75.8%。

强化重大动物疫病应急管理 健全和完善重大动物疫病应急预案,组建应急预备队,并做好2010年应急防疫物资、疫苗库存储备工作。不断加强技术培训和技术指导。市、县(区)畜牧兽医部门举办培训班,全年共举办8期培训班,培训650人次,其中兽医人员培训班4期300人次,养殖户培训班4期350人次。此外,动物疫控部门还派出专业人员500多人次上门指导养殖户做好动物防疫工作。

【动物检疫】 2010年北海市产地检疫生猪34.35万头,与上年同期的30.11万头相比,增加4.24万头,增14.1%;家禽282.57万羽,与上年同期的272.33万头相比,增加10.24万头,增3.7%;屠宰检疫生猪48.15万头,与上年同期的46.95万头相比,增加1.2万头,比增2.5%;处理不合格动物产品1.31万公斤;全市共查验上市猪肉约4.95万公斤,牛肉1.5万公斤,白条禽50.64万只,冷冻鸡翅尖约5.76万公斤,禽内脏1.68万公斤,羊3710只,光犬950只,检出病害肉品132公斤,对检出的不合格动物及其产品采取深埋、焚烧、高温等措施进行无害化处理。

【动物卫生监督执法检查】 2010年共出动监督执法检查车辆361辆次、监督执法人员1446人次,检查规模场20个、检查冷库33个、配合市政府进行食品卫生大检查3次,检查农贸市场500余个次，检查超市及肉类专卖店300多个次，肉品仓储场所100多个次，肉食品加工点200多个次；无害化处理病死猪共713头，死鸡436羽，死狗13只，死牛2头；组织联合执法4次，发整改通知书4份，查办案件8起，作出行政处罚8600元整，结案率100%。

动物卫生监督　　　　市水产畜牧兽医局　供

【兽药监管】 2010年出动执法人员866人次，对兽药生产企业、兽药经营企业、兽药使用企业共75个进行检查和监督，印发兽药宣传资料2000份，兽药GSP审查发证4家，查获假劣兽药84.7公斤、198包(瓶、袋)，货值2821.5元，立案查处5件，查处结案5件，没收违法所得322元，罚款5793元。

【组织执业兽医考试】 为完满完成2010年全国执业兽医资格考试工作，市水产畜牧兽医局成立以局长为组长、副局长任副组长、防疫检疫监督科和市动物卫生监督所领导班子为成员的执业兽医资格考试领导小组，全面负责北海市考点的执业兽医资格考试工作。据完全统计，2010年北海市报考"执业兽医"资格考试的共有42人，取得"执业兽医师"资格3人，"执业助理兽医师"资格7人。

【水产畜牧产品和养殖投入品质量监督管理】 2010年，北海市采取措施加强对水产畜牧产品和养殖投入品的质量监管，一是成立产品质量安全专项整治领导小组，制定《2010年北海市水产畜牧产品质量安全整治方案》下发合浦县水产畜牧兽医局、海城区水产畜牧兽医局、银海区水产畜牧兽医局、铁山港区水产畜牧兽医局和有关单位实施；二是广泛开展宣传，通过发放资料、科技下乡、开展告知和承诺等方式，让群众了解到生产、经营和使用违禁药物和饲料添加剂的危害。2010年，向兽药、饲料生产企业、经营门店和规模养殖场等印发《农产品质量安全法》、《饲料添加剂目录》、《食品动物禁用的兽药及其他化合物清单》、《饲料药物添加剂》、《关于禁止销售和使用"瘦肉精"等违禁药物的告知书》、《给饲料生产、销售企业告知书》、《致养殖企业告知书》资料6000份。企业签订了《北海市饲料生产经营企业产品质量安全生产承诺书》、《养殖企业安全使用饲料承诺书》200份；三是加强监督检查。采取多种形式监督检查，强化规范安全生产，组织执法人员不定期到生产、销售、使用单位和一县三区督查。2010年，北海市水产畜牧兽医系统共出动执法人员1816人次，检查饲料兽药生产、经营企业(门店)384个次，畜禽养殖场642个次，水产养殖场125个次，生鲜奶收购站1个，发出整改通知20份；四是开展产品抽检。按照中国农业部和广西壮族自治区水产畜牧兽医局的要求，开展水产畜牧产品质量安全例行监测和产品抽检工作。2010年共抽检生鲜奶样品25份、猪尿样品25份，畜禽产品70份，水产品45份，饲料产品130份，兽药22份。检测结果除1个饲料产品和5个兽药不合格外，其他均合格。生鲜奶、猪尿、畜禽产品、水产品合格率均达100%，饲料产品合格率达99%，兽药产品合格率达77%。

(谭海燕　傅仁东　石永胜　黄洁铭)

扶贫开发工作

【概况】 北海市扶贫开发领导小组办公室（简称市扶贫办）内设综合科、项目管理科、社会扶贫科和世行项目科，人员15人。

北海市有区定贫困村29个，分别是海城区涠洲镇盛塘、荔枝山等2个村；银海区福成镇古城、平新、门头等3个村；铁山港区营盘镇塘仔、南康镇龙门、兴港镇斑鸠冲等3个村；合浦县曲樟乡中城、李家水、亚山、曲木、山心、南城、璋嘉，石湾镇大田、红锦，星岛湖乡采木、洪潮，公馆镇创村、六甘，白沙镇虎岭、龙江，闸口镇银坑、山贝、珠岭、独竹，石康镇耀康和常乐镇车板等21个村。29个贫困村2010年末总人口76977人。

2010年北海市在贫困地区共投入扶贫资金1659万元(不含贷款)，其中财政专项扶贫资金1371万元，地方配套及群众自筹288万元，实施村屯道路、沼气池、饮水工程等基础设施项目，在贫困村推行产业扶贫，加强对贫困群众进行实用技术培训和劳动力转移就业培训，进一步改善贫困地区群众生产生活条件，提高贫困群众脱贫致富的能力。

【整村推进扶贫开发】 2010年北海市第三批实施"整村推进"扶贫开发的8个贫困村，按照各村2009～2010年扶贫开发规划和年度实施方案，按计划组织开展产业扶贫、基础设施建设和扶贫培训等工作，各项指标达到整村推进扶贫开发目标的要求。

【贫困地区基础设施】 2010年投入资金994万元，其中财政扶贫资金828万元，地方配套116.5万元，群众自筹49.5万元。其中：投入财政扶贫资金684万元，修建村级道路53条73.8千米，修建独立桥7座，水毁道路、独立桥及小水利修建42处37千米。涉及1县3区17个乡镇60个行政村，受益群众15377户68996人；在贫困村建设沼气池210座，补助财政扶贫资金41万元；建设人饮工程36处，其中打井27口，铺设水管9处16960米，补助财政扶贫资金103万元，涉及合浦县、银海区的9个乡镇14个行政村，项目受益人口1332户6576人。

【产业扶贫】 2010年产业扶贫项目投入238.25万元，其中财政扶贫资金124万元，群众自筹114.25万元，在贫困村实施产业扶贫项目。完成种植蔬菜53.33公顷，生猪养殖2878头，覆盖农户2785户，项目的实施，使受益农户收入明显提高，实现贫困农户稳定增收的预期效果。2010年北海市有14家扶贫龙头企业落实扶贫贴息贷款8700万元，落实贴息资金261万元，进一步增强龙头带头作用。

【扶贫培训】 2010年，投入扶贫培训资金72万元。举办各类实用技术培训班50多期，印发各类资料近5000多份，培训贫困群众3500多人次。举办干部培训班3期，培训扶贫干部及贫困村支书、主任60人次，提高贫困地区干部群众综合素质，增加致富门路。2010年，举办贫困村劳动力转移就业技能培训班12期，除300名学历生仍在读外，培训并转移200人到北海市有关工业园区、出口加工区的企业就业。

贫困户种植的大棚甜瓜长势喜人　　扶贫办　供

【社会扶贫】 2010年，结合农村基层组织建设工作和新农村建设工作，安排机关单位对农村进行帮扶，重点是29个贫困村和8个跨地区异地安置场，帮助解决农村水、电、路及贫困生入学问题。2010年，全市参加帮扶单位252个，组织工作队286个，定点帮扶乡镇21个，干部帮扶504人，帮扶投入资金923万元，其中干部职工捐款3.27万元。单位帮扶资金89.9万元，捐物折款30.8万元，帮助农户获得贷款800万元，扶持种养农户1625户，修建村屯道路79条88.6千米，架输电线路1条400米，建饮水工程33处，建沼气池21座。

【异地安置扶贫】 2010年，北海市有银海区平阳镇东星村、包家村、福成镇松明村，合浦县乌家镇岭顶村、乌家镇丹田村、公馆镇山肚村、山口镇河面村和国有前卫农场等八个跨地区异地安置场。安排财政扶贫资金83.5万元，在安置场修建村屯道路5条15.8千米；投入财政扶贫资金7.5万元，购买化肥50吨，扶持移民发展产业。通过项目的实施，进一步完善移民的生产生活条件。

（黄世明）

林　业

【概况】 2010年，北海市林地面积11.53万公顷，有林地面积9.8万公顷（包括区直钦廉林场1.33万公顷），林木蓄积总量为437万立方米，树种主要为桉树、松树、相思、木麻黄等，其中速生桉面积为5.67万公顷，红树林面积为0.45万公顷。2010年完成林业生产总值17.02亿元，同比增长22.6%，完成林业固定资产投资9亿元，森林覆盖率达到31.1%。

北海市林业局原是北海市政府组成部门，2010年机构改革后和市扶贫办一起在市农业局挂牌，但级别、编制、人员、职能和办公地点都不改变。市林业局现有领导1正5副，内设办公室、人事教育科、营林产业科（北海市绿化委员会办公室）、林政资源管理科、纪检监察室、北海市森林防火指挥办公室。北海市林业系统有林业企事业单位15个，其中国有林场4个，林业科学研究所2个，中心苗圃1个。全市共有20个乡镇林业工作站。全市林业职工1000多人，其中大专以上学历103人，中专学历的615人，具有中级职称资格的110人，有高级职称资格的7人。全市有木材加工厂70家（其中使用桉木做原料的有38家），中密度纤维板厂1家，松脂厂1家，出口专用码头1座。

自治区党委副书记陈际瓦（右三）考察北海市林业　　市林业局　供

【集体林权制度改革】 2010年，北海市（含1县3区）林改总面积约9.11万公顷，涉及24个乡（镇、办）、303个行政村、4664个村小组、18.36万户农户、88.72万农民。至2010年12月31日，全市累计完成外业勘界面积7.79万公顷，完成自治区下达任务的99.26%；完成发证面积7.65万公顷，完成自治区任务的97.49%。林权纠纷发生数644宗，已调结567宗，调结率为88%。其中全年完成勘界2.3万公顷，占年度任务的110.8%，发证3.75万公顷，占年度任务的115.63%。

2010年，为保障完成全市的集体林权制度主体改革任务，全市上下积极采取各种有效措施推进林改工作。一是各级政府领导高度重视。市委市政府多次召开工作汇报会，总结前阶段工作，部署下阶段工作。一县三区主要领导也多次召开专题会议进行研究部署，采取蹲点检查指导，奖惩到位，考评通报等有力措施推进工作。二是提高均山到户率。结合各县（区）的实际，县（区）林改办加强指导，各乡镇进一步加大均山到户工作力度，充分挖掘潜力和发动群众将宜均山的宗地重新勘界确权到户，对已流转的林地实行“预期均山”，努力提高均山到户率，全市均山到户率已达到75.4%。三是做好林权纠纷调处工作。市政府多次召开林权纠纷调处工作协调会和推进会，重点研究、部署跨市、县（区）、国有农林场的纠纷调处工作。并拟定了林权纠纷调处工作方案及“四定”方案，协调有关部门组建了调处工作办公室，计划用2个月的时间集中开展14宗跨市县（区）林权纠纷调处专项行动。各县（区）也采取相应措施开展纠纷调处工作。四是完善林改档案资料。市林改办会同市档案局人员到县（区）林改办指导林改档案归档及管理工作，举办林改档案管理培训班。各县（区）及时开展“回头看”，查漏补缺，林改内、外业及林权纠纷调处档案资料进一步完善。五是有序开展配套改革试点工作。林业局已向市编办行文请示，要求成立市林权交易管理所。合浦县制定了配套改革试点工作实施方案，建设了林权交易大厅，出台了林权流转、抵押贷款、保险等办法及一系列规章制度、办事程序。六是开展林改交叉检查。5月和10月，市林改办分别组织县（区）开展交叉检查，促进了工作进度和工作质量。

【营林生产】

造林绿化　为加快推进林业强区和生态强区的建设，强力推进全市的造林工作，市领导曾2次带队深入基层考察、现场办公；林业局领导带领营林科的工作人员，分析全市的林地资源，深入县区、林区调研，提出“山上山下齐动手，房前屋后道边田头不留死角”，想方设法增加造林面积。2010年，完成造林0.30万公顷，占计划的100.4%。完成中幼林抚育0.68万公顷，占任务的102%。完成义务植树303万株，占任务101%；完成“百万农户种千万棵树”45.6万株，占任务的101.3%。绿化走在自治区前列，自治区在召开的“绿满八桂”工作推进会上，将北海市列入第一批5个推进“绿满八桂”造林绿化工程的试点市。2010年，市林业局编制完成了《北海市2011年“绿满八桂”造林绿化工程建设工作方案》，组织开展了1县3区的苗圃普查工作，并向各苗圃发放了《林木种苗管理法规》，确保了“绿满八桂”工程造林用苗。

速生丰产林　2010年，速生丰产林得到外商和个体户的投资，全市速丰林建设迅猛发展。全年完成丰产林造林0.3万公顷,均为个体大户造林。通过实行政府总承包和开展“林浆纸项目原料林基地建设大会战”等措施,全市已向广西斯道拉恩索有限公司移交林地3.18万公顷。

花卉产业工程　北海的物种资源和气候条件十分适合发展花卉产业,林业局加大力度对绿化苗木、草坪、兰花、各色盆景等进行规划建设,选择优势品种进行扶持指导,着力培育“北海罗汉松”和“北海兰花”两大品牌,推动花卉产业从数量型增长向质量型增长转变,促进全市花卉生产实现规模化、专业化。2010年全市花卉苗木达1006.67公顷,增加了200公顷,实现花卉产值1.42亿元,同比增长15.7%。花卉产业已成为全市农民增收的一大优势产业,涌现了以银海区平阳镇平阳村为首的一批名副其实的“花卉村”。

获奖　2010年9月26日~10月5日在河南省郑州市召开的全国第二届绿化博览会上,北海市组织参展的4盆盆景作品获得特等奖1个(《雀喜春林》),优秀奖3个。

经济林　2010年,北海市经济林总面积达1.49万公顷,均为水果林。水果林以龙眼、荔枝为主,面积分别为0.47万公顷和0.29万公顷,葡萄、柑橘、桃子等其他水果0.72万公顷。水果林总产量8.3吨,其中龙眼1.3吨,荔枝0.9吨,其他6.1吨。

【林政资源管理】　2010年,自治区下达给北海市的商品材采伐计划为蓄积38.85万立方米,出材25.79万立方米。2010年,全市实际采伐量17.68万立方米,占森林总采伐限额的45.5%,其中出材量13.15万立方米。人造板加工42万立方米。实现木材加工产值15亿元。一是抓好森林资源管理工作,控制资源消耗量小于生长量,严格执行采伐限额管理制度,实行全额管理。二是加强林地资源保护管理工作。服务项目建设征占用林地28宗,是2009年任务的350%,面积共171.53公顷,收缴植被恢复费约933.89万元。三是加强木材经营加工企业的管理,完成对150户《木材经营(加工)许可证》的年审工作。四是完成森林资源二类调查数据评审,全市森林覆盖率已达31.1%,提高了2.5个百分点。五是完成第八次森林资源连清工作。全局高度重视“连清”工作,做到早谋划、早安排、早落实,经过74天的奋战,于9月25日在自治区第一个圆满地完成了连清的外业调查和内业整理工作,得到自治区林业厅的表扬。六是完成林业信访和纠纷调处工作。随着经济的发展和林权改革的深入推进,林业信访和林业纠纷工作日益增多,2010年,市林业局全年共接待来信来访7件次52人次,其中来访5批次52人次。已全部息访,息访率为100%;结案5件,结案率为72%,其他2件由下属单位正在处理。

【宣传和贯彻林业法律法规】　2010年,市林业局按照自治区林业工作会议暨“绿满八桂”造林绿化动员会会议精神,紧紧围绕做好集体林权制度改革、“大种树、优生态”及“绿满八桂”等林业中心工作,宣传政策法规。2010年,通过出动宣传车辆、广播、分发宣传资料、张贴标语、悬挂横幅、开会学习和联合新闻媒体等多种方式强势宣传林业政策、《森林法》和《森林法实施条例》等,组织开展爱鸟护鸟活动。通过“爱鸟周”、“清明节”、“十月科普大行动”、“世界环保日”、“重阳节”等节日,在各类新闻媒体发表报道30多篇,制作板报30多块,编制简报63期,向各级报送林业信息220多条,印发各种宣传材料20多万份。使林业法律法规和林改政策家喻户晓、深入人心。

【野生动植物管理保护】　2010年,市林业局在全市范围内广泛开展了打击破坏森林资源违法犯罪的“春季行动”、“夏季行动”、“飞鹰二号行动”和“爱鸟护鸟活动”等专项整治行动,有效地保护了森林和野生动植物资源安全。全年立案214起,查处191起,案件的查处率为91.4%。其中立刑事案件35起,破12起,刑事拘留20人,取保候审9人;查处林业行政案件179起,行政处罚违法人员219人;收缴木材659.25立方米,收缴并放飞鸟类4200多只,收缴捕鸟工具38副、捕鸟网6300多米,查获移交国家保护野生动物穿山甲63只以及其他野生动物7085公斤,制止群众乱砍滥伐林木行为11起,制止非法改变林地用途行为7起,教育当事人和群众90多人次。通过专项整治行动,打击了破坏森林资源违法犯罪行为,保护了森林资源和林农正当的经济利益,有效地遏制盗伐滥伐林木、非法捕鸟、贩鸟等违法犯罪发展势头。

【森林防火】　2010年,北海市各级政府和森林防火主管部门坚持“预防为主、积极消灭”的森林防火方针,加强领导,强化管理,明确责任,采取超常规措施,特别是在清明节和重阳节期间,市、县(区)人民政府均发布禁火令,市、县(区)林业主管部门组成多个督查组由领导带队,对重点防火林区进行督查,确保不发生森林火灾和火灾伤亡事故。“五一”、中国东盟博览会和亚运会期间,市防火办人员专程到冠头岭和各重点防火林区巡逻检查,确保重大节日活动期间全市防火安全。2010年,市林业局加大力度建设森林消防队伍,采购防火设备物资装备消防队伍,并申请经费加强森林消防队伍营房建设,提高森林消防装备水平。8月,由北海市林场与钦廉林场联合组成北海市专业森林消防代表队参加在南宁举行的全区专业森林消防队伍演练竞赛活动中荣获二等奖。全年全市共发生一般森林火灾4起,过火总面积48.1公顷,受害森林面积15.4公顷,损失林木蓄积537立方米,损失幼林0.07万株,组织出动扑火人员350人次,车辆110车次,投入扑火经费5.8万元,全市森林火灾受害率为0.136‰,远低于自治区和市政府下达的1‰的责任控制指标。

【林业有害生物防治】 2010年,林业局贯彻“预防为主,科学防控,依法治理,促进健康”的林业生物灾害防治方针。开展林业有害生物监测、预测预报和灾害预警工作。在预防工作的基础上,利用现有的监测数据,实行科学除治,较好地完成全年森防检疫工作。全市林业有害生物防治目标管理的5项控制指标全部达标。其中,林业有害生物累计发生面积为141.13公顷,成灾率为1.7‰;林业有害生物累计防治作业面积561.27公顷,实际防治面积425.4公顷,无公害防治面积424.87公顷,无公害防治率99.9%;林业有害生物实际发生面积425.4公顷;马尾松松毛虫发生面积62.27公顷,无成灾面积;完成苗木产地检疫243.7公顷,木材调运检疫240299立方米;全年未发现危险性病虫害和检疫对象。

【农村生态能源建设】 2010年,北海市农村沼气项目为民办实事沼气池建设项目2500座。为做好全年的沼气池项目建设,市政府召开了4次全市能源工作会议,认真规划部署农村能源沼气池建设工作,及时掌握沼气池建设动态,解决沼气建设工作中存在的困难和问题。至10月底,全市就完成了农村沼气建设2500座,占任务的100%,共完成投资790万元。全年国家农业部还下达北海市大中型沼气项目3个,其中星福猪场沼气工程、铁山港区农业综合开发示范场沼气工程已通过初步设计,合浦县食品公司养殖场沼气工程因土地被征用,市发改委正在报请上级部门进行项目更换。综合利用方面,沼液作添加剂喂猪3.42万头,沼液水稻浸种0.38万公顷,沼液淋果0.14万公顷,沼液淋菜0.43万公顷,沼液养鱼0.09万公顷,其他农作物沼液施肥0.91万公顷。

【林业项目建设】 2010年,林业系统有2个项目纳入市重大项目推进,分别为北海市鲤鱼地国家湿地公园项目和花卉产业科技园项目。

北海市鲤鱼地国家湿地公园项目　该项目作为市重点推进项目,市林业局领导高度重视,每月定期召集相关部门讨论重点项目工作落实情况,找出存在问题,研究解决办法。2010年,该项目已经通过国家林业局的审批。

北海花卉产业科技园项目　2010年,完成修建简易道路5千米,安装50千伏变压器3台,架设供电线路3千米,安装半自动喷灌设施53.33公顷,共完成投资560万元。《北海花卉产业科技园修建性详细规划》初稿已完成。

其他林业项目　2010年,市林业局已申报国家林业局项目3个(广西北部湾滨海花卉产业园项目、北海市万株金花茶树基地建设项目、广西合浦县2010年农业综合开发罗汉松种植基地示范项目),已上报自治区林业厅项目2个(北海罗汉松精品大世界项目,罗汉松精品道路绿化项目)。同时,还向自治区科技厅申报4个科技应用项目正受理中。

【城乡风貌改造】 城乡风貌改造二期工程,是2010年全市各级党委政府的一项重要工作,市委、市政府高度重视,专门召开会议作动员部署,并由市委副书记曹坤华亲自抓该项工作。市林业局成立了以局长为组长的城乡风貌改造领导小组,多次深入各建设村检查指导,带队下乡检查工作,协调县(区)政府和市级各有关单位城乡风貌改造二期工程的工作,及时发现和解决村屯绿化和沼气池建设工作中存在的问题。至10月31日,市林业局全部完成城乡风貌改造二期工程6个村屯的绿化和沼气池建设任务,共完成村屯绿化面积4.13公顷,种植大叶紫微、菠萝、木棉、大王椰、盘架子等绿化树1900株,建设村级绿化小广场2个,种植绿篱2800米,新铺草坪8500平方米;完成沼气池建设任务96座,完成投资77万元。同时,还投入4万多元对银海区老旧场村进行重点建设。

【林业重点工程建设】

扩大内需海防林项目　2010年北海市实施的扩大内需防护林项目有:第一批0.57万公顷,第四批0.17万公顷。中央和地方配套投资计划为2062万元,其中中央投资1350万元、地方配套投资712万元,2010年,已全部完成第一批和第四批防护林项目。共完成投资802.96万元,占总投资的45.2%。

退耕还林工程　截至2010年,北海市共实施退耕地还林面积约2333公顷,国家给予北海市的退耕还林资金已达7629万元。2010年全市兑现上年度退耕还林粮食补助费和现金补助费兑现727.1万元,兑现率为92.7%,在2010年的国家林业局组织的阶段性验收工作中,北海市退耕还林工作在自治区排名第四,保存率达到了93.1%,超过自治区平均水平4.4个百分点。　(陈　婧)

水　利

【概况】 2010年,北海市水利局内设党政办公室、人事教育科、监察室、计划财务科、水利科、水政水资源科、供排水科、防汛办公室等科室

8个,编制30人,实有32人。下辖合浦水库工程管理局、洪潮江水库工程管理局、市城市排水设施管理处、市水利工程管理处、市水政水土保持监察支队等14个事业单位及北海市自来水公司、北海市大禹建设工程有限公司等5个企业单位,市直系统在职职工1196人,离退休职工658人。2010年累计争取中央水利项目投资3.33亿元,比2009年增长75%,完成水利固定资产投资6.25亿元,解决农村饮水不安全人口5.998万人。

【水利工程建设】 2010年,北海市水利完成的主要前期工作有:《北海市新增农村饮水安全规划人口现状调查及复核报告》、《北海市重点水源工程规划》、《县级农田水利规划》。建设项目主要有:合浦县更螺海堤标准化建设工程投资6627万元,合浦县高坡海堤标准化建设工程投资643万元、银海区端田海堤工程投资822万元、银海区古城海堤工程投资4521万元、铁山港区白龙海堤标准化建设工程投资400万元、合浦水库灌区2010年度节水改造工程投资2000万元、洪潮江水库灌区2010年度节水改造工程投资1000万元,北海市城区道路供水管网工程投资3000万元、北郊水厂续建工程计划投资1800万元、牛尾岭水库除险加固工程计划投资468万元、石康水库除险加固工程2367万元,铁山港供水厂及管网工程投资619万元,农村饮水安全工程投资2228万元,合浦县白沙镇崩岗治理工程投资279万元、合浦县节水灌溉示范项目投资150万元,铁山港区2010年度崩岗治理工程投资292万元、铁山港区南康江疏浚工程计划投资485万元、2010年中央财政投资小型农田水利基础设施建设工程投资1668万元,2010~2011年冬春水利建设新增项目3500万元以及2010年水毁修复工程等。2010年北海市农村饮水安全工程、石康水库除险加固工程、牛尾岭水为除险加固工程、铁山港供水厂及管网工程、银海区端田海堤工程、铁山港区白龙海堤标准化建设工程完工。2010年完成水利固定资产投资6.25亿元。

【水利工程管理】 2010年,全市有大中小型水库39座。其中,二类水库18座,占46.15%,三类水库21座,占53.85%,总库容20.77亿立方米,全市有效灌溉面积4.7万公顷。列入国家水库除险加固投资计划的16座大中小型水库已完工或主体工程完工。至2010年12月,洪潮水库、牛尾岭水库、石康水库、大白水水库、鲤鱼地水库、七星江水库、龙头江水库、后沟江水库、涠洲水库、陂米河水库、李家水库、南山水库、田寮水库、包墩水库、廉东水库、风门岭水库等15座水库除险加固完工并通过竣工验收或投入使用验收。截止2010年底全市水库除险加固累计完成投资14602万元。全市有海河堤围192个,堤防总长589.24千米(海堤179个472.49千米,河堤13个126.75千米),保护耕地约3.75万公顷,保护人口94.98万人。其中:万亩堤围13个275.94千米;千亩堤围62个,堤防长231.41千米;百亩围117个,堤防长81.89千米。一类堤段72.18千米,二类堤段95.77千米,三类堤段421.29千米。全市水闸554座,其中大型水闸6座,中型水闸8座,小型涵闸540座。全市基层水管单位20个,在职职工989人。水利经济以水力发电、农业灌溉、旅游和多种经营为主。水费收入276.91万元,其中农业水费收入176.41万元。

端田海堤　　市水利局　供

【水政水资源管理】 一是对照上级对北海市节水型社会建设试点中期评估提出的意见,进一步推进试点工作。强化管理考核,会同市绩效办将节水型社会建设目标任务纳入部门年度考核指标体系,落实问责制度;在工业企业内逐步实施节水改造及节水技术推广等;组织开展节水示范创建工作,全市共实施节水示范项目13个(其中9个项目通过验收);2010年,节水型社会建设专题《北海市非常规水源利用及管理政策拟定》通过水利部水资源管理中心的验收;《北海市水资源优化配置方案》通过专家组审查。二是开展节水型城市创建工作。制定北海市创建节水型城市实施方案,将目标任务分解到各职能部门;制定《关于

合浦水库沙芹干渠　　　　市水利局　供

严格执行〈节水型生活用水器具标准〉淘汰非节水型生活用水器具的通知》和《关于建设项目贯彻节约用水“三同时”制度的通知》等规范性文件，组织修订《北海市城市节约用水管理办法》；对各用水户实行总量控制和定额管理，合理下达用水户年度用水计划，实行超计划累计加价征收水资源费和水费。三是加强水资源保护和水功能区水质管理。组织实施涠洲水库等水源保护工程；市本级和合浦县各审核1项入河排污口设置论证；全市共设立9个水质监测点，定期对主要江河、水库进行水质监测；增设地下水水质监测点2个，全市水功能区达标率达100%。四是全面推进取水计量工作，按实际取水量足额征收水资源费，全市征收水资源费184.2万元，超额完成上级下达的任务。五是广泛开展水法律法规宣传。分别在《935新闻社区》、《北海新闻》、《晚间播报》等媒体播发节约用水、保护水资源等方面的稿件70多篇，访谈节目3期，播放节约用水公益广告630多次。2010年，市妇联会同市水利局在独树根东社区举办“珍惜水之源，保护水环境”争创节水型家庭活动社区示范点启动仪式，印制“珍惜水资源，保护水环境，争创节水型家庭”倡议书、节水宣传资料30000份，在“三八”妇女节期间，对全市十佳“节水家庭”进行表彰，有效带动社会各阶层自觉参与水资源管理保护工作。

【水行政执法】 一是组织开展饮用水源地污染源排查，不断加大水源地保护区的巡查力度，组织对牛尾岭水库等水生态环境保护的专项执法检查等；二是加强对取水许可管理监督检查。2010年对全市取水户的取水许可、水资源费缴纳等情况进行执法检查，全面实施计量取水、计划用水管理工作，进一步规范取水许可管理工作，推动取水计量及水资源费收费工作；三是加强水事案件查处力度。2010年共接到群众举报和巡查发现的各类水事违法行为12起，其中责令限期拆除的10起，立案查处2起，结案率100%，全年无一起行政复议案件；四是强化执法队伍的教育培训。4月27～29日，市水利局在星岛湖举办一期业务培训班，100多名水政监察员参加，通过培训，进一步提高北海市各级水政监察员的业务素质和执法水平。

【水土保持】 一是贯彻党中央的水利方针政策和可持续发展的治水思路，紧紧围绕“世界水日”、“中国水周”、“水土保持法宣传周”等宣传主题，广泛深入开展形式多样的宣传活动，使广大干部群众进一步提高水土保持法律意识，自觉参与生态环境建设，在自治区水利厅对贯彻落实《中华人民共和国水土保持法》执法检查中，对北海市贯彻落实《中华人民共和国水土保持法》法律宣传覆盖面达95%以上给予高度评价；二是加强执法、检查、监督，按照市委、政府三年跨越发展要求，抓生产建设项目的水土保持方案“三同时”制度落实，其中水利项目申报审批率均达到100%，2010年审核水土方案46份，促使项目的业主能按已批准的水土保持方案实施项目建设，督促项目业主落实水土保持投资6183.46万元，落实开发建设项目计划治理水土保持面积421.94公顷，有效遏制人为的水土流失；三是开展征收水土保持设施补偿费、水土流失防治费工作，全市共征收“两费”40.5万元，完成上级下达的任务；四是完成2008年、2009年度南流江石康河段293万元水土流失水毁农田修复工程竣工验收工作；五是争取上级对水土保持投入，2010年下达投资项目3个，项目总投资655万元。

【防汛抗旱】

汛情　2010年北海市降雨量总体偏少，降雨时间分布不均，全年总降雨量1201毫米，比历年平均值少487.4毫米。降雨集中在4月和6～9月两个时段，合计降雨量1004.4毫米，占总降雨量的83.63%，较大范围降雨过程7次；降雨稀少的时段出现在春季，1～3月全市降雨量仅64.2毫米，比历年同期少65.6毫米，特别是2～3月，降雨量仅14.1毫米，比历年同期少83.6毫米，使北海市出现不同程度的旱情。

节水灌溉　　市水利局　供

2010年，北海市水库蓄水量偏少，江河水库长时间处于低水位运行，水势平稳。主要河流南流江没有出现超警戒水位，3月14日南流江常乐站出现有记载(1952年)以来历史最低水位11.58米(相应流量17.1立方米/秒)。每月末全市水库有效蓄水占有效库容在47%~60%之间，比2009年同期均偏少2成以上。

2010年影响北海市的台风数量接近正常年份，影响程度偏小。有2号、3号台风、5号强热带风暴和11号超强台风共4个热带气旋影响，影响较大的是3号台风"灿都"，全市持续20小时处在"灿都"7级风圈范围内，其间全市普降暴雨。

2010年，北海沿海海面出现接近或略超警戒潮位的异常大潮有6次。其中汛前最高潮位1次，出现在1月2日，3个测站中有2个略超警戒潮位，分别是铁山港站6.9米(警戒潮位6.87米)，涠洲站4.89米(警戒潮位4.8米)，北海港站相应最高潮位5.47米(警戒潮位5.5米)；汛期3次，均未超出警戒潮位，实测最高潮位(农历五月大潮)：铁山港站6.76米，北海港站5.24米，涠洲站4.62米；汛后2次，实测最高潮位出现在11月10日，北海港站5.27米，涠洲站4.69米。风暴潮增水幅度不大。

灾情　2010年，全市因台风暴雨受灾乡镇24个，受灾人口76629人，临时转移人口15549人，倒塌房屋153间；损坏护岸9处、水闸6处、灌溉设施6处、水文测站1个；损坏提防35处，长1.27千米，堤防决口4处，长60米；农作物受灾面积6021公顷，成灾面积270公顷，水产养殖损失20公顷；供电中断71条次，通讯中断9条次。全市直接经济损失5443万元，其中水利设施损失1896万元，农林牧渔业损失2294.5万元，工业交通运输业损失1252.5万元。2010年，北海市受偏旱少雨气候影响，累计作物受旱面积36.38千公顷，受灾面积32.19千公顷，因旱饮水困难人口0.99万人、大牲畜1.22万头，粮食因旱损失1.45万吨，全市直接经济损失8116万元。旱情主要出现在春季，受2009年10月份开始的持续干旱少雨天气影响，北海市出现严重的春旱，耕地受旱面积占总耕地面积的45.7%，542眼机电井出水不足，直接经济损失5572.8万元。

防汛　市委、市政府高度重视防汛抗旱工作，2010年，先后3次召开市委常委会，5次市政府常务会，20次市防汛抗旱指挥部领导会议、13次全体成员会议，研究部署防汛抗旱工作；市委书记、市人大常委会主任王小东，市长连友农和副市长陈玉玉等市领导先后作30多次重要批示，并多次深入一线检查指挥工作，有力保障工作顺利推进。2010年，北海市先后启动防台风应急响应7次，总计响应时间约280小时；投入防汛资金5288.5万元，其中中央、自治区投入3048万元、市县投入2204.9万元、群众投劳折资35.6万元；投入编织袋37.3万条、纺织布5200m²、抗灾用油51.37吨等，出动抢险人员约1.73万人次；及时抢护大坎饭包底海堤、南流江洪潮江控制闸等出险工程，100%撤离安全没有保障的人员。

抗旱　面对干旱天气，北海市采取有力措施开展抗旱减灾工作，一是成立由市委书记、市人大常委会主任王小东、市长连友农担任组长的北海市抗旱救灾工作领导小组，落实以行政首长负责制为核心的各项责任制；二是开展农田水利建设。市财政拨款1000多万元开展灌区渠道清淤，建村镇集中供水工程，建地头水井等"五小"(小水窖、小水池、小泵站、小塘坝、小水渠)水利工程，铺设输水管路；三是科学调度水库水源，实行市、县(区)、乡(镇)三级用水调水联动机制；四是派出工作组和抗旱服务队深入旱区。特别是组织3000名抗旱工作队员深入农村开展强基惠农春季抗旱活动，指导和帮助各村屯抗旱；五是动员社会力量抗灾。2010年，累计收到社会各界捐款31.53万元，投入抗旱人员23.57万人次，资金1843.15万元，机动设备2.45万台(套)，出动抗旱机动运水车443辆，有效缓解旱情。累计挽回粮食0.79万吨、经济作物损失2800万元，临时解决饮水困难人口9.16万人、大牲畜3.62万头，农业生产得到迅速恢复，城镇居

2010年影响北海市热带气旋一览表

气旋编号（名称）	强度	影响时间及程度	应急响应（最高级）	受灾概况
201002（康森）	台风	7月17日凌晨进入北部湾，并从涠洲岛南部约230千米海面上经过。 受台风环流影响，北海市斜阳岛平均风力8级，阵风11级。7月15日20时至18日12时全市平均降雨14.4毫米。	Ⅲ	回港避风渔船5635艘，船上人员上岸17300人，近海养殖人员上岸2615人。无因台风造成人员伤亡和财产损失报告。
201003（灿都）	台风	7月22日13时在广东吴川登陆，22日20时从玉林博白进入广西。 北海市持续20小时处在台风7级风圈范围，受其影响，全市普降大到暴雨，22日8时至24日8时平均降雨141.6毫米，南流江常乐站最高水位15.55米（警戒水位15.9米），相应流量290立方米/秒；全市平均风力6级，最大风力9级（涠洲竹蔗寮）；超汛限水位排洪水库2座；北部湾海面最大浪高3.3米（涠洲站）。	Ⅱ	全市7651艘渔船全部回港，船上人员17300人、近海作业人员5542人全部上岸，累计受灾人口76642人，转移人口15557人，倒塌房屋99间。全市直接经济损失4912.30万元，其中水利设施直接经济损失1558万元，主要是损坏堤防29处，长1.11千米，损坏护岸9处，长0.06千米，损坏水闸4处、灌溉设施6处；农作物受灾面积4740公顷，成灾面积200公顷，水产养殖受灾面积20公顷，农林牧渔业直接经济损失2101.8万元；供电中断71条次，通讯中断9条次，工业交通运输业直接经济损失1252.5万元。
201005（蒲公英）	强热带风暴	8月23日在中国南海海面形成，24日在越南北部义安省沿海登陆。 23日8时至25日25日8时，全市平均降雨量24毫米；最大平均风力7级（斜阳岛，风速16.9米/秒），最大阵风9级（竹蔗寮，风速22.4米/秒）。	Ⅳ	6751艘渔船回港，船上人员20043人上岸。
201011（凡亚比）	超强台风	9月20日在福建漳浦登陆，后向南偏西方向移动，21日在广东从化市减弱为热带低压。 对北海市影响轻微。	—	—

民饮水和工矿企业生产用水得到有效保障。

【小水电管理】 2010年，北海市有小水电站21座，总装机容量为9470千瓦，职工总人数235人。全市水电发电量实现1531.12万千瓦时，小水电发电年收入约318.58万元。2010年，北海市水利局继续强化水电安全监管，落实防汛责任制，抓好电站安全生产，全市水电站没有出现人为事故或重大机械电气设备事故。抓好年度电站机组设备维护检修，做好开春放水灌溉发电的准备工作，使全市水电站顺利投入发电生产。创造条件，开展电站技术更新和改造工作，并做好技术指导和服务工作，争取多发多供。沟通协调，争取合理电价，市物价部门于2010年9月底批复市本级水管单位的小水电上网电价调整为每千瓦时0.29元。

【供水】 2010年，北海市自来水公司下属禾塘、龙潭、北郊3个水厂（北郊水厂尚未投产），公司职工总人数568人，其中在职442人，离退休126人。供水能力为17万立方米/日，其中禾塘水厂为7万立方米/日，龙潭水厂为10万立方米/日。一次性储水能力为2.1万立方米，其中：禾塘水厂为0.6万立方米，龙潭水厂为1.5万立方米。公司供水管网总长度1001千米，其中DN100以上主干管475千米。2010年完成供水量4772万立方米，比上年上升11.24%，年均水价为1.39元/立方米；管网水质综合合格率为98.01%，比上年同期下降0.55%；管网压力合格率为99.60%，比上年同期下降0.11%；管网漏失率为9.87%，比上年同期下降7.85%；2010年新增用户6321户；2010年新安装供水管道（DN100以上）长度为25千米；全年自来水产值6014万元，比上年同期增长30.82%。

2010年，北郊水厂进入全面施工状态，建成区道路供水管网工程一期、二期工程进入招投标阶段。民

铁山港供水工程　　市水利局　供

生路网配套给水管道工程一期、二期全部完工,还敷设金海岸大道、新世纪大道、上海路、河南路、疏港大道、冠岭项目供水专线等DN200~DN800市政道路供水管道,逐步扩大和完善城市供水管网,满足城市建设和人民生活的需要。

【排水】 2010年,北海市城市排水设施管理处不断加强城市排水设施和城市防浪海堤的维护与管理,确保全市的排水设施的正常运转和市民群众的生命财产安全。2010年内涝整治18项,海堤维修3项,四川南路污水截流工程1项,吸污车采购及泵站维护3项,排水接入及管道改迁2项。属市防洪保安费安排11项,投资264万元,属市政城建配套费安排14项,投资320万元,属自治区专项资金安排1项,投资75万元,争取高速铁路与城市道路交叉排水管道改迁及房地产排水接入管网项目2项,投资125万元。到2010年底完工20项,完成投资630万元。北海市排水处内设科室排水站对全市排水设施分片分段进行管理,对排水管道、集水井口进行有步骤疏通清理,杜绝辖区污水横流的现象。2010年主要完成:清疏下水道1225千米;更换盖板、圆井337套,更换各类缺失及坏盖板1466块;维修进水井580座;出动机械清淤维护906台班;维修改造下水道3500米;抽水170台班;协助水利局办理《排水许可证》7份;完成工程投资631万元,超额完成目标任务的300%。接到排水问题投诉电话共45个,全部解决反映的问题;应急维修贵州路进水井塌方、北海大道与还珠大道交叉口路面塌方、海南路管道塌方、南珠客运站门前管道塌方等10多处。自筹资金,分别为市职中、云南路小区、徐屋南小区等改造排水管道,清疏下水道,服务社区居民,完成全年排水设施维护管理任务。

2010年,市排水处下辖市海堤管理所,切实加强海堤维护管理,重点加强对防浪堤设施的监管工作,贯彻执行“预防为主,防重于修,修重于抢”的方针,加大监管巡查力度,发现险情及时上报,切实杜绝安全隐患。2010年,填补维修崩塌12处,装运沙包3300个,维修海堤585米,上报各种险堤22次,汛前、汛中堤防工程安全检查8次,对地角泄洪挡潮水闸升降底座防盗加固,按规定做好闸门升降管理工作,对各危险堤段竖立安全警示牌21处36块。有效保障市区海堤的安全。

(李武团　冉鄂东　李国军　杨文光　黄瑞河　周作旺　陈　伟　周永江　周宝增　罗小莉　邓日心)

北海市国家税务局

北海市国税局组织青年团干走进中学课堂说税法

2010 年，北海市国家税务局深入开展“融入大局、管理创新、作风建设、提高执行力”主题活动，打造纳税服务、税源管理、文明创建三大品牌，各项工作取得可喜的成绩，为“北海三年跨越发展工程”作出了积极贡献。全年组织税收收入 14.6 亿元，其中市政府口径税收收入 13.17 亿元，完成年度工作目标的 101%；办理各类减、免、退税 5.71 亿元，同比增长 13.34%；围绕壮大地方财力、主动服务政府重大项目等开展工作调研，向市委、市政府提交 5 项专题调研报告，积极为北海经济发展建言献策；文明创建成果显著，2010 年市局荣获“广西三八红旗集体”、“北海市创建自治区文明城市工作先进单位”等称号，机关工会荣获“全国模范职工之家”、“广西百佳模范职工之家”称号，市局稽查局荣获“自治区文明单位”称号。

北海市国税局局长杨珍（前左三）到企业提供纳税服务

北海市市场开发服务中心

市长连友农（左二）在南珠市场检查民生市场供应情况

2010年，北海市市场开发服务中心按照实施“北海三年跨越发展工程”战略部署及“工作落实年”的要求，围绕推动市场经营跨越发展的总体思路和工作任务。

全年共投入市场消防整改和老旧市场改造资金500多万元，市场改造新增摊位450个，带动城镇就业2000人。5月10日起根据有关要求关闭南珠成衣市场实施消防改造。8月29日，按照市政府决策部署完成摊位公开招租，落实300多户摊位实际经营者，并于9月中旬重新复市营业。

广泛开展“安全生产隐患整改年”活动，建立健全重奖重罚和问责制度，抽调骨干成立专门“安全生产检查组”，加强市场安全隐患检查整治力度。年内，共组织检查60多次，发出整改通知书50多份，消除安全隐患52处。配合公安部门做好密集公共场所“天网工程”，在南珠、侨港、地角等市场安装了视频监控摄像头。认真贯彻落实《食品安全法》有关规定，抽调专门人员，成立市场蔬菜农药残留检测机构，并形成相关工作制度，积极配合农业、工商、检疫、畜牧等相关职能部门严把市场蔬菜安全准入关。随时掌握市场动态，做好市场商品货物的供应保障。坚持按要求向商务部门上报“农副产品批发市场生活必需品监测报表”，为有关部门稳定市场物价提供可靠依据。抓好稳控工作措施的落实，本着“谁主管，谁负责”的原则，将维稳工作责任落实到位。

立足服务铁山港临海工业区建设，15亩滨江生活区、5亩林浆纸项目回建生活小区市场规划设计工作已经完成。结合涠洲岛旅游发展需要，加快完善海岛建设社会配套，协调城区发改局、规划、土地部门和涠洲镇政府实施涠洲市

自治区农药残留检查组检查南珠市场蔬果农残情况

北海市市场投资发展集团有限公司揭牌仪式

场综合服务改造及规划发展旅游购物市场相关工作得到推进。争取商务、供销等部门支持对接落实国家有关农产品市场发展专项资金工作取得初步成效，年内落实市场改造资金 43 万元。结合福成镇新规划，全面启动福成镇农副产品、家电、日用商品、三鸟交易等市场发展，拓展新的发展空间。

2010 年中心实现收入 2260 万元，同比增长 18.03%，超额完成目标任务。

2011 年工作会议

中心和下辖各经营部签订责任书

召开机关作风整顿暨年中工作会议

先进单位获得者

“迎新年”气排球赛

开展庆“八一”打靶活动

举办迎春团拜会

北海市科技局

2010 年 3 月 24 日，北海市科技局局长黄健向科技企业征集重大科技项目

2010 年，北海市共有科学研究与技术开发机构 12 个（其中自治区属 2 个、市属 7 个、县属 3 个）。

通过“专业孵化器为重点，综合孵化器相结合”的方法，推进科技企业孵化器建设，已经建成北部湾电子信息产业孵化基地、综合孵化基地、精品孵化基地、博士及留学人员创业园和创业中心等 5 个孵化基地，孵化总面积 14800 平方米，现已入驻初创型科技企业近 20 家。北海现拥有 2 个国家 863 计划产业化基地、3 个博士后工作站以及 6 个自治区级工程技术研究中心。

北海市科学研究与技术开发计划共 54 项（其中自筹项目 11 项），总投资 58396.5 万元，其中安排科技研发经费 590 万元，单位自筹 55845.5 万元。其中工业类项目 20 项，安排研发经费 410 万元；农业类项目 10 项，安排研发经费 61 万元；社会发展、科普、软科学类项目 22 项，安排研发经费 89.5 万元；其他项目 2 项，安排研发经费 29.5 万元。项目实施后，预计年增产值 9.78 亿元，年增利税 1.33 亿元。

2010 年 12 月，北海国家海洋农业科技园区被科技部批准为国家农业科技园区。

北海市科技局局长黄健主持北部湾电子信息孵化器初创型科技企业 2011 年新春座谈会

北海船舶检验局

北海船舶检验局在“十一五”期间始终坚持“提高整体素质，管理技术并举，继承完善创新，廉政和谐服务”的宗旨和“树立一个形象，培育一种风气，制订一套制度，带好一支队伍，确保一方平安,促进一带发展”的理念，解放思想，知难而上，攻坚克难，团结拼搏，船检事业取得了长足发展。船舶检验业务量521.84万总吨，是“十五”期间的9.3倍，同比增长830%；征收水运规费3618万元，是“十五”期间总征收额的2.9倍，其中船检费征收1777.58万元，是“十五”期间的5.83倍，同比增长483%。2010年辖区注册运力145万载重吨，占该年度全区注册运力的33.3%，权重百分比连续三年保持在30%以上。2003年至今，连续八年荣获广西港航系统优秀达标单位殊荣,这在全区港航系统直属单位中是唯一的。“十一五”期间，局党支部先后荣获北海市交通系统先进党组织、北海市保持共产党员先进性教育活动先进单位和自治区交通系统党组织建设年活动示范单位称号。建立和完善安全生产管理工作长效机制、制度建设体系、船检业务基础工作台账、船检工作动态信息发布机制以及《北仑河水域小型船舶检验技术要求》和《北仑河水域小型船舶检验管理暂行办法》。坚持“阳光船检”制度、素质教育制度和船检文化建设，努力推动北海船检基地项目各项工作。

北海船检局对“十二五”充满了信心和期望，将继续保持谦虚谨慎的作风，坚持科学发展的理念，再写船检事业发展新篇章！

上级部门领导亲切慰问北海船检局职工

北海船检局验船师和贵港船检局验船师进行业务探讨

“共上一堂党课”——北海船检局和新奥船厂党员在北海市党校上党课

船舶“吨位丈量”活动中，验船师对船舶进行检验

“结对共建，先锋同行”活动启动仪式

北海市环境保护局

2010年9月6日，国务院办公厅督察室副主任刘斌带领国务院广西节能减排工作督查组第一小组到北海检查指导工作，检查组现场查验了北海红坎污水厂节能减排项目

2010年12月29日至30日，自治区党委常委、自治区副主席、广西北部湾经济区管委会主任陈武在市委书记、市人大常委会主任王小东，市长连友农的陪同下，深入北海考察调研重大项目——诚德镍业项目现场

北海市环境保护局是市政府环境保护行政主管部门，成立于1986年，主要职能是依照环保法律法规，对全市环境保护工作实施统一监督管理，防治污染，保护和改善生态环境，促进经济和社会持续协调发展。内设办公室、监督管理科、污染控制科、政策法规宣传科和3个辖区分局，下辖市环境监察支队、市环境监测中心站（市环境保护科学研究所）、市环境信息中心、市辐射环境固体废物管理站和市涠洲岛生态环境保护站等事业单位。

2010年，北海市环境保护局向国家环境监测总站、广西环境监测中心站报送城市空气环境质量日报、预报365期，全年城市空气质量继续保持较好水平，市区一级优为196天，达到二级良为163天，三级轻微污染6天。优良率98.4%；2010年，北海市完成地表水水质现状常规监测，各监测点位地表水质均达到Ⅲ级标准；近海海域水质达二类海水水质标准；银滩海水浴场水质为一级，水质优良；城市区域噪音平均值和道路交通噪音平均值均达到国家有关规定标准；二氧化硫和化学需氧量减排总量提前完成“十一五”两项主要污染物总量减排控制目标任务；配合做好北海铁山港石化、诚德镍业等重大项目环评报环保部和区环保厅审批，审批环评136项，对27个项目竣工进行环保验收，建设项目环保“三同时”执行率100%；深入开展环保专项活动，整治危害群众健康和社会可持续发展的环境问题，维护群众环境利益。北海市城市环境质量进一步改善，环保工作取得了新进展。

2010年6月5日，副市长文政（中）、市环保局局长张海涛（左）、副局长曾庆富（右）参加北海市2009年环境状况公报新闻发布会

2010年10月14日，自治区环保厅副厅长冯振年（中）带队到北海市红坎污水处理厂进行2010年自治区海洋环保联合执法检查指导工作，市政府副秘书长蒋同根（左二），市环保局局长张海涛（右二）等领导陪同

2010年12月31日，北海市医疗废物无害化集中处置项目正式点火试运行

北海市水产畜牧兽医局

2010年是实施水产畜牧业科学发展三年计划和"十一五"规划的最后一年。一年来，面对国际金融危机冲击、渔业资源变化、自然灾害、农产品价格波动等不利因素的影响，全市水产畜牧兽医部门在市委、市政府的正确领导下，沉着应对，迎难而上，齐心协力，开拓创新，圆满完成了各项工作任务，取得了比较显著的成绩。全市水产品总产量92.53万吨，同比增长3.11%，肉类总产量12.53万吨，同比增长5.6%；全市渔业产值86.2亿元、畜牧业总产值27.26亿元，渔牧业总产值113.46亿元，整个水产畜牧业经济运行态势良好。

① 市委书记、市人大常委会主任王小东到北海市水产畜牧兽医局指导工作
② 动物卫生监督
③ 罗非鱼加工生产线
④ 深海抗风浪网箱基地一角
⑤ 合浦"凤翔"牌养殖场
⑥ 渔港

北海市渔政渔港监督支队

北海市渔政渔港监督支队位于北海市云南路27号，属参照公务员法管理的事业单位。现有在编执法人员106人，下设5个职能科室和6个直属大队。支队担负着渔业资源增殖管理保护、为渔业生产安全提供渔港监督、依法执行渔业行政处罚、监督管理渔港水域的交通安全秩序和国家200海里专属经济区巡航的任务。

市委书记、市人大常委会主任王小东在市渔政渔港监督支队检查指导工作

2010年共举办3期职务船员和四小证培训班，培训职务船员256人、四小证和上岗证163人，组织培训船东船长296人。开展港口安全检查1460次，出动人员7534人次，检查渔船5756艘次，发出整改通知书274份，纠正违章渔船235艘次，处罚违章渔船127艘次，办理各类船舶进出港签证合计68746艘次。发涉外安全电报62份，及时解救被扣渔船5艘、被扣渔民45人，避免和减少渔民经济损失5000多万元。共组织协调开展海上救助7次，出动执法船艇22艘次，安全救返渔民57人，挽回经济损失290万元。

全年共进行海上巡航5次，巡航62天，航程5400余海里，观察渔船726艘次，登临检查渔船125艘次，驱赶外籍渔船76艘，投入增殖放流资金235.5万元，投放各种鱼类1487万尾。

全年共办理渔船年度检验291艘、换证检验379艘，办理渔船抵押登记306艘，办理产权变更、注销抵押登记460艘。审换机动竹排筏1300本、辅助船390艘，发放登记证所有权证书268本。

2010年，北海市渔政渔港监督支队管辖的电建渔港荣获农业部首批“全国文明渔港”称号。

实施海洋人工增殖放流

渔政渔港监督人员对渔船进行安全检查

支队管辖的电建渔港荣获农业部首批“全国文明渔港”称号

北海市公安局交通警察支队

北海市公安局交通警察支队1986年由交通警察大队改建，1991年9月定为副处级建制，主要职能是维护全市道路交通秩序，确保全市道路交通的有序、安全、畅通。支队在职人数247名，其中支队领导5名，科所队室领导42人；中共党员160人，共青团员16人；研究生2人、本科106人、大专125人，中专以下(含中专)14人；高级职称2人，中级职称60人，初级职称91人。支队内设办公室、政工科、财务科、秩序科、设施装备科、法制宣传科、事故处理科、车辆管理所等8个科室所和海城、银海、旅游区、铁山港、高管、特勤等6个交警大队，联系、指导合浦县公安局交通管理大队的各项交通管理业务工作。

市长连友农（第二排右三）到南珠汽车站检查工作

2010年，交警支队共查处各类道路交通违法行为252303起，扣留车辆5734辆次，行政拘留208人，全市共发生道路交通事故172起，造成58人死亡，239人受伤，与2009年同期相比，交通事故下降了12.69%；死亡人数下降了15.94%；受伤人数下降了15.85%；信息化建设稳步推进，装备更新率达到50%。实现了公文办理网上流转、装备报修网上跟踪、勤务安排网上监督、逃逸事故车辆网上排查；在2009年推出16项便民利民措施的基础上，又推出了扩大车管业务下放、实行小汽车带牌销售、“农事村办”等8项车管便民创新措施，给广大群众带来了实实在在的便利；实施“文明交警行动计划”工程，先后投入50多万元建设了北部湾路宣传一条街及各繁华路口的103块宣传牌。

副市长、公安局局长周原生（左三）检查指导历史文化名城庆典大会安保工作

2010年，交警支队扎实地开展各项道路交通安全管理工作，深入推进社会管理创新，切实提升社会交通管理服务效能，圆满完成了中越青年大联欢北海分会场活动、第五届北海国际海滩旅游文化节、2010泛北部湾区域经济合作市长论坛等一系列重大交通安全保卫任务，为建设和谐平安北海营造了良好的交通环境，为北海实施三年跨越发展工程作出了积极贡献。

自治区交警总队总队长韦宁贤（右三）到桂海检查站检查指导亚运安保工作

自治区交警总队政委李幸（右一）到高管大队检查工作

交警支队支队长韦洁（左一）实地调研国庆安保工作

北海市旅游培训中心

组织酒店管理人员开展业务培训

2010年，北海市旅游培训中心在行业内举办了16期培训班，参加培训人员达1534人次。主要有导游人员年审培训、导游人员岗前培训、全国导游人员资格考试、酒店工人技术等级、"农家乐"、"乡村游"经营者等培训班。在"农家乐"、"乡村游"中，对银海区孙东、东山、店塘、咸田村开展的5期434人的培训，涉及面广，为建设社会主义新农村起到积极推动作用。

2010年5月至年底，按照局党委的工作部署，为提升导游服务质量，规范旅游市场，推进我市旅游行业标准化建设，强化优质服务意识，提高旅游企业"软实力"，牵头制定行业标准，配合其他业务科室组织开展百名"优质导游"评选活动并给予表彰。

组织2010年度获取"优质导游"人员参加比基尼小姐大赛志愿者服务工作

岗前培训人员适应训练时集体合影

北海市东盟游管理服务中心

1999 年 8 月 30 日，根据北海市机构编制委员会《关于同意成立北海中国国际旅行社领队部的批复》，成立了北海中国国际旅行社领队部，是市旅游局直属的全民所有制事业单位。2006 年 3 月 10 日，根据《北海市机构编制委员会办公室关于同意北海中国国际旅行社领队部更名的批复》，名称变更为北海市东盟游管理服务中心。主要工作职责为：代表市政府对北海市对越五日游项目进行具体监督、协调和管理，受市政府委托与经营海上航线业务的船务公司和承办旅行社签订相关经营合同，同时，为各承办社经营北海市对越五日游项目旅游业务提供统一服务。

北海至越南海上旅游航线自 1997 年开航以来，共开航 1411 个班次（截至 2010 年 12 月 31 日），输送游客近 50 万人次，实现经济效益近 20 亿元，对北海旅游发展起到了重要的推动作用。2010~2011 年，邮轮码头设施设备不断得到完善，临时性邮轮专用码头已建成，新邮轮码头已开工建设。北海市东盟游管理服务中心积极争取资金建设游客候检大厅，2010 年 8 月，组织北海至越南海上旅游航线促销团赴长沙、武汉、郑州等地进行专题宣传促销；2011 年 4 月，组织北海海空航线促销团赴武汉、济南、温州、南昌等地进行海上旅游航线与航空航线联合促销。此外，还积极参加国际、国内旅交会等活动，通过多种形式的推介，进一步扩大了航线影响力，深度挖掘航线客源市场。同时，为防范“黄、赌、毒”现象的发生，通过与航线邮轮运营企业、承办旅行社签订责任书以及与越方旅游管理部门加强沟通等形式，有效杜绝游客参与“黄、赌、毒”等活动，为航线健康持续发展作出了应有的贡献。

北海市地产交易中心

北海市地产交易中心组建于2002年8月，是北海市人民政府指定的土地交易综合场所。中心隶属北海市国土资源局，是市国土资源局对外办公、服务承诺的“窗口”，主要职能是协助市国土资源局办理国有土地使用权交易的具体事务，管理土地有形市场和规范市场交易行为。凡是北海市内的一切国有土地使用权、海域使用权、矿产权的招标拍卖挂牌出让及国有土地使用权的转让、赠予、抵押、作价入股等一律进入中心土地交易大厅办理。

中心拥有一支高素质的专业队伍，先进的办公设备，采用现代化网络办公方式，交易方便、快捷。中心实施阳光作业，通过LED显示屏、等离子显示器、电子触摸屏等，对外发布各项土地法律法规、土地交易公告、土地交易信息、中心工作情况等，接受社会各界的监督指导。

中心成立以来，坚持“公开、公平、公正、诚信”的宗旨，全力培育和规范土地有形市场，积极开拓业务，认真做好服务，取得了良好的经济效益和社会效益。2002~2011年，中心共办理各类土地交易业务44473宗，交易面积2734.56公顷，成交金额达96.75亿元。2003~2011年，中心以拍卖、挂牌方式成功出让国有土地使用权150宗，出让面积1051.1公顷，成交金额72.57亿元，以挂牌方式成功出让国有海域使用权69宗，出让面积2167.32公顷，成交金额1893.36万元。

国有建设用地拍卖会现场

北海市海湾新城首期项目用地出让拍卖会现场

国有土地使用权挂牌出让竞买现场

北海市地产交易中心挂牌成立庆典仪式，邀请自治区国土厅，市政府及各部门领导、开发商参加

北海市总工会

市人大常委会副主任、总工会主席许光波（左一）到中石化北海炼油异地改造项目建设工地为农民工送清凉

市总工会党组书记、副主席曹文（左）到基层工会慰问

北海市总工会成立于 1953 年 12 月，是主管全市各级工会工作的人民团体。

2010 年，北海市总工会和全市各级工会全面贯彻落实党的十七届三中、四中、五中全会精神，自觉把工会工作融入党委、政府工作全局，结合开展“创先争优”活动，以工会“大讨论、大调研”活动和“为企业、职工办十件实事”活动为载体，积极动员全市职工投身实施广西北部湾经济区发展规划和“北海三年跨越发展工程”，主动服务经济发展，切实维护职工合法权益，各项工作取得了显著成绩。至年底，全市有基层工会组织 3628 个，会员 25.21 万人；发放“送温暖”资金 124.5 万元，对 5023 名困难职工和农民工进行了慰问和救助；协助政府开展职业培训，培训农民工和下岗失业人员 8390 人次，帮助农民工实现就业 2230 人次；完成职工医疗互助保障计划 69518 份；资助 490 多名困难职工、农民工子女上学。

北海市总工会荣获 2010 年广西区工会工作先进单位一等奖。北海市海城区总工会被评为“广西城区工会标准化建设达标单位”。

举行北海市庆祝“五一”国际劳动节暨劳动模范先进工作者表彰大会

北海市卫生监督所

所长　张文强

书记　曹显辉

北海市卫生监督所是北海市卫生局行使卫生监督职责的执行机构。2003年8月，由原市卫生防疫站、银海区卫生防疫站、铁山港区卫生防疫站、北海市卫生宣教馆机构改革撤拼成立，核定编制72名。2007年8月列入参照公务员法管理单位，内设办公室、信息宣教科、财务科、总务科、稽查科、办案科、传染病及医疗机构监管科、餐饮公共场所科、公共场所卫生监督科、学校卫生监管科、涠洲卫生监督站和办证科等12个职能科室。

北海市卫生监督所依法履行食品安全、生活饮用水与涉水产品、消毒产品与消毒服务机构、公共场所卫生、学校卫生、职业卫生与放射诊疗、传染病防治、医疗机构、母婴保健、血液安全等十大卫生监督职责。2010年，各项卫生监督工作取得了明显成效。监管单位自主规范管理工作迈上一个新台阶，全面推行职业卫生、学校卫生监督量化分级管理工作，公共场所、民营医疗机构卫生监督量化分级管理工作得到进一步的巩固和提高，继续处于全区领先地位；全面开展艾滋病防治卫生监督执法周活动，成效显著；积极开展集中空调通风系统卫生监督专项整治工作;全力抓好预防性卫生监督保障工作，确保了“中越青年大联欢”、“东盟博览会”等重大活动及重要节日期间的卫生监督保障工作，为促进经济发展和维护社会稳定发挥了重要作用。

所领导班子：所长张文强（左三）、书记曹显辉（右三）、副所长冯华冠（左一）、杨国然（右二）、陈琳（左二）、刘胜军（右一）

近年来，该所先后荣获“全区卫生系统‘四五’普法工作先进集体”、“全国卫生监督先进集体”、“全国、全区工人先锋号”和“全区卫生系统抗震救灾工作先进集体”等荣誉称号。2007年在广西区14个市级卫生监督机构综合考评中获得第一名，并于2005~2010连续六年荣获北海市卫生系统综合目标管理工作一等奖，多次获得北海市行政审批大厅的季度流动红旗。有1人荣获“全国卫生监督先进个人”和“广西区五一劳动奖章”荣誉称号，获得全区卫生系统及全市先进人物一批共18人次，呈现出“创先争优”的大好局面。北海市卫生监督所按照“内强素质，外树形象”的目标，以“团结、进取、务实、创新”精神，依法行政，严格执法，与时俱进，开拓创新，不断推进北海市卫生监督事业的又好又快发展。

局长王铭枢（右三）、副局长陈志宇（右二）及所长张文强（右一）对市人民医院艾滋病防治工作情况进行监督检查

市卫生监督所深入开展创先争优活动动员部署会

卫生监督员检查宾馆集中式空调通风系统清洗情况

北海市第二人民医院

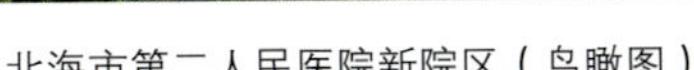
北海市第二人民医院新院区（鸟瞰图）

医院迁建工程开工典礼奠基仪式

北海市第二人民医院前身为北海城镇公社卫生院，成立于 1960 年 2 月，当时只有 2 个门诊和 56 名职工，1972 年城镇公社卫生院更名为城镇医院。

1994 年开始，从建医院住院大楼到建北海市首个社区卫生服务中心，从云南路综合门诊部的启用到医院门诊大楼的落成……16 年来，医院拓展了一个又一个极为宝贵的发展空间，成为北海市主要的医疗场所。

2010 年，市委、市政府将北海市第二人民医院整体搬迁工程列入北海市实施三年跨越发展工程的重大建设项目，也是目前为止北海市卫生发展史上规模最大、投资最多的一项“民心工程”。新院区位于北海市城东南区域内（上海路以西与新世纪大道以北），占地面积为 144.1 亩，设病床 900 张。一期主体工程建筑面积为 106700 平方米，住院楼最高层数为地上 21 层，地下 1 层；预留二期工程用地。总投资为 4.7 亿元，北海市第二人民医院将成为北海市规模最大、功能最完善的医院之一。

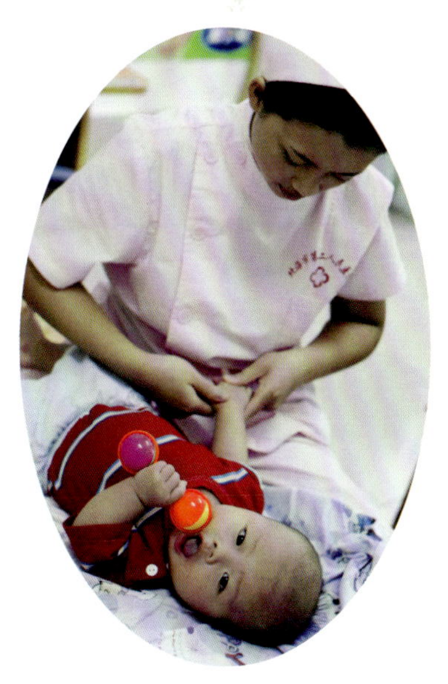

2010 年 12 月 21 日，市委、市政府举行北海市第二人民医院迁建工程开工典礼

北海市教育局

2010 年 9 月 9 日，市委书记、市人大常委会主任王小东慰问九小教师范先云

2010 年，北海市教育局深入贯彻党的十七大精神，全面落实科学发展观，坚持大力实施“北海三年跨越发展工程”，继续打造广西北部湾经济区重要教育基地。全市积极发展学前教育，巩固提高义务教育，加快普及高中教育，大力发展职业教育，着力发展高等教育，健全完善特殊教育，继续扶持民办教育，为北海经济社会发展提供了强有力的支撑。

2010 年，北海教育事业迈出了新的步伐：市委、市政府召开了新世纪以来第一次全市教育工作会议，为未来十年北海教育事业改革发展描绘了崭新蓝图。基本普及 3 ~ 6 周岁学前教育，总投资 1100 万元的市机关幼儿园新园区建设主体工程封顶；海城区启智学校并入市特殊教育学校；一县三区均以优良成绩通过自治区义务教育学校常规管理达标评估验收；高考上线人数和上线率大幅攀升。大力实施教育惠民工程，全年筹措资金 2329.29 万元，资助学生 38823 人次；22.6 万名城乡义务教育阶段学生获得免除学杂费补助，19 万名农村义务教育阶段学生获得课本费补助，2.3 万名农村义务教育贫困寄宿生获得生活费资助；公办学校接收进城务工人员随迁子女 23973 人，解决了 9311 名留守儿童学习和生活问题。强力推进项目建设，北中异地搬迁项目、市中职校暨市职教中心新校区建设、中小学校安工程和桂电职业技术学院西校区建设等 4 个重点项目共完成投资 3.537 亿元；投入职业教育攻坚资金 6442.88 万元。全市中职校和高校年度招生人数均首次突破万人大关，在校生总人数分别达到 2.81 万人和 2.60 万人。素质教育成效显著，组织学生参加 21 项“全区职业技能比赛”，获得了 16 项优异成绩；组织学生参加广西青少年科技创新大赛，共获 64 项奖励，其中一等奖 16 项，获奖数居全区参赛地市前列。加强教育科研工作，组织申报国家级课题 2 个，自治区级课题 10 个，市级课题 157 个，教师获得自治区级比赛奖项 194 人次。

2010 年 12 月 21 日，北海中学异地搬迁项目开工仪式

2010 月 12 月 14 日，市委常委、宣传部长、副市长廖德全主持召开北海市职教攻坚工作会议

2010 年 8 月 2 日，市教育局局长李沛新（右三）、党委书记陈月梅（右四）带队到曲樟乡山心村开展党日活动

2010 年 12 月 1 日，亚洲新飞人劳义荣归母校

北海职业学院

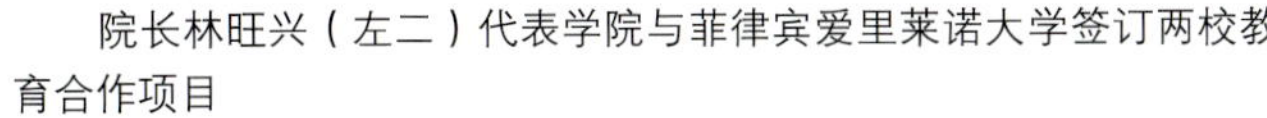

院长林旺兴（左二）代表学院与菲律宾爱里莱诺大学签订两校教育合作项目

院党委书记刘芬（左三）为科技文化节获奖的学生颁奖

北海职业学院是北海市政府举办的唯一一所公办全日制普通高等院校，现有本部和湖海 2 个校区，本部位于北海市西藏南路，湖海校区位于北海市湖海路，全院占地面积 272251 平方米，建筑面积 87360 平方米，固定资产总值 13626.34 万元，教学仪器设备值 1657.34 万元，校内实验实训室共 9 大类 102 个分室，校外实训基地 66 个，分别与北海港、钦州港、北海香格里拉大饭店、北海海洋之窗、北海工业园区等 20 多家知名企业建立了良好的校企合作关系，馆藏图书 25 万册，拥有教学用计算机 1032 台，多媒体教室和语音实验室座位 1956 个。设机电工程系、电子信息工程系、旅游商贸系、经济管理系、文化与传媒系、基础学科部及社科部 7 个系部，2010 年底全日制高职在校生 5189 人。面向全国招收高中起点三年制大专生，现开设有港口物流设备与自动控制、制冷与冷藏技术、轮机工程技术、电气自动化技术、汽车检测与维修技术、汽车技术服务与营销、房地产经营与估价、市场开发与营销、营销与策划、酒店管理、旅游管理、涉外旅游、食品营养与检测、物流管理、物业管理、会计电算化、报关与国际货运、工商企业管理、计算机应用技术、应用电子技术、电子商务、商务英语、文秘、艺术设计、旅游工艺品设计与制作、会展策划与管理、电子信息工程技术、数字媒体技术、投资与理财、商务经纪与代理、人物形象设计等 31 个专业 35 个方向，初步形成了以港口、海洋（含滨海旅游）、电子信息产业类专业为主体，辅以其他第三产业专业，形成优势互补、协调发展，适应市场需要的专业体系。

全院教职工 348 人，专任教师 252 人，具有研究生学历教师 88 人，其中副高以上职称教师 51 人，双师型教师 74 人，还聘请外教和校外专家、学者为客座教授，形成了专任教师为主、专兼结合的教师队伍。学院内设自治区劳动和社会保障厅批准设立的职业技能鉴定所，有职业技能鉴定师 26 人，可以面向社会及学生进行 30 个工种的专业技能鉴定并颁发国家劳动和社会保障部承认的国家职业资格证书。学生就业工作自 2007 年起，连续四年被自治区教育厅评为就业工作先进集体。

学院积极开展创先争优活动

博士邹文中（右一）带领学生做实验

北海市卫生学校

卫生学校白衣天使

北海市卫生学校始建于1958年4月，分北海、合浦2个校区，占地290亩。2002年被评为自治区级重点职业学校；2005年被教育部认定为国家级重点中等职业学校；2009年获自治区示范性中等职业学校和首批自治区示范性护理实训基地，被教育部评为全国教育系统先进集体；2010年获自治区示范性医学影像技术专业实训基地。学校师资力量雄厚，教职工总数653人，专任教师251人，高级职称65人（其中正高3人），中级职称91人。硕士研究生5人，在职研究生5人，大学本科学历229人，合格率95%。理论课教师226人，实习指导教师25人；专业课教师203人，“双师型”的教师176人，占专业课教师的86%。学校开设有护理、医学影像、药剂、临床检验等11个专业，其中护理和医学影像专业是自治区级示范专业。现中职在校生7404人，各类在校生超万人。校舍建筑面积108889平方米，教学实训设备总值2388万元。学校拥有一所医疗、教学和科研为一体的二级甲等综合性医院，开设320张病床，配备了CT、B超、500毫安闭路电视X光机、体外震波碎石机等大型先进的医疗设备，完全满足教学及医疗服务需要。

教学广场

附属医院门诊大楼

学生公寓楼

联系地址：
北海校区——银滩大道99号
合浦校区/附院——合浦县廉州镇沙窝街8号
联系电话：
3931168（北海校区）
7283204（合浦校区）
Email地址：bhhpwx@126.com

北海市第八中学

北海市第八中学创办于1997年，是广西北海市教育局直属的一所全日制中学。校址位于北海市广东南路，占地面积19122平方米。现有35个教学班，学生1851人，教职工142人，其中研究生学历5人，高级职称37人，中级职称60人，初级职称32人。

教学楼

学校开办14年来，确立了“办规范加特色学校，育优秀加特长学生”的办学目标和“追求发展，追求特色，追求卓越”的办学理念，提出了“抓常规，建内涵，创特色”的办学思路，探索实行“以人为本”的人性化管理模式，在北海市初级中学中开创青少年科普教育和科技创新之先河。2003年12月成立了“北海八中少年科学院”，2004年8月被中国少年科学院授予“中国少年科学院科普基地”。

学校教学设施齐备，配备了计算机教室、多媒体教学平台，安装了宽带网络，实现了教师办公电脑化，初步建成了校园局域网，以及校园广播系统，先进的信息技术手段广泛运用于教育教学和管理工作。整个校园呈现出树成行、草成片、花成带的园林景象，校园整洁、优美。

学校先后被授予“广西贯彻体卫工作两个《条例》优秀学校”、“广西文明小区”、“广西教育学院实习（训）基地”、“中国少年科学院科普基地”、“全国教育科学‘十五’规划教育部重点课题实验学校”、“北海市文明单位”、“北海市职工职业道德建设十佳单位”、“北海市园林式学校”、“北海市支教工作先进后援单位”、“语言文字先进集体”等荣誉称号，近年学校还2次被授予北海市教育局先进基层党组织。

建校10周年庆典

第十三届校运会暨第七届科技艺术节开幕式

“迎新”文艺汇演

北海市工读学校

北海市工读学校是北海市教育局直辖下的公办学校，其职能是教育转化学困生，实行全封闭寄宿管理。学校距北海七中400米（在市青少年学生校外活动中心内），占地面积34亩，现有教学综合楼、饭堂各一栋，建筑面积2300平方米，场地开阔，环境幽静，是学生学习、活动的理想场所。

北海市工读学校采取灵活的办学模式，小班额教学（每班不超过20人），注重对学困生进行思想教育和心理疏导，教学课程设置与普通学校一致，采取辅导的形式，因材施教；着重考虑学生将来的出路和职业兴趣，为学生开设武术课和职业技术课（烹饪、电脑操作与维修、电工基础、家用电器维修等）。

学生学习期限不少于一年（具体根据学生入学前的考试、考核情况而定）。学习期满后，经考试、考核及格，可回原校继续学习，也可以留在学校继续完成学业，已完成九年制义务教育的可以回原校参加升学考试。凡在学校学习的学生，初中毕业后统一由原校发毕业证书。在学校学习职业技能的学生，经考试考核合格，可推荐就读高一级职业学校。

学校教育教学管理研讨会

学生基础电子技术课

全校师生参加缅怀先烈活动

北海市青少年学生校外活动中心

北海市青少年学生校外活动中心（以下简称活动中心）是2001年由国家返还专项彩票公益金扶持建设的第一批校外活动场所，直属于北海市教育局。

活动中心位于北海市西南大道和西藏路交汇处往西400米，占地60亩，建筑面积共9600平方米，建设有科普教育、国防教育、劳动实践、素质拓展等活动场馆（场地）。其中，室内设有海洋生物多样性科普教育展示厅、海洋文化展览室、海洋知识展览室、国防知识展览室、陶艺制作室等20多个功能室，室外设有水上航模集训区、农业生产实践区、生活技能实践区、素质拓展训练区等6个功能区。

劳技培训

自2005年12月投入使用以来，活动中心管理工作不断规范化，运作状况良好，较好地发挥了校外教育基地的功能和作用。

科普教育方面：自活动中心投入使用以来，全市各中小学（含民办学校）均组织学生前来开展各类科普活动。

国防教育方面：为促进北海市学生军训工作的制度化和规范化，进一步提高学生军训工作的水平和质量，北海军分区和市教育局把活动中心作为全市学生军训基地，每年组织全市市直高初中新生在活动中心进行全封闭管理的军事训练。

军事训练

劳动与技术教育方面：为深化基础教育课程改革和进一步推进素质教育，根据市教育局的统一部署，自2007年起，全市市直初中劳动与技术教育课程统一安排在活动中心实施。

综合素质拓展训练方面：综合素质拓展训练是活动中心投入使用后第一个开发的活动项目，开展活动时间为每周六、日两天两晚，由学生自愿报名参加。

参观展览

拓展训练

广西壮族自治区海洋研究所

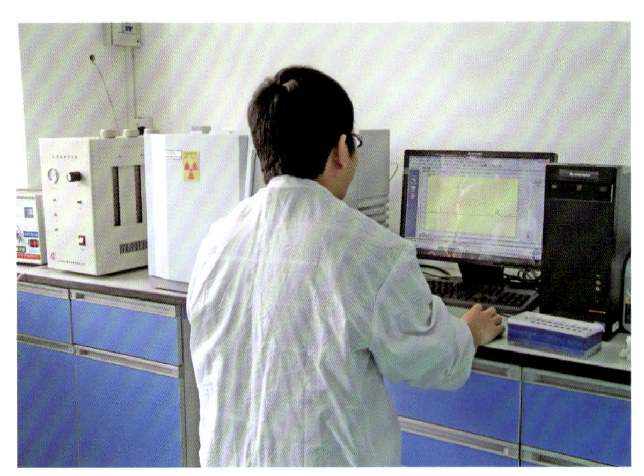

实验室一角

广西壮族自治区海洋研究所创建于 1978 年，所部位于北海市。“十一五”期间引进博士 3 人、硕士 4 人。目前在职员工 51 人，其中专业技术人员 41 人（博士 4 人），具有高级专业技术职称 7 人、中级职称 25 人，获国务院政府特殊津贴专家和自治区优秀专家称号 1 人。主要研发机构有：“广西海洋生物技术重点实验室”、“广西海水养殖新品种繁育工程技术研究中心”、“广西海水养殖技术中心”、“广西海水养殖技术成果转化中心”和“广西锯缘青蟹良种场”。2009 年 6 月，经自治区党委办公厅批准成为“广西海洋生物产业人才小高地”建设载体单位。

所辖广西海洋生物技术重点实验室的主要研究方向为遗传育种、营养与饲料、活性物质提取与深加工、养殖技术与生态等，拥有万元以上的仪器设备 80 多台（套），仪器设备总价值 400 余万元。

设立在北海市竹林盐场内的海水增养殖试验基地，占地面积 155.8 亩，育苗水体近 12000 立方米、养殖池塘 90 多亩，集育苗、中培、养殖示范和项目研发于一体，配套功能较齐全。

“十一五”期间，共立科研项目 50 项，总经费 2700 多万元；获广西科技进步二等奖 1 项、三等奖 1 项，获北海市科技进步一等奖 1 项、二等奖 2 项，获受理发明专利 6 项。累计生产海水养殖苗种 2 亿多条（尾、粒），年覆盖养殖面积 6 万亩，养殖收入近 4 亿元，带动农民新增就业 4000 多户，受益农民近万户。

办公及实验综合楼

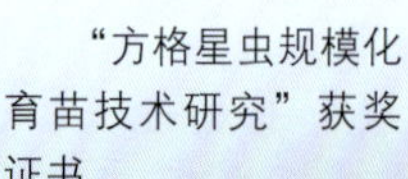

“方格星虫规模化育苗技术研究”获奖证书

所 长：童万平
地 址：广西北海市长青东路东92号
邮 编：536000
电 话：0779-2052171
传 真：0779-2053864
网 址：Http://www.gxhyyjs.com.cn/

海水种苗繁育试验基地

北海市科学技术协会

组团参加广西实施“科普惠农兴村计划”五周年成果展示会，图为北海市涠洲岛香蕉示范基地展示区

北海市 2010 年全民科学素质工作领导小组会议在市政府小礼堂二楼会议室召开

2010 年，北海市科协深入贯彻落实科学发展观，紧紧围绕“北海三年跨越工程”，团结和动员广大科技工作者，紧紧抓住国家实施新一轮西部大开发和北部湾经济区良好发展态势的重大机遇，按照“三服务一加强”的工作定位，“搭建平台、资源共享”的工作思路，“大联合、大协作”的工作方式，“团结勤奋、求真务实、创新发展”的目标要求，扎实工作，把事干成，努力推进新时期科协工作的创新与发展，为推动北海实现三年跨越发展目标提供强有力的科技引领和智力支撑。出台了《北海市学术交流和专家学者建言献策活动实施方案》，调动专家学者建言献策的积极性，着力打造为市委、市政府科学决策提供有效服务的学术交流平台；青少年科技创新大赛成绩位居全区前茅；“科普惠农兴村计划”项目实施取得突破性的进展；《全民科学素质行动计划纲要》阶段督查工作圆满完成；举办农村适用技术培训班，帮助农民走依靠科技致富的道路；围绕“低碳生活”、“节约能源资源”、“珍视海洋环境”、“防灾救灾”、“安全健康”等主题的“全国科普日”活动、“十月科普大行动”、“我爱祖国海疆”、“爱科学月”、“科普大篷车”联合行动、科普咨询、科普报告会、科普展览等有序开展，进一步提高公众科学文化素质，促进社会和谐发展。

2010 年北海市科技工作者代表迎春座谈会

市科协党组书记、主席廖思伟亲自上党课

2010 年“十月科普大行动”启动仪式

“科普大篷车”发放科普图书

北海冠华人造板有限公司

北海冠华人造板有限公司是澳门商人邓耀祺先生投资创办的外商独资企业，于2003年4月21日在北海市工商局注册成立，位于广西合浦县乌家镇。公司主要生产E0、E1、E2中、高密度纤维板，产品规格为1220×2440×(2.0~35)毫米，一期中厚板项目工程于2004年4月投产，二期薄板项目工程于2007年10月投产，自投产以来产品质量和服务已逐渐被客户认可，质量声誉不断得到提升，产品生产能力达到稳定状态，年产量达25万立方米。

车间一角

公司对生产设备选型和配套均采用引进的先进技术装备：热磨机（54寸）引进奥地利安德里茨公司的纤维研磨设备，削片机引进德国帕尔曼公司生产的设备，热能中心锅炉引进比利时温克公司设备，热能中心用粉尘和废料作为燃料，运行此套设备装置，每年可节约用煤3万吨。两条多层热压机生产线选用技术成熟的上海板机厂设备，生产过程实行微机自动控制，先进设备的组合规划配套，对产量和品质的提高奠定了基础。公司员工中大专以上学历占总人数的40%，中技（含中专）占60%，人员技能基础配比合理，符合公司生产经营管理的需要。

2008年公司推行质量管理体系、环境管理体系、职业健康安全管理体系，并于同年7月通过了ISO9001：2008质量管理体系的认证，2009年6月通过ISO14001：2004环境管理体系及OHSAS18001：1999职业健康安全管理体系的认证，于2009年6月通过美国加利福尼亚洲所要求空气环境产品质量CARB体系认证。产品生产严格按质量体系要求执行，促进产品质量不断得到提高，根据省级检验机构产品抽样检测结果显示，各项性能指标符合国家标准，产品的结构、密度、板面光滑度、内结合程度等方面已得到客户的认可，质量声誉不断得到提升。目前产品主要销往广东、上海、四川、福建、浙江等地。

半成品区

成品车间

厂区全景

薄板车间

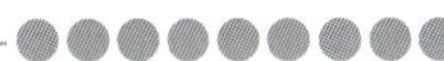

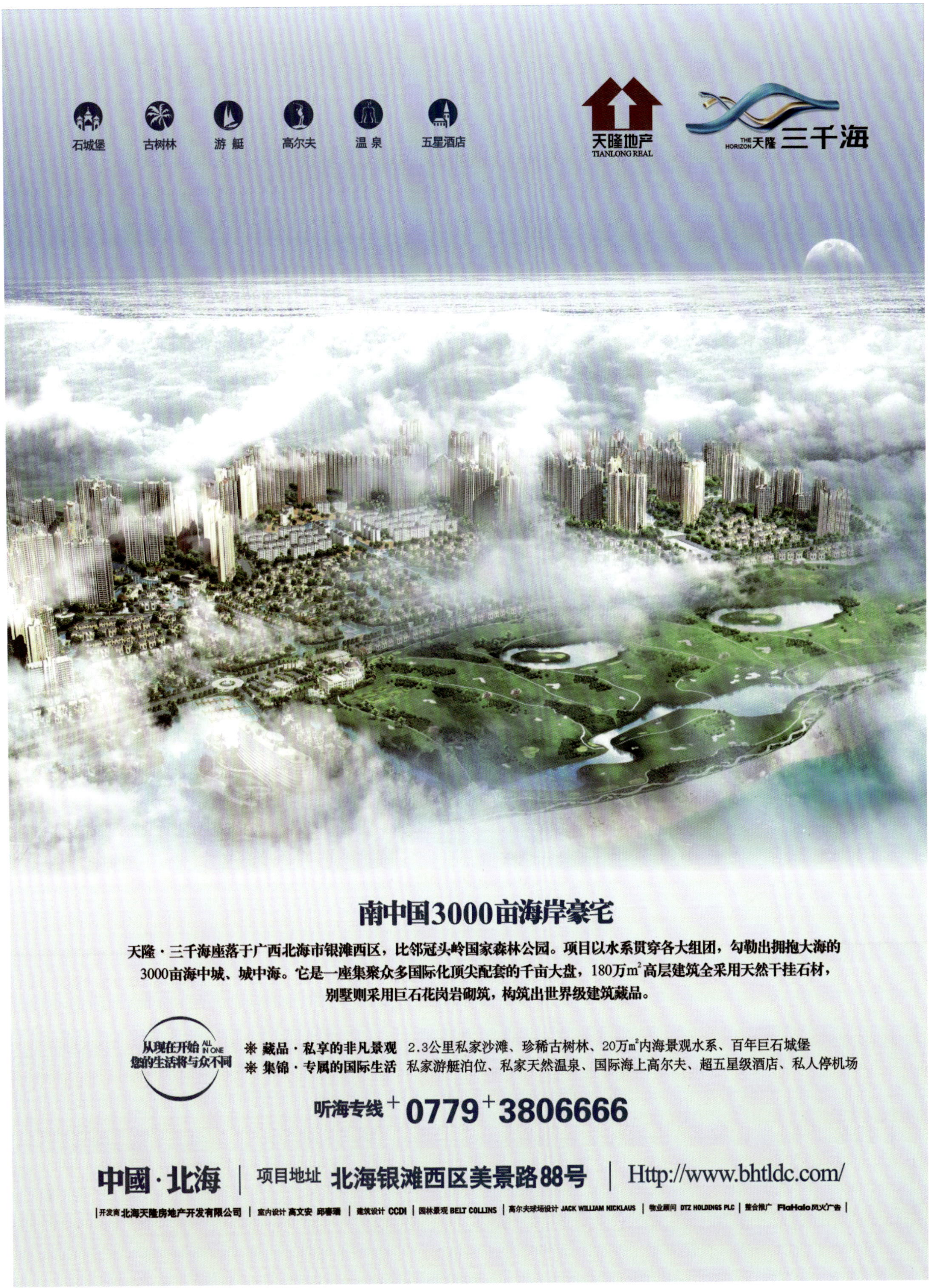
石城堡
古树林
游艇
高尔夫
温泉
五星酒店
天隆地产
TIANLONG REAL
THE HORIZON 天隆 三千海
南中国3000亩海岸豪宅
天隆·三千海座落于广西北海市银滩西区，比邻冠头岭国家森林公园。项目以水系贯穿各大组团，勾勒出拥抱大海的3000亩海中城、城中海。它是一座集聚众多国际化顶尖配套的千亩大盘，180万m²高层建筑全采用天然干挂石材，别墅则采用巨石花岗岩砌筑，构筑出世界级建筑藏品。
从现在开始 ALL IN ONE 您的生活将与众不同
※ 藏品·私享的非凡景观 2.3公里私家沙滩、珍稀古树林、20万m²内海景观水系、百年巨石城堡
※ 集锦·专属的国际生活 私家游艇泊位、私家天然温泉、国际海上高尔夫、超五星级酒店、私人停机场
听海专线 + 0779 + 3806666
中國·北海 | 项目地址 北海银滩西区美景路88号 | Http://www.bhtldc.com/
|开发商 北海天隆房地产开发有限公司 | 室内设计 高文安 邱春瑞 | 建筑设计 CCDI | 园林景观 BELT COLLINS | 高尔夫球场设计 JACK WILLIAM NICKLAUS | 物业顾问 DTZ HOLDINGS PLC | 整合推广 FlaHalo风火广告 |

厚德载物　止于至善

中安地产深耕北海14年

北海首席低碳环保社区
2011年最具品质的桃花源

引领北海市新城西
生活观的高层代表

广西自治区"文明小区"

北海最成功的产权式酒店公寓开发典范

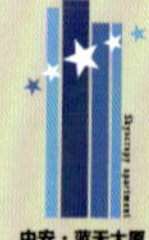

"投资价值楼盘金奖"、"南宁人居展二等奖"、"优秀楼盘"

北海中安房地产开发有限公司是一家以房地产开发与经营为主，产业涉及酒店经营、物业管理，传媒公司等领域，拥有现代经营管理模式的复合型房地产开发企业。

公司于1997年创建以来，以"止于至善"作为经营宗旨，以品质为发展的基石，从每一个细节开始注入至善至美的标准，以中国智慧涵养意境人生为理念，先后精心开发打造了包括别墅、高尚纯住宅高层、花园住宅小区、酒店、写字楼、多层公寓、花园住宅小区等不同风格、各具特色的现代城市建筑。

公司多年来深耕北海市场，在"尊重、感恩、担当、创新"的企业理念下，14年来一直精益求精，将中国的人文智慧应用于细节和品质上，营造每一片土地，坚持把最好的产品与服务呈现给每一位业主，为现代人筑造积极美好的生活。中安地产十四年来载誉而行，所开发的多个楼盘屡获市场赞许，企业也多年连续被评为北海市"优秀房地产开发企业"，品牌影响力不断累积，酝酿成一股厚积薄发的力量，必将推动中安地产今后的发展更快更稳。

目前市场在售的中安·止泊园，2010年度荣获"北海市十大宜居楼盘"。2011年2月28日被国家住房和城乡建设厅授予"住宅小区二星级绿色建筑设计"标识牌匾，随着社区的建设完善，这个以建造"国人心中桃源"为文化内涵的楼盘，既具有低碳环保的先行理念，更不失传统的诗意氛围，营造出当代中国人居特有的美。

公司地址：北海市贵州北路17号中安大厦三层　网址：http://www.bhza.com　电话：0779-3085656

北海昊海房地产开发有限公司

北海昊海房地产开发有限公司是北京房建投资集团为实现“走出去”战略拓展北部湾市场，于2007年9月成立的具有独立法人资格的房地产开发公司。

公司开发项目“昊海·梧桐”奠基仪式

公司本着“以人为本，缜密计划，注重细节，价值创新”的经营理念，秉承房建集团“团结务实，开拓创新”的企业精神，坚持“依法治企，以德育人”的管理理念，给每位有志之士提供广阔的平台发挥其才智。企业拥有一支较具活力的精英团队，致力于规划设计、建筑工程、营销策划等专业领域，在打造精品的同时实现企业效益最大化。

公司开发建设的高品质滨海社区“昊海·梧桐”项目，位于北海市银海区银滩大道北、广东路以东地段，规划建筑面积12万平方米，特聘国际一线景观设计公司以及国内一流的建筑企业打造高品位的景观环境和高品质的精品建筑。项目于2011年下半年开盘面市，公司将以此项目作为打入北海房地产市场的先锋力作，打造一个传承百年的近海高尚精品楼盘，为企业品牌的扩张和发展奠定坚实基础。

公司一直秉承社会效益与社会责任并重的治企理念，2010年4月，青海玉树发生地震，公司员工发扬团结友爱精神，救助同胞于水火之间，以实际行动帮助灾区重建。同年9月，公司捐资近10万元扶助北海北背岭小学建设。

公司管理人员例会

公司助学捐赠仪式

合浦县农业局

在上级农业部门的关心和支持下，在县委、县政府的正确领导下，合浦县农业局认真贯彻落实党的十七届四中、五中全会和中央农村工作会议精神，坚持以邓小平理论和"三个代表"重要思想为指导，用科学发展观统揽农业和农村工作，以开展强基惠农春季大行动、创先争优活动、学习型党组织建设年活动为契机，以粮食增产、农业增效、农民增收为目标，紧紧围绕现代农业产业化发展、农业产业结构调整、良种良法示范推广及农业高产示范创建开展工作，克服了春季旱灾的影响，实现了全县农业、农村经济又好又快发展。2010年，合浦县成为农业部认定的首批50个国家级现代农业示范区之一，表明合浦农业已进入加快发展方式转变、率先实现农业现代化的新阶段。

院士袁隆平（左）、自治区农业厅厅长张明沛（右）在合浦县超级稻示范区考察指导

2010年，全县总人口102.05万人，其中农业人口81.98万人（农业劳动力34.46万人）。全县农作物总播种面积12.79万公顷，比上年增长1.51%。其中粮食作物播种面积6.75万公顷，比增0.75%；经济作物播种面积6.04万公顷，比增2.4%，其中油料作物播种面积0.93万公顷，甘蔗播种面积1.82万公顷，木薯播种面积0.73万公顷，其他播种面积2.57万公顷（其中蔬菜播种面积2.33万公顷，黄红麻种植面积0.13万公顷，其他0.1万公顷）。2010年末水果种植面积1.27万公顷。全县主要农产品总产量：粮食32.95万吨，油料2.45万吨，甘蔗127.23万吨，蔬菜43.12万吨，水果4.94万吨，分别比上年增2.7%、7%、6.44%、4.75%、6%。2010年全县农业总产值79.54亿元，比增12%，其中，种植业总产值23.32亿元，比增21.17%，农村居民人均纯收入5268元，比增12%。

自治区农业厅厅长张明沛（中）在北海市副市长陈玉玉（右二），市、县农业局领导陪同下深入合浦县检查豇豆"三避"技术推广工作

合浦县交通局

合浦县交通局是主管全县公路、水路交通的政府职能部门。下辖县运管所、公路所、航务所、稽征所、货运站5个事业单位和县汽车客运中心、水运公司和修理厂3个企业，在职干部职工794人。

2010年累计完成交通投资6427万元，比2009年增加投资3819.73万元，增加170.63%。其中，公路大会战兴建农村公路79条总长109.8千米，总投资2900万元。

截至2010年底，全县普通公路总里程达到1560.875千米，公路密度达到65.58千米/百平方千米，158个行政村通油（砼）路。全县拥有等级汽车客运站10家，营运客车172辆，客运线路33条（其中农村客运线路27条），出租汽车120辆，营运货车10006辆，全县有渡口13个，渡船34艘。道路、水路运输基本适应我县现阶段经济社会发展的需求。

合浦县交通局局长陈日顺在全县交通工作会上部署工作

“十二五”期间，合浦交通将实现飞跃发展。一是加快农村公路建设。五年间将投资10.4929亿元用于农村公路建设，修建公路108条共551.6千米，其中2011~2013年计划修通87个行政村共358千米通村硬底化公路，实现全县100%行政村通硬化公路目标。“十二五”期间，通自然村硬底化道路进入全区先进行列。二是公路和桥梁质量有明显提高。“十二五”期间，合浦县交通局将筹集投入公路养护资金5007万元，改造完成38座四、五类危桥共1814米，投入资金7256.4万元。绿化资金投入150万元，绿化里程达600千米。实现县道和乡道好路率分别达90%和80%以上。三是运输市场秩序明显好转。加大与公安部门的联合整治力度，在重点时间，对重点路段、重点对象进行整治，对非法运输和超载超限等违反行为从严打击，维护全县运输市场稳定。四是水陆客运市场要有较快发展。“十二五”期间每年计划建设客运站2个，便民候车亭3个。五年累计开通班线共20条，更新改造渡艘共30艘。群众出行和物资运输环境将得到很大改善。

合浦县交通局局长陈日顺（左二）在党江镇检查指导大会战农村公路建设工作

合浦县交通局领导班子：
局长、党委副书记：陈日顺
党委书记：郭春桂
党委副书记、纪委书记：李香青
副局长：吴兰英，陈波海
党委委员：零强（综合股股长），李流胜（人秘股负责人），利登平（稽征所所长）

2011年1月25日上午，合浦县农村交通设施建设大会战项目之一——合浦县沙田墩大道竣工通车

2011年3月4日，全县交通工作会议召开

铁山港区南康镇

自治区领导莅临南康镇指导工作

自治区领导莅临南康镇指导设工作

南康镇是全国文明镇，是铁山港区政治、经济、文化中心。2008年荣获第六届“南珠杯”特等奖，2009年作为北海历史文化名街参与全国评比，连续三年荣获北海市平安建设先进镇、北海市平安镇。2009年末总人口6.42万人。全镇农业总产值达3.46亿元，比上年增长10%；规模以下工业产值44549万元，比增15%；固定资产投资3.83亿元，比增16%；招商引资实际到位资金6200万元，比增28%；财政总收入达11606万元，比增35.7%；农民人均纯收入4428元，比增11.45%。

抓项目，重服务，综合实力明显增强。2010年，完成玉铁高速征地搬迁任务519亩、合浦河唇铁路支线征地搬迁任务546亩、十字至铁山港供水工程13千米多的管道铺设和760亩临时用地征用、营闸路征地搬迁任务507.5亩。年内，共筹措投入300多万元建成了自来水供水工程、镇计划生育服务大楼和畜牧兽医站办公大楼。2009年，广西万国活石儿童村项目装修工程快速推进，金宸花园1幢、2幢建成开售，3幢、4幢加紧建设，海珠小区建成使用，规模不断扩大的房地产开发，已经成为全市非城区乡镇开发建设亮丽的风景线。

抓产业，重三农，群众收入明显增加。2009年投入160万元，修建了秋风塘、火甲等村级道路5条共80多千米；投入150万元推进农村能源建设和改厕工程，新建农村沼气池15座、卫生厕所65座；火甲土地整改、陂塘整村推进、秋风塘农发项目稳步推进，农田基本设施更趋完善；重点发展社内、三塘、秋风塘三大无公害蔬菜基地和高田玉米制种示范基地，特色农业已成规模。

镇中心雕塑《康泰明珠》雄姿

自治区专家对南康镇申报全国历史文化名镇进行实地考评

市领导亲临南康镇指导服务项目工作

抓城建，重管理，城镇品位明显提高。2009 年，南康镇以被国家列为四级建设制镇为契机，以打造广西名镇为目标，对南康镇的规划进行了科学修编。2010 年，营浦路南康段通车、南康标志性建筑——《康泰明珠》大型雕塑建成；修建了海珠小区、建设西路等 8 条排污水沟；铺设了南光路、新华路四巷等 4 条城镇街道，完成了朝阳大道南段路灯改造和灯箱广告安装工程。以玉铁高速与南康互通项目建设为契机，银丰东路及沿街老城改造全面铺开，结合申报全国历史文化名街活动对解放路等老街进行环境卫生综合整治，城镇品位不断提高。

团结奋进的镇领导班子

抓调处，重平安，维稳效果明显提升。2009 年，南康镇率先组建了镇级综治信访维稳中心，全面加强社会治安综合治理，普及法制教育，加大处纠力度。2010 年，发生各类民间纠纷案件 55 件，调解 55 件，调解成功 53 件，调解率为 100%，调解成功率为 97%，其中“三大纠纷”调处了 3 件积案，控制了 9 件新发案，防止群体性上访 9 起 73 多人次；阻止群众械斗 12 起 425 人次，避免经济损失 80 多万元，有力地促进社会和谐。

抓根本，重实惠，民生水平明显提高。2010 年，投入 10 万元建成了牛根芦等自然村级文化广场，加强与石康、涠州等社区文化交流，各种文艺演出丰富多彩，代表北海在广西区公共文化服务体系建设经验交流上介绍先进经验，同时，自治区文化厅组织全区文化战线人员到南康镇参观学习；社会保障全面加强，参加新型农村合作医疗的农户 8659 户，占全镇农户的 92.78%，全年新增就业人员 1000 人，全镇纳入低保的群众 1438 人，发放低保金 100 多万元。争取上级支持建设了三塘老人供养活动中心等一批设施，保障和改善了困难群体的生活。

靓丽的城镇主干道

构架快速发展平台——玉铁高速南康互通紧张施工

开展丰富多彩的体育活动

合浦县公馆镇

公馆镇位于合浦县城东51千米，东与博白县接壤，北与浦北县相邻，南临北部湾，总面积178.5平方千米。下辖1个社区23个村委326个自然村695个村民小组，2010年末总人口135055人。耕地面积3642公顷，其中水田2821公顷，旱地821公顷，宜发展林果山地1500公顷。公馆镇海洋资源有海滩涂5000多亩。矿产资源有石灰石、重晶石、硫铁矿、金矿。水利资源主要有铁山河、璋嘉水库、南山水库及十几座山塘。

公馆镇党委书记杨真荣检查社会稳定工作

旅游资源主要有盐田红树林、县级文物保护单位关帝亩、鳌鱼寺和公馆中学文治书院。公馆镇海陆交通发达。海上交通有盐田、鸿冠2个码头，可泊500~1000吨船只，通航北海、湛江、海南、钦州、防城和越南。陆地交通325国道和玉铁高速公路贯镇而过，直通合浦、北海、南宁和广东。该镇有乡村公路十几条，基本实现了“硬底化、村村通”。该镇有高完中1所，初中3所，小学38所，教职员工1635人，在校学生21453人。该镇有医院2所，其中公立1所、民办1所，有医务人员255人，病床175床，另有乡村卫生所38个，医务人员76人。电讯、通讯发达，有线电视覆盖全镇。

2010年优秀教师表彰大会

工业以烟花爆竹、水泥建材、造纸、印刷、包装、供水等产业为主，2010年工业总产值13.56亿元。农业以水稻种植、水产养殖、林果种植为主，2010年水稻种植面积75000亩，海水养殖面积5000亩，淡水养殖面积2300亩，林果种植面积7560亩。农业总产值2.52亿元。2010年，全镇国民生产总值20.65亿元，财政收入3300万元；城镇居民人均可支配收入11055元，农民人均纯收入4567元。

基层党建暨创先争优座谈会

组织打击私炮

渔　　业

综　　述

2010年是实施水产畜牧业科学发展三年计划和"十一五"规划的最后一年。2010年，面对国际金融危机冲击、渔业资源变化、自然灾害、农产品价格波动等不利因素的影响，全市水产畜牧兽医部门在市委、市政府的领导下完成各项工作任务。全市水产品总产量92.53万吨，同比增长3.11%，肉类总产量12.53万吨，同比增长5.6%；全市渔业产值86.2亿元、畜牧业总产值27.26亿元，渔牧业总产值113.46亿元，同比增长9.84%。整个水产畜牧业经济运行态势良好。　（邓永言）

水产养殖业

【概况】 2010年全市水产养殖面积32171公顷，比增2.39%，养殖总产量480969吨，比增2%，其中海水养殖面积25487公顷，产量409496吨；淡水养殖面积6684公顷，产量71473吨。大宗养殖产品有：对虾、罗非鱼、文蛤、大蚝、象鼻螺、青蟹等。此外，引进或推广金鲳鱼、东风螺、美国红鱼、牙鲆、军曹鱼、真鲷、石斑鱼、鲈鱼、海参等名贵品种养殖，品种结构渐趋合理和优化。

市委书记、市人大常委会主任王小东（前右三）到市水产畜牧兽医局指导工作
市水产畜牧兽医局　供

【优势品种养殖】 2010年全市对虾、罗非鱼、文蛤、大蚝、象鼻螺等优势品种养殖总面积达23385公顷，产量41.64万吨、总产值47.28亿元，其中对虾养殖9692公顷，产量105700吨，罗非鱼养殖面积4200公顷，产量43800吨，形成对虾、罗非鱼、文蛤、大蚝等优势品种的基地化、规模化养殖的新格局。其中对虾、罗非鱼是北海加工出口的主导品种，全市共有罗非鱼出口养殖备案基地49个，养殖面积1983.67公顷，对虾出口养殖备案基地19个，养殖面积943.2公顷。

【标准化养殖与水产品质量安全】 组织全市开展标准化生产有关法律法规宣传，指导实施标准化生产，认真开展无公害产地现场检查和抽检，组织申报无公害产地认定产品认证，养殖农民标准化意识和无公害认证申报的积极性明显提高。2010年新增无公害产地认定和产品认证9个，水产健康养殖示范场5个，均达历年申报数量的最多。截至2010年底，全市水产无公害产地28个，面积0.33万多公顷，认证品种有对虾、罗非鱼、青蟹、金鲳鱼、东风

深海抗风浪网箱基地一角　　市水产畜牧兽医局　供

螺、文蛤、大弹涂鱼等，农业部水产健康养殖示范场共9个，辐射带动全市标准化养殖约1.33万公顷。根据农业部质检部门对北海市养殖产品抽检结果，全年合格率100%。

2010年全市标准化养殖和水产品产量安全工作投入资金80万元。至2010年底，全市建立水产品出口养殖备案基地85个，水产品无公害产地认定28个，产地规模近0.33万多公顷，产品认证13个，产量规模5.3万吨，辐射带动面积1.47万公顷。获农业部水产健康养殖示范场9个，养殖面积455.6公顷，年产量12170吨。从源头上确保水产品的质量安全。洪恩、国发、正五、保通、高升、古渔坊、凤翔、建邦等龙头企业不断发展壮大，逐步形成"公司+基地+农户"产业化经营模式，推进渔牧业产业化进程加快。

【水产特色养殖】 一是开展辽参南移冬养示范。利用北部湾海洋自然资源和优势，发挥冬季闲置虾塘作用，2010年10月底，组织协调北海海水养殖综合实验场率先从北方引进高值品种辽参进行冬季池塘养殖示范，养殖面积5.33公顷，投养大规格辽参2000多条，预计投资250万元，项目进展顺利。项目实施，对进一步优化养殖品种结构，发挥养殖效益潜力，带动渔民利用冬季闲置海水池塘养殖辽参，为渔民开辟新的增收途径具有重要的经济意义和社会意义。二是发展龟鳖庭院养殖。庭院经济是高度集约化商品生产的一种经营形式，不仅可提高土地和空间利用率，还可充分利用农业剩余劳动力和劳动时间，增加农民收入。在2009年特种养殖龟、鳖、蛙等取得好效益示范带动下，全市庭院经济和特种水产品养殖保持发展势头。2010年全市龟鳖养殖场户160户，养殖总面积达51.33公顷，产量280吨，总产值1.1亿元，成为农民增收增长点。主要品种是台湾鳖、黄沙鳖，黄喉拟水龟、三线闭壳龟、山瑞鳖、巴西龟、美国水鱼等。三是推广方格星虫滩涂增养殖。沙虫养殖具有投资省、风险低、回收快、市场好和效益高等优势。引导养殖户在营盘、竹林、沙田等沙虫适养海滩涂进行沙虫人工增养殖，养殖面积886.33公顷，苗种来自广西海洋所、越南沿海和当地天然苗等，总产量约2253吨，总产值13305万元，成为当地渔农民增收的新亮点，也为保护沙虫自然资源起到积极作用。

【水产技术科普宣传和农民培训】 2010年，北海市水产畜牧兽医部门把渔牧业科技普及工作列入重要议事日程，把科技普及作为促进渔业发展的根本来抓。一是实施《科普法》，以服务"三农"为主题，开展内容丰富，形式多样的科普宣传活动。"三下乡"科技下乡活动6次，出动人数120人次。举办各类科技培训班21期，参加人数1203人次，其中妇女379人次；举办科普讲座、报告会4场，参加人数302人次。开展科技活动周、新技术新产品展览会、科技集市等大型科普活动3项，参加人数120人次；播放科普电影电视录像3场，观众170人次；发放科技资料、图书5300份（册）；科普投入20万元，其中政府投入10万元，部门单位投入10万元。二是组织广西名特优新水产畜牧产品展览会暨广西水牛节活动，成效显著。组织市辖县区水产畜牧兽医局及合浦东园、凤翔公司、正五、恒兴等单位（企业）参加活动和产品展示。市水产畜牧兽医系统干部职工和企业人员70多人参加开幕式和巡展活动；10多人参加全区水产畜牧业双千亿产业发展论坛；制作"扬帆奋进的北海水产畜牧业"和"涠洲黄牛"的宣传展板，统一制作主题为"增殖渔业资源、拓展海洋渔业、推进精深加工、力创特色品牌、促进循环经济、发展休闲渔业"的展位宣传板，制作两块主题为"扬帆奋进开拓创新成效显著"和"抢抓机遇真抓实干继往开来"宣传板，现场发放产品介绍和宣传资料1000多份；组织凤翔乌鸡、青脚麻鸡、桂凰鸡、桂香鸡和合浦狮头鹅等5个畜禽活体品种和花蟹、方格星虫、泥丁、文蛤、马氏珠母贝等5个水产活体品种参加活体展示；海洋捕捞（重点南沙渔业）鲜品鱼、虾、贝等15种样品和珍珠、珍珠美容品、牛肉干、南国牛奶、虾仁、罗非鱼

片、鱼丸、干海味等12个大类共300多个样品参加现场展示。（李 芳）

海洋捕捞业

【概况】 2010年北海市渔船主要的生产渔场有：珠江口渔场、粤西渔场、海南东南—南海大陆架边缘渔场、北部湾渔场、南沙中南部和西南部渔场、西沙渔场等。2010年春汛海蜇旺发，全年捕捞总量约5.8万吨，比增21%。秋汛较好，鱿鱼、墨鱼、对虾等高值鱼类比例较高，约占航次捕捞总量的9%，较上年提高1.5个百分点。2010年北海市（含合浦县，下同）海洋捕捞总产量为43.99万吨，总产值33.5亿元。2010年伏季休渔时间为5月16日12时至8月1日12时。

【拓展海洋捕捞生产空间】 2010年，北海市在巩固近海捕捞的同时，积极组织渔船大力开发南沙、西沙和外海新渔场，拓展海洋捕捞新的发展空间，取得新的发展。一是抓好近海捕捞生产，推广先进网具技术，开发中上层鱼类资源有新的提高。二是积极开发南沙、西沙和外海渔业。全市赴南沙生产渔船有34艘，捕捞产量6013吨，产值3068万元，取得较好的经济效益和社会效益。北海国发远洋渔业有限公司的国家远洋渔业发展项目稳步实施：项目自2006年启动，第一艘玻璃钢冷海水金枪鱼延绳钓船“桂远渔60001号”，2009年3月以来在斐济一带进行金枪鱼捕捞。由于2010年鱼汛不好，而且该艘玻璃钢船的材质和工艺原因，承载油量和鱼货量少（45吨），2010年共生产12个航次，生产时间共274天，总产量199.62吨，总产值41.7万美元。

【减船转产转业】 2010年全市完成减船13艘，减船渔船总功率457千瓦，发放渔民减船补助费194.46万元。2010年，北海市57名转产转业渔民参加再就业技能培训。

（李 芳）

水产品加工业

【概况】 2010年北海市共有水产品加工企业89家，其中国家级农业产业化重点龙头企业1家，自治区级3家，自治区水产畜牧行业级水产加工龙头企业15家。有17家水产加工企业通过卫生注册，其中13家企业获美国FDA的HACCP认证，10家企业获韩国注册，8家企业获欧盟注册。全市有水产冷库40座，冷藏能力59610吨/次，冻结能力1050吨/日，制冰能力2893吨/日。全市水产品加工企业贯彻落实科学发展观，围绕“北海三年跨越发展工程”总目标，克服原材料涨价、资金紧缺、人民币汇率升值等不利因素，水产品加工出口继续保持持续快速增长，2010年全市水产品加工量41万吨，加工产值31亿元；分别同比增长7.9%和10.7%；其中，全市水产品加工直接出口货值1.95亿美元，同比增长58.62%，占同期广西水海产品出口总额的81.3%；全市水产品加工出口交货值2.39亿美元，比增67.1%，创历史新高。出口的品种主要有罗非鱼、对虾、金鲳鱼等产品销往美国、俄罗斯、墨西哥，日本、韩国、越南、澳大利亚、欧盟的法国、英国、西班牙及非洲的埃及等国家。

【水产品出口加工新特点】 面对国际金融危机和人民币汇率升值等不利的国际形势，市水产加工企业开始寻求新的发展路径。一是开拓新的国际市场，2010年开拓中东和非洲市场。同时，一些企业借机与大专院校和科研机构合作自主创新开发新产品，增强国际市场竞争力。全年新开发3个生熟冷冻出口拳头产品，畅销欧盟、美国、日本、韩国、加拿大、澳大利亚、俄罗斯、墨西哥等国家和香港地区。二是注重开辟国内市场，扩大内需。全市水产加工企业在外需疲弱的情况下，注重立足内需求发展，积极开拓国内市场，研发生产适销对路的产品，与国内著名超市建立商品产销关系，提高水产加工产品内销率。三是大力推进水产品出口原料基地建设和无公害水产品标准化养殖，为加工出口业提供优质原料。2010年，加大推进无公害水产品标准化养殖的力度，加强水产养殖用药管理，把无公害养

收获　　市水产畜牧兽医局 供

殖与水产品出口原料基地建设紧密结合起来，全面加强水产养殖投入品的监督管理。全市获无公害产地认定产品认证28个，农业部水产健康养殖示范场9个，辐射带动全市标准化养殖1.33多万公顷。以“公司+基地+农户管理”模式，建立出口水产品养殖备案基地85个，共3300多公顷，其中对虾备案场27个，面积共1138.53公顷，罗非鱼备案场47个，面积共1383.6公顷。四是招商引资，加快外向型水产加工企业建设。北海市紧紧抓住建设北部湾经济开发区的契机，充分发挥渔业资源优势和行业基础条件，扎实推进固定资产投资和招商引资工作，实行外引内联双向启动，引进资金和项目发展水产品加工出口业。全市共引进规模较大水产加工项目4个，合同金额1.53亿元。北海鸿成海洋食品公司、宇田水产冷冻食品有限公司已建成投产。五是大力开展科技创新，拓展水产企业发展空间。北海市水产加工企业加强与科研院所的密切合作，走“战略合作、项目对接”产学研相结合的道路，建立科研开发机构，开展新产品、新技术、新工艺、新设备的研究开发。充分发挥企业现有科研力量的作用，与科研机构和院校合作进行科研开发，加快新技术、新成果向水产加工领域转移。南京大学、中科院南海研究所、华中农业大学水产学院、广东海洋大学、广西大学等高校和科研机构在北海市建立5个科技研发与成果转化中心，在北海市开展科技试验、技术攻关、产品研发和成果转化等。

【推广水产养殖标准化生产】 北海市水产加工龙头企业直接对养殖户进行养殖技术、药品使用、市场供求信息等方面的指导、培训和宣传，积极参与养殖源头管理，大力推广标准化养殖，规范农户的养殖行为，从源头上保障原料来源的卫生安全，从而有效确保养殖产品的加工质量。同时积极抓好出口水产养殖基地备案工作，2010年新增出口水产养殖基地备案19个。 （蔡小春）

罗非鱼加工生产线　　市水产畜牧兽医局　供

渔政渔港监督管理

【加强渔业资源和环境保护】

打击非法捕捞行为　2010年，北海市继续加强渔业资源和环境保护工作。打击非法捕捞行为，维护正常的渔业生产秩序，建立健全各项渔政管理制度。在执法过程中，注重把定期检查、突击检查、暗访检查与举报检查等有机结合起来，建立渔政执法的高效机制。加大执法力度。以打击电、毒、炸渔等非法捕捞行为为重点，以禁渔期、渔业捕捞旺季、重要节假日为重要时段，以开展专项整治、联合执法、交叉检查为重要手段，开展多次的执法行动。同时，结合开展的“护渔2010”专项行动，建立健全举报制度，加强海上巡航检查，严厉打击违反休渔制度的非法捕捞现象。

加强渔业资源环境保护　2010年，全面启动海洋牧场示范区项目，开展渔业资源人工增殖放流和海上渔业资源调查保护等一系列渔业资源保护工作。高度重视污染事故调查处理，切实保护渔业生态环境。狠抓禁渔区海域管理，坚持24小时值班，一旦接到群众举报有违规渔船在偷捕，即出动查处。抓好渔政船200海里专属经济区的巡航。渔政45012船积极参加巡航执法行动，坚守岗位，履职尽责，完成上级赋予的任务。

加强水生野生动物的保护管理　北海市有着丰富的水生野生动物资源，由于野生动物经济价值较高，受经济利益驱动，非法捕捉、收购、经营水生野生动物的违法行为屡禁不止。2010年，多次在重点区域对捕捉、加工、经营利用水生野生动物的违法行为进行全方位的执法管理和查处。同时，加强对经营利用水生野生动物客户的管理，对经营利用水生野生动物的餐馆、饭店必须按程序申报领取水生野生动物驯养证。

【伏季休渔安全管理】

外港籍渔船清理工作　北海市为有效解决港窄船多的问题，从5月5日开始向外港籍渔船发限期离港通知书，要求这些渔船离开北海返回原籍。为抓好外港籍渔船的清理工作，市渔港安全委员会组织一县三区政府、市水产、公安、边防、渔监、渔政等部门100多人，渔政船2艘，快艇4艘，从5月20日开始对北海内港和电建渔港实施全天24小时港口管制，对非本市渔船实施清理，动员其返回船籍港停泊休渔。

实行“五个严禁” 严格控制火源，防止火灾发生。北海市现有渔船基本上都是木质渔船，再加上休渔期正值酷暑，极易引发火灾。因此，北海市规定并严格执行“五个严禁”：严禁在港内进行电焊、风割等各种形式的明火修船作业和进行烧香拜神、燃放烟花爆竹等活动，严禁在船上生火做饭，严禁把液化气瓶等危险物品遗留船上，严禁在港内装卸、运载易燃、易爆等危险物品，严禁电焊船、加油船进入渔港区。对于违反“五个严禁”的单位、个人和船舶，一经查获，从严从重处理。

分区管理 对事故隐患严重的北海内港和电建渔港实施分区管理、分区负责的做法，将两港划分为一县三区4个大的安全管理责任区，安全管理责任采取地方首长负责制，县区长为第一责任人，分管的副县(区长)为第二责任人，县区渔业主管部门、渔业执法机构的主要领导以及当地乡镇政府(办事处)的一把手为责任人。

渔港渔船安全检查 2010年，为整改事故隐患，北海市有针对性地开展全市渔港渔船安全大检查。除了全市集中大检查外，市水产、公安、消防、渔监等部门实行“每天一小检，三天一大检”的安全检查制度，对渔港渔船实施拉网式的反复巡查。检查过程中，按照“边检查，边整改”、“谁检查，谁负责”的原则，排查消除各种潜在的事故隐患。

【渔港基础设施建设】 重点抓好电建一级渔港扩建项目，大力抓好北海内港中心渔港扩建改造项目以及市重点渔港消防设施及远程智能监控系统改造项目的相关工作，认真抓好电建渔港航标的建设，扎实抓好渔港码头辅助设备设施的修缮配置。 （谭铁强）

渔港 市水产畜牧兽医局 供

交通运输业

综　　述

【概况】 2010年，北海市交通运输行业共有国家机关5个（北海市交通运输局,合浦县、海城区、银海区、铁山港交通局)。北海市交通运输局内设党政办公室（人事教育科)、综合科(法规科)、基建计划科、财务科(审计科)等4个科室,编制人数23人（含设在交通运输局的市交通战备办公室和市监察局驻市交通运输局监察室)。市级交通运输行业职能管理单位主要有市港务管理局、市公路运输管理处、市航务管理处、市公路管理处、市交通综合行政执法支队等。

北海市管养公路2436.94千米，平均每百平方千米国土面积有公路73.03千米。全市有营业性运输汽车2.09万辆（含轮胎式拖拉机5681辆)6.36万吨位4.13万客位,道路运输经营许可证在册数14552张,开通道路客运班线203条。全市有生产性码头泊位52个,码头泊位年通过能力为货物2302万吨，集装箱5万标箱,滚装汽车35万辆,旅客436万人次。全市有营业性运输船舶190艘31.14万载重吨4171客位。北海港为海峡两岸中大陆63个海运直航开放港口之一，两岸资本并在两岸登记的船舶，经许可后可以从事两岸间客货直接运输。2010年海上客运航线有北海至涠洲、北海至海口和北海至越南下龙湾、海防。

2010年，北海市全港完成港口货物吞吐量1250.52万吨,为上年同期的123.22%,其中集装箱吞吐量完成61800标准箱，为上年同期的139.83%，比历年最高水平的2008年49305标准箱高出25个百分点,创历史新高;港口旅客吞吐量26.51万人次（按交通运输部统计口径统计，港区间旅客吞吐量不在统计范围内)；完成社会公路货运量2883万吨,为上年同期的116.91%;公路货运周转量33.54亿吨千米,为上年同期的122.59%。完成公路客运量2945万人次,为上年同期的110.34%;公路客运周转量45.57亿人千米,为上年同期的106.85%。完成社会水路货运量687.4万吨，为上年同期的114.95%；水路货运周转量86.8亿吨千米,为上年同期的130.98%。完成水路客运量95.2万人次,为上年同期的126.43%;水路客运周转量6790万人千米,为上年同期的111.64%。

【交通基础设施建设】 2010年北海市公路、水运交通基础设施建设稳步推进,交通投资规模大幅度增长,全市交通、仓储行业累计完成固定资产投资42.31亿元，为上年的163.1%。2010年开工建设的项目有：

2010年10月落成的南珠客运站　　市交通局　供

沙田港区码头建设一期工程项目于6月27日动工建设，拟建设5000吨级泊位7个，800吨级泊位5个，总投资6.62亿元，累计完成投资2.31亿元；沙田港航道建设一期工程项目于6月28日动工建设，拟建设万吨级航道，设计底标高-7.0，有效宽度90~110米，项目总投资3.16亿元，累计完成实际投资2680万元；石步岭港区三期码头工程项目于12月30日开工建设，累计完成投资1000万元；石步岭港区邮轮码头工程项目在7月30日开工建设，拟建设5万吨级、2万吨级邮轮泊位各1个，拟使用码头岸线354米，项目总投资620亿元，累计完成投资5350万元。2010年续建项目有：铁山港1~4号泊位码头工程项目，建设规模为10万吨级通用泊位4个(水工结构预留15万吨级)，设计吞吐能力1200万吨，拟使用码头岸线1306米，使用陆域约395.73公顷，项目总投资36.06亿元。1号、2号泊位码头工程于2007年8月开工建设，2009年12月投入试运营。3号、4号泊位码头工程于2010年3月开工建设，项目累计完成投资20.61亿元，其中2010年完成投资7.55亿元；国道325线合浦至山口段工程，建设里程59千米，总投资为1.85亿元，累计完成投资1200万元；玉林至铁山港高速公路2008年11月18日开工建设，北海段里程42千米，总投资为17亿元，北海段累计完成投资7.5亿元；公馆至黄羌平通乡柏油路工程，建设里程40千米，总投资为2710万元，累计完成投资2600万元；营盘经石头埠至闸口二级公路C段工程，建设里程20千米，总投资为1.7亿元，累计完成投资1.24亿元。2010年交、竣工项目有：铁山港区航道疏浚二期工程项目，规模为按单向乘潮通航10万吨散货船标准建设，航道长度16.5千米，航道设计有效宽度210米，航道底标高-13.00米，预算总投资3.48亿元。2009年初动工建设，2010年10月完成疏浚任务，12月办理交工验收手续，累计完成投资2.6亿元，其中2010年完成投资4275万元；福成至营盘公路于2009开工，建设里程23千米，总投资为1960万元，2010年11月通过交工验收。

全年农村公路建设完成责任投资目标任务5186万元，为责任投资目标5289万元的98%。2010年计划新开工项目13个全部开工，有12个项目已完工，未完工1个，完工率为92%。2010年开工并完工项目为：车路弯至大坡通达工程项目，沙岗经大山至七星、石康一中至毛儿地、垌尾至苏屋、西场至欧屋、特牛庭至平新、宁海至下佳塘、325国道至荔枝树村7个通乡柏油路项目，汉水小桥、松明石拱桥、大涌桥、石水坡中桥4个渡改桥项目。2010年开工未完工项目为：店塘至福成通乡柏油路项目共17千米计划投资1525万元，实际完成投资1296万元。开工建设3个农村客运站和17个便民候车亭，其中建成银海区福成、海城区涠洲岛2个农村客运站和龙门、高岭塘、前卫农场、滨海公路、北铁公路、莲塘、彬塘、青山头、秋风塘、水鸭塘、北暮、高村、陂塘、老鸠龙、福合路(2个)、北铁路17个便民候车亭并投入使用，完成投资154万元；未建成的农村客运站为：合浦县乌家镇客运站，计划投资40万元，实际完成投资10万元。

【交通运输】 2010年，北海市道路运输经营许可证在册数1.46万张，其中道路旅客运输业户151户，道路货物运输业户1.44万户；有营业性运输汽车2.09万辆6.36万吨位4.13万客位，其中货车1.91万辆6.36万吨位(其中载货汽车1.32万辆5.70万吨位，轮胎式拖拉机5681辆6272吨位，其他载货机动车212辆298吨位)；客车1767辆4.13万客位(其中班车客运客车776辆2.70万客位，包车客车87辆1598客位，旅游客车421辆1.12万客位)；道路客货运站场27个，其中客运站场25个，货运站场2个；汽车综合性能检测站2个；机动车维修业户825户，机动车驾驶员培训业户14户，其他物流及货运代办业户30户。从事相关港口经营业务企业30家。水路客货运输企业24家，其中沿海客货运输企业23家，库区旅游客运企业1家；营业性运输船舶190艘31.14万载重吨4171客位，其中货运船舶123艘30.84万载重吨，客船67艘4171客位3090载重吨(含库区客船19艘、乡镇客圩渡船34艘)。全市水运运力保有量31.14万载重吨，2010年新增水路运输运力13艘2.11万载重吨303客位，退出运力20艘3.63万载重吨，净减运力7艘1.52载重吨。2010年共批准新增营运货车2182辆，营运客车37辆，旅游汽车103辆，拖拉机203辆；更新营运客车66辆。许可新增机动车辆维修业户43户，其中二类汽车维修业户9户，三类汽车维修业户及摩托车维修业户38户；办理营运车辆二级维护审核备案11.69万辆次，营运车辆技术等级评定签证备案7899辆次。审核机动车驾驶员培训1.88万人次，核发非职业驾驶员培训合格证1.41万本，职业驾驶员培训合格证4562本，从业资格证5085本。北海—涠洲海上客运航线保持良好的发展势头，全年完成客运量69.42万人次，为上年同期的132.34%；北海—海口海上客运航线全年累计完成客运量11.83万人，为上年的123.37%；北海—越南下龙湾邮轮航线全年累计完成客运量2万人，为上年同期的222.22%；环市游全年累计完成客运量10.9万人，比上年同期的113.66%。

【运输行业管理】 2010年北海交通运输主管部门以提高运输服务能力和市场监管能力为重点，继续加强行业管理和推进综合行政执法改革试点工作，运输行业保持稳定。2010年，市交通运输局共受理行政许可事项1401项，全部在法定期限内办结。道路运输行业方面，组织对全市9个道路客货运输企业、12个客运服务站、65个汽车维修企业进行了年度信誉考核；对全市4家三级以上客运企业进行了安全生产状况评估，评估结果全部为90分以上。其中3家企业被评为自治区优秀企业，1家被评为合格企业。对全市1180多名营运客车驾驶员进行素质教育培训。水路运输行业方面，完成了5艘150客位渡船的更新改造工作，发放更新改造渡船补助12万元。2010年，北海市人民政府印发实施《北海市整顿和规范道路运输市场秩序工作方案》，形成交通、公安、工商、城管等多部门联合执法的长效机制，市交通综合行政执法部门会同相关部门，以打击非法营运为重点，加强道路运输市场违法违规行为整治，2010年共稽查涉嫌非法营运车辆2603辆，查扣非法营运车辆597辆；检查客运班车1.44万辆次，查处违章揽客客运班车142辆次；检查货车1560辆次，查处违法超载车辆63辆，追缴公路补偿费近20万元；检查维修店(厂)65家，发出整改通知书45份，查处7家；检查教练车89辆，查扣处罚8辆。2010年全市道路旅客运输共发生重大事故8起、一般事故1起，死亡10人、伤10人，直接经济损失4.75万元。水路运输没有发生安全生产事故，其中全市乡镇营业性运输船舶安全管理连续26年无责任事故，伤亡率为零。

公　　路

【概况】 至2010年末，北海市管养公路2436.94千米，其中高速公路111.33千米、其他等级公路2208.85千米（含一级公路67.36千米、二级公路166.06千米、三级公路119.77千米、四级公路1855.65千米)、等外公路116.76千米；国道242.60千米、省道26.76千米、县道519.55千米、乡道1528.91千米、村道119.13千米；沥青混凝土路面60.69千米、水泥路面869.21千米、沥青路面351.95千米、砂土路面1155.09千米。平均每百平方千米国土面积有公路73.03千米，全市共23个乡镇342个行政村，100%乡镇通沥青(水泥)公路，100%行政村通公路，68.7%的行政村通沥青(水泥)公路；235个建制村通沥青(水泥)路。通过北海辖区内主要有高速公路兰海线（国道G75)、高速公路石湾至北海段(省道S220)、国道209线(北海至呼和浩特)、国道325线(广州至南宁)等干线公路。全市有营业性运输汽车2.09万辆6.36万吨位4.13万客位，其中货车1.91万辆6.36万吨位(其中载货汽车1.32万辆5.7万吨位，轮胎式拖拉机5681辆6272吨位，其他载货机动车212辆298吨位)；客车1767辆4.13万客位(其中班车客运客车776辆2.70万客位，包车客车87辆1598客位，旅游客车421辆1.12万客位)。至年末开通道路客运班线203条，其中跨省73条，跨地市58条，地市内72条，日均发车2803班次，可直达广东、湖南、云南、贵州、四川等省的主要城市和广西各地。

【公路养护】 北海市公路管理养护分别由广西北部湾投资集团有限公司沿海高速公路分公司、广西沿海公路管理局和市及县、区交通主管部门负责。2010年，北海市公路部门继续完善和实行内部招标管养制度和承包制，保持了公路养护工作的良好局面。广西沿海公路管理局负责管养北海辖区内公路348.17千米，包括国道158.03千米、县道159.24千米、乡道30.9千米。广西北部湾投资集团有限公司沿海高速公路分公司桂海管理处、北海管理处管养高速公路111.33千米。北海市及合浦县、铁山港区交通(运输)局下属公路管理部门管养地方公路1977.44千米，包括县道360.31千米、乡道1498.01千米、村道119.13千米。

2010年，北海市地方公路管养共完成修补路面坑槽15.19万平方米，清挖边沟3150.72千米，修整路肩18.88万平方米，回沙保养787千米，加铺粗沙保护层44.5万平方米，清理修复涵洞8座，安装交通标志牌341块。养护示范路县道好路率81%，乡道好路率78%；一般县道好路率75%，差路率15%，乡道好路率78%，村道晴雨通车率为100%。北海市地方公路管理部门以《中华人民共和国公路法》和有关法律法规为依据，追缴公路补偿费近20万元。

12月14日，市政府印发《北海市农村公路管理养护体制改革实施方案》，对北海市农村公路管理养护体制进行改革，总体目标为：逐步建立起管理责任以县(区)为主，资金投入以政府为主，养护以市场运作模式为主的农村公路管理养护体制和运行机制，做到“有路必养”，实现农村公路养护管理的正常化和规范化，巩固农村公路建设成果。

【公路运输】 全市道路运输经营许可证在册数1.46万张。道路货物运输业户1.44万户（其中运输企业471户，个体运输业户1.39万户；普通货物运输1.39万户，危险货物运输6户)；道路旅客运输业户151户(其中运输企业33户，个体运输户118户；班车客运69户，包车客运60户，旅游客运10户，国际道路旅客运输2户)；道路客货运输兼营户4户。有道路客货运站场27个(其中客运一级站2个，客运二级站4个，客运三级站4个，客运四级站15个，客运简易及招呼站6个；货运三级站 2 个),机动车维修业户 825 户(其中一类机动车维修业户 8 户,二类 106 户,三类 449 户,摩托车维修业户 259 户),机动车驾驶员培训业户 14 户(其中一级业户 2 户,二级业户 7 户,三级业户 5 户),其他物流及货运代办业户 30 户,机动车综合性能检测站 2 个。2010 年北海市完成社会公路货运量 2883 万吨,为上年同期的 116.91%;公路货运周转量 33.54 亿吨千米,为上年同期的 122.59%。完成公路客运量 2945 万人次,为上年同期的 110.34%;公路客运周转量 45.57 亿人千米,为上年同期的 106.85%。

【北海南珠汽车客运站举行落成庆典仪式】 2010 年 10 月 27 日上午,由北海市委、市政府主办的北海南珠汽车站落成庆典仪式在该站站前广场举行。市委副书记、市长连友农宣布南珠汽车站落成。

北海南珠汽车站按照部颁一级客运站标准建设,于 2008 年 9 月动工建设,2010 年 5 月通过竣工验收。项目总投资 8000 多万元,总用地面积 46289 平方米,总建筑面积 22560 多平方米,日运送旅客可达到 3 万多人次。车站配套有候车大厅、售票大厅、行李寄存及快件受理处、多功能厅及司乘人员休息室等设施。

(陈锋铭)

铁　路

【概况】 北海火车站隶属广西沿海铁路股份有限公司防城港运输段管辖。2010 年内设机构与上年相同,设运转、货运、客运、列车车辆检测 4 个车间。人员由上年的 114 人增至 156 人,增加原因是由于 2010 年度南宁至北海和铁山港支线铁路正在修建,为培养储备人才,上级新招大中专毕业生 50 余人分配到北海站。车站的基本设备与上年度相同,车站接发列车保持 5 股道,日均图定货物列车 4 对,列车长度 550 米,每列车机车牵引吨位:东风 4B 型 3900 吨、东风 4D 型 4500 吨。图定每日开行旅客特快列车 2 对,其中广西沿海铁路股份有限公司开行一对城际动车组旅客列车,车次编号为 K9320/K9321 次,列车两端均配备动力机车,旅客乘坐车厢 4 个,其中设软座席车 1 个、硬座席车 3 个车厢,一次可乘坐 496 人。另一对特快列车为南宁铁路局开行,车次编号为 K9332/K9331 次,1 个机车牵引 5 辆客车,一次可乘坐 880 人。2 对旅客列车时速为 100 千米 / 小时。车站货场,客技站,机务折返段的设备依旧,车站连接北海港口,中粮储备粮库专线未变,但原连接港前站的石化专线,因中石化炼油厂搬迁,石化专线于上半年停用。客运设施除原有的设备外,在售票厅,旅客进站口及第一道旅客站台增设了电子显示屏,加强了客运服务宣传功能。候车室进口再增加 1 台易燃、易爆、危险品"三品检查仪"和 2 套安检门,旅客安检硬件设施得到进一步的加强。

【旅客运输】 2010 年,时逢上海世博会、广州举办亚运会、广西南宁中国—东盟博览会,加上每年繁忙的春节等重大节日的旅客运输,任务十分繁重,维护好站车秩序,确保旅客运输安全是客运最重要的工作。车站在上级的正确领导下,做到提前调查客流,合理组织售票,组织力量作好车站封闭式管理。按照"专人值机、专人引导、专人持'手持仪'检查、专人开包"的原则组织好安检查危工作,实行凭票候车,加大"三品"检查力度,坚决把"三品"堵在站外车下。加强站车秩序的管理,站台两头设立警戒线并派专人看守,杜绝闲杂人员进入站台。对重点旅客实行特殊重点服务、重点照顾,全年做好重点服务 15 人次。全年发送旅客 30.63 万人次,到达 30.4 万人次,2010 年因动车组大修停运近 2 个月,旅客发送量与上年持平。在客运服务过程中,由于北海站没有长途的旅客列车到发,铁路虽实行联网售票,但北海没有长途车票配额,网上求购长途车的票额很少,造成当地及过往旅客买远途车票难,一定程度上影响了北海站的客运量。

【货物运输】 为了贯彻落实国家关于广西北部湾经济区的发展战略,位于广西沿海的防城港、钦州、北海三大港口,通过股权划转,北部湾国际港务集团成为北海港公司第一大

北海进港铁路专线　　兰成河　摄

繁忙的北海火车站　　　　兰成河　摄

股东，三大港口的整合工作全面完成。进出口的货物运输也在港务集团及广西沿海铁路股份有限公司的统一协调调度，合理安排下顺利进行。2010年，货运车间与运转车间的员工苦练内功，进一步提高运输组织技能和为货主服务的质量。站领导坚持深入到生产现场指挥，组织有关人员安全接发列车，及时对列车进行解体，及时取送和编组。充分利用现有的机械设备和场地，组织劳力及时进行装、卸车作业，紧密联系港口以及有关货主协同作战。运转、货运、列检三大车间员工相互协作，2010年完成货物发送量374.5万吨，与上年同期增长0.4%，货运收入1.06亿元，与上年同期增长0.6%，运用车停时完成21.6车小时，与上年每车增大5.3小时。主要原因是第二、三季度由于出口化肥及其他货物密集到达，车站货场及北海港货位、机械、劳力紧张所至，延误了卸车、排车和装车作业时间。

【安全生产】 2010年初，防城港运输段，运输段党委联合发出第一号《关于认真搞好安全生产决定的通知》的文件，狠抓安全生产。从管理层面实行层层包保，明确包保区域责任，现场员工实行个人安全生产承诺；生产奖金首先要与安全生产挂钩；日常紧抓员工业务技术学习，开展各工种生产运动会，大练基本功，提高各岗位的实际操作技能；不间断的开展安全生产思想教育，提高员工安全生产意识；不间断地开展安全生产大检查活动，总结安全生产经验，找出其中薄弱环节，并不断地予以改正；领导坚持常年日夜轮流值班，不分昼夜深入现场检查指导安全生产工作。由于全站在防止违章违纪，盲目乱干，防火、防盗、防爆等方面做了大量的工作，杜绝了一切事故发生，实现了安全年，截止2010年底，车站连续取得安全生产3996天的好成绩，不断创新安全生产纪录。（韦善庭）

航　空

【概况】 2010年，北海机场公司下设党群工作部、办公室、财务部、人劳经管部、安全监察室、航务管理中心、地勤公司、修缮公司、公安分局、安检站、客货公司、候管公司、物业公司、急救中心、配餐股份公司、体育休闲俱乐部共16个机构。年末职工322人，其中长期合同制职工216人，短期合同工人为96人。全年共保障该场起降10553架次，同比增加5196架次，增幅为96.99%；其中运输起降7937架次，同比增加2689架次，增幅为51.24%。该场放行正常率98.6%，没有发生一般差错以上问题。

2010年共完成旅客吞吐量69.42万人次，增幅为37.34%，换算旅客吞吐量72.58万人次，增幅为40.12%；完成货邮吞吐量2849.2吨，增幅为152.01%；平均客座率72.6%。提前20天完成集团公司下达的2010年旅客吞吐量任务，提前半年完成广西机场集团公司下达的2010年货邮吞吐量任务。

全年没有发生服务方面的有效投诉，提供轮椅服务117次，接送老人和无人陪伴儿童134人次，提供VIP服务2926人次。旅客货主满意度为92.81%。

2010年恢复北海—香港、北海—桂林航线，北海至昆明、成都、重庆增加至每天一班。

2月18日，圆满完成中共中央政治局常委、全国政协主席贾庆林的专机保障任务。8月12日，顺利通过中南地区管理局的航空保安审计复审。11月8日，民航中南局批准北海机场消防等级由5级升为6级。

【安全管理】

落实安全生产责任制　2010年初，北海机场公司根据广西机场集团公司下达的安全指标，制定了《2010年北海机场安全考核标准》，对责任书的考核标准、考核办法和奖惩办法作了具体规定；与二级机构签订安全责任书，二级机构对安全责任再进行层层分解，落实到基层、岗位、个人；明确单位行政一把手为单位安全责任人，对本单位的安全负总责；坚持二级机构领导值班责任制、领导现场值班制和现场跟踪作业。

加强安全教育　一是年初制定

安全教育计划。坚持每月安全学习日制度，每月月末有针对性地布置下个月的安全学习内容；认真传达民航总局、中南局、集团公司安全文件精神，尤其注重对民航兄弟单位发生的一些安全事故的经验总结，加强安全工作。二是开展"安全生产年"、"安全生产月"、"创建机场平安大道"等活动，使安全理念深入人心。三是加强安全学习。针对国内外航空安全形势，组织相关单位人员进行学习，吸取教训，并为防止类似事件在该机场发生，制定了相应的预防措施。

加强设施设备的维护和保养 北海机场的大部分设备已处于老化状态，为确保安全，重点加大了设备的维护和保养的管理力度，在每月月底、重大节日前后、雷暴天气前后，均对保障飞行安全的各类设施、设备进行检查和测试，确保设备的正常运转。

加强机场净空管理 制定《北海机场鸟害防治专项治理工作方案》，成立北海机场鸟害防范专项治理工作领导小组，确定领导小组和领导小组办公室职责，定期召集驻场单位、机场相关部门召开会议。坚持每个航班上飞行区采用"穷追猛打"的土洋结合战术，充分发挥新添置的语音驱鸟器、双管煤气炮的作用，为起降的班机保驾护航。2010年，新增驱鸟网3000米，新安置稻草人40套、割草376万平方米、碾压升降带1.5万平方米，清理排水沟5800米。受理铁山港石化厂址烟囱、22万供电线路的净空报审工作，确保了北海机场良好的净空环境。

加强飞行区和机坪管理 2010年定期召集驻场和停机坪运行单位召开机坪运行协调会24次，对机坪运行出现的不安全因素和不协调情况及时进行解决、沟通。没有发生航空器与航空器、车辆与航空器、车辆与车辆、车辆与人员以及航空器吸入外来物等不安全事件。

【开展安全大检查活动】 "8.24"空难后，北海机场于26日召开各二级机构副职及以上领导参加的安全会议，从岗位制度、安全责任制、操作规程、领导24小时值班和加强设备保养维护，以及各单位需重点加强的方面都作了要求。8月26日至9月10日进行全面整顿，在机场范围内开展安全大检查活动。8月27日，机场公司领导带领职能部门人员对机场各部门的开展情况进行检查。9月1日再次召开安全会议，学习和贯彻落实党和国家领导人的指示、民航局航空安全紧急电视电话会议精神，以及集团公司关于加强安全工作的有关文件精神。9月3日广西机场集团公司对北海机场的安全工作和大检查活动进行了检查指导。9月9～10日，广西民航监管局对北海机场进行了全面的检查，认为该机场的管理有效，重视安全，安全状况较好。

【开展"创建机场平安大道"活动】 按照民航中南管理局、集团公司要求，从5月开始，公安分局开展"创建机场平安大道"活动。制订活动方案，进行动员宣传，在机场内悬挂宣传横幅5条，出版宣传板报1期，发放宣传资料150份，加强道路交通安全管理和宣传。完善道路交通管理中的应急工作预案，制定《出租车司机罢工堵塞交通应急处置预案》、《重大交通事故处置预案》、《航空器活动区交通堵塞应急处置预案》、《驾驶员教育培训考核制度》和《道路交通巡逻盘查工作机制及台账登记制度》等；收集各类道路交通安全管理方面的法律法规、规章制度和现实案例，编制成幻灯片，通过OA办公系统提供给相关单位，要求各责任单位组织驾驶员进行安全教育学习。2010年清理机场内不规范道路交通标志2块，新增道路交通标志12块，对候机楼停车场原有标牌和隔离墩进行粉刷；加强对航空器活动区机动车运行情况的监控，加强检查车辆行驶线路、行驶速度、使用灯光、倒车、车辆停放等驾驶行为是否符合相关规定。组建交警中队，开展机场道路交通安全管理业务。5月，安排4名民警分2批到北海市公安局交警支队海城大队进行脱产培训学习，为做好机场道路交通安全管理工作提供人力保障。

【消防安全】 北海机场跑道按4E标准设计，因配套没跟上，新飞行区启用以来，一直按4D(因消防等级未能达到要求，北海机场消防保障等级原为5级)限制使用，仅可以起降B737及以下机型，不能保障更大型飞机在北海机场起降。对北海机场消防保障等级的现状，广西机场集团公司高度重视，2010年为北海机场调配主力泡沫车1辆，购置了液压扩张剪、消防头盔、消防战斗服、两节拉梯、消防手套、单杠梯和多功能水枪等消防设备，以及轻水型(B类6%)泡沫原液10吨。同时北海机场对场内消防通道进行了改造，调配增补消防队专职消防人员，成立治安消防大队，使机场消防站装备及消防员数量由消防保障等级5级标准达到消防保障等级6级的标准，进一步提高了机场消防保障等级和消防保障能力。11月8日，民航中南局批准北海机场为4D机场，消防等级由5级升为6级。解决了围困机场发展多年的瓶颈问题，为北海机场进一步开辟航线尤其是国际航线打下了良好基础。加强消防设备设施检查。2010年，在重大节假日前，消防队在机场范围内共进行了4次安全防火大检查，共检查灭火器1700多具次，消防水泵36套次，消火栓300套次，确保消防设备设施完好。

2010年，机场消防队扑灭了一场大火。4月22日早上8时许，在北铁公路机场路入口处，一辆油罐车轮胎突然爆破并起火。机场消防队接到电话报警后，紧急出动2台主力消防车及时赶到现场救援。经过几分钟的扑救，扑灭了大火，排除了险情。

【通过民航局航空保安后续审计】 北海机场于2006年9月通过了民航中南管理局航空保安初步审计。针对初审中审计组提出的需要整改的问题，机场及驻场单位对照《国家民用航空安全保卫规划》标准及近年来民航局出台的一系列保安规定和措施，结合机场新航站楼启用的实际情况，修订和完善了机场安全保卫方案、安全保卫质量控制体系等相关制度，细化机场控制区证件的管理规定，规范各现场岗位的台账记录，加强旅客及其手提行李、托运行李保安措施，完善南航配餐机供品的保安措施，对机场监控系统进行了全面改造。2010年8月12日，民航中南管理局航空保安后续审计组对机场及相关驻场单位的航空保安系统进行了后续审计。审计组对《北海福成机场航空保安审计的报告》中提出问题的整改情况和新航站楼启用后的保安措施进行了严格、细致的检查。审计组一致认为机场以及驻场有关单位对2006年航空保安审计中提出的整改建议整改情况良好，机场的总体安全保卫水平符合国家民用航空安全保卫要求，并宣布北海机场后续审计结果为“符合”。

【运输生产】 2010年，北海机场运输生产保持较快的增长，提前完成了集团公司下达的任务指标。有航线10条，在新航季中平均每周进出航班134架次，增加约24%，平均每天进出港可利用座位3000个，增加近30%，直飞航线可达北京、上海、长沙、广州、深圳、成都、重庆、昆明、桂林、香港10个城市，其中有4条航线加密航班，恢复北海—香港、北海—桂林航线，临时取消航线1条(北海—长沙—郑州航线)。

加强与地方政府的沟通交流 一是争取航线补贴资金。2010年，北海市政府继续投入资金进行新航线扶持，重点用于北海市新增航线、国内干线和支线航班的市场规划、开拓和培育。二是依托政府，进一步稳固和加密现有航线。密切与地方政府关系，与北海市航培办一起，先后走访了西南管理局、天津航空、南方航空、吉祥航空、国际航空、郑州机场集团、鹰联航空、东方航空等公司，就相关航线和优惠政策等问题，与航空公司或民航主管部门进行洽谈，协调关系，争取支持。为夏秋季增加航班、完成全年的运输生产任务奠定了良好的基础。

拓展航空市场 北海机场多年来一直被少数的几家航空公司垄断，对市场反应迟缓，政策缺乏灵活性，服务滞后，使北海的客流大量向周边机场分流，在一定程度上影响了北海航空市场的拓展。2010年北海机场引进天津航空、东方航空，使机票价格能根据市场需求上下浮动，灵活性较大，为旅客提供了更大的选择空间和良好的服务，有力地拉动了北海的航空市场。

挖掘货源，实现客货并举 2010年，机场货物、邮件进出港运量取得较快发展，呈现客货运输生产齐头并进的良好势头。机场货邮运量的快速增长得益于航线的进一步拓展和航班的不断增加，特别是重庆、成都、昆明等西南航线的开通和上海、北京航班的增加，为北海及周边地区鲜活海产品、鱼苗、时令水果和各种急(快)件的外运提供了快速便捷的通道。一是协调各航空公司，制定贴近市场的运价政策，尽可能稳住北海活鲜就近出港；二是拓宽组织货源渠道，派出销售人员到北海市和周边地区组织货源；三是加强舱位管理，合理高效利用空余舱位低价吸引农产品；四是针对航线较少的情况，疏通中转途径，通过广州、深圳、桂林等中转普货；五是加强与物流公司合作，争取急件货物通过空运运出；六是与货主建立良好的关系，及时掌握市场供应信息，在货主与航空公司之间发挥桥梁作用。在年初、年中和航班换季时及时召开货主座谈会，邀请航空公司参加，了解货主需求及货物流向流量。

进行市场调研，加强基础数据的收集 成立市场调研组，对主要客、货源分类进行了调查。定期向市旅游局、交通局、港口等了解市场信息，收集并整理客货源情况；走访了钦州、防城、玉林、南宁、桂林、廉江、湛江等近10多个周边市县，对周边城市的客货需求量等情况进行详细的摸底，确保第一手材料的真实性和可操作性。在客源组织方面，走访了市内及周边市县的各大旅行社，大中院校，涉外宾馆酒店及企事业单位等，了解航线、时间和票价需求；建立大客户档案；定期收集整理北海、南宁、桂林航班和客量情况；对昆明、成都、重庆、杭州、上海、银川、呼市、哈尔滨等10多条可能开发的重点航线进行数据收集和客源分析；了解各航空公司运力情况，航线布局，航班安排和收益情况，为航线开发打好基础。在货源组织方面，走访本地及周边的海鲜户、工业园区的电子轻工生产企业、水果鲜花农产商种植户、当地物流公司等，了解掌握货源结构、数量、走向和运价需求情况。

加强促销 一是逐步争取客货协议客户。为稳定客货主保证收益，2010年与7家货主签订协议给予定量的优惠运价；客票销售上采取以机场售票为中心的客票销售网络，组建了7个二级代理点；二是采取多种宣传促销方式。通过发放宣传单，小卡片方式进行宣传，传单与卡片的发放渗透到当地城区的各大中小学、各商场店面、各行政事业单位和公司企业。针对航线的首航、航空公司的促销政策等，采用了手机及

网络，报纸广告，电视新闻，宣传横幅等多种方式，提高航线航班的知名度和市场影响力。

【提升服务质量】 机场始终把满足客户多样化、差异化需求作为提升服务品质的切入点，通过细化服务标准，优化服务流程，创新服务内容，拓展服务功能，延伸服务项目等，努力培养和推广亲情化的服务举措。为提升地面服务质量，确保地面运输安全。在集团公司的大力支持下，斥资100多万元购进专业旅客摆渡车。一是晚到旅客的快速保障。针对乘坐国内航班且没有托运行李的因意外情况而晚到的旅客，推出晚到旅客的快速保障服务。在快速为旅客办理乘机手续的同时，制作“晚到旅客”优先通行标志牌，保证旅客顺畅通过安检绿色通道进入候机区，并立即通知服务室，服务员到安检绿色通道等候，引导旅客快速登机。二是航延旅客的保障服务。为保证“航班延误，服务不延误”，注重从细节入手，提高服务标准和服务热情。航班不正常时，每30分钟通报一次航班动态。对因天气等原因造成的航班延误，及时发布航班信息，建立延误航班“一站式服务台”，在隔离厅候机区为旅客提供即时的流动服务，为旅客准备茶水、棋牌、杂志、自播视频节目等服务，同时构筑延误航班旅客快速签转服务平台及应急处置预案等；对不能及时成行的旅客，协调航空公司，及时向旅客配餐及安排住宿，及时协助旅客做好客票的签、转、退、换等多项服务。三是为航空公司头等舱、金/银卡高端旅客提供优质服务。针对高端旅客差异化服务需求，制作“头等舱、金/银卡旅客”优先通行标志牌，为高端旅客提供快速、优先登机服务。四是继续完善对老、弱、病、残、孕等特殊旅客和无人陪伴儿童的“一条龙”服务。特殊旅客服务一直是机场服务工作的亮点，协助旅客办理乘机手续、安排候机休息、陪同旅客登机，直到与机场人员进行交接。五是提供寻找旅客遗留物品服务。机场安检站制定了“北海机场安检站旅客遗留物品登记簿”，其中详细记载旅客遗留物品的名称、旅客个人信息、旅客领取记录等情况，通过服务员广播、旅客回找或手机寻找等方式及时送还旅客手中，保证旅客财产不受损失。

（黎 雄 聂卫萍）

海 运

北海港股份有限公司

【概况】 北海港股份有限公司（以下简称北海港公司）原名为北海新力实业股份有限公司，成立于1989年，是广西最早的上市公司之一（证券代码：000582）。为贯彻执行自治区实施北部湾港口整合的重大战略，有关方面经过部署，广西北部湾国际港务集团有限公司于2009年10月19日通过无偿划转持有北海港公司的控股股权，成为公司控股股东，实现了北部湾三港整合。使广西沿海三港从恶性竞争转变为协同发展。北海港公司主要从事港口码头建设、国际国内集装箱、内外贸件杂散货装卸、货物仓储中转、危险品仓储中转、外轮代理、外轮理货商业贸易等，已发展成为一个以集装箱、件杂货、散货运输和客运码头为主，为内外贸运输服务的综合性商贸港口企业。连续六年获得了ISO9001:2000国际标准质量管理体系认证。北海港公司经营的北海港口直接经济腹地为桂、滇、黔、川、渝、湘等地区，主要货源为西南地区的磷矿、硫磺、化肥、铁矿、镍矿、锰矿、白糖、白泥、粮食等，与世界98个国家和地区的218个港口有贸易往来。北海港公司在水路集装箱运输方面，开通了北海港—香港（中转）—世界各地外贸集装箱航线（班轮），北海港—防城港、钦州港—中国北方各港的内贸集装箱航线，北海港—海口港—北方各港（班轮）、北海港—蛇口港/赤湾港公共驳船快线等多条国内国际集装箱航线；在铁路集装箱运输方面，开通了北海（防城港）至贵州福泉、防城港（北海）至云南干散货集装箱硫磷五定班列。在客运航线上，开设有石步岭港区北海—越南下龙湾国际旅游航线；海角港区北海—海口客滚班轮航线，旅客吞吐量达每年40多万人次；北海市区旅游航线环北海半岛游，旅客吞吐量达每年36万人次。

北海港公司下辖石步岭作业区和海角作业区，总面积为1.41平方千米，生产性泊位9个，港区陆域面积达150.2万平方米，港口总面积达789.84万平方米。有仓库10多座，库场总面积超过74万平方米，堆存容量140万吨。建有硫酸、磷酸、沥青、植物油、机油等各类油品储罐34个，总容量14万立方米。与全国铁路网相连的码头铁路专用线共10股道，直达港口仓库、堆场；北海港公司拥有较先进的集装箱、件杂货、散货等装卸机械设备400多台（套）。

截至2010年底，北海港公司在职员工840人，其中，大学本科以上学历108人，大学专科学历224人，中专学历61人。北海港公司下属经营单位主要有中国北海外轮代理有限公司、北海港物流有限公司，北海港集装箱发展公司、北海新力进出口贸易公司等。

2010年，北海港公司经营效益强劲增长，全年实现港口货物吞吐量723万吨（含铁山港118万吨），同比增幅17.8%；集装箱6.18万标准箱，同比增幅39.8%；到越南旅游的国际海上客运和近海环游旅客吞吐量39万人次。实际完成吞吐量超过港口设计能力的3倍多。

【强化公司管理见成效】 2010年，

2010年3月1日,国务院国资委主任、党委书记李荣融一行在自治区副主席杨道喜,自治区国资委、北海市委等领导的陪同下视察北海铁山港码头

北海港股份有限公司　供

北海港公司围绕“开源节流控风险”为核心的工作指导思想,开拓业务,着力推行精细化管理,经营效益大幅提升。

多措并举保增长促收入　北海港公司充分发挥硫磷化工对流链、澳肥物流链优势,专业优质的服务获得多家化肥企业的好评;充分利用港口自有资源优势,开展了贸易等多元化业务,增加煤炭、硫磺等大宗商品内贸自营业务收入。

精细化管理　北海港公司对外租机械设备推行了招标制市场化运行,有效降低成本;实施机械管理体制改革,进一步规范港口资源管理,提高港口作业效率,达到降低生产作业成本和提高职工积极性的改革目标。

生产工艺革新和技术改造　2010年,北海港公司充分利用所辖机修厂的制造平台,组织进行了多项技术创新和革新,自主进行皮带机灌箱系统的制造,自主研发仓库输送带、皮带作业线项目;组织成立工艺革新小组,根据生产情况进行小包装袋改吨袋包装运输工艺,使装卸作业效率及质量倍增,提高了港口服务效率和水平,进一步提升了公司的核心竞争力。

加大基础设施和设备建设　2010年北海港公司开展的新建、更新改造、维修工程项目30多项,其中完工项目20多项,新购机械设备71台套,全年累计完成投资过亿元。

推进信息化建设　北海港公司大力推进信息化建设工作,进一步开发集装箱计费、闸口管理、全球眼监控、售票等系统,全面提升港口服务水平。

【规范上市公司治理】 2010年,北海港公司完成了各项制度的修订完善工作,对以往300多个制度性文件进行整理、评估、汇总,废止了75个制度,并制订了《经营管理规章制度管理办法》,建立制度管理长效机制。规范了信息披露,深交所对北海港公司信息披露考评成绩由2005~2007年度连续三年“不及格”,到2008~2009年度实现了“及格”,2009~2010年度更进一步,获评了“良好”。

【石步岭三期工程开工】 2010年底北海港石步岭三期工程开工。项目概算总投资为11.62亿元,包括新建2万吨级、3万吨级和5万吨级多用途码头各1个,设计通过能力为200万吨,预计2012年10月完工。北海港石步岭港区将逐年建成以集装箱、清洁型物资运输和国际海上客运为主,货物通过能力2100万吨/年、客运200万人次/年的多功能综合性港口。

【北海铁山港区3号、4号泊位、新建铁路合浦至铁山港北线暨北海港邮轮码头开工仪式在北海举行】 2010年7月30日,广西北部湾港北海铁山港区3号、4号泊位、新建铁路合浦至铁山港北线暨北海港邮轮码头开工仪式在北海举行。自治区主席马飚出席了开工仪式并宣布项目开工。自治区党委常委、自治区副主席陈武,自治区副主席杨道喜,北海市委书记、市人大常委会主任王小东,广西北部湾国际港务集团有限公司董事长叶时湘分别在开工仪式上致辞。

开工的铁山港区3号、4号泊位码头工程和石步岭港区邮轮码头项目均为集团公司投资建设,其中,铁山港区3号、4号泊位码头工程总投资18亿元,建设2个10万吨级散杂货码头(水工按15万吨级建设),设计年通过能力为800万吨,计划于2011年底完工。石步岭港区邮轮码头项目总投资6.2亿元,主要建设5万吨级(水工按10万吨级建设)、2万吨级邮轮泊位各1个,3个2000吨级客船泊位以及一批配套设施,计划于2012年6月竣工,年通过能力为200万人次。这两个工程都是广西北部湾经济区港口建设基础性、标志性、关键性重大推进项目,项目开工后将大大加快广西建设3个亿吨大港的进程。此外,同时开工的新建合浦至铁山港北线铁路西接广东西部沿海铁路、黎湛铁路,经湛(江)海(安)线、琼州海峡铁路通道

打造亿吨大港，北海铁山港区 3#、4# 泊位、新建铁路合浦至铁山港北线暨北海港邮轮码头开工仪式在北海举行　　北海港股份有限公司　供

与海南相连，建成后将增强铁山港的通过能力。　　（廖雪萍）

北部湾旅游股份有限公司

【概况】 2010 年 10 月，新奥海洋运输有限公司变更为北部湾旅游有限公司，同年 12 月，北部湾旅游有限公司完成了股份制改造，公司名称由“北部湾旅游有限公司”变更为“北部湾旅游股份有限公司”，北部湾旅游股份有限公司下设 6 部 1 室，分别是总经理办公室、人力资源部、财务管理部、经营管理部、党群工作部、项目管理部、技术质量安全部；下辖海运分公司、船舶修造厂、物资供应分公司、新绎国际旅行社有限公司。主要经营：旅游服务、旅客运输、货物运输、能源运输、船舶修造和港口服务。公司由传统的交通运输转型为旅游服务业，以打造健康休闲旅游度假产业为目标。

【北海旅游接待服务中心成立】 2010 年 10 月，北海旅游接待服务中心正式成立。北海旅游接待服务中心有限公司隶属于北部湾旅游股份有限公司，是北海市专业的为旅游者提供散客、团队接待和特色自助游等各类专项服务的综合性旅游服务机构。主要依托北部湾旅游股份有限公司所拥有的北海—涠洲和北海—海口的海上客运航线，利用遍布国内大中城市的 11 个旅游分公司、100 多家旅游超市门店，以北海旅游产品销售为核心，以当地旅游产品销售为基础，并通过与东航等航空公司建立战略合作关系，形成产品特色鲜明、渠道内外兼容、空中通道特惠、海上运输独有的旅游运营体系。

【运力投入】 为适应北海旅游快速发展，满足北海至涠洲航线不断增长的旅客运输旅游需要，北部湾旅游股份有限公司分别于 2010 年 9 月、11 月共投入 1600 万元资金，购置 2 艘高速客船经营，共有客位 545 个。

【运量增加】 2010 年，北部湾旅游股份有限公司经营的北海至涠洲航线，完成（往返）航次 4404 次，比 2009 年增加 33%；客运量（往返）84.88 万人，比 2009 年增幅 22%。经营的北海至海口航线，完成（往返）航次 667 次，比 2009 年增加 14.80%；客运量（往返）15.00 万人，比 2009 年增幅 14.44%。　　（陈德贵）

港　　口

【概况】 2010 年，北海市港务管理局调动和激发全市港口行业广大职工做好“北海三年跨越发展工程”的港口各项工作，加快港口建设，加强港口管理，港口生产较快增长，全市港口累计完成货物吞吐量 1250.52 万吨，比增 23.22%，北海邮轮码头、石步岭港区三期、沙田港区码头一期、航道一期开工建设，水运基础设施建设完成投资 15.7 亿元。截止 2010 年底，全市正常营运的生产性码头泊位 52 个。其中万吨级以上泊位 8 个，1000～10000（不含 1 万）吨级泊位 29 个，1000 吨级以下泊位 15 个。码头泊位年通过能力为：货物 2302 万吨，集装箱 5 万标箱，滚装汽车 35 万辆，旅客 436 万人。全市港口仓库总面积 5.96 万平方米，堆场总面积 83.21 万平方米。北海市港口生产显现以下特点：

港口货物吞吐量较快增长　2010 年，北海市港口运输生产保持平稳快速增长，增速比去年同期提高 17.12 个百分点。按港区分，铁山港区完成 187.15 万吨，同比增长 23.84%。其中国投北部湾发电有限公司完成 169.35 万吨，同比增长 51.18%，电力企业火电需求旺盛是主要增长因素。涠洲岛港区完成 216.85 万吨，同比增长 68.61%，出港的海上油田油气吞吐量 181 万吨，比增 60.89%。沙田港区完成煤炭吞吐量 9.04 万吨，同比下降 32.96%。北海港股份有限公司完成 723.20 万吨，同比增长 17.84%。该公司借助北、钦、防港口组成北部湾港的优势，消除恶性竞争，对外形成揽货大平台，吸引了货源。推行精细化管理，通过推行化肥吨袋包装和成组运输等工艺革新,并采取措施,一是科学调度,发挥港口设施最大利用率;二是开展创先争优劳动竞赛,促进装卸效率和服务质量的提高;三是增加硬件方面的投入,添置4台门机和各种港口机械20多台套,新建堆场23万平方米,新建仓库2座,使港口生产接卸能力不断增强,成为强有力的增长点。

旅客吞吐量略有减少,港区间客运量继续高位增长 2010年,全市港口累计完成旅客吞吐量26.51万人次(按交通运输部统计口径要求,港区间旅客吞吐量不在统计范围内),比2009年同期下降0.36%。涠洲岛港区间旅游客运仍延续去年快速增长势头,全年完成客运量68.29万人次,比去年同期增长32.31%,增幅高于去年17个百分点。

外贸货物吞吐量高速增长 全市港口累计完成外贸货物吞吐量436.42万吨,比去年同期增长33.86%。全年外贸货物吞吐量高位运行。

集装箱吞吐量大幅回升 全市港口累计完成集装箱吞吐量61800标准箱,比去年同期增长39.83%。比历年最高水平的2008年49305标准箱高出25个百分点。从主要推动因素看:一是北海港集装箱公司将服务市场,服务货主为工作重点,主动联系客户安排船期,增加运量。二是北海市出口加工区新企业相继投产,本地货源逐步充足。三是外省港口接卸烟花爆竹受到限制转本港出口。烟花、冷冻水产品是集装箱吞吐量增长较快的货种。

【港口基础设施建设】 2010年,北海市水运项目共完成固定资产投资15.7亿元,其中铁山港区航道疏浚二期工程完成投资4275万元;铁山港1~4号泊位码头工程完成投资75450万元,石步岭港区三期工程前期工作完成投资1000万元,邮轮码头工程完成投资5350万元,其他涉港项目完成投资7.09亿元。

铁山港区航道疏浚二期工程 项目规模为按单向乘潮通航10万吨散货船标准建设,航道长度16.50千米,航道设计有效宽度210米,航道底标高-13.00米,预算总投资34806.71万元。项目2009年初动工,2010年10月完成疏浚任务,12月办理了交工验收手续。累计完成投资25981万元,其中2010年完成投资4275万元。

铁山港1~4号泊位码头工程 项目建设规模为10万吨级通用泊位4个(水工结构预留15万吨级),设计吞吐能力1200万吨,拟使用码头岸线1306米,使用陆域395.73公顷,项目总投资36.06亿元。1号、2号泊位码头工程于2007年8月开工建设,2009年12月投入试运营。3号、4号泊位码头工程于2010年3月开工建设。项目累计完成投资206115万元,其中2010年完成投资75450万元。

石步岭港区三期码头工程 项目在2010年12月底举行了开工仪式,累计完成投资1000万元。

石步岭港区邮轮码头工程 2010年7月30日举行项目开工仪式。建设规模为:5万吨级、2万吨级邮轮泊位各1个,拟使用码头岸线354米,项目总投资62042万元。截至2010年12月累计完成投资5350万元,其中2010年完成投资5350万元。

沙田港区码头建设一期工程 项目于2010年6月28日动工建设。项目建设规模:5000吨级泊位7个,800吨级泊位5个,总投资66221万元。截至2010年12月累计完成投资23120万元,其中2010年完成投资23120万元。

沙田港航道建设一期工程 项目于2010年6月28日动工建设。项目建设规模为:万吨级航道,设计底标高-7.0,有效宽度90~110米,项目总投资31608万元。截至2010年12月累计完成实际投资2680万元,其中2010年完成投资2680万元。

【客滚码头安全管理专项评估会】 为进一步加强客滚码头安全管理,根据交通运输部的有关文件精神,北海市港务管理局于2010年4月15日在新奥海洋运输有限公司国际客运站主持召开国际客运站客滚码头安全管理专项评估会。自治区港航管理局、北海海事局、北海市质量技术监督局、北海市港务管理局、新奥海洋运输有限公司等单位的代表和专家应邀参加了会议。与会专家及代表审查了新奥海洋运输有限公

石步岭港区三期工程开工典礼 市港务局钟冠南 摄

司关于国际客运站客滚码头危险货物安全管理的文件体系，讨论和评估该公司客滚码头危险货物安全管理工作，分析该公司国客站客滚码头安装大型车辆安检仪的必要性，对该公司在未安装大型车辆安检仪前需要采取的能有效防范危险货物夹带上船的具体措施提出了具体的建议。

【北海国际客运港绿化美化改造工程】 北海国际客运港由新奥海洋运输有限公司经营，是北海市的一个省际水路运输、旅游集散地。2010年，该公司落实自治区交通运输厅有关广西交通绿化美化实施方案的要求。于3月31日成立主要领导为组长的水路交通绿化美化工作领导小组。投入60万元资金，设计和实施方案由公司专业部门负责。6月上旬全部按计划完成了绿化面积4118平方米。使进出港道路及旅客进出码头通道两旁风景怡人，绿化美化效果显著。施工期间，自治区交通厅、港航管理局和北海市港务管理局绿化美化领导小组相关领导多次到现场检查、指导。2010年7月15日下午，新奥海洋运输有限公司北海国际客运港绿化改造工程顺利通过了由自治区交通厅、港航管理局和北海市港务管理局交通绿化美化联合检查组的检查验收。

【开展推动广西水运事业新跨越专题学习讨论活动】 2010年，为深入贯彻落实《国务院关于进一步促进广西经济社会发展若干意见》和《广西北部湾经济区发展规划》以及自治区党委、政府关于全力打造西江黄金水道的部署和要求，按自治区港航管理局统一部署，结合北海市港口生产及港口建设实际，北海市港务管理局开展推动广西水运事业新跨越专题学习讨论活动。活动从2010年4月开始，分三个阶段进行：学习领会有关文件；联系实际开展讨论，查摆问题，制定措施；收集整理意见、建议，活动总结。6月结束。

【北海港口生产成绩骄人】 2010年北海港口生产经营成绩骄人。港口货物吞吐量累计完成1250.52万吨，比去年同期增长23.22%；其中，集装箱吞吐量完成61800标箱，比去年同期增长39.83%；旅客吞吐量完成163.09万人次，比去年同期增长25.62%；外贸货物吞吐量完成436.42万吨，比去年同期增长33.86%。港口生产的良好业绩，为北海经济发展作出了应有的贡献。2010年，北海港股份有限公司充分利用北、钦、防港口组成北部湾港的优势，加大资金投入增加设备，加强管理提高员工素质，不断增强硬件、软件能力。其原设计通过能力180万吨/年的石步岭港区，实际吞吐能力已达700万吨/年，与全国铁路网相连的码头铁路专用线也增加到10股道。2010年，北海港股份有限公司共完成港口货物吞吐量723.20万吨，集装箱吞吐量完成61800标箱，旅客吞吐量9.54万人次，同比分别增长17.84%、39.83%、90.93%。

【广西北部湾港北海石步岭港区三期工程举行开工仪式】 2010年12月30日在北海港石步岭港区举行。自治区党委常委、自治区副主席、广西北部湾经济区管委会主任陈武宣布工程开工，广西北部湾国际港务集团有限公司董事长叶时湘作项目情况介绍，北海市委书记、市人大常委会主任王小东，广西北部湾经济区管委会副主任、办公室常务副主任陈瑞贤分别致辞，北海市市长连友农主持庆典仪式。自治区政府副秘书长魏然，自治区商务厅，自治区财政厅、交通运输厅、环保厅、西部办、铁办、工信委、自治区湾办等部门负责人，北海市四家班子领导及各部委办局领导、港口及相关单位共500多人参加了庆典仪式。

北部湾港北海石步岭港区三期工程开工，是北部湾经济区实施“八大”工程，推进亿吨大港建设的重大举措。该工程是2008～2012年广西北部湾经济区大港口建设项目之一，概算总投资为11.62亿元，包括新建2万吨级、3万吨级和5万吨级多用途泊位码头各1个，设计通过能力为200万吨。码头前沿顶高程为6.5米，码头陆域纵深1200米。同时建设海监、海事及工作船码头。码头后方根据泊位功能布置件杂货堆场、集装箱堆场、仓库、综合仓储物流堆场和综合管理区及水电等配套设施等。项目计划于2012年8月完工。

（章飞红　梁小燕）

城市建设和管理

综　述

2010年,北海市建设委员会(北海市房产管理局)设14个职能科室,下辖园林、房地产开发、建筑、建筑设计、市政建设、房产管理、房地产交易、白蚁防治、物业管理、村镇规划、环卫、燃气、路灯、垃圾处理等企事业单位39个,其中事业单位35个,企业单位4个。

2010年,市建委围绕"北海三年跨越发展工程"的城市建设目标和思路,以改善民生、完善城市功能、提高城市品位、提升城市形象为主要目标,集中力量抓以主干道路、市政配套设施、小街小巷为重点的城市民生路网建设并初见成效;以房地产业为突破口,重点抓开拓市场,严格规范市场管理,房地产业步入健康发展轨道;以创建国家园林城市为目标,努力建设宜居北海;全力推进城镇化进程和无障碍建设工作,城市发展空间得到进一步拓展,城市环境明显改善,城市面貌发生较大改变,城市形象大步提升。

重点工程

【民生路网工程(二期)】 2010年,北海市政府启动了民生路网工程(二期),该工程包括12个子工程,分别为:站前东路、茶亭路(上海路—湖北路段)、防疫站门前路、创基路(海军司令部东侧道路)、驿马办事处门前规划路(北海大道—重庆路)、湖海路、昆明路(出口加工区—海角路)、中心血站门前路、独树根路(西藏路—云南路)、重庆路(西藏路—回建区、湖南路—上海路)、西藏路、云南南路(铁路桥—金海景大道段)等12条道路,总长11.9千米。项目初步总投资2.35亿元(含工程直接费1.54亿元,第二部分费用6862.41万元,预备费990.44万元,建设贷款利息297万元)。项目于2010年6月10日开始分期分批动工建设,于2010年12月30日全部实现通车,累计施工完成道路21万平方米、人行道9.3万平方米、雨水管1.49万米、污水管1.07万米、安装路灯531杆,完成投资约1.6亿元。民生路网工程(二期)道路建设范围从东往西穿越海城区、银海区2个区6个镇(街道办事处)13个村居委会(村民小组),涉及征地7.33公顷,房屋拆迁283户,零星拆迁违章围墙等构筑物约120户,工矿企业3家,惠及道路沿线约20余家楼盘和单位,受惠居民约4万户共计10万余人。

昆明路(出口加工区—海角路) 该路全长598米,红线宽30米。建设内容:沥青路面、排水、路灯、绿化及交通设施。2010年9月4日动工建设,累计完成沥青路面1.06万平方米、人行道1700平方米、雨水管650米、污水管530米、安装路灯31杆。

重庆路(湖南路—上海路、西藏路—回建区) 重庆路(湖南路—上海路段)全长847米,红线宽40米。建设内容:沥青路面、排水、路灯、绿化及交通设施。2010年6月18日动工建设,累计完成沥青路面1.83万平方米、人行道1.07万平方米、雨水管1991米、污水管1573米、安装路灯42杆;重庆路(西藏路—回建区段)全长324米,红线宽40米。建设内容:沥青路面、排水、路灯、绿化及交通设施。2010年6月18日动工建设。累计完成沥青路面6841平方米、人行道3878平方米、雨水管598米、污水管578米。

云南南路 云南南路(铁路桥—金海岸大道段)路长1458米,红线宽50米。建设内容:沥青路面、排水、路灯、绿化及交通设施。2010年6月10日动工建设,累计完成沥青路面3.23万平方米、人行道1.97万平方米、雨水管923米、安装路灯74杆。云南南路(金海岸大道—海景大道段)路长1094米,红线宽30米。建设内容:沥青路面、排水、路灯、绿化及交通设施。2010年9月3

日动工建设，累计完成沥青路面1.64万平方米、雨水方涵817米、污水管800米。

站前东路（火车站—广东南路段） 该路长506米，红线宽40米。建设内容：水泥混凝土路面、排水、路灯、绿化及交通设施。2010年6月10日动工建设，累计完成混凝土路面1.22万平方米、人行道6777平方米、雨水管948米、污水管603米、安装路灯40杆。

湖海路（湖南路—上海路） 该路长864米，红线宽30米。建设内容：水泥混凝土路面、排水、路灯、绿化及交通设施。2010年10月10日动工建设，累计完成水泥混凝土路面1.4万平方米、人行道1.15万平方米、雨水管920米、污水管450米、安装路灯135杆。

西藏路（北海大道—职业学院） 该路长1885米，红线宽40米。建设内容：沥青路面、排水、路灯、绿化及交通设施。2010年6月10日动工建设，累计完成沥青路面4.74万平方米、人行道1.35万平方米、雨水管2828米、污水管3219米、安装路灯87杆。

独树根路（西藏路—云南路） 该路长700米，红线宽20米（本期建设宽度15米）。建设内容：水泥路面、排水、路灯、绿化及交通设施。2010年6月10日动工建设，累计完成水泥混凝土路面7800平方米、人行道6341平方米、雨水管1163米、污水管601米、安装路灯24杆。

驿马办事处门前规划路（北海大道—重庆路） 该路长650米，红线宽20米。建设内容：水泥路面、排水、路灯、绿化及交通设施。2010年6月10日动工建设，累计完成混凝土路面8603平方米、人行道3003平方米、雨水管772米、污水管451米、安装路灯21杆。

防疫站门前路 东起云南路，西至中心血站路，道路长375米，宽15米。建设内容：水泥路面、人行道铺设、雨污管道、路灯等。2010年6月10日动工建设，累计完成混凝土路面7400平方米、人行道3726平方米、雨水管1146米、污水管588米、安装路灯19杆。

中心血站门前路 该路长650米，宽15～20米。建设内容：水泥道路、排水、路灯、绿化及交通设施。2010年6月10日动工建设，累计完成混凝土路面6885平方米、人行道3479平方米、雨水管820米、污水管608米、安装路灯17杆。

茶亭路（上海路—湖北路段） 该路长789米，宽30米。建设内容：沥青路面、排水、路灯、绿化及交通设施。2010年6月10日动工建设，累计完成沥青路面1.26万平方米、人行道3300平方米、雨水管320米、安装路灯21杆。

创基路（海军司令部东侧道路） 该路长650米，红线宽20米，建设内容：沥青路面、排水、路灯、绿化及交通设施。2010年6月10日动工建设，累计完成沥青路面9164平方米、人行道5074平方米、雨水管1049米、污水管703米、安装路灯20杆。

【主干道续建工程】 2010年北海市主干道续建工程包括广东南路续建工程、上海路续建工程、新世纪大道工程、南珠大道等4个项目建设总长度29.07千米，计划总投资10.3亿元，累计完成投资5.8亿元。截至2010年12月31日，主干道建设工程累计完成投资26115万元。

广东南路续建工程 该工程北起北海大道，南至金海岸大道，全长5.9千米，红线宽60米。建设内容包括：道路、绿化、人行道、交通设施等。2010年6月10日动工建设，完成快车道（北海大道—金海岸大道）段快车道的路面铺设，慢车道已完成7.7千米（2侧）。工程累计完成投资约6000万元。

新世纪大道续建工程 该工程东起南珠大道，西至滨海公路，道路全长6.97千米，红线宽70米。总投资3.46亿元。建设内容：沥青混凝土路面、雨污水管道、人行道、路灯、绿化以及交通附属设施。已完成排水管道安装12.9千米，正在进行排水施工，计划2011年底通车。2010年完成投资5497万元。

上海路续建工程 该工程北起海景大道第二段，南至银滩四号路，全长10.5千米，红线宽30～60米。建设内容：道路、排水、绿化、交通设施等。工程总投资3.2亿元（不含铁路立交段）。2008年3月动工续建。2010年，海景大道第二段—北部湾路段、北海大道—西南大道段、滨海公路—金海岸大道段已建成通车；北部湾路—北海大道大道段正在进行道路及排水施工；新世纪大道—银滩支线段2010年12月动工建设，正进行土方开挖及排水施工，计划2011年底通车。银滩支线—银滩四号路段2006年9月5日动工建设，正在进行路基施工和排水管道安装，计划2011年底通车。2010年完成投资5328万元。

广东南路续建工程 已完成北海大道—金海岸大道段快车道的路面铺设；正在进行慢车道、人行道及北海大道—广东路路口的排水、路面施工。累计完成投资6000万元。

南珠大道续建工程 该工程北起西南大道，南至银滩支线。长5700米，红线宽80米；建设内容：道路、雨污水管网、路灯、绿化、交通设施等。2010年10月26日动工建设，项目分2个标段施工，Ⅰ标段完成清表土方2.35万立方米；Ⅱ标段完成90%清表工作及60%土方开挖，开挖管沟460米，累计完成投资3500万元，计划2011年底通车。

【交通便捷工程】 北京路口、广东路口、四川路口、贵州路口改造基本完成，累计完成投资800万元；开通10条公交线路（其中3条为支线）。

完成118座公交候车亭建设，累计完成投资2625万元。

【五化工程】 完成北部湾路（广东路—北京路、上海路—贵州路）、北海大道（上海路—贵州路）、北京路（和平路—北海大道）、四川北路（外沙桥—北海大道）景观灯安装并已亮灯，北京路、四川北路、长青路路灯改造已完成并亮灯，完成投资2186.05万元；完成贵州路、广东路、海角路、云南北路、广东北路、北海大道西沿线、解放路、海安路、浙江西路等16条道路路灯安装；主干道亮灯率已达98%以上；完成北海大道东延线、北海大道、云南路、南珠大道、北京路、四川南路、西南大道和北部湾东路的绿化、彩化改造。完成的绿化、彩化节点有：高德路口三角地、云南路与北部湾路交汇处东南角街头绿地、北部湾路安盛花园门前绿地、北部湾路泗海宾馆门前绿地、北部湾路市政处停车场门前绿地、北部湾路工人文化宫后门人行道绿化彩化、银滩中路与金海岸大道交汇处绿地、四川南路与金海岸大道交汇处周边绿地、银滩大桥周边绿地和西藏路与北部湾路交汇处绿地。

【铁山港区污水处理工程】 该项目总投资1.12亿元，其中厂区概算总投资为7545.46万元，建设规模按日处理污水4万吨建设厂区及20千米收集管网。截至2010年底完成厂区填土95%；2座沉淀池完成基础（垫层、配重、底板）、池壁和配水槽施工，完成设备安装；2座氧化沟已完成配重层、底板、池壁施工，正在进行设备安装；综合楼已完成主体施工，正在进行装饰施工；出水矩形泵房基础、+0.3米以上主体全部完工，正在进行装饰施工；沉井完成沉井砼浇筑及下沉施工，正在进行封底降水；沉沙池正在进行主体施工；污泥回流泵房已完成主体施工；机修车间已封顶；污泥脱水机房、配电间、鼓风机房完成主体施工，正在进行内外墙抹灰。围墙基础及工艺、厂区配套管网正在施工。2010年完成投资5715万元。

【生活垃圾转运站工程】 该项目总投资约5469.79万元。建设规模为日转运生活垃圾780吨，主要建设内容有：市中心转运站1座及配套10座转运站，日转运量480吨；合浦县转运站6座，日转运量200吨；铁山港区转运站3座，日转运量100吨。市区中心转运站于2009年9月29日开工建设，已完成土建及设备采购安装工程施工，正在进行试运行。2010年累计完成投资4168.45万元。

【白水塘生活垃圾处理厂改扩建工程】 该项目总投资约8586万元。建设规模为日处理生活垃圾700吨，主要建设内容有：渗滤液处理改扩建工程、卫生填埋场局部终场覆盖工程、填埋气体收集和处理工程、配套设备和设施改造工程。项目第一部分于2010年1月29日开工建设，已完成外排管工程、雨水调节池、管理区水塔、填埋场环场道路和截洪沟施工；渗滤液调节池完成主体施工，正在铺设坝顶人行道方砖；终场覆盖工程完成边坡草皮种植，正在进行排水沟施工；地磅完成设备安装，正在调试；填埋气体收集处理工程正在安装集气站和集气井管道，火炬完成浇筑。项目第二部分于2010年7月30日开工建设。2010年累计完成投资7252.95万元。

【合浦县城污水处理厂及配套污水管网一期工程】 该项目总投资1.58亿元。建设规模为日处理污水5万立方米，配套管网32.97千米。主要建设内容：建日处理污水5万立方米污水处理厂1座，铺设DN400～DN1350污水收集管网等。该项目于2010年9月竣工，2010年共完成投资9541万元。

【红坎污水处理厂二级处理一级工程】 该项目总投资建设规模为处理污水10万吨/日，采用微曝氧化沟工艺。总投资约1.42亿元。建设内容包括厌氧池、缺氧池、微曝氧化沟、二沉池、鼓风机房及污泥处理设施等。工程于2003年立项，2008年9月正式动工建设。2009年7月1日项目获批准进行试运行，运行情况各个工艺流程正常，2010年8月31日通过环保验收。

【其他排水排污设施】 广东南路（金海岸大道—银滩三号路泵站）污水管道施工基本完成，完成投资710万元。

【无障碍城市建设】 为贯彻落实国家住房和城乡建设部等部委关于开展创建全国无障碍建设城市的系列文件，成立无障碍建设专家小组，制定了《北海市2010年创建全国无障碍建设城市实施方案》、《关于北海市创建全国无障碍建设城市工作改造任务分解的通知》，落实任务，明确职责，严格执行创建工作的8个内容标准，对全市的无障碍设施建设进行检查和技术性指导，开展无障碍方面培训3次。不断加大宣传力度，利用电视、报刊等媒体，广泛开展无障碍设施建设的宣传活动，普及无障碍知识，在《北海日报》、《北海晚报》刊发新闻报道共12篇。目前项目建设已通过验收组检查验收。

建筑业

【概况】 2010年，北海市共监督在建工程项目407个，总建筑面积962.15万平方米，总造价125.23亿元；已竣工验收117个工程项目，建筑面积138.22万平方米，造价17.61

亿元；工程竣工验收备案项目67个;获自治区文明工地称号7个,获得自治区优质工程的2个。

【整顿和规范建筑市场秩序】 2010年开始正式实施投标人IC卡制度，简化了程序，防止虚假企业参与投标，规范招投标行为，得到社会好评。招标率和公开招标率均为100%;已组织招投标、招标代理从业人员培训。印发《北海市2010年整顿规范建筑市场工作实施方案》、《关于进一步加强施工许可管理工作的通知》、《北海市建筑市场信用管理办法》、《关于开展北海市建设工程综合执法大检查的通知》、《关于开展北海市建筑工程质量安全检查的通知》、《关于进一步加强我市建设工程监理管理的若干意见》、《关于加强工程质量检验检测工作的通知》、《关于进一步加强我市房屋建筑和市政基础设施工程建设招投标监督管理的通知》,转发区住建厅《关于开展2010年全区建设工程质量检测机构资质条件核查暨检测市场行为专项检查的通知》。严格施工许可审批，加强对项目未批先建行为的执法力度；在全市开展在建工程质量安全执法大检查；加强监管，检查验收合格率100%，截至2010年底未发生任何重大伤亡事故。完成了建筑建设工程领域突出问题专项治理的自查自纠工作,进一步规范了北海市建筑市场秩序,健全建筑市场诚信体系，加强全市房屋建筑和市政基础设施工程建设招投标监督管理。

【建筑节能】 2010年，北海市新建民用建筑设计执行节能强制性标准控制比例为100%,建筑工程节能专项验收比例为100%;2010年10月，北海市中安房地产公司的“止泊园”项目、北海市墙改办的“新墙材墙改办办公楼”被确定为2010年广西绿色建筑试点示范项目。

【清理拖欠工程款和农民工工资】 2010年共接待拖欠工程款和农民工工资投诉29件,处理29件,处理率100%。其中接市政府信访办转农民工工资投诉2件,按时处理、回复2件；接北海工业园区管委会协办拖欠工程款和农民工工资投诉2件，处理2件。2010年全年共协调解决拖欠工程款668万元，协助解决拖欠农民工工资192万元。

【技能培训】 广西建设职业技能岗位北海培训(鉴定)站2010年先后培训合格各工种的建设技能工人1530人。鉴定合格各工种建设技能工人1225人。

安全生产

【概况】 2010年，北海市建委负责全市建设工程安全生产监督管理，城市道路、桥梁、隧道、涵洞等市政设施安全管理，城市燃气行业安全管理,城市公共交通车辆运营、环境卫生和路灯维修等车辆运行及场(厂)站设施安全管理,城市园林、公园等场所安全管理，城市直管公房危房、旧房的安全管理,建筑、构建物上设置大型户外广告等方面的安全管理等。全年未发生较大以上安全生产事故，各项指标均在责任控制指标内,完成了安全生产任务。

【安全生产责任制】 市建委根据与市政府签订的2010年安全生产责任状的要求,制定了《北海市建委系统安全生产目标管理责任书》,层层分解安全生产责任指标，和下属单位签订了安全生产责任状，层层分解责任制,责任目标落实到人,明确安全责任与工作目标。建立健全安全生产工作制度和各项规章制度，建委系统各单位全部实行安全生产领导责任制，实施安全生产责任追究制，强化安全生产管理。2010年12月,市建委组成检查考核组,对系统12个单位2010年度安全生产责任目标落实情况进行了考评。各单位均达到了签订目标责任状的要求,实现了全年的安全生产目标,并评选出8个成绩较突出先进单位。

【安全生产检查】 2010年，市建委经常性组织各种安全生产自查、抽查和地毯式大检查，其中系统内安全生产地毯式大检查4次，专项检查4次,委属各单位组织自查10余次。并根据职能工作的特点,确定了安全生产重点领域，对重点部位加强监控，多次组织开展安全隐患排查督查专项整治活动。检查重点包括：建设工程各方责任主体特别是施工企业和工程监理企业的安全生产责任制建立和落实情况，工程项目安全生产管理“三类人员”、总监理工程师到位和履行安全职责情况,深基坑、高大模板等危险性较大的部分项工程安全专项施工方案的制定、论证和审查情况,项目部作业人员按规定佩戴安全帽、安全带等安全防护用品的使用情况,临边、洞口防护情况，脚手架架体内封闭情况,预防土方坍塌、模板支撑系统坍塌、卸料平台坍塌和房屋拆除坍塌等事故采取的措施情况，施工现场临时用电等情况。全年共发出了安全事故隐患整改通知书78份,防护改进通知书83份,对存在问题较多的工程指定监督人员专门跟踪整改、复查,确保整改工作落到实处。

【安全生产月活动】 市建委开展“安全生产月”活动。以“安全生产月”活动为契机,围绕“安全发展、预防为主”这一主题,通过黑板报、挂图、标语、卡片等多种形式开展安全教育活动，提高全系统职工的安全意识。6月12日,市建委组织人员在北部湾广场开展了“安全生产咨询日”活动,制作横幅、板报、宣传资料等印制安全宣传资料300多份,活动中共宣传资料100多份，解答群众提问20余人次。组织开展建委系统安全生产大检查，抓安全隐患整治，结合《北海市建设系统安全生产活动实施方案》，确定了安全生产重点领域，对重点部分加强检查，分别对城市燃气、建筑行业、园林系统、环卫及路灯等方面进行了隐患排查，发现问题及时处理，排除事故隐患，对一时难以完成的派人跟踪整治，落实责任人并加强监控，确保事故隐患整治到位。

【安全教育培训】 市建委运用多种形式，广泛宣传相关法律、法规和国家强制性标准及规范，抓好安全教育，提高全员意识。通过印发专项文件、发放学习传单、组织知识竞赛、印发知识答卷、举办宣传板报比赛、安全生产咨询日活动，定期举办各种专业知识培训学习班，有针对性地组织开办工地农民工夜校等方式进行教育，有效提高了系统内职工和建筑务工人员的基本素质和质量安全意识。2010年，建委干部、职工征订各类安全生产读本及教育资料500多份；组织各种学习班7期，培训人员达1560人次，建立建筑工地夜校17所。组织施工企业安全管理人员共545人参加了全区“三类人员”安全生产知识考试。

【工程质量管理】 加强对工程质量与节能施工管理，按照《广西壮族自治区住宅工程质量逐套验收管理暂行规定》和《建筑节能工程项目施工质量验收规范》对完工的工程项目进行验收。2010年共监督在建工程项目407个，总建筑面积962.15万平方米，总造价125.23亿元。已竣工验收117个工程项目，建筑面积138.22万平方米，造价17.6亿元，全年竣工工程验收合格率100%。

【防汛安全工作】 2010年重新修订了《北海市建委系统防汛应急预案》，采取相应的措施排除安全隐患，2010年组织3次安全检查，检查的内容有：建委系统防汛重点区域防汛情况，特别是直管公房及在建工程的安全情况；非防汛工程措施的落实情况，包括委防汛指挥机构的建立，首问责任的落实，防汛预案的修订，抢险队伍的组建，抢险物资储备，值班防汛的落实情况等。

【优质工程、文明工地】 2010年共评出市“结构杯”奖（优质结构工程）21个，市级安全文明工地29个，“珠城杯”奖（市优质工程）7个。共有9个工程项目获得自治区“文明工地”称号，2个工程项目获得自治区“优质工程”称号。（刘　梁）

城市综合管理

【机构改革】 2010年10月，根据市委、市政府《关于北海市人民政府机构设置的通知》和《北海市人民政府机构改革实施意见》精神，不再保留北海市建设委员会（房产管理局）、北海市城镇住房制度改革委员会办公室，组建北海市住房和城乡建设局和北海市城市管理局。将原北海市建设委员会（房产管理局）、北海市城镇住房制度改革委员会办公室的职责整合划入北海市住房和城乡建设局；将原北海市建设委员会的市政市容、环境卫生和园林绿化等城市管理职责，整合划入北海市城市管理局。北海市城市管理局主要职责、内设机构和人员编制“三定”工作于2011年5月完成。

【城市环境卫生管理】 2010年，继续抓好市中心城区道路路面的保洁工作，确保市容市貌干净整洁。道路保洁实行定人员、定面积、定标准、定奖罚、保质量的原则，将保洁任务层层分解落实。生活垃圾实行“车起地净、车动盖蓬、垃圾容器内外净、车辆外部干净、运输途中不超载、无洒漏”的清运标准，全部做到日产日清。细化和量化质量考评制度，完善和健全《北海市城市市容环境卫生长效管理检查制度及考评标准》，使管理更加规范化、制度化。对新建的道路及民生路网采取机械化清扫和人工清扫相结合的方式进行保洁，保洁和垃圾清运质量达到“城乡清洁工程”的标准。截止2010年底，市中心城区道路路面保洁面积约774万平方米，其中，市环卫处保洁面积约521万平方米，海城区保洁面积约193万平方米，银海区保洁面积约60万平方米。清运处理生活垃圾18.7万吨，清运粪便0.24万吨，清运建筑垃圾0.9万吨。购置8T洒水车1辆、5T吸粪车1辆、电动扫地车6辆、垃圾桶（果皮箱）1738个。

【市场化保洁】 补充和完善市场化保洁工作检查内容及考核标准，续签一期市场化保洁合同，面积约117.9万平方米，年清扫保洁费用约409.12万元。制定二期市场化保洁工作方案，二期计划实施市场化保洁的道路（街道）1337条，总面积170.16万平方米，年需总经费约742.75万元。

【环卫设施建设】

北海市生活垃圾转运站工程 该项目于2009年9月29日开工建设，2010年12月31日完工并试运行。该项目包括市区生活垃圾中心转运站1座、收集站10座，铁山港区生活垃圾转运站3座，合浦县生活垃圾转运站1座、收集站5座。

生活垃圾中心转运站工程 该项目属于北海市生活垃圾转运站工程的子工程，于2010年1月29日开工建设，2010年12月31日整体完工。完成卫生填埋场局部终场覆盖工程，填埋气体收集和处理工程，配套设备、设施改造工程，渗滤液处理工程等4部分建设施工。项目建

成使用后，垃圾处理能力由原来的400吨/日扩大到700吨/日。

公厕建设　推进市区公共厕所改造和建设工作，完成对市区公共服务单位内设厕所的现状调查和评估，草拟《北海市人民政府办公室关于公共场所和社会服务单位内设厕所对公众开放的规定》和《关于采取市场化方式建设市区部分公厕问题的请示》。建设海景大道公厕1座，对13座具备改造条件的旧公厕进行了无障碍设施改造，落实新建7座固定公厕和重建市区9座旧公厕的建设资金590.5万元。

【城市综合行政执法】　2010年，按照"打基础、强素质、严执法、树形象"的工作思路，开展城市综合行政执法工作，确保市容整洁有序。建立联勤机制。主动与巡警、交警、交通、工商、规划、卫生等职能部门开展"联勤联治"执法活动，并形成联勤机制；实行摊点整治"疏堵结合"模式。在保证主次干道标准稳步提升的基础上，坚持"源头控制、标本兼治"的原则，把着力点放在疏导服务上，对占道经营和流动摊点的管理，在不影响交通、不影响市容、不影响居民生活的前提下，与相关职能部门协商，划出一定区域进行划线定点、统一定位，实行规范化管理；推进协议化管理。结合各路段的实际情况，对适当允许的次干道及大街小巷的临时跨门槛占道经营及分流设置的临时摊点实施协议化管理，通过协议的签订使经营者了解应遵守的相关市容规定和明确不服从管理应承担的具体责任，提高经营者自觉遵守各项管理规定的自觉性，为城市管理规范化降压；推行网格化管理。细化城区网格化，重点加强网格人员责任到位，按照"大队管面，中队管片，队员包块"的原则，实行"定人、定岗、定责、定时间、定目标、定奖惩"六定管理，采取"一对一"定岗防守与机动巡查相结合的办法，对辖区市容市貌进行管理。2010年，治理流动摊点1.5万个；整治跨门槛占道1.11万处；清理占道堆放450处约6.44万平方米；纠正人行道车辆停放1.18万起；查处车辆运输洒漏0.2万起；拆除乱拉挂0.23万起；查处违章道路开挖70起；拆除违章搭建434处约4.59万平方米；拆除户外广告牌1002块约2.04万平方米；清理乱张贴小广告和乱涂鸦2.78万余处；拆除乱拉挂帐篷801张约0.63万平方米。受理房产、建筑违规案件142起，立案查处60起，不予立案82起，结案48起，待结案12起，结案率80%。

【城乡清洁工程】

行政首长巡查制度　2010年，北海市坚持"城乡清洁工程"行政首长巡查制度，建立健全有效监督机制，规定行政首长必须在行政区域依照职能对实施"城乡清洁工程"进行定期或不定期的检查、指导和督办。"城乡清洁工程"行政首长巡查制度的深入坚持，对确保北海市"城乡清洁工程"落实到位起到了很大的促进作用。

治理"五乱"现象　抓好"城乡清洁工程"督察工作，日夜巡查，全程监管，强力督察"五乱"现象，确保市区干净整洁。把全市110个环境卫生排查责任区和44个"城乡清洁工程"综合治理"五乱"联系社区，对应分配到责任单位，安排专人负责组织排查督促整治。2010年，共发现"五乱"现象11596起，发出整改通知164份，现场整改3410处，电话通知整改4557次，接到投诉信件18件，办结答复18件，电视曝光18件，报纸曝光46件。一县三区、各单位共清理生活垃圾24.9万吨、清理违章搭盖建筑物6734处、面积18.37万平方米，清理不规范牌匾广告1.46万处，清理非法小广告、涂鸦15.81万条(处)、清理工地乱象2038处、整治车辆乱停3.18万起、纠正清理占道经营2.74万处。

水产品车辆鱼汁洒漏专项整治　根据市政府的工作目标要求，对水产品运输车辆鱼汁洒漏的现象不断加强长效管理。市水产局、市交警支队、城区政府等相关责任部门，组成若干联合检查组在市区各路口设置固定检查点，对拉鱼车辆进行检查，并安排人员巡查，对有洒漏问题的车辆进行处罚。此外，为加大整治力度，在重大活动或重大节日期间，在市区各路口增设临时检查点，发现有鱼汁洒漏现象的水产运输车辆，及时向有关职能部门举报，并配合查处，较好地维护了城区市容环境卫生面貌和交通运输秩序。2010年，查处水产品车辆鱼汁洒漏行为109起，处罚7起。

开展高岭土运输车辆整治　车辆在运输高岭土(白泥)过程中洒漏泥土污染城市道路的问题一直是群众关心的难点、热点问题，对此，市政府非常重视，多次协调海城区、银海区、建委、公安、交通、国土、港务局等部门联合开展专项整治，在联合执法检查中，对不按要求做好防洒漏设施及装载超重的车辆进行严查重罚、并禁止此类车辆进入市区，同时对源头业主进行宣传教育。加强路面巡查，安排执法人员在主要交通路口和运输车辆洒漏严重的路段进行设岗定点检查，发现洒漏现象立即对运输车辆业主进行跟踪追查，责令整改并进行处罚。2010年，查处车辆洒漏泥土行为89起，处罚25起，责令源头业主限期清除污染路面19起，清除道路面积1.87万平方米。通过整治，高岭土(白泥)运输车辆洒漏泥土污染市区路面的现象得到了一定遏制。

市容环境卫生综合整治　在春节、元旦、"五一"、"十一"等重要节日以及上级部门检查、考察活动期间，集中力量、统一行动开展环境卫生整治。重点对全市主要道路、小街小巷、景区景点、城乡结合部以及一些易发生“五乱”现象的区域进行整治，同时，对全市范围内所有的交通指示灯进行维修、翻新，重新更换交通隔离栏(墩)。在开展各项整治活动的同时，强化对公共场所的环境整治。大力加强对广场、公园、市场、夜市等公共场所环境的整治，确保公共场所环境清洁、设施完好；对机场、火车站、国际客运码头的环境卫生实行24小时保洁；对港口、码头的环境卫生进行全面清理，对停靠港口的渔船全程监控，确保有序停放，保证安全畅通；加大对施工工地的整治力度，从源头上保持道路整洁。

编制“城乡清洁工程”考评指标　根据市绩效办《关于制定2010年度县(区)工作目标和考评指标有关事项的通知》，在征求一县三区意见的基础上，拟订了北海市一县三区深化拓展“城乡清洁工程”工作目标和考评指标，由市绩效办统一下达作为各县(区)年度绩效考评依据。

编发《“城乡清洁工程”简报》　2010年，共编发《北海市实施“城乡清洁工程”简报》23期，市委、市政府领导对城乡清洁工程《简报》的编发工作给予了充分肯定。

【户外广告】　2010年，继续加强组织协调，联合各部门开展专项整治，全面清理全市范围的违章、超时、不符合市容市貌要求的户外广告。向7家相关单位发出拆除通知书，限期自行拆除设置在北海大道东延线、迎宾大道、北部湾路、北海大道、四川路、银滩四号路、茶亭路、湖南路、北京路、云南路等路的灯杆广告牌或过期、影响市容市貌的广告牌共6197块。加大广告牌位欠款及租金的追缴力度，共收取广告牌位租金及欠款共94.7万元上缴财政专户，市财政首次拨付户外广告设置规划编制经费5万元。编制了《北海市城市户外广告设置规划项目建议书》。

【市政公用事业】

市政设施管理　2010年，继续抓好市政道路的管护工作，想方设法为群众修好路、护好路，切实解决群众路难行的问题。建立城市道路量化指标考核管理体系，把每项工程、每件工作、每个岗位需要完成的数量、指标、达到的要求详细分解，实行严格的量化和细化考核管理；建立北海市桥梁巡查、维护、检测评估制度，组织人员定期或不定期进行检测和专项检查，消除城市桥梁安全隐患。5月，组织专业技术人员对北海大道、北部湾路、茶亭路、北京路、解放路、和平路、上海路、湖南路、四川路、贵州路、云南路、银滩四号路、金海岸大道、侨港港口路、北岸海景大道和半岛公园、红帆步行街等16条主要道路进行无障碍设施普查。至2010年末，市区道路面积约577.59万平方米，(红线15米以上道路，不含银滩镇、侨港镇)。

路灯管理　针对北海市路灯点多、面广、线路长，覆盖率高的特点，采取多种方法开展路灯管护工作，确保亮灯率。实行路灯设施分区域分班组管理制度。根据全市路灯设施的分布情况，将全市路灯设施分为五个片区，设立东、西、南、北、中五个维修班组，明确职责，落实任务，制定量化考核指标和措施；实行每月路灯检查制度、坚持每周一工作例会制度，提高亮灯率，做好服务群众工作；充分发挥路灯监控中心的作用。建立路灯监控室，在全市的主干道路安装路灯自动监控系统，安排人员24小时值班，全天候地监测路灯的运行情况，防止路灯设施被盗，提高工作效率。截止2010年底，市中心城区路灯2.58万盏，其中COSMO节能灯和LED节能灯约占20%，路灯的总功率为4000千瓦，输电线路长约760千米，路灯终端监控装置106套。安装和改造路灯1505盏，维修路灯18300盏次、路灯专用变压器66台、控制箱290次。路灯设施完好率达到95%以上，主要道路亮灯率达到98%以上。

燃气管理　2010年，共审核市区燃气企业6家、燃气经营网点46间。经过严格审查，有3家燃气企业、42间经营网点通过审核发证，有2家燃气企业被要求搬迁，有2家燃气企业被要求限期整改，有1间经营网点被要求搬迁，1间被取缔。2010年共组织燃气安全大检查5次，日常检查38次，检查燃气储配站168次(座)，检查燃气经营网点999次(间)，发出整改通知书26份，排除安全隐患46处。继续加大燃气设施的建设力度，涠洲油田伴生气综合利用工程一期工程CNG/LNG厂建成试运行，投入资金9000万元；敷设各种管径管道100千米，安装用户10000多户，共投入资金1900万元。至2010年末，管道燃气敷设主干管网已达200千米，庭院管网已达280千米，安装用户近5万多户，通气近3万户，日供气量已超过4万多立方；瓶装液化石油气用户8万多户，日供气约45吨。

(杨成连　刘　跃　刘艳敏　李尤冰)

行政效能建设

【概况】　根据《北海市人民政府关于印发全市各部门行政审批项目清理结果的通知》，为进一步做好行政审批项目清理工作，市建委对实施的行政许可项目和非行政许可审批项目进行了全面清理，并上报了市政府。清理后，审批项目共77项(不含房地产交易中心分厅受理审批的5项)，其中：行政许可项目31项，非行政许可审批项目49项。

【规范审批项目】　2010年全年受理办结事项为1728宗，其中行政许可事项674宗、非行政许可事项1003项(含547宗当场办结)，不予受理事项32宗，便民服务受理19宗；受理的事项全部按期办结，无超期或延期办结情况，实现了办结率100%的目标，办结件的审批时间比法定时限累计缩短9692天，比承诺时限累计缩短4377天。根据《北海市人民政府关于进一步加强市政务服务中心建设的意见》要求，市建委负责审批的领导及政务服务科部分人员于2010年8月10日进驻市政务服务中心建委窗口，确保审批事项"应进必进"，并启用行政审批专用章。为了确保审批工作能真正落到实处，最大限度地缩短审批时限，并重新制订了相关科室政务服务工作方案，进一步明确了主要负责人的职责，窗口及科室工作人员的具体分工，所有审批事项的办事流程等。安排专人跟踪重点项目办证情况，提供优质服务，促进项目尽快开工建设。对北海炼油异地改造石化项目、冠岭项目、道路工程项目、房地产开发项目等重大项目，增设绿色通道，设置重点项目联络员，为重点项目提供先办、特办、跟办、专办、督办的优质、全方位服务，以最快的速度、最高的效率、最好的服务给予办理相关手续。因物业纠纷频现，为规范审批工作，真正做到依法审批，修改了"物业服务企业三级资质核准"审批事项的办事指南，并制定了物业服务企业的专职管理和技术人员中含外省技术人员的审核原则。

【加强窗口服务建设】 根据《广西壮族自治区监察厅关于部分政务服务中心窗口工作人员违纪案件的通报》要求，市建委对窗口工作人员进行了一次清理；针对《关于对我市政服务中心部分窗口工作人员违纪违规问题的情况通报》。通报的违纪问题，组织窗口人员进行了对照检查。

2010年，市建委的行政审批工作逐步走上规范化、制度化轨道，服务方式进一步改进，行政效率大大提高。2010年1～11月受理办结事项为1536宗，其中行政许可事项596宗、非行政许可事项890项（含当场办结480宗），不予受理事项32宗，便民服务受理18宗；受理的事项全部按期办结，无超期或延期办结情况，实现了办结率100%的目标，2010年1～11月办结件的审批时间比法定时限累计缩短8011天，比承诺时限累计缩短了4035天。完成了北海市委、市政府提出的"依法规范行政审批、简化公民办事程序"的工作目标。

【执行"三项制度"】 市建委坚持执行首问责任制、限时办结制、责任追究制。要求首问责任人办理业务做到"一口清"、"一口准"，对受理材料的初审严格执行一次性告知制度；窗口首问负责人负责对审批事项的跟踪、协调和预警，加快办理速度，并做好与政务服务科的衔接工作，确保限时办结项目按承诺时限办结。

【完善网络建设】 逐步完善北海市建设工程交易信息网和北海市房地产网，在网上公开行政审批项目的设定依据、设定范围、审批条件、审批时限、审批结果等内容，自觉接受群众和社会舆论的监督。扩大网上查询、交费、办证、投诉等服务项目的范围，并提供全部办事表格网上免费下载服务，为广大群众、投资者提供快捷、方便、优质的服务。为逐步实行网上审批、尽快实现全市审批项目联网做好准备。

村镇建设

【城乡风貌工作稳步推进】 北海市按照自治区党委、自治区人民政府的工作部署，推进城乡风貌改造工程。制定《北海市城乡风貌改造二期工程实施方案》、《北海市城乡风貌改造二期工程结对帮建工作方案》，编印《北海市城乡风貌改造二期工程资料汇编》、《北海市城乡风貌改造宣传手册》，编制《北海市城乡风貌改造项目资金管理制度》、《北海市城乡风貌工作信息报送制度》、《北海市城乡风貌改造工作质量和安全管理制度》、《北海市城乡风貌改造工作督察制度》等规范性文件，为北海市城乡风貌改造推进提供政策保障。2010年自治区下达的城乡风貌改造任务是完成6个综合整治村改造和503户房屋外立面改造，截至12月31日，全部完成高速公路沿线25个村（含综合整治村）503户房屋外立面改造；完成综合整治村10个标准件及其他配套项目的建设。完成6个综合整治村屯规划编制；完成村屯道路硬化12.8千米（4.18万平方米），村屯排水沟11.49千米；建成18个垃圾池、6个篮球场；完成绿化面积1.28万平方米，种植各类树木1758棵。6个综合整治村村级卫生室、文化书屋（含图书室）和远程教育终端站点已完成并通过验收。整治村中的3栋村级配套用房、3座公厕已竣工验收，科技示范户、科技示范中心、校外活动中心、五保新村、农村沼气项目、村级兽医室、计生服务室（所）等相关整治项目已全部完成并通过验收。全市累计完成投资2600万元，完成503户的外立面改造和6个村的综合整治改造任务，并通过市级和自治区验收。

【重点镇示范村建设】 涠洲镇列入自治区特色名镇名村建设范围，涠洲镇委托国内知名的深圳大学规划设计院开展特色旅游名镇（村）的保护和旅游发展规划、规划方案经过反复修改，已经进入方案完善阶段。房屋外立面改造和公共厕所的设计选型已确定，设计方案争取春节前完成。规划设计完成投资100万元，并从自治区住建厅争取到基础设施建设资金159万元，已投入70万元。

北海市随着城乡风貌改造的开

展,结合当地的产业特点,因地制宜地培植和扶持了花卉种植、禽畜养殖、乡村旅游、餐饮等产业发展。银海区平阳村行政村店塘村有花卉规模种植户 12 户,种植面积累计达 66.67 公顷,花卉种植户每年人均收入超过 15 万元。平阳村委被评为自治区特色农业(出口花卉)示范村。

【城中村改造】 银海区旧村已完成新建建筑面积 2.8 万平方米,完成投资额 1880 万元;徐屋东村已完成总平面图设计;白屋村已完成招拍挂,正进行房屋拆迁,村民回建地抽签工作已完成,完成投资额 1856 万元。

【农村危旧房改造】 2010 年自治区下达北海市农村危房改造任务是 1970 户,截至 12 月 31 日,全市已完成 1972 户危房改造,危房改造累计完成投资 4241.18 万元,农村危房改造工作经验在全区建设工作会议上交流推广。2010 年北海市 1970 户危房困难户有望在近期搬进新居。

【污水处理试点工程】 2010 年北海市分别在合浦县白沙镇的洋墩村及银海区平阳镇的店塘村建设 1 个农村小型污水处理项目,目前已经建设完成。 (刘 梁)

城市规划

【概况】 北海市城市规划局是北海市政府主管城市规划管理工作的行政职能部门,2010 年 10 月 12 日更名为“北海市规划局”。内设 6 个科室,下设 3 个分局和 7 个直属事业单位。全系统共有干部 194 人,高级职称 29 人,注册城市规划师 12 人,大专以上学历占 91.9%以上。其中局机关有 28 人,研究生学历 5 人,大专学历 22 人。

北海市规划局 2010 年完成编制和修编控制性详细规划共 13 项,总规划面积达 76.1 平方千米,占主城区规划面积约 44%。

依法履行城市规划“一书两证”制度。全年共受理行政审批项目 1491 项,核发《建设项目选址意见书》23 项;核发《建设用地规划许可证》334 项,总用地面积 1002.7 万平方米;核发《建设工程规划许可证》161 项,总建筑面积 429 万平方米。办理规划设计条件 345 宗,工程竣工规划验收 138 宗,规划竣工验收面积 204 万平方米。

核发私人住宅《建设用地规划许可证》551 宗,用地面积 83261 平方米;核发《建设工程规划许可证》494 宗,总建筑面积 123681 平方米;办理竣工验收 430 宗,竣工面积 115882 平方米。

城市规划监察方面,立案查处违法建设案件 656 件,查处违法建设面积 8 万平方米,强制拆除违法建设 168 宗,拆除违法建筑 3 万平方米。

【做好申报“国家历史文化名城”规划工作】

通过历史名城规划 2010 年 1 月 12 日,北海市委、市人大、市政府、市政协四家班子以及北海市历史文化名城保护委员会、北海市规划委员会联合召开了《北海历史文化名城保护规划》汇报会,会议由市长连友农主持,市委书记王小东、市人大常委会副主任陈承才、市政府副市长廖德全、副市长刘宏武、市政协副主席文泉源等四家班子领导以及市名城委、规委会成员主要单位参加了会议,会议同意并上报自治区人民政府。2 月 25 日,自治区人民政府组织专家对《北海历史文化名城保护规划》进行评审,参加评审会的单位有自治区住建厅、自治区文化厅等,会议审查通过了《北海历史文化名城保护规划》。

申报历史文化街区 1 月 14 日,北海市政府向自治区人民政府申报珠海路、沙脊街、中山路、高德三街、南康解放路、涠洲南湾、合浦中山路、合浦阜民路 6 个历史文化街区为“历史文化街区”。2 月 24 日,自治区人民政府以桂政函〔2010〕39 号文批复“同意将北海市珠海路—沙脊街—中山路等街区列为历史文化街区”。

编制申报文本 2 月 28 日,北海市历史文化名城保护管理委员会办公室组织编制了《北海市申报国家历史文化名城文本》,文本共分为四册:《极其丰富的保存文物》、《集中成片的历史建筑》、《有效的保护管理措施》、《名人·古树·大事》。编委主任:王小东、连友农;主编:杨立志、王洪等;编辑:伍传顺、黄云等。5 月 23 日,北海市历史文化名城保护管理委员会委员、北海市规划局局长杨立志赴北京向国家住建部领导和国家文物管理局领导汇报申报工作。

历史建筑建档挂牌普查 4 月,开展历史建筑建档挂牌普查工作。普查历史建筑 183 处,公布了北海市第一、二批历史建筑共 63 处。完成第一、二批历史建筑测绘、建档。编辑《北海市第一批历史建筑档案册》、《北海市第二批历史建筑档案册》,并完成 63 处历史建筑保护牌制作和挂牌保护工作。

评估考察 6 月 3~5 日,由国家住建部会同国家文物局组织的“国家历史文化名城”评估考察组在住建部规划司副司长孙安军的带领下对北海市申报国家历史文化名城进行评估考察。以“百年老城”为主题考察了老城,重点考察中山路、珠海路、沙脊街、“大清邮政局”等;以“西洋建筑”为主题考察了北海市保留完整的近代领事馆、洋行、医院等西洋建筑;以“海上丝路”为主题考察了合浦,重点考察了东坡亭、惠爱桥、阜民路、海角亭、汉文化博物馆等;以“美丽涠洲”为主题考察了涠洲岛,重点考察了盛塘村天主教堂、南湾历史文化街区等。6 月 5 日下

午，考察组在北海市香格里拉大酒店对北海市申报国家历史文化名城进行评议，评估结果认为历史文化资源独特，申报材料内容丰富真实，自我评价客观，认为北海市符合国家历史文化名城的条件。

获批名城　11月9日，中华人民共和国以国函〔2010〕121号文批复北海市列为国家历史文化名城。批复指出：一、北海市历史悠久，文化底蕴丰厚，历史遗存丰富，近代城市建设特色突出。二、要求正确处理城市建设与历史文化遗产保护的关系。编制好历史文化名城规划。在规划和建设中，要体现近代文化特色和地方传统风貌。三、广西壮族自治区人民政府和住房城乡建设部、国家文物局要对北海市国家历史文化名城规划、保护工作进行指导、监督和监察。

【完成民生路网工程(二期)审查报建工作】　2010年，继续实施民生路网(二期)工程。计划修通和改造重庆路东段、上海路、湖南路、昆明路、广东路、云南路、站前路、西藏路等12条道路。2010年，北海市政府成立了“民生路网主干道项目专业指导组”，组长由北海市规划局总工程师李斌施担任，市政科科长蒋建华担任副组长。

4月，北海市市政工程设计院完成重庆路（湖南路—上海路段)、站前路(北京路—广东路)、茶亭路(上海路—湖北路)、创基路(重庆路—西南大道)、驿马办事处门前路(北海大道—重庆路）等5条道路的施工设计方案。8月，北京市市政专业设计院有限公司完成昆明路（海角路—出口加工区)、西藏路(北海大道—职业学院)、重庆路（回建小区—西藏路)、独树根路(西藏路—云南路)、中心血站门前路、防疫站门前路等6条道路的设计方案。8月18日，“民生路网主干道项目专业指导组”召开第三次会议，会议听取了北京市市政专业设计院有限公司和北海市市政工程设计院的汇报，并对各条道路设计方案进行了审查，对人行道铺装、绿化、路灯、交通设施等辅助配套设施提出了报送优化设计方案的要求。

2010年11月末，北海市规划局完成了12条道路的规划报建手续。

【博物馆项目规划选址】　2010年4月27日，北海市委市政府下达《关于分解下达实施北海三年跨越发展工程目标任务的通知》，指定北海市规划局为博物馆项目的牵头责任单位。

2010年4月21日，北海市十三届人民政府第71次常务委员会审议通过了《北海市银滩东区一期(冯家江新区)控制性详细规划》。根据规划，4月30日，市规划局会同项目业主北海市银滩投资建设有限公司进行现场踏勘，并初步测量项目选址的大概范围。6月30日，市规划局局长杨立志与银滩投资建设有限公司董事长苏海金等对项目选址、建设规模、功能设置等问题进行了研究，商定博物馆选址在冯家江新区内。选址范围：纬一路西端，紧邻冯家江。用地选址之间被20米宽的规划路分为两个区域：沿冯家江的弧形用地宽50米，用地面积25427平方米；圆形用地直径长约266米，用地面积55571平方米。两幅地块总净用地面积8.1公顷。项目建设总建筑面积共34000平方米。其中，一期建筑面积18000平方米，包括北海市博物馆、亲水文化公园及相应配套服务设施；二期16000平方米，包括演艺文化中心及配套服务设施。8月24日，北海市规划委员会2010年第六次会议审议通过了博物馆项目选址方案。9月20日，北海市规划局办理了规划选址审批。

【完成北海市八项片区的控制性详细规划】　2010年4月21日，北海市市长连友农主持召开了北海市十三届人民政府第71次常务会，会上审议通过了由北海市城市规划设计研究院编制的《北海市S-2片区控制性详细规划》、《北海市L-3片区控制性详细规划》、《北海市S-8片区控制性详细规划》、《北海市银滩东区一期(冯家江新区)控制性详细规划》、《北海市银滩东区二期控制性详细规划及城市设计》、《北海市铁山港（临海）工业区分区规划(2009～2025)》(2009年完成)、《北海市北海大道两侧用地控制性详细规划》和《北海市西南大道两侧用地(广东路—南珠大道段)控制性详细规划》。

《北海市S-2片区控制性详细规划》　2010年1月，编制完成《北海市S-2片区控制性详细规划》。规划范围为西至金海岸大道，南至新世纪大道，东至四川路，北至铁路的围合区域，规划面积共计237.49公顷。功能定位以生活居住和商业为主导，兼顾办公和休闲职能。居住用地规模105.15公顷，人口2.7万人。

《北海市L-3片区控制性详细规划》　2010年2月，编制完成《北海市L-3片区控制性详细规划》。规划范围为东至北京路，南至北海大道，西至四川路，北至北部湾路的围合区域，共计74.34公顷。总用地面积39.48公顷，其中二类居住用地23.29公顷，商住用地16.19公顷。功能定位以商业功能为主导，兼顾生活居住和办公职能的市级商业中心区。规划区人口规模为1.0万人。

《北海市S-8片区控制性详细规划》　2010年2月，编制完成《北海市S-8片区控制性详细规划》。规划范围为西至四川路，南至新世纪大道，东至广东路，北至铁路线的围合区域，共计120.55公顷。规划居住用地主要布局于中部居住带和南部公共服务带，用地面积43.15公顷，其中商住用地6.42公顷。功能定位以生活居住为主导，兼具办公和对外交通职能的城市综合居住区。规划居住人口 1.2 万人。

《北海市银滩东区一期(冯家江新区)控制性详细规划》 2010 年 2 月,编制完成《北海市银滩东区一期(冯家江新区)控制性详细规划》。规划范围:北海市银滩中区一期(冯家江)位于市主城区东南部,规划范围为东至南珠大道,西至上海路,南至海景大道、冯家江出海口,北至江苏路的用地,总面积 1003.46 公顷。其中,城市建设用地面积 806.75 公顷,水域及红树林等非城市建设用地面积 196.71 公顷,规划人口 12 万。规划定位于北海市的行政办公、文化艺术、商务商业、会展及旅游休闲区,是整个银滩东区的重要构成部分,是银滩东区启动的建设区。

《北海市银滩东区二期控制性详细规划及城市设计》 2010 年 3 月,编制完成《北海市银滩东区二期控制性详细规划及城市设计》. 规划范围:西起南珠大道,东接西村港,北接银滩大道,南至海景大道,总用地面积约 2150 公顷,规划居住用地 445.7 公顷,规划居住人口 10 万人。通过规划,北海银滩东区二期体现教育、科研、体育、居住、旅游等多功能于一体的城市综合发展区。

《北海市北海大道两侧用地控制性详细规划》 2010 年 3 月,编制完成《北海市北海大道两侧用地控制性详细规划》。规划范围:北海大道贯穿整个北海城区东西方向,是北海市东西向交通最主要的干道之一,规划区域包括北海大道(西至疏港大道,东至南珠大道)及两侧用地,共 578 公顷,北海大道长度 9766 米,道路红线宽 80 米,道路面积 78 公顷。规划该大道结构共分 4 段:疏港大道—云南路(商住区);云南路—北京路(旅馆区、商业、金融办公区);北京路—湖南路(商住、文化和行政办公区);湖南路—南珠大道(商住、办公区)。

《北海市西南大道两侧用地(广东路—南珠大道段)控制性详细规划》 2010 年 3 月,编制完成《北海市西南大道两侧用地(广东路—南珠大道段)控制性详细规划》。规划范围为西南大道广东路段道路红线两侧进深约 600 米范围内的城市建设用地。东西长 4 千米,规划面积共计 461.4 公顷。规划结构分为:广东路—湖南路之间,以居住为主要职能,主要建筑形式以多层、高层为主。上海路—西南大道交叉口周边地区,主要为大型商业、办公、文化休闲区。湖南路—南珠大道之间,主要为酒店、商务办公等。

【完成涠洲岛 1∶1000 地形图的测量工作】 2010 年 4 月 31 日,北海市城市信息中心组织技术人员对涠洲岛地形地貌进行全面测量,历时 35 天,实测涠洲岛 1∶1000 地形图 141 幅,完成测区面积 35.25 平方千米,建立了数据库。7 月 25 日,经桂林市测绘研究院测绘产品检查认证,被评为优级品。

(杨立志 廖健宁 王 颖)

住房公积金管理

【概况】 2010 年,市住房公积金管理中心坚持以资金安全为前提,以提高效益为中心,以促进发展为目的,以便民利民为重点,不断强化制度宣传力度,完善健全内控制度,努力提高住房公积金覆盖面,有效防范贷款风险,加强管理监督,确保资金安全,充分发挥了住房公积金制度的住房保障作用。全年住房公积金业务收入 3631 万元,支出 1861 万元,实现住房公积金增值收益 1770 万元,增值收益率达 15.72‰。

【创新服务方式】 2010 年,市住房公积金管理中心进一步增强服务意识,充分向窗口授权,采取发放办事明白卡、简化办事程序等便民措施,缩短办理时限,提高办事效率,对办理公积金业务实行“一站式”办理。通过加强服务礼仪培训、强化业务技能学习、组织岗位能手竞赛以及外出考察取经等多种形式,不断提升服务意识和业务技能。按要求建立首席代表负责制,充分授权,避免了“体外循环”和“两头受理”现象的发生,更加方便缴存职工办理业务。及时升级改造公积金综合业务管理系统,增设上网实时查询和触摸屏查询公积金政策、办事流程、个人公积金使用情况等便民业务,开展优质服务窗口创建活动,全面推行服务承诺制、首问责任制、限时办结制,不断规范服务标准、服务程序、服务承诺、服务言行,窗口服务质量和水平不断提升。

【政策宣传和归集扩面工作】 充分利用报刊、电台、网络、简报以及发放宣传单等多种方式,多角度、深层次、全面系统地向广大职工宣传《住房公积金管理条例》内容和相关政策;设立户外宣传平台,现场解答广大干部职工有关住房公积金缴存、提取、贷款政策等方面的热点、难点问题;利用市政府住房公积金网站,通过咨询反馈等互动栏目,为职工解决问题、答疑释惑,进一步提高住房公积金制度的社会认知率和广大干部职工自觉维权的意识,有效推进了归集扩面工作的开展。2010 年全市新增 60 个单位 2071 人,共归集住房公积金 47160 万元,完成年度计划的 112.29%,同比增加 9666 万元,比增 25.78%,全市住房公积金制度覆盖率达 83.36%。

【资金使用】 充分发挥住房公积金制度“低存低息”的优越性,完善贷款办理程序,根据国家新近出台的住房公积金政策,以及北海市房地产形势的发展变化和职工的购房需求,及时调整购建住房提取和贷款政策,继续开展区内其他城市职工在北海购建自住住房申请公积金贷款和北海市职工为解决夫妻两地分居在外地购房支取公积金业务，为改善职工住房条件提供了有力的资金支持。全年为11144名职工办理支取住房公积金24226万元；发放住房公积金个人住房委托贷款31548万元，完成年度计划的116.84%，同比增加1261万元，比增4.16%，逾期率为0.31‰。

【完善监管机制】 针对住房公积金管理出现的新情况、新问题，逐步建立和完善统一的会计报表制度、公积金统计制度、工作目标考核制度、重大事项报告制度等规章制度，强化对关键岗位、关键环节的监控，进一步完善业务管理制度和业务操作规程，强化内部稽核和问责，从制度上和机制上堵塞管理漏洞。按规定向自治区监管处和市财政部门报送财务统计报表、接受审计监督，聘请政风行风监督员进行监督，利用网络媒体定期向社会公布财务收支情况、办事指南、政策法规以及监督投诉电话，每年通过向缴存单位和缴存个人发放对账单、对账卡，以及媒体、网络等多种形式，公开公布公积金的缴存、使用情况，广泛接受社会各界监督，有效杜绝了违规事件发生。在确保资金安全和正常贷款发放、提取的前提下，把资金使用效益放在更加突出位置，充分运用长中短期定期存款和通知存款等组合存款方式，坚持定期清理银行账户资金，最大限度地降低活期存量资金，努力增加增值收益。全年住房公积金业务收入3631万元，支出1861万元，实现住房公积金增值收益1770万元，增值收益率达15.72‰。

（操峥嵘　裴　强　凌千水　石　韬　班明华）

房地产业

【概况】 2010年，北海市房地产业实际完成投资额97.34亿元，同比增长67.49%，占全市固定资产投资额的20.06%，同比增长2.45个百分点。完成房地产税收13.41亿元，占全市税收的34.25%，同比增长85.74%。其中，房地产地税税收9.58亿元，同比增长82.23%，占地税税收总额的46.32%，同比提高6.01个百分点；房地产契税3.83亿元，同比增长95.17%，占财政税收总额的20.74%，同比提高5个百分点。

2010年，北海市住房和城乡建设局与北海市房地产业协会按照评选条件实地考察，组织专家组进行综合考评，评选出北海市东旭房地产开发有限公司等30家企业为“2010年度北海市优秀房地产开发企业”；王希仲等18人为“2010年度北海市优秀房地产企业家”；中安·止泊园等10个楼盘为“2010年度北海市十大宜居楼盘”；越亚天赐碧园等10个楼盘为“2010年度北海市十大景观楼盘”。

【房地产开、竣工项目】 2010年，北海市房地产开工项目94个，开工面积342.29万平方米，同比分别下降28.79%、21.21%。房地产竣工项目有71个，竣工面积128.35万平方米，同比分别增长1.43%、16.79%。

【商品房预售】 2010年，批准预售面积311.76万平方米，同比增长42.49%。其中：商品住宅292.02万平方米，同比增长40.53%；商业用房12.49万平方米，同比增长66.52%。办理商品房预售合同备案登记19064件，预售面积157.09万平方米，预售金额73.41亿元，同比分别增长18.97%、9.20%、43.57%。其中：商品住宅面积155.36万平方米，金额72.15亿元，分别占总数的98.90%、98.28%，同比分别增长11.02%、47.69%；商业用房1.29万平方米，金额1.06亿元，分别占总数的0.82%、1.44%，同比分别下降61.83%、50.44%。

【房地产交易】 2010年，房产交易12741件，面积156.05万平方米，交易额42.69亿元，同比分别下降9.75%、5.15%、增长11.01%。其中，商品房交易12233件，面积141.56万平方米，交易额40.68亿元，分别占房产交易的96.01%、90.71%、95.30%；同比分别下降8.62%、5.18%、增长10.98%。在商品房交易中，商品住宅129.1万平方米，商业用房9.6万平方米，同比分别下降5.66%、8.31%。

增量商品房交易面积91.37万平方米，交易额27.56亿元，分别占商品房交易的64.55%、67.73%，同比分别增长3.81%、14.25%。其中：增量商品住宅85.84万平方米，商业用房5万平方米，同比分别增长5%、下降10.39%。

存量商品房交易面积50.19万平方米，交易额13.13亿元，分别占商品房交易的35.45%、32.27%，同比分别下降18.08%、增长4.7%。其中：存量商品住宅43.26万平方米，商业用房4.6万平方米，同比分别下降21.47%、5.93%。

【落实房地产市场调控政策】 2010年，北海市建委贯彻落实《国务院办公厅关于促进房地产市场平稳健康发展的通知》和《国务院关于坚决遏制部分城市房价过快上涨的通知》精神，一是协助市政府组织召开北海房地产市场形势分析座谈会，学习国务院房地产“新政”，听取房地产企业的意见和建议，研究当前和今后一个时期北海市房地产业发展。落实中央确定的房地产市场调控政策，采取坚决的措施，遏制房价过快上涨，促进民生改善和经济发展。二是根据市政府的工作安排，市建委起草了《北海市人民政府转发〈广西壮族自治区人民政府转发国务院关于坚决遏制部分城市房价过快上涨的通知〉的通知》,市政府于2010年12月3日印发。

【整顿和规范房地产市场秩序】 根据住房和城乡建设部《关于抓紧对房地产开发企业经营行为进行检查的通知》等有关文件精神,市建委组织房地产检查工作小组于2010年5~6月对全市房地产开发项目进行执法检查和清理工作,共检查50个项目,重点检查在售的房地产开发项目的情况。发现个别房地产开发企业存在违规销售等违法违规行为。对6个项目发出问询通知书,要求开发企业进行整改,对1个企业进行了行政处罚。存在问题的企业已基本完成整改工作。

【物业管理】 起草《北海市物业维修资金管理实施细则》、《北海市物业管理社区化建设实施方案》并已上报市政府;2010年,评选北海华杰物业服务有限公司等7家企业为2010年度北海市优秀物业服务企业;北海市国税局办公大院等13个小区(大厦)为2010年度北海市物业管理优秀小区(大厦)。

2010年度北海市优秀物业服务企业 北海市华杰物业服务有限公司、广西银湾物业管理有限公司北海分公司、北海龙地物业服务有限公司、北海市如家物业服务有限公司、广西南宁瑞思特物业服务有限责任公司北海分公司、广西新都物业服务有限公司、北海顾家物业服务有限公司。

2010年度北海市物业管理优秀小区(大厦) 北海市国税局办公大院、合浦县国税局机关大院、怡海新村春华园、北海市第九中学、圣美阳光家园、城市丽景花园、嘉福·文华苑、华杰·春秋源、碧海湾花园、蔚蓝海岸、黄金海岸、天宁新城、枫林蓝湾。

【直管公房】 2010年,市建委东、西、新区3个房管所,管理直管公房110幢(间),691套(户),建筑面积37854平方米,其中公产房74幢(间),代管房11幢(间),经租房25幢(间)。属危旧房(D级)的20幢(间),建筑面积5517平方米,属局部危房(C级)的19幢(间),建筑面积5215平方米。2010年直管公房租金收缴完成68万元,租金减免4户。

保障性住房工程建设

【概况】 2010年,北海市委、市政府高度重视保障性住房建设工作,严格按照自治区人民政府的部署,把保障性安居工程列入政府重点工作,纳入为民办实事项目之一。在市委、市政府的领导下,北海市建委大力推进保障性住房建设,经过一年的努力,圆满完成自治区下达的各项指标任务。取得阶段性成效。

【制度建设】 北海市采取与市辖县、区政府签订住房保障工作目标责任状的形式,分解落实自治区下达目标任务。同时制定了《北海市市区廉租住房保障家庭准入管理暂行办法》、《北海市市区实物配租廉租住房管理暂行办法》和《北海市市区廉租住房租赁管理暂行办法》,逐步完善北海市住房保障制度;在缺乏专业人员和资金情况下,克服困难,与房改办一起完成《2010~2012年保障性住房建设规划》、《2010~2015年住房保障规划》和《北海市城市和国有工矿棚户区改造规划(2010~2013)》的编制工作。

【廉租住房建设】 2010年北海市新开工廉租房建设项目2个,分别是合浦县廉丰小区廉租房项目和铁山港工业区搬迁安置小区廉租住房工程,共876套4.54万平方米。其中合浦县廉丰小区廉租房项目,共324套1.61万平方米,总投资2194万元。2010年6月30日动工建设,截至12月31日,累计完成投资1019.54万元;铁山港工业区搬迁安置小区廉租住房工程,共552套2.93万平方米,计划总投资4287万元。2010年7月19日开工,截止2010年12月31日,累计完成投资1521万元。

市杭州路廉租住房项目一期工程 该工程2008年动工建设,共432套2.26万平方米,计划总投资3025万元。该工程于2010年6月份竣工验收交付使用,2010年完成投资73.55万元,累计完成投资3025万元。

合浦廉怡小区廉租住房项目 该工程2009年动工建设,共264套1.38万平方米,计划总投资1525万元。该工程于2010年6月份竣工验收并交付使用,2010年完成投资510.77万元,累计完成投资1525万元。

市杭州路廉租住房项目二期工程 该工程2009年6月动工建设,共516套2.6万平方米,计划总投资3233万元。项目于2010年12月30日竣工,完成投资2258万元,累计完成总投资3540.3万元。

老城区廉租住房项目 该工程2009年9月20日开工建设,共150套0.75万平方米,计划总投资1150万元。项目已于2010年12月30日竣工,完成投资708.06万元,累计完成总投资1150万元。

经济适用住房南珠路小区配建廉租住房项目 该工程2009年9月29日开工建设,配建110套廉租住房,共0.55万平方米,计划总投资780万元。截至2010年11月底完成投资307.4万元,累计完成总投资920万元。

【经济适用住房】 2010年新开工1个由政府划拨土地建设的经济适用住房项目——南珠大道小区经济适用住房二期(配建公共租赁住房)项目,该项目于2010年12月30日开工建设,建设经济适用住房178套、配建公共租赁住房50套,建筑总面积约1.6万平方米,总投资约2750万元;2010年施工的集资建房项目有5个,总建筑面积22470平方米、建设住房163套,其中3个项目竣工,竣工总建筑面积16288平方米、竣工套数118套。2010年集资建房建设完成投资1101万元。

【公共租赁住房】 2010年启动试点公共租赁住房项目1个,在南珠大道小区经济适用住房二期项目用地中配套建设公共租赁住房50套、3000平方米,于2010年12月30日与经济适用住房南珠大道小区二期项目同时开工建设。

【限价商品住房】 2010年北海市限价住房建设主要在单位危旧房改住房改造项目中实施,共3个项目均以限价住房方式建设新住房,2010年全部开工建设,共建设新住房1.9万平方米、187套。

【城市和国有工矿棚户区改造】 2010年北海市共有2个棚户区改造项目施工,总面积为40332平方米,建设住房390套,完成投资10282.56万元。 (刘　梁)

园林绿化

【概况】 2010年,北海市园林绿化部门按照市委、市政府的工作部署和要求,实施"北海三年跨越发展工程",切实抓好城市园林绿化各项工作。创建和申报国家园林城市、道路绿地绿化维护及管理、公园广场管理、盆花生产、市区摆花换花、园林育苗等各项工作有效推进,较好完成了全年园林绿化建设和管理各项主要工作任务。市区园林绿地完成种补植乔木1.2万株,灌木1.33万丛,铺种草坪4.67万平方米,地花11.16万平方米;完成盆花生产出圃49.2万盆,完成市区摆花换花48.38万盆;完成灌木育苗1.41万株,袋苗育苗8.6万袋。2010年北海市建成区绿化覆盖面积累计2068.2公顷,绿地面积累计1771.2公顷(其中公园绿地295.42公顷,生产绿地190.94公顷;防护绿地477.88公顷,附属绿地806.96公顷)。建成区绿化覆盖率、绿地率、人均公园绿地面积分别为35.78%、30.64%和8.63平方米/人。

【创建国家园林城市通过自治区初审并正式向住建部提出申报】 2010年10月16~17日,自治区住建厅"创城"初审专家组一行5人到北海市指导创建国家园林城市工作,对北海市申报国家园林城市进行了初审检查。初审专家组在市建委、规划局、国土资源局、林业局、园林局等相关部门领导的陪同下检查了银滩、海滩公园、金海湾旅游风景区和海景广场、海滨公园、中山公园、长青公园、北部湾广场等景点的绿化情况,同时沿路检查了银滩四号路、西南大道、北海大道以及北部湾东路等市区道路的绿化情况。市政府副秘书长冯群声在市建委三楼会议室主持召开了北海市申报国家园林城市初审工作汇报会,市建委主任王洪向初审专家组汇报北海市创建国家园林城市工作的进展情况。初审专家组通过实地考察、听取汇报、查阅资料等方式,对北海市创建国家园林城市成果进行了初审考核,对北海市近年来创建国家园林城市所取得的成绩给予充分肯定,同意北海市申报国家园林城市。同时,对北海市在创建和申报国家园林城市方面所存在的不足提出了宝贵的指导性意见,建议北海市要加大对公园绿地的建设力度,坚持办节约型园林,改造现有的公园,进一步提高城市绿化量和景观效果,突出北海亚热带滨海园林特色。2010年10月26日自治区住建厅通过了北海市创建国家园林城市初审,10月28日北海市正式向国家住建部申报国家园林城市。

西南大道绿化　　市园林局　供

【《北海市城市绿地系统规划》、《北海市创建国家园林城市市政设施专项规划》通过专家评审】 2010年12月30日,市住房和城乡建设局组织特邀专家及北海市各相关单位代表召开了《北海市城市绿地系统规划(2010~2025)》和《北海市创建国家园林城市市政设施专项规划(2011~2015)》评审会。与会专家及各单位代表认为,由中国城市规划

银滩度假区　　市园林局　供

设计研究院编制的《北海市城市绿地系统规划(2010～2025年)》,对北海市的园林绿化现状作了中肯的分析和评价,认为"规划的城市园林绿地系统布局科学合理,针对性强,切合北海实际状况,'两带凭海韵,双廊系双心,绿网缀群园,绿楔润新城'的城市绿地结构也很有创意;该规划提出的园林绿化指标较先进,与总体规划(2006版)衔接比较好;规划的可操作性较强,特别是细化的图则,把绿线坐标体系定得比较明确,易控制、易实施、易监督,对国家园林城市、国家生态城市的创建和争取中国人居环境奖都有直接的指导作用",一致同意通过该规划。同时,与会专家及各单位代表认为,由北海市城市规划设计研究院编制完成的《北海市创建国家园林城市市政设施专项规划(2011～2015)》,符合北海市创建国家园林城市和中国人居环境奖的城市发展需求,针对性强,规划指标先进,项目切实可行,同意通过该专项规划。

【创建国家园林城市项目建设取得进展】 2010年,北海市对一批道路的绿化彩化改造工程和新增的民生路网进行了配套绿化,共完成绿化面积120公顷,其中新增绿地约67公顷,改造绿地约53公顷。共完成投资4481万元,其中财政投入1000万元,城投公司投入3370万元,社会资金投入111万元。同时,随着北海市房地产的开发,新增新建小区绿化面积25.4公顷,完成投资5077万元。绿地建设方面有较大进展:一是建成区绿地面积增加。2010年北海市斥资3567.45万元进行绿化建设,新增绿地67公顷。其中包括:西南大道及新建民生路网的绿化配套建设和云南南路西侧绿化带植树等3个创建国家园林城市新增绿地植树项目。二是合理规划建设公园绿地。到2010年末,全市公园绿地面积达到295.42公顷,人均公园绿地面积达到8.63平方米/人。同时,在主干道的一些重要节点、公园以及广场实施了夜景灯光工程的建设,既方便了群众夜间休憩,也较好地提升了公园绿地的档次与品位。三是科学绿化彩化街道,城市道路绿化、美化、彩化初见成效。2010年,完成市区主干道(4+1)"五化"工程项目北部湾东路小游园绿化改造等3个项目,共投资114.8万元;完成四川南路等8个春节前绿化彩化改造项目,共投资949万元;完成北海大道东延线等8个春节后绿化彩化改造项目,共投资390万元;完成北部湾东路个别路段的拆迁增绿项目,共投资19万元。四是单位庭院、小区绿化明显改善。随着房地产项目的开发,2010年北海市共新增小区绿化面积共25.4公顷,共投资5077万元。对新建小区,严格按"绿线"管理要求保障绿化用地,并实行同步设计、同步施工、同步验收。同时,坚持在全市范围内深入开展创建"园林式单位和绿化先进单位"活动,全市现有"园林式单位、小区"共81个。五是环境改造

云南路与西南大道交界处绿地　　市园林局　供

出成效。结合北海市争创“中国人居环境奖”的目标，完成申报“中国人居环境范例奖项目”的银滩、海滩公园绿化补种补植、管护整治及市政设施修复系列工程的建设，申报成功。

【市区道路绿化维护管理】 2010年，道路绿化管理部门按照市容环境整治长效管理的要求，结合创建和申报国家园林城市，实施市区道路的绿化彩化改造，加强精细管理，提高管护工作效率和质量。完成了北部湾路人行道绿化彩化改造及道路乔木补植工程，四川南路绿化彩化整治工程，南珠大道、高德小绿地、云南路小绿地绿化彩化改造和维护工程，以及列入“五化工程”项目的绿化工程等系列绿化彩化改造重点项目，种植补植乔木2035株，灌木2561丛(株)，地花5.48万平方米，草坪1.9万平方米；完成清运绿化带垃圾5972吨；完成修剪地花、绿篱17.68万平方米，草坪13.45万平方米；完成乔木修剪4.1万株，灌木修剪11.94万丛；绿化淋水28.3万吨，施肥25.55吨，喷施农药500吨。

【公园、广场管理】 2010年，市区各公园、广场根据各自管理实际，切实加强园容园貌整治、环境卫生整治和日常管理工作。

中山公园　着重抓好园内黄土裸露整治绿化和花坛换植工作，对公园内一些花坛的残缺部分进行补种，对公园内裸露地面进行绿化改造，种植草坪和阴生植物，对生长欠美观的花木进行更换。2010年完成盆花生产1.21万盆，摆花3450盆，地花种植158平方米，草坪种植40平方米，绿篱种植60平方米，地花修剪4.86万平方米，草坪修剪3.42万平方米。按照无障碍改造工程要求改造了园内的两个厕所和公园后门。

海滨公园　定期对公园的乔木、灌木、绿篱、植物造型以及草坪等进行修剪，作好枯枝、死树的清理，及时补植缺损、死亡的绿化植物，维护公园的整体景观效果。完成盆花生产1.85万盆，摆花9250盆，生产袋苗8000袋，乔木修剪1.17万株，灌木修剪2.09万丛，地花修剪1740平方米，草坪修剪4.55万平方米，灌木种植81丛。

长青公园　2010年完成乔木种植3株，灌木种植303丛，盆花出圃2333盆，摆花2030盆，乔木修剪1890株，灌木修剪1510丛，地花修剪1.53万平方米，草坪修剪31.5万平方米，清理垃圾600吨，园内绿化美化改造面积3200平方米。

北部湾广场　坚持做好广场日常换花、摆花等工作，加大广场日常维护工作力度，确保广场良好秩序。加强广场霓虹灯、彩灯、射灯、路灯的维护管理以及喷泉的正常开放。2010年完成换补种地花1.11万平方米，摆花5.14万盆(袋)；补种草坪3000平方米、乔木1株、灌木1175丛、绿篱种植195米。完成修剪草坪1170平方米、地花5530平方米、绿篱1.03万平方米、乔木203株次。接待安排市内外单位开展广场公益性活动、文艺表演等累计49场次。

迎宾大道绿化　　市园林局　供

【苗圃园林育苗】 2010年，园林苗圃为全市绿化彩化工程和市区摆花需要努力做好园林育苗和花卉生产工作。完成移植培育大规格乔木2383株，大规格灌木468丛；灌木育苗1.36万丛，生产袋苗7.01万袋；生产盆花27.33万盆，引进阴生植物1590盆。出圃乔木628株，灌木4166丛，盆花26.85万盆，袋苗3.56万袋。

【重大节日及庆典活动市区环境布置】 2010年重大节日及庆典活动期间，园林部门精心组织，完成各重大节日及庆典活动的市区环境布置任务。2010年元旦期间完成市区摆花3.18万盆；春节期间完成市区摆花18.93万盆，市区道路挂灯笼2.8万串，制作设置大型花柱58条，升挂大气球20只；“五一”期间完成市区摆(种)花8.6万盆；“七一”期间完成市区摆花2.8万盆；迎接第五届北海国际海滩旅游文化节暨2010年世界比基尼大赛总决赛、2010年泛北部湾区域经济合作市长论坛和第二十四次少数民族自治区城市市长联席会议(简称“两会一节”)完成摆花7.6万盆；“十一”期间完成市区摆花4.8万盆。

(傅　文　黄　萍　赵以平)

环境保护

综　　述

2010年，北海市环境保护局围绕落实“北海三年跨越发展工程”目标，不断强化污染防治措施，解决了突出的环境问题。完成化学需氧量减排总量6408吨，二氧化硫减排313吨，超额完成自治区2010年下达的污染减排任务（化学需氧量4653吨、二氧化硫153吨）；审核清洁生产企业8家、黄标车132辆；完成饮用水水源地保护区划分技术报告及方案编制，重点污染源普查动态更新219家；对51家环境违法企业实施行政处罚，罚款60.7万元；完成143家企业排污申报，征收排污费648万元；完成11家国控重点污染源企业现场端自动监控设施安装和验收，实现与国家、自治区监控平台联网运行；市医废处置项目建成点火投产；会同有关部门整治水产品运输车辆3424辆，处罚448辆，罚款42550元；完成铁山港320万立方米原油商业储备、涠洲岛30万吨原油码头及配套工程、北海诚德新材料项目环评报批，工程领域治理排查347个项目，责令补办环审手续72项，补办验收手续26项；完成常规监测22项，达《地表水环境质量标准》Ⅲ级，近海海域水质达二类海水水质标准。

2010年，北海市发布空气质量日报优196天，良163天，三级轻微污染6天，优良率98.4%；完成《北海生态市建设规划》修编，饮用水水源地保护区划分及方案编制通过评审，报市政府审批；“城考”评比位列全区前四名。

环境质量

【城市环境空气质量】 北海市城市空气质量持续保持优良水平。2010年，市区一级天气196天以上，达到二级天气163天以上，其中：二氧化硫日平均浓度均为0.019毫克/立方米，二氧化氮日平均浓度均为0.012毫克/立方米，可吸入颗粒物日平均浓度均为0.068毫克/立方米。2010年完成北海市空气质量对照点牛尾岭子站的建设，5月安装并投入运行，并开展了环境空气中的臭氧、一氧化碳的监测工作。

【水环境质量】 2010年北海市完成地表水水质现状常规监测，对南流江南域、江口大桥、亚桥和武利江4个监测断面共12个监测点位，分丰、平、枯水期采样监测，分析指标22项；对牛尾岭水库1个点位分丰、枯水期采样，分析指标28项。北海市各监测点位地表水质均达到Ⅲ级标准。北海市饮用水（地下水）常规监测的水源地2个，每月监测1次，监测指标23个；2010已完成对地下水进行1次39项指标分析，除pH值外，其他各项监测指标均符合《地下水质量标准》的三类标准。近海海域的水质监测，银滩、高德近海海域的水质监测结果均达到二类海水水质标准。银滩海水浴场水质为一级，水质优良。

【声环境质量】 2010年，北海市环境监测中心站按时完成环境功能区、区域、交通噪声，达标区噪声的监测任务。北海市设有富丽华、淀粉厂、邮电局、广场东里和海泰别墅5个功能区噪声监测点位。每季度派人到现场监测1次，每次连续24小时。区域208个噪声监测点位；交通噪声监测62个点位，均按要求完成。

环境管理

【污染减排】 2010年，自治区下达北海市二氧化硫减排任务153吨；化学需氧量减排任务4653吨。北海市完成二氧化硫减排总量313吨，二氧化硫排放总量控制在3.88万吨，比2005年（4.49万吨）下降了

13.59%，完成化学需氧量减排总量6408吨,化学需氧量排放总量控制在4.07万吨，比2005年（4.66万吨）下降了12.66%,超额完成自治区下达的控制目标。2010年市委、市政府落实2000万元节能减排专项经费，为减排工作提供强有力的资金保障。

【环境监管】

作好规划环评　2010年是《规划环境影响评价条例》实施的第二年，北海市环境保护局认真贯彻实施《规划环境影响评价条例》,积极推进规划环评工作。在项目环评编制过程中积极、提前介入,并与规划结合，发挥规划环评的作用。2010年,对全市38个重点编制“十二五”规划的单位发送《关于加快推进规划环境影响评价的服务函》,其中需要编制规划环评报告书的11个,编制环境影响篇章或说明的9个。北海市市级以上的各类经济区、开发区(北海市铁山港工业区、北海市工业园区、北海出口加工区、北海高新技术产业园区、广西合浦工业园区）均已完成规划环评。《北海市水资源综合利用环境影响评价报告书》通过了环保局组织的技术审查，并已出具了该规划环评的审查意见。通过对各类工业园区、工业集中区的规划环评,明确了产业定位、产业布局、产业结构和规模。开展规划环评,从源头上预防控制污染,防止区域性生态环境恶化，为规划审批及实施提供科学的决策依据。

2010年，北海市环境保护局在建设项目环评审批上,基本做到“七个不批”(即：不符合国家产业政策的项目不批;已无环境容量的地区，新上增加污染物排放总量的项目不批;饮用水源保护区、自然保护区、风景名胜区、重要生态功能区等生态脆弱及环境敏感区，影响生态环境和污染环境的项目不批；毗邻居民区的化工等环境风险较大的项目不批;不符合城市功能区划的不批；项目治污工艺不能保证稳定达标的项目不批；单位不能按照要求落实污染总量削减目标的不批）。2010年，北海市环保局共审批的建设项目253个，其中环境影响报告书28个,环境影响报告表134个,登记表91个;工业项目63个,非工业项目190个。项目涉及总投资1466630.85万元,项目审批同比提速率达51%。

开辟环评审批通道　2010年，市环保局对涉及民生工程、基础设施、生态环境建设和灾后重建等有利于扩大内需的项目，开辟环评审批“绿色通道”,特事特办、急事急办,尽量缩短审批时限,坚持把关而不设卡、能简化尽可能简化的原则，全力做好建设项目环评审批服务工作。2010北海市环境保护局高度重视污水生活垃圾处理设施建设工作,积极参与项目调研、指导等前期工作,主动联系相关部门,使北海市红坎污水处理厂二级处理一期工程、合浦县污水处理厂及配套污水管网一期工程顺利通过验收。同时积极参与由市政府组织的铁山港区污水处理工程、大冠沙污水处理厂及配套管网工程、白水塘生活垃圾处理厂改扩建工程、生活垃圾转运站工程等项目的推进工作。重点配合做好北海铁山港中石化、诚德镍业等重大项目环评文件报批工作。由于主动提前介入，铁山港320万立方米原油商业储备项目、合浦至铁山港北线新建铁路、北海诚德新材料生产项目等一批重大项目环评通过自治区环保厅审批。

【生态保护与建设】　北海市环境保护局积极参与北海生态旅游规划编制及论证工作，配合旅游部门完成编制《北海市涠洲岛旅游发展规划》;抓好《北海生态市建设规划》修编工作,2010年3月,《规划》通过了广西生态省(区)建设工作领导小组办公室和市政府联合组织专家论证。

【环境宣传】　以纪念“六·五”世界环境日为契机，联合市农工党及有关部门在南康镇广场开展“环境与健康”文艺演出、环保宣传咨询、发放宣传资料等活动;在“3·15”消费者权益保护日、安全生产、科技活动周，通过主流媒体，多层次宣传环保，组织市有关部门参加自治区举办的2010年创建“绿色环保教育基地”、“绿色环保酒店(宾馆)”、“绿色环保社区(小区)、绿色学校、绿色幼儿园”培训班,提高公众环保意识。2010年发放宣传资料1万份，解答群众咨询256人,撰稿108篇,各级媒体采用稿件89篇、播放环保专题片73次,编印《北海环境信息》、《环保工作动态》6期。

环境污染治理

【污染源普查工作验收】　2010年，对240个重点工业污染源普查数据进行动态更新，并按照污染减排工作要求进行校核，完成重点污染源普查动态更新项目219家，其中工业污染源118家，农业污染源98家,集中式污染治理设施3家。完成污染源普查技术报告,为环境管理、污染防治及减排提供科学依据。同时按照城镇人口数对生活源污染物排放量进行校核，经校核污染物排放量,初步确定了“十二五”工业和生活污染物总量排放基数。

【环境综合整治】　2010年，北海市环境保护局深入开展整治违法排污企业保障群众健康环保专项行动，对群众反映强烈、影响社会稳定的突出环境问题,多管齐下,采取挂牌重点督办、跟踪督查、停产停业、经济处罚、发文通报制度化常态化、网上曝光环境违法、协调司法强制等手段,对环境违法企业严厉整治。改进环境处罚办案方法，缩短办案时间，把立案处罚时间由每件3个月缩短为20天办结，推进办案效率提高。全市共出动执法人员1685人次，检查企业280家，查处环境违法企业22家，依法责令6家挂牌督办企业停产；对8家鱼粉生产企业从严治理，对群华鱼粉厂和海盛鱼粉厂采取停产限电，对6家鱼粉厂和3家超标排放恶臭气体的企业分别处罚1至2万元，并限期整改；会同有关部门对水产品运输车辆进行整治，处罚448辆，罚金42550元。2010年，行政处罚共51起，罚款60.7万元。会同有关部门联合执法，在全市范围开展“绿色护考”专项整治。共出动执法人员100人次，检查建筑工地50个、娱乐场所20家，处理噪声投诉30起，及时制止噪声扰民行为，为考生创造一个宁静的学习休息和考试环境，得到广大学生和家长的好评。2010年，共受理环境信访案件530件，处理率达95%以上，有效解决了群众反映强烈环境问题，全市没有发生群众因环保问题到自治区、进京上访和发生群体性事件。2010年，加强12369环境污染投诉电话管理，落实24小时值班工作，制止了大批夜间建筑施工、音乐酒吧、饮食油烟污染等影响到群众日常生活的环境违法行为，维护了人民群众的合法权益。

【医疗废物处置项目】 北海市环境保护局引进北海隆中环保有限公司作为北海市医疗废物处置项目，在市委、市政府的正确领导下，在业主、市物价、城建、卫生、财政等部门的大力支持配合下，北海市医疗废物处置项目于2010年12月31日试点火。

环境监测与科研

【环境监测】 2010年，市环境监测中心站对南流江南域、江口大桥、亚桥和武利江、牛尾岭水库的水质进行常规监测，分析指标50项，监测点位地表水质均达到Ⅲ级标准；饮用水（地下水）常规监测指标39项，除pH值外，监测指标符合《地下水质量标准》三类标准；近岸海水水质监测结果均达到二类海水水质标准。截止2010年底，向国家总站报送城市空气环境质量日报、预报365期，向区站报送365期，北海市城市空气质量继续保持较高水平，市区一级优为196天，达到二级良为163天，三级轻微污染6天。其中二氧化硫、二氧化氮、可吸入颗粒物日平均浓度分别为0.019毫克/立方米、0.012毫克/立方米和0.068毫克/立方米。二氧化硫、二氧化氮日平均值达到国家一级标准，可吸入颗粒物日均值达到国家二级标准。

【环境科研】 2010年，北海市环境监测中心站（北海市环境保护科学研究所）编制完成80个环评项目；完成北部湾经济区战略环评、铁山港区环境现状等20个项目环评调查监测，出具监测数据近2万个，为建设项目尤其是重大项目开展环评提供了基础数据。同时编制完成了《饮用水源地保护区规划》、《北海市区域环境噪声区域划分调整报告》，落实“创模”规划修编，组织撰写多篇学术论文在省以上专业报刊发表。 （陈燕凤）

海洋环境监测与预报

【综述】 国家海洋局北海海洋环境监测中心站是直属于国家海洋局的全民公益性事业单位；广西区海洋监测预报中心是1994年经自治区人民政府批准，由国家海洋局南海分局与广西海委会共建，以国家海洋局北海海洋环境监测中心站为基础而成立的公益性事业单位。国家海洋局北海海洋环境监测中心站和广西区海洋监测预报中心实行两块牌子，一套人马的管理模式。2010年，内设办公室、总工办、预报台、环境监测与工程研究室、业务科、设备科、开发办、海域使用动态监管中心和北海、铁山港、涠洲、防城与钦州等5个海洋环境监测站及涠洲岛海洋生态站的海洋监测预报机构，编制60人，实有工作人员80人。2010年，国家海洋局北海海洋环境监测中心站（广西区海洋监测预报中心）全面开展了北海市管辖海域环境质量现状和趋势监测、海洋功能区监测、入海污染源监测、海洋环境灾害及突发事件监测和近岸生态系统健康评价工作。

【海洋环境质量状况】

近岸海水环境质量 2010年，北海市近岸海域海水环境质量监测结果表明，北海市管辖的大部分海域为清洁海域和较清洁海域。未达到清洁海域水质标准的面积为1551平方千米，其中，较清洁海域面积42平方千米，轻度污染海域面积1419平方千米，中度污染海域面积60平方千米，严重污染海域面积30平方千米。污染海域主要分布于大风江口和铁山港湾海域，其中大风江口为严重污染海域。海水中的主要污染物为无机氮和石油类。

沉积物质量 2010年，北海市近岸海域沉积物质量状况总体良好，渔港码头区部分海域沉积物受

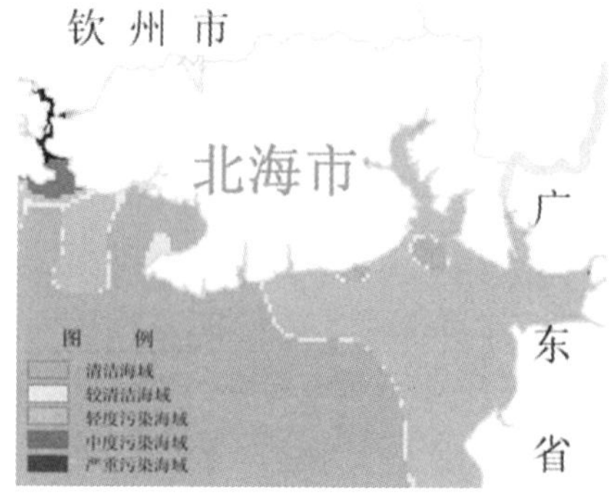

2010年北海市近岸海域水质等级分布示意图

到石油类的污染，超标率为40%；局部海域沉积物受到铜的污染。综合多年的监测结果，北海市近岸海域沉积物中石油类的含量呈显著上升趋势。

近岸海域贝类体内污染物残留状况　2010年，对北海市近岸海域的文蛤、近江牡蛎等海洋经济贝类体内污染物的残留水平进行了监测。结果表明，局部海域贝类体内石油烃、铅和锌的残留水平超第一类海洋生物质量标准，超标率均为40%，其余监测因子质量状况良好。

【海洋功能区环境状况】

海水增养殖区　2010年，北海市对廉州湾、涠洲岛2个海水增养殖区开展了增养殖状况、水质、沉积物质量和养殖生物质量综合监测；并对其中的涠洲岛重点海水增养殖区的主要养殖时段进行了高频率的监测。监测结果显示，实施监测的海水增养殖区环境质量能满足养殖功能的要求。实施监测的海水增养殖区涵盖了浮筏养殖、网箱养殖和池塘养殖等主要增养殖模式；监测的养殖生物主要有对虾、牡蛎、扇贝等。全年，增养殖区未发生赤潮和规模养殖病害。

水质状况。廉州湾海水增养殖区海水质量总体良好，部分区域活性磷酸盐含量超标，能满足养殖功能的要求；涠洲岛海水增养殖区全年加密监测，水质优良，各项水质因子均能满足养殖功能的要求。

沉积物质量状况。实施监测的海水增养殖区沉积物质量总体良好，能满足养殖功能的要求。廉州湾海水增养殖区沉积物中的石油类含量超过第二类海洋沉积物质量标准。

生物质量状况。实施监测的海水增养殖区生物质量总体良好，满足养殖功能的要求。

重点增养殖区风险评价。环境质量综合风险评价结果表明，广西涠洲岛重点海水增养殖区环境风险低，一直处于适宜养殖阶段。

海水浴场　2010年，北海市继续组织开展了银滩重点海水浴场环境质量监测预报工作。海水浴场的水质状况及健康指数、游泳适宜度和最佳游泳时段预报由国家海洋局通过中国教育电视台、中央人民广播电台、国家海洋局政府网、人民网等媒体统一组织发布。

水质状况。监测结果表明，银滩海水浴场的水质达到优良水平，其中水质为优和良的天数分别占45.7%和54.3%。影响水质的主要原因是微生物含量较高。

健康风险。健康指数是表征海水浴场环境状况对人体健康产生潜在危害的综合评价指标。评价结果表明，海水浴场健康指数均达到优良水平，其中优和良的天数分别为81.9%和18.1%。

游泳适宜度。游泳适宜度是根据海水浴场的水质、水文和气象要素对浴场环境状况进行的综合性评价。评价结果表明监测时段银滩海水浴场适宜和较适宜游泳的天数比例为93%，不适宜游泳的天数比例7%，与往年相比适宜游泳的天数比例略有提高。造成不适宜游泳的主要原因为天气不佳和风浪偏大。此外，水体中粪大肠菌群偏高也是影响海水浴场游泳适宜度下降的重要原因。

滨海旅游度假区　2010年，北海市继续开展了北海银滩滨海旅游度假区环境监测与预报工作。旅游度假区的环境指数和专项休闲（观光）活动指数由国家海洋局通过中国教育电视台、国家海洋局政府网、中国海洋报等媒体统一组织发布。

水质状况。北海银滩滨海旅游度假区的平均水质指数为4.3。水质为良好及以上的天数占96%，水质为一般和较差的天数占4%。

海面状况。海面状况指数是表

2010年北海市海水增养殖区环境质量状况

增养殖区名称	综合指数	环境质量等级
广西北海廉州湾对虾养殖区	89	良好
广西涠洲岛海水增养殖区	98	优良

2010年北海市海水浴场综合环境等级

浴场名称	健康指数	水质	适宜、较适宜游泳时间(%)
北海银滩海水浴场	88	良	93

2010年滨海旅游度假区环境状况指数

度假区名称	环境状况指数		休闲(观光)活动指数								适宜开展休闲(观光)活动时段
	水质	海面状况	海底观光	海上观光	海滨观光	游泳适宜度	海上休闲	沙滩娱乐	海钓	平均指数	
广西北海银滩	4.3	4.7	4.9	4.8	4.8	4.0	—	4.6	—	4.6	4～10月

征滨海旅游度假区水文和气象环境状况的综合评价指标。监测结果表明，银滩滨海旅游度假区的平均海面状况指数为4.7，海面状况优良。影响海面状况的主要原因是天气不佳。

专项休闲(观光)活动指数。专项休闲（观光）活动指数是根据水质、水文和气象等要素对在滨海旅游度假区开展各类休闲(观光)活动的适宜度进行的综合性评价。银滩滨海旅游度假区综合环境质量优良，平均休闲（观光）活动指数为4.6，很适宜开展海滨观光、海上观光、沙滩娱乐等休闲(观光)活动。

海洋保护区环境状况　2010年，是世界生物圈网络建立10周年和中国开展保护区工作20周年，北海市继续推进海洋保护区的建设与管理，采取有效措施加大海洋生态系统的保护力度，同时，各保护区积极扩大宣传，开展了国际交流与合作，取得了显著成就。2010年度监测结果显示：山口红树林国家级海洋自然保护区的主要保护对象或保护目标保持稳定，部分区域受虫害影响。

【近岸生态系统健康状况】　为进一步掌握北海市红树林、海草床和珊瑚礁等典型海洋生态系统存在的主要生态问题及其变化趋势和影响因素，2010年对北海生态监控区继续进行了监测。北海生态监控区监测范围为北海市近岸海域山口红树林分布区、合浦县近海海草床分布区、涠洲岛北部及西南部珊瑚礁重点分布区，总面积为120平方千米。监测结果表明，红树林和珊瑚礁生态系统处于健康状态，海草床生态系统处于亚健康状态，面临的主要生态问题是营养盐污染和人类直接干扰破坏。

红树林　2010年，山口红树林自然保护区红树林分布面积基本不变，本地树种未出现退失，群落基本稳定。监控区的主要生态问题是红树林虫害的暴发、虾塘养殖、少数地方围网捕鸟等，在不同程度上对监控区的生态系统健康造成影响。9月中下旬，监控区红树林遭受虫害，害虫主要是白骨壤林内的尺蛾和桐花树林内的一个新种——毛颚小卷蛾，危害面积约0.2平方千米，受害林区主要为那潭林区的白骨壤林以及高坡和山角林区的桐花树林。

海草床　2010年度监测结果表明，北海市合浦海草床监控区总体上水质状况良好，沉积环境中有机碳与硫化物含量符合《海洋沉积物质量》一类标准。但本监控区海草床因受挖贝、挖掘沙虫、耙螺等人为活动的干扰，生长状况不良，部分海草床破坏比较严重，生态系统处于亚健康状态。

珊瑚礁　涠洲岛珊瑚礁两个监测区监测结果显示，珊瑚礁生态系统处于健康状态。涠洲岛竹蔗寮和牛角坑近岸海域的硬珊瑚盖度都为57%左右，与2009年相比有一定的提升。在2010年调查的这两个区域，珊瑚礁在活体硬珊瑚覆盖率及珊瑚礁底质的整体形态上是比较好的，同时还发现了次生的鹿角珊瑚种群和较多的非目标鱼类，表示这一区域的珊瑚礁生态环境正在明显改善，并可能经历珊瑚礁自然恢复过程。但在目标性生物多样性这一重要生态指标上仍然很不理想，表明目前该区域的珊瑚礁生态系统仍然承受着较大的人类活动压力。

红树林自然恢复　　刘国强　摄

【主要入海污染源状况】

主要江河污染物入海量　2010年，中心站对南流江、大风江2条主要入海河流进行了入海污染物总量监测。监测结果显示，全年入海江河排海的化学需氧量、营养盐（氨氮、总磷）、石油类、重金属（铜、铅、锌、镉、汞）和砷等主要污染物总量为15.55万吨。其中化学需氧量14.93万吨，约占总量的96%，营养盐5413吨，约占总量的3.4%。

入海排污口排污及邻近海域环境质量状况　为全面掌握北海市陆源入海排污对近岸海域生态环境的损害程度，2010年北海市继续加大陆源入海排污口监测力度，开展了常规监测、重点排污口邻近海域生态环境状况和排污影响评价。

入海排污口分布。2010年，中心站对8个陆源入海排污口开展了监督性监测，并重点监测了3个排污口邻近海域的环境质量状况。上述入海排污口中，工业和市政排污口分别为2条和6条，分别占25%和

2010 年北海市主要河流排放入海的污染物量

单位:吨

河流名称	化学需氧量	营养盐	石油类	重金属	砷	合计
南流江	111785	3509	405	184	12	115895
大风江	37548	1904	111	75	2	39640
合　计	149333	5413	516	259	14	155535

75%。从排污口邻近海域功能区分布来看,设置在旅游度假区周边 4 个,养殖区周边的入海排污口为 1 个,污染防治区周边 3 个。

入海排污口超标排放情况。2010 年 4 次监测结果显示，北海市实施监测的 8 个入海排污口均有超标排放污染物，超标率达 100%,其中,1 个排污口 2 次超标排污,1 个排污口 3 次超标排污,7 个排污口全年 4 次监测均超标。主要超标污染物(或指标)为化学需氧量、总磷和悬浮物；超标排污口及超标率均与往年相同，排污口总体污染负荷仍然较大。

排污口监测现场　　朱贵文　摄

入海排污口综合等级评价。根据入海排污口的污染物排放状况及邻近海域功能区的环境保护要求，对 8 个入海排污口各月排污状况综合等级的评价结果表明：全年监测中，北海市分别有 37.5%、37.5%和 25%的排污口对邻近海域造成高、较高和中等的环境压力。

入海排污口的排污状况评价。入海排污口的排污状况评价执行《陆源入海排污口及邻近海域生态环境评价指南》(HY/T 086-2005),根据入海排污口邻近海域功能区的环境保护要求、不同类型污染物的超标次数、剧毒和禁排污染物的检出情况等，综合评价入海排污口的排污状况级别。

入海排污口邻近海域环境质量

2010 年北海市陆源入海排污口排污状况(个)

排污口全年超标次数					全年超标的排污口数量	实施监测的排污口数量	超标排污口所占比例
0 次	1 次	2 次	3 次	4 次			
0	0	0	1	7	8	8	100%

2010 年北海市入海排污口排污状况标志

序号	排污口名称	排污口所在海域功能区类型	级别	标志
1	银滩正门排污口	旅游度假区	C	黄色
2	北海市红坎污水处理厂排污口	污染防治区	A	红色
3	金银鹰纸业有限公司排污口	功能待定区	C	黄色
4	四川南路排污口	旅游度假区	B	橙色
5	银滩码头排污口	旅游度假区	A	红色
6	海城水产公司排污口	污染防治区	B	橙色
7	地角综合排污口	污染防治区	A	红色
8	高德镇入海水闸	旅游度假区	B	橙色

2010 年重点入海排污口邻近海域生态环境质量等级

序号	行政区	入海排污口名称	海洋功能区类型	邻近海域生态环境质量状况			生态环境质量等级		环境压力
				水质	沉积物	生物	2009	2010	
1	北海市	银滩正门排污口	度假旅游区	一般	良好	良好	差	一般	中等
2	北海市	红坎污水处理厂排污口	港口区	一般	良好	良好	优良	一般	高
3	北海市	金银鹰纸业有限公司排污口	养殖区	一般	一般	一般	差	一般	中等

状况。2010 年，对北海市 3 个重点入海排污口的邻近海域生态环境进行了监测。监测结果表明，污水排放入海对排污口邻近海域生态环境产生不利影响。实施监测的北海市所有排污口邻近海域均有部分海域水质未满足该区域海洋功能区划要求的水质条件，且均有部分监测区域的沉积物和生物体有超标现象；水质主要超标污染物为磷酸盐、无机氮和石油类，沉积物主要污染物为铜和石油类，生物体主要污染物为重金属和石油烃。总体来看，排污口邻近海域环境质量与上年相比变化不大，形势仍较为严峻；由于部分邻近海域海洋功能区划设置为养殖区和风景旅游区，排污口大量向邻近海域排放污染物，造成邻近海域的环境质量退化，海产品的食用安全风险增加，同时会对旅游事业造成不利影响。

电厂温排水影响状况　2010 年，中心站对国管涉海项目——北海电厂的温排水开展了针对性的监测。监测结果显示，北海电厂温排水对其邻近海域影响明显，温差最大达 9.4℃。

北海电厂温排水监测现场　　刘国强　摄

海洋垃圾　2010 年，北海市对侨港海水浴场进行了海洋垃圾监测，监测项目包括海面漂浮垃圾、海滩垃圾和海底垃圾的种类和数量。北海侨港海水浴场海面漂浮垃圾主要为塑料袋、玻璃瓶等，密度为 14.52 克 / 百平方米；海滩垃圾中玻璃瓶重量最大，占 30.2%，其次是塑料绳，占 28.3%；海底垃圾平均密度为 22.38 克 / 百平方米，塑料绳和针织布重量最大，均占 37.5%。通过监测结果可以看出，海洋垃圾主要是由人们主动丢弃废物所致。可以通过加强海洋环保宣传，提高人们海洋环保意识，从而达到防止产生海洋垃圾的目的。

【海洋环境灾害和海洋污染事故】

热带气旋　2010 年影响北海市沿海的热带气旋有 3 个，分别为：1002 号台风“康森”、1003 号台风“灿都”和 1005 号强热带风暴“蒲公英”。

≥3m 大浪　2010 年，北海市沿海及北部湾北部海域出现波高≥3m 大浪（即风速≥13.9m/s）的天数共 21 天，其中：冷空气引起的大浪 12 天、西南低涡大风引起的大浪 3 天，热

1003 号台风“灿都”路经图

2010 年 7 月 22 日 14 时云图

带气旋引起的大浪 6 天。

风暴潮　2010 年,受 1002 号台风"康森"、1003 号台风"灿都"和 1005 号强热带风暴"蒲公英"等热带气旋的影响,北海市沿海出现了 3 次风暴潮增水过程。其中,1003 号台风"灿都"造成了风暴潮灾害。

1002 号台风"康森"风暴潮。2010 年 7 月 17~18 日,受 1002 号台风"康森"外围风力的影响,北海市沿海各验潮站出现 73~76 厘米的风暴潮增水,各验潮站的最高潮位均低于当地警戒潮位。此次台风没有给北海市沿海造成风暴潮灾害。

1003 号台风"灿都"风暴潮。2010 年 7 月 22~23 日,受 1003 号台风"灿都"外围风力的影响,北海市沿海各验潮站出现了 48~52 厘米的风暴潮增水,各验潮站的最高潮位均低于当地警戒潮位。调查结果显示:北海市堤防损坏 11 处 0.57 千米,护岸损坏 5 处,水闸损坏 2 处,水利直接经济损失 686 万元。

1005 号强热带风暴"蒲公英"风暴潮。2010 年 8 月 23~24 日,受 1005 号强热带风暴"蒲公英"外围风力的影响,北海市沿海各验潮站出现 24~34 厘米的风暴潮增水,各验潮站的最高潮位均低于当地警戒潮位。由于"蒲公英"中心位置离北海市沿岸比较远,没有给北海市沿海造成风暴潮灾害。

异常大潮　2010 年,北海市沿海共发生了 9 次异常大潮过程,实测最高潮位均低于或接近当地警戒潮位。

海水入侵及土壤盐渍化　2010 年,北海市继续在沿海典型区域进行海水入侵和土壤盐渍化监测。监测结果表明,监测区域海水入侵及土壤盐渍化程度和范围均有所增加。

2010 年海水入侵和土壤盐渍化范围及变化趋势

监测断面位置	海水入侵		土壤盐渍化	
	入侵距离（千米）	与 2009 年比较	距岸距离（千米）	与 2009 年同期比较
广西北海西海岸	0.99	升高	1.21	升高
广西北海西村	0.37	升高	0.32	升高

（李武全　莫如喜　周　雄　张春华　何　莹）

海洋监察

【概况】 2010 年,中国海监第九支队优化整合执法力量,认真履行职能,开展广西北部湾海域海洋执法监察工作。全年共出动执法车辆 380 车次,行程 22000 千米,执法船艇 22 航次,航时 140 小时,航程 1500 海里,航空执法 8 架次,飞行 21 小时,航程 4000 千米,派出执法人员 460 人次,查获违法行为 16 起,立案 16 起,办结案件 4 起,移交案件 1 起。为广西海洋经济的可持续发展和海洋资源的合理开发利用作出了积极的贡献。

【海域使用执法】 结合国家海洋局 641 号文和《关于开展"海盾 2010"专项执法行动通知》的要求,支队以单独定期专项执法检查为主要形式,围填海专项执法检查为重点,遏制辖区内违法用海行为的蔓延。全年共开展围填海专项执法检查 4 次,渔业用海专项执法检查 1 次,海底电缆管道铺设专项执法检查 2 次,海砂等矿产资源开发专项执法检查 1 次,其他海域使用类型专项执法检查 1 次,共检查项目 168 个,查获违法行为 12 起,立案查处 12 起,其中 2 起列为"2010 年海盾案件",1 起移交地方支队。

【海洋环境执法】 根据《2010 年南海区海洋环境监视监测与评价工作方案》中确定的监视任务及分工和国家海洋局《关于开展"碧海 2010"专项执法行动的通知》的要求,支队通过海上巡查、空中监视等手段对辖区内 3 个临时海洋倾倒区、涠洲油气田开发区、广西钦州保税港区区域建设用海、防城港红沙核电等 6 个国管海洋工程建设项目海洋环境影响进行了跟踪监视,共出动执法艇 12 航次、航时 80 小时、航程 850 海里;出动执法车辆 80 车次、行程 9000 千米;派出执法人员 170 人次;巡视检查各类涉海项目 70 个,发现违法倾废行为 4 起,立案 4 起,其中 1 起列为"碧海 2010 案件"。

【海岛执法】 按照国家海洋局南海分局的部署,2010 年 7 月 28~30 日,支队参与了中国海监南海总队与广西区总队组织的"广西首次海岛保护联合专项执法行动"。该行动重点对七十二泾群岛、龙门群岛、青菜头、三墩、麻蓝岛、急水岛、乌雷炮台、绿岛等无居民岛屿进行执法检查。共派出执法人员 48 人次,派出执法船艇 12 艘次,派出执法车辆 21 车次,登临检查海岛 5 个,巡视检查海岛 80 多个,收集整理了大量的海岛基础资料,制作了专项执法行动专题片,总结了海岛保护现状存在的问题和执法过程中遇到的问题与难点,为广西区海岛执法工作打下了良好的基础。

【维权执法】 按照南海总队的统一部署,支队积极派员参加中国管辖海域的定期维权巡航执法。全年共派出执法人员 12 人,航时 4464 小时,出色完成了 6 个航次的执法任务,为维护国家海洋权益作出应有的贡献;2010 年 4 月和 8 月,广西区总队组织了 2 次北部湾海域维权执法巡航活动,探索北部湾海域定期维权巡航执法行动的方式方法。支队共派出执法艇2航次、航时48小时、航程600海里,派出执法车辆2车次、行程800千米,派出执法人员16人次参与了该行动。

【联合执法】 一是与广西总队联合执法。2010年第一季度支队与广西区总队在北海、钦州、防城港3市进行联合执法行动,分别对3市用海项目进行有重点的检查。支队共派出执法车辆6车次、行程1800千米,派出执法人员20人次。二是与钦州市支队联合执法。支队作为执法主体参加了钦州市钦南区大队在犀牛脚镇沙角海域开展的海域清理整顿行动,派出执法艇1航次、航时7小时、航程80海里,派出执法车辆3车次、行程300千米,派出执法人员12人次,检查养殖用海项目8个。三是与北海市支队的联合执法:2010年9月14~20日,支队应邀参加了北海市支队在北海市北岸海域开展的海域清理整顿行动,共派出执法艇3航次、航时18小时、航程140海里,派出执法车辆4车次、行程100千米,派出执法人员16人次,拆除用海设施30个。

【监督辖区执法】 2010年在日常巡查过程中,支队通过走访当地海监机构、参加地方海监组织的案件会审、跟踪支队移交的案件办理情况、调阅案卷、督促查检等形式对辖区内的地方海监支队、大队的执法工作进行监督。全年共派出执法人员参加地方海监机构组织的案件会审会4次,跟踪监督支队移交案件4个,移交案源3个,调阅案卷131宗。

（翁美钦　陈国清　黄　双　黄远和　潘　艳）

旅 游 业

综 述

【**概况**】 2010年，北海市共有旅行社37家，其中，出境社3家，持证导游人员1500余人；各类宾馆饭店、旅馆招待所500多家，其中，旅游星级饭店36家，日住宿接待能力近4万人次；旅游客车公司8家，大中小型旅游客车427辆；20座以上游船22艘，总载客量为890人；景区（点）共20处，其中，4A景区4处，国家级自然保护区、森林公园、地质公园、国家级旅游度假区共4处，国家级工农业旅游示范点1处，广西工农业旅游示范点4处。全年共接待国内游客938.43万人次，同比增长15.03%；接待入境旅游者7.3万人次，同比增长18.83%；实现国内旅游收入67.17亿元，同比增长29.99%；实现国际旅游收入2173.03万美元，同比增长26.24%。

【**重要节庆旅游活动**】 2010年，北海市认真制定春节、“五一”、“十一”等节假日的工作方案和安全保障应急措施，各相关部门密切配合，职责明确。期间，旅游秩序良好，无重大旅游安全和投诉事件的发生。

春节黄金周　为确保群众和游客度过一个喜庆祥和、平安团圆的春节黄金周，1月29日，市政府召开专题会议对春节假日旅游工作进行具体部署，要求全市各级各部门认真分析和把握春节假日旅游市场的新特点、新变化，有针对性地做好假日旅游接待工作。春节期间，共接待游客13.32万人次，比增长11.46%；实现旅游收入10847.98万元人民币，同比增长20.95%。

北海旅游之春音乐会　2月9日晚，市长连友农与各界干部群众代表在香格里拉大饭店出席了由北海旅游产业发展委员会、北海旅游集团公司主办，广西交响乐团演奏的“北海旅游之春”新年大型交响音乐会。活动由“北海旅游之春新年大型交响音乐会”、“百年老街、百米T台、百名佳丽创基尼斯纪录”授牌仪式、涠洲岛4A景区授牌仪式和电视剧《北海风云》北海首映赠片仪式等组成。市委常委、常务副市长孙大光向来宾发表了热情洋溢的新春寄语，市四家班子领导以及市直有关部、委、办、局和市旅游系统代表500多人，欣赏了以“走近大师，聆听经典，相约新年，欢乐祥和”为主题的大型交响音乐会。

“五一”小长假　“五一”期间，北海滨海风光游受到市场热捧，涠洲岛火山国家地质公园、银滩、侨港及冠头岭等景区（点）游人如织。随着北海申报“历史文化名城”工作的

第二届老街文化艺术节现场之一　　市旅游集团公司　供

推进,北海市的人文景观魅力日显。节日期间,北海市举办了首届老街酒吧文化节、北海银滩第六届沙雕大赛、北海市挖螺大赛等丰富多彩的活动。吸引了不少短线游、周边游客源。

国庆黄金周　“十一”国庆黄金周,北海市各项旅游接待指标稳中有升,期间,共接待游客22.6万人次,同比增长10.79%;实现旅游收入17367.37万元人民币,同比增长12.39%;旅行社共接团队283个,接待0.7万人次,同比增长16.67%。

【第五届北海国际海滩旅游文化节暨2010年世界比基尼小姐大赛总决赛】 8月10~13日,由广西区旅游局和北海市人民政府主办,北海市旅游局、北海市旅游产业发展委员会和新丝路模特经纪有限公司广州分公司承办的第五届北海国际海滩旅游文化节暨2010年世界比基尼小姐大赛总决赛在北海隆重举行。大赛以“让美丽走进北海,让北海走向世界”为主题,展示了北海滨海城市的开放、时尚、美丽和激情活力。本次总决赛,墨西哥、中国、斯洛伐克的选手分别获得冠亚季军。同时举办的还有第二届老街文化艺术节和2010年北海国际南珠文化展览会暨南珠精品交易会。来自32个国家和地区的40名选手角逐比基尼小姐桂冠。大陆、台湾和香港的著名艺人、名模同台献艺,共同演绎北海滨海旅游城市的动感之美。参加2010泛北部湾区域经济合作市长论坛以及第24次全国少数民族自治区城市市长联席会的越南、泰国、柬埔寨、菲律宾、日本、韩国、老挝、新加坡、缅甸等国城市以及国内有关城市市长和代表,国家和自治区有关部门领导,世界500强及广西区内知名企业领导和北海市四家班子领导出席了8月13日的闭幕晚会。

2010年世界比基尼小姐大赛总决赛颁奖晚会现场　　新丝路模特公司　供

【海峡两岸水上摩托车、摩托艇表演赛】 8月9~11日,由广西区体育局、广西社会体育运动发展中心、北海市体育局、北海市旅游局、中国台湾水上摩托车协会与北海星岛湖休闲庄园联合举办的“海峡两岸水上摩托车、摩托艇表演赛”在合浦星岛湖开赛。来自海峡两岸的运动员、裁判员及工作人员参加了此次表演赛。该项赛事填补了广西水上比赛项目的空白。

【全力打造北海旅游产业】

北海航空市场发展迅猛　2010年,北海市抓住广西北部湾经济区开发开放的战略机遇,排除年初干旱天气、东北航空公司撤离、“8·24”伊春空难和航空公司削减飞行总量等不利因素的影响,加强市场开发力度,大力培育、拓展航空市场,取得了显著的成效。2010年,北海机场新增和恢复航线5条,涉及昆明、海口、桂林、香港等旅游热点城市和亚洲金融中心;增加了北海—上海、北海—成都、重庆、昆明等航班密度;同时恢复了北海—桂林、北海—香港航线。2010年,北海机场已开通国内航线9条,地区航线1条。航线从2007年前的3条增加到10条共12个航班;通达城市从4个发展到10个,执飞航空公司也从过去的2家增至7家。每周进出航班达152班,平均每天可利用旅客座位近3000个。旅客吞吐量同比增长37.3%,全国排名从64名提升至59名,同比上升5位。形成了北至北京,东联上海,南接广州、深圳和香港,西靠西南各中心城市的合理航线网络。

打造北海旅游商贸物流中心　3月22日,由北海市人民政府举办,香港国际商会联合体、香港东京投资集团承办的2010年北海市投资联合推介会在香格里拉大饭店举行。推介会上,香港国际商会联合体成员就在北海投资建设的中国世界名牌商品城、东盟国际会所、环保工业园、大中国文化城生态旅游公园、中国—东盟百花园、东盟国际大学等多个项目进行了洽谈。其中,联合体成员意向将在北海建设100条以名、优、特、新、高的国际名牌特色商品街,由香港国际商会联合体52个国家和地区的52个海外联合体理事会建设52条街,国内建设31条特色商品街,香港国际商会联合体建设17条特色商品街,总投资预计300亿元人民币,把北海打造成区域性的国际旅游商贸物流中心。

中外知名酒店高峰论坛在北海召开　6月20~23日,以探讨交流推广旅游酒店投资开发和经营管理经验、向国内外展示北海旅游业美好前景、吸引国内外投资者进一步关注并参与北海旅游酒店开发、建设和经营管理为主旨的中外知名品牌酒店高峰论坛在北海市召开。来自国家旅游局、中国酒店业协会、自治区旅游局、中外知名品牌酒店、酒店投资商的代表和著名大专院校、旅游研究机构的专家学者，围绕“旅游饭店发展及招商引资的成功模式”等15个议题进行广泛而深入的探讨和交流。

北海市党政考察团赴三亚市考察旅游产业　8月30日至9月2日，北海市委书记、市人大常委会主任王小东率领北海市党政考察团赴海南省三亚市考察旅游产业发展情况。北海市党政考察团与三亚市委、市政府举行了旅游产业发展座谈会，听取了海南省委常委、三亚市委书记江泽林介绍当地旅游业发展情况。北海市委书记、市人大常委会主任王小东认为，北海要学习借鉴三亚发展旅游产业的成功经验，找准北海旅游产业发展的切入点和突破口；要坚持实施开放带动战略，推进旅游与开放相结合、旅游与文化相结合、旅游与商贸相结合，定位要准，标准要高，意识要超前；要抓好涠洲岛基础设施建设，加快启动涠洲岛整体开发；要引进实力强大、经验丰富、管理成熟的开发商，加快旅游景点景区和高星级度假酒店建设；要加强对旅游工作的领导，理顺旅游管理体制机制，整合旅游资源要素，形成发展旅游产业的合力。代表团还先后考察了亚龙湾高星级度假酒店群和正在开发建设的海棠湾，并与拥有多家高星级度假酒店的今典集团就在北海投资事宜进行了洽谈。

北海旅游集团与中歌艺术学院合作共谋发展　7月8日，广东海洋大学中国东方歌舞团艺术学院北海旅游集团实习基地建设签约和挂牌仪式在北海举行。北海旅游集团与中歌艺术学院联手建设北海旅游集团实习基地，是实现优势互补、互助合作、互惠双赢、共谋发展的一次战略合作，通过合作可为北海旅游集团培养后备人才，并对挖掘、提升、展示和弘扬北海旅游文化，促进北海旅游与艺术文化的结合，具有深远的意义。

【旅游法规建设】

《北海银滩保护条例》立法工作启动　为了进一步保护和改善银滩生态环境，促进北海旅游业持续、健康发展，自治区政府确定将《广西壮族自治区北海银滩保护条例》作为自治区政府2010年的立法项目之一，要求北海市政府11月底前负责完成草案的起草报送工作。北海市政府对该项工作高度重视，在6月召开了专题会议，召集相关部门研究部署《广西壮族自治区北海银滩保护条例》的起草工作，推进《广西壮族自治区北海银滩保护条例》的立法。

旅游商品店、海鲜餐饮店规范经营实施方案出台　为进一步巩固旅游市场整顿规范成果，推进旅游商品店和海鲜餐饮店的规范管理，建立和实施长效监管机制，5月，北海市人民政府批准实施《北海市旅游商品店、海鲜餐饮店规范经营实施方案》，对旅游经营商户守法经营、诚信经营提出了具体要求和相关标准，明确了违规处罚措施。

【北海被评为最适宜夏季旅游的十大城市】　2010年，中国城市竞争力研究会评出中国最适合夏季旅游的十大城市，北海以丰富的海洋资源、优美的旅游环境，跻身第五名。

【北海涠洲岛旅游区管委会成立】　8月24日，北海市委、市政府下文（北委会〔2010〕125号），正式成立中共北海市涠洲岛旅游区工作委员会和北海市涠洲岛旅游区管理委员会，分别作为北海市委、市政府的派出机构，直接对市委、市政府负责，全面负责对涠洲岛的经济社会发展、党政工作实行统一领导，统一规划，统一管理，以加快推进涠洲岛旅游区的开发建设。从2011年1月1日起，原负责涠洲岛行政管理的北海海城区将涠洲镇成建制委托给北海市涠洲岛旅游区管理。除人大、法院、武装部在涠洲镇的业务工作仍由海城区管理外，其余领导班子建设、党群、经济和社会事务由北海市涠洲岛旅游区行使管辖权并承担相应责任。

旅游景区景点规划与建设

【旅游规划工作】　2010年，市旅游局在旅游景区景点规划与建设方面：一是编制了《北海涠洲岛旅游区发展规划》。4月13日，北海市市长连友农向自治区政府副主席高雄及相关部门负责人汇报了关于《北海涠洲岛旅游发展规划（送审稿）》的编制情况。6月16日，《北海涠洲岛旅游区发展规划》征求意见会在北京召开。来自国家旅游局、中国旅游研究院、国家发改委产业经济所、中科院地质所等单位的专家学者参加了会议。并对“规划”的功能布局、旅游项目设计、主题形象等，进行调整和修改。二是完成《北海市旅游业“十二五”规划》的编制工作。三是有序推进《北海银滩中区规划》的前期工作；《北海老城保护与旅游发展规划》通过规委会评审。

【北海涠洲岛鳄鱼山景区获评国家4A级景区】　1月13日，北海涠洲岛鳄鱼山景区顺利通过了国家旅游局专家评审组的验收，被评为国家4A级旅游景区。至此，北海市4A级旅游景区已增添到4家。

《北海涠洲岛旅游区发展规划》评审会在北京召开　　市旅游局　供

【国家旅游局局长邵琪伟到涠洲岛调研】 1月26日～28日，国家旅游局局长邵琪伟率领国家旅游局北海涠洲岛调研组对北海和涠洲岛的旅游开发进行了专题调研。自治区政府副主席高雄，自治区旅游局局长陈建军，北海市市长连友农，市委常委、常务副市长孙大光等陪同，先后考察了冠岭项目、北海老街、涠洲岛鳄鱼山景区、石螺口潜水基地、天主教堂、标志广场、地质博物馆、银滩、金海湾景区等地，并在1月28日参加了由自治区副主席高雄主持的广西旅游暨北海涠洲岛规划开发座谈会。会上，国家旅游局局长邵琪伟就涠洲岛的开发建设做了重要指示，强调涠洲岛的旅游开发建设必须遵循五个原则："第一，必须坚持生态环境保护第一的原则；第二，必须突出旅游主题；第三，必须坚持规划先行的原则；第四，必须坚持硬件和软件建设并存的原则；第五，必须高度重视人才队伍建设。"并表示，国家旅游局将在资金和政策方面全力支持广西和北海的开发建设。

【涠洲岛旅游发展规划成果汇报会召开】 4月6日，北海涠洲岛旅游发展规划成果汇报会在北海召开。北京同和时代旅游规划设计院、湖北大学旅游发展规划研究院和上海同异城市设计有限公司等单位组成的专家组在会上对涠洲岛的规划作了详细的说明。市长连友农希望专家组更新理念，做好策划和规划。真正把涠洲岛建设成国内一流、世界知名的休闲度假海岛。并对专家组的努力表示感谢。

【《北海涠洲岛旅游区发展规划》通过专家评审】 6月17日，由国家旅游局主持的《北海涠洲岛旅游区发展规划》(以下简称《规划》)专家评审会在北京召开。来自世界旅游组织、国务院研究室、国家发展改革委、中国科学院、中国社会科学院、北京交通大学等单位的专家组认为，此次《规划》是一个全面创新、国内一流、具有引领示范作用的高水平旅游规划成果，对编制海岛规划有示范意义，一致同意通过评审。会上，国家旅游局党组成员、规划财务司司长吴文学代表国家旅游局对涠洲岛旅游开发建设作了明确支持的表态。

【《北海涠洲岛旅游区发展规划》编制专题汇报会在南宁召开】 8月19日，自治区主席马飚在南宁主持召开了《北海涠洲岛旅游区发展规划》编制专题汇报会，听取规划编制、项目开发、环境整治等情况汇报。自治区主席马飚对涠洲岛旅游区发展规划编制工作进展给予了充分肯定，并强调北海涠洲岛国际休闲度假岛项目是《北部湾旅游发展规划》中确立的重点项目，各有关部门和北海市要充分认识涠洲岛旅游开发建设的重要意义，抓住广西北部湾经济区开发建设等重大机遇，全力发展大旅游，加快把涠洲岛建设成国际休闲旅游度假岛。要进一步做好《北海涠洲岛旅游区发展规划》的修改完善工作，进一步明确旅游产品定位、形式特色、开发重点、管理体制等，同时做好《北海涠洲岛城乡总体规划》等一系列规划的编制工作。要制定涠洲岛旅游区保护开发建设的工作方案，按照轻重缓急全力推进涠洲岛国际休闲旅游度假岛建设，发展北部湾大旅游。自治区党委常委、自治区常务副主席李金早、陈武，自治区副主席高雄，自治区政府秘书长王跃飞等出席汇报会。

【旅游项目建设】 2010年，市旅游局指导A级景区建设：组织并完成了海洋之窗、涠洲岛鳄鱼山火山口景区、海底世界景区3个4A景区复核；指导疍家风情酒业有限公司、涠洲盛堂沟门村、香园等开展自治区级工农业示范点创建工作；指导并协助银滩景区、涠洲岛景区开展5A级旅游景区创建；指导金海湾红树林景区开展4A级旅游景区创建；指导合浦古汉文化公园、大江埠景区等旅游景区开展3A级旅游景区创建。此外，还主动为旅游企业排忧解难，协助企业完成2010年建设任务。

森海豪庭五星级大酒店封顶　8月28日，由浙江金昌集团投资3.5亿元，按照五星级标准建设的北海森海豪庭大酒店封顶。该酒店位于银滩旅游度假区中区，北临金海岸大道，占地约2公顷，建筑面积约4万平方米，客房数量相当于300个标准间，拥有室外温泉游泳池和网球场，同时可以容纳500人会议和800人就餐。该项目计划于2011年10月1日试营业。届时，该酒店将成为北海银滩旅游度假区域内的第一家集休闲、度假兼具商务功能的五星级酒店。

北海紫轩阁酒店开业　9月28日，以休闲度假为主体的高星级酒店北海紫轩阁假日酒店在北海北部湾东路落成开业。紫轩阁假日酒店落户高德，在为北海市酒店行业注入新生力量的同时，也为完善北海城市向东发展的城市布局迈出了坚实的一步。

腾飞北海、北海之星、北海银滩洲际三家五星级大酒店动工　12月22日，腾飞北海大酒店、北海之星大酒店、北海银滩洲际大酒店3个五星级标准酒店项目正式开工。这批酒店项目的开工建设对于进一步完善北海市旅游基础设施，满足广大游客和市民对功能齐全、环境优美、适宜人居的高品位、高品质酒店的需求，提升旅游接待水平和档次，加快旅游产业发展，具有十分重要的意义。

山口红树林温泉旅游度假区　10月23日，占地面积22公顷、由广西兆晨红树林温泉开发有限公司投资9亿元建设的山口红树林温泉旅游度假区项目重新复工，该项目计划于2011年国庆节前竣工。

东盟欢乐城　位于合浦县廉州烟楼村的北海"东盟欢乐城"，由北海远辰阳光海岸投资有限公司投资建设，总投资约50亿元人民币，计划建设成以文化、会议、旅游地产、休闲度假为主题的水域文化新城。2010年合浦县政府已同意该项目220公顷的选址，并已开始进行规划设计及办理相关手续。

休闲旅游长廊　年初，银海区政府提出了用3年时间将辖区内分布的大约20个分散景区景点统一包装宣传，建设"旅游休闲长廊"，促进区内旅游业发展的构想。该"旅游休闲长廊"东起福成镇古城村，途经大棚种植基地、金品百花园、金海湾渔业乐园、田野生态园、金海湾红树林、银滩公园、大江埠、海洋之窗，西至冠岭国家森林公园等景区，贯穿银海区4个镇，以"休闲度假"为主线，力求做好"玩"、"吃"、"游"的文章，各具特色。为了建设好"旅游休闲长廊"，银海区政府明确提出了"策划指导、宣传推介、整合规范、服务互动"的指导思想。经过一年整合，以休闲为主线的"旅游休闲长廊"建设已初具规模。该长廊将北海市一些景区(点)从分散、无序走向集中、规范，在带给游客全新感受的同时，也给北海旅游业带来了一种从未尝试过的发展模式。

旅游行业管理

【行业制度建设与管理】　2010年，市旅游局在旅游行业管理方面：一是举办中外知名品牌酒店高峰论坛，邀请了包括喜达屋、温德姆、郎廷等15家中外知名品牌酒店的高端管理人士进行主题演讲和公司推介，与会期间促成广西区内5家在建高星级酒店与中外知名酒店管理公司进行了签约合作。二是加大旅游行业管理力度。起草了《北海市海上旅游项目管理办法》、《北海市"优质导游"认证标准》等2个行业规章。三是开展"旅游服务质量提升年"活动，对全市36家旅行社所设的旅游服务网进行重新审核登记；指导南洋国际大酒店、路海大酒店、嘉莱度假酒店参评四星级酒店，保证星级饭店的整体水平；组织举办了"广西旅游饭店服务技能大赛"北海区选拔赛，选出了由香格里拉大饭店、真龙国际大酒店、嘉莱度假酒店等8名选手参加全区总决赛并获得了优秀组织奖。四是加强旅游行业安全管理。特别是针对5月以来相继发生的游泳溺水死亡事件，市旅游主管部门多次召开专题会议研究，并组织人员对全市泳区及近海海域开展地毯式的水上安全生产专项大检查，同时，加强与气象部门的沟通和协调，每天通过广播、电视、报纸、网络等形式告知潮位情况。五是加强行业人员培训，先后举办各类培训班6期，培训人员达850人次，使全市旅游从业人员素质明显提升。

【旅游市场综合治理成效明显】　2010年，北海市旅游行业继续开展以打击"零负团费"、虚假广告、欺客宰客、强买强卖等严重扰乱旅游市场秩序的专项整治行动，2010年全市共组织各项执法41次，出动人员165人次，查处违规旅行社5家，违规导游15人次。通过持续不断的旅游市场执法检查，北海旅游市场秩序质量得到大幅提升，旅游投诉大幅下降。"春节"黄金周、"五一"小长假、国庆假日期间，工商、旅游等部门受理的投诉案件均比去年同期下降了70%以上，交通和物价部门受理涉旅投诉均为零。全市旅游市场秩序正在向好的方向发展，治理工作取得了阶段性成果。

【行业精神文明建设】

争创"巾帼文明岗"　2009～2010年，为全面推进旅游行业的"巾帼建功"活动，树立旅游服务行业的良好形象，北海市妇联、北海市旅游局、北海市旅游协会联合在全市旅游行业开展了争创"巾帼文明岗"活动。3月，创建活动落下帷幕。广西商务国际旅行社、北海银滩明珠大酒店、北海银滩国家旅游度假区亨通珠宝公司、北海海洋之窗讲解部荣获北海市"巾帼文明岗"荣誉称号。

全面开展"优质导游"认证活动　为全面提升北海导游服务质量和规

范旅游市场，加快北海市旅游产业优质服务标准体系建设，建设北海市高素质、高技能、高水准导游队伍的步伐，市旅游主管部门于2月起在全市旅游行业范围内开展“优质导游”认证活动，凡持有导游证，在北海市旅行社或导游管理服务中心工作2年以上且年带团量在40次以上并通过当年年度审核的导游人员，均可参加认证活动。有100名导游获得了“优质导游”认证。

规范导游讲解词　为规范北海导游讲解内容，正确宣传北海，提高北海知名度，优化旅游环境，2010年，市旅游主管部门积极推进导游讲解词规范工作，全面规范和重新编撰了包括北海银滩、涠洲岛等15个景区点的内容健康、积极向上、具有较强吸引力的导游词，目的是通过规范导游的讲解，让游人留下对北海的美好回忆和印象，从而树立北海优秀旅游城市的良好形象。

旅游饭店服务技能大赛　4~5月，为树立北海市良好的旅游行业形象，在行业内树立典型、表彰先进，推进市旅游行业标准化建设，强化优质服务意识，提高旅游企业“软实力”，市旅游部门在行业内组织了“广西旅游饭店服务技能大赛”北海区选拔赛，选出了由香格里拉大饭店、真龙国际大酒店、嘉莱度假酒店等8名选手参加全区总决赛，并获得了优秀组织奖。

宣传预防艾滋病工作　2010年，北海市旅游局作为全市艾滋病综合防治示范区成员单位，偕同全体旅游企事业单位响应北海市委、市政府的号召，在市防治艾滋病工作委员会的指导下，发挥旅游行业的优势，参与艾滋病防治工作，组织实施艾滋病防治活动，扎实开展“防艾”宣传教育，努力营造了“珍爱生命，远离艾滋，共享健康”的行业氛围。

北海导游罗卉婷入选上海世博会讲解员　2010年，为更好地服务上海世博会，广西区旅游局在全区选送10名导游前往上海世博会担任讲解员。经过严格的培训和选拔竞争，广西商务国际旅行社导游员罗卉婷入选，4月前往上海世博会，开始了为期半年的讲解员生涯。

【首家网络旅游旅行社成立】　3月8日，北海第一家专业从事网络旅游业务的旅行社——广西西嘉国际旅行社有限公司正式成立。该公司以北海旅游在线为平台，以自助游、自驾游和单位团体会议旅游为主要产品，在线咨询、在线订单、在线支付为服务特色，全部实现网络操作，极大方便了互联网使用者。2010年，该平台已成为北海最早的、流量最大的北海旅游专业网站。

【旅游培训】

旅游质监执法人员暨旅游企业内部质监员培训　8月3日，为进一步提高旅游质监执法人员的执法水平和旅游企业内部质监员处理旅游投诉的能力，优化北海旅游环境，自治区旅游局在北海举办了旅游质监执法人员暨旅游企业内部质监员培训班。市旅游局、市旅游质监所、涠洲岛旅游质监大队、一县三区旅游局(办)有关人员和各旅行社、旅游星级饭店、旅游景区(点)、旅游协会会员餐馆和会员商店代表等共160多人参加了培训学习。

全国导游人员资格考试　12月5~15日，一年一度的全国导游人员资格考试北海考点开考，501名考生参加了汉语、英语、越语、泰国语等语种的笔试和口试。自治区和北海市旅游主管部门采取多种有力措施，严格执行考试纪律，确保考试的公平、公正。

旅游宣传促销

【全方位宣传北海旅游】　2010年，北海市全面实施旅游宣传“七个一”工程。先后举办了中外知名品牌酒店高峰论坛、第五届北海海滩国际旅游文化节暨世界比基尼小姐大赛总决赛、2010“嘉福杯”北部湾城市形象大使大赛总决赛、两广十市旅游协作(北海)联会等赛事会展，提升了北海旅游在国内外的知名度。截止2010年底，《北海旅游》宣传折页已印制，《北海导游讲解培训辅导教材》已编制完成，《北海旅游风光图片库》、《北海旅游画册》、《北海旅游电子杂志》、北海旅游DVD风光宣传片、《北海旅游地图》编制工作已经完成。在市内各大媒体上开辟宣传专栏。同时，采取“请进来”方式，先后共接待了中央电视台、广西电视台、广东南方电视台、福建电视台等新闻记者25批次共计150人次，为宣传北海提供了一个良好的平台。

“广西人游广西之体验”采风团北海采访报道　为加强对广西旅游景区(点)线路和旅游节庆等重大活动的宣传工作，自治区党委宣传部、自治区旅游局、南国早报、南国早报网共同发起组织了“广西人游广西之体验”采风活动。6月4~6日，由记者、读者和网友组成的北海采风团一行8人，先后实地采访了北海市银滩、涠洲岛、老街、金海湾、海洋之窗等景区(点)，拍摄了众多反映北海市旅游风光的照片，撰写了多篇优美抒情的游记在《南国早报》和《南国早报网》连续刊出。

北海旅游分团赴台开展旅游推介　6月30日至7月9日，北海旅游代表团随广西旅游赴台合作交流团走进台湾，与台湾同行进行了多层次的交流。北海旅游分团重点向台北和高雄旅游同行介绍了北海滨海旅游休闲产品，特别是北海银滩、涠洲岛、老街文化和赴越航线等旅游产品，考察了台湾的旅游特色产品，对台湾在旅游业发展中注重对环保、生态和人文等旅游资源保护的先进经验进行了交流和学习。

赴越海上旅游航线华中三省专题推介　8月17～27日，为加大培育北海至越南海上旅游航线客源市场力度，做大做强北海—越南海上旅游航线，为将该航线打造成全国知名的精品旅游线路，北海市组织了由市旅游局、北海新奥海洋运输有限公司、北海海之旅国际旅行社、北海环球国际旅行社、广西商务国际旅行社等相关单位组成的赴越海上旅游航线促销团队，前往长沙、武汉、郑州3市开展为期10天的专题宣传促销活动，取得了较好的效果，长沙、武汉、郑州等地旅游企业就海上旅游航线合作方式、地接社接洽等事宜与北海相关旅游企业进行了实质性协商。

央视《旅游指南》栏目向全球推介北海旅游　根据市委书记王小东的指示，北海市邀请央视摄制组在海滩文化节期间摄制了一期大型外宣节目，全面介绍了北海旅游。节目由外籍主持人主持，时长半小时，10月11日、12日在中央电视台英语频道(CCTV9)《旅游指南》栏目连续播出，向全球推介。

央视播出"北海—黄金海岸"城市对话　12月，央视《城市1对1》栏目组以北海和澳大利亚的黄金海岸两个友好城市为题，在两市间做了一次城市间的对话节目，在12月19～20日中央电视台中文国际频道(CCTV4)城市1对1》中播出。北海市委常委、常务副市长孙大光、澳大利亚黄金海岸市政厅议员彼得·杨等两市的嘉宾和观众展开了对话。孙大光、彼得·杨分别用最精炼的语言推介了各自的城市，并就两市之间如何把握产业多元发展的平衡点等问题进行了交流。

【加强旅游合作】

"两广十市"区域旅游合作联席会议在北海召开　11月23～25日，由自治区旅游局、广东省旅游局主办，北海市政府承办的以"共同探讨新形势下'两广十市'旅游合作，共商发展大计，共绘合作蓝图，共铸合作品牌"为主题的"两广十市"区域旅游合作联席会议在北海市召开。来自茂名、阳江、湛江、云浮、钦州、防城港、玉林、贵港、来宾、北海等10个城市的政府主管旅游的领导、旅游企业负责人、专家、学者、媒体共150多人参加了此次会议。自治区旅游局芮宏副局长出席会议并作了讲话。北海市委常委、常务副市长孙大光向与会人员概括性地介绍了北海市地理位置、历史文化、经济、旅游情况和未来发展宏图。海南大学教授徐国定在会上作了《旅游品牌与形象策划》主题演讲。随后，参加会议的10个城市在会上共同签署了"关于共同推广'两广十市'旅游精品线路和推广发行《两广十市旅游一本通》"的协议书。

参加南方旅游城市协作体第十二届年会　11月29日至12月2日，以"南方合作，跨越海峡"为主题的中国南方旅游城市协作体第十二届年会在厦门举办。北海市作为协作体成员单位出席了年会并与参会代表共同签署了《中国南方旅游城市协作体(厦门)合作协议》。

越南海防市代表团来访　12月20～22日，越南海防市人民委员会副主席黄文记率近30人的越南海防市代表团访问北海。21日，在北海中玉酒店会议室召开了北海—越南海防海上旅游发展合作事宜洽谈会。北海市委常委、常务副市长孙大光到会致辞。北海和海防相关旅游企业还就北海—海防海上旅游航线合作事宜签订了有关合作纪要。

【促销活动】　2010年，北海市组织旅游企业参加了2010年重庆国内旅游交易会、桂林国际旅游博览会、广东国际旅游展等各类旅游展销会、交易会，在国内旅游市场上掀起了一股北海旅游的旋风。

（李　洁）

商　务

国内贸易

【综述】 2010年，北海社会经济快速发展，内贸流通现代化水平进一步提高。城乡居民消费水平不断提高，城乡消费市场持续活跃。全年全市实现社会消费品零售总额108亿元，同比增长18.89%。全市商品销售总额185.74亿元，同比增长26.95%。

城镇消费保持快速发展态势。在全社会消费品零售总额中，城镇社会消费品零售总额99.36亿元，同比增长20.21%，其中城区消费60.06亿元，同比增长23.13%；乡村消费8.64亿元，同比增长5.58%。

餐饮行业消费旺兴，批零、住宿保持稳步增长。2010年，全市餐饮业消费品零售额9.49亿元，同比增长24.20%；批发业贸易零售总额实现10.20亿元，同比增长19.34%；零售业贸易零售总额实现86.70亿元，同比增长18.43%；住宿消费品零售额1.61亿元，同比增长11.89%。

城乡居民收入增加，消费能力提高。2010年，全市城镇居民人均可支配收入16789元，同比增长10.99%；城镇居民人均消费性支出14421元，同比增长12.20%。农民人均纯收入5426元，同比增长15.52%。2010年北海城乡消费能力不断提高。全市家电下乡产品销售金额共1.75亿元，同比增长227.38%。其中：合浦县销售10224.12万元，同比增长234.74%；海城区销售6035.12万元，同比增长218.7%；铁山港区销售938.41万元，同比增长220.77%；银海区销售349.50万元，同比增长193.08%。全市销售家电下乡产品共79914台（部），覆盖家电下乡产品9个品种。其中：冰箱26459台，彩电19002台，洗衣机11946台，手机70部，空调机10950台，热水器4717台，计算机3010台，电磁炉1995台，微波炉1765台。

商品价格普遍稳定，部分商品价格有所浮动。2010年，北海市大米、食用油等大部分生活必需品的销售价格相对平稳，猪肉价格有所上涨。全市居民消费价格指数为103.1%，同比增长3.1%。其中：食品类上涨7.7%，烟酒及日用品类上涨1.7%，衣着类下降0.3%，家庭设备用品及维修服务类下降1.5%，医疗保健和个人用品类上涨1.4%，交通和通讯类上涨1.1%，娱乐教育文化用品及服务类下降1.6%，居住上涨4.1%。

商品促销成效显著。2010年春节、“五一”、国庆黄金周期间，为繁荣市场、拉动消费，北海市举办了迎春购物促销、珍珠精品交易会、家电家居促销、农产品、冬季服装促销月等促销活动。春节期间，举办了北海市2010年迎春购物活动，各大商场、超市等场所开展各种形式让利大促销，极大促进了市民购买节日商品，促进消费的增长。各大商场春节黄金周实现销售额3484万元，同比增长53%。2010年8月举办了主题为“让美丽走进北海，让南珠走向世界”的“2010年北海珍珠精品交易会”活动，期间共接待参展客商200多家，成交金额2500多万元。国庆期间，大润发、和安、好好佳、新力四大商场累计销售额为（营业额）2901.6万元，同比增长3.95%。

固定投资规模快速扩大。2010年，北海市商贸服务业固定资产投资达到3.23亿元，同比增长52.36%。

商贸流通规模不断扩大，多种经济体制共同发展的商贸格局形成。2010年，全市商贸流通企业3.48万户。从行业来看：批发零售企业2.83万户，从业人员10.1万人；住宿餐饮企业2020户，从业人员10088人；租赁和服务企业1476户，从业人员15286人；居民服务和其他服务企业3024户，从业人员10277人。改革后的企业活力增强，积极参与市场经济竞争，个体私营经济迅速发展。2010年全市个体工商户共有30085户，占全市商贸企业的86.34%，从业人员58689人；2010年全市私营企业共有3761户，占全市商贸企业的

加工贸易梯度转移重点承接地授牌大会现场　　市商务局　供

10.79%，从业人员 27997 人。

【市场体系建设】 北海市商业建设体系建设日益完善。2010 年，北海市有商业网点 34845 个，商品交易市场 116 个，商业从业人员 129510 人，到 2010 年止，新建和改造农家店共 225 家。积极实施“放心肉工程”和“农村物流服务工程”。共筹集资金 136 万元，完成 10 家乡镇屠宰场的改造；筹资 1116 万元，储备生猪活体 8000 头、冻猪肉 100 吨；投入 149 万元，进行南康农贸市场改造；投入 30 万元，对 50 家农家店进行了改造；投入 120 万元，升级改造南康农资连锁经营配送中心。谋划中国—东盟商贸物流中心，随着市场体系的不断改造和完善，各类连锁经营、现代物流迅速发展，红星美凯龙等国内外知名商贸服务业企业的进驻和扩展，极大地方便了居民生活，对全市商贸流通等方面发挥了积极作用。

【拍卖与典当】 2010 年，北海市共有拍卖企业 20 家，新增拍卖企业 2 家，新注销企业 1 家。其中 3A 级企业 1 家，A 级企业 4 家。从业人员共 179 人。其中：注册拍卖师 23 人，具有从业资格证书人员 111 人，房地产评估师 19 人，旧机动车估价师 4 人。全年共举行拍卖会 105 场次，同比下降 31.37%；拍卖成交额达 27.57 亿元，同比增长 3.83%；拍卖营业税金 205.69 万元，同比增长 340.16%。拍卖品主要来源是政府部门和法院委托。2010 年政府部门和金融资产机构委托共拍卖总额达 26.69 亿元，占全年总拍卖成交额的 96.82%。主要拍卖标的是土地使用权和房地产交易业务。全年土地使用权拍卖成交额 23.81 亿元，占全年拍卖成交额的 86.39%。

2010 年北海市共有 7 家典当行，开展典当业务 517 笔，典当总额 836.8 万元，同比下降 38.12%。其中房地产 485.4 万元，占总额的 58.01%。典当公司主要有北海市正当典当有限责任公司、北海市大正典当行有限责任公司、合浦县顺直典当有限责任公司、北海市明远典当责任有限公司、北海市圣大典当行业优先公司。

【商业改革与发展】 深化流通业态改革，规划实施北海现代物流发展规划，加快以交通基础设施为重点的物流基础设施建设，提高现代物流业发展的支撑能力。开展“早餐示范工程”建设，被列为自治区重点建设阳光早餐的 4 个城市之一。抓成品油、再生资源回收等行业管理工作。组织开展加油站行业发展规划修编、加强成品油市场监管和运行监测工作，做好成品油零售企业许可事项初审及变更许可审批事项。2010 年共初审并上报成品油零售企业许可事项材料 6 份，其中：申请《成品油零售经营批准证书》材料 3 份(其中：中石化 2 份，社会加油站 1 份)，已批复 3 份；上报新建加油站规划确认 3 份，其中：中石化 1 份（11 座规划点），社会加油站 2 份(2 座规划点)，已批复 1 份(社会加油站 1 座规划点)。组织开展 2009 年度年检工作。北海市共有成品油经营企业 5 个，加油站 118 座参加并通过了 2009 年度年检；3 个没有参加年检（广西运德集团北海汽车运输有限公司交通加油站，北海市兆丰加油站因道路改变拆迁没参加年检，合浦县长天加油站因其他原因歇业没有参加年检）。2010 年全市共购进成品油 28.13 万吨，与上年同比增长 15.73%，其中：汽油 8.69 万吨，与上年同比增长 15.73%，柴油 19.44 万吨，与上年同比增长 2.22%；销售成品油 20.4 万吨，与上年同比增长 11%，其中：汽油 8.1 万吨，与上年同比增长 17.58%，柴油 12.3 万吨，与上年同比增长 25.67%。

（张小林　丁剑渠　盛少燕）

供销合作商业

【概况】 2010 年，在市委市政府领导下，在自治区供销合作联社的指导下，北海市供销合作社全面贯彻执行市委九届八次全会提出的推进北海三年跨越发展工程，贯彻落实国务院〔2009〕40 号文件和全国供销总社第五次代表大会的精神，以服务“三农”为宗旨，以转变经济发展方式为主线，以盘活资产、夯实基础为突破口，加大工作力度，强化目标任务落实，各项工作实现了新的突破。2010年，全系统完成商品购进总额61194万元（含合浦30007万元），同比增长20.3%；其中：农副产品收购7534万元（含合浦4804万元），同比增长39.7%；商品销售总额69993万元（含合浦县35168万元），同比增长29.7%，其中消费品零售额22375万元（含合浦11007万元），同比增长27.2%，售给农民的农业生产资料28357万元（含合浦15011万元），同比增长19.1%，以各种方式联结带动农户数25550户，以各种方式帮助农民实现收入11510万元。全系统汇总盈亏相抵利润为89万元，同比增长23.6%。2010年，北海市供销合作社获2010年全自治区供销合作社系统综合业绩考核一等奖。

【农资商品经营】 2010年，市供销合作社加快农资连锁经营服务网络体系建设，分别以北海市金桥农产品开发有限公司和合浦县农业生产资料公司为龙头，加快"新网工程"项目建设，不断完善连锁经营服务网络，巩固了全社系统的农资连锁经营服务网络。2010年，北海市金桥农产品开发有限公司投入资金60万元，对金桥十字农资配送中心进行改造，增建仓容400平方米。同时对30家农资连锁经营店进行了升级改造，进一步完善了配送体系建设，提升了农资配送中心服务水平；合浦县农业生产资料公司把旧仓库改造为农资配送中心和批发交易市场，改建后仓库面积达9006平方米，具备储备全年销售肥料的20%以上。截止2010年底，市供销系统有农资企业2个，农资配送中心4个，连锁门店296个，形成了以市、县农资经营企业为核心，以农资配送中心为依托，以基层社为基点，以农资经营网点为阵地，覆盖县（区）、乡、村三级农资连锁网络的农资连锁配送经营服务体系，2010年，为农民群众赠送农业生产资料30吨，农业生产使用技术学习资料1000册，实现农资配送额13800万元。

【日用消费品经营】 2010年，市供销合作社把新农村现代流通服务网络体系建设作为重点工作，以北海市日杂公司为龙头，推进供销社日用消费连锁（加盟）经营网络建设，投入资金140多万元，在吉车建设了1000平方米的日用消费品仓库，该仓库节能、低碳、安全环保，是市供销社系统日用消费品配送中心仓库建设的新典范。筹集资金90万元，对北海市辖县（区）9个乡镇的40家农家店进行建设改造，实行统一配送、统一店面形象、统一服务规范，建设改造营业总面积2118平方米，改造后的销售额比改造前增长20%以上。截止2010年底，全系统共有日用消费品配送中心3个（含合浦县1个），日用消费品连锁网点140家，其中：综合超市10家，村级农家店129家，初步形成了县、乡、村日用消费品网络体系。全年日用消费品经营额达22375万元。

【农副产品购销】 2010年，市供销合作社采取"公司＋专业合作社＋基地＋农户"的发展模式，以北海市金桥农产品开发有限公司为载体，积极探索"从田头到餐桌"新的经营方式，创新农副产品购销网络体系建设，投资改造了市福成供销合作社北大院土地3000平方米，建成了"北海市金桥农副产品配送中心"；投资改造了市供销合作社长青北路的铺面，建成了100平方米的"北海市供销社金桥农副产品展销中心"，该展销中心是展示销售为一体的综合性经营实体，打造安全、放心、健康、绿色的农副产品流通平台，实现农副产品从田头到消费终端的有效对接。2010年，实现农副产品收购7509万元，同比增长39.7%。

【再生资源回收利用】 2010年，市供销合作社以北海市物资回收利用公司为载体，加快了再生资源网络体系的建设，累计投入资金150万元，对城区内33家回收网站（点）的传统网络进行改造、整合、提升，设立压轧加工车间，实现回收、加工一体化运行机制，改造后，80%以上的可利用废弃物得到了回收利用，80%以上的回收再生资源进行规范化交易和集中处理，推动了北海循环经济的发展。2010年，综合经营总额达到4512万元。同比增长29.9%。

【烟花爆竹管理】 2010年，市供销合作社进一步规范烟花爆竹经营管理，以北海市昌隆烟花爆竹有限公司为主体，认真学习《烟花爆竹生产经营企业安全标准化考评办法（试行）》和《烟花爆竹生产经营企业安全标准化规范（试行）》等文件精神，严格落实安全标准化考评工作，提高烟花爆竹安全生产、安全管理水平。北海市昌隆烟花爆竹有限公司投入资金80.34万元改造烟花爆竹物流配送仓库1000多平方米，添置消防设备，完善了吉车烟花爆竹仓库的安全整改，满足了烟花出口仓储使用的市场需求。全年实现商品销售额2016万元，同时，配合市安监、治安、防雷办、技监、工商局等有关部门对烟花爆竹的仓储、运输、销售环节的安全检查，及时排除安全隐患，规范了烟花爆竹安全经营网络。

【农村合作经济组织】 2010年，全系统继续围绕农民需求，实行开放办社，通过领办、协办、合办等多种方式发展专业合作社。大力宣传贯彻《中华人民共和国农民专业合作社法》和农民专业合作社的典型经验，使更多农民看到参加专业合作社的好处，提高了加入、牵头、组建合作社的积极性，增强农民兴办农民专业合作社的信心。充分发挥特色产业优势，大力组织发展农民专业合作社。截止2010年底，全系统共有20家(年内新增9家)在工商部门注册登记的农民专业合作社，成员出资总额993万元，发展社员1172人，入社土地面积1256公顷，带动农户1.5万多户，全年帮助农民实现收入5050万元。为提高社员素质，促进知识更新，2010年共组织举办蔬菜大棚种植、配方施肥、科学用药技术、无公害农产品生产、良种红薯栽培技术、经营管理等培训班15场次，培训人员达1500人次，发放政策和技术服务宣传资料2.04万份。

【合作交流】 2010年，市供销合作社积极探索外联内合、合作发展的新路子。7月，配合自治区供销合作联社和北海市人民政府落实惠台政策，组织人员参加广西经贸文化代表团赴台开展经贸文化交流活动，并采购了台湾丰产滞销水果1994件共16.14吨，促进了桂台经贸合作发展。9月9日与黑龙江省基层供销合作社创新发展协作会签署了“南北合作”协议，并组建了“广西北海市龙江隆绿色农产品营销有限公司”，该公司于2010年11月28日正式开业，经营的品种为农民专业合作社自主生产的各类产品，主要有：黑龙江省镜泊湖大米及龙江杂粮系列、黑木耳系列、蜂产品系列、寒地黑土物产系列等100多种，把优质安全、营养健康的农产品供应给城市居民，引导人民群众安全消费。构筑了绿色农产品销售平台，发挥了供销社连接农村和城市的桥梁纽带作用，实现了农产品从田头到餐桌的有效链接，实现了供销社与农民专业合作社的有效对接，实现供销社在“二次创业”中跨越发展。

(姚媛媛　邓家朝)

粮食商业

【概况】 2010年北海市粮食系统企事业单位共有58家，购销企业26家，事业单位1家，附营企业31家。其中：市直属企事业单位6家(购销企业5家，事业单位1家)；合浦县粮食系统企业47家（购销企业19家，附营企业28家)；银海区粮食系统企业2家(购销企业1家，附营企业1家)；铁山港区粮食系统企业3家(购销企业1家，附营企业2家)。全市粮食系统在册职工1791人(购销企业562人，附营企业1229人)，离退休职工839人（购销企业580人，事业单位4人，附营企业255人)。2010年，北海市粮食局应对复杂多变的粮食形势和稳定粮食市场的巨大压力，以维护粮食市场和价格基本稳定为主线，落实粮食宏观调控各项政策措施，突出保供稳价，强化库存管理，加强市场监管，各项工作取得成效，确保全市粮食安全。2010年，北海市粮食局获“全区粮食清仓查库工作先进单位”、直属3个企业有2个获全国、全区先进单位称号：北海国家粮食储备库首批获“全国粮油仓储规范化管理先进企业”和“广西粮油仓储企业规范化管理优秀企业”称号，北海市粮食局军供站获“全国军粮供应管理先进单位”称号。

【粮食宏观调控】 2010年，北海市粮食局加强粮食宏观调控，突出保供稳价，实现粮食市场基本稳定。一是加强粮食储备管理。在保证原定市级储备粮规模到位的基础上，市政府下达分两年落实的市级储备粮新增规模，2010年，已按计划落实到位，市级成品粮油应急储备足额落实到位。发挥储备粮市场调节功能，适时择机投放市级储备粮6104吨(原粮)。二是加强应急保障体系建设，完善《北海市粮食应急预案》报市政府审批实施。全市落实应急供应网点37个，应急加工网点11个，其中市区应急供应网点20个、市级应急加工网点5个，进一步提高应急保障能力。三是加强粮食市场监测。建立保供稳价工作会商机制，设立6个粮价采集点，坚持做好每日粮价监测采集、每周价格周报编印、每月粮情汇总分析工作，及时准确掌握粮食市场动态。搞好粮食流通统计调查工作，为宏观调控提供准确的依据。四是加强粮食产销衔接。实施“走出去”战略，与粮食产区建立长期稳定的产销合作关系，市属国有粮食购销企业与湖南、湖北等地10多家粮食企业签订购销协议书，开展粮食购销业务。同时，鼓励粮食经营者外采粮食，促进北海市粮食总量、品种结构和供求基本平衡。

【粮食流通监督检查】 2010年，北海市粮食局加强市场监管，维护正常的市场秩序。一是优化执法环境。以《粮食流通管理条例》颁布实施六周年和10月16日“世界粮食日”宣传活动为契机，充分利用摆放宣传板报、张贴宣传画、印发宣传资料等多种形式和方法，广泛深入宣传涉粮法规政策，营造守法经营氛围，优化粮食执法环境。二是强化监督检查。北海市粮食局组织人员在全市范围内对粮食收购资格进行一次全面核查，防止无证收购等违法违规行为的发生。为督促粮食经营者履行《粮食流通管理条例》规定的义务，下发《关于粮食经营者建立粮食经营台账、报送粮食基本数据及执行最低库存量与异常情况下最高库存量标准的通知》，并会同市工商局、商务局联合开展2次执法检查。开展政策性粮食购销活动监督检查，确保各项粮食政策措施落到实处。2010年，北海市粮食局单独和会同有关部门开展监督检查8次，出动人员35人次，检查单位48个次，维护正常的粮食市场秩序。

【粮食仓储管理】 2010年，北海市粮食局强化库存管理，确保粮食储存安全。一是健全粮食库存管理机

2010年3月25日，市粮食局会同工商、商务等部门联合开展粮食流通监督检查（右三：市粮食局局长张振荣）　　市粮食局　供

制。认真总结2009年全国粮食清仓查库工作经验成果，完善粮食库存管理制度，建立长效管理机制，确保粮食库存真实、安全、可靠。完成2010年度全市粮食库存检查工作，共查11个库点，存粮61142吨（混合粮，地方储备粮和国有粮食企业库存商品粮），检查表明：全市粮食库存账实相符、账账相符、质量良好、储存安全。二是实施储粮设施技术改造。为提升储粮效能，北海国家粮食储备库按照现代储粮技术规范的要求，筹集100多万元对仓储设施进行技术改造。继续提高粮情测控、环流熏蒸、机械通风三项储粮技术应用水平，全市储粮“一符四无”率达100%，科学储粮率达99.5%。三是深化仓储规范化管理活动。以深化粮油仓储企业规范化管理活动为抓手，创新措施，狠抓落实，全面提升粮油仓储管理水平。着力做到“五个好”：落实好每月仓储管理工作例会制度，执行好国家仓储规范化管理标准，开展好每季度仓储管理工作检查考评，通报好每季度检查考评情况，组织好仓储业务培训。2010年，北海国家粮食储备库首批被自治区粮食局授予“广西粮油仓储企业规范化管理优秀企业”称号，被国家粮食局授予“全国粮油仓储规范化管理先进企业”称号。

【抓好民生工程】 2010年，北海市粮食局着力抓好民生工程，提升服务民生能力。一是抓直补订单收购工作。2010年自治区下达北海市合浦县储备粮直补订单收购计划21500吨稻谷。北海市粮食局采取深入基层指导、开展政策落实检查、协调解决困难等措施，加强对合浦县直补订单收购工作的督促和指导。合浦县收购订单稻谷11235吨，发放种粮农民直补资金269.64万元，完成全年计划的52.3%。二是抓放心粮油工程。根据自治区的统一部署，北海市粮食局拟订《北海市实施放心粮油工程的意见》上报市政府审定下发，明确实施放心粮油工程的指导思想、目标任务、保障措施和组织领导。做好放心粮油经销店试点建设工作，2010年12月16日，北海市第一家放心粮油经销店市重庆路经销店开张营业，正式拉开北海市实施放心粮油工程的序幕。

【重大项目建设】 2010年，北海市粮食局进一步做好行业规划，增强发展后劲。一是推进北海粮食物流中心项目。成立项目筹备工作领导小组，推进项目前期工作。邀请专家实地指导项目的规划布局，考察学习国内的成功经验和做法，协调落实项目初步选址，完成项目可行性研究报告的编制工作。二是完善北海国储库改扩建项目可研报告。以提升储运功能为目标，深入调查研究，借鉴先进经验，完善北海国家粮食储备库散粮仓房改扩建项目可研报告，并继续向上级部门争取资金支持。三是完成“十二五”粮食发展规划编制工作。研究国家、自治区和市委、市政府的重大决策部署，全面总结“十一五”粮食工作取得的成就和经验，深入分析“十二五”面临的发展机遇与挑战，完成《北海粮食发展“十二五”规划》编制工作，指导北海市“十二五”粮食行业发展。

【军粮供应】 2010年，北海市粮食局着力实施学习培训规范化、优质服务规范化、质量管理规范化、财务管理规范化“四个规范化管理”，不断创新服务方式，进一步提高军粮工作水平。着力开展双拥共建活动，经常组织人员深入到部队基层伙食单位了解部队的需求，听取部队官兵的意见和建议，为部队解决实际问题，在重要节日开展走访、慰问活动，增进与部队官兵的军民鱼水深情。着力推进北海市军粮供应仓房重建工作，并于2010年12月20日开工建设。2010年北海市粮食局军供站被国家粮食局、财政部、总后勤部授予“全国军粮供应管理先进单位”称号。　　（周　战　陈小葵）

烟草专卖

【概况】 2010年，北海市烟草专卖局（公司）共设11个机关职能部门，下辖合浦县烟草专卖局和北海市城区烟草专卖局等2个县级局及9个基层专卖管理所，在职员工243人。2010年，该局（公司）围绕“卷烟上水平”的基本方针和战略任务，着力抓好市场营销、专卖综治、严格规范、企业管理和队伍建设等工作，各项工作均取得明显进展。全年共销售卷烟52002.92箱，同比增长16.1%；人均年消费卷烟条数突破8条；实现卷烟单箱不含税销售额达到1.62万元，同比增长14.9%；实现税利总额1.92亿元，同比增长40.92%。

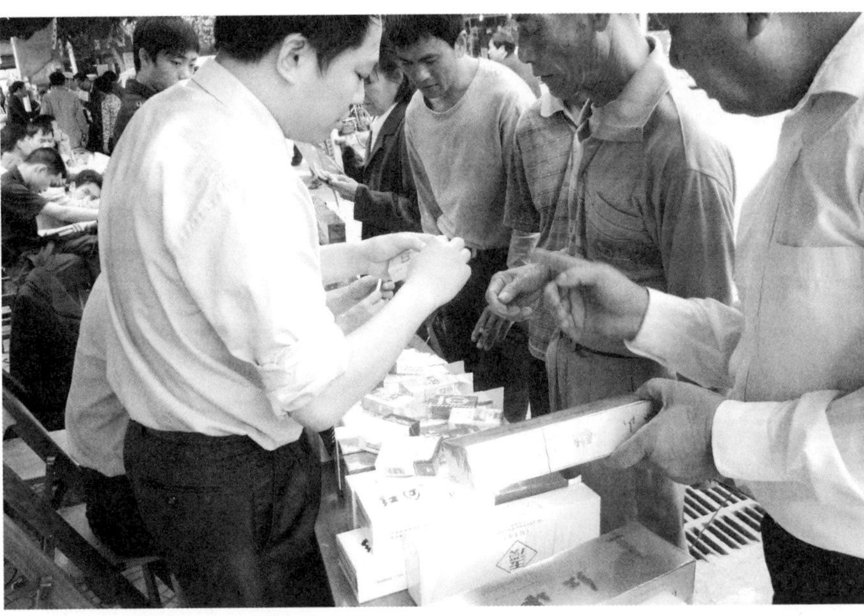

北海市烟草专卖局积极参与“3·15”消费者权益宣传活动　　市烟草局　供

【卷烟销售】

品牌培育　2010年，北海市烟草专卖局（公司）围绕国家烟草专卖局“532”和“461”品牌发展要求和国家局局长姜成康年初视察广西烟草时提出的要求，加强对重点骨干品牌的培育，尤其是对“真龙”、“双喜”和“黄鹤楼”的培育。按照自治区烟草专卖局的品牌发展规划要求，积极做好品牌投放和退出，为重点骨干品牌腾出发展空间。充分发挥品牌培育的“传、拉”作用，“传”即积极利用零售和消费终端作为品牌培育的平台，加强品牌宣传，传递品牌信息。2010年，该公司集中培训近1000名零售户，占零售户总数的10%，有效地提高了零售户品牌培育能力。“拉”即协同广西中烟在合浦县城、铁山港区及各乡镇举办“广西烟草百亿税利真龙回馈”座谈会，邀请各乡镇“七站八所”等党政部门和社会团体参加，加强沟通，收集信息，保持良好的沟通联系，增强“支持真龙就是支持广西”的理念，拉动“真龙”的成长。通过大力发展地方品牌卷烟，支持地方工业发展，促进就业，改善民生，为地方经济发展和财政收入作出更大贡献。

货源组织　该公司在需求预测的基础上，根据北海市卷烟销售实际和市场需求，积极与卷烟工商企业加强联系，有针对性的组织和调配货源，落实卷烟购进计划合同，努力做到市场需求基本满足，零售客户有所选择，保证了市场需求。

为庆祝广西烟草工商税利过百亿，表彰北海烟草为地方经济社会发展作出的积极贡献，2010年6月29日，由合浦县人民政府主办，北海市烟草专卖局、广西中烟工业有限责任公司协办，工商、公安等执法部门参加的“广西烟草工商税利过百亿真龙回馈座谈会”在合浦县红林大酒店召开　　市烟草局　供

【规范经营】　2010年，北海市烟草专卖局（公司）把严格规范生产经营行为作为企业发展的生命线。取消了批条烟业务，单位业务用烟一律到零售户处购买。在货源分配上，严格把关，对紧俏高一类卷烟按照客户综合评价排序实行动态化的定点投放策略。实行货源公示制度，公开货源分配办法，按照“分类、完整、真实、及时”的原则向零售客户公开货源分配政策，逐步实现货源自动分配，减少人为因素对货源分配的干预，进一步提升零售客户对货源分配工作的满意度。

【客户服务】

优质、个性化服务　一是转换

客户经理职能，由原来的拜访式服务向指导经营转化，根据客户不同类别开展个性化服务，对守法经营的零售户注重经营能力提升的帮扶，对重点监控户主要是制定工作措施加强教育转化；二是修订完善《零售客户星级评定和分类服务管理办法》，按照办法的标准和要求，对零售客户进行评价，以评价结果为基础，开展星级评定和分类工作，并按客户的星级和类别开展个性化服务，逐步提高客户的星级类别；三是试运行按卷烟简码进行访销，通过发放宣传资料和客户经理的指导，逐步引导客户使用卷烟的简码进行访销，进一步规范卷烟访销流程，提高访销工作效率；四是完善信息发布流程，核对、补充客户通讯信息，通过短信平台及时把货源信息传送到客户的手中，让客户根据货源供应情况做好卷烟订购计划，提高客户满意度。

“6S”仓储管理　该公司做到仓储分拣现场“物安其所，人安其责，制度上墙，井然有序”。实行“6S”管理，即整理(Seiri)、整顿(Seiton)、清扫(Seiso)、清洁(Seiketsu)、素养(Shitsuke)、安全(Security)。积极推进分拣设备升级改造，电子标签式分拣线升级为半自动分拣线，实施数字仓储系统和卷烟在途管理系统，实现仓储智能控制、实时监控、先进先出和在途管理，为下一步全面推行网上配货、网上订货的物联网做好准备。通过努力，分拣速度从160件/小时提升至180/件小时，分拣差错率0.008‰，分拣破损率0.002‰，送货破损率0.0013‰。

【专卖管理】

打假打私　2010年，北海市烟草专卖局(公司)按照“端窝点、断源头、破网络、抓主犯”的方针，始终保持打假打私高压态势。一是成立打假破网专职机构。二是深化联合工作机制，构建长期协作工作机制。按照“行政办案刑事化”的思路，加强与公安、工商、边防、海警等部门的协作，主动沟通信息，形成强大合力，确保破网成功。三是推进跨省专卖合作。进一步强化与毗邻地区广东湛江市局的专卖联合执法，建立联席会议、联合检查和信息通报等制度，进一步深化两地烟草专卖执法工作的沟通与联系，保持两地烟草专卖行政执法工作的协调性、规范性和衔接性。同时，加大对物流货运站、汽运中转站、机场、港口和非法运输烟草专卖品车辆必经的交通要道的监管检查力度，有效切断非法烟草专卖品运输通道。密切关注利用互联网非法经营卷烟的违法犯罪行为，加强监管，防止形成新网络。全年共查获各类涉烟案件523起，其中移交工商部门190起，移交公安机关涉嫌犯罪案件15起；查获走私烟641.36万支、各类假冒卷烟151.54件，查获烟丝、烟叶56.02吨；罚没款178.69万元；拘留11人，逮捕6人。

清理整顿卷烟市场专项行动　2010年，组织开展了卷烟市场清理整顿专项行动，形成了政府主导，工商、公安、烟草、商务等职能部门齐抓共管的新局面，尤其在治理名烟名酒店、土特产店等特殊经营场所违法经营方面，采取非常措施，借助工商力量定时监控和巡查检查相结合，参照工商行政部门采用“三罚退市”(即借鉴工商部门规范餐饮、旅游业的经验，违法违规经营的第三次的，吊销营业执照，取消经营资格，清退出市场)的做法，告知房东被用于违规经营的情况及纵容违法经营行为可能承担的法律责任、邀请北海市365网站现场跟踪报道等多样式舆论宣传，多措并举，标本兼治，重拳出击，取得了明显成效。2010年成功打掉了31家违法经营卷烟名烟名酒店，为卷烟打假和日常监管积累了经验。

行政许可管理监督　2010年，该局重点狠抓三项工作。一是强化许可证管理意识，克服重办证轻管理的想法，强化对零售户经营过程中许可证的跟踪管理，将证件管理和市场监管结合管理。二是坚决取缔违规经营户。认真执行《烟草专卖许可证管理办法》有关规定，建立违规经营户档案，严格落实2次违规经营户资格的取缔程序。克服“违规经营户屡次违规，专卖人员重复查处”的被动局面。三是坚持“以人为本，构建和谐”的理念，认真修订辖

北海市烟草专卖局开展打击违法经营卷烟名烟名酒店专项行动。图为执法人员查获一销售假冒卷烟名烟名酒店　　市烟草局　供

北海市烟草专卖局开展打击违法经营卷烟名烟活动　　市烟草局　供

区合理布局规划内容。在辖区内开展大规模零售点合理布局市场调研工作,充分掌握辖区经济发展情况、无证户经营情况，持证户赢利情况等各项内容，认真听取群众的意见及建议，综合考虑各方面因素制定合理布局规划讨论稿，并反复进行讨论修改。2010 年 12 月 15 日,合浦县局举行合理布局规划听证会,在听取多方意见后，修订并颁布新的辖区合理布局规划。12 月 30 日,城区局邀请市公安、司法、工商、教育局、民政、消协、法制办、妇联、残联等有关部门讨论研究北海辖区合理布局规划修订稿，征集各方有效意见与建议。

【公益事业】 在加快发展的同时，该局(公司)不忘回报社会,一直热心致力于社会公益事业。2010 年,该公司参与各项社会公益事业的捐款超过 19 万元。其中,支助玉树地震灾区 6 万元，资助抗旱救灾 1.5 万元，捐助广西北海市海城区第三小学 3 万元，捐助山口镇英罗村英北小学 4.5 万元修建学校围墙,捐助石康镇大崇村 9000 元进行学校维修,捐赠爱心助残 3000 元。春节前夕，慰问对口帮扶村特困户、五保户及孤寡老人,捐赠米、油等一批生活必需品,并给予慰问金每人 200 元,总价值 2.61 万元。(王　天　何荣辉)

石油专卖

【概况】 2010 年，是成品油市场极其复杂的一年，是北海石油经受严峻考验并取得新进步的一年。面对严峻的市场形势，北海石油分公司以“创先争优”和“比学赶帮超”活动为动力,全体干部职工真抓实干、奋勇争先,顺利完成了各项目标任务。经营攻坚年、强化管理年、网建突破年等三大主题活动富有成效，并荣获广西石油安全管理先进单位、广西石油网络建设先进单位、北海市劳动关系和谐单位等称号，年度综合考核名列全自治区第三，实现了企业各项工作的安全平稳有效发展。

全年累计销售成品油 17.38 万吨,其中汽油 5.74 万吨,柴油 11.64 万吨,润滑油 962.14 吨。陆地加油站销量 9.26 万吨。利润 2149.12 万元。

【加油站网络建设】 2010 年，北海石油分公司牢牢抓住北海炼油异地改造石化项目开工建设的机遇,开展“网建突破年”活动,组建网建攻坚小组,发扬“四千四万”(即是千山万水、千辛万苦、千言万语、千难万险)精神,主动加强与市政府部门的沟通协调,全力以赴抓好加油站土地储备及网点建设工作。经过上下高度重视、多方协同作战,北海石油分公司网建工作稳步推进。2010 年,北海石油分公司荣获 2010 年度广西石油网络建设先进单位称号。

【安全管理】 2010 年，北海石油分公司加大了安全质量管理力度。一是狠抓安全生产管理，提高安全保障系数。将标准化管理纳入日常管理工作中，推行安全基础管理细致化,安全生产规范化,运行管理流程化,设备设施管理精细化管理模式,营造一个“安全零隐患”的良好工作环境。二是狠抓职工技能培训工作,提高职工安全素质。为加强员工安全教育培训，不断提高员工的安全技能，北海石油分公司与北海市安全培训中心联合举办了一期安全岗位资格培训班,参加培训的 45 名加油站长、安全员经过培训学习,全部考试合格,取得上岗资格证书。三是持续开展“我要安全”主题活动。通过丰富活动载体、提高全员安全意识、强化安全责任落实、狠抓隐患治理、共享未遂事故防范经验等途径,促进了员工从“要我安全”向“我要安全”的转变,确保了企业的安全与稳定。2010 年,北海石油分公司没有发生任何安全数质量事故和治安案件，并获广西石油安全管理先进单位称号。

【企业管理】 2010 年，北海石油分公司继续以“致力做精做细，推动做大做强”为工作目标，进一步规范企业管理，上下联动，强“三基”(基层建设、基础工作、基本工训练),除“四害”(安全环保事故、不稳定事件、质量事故、腐败案件),不断提高管理效能。一是全面梳理各项制度,提高管理水平。为全面强化三基工作,北海石油分公司对2008年以来的规章制度进行了梳理,并着力强化制度的落实,在经营管理上杜绝“粗、松、心软、马虎、凑合”的思想,不断推进科学管理、规范管理、精细管理,努力提高经营管理水平。二是定期考核费用,严格财务审批制度。实施“谁使用谁负责”的内控管理追究制,大力压缩非经营性开支,本着一切费用围绕企业增量创效为中心,杜绝非营业性开支。实行费用与销售挂钩,继续完善财务内控细节管理,促使全员参与扩大销售、节约开支。三是深入开展“强化经营管理年”活动。以“抓管理重实效”为导向,从分公司—片区—加油站—班组,层层开展“强化经营管理年”活动,激发了全体员工“比谁管得牢、比谁管得好”的争先创优工作热情,进一步提高了全员经营风险防范意识,确保了企业经营安全运行。

【企业党建工作】 2010年,北海石油分公司以创先争优为动力,围绕中心,服务大局,贴近实际,团结鼓劲,进一步加强党的建设和人才队伍建设,为加快企业发展提供有力保障。一是深入开展创先争优活动。以彰显党的先进性为着力点,在抓好结合、提升企业党建工作水平上下工夫,深入开展“四强四优”、“党组织建设年”、“创建学习型党组织”、“全员营销”和“做合格的石化人”大讨论等活动,带动全体党员干部职工学先进、赶先进、当先进,努力把党组织的政治核心优势转化为完成生产经营任务的强大动力。2010年北海石油分公司党委被评为北海市创先争优活动示范点,1人被评为全区国有企业、自治区创先争优活动先进个人。二是抓好“比学赶帮超”活动。北海石油分公司积极响应自治区公司部署,通过采取各种有效措施,激发广大员工干事创业的热情,切实引导全员夺红旗、争第一、做标杆、当标兵,推动了企业各项工作上水平、上台阶。2010年,北海石油分公司在全自治区系统的“比学赶帮超”竞赛中勇夺红旗46面,其中:先进红旗28面,进步红旗14面,争光红旗4面,红旗数位居全自治区第二,并成为全自治区月月扛红旗的两个分公司之一。三是抓好技术比武工作。2010年是销售公司开展五年竞赛比武活动的最后一年。北海石油分公司牢牢把握加强“三基”工作这一条主线,扎实有效地开展了竞赛比武活动,较好地完成了2006~2010年竞赛比武活动的各项工作任务。五年来,北海石油分公司共有1858名员工参加了31条专业线的竞赛比武活动,共有18名选手、3条专业线受到了自治区公司的表彰,通过持续开展竞赛比武活动,队伍整体素质得到了进一步提升,达到了以赛促学、以赛促干的目的。四是抓好企业维稳工作。北海石油分公司把解决职工的实际问题、维护职工利益、促进队伍稳定作为一项重要工作来抓,认真做好住房补贴、企业年金、劳务工公积金、职工危房改造工程和扶贫帮困等工作,全年共补贴劳务工公积金19万元,发放困难补助12.72万元,使企业改革发展成果更多地惠及职工。2010年11月,北海石油分公司再次荣获“北海市劳动关系和谐单位”称号。 (叶 杨)

食盐专营

【概况】 2010年,广西壮族自治区北海盐务管理局、广西区盐业公司北海分公司在自治区盐业公司党组的正确领导下,围绕分公司“坚持六个抓好,实现两个确保”的工作思路,团结拼搏,扎实工作,超额完成了各项年度目标任务,实现企业效益再增长。盐品购进全年完成23493吨,完成年度计划的132%。其中:北海本部实际完成17029吨,完成年度计划的141%;合浦支公司实际完成6464吨,完成年度计划的113%。全年销售盐品21501吨,完成年度计划119%。其中北海本部计划12300吨,实际销售14660吨,完成计划的119%;合浦支公司计划5700吨,实际销售6841吨,完成计划的120%。

【销售管理】 渔盐销售方面,与腌制用盐大户签订销售协议,对零散用户备案登记,实行定期检查,并根据市场需求及时调运外省日晒盐,保障供应。全年实际销售腌制加工用盐14953吨,其中海蜇腌制盐3400吨,创历史新高。直接食用盐销售方面,通过创建“食盐安全村”活动与开展食盐零售终端配送,碘盐销售网点不断增加,销量明显增长。全年销售小包装碘盐5383吨,同比增加1.72%。多品种盐销售方面,开设广西盐业北海多品种盐专卖店,四个月销售额达到25200元,实际销售多品种盐1492吨,同比增加16.65%,发挥了多品种盐的窗口宣传和消费引导作用。

【配送管理】 2010年,持续开展食盐零售终端配送工作。2010年共构建直接食用盐终端配送网点1319个,终端配送率为89.53%。同时,制定销售片区客户经理管理细则,加强内部督促检查,强化销售服务,密切客情关系,使终端销售网络得到完善和巩固,食盐市场掌控力进一步增强。

【盐政管理】 2010年,创新“5·15”活动宣传方式。北海盐务局与卫生、疾控等13个部门联合搞好碘缺乏病的宣传防治工作,将年内的第十七届“防治碘缺乏病日”宣传活动会场设在北海市铁山港区南康镇,利

2010 年 8 月 26 日，广西盐业北海多品种盐专卖店正式开张营业

市盐务局 供

用圩日开展宣传活动，当天共展出展板 8 块，挂宣传横幅 7 条，发放宣传资料 6000 多份，近千名群众到现场咨询，收到了很好的现场宣传效果。2010 年，根据销售特点及时开展了两次规模较大的腌制用盐市场整治行动，共出动车辆 53 台次，派出盐政执法人员 220 人次，发放与张贴《北海盐务管理局关于整顿和规范腌制用盐市场秩序的通告》500 余份，检查加工场所 259 处，查处了 16 个使用私盐的加工场所，书面警告处罚 13 个加工点，没收腌制用盐户违法购买的私盐 4.5 吨，及时遏制了私盐冲销势头。全年共查获私盐案件 35 起，立案 9 宗，查获私盐运输车辆 9 台，查获私盐 70.39 吨，罚款 16800 元。

【企业管理】 2010 年，北海盐务局(分公司)党支部委员会按期进行了换届选举，健全了党的组织，加强了党组织的领导。根据《广西区盐业公司北海分公司加快推进食盐零售终端网络建设及企业内部结构调整实施方案》举行了分公司内部结构调整竞岗大会，企业内部结构和人员得到了合理配置。2010 年荣获广西盐业公司新春文艺会演优秀奖；经相关部门考核评审，保持了自治区级爱国卫生先进单位和北海市劳动关系和谐单位称号。

（向继新　李津津）

进出口贸易

【概况】 2010 年，北海市的外贸进出口规模迅速扩大，全年进出口总额达到 13.7 亿美元，同比增长 72.3%，增幅稳居全自治区第一，高于全自治区平均增幅 48 个百分点，高于全国平均增幅 37.7 个百分点。其中出口 8.38 亿美元，同比增长 77.41%；进口 5.32 亿美元，同比增长 64.75%，高于全自治区 26.95 个百分点。从贸易方式来看：一般贸易方式进出口总额 54576.14 万美元，同比增长 53.71%，占进出口总额的 39.83%。其中：出口 31668.23 万美元，同比增长 27.11%，占出口总额的 37.78%；进口总额 22907.91 万美元，同比增长 116.30%，占进口总额的 43.06%。加工贸易进出口总额 71649.06 万美元，同比增长 80.91%，占进出口总额的 52.29%。其中：出口 47557.8 万美元，同比增长 132.83%，占总额的 56.74%；进口 24091.26 万美元，同比增长 25.61%，占进口总额的 45.28%。从企业性质来看：2010 年北海市进出口企业主要是三资企业、私营企业。国有企业进出口总额 1551.85 万美元，同比增长 1225.91%，占进出口总额的 1.13%。其中出口 1487.04 万美元，同比增长 1170.04%，占出口总额的 1.77%，进口 64.81 万美元。集体企业进出口总额 122.35 万美元，同比下降58.85%，占进出口总额的 0.09%。其中出口 122.35 万美元，同比下降 58.85%，占出口总额的 0.15%，没有进口。外商投资企业进出口总额 83790.03 万美元，同比增长 95.03%，占进出口总额的 61.15%。其中：出口 53755.24 万美元，同比增长 133.53%，占出口总额的 64.13%；进口 30034.79 万美元，同比增长 50.59%，占进口总额的 56.57%。私营企业进出口总额 51561.82 万美元，同比增长 42.57%，占总额的 37.63%。其中：出口 3368.52 万美元，同比增长 19.49%，占出口总额的 33.95%；进口 23106.04 万美元，同比增长 87.09%，占进口总额的 43.43%。

2010 年，北海市全面开展科技兴贸创新基地建设。启动了科技兴贸“十二五”规划编写工作，成立了北海市国家科技兴贸创新基地建设领导小组，设立北海市国家科技兴贸创新基地服务中心，拟定了加快科技兴贸创新基地建设的配套政策，并从信息与贸易促进、物流服务、认证服务等多方面开展公共服务平台建设。

2010 年，北海市被商务部、人力资源和社会保障部、海关总署认定为全国第三批“加工贸易梯度转移重点承接地”。

【出口贸易】 2010 年北海市出口总额为 83820.41 万美元，其中高新技术产品出口 43368 万美元，同比增长 198.8%，占出口总额的 51.74%。主要出口商品有机电产品、水海产品、烟花爆竹、皮革制品、玻璃制品、纺织品。其中:机电产品出口50784万美元,同比增长155.2%,占出口总额的60.59%;水海产品出口19452.29万美元,同比增长58.62%,占出口总额的23.21%;烟花爆竹产品出口5558.45万美元,同比下降7.22%,占全市出口总额的6.63%;皮革制品出口1903.19万美元,同比增长16.27%,占出口总额的2.27%;铁合金出口1575.6万美元,同比增长679.04%,占出口总额的1.88%;纺织品出口1049.28万美元,同比下降25.4%,占出口总额的1.25%;农药出口832.6万美元,同比增长14.55%,占出口总额的0.99%。

2010年北海市出口超过1000万美元的企业有17家。其中:建兴光电科技（北海）有限公司出口33847.71万美元,同比增长87.34倍;冠德科技（北海）有限公司5803.94万美元,同比增长72.56%;北海惠科电子有限公司出口4611.57万美元,同比下降31.93%;北海保通冷冻食品有限公司3557.69万美元,同比增长314.18%;北海钦国冷冻食品有限公司2744.04万美元,同比增长71.75%;北海市万景海产有限公司2647.32万美元,同比增长21.86%;北海北联食品工业有限公司2427.29万美元,同比增长11.24%;广西北海市西河食品有限公司2368.69万美元,同比增长60.24%;广西北海正五海洋产业股份有限公司2086.74万美元,同比增长44.77%;北海强盛进出口贸易有限公司2070.74万美元,同比下降21.02%;北海恒兴水产科技有限公司2032.2万美元,同比增长515.37%。

2010年北海出口主要市场是亚洲、北美洲、欧洲、非洲、拉丁美洲。出口商品主要销往中国香港地区、美国、欧盟、东盟。其中:香港47307.67万美元,同比增长128.5%,占出口总额的56.44%;美国14751.23万美元,同比增长59.11%,占出口总额的17.6%;欧盟6820.06万美元,同比增长48.89%,占出口总额的8.14%;东盟2677.75万美元,同比增长25.84%,占出口总额的3.19%;非洲2893.01万美元,同比增长43.27%,占出口总额的3.45%;拉丁美洲1857.6万美元,同比下降4.67%,占出口总额的2.22%。

【进口贸易】 2010年北海市进口总额为53205.64万美元,同比增长64.75%,其中高新技术产品进口18209万美元,同比增长138.10%,占进口总额的34.22%。主要进口商品有机电产品、矿产品、金属废料、皮革制品、化学工业及其制品、木薯干、大豆等。其中:机电产品进口22604万美元,同比增长38.67%,占进口总额的42.48%;矿产品进口12255.35万美元,同比增长159.99%,占进口总额的23.03%;金属废料进口4395.59万美元,同比增长134.92%,占进口总额的8.26%;皮革制品进口3635.39万美元,同比增长109.44%,占进口总额的6.83%;化学工业及其制品进口2933.91万美元,同比增长81.14%,占进口总额的5.51%;木薯干进口总额1993.66万美元,同比增长47.91%,占进口总额的3.75%;大豆进口737.05万美元,同比下降48.29%,占进口总额的1.39%。

2010年北海市进口规模前七位企业是:北海建兴光电科技(北海)有限公司进口12305.11万美元,同比增长13.63倍;北海鸿源达能源化工有限公司进口8086.88万美元;北海东红制革有限公司进口5300.58万美元,同比增长72.48%;北海惠科电子有限公司进口4506.93万美元,同比下降28.16%;北海玉柴高级润滑油有限公司进口3779.17万美元,同比下降15.22%;北海东福环保再生资源有限公司进口2763.41万美元,同比增长94.21%;冠德科技(北海)有限公司进口2697.3万美元,同比增长121.37%。

2010年北海主要进口市场是亚洲、欧洲、拉丁美洲、北美洲。进口商品主要来自中国台湾省、新加坡、泰国、欧盟、日本、越南、拉丁美洲等。台湾12609.56万美元,同比增长105.7%,占进口总额的23.7%;新加坡6252.82万美元,同比增长56.03%,占进口总额的11.75%;泰国6975.55万美元,同比增长39.94倍,占进口总额的13.11%;欧盟5476.32万美元,同比增长293.02%,占进口总额的10.29%;日本2380.43万美元,同比增长59.75%,占进口总额4.47%;越南2272.58万美元,同比增长3.51%,占进口总额的4.2%;拉丁美洲2157.21万美元,同比增长102.19%,占进口总额的4.05%。

【进出口贸易特点】

外贸进出口总值首次突破10亿美元大关,外贸进出口三项指标均创历史新高 2010年,全市外贸进出口总额13.7亿美元,首次突破10亿美元大关,同比增长72.27%,增幅全自治区排名第一。其中:出口8.38亿美元,同比增长77.41%,出口总额全自治区排名第三,增幅排名第二;进口5.32亿美元,同比增长64.75%。外贸进出口三项指标均创历史新高。

加工贸易领跑全区,是北海市对外贸易的主要方式 2010年,全市加工贸易进出口总值7.16亿美元,同比增长80.91%,占全自治区加工贸易进出口总值的41.03%,占全市进出口总值的52.29%,成为北海市对外贸易的主要方式。其中加工贸易出口4.76亿美元。同比增长132.83%,进口2.41亿美元,同比增长25.61%。加工贸易进出口、出口和进口总值均在全自治区排名第一。

机电和高新技术产品进出口比重逐步扩大,外贸进出口商品结构进一步优化 2010年全市机电产品

进出口总值7.34亿美元，同比增长102.73%，占全市进出口总值的53.56%(比去年同期提高10.61个百分点)。其中出口5.08亿美元、同比增长155.2%；进口2.26亿美元,同比增长38.67%。

2010年全市高新技术产品进出口总值6.16亿美元，同比增长177.85%，占全市进出口总值的44.96%，占全区高新技术产品进出口比重为44.94%。其中出口4.34亿美元，同比增长198.8%；进口1.82亿美元,同比增长138.1%。高新技术产品进出口、出口、进口总值均名列全区第一。

水海产品出口继续保持高速增长 2010年，北海市水海产品出口1.95亿美元,同比增长58.62%,占全市出口总额的23.21%，是北海市第二大宗出口产品，作为广西最大的水海产品出口基地，继续保持高速增长。

资源性产品进口猛增，带动进口的快速增长 2010年，全市矿产品进口1.23亿美元，同比增长159.99%，占全市进口总值的23.03%；金属废料进口4396万美元,同比增长134.92%,占全市进口总值的8.26%。资源性产品进口的迅猛增长,带动全市进口的快速增长。

与东盟的贸易额成倍增长 2010年，北海与东盟的贸易总额为2.07亿美元,同比增长113.15%。占全市总值的15.11%。其中出口2677.75万美元,同比增长25.84%;进口1.81亿美元,同比增长137.57%,占全市总值的33.96%。北海与东盟的贸易额成倍增长，中国—东盟自贸区的货物贸易关税优势逐步显现。

外商投资企业和私营企业成为对外贸易的主力军 按企业性质划分,2010年外商投资企业和私营企业的进出口已经占全市进出口总值的98.78%，成为北海市对外贸易的主力军。2010年外商投资企业进出口总值8.38亿美元，同比增长95.03%，占全市进出口比重为61.15%,其中建兴光电科技(北海)有限公司进出口总值4.62亿美元，占全市总值的33.72%；私营企业进出口5.16亿美元，同比增长42.57%,占全市总值的37.63%。

2010年北海市主要出口市场情况表

单位:万美元

目标市场	累计	去年同期	累计同比%	占出口总额%
国别地区	83820.41	47247.76	77.41	100.00
亚洲	53583.9	26652.02	101.05	63.93
中国香港	47307.67	20703.64	128.05	56.44
日本	1092.46	992.2	10.10	1.30
中国台湾	564.84	539.45	4.71	0.67
东盟	2677.75	2127.82	25.84	3.19
印度尼西亚	647.21	389.66	66.10	0.77
泰国	429.24	319.49	34.35	0.51
越南	671.35	726.04	−7.53	0.80
马来西亚	812.15	196.27	313.79	0.69
新加坡	48.51	324.79	−85.06	0.68
菲律宾	44.71	125.85	−64.47	1.54
北美洲	15338.83	9607.71	59.65	18.30
美国	14751.23	9271.31	59.11	17.60
欧洲	10011.22	6806.58	47.08	11.94
欧盟	6820.06	4580.71	48.89	8.14
俄罗斯	1341.66	1348.01	−0.47	1.60
拉丁美洲	1857.6	1948.5	−4.67	2.22
非洲	2893.01	2019.29	43.27	3.45
大洋洲	135.85	213.66	−36.42	0.16

2010年北海市外贸进出口情况表

单位:万美元

贸易方式	累计	累计同比%	占总额%
1.一般贸易	54576.14	53.71	39.83
2.加工贸易	71649.06	80.91	52.29
来料加工贸易	12955.52	286.73	9.45
进料加工贸易	58693.54	62.62	42.83
3.边境小额贸易	481.70	−44.85	0.35
4.其他贸易	10319.15	190.02	7.53
合　计	137026.05	72.27	100.00

2010年北海市主要出口商品情况表

单位:万美元

商品类别	累计	去年同期	累计同比%	占出口总额%
机电产品	50784.00	19899.69	155.20	60.59
水海产品	19452.29	12263.17	58.62	23.21
烟花爆竹	5558.45	5991.06	−7.22	6.63
皮革及制品	1903.19	1636.88	16.27	2.27
铁合金	1575.60	202.25	679.04	1.88
纺织品	1049.28	1406.61	−25.40	1.25
农药	832.60	726.86	14.55	0.99
合　计	81155.41	42126.52	92.65	96.82

外向型企业进一步向园区集聚，园区进出口比重不断提高　2010年，北海市各园区进出口总值合计9.46亿美元,占全市总值的69.02%,其中北海出口加工区进出口总值7亿美元,同比增长109.49%,占全市总值的51.1%;北海工业园区进出口总值1.84亿美元,同比增长57.4%,占全市总值的13.43%。

国际经济技术合作

【区域合作】　至2010年,北海市共有18家企业经批准先后到境外投资,投资项目20个,协议投资总额8173.5万美元,其中2010年中方对外投资额5600万美元，同比增长1921%。项目分布在越南、柬埔寨、新加坡、中国香港、澳大利亚、加拿大、西班牙、英属维尔京群岛、丹麦等9个国家和地区，涉及贸易、生产加工、房地产开发、电子电器、农业及农产品综合开发等领域。

2010年桂台经贸合作　2010年7月2日，北海代表团参加桂台经贸文化合作论坛,期间,北海市企业与台湾相关企业签订了9946万美元的商品双向采购合同，占桂台双向采购合同35.4%。

2010年广西(印尼、越南)商品博览会　为帮助企业应对国际金融危机,进一步开拓东盟市场,2010年5月下旬、6月中旬自治区商务厅分别在印尼、越南举办“2010年广西商品博览会”。北海市积极组织北海市对印尼和越南有出口业绩的企业、有意向开拓印尼和越南市场的企业报名参加商品博览会。5月下旬,共组织11家企业参加了印尼展会,设立展位11个,派出参展代表21人,展品涉及电子产品、农用机械、冷冻食品、保健品、烟花爆竹等,达成意向成交额600多万美元。6月中旬,全市共组织7家企业参加了越南展会，设立展位8个，派出参展代表146人,参展的商品主要为大型存储设备、农用机械、显示器等,并初步达成部分贸易意向,意向成交额300多万美元。

举办泛北合作市长论坛　2010年8月13日,以“合作、交流、共赢、发展”为主题的2010泛北部湾区域经济合作市长论坛在北海举行。论坛围绕“泛北部湾城市发展的金融支撑问题”和“中国—东盟自由贸易区建成后，泛北部湾城市产业发展与合作”两个议题,进行了系统的阐述和深入的探讨，并就发挥泛北城市合作在中国—东盟自由贸易区中的重要作用，积极推动泛北城市间的产业合作，进一步扩大相互之间的贸易规模，不断完善互利合作机制达成共识。越南高平省、谅山省、下龙市、海防市、芒街市,菲律宾伊洛市、莱加内斯市、马尼拉市、普林塞萨港市,泰国莫拉限府、合艾市,柬埔寨白马省、西哈努克省、金边市,中国北海市、南宁市、钦州市、玉林市、防城港市、海口市、湛江市等23个泛北部湾城市及北海的部分友好城市参加了论坛。中央有关部委领导、东盟相关国家驻华领事机构官员、广西区各有关部门领导、中国少数民族自治区市长联席会的市长、中外有关企业家等近200位中外嘉宾出席论坛。

【利用外资】　2010年，北海市新批外商投资企业项目21个,同比增长10.53%。其中:独资企业17个,同比增长21.42%;合资企业3个,同比下降40%。合同外资额30177万美元,同比增长172.06%,其中:外商独资企业合同外资额16859万美元,同比增长99.21%;中外合资4318万美元,同比增长64.24%。实际利用外资额9934万美元，同比增长97.97%。其中:外商独资7022万美元,同比增长55.29%；中外合资2912万美元,同比增长600%。投资集中在制造业和服务业，项目投资总额超过500万美元的项目11个,1000万美元以上项目6个。

2010年新批外资项目主要来自中国香港地区、中国台湾省、韩国、

2010年北海市外商直接投资增减资项目情况表

单位:万美元

投资方式	增资项目		减资项目	
	项目数	合同外资额	项目数	合同外资额
中外合资企业	2	3143	2	101
外资企业	5	6592	—	—
合计	7	9735	2	101

2010年北海市新批外商直接投资企业国别(地区)情况表

单位:万美元

国别地区	项目数	合同外资额	实际利用外资
中国香港地区	14	26313	8440
中国台湾省	4	102	135
英属维尔京群岛	—	3046	1246
韩国	1	300	100
澳大利亚	1	16	13
萨摩亚	1	400	—
合计	21	30177	9934

澳大利亚。投资前三位(以实际投入计)的国家或地区是:中国香港地区、英属维尔京群岛、中国台湾省。其中:来自中国香港地区项目14个,合同外资额26313万美元,实际利用外资8440万美元,占实际利用外资总额的84.96%;来自台湾省项目4个,合同外资额102万美元,实际利用外资135万美元,占实际利用外资总额的1.36%;英属维尔京群岛的项目0个,但新增合同外资额3046万美元,实际利用外资1246万美元,占实际利用外资总额的12.54%;来自韩国的项目1个,合同外资额300万美元,实际利用外资100万美元,占实际利用外资总额的1%。

【利用外资运行特点】

新批项目外资额大幅上升 2010年,全市新批项目的投资总额28282万美元,同比增长129%;合同外资额20543万美元,同比增长159%。其中广西柏汇大地文化产业有限公司投资总额9000万美元,北海邦盛房地产有限公司投资总额4395万美元。

增资项目投资大 2010年,北海增资项目7个,新增投资总额18787万美元,新增合同外资额9735万美元。其中北海富丽华大酒店有限公司增加合同外资额3500万美元,北海市果香园果汁有限公司增加合同外资额3065万美元,利添生物科技(北海)有限公司增加合同外资额3001万美元。

外资来源地以港台为主 2010年,来自中国香港地区投资的企业14家,占总数的66%,合同外资额26313万美元,占总数的87%;来自中国台湾省投资的企业4个,占总数的19%。

外资结构进一步优化 2010年,北海市利用外资一改以制造业为主导的局面,呈现由制造业向服务业转变趋势。新批企业中服务业项目11个,投资总额21625万美元,占总量的61%,同比增长75%;合同外资额17159万美元,占总额的84%,同比增长116%。

(张小林 丁剑渠 盛少燕)

信息产业

信息化建设

【政府门户网站建设】 2010年,北海市政府门户网站实现全面提升,在推进政府信息公开、畅通政府与公众交流渠道、改善政务和投资环境、正面宣传北海市大开放大发展态势等方面发挥了作用。一是在市委、市政府主要领导亲自指导下,以市委办公室、市政府办公室的名誉组织召开全市政府门户网站建设工作会议,并出台了《北海市政府门户网站内容保障工作方案》、《北海市政府门户网站信息更新管理暂行办法》等文件,为加强和规范北海市政府门户网站建设工作提供了政策依据。二是做好网站改版升级工作,突出市领导及全市各部门工作动态、三年跨越发展工程、重大项目建设以及民生路网工程等动态信息的发布,新建分站点20多个,全年累计更新各类信息17969条。全新改版政府门户网站英文版,突出北海风光、人文历史以及招商引资等方面的介绍,为海外投资商和游客提供更好的信息服务。三是根据社会公众的客观需求,不断增强网站功能,结合各部门的实际情况,推出了"北海市住房公积金网上查询系统"、"在线警务"、"纪检监察网上举报"、"网上调查(投票)"等互动栏目,改进和完善门户网站的数据统计功能和在线服务功能,为市民提供了与政府交流的窗口,增强了网站的互动性和实用性。四是不断增强门户网站的安全性,加强政府网的检查和监测,全年共修复网站系统漏洞80处,同时将网站后台程序改为https安全协议登录,并设定只允许北海本地IP登陆门户网站管理后台进行操作,配合使用已采购部署的网站防篡改系统,大大提高了北海市政府门户网站的安全性,全年未出现任何安全事故。年末网站的点击率超过340万人次,较2009年同期增长约35%,使政府门户网站真正成为对外宣传北海,对内服务大众的重要窗口。

【网上办公系统推广】 2010年,网上办公系统累计实现接入187个单位,共发放机构证书共191个,个人证书560个,基本覆盖了全市党政机关、事业单位、中区直单位、民主党派和人民团体、重点企业等,各接入单位之间的无密级公文传输已实现无纸化。市政府通过网上办公系统下发的文件总量为1657份、各接入单位通过网上办公系统报送到市政府办公室的公文总量为11378份,系统流转的文件数量已达134617份。其中,市政府办、市发改

2010年3月北海市政府门户网站建设工作会议召开　　市经研中心　供

委、市财政局和市政府经济研究中心共4个单位实现了内部网上办公，基本已实现无纸化办公，总体应用情况良好。2010年，共通过电话支持和上门服务等方式为各单位解决网上办公系统使用疑难超过300人次，确保了网上办公系统安全、稳定运行和系统应用的稳步推进。

【政府信息公开】 2010年，北海市政府门户网站的政府信息公开平台累计接入单位150多个，建立分站点120多个。全市各部门按照12大类31个内容分类的要求公开各自相关信息，全年共发布信息14230条。政府信息公开的工作力度和动态督查力度不断加大，对不按要求开展日常实施工作的部门和单位，采取书面通报等形式进行批评和问责。"政务邮箱"信函处理效率、答复质量及公众满意度稳步提高。2010年共接收处理政务邮件4000余件，各单位信件处理周期由原来10～15天提高到3～5天，部分信件实现了当天答复，效率明显提高。由于政务邮件反馈及时，答复耐心细致，有理有据，社会公众满意度不断提升。

【电子政务统一平台建设】 2010年，中心继续推进全市电子政务统一平台工作，充分利用现有的电子政务网络系统资源为全市各部门信息系统接入提供服务，已为市外宣办、市旅游局、市安监局、《北海日报》社等单位的信息系统免费提供机房环境和网络资源。并通过统一互联网出口和安全管理平台为市人大、市政协、市委统战部、市直机关工委、市发改委、旅游局、科技局、民政局、人事局、农业局、物价局、外宣办等23个部门提供具有安全保障的互联网接入服务，接入办公计算机超过600台，不仅提高了这些单位办公电脑网络使用安全性，同时每年可为这些单位节约大量的网络费用支出。2010年，已完成与全市45个重点单位的光纤连接，为建设全市电子政务骨干网络创造了先决条件。广西电子政务外网平台北海节点建设工作扎实推进，已实现与自治区互联网中心的光纤连接，已开通了全区发改委系统网上视频会议专用通道。

【信息化安全管理】 2010年，中心采用加大安全监测和培训力度、完善软件系统、建立健全内部管理制度等方式，进一步加强全市电子政务安全性，确保了全市电子政务系统安全、稳定和正常运行。通过采购安全服务外包公司的技术服务，对全市电子政务网络和系统安全进行了日常监测和安全加固外，定期对网上办公系统和门户网站系统出具安全评估报告，不断提高网络平台的安全性和抗风险能力。制定了门户网站和网上办公系统相关信息安全应急预案，从管理制度上保证电子政务系统的安全性。组织开展全市政府信息系统安全检查工作，并配合自治区信息安全领导小组对重点部门的检查，得到了检查小组的高度赞扬。

【核心机房建设】 2010年，中心从软硬件设施方面进一步保障全市电子政务核心机房的安全。日常通过加大对机房环境数据的监测、机房电源线路、机房独立变压器、机房气体消防设施、柴油发电机等方面的检测维护，保障核心机房的安全。通过配置CDN加速服务器，保障网上办公系统及门户网站的畅通。通过实施机房空调使用优化方案，节约机房用电，实现节能减排目标。

（巫祥雯　梁少强）

电子信息产品制造业

【概况】 2010年，北海电子信息产业完成产值187亿元（含服务业），电子信息制造业完成149亿元，占全市规模工业产值的40.9%。截至年底，北海电子信息产业产值份额已经占据全自治区的一半。电子信息产业主要集中北海工业园区、高新技术产业园区和出口加工区等经济园区。

2010年，自治区人民政府批复北海电子产业园纳入自治区重点支持的11个北部湾经济区重点产业园及唯一的电子类专业园区，包括中电北海产业园和台湾（北海）电子产业园，总面积4.67平方千米。

【电子信息产业建设】 北海电子信息产业基地已经拥有中国电子、广西长城计算机、银河科技、冠德科技、建兴光电、创新科存储、景光电子、中电兴发、永昶电子、惠科电子、新未来、深蓝科技、石基信息等40余家电子信息企业，产品主要包括计算机整机、显示器、开关电源、存储设备、光头及光驱、液晶电视、电力系统自动化及电气设备、压敏电阻、手机、测量仪、软件等，产业布局逐步形成。部分企业已经发展成为全自治区乃至全国的领军企业。其中，北海市加工贸易规模在全广西经济园区中排名第一；台湾光宝集团投资的建兴电脑光驱，2010年产值达38.2亿元，在全自治区企业中进出口额排名第一，2011年将成为首个突破50亿元的电子信息企业，生产规模居广西第一；长城计算机、惠科、惠盛、西盟等液晶显示器和液晶电视项目，将把北海打造成为中西部地区电视、显示器面向东盟的最大的制造、销售、物流基地；北海市景光电子有限公司生产出了广西第一个高端电容器产品固态钽电容器；北海创新科技术有限公司为广西最大的存储设备生产基地，也是全国最大的生产基地之一，2010年向台湾销售510万美元存储设备；广西新未来信息产业股份有限公司位列中国电子器件百强企业第

83位，并获批广西千亿元产业电子元器件研发中心。2010年，北京航空航天大学北海学院软件学院、北海高新技术创业孵化基地、北海归国人员创业园等知名院校及科研单位也相继落户北海，北海电子信息产业的集群效应和带动效应逐步显现。

【发展电子信息产业的主要举措】一是以园区为载体规划电子信息产业布局。围绕央企—中国电子信息产业集团公司投资的中国电子北海产业园项目为龙头，打造电子信息产业8平方千米的核心区。加大承接产业转移的力度，加快出口加工区、铁山港（临海）工业区等园区的建设，逐步建立LED产业园、太阳能产业园、船舶电子产业园及软件与信息服务业产业园；通过不断完善北海市电子信息产业体系，实现产业规范化、集群化发展，最终形成“一区多园”的产业发展格局。

二是加大对电子信息企业的政策支持。对重大项目建立项目生成、分析评判、接洽谈判、快速决策、专项服务的引进机制，加快电子信息重大项目的落户。北海独特的区位优势使得北海电子信息企业可享受国家西部大开发、自治区承接产业转移、北部湾经济区以及北海市产业扶持等一系列优惠政策。通过不断加大资源配置倾斜力度，在存量资产、基础设施建设配套、土地资源、优势原材料、物流配套、财政支持、人力资源等方面，优先满足重点电子信息企业发展和重大项目建设需要。

三是不断优化产业投资环境。坚持“定人员、定时间、定职责、定进度”的“四定”办法，“急事急办，特事特办，新事新办，好事多办，能办必办”的“五办”原则，做好推进项目的服务工作。为投资商实现进一个大厅、跑一个窗口、填一张表格、交一套材料的“一站式”办结服务。为引进人才提供安置住房、子女入学、配偶就业等配套服务。

四是坚持以商招商、产业链招商，不断引进国内外知名企业。针对重点产业进一步制订科学、详尽的招商引资计划，举办相关跨国公司和国内知名企业参加的恳谈会等相关招商活动，并加快产业基地建设和产业品牌的推广工作。包括：第一，加快构建主体产业链，引进龙头企业。先后引进了中国电子、长城计算机、冠捷科技、三诺电子、景光电子、冠德科技等龙头企业，实现引进一个大项目、带动一批大企业、构建一条重点产业链。第二，加强以商招商。先期入园的龙头电子企业，带来了引商效应，如广西长城计算机公司的入园带动了景光电子、快讯达五金、广聚泰塑胶、万领印刷、陆顺物流等相关企业的入驻。第三，大力开展补链型招商。针对产业链的关键缺失环节，重点引进包装、印刷、五金、塑胶等电子信息产业发展的上下游目标企业。

五是以国家科技兴贸创新基地和全国第三批加工贸易梯度转移重点承接地为载体推动电子信息产业集群发展。以北海获批为国家级科技兴贸创新基地为契机，不断完善创新基地的产业布局规划，提高电子信息产品和机电产品的出口比例，使电子信息产品在全区继续保持领先地位。对基地内创新主体的研发活动提供全面支持，推动基地内企业在关键技术领域实现新突破，培育一批具有较强国际竞争力的领军企业，带动培养一批科技含量高、附加值高和国际竞争能力强的拳头产品，振兴电子信息优势出口产业。市委书记、市人大常委会主任王小东和市长连友农等领导高度重视，并对北海市申报第三批加工贸易梯度转移重点承接地作出重要指示。2010年11月16日，商务部、人力资源和社会保障部、海关总署三部门在深圳联合举行新闻发布会，将北海市列为第三批加工贸易梯度转移重点承接地。这是北海市硬实力进一步提升的又一个具体体现。北海市电子产业园区、高新区、出口加工区在承接加工贸易转移方面展现出广阔的发展前景，尤其是在促进产业集聚和融入全球产业链，推动开放型经济发展的效益突显。

六是打造国际产业交流合作平台。充分利用北海市作为沟通中国东盟各国桥头堡的区位优势，借助国家建设广西北部湾经济区的政策机遇，以中国—东盟博览会为契机，逐步打造北海国际产业交流合作平台。加大承接和参与高规格国际会议会展活动的力度，一方面通过活动展示北海发展电子信息产业的优势与思路，通过国际化平台树立良好的产业形象；另一方面，在“走出去，引进来”的过程中逐步实现技术、资本、人才和专业机构的集聚，实现北海电子信息产业跨越式发展。（周　坚）

城市信息服务

【概况】 2009年，北海市城市信息中心主要职责为城市规划建设提供信息服务和测绘服务，城市信息采集、加工处理和分析，城市信息系统建设，信息资料管理和信息发布，信息查询与咨询服务，信息业务培训，信息产品研制开发，基础地理信息应用开发，国家法定测绘和工程建设测绘。人员编制为32人，下设主任室、副主任室、总工室、办公室、测绘部、数据部、网络运行与开发部等部门。负责对规划管理信息系统每月至少1次的全面检测与维护，确保系统的可靠性、安全性、稳定性和可操作性，确定专人负责，明确责任目标；做好“数字北海”网站的运行与维护工作，确保其动态更新，发挥优势；及时在网站上发布与城市规划有关的重大项目、工程以及经批准的各项规划，接受社会监督；确保城市规划管理信息系统运行中所产生数据的及时入库与维护并针对性地开展应用研究，充分发挥其效益；全年外业数据采集差错率小于2%，测绘成果计算机管理数据入库率达到100%，对市规划局规划管理过程中产生的各种电子数据每月集中维护整理1次，确保数据入库率达到100%；做好北海市城市建设与规划数据库的管理，责任落实，明确职责，确保数据的完整与统一。

【测绘工作】 2010年，市城市信息中心开展北海市1：500及1：1000地形图修补测及数据建库工作。10月，完成1：500地形图野外数据采集及建库共451幅。全年完成修测补测874幅，完成建筑测量705.75件，用地测量221.5件，测（放）坐标148点，管线、道路测量54千米，电子出图798幅，测绘成果良好率达100%。同时，做好自治区重点项目冠岭山庄工程、北海市民生工程、中石化工程和其他重点项目的测绘服务。2010年，根据市委、市政府关于涠洲岛建设总体规划的工作部署，在没有任何资金情况下，自行解决筹资，历时35天完成涠洲岛1：1000地形图测量工作，实测涠洲岛1：1000地形图共141幅及数据库建设，并通过桂林市测绘研究院（具甲级测绘资质）质量验收。建立完善北海市的CORS（Continuous Operational Reference System，连续运行卫星定位服务综合系统）系统并投入使用，取代了传统测绘基础控制网，用全新的系统取代导线测量方式，使北海市的测绘速度和精度大幅度的提高，为数字北海的建设开拓了新的技术服务领域。2010年还更新仪器设备一批，其中新购3台全站仪、4台GPS、1套水准仪、1台彩色绘图仪、6台手持测距仪。

【规划管理信息系统维护与更新】 2010年，市城市信息中心做好城市规划管理系统数据库动态更新与维护工作，通过优化处理影像，采集更新地形图，完成554幅数据更新，并通过实测校核；规范内外业数据采集流程，确保数据的规范统一及其现势性，构建全新的规划信息平台，为城市规划管理建设发展提供翔实信息。

2010年，为了确保规划管理信息系统的安全运行，提高信息数据保密，购买采用新技术保密软件对数据处理进行加密，避免保密数据泄密情况的发生，制定了系统运行的管理规定和保密制度，实行互联网与规划管理信息系统内部网的物理隔离，对进入内部系统的外设介质严格管理，并指定专员对规划管理信息系统进行统一管理，做到每天一次数据备份，每月至少一次全面检测与维护，确保系统的可靠性、安全性、稳定性和可操作性。系统由原来的MapInfo图形文件数据库升级到ESRI ArcSDE图形数据库，属性库由SQL server升级到Oracle。11月，对规划局办公系统服务器进行升级，存储空间进一步扩容，新增各300GB的双硬盘，运行数据有30GB，通过服务器扩容升级，在三年内基本可保证系统运行数据的存贮、备份。

【规划指标核算】 截至2010年12月31日，市城市信息中心共完成指标核算项目341个，校核用地总面积：4662103.33平方米，校核建筑总面积：16716338.67平方米，其中包括北部湾一号（方案、施工）、银滩城二期（方案）、桂林电子科技大学西区规划（方案、施工）、消防指挥中心（方案、施工）、森海豪庭二期（施工）、人防指挥中心（方案）、铁山港区黄稍小学、黄稍中学（方案）等项目的规划控制指标的审核。

（秦　茜）

无线电管理

【概况】 北海市无线电管理处前身为广西区无线电管理局北海市管理处。1997年以前为北海市无线电管理委员会办公室，1997年4月第一次机构改革后，更名为广西区无线电管理局北海市管理处，同时挂“广西区无线电管理委员会办公室北海市管理处”的牌子。2002年5月第二次机构改革后，更名为广西区信息产业局北海市无线电管理处，是北海市无线电管理的行政职能部门，内设综合科、频率台站科、监督稽查科，下辖北海市无线电监测站。办公地址设在北海大道鸿海大厦16楼。

北海市无线电管理处在北海市人民政府和自治区工业和信息化委员会的领导下负责辖区内除军事系统外的无线电管理工作，主要贯彻执行国家无线电管理的方针、政策、法规和规章；拟订地方无线电管理规定，以实现无线电频谱资源和卫星轨道资源的合理、有效利用。根据权限审查批准本市各行业无线电台（站）的设置、使用、报废等方面的管理；审查无线电台（站）的建设布局和台址；指配各类无线电台（站）的频率、呼号，核发《中华人民共和国无线电台执照》和《中华人民共和国船舶无线电台执照》等无线电台站电台执照。会同有关部门对研制、生产、进口、销售无线电发射设备实施管理。负责本行政区域内的无线电监测，查处违法违章电台，维护空中电波秩序，保障本区域各类无线电设备正常运转。负责对全市无线电设备实施定期检测。协调本行政区域内无线电干扰事宜，查找干扰源，并负责与军队、外市协调无线电干扰事宜。办理涉外无线电管理事宜。负责电磁环境的管理。对工业、科学、医疗设备、电气化运输系统、高压电力线及其他电器装置产生的电磁辐射进行管理及其在选址、定点等方面与有关部门进行协调。按有关规定征收无线电频率占用费。负责重大事件时全市的无线电管制。防范不法分子利用无线电手段进行破坏活动。

【无线电安全保障及监测】 2010年，北海市无线电管理处完成监测值班、重要活动保障等特殊监测达1000多个小时，出色地完成了全国“两会”、全国高考、国庆阅兵、中国—东盟博览会和公务员考试等无线电安全保障任务，没有发生一起影响各项重大活动的有害电磁干扰，无线电安全保障工作实现零故障。11月，在移动、联通、电信3部门的配合下按3%的比例对市区、铁山港区和合浦县所设的基站进行抽检。经1个月的检验，均符合国家的技术指标。全年，北海市无线电管理处监测时间达4800多小时，行程19600多千米。为全面、及时掌握北海市电磁环境变化态势和重点无线电频段的使用情况，科学管理无线电频谱资源，查处有害干扰提供了科学依据。

【行政执法】 无线电管理行政执法是国家赋予北海市无线电管理处的神圣职责，是维护无线电频率资源的有效手段。除了日常行政执法外，2010年6~10月，根据原自治区信息产业局的有关部署，北海市无线电管理处结合本地实际，在辖区内开展了对讲机专项行政执法活动，此次活动规范了北海市的无线电对讲机频率的使用，净化了合法对讲机频率的使用环境。为了保障航空安全，结合北海市辖区内1785~1805MH$_Z$频段的使用情况，8月24日至9月6日，市无线电管理处对北海福成机场周边进行了电磁环境监测，对发现的不明信号进行了查处，对不按原来指配频段工作的电信运营商下达了限期整改通知书。

【频率台站管理】 频率台站管理工作是无线电管理工作中的出发点和落脚点，是无线电管理工作的基石。为给广大市民提供更多的信息获取渠道，北海人民广播电台拟在北海市冠头岭新设一个广播电台。11月25~30日，市无线电管理处对冠头岭和北海机场有关频率进行了电磁环境测试，确保了频率使用过程中不会对民航等其他业务产生有害干扰。2010年，北海市无线电管理处共查清辖区内各类无线电台站（设备）的数量达到2677部。

（庞　源）

邮　政

【概况】 2010年，北海市邮政局在北海市委市政府和区公司党组的正确领导下，以科学发展观为指导，贯彻落实党的十七大、十七届四中、五中全会精神和全区邮政工作会议精神，紧紧抓住改革与发展这条主线，结合北海地方经济发展实际，变压力为动力，化挑战为机遇，狠抓项目发展，强化项目营销，有力地促进了各项业务的快速稳健发展，经营绩效取得新的突破。全年完成邮政业务总量7333.49万元，同比增长12.22%。

2010年，北海市邮政局内设职能管理3部2室（综合办公室、党群纪检监察办公室、市场经营部、人事教育部、计划财务部）、5个专业局（营业局、函集局、发投局、代理局、机要通信分局）等10个机构（党群纪检监察室下设安全保卫部），直辖合浦县邮政局。全局邮政员工557人，其中管理人员47人；各类专业技术人员38人；大中专以上学历470人，工商管理硕士学位1人；在职党团员165人。

【邮政企业改革新进展】 2010年，北海邮政企业速递物流改革取得突破性进展：顺利完成了火车站邮政大楼的交接工作，6月28日按时完成广西壮族自治区邮政速递物流有限公司北海市分公司的工商登记，6月29日广西壮族自治区邮政速递物流有限公司北海市分公司揭牌成立，标志着北海邮政速递物流专业发展进入了一个新的发展阶段。

【基础设施】 2010年，北海市共设邮政局所及网点57个，其中邮政储蓄网点24个，集邮门市部3个，信筒119个，信报箱群288个，信报箱18000户，设置邮政报刊亭台150个，较好地满足了人民群众投递到户的服务需求以及对文化生活的需要；城乡投递段道114段道，总长4450千米；提供邮政通信服务范围3000多平方千米，服务人口150多万人。

2010年，市邮政局根据市场经济的发展态势，投入建设资金387.76万元，重点加大对营业网点的扩建、搬迁、改造建设，满足社会普遍服务需求，着力提高邮政市场竞争力，打造北海邮政品牌，提升北海邮政企业形象。一是投入160万元，完成侨港邮政支局工程建设项目，已投入使用；二是投入134.8万元，完成广场、化工路、合浦廉州南、白沙等网点的扩建、搬迁、改造工程，进一步完善了代理金融网点的基础设施建设，改善网点服务环境，增强网点自然吸储能力；三是投入11.9万元，完成合浦集邮专卖店标准化的改造建设；四是投入8.06万元，完成市县局各农资分销网点的维修改造工程；五是投入43万元，完成第四批西部营投网点总江口支局、东区支局的维修改造；六是投入30万元，完成邮政营业生产设备和增设邮储网点排队机、自助柜员机等设备，完善网点服务功能。

【提高服务质量和企业文化建设】 2010年，市邮政局把做好服务工作作为提升综合竞争能力的重要举措，加大对前台营业人员的培训力度，加强投递人员投递服务五条禁令的宣传学习等。随着社会经济的高速发展，各种邮件报刊投递量逐年增加，客户个性化账单、DM宣传广告单册的投递量也日益加大，市邮政局从9月份开始市区邮件投递全部实行电动自行车投递，结束了几十年来一贯制的人力自行车投递的历史。全年邮政服务质量综合评价满意度达94.07分，排名自治区第一位，“两岗”履职检评91.24分，排名自治区第三位。在2010年度全国邮政用户满意企业颁奖公布中北海邮政企业荣获“2009年度全国邮政用户满意企业”称号，被北海市消费者协会评为“2010年度诚信兴商承诺企业”，局工会荣获全区邮政“模范职工之家”称号，合浦县局公馆支局荣获全区邮政“模范职工小家”称号。（王晶晶）

中国电信北海分公司

【概况】 2010年，中国电信股份有限公司北海分公司(以下简称“北海电信”)下辖海城区分公司、合浦分公司。作为北海通信主导运营企业，北海电信成功从传统基础网络运营商向现代综合信息服务提供商转型，拥有“我的e家”、“天翼”、“号码百事通”、“互联星空”、“全球眼”、“新视通”等著名业务品牌。公司固定电话容量36.77万门，互联网出口带宽达40G，宽带设备容量30万线，移动通信容量近90万线，网络100%覆盖各乡镇，3G网络率先实现了市区、合浦县城、乡镇、涠洲岛全境覆盖，成为北海市第一个提供3G业务服务的运营商。

2010年，北海电信按照北海市委、市政府关于加快北海信息化建设的战略部署，推进信息技术和互联网在经济社会各领域的应用，全面提升政府信息化、企业信息化、农业信息化、社会公共领域信息化水平，构建便捷高效的信息网络体系。全年实现业务收入同比增长6.8%，纳税同比增长7%，切实履行了企业的社会责任。

公司强化企业诚信经营，全力营造消费者放心、明白消费的和谐消费环境。2010年，北海电信荣获“诚信兴商承诺企业”、“纳税大户”等荣誉称号，实现了企业经营与社会责任的高度统一。

由中国电信合浦分公司承建的合浦县教育局信息化工程项目启动仪式在合浦廉州中学举行　马宗耀　摄

【市场经营】 2010年，北海电信继续坚持客户品牌经营和融合发展策略，大力推进综合信息应用服务，进一步丰富了品牌内涵，提升了客户服务感知，让更多市民尽情享受信息新生活。

一是“商务领航”品牌针对不同类型企业客户的综合通信和信息需求，充分发挥固移融合、行业应用以及一站式服务的优势，融入总机服务等全业务融合产品和行业应用，通过提供通信版、信息版、行业版等系列行业应用，进一步丰富商务领航“融合信息应用、远见成就价值”的品牌内涵，为广大企业客户提供更多的安全、优质、高效的移动通信服务、固移融合业务和信息化应用服务，更好地服务企业信息化和行业信息化。

二是“我的e家”品牌结合天翼移动业务的融入，针对家庭客户需求推出了多款全业务融合套餐。截至2010年北海电信“我的e家”品牌包括e6、e8、e9等3款主套餐，融合了固定电话、宽带、家庭无线上网(Wi-Fi)、小灵通、视频娱乐、家庭理财、家庭办公、信息家居等多种的综合应用，以更全面、便利的通信应用，打造家庭信息新生活的理想平台，深化了“爱没有距离、家就在身边”的品牌核心内涵。同时，实施老用户宽带提速工程、全面实施宽带进小区、加大农村缺端口缺线区域的宽带建设，使广大电信宽带用户能更好地享受精彩的互联网生活。

三是中国电信天翼手机充分发挥网速快、互联网应用丰富、通话音质高、使用绿色健康、通讯信息保密、网络覆盖完备等优势特点，融合企业自身的业务优势，更好地满足广大客户特别是中高端企业、学校、家庭及个人客户的综合信息服务需求。2010年，中国电信3G服务不但可以随时方便稳定高速地接入互联网，并将随时随地享受到多种宽带互联网服务，如：网络浏览、无线办公、无线监控、邮件推送、视频音乐、电影电视、游戏娱乐、即时通信等各种平时只能通过固定网络在电脑中享受到的宽带互联网服务，同时“天翼”手机已具备了 Wi-Fi 功能，可随时随地登录电信在全国各省市 WiFi 网络(无线宽带局域网)。“天翼”手机通过整合资源很好地做到宽带的无缝接入，“天翼”3G 手机强大的信息运用功能受到了广大市民的追捧，引领了北海市通信消费的新潮流。

四是北海电信加速推进北海社会的信息化发展，为全市物流、商贸等各大企业提供了号码百事通、商务领航、全球眼、“交通 e 通”以及“ICT 应用”等综合信息服务，“平安北海”等重大信息化项目在推进当中。同时，加快推进电子政务建设与应用，进一步升级完善电子政务网络平台，逐步提升政府资源整合共享力度。拓展农村信息化综合信息服务试点，加强信息技术对农业、农村的支撑。通信信息化建设为北海经济实现三年跨越发展起到了良好的推动作用。

北海电信技术工程师在进行突发事件应急演练　　高伟伶　摄

【网络建设】 2010 年，北海电信高起点优化宽带接入网、无线网络、3G 网络的建设，快速提升网络质量，打造质量一流、客户信赖的通信网络。

一是整合宽带网络资源，全面提升光纤到达率。2010 年，新增光缆 4000 纤芯千米，新增与改造光交接箱、分纤箱 200 多个。实施光进铜退建设，新增窄带 10000 线，宽带 5000 线。光纤通达小区 800 多个，到达率 90%；光纤到商务楼宇近 200 栋，到达率 95%。率先在全市实现千兆到楼，百兆到户的接入能力。

二是通过强化覆盖和深度优化，3G 网络质量跨上新台阶。3G 网络率先实现了市区、合浦县城、乡镇、涠洲岛全境覆盖，进一步改善北海—合浦高速路及二级公路、旅游景点、机场、商务楼宇、宾馆酒店、休闲娱乐场所的 3G 网络覆盖。2010 年，城区的信号覆盖率提升至 99.8%；在乡镇郊区的信号覆盖率提升至 100%，充分发挥了 3G 网络的覆盖优势、环保优势、高速上网优势，给客户提供了全新的网络体验。同时，在热点区域同步建设网速更快的 WLAN 无线局域网，供 3G 用户在人口密度大、用户集中的机场、酒店、商业楼宇、学校等特定场所切换使用，满足 3G 用户高速上网的需要，为全市用户提供随时随地、方便、高速的无线高速接入。

三是充分发挥通信指挥和保障体系实力，确保网络平稳和安全运转。北海电信将国有企业的社会责任与应急支撑的企业责任结合起来，依托电信精品大网，在应急支撑、抢险救灾、公众网络保障及突发公共事件通信保障等方面发挥重要的作用。

【客户服务】 2010 年，北海电信通过加强服务体系建设，提高品牌服

北海电信技术工程师耿齐湘(右一)在合浦十字路乡村委进行农村信息化运用培训

吴智起　摄

务能力。

加强社会监督体系建设　采取“走出去、请进来”的方式，向全市聘请社会监督员，对营业窗口、客户服务热线、公用电话、业务支持、服务时限、客户关怀、服务管理等方面进行监督检查，从多角度、多层次对电信服务展开全方位的监督与检查，通过社会监督促进服务质量的提升。

加强服务考核体系建设　对于广西区公司的季度满意度测评、月度日常监测等落实考核责任，加强服务绩效考核，做到人人有目标，人人有考核，通过对 10000 号坐席扩容和增设及转变企业员工服务责任意识，全面改进客户服务质量。

加强投诉处理体系建设　对现有投诉处理的流程进行完善及细化，以客户投诉为窗口，实施一点受理及集中闭环管理，做到件件有跟踪，责任落实到人。同时，加强 10000 号投诉处理时限、投诉回复质量管理，每月对处理质量进行评价、通报，使客户满意率得到持续提升。

加强前后端服务联动体系建设　北海分公司前后端各部门加强沟通，每月召开服务办公会议，加强协作配合，开展维护服务前置，不断提升客户感知。

【企业文化建设】 2010 年，北海电信不断丰富和扩大企业文化内涵，形成了具有自身特色的企业文化氛围，使企业在激烈的市场竞争中不断增强了核心的竞争力。

主题实践活动向纵深发展　“和谐、健康、绿色”三个电信、服务文化纲要宣传贯彻、基层党支部标准化建设工作、开展“争创四强党组织，争做四优共产党员”（即政治引领力强、推动发展力强、改革创新力强、凝聚保障力强，政治素质优、岗位技能优、工作业绩优、群众评价优）等活动顺利展开，深入学习实践科学发展观整改落实“回头看”活动取得实效。

北海电信副总经理兼工会主席肖扬波（左一）带领员工到身患重病的劳显超同学（左二）家中进行慰问，并送去北海电信全体员工捐献的慰问款　　高伟伶　摄

形成良好的创先争优发展氛围　通过推进学习型党组织建设和党组织建设年使活动得到更好的延伸。召开全体员工动员大会 2 次，围绕中心，促进工作，鼓舞士气、坚定信心。同时分 3 批次表彰了在工作中涌现出的优秀团队和先进个人，有效激励了员工的斗志。　（李智影）

中国移动广西公司北海分公司

【概况】 2010 年，中国移动广西北海分公司（以下简称“北海移动”）下辖海城、铁山港、合浦 3 个分公司，负责经营北海一县三区所有中国移动通信业务。2010 年，北海移动走入全业务运营时代，在原有“全球通”“动感地带”“神州行”三大著名品牌基础上打造 “G3”、“I 万家”、“MM”、“集团专线”等全新业务品牌。

2010 年，北海移动响应市委、市政府实施“北海三年跨越发展工程”号召，以科学发展观为指导，坚持创新和发展的工作主线，深入开展创先争优活动，通过规模发展、深化经营管理，提升客户价值，全力打造全业务发展新优势。全年投入 2 亿多元建设管道、光缆、基站及楼宇市内分布系统，实现了移动通信村村通覆盖率 100%。并加大 TD-SCDMA 基站、WLAN 热点建设力度，无线宽带接入能力大幅提升。截至 2010 年 11 月，公司客户数成功突破 100 万户，全年运营收入同比增长 13.1%，全年上缴税收 6274 万元。

2010 年，北海移动切实履行企业社会责任，全年出色完成泛北部湾论坛、世界比基尼小姐大赛、北部湾城市形象大使决赛以及第五届北海国际海滩旅游文化节等重大事件、活动和重要节假日的通信保障任务。同时，开展促进就业、拥军慰问、捐资助学、助残扶贫等公益慈善活动。2010 年获得自治区文明单位、北海市市直基层工会工作先进集体、北海市价格诚信单位等多项荣誉。

【业务应用丰富精彩】 北海移动以客户为根、服务为本，从客户需求出发探索新应用，面向中国移动“全球通”、“动感地带”和“神州行”三大品牌客户，2010 年重点推出以下实惠

2010年6月10日，市人大常委会副主任张玉兴出席2010年北海市"碧海阳光杯"青年气排球邀请赛开幕式并宣布比赛开幕 北海移动 供

业务。

一是G3手机，G3是中国移动基于TD-SCDMA这一拥有国家自主知识产权的3G技术标准推出的服务品牌。中国移动G3手机以音乐全曲下载和手机视频为重点进行端到端优化，预装包括飞信、手机地图、手机证券等各类中国移动的客户端应用程序，为客户提供丰富精彩的业务运用和高速访问互联的全新体验；部分G3手机还加载了CMMB手机电视功能，客户拥有G3手机等于有了一部移动电视。

二是"i万家"家庭有线宽带。2010年，中国移动与旗下中国铁通公司联合，正式推出"i万家"家庭有线宽带业务，全面采用PON技术，光纤接入、高速稳定、安装简便。2010年，包括"北部湾1号"在内的北海、合浦多家小区均接入了中国移动的"i万家"家庭宽带。

三是加速"Wlan"热点建设，推广无线上网。2010年北海移动大幅度推进热点地区的Wlan覆盖，在各大高校、酒店、繁华市区以及公共场所覆盖面大幅提升，无线上网业务可广泛应用于人们的商务、工作、生活、娱乐等领域，使北海市民充分享受更高品位、更高质量的生活。2010年，累计完成了32个热点区域的建设，并开通投入使用。

四是"移动MM"，即移动应用商城，客户登录"移动MM"之后即可进入其网站，挑选各类手机应用软件下载。其内容丰富、应用广泛，包含了2000多款软件、2000多款游戏、14000多个主题、57000部手机图书、100多万首流行歌曲、16套视频节目，为客户提供了丰富的选择。2010年，北海市共发展了超过3万户的"移动MM"客户。

五是"集团专线"，即基于中国移动强大的CMNET全光纤骨干网和城域网，提供大容量高带宽的互联网专线接入服务。客户可以根据实际需要，以端口独享或共享方式在1Mbit/s-100Mbit/s的带宽间进行自由选择，接入地点无限制。专线以新一代宽带IP技术为核心的电信级网络为基础，网络容量大、安全性能高、业务功能强，提供电信级QoS保障和SLA服务标准，可实现全球Internet信息访问、大容量电子邮件、视频会议、远程教育、电子商务、多媒体信息查询、网上银行等各种基于互联网的数据业务。

【客户超百万系列回馈活动】 在公司即将迎来客户超百万之际，北海移动开展客户超百万系列回馈促销活动，包括新客户入网有礼活动、存量客户预存话费有礼活动、集团客户/中高价值客户预存送礼活动、彩铃换歌有礼活动、10086700满意度短信评价有礼活动，70000多客户享受到了不同程度的回馈。同时，北海移动在各乡镇开展了240场路演活动。

【以信息化服务当地发展】 2010年，北海移动深度推广"甜蜜通"、"校讯通"、"视频监控"、"移动OA"、MAS、企业建站、"校信通"、"车务通"

2010年7月2日，"北部湾1号"信息化战略合作协议签约现场 北海移动 供

2010 年 10 月 30 日,“理财有道”专题讲座活动现场　　关姗姗　摄

等综合信息服务，围绕集团信息化发展，开创行业信息化项目推广新模式,举办“中小企业信息化体验活动”及“信息就是力量”为主题的中国移动信息化产品推介会。邀请来自北海、港区、合浦 6 个行业的 60 余名中小企业代表共同参加。2010 年,北海移动已陆续为政府机构、学校、汽车城、房地产、农产品厂商等量身定制了各种信息化整体解决方案,让企业通过小投入换来大效益。

西场镇社会治安天网系统工程　9 月 29 日，与合浦县西场镇政府共同合作建设的“西场镇社会治安天网系统工程”建成正式投入使用并举行隆重启动仪式。该项目总投资成本约 46 万元,为北海首个城镇视频监控信息化建设项目，也是组建西场镇平安工程的关键部分。自天网系统建成以来,已见成效,成功协助西场镇派出所破获一宗盗窃案以及抓获了一名网络在逃犯。“天网项目”的建设推广为城镇安全、社会和谐提供了信息化保障。

“北部湾 1 号”信息化战略合作协议签约　7 月 2 日,携手北海馨平广洋房地产开发有限公司共同打造精品信息化示范小区,举办“北部湾 1 号”信息化引入战略合作协议签约暨项目启动仪式。北海移动将为小区量身打造家庭网络信息化解决方案,引入“i 万家”宽带信息服务;同时，依托北海移动提供的物业服务信息化方案,“北部湾 1 号”将成为北海首家智能化小区。此项目的开工建设，是北海移动全业务发展的一个新里程，也标志着北海小区信息化迈开了实质性的步伐。

【提升客户满意度】　2010 年，北海移动以“客户为根,服务为本”为宗旨,坚持发展和创新,不断提升精细化管理能力和服务品质，持续推进电子渠道深度运营，开拓渠道新价值,优化服务质量管理工作流程,建设服务标杆示范厅，持续提升客户满意度。通过对市区最大的自有服务厅北部湾西路标杆服务厅的建设打造,以点带面,带动各服务厅的服务质量全面优化；公司内开展星级服务明星评比活动，提升窗口服务水平。通过开展一系列服务提升举措，在 2010 年客户满意度调查中，公司在营业员的整体表现、业务办理快捷、促销或优惠活动办理方便、业务人员营销方案解释清晰等方面满意度得到了显著提升。

【整治互联网及手机媒体环境】　2010 年 1 月 29 日、5 月 17 日，自治区扫黄打非办公室组织相关单位分别到北海市进行整治互联网和手机媒体淫秽色情及低俗信息专项检查。第一阶段,北海移动从“营销宣传、业务服务管理、内容管理、合作管理、平台管理、风险监督管理”六大方面全面开展整治;第二阶段着重从“营销宣传管理、业务服务管理、合作管理、深入开展垃圾信息治理”进行了整治。整治工作在监管部门领导下持续、有效地开展,为客户营造了绿色、健康的手机网络环境。

2010 年 1 月 29 日,广西北海市整治互联网和手机淫秽色情信息工作汇报会现场　　北海移动　供

2010 年 6 月,“儿童随身行杯”围棋赛现场　　北海移动　供

【助力北海青少年才艺竞赛活动】 自 2009 年推出具有免干扰、GPS 定位、一键报警功能的“儿童随身行”儿童专用手机，为上万北海儿童提供多一重安全保障后,2010 年陆续支持举办北海市首届“中国移动儿童随身行杯”青少年才艺会演、北海市第六届中国移动“儿童随身行杯”小学、幼儿园围棋赛、才艺比比拼、我是小明星——2010“儿童随身行”杯北海小学生才艺大赛、街舞大赛等活动,提供儿童文化交流、成长平台，助力青少年德智体健康快乐成长。（林秀燕）

中国联通北海分公司

【概况】 2010 年，中国联通北海分公司(以下简称“北海联通”)下辖 8 个职能部门和城东、城西、合浦、铁山港、山口 5 个分公司,以及 1 个集团客户事业部，负责北海市所有中国联通业务，是北海市通信行业的主导运营商之一,2010 年底在职员工达 320 人。

2010 年，北海联通以“信息生活的创新服务领导者”为愿景,用一贯追求卓越的精神，不断创新经营模式,提升营销能力,网络能力大幅增强,服务水平显著提高。北海联通在最短的时间内全面建成并运营全球最大的 WCDMA 3G 精品网络，为消费者提供丰富的移动互联网应用服务。同时,充分利用 3G 和宽带优势,创新产品和服务,在政府信息化、农村信息化、公众信息化和行业应用等各个领域取得突破，力助北海运行质量和效率的提升。年末,北海联通用户总数超过 30 万户(人)。

【市场经营】 2010 年，北海联通以提升北海市信息化水平、向社会提供高品质的信息服务为己任，实施“3G 领先与一体化战略”,充分发挥自身优势,不断改革创新,全面提升综合实力,力争建设最好的网络,创造最优的产品,提供最佳的服务,致力成为“信息生活的创新服务领导者”。

北海联通主要经营 2G、3G 移动通信业务，固网业务等综合信息服务；主要品牌:“沃品牌”、“亲情1+1”、“新势力”、“如意通”、“世界风”、“宽带商务”等。2010 年北海联通国内国际长途电话业务已通达世界所有开通长途电话的国家和地区;移动电话实现了全国漫游,以及 200 余个国家和地区的国际漫游业务;各类宽带接入、智能通信、数据、互联网等业务持续增长。

【网络建设】 2010 年北海联通在技术上全面攻坚技术创新，持续优化建网,为广大用户打造精品网络。

一是技术优势与规模创新并举。3G 网络建设全网采用 HSPA 技术,2G/3G 协同建网,核心网共建,保证网络的无缝覆盖。同时 3G 网络覆盖至乡、村,并在县城以上业务区实现连续覆盖，全网容量满足业务需求。2010 年,根据市场反馈,联通 3G 用户使用满意度相对最高。WCDMA 的技术优势加上北海联通的规模创新，不仅推进了 3G 精品网络的建设，还持续完善了 GSM 网络，实现了网络能力和网络质量的不断提升。

二是优化运维完善通信保障工作。北海联通通过持续的网络优化工作促进网络质量的保障和提升。坚持开展日常优化、专项优化、测试评估等工作,通过精细化管理以及不断地技术创新加强通信保障能力的提升,实现网络质量的大幅提升。2G 网全区域无线覆盖良好率约为 98.2%,3G 网核心区域覆盖率为 99.1%,宽带网络修障及时率为 98.5%。

【客户服务】 2010 年北海联通逐步实现由市场导向向客户导向转变，由标准服务向超值服务转变，由销售服务向全程服务转变，力求为客户创造更大的价值。一是在渠道沟通上,强调以“体验为中心”,通过语音、视频、短信、彩信、互联网、即时通信等多种方式满足客户需求。二是在支撑系统上，实现了对手机音乐、手机电视、无线上网卡、移动互联网、移动电子商务、可视电话等 3G 新业务的完美支撑。三是在客服人员的软实力上，北海联通努力建设优秀的培训师队伍，加强日常培训,并创新多种培训方式,快速提升一线服务人员的服务能力。

【北海联通客户俱乐部暨 i Phone 俱乐部揭牌】 2010 年 2 月 1 日,中国联通北海分公司客户俱乐部暨 iPhone 俱乐部的揭牌仪式隆重举行。这两个俱乐部揭牌，标志着北海分公司在提高服务水平，为客户提供专业化、个性化服务方面迈出了新的一步。

2010 年 2 月 1 日，北海联通举行客户俱乐部暨 i Phone 俱乐部的揭牌仪式

【企业文化】 2010 年，北海联通以“和谐、敬业、创新、共赢”的企业价值观为核心，构建具有北海联通特色的企业文化体系。2010 年，出台了《北海联通企业文化十条》，全体员工以之为准则，为导向，深入实践。通过开展“基层帮扶日”、“树典型学榜样”活动，以及建立“功劳簿”，企业的凝聚力、战斗力进一步得到提升。同时，还开展各项文体活动，丰富员工生活，建立员工爱心基金。

参加第一届中国联通乒乓球挑战赛广西选拔赛　9 月 11 日，“乒临城下”——第一届中国联通乒乓球挑战赛广西选拔赛在南宁拉开帷幕。经过两天的激烈角逐，北海代表队表现优异，勇夺女子 20 ~ 35 岁组冠军、男子 46 ~ 55 岁组亚军、女子 10 ~ 19 岁组亚军、男子 20 ~ 35 岁组季军。

北海分公司“沃 3G 杯”羽毛球大赛　12 月 4 日，北海联通举办 2010 年“沃 3G 杯”羽毛球大赛。比赛通过抽签、淘汰赛的方式进行，经过激烈角逐，决出了男子单打、女子单打、男女混双冠亚季军各一名。

献爱心捐款活动　广西桂西北地区发生特大干旱，4 月 1 日，共青团北海分公司委员会及青年文明号集体响应北海市创建“青年文明号”活动组织委员会开展的“情系灾区，共建和谐”主题献爱心活动，充分发挥先锋模范作用，组织广大青年团员捐款，支援灾区群众。4 月 24 日，北海分公司举行“情系玉树”献爱心捐款活动。广大员工纷纷慷慨解囊，踊跃捐款，用实际行动支持灾区人民开展抗震救灾工作。

助力北航北海学院第三届创业文化节　5 月，北海联通助力“沃精彩”北航北海学院第三届创业文化节。活动由中国联通北海分公司冠名，北航北海学院团委主办，北航北海学院经管学院与沃青年创业就业俱乐部北航分部承办。以“创想启动智慧，创业无限腾辉，激扬你我青春，梦想放飞北航”为主题，为北航北海学子提供了一个展示自我梦想的绚丽舞台。　（潘小云）

财政·税务

财　政

【概况】 2010年，全市组织的财政收入471036万元（含成品油消费税改革增量，下同），完成年初预算的121.3%，比2009年增加113519万元，增长31.75%。其中，一般预算收入增幅达到59.73%，高于自治区平均水平35.3个百分点。

全市财政总收入749813万元，财政总支出653304万元，收支相抵，年终滚存结余96509万元，扣除结转下年继续使用的专款113366万元，调入预算稳定调节基金9000万元，全市财政当年收支净结余-4245万元，历年累计收支结余-25857万元。

全市当年基金预算收入349663万元，基金支出167658万元。当年基金收入和支出相抵后（含上级补助收入和补助下级支出），全市当年基金结余196941万元。

全市一般预算支出630370万元，完成年度预算的91.94%，增长23.62%，超额完成自治区提出的力争完成年度预算90%的目标任务。其中，市本级一般预算支出330574万元，完成年度预算的92.95%，增长43.72%。

全市和市本级财政预算执行情况良好。全市财政收入和地方财政收入均超过自治区平均增幅，超额完成了财政收入目标。财政支出基本按计划实现，保证了工资的正常足额发放和机关正常运转，社会保障、重点项目及各项事业的资金需要得到保证，财政运转正常。

【收入征管】 2010年，面对复杂的经济形势和各项增支减收不利因素的影响，财政部门及早分析，科学谋划，建立和完善激励机制，做到三个结合：一是税与非税的结合。加强税收征管，加大非税收入的统筹力度，确保应收尽收。二是做到点与面的结合，完善重点税源监控机制，对重点行业、重点企业依法加大征管力度。三是做好部门与部门之间的结合，建立综合治税机制。财税部门协调配合，建立定期的财税例会制度，按月通报财政收入进度情况。

经过全市财税部门共同努力，提前2个月在自治区率先完成自治区下达的年初财政收入任务，连续三年是自治区第一个完成下达年初任务的地级市；超额完成自治区调整下达的45亿元、市委、市政府下达的47亿元财政收入奋斗任务，财政收入年增量首次突破10亿元，达到11.35亿元；2010年财政收入增幅达31.75%，在自治区名列第三，连续三年增幅排名自治区前三；一般预算收入增幅为59.7%，排名自治区第一；在实现财政收入高增长的同时，继续保持财政收入高质量，全年税收收入占全市财政收入的比重为83.75%，占一般预算收入的比重为72.33%，排名全区前列。

【支出管理】 2010年，北海市财政支出坚持有保有压，突出重点，加强对一般性支出的控制和压缩，进一步优化财政支出结构，支出重点向农业、教育、科技、医疗卫生、环境保护等法定支出和重点支出倾斜，全市教育、社会保障和就业、医疗卫生等财政基本公共服务支出占财政支出总额的31.3%，农林水事务支出占财政支出总额的11.16%，体现了支出重点向民生倾斜的特点。全年全市投入民生的财政性资金达36.09亿元。其中市本级用于民生领域的资金达15.4亿元。同时，坚持厉行节约、勤俭办事，坚决制止各种铺张浪费，严格控制行政开支，努力降低行政成本，更好发挥财政资金使用效益。

【民生建设】 2010年，市财政局加大对民生领域的倾斜和支持力度，全年全市投入民生的财政性资金达36.09亿元。其中市本级用于民生领域的资金达15.4亿元。

一是认真落实为民办实事资

金。市财政筹集建设资金7.28亿元用于2010年北海市确定的12件为民办实事项目，并按项目进度及时拨付到位。

二是优先发展教育事业。投入资金5598万元，完成自治区下达的三年职业教育攻坚任务。足额安排中小学校舍安全工程建设资金5900万元。筹措资金4535万元，落实资助家庭经济困难学生。

三是加大"三农"投入力度，推动农业农村经济持续发展。2010年全市支农惠农支出共4.6亿元。其中投入农业水利基础设施建设资金1.09亿元；拨付林业、渔业生产用油补贴资金1.86亿元。

四是加大科技自主创新推进力度。安排科技经费520万元，重点扶持中小企业科技成果产业化；安排200万元支持科技兴贸创新基地建设。

五是加大文化体育事业投入。安排1350万元申报国家历史文化名城喜获成功，安排50万元支持"北部湾画风——北海水彩画作品展览"在京成功举办。筹集资金240万元建设10个行政村公共服务中心；筹集资金50万元实现每个行政村每月放映1场电影。

六是加大公共医疗卫生事业投入。全市落实公共卫生服务费2242万元，开展9类国家基本公共卫生服务项目，促进城乡公共卫生服务均等化。安排380万元用于各种疫情防控工作。拨付贴息资金750万元支持市中医院住院综合大楼、市人民医院住院大楼建设，项目主体工程已完工。拨付资金150万元，实施国家基本药物制度改革，有效缓解群众看病难看病贵问题。拨付资金1300万元，实施市本级公共卫生机构绩效工资改革。

七是加大社会保障投入力度。筹集资金1614万元用于新型农村社会养老保险试点工作，实现4万人参保。安排城市低保配套资金150万元，农村低保配套资金45万元，确保了城乡低保对象低保金的发放。筹集资金525万元解决和改善农村五保户集中供养，建设35个五保村。筹集资金3373万元完善城镇居民基本医疗保险制度，使参保人数达到41.88万人。筹集资金12858万元用于新型农村合作医疗，全年全市参合农民总数为107.5万人，全市参合率达95.69%。筹措资金5047万元(不含医保基金调剂)，用于关闭破产国有企业退休人员参加医疗保障，破产企业1839人、关闭企业11806人已纳入医保，完成任务率100%。

八是加大保障社会稳定经费投入。落实基层政法经费保障体制改革资金，足额安排综治经费，加大社会综合治理方面投入。安排2000万元用于解决历史遗留积案，解决了百货公司、纺织总公司职工安置及部分特困企业职工养老和医药费问题。

九是不断增强政府偿债能力。全年拨付工程、土地欠款5925.97万元，主动偿还外国政府贷款本息308.69万元、世行贷款511.66万元、中央专项借款本金3633.38万元(获得免除相应利息82.88万元的优惠政策)，对防范政府债务风险，确保社会稳定起到了很大作用。

【支持经济建设】 2010年，北海市财政部门认真贯彻落实中央和自治区财政政策，积极筹措资金，集中财力办大事，继续加大对重大项目和经济建设的支持力度，全力支持经济发展。

一是加大向上争取资金力度。全年共争取自治区各项补助资金22.68亿元，比上年增长15.68%。争取到地方债券2.2亿元，有效缓解了北海发展建设的资金需求压力。

二是继续加大对重点项目建设的支持。安排重大项目前期经费2500万元。全年市本级财政安排重点项目建设资金8.33亿元。财政的保障使全市重大项目建设取得了突破性进展。

三是加大对园区的投入。市本级全年共拨付工业园区、出口加工区、高新区和铁山港工业园区建设发展资金4.23亿元。

四是加大城市基础设施建设力度。2010年市财政安排配套资金8000万元用于民生路网二期和其他城市道路建设。安排7900万元用于城市"五化"建设。

五是积极改善金融生态环境。实施"引银入北"战略，引进兴业银行、南证期货，拓宽金融服务体系。支持申报小额贷款公司，规范发展融资担保公司；与广西金融投资集团签订《中小企业贷款担保合作协议书》，为中小企业融资构筑担保平台，努力解决中小企业融资难问题。推动企业上市融资，将北部湾旅游股份有限公司、广西新未来信息产业股份有限公司、广西田野种业股份有限公司等10家企业纳入北海市上市企业后备库，并报自治区金融办备案；主动与国海证券合作，签订《金融战略合作协议》，为拟上市企业提供专业支撑。

【财政改革】 2010年，市财政局深化公共财政管理制度改革，完善财政投资评审制度，不断扩大政府采购范围，努力推进财政科学化精细化管理。

一是继续深化部门预算管理改革。科学合理统筹上级补助收入、本级一般预算收入和政府性基金收入，确保市委市政府确定的重点项目顺利推进；细化部门专项资金、财政专项资金预算，将政府债务收支纳入预算管理，做好项目前期准备、用款计划申请和资金拨付等基础性工作。

二是深化国库集中支付制度改革，扩大国库集中支付范围，提高直接支付比例。全年纳入国库支付系统的单位共286个，通过国库单一账户体系下达批复计划22.10亿元，实际支付19.64亿元，剩余已批复计划2.45亿元，资金留库率11.1%。全市纳入财政统发工资的单位241个，全年拨付工资3.97亿元。国库直接支付比例为29.5%。

三是为进一步调动园区和县区发展经济、培植财源的积极性，在深入调研的基础上拟订新一轮市对辖区财政体制和市对园区财政政策草案。

四是加强财政性投资项目的评审。全年市财政投资评审中心评审预结算项目233个，涉及工程469项，审核资金17.33亿元，审定金额14.27亿元，合理审减资金3.05亿元，审减率17.62%，使政府投资效益得到明显提高。

五是通过政府采购促进节支。建立健全政府采购评审专家库，继续扩大协议供货采购范围，将计算机、空调、电视机、公务用车、汽车保险等都纳入协议采购范围。全年政府采购完成采购项目的预算金额为3.33亿元，采购合同金额为3.06亿元，节约资金2637万元，节约率7.9%。

六是推进公务卡制度。正式启动公务卡制度试点上线工作，市财政局、市监察局、人民银行北海市中心支行、市审计局、市卫生局、市物价局、市农业局等10个单位作为市本级第一批上线的试点单位。

七是顺利推进工资改革。制定了市本级义务教育学校绩效工资实施办法，加快义务教育学校绩效工资改革；稳步推进公共卫生与基层医疗卫生事业单位绩效工资改革工作。

【财政监督管理】 2010年，市财政加大财政监管力度，认真开展财政资金使用管理情况专项检查，规范财政资金使用和管理，切实提高财政资金使用效益。

一是认真开展好各项资金的检查工作。做好全市抗旱救灾资金、中央公共投资资金、全市农村居民最低生活保障补助资金、冬令春荒生活补助资金监督检查工作。2010年，由市财政局牵头组织开展北海市强农惠农资金专项清理检查，检查清理强农惠农资金21.25亿元，清查出违纪资金56.376万元、挤占、挪用专项经费120万元、滞留资金1317万元，立案查处1人，确保了强农惠农资金的有效使用。

二是认真开展社会团体和国有企业“小金库”专项治理工作。全市共组织1405户党政机关和事业单位、200户社会团体、157户国有企业参加自查，自查率达到100%。检查中，收缴铁山港区林业局“小金库”资金3.2万元，给予党纪处分1人；追缴入库罚没收入3.16万元、银行存款利息15.43万元；对海城区残疾人联合会处予罚款3000元、对个人处予罚款2000元；查处国有企业“小金库”2个，涉案资金40.24万元，已纳入规定账簿核算金额1.39万元。

三是认真开展会计信息质量检查。全市共检查了4个中等职业学校和1个行政单位，查出违规问题金额731.48万元。

（林晓梅　张馨文）

政府采购中心

【概况】 北海市政府采购中心成立于2001年4月，2002年4月正式挂牌对外办公，是广西成立最早的集中采购机构，为市政府直属的财政全额拨款事业单位，2009年12月起参照公务员管理。核定编制为26人，内设办公室，综合科，信息科，采购一科、二科、三科6个科室。

政府采购中心主要职能是按照《政府采购法》的规定，执行政府集中采购目录以内或限额标准以上的货物、工程、服务三类项目的采购任务。业务范围主要包括：拟定政府集中采购操作规程和管理制度并组织实施；负责组织实施市本级年度集中采购目录以内或限额标准以上通用类项目的政府采购；接受采购人委托，组织采购集中采购目录以外或限额标准以下的政府采购项目。具体工作为：接受委托，按规定要求发布政府采购信息，编制采购文件，组织开标、评标、签订合同以及协调监督供应商履约等等。

【依法采购】 2010年，市政府采购中心认真贯彻执行政府采购法律、法规，遵循“公开、公平、公正、诚信”原则，坚持“依法采购、规范操作、廉洁高效、科学发展”的工作目标，着力推进“精细化管理，阳光采购”运行机制，牢固树立“服务第一，质量至上”的意识，强化制度建设，规范采购程序，不断开拓创新，积极进取。采购规模逐年扩大，采购质量和效率不断提高，取得了良好的经济和社会效益。

全年共进行有效政府采购1305项，采购预算总金额达7.16多亿元，合同总金额为6.29多亿元，节约资金达8635万元，平均节约率为12.07%。2010年，市政府采购中心采取公开招标、竞争性谈判、单一来源采购等多种采购方式，成功组织采购295次，涉及汽车、自动化办公设备、空调、办公家具、教学设备、体育器材、垃圾处理设备、医疗设备、监控设备、维修工程、道路建设工程、网络工程等多种项目，同时积极拓展办公设备协议供货和公务用车保险、家具、印刷、差旅会议饭店等相关定点采购，进一步扩大采购范围和规模。全年执行集中采购预算金额16710.14万元，比上年增长48%，合同金额15423.64万元，比上年增长53%，节约金额1286.5万元，节约率为7.7%。采购规模和增长比例均创历史新高，超额完成了年度目标任务。

2010年北海市政府采购中心预算100万元以上的项目有亮化、彩化工程,路灯安装、路灯材料、增殖放养、办公楼维修、办公设备、医疗设备、规划设计、成品粮储备、交通设施(路口改造)、信息系统、垃圾处理设备、交通工具、水库节水设备等14个,预算金额10827.27万元,合同金额10295.89万元,节约金额531.38万元,节约率4.91%。

2010年度采购方式统计表

单位:元、%

序号	采购方式	项目预算金额	合同金额	节余金额	节约率	所占比例
1	公开招标	75179914.57	70867145.51	4312769.06	5.74	45.95
2	竞争性谈判	47891974.10	45135187.05	2756787.05	5.76	29.26
3	单一来源	21929854.19	21393992.24	535861.95	2.44	13.87
4	协议供货	22099652.23	16840060.99	5259591.24	23.80	10.92
合计		167101395.09	154236385.79	12865009.30	7.70	100.00

2010年项目分类情况表

单位:元、%

序号	采购项目	项目预算金额	合同金额	节余金额	节约率	所占比例
1	货物类	80841455.02	72304981.30	8536473.72	10.56	46.88
2	服务类	27700077.17	26018940.26	1681136.91	6.07	16.87
3	工程类	58559862.90	55912464.23	2647398.67	4.82	6.25
合计		167101395.09	154236385.79	12865009.30	7.70	100.00

2010年采购100万元以上项目情况表

单位:元、%

序号	采购项目	项目预算金额	合同金额	节余金额	节约率
1	亮化、彩化工程	16836570.75	16514373.74	322197.01	1.91
2	路灯安装	11505506.58	11077398.16	428108.42	3.72
3	路灯材料	16050652.40	14868033.60	1182618.80	7.37
4	增殖放养	2355000.00	2150000.00	205000.00	8.70
5	办公楼维修	13981331.33	12575362.02	1405969.31	10.06
6	办公设备	2996440.17	2808706.00	187734.17	6.27
7	医疗设备	9280000.00	9249980.00	30020.00	0.32
8	规划设计	11271064.00	11205464.00	65600.00	0.58
9	成品粮储备	1230000.00	1219500.00	10500.00	0.85
10	交通设施(路口改造)	7273997.86	7230196.29	43801.57	0.60
11	信息系统	5717000.00	5285000.00	432000.00	7.56
12	垃圾处理设备	5455000.00	4668000.00	787000.00	14.43
13	交通工具	312637.28	2916841.32	210095.96	6.72
14	水库节水设备	1193247.00	1190000.00	3247.00	0.27
合计		108272747.37	102958855.13	5313892.24	4.91

(林小丽)

国家税务

【概况】 2010年,市国税局在职干部职工531人。下设15个科室(办公室、政策法规科、货物和劳务税科、所得税科、收入核算科、纳税服务科、征收管理科、财务管理科、人事教育科、监察室、大企业和国际税务管理科、进出口税收管理科、机关党办、离退休干部科、督察内审科),2个直属机构(稽查局、车辆购置税征收管理分局),3个事业单位(信息中心、机关服务中心、票证中心),下辖4个县(区)国税局(合浦县国税局、海城区国税局、银海区国税局、铁山港区国税局)。管辖全市各类纳税户24098户,其中内资企业6000户,外资企业334户,个体工商户17764户;增值税一般纳税人1046户,增值税小规模纳税人5288户。按照国务院确定的征管范围,负责中央税、中央和地方共享税的征管,主管的税种有:增值税、消费税、企业所得税、车辆购置税和储蓄存款利息所得个人所得税。

【税收收入】 2010年,面对重点税源中石化异地改造停产减收4.2亿元的严峻形势,市国税局科学谋划,强化征管,努力挖潜增收。全年组织税收收入(不含海关代征)14.6亿元,其中自治区政府口径税收完成13.18亿元,完成年度工作目标的109.8%;市政府口径税收完成13.17亿元,完成年度工作目标的101%。主要措施有:一是坚持组织收入原则,做到依法征税,应收尽收,坚决不收过头税,坚决防止和制止越权减免税。二是落实组织收入工作责任,及时将上级下达的税收计划下达给各县(区)局,完善组织收入工作目标考核办法,强化考核监督。三是加强重点税源监控,全年纳入监控范围的重点税源企业共185户,税款监控面达86.59%。四是加强纳税评估工作，全年共评估186户，评估补税1159万元，调减进项税额42万元，调减企业所得税亏损1753万元。五是强化税务稽查工作，全年查结纳税户94户，查补入库税款、罚款及滞纳金3102万元，完成全年查补收入的139%。查补税款入库率（不含自查收入）306%，选案准确率100%，结案率100%，指标质量继续保持在全区国税先进行列。

【依法治税】 2010年，市国税局充分发挥执法管理信息系统自动考核监督作用，税收执法不断规范，全年累计发生税收执法行为147386户（次），其中正确执法行为147239户（次），执法正确率为99.9%，比去年同期执法正确率上升了0.32个百分点，实现涉税大要案件零发生。2010年，按照税务总局、自治区国税局2010年执法督察工作的要求，认真开展行政审批项目、减免税政策和规范性文件清理税收执法检查工作。探索建立岗位风险控制机制，在税务稽查和企业所得税管理方面率先试行岗位风险管理。加强重大税务案件审理工作，审理重大税务案件3件，追缴增值税251.19万元，企业所得税94.16万元，罚款1万元，加收滞纳金3.44万元。切实抓好税收宣传工作，着力营造良好的税收环境。普法宣传教育工作得到自治区"五五"普法工作检查团的充分肯定，自治区人大常委会副主任吴恒到该局检查普法工作时指出，"北海市国税局的普法工作很特别、很优秀、很有超前性"。2010年该局在各级媒体发表新闻稿件255篇，连续2年获得区局信息宣传工作标兵。

【三大品牌建设】 2010年，市国税局着重在抓落实、抓效果上狠下工夫，推进纳税服务、税源管理、文明创建三大品牌建设。

纳税服务 2010年，开通市、县（区）局国税网站，进一步拓展政务（信息）公开平台。抓好办税服务厅的标准化建设，完成海城区、银海区、铁山港区3个区局办税服务厅标准化建设以及参照标准化建设的5个税务所办税服务厅、2个政务服务中心国税窗口的建设。全市办税服务厅标准化、规范化建设面已达89%。成立市、县（区）局两级纳税人学校5所，并建立了相应的管理制度，全年共举办纳税人培训班13期，培训纳税人980户次。在市区推行涉税事项"同城通办"，实现了同城税务登记、纳税申报、缴纳税款和领购发票。在市政务服务中心和地税部门共同推行了联合办证工作。

税源管理 深入推进税源专业化管理，主要尝试创新管户模式和创新分类办法。制订完善了20个行业税源管理指南。通过专业化、信息化管理实现增收7497万元，纳入区局重点监控的60个行业中，有42个行业税负高于自治区平均水平，占行业总数的70%；征管"六率"有2个指标在自治区排名第一；数据质量"三率"连续3年保持自治区第一，金税工程考核各率连续9年保持100%。完成了市区税源属地管理调整工作，在海城区局、银海区局之间共迁移9400户纳税户、调整干部35人，解决了2005年自治区征管机构改革以来海城区、银海区2个城区局税源管辖范围与行政辖区范围不一致、不规范以及干部锻炼成长机会不均等问题。加强跨区域规模企业税收管理，多方收集总、分机构生产经营信息，实现总、分机构主管税务机关的信息共享。

文明创建 2010年，市国税局荣获"广西三八红旗集体"、"北海市创建自治区文明城市工作先进单位"称号；工会被评为广西"百佳模范职工之家"，并荣获"全国模范职工之家"称号；稽查局荣获"自治区文明单位"称号；该局下属的海城区国税局涠洲税务所被自治区人事厅及自治区国税局记集体二等功。

【队伍建设】 2010年，市国税局深入开展领导班子和干部队伍思想、组织、作风、能力建设，全面提高干部队伍素质。认真落实领导班子监督保障机制，强化对领导班子和领导干部的监督管理。做好干部选拔任用工作。严格执行《党政领导干部选拔任用工作条例》及相关规定，选拔任用科级领导干部5人、晋升科级非领导职务86人。对20名科级领导干部试用期满进行转正考核。轮岗交流科级干部8人，安排4名

北海国税局干部支持抗旱保生产促春耕　　市国税局　供

干部到政府部门以及基层单位挂职锻炼。对各县(区)局完成了“三年巡视一遍”的巡视工作任务。推进教育培训工作，举办各类培训班64期，培训人员4255人次，提高了干部的综合素质和能力。加强廉政教育，组织党员干部学习《廉洁从政若干准则》等廉政规定，观看先进事迹在线访谈、专题片等，引导税务人员干事创业，增强自我约束力；2次组织科级干部到北海看守所进行警示教育，并以近两年税务干部违法违纪案件开展“以案为鉴”警示教育活动；组织1100人次进行廉政知识考试；在节假日发送廉政提醒短信，做到警钟长鸣。加强监督制约。对各级领导干部进行述职述廉和收入情况申报；开展税务稽查查后回访；开展执法监察和效能监察，对自治区国税执法监察子系统反映的执法疑点进行了核查。加强信访案件查处工作。加强惩防体系建设，以内控机制建设为抓手，在全系统开展廉政和岗位风险排查，并制定了相应的防控措施，该局将排查出的风险点及防控措施，印制成手册，发给每个干部职工。

【管理创新】 2010年，市国税局建立管理创新项目库，入库项目27个。其中，固定资产(建筑物)全息管理系统、建立稽查信息管理平台等5个项目纳入区局立项。2010年，各创新项目有效推进，如期完成预定的项目进展任务。其中，“立体式”税源专业化管理项目作为自治区9个专业化管理亮点材料入编自治区国税系统“两基”建设经验汇编，固定资产(建筑物)全息管理系统项目获得全区国税系统科技成果展示评比二等奖。

2010年北海市国税收入(市政府口径)情况表

单位:万元

税种	税额			同比增减(%)		
	合计	市区	合浦县	合计	市区	合浦县
(一)税收合计	131658	106286	25372	−14.4%	−20.7%	28.8%
1. 增值税	74913	55499	19414	−9.5%	−15.8%	15.1%
2. 消费税	21939	19281	2658	−50.9%	−55.4%	75.8%
3. 企业所得税	34806	31506	3300	32.5%	26.3%	150.4%
(二)附列						
1. 出口退税	26360	21416	4944	25.4%	21.6%	45.3%
2. 免抵调增值税	3653	3268	385	−22.2%	−15.2%	−54.2%
3. 防洪保安费	2631	1791	840	93.7%	91.3%	99.1%
4. 减免退税额	53506	31532	21974	17.0%	44.6%	−8.2%

(劳浦雄　韦水涛)

地方税务

【概况】 2010年，北海市地方税务局下辖合浦县地方税务局、海城区地方税务局、银海区地方税务局、铁山港区地方税务局、工业园区地方税务局，内设办公室、人事教育科、征收管理科（计算机信息管理中心)、法规宣传科、税政科、所得税科、计划财务科、监察室等8个职能科室，直属事业单位有机关后勤服务中心1个，直属机构有直属税务分局、稽查局2个。年末，在编人员277人，其中干部266人，工人11人。全年税务登记户数27476户，其中个体经营户17203户，企业10273户。

【税收征管】 2010年，市地税局累计组织各项收入28.54亿元，比上年增收12.88亿元，增长82.23%，首次突破20亿元大关，提前2个月完成自治区地税局下达的年度组织收入任务奋斗目标，税收增幅排名自治区第一，高于自治区平均增幅44.28个百分点，完成区局年度奋斗目标任务123.59%。入库税收收入27.18亿元，同比增长86.78%。其中，市县级税收收入26.3亿元，同比增收12.38亿元，增长88.89%，完成市政府下达年度确保目标100.85%，奋斗目标100.08%。地税收入占地方财政收入比重为55.84%，地税收入增量占财政收入增量的比重达86.44%，均比上年有了较大幅度提高，税收总量、增量、增幅创历史最高，成为北海地税发展史上的一个里程碑，同时也为北海的社会发展和建设提供了坚实的财政基础。此外，全市地税系统组织其他各项收入13588万元，同比增长22.82%，其中：教育费附加6291万元，防洪保安费2864万元，文化事业建设费208万元，工会经费1447万元，残疾人就业保障基金706万元，地方教育附加2072万元。

“十一五”期间，市地税局组织各项地方收入72.99亿元，是“十五”时期的3倍，并连续五年超额完成自治区地税局下达的年度收入任务目标。收入规模也由2005年的6.72亿元增长到2010年的28.54亿元，增长3.24倍，年均增长33.53%。全市累计组织基金费收入4.51亿元，年均递增31.19%，为北海三年跨越发展提供了强有力的财力保证。

税源监控　市地税局在全面实现重点税源监控“扁平化”管理基础上，以《广西地方税纳税人数据采集和报送信息平台》软件为依托，每季度对增长超30%的或者减收的重点企业进行分析，比照区局下发的税负预警范围，确定重点监控目标，促进重点税源企业实现税收稳定增长。2010年纳入监控的446户重点税源企业实现税收收入13.02亿元，占同期税收总量比重为52.91%，同比增收4.12亿元，增长46.24%，对当年税收增量贡献率为40.91%。2010年纳税排名前100位纳税大户累计入库税收12.45亿元，同比增收5.99亿元，增长92.89%，占同期税收收入总量的比重为50.57%。户均纳税1244.9万元，比2009年户均纳税多441.18万元。

行业税收管理　2010年，市地税局不断加强重大投资项目税收管理，继续实行各级领导联系重点项目制度，全面应用《建筑业房地产业项目管理系统》，实现对项目的点、线、面的监控管理，做到建设项目“五清”（管理责任清、造价清、工程进度清、支付进度款清、已缴欠缴税款清），将建筑业单项工程金额50万元（含50万元）以上和所有房地产开发项目列入系统管理，进一步提高项目信息收集的全面性、及时性、准确性。全年纳入系统管理的市级以上的项目有294个，通过系统开票92132份，294个项目实缴地税收入37876.87万元，占本期地税收入比重达15.39%。房地产业和建筑业同比分别增收44987万元和27578万元，增长79.89%和98.74%，两个行业合计增收贡献率为72.08%。

各税种管理　一是加强耕地占用税的税收征管工作。出台《北海市地方税务局关于征收耕地占用税有关问题的通知》，紧密与市国土资源局的沟通和协调，不断完善北海市耕地占用税的征管模式。全年共审核12户耕地占用税过户资料，应征税款931万元。二是开展土地增值税清算工作。召开土地增值税清算专题工作会议，印制清算文书，制定《北海市地方税务局2010年土地增值税清算工作方案》和《北海市地方税务局关于土地增值税清算土地使用权确认扣除项目金额问题的指导意见》，确保土地过户土地增值税清算工作的顺利进行。2010年，组织入库土地增值税17583万元，同比增收9687万元，增长122.68%。三是开展2009年度企业所得税汇算清缴工作。推广应用企业所得税管理系统，2010年已有1234户企业使用系统申报，比上年的申报户数增加256户。四是强化个人所得税管理。组织开展年所得12万元以上个人所得税自行申报，共受理自行申报的纳税人664人，申报人数较上年增加80人，共申报年所得额15461万元，应纳税所得额13493万元，应纳税额2643万元，已缴（扣）税款2641万元。加强股权转让个人所得税征管。2010年全市共审核股权转让企业70户，核实应纳个人所得税2513万元，入库股权转让个人所得税2257万元。2010年营业税、企业所得税、个人所得税等3个主体税种合计入库税收180037万元，同比增收77130万元，增长74.95%，增收贡献率达76.62%。

社会综合治税　一是将涉税信息有效地应用到税收征管工作中，并转化为实在的税收收入。截至2010年，市地税局共接收到各类有效涉税信息9870条，涉及纳税人6200多户，涉及税款26870万元。二是强化税款委托代征工作。市地税局委托海城区政府属下的7个街道办事处代征私房出租税收。2009～2010年，各街道办事处清理登记的私房出租纳税人共6890户，申报缴纳税款1482户，委托代征税款114万元。委托市运管处征收车辆运输税收，委托代征税款543万元。三是加强与市房地产交易中心和土地交易中心配合，加强对房地产的税收管理，严格执行“先税后证”的原则。截至2010年共审核房地产交易11328宗，核定交易价格1256979万元，补税37707万元，减免税款13875万元。

【依法治税】　一是建立执法监督机制。制定下发《税收执法质量考评办法》，对依法行政考核指标进行量化和细化。二是组织开展执法检查。对全市六个基层主管局和市局稽查局开展税收执法质量交叉检查，对突出问题及时进行整改。三是组织对北海市地税系统2010年税务行政许可和税务行政处罚案卷进行执法检查，对检查发现的问题及时通报并限期完成整改。四是认真落实税收优惠政策，2010年全市地税系统累计减免税款1.5亿元，有力地促进社会稳定和发展。为纳税人免收税务登记和代开发票工本费11万余元，减轻纳税人负担。五是强化税务稽查作用。组织开展对房地产、建筑安装10大行业税收专项检查，严厉打击非法制售假发票违法犯罪行动，营造公平公正的税收环境。2010年，稽查查补及约谈入库税款3300多万元，查处使用假发票经营户78户，缴获假发票11.2万份，涉税金额6412万元，捣毁制售假发票窝点4个，端掉制售假发票团伙9个，有效地遏制假发票违法犯罪猖獗势头。六是加强税收宣传工作。组织实施第十九个税收宣传月活动。成立北海市房地产业“纳税人之家”，组织开展送税法上海岛、现场办公落实税收政策、税企双向承诺活动、“地税服务重大建设项目恳谈会”、民生税法宣讲等一系列活动。充分利用地税网站、触摸屏、报纸等载体做好税收宣传和办税公开工作。2010年主动公开各类税收政策、办税流程等13类信息493多份，共计320多万字，及时处理纳税人各类咨询、投诉124件。编印3000册《地方税收政策选编》送达纳税人，进一步提高全社会的纳税遵从度。

【队伍建设】　2010年，市地税局以“每月一学”、“每季一考”的形式，定期组织开展讲学活动，营造学习工作化、工作学习化的良好氛围，及时更新知识技能，提升干部履职能力。

推行“四定”(定事、定人、定质、定时)“四有”(业务有规范、操作有标准、工作有压力、过错有追究)措施目标,落实工作目标绩效考核,着力提高工作执行力，优化机关政务环境;开展干部任免票决制试点,通过票决制选拔任用了8名基层税务所所长,增强干部队伍活力。落实党风廉政建设责任，强化风险防控机制建设,构建平安和谐地税机关;倡导推广人文关怀理念，积极构筑地税核心价值,大力开展地税文化建设,全面推进精神文明创建，深入开展创先争优活动，队伍的执行力显著提高。2010年先后取得市级以上各类荣誉12个,其中自治区级青年文明号2个,北海市巾帼文明岗1个，北海市文明单位1个，北海市军(警)民共建精神文明先进单位1个,被推荐为自治区“和谐单位”试点单位，自治区地税系统十佳税务干部5名,1名党员被推荐为北海市创先争优先进典型，获第二届北海市公务礼仪文明风采大赛二等奖和最佳创意奖。

【纳税服务】 2010年，市地税局以“始于纳税人需求、基于纳税人满意、终于纳税人遵从”为目标,大力实施“服务优化”工程,积极推进服务工作机制、制度、手段创新。以提升办税服务厅软硬件设施为抓手，完成5个办税服务厅硬件的规范化、标准化建设;制订和完善《文明礼仪服务制度》等9项工作制度,形成覆盖多方位多层次的制度管理网络，实现用制度管人管事的规范化管理模式;开展强素质、促落实、创一流的办税服务厅礼仪和岗位技能竞赛活动，促进办税服务工作人员素质提升和税收执法行为的规范。在服务手段创新上,积极推行“同城通办”、国地税联合办证;扩大网上申报,财税库银联网系统,全市目前已有622户纳税人实现了电子化缴税,电子缴库的税款3.65亿元,极大地方便了纳税人。创建“纳税人之家”,持续深入地组织开展税法宣传和纳税辅导,广泛开展“十百千服务纳税人”，领导干部联系重点项目、税收志愿服务和“大接访”活动。纳税服务质效明显提升，积极推进和谐税企构建。

（蒋志霞）

金　　融

银行业综述

截止2010年末，北海市共有银行业金融机构10家，营业网点217个，从业人员3035人；证券机构2家，从业人员76人；保险公司16家，保险分支机构和营销服务部67个，从业人员3000多人；小额贷款公司4家，从业人员28人。北海市形成以银行机构为主体、多种金融机构并存的金融体系，金融市场逐步发展，金融生态环境逐步优化，金融基础设施不断完善。

2010年末，北海市金融机构本外币各项存款余额472.91亿元，全年新增本外币存款87.24亿元，同比少增25.54亿元。各项存款余额同比增长22.62%，但同比增速从1月份的43.57%逐月降至12月末的23%，持续回落。本外币各项存款增幅同比下降18.71%。

从存款结构看，储蓄存款平稳增长，企业存款增速持续回落。2010年12月末，北海市金融机构本外币储蓄存款余额267.98亿元，同比增长18.26%，增速比上年同期略低4.54%。储蓄存款自1月起连续12个月保持18.5%以上的增速平稳增长。全年新增储蓄存款41.38亿元，同比略为少增0.7亿元，是2010年度各项存款中余额增加最多的存款种类，成为拉动全市金融机构存款较快增长的主力。由于社会保障体系尚未健全，在收入增长不理想的情况下，居民的预防型储蓄动机高，使得居民自主性储蓄以满足自身的需求。2010年全年北海市城镇居民的储蓄意愿高达36%以上，仍处偏高位运行。

企业存款增速持续回落。2010年12月末，北海市金融机构本外币企业存款余额101.18亿元，同比增长17.77%，增速比上年同期回落60.99个百分点，增速自1月份惯性冲高之后持续大幅回落。2010年1～12月全市金融机构新增企业存款15.27亿元，同比少增22.58亿元。企业存款的持续回落与货币政策逐渐收紧和经济增长下滑趋势一致，主要是派生性存款相应减少。

从存款期限看，定期存款同比增加明显，活期存款同比明显少增。2010年，北海市金融机构存款期限结构出现新变化，一改上年存款活期化不断增强的态势，定期存款同比增加明显。1～12月，全市金融机构新增活期存款68.11亿元，比上年同期明显减少36.47亿元，存款增量占比为78.07%，比上年同期下降14.66个百分点。1～12月，全市金融机构新增定期存款19.13亿元，比上年同期明显多增10.92亿元，占存款增量的21.93%，比上年同期高出14.65个百分点。新增存款定期化趋势逐渐增强有利于提高全市各银行的存款稳定性。

2010年，贷款保持平稳增长，中长期贷款高位回落，2010年，在全市重点投资项目和房地产市场中长期贷款快速增长的带动下，北海市金融机构贷款增量创下历史同期新高。12月末，北海市金融机构本外币各项贷款余额239.03亿元，同比增长26.17%，增速同比回落8.74个百分点。贷款余额比年初增加49.58亿元，同比多增0.56亿元。其中：12月末，人民币贷款余额238.18亿元，同比增长26.56%，增速同比回落8.14个百分点。人民币贷款余额比年初增加49.99亿元，同比多增1.75亿元。

从贷款期限结构看，短期贷款余额比年初下降，但余额全年有9个月出现上升。2010年北海市金融机构人民币短期贷款余额为43.34亿元，比年初减少3.36亿元，同比少减2.6亿元。但除1、3、11月短期贷款余额环比分别减少2.34亿元、3.86亿元、1.02亿元外，其余9个月均不同程度所有增加。与上年短期贷款逐月减少现象相比，结构有所改善。

票据融资季末冲高特征明显。2010年12月末，北海市金融机构票据融资余额为0.93亿元，比年初增加0.81亿元，同比显著少减2.11亿元。本年度票据融资季末冲高特征明显，3、6、11月余额环比分别增加0.11亿元、0.24亿元、0.67亿元，其他月份票据资融均出现负增长。原因主要是在信贷额度有限的形势下，各商业银行为中长期贷款腾出投放空间，合理调节贷款存量的经营策略。

中长期贷款高位回落，重点投向固定资产贷款和个人消费贷款。2010年12月末，北海市金融机构本外币中长期贷款余额为193.92亿元，同比增速从4月份的124.05%高位滑落至年末的37.16%，增速比上年同期低出27.47个百分点；贷款余额比年初增加52.54亿元，同比少增2.96亿元。其中：2010年个人中长期消费贷款新增29.77亿元，固定资产贷款新增14.32亿元，两者贷款增量占中长期贷款增量的83.93%。

从贷款行业看，主要投向基础设施行业和房地产业，个人贷款新增占比优势绝对。2010年1～11月，基础设施行业（交通运输、仓储和邮政业、电力、燃气及水的生产和供应业，水利、环境和公共设施管理业）累计新增本外币贷款为3.82亿元，占全部新增本外币行业贷款的8.17%；房地产业贷款受年初北海楼市快速上涨的影响，贷款比年初增加6.55亿元，占比为14.01%；个人贷款新增36.47亿元，占比为77.94%。

从贷款机构看，工行、农信社贷款增量占比同比快速下降，中行和北部湾银行的贷款增量占比明显提高。2010年以来工行新增信贷市场份额占比同比下降明显，12月末其新增贷款占比为-2.64%，占比上年同期下降11.69个百分点。农信社受贷存比例约束，信贷投放放缓，12月末其新增贷款占比为13.51%，占比比上年同期下降20.1个百分点。与之相反，2010年中行和北部湾银行信贷市场份额占比明显提高，2010年12月末新增贷款占比分别为13.91%和13.94%，占比比上年同期分别提高16.4和10.92个百分点。全年农行、建行、交行、农发行新增贷款市场份额稳步提高，表明北海市信贷投放机构分布更趋均衡。

个人消费贷款增速逐月下降。2010年12月末，北海市个人消费贷款余额89.05亿元。贷款余额同比增长51.99%，比年初增加29.18亿元。但随着房地产调控措施陆续出台贯彻落实，房地产市场观望气氛加剧，全年个人消费贷款月环比增速逐月回落，从1月份的8.28%降至12月末的-0.22%。　（赵远仰）

中国人民银行北海中心支行

【概况】 2010年，中国人民银行北海中心支行（简称“人行北海市中支”）根据中央推出“稳增长、扩内需、调结构、防通胀”等应对国际金融危机的系列政策，结合北海市三年跨越发展的要求，在北海市委、市政府和上级行党委的领导下，履行基层央行职责，贯彻落实适度宽松货币政策，改善金融服务，支持地方经济平稳快速发展。

【金融生态环境】 人行北海市中支以科学发展观为指导，进一步改善北海金融生态环境，推动北海经济金融良性发展。一是找准制约北海经济金融良性发展的关键问题，切实推进辖区金融生态环境的优化。参与市政协对北海金融生态环境的现状调研，找准制约北海经济金融良性发展的关键问题，在积累上年对ST北生顺利重整成功的丰富经验，继续对北海市不良贷款压降工作提出可行性建议。二是配合市公安机关等部门打击传销，加强反洗钱的打击力度。与公安机关、金融机构协作，打击银行卡违法犯罪行为。密切关注跨境资金流动，改善农村地区支付环境，完善结算账户检查监督机制，开展账户管理现场检查。加强国库拨款、退库的审核监督工作，防范资金风险。作好利率、缴存存款准备金、流动性等监测。推进社会信用体系建设，提升征信管理工作质量。

【执行货币政策】 一是督促引导地方中小法人金融机构执行贷款指导计划，加强金融机构流动性管理，确保金融机构贷款的合理增长。二是定期召开联席会议，发布区域金融运行报告，制定2010年信贷指导计划，全面启动信贷政策导向效果评估报告制度试点，提高货币政策的透明度和影响力，增强社会各界对货币政策的理解和支持。三是加强窗口指导，根据中央宏观调控政策“稳增长、扩内需、调结构、防通胀”和人总行适度宽松货币政策的要求，要求辖区各金融机构在防范和控制新增贷款风险的同时，争取上级行的支持，与企业开展项目对接，加大新贷款的投放力度；继续加强和改进对“三农”的信贷服务，督促各银行落实国家房地产贷款新政，严格限制对“两高一剩”、“两高一资”企业的贷款，继续加强对中小企业、助学、就业等薄弱环节的金融支持，促进金融机构信贷结构的优化。四是扎实做好存款准备金、再贷款管理工作，有效维护货币政策的严肃性和统一性，有效满足农信社“三农”资金投入，央行引导信贷投向的作用得到有效发挥。五是做好市县两级农村信用联社专项央行票据兑付后的后续监测考核工作，确保农村信用社的改革落到实处。六是促进小企业贷款风险补偿工作。根据《关于印发广西壮族自治区小企业贷款风险补偿专项资金管理暂行办法的通知》要求，配合北海市经委完成对全市2009年度金融机构申报小企业贷款风险补偿专项资金的初审工作。

【金融服务】 一是努力推进农村金融服务改革试点。认真按上级行要求组织开展农村金融服务改革试点工作，制定《北海市推进农村金融服务改革试点工作方案》，在北海市福成镇大力开展形式多样的农村金融服务改革宣传工作，加强信息报送与现场指导，不断推进北海市农村金融服务改革进程。二是做好跨境贸易人民币结算试点工作。人民银行承担跨境贸易人民币结算试点工作的牵头工作，组织各金融机构共同推动人民币跨境贸易人民币结算试点工作。三是强化各部门合作机制。提高部门合作效率。2010年上半年，人行北海市中支在会议合作的基础上，采取指定联系人互通的快速协调机制。通过采取重大问题开会商议，日常线索快速沟通的合作形式，提高与其他执法部门的合作效率。四是继续大力推进非银行信用信息采集工作，探索地方金融机构征信数据质量考评机制，中小企业以及农村信用体系建设取得初步成效。建立社会信用体系建设联席会议制度，明确以人民银行信贷征信体系为依托推动征信体系建设。五是应对财政收支管理精细化和核算系统功能不断扩展的新要求，加快国库信息化建设进程，确保国库资金安全高效。六是建立旺季现金投放与预测周报制度，形成上下联动的现金投放回笼预测机制，以“一级库”为平台，加强业务练兵，提高发行基金调拨的主动性和前瞻性。七是强化国库职能，服务地方经济。加强各类新系统的升级调试工作，保证新旧年度数据衔接，加强核算管理，提高国库核算质量和效益；加强国库监督管理，严防国库资金风险；推进国库宣传工作，大力提升国库公共服务形象，在北海365网站上开设国库知识专版，方便群众了解国库常识及职能。八是发挥金融科技手段，开展金融IC卡推广工作，保障金融重要业务系统的安全运行。

【外汇管理】 以“五个转变”为核心，以促进国际收支平衡为目标，贯彻落实全国和全区外汇管理工作会议精神，规范管理、强化监管、提高外汇管理服务效能。一是简化手续，减少审批事项，促进外商企业投资便利化。人行北海市中支按上级要求共简化和改革四项办事流程。原则上不收取外汇年检信息的纸质材料，简化外商投资企业参检手续；简化由于汇率变动形成的多收汇差额资金的结汇或划转的审批手续；调整贸易信贷登记管理；对金融机构部分国际收支统计活动采取限额申报办法。二是全面开展进出口逾期未核销清理工作，为进出口核销制度改革工作奠定坚实基础。三是进一步加强外汇资金流动管理。严厉打击无实质性经营活动的外商无效投资行为，提高利用外资质量；强化外汇指定银行代位监管职责，督促外汇指定银行严格执行“关注企业”收结汇政策；加大对地下钱庄和非法买卖外汇行为的打击力度；发挥业务系统监管作用，加强贸易真实性审核，制境外投机、套利资金借道流入。四是加强资本项目外汇监督与管理。充分利用直接投资外汇业务管理信息系统，切实加强对直接投资项下资本流动的监测和预警；充分利用贸易信贷登记系统功能，切实加强对外负债管理，防范负债项下资金流出流入风险，并对违规操作的企业进行警告监督。五是开展金融机构及企业的各项检查，做好对银行执行外汇管理规定情况的考核工作。六是结合“创新金融服务，支持经济发展”，开展外汇管理业务知识宣传、培训工作。围绕充分发挥外汇管理服务经济，促进辖区经济金融平稳较快发展这一主题，积极创新服务方式，走进基层银行与一线外汇从业人员开展面对面业务培训与交流活动。

【调查研究】 2010年上半年，围绕“稳增长、扩内需、调结构、防通胀”和宽松货币政策，结合北海实际情况，开展央行“窗口指导”、房地产新政策实施效果、跨境贸易试点工作、金融支持春耕和农村金融服务改革试点等多项专题调查。中支党委班子成员亲自主持重要课题研究，并加强与兄弟中支的横向联合，中支整体调研水平有一定程度提高。

【党风建设】 认真落实党风廉政建设责任制。深入开展综合执法试点，依法行政效能不断提升，纪检监察、巡察、内审、组织人事、事后监督、法律等部门的综合监督职能得到有效发挥。组织开展各类应急预案演练，金融突发金融事件处置能力进一步增强。不断完善政务公开制度，加大内外部沟通协调力度，构建“一站式”服务平台，“政务公开”建设取得初步成效。切实规范财务收支行为，完善集中采购管理，勤俭办行方针得到有效贯彻落实。安全保卫工作不断加强，资产处置工作稳步推进。大力开展“央行文化建设”、“我与央行共奋进”和“青年文明号”等主题实践活动，在全辖形成学典型、比先进、乐奉献的良好工作氛围。

（赵远仰）

中国工商银行股份有限公司北海分行

【概况】 2010年，中国工商银行股份有限公司北海分行（简称“工商银行北海分行”）下辖营业部1个，合浦县支行1个，南珠、云南路、牡丹3个城区支行，新力等8个二级支行，湖海路等7个分理处；分行本部内设办公室、人力资源部、财务会计部、公司与结算业务部、个人金融业务部、风险与法律管理部、内控与监察部、运行管理部、信息科技部、信贷管理部、授信审批中心、工会办等机构 12 个；自动柜员机 54 台，网上银行自助服务机 22 台。2010 年底全行从业人数 513 人，其中本科以上学历 198 人；具有高级职称 5 人、中级职称 124 人、初级职称 175 人，具有专业技术职称人员占比 59.25%。2010 年，该行深入贯彻“创新、发展、效益、服务”的经营理念，加快业务发展，全面提高全行经营效益和管理水平；发展优质信贷业务市场，支持北海地方经济建设；全面推进各项业务发展，加快金融产品创新，提高服务手段，为社会各界提供优质金融服务。至年末，该行各项存款余额 58.75 亿元，比上年末增长 7627 万元；各项贷款余额 27.03 亿元，比上年末减少 1.32 亿元；分别完成全年拨备前、后利润计划的 121%、122%，继续实现拨备前、后双赢利。

【存款业务】 2010 年，工商银行北海分行各项存款余额 58.75 亿元，比上年末增长 7627 万元，增幅 1.315%。其中：储蓄存款 35.99 亿元，比上年末减少 2.61 元，同业市场增量占比排名第四；对公存款 22.76 亿元，比上年末增加 3.37 亿元，同业市场增量占比排名第四。一是将发展存款作为全行重中之重的工作任务来抓，通过开展存款劳动竞赛活动，调动支行经营者重视抓存款、广大员工积极营销存款的局面，有力推动存款业务良性发展；同时，建立完善网点和个人客户经理的营销业绩科学评价考核机制，极大地调动网点营销存款积极性，加快推进个人金融业务发展步伐。二是抓住外商投资企业涌入北海、投资新兴产业的有利时机，跟踪进入北海的投资项目，从源头上加强对资金营销工作，以通过赞助市招商局举办 2010 年北海市外商投资企业年会等活动，宣传工行北海分行金融业务产品和外汇结算系统优势，赢取外资企业信赖和支持，促进外币存款增长。三是把握同业合作重点，加强与农信社、农发行、北部湾银行以及 2010 年进驻北海的兴业银行等同业重点客户的沟通联系和业务合作，本着“合作双赢、共同发展”的原则，为同业客户提供“优质、周到、高效”的服务，促进金融同业合作业务的发展。四是加快网点布局优化和核心竞争力项目的推广工作，全力将营业网点向贵宾理财中心、综合理财中心、理财网点、金融便利店进行升格，推动网点经营模式的转型。全年新装修改造 3 个营业网点，其中1 个为贵宾理财中心网点，2 个为综合理财中心，新增投入 22 台自动柜员机，增强营业网点的综合服务功能，提高对客户的金融服务能力。

工商银行北海分行员工弘扬“一方有难，八方支援”的大爱精神，积极向广西干旱灾区捐款

工商银行北海分行　供

【优化信贷资产结构】 2010 年，工商银行北海分行各项贷款余额 27.03 亿元，因清收转化不良贷款的因素影响，各项贷款余额比上年末减少 1.32 亿元，其中：法人客户贷款余额 9.67 亿元，比上年末减少 4.69 亿元；个人贷款余额 17.36 亿元，比上年末增加 3.37 亿元。全年累计发放贷款 5.83 亿元，其中累计发放个人住房贷款 5.14 亿元，个人消费贷款 0.69 亿万元；累计收回各项贷款 3.5 亿元，其中，累计收回工商企业贷款 0.13 亿元，收回房开及个人贷款 3.37 亿元。主要措施：一是抓住北部湾经济发展建设的热点，跟踪北海市基础建设项目，拓展优质信贷市场，优化信贷资源配置，全年新增贷款主要投向符合国家政策及地方重点建设项目，在大力支持地方经济建设的同时，也发展和扩大贷款规模。二是加强对城市基础建设支持力度，从众多房地产公司中筛选出部分开发商实力强、项目位置优越、建设规模较大的优质项目进行信贷支持工作。三是加大对小企业信贷业务支持力度，对贸易融资及中小企业客户进行营销，全年共完成 4 户中小企业及贸易融资客户评级工作；同时，有针对性地开拓商品交易市场和专业批发市场个体私营企业贷款营销市场，支持个人经营贷款业务。四是优化个人信贷业务流程，进一步提高审批效率和服务质量，加快审批进程，在确保贷款资金安全的情况下，切实加快电子化审批进度。

工商银行北海分行组织宣传队伍到北部湾广场，向广大市民提供金融服务支持

工商银行北海分行　供

【清收不良资产】 2010年，工商银行北海分行继续把清收化解不良资产和潜在风险贷款工作作为全行重中之重工作来抓，努力清收不良资产，全力提高信贷资产质量，全年共清收转化不良贷款4.07亿元，不良贷款比上年末下降3.84亿元，不良贷款率比上年末下降13.03个百分点，其中：法人客户不良贷款率比上年末下降14.36个百分点；个人客户不良贷款率比上年末下降2.66个百分点，实现不良贷款绝对额和占比的双下降。主要措施是：一是采取“完善考核、抓实重点、用足政策、创新方式”的清收策略，实行“两挂钩考核”办法，充分调动清收人员对不良贷款清收的积极性；同时，采取每五日对不良贷款情况进行统计监测，按月对不良资产清收处置及各项工作完成情况进行分析总结，并针对性地为下一步工作提出方法和措施的管理方式，有力紧凑地推进全行清收化解的工作进程。二是把“北生系”、银河科技、北海国发三大公司不良货款作为重点清收化解项目，每个项目均落实专人负责，细化工作措施，拟定逐个项目处置预案，落实清收处置计划，明确清收处置时间表，按时间进度和目标要求稳步推进不良贷款清收化解工作；同时通过加强与政府、银监局的沟通和协调，并依靠有效的法律手段，提高重点清收化解项目推进效率。最终清收“北生系”不良贷款10694万元、北海国发不良贷款8300万元。

【新兴业务】 2010年，工商银行北海分行遵循工总行的发展战略，加快业务产品创新，开拓新兴业务发展渠道，优化发展结构，提升整体核心竞争力。全年实现中间业务收入同比增加1547万元，同比增幅39.15%。其中，电子银行业务收入同比增加296.72万元，增幅为63.08%；实现银行卡业务收入同比增加562万元，增幅为59.72%。主要措施是：一是以广西区分行开展“银行卡发展年”活动为契机，开展银行卡业务创新活动。一方面，率先在本地区开办购置营运车、自用车、房屋抵押消费、家居装修等市场领域信用卡分期付款业务，并利用广西机电北海公司开展的第六届大型车展活动举办“工行车贷卡杯”香车宝贝选秀大赛，推进信用卡购车分期付款业务开展，为北海市民购车提供全新的银行信用服务支持方式。另一方面，利用元旦、春节、“五一”、国庆等节假日开展形式多样、内容丰富的各种专题营销宣传活动，促进信用卡业务的发展。二是开展“入园进社”上门服务活动，2010年，分别到北海市各级机关、学校、部队、企业等30多个单位开展40多次上门服务活动，现场指导客户进行网银转账、缴费及网购等操作，使广大社会客户了解、接

工商银行北海分行举办“工行车贷卡杯”香车宝贝选秀大赛，向北海市民宣传推广全新的信用卡购车分期付款服务支持。

工商银行北海分行　供

受和使用工行电子银行业务，促进金融业务的创新发展。三是根据广大客户对金融业务的需求，不断加强对对公及个人理财业务、代理业务、人民币账户综合管理等新兴业务产品的发展，向社会各界客户推荐理财业务产品，同时还开展“虎报金春，金致人生”的贵金属业务产品营销活动，满足不同类型客户的金融业务需求。

【提升金融服务】 2010年，工商银行北海分行通过开展“服务价值年”活动，扎实地推进业务流程改革，全面提高金融综合服务水平。一是按照工总行确定2010年为“服务价值年”活动工作要求和统一部署，及时制定出台《北海分行支行行长经营绩效综合考评服务质量专项考评办法》、《北海分行营业网点大堂经理服务规范及质量检查评分标准》和《北海分行营业网点柜员服务规范及质量检查评分标准》等措施和办法，加强对营业网点服务管理工作的考核力度，充分调动基层行管理者和员工服务工作积极性，有力促进优质服务水平提高。二是针对员工在服务礼仪、服务规范化方面存在的薄弱环节，采取“外聘专业讲师＋封闭脱产培训”的形式，对全行员工分批进行服务礼仪专题培训，着重对员工职业道德操守、团队精神塑造及服务礼仪等方面进行有针对性的培训。全年利用双休日时间先后分三期组织营业网点负责人、客户经理、柜员共157人进行脱产封闭培训，收到良好效果。三是进一步完善营业经理远程授权业务流程，综合采用“先审后授”、“交叉复核”、“交叉复核、综合审核”三种不同方式进行业务授权，实现风险管理与效率管理双提升，初步建立“网点全面受理、后台集中处理”的业务运营格局，推动网点功能由操作型向服务营销型的转变。四是响应地方党委、政府的号召，配合公安机关、工商部门、银监分局开展打击资金传销活动，全力维护金融秩序稳定，取得良好效果，客户在营业网点排长队现象基本消除，网点柜面业务压力得到明显缓解。五是在全行各营业网点开展柜面业务分流竞赛活动，提高员工对柜面客户的分流引导服务意识；同时，进一步细化营业网点大堂经理及柜员的服务规范和质量考核工作，充分发挥大堂经理秩序管理和引导分流的作用，切实解决客户排队难问题。

【内控管理】 2010年，工商银行北海分行始终把党风廉政建设与业务经营同步推进、相互协调、共同发展。一是通过开展“守住道德底线，防范廉政风险；守住人情底线，防范案件风险”主题教育活动，并组织全行管理人员签订党风廉政建设责任书，全行员工签订案件防范工作责任书，深入完善案防长效机制和落实案件风险点防控措施。二是组织员工赴柳州露塘监狱、北海监狱警示教育基地开展警示教育，通过服刑人员以身说法，教育员工遵纪守法；组织全行所有员工观看银监局举办的警示教育展览，切实提高广大员工反腐倡廉意识。三是组织全行员工深入学习《员工违规行为处理暂行规定》，并组织全行员工签订《保证书》，要求员工严格遵守各项规章制度和法律法规，认真履行职责，切实加强各种风险管控力度，确保全行业务经营稳步、健康发展。

（翟晓晖）

中国农业银行股份有限公司北海分行

【概况】 中国农业银行股份有限公司北海分行（简称“农行北海分行”）是农行广西区分行辖属的二级分行，下辖营业网点35个，其中：北海分行营业室1个，合浦县支行1个，海城、城郊、铁山港3个一级支行，广场、北海大道、解放路、云南路、皇都、新安、银河、海宁路、金穗、高德、地角、海角、华侨、北京路、工业园、定海、金鸡大道、文蔚坊、廉东大道、丰门岭、公馆、山口、白沙、石康、常乐、西场、党江、沙岗、福成、营盘等30个二级支行。2010年末全行在岗员工543人，全日制硕士研究生学历6人，大学本科学历138人，大学专科学历231人，大学专科以上学历占总人数的69.06%；有中级以上

农行北海分行2010年经营业绩突出，在广西区农行二级分行综合绩效考评中名列第一

农行北海分行　供

职称104人，占专业技术人员总人数的25.12%，初级职称310人，占总人数的74.88%。2010年，该行落实自治区农行年初工作会议精神，抓落实业务转型、精细化管理、内控合规三大重点工作，深入强化服务能力、管理能力、风险防控能力和员工执行力四种能力建设，抢抓机遇、强化营销、加快发展，完成各项工作任务，提前一年实现“三年再造一个北海农行”的目标，全行赢利水平、市场竞争力、内控水平和社会形象进一步提升。2010年，先后获得第五届“全国农行精神文明建设工作先进单位”，“中国农业银行2010年信用卡工作先进集体”，“全区农行2010年度城市对公业务经营转型先进单位”等荣誉称号，还获得了“农行杯”第二届北海市礼仪文明风采大赛一等奖，全区农行2010年度二级分行综合绩效考评第一名。

【负债业务】 2010年末，农行北海分行各项存款余额101.13亿元，成为北海当地首家存款超百亿的金融机构。比年初增加19.96亿元、同比多增8002万元，其中：对公存款余额35.89亿元，比年初增加9.9亿元、同比多增7629万元；储蓄存款余额64.31亿元，比年初增加10.04亿元、同比多增374万元；同业存款余额50万元；外币存款余额1397万美元。存款存量、增量市场份额继续保持同业第一。

【资产业务】 2010年末，农行北海分行各项贷款余额51.04亿元，比年初增长14.41亿元、同比多增1.38亿元。新增贷款全部投向AA级以上的重点企业、优良项目和优质个人客户。该行抓住北部湾经济区发展的机遇，借助总行对北部湾经济区的倾斜政策，加强银政合作，带动全行各项贷款的投放，全年累计投放贷款27.84亿元。一是支持北海市工业园区、出口加工区、高新技术区、铁山港区工业园区等重点园区建设；对中国电子北海产业园发展有限公司等重大项目进行信贷支持，助推“北海三年跨越发展”步伐。二是对北海市、合浦县两级土地储备机构贷款余额为2.77亿元，充分发挥“乘数效应”，促进北海市房地产业和旅游业的发展，2010年累计发放房地产开发贷款4.85亿元，个人住房贷款9.6亿元。三是针对小企业融资难、担保难、贷款难问题，推进与有实力、资信好、信誉高的担保公司合作，加快解决小企业信贷业务发展的“瓶颈”，大力支持市场前景好、技术含量高、产品竞争力强的小企业做大做强，充分发挥中小企业在地方经济发展中的支柱作用。四是大力发展个人生产经营贷款，支持创业致富。2010年末个人贷款余额达27.32亿元，比年初增长9.65亿元。

【信贷结构调整】 2010年，农行北海分行根据国家产行业政策变化，贯彻落实《中国农业银行广西区分行2010年信贷政策指引》文件精神，进一步加快信贷结构调整，推进信贷结构进一步优化。在抓好对重点项目、重大产业、优质房地产等企业客户投放的同时，贷款投向安排倾斜县域发展，深入拓展县域蓝海市场，围绕农业产业化和县域基础设施建设、房地产、事业机构、中小企业等五大重点，加大县域信贷投放力度，进一步促进县域业务的发展。

【“三农”业务】 2010年，农行北海分行根据农业银行服务“三农”的要求，以“提升县域业务经营活力，改善县域金融服务能力”为中心，做好服务“三农”工作，实施以合浦县支行为载体和平台，创新机制，打造渠道，扎实推进三农事业部制改革，取得良好的社会效益和经济效益。全年服务“三农”成效显著：一是该行县域各项贷款比年初增加38101万元，有力支持县域经济的发展；二是该行全年加大资源配置，在县域共投放自助机具451台，其中柜员机8台，POS机53台，转账电话390台，已覆盖合浦县域的所有乡镇；三是进行“整村推进”，以惠农卡为载体，稳步推进农户小额贷款业务，全年发放惠农卡35682张，惠农卡授信2116户，农户小额贷款新增4558万元；四是与地方妇联、共青团合作，通过双线推荐发放农户小额贷款，支持农村青年、农村妇女创业致富。

农行广西区分行党委书记、行长张军洲（前排中）到北海铁山港调研，考察铁山港泊位规划情况

农行北海分行　供

【精细化管理】 2010年，农行北海分行全力抓精细化管理，一是加强贷款全流程精细化管理，推进全面风险管理体系建设，深化信贷审批体制改革；二是在内控管理方面，突出抓好制度约束、抓好会计主管、财会监管员队伍建设、抓好风险监控网络建设、抓好金库管理，深入开展案件集中排查、银行卡案件专项整治和整体移位飞行检查等专项活动，配合总行集中审计工作，及时整改发现问题，全年实现无重大违规行为、无重大信用风险、无重大责任事故的“三无”目标，实现安全运营。

农行北海分行获“农行杯”第二届北海市礼仪文明风采大赛一等奖

农行北海分行 供

【企业文化建设】 2010年，农行北海分行推进企业文化建设，努力打造企业新形象。一是深入开展“创先争优”活动，激发各级党组织和广大党员、员工的工作热情。二是重视抓好“民生工程”建设，开展“送温暖下基层”活动，做好对基层网点困难员工、特困员工的走访慰问工作，进一步改善员工的工作生活条件，构建和谐农行。三是弘扬先进典型，为企业文化建设树榜样。开展劳动竞赛，加大对优秀客户经理、优秀柜员、优秀大堂经理等各项先进的表彰奖励力度，该行全年受地市级以上表彰的先进单位和先进个人72人(次)。四是开展文体活动，营造企业文化建设浓厚氛围。该行采取多种形式，举办各种座谈会、茶话会等文娱活动，开展气排球、篮球、足球等各种比赛，举办“企业文化建设论文、论坛及辩论选拔赛活动”，组织员工外出学习考察等等，进一步增强员工的凝聚力、向心力。 (梁家宏)

中国建设银行北海分行

【概况】 中国建设银行北海分行(简称“建设银行北海分行”)是直属建设银行广西分行管辖的二级分行，下辖合浦县支行和北海市区13个城区支行，内设办公室、公司业务部、个人业务部、前台营业部、风险管理部、财务会计部、营运管理部、纪检监察部、安全保卫部9个职能部门，拥有17个机构网点，在职员工271人。2010年，建设银行北海分行贯彻执行各项方针政策，狠抓内部管理，深化机制改革，加快战略转型，努力提高市场竞争能力和风险内控水平，注重发展速度、发展质量和经营效益的有机统一，为客户提供优质高效的金融服务，为员工搭建广阔的发展平台，促进全行各项工作的顺利开展，实现主营业务的快速发展和财务效益的持续提升。

【负债业务】 2010年，建设银行北海分行牢固树立“存款立行”的思想，加强负债业务发展规划工作的推进。一是早筹划，早部署；二是充分利用资源配置的导向作用，完善存款业绩考核和激励约束机制；三是调整负债类客户结构，改善账户质量；四是加大对重点客户的营销拓展力度，在对市场状况、客户状况和同业竞争状况充分了解和研究的基础上，加强维护，深入挖潜，取得较大的突破。2010年末，全口径存款余额69.48亿元，比年初新增10.18亿元，四行占比25.51%；增速17.18%，四行排位第二；其中企业存款余额34.42亿，比年初新增4.84亿元，增速为16.38%；储蓄存款余额35.03亿元，比年初新增5.34亿元，增速为17.97%。

【资产业务】 2010年，建设银行北海分行从改善经营质量、提高经营效益的角度，着力调整优化资产结构，提高价值创造能力。一是高度重视不良资产盘活处置工作，坚决退出信用等级差、不符合行业政策的客户，信贷资产结构得到较好的优化调整；二是审慎地拓展公司类资产业务，做好优质重点客户的信贷营销，促进资产业务平稳发展；三是抓住北海三年跨越发展的有利契机，结合北海区域情况，充分发挥建设银行服务好、流程优、效率高的特点。2010年末各项贷款余额29.06亿元，比年初新增4.54亿元，增速18.5%。其中个人类贷款余额18.46亿元，比年初新增5.08亿元，完成全年新增计划的145.14%。全年压缩不良贷款11256万元，不良贷款率由年初的4.95%下降到目前的0.31%，比北海金融同业低7个百分点，信贷资产质量得到有效提升。

【中间业务】 2010年，建设银行北海分行高度重视中间业务的拓展，按照广西分行的要求，切实抓好营销工作。一是全面梳理北海分行中间业务产品，抓好结算、卡类、电子银行等中间业务收入营销，充分挖掘收费潜力；二是以网点二代转型为契机，做好产品营销系统应用的推广工作，提高网点产品“精准”营销的能力；三是结合北海的旅游城市定位特色，改善用卡消费环境，开展各种形式的消费分期和消费有奖活动，促进消费交易量的增长，提高中间业务收入。2010年全行实现中间业务收入3227.89万元，比上年同期增加1248万元，完成区分行计划的102.86%；新增排同业第二位，同比增速63.06%。

【财务效益】 2010年，建设银行北海分行价值创造进一步增强，实现税前利润2.27亿元，占北海银行同业利润总额7.73亿的29.37%，超额完成全年计划的171.93%，比上年同期增加2267万元；实现经济增加值1.5亿元，完成全年计划的193.43%，比上年同期增加1186万元。实现主营业务收入19110万元，比上年同期增长3079万元，增幅达19.2%，完成全年计划的109.21%。

【合规文化建设】 2010年，建设银行北海分行不断强化基础管理，加大自查自纠和风险排查力度，同时充分利用内外部审计和监管成果，对存在的问题及时整改，逐步健全合规管理组织体系，完善合规工作机制，强化合规风险管理，推进合规文化建设，逐步构建成以合规为导向的内控管理体系，为全行战略目标和发展规划的实现奠定坚实的基础。

（马　群）

中国银行股份有限公司北海分行

【概况】 2010年，中国银行股份有限公司北海分行（以下简称“中国银行北海分行”）下辖合浦支行1家直属支行和高德、北部湾东、北部湾西、广东路、湖海路、和平东路、旺盛路、北京路、北京南路、云南北路、时代广场11家城区支行和广东南路、云南南路、北部湾广场、合浦城基东、定海路、解放路6家分理处，2个专柜，以及自动柜员机23台；内部设置个人金融部、营业部、公司业务部、风险管理部、计划财会部、监察保卫部、办公室、人力资源部8个管理机构；年末在岗员工总数380人，其中本科以上学历165人，占员工总数的43%。2010年，该行抓住经济继续稳步复苏和广西北部湾经济区加快发展的机遇，围绕打造当地最好商业银行的战略目标，全力推进存款、服务、内控三个“一把手”工程，抓好客户群基础建设，扩大有效客户规模，进一步拓展负债业务和资产业务，着力寻找中间业务收入增长点，努力促进各项业务稳步增长，各项指标完成情况良好。到2010年末，全行实有资产总额本外币合计76.09亿元，比上年末增长16.22%，实有负债总额外币合计73.78亿元，比上年末增长16.68%，全年实现拨备前利润1.44亿，比上年增加0.8亿元，增幅126.62%。

【存款业务】 2010年，中国银行北海分行围绕北海市实施三年跨越发展规划的部署，跟踪服务政府重点推进项目，加强对企事业单位的金融服务工作，进一步夯实基础客户群，加快电子化渠道建设，组织开展“满意服务”活动，全面提高文明优质服务水平，促进存款业务的快速增长，存款总量迅速扩大，资金实力进一步增强。截止2010年末，全行本外币各项存款汇总人民币总额73.14亿元。其中，人民币存款71.64亿元，比上年末增加10.6亿元，增幅17.37%（其中人民币公司存款余额33.58亿元，比上年末新增4.08亿元，增幅13.82%；人民币储蓄存款余额37.78亿元，比上年末新增6.77亿元，增幅21.82%；外币存款2460万美元。

【授信业务】 2010年，中国银行北海分行根据国家的货币政策，结合北海市经济发展的特点，调整授信方向，加快信贷投放结构调整，大力开拓新客户、新项目，将信贷资金重点投向电力、新能源、高科技、制造业、房地产、教育卫生等行业，同时抓住中银“信贷工厂”业务在广西落地的契机，大力发展小企业授信业务，全力支持北海地方经济建设。全年累计发放人民币贷款共6.32亿元，增幅列北海市五大商业银行之首，支持北海市电力、医药、制造业、房地产、进出口等企业生产经营的资金需求，同时加大项目储备，完成审批及上报授信项目17个，金额达23亿元。此外，北海分行严格执行国家针对房地产行业出台的新政策，及时调整发展思路，实行个人住房贷款业务及其他非标类业务两手同步抓，发展汽车消费贷款、个人投资经营及循环类贷款、“出国留学外汇贷款”、“出国留学保证金贷款”、公积金委托贷款等业务，全年累计投放零售贷款2.3亿元。

【国际结算业务】 2010年，中国银行北海分行加大国际结算业务营销和新产品推介力度，并充分挖掘传统产品增长潜力。2010年开拓国内结算及贸易融资产品，新开办融易达业务和国内商业发票贴现业务两个新的业务品种。同时拓展人民币跨境结算业务，向企业宣传国家最新的相关政策，办理了北海市首笔跨境贸易人民币结算业务，2010年累计业务金额约1.5亿元。全年国际结算六项业务量比上年末增加3.15亿美元，增幅220.92%；各项贸易融资业务新投放量比上年同期增加554.83万美元，增幅25.71%；贸易融资利息收入比上年同期增长110.17%；国际结算手续费收入比上年同期增长71%。

【中间业务】 2010年，中国银行北海分行抓住经济逐步复苏和民间投资活跃的有利时机，通过培育客户需求进一步开辟中间业务新的增长点。根据客户需求，加强对行业、产业、市场的研究，提高财务顾问服务质量和技术含量，加大对公理财产品的组合创新力度，发展银团安排、代客理财、专项财务顾问等高附加值的中间业务，充分满足客户理财增值需求。同时，开展中银理财品牌推广工作，组织开展一系列理财投资讲座、客户沙龙等活动，并推出“中银安稳收益”、“周末理财”、“黄金宝”、“汇聚宝”等多种理财产品，满足不同投资偏好客户不同的理财需求。同时着力拓展银行卡、金融机构代理业务、三方存管、代发工资、贵金属销售等业务，拓宽收入来源。全年实现中间业务净收入2637万元，增幅为48.65%。

【渠道建设】 2010年，中国银行北海分行继续加快网点转型步伐，按照总行网点转型和标准化要求，一方面，全面改善营业网点服务硬件设施，增加营业面积1300多平方米，增加对外营业窗口18个，新安装自动柜员机12台；另一方面，全面推进柜台业务向自助渠道迁移，推广网上银行、电话银行、手机银行等电子银行系列产品，不断提升电子化服务水平，较好地满足客户通过电子化渠道办理查询、转账、缴费、购买和赎回基金，银证转账等业务需求。此外，加强人性化服务，为全部营业网点配置自助查询机、电视机、饮水机以及老花镜、雨伞、擦鞋机等便民设施，还在全辖部分营业网点中开辟残疾人专用通道，受到各方好评。同时加快业务流程整合，大力建设开放式柜台，推进消费信贷、信用卡、理财产品、外汇业务等赢利性较强的产品向开放式柜台迁移，增强了网点交叉营销和赢利能力。

【内控管理】 2010年，中国银行北海分行为切实防范经营风险，继续贯彻实施内控“一把手”工程，进一步抓好内控建设，重点围绕“优化结构、扩大规模、有保有压、防控风险”的授信发展导向，贯彻落实银监会“三个办法一个指引”，加强贷后管控工作。同时，开展“合规经营打造当地最好商业银行”合规主题竞赛活动、银行业内控和案防制度“执行年”活动；大力开展案件风险排查、员工失范行为排查、集中采购、资产处置、工程项目招投标重要环节及“小金库”专项治理等自查自纠活动。 （黄惠云）

交通银行股份有限公司北海分行

【概况】 2010年，交通银行股份有限公司北海分行（简称“交通银行北海分行”）下辖营业部1个，支行3个（北部湾东路支行、北京路支行、四川路支行）；分行本部内设办公室、授信管理（风险监控）部、预算财务部、信息技术管理部、会计结算部、公司业务部、个人金融业务部、零售信贷业务部、监察部、保卫部等10个部门，在职员工136人，其中大专（含）以上学历125人，占总人数的91%，助师（含）以上职称68人，占总人数的50%。2010年，围绕总行“战略转型”的总体要求和“走国际化、综合化道路，建以财富管理为特色的一流公众持股银行集团”的发展战略，以“争先进位，跑赢大市”为目标，努力进取，取得较好的业绩，多项主营业务指标创下历史最高水平。

【存款业务】 2010年，随着通货膨胀预期、流动性调控等市场信号的逐步释放，下半年国家对利率及存款准备金率进行数次调整，多次对房地产行业进行调控。交通银行北海分行针对复杂的经济环境，立足自身优势，扬长避短、迎难而上，采取应对措施。截至年末，全行本外币资产总额达到380963万元，比年初增加85454万元，增幅28.92%；人民币存款时点余额360187万元，增幅29.33%。其中对公存款余额248741万元，增量66695万元，增幅36.64%，储蓄存款增量15000万元，增幅15.55%；人民币存款平均余额309589万元，增幅29.76%。新开立对公客户350户，新开户合计带来时点存款14820万元，日均余额4734万元。年末，新增储蓄存款15000万元，市场占比达到6%，较年初上升0.11个百分点。

【贷款业务】 2010年上半年，交通银行北海分行抓住北海市楼盘价格稳中有升、按揭需要量大、个人楼盘交易旺盛的时机，扶持资信高、经营良好的房地产开发商，以北海市的高端客户为重点服务对象，通过加强服务意识，提高审批放款效率，加快办理楼盘按揭批发业务，缩短房开商的按揭资金回笼速度，树立服务品牌，办理一大批当地金融机构争先营销的优质房地产楼盘。至6月末累计发放个人贷款2374笔，放款金额67612万元，个人贷款余额192293万元，较上年末净增58068万元，增幅43.26%，超额完成交行广西区分行下达的全年任务。2010年下半年，国家的调控政策力度继续加大，北海房地产市场成交量下滑，北海分行加大营销力度，走访客户，作好项目跟踪和按揭业务跟进，取得较好的成绩。截至2010年12月末，累计发放个人贷款95330.4万元，个人贷款余额209272万元，较上年末净增75091万元，增幅56.5%。除分行自营个人贷款外，还发放委托性公积金贷款3173万元，余额16132万元，较上年末净增1331万元，增幅7.87%。零售贷款种类为个人住房贷款、商铺按揭贷款。贷款结构较为合理，贷款质量各项指标优良。

【内控和风险防范措施】 2010年，交通银行北海分行狠抓整改落实，内控、安保机制进一步健全完善。内控工作严格按照《交通银行会计检查辅导员工作指引》通知要求的检查频度、覆盖面以及工作流程等进行会计检查辅导工作，注重辅导与重视整改，强化培训及考试制度，检查辅导在日常管理和风险防范环节中起到重要的作用。会计内控制度执行情况良好，会计重要环节没有发现较大风险隐患，会计业务工作正常有序进行。2010年，根据交通银行总行《关于实行守护押运工作社会化进一步加强内部管理和安全防范工作的意见》的文件精神，与北海市威正金融护卫有限公司签订《守押、值班服务合同》，守护押运工作社会化走上正轨，取得较好的效果，分行的安全保卫工作走上一个新的台阶。 （莫　静）

中国农业发展银行北海市分行

【概况】 2010年，中国农业发展银行北海市分行（简称“农发行北海市分行）下辖合浦县支行。市分行机关设有办公室、客户部、信贷与风险管理部、财务会计部、营业室、监察审计部、人力资源部和机关服务中心等8个职能部门；年末全行在册员工65人，其中在职员工62人，内退员工3人。在职员工中，大专以上学历51人，中级以上职称21人。该行作为国家农业政策性银行，执行国家支农信贷政策，在做好政策性粮油收储主体业务的同时，重点支持公益性基础设施和县域基础设施项目建设，扶持当地农业产业化企业，推动地方农业农村经济的健康发展。在大力拓展各项业务的同时，不断夯实基础管理，规范业务操作和贷后管理工作，继续强化信贷风险防控，着力保持不良贷款零记录，确保各项业务健康发展。年末，全行各项贷款余额达16.23亿元，比年初增加3.37亿元，增幅26.16%，人均贷款额为2799万元；各项存款余额6.36亿元，比年初增加2.76亿元，增幅76.4%；不良贷款余额为零；实现账面利润2903万元，同比增盈860万元，增长42.1%，人均利润49.14万元。各项业务经营指标取得自该行成立以来的历史最高水平。

【政策性贷款】 2010年，农发行北海市分行严格执行国家信贷政策，持续加大信贷支农力度。一是有效落实国家粮食信贷政策，发放粮食收购与储备粮贷款，支持国有粮食收储企业订单粮食收购入库与储备粮轮换工作，在维护当地粮食市场稳定的同时确保国家粮食储备安全。全年共发放粮食收购贷款4316万元，支持收储企业收购订单粮食入库1072万公斤；发放各级储备粮贷款14594万元，支持收储企业轮换各级储备粮食4381万公斤，增储粮食3909万公斤。二是结合北部湾经济区建设规划和北海“三年跨越发展”目标的实施，对北海市民生路网（二期）工程、高德港大桥工程、海景大道南段工程和合浦工业大道工程等一批政府关注的公益性基础设施建设项目进行信贷支持。全年共发放农村基础设施和县域城镇建设等中长期贷款3.5亿元，有力支持当地城区与农村基础设施建设，改善城区城郊道路交通状况，促进当地农村经济的发展。年末，农业农村基础设施建设中长期贷款余额6.35亿元，比上年增长122.81%。

【商业性贷款】 2010年，农发行北海市分行继续实施优质客户发展战略，积极扶持地方优势产业企业。根据北海经济发展特点与产业优势，重点扶持农产品加工出口优势产业企业，及时向水产品及水果加工、水产养殖、水产饲料生产等农业产业链上的优质客户发放新增贷款，满足企业扩大生产经营规模的资金需求，带动农产品出口创汇。全年累计发放商业性流动资金贷款57114万元，其中向5家水产品加工出口优质客户新增贷款6330万元，支持当地优势产业企业做大做强，促进当地农业农村经济的发展。

【存款组织】 2010年，农发行北海市分行为使各项业务均衡、快速发展，采取加大考核力度、明确岗位职责等有效措施，使存款组织工作取得明显成效。一方面，有针对性地完善和修订《北海市分行存款业务考核办法》，加大业务岗位考核力度，促进企业回笼货款归行率的提高。另一方面，实行领导负责制，开展高端营销，加大同业存款营销力度，使同业存款营销工作获得较大突破，全年共吸收同业存款3笔，累计金额53300万元。2010年末，各项存款余额63571万元，同比增加27529万元，增幅76.4%。人日均存款额达到877万元，同比增加484万元，增长123%。

【中间业务】 2010年，农发行北海市分行继续将发展中间业务作为年度工作重点来抓，通过加大国际业务营销、考核力度和拓展中间业务品种、拓宽收入渠道等有效措施，促进该行中间业务收入的持续增长。

全年实现中间业务收入 187.19 万元，人均 2.86 万元，人均同比增加 1.09 万元，增长 62%。一方面，通过树立“做精、做优、做强”的工作理念，利用当地客户资源优势，拓展国际业务。全年共办理国际结算业务 1206 笔，结算量 11084.26 万美元，实现收益 149.82 万元人民币，同比分别增长 122.1%、94.6%和 40.9%。该行国际业务当年办理的笔数、结算量和收益分别占自治区农发行系统的 45.2%、43.6%和 37%，三项指标均位列全区农发行各二级分行之首，其中结算量连续四年蝉联全区农发行第一。另一方面，开展咨询服务业务，不断拓宽中间业务收入来源渠道。通过为客户提供融资和发展规划方案设计等咨询服务，实现新增咨询服务费收入 11 万元。同时，继续抓好代理保险业务，继续严格执行贷款抵（质）押单和保险单“双单”捆绑营销工作责任制，使企业资产做到应保尽保，实现代理保险业务手续费收入 18 万元。

【风险防范】 2010 年，农发行北海市分行在抓好业务拓展的同时，不断强化信贷风险分析与防控工作，落实各项风险防范措施并及时化解，确保信贷资产安全运行。一是以金融服务小组为平台，坚持每月定期召开信贷业务与重点客户风险分析工作会议，对贷款企业经营状况、前期贷款使用情况和潜在风险因素等进行分析，对出现异常情况或风险苗头的企业及时进行预警，落实跟踪检查责任，并研究应对措施，根据不同企业制定具体化解方案。二是加强风险排查工作，健全退出机制。对在风险排查工作中发现存在经营管理不善、经营效益持续下滑、抗风险能力下降的企业，根据其风险承受能力，分别采取信贷退出或压缩规模的方式进行风险规避。全年采取措施退出 7 家潜在风险较大的企业贷款共 1 亿元，并对 5 家存在经营风险的企业压缩贷款规模 1400 万元，有效化解潜在风险，使信贷资产继续保持不良贷款为零的记录。

【企业文化建设】 2010 年，农发行北海市分行推进企业文化建设，构建和谐氛围，促进各项工作的顺利开展。一是通过召开职工代表暨会员大会，有效落实民主管理制度，使职工的知情权、参与权、监督权和表达权得到充分行使；培养员工“主人翁”精神，增强员工工作责任感，解决员工关注的热点问题，维护职工合法权益，使全行“风正、气顺、心齐”的和谐氛围得到进一步巩固。二是以“创先争优”等活动为载体组织开展创建文明单位等活动，把企业文化建设推向深入并取得实效。2010 年市分行机关获区分行级“文明单位”称号。三是发挥工会团委纽带作用，开展各项文体活动，营造和谐氛围。通过举行“庆三八”妇女职工户外踏春、“迎七一”职工运动会和组织参加银行业文艺汇演等活动，丰富员工业余文化生活，增强集体凝聚力。四是加强员工队伍建设，开展“遵章守纪、合规经营”专题教育活动，增强员工的合规经营意识。五是认真抓好党风廉政建设并健全长效机制，与市检察院共同签发《关于在全市农业发展银行系统共同开展预防职务犯罪工作的意见》，联合成立共同预防职务犯罪工作领导小组，建立预防职务犯罪共建机制。继续保持全年“无经济案件、无刑事案件、无重大责任事故、无严重违规违纪问题”的“四无”记录。 （刘 滨）

北海市区农村信用合作联社

【概况】 2010 年，北海市区农村信用合作联社（简称“北海市区联社”）下辖对外营业网点 37 个，自动柜员机 23 台，在职员工 480 人。其中市区网点 16 个，郊区及乡镇营业网点 21 个；内部设置办公室、计划信贷部、财务部、人力资源部、市场开发部、资产风险管理部、监察稽核部、保卫部、电脑技术部、工会办 10 个职能部门。2010 年，北海市区联社将“防范风险、规范经营、改革创新、稳中求进”列为指导思想和工作方针，以深化改革为动力，不断优化、完善网点结构及服务设施，赢利能力、市场竞争力、内控水平、社会形象得到进一步提升，全年实现经营利润 5871 万元，不良贷款继续实现双降，各项管理得到进一步加强。

【存款业务】 2010 年，北海市区联社牢固树立存款立社思想，全力以赴抓好存款营销工作，各项存款继续保持稳定、快速增长，至 2010 年末，各项存款余额 436929 万元，比年初增加 121599 万元，增幅 38.56%，主要措施是：一是强化考核，推动全员营销。年初及时制定、出台《上半年市场开发工作劳动竞赛活动方案》，通过激励、考核，调动全员营销。二是发挥领导干部带头作用。要求各基层社、部一把手紧跟市场和重大项目，带头做好重大客户存款营销工作。三是做好黄金客户拓展工作。继续利用支持地方经济发展的作用、地位，进一步加强与党政部门、企事业单位的沟通联系，发展企事业单位存款账户及组织征地等款项，做好重点客户营销攻关工作。2010 年，营销重大项目及重点客户存款近 5 亿元。四是做好存贷互动工作。在严格要求各社监控管理好信贷资金使用及回笼，争取资金归社率最大化的同时，要求各社掌握好贷款客户上下游资金信息，全力吸收信贷客户上下游资金到北海市区联社开户。2010 年，资金归社率达 20%以上，其中联社营业部 2010 年全年的大额信贷资金归社率达 40%以上。五是加强文明规范服务及服务设施建设，提升网点竞争力。制定并严格执行《北海市农村信用社文明服务及行为规范》，同时，不断优化网点服务设施及环境，切实提高网点竞争力，促进存款自然增长及提高客户留存率。

【中间业务】 2010年，北海市区联社在拓展中间业务方面，一是在继续做好代理石化、烟草、公共汽车公司等的代收款业务和对公客户的代发工资业务的基础上，拓展业务开展空间。通过加强和人保寿险、人保财险、太保、华安保险等的合作，突出抓好柜面服务，深入进行保险客户资源的合作开发，拓宽中间业务收入的渠道，提高代理业务的效益。2010年全年实现代理业务收入258万元，比上年同期增加125万元。二是在加大桂盛卡发行和营销的同时，开办和推广新业务，加大对网上银行、电话银行、短信通等电子银行业务的营销，有效促进存款增加、发卡量增加、通存通兑手续费收入增加的良好效应。此外，与各级政府部门沟通，代理“新农合”业务取得新进展，福成、西塘社等处在银海区辖内的基层社正式与社保部门进行合作。2010年，实现中间业务收入412万元，比上年增加176万元。

【贷款业务】 2010年末，北海市区联社各项贷款余额299236万元，比年初增长33600万元，增幅12.65%，在贷款投放管理中，继续执行“有保有压、区别对待”信贷政策，在投放对象上除继续稳固、发展、优化传统业务，坚持服务“三农”的宗旨外，还扶持涉及政府新培植的产业及高科技企业、涉农龙头中小企业等优良客户市场，同时坚持退出“散、小、差”的劣质客户市场，做好贷款投向优化工作，促使信贷投向实现多元化，有效分散、化解信贷风险。一是在满足辖内“三农”生产资金需求的前提下，重点支持洪恩水产有限公司等农副产品加工、水产养殖加工涉农企业，通过有针对性地支持辖内涉农龙头企业，引导辖区农业经济向“公司＋农户”产业化方面发展，2010年，累计发放各类涉农贷款近8亿元。二是对银滩投资股份有限公司、土地储备机构、广西新未来股份有限公司等政府培植的企业及高新产业进行支持，推动北海市旅游业、城市基础改造及高科技企业发展，全年累放中小企业贷款45869万元。三是通过信贷支持，引导辖内农业逐步退出高风险、低产出的产业。根据海洋捕捞资源逐步贫乏，近海捕捞低产出的情况，对不适于远洋捕捞船只进行贷款限制，同时加大对远洋捕捞的支持。

【资产风险管理】 2010年，北海市区联社从基础做起，加强资产风险防范管理及不良贷资产清收压降工作。一是加强学习、培训，加强信贷基础工作，特别是利用银监会“三个办法一个指引”出台为契机，在全辖层层动员，通过举办培训讲座、贷款新规知识竞赛等方式不断提高风险管理技能及风险防范意识。2010年，组织开展“三个办法一个指引”贷款新规培训1500人次，贷款风险分类知识120人次。二是严格贷款“三查”制度。信贷准入坚持统一标准、统一口径，严禁降低客户准入条件，做到宁缺毋滥，确保信贷资源有效配置，对劣质客户坚决拒绝准入；严格授权管理、审贷分离、平行制约等制度，把好审查关；强化贷后管理。首先加强贷款五级分类工作，要求信贷人员认真细致地做好外调工作，全面掌握借款人的经营状况，实时地作好分类调整、风险预警；其次加强贷款到期管理，从严控制贷款展期、借新还旧，对新发放贷款的管理，在贷款到期前提前1～2个月通过发短信、信函、当面或电话通知的方式催收，防止新增不良贷款。三是清收不良贷款。北海市区联社对1万元以上不良贷款建立台账监控管理，分类落实措施办法清收，同时对清收不力的社进行约见谈话，增强不良贷款清收工作的紧迫感和责任感；其次加强与地方法院的沟通，加大对胜诉未执结的案件的执行力度，2010年，通过法律清收不良贷款100万元。

【内控管理】 根据广西银监局、自治区联社有关“内控和案防制度执行年”活动的工作要求，2010年，北海市区联社大力开展“内控和案防制度执行年”活动，制定《“内控和案防制度执行年”活动方案》，通过加大员工业务培训，信贷、财务会审及监督检查等方式强化制度的执行与落实，内控管理水平得到进一步提高。一方面加强督促检查与自查自纠相结合，重点对辖内基层社内控和案件防控治理工作自查自纠，五项规定动作及四项制度的执行落实情况，各项存贷款等有关业务、现金、重要空白凭证的管理等情况进行100%检查，确保制度落到实处，另一方面加强稽核检查力度和责任追究制。2010年，组织开展2009年度的会计决算跟踪稽核工作，第一、第二季度常规案防检查，全辖小额农户贷款的风险排查，每季度信贷、财务会审督查等工作。对检查发现的问题及时整改并进行责任追究。三是通过签订《案件防控责任书》、《群防群责任书》等，进一步明确和落实各岗位的安全责任，形成相互制约，齐抓共管的良好局面。

【网点建设】 2010年，北海市区联社加快优化网点布局及建设，对不适于业务发展需要的公园路分社、和平路分社、北部湾西路分社、电建分社、海滩分社、中路分社、独树根分社、桥头分社、地角信用社进行迁址营业，其中公园路分社迁至北京路并更名为北京路分社（大润发旁),和平路分社迁至四川南路并更名为四川南路分社（海洋之窗斜对面）。通过改造,打造联社营业部、长青路分社、西塘分社、云南路分社、北京路分社、四川南路分社等精品网点。2010 年,为进一步提升网点市场竞争力，新安装 ATM（自动柜员机)5 台,ATM 机 23 台。

（李启平　劳贤勋）

广西北部湾银行北海分行

【概况】 广西北部湾银行北海分行成立于 2009 年 10 月 19 日,至 2010 年底,设部门 5 个,即零售银行部、公司银行部、信贷管理部、财务会计部和办公室,外设营业部一个网点。共有员工 31 人,平均年龄 30 岁。其中:研究生学历 3 人,占比 9.68%;大学本科学历 26 人，占比 77.42%;大学专科学历 4 人,占比 12.90%。现有营业网点 1 个、自动存取款机(CRS) 1 台、自动取款机(ATM)1 台、自助服务终端 1 台。

【存款业务】 2010 年底，广西北部湾银行北海分行各项存款余额 10.41 亿元，新增 5.38 亿元，增长 106.96%,增量市场份额为 6.86%。其中，财政性存款业务取得突破性发展，单位存款增量在北海金融同业中排名第三；储蓄存款自年初开始一直稳健快速发展,获得“广西北部湾银行 2010 年储蓄存款营销先进集体”表彰奖励。

【贷款业务】 广西北部湾银行北海分行不断增强服务北海的责任,发挥“本土银行”的优势,将所吸收的存款全部用于支持地方经济发展。2010 年末，各项贷款余额 8.42 亿元,新增 6.97 亿元,增长 480.69%,增量市场份额占 13.94%，在北海金融同业中排名第二。其中,中小企业贷款新增 4.33 亿元，增量和增幅在北海金融同业中排名第一。

【经营效益】 2010 年，广西北部湾银行北海分行大力筹集存款资金，争取信贷指标,在为地方经济建设、中小企业发展和市民生产经营提供高效贴心金融服务的同时，自身经营效益稳步提升，发展基础不断夯实。年末,实现拨备后利润 1666 万元,人均利润超过 50 万元。

【社会形象提升】 2010 年，广西北部湾银行北海分行扎实开展“服务促发展”、“合规促强大”、“合规固基础”、“内控和案防执行年”等系列专题活动,内强基础、外塑形象,有效夯实经营管理基础的同时，搭建沟通合作平台,丰富金融服务内涵,有效加快各项业务稳健发展，成为北海辖区发展速度最快、最具生机活力的商业银行之一，特别是在服务中小企业方面，逐步树立“北部湾银行”品牌形象，并被人民银行总行确定为“中小企业信用体系建设试验区试验银行”。

【企业文化】 2010 年，广西北部湾银行北海分行秉承“区域性、国际化、股份制”的企业愿景,遵循“至诚至善,日新致远”的核心价值观，各项业务快速发展，品牌形象有效树立。同时,借鉴行外先进文化,先后迎来柬埔寨加华银行、辽宁阜新银行、湖北邢台银行、云南富滇银行等知名银行的考察访问。主动参与同业文化交流,在“北海银行业 2010 年‘庆中秋,迎国庆’文艺汇演”中首次登台亮相并荣获二等奖,充分展示“北部湾银行”企业文化魅力。

（江庆彬）

中国人民财产保险股份有限公司北海分公司

【概况】 2010 年，中国人民财产保险股份有限公司北海分公司（简称“中国人保财险北海分公司”）北海市分公司全面深入贯彻落实总公司、自治区分公司工作会议精神,围绕集团公司“促发展、增效益、防风险”的工作主基调,按照“突出一个核心、实现两个突破、落实三个调整、推进四项建设、实现五项目标”的工作思路,推进经营转型,加强展业团队建设,强化依法合规经营,实现业务持续健康发展。公司全年保费收入 1.23 亿元,同比增长 37.9%。

图为新建中国人保财险北海市分公司

中国人保财险北海市分公司　供

隆重热烈的客户联谊会　　中国人保财险北海分公司　供

【业务发展与风险保障】 2010年，公司紧抓北海市三年跨越发展的大好时机，加快保险业务发展步伐，加强与交通、建设、安监、消防、农业、教育、卫生医疗等行业主管部门的联系，开展公众火灾、医疗、食品卫生、学校等责任保险，配合北海大开发大建设为重大工程项目办理建筑安装工程保险，关心"三农"、支持"三农"适时开办林木、甘蔗火灾、能繁母猪等农业保险，为地方经济建设提供保险保障。公司全年保费收入1.23亿元，同比增长27.9%；共承担各种风险保障296.4亿元，向中央和地方财政缴纳税费1598.04万元。

车险业务　在抓好车队业务和重点单位业务续保的基础上，加强与汽车销售商的合作，为新车主、新客户提供更多更便捷的保险服务。2010年，公司承保车辆共119451辆，保费收入同比增长37.33%，其中交强险同比增长24.08%，商业车险同比增长44.45%。在自治区财保系统中，北海分公司车险保费增长速度以及车险经营综合评价均排在前列。

为适应新形势需要，2010年6月，经上级公司批准，新增设电话营销服务部，开通"4001234567"车险电话投保业务渠道，为客户提供"价格省、服务多、理赔快"的专属服务。

非车险业务　一是抓住北海市加大固定资产投入把项目建设作为推动跨越发展的核心的发展战略，密切关注北部湾建设重大工程和基础设施建设项目，拓展工程项目险、财产保险业务。二是充分发挥专业优势发展船舶货运险业务。三是参与国家加强法制建设落实各项法律追究责任制度的机遇，大力推广各项责任保险。四是主动承担国有保险公司的社会责任，稳步推进涉农保险业务，承保各类涉农保险风险5700万元。2010年，公司非车险业务继续保持稳步增长，保费收入同比增长10.41%，其中：财产险增长22.25%；船舶货运险增长11.91%；意外健康险增长31.49%；责任信用险增长26.89%。

【保险理赔与客户服务】

保险理赔　2010年，共受理各种理赔报案13980件，结案赔付13628件，赔款金额6348.64万元，充分发挥保险的经济补偿职能作用。

客户服务　2010年，公司积极宣导"以市场为导向，以客户为中心"的经营理念，紧抓理赔质量和客户服务水平的提高，制订实施《中国人保财险北海市分公司客户服务实施方案》，把客户服务落实到每个工作岗位，贯穿于业务的各个环节中，实现客户服务从理赔服务向为客户提供全面的风险管理解决方案的转变，在全员服务的理念指引下，公司理赔速度和服务质量进一步提高，深受广大客户和社会的好评。2010年，公司案件处理率达116%，同比增加15个百分点，车险理赔周期24.2天，同比提速8.2天，获中国人保财险广西区分公司"理赔管理优秀单位"称号。

【"创先争优"与企业文化建设】 2010年，公司围绕学习型组织建设这一主线，将学习型组织建设与基层党组织和共产党员"创先争优"相结合，与建设"和谐奋进"的企业文

为北部湾城市形象大使比赛选手提供保险　　中国人保财险北海分公司　供

化，推进公司发展转型相结合，与实施建设精品公司战略相结合，开展多种多样的组织活动和学习活动。公司先后举办“职场人生—魅力绽放”形象设计讲座、开展“读书与共享”活动、组织公司中层管理人员参加名人课堂高端讲座、邀请家属共同参加公司春节联欢晚会、与客户进行体育比赛等文体活动。

（杨　建　李小猛　许振园）

中国人寿保险股份有限公司北海分公司

【概况】 2010 年，中国人寿保险股份有限公司（简称“中国人寿保险北海分公司”）下辖 1 个县支公司、1 个城区支公司、5 个城区部共 7 个营业单位以及 8 个农村网点。7 个营业单位分别是合浦支公司、海城支公司、城区营销一部、城区营销二部、城区收展部、市区银行保险部、铁山港营销服务部。公司机关内设 9 个部室，分别为：综合管理部、人力资源部、财务会计部、监察部、客户服务中心、个险销售部、团体业务部、银行保险部、培训部。公司党委办公室、组织部分别与综合管理部、人力资源部合署办公。2010 年员工人数 107 人。其中：大学学历员工 46 人，本科以上占 43%，大专学历员工 46 人，占 43%；具有中高级专业技术职称员工 12 人，占 11.2%。具有初级专业技术职称员工 8 人，占 7.5%。

全辖有个险销售人员（个人代理人）1075 人，建立健全讲师、组训队伍以及银保客户经理、团体业务销售队伍。

【业务发展】 2010 年，中国人寿保险北海分公司按照“深入贯彻全区系统 2010 年工作会议精神，围绕‘发展年’一个中心，抓住‘提升城区竞争力’、‘转型增效’两个基本点，坚定信心，乘势而上，创新克难，切实转变发展方式，强化管控，促进北海分公司全面发展”指导思想扎实开展工作，到年末，各项工作基本达成年初预定的目标。全年经营主要亮点：一是主要业务持续增长，效益显著。全年股份总保费实现收入 26495 万元。首年期交占长期险新单总量同比增长 6.1%，其中十年期交占新单期交高于自治区系统 6.1 个百分点，短期意外险占短期险总量同比增长 3.2%。二是渠道发展有所突破，显现活力。银保渠道主要考核指标——长期险首年标准保费、寿险首年、首年期交完成率均高于自治区系统水平，其中首年新单期交完成年度计划高于全区系统 40.2 个百分点；团险渠道企业年金完成率高于自治区系统 44 个百分点；个险渠道短期险、十年期完成年计划均高于自治区系统水平。三是大县公司实现领航，增强后劲。合浦支公司实现创“亿元县公司”目标，2010 年新单保费位居自治区系统县域公司第一。四是贯彻落实扩大农村金融改革试点工作。抓住机遇，在当地政府支持下合浦县支公司开展农村小额保险业务，一方面培育市场，一方面显现出商业保险服务“三农”的社会责任。五是后援管理有力并在全区系统保持领先。财务、客户服务、综合等多个部门、多个板块在自治区系统年度考核中均位居前茅，体现公司经营管理整体水平。全年支付各项赔款和给付金共计 8783 万元，短期险赔付率为 45.6%。

【主要险种】 2010 年，中国人寿保险北海分公司主要经营普通寿险、人身意外保险、健康保险、分红保险 4 大类 150 多个险种。其中：普通寿险以团体终身保险、养老年金保险等为主要销售险种，人身意外保险以人身意外伤害综合保险、学生幼儿平安保险、农村小额保险、小额信贷保险等险种为主要销售险种，健康险以康宁终身、康宁定期保险为主要销售险种，分红保险以福禄双喜、福禄尊享、安享一生、鸿丰、鸿富、鸿盈等险种为主要销售险种。

【客户服务】 2010 年，中国人寿保险北海分公司持续开展国寿“1+N”服务品牌打造活动，围绕“3·15”国际消费者权益日、“6·16”国寿客户节，先后开展了健康深呼吸、国寿大讲堂、国寿特惠超值、健康好帮手、客户节柜面赠送、VIP 主题等活动，不断提升公司服务品牌形象。围绕“亲和、便捷、专业、透明”八字理赔服务理念，开展多种具有特色的理赔服务项目，包括启动“爱心天使”住院探视服务、小额案件快速赔付服务、推出超时案件理赔进程人工告知服务等。多方面服务措施并举，打造“托付国寿、理赔无忧”的服务品牌。

（温　文　蔡联霞）

中国太平洋财产保险股份有限公司北海中心支公司

【概况】 2010 年，中国太平洋财产保险股份有限公司北海中心支公司（以下简称“北海中心支公司”）下辖合浦支公司 1 个县级经营机构和北海市铁山港营销服务部、合浦县金鸡路营销服务部、合浦县定海南路营销服务部等 3 个营销服务部机构。北海中心支公司本部设总经理室、办公室、计财部、业务管理部、客户服务部、重大项目部、市场营销部、中介业务部 8 个部室。在职员工 45 人，其中中大专以上学历 45 人，占总人数的 100%。

开办的主要险种有：机动车辆保险、企业财产保险、国内货物运输保险、海洋货物运输保险、家庭财产综合保险、雇主责任险、公众责任险、校园方责任保险、安装工程一切险和意外伤害综合保险等。

2010 年，紧紧围绕“又好又快”

为主线发展业务，全年完成保险任务3544万元，同比增长37%；赔款支出841万元，结案率为92.46%，简单赔付率为23.7%。

【经营管理】 2010年是北海中心支公司内部管理调整幅度最大的一年。围绕"利润模型管理、团队建设和风险管控"三大工作重点，坚持总公司"稳健经营，以效益为中心"的经营指导思想，按照中国保监会《关于进一步规范财产保险市场秩序工作方案》和上级公司"又好又快"发展业务的要求，把规范管理加强内控防范风险作为管理规范化的重要工作，并根据中支内外部稽核检查发现的问题和潜在的风险，逐项对照稽核提出的意见进行系统的清理和整改通过整改，进一步加强业务管理、计划财务管理、理赔流程管理、单证管理、印章管理、信息系统安全性等方面的管理，使公司管理水平有很大的提高。

【合浦支公司大力拓展保险优质业务】 2010年，合浦支公司把加快业务结构调整，提升整体经营赢利能力作为主要工作方向，大力拓展责任险、企财险、意外险等优质保险业务，到12月底完成保费收入581万元，简单赔付率21%。

（苏　华　肖建中　苏　强）

中国太平洋人寿保险股份有限公司北海中心支公司

【概况】 2010年，中国太平洋人寿保险股份有限公司（简称"太平洋寿险"）北海中心支公司设有总经理室、行政人事部、财务会计部、营运部、个人业务部、团体业务部、银行保险部、保费部8个部室，下辖合浦支公司、北京路营销服务部、铁山港营销服务部和银海区营销服务部。年末在职员工58人，大专学历占56%，本科学历占30%，初级以上职称占12%，中级以上职称占3%，全辖在册代理业务员306人。截止2010年12月31日，实现规模保费收入5985.3万元，标准保费收入5983.2万元，2010全年理赔案件1112个，结案1082个，结案率为97.3%，理赔金额268.15万元。

【主要险种】 2010年，太平洋寿险北海中心支公司经营的保险险种主要有长期寿险、健康保障保险、意外伤害保险等主险及附加险，其中包含状元红两全保险（分红型），长泰人生终身寿险，宝宝安康两全保险附加宝宝安康重大疾病保险，金玉人生两全保险（分红型），鸿鑫人生两全保险（分红型），附加鸿鑫人生加倍关爱重大疾病保险，金瑞人生终身寿险（分红型）附加金瑞人生重大疾病保险，如意安康两全保险附加如意安康重大疾病保险，小康之家·小博士少儿两全保险，附加少儿大学教育金两全保险，附加少儿寿险豁免保险费定期寿险，附加少儿高中教育金两全保险，阳光丽人两全保险附加阳光丽人疾病保险，附加安心住院费用医疗保险（A、B），附加无忧住院补贴医疗保险，综合意外伤害保障计划（B款），2008团体意外人身伤害保险，附加（2008）意外伤害团体医疗保险，附加（2008）意外伤害住院补贴团体医疗保险，建筑工程（B）团体意外伤害保险，附加建筑工程施工人员团体医疗保险，附加建工突发急性病团体定期寿险，机动车辆司乘人员团体人身意外伤害保险，学生幼儿短期意外伤害保险，附加学生幼儿定期寿险，附加学生幼儿短期住院医疗保险，任我行交通工具意外伤害保险，旅游安全人身意外伤害保险，附加旅游突发急性病定期寿险，附加旅游突发急性病定期寿险，（2009）一年期团体定期寿险，团体重大疾病保险，（2008）团体意外伤害保险，红福宝两全保险（分红型），红利丰两全保险（分红型）等。

【经营措施】 2010年，太平洋寿险北海中心支公司聚焦营销渠道，聚焦期缴业务，加大核心业务拓展力度；围绕全年工作目标，理清思路，抓住机遇，坚持合规经营，促进公司健康、稳定、可持续发展的良好态势。

个险业渠道　按照分公司各个时期的企划方案，以提高业务员销售能力为目标，以周单元经营为抓手，强化执行力，不断夯实个人业务发展基础。一是利用"产说会"、"保险义务监督员聘书发放会"、"客户调查问卷"等多种销售模式，抓住老产品停办、新险种上市的有利契机，推动业务发展。二是完善、充实个险后援队伍。全年通过培养、引进讲师组训3人，加大后援队伍建设力度，为发展打下了坚实基础。三是回归基本法，严格按基本法办事，不断提高业务主管的自我经营能力。

直销渠道　抓住机遇，利用保监会关于意外险经营标准的新规定，以新技术、新产品占领意外险市场；"任我行"航意险、旅意险业务全年实现保费140万元。2010年，进一步巩固提高已有的意外险渠道业务，"安贷宝"意外险实现保费73.7万元；学平险业务再创新高，全年保费达成188万元；建工险抓住北海房地产开工项目增多的时机，取得跨越式发展，全年实现保费近100万元，意外险渠道业务的良性发展，不仅提高公司核心业务量，而且为公司创造良好的经济效益。

银邮渠道　面对竞争异常激烈的市场，一是从思想上高度重视转型工作，继续加强业务结构调整，全面提升银行保险业务的内含价值。二是提升销售队伍素质，通过专题和早、夕会，进行分层次、分阶段的专业培训，进一步提高银管员的业务素质和展业能力，努力打造一支具备专业能力的销售队伍。2010年银邮业务期缴占比达成22.5%，其中期缴业务中5年期占比达到80%，创费能力明显提升。

续期渠道　2010年续期渠道13个月保费继续率达成93.35%，距分公司88%的基础指标超5.35个百分点；25个月保费继续率达成86.1%，距分公司82%基础指标超4.1个百分点。同时利用存量客户资源，加强专员队伍的新保拓展能力，续期渠道全年实现新保期缴业务52.9万元，同比增长48.3%，意外险业务14.3万元。

【内部管理】 2010年，太平洋寿险北海中心支公司每两周定时召开员工培训会，培训重点放在团队建设、企业文化、保险理论、业务管理和个人素养方面；同时倡导鼓励员工通过自学，提高个人自身素质和专业技能。

薪酬制度改革　全面执行和推进分公司制定的薪酬制度改革，建立与岗位和绩效挂钩的绩效文化，不断夯实基础管理工作：紧紧围绕职位明确化、薪酬社会化、奖金绩效化和福利多样化"四化"目标，全面推进企业薪酬体制改革。初步建立一个能上能下，能进能出，能够充分激发员工积极性和创造性的用人机制。

内控合规管理　2010年，从总公司到分公司都高度重视内控合规管理工作，北海中心支公司结合实际认真进行贯彻和落实。在工作中，按照上级公司的要求，始终坚持"一手抓业务，一手抓管理，两手抓，两手都要硬"的原则，结合自己的实际情况，顺应业务发展的要求，通过各项规章制度的贯彻和落实，全面加强和改善内控合规管理工作。向管理要效益，通过管理促发展；通过一系列的措施，促进团队的稳定和管理工作的加强，内控机制得到强化，风险得到有效的控制，减少浪费，降低成本，实现增收节支。

提升服务质量　2010年，坚持"以客户的感觉良好为标准"的服务理念，想客户所想，急客户所急。对于出现重大事故的家庭，以最快的时间确定事故性质，第一时间将赔款送到客户家中。同时，对柜面人员进行培训，并统一着装，统一柜面设备，同时设置客户投诉箱，接受客户的监督，全面提升服务质量和形象。

（吴郁斌　黄飞艳）

国海证券北海北海大道证券营业部

【概况】 国海证券北海北海大道证券营业部位于北海大道201号华美广场四楼，设有总经理室、副总经理室、办公室、财务部、电脑部、交易部、营销部、客服部。截止2010年底，员工总数增至48人，其中大、中专以上学历43人，占员工总数的90%。证券经纪人20人。营业场地1700多平方米，有形交易自助终端300多个，客户交易区划分有普通交易区、银卡交易区、金卡交易区，另设金卡交易室5个、VIP室10个。证券交易方式有现场自助委托交易、电话委托交易、手机网上委托交易、互联网上委托交易。2010年，实现证券交易额224亿元，利润4480万元，在全国证券市场占有率为0.2‰，当地市场份额为72%，新增证券交易开户数7916户，客户保证金及股票市值22.79亿元。

【内部组织管理】 2010年，营业部全面贯彻落实公司《经纪业务发展规划纲要》，做好传统经纪业务创收、合浦营业部合并客服和投资者教育工作、信息系统的安全运行、合规经营和风险控制等主要工作。并组建一支20人的专职营销型员工队伍和20人组成的经纪人队伍，进一步深化渠道银行的合作营销模式，设立渠道银行营销驻点近60个。

【客户服务】 2010年，营业部根据总部统一部署，实行客户分级管理，为客户提供差异化服务，根据客户资产及毛佣金率进行经纪业务客户分级，并为不同级别客户匹配不同的服务资源。经纪业务客户根据资产及毛佣金率不同，由高到低分为钻石客户、白金客户、金卡客户、银卡客户四个级别，通过数据中心提取客户资产及毛佣金率数据并进行测算，经营业部确认后在CRM（Customer Relationship Management 客户关系管理）系统固化，借助公司网站、呼叫中心（Call Center）等平台开展不同级别客户的服务。根据客户分级结果，为不同级别客户匹配不同的服务人员和服务产品。财富管理中心为白金卡（含）以上客户提供投资咨询服务，协助营业部为金卡（含）以下客户提供咨询服务；客户服务营销部为所有客户进行标准化产品（短信等）配送并提供呼出服务，对银卡客户提供呼入服务；为本营业部所有客户（含钻石、白金卡客户）提供现场服务，为金卡（含）以下客户提供投资咨询服务，协助零售客户部财富管理中心为白金卡（含）以上客户提供咨询服务。根据客户交易特征、需求和产品稀缺性，为各级客户匹配不同的服务产品，提高客户贡献度。为加强客户风险控制，公司配备完整的风险控制系统，对交易异常、资金存取异常、周转率异常等客户实施监督提醒，以确保客户账户及资金的安全避免不必要的损失。

【员工队伍建设】 国海证券注重对一线员工进行规范业务流程的培训，组织学习相关法律法规、部门规章、交易规则、公司制度，要求将其融入日常工作并严格执行。2010年，营业部采取一系列措施加强员工队伍建设：一是开展学习型组织建设活动,使爱学习、讲奉献成为广大员工的自觉行动；二是根据公司制订的学习培训计划,贯彻执行,通过学习培训，不断更新和提高员工的业务知识和操作技能；三是通过加强员工的思想教育工作，开展各种有益的文化建设和体育活动，培养员工的共同价值观和自主性、思考性、协作性，增强团队的凝聚力和执行力，努力营造和深化员工之间的和谐、沟通和关切之情,打造一个高效的团队；四是组织员工参加中国证券业协会举办的从业资格考试和培训，员工获得国家证券执业资格证书已达 100%，并通过 2010 年广西证券协会的培训年审；五是利用国海大讲堂不断加强员工的新业务培训,不断提高员工的业务素质。

（崔建勋）

东方证券北海营业部员工合影　　东方证券北海营业部　供

东方证券股份有限公司北海北海大道证券营业部

【概况】 2010 年 12 月,经中国证监会广西监管局批准，原东方证券北海北部湾西路证券营业部从北部湾西路 2 号新力购物广场四楼搬迁至北海大道 187 号逢胜大厦一、三楼，并更名为“东方证券股份有限公司北海北海大道证券营业部”。营业部新址面积 2000 平方米,一楼开设开户大厅,方便客户办理业务;三楼的交易区设有 VIP 贵宾区、大中户室和散户厅以及期货交易室，环境更加舒适。

2010 年招聘新员工 8 人，员工总数增至 27 人,其中大专以上学历 24 人,占比 89%。

2010 年，实现交易量 114.3 亿元,利润 1446.38 万元,新增客户数 1646 户，客户保证金及证券市值 10.25 亿元。

【客户服务】 营业部运用“客户咨询服务系统”和“客户行为分析系统”对客户的投资风险偏好进行分类,使客户服务更有针对性。每周六下午举办“中国红、东方红”投资者教育活动，为新股民讲解投资操盘知识,组织老股民交流炒股心得。借助东方证券强大的研究咨询平台，为客户提供电子版《东方赢家周刊》、《东方赢家》视频节目、《东方赢家》公开信息点评等服务产品,通过手机短信、电子邮件、QQ 群等手段途径向客户及时传递投资服务信息。完善客户回访制度,及时了解客户需求,提高服务质量和客户满意度。

【员工队伍建设】 2010 年营业部招聘新员工 8 名，充实到营销一线和中后台服务岗,提升服务能力。2010 年,营销队伍有 17 人,其中首席理财顾问 2 名、资深理财顾问 2 名、高级理财顾问 7 名。2010 年全体员工参加广西证券期货业协会举办的执业培训和全国统一的基金从业资格考试,不仅所有员工都是持证上岗,还有 78%的人获得基金销售资格。

【创新业务】 营业部在提供传统业务服务的基础上，于 2010 年下半年推出融资融券业务，凡在东方证券开户满 18 个月,资产规模达到一定要求的客户都可以申请融资融券，截至 2010 年底,融资融券余额达到 1500 多万元。2010 年,还为不同风险偏好的投资者提供东方证券的集合理财产品:东方红 5 号、6 号;一对多的小集合理财产品:东方红先锋 2 号、3 号、4 号;专门投资于“基金”的东方红基金宝，全年销售基金及理财产品 2600 多万元。

（王国庆）

经济管理和监督

宏观经济管理

【概况】 北海市发展和改革委员会(以下简称市发改委)，挂北海市物价局和北海市粮食局牌子，属北海市人民政府工作部门。市发改委是负责研究提出全市国民经济和社会发展战略、规划、年度计划，进行总量平衡、结构调整、价格调控以及负责全市粮食流通宏观调控和市级储备粮行政管理的综合经济管理部门。2010年，市发改委内设办公室、国民经济综合科、发展规划科、固定资产投资科、经济贸易科、重大项目建设科、工业科、能源交通科、农村经济发展科、社会发展科、稽查办公室、人事科(党委办)、价格综合科、商品价格管理科、收费管理科、粮食调控管理科、法规监督检查科、价格监督检查分局、北海市西部开发办公室和北海市国民经济动员办公室及市纪检监察局派驻机构监察室等21个科室。全委年末实有职工60人(其中物价局18人，粮食局7人)。其中高级职称1人，中级职称23人，初级职称7人。下属事业单位2个，企业4个。

2010年，在市委市政府的领导下，全市发展改革系统紧紧围绕“北海三年跨越发展工程”一年继续打基础的目标要求，深入开展“争先创优”、“工作落实年”活动，各项目标任务全面完成。全年实现地区生产总值397.6亿元，增长17.6%，增幅位居自治区前列；财政收入完成47.1亿元，增长31.75%，增速在自治区排第三位；全社会固定资产投资完成485.2亿元，增长50.8%，增速在自治区排第一位；社会消费品零售总额108亿元，增长18.9%；外贸进出口总额13.7亿美元，增长72.3%；城镇居民人均可支配收入、农村居民人均纯收入分别增长10.99%和15.5%，居民消费价格涨幅控制在3.1%以内。

【规划、报告的编制】 2010年，完成“十一五”规划终期评估工作和“十二五”18个重大前期课题研究，提出“十二五”规划基本思路。配合市委起草“十二五”规划建议，牵头编制完成“十二五”规划纲要草案，2011年1月份，市十三届人大七次会议审议批准北海市“十二五”规划纲要(草案)。在规划编制过程中及时向国家、自治区发改委汇报衔接北海市申请纳入国家、自治区“十二五”规划的重大事项、重大政策和重大项目。统筹推进“十二五”专项规划编制，确定需要编制的36个专项规划大部分完成初稿。把握国内外经济运行态势和国家、自治区的政策走向，结合全市具体情况，做好国民经济年度计划的编制执行和检测分析工作，提出相应工作措施及调整建议。编制完成《关于北海市2009年国民经济和社会发展计划执行情况和2010年国民经济和社会发展计划(草案)的报告》并通过市人代会的审议，组织编制《关于北海市2010年国民经济和社会发展计划执行情况和2011年国民经济和社会发展计划(草案)的报告》。切实做好经济社会年度计划的落实工作，及时分解年度地区生产总值、固定资产投资等主要经济指标到县区及部门，加强对年度计划执行情况的跟踪检查和经济运行的检测预测，完成月度经济指标完成情况报表和季度经济运行情况分析，编制完成《北海市2010年国民经济和社会发展报告》(白皮书)。

【投资管理与项目监管】 2010年，围绕年初确定的全社会固定资产投资任务，创新工作方法，加强统筹协调，保持投资持续高速增长。制定“四定”方案，分解任务，落实责任。及时提出2010年全社会固定资产投资进度目标任务方案及相关措施意见，并报市政府审定印发实施。在各有关部门的大力支持下，会同市项目办组织力量，按照“四定”要求，对市级层面统筹推进的186个重点项目逐个分解任务，落实责任。会同有关部门积极组织申报项目，多方争取建设资金，争取到中央政策性资金3.75亿元、自治区专项建设资金1.74亿元。制定重大项目管理办法，实行重大项目约谈制度，坚持重大项目部门联席会议制度。建立健全投资运行分析例会制度，坚持按月度、季度收集分析通报投资信息，加大投资督查力度，及时发现和解决问题。完善协调服务机制，组织开展集中审批，加强督促检查。全年重点项目实现新开工39个、竣工70个，完成投资197.35亿元。中央预算内投资项目71个，61个项目开工，开工率85.92%，25个项目完工。

【项目策划】 根据北海市长远发展和可持续发展的需要，为形成项目滚动发展格局，开展项目策划工作。在策划项目过程中，注重发挥全市各单位的主动性，通过座谈、实地调研以及书面材料等多种方式获取项目策划信息。在此基础上，邀请专家和委托科研院所、大专院校和工程咨询机构帮助策划，研究提出一批上档次、上规模的项目。2010年，市发改委牵头组织筛选“策划一批、招商一批、储备一批”项目276个，总投资1724.72亿元；研究提出申请列入自治区深入实施西部大开发战略规划重大项目442个，总投资4700亿元；研究提出申请列入国家和自治区“十二五”规划重大项目85个，总投资2644.8亿元。

【重大项目前期工作】 2010年北海市全力推进重点项目建设，加大项目前期经费的投入，按照国家、自治区的投资重点和北海市经济社会发展的薄弱环节开展前期工作，储备一批项目，组织申报一批中央投资项目。并协调各相关部门按时完成项目服务内容，制定项目建设方案和推进工作进度表，协调做好项目申报核准工作，配合做好项目土地预审、环评等工作，及时解决项目推进中遇到的问题，一批重大项目前期工作取得突破性进展。北海铁山港至湛江原油管道项目进入施工前准备，4800吨/天高蛋白饲料粕物流及加工项目即将开工建设，玉林至铁山港铁路、合浦至湛江铁路等重大基础设施项目相继开工，北海港石步岭三期工程、石步岭港区邮轮码头等前期工作进展顺利。

【改善民生】 会同或配合有关部门帮助解决住房、出行、物价等民生工作问题。一是配合抓好住房保障体系建设。会同有关部门争取中央预算内资金2174万元，建成廉租住房7.54万平方米。二是配合建设民生路网二期工程。会同财政部门安排市本级经费80万元支持民生路网二期工程项目前期工作，快速办结项目相关审批手续，民生路网二期工程12条道路全部建成通车。三是加强农村民生工程建设。会同有关部门争取中央投资1550万元，完成20个农村饮水安全工程项目，解决4.3万人饮水不安全问题。大力抓好储备粮直补订单收购工作，全市完成收购订单稻谷11235吨，发放种粮农民直补资金269.64万元。会同有关部门争取904万元，建设水库移民库区和安置区基础设施，安排市本级经费40万元支持项目前期工作。四是加强社会事业建设。争取中央、自治区投资4700万元，支持文化、教育、卫生等社会事业建设。五是努力稳定消费价格总水平。加强对粮食、猪肉等居民生活必需品和重要商品的价格监测。采取高压态势，严厉查处海鲜餐饮排档的强制交易、以次充好、短斤少两、价格虚高，旅游商品店销售假冒伪劣、质量欺诈等违法行为。全年共查处价格违法案件17件，价格违法总金额20.74万元，实施经济制裁总金额14.52万元。

【重点项目改革和合作】

稳步推进医药卫生体制改革 会同有关部门推进基本医疗保障制度建设，2010年全市城镇职工和居民医保参保人数达到42.89万人、完成全年任务的102.8%，新农合参保人数达到107.5万人、参保率自治区排名第二；会同有关部门在一县三区31个乡镇卫生院和公办社区服务中心实施国家基本药物制度，实现基本药物统一网上集中采购、统一定价、统一配送的“三统一”，减轻群众用药费用负担。

稳妥推进价格改革 合理调整银海区侨港镇自来水价格，协助自治区物价局做好全区统调电厂的上网电价、优化电价结构等电价改革工作，完成高耗能企业优惠电价的清理工作，核定趸售电价并报自治区审批。对小水电价格进行适当调整，解决小水电价格偏低的矛盾。

推进开放合作 一是配合做好招商引资工作。配合研究提出招商引资项目库，做好参加中国—东盟博览会等大型经贸招商活动的相关工作。二是大力推进开放合作平台建设。协助相关部门争取铁山港区和涠洲岛港口纳入北海港口岸开放范围，协助做好出口加工区扩区申报工作，申报高新产业园区升级为国家级园区，大力抓好市工业园区、铁山港工业区等经济园区的基础设施建设。三是推进利用外资工作。全年共核准外商投资项目5个，投资总额1.26亿美元；扎实推进亚洲开发银行贷款项目前期工作，为北海市获亚行贷款做好工作。

【节能减排】 扎实推进节能降耗和污染减排工作，落实节能减排责任制，严格淘汰落后产能。2010年全市全社会能源消费总量345.43万吨标煤，增长15.83%，低于全市地区生产总值增幅1.77个百分点。单位地区生产总值能耗为1.0057吨标准煤/万元,同比下降1.5%。完成化学需氧量削减4800吨,二氧化硫减排300吨,超额完成自治区2010年下达的污染减排任务化学需氧量4653吨、二氧化硫153吨,“十一五”节能减排目标任务按期完成。

（吴　刚　江　丹）

国有资产管理

【投融资平台建设】 2010年，北海市四大投融资平台（北海市城市建设投资发展有限公司、北海市路港建设投资开发有限公司、北海旅游集团有限公司、北海市银滩投资开发有限公司）共完成融资20.49亿元,累计完成投资12.25亿元;民生路网道路建设里程11.6千米,12条道路竣工并投入使用；参照自治区的做法，对投融资平台企业负责人的管理问题提出了建议意见上报市委组织部；按照市委、市政府关于《北海市投融资平台企业重大事项监管暂行办法》的有关规定,推行重大事项报告制度及合理性、合规性审批工作制度，对企业重要经营活动、重大财务事项等实施动态监督和报告制度。

【国有企业改制】 2010年，市国资委上报待批企业改制方案36家;按自治区要求,完成3家规模以上企业(水产供销总公司、化肥厂、淀粉工业总厂)的改制前期工作;筹集安置资金2145万元,安置职工1037人。为3529名企业退休职工办理了医保。

【市场管理】 2010年北海市市场开发服务中心实现经营收入比2009年增长17.8%；改造了南珠市场,消除了安全隐患；启动了铁山港临海工业区新建2道市场的前期工作和建材市场的搬迁工作。

【国资监管运营】 2010年，市国资委对信达资产包中的抵债资产和企业土地使用权依法处置，收益2.16亿元上缴市财政；并妥善处置信达公司诉市钦北铁路建设开发公司、发改委、财政局贷款1.92亿元的纠纷案,化解了财政风险。2010年,盘活企业资产600多万元，解决了企业遗留问题。

【党风廉政建设】 2010年，市国资委深入开展“创建学习型党组织”、“创先争优”、“党组织建设年”等活动。新组建和接管党组织6个;完成了8家企业领导班子换届选举和缺额补选;培训入党积极分子105名，发展新党员44名。认真学习贯彻干部选拔任用四项监督制度，开展了严厉整治干部选用行贿受贿行为专项活动。2010年,开展治理整顿建设领域突出问题和查处损害投资软环境行为，营造高效廉洁政务环境专项工作。对13家企业开展了“小金库”专项治理检查。

【稳定和安全生产】 2010年，市国资委深入开展“大排查、大接访、大调解、大防控”活动,努力将不稳定因素解决在基层，防止了大规模群体性事件的发生，做好了改制企业人员分批移交社区工作。全年共接待上访职工1300多人次,处理上访事件180余起，回复信访件25件。向市财政争取专项资金246万元，解决历史信访积案19件。认真落实“一岗双责”，对重点企业开展安全生产大检查,加强日常管理,杜绝重特大事故发生。

（刘福聚　何运才　梁秀斐）

劳动和社会保障管理

【概况】 2010年，北海市劳动和社会保障局内设11个科(室):办公室(计划财务科)、政策法规科、劳动工资科、劳动保障争议仲裁科、劳动保障监察科、培训就业科、养老保险科、失业保险科、医疗保险科、社会保险基金监督科、纪检监察室。下属市社会保险基金经办中心、市就业服务中心、市劳动保障监察支队3个事业单位。北海市劳动和社会保障工作以积极稳定和扩大就业,进一步完善社会保障体系为重点,着力构建和谐劳动关系，各项工作取得显著成效。

【就业再就业】 2010年，市劳动和社会保障局采取措施，全力稳定和扩大就业，全面超额完成年度就业目标任务。一是强化公共就业服务,进一步加强公共就业服务场所的建设,完善公共就业服务功能,建立健全覆盖城乡的公共就业服务体系，形成以市人力资源市场为龙头、县区市场为骨干、乡镇市场为基础的人力资源市场体系。二是做好就业和培训服务工作。为解决北海市企业招工难的问题，春节后主动联系和组织北海市几十家企业到崇左、百色等市举办现场招聘会，解决部分企业招工难的问题。配合全市,特别是铁山港区重大项目建设工作进度，组织有培训需求的搬迁群众开展职业技能培训，确保搬迁群众培训就业工作与项目建设同步推进。为进驻铁山港区的企业招聘员工，并根据企业岗位技能的实际，组织新招员工开展定向培训，满足大项目用工需求。与自治区内高校和职业院校签订协议，将园区企业作为毕业生实训基地，毕业生毕业后直接到企业工作。三是争取市政府出台政策，把园区企业招用职业院校实习生纳入免费职业技能培训范围,给予职业培训补贴,同时提高培训补贴标准；简化企业招用农民工的资格审定手续，以身份证作为资格审定的依据申领职业介绍补贴；对招用就业困难人员的企业，在劳动合同期限内给予3年养老保险、医疗保险和失业保险补贴。四是继续执行对企业下调医疗、失业、工伤、生育四险费率20%~50%的政策。五是做好特殊群体培训就业工作。为切实帮助水库移民、被征地农民和就业困难人员等特殊群体实现就业、再就业,开展水库移民、被征地农民和就业困难人员等特殊群体培训就业工作,组织职业技能培训,提供免费就业服务,促进特殊群体实现稳定就业。六是开展公共就业服务活动。按照自治区的统一部署,组织开展就业援助月、春风行动、民营企业招聘周和大中专技校毕业生就业服务月等公共就业服务专项活动,举办用工专场招聘会,通过开展“一对一”帮扶和“一站式”、“一条龙”服务,为不同的服务对象“送政策、送服务、送岗位、送补贴”,切实帮助服务对象早日实现就业再就业。全年共举办60场用工招聘会和11场大型人才招聘会,组织1094家(次)单位进场招聘,提供就业岗位45120个,成功就业14274人次。七是创新培训模式,开展多形式的职业培训。引导全市各类培训学校根据企业用工需求情况,有目的、有计划、有组织地开展订单式培训。引导鼓励各定点培训机构充分利用各种培训资源,在乡镇开设培训教学点,送政策到家,送培训上门,方便农村劳动者就近就地参加职业技能培训。加大种植、养殖、个体经营等方面的创业培训力度,引导各类有创业愿望的人员参加创业培训,鼓励参加培训的学员立足本地创业,带动就业。2010年实现城镇新增就业41265人,完成全年任务的206.3%;下岗失业人员再就业4489人,完成全年任务的140.3%,其中就业困难人员再就业2118人,完成全年任务的176.5%;城镇登记失业率控制在3.06%,低于目标控制数1.14个百分点;农村劳动力转移就业新增人数22259人,完成全年任务的148.4%。

【劳动保障争议仲裁】 2010年,市劳动和社会保障局根据《劳动争议调解仲裁法》规定,进一步健全劳动争议办案制度,在案件办理中,坚持案件处理与事前预防相结合的原则,先调解后裁决,做到每案必果,维护企业和职工双方合法权益。大力推进企业调解委员会建设,2010年共指导成立15家企业调解委员会,有效将劳资矛盾化解在基层,促进和谐劳资关系的发展。劳动保障争议仲裁全年受理立案3503件,结案3121件,其中,调解结案406件,裁决结案2715件。

【劳动保障监察】 2010年,市劳动和社会保障局强化监察执法力度,大力维护劳动者合法权益。认真开展清理整顿人力资源市场秩序专项行动执法检查活动,使北海市的劳动力市场秩序明显好转,广大求职者的合法权益得到切实维护。进一步健全农民工工资保证金制度和工资监控保障机制,及时为劳动者做好维权工作,促进社会稳定。劳动保障监察全年共处理劳动者举报投诉案件188件,为1857名劳动者追回拖欠工资627.82万元。

【社会保障体系建设】 2010年,市劳动和社会保障局着力健全和完善社会保障体系,北海市社会保险待遇水平大幅度提高。一是采取多种措施扩面征缴,社会保险覆盖范围进一步扩大。2010年,市政府发文《关于进一步加强社会保险扩面征缴工作的通知》,促进社会保险扩面征缴工作的深入开展和顺利推进。进一步强化经办中心与劳动监察支队的联动工作机制,促使欠费大户积极补缴各项社会保险费。二是创造性的实施养老保险补缴政策,降低门槛,惠及百姓。认真落实桂劳社发〔2009〕13号文精神,做好养老保险政策性参保补缴工作,全年共办理补缴养老保险费8300人,征收补缴养老保险费29000多万元。三是切实贯彻落实各项社会保险政策,确保待遇按时足额发放。做好企业退休人员基本养老金调整工作,人均增资118元/月,涉及43459人,全部按时发放到位。做好供养直系亲属救济费调整以及新增供养直系亲属待遇补发和企业离休人员死亡一次性抚恤金标准调整的补发工作。进一步加强失业、医疗、工伤和生育保险的待遇审核发放工作。四是稳步推进农村养老保险试点工作。2010年,与银海区区委、区政府沟通配合,强化业务指导,切实抓好宣传发动、参保登记、保费收缴、待遇发放等工作,确保新农保工作迅速、稳妥、有序地的开展。全年北海市新农保参保人数40334人,完成全年目标任务的100.8%。五是进一步提高医疗保险基金支付限额。8月份起全面实施《关于调整城镇基本医疗保险统筹基本最高支付限额的通知》,将北海市城镇职工医疗保险统筹基金最高支付限额提高到职工上一年平均工资的6倍,城镇居民医疗保险统筹基金最高支付限额提高到居民可支配收入的6倍。六是切实解决国有困难企业退休人员医疗保险问题。全年共解决困难企业11226名退休人员的医保问题,提前两年完成三年目标任务。七是加强对定点医疗机构和定点药店的管理,保证医疗保险基金的合理使用。根据“两定”管理办法,对定点医疗机构和定点药店进行严格审核和考核。全市共核定32家定点医疗机构和51家医保定点药店,极大方便群众就医购药。

【社会保险征缴参保】 2010年全市社会保险5个险种征缴分别为养老保险费52461万元、医疗保险费17220万元、失业保险费3039万元、工伤保险费806万元、生育保险费659万元,分别完成全年任务的116.6%、101.3%、138.1%、134.3%、119.8%。参保人数分别为养老保险

102269人、医疗保险433067人、失业保险94071人、工伤保险88083人、生育保险70178人，分别完成全年任务的108.8%、103.4%、106.9%、117.4%、100.3%。 （陈 斌）

物价管理

【概况】 2010年，北海市各级价格主管部门以科学发展观为指导，认真贯彻“保增长、保民生、保稳定”的方针，以推动北海经济跨越发展为出发点，以关注民生、服务群众为着力点，加强价格监管力度，维护市场物价的基本稳定。市物价局内设价格综合科、价格管理科、收费管理科、价格监督检查分局、价格成本调查监审分局、价格认证中心，干部职工22人。2010年，被自治区物价局评为“全区价格监督检查工作先进集体”、“全区价格监测工作先进集体”、“全区价格认证工作先进集体”。

【价格管理】 2010年，市物价局分别对侨港自来水供水、蔗糖、汽油、经济适用住房销售等价格进行了调整。

侨港镇水价调整 2010年，调整侨港镇自来水供水价格，并对居民生活用水实行一户一表。调整后水价分两个阶梯收取：第一阶梯，月用水量≤32立方米/户，每立方米水价1.36元；第二阶梯，月用水量>32立方米/户，每立方米水价2.04元（不含水资源费和污水处理费）。

蔗糖价格 根据自治区物价局《关于下达〈广西糖料蔗收购价格二次结算实施办法（试行）〉的通知》规定，由市物价局牵头组织有关部门对北海市2009/2010年榨季糖料蔗收购价格二次结算方面进行了核查，并报经市人民政府同意，对2009/2010年榨季糖料蔗收购价格进行二次结算，补差价42.26元/吨。根据《广西壮族自治区物价局关于2010/2011年榨季糖料蔗收购价格问题的紧急通知》精神，经调查研究和综合各方面意见，制定下达北海市2010/2011年榨季糖料蔗收购价格。

成品油价格调整 2010年，市物价局根据国家发改委的要求，对北海市成品油价格共调整4次，并加强监督检查，维护成品油市场价格稳定。

价格成本调查监审 2010年6月经市编委办批准成立北海市价格成本调查监审分局，当年开展成本监审项目7个，监审成本总金额3.6亿元；完成自治区物价局下达的农产品成本（生猪、糖料蔗、木薯等3个品种共27户的种植成本）调查任务以及制糖成本调查任务；2010年，根据国家和自治区以及北海市有关经济适用住房销售价格管理规定，核定北海市南珠大道小区（一期）经济适用住房的最高销售价格为1637元/平方米；核准全市56个小区物业服务收费；核准北海运德公司等6家客运公司公路客运票价；对市属6家液化气公司液化气价格实行提价备案报告制度。

电价改革 2010年，协助自治区物价局做好全区统调电厂的上网电价，优化电价结构等电价改革工作；根据自治区物价局统一部署，完成高耗能企业优惠电价的清理工作；核定北海市趸售电价并报自治区审批。另外，对北海市小水电价格进行了适当调整，解决小水电价格偏低的矛盾。

侨港镇自来水供水价格调整表

用水类别	调整后水价（元/立方米）	备注
一、居民生活用水		此表中水价不包含水资源费0.04元/立方米和污水处理费0.80元/立方米
1.一户一表		
第一阶梯：月用水量≤32立方米/户	1.36	
第二阶梯：月用水量>32立方米/户的水量	2.04	
2.趸售水价	1.26	
二、行政事业用水	合并为非居民生活用水1.66	
三、工、商业用水		
四、特种用水	3.00	

2010年成品油价格调整记录表

时间	调整情况
2010年4月14日	汽、柴油价格每吨均上调320元
2010年6月1日	汽、柴油价格每吨分别下调230元和220元
2010年10月26日	汽、柴油价格每吨分别上调230元和220元
2010年12月22日	汽、柴油价格每吨分别上调310元和300元

【收费管理】

清理规范行政事业性收费 2010年，市物价局按照《北海市人民政府关于落实2010年政府主要目标任务的通知》，完成承担的全面开展行政事业性收费清理目标任务，涉及全市36个行政事业性收费部门，217个收费单位，收费项目184大项，审验收费金额3.41亿元。梳理后的收费项目重新整理汇编并通过政府网站向社会公布。

清理规划服务性收费　2010年，根据《广西壮族自治区物价局转发国家发展改革委关于治理规范经营服务性收费有关问题的通知》的部署，对重要经营服务性收费进行清理规范。一是严格按照《国家发展改革委关于治理规范经营服务性收费的通知》"坚决取缔各种乱收费"的规定，取消不符合规定的收费项目3项，减轻企业和群众负担400多万元；二是重点对国家和自治区2007年1月1日后出台的经营服务性收费项目及其标准进行重点清理，并根据北海市实际情况向自治区物价局提出建议降低收费标准14项(涉及收费部门10个)，上报自治区物价局审定。

治理规范社会团体收费　根据《自治区物价局财政厅民政厅关于治理规范社会团体收费的通知》要求，联合市财政局、民政局对全市社会团体收费进行清理规范，涉及社会团体359个，37个收费单位，收费项目5项，清查总额299万元。按照自治区的政策规定，取缔收费项目1项，降低收费标准1个，涉及收费总额6.8万元。

教育收费专项治理　一是按照自治区教育厅、物价局、财政厅《关于下发教育收费项目和标准的通知》规定，重新审核全市各级各类学校的收费，取消全市大中专院校不符合规定的收费项目3项，减轻群众负担80多万元。二是按照自治区物价局、财政厅、教育厅《关于取消部分中小学收费项目和改变学生公寓直供热水收费性质的通知》的规定，从2010年春季学期起，取消市公办普通高中的校园安全管理费等4项收费和城市义务教育学校的内膳生工友费，年减轻学生家长负担150多万元。三是贯彻执行自治区物价局、教育厅、人力资源和社会保障厅"关于印发《广西壮族自治区民办教育收费管理实施办法》的通知"的规定，重新对北海市民办教育收费进行规范，维护民办教育机构和受教育者的合法权益。四是按照自治区物价局、财政厅、教育厅规范公办幼儿教育收费政策规定，重新制定全市公办幼儿园和小学学前班收费标准，促进北海市幼教事业的持续健康发展。

北海市公办幼儿教育保育费、教育费收费标准表

单位：元／人·月

幼儿园名称	3岁以上幼儿			3岁(含)以下幼儿			备　注
	合计	保育费	教育费	合计	保育费	教育费	
一、全日制							
机关幼儿园	350	200	150	455	260	195	按学期收取
第一幼儿园	350	200	150	455	260	195	
第二幼儿园	250	130	120	325	169	156	
第三幼儿园	250	130	120	325	169	156	
政府机关幼儿园	250	130	120	325	169	156	
银海区机关幼儿园	250	130	120	325	169	156	
二、寄宿制							
第二幼儿园	350	230	120	455	299	156	

备注：1.寒、暑假留园收费标准在上述收费标准基础上加收30%。
2.幼儿个人生活用品购置费按实际价格代收。
3.课本费、伙食费按实际发生费用收取，报价格主管部门备案。

北海市小学学前教育保育费、教育费收费标准表

单位：元／人·期

学校类型	保育费	教育费	合　计	备　注
北海市实验学校	250	200	450	按学期收取
海城区城市义务教育学校	220	180	400	按学期收取
农村义务教育学校	150	150	300	按学期收取

《收费许可证》年审　2010年，市物价局对全市396个收费单位2009年度行政事业性收费情况进行年度审核，验审收费总额4.42亿元。

【价格监督检查】

开展价格和收费专项检查　全年组织开展节假日市场价格、涉农价费、涉企收费、行业协会收费、质量监督检验检疫系统收费、教育收费、食盐价格、电力价格、粮食最低收购价格、旅游市场价格等专项检查，查处价格违法案件24件，价格违法总金额48.19万元，实施经济制裁总金额42.77万元。其中：退还用户金额19.21万元，没收违法所得金额21.13万元，罚款金额2.43万元，上缴财政金额23.56万元。

价格举报　通过"12358"价格举报电话平台，受理群众的价格咨询和举报。全年受理价格咨询、举报108件，办结率达100%。

【价格认证】　北海市价格认证中心为市物价局下属事业单位，主要职能是接受司法机关、行政执法机关和仲裁机构的委托，对刑事、民事、行政、经济等案件中涉及的各类标的进行价格鉴定；接受当事人委托，对诉讼案件中涉及的各类标的进行价格认证。全年共完成价格鉴证业务1438宗，价格鉴证金额5760万元，价格鉴证金额同比增长50%。

【价格监测】 2010年，市物价局承担自治区下达的重要商品和服务收费价格监测工作，重点对粮食、食用植物油、猪肉等生活必需品价格进行采集、统计、分析、汇总、上报，并对价格动态作出分析预警报告。

【公共服务】 2010年，市物价局根据市政府关于进一步推进集中办理行政审批事项提高行政效能的通知要求，从6月起，将本局价格管理科和收费管理科的非行政许可审批项目统一集中到北海市政务服务中心办理。6～12月，通过政务服务中心窗口受理申请事项139件并全部办结。2010年，继续在全市经营服务单位中开展“北海市价格诚信单位”评选活动，采取单位自查申报、现场实地考核、评比打分的办法，通过严格评选，授予中国电信股份有限公司北海分公司“北海市价格诚信单位”称号。同时，根据自治区物价局《广西壮族自治区物价局关于开展第三届广西壮族自治区“价格诚信单位”评选活动的通知》要求，推荐北海市中医院、中国移动北海海城分公司、中石化北海贵州路加油站、合浦百润超市4家市级价格诚信单位申报广西区第三届价格诚信单位。为减轻渔业生产收费负担，促进渔业生产持续健康发展，加快北海市渔业产业化进程。根据自治区物价局的安排，对涉及渔业生产收费负担情况进行调查，完成《北海市涉及海洋捕捞和浅海滩涂养殖生产收费负担调查报告》，为上级制定惠渔减负政策，提供决策依据。

【价格宣传】 2010年，市物价局通过北海政府网站开展价格政策法规宣传。及时更新网站价格管理工作动态、政务信息、价格政策法规。2010年，通过“3·15”消费者权益保护日和“12·4”全国法制宣传日以板报、发放资料形式宣传价格政策法规，倡导价格诚信，现场开展政策咨询和受理价格举报。同时，通过北海人民广播电台的行风热线平台宣传价格政策，热心解答来电群众咨询，受理群众价格举报。3月17日，市物价局参加了“政风行风热线”直播节目，直接听取群众的呼声，耐心解答群众关心的价格热点难点问题。

【价格调节基金】 2010年，市物价局配合政府做好价格调节基金征收工作。全年共组织征收上缴财政价格调节基金679.63万元。为政府应对市场物价异常波动，实施宏观调控，稳定物价提供了保障。

（玉燕春）

工商行政管理

【概况】 2010年，北海市工商局下辖合浦县工商局，直辖海城、银海、铁山港3个分局，管辖43个工商所。市局机关内设办公室、人教科、法规科、公平交易与消费者权益保护科（挂12315申诉举报指挥中心牌子）、市场与合同规范管理科、企业注册与个体私营经济管理科、外商投资企业注册管理科、商标广告管理科、财务科（挂内部审计办公室牌子）、监察室、离退休人员工作科、经济检查支队、信息中心、机关后勤服务中心。全市工商系统有公务员427人，工勤人员30人。公务员中研究生学历5人，占1.2%；本科学历236人，占55.27%；大专学历175人，占40.98%。

2010年，全市工商系统以科学发展观为指导，按照“四个统一”要求，牢牢把握“四个只有”，大力加强“四化建设”，积极推进“四个转变”，以服务发展作为第一要务，以强化市场监管作为第一责任，以加强队伍建设和基层基础建设作为基础和保障，创新机制，主动作为，各项工作取得了新成效，促进了北海经济、社会平稳较快发展，得到了自治区工商局和市委、市政府的充分肯定。

2010年，北海市工商局先后获得全区工商行政管理系统先进工商局、全区工商行政管理系统档案规范化建设先进单位、全区工商行政管理系统支持非公经济发展先进单位等荣誉称号，黄乃煜同志被自治区人民政府授予自治区先进工作者荣誉称号。

【企业注册登记管理】 2010年，北海市工商局通过放宽市场准入，下放管理权限，简化办事程序，不断推动北海市各类注册主体总量上规模，结构上档次，质量上水平。2010年全市累计实有内资企业2242户，注册资本157.2亿元，分别比去年同期减少7%和增长1%；实有外商投资企业271户，投资总额14.88亿美元，注册资本8.46亿美元，分别比去年同期增长23.8%、19.6%和25.8%。私营企业累计实有7383户，比去年同期增长36%，投资者14700人，比去年同期增长25.9%；私营企业保持快速发展的势头，企业规模得到进一步扩大。全市累计登记注册的农民专业合作社总户数115户，出资总额8252.58万元，成员总数1236人，分别比去年增加121.2%、196.6%、79.4%，农民专业合作社兴办的主体向多元化发展。

【便民利企服务】 北海市工商局成为在全区工商系统第一个将企业档案室迁入市政务服务中心大厅的单位。在日常受理服务工作中严格按照“一窗受理、体内循环、一站办结、限时完成”的运作模式，授权首席代表，细化岗位职责，规范受理流程，增加进场职能。企业和投资者到窗口办理工商登记业务，从名称核准到办照、变更、年检再到档案查询，可"一站式"办结。2010年，工商"窗口"连续10多次获得流动红旗，被评为北海招商引资综合评价第一名。

2010年，北海市工商局在继续实行预约年检、上门年检、集中年检、延时年检等各项年检服务措施的基础上，推广网上年检，大胆实行免实地检查（实地检查改在企业领取营业执照后半年内进行），进一步提高了企业年检效率。同时推行企业联络员、重大项目预约上门登记、招商企业备案等便民利企服务制度，对重大产业化项目、重大基础设施项目及市重点招商引资项目的注册登记，实行专人负责、预约服务、上门服务和跟踪服务等服务延伸措施。并在铁山港分局设立"项目建设和招商引资企业"专门登记窗口，为企业提供预约服务、上门服务，不断完善一次性告知、限时办结、特事特办等制度，促使项目在最快时间内落实。大力开展"结对共建，先锋同行"和"百日攻坚"活动。帮助辖区非公企业建立党支部，构建非公经济的精神总部。2010年底，全市共建立非公经济规模企业党支部125个。全年办理动产抵押登记35份，为企业融资26877万元。同时表彰了61户诚信企业、60户个体工商户，并在各大媒体、报刊上宣传非公企业的先进典型，营造了非公经济发展的有利环境和氛围。

【支持项目发展】 2010年，北海市工商局放开市场准入框框，创造快速发展条件。只要有利于推动北海经济社会率先发展、科学发展的，可以先发展后规范、边发展边规范。支持非公有制企业参与国有企业和集体企业改制、重组、改造，扩大经营规模，简化企业改制登记手续，为市场准入提供快捷优质的服务。对全区重点企业、重点项目、重点事项、重点产业和行业、重点区域及重点人员进行主动服务、对接服务、延伸服务和创新服务，为重点项目企业提供"绿色通道"服务。2010年8月，北海黑珍珠海洋生物科技有限公司的《化妆品生产企业卫生许可证》已到期，由于该公司的生产车间进行10万吨级净化系统升级改造，项目竣工环保验收未能及时通过，北海市工商局两次同意该公司延期办理年检。同年11月，该公司通过环保验收，但新的《化妆品生产企业卫生许可证》还在受理中，而企业又急需年检的营业执照办理相关业务，为了帮助企业及时解决实际困难，根据该公司的具体情况，北海市局同意该公司推迟年检并出具相关证明，帮助企业解决了实际困难。

【保护消费者权益】 2010年，全市开展了"消费与服务"年主题活动取得了明显成效。开展了各种形式的年主题宣传活动，共设立了15个户外宣传点，现场曝光了55个品种的假冒伪劣商品，接受消费者咨询838余人次，销毁10种假冒伪劣商品，总价值105.6万元。12315中心共受理消费者申诉249件，受理举报264件，处理率98%，为消费者挽回经济损失15.01万元。建立12315联络站333个，维权监督员335人，受理投诉84件，调解成功65件，调解成功率达76.4%，为消费者挽回经济损失5.15万元。在涠洲岛旅游景区设立3个12315联络站和消费维权投诉站，在水产市场、大润发超市分别设立消费维权监督岗。旅游旺季期间，在主要景区的入口、出口和游客相对集中的地区设置工商"消费维权提示牌"及"流动申诉车"，加强消费维权执法力度。

【公平交易执法】

高压长效打击传销 2010年，全市共开展打击传销清查行动812次，出动执法人员5205人次，发出行政警示35次，清查涉嫌传销出租屋3753间，清理遣返传销人员3810人，捣毁传销窝点322个，解救被困传销人员381人，收缴传销书籍27000余册、光盘800余张；共立传销案件18件，已结案10件；吊销营业执照1户。有效遏制了传销活动传播蔓延的势头。认真履行打传办职责，代拟12个工作机制；协调成员单位联合开展打击工作，与65个社区（村）签订了"无传销社区（村）"责任书，严惩为传销人员提供仓储、培训场所和住宿的不法人员。立案查处涉嫌为传销提供场所案件4起。组织开展全方位多层次的宣传教育活动。制作打传宣传口袋本、录音带、光碟、黑板报和公益广告，发送抵制传销手机短信，建立打传宣传帮教室，开展打传正面宣传；签订责任状，建立了县（分）局、工商所两级打传网络。

加强流通环节食品安全监管 组织开展了乳制品、食用油、"地沟油"、食品添加剂、假冒红星二锅头酒、学校和学校周边食杂店小摊点、中越青年大联欢活动食品专项检查等7项专项整治。对粮食、肉类、水产品及其制品等19个品种126种食品进行检测。市工商局食品安全检测中心建成投入使用，这是全区工商系统第二个建成的食品安全检测中心，具有快速检测、组织统筹、应急联动、数据分析和实时监控等五大功能，与县、分局3辆食品检测车和工商所52个食品快速检测箱一起，共同构建了市局管面、分（县）局管线、工商所管点的食品安全监测体系。2010年，共查处取缔食品无照经营户64户；查处食品案件26件，案值2.67万元，罚没金额约5.15万元；查获不符合食品安全标准食品1701公斤，价值约3万元。全系统共发放食品流通许可证1782户，其中内资206户，外资4户，个体1572户。创建食品安全示范店315户，其中农村食品安全示范店

265户。

【市场监督管理】

强化市场主体监管　推进商品交易市场信用分类监管。查处企业虚假出资和抽逃出资，共抽查企业26户，移交公安机关虚假出资涉嫌犯罪的案件线索6起。对涉及人民群众身心健康和生命财产安全的危险化学品、烟花爆竹、民爆器材、加油站、液化气站和存储点以及食品、餐饮、交通运输、网吧、公共娱乐场所等重点行业，严把准入关。对已经取缔的无照经营场所，定期回查。利用12315投诉举报网络和北海365网站、天天网及其他新闻媒体，鼓励群众举报网吧违法经营，打击黑网吧。对投诉较多的花园街餐饮经营严重扰民和存在无照经营的现象，配合海城区和市食品药品监督局、城管局开展7次联合执法行动，取缔了无照经营餐饮店10家。

规范旅游市场经营　“3·15”期间，向社会正式公布“三罚退市制”的旅游市场整治工作机制。并与48户旅游商品店、旅游餐饮户签订守法经营承诺书。联合旅游、物价等部门为全市首批91家海鲜餐饮店、旅游商品店悬挂海鲜餐饮商户诚信经营公示牌和旅游商品店诚信经营公示牌，进一步完善了旅游市场监管工作机制。2010年先后牵头组织开展14次联合执法，共查处旅游市场违规案件14件，罚款8.91万元，没收假冒伪劣商品一批。共受理餐饮类申诉举报30件，旅游商品店申诉举报5件，旅馆服务申诉17件，为消费者挽回经济损失共计3.13万元。

实施市场专项整治　2010年先后开展了“家电下乡”、“地沟油”、文化市场、烟草制品、农资市场、假冒珍珠粉、商业贿赂等专项整治行动，共查处销售不合格和假冒伪劣家电案2件，查扣不合格和假冒伪劣家电9台；查处制售、传播非法出版物案件54件；查获涉嫌传销书籍27000余本(册)、涉嫌传销宣传照片13560张、涉嫌传销宣传光盘800多张，涉黄光盘245张；查处烟草制品案件38件，罚款5.91万元；查处商标案件11件，罚款1.67万元。查处违法广告案件44件，罚款12.4万元；查扣涉嫌假冒珍珠粉682包(罐)；查办2起旅游品经营者从事商业贿赂案件，没收非法所得并处罚款3.05万元；开展农资商品质量监测，全年共抽检化肥40个品种，农药16种，查处农资案件12起，罚款2.2万元。全年查处无照经营案件484件，罚没款36.96万元。其中取缔无照经营网吧1户，处罚违规网吧1户。有效地促进了公平竞争和各类市场主体健康发展。

【商标管理】　制定全市商标战略发展5年计划，确定了14家帮扶企业。深入东园家酒厂、喷施宝、怡林花卉、洪恩水产、广西田野等8家民营企业和农业产业基地提供商标注册指导，引导企业通过实施商标战略提升企业核心竞争力。指导孙东无公害蔬菜农民合作社、银海区冯辉友果蔬农民专业合作社、银海区福绿农民合作社等注册了“孙东”、“银友”、“上窖”等农产品商标。开展商标“三上门”服务，上门指导有发展潜力的企业申报广西著名商标。11月，“浦康”花生油(合浦县浦康花生油有限公司)、“银安”矿泉水(广西银安天然饮料有限责任公司)、“绿仙”螺旋藻(广西农垦绿仙生物保健食品有限公司)、“农都乐”(广西喷施宝有限责任公司)、黑珍珠(广西黑珍珠科技有限责任公司)等商标在市局的指导下已经完成申报。合浦县局指导合浦县科发蔬菜农民专业合作社与市销售社联合申报“南流江”蔬菜地理商标；特别是帮助合浦东园家酒厂、合浦丰誉果蔬农民专业合作社、合浦和嘉乐植物油有限公司成功注册涉农商标“东园家”、“八冬”蔬菜、“和鹰”花生油等涉农商标。

【经济合同管理】　为继续帮助企业特别是农资龙头企业尽快摆脱金融危机的影响，解决融资困难，充分发挥工商职能作用，通过办理动产抵押登记，将企业与信贷机构连在一起，帮助企业获得贷款，尽快复苏。全年办理动产抵押登记35份，为企业融资26877万元。全年开展拍卖备案79次，拍卖委托书95份，金额67094万元，拍卖成交确认书备案73份，成交金额14125万元。

【两基建设】　在坚决贯彻中央2010年前禁止行政机关建设楼堂馆所政策的前提下，不等待观望，办理各项前期工作：一是银海分局、马栏、银滩1分局2所作为银滩回建区公建项目，已完成办公楼建设项目立项，落实项目建设用地4300平方米。二是办理了海角、地角工商所办公楼建设用地土地证。三是购置海城分局及城中、城西工商所办公楼共1500多平方米。此外，科学、节俭、依规用财，完成了福成工商所和海城分局视频会议室装修工程。2005～2010年，全市工商系统共投入专项经费1686.6万元，购建办公楼建筑总面积7322.72平方米，解决了17个基层所用房问题，60%以上工商所拥有自主产权房。

此外，严格执行总局、区局标志规范化制作方案以及政府采购相关规定，因地制宜，分类实施，对自有产权所高标准完善，租房办公所只做基本元素。市局、1县3分局机关和43个基层工商所主体背景、路牌指示、政务公开、执法车辆等统一了外观标志设置，统一、美观、规范，初步达到了“人要精神、物要整洁、服务周到、执法严肃”的要求，展示了工商新形象。

【党风廉政建设】　2010年，全系统

共召开党风廉政建设动员会45次，制作宣传板报16期，层层进行了宣传发动。制定实施了《市局廉政和监管风险点防范管理工作实施方案》，共查出廉政和监管风险点231个，涉及到106个岗位(环节)。制定实施了77条防范措施进行防控。经过严格考评，全局各单位全部达标。2010年，组织述职述廉217人(次)、廉政提醒谈话28人，诫勉谈话4人，民主评议党员226人、聘请社会监督员22人，构建了长效防范机制，有效地提升了干部队伍整体素质。合浦县工商局建立了“廉政文化长廊”。银海分局创建“廉政文化室”，拓展廉政文化阵地。铁山港分局设置了廉政图书区和警示教育区，为干部职工提供了一个学习型的廉政教育场所。（高志亮）

国土资源管理

【概况】 2010年，北海市国土资源局(市海洋局)内设办公室(党委办公室)、人事教育科、纪检监察室、财务科、政策法规科、土地规划耕地保护科、地籍管理科、土地利用管理科、地质矿产管理科、海域管理科、海洋环境保护科、测绘管理科12个职能科(室)，派出市辖区3个分局(增挂海洋分局、国土资源执法监察大队、海洋执法监察大队牌子)、12个国土资源管理所(其中10个所增挂海洋所、海洋执法监察中队牌子，全部增挂国土资源执法监察中队牌子)，下辖7个事业单位。机关人员编制43名，其中行政编制39名，后勤服务编制4名，现有41人。研究生学历2人，大学学历19人。系统事业单位管理人员41人，专业技术人员92人，其中高级职称5人，中级职称34人，初级职称54人。

2010年10月，根据《中共北海市委、北海市人民政府关于北海市人民政府机构改革实施意见》，市海洋局从市国土资源局划出，为市人民政府工作部门。连人带编从市国土资源局划出5人到市海洋局。中国海监北海市支队划出归市海洋局管理。海洋分局(海洋监察大队)、海洋所(海洋执法监察中队)等基层海洋管理机构仍在市国土资源局，由国土资源基层工作人员继续开展基层海洋管理工作。

【用地保障】 围绕市委、市政府工作重点，加快用地审批供应，从速为项目建设提供资源保障。2010年，办理建设用地预审51宗，计划投资额49.33亿元，总用地面积365.84公顷，其中农用地290.13公顷，耕地105.27公顷，建设用地58.47公顷，未利用地15.36公顷。完成32个批次和6个单独选址项目的建设用地上报工作，上报总用地面积469.24公顷，涉及新增建设用地面积383.4公顷，获得自治区审批建设用地26宗（24个批次和2个单独选址项目)，审批用地431.06公顷，涉及新增建设用地352.38公顷，共组织国有土地使用权挂牌(拍卖)出让活动18期，出让国有建设用地23宗，总出让面积121.77公顷，成交总额180433万元。供应土地48宗，面积175.41公顷，其中划拨土地20宗，面积17.12公顷，出让土地28宗，面积175.41公顷，办理补办出让及规划设计条件变更49宗，面积141.79公顷，实现土地出让金入库30.53亿元。重点保障北海炼油异地改造石油化工配套项目、诚德新材料项目、中央扩大内需项目、民生路网项目、污水垃圾项目、重点区域土地储备项目用地，保障的力度、强度、能力、效率和服务水平得到进一步提高。

【耕地保护】 根据自治区下达北海市的耕地保有量和基本农田保护目标任务，认真落实耕地保护责任制，把耕地保有量和基本农田保护目标列入各级政府考核的重要内容。着力从政府，国土、农业等相关职能部门，以及社会监督等不同层面构建耕地保护共同责任机制，合理分工，相互配合，及时查处利用耕地挖虾塘等各类违法行为。根据修编后的土地利用总体规划，组织开展新一轮基本农田调整划定工作，并争取市财政落实耕地保护工作经费150万元，用于完善基本农田保护牌、桩、档案资料，以及数据库建设等工作。一是组织完成北海市2009年度耕地保护目标任务自查，并通过自治区检查。截至2009年12月31日止，全市实有耕地面积124977.48公顷，超出年初自治区下达任务3377.48公顷；全市基本农田保护面积99025.65公顷，超出年初自治区下达任务525.65公顷；全面完成耕地保护目标任务。二是开展基本农田保护牌桩采购和建设工作，进一步加强耕地特别是基本农田保护。三是建立健全新增耕地储备库。建立新增耕地储备库，将验收确认的新增耕地全部纳入储备库进行管理，在全市范围内统一新增耕地指标调配和使用，确保全市建设项目用地占补平衡。全市有40个土地开垦项目报经自治区国土资源厅验收确认，确认增加有效耕地面积48.77公顷，扣除自治区储备库有偿收储9.76公顷，节余的新增耕地39.01公顷全部纳入北海市耕地储备库。组织实施市级土地开垦项目237个，项目实施面积约525.31公顷，新增耕地约467.04公顷（合浦县组织实施项目226个，新增耕地约294.9公顷；市辖区组织实施项目11个，新增耕地约172.14公顷)。四是组织开展石化项目防护区建设用地增减挂钩试点调研，完成资料收集、外业踏勘、政策研究等工作，为领导决策提供依据。

【市场体系建设】 根据国土资源部和自治区国土资源厅精神，深入开展国有建设用地使用权出让合同专项清理、房地产用地专项整治和工程建设领域突出问题整治工作，进一步规范土地市场管理。共组织国有土地使用权拍卖挂牌出让活动18期，出让国有建设用地23宗，总出让面积121.77公顷，成交总额18.04亿元。与2009年相比，招拍挂土地出让宗数增加21.05%，出让面积减少39.7%，成交金额增加41.69%。加大招拍挂土地的土地出让金和代缴税的收缴力度，缴纳到地方财税的土地出让金和代缴税包括29家单位的应缴和欠缴款项，合计人民币16.44亿元，其中土地出让金16.22亿元，代缴耕地占用税及印花税0.22亿元。属于2010年招拍挂土地的出让金12.07亿元，代缴耕地占用税及印花税0.18亿元；属于2006～2009年欠缴的招拍挂土地的出让金4.15亿元，代缴耕地占用税及印花税464.83万元。催缴到拖欠的成交价款3.21亿元，并全部上缴市财政，欠款单位由21家减少为10家，欠缴成交价款31285.11万元。受理各类土地交易变更登记业务7393宗（含商品房5147宗），交易面积239.98公顷，交易总额19.57亿元。共办理土地抵押登记103宗，抵押面积273.6公顷，抵押金额24.93亿元。

加强海域使用权和矿业权市场建设，共挂牌出让国有海域使用权11宗，出让面积366.67公顷，成交金额34万元；27宗新设采矿权全部以挂牌方式出让，收取采矿权价款18.5万元。

【土地储备工作】 2010年，在国家进一步加强房地产市场调控等因素的影响下，努力克服不利因素，积极推进土地储备各项工作，全年通过银行贷款、政企合作、企业用地预申请等多渠道筹集土地储备资金6.78亿元；收回国有土地26宗，面积59.91公顷；完成中石化北海炼油异地改造配套项目、原油商业储备基地、涠洲岛管道燃气、赤江村城中村改造、北海市中等职业技术学校、加油站点、污水垃圾处理项目等20多个项目共293.94公顷集体土地征收工作。全年共完成土地收储353.85公顷，为市公益事业、民生工程、重点工程等项目建设提供用地保障。

【矿产资源管理】 一是联合发布《关于施行〈广西壮族自治区矿山地质环境恢复保证金管理办法〉的通知》，设立矿山地质环境恢复保证金专户，收取矿山地质环境恢复保证金，收取矿山地质环境恢复保证金207.6万元。二是组织编制和实施《北海市矿产资源开发整合实施方案》，加强矿产资源开发整合，推进矿产资源集约利用。三是组织编制《北海市矿产资源总体规划（2008～2015年）》，通过自治区国土资源厅预审和自治区人民政府组织的评审。四是积极推进市矿业权实地核查工作，实地核查矿业权为109个，其中探矿权7个，采矿权102个。6月底通过自治区验收。五是争取国家专项资金20万元，实施市地质灾害调查与区划项目，摸清全市地质灾害分布、特点及主要地质灾害隐患点，并建立地质灾害区划数据库，为市地质灾害防治工作科学有效开展奠定良好基础。在地质灾害调查与区划项目成果的基础上，组织编制《北海市地质灾害防止规划》，并公布实施《北海市2010年地质灾害防治方案》，加强地质灾害防治。

【海域使用管理】 2010年全年共上报自治区人民政府审批的海洋工程建设项目15个，面积476.53公顷，其中自治区人民政府已审批的项目12个，面积441.65公顷。2010年全市海洋工程建设项目征收海域使用金突破2亿元大关，创历史新高。在做好海洋工程项目用海的同时，进一步规范养殖用海管理，建立规范的审核报批程序，巩固和探索以拍卖方式出让养殖用海海域使用权成果。2010年全市（含合浦县）共审批出让养殖用海海域使用权114宗，面积1998.2公顷，征收海域使用金141万元（其中以挂牌方式出让海域使用权11宗，面积366.67公顷，征收海域使用金34万元，续期审批养殖用海97宗，面积1482公顷，征收海域使用金94.6万元）；年审海域使用权证书181本，面积2856.62公顷，征收海域使用金218.29万元。全市养殖用海共计征收海域使用金359.28万元。

【海洋环境保护】 组织监测机构和专业技术人员开展海洋环境质量状况与趋势监测、功能区监测、赤潮监测、陆源入海排污口和海洋工程建设项目海洋环境影响跟踪监测等，按时向上级海洋管理机构或市政府报告监测结果。编制《2009年北海市海洋环境质量公报》，于2010年3月下旬及时召开发布会向社会发布。协同国家级山口红树林生态自然保护区管理处等机构开展红树林保护区生态保护工作，加强对红树林保护区的监测和巡护。开展对海草床、珊瑚礁、滨海湿地等自然生态区的保护与管理，对拟建涠洲岛珊瑚礁特别保护区（海洋公园）进行前期调查，对海岛沿岸海域珊瑚礁资源分布情况进行勘察，积极开展建区申报的各项前期工作。加强监测预报工作和灾害的防范工作。2010年北海市2次异常大潮和1003号台风“灿都”、1005号强热带风暴“蒲公英”等海洋灾害都做到防范工作到位，没有造成损失。

【海洋执法监察】 2010年，对所有海洋工程用海项目实施全程监控，对各类用海项目检查覆盖率达到100%。全年共派出执法人员1477人次，开展各种巡航检查385次，其中陆上巡查305次、派出人员1016人次、行程19080千米；海上巡查80艘次、参加人员461人次、航时265小时、航程3100千米，及时查处和制止营盘、大冠沙附近海域违法抽砂行为共5次。共立案查处海洋违法案件7宗，结案2宗，收缴处罚款79.95万元。共组织清理整治行动3次，分别完成市区北岸附近海域、铁山港营盘附近海域违法养殖、捕捞设施的清理拆除工作。其中清理整治市区北岸附近海域面积约8平方千米，拆除违法养殖设施2宗，面积约20公顷，违法捕捞设施(渔箔)37具，占海圈海木桩及标志物约4000余根；清理拆除铁山港营盘附近海域霸海圈海设施12余宗，面积约66.67公顷。2010年11月12日至27日，共组织海监执法人员12人次，执法艇3艘次，航程300海里，参与海底光缆巡护工作，驱离底拖网渔船2艘，确保北海至海口海底光缆的运行安全。

【基础业务建设】 完成市土地利用总体规划修编，2010年1月27日，《北海市土地利用总体规划(2006～2020年)》获自治区批准实施。乡镇土地利用总体规划修编工作积极推进。市第二次土地调查(农村部分)成果年初顺利通过自治区国土资源厅成果验收，全面进入城镇土地调查阶段，完成该项目1：500城镇土地调查外业测量80平方千米（其中，市三区完成60平方千米，合浦县完成20平方千米），占城镇土地总面积的46.2%；权属调查56平方千米(其中，市三区完成36平方千米，合浦县完成20平方千米)，占城镇土地总面积的32%；三区地籍图入库18平方千米。另外，为加快推进工作，乡镇范围内土地调查工作也相继展开，完成营盘镇1.7平方千米外业地形测量工作；完成南康镇外业碎部测量3平方千米；完成福成外业碎部测量约1.9平方千米。数字北海地理空间框架建设项目已完成项目区1000平方千米航空摄影；1：2000 DEM、DOM数据生产与建库，像片控制测量；1：10000 DLG数据提取、内容扩充与数据整理；1：10000 DEM、DOM历史数据整理、地名数据整理等工作。1：500数据更新、整理，三维系统建设，空间数据库建设，数据管理服务系统，应用系统建设等工作正按计划有序推进。数字北海地理空间框架建设项目的实施，对加快数字北海建设，提升北海城市品位有深远的影响。积极落实85万元，开展北海市2000国家大地坐标系建设工作。北海是广西第一个开展该项工作的城市。

【国土资源监管】 一是认真开展2009年度土地卫片执法检查工作，严格土地执法，改善土地管理秩序。执法检查工作自3月下旬全面展开以来，通过核查和图斑的分割与合并，共核查161个图斑，涉及地块170宗共1302.57公顷。合法新增建设用地69宗，面积467.61公顷；违法新增建设用地33宗，面积710.54公顷。违法宗地全部立案查处，并全部作出处罚决定。二是切实加强动态巡查，及时查处土地违法案件。共发出用地检查通知书60份；当场制止违法占地行为15宗，面积0.66公顷；制止破坏耕地挖渔(虾)塘3宗，面积2.67公顷；制止非法取土5起；立案查处土地违法案件3宗，涉案面积16.25公顷，收取罚没款40多万元；配合辖区政府拆除行动17次，拆除违法占地建筑物486间，面积约6.75公顷，一定程度上遏制和打击违法占地等行为。加强闲置土地管理，依法处理土地闲置土地19宗，面积41.7公顷，上缴闲置费219万余元。

【民生、维权工作】 关注民生，采取措施，进一步加大住房用地供应。2010年，全市共供应住房用地30宗，面积95.15公顷，完成计划供应量118%，其中三类住房用地供应量67.4公顷，占已供应的房地产用地70.8%；保障性住房用地供应量为2.65公顷，完成计划供应量的16.04%。与农业局、市征地拆迁办协调，委托对市农业种植大棚等农业设施进行评估测算，将农业设施大棚分类评出价格，制订实施农业种植大棚分类标准，维护合法权益。畅通信访渠道，以“早发现、早控制、早处理”为目标，扎实开展矛盾纠纷和不稳定因素的排查调处工作，切实维权维稳。加大土地权属纠纷调处力度，稳定社会，缓解矛盾。2010年受理案件13宗，其中调结3宗，调处率100%。 （韦华军）

审　计

【概况】 2010年，北海市各级审计机关共有审计人员83人，其中：市审计局47人(其中大学本科学历26人，大专学历19人)；合浦县审计局20人，海城区审计局7人，银海区审计局6人，铁山港区审计局3人。局机关设办公室、监察室、法规科、财政金融审计科、行政事业审计科、经贸审计科、农业环保社保审计科、固定资产投资审计科、外资运用审计科、经济责任审计科等10个科室，下辖2个科级事业单位：经济责任审计办公室、政府投资审计中心。2010年，全市审计机关深入贯彻落实科学发展观，牢固树立科学审计理念，紧紧围绕党委、政府中心工作，依法履行审计监督职责，进一步加大对重点领域、重点部门、重点资金的审计监督力度，加大对中央新增投资扩内需项目和强农惠民资金的审计力度，充分发挥审计保障国家经济社会健康运行的“免疫系统”功能，全年共完成审计和审计调查项目166项，为全年计划的255%(其中：市审计局完成86项，为年度计划的246%)。审计涉及金额432

亿元，查出违规金额20亿元，管理不规范金额9.8亿元，应上交财政3383.68万元，上缴财政3346.68万元，核减政府投资工程款2604万元，通过审计督促上缴土地成交价款3.19亿元；向各级纪检监察机关及有关部门移交案件线索6件，涉案金额8443万元；向市委、市政府和上级审计机关提交审计信息、审计综合报告58篇。2010年有2个审计项目分获自治区级优秀项目二、三等奖。党建工作成绩显著，市审计局党支部被机关工委评为先进党组织。机关党建、综合治理目标、依法行政、公共机构节能工作通过年终考评并均获优秀等次。市审计局荣获全国审计系统先进集体，在2010年全国审计工作会议上受到国家人力资源和社会保障部、国家审计署的表彰，受到国务院总理温家宝亲切接见，这是全自治区唯一获奖的地市级单位。合浦县审计局荣立集体二等功，在2010年度全区审计工作会议上受到自治区人力资源保障厅和审计厅的表彰，受到自治区主席马飚亲切接见。

【财政审计】 2010年，全市各级审计机关依照审计法的要求，组织实施对2009年本级预算执行情况审计。市审计局以本级财政支出为重点，延伸审计县（区）财政及资金使用有关单位，主要审计或调查市财政局具体组织本级预算执行情况，市、县（区）政府债务管理及融资平台融资情况，市辖园区税收返还资金管理使用情况，北部湾体育中心等4个政府投资建设项目实施及资金管理使用情况，市建委系统负责的城市市政建设配套费等6项资金征收管理使用情况，市国土部门部分单位财政财务收支，社会主义新农村建设资金以及农村居民最低生活保障资金管理使用情况等，审计涉及部门和单位200多个，揭示一些部门和单位核算管理不规范等问题，审计督促上缴土地成交价款3.19亿元。市审计局向市政府上报了审计结果综合报告，提出加强预算执行和其他财政收支管理的建议，受市政府委托向市人大常委会上报审计工作报告，受到好评，人大常委会对审计报告评价满意率为100%。同时注重审计结果的落实，审计结束后，对存在问题向被审计单位出具纠正问题规范管理的整改意见建议，各审计小组加强对被审计单位整改的指导和督促，大大提高审计执行力，并及时向市委、市人大、市政府报告各单位整改情况。

【固定资产投资审计】 2010年，全市各级审计机关把政府投资审计摆在突出位置，充分整合资源，大力开展工程建设项目审计，共完成政府投资审计项目101个，在中介机构审核的基础上核减工程造价2604万元，查出违规金额68422万元、管理不规范金额2588万元。市审计局认真抓好对中央新增投资扩大内需第2~4批95个项目的跟踪审计调查和城镇污水生活垃圾处理设施建设项目、民生路网工程、全市中小学校舍工程、廉租住房建设项目、市政府"美化、彩化、亮化、绿化、净化"五化工程及其他政府交办的重点项目的全过程跟踪审计，把审计监督窗口前移，及时修正错误，服务政府建设；参与工程建设领域突出问题专项治理工作，将此项工作贯穿于政府投资审计项目的始终，配合市纪委查办工程建设领域案件并移送案件线索，进一步拓展工程审计的内容范围，深化政府投资审计，取得较好的成果。同时加强制度建设，制定《北海市政府投资审计办法》，由市政府发布执行，规范政府投资项目审计管理，提高审计机关的地位；制定《北海市政府投资项目审计操作规程》、《北海市审计局聘用人员管理办法》，规范政府投资审计项目的具体操作行为，加强对聘用的专业技术人员的管理，为高效率、高质量完成政府投资项目审计打下良好基础。

【经济责任审计】 2010年，全市各级审计机关共完成领导干部经济责任审计项目31个，其中：县处级领导干部16个，科级干部15个，查出违规金额29866万元，管理不规范金额3624万元。通过对领导干部履行经济责任情况进行审计，规范财务管理，增强领导干部遵守财经法纪意识和依法管财理财的能力，为党委组织部门监督和选拔任用干部提供重要的参考依据。同时，探索村级（社区）干部任期经济责任审计，按照市委、市政府要求，结合北海市实际制定村级（社区）干部任期经济责任审计方案。

【自治区授权和统一组织的审计】 2010年，全市审计机关按照自治区审计厅的授权和要求，开展自治区授权和统一组织的审计工作。一是按照国家审计署、自治区审计厅的要求，对玉树地震北海市救灾款物进行2次跟踪审计，并按时向上级审计机关上报审计报告；二是对污水生活垃圾处理设施建设项目资金及建设进度进行跟踪审计；三是对中小学校舍安全工程项目专项资金进行审计调查；四是对救灾资金、农村义务教育经费、两基教育经费巩固提高、退耕还林专项资金等实施审计和审计调查；五是结合日常开展的工程项目审计，开展工程建设领域突出问题专项治理审计调查工作；六是派出审计组到防城港东兴市对该市党政领导实施经济责任审计。

【审计队伍建设】 一是抓好领导班子建设，发挥带头作用。局党组中心组坚持每季度组织一次集中学习，不断提高班子成员的理论水平和整体素质；每周一召开班子例会，通报上周的工作情况和提出本周的工作计划安排，加强班子成员之间的沟通与合作，强化班子成员的责任意识；坚持民主集中制，重大问题、重大经济事项均经集体讨论决定。二是开展建设学习型党组织、党组织建设年活动和创先争优活动，建立完善党组中心组学习制度、党员干部学习制度、全员培训制度等制度机制，与合浦县石康镇大龙村党支部、海城区岭底社区党支部结对子开展“结对共建、先锋同行”活动，组织党员、干部开展主题党日活动，邀请市委党校教授作形势报告、上党课，开展岗位廉政教育等，不断提高党员干部的政治、业务素质和工作能力，强化党员意识和创优意识。市审计局在全市创先争优活动大会上作了经验介绍。三是加大审计业务培训力度，2010年先后派出25人参加自治区审计厅举办的各种审计业务培训班学习，派出2人参加审计厅举办的为期三个月的计算机强化培训班，派出1人到审计厅挂职锻炼，选送1名科长到市委党校、1名副局长到自治区党校学习，选送4人参加南京审计学院本科函授班学习，选送5人参加北京交大硕士研究生班学习，派出42人到兄弟单位学习先进审计经验。市审计局还组织举办财政预算执行审计、投资审计等业务培训班，组织全局人员参加自治区审计厅举办的为期一周的审计业务视频培训，使审计队伍的业务素质和依法审计能力不断提高。四是抓好责任制的落实，按照市委“定人员、定职责、定时间、定进展”“四定”要求，制定年度工作任务目标分解书，细化每个审计项目和职能指标的阶段目标和完成时限，使各项目标任务按进度、保质量顺利推进，强化整合审计人力资源。继续实行项目主审负责制，对审计项目实行进度情况上墙公示。促进工作效率大幅提高。五是科学整合审计资源，创新审计方式方法。对重大审计项目实行现有人力资源合理调配，改变传统的以科室为单位各自为政的局面，采取整合全局力量打歼灭战的办法分期分批集中进行，实行科室组合与组织调配相结合，有效提高审计工作效率和质量，防止出现处理难或腐败行为。同时大胆创新审计方式方法，继续坚持和完善审计项目主审负责制和优秀项目评比奖励制度，建立竞争激励机制，实行重大项目主审竞争上岗制度，充分调动审计人员的主观能动性，锻炼和培养审计人才，促进干部队伍素质的提高和审计质量上水平，2010年有2个项目获自治区优秀审计项目奖。六是加强队伍廉政建设，组织党员、干部职工学习《廉政准则》和干部选拔任用工作“四项监督制度”并参加相关知识考试，组织开展“讲党性、重品行、作表率”主题教育和岗位廉政教育活动；与各科室、中心负责人签订廉政建设责任状，将审计机关和审计小组的廉政建设工作纳入重要日程；实行报送审计，切断审计组与被审计单位的经济联系；继续实行审计公示、主审负责制、廉政情况征求意见制度，试行审计组廉政情况报告制度、审计回访工作制度；开展审计执法检查，到县区和被审计单位检查了解执法情况和审计人员廉政情况等。通过各种措施，不断完善廉政教育、管理、监督机制，加强廉政情况跟踪检查，进一步提高审计人员的免疫力和廉洁自律的自觉性，有效防止违法违纪行为的发生，树立良好的审计形象。（陈东方）

统　计

【概况】 2010年北海市统计局内设核算综合科、经济贸易科、工交科、社会科技科、办公室（法规科）4科1室，共有行政编制16人。局领导班子成员5名，其中党组书记、局长1名，党组成员、副局长2名，党组成员、纪检组长1名，党组成员、总统计师1名。下设计算站和普查中心2个事业单位，共有事业编制8人。此外，市辖一县三区均设统计局。其中合浦县统计局内设4个股行政编制11人，下设计算站和普查中心2个事业单位，事业编制4人；海城区统计局编制6人，其中行政编2人，事业编4人，内设办公室、业务股和普查中心；银海区统计局编制5人，其中行政编制2人，事业编制3人；铁山港区统计局编制5人，其中行政编制2人，事业编3人。全市30个乡镇（街道办事处）和企业以及相关部门都配备专（兼）职统计人员，形成覆盖全市的统计网络。

2010年，市统计局在完成北海国民经济和社会发展情况统计的基础上，组织开展第六次全国人口普查和全市优秀乡镇和进步乡镇评比工作。总结“十五”、“十一五”时期北海市国民经济发展情况，配合市委、市政府参与“十二五”规划纲要的修编工作，为“十二五”规划的制定提供强而可靠的数据支撑；组织开展“2010年北海市十佳乡镇”的测评工作，完成《北海市统计月报》的编印，全年累计提供给各党政机关、社会组织《北海市统计月报》500份以上。参与《2010年广西要情手册》、《2010年北海市年鉴》、《2010年北海市统计年鉴》等资料的编印工作。充分利用政府信息门户网站等开放平台做好统计服务工作，满足社会各界对社会经济指标查找和咨询的需求。同时圆满完成农业、工交、能源、投资、劳资、房地产、贸易、人口、科技和教育等26大类，412种专业统计报表。以及服务业统计、第三产业抽样调查、妇女儿童监测、安全感调查、幸福指数调查等专项调查工作和人口变动、劳动力、农村住户、私营企业等抽样调查工作。

【第六次人口普查】 按照国务院和

自治区关于开展第六次全国人口普查的通知要求,2009年11月，北海市成立由市委常委、常务副市长孙大光任组长，市统计局局长陈廷强等4人任副组长的北海市第六次全国人口普查领导小组,全民动员,周密部署,组织近万人参与。在不同的普查工作阶段实行严格的质量控制制度，探索快速过录、汇总技术创新,确保数据真实、准确、完整、及时。根据北海市政府《关于开展我市第六次全国人口普查工作的通知》精神,2010年,市统计局开展5项工作:一是组织工作。机构组建、普查员选调和业务培训,二是外围工作。户口整顿、流动人口摸底和全社会人口普查宣传动员，三是索引工作。地址码编制、绘制普查小区图和户主姓名底册编制,四是普查表工作。入户现场登记普查表、普查表复查、快速过录和汇总和普查表编码,五是光电录入。光电录入完成所有短表的处理工作。2010年全市总人口为161.75万人，常住人口153.93万人。

【统计方法制度改革】 2010年,市统计局继续推进统计方法制度改革创新，根据自治区统计局的统一要求,结合北海市实际,建立健全一批统计调查制度和统计评价体系。初步建立地区生产总值等主要指标与相关指标之间的协调性、匹配性量化指标体系；制定重点工业企业月度监测制度、利用农村住户调查网点试行畜牧业监测调查制度、固定资产投资管理信息抄送跟踪统计制度、城镇私营单位劳动工资抽样调查制度；建立并实施单位地区生产总值能耗统计监测体系、能源供应和消费统计调查制度、调整服务业调查频率，初步实现由半年报向季报转变。改进人口劳动力调查制度,进一步完善社会发展水平综合评价体系、环境统计指标体系、文化产业统计指标体系，以及县域科学发展评比体系。

【统计信息化建设】 2010年，市统计局进一步加快全市统计信息化建设步伐，不断提高统计系统办公自动化程度。以加强统计信息服务工作为出发点，重点抓好三级联网工作一县三区的光纤布线工作全部完成,合浦、海城区、铁山港3个县区光电设备2010年调试完成,实现网络连接并接通IP电话。海城区、铁山港、银海区3个城区的所有乡镇、办事处已经安装VPN（Virtual Private Network,虚拟专用网络),实现乡镇、街道办事处通过VPN可以和全国统计系统信息网进行网络连接。完善市本级视频会议终端系统,实现与自治区电视电话会议办公自动化。完成全市单位字典库的更新变更及基本单位的年报工作,加快了统计信息化建设步伐,夯实统计发展基础。

【统计法制建设】 2010年，为维护统计工作的正常秩序和确保统计数据真实准确，北海市统计局探索推进统计改革和科学发展的新途径，不断加强统计法制工作。一是广泛开展统计法制宣传。下发《关于开展“五五”普法检查验收工作的通知》,并通过市普法办和自治区统计局的考核验收。广泛开展2010年“12·4”全国法制宣传日活动。在市区北部湾广场开展“12·8”《统计法》颁布纪念日活动。广场宣传2次,利用电视宣传21次,利用报纸宣传12版,利用广播宣传36次，利用标语宣传8500条，宣传画500张，板报宣传期。8月16~19日在市统计局举办“五五”普法培训班4期,300多统计人员和分管统计的领导参加培训。组织56人到桂林参加自治区统计局举办统计检查特派员培训班。二是统计执法有效推进。成立以统计局局长陈廷强为组长，调查队、监察、司法等部门副职为副组长,四部门职能机构科长及主要负责人为成员的北海市《统计法》和《处分规定》贯彻执行情况大检查领导小组,开展贯彻执行《统计法》和《统计违法违纪行为处分规定》情况大检查。全市共发放新《统计法》和《处分规定》合订本2000本，印发3000份大检查通知发放到各有关单位。在重点检查阶段，共对155个检查对象进行统计法律、法规、规章和统计制度执行情况的现场重点检查,对重点检查中发现有统计违法行为的11个单位进行行政处罚,其中警告6个,罚款5个,罚款1.13万元。组织一次“统计管理登记证”和“统计证”全面大清查。2010年办理“统计管理登记证”423套。培训县(区)和乡(镇)街道调查人员,为做好清查工作打好基础。通过统计教育,2010年通过统计从业资格考试147人，统计人员继续教育628人，统计专业技术资格考试19人。（陈　宁）

质量技术监督管理

【概况】 2010年，北海市质量技术监督局(以下简称市质监局)内设机构有:办公室、质量科、食品生产监管科、标准化科、计量科、安全监察科、法规监督科、铁山港区办事处等8个职能科室,另设有纪检组、监察室和机关党委。市局下辖1个县局和5个直属机构：合浦县质量技术监督局、北海市质量技术监督局稽查支队、北海市产品质量监督检验所、北海市计量测试研究所、北海市特种设备监督检验所和北海市标准技术研究所。同时管理国家珍珠及珍珠制品质量监督检验中心、广西壮族自治区海产品质量监督检验中心、广西壮族自治区质量技术监督局珍珠产品质量监督检验站和广西壮族自治区烟花爆竹质量监督检验二站(均挂靠在市质检所)。

全市质监系统编制人员为130名,其中行政编制56名,后勤服务

图为市质监局局长梁永才(右二)带队到中石化项目建设现场开展服务工作

市质监局　供

事业编制4名,事业编制70名。现有人员178名，其中行政人员53名,后勤服务人员5名,事业单位人员90人,聘用人员30名。全局本科以上学历111人，占在职在编人数的85%,其中,博士后1人,研究生学历41人。中高级职称42人,占系统在编人员的32%,其中,高级职称人数12人。

2010年市质监局紧紧围绕市委、市政府“北海三年跨越发展工程”和自治区质监局“抓创新、争突破、理常规、促发展”的工作思路,圆满完成各项工作任务,市局获“自治区文明单位”,合浦县局入选全区质监系统“八强县局”等多项荣誉,实现北海质监事业再上新台阶的目标。

【质量监管】 2010年，市质监局充分发挥质监部门在人才、技术方面的优势,服务地方经济发展,企业质量管理水平不断提升，质量安全监管和企业主体责任意识继续增强,产品质量进一步得到提高。

质量兴市工作　按照自治区质量兴桂的工作要求，重新调整质量兴市领导小组成员，北海市质量兴市活动领导小组组长由原来的分管副市长调整为市长担任，成员全部由单位一把手担任，实施技术标准发展战略领导小组组长由市政府分管市长担任。并召开质量兴市再动员及联席会和实施技术标准发展战略领导小组全体会议。通过质量兴县验收的合浦县也召开质量兴县再动员会。海城区、银海区、铁山港区启动质量兴区活动，并顺利通过自治区质量兴桂战略绩效考评，并获得99分的好成绩。

质量提升年活动　组织北海市与贵港市两地企业开展“质量对比提升”活动,向市政府和自治区质监局上报《合浦南珠质量状况分析报告》、《北海市食品质量状况分析报告》,完成复混肥料和烟花爆竹产品的质量分析报告，为当地政府经济发展提供参考。

名牌产品推荐和申报　2010年，向广西名牌战略推进委员会推荐24家企业的24个产品申报广西名牌产品，并帮助4家企业的4个产品申请延期使用广西名牌称号。

企业帮扶和监管　在2009年复混肥料实行“三抓手”监管制度的成功经验基础上,把“三抓手”的监管范围覆盖到6类重点工业产品、乳制品等8类食品企业，机动车安检机构和特种设备等领域。19家重点产品企业、35家食品企业和全市77%的电梯完成互联索票查验信息录入工作。同时,加强对企业质量管理的指导。全年,指导10家规模以上企业建立并通过ISO9001、ISO22000和HACCP等体系认证。

上海世博会烟花专供产品监督检验　2010年，合浦烟花入选上海世博会。这是北海烟花第一次入选国家重大庆典活动。在整个监督检验工作中,市质监局共完成27种配

“上海世博会烟花产品质量监督阶段性工作总结及下一步工作部署会”在北海召开

市质监局　供

方焰火药的检验,52 个品种 206 个礼花弹产品的常规检验和燃放性能检验。在《上海世博会烟花产品质量监督阶段性工作总结及下一步工作部署会》上,国家质检总局监督司司长刘卓慧通报上海世博会安全部、公安部对烟花质量监督工作的表扬信,充分肯定市质监局在监督检验工作中所取得的成绩。

产品质量监督抽查与检验　全年,完成各类产品质量检验 20340 批次。其中,委托检验 20048 批次,国家监督检验、广西监督检验、定期监督检验、日常监督检验的合格率分别为 100%、39%、96%、93%。

2010 年,北海市质量兴市工作全面铺开,并顺利通过自治区质量兴桂战略绩效考评,获得了 99 分的好成绩。图为北海市召开质量兴市工作领导小组联席会议

市质监局　供

【食品生产监管】 2010 年,市质监局按照突出重点、全面推进、疏堵结合、标本兼治、有法必依、执法必严的原则,全面实现全市食品安全"零事故"的总体目标。

食品生产许可　全年共受理食品生产许可证核(换)发申请 64 起,依照食品安全市场准入审查通则的要求,严把材料关,严格审查审核,有 28 个企业因材料不合格被退回,31 个企业通过审查获得食品生产许可证,6 个企业不予行政许可。2010 年,共有 42 个企业 51 个单元产品获得食品生产许可证,北海市累计获证企业总数达到 207 个企业 241 个单元。

食品企业帮扶　帮扶指导规模以上食品生产加工企业建立良好质量管理体系。2010 年,北海市共有规模以上获得食品生产许可证企业 23 家,通过帮扶指导编制体系文件,整改生产工作流程,促进企业申报质量管理体系认证,已有 16 家企业通过 ISO22000 或者 HACCP 体系认证,占规模以上食品企业 69%。

食品生产监督　一是开展"质监邀您看企业,食品安全大家行"活动。邀请部分人大代表、政协代表、市民代表现场参观北海贝因美公司,查看监管过程,形成全社会共同关心、支持、参与食品监管工作的良好氛围。二是开展食品安全突发事故应急演练。检验食品安全的风险预警和快速反应体系,提升应对突发事件的能力。三是开展各项食品安全整顿工作。开展打击违法添加非食用物质和滥用食品添加剂等各项食品安全整顿工作。2010 年,共检查食品生产加工企业 694 家(次),下达 242 份责令改正通知书,责令限期改正,立案查处案件 99 起。

【计量监管】 2010 年,市质监局以"关注民生,计量惠民"作为工作的重点,大力推进科学计量、法制计量、服务计量,进一步拓宽计量工作领域,增强服务经济的能力。

"推进诚信计量、建设和谐城乡"专项行动　组织对超市的定量包装商品及贸易结算用衡器的监督检查,集中抽查与人民群众生活密切相关的食用油、米、海产品等共 19 批次的商品,其中 16 个批次的商品净含量合格,合格率 84.2%;抽查衡器计量器具 33 台,合格台数为 30 台,合格率为 90.9%。

能源计量工作　开展节能帮扶活动,下发《北海质量技术监督局关于节能降耗服务活动方案》,深入企业开展检定、校准服务,帮助企业建立能源计量管理制度,引导企业申办测量管理体系认证和计量保证体系确认。重点帮扶指导北海市 8 家重点企业,使其在 2010 年逐步实现主要能源及能耗计量数据科学采集、综合分析和有效应用。

计量检定　全年,共完成各项计量器具检修 23482 台件。其中,出租车计价器检定 650 台;加油机检定 1098 台;煤气表检定 11648 块;压力表、氧气表检定 6824 块;血压计检定 635 台;玻璃量器检定 340 只;单相、三相电能表检定 244 只;医用三源 79 台;完成理化分光光度计、温度类等计量检定 540 台(件);市场衡器检定 3970 台,电子汽车衡、地中衡检定 147 台,电子台秤、电子计价秤、天平砝码、加气机检等计量检定 1656 台件。

【标准化管理】 2010 年,市质监局大力实施技术标准发展战略,发挥标准化工作的促进作用,服务地方经济发展。

技术标准化战略　牵头市发改委、港务局、卫生局、药监局等申报《智能复合式开关》国家标准、《燃料乙醇用木薯收购要求》地方标准、《国际客运码头管理规程》地方标准、"医院质量万里行活动"、标准化良好行为试点，2010年目标完成情况良好，均完成申报工作，此项工作得到市政府的肯定，标准化战略在推动经济社会进步中作用显现。

节能降耗强制性标准宣贯工作　按国家节能降耗及工作的要求，收集国家节能降耗25项强制性标准，发放给相关企业，并督促执行；开展GB/T 1.1-2009《标准化工作导则》、DB45/T 567-2009《广西绿色节能建筑》、GB 15063-2009《复混肥料》等标准的培训。同时，指导合浦东园家酒厂开展循环经济项目试点工作，顺利通过专家评审，获国家循环经济项目试点资格。

标准化良好行为和农业标准化　组织北海市绿加益农业开发有限公司、广西合浦县东园家酒厂、北海田野股份有限公司共3家企业申报2010年国家级农业标准化示范区，绿加益公司获国标委的批准立项。2010年，第六批国家级农业标准化示范区——北海康源螺旋藻有限公司通过自治区验收。北海绿仙螺旋藻公司通过2010年标准化良好行为项目自治区专家组验收。

标准制定　年初组织申报的《海产品本底甲醛研究》和《海滩旅游服务标准化研究》2个项目通过自治区的审核，并获得5万元的项目资金支持，有力促进北海市支柱、特色产业发展。

组织机构代码管理　加强组织机构代码及条码管理工作。全年，新办、更换、年审组织机构代码证书共7900本，其中新办、更换证书3500本，年审证书4400本。

【特种设备安全监察】　2010年，市质监局坚持"安全第一、预防为主、综合治理"的基本方针，不断强化使用单位、检验部门、监察部门的三方责任，确保全年无特种设备安全事故发生。截止2010年12月31日，北海市在用特种设备数量：电梯1107台，起重机械400台，锅炉365台，压力容器1349台，大型游乐设施20台（套），压力管道14400单元，场(厂)内机动车辆113台，气瓶30万只。

特种设备监察　一是将冷冻行业特种设备专项整治纳入市安委会的工作目标任务进行部署，并列入年度目标考核内容。二是开展高耗能特种设备节能监管。与企业签署《北海市4T以上锅炉节能管理责任书》。2010年，节能改造的电梯和锅炉共21台套。三是开展特种设备专项整治。共检查各类特种设备使用单位、企业235家次，检查特种设备1506台(套)，下达安全监察指令书共205份，发现隐患270处，并对存在的安全隐患及时督促企业进行整改，有效消除安全隐患。四是开展特种设备安全宣传活动。分别到学校、社区、企业开展宣传活动60余场次。

特种设备检验　对到期的特种设备进行全面的检验，确保锅炉、三类压力容器、电梯定检率达100%，一、二类压力容器、起重机械的定检率达到100%。

【行政执法】　2010年，市质监局打假工作重点是对涉及安全、健康、环保和群众反映强烈的产品质量问题，开展家电下乡、农资打假等专项检查，共立案查处169件，结案169件，结案率100%。

农资打假　加大对复混肥料生产企业、农资销售点监管力度，以总养分和有效成分含量不足及产品标志欺诈违法案件查处为重点，采取抽样检验和外观标志及计量执法相结合的方式开展执法工作。检查农资生产企业63家次，销售点45家次，抽取样品19个，共查处农资违法案件5起。

建材打假　加大对钢材、水泥、建筑外窗等8个品种的执法检查力度。2010年，检查生产企业、销售点共计98家次，抽取样品16个，查处无证生产建筑外窗案件9起，查处无证生产销售水泥管案件5起，共查处建材类违法案件16起。

液化石油气检查　联合工商、安监、发改委三部门制定《北海市开展液化石油气掺混二甲醚联合执法方案》，并组织开展液化石油气掺混

2010年，北海市实施技术标准发展战略全面提升。图为北海市召开实施技术标准发展战略领导小组联席会议

市质监局　供

2010年，市政府首次牵头开展冷冻行业特种设备专项整治。图为副市长彭鸣达(右二)带队检查冷冻行业特种设备运行情况　　市质监局　供

二甲醚四部门联合专项执法检查工作。检查液化石油气充装单位6家，抽取样品7个，经检验未发现有掺混二四醚问题。

家电下乡检查　2010年，检查销售网点32个，均未发现有以假充真、以次充好、以不合格充合格产品和伪造家电下乡标志等违法行为，也未接到相关家电下乡产品的投诉。

絮用棉打假　以学校、幼儿园及市区周边生产和销售絮用棉的加工户和商店为重点，对絮用棉进行监督检查。检查学校、纤维制品生产企业11家，抽取样品2家，发现标志不合格案件一起，下达责令改正通知书，责令其限期改正。

12365举报投诉　2010年共受理投诉举报案件15起，处理15起，处理率100%。（洪伟伟　张翠超）

安全生产监督管理

【概况】 2010年北海市安全生产监督管理局为政府常设工作机构，编制21人，实有21人。其中局长1人，副局长3人、纪检组长1人，副调研员1人。内设办公室、安全生产协调科、工商企业监督管理科、危险化学品监督管理科、宣传教育科、烟花爆竹监督管理科。2010年，按照安全生产"一岗双责"要求，将安全生产履职情况纳入党政工作目标管理考核内容，推行控制指标量化考核制度，建立健全领导干部安全生产责任制。各级党委、政府认真抓好安全生产责任制的落实，一是市、县(区)、乡镇、村层层签订安全生产责任书。市人民政府与一县三区人民政府签订《2010年度安全生产责任书》，将安全生产控制指标细化分解到县(区)人民政府，其中：合浦县50人、海城区11人、银海区11人、铁山港区6人，市政府对安全生产目标任务实行进度控制。二是市、县(区)政府与直属部门和辖区重点企业签订《安全生产责任书》。市政府与44个区、市直部门签订《安全生产责任书》。市委、市政府将安全生产工作纳入全市党政工作目标管理考核范围，实行安全生产"一票否决"制度，三是下发《北海市2010年安全生产工作要点》，部署继续深入开展"安全生产年"活动，为确保"北海三年跨越发展工程"的顺利实施，把安全生产纳入市政府主要目标任务工作，逐月分解细化，按月督查抓落实。2010年，市委书记、市人大常委会主任王小东、市长连友农及各位副市长等分别带队检查交通、重大项目建设、渔港、消防、旅游和烟花爆竹等行业的安全生产情况；一县三区书记、县(区)长亲历亲为，带队到企业检查指导。市、县(区)领导在重大节日期间坚持深入生产第一线检查指导安全生产工作。

全市各级党委、政府对安全生产工作始终保持高度的重视。把安全生产列入党委、政府工作的重要议事日程，牢固树立安全生产"一把手"工程的意识。市政府分别与一县三区、市直各委、办、局和相关企业共48个单位签订《安全生产责任书》。县(区)、乡镇、村及各部门、各单位都按规定，逐级签订了《安全生产责任书》，签订率达100%。将控制指标和安全生产责任分解到一县三区和各有关部门，实行"一票否决"，促进各级领导责任意识和责任制的落实。2010年，全市共发生各类安全事故196起，同比事故起数下降6.22%；死亡76人，同比下降11.63%；受伤272人，同比上升2.26%；直接经济损失64.29万元，同比下降19.06%。各类事故死亡人数占自治区下达全年控制指标(78人)的97.44%。安全生产继续保持总体平稳、稳步好转的发展态势，没有发生一次死亡3人以上的特大安全事故，特别是非煤矿山、农机、建筑等行业和领域没有发生死亡事故，道路交通、火灾事故的死亡人数得到有效的控制。

【安全检查】 根据自治区的统一部署及市领导批示，市安监局重点抓好节日、"两会"等重要期间的安全生产大检查，突出对烟花爆竹、建筑施工、冷冻行业特种设备等重点行业和领域的监督检查。2010年4月15日至5月7日，市委副书记曹坤华、副市长彭鸣达带队，组织开展重点行业领域安全生产大检查情况，特别是对烟花爆竹企业开展隐患排查整顿教育活动情况和安全监管工作情况进行督查。共督查4个县区政府及19个乡镇政府（街道办事处），实地检查21家烟花爆竹生产、经营企业，查出安全生产隐患35项。2010年，市安委会抽调相关成员单位组成4个督查组，每季度对县区组织开展安全生产大检查情况进行督查。2010年，全市累计检查生产经营单位9645个（次），查出各类隐患4867处，提出整改意见2838条，下发整改通知书906份，责令生产经营单位停产停业25家（个），督促完成隐患整治4753处。

【安全专项整治】 贯彻落实国务院办公厅和自治区安全专项整治工作部署，市安委会下发了《关于制定2010年安全专项整治工作方案的通知》，在全市继续深化非煤矿山、危险化学品、烟花爆竹、道路交通运输、水上交通运输、人员密集场所、建筑施工、铁路交通、渔业船舶、农机、民爆器材、电力、特种设备等重点行业（领域）安全生产专项整治工作。市政府重点针对冷冻行业压力容器等特种设备存在的设备老化，安全隐患突出的问题，突出抓冷冻行业特种设备的专项整治；交通管理部门持续开展专项整治行动，共查处各类交通违法行为25.23万起，扣留机动车5734辆，行政拘留222人。全市在整治过程中，累计查出各种安全隐患4153处，提出整改意见2157条，下发整改通知书1125份，责令生产经营单位停产停业31家（个），完成隐患整改4058处，对未完成整改的隐患落实监控措施继续整改。

【隐患排查】 全市2010年确定的五级重点监督整治的安全事故隐患123个，其中：自治区级1项，市级12项，县（区）级20项，乡镇级59项，村级31项。各级各有关部门认真落实责任，加大投入，保障重大隐患整治工作的顺利开展。2010年，全市各级投入各类隐患整改资金近9000万元，市级重点监督整治的安全事故隐患12项全部整改完成，完成率100%；县（区）、乡（镇）、村重点监督整治的安全事故隐患完成整改108项，整改率为97.3%。

【打击非法生产经营】 市委、市政府重视打击非法生产工作，坚持打击非法生产经营与开展安全生产大检查和专项整治活动相结合，并突出烟花爆竹非法生产经营这个重点。全市负有安全生产监管职责的政府有关部门各司其职，各负其责，密切配合，切实履行安全生产监管职能，齐抓共管的工作格局。一是及时部署。市政府办公室印发《北海市打击非法生产经营烟花爆竹工作实施方案》，对打击非法生产经营烟花爆竹工作进行部署，调整联合执法机制，明确行动重点和部门工作职责，增强“打非”工作的责任感，确保“打非”工作迅速开展并取得实效。二是分工明确，落实责任。按“属地管理”和“谁主管、谁负责”的原则。各级政府认真落实监管主体责任，认真分析“私炮”产销的特点，及早布置开展全市打击非法生产经营烟花爆竹专项行动。县区政府实行领导干部包村包片，对重点地区、重点乡镇集中力量重点防范、重点打击。各乡镇实行镇领导和县、镇挂村单位以及镇干部挂点包村负责制，派出所、工商所分片包干，村干部分村包干责任制，形成从上到下层层分工，责任明确，逐级落实打击“私炮”局面。三是推行举报奖励制度。市政府出台《北海市举报非法生产经营烟花爆竹奖励办法》，并协调新闻媒体、通信公司向社会公布举报电话，鼓励广大群众举报烟花爆竹非法生产经营行为，奖励举报烟花爆竹生产经营违法行为，制止和惩处违法行为。合浦县在重点防范的18个乡镇及县城主要人员聚集场所，树立打击“私炮”告示牌。四是加强督查指导。结合安全生产督查，市安委办组织公安、安监、工商、质监等部门的人员组成督查组，对全市重点乡镇政府开展“打非”情况进行督查，并与乡镇派出所、工商所和乡镇政府领导、部分村委会主任（支书）进行座谈，认真分析辖区“打非”工作，指导相关乡镇政府对市场、人员密集场所及重点区域逐一开展排查，力求“打非”行动不留死角。春节期间重点检查节日销售情况，抽查部分烟花爆竹零售点。2010年，全年全市共查处无证无照非法生产经营点1018处。其中：非煤矿山18处，烟花爆竹163处，其他非法生产经营点847处。打击取缔“私炮”窝点46个，立案1例，刑事拘留3人，行政拘留25人，没收一批制造烟花的工具和烟花制品及制成品。

【安全宣传教育】 搞好培训教育，提高全民安全意识。各级政府高度重视安全生产宣传教育工作，把安全生产宣传教育纳入宣传思想工作的总体布局，突出领导干部培训这个重点。一是突出抓好领导干部教育培训。由市安委会牵头，分管副市长亲自组织县区、乡镇政府主要领导和分管领导、市直部门分管领导进行安全生产培训，邀请自治区安监局领导、有关专家进行授课，学习贯彻《安全生产法》、《国务院关于进一步加强企业安全生产工作的通知》和《广西壮族自治区安全生产监督管理责任暂行办法》等政策法律法规；将领导干部安全生产培训教育内容纳入市县党校领导干部培训班的学习内容，扩展干部培训路子，提高领导干部安全生产意识。二是抓好安全生产宣传月活动。围绕活动主题，发挥新闻媒体的作用，利用广播开办安全生产专版专栏、刊发专题文章，利用电视播放公益广告；组织企业职工开展安全生产知识竞赛；组织市安委会成员单位和各大企业开展广场咨询日活动；宣传月期间组织文艺演出，利用乡镇圩日深入基层巡回演出宣传，收到明显效果。三是抓好各类人员的安全培训。结合开展安全生产宣传教育行动，落实企业负责人、安全管理人员和特种作业人员持证上岗制度，大力开展安全培训工作，2010年，组织举办安全生产学习培训班53期，参加学习培训人员3871人。其中培训企业负责人386人；培训安全管理人员340人；培训特种作业人员3145人。

【应急救援】 全市安全生产应急救援信息平台建设完成阶段性目标任务。一是按照自治区的要求，北海市克服办公室用房紧张等困难，市政府划拨50多万元，按要求完成信息平台系统建设任务。二是完善各种应急预案。根据市政府的要求，市安监局协助编制《北海市安全生产事故灾难应急预案》，公安、消防和石化等部门、企业都根据各自的实际，共修订各类应急救援预案105个。三是组织开展演练。市政府分别组织消防、卫生和交通管理等部门应急预案的演练，进一步熟悉预案，提高安全生产应急救援能力。

（徐　海）

食品药品监督管理

【概况】 2010年，食品药品监管体制由垂直管理向地方分级管理转变。10月，北海市食品药品监督管理局作为市政府工作部门设置。在体制调整中，北海市食品药品监督管理局不断完善日常监管机制，突出重点专项治理，全面推进食品药品监管新发展。

2010年，全市有药品生产企业9家（含医用氧生产企业1家），药品批准文号143个，医疗器械生产企业6家，其中Ⅰ类2家，Ⅱ类3家，Ⅲ类1家；药品经营企业497家，其中药品批发企业14家，药品零售连锁企业7家，零售药店476家，连锁门店53家，医疗器械经营企业53家；医院制剂室2家，制剂批准文号48个，其中中药制剂33个，化药制剂15个；受理药品经营企业开办申请42份，批准筹建42个，医疗器械经营企业新开办7家，变更10家，换发《药品经营许可证》68家。核发《餐饮服务许可证》312个。

【建立健全责任体系】 建立健全餐饮服务食品安全责任体系，完成市与县（区）、县（区）与乡（镇）政府餐饮服务食品安全责任书签订率100%的目标，大中型餐馆、餐饮连锁店、学校以及幼儿园食堂100%签订食品安全承诺书。完善药品安全责任机制，2010年8月19日，市政府批准建立北海市打击生产销售假药局际协调联席会议制度；推进诚信体系建设，开展药械生产经营企业信用等级评定，4家Ⅱ类以上医疗器械生产企业均被评为"守信"等级，17家药品、医疗器械生产企业签订《产品质量安全承诺书》，438家药品经营企业签订《经营质量承诺书》，覆盖率达100%。

【餐饮服务食品监管】

监管网络建设　实施餐饮服务"六区域、四组两站、一会"监管方式，将市辖3区分成6个片区，在铁山港区南康镇、海城区涠洲镇设监管站，每月召开餐饮监管调度会；在农村药品"两网"基础上扩建餐饮食品安全监管网，由原药品"三员"（监督员、协管员、信息员）承担新的餐饮食品安全网络监管职责；推行农村50人以上集体聚餐指导报告制度，23个乡镇、2个涉农办事处执行率为100%，全年收到报告592例，现场指导率为100%，未发生一起农村集体聚餐引起的食物中毒事件。

开展本底调查　从2010年3月初开始对全市餐饮单位开展本底调查，掌握全市2709家持有效《餐饮服务许可证》或《食品卫生许可证》的餐饮服务单位基本情况及食品安全状况建档立制状况，对没有持证的餐饮服务单位分类备案专项整治。

量化分级管理　对全市餐饮服务经营单位开展A、B、C量化分级管理，市辖区有1336家服务经营单位通过登记评审授牌，其中A级15家，B级166家，C级1155家。启动餐饮监督检查公示制度，根据日常巡查情况与量化分级评审结果，分别用"笑脸"（良好）、"平脸"（一般）、"哭脸"（较差）综合反映餐饮服务经营单位餐饮服务食品安全管理状况，图示在餐饮服务经营单位营业场所内明显位置公布。

示范创建（试点）单位　选定合浦县为北海市示范县创建单位，银海区为示范区，廉州镇还珠南路、北海市外沙海鲜岛、北海市银滩路、南康镇朝阳路为示范街创建试点，廉州中学饭堂、北海市七中食堂、北海航空学院北海学院第一食堂、南康中学食堂为示范学校食堂创建单位，全面推进创建工作。

重点监管活动　对中高考、大型会议、重点接待和重大活动实施驻点监管，对定点就餐单位进行全程监管。2010年，组织开展重点接待活动餐饮食品保障工作15次，大型会议食品保障工作8次，确保无餐饮食品安全事故发生。

【药械监管】 在生产源头上。全市9家药品生产企业全面实施质量受权制度，向1家注射剂生产企业派驻监督员；3家申请药品GMP（Good Manafactruing Practice 优良制造标准）认证的企业通过认证检查；全市申请药品再注册的139个品种全部获准通过,完成《药品生产许可证》、《医疗机构制剂许可证》换发工作。

在药品流通上。完成海城区涠洲镇、银海区福城镇、侨港镇、银滩镇、铁山港区南康镇、合浦县西场镇、常乐镇、白沙镇、党江镇等9镇27个村药械安全"四无"乡镇试点建设;巩固发展农村药品"两网"建设,合浦县农村药品"两网"建设示范县通过自治区检查验收,获"优秀县"殊荣;对麻醉药品和麻黄碱等第一类精神药品实行电子网络监管,强化基本药物中特殊药品的监督检查。

在使用环节中。定期检查全市2家医疗机构制剂原辅料及成品检验情况、市人民医院调剂使用制剂情况;监管基层医疗卫生机构"规范药房"建设和基本药物使用;督促指导医疗机构开展药械不良反应(事件)监测和报告工作。全年上报药械不良反应(事件)542例,获自治区医疗器械不良事件监测工作二等奖、药物滥用监测工作二等奖以及药品不良反应监测工作三等奖。

在查处环节上。受理药械举报投诉35起,立案查处3起,包括移交公安部门的销售假人血白蛋白案件、患者家属诉南宁市国正堂医院研制使用假糖尿病药物案件等。

【专项整治及监督抽验】

餐饮服务食品安全专项检查　重点开展对无证经营单位、问题奶粉、违法添加非食用物质和滥用食品添加剂等专项整治行动。共出动执法人员1761人次,出动检查车辆926台次,检查餐饮服务经营单位2088家次,下发《餐饮服务食品安全监督意见书》225份,受理群众投诉举报15起,处理15起,立案9起,结案9起。

药械专项整治　大力整治非药品冒充药品、采购使用假疫苗、药品非法添加化学物质、非法买卖含麻黄碱类复方制剂等行为,组织对植入性材料和人工器官医疗器械经营企业开展专项检查。共出动检查车辆911台次,检查人员1803人次,检查涉药(械)单位1303家次,立案90件,没收药品52种共2281.8瓶(盒)、医疗器械16种共340支(台)。向工商部门移送违法药械广告23件。

监督抽验　2010年7月和10月分2次完成对一县三区餐饮服务环节食品原料、高风险食品、餐饮具等3类21个品种的监督抽检,共抽样品352批次。监督抽验药品111批,检验111批次,不合格42批,不合格率为37.84%;药品快速检测车全年下乡125天,检查涉药单位1076家(县以下药品经营使用单位980家),对县以下药品经营使用单位监督覆盖率为81.61%,筛查药品1616批,筛查后抽检77批,不合格37批次,不合格率48.05%。

【机关形象建设】　落实党风廉政建设责任制,强化干部职工廉洁纪律意识,向行政相对人发放各类廉政纪律跟踪调查表123份,收回108份,全局干部职工未有不廉洁行为。强化新闻宣传工作,向省、市两级媒体报送信息50多条,在北部湾广场组织开展餐饮服务食品、药品安全宣传咨询活动4次。开展"结对共建、先锋同行"活动,支持铁山港区南康镇扫管龙村工作经费1万元,投入包村帮扶经费4.8万元,赠送挂点村约3万元办公用品。(何朝霞)

口岸管理

综　述

【口岸运行情况】 2010年，北海港口岸出入境船舶1700艘次，进出口货物436.42万吨，同比增长40.2%，进出口集装箱19349标准箱；北海港客运口岸出入境邮轮183艘次，出入境旅客43217人次，其中出境21884人次，入境21333人次；铁山港临时开放水域靠泊外轮31艘次，进口煤炭100.7万吨，保障北海电厂发电35亿千瓦时；石头埠边地埠港口岸吞吐量7.01万吨，实现边贸进出口总额2884.63万元；北海航空口岸自12月3日复航以来，当月出入境飞机18架次，出入境旅客483人次。

【口岸扩大开放】 2010年，随着《广西北部湾经济区发展规划》全面贯彻落实和"北海三年跨越发展工程"进一步推进，北海市报批口岸扩大开放工作全面展开，为了确保报批口岸扩大开放工作的顺利进行，市口岸办一方面根据《铁山港口岸基础配套设施规划建设方案》和《涠洲岛口岸基础配套设施规划建设方案》指导码头业主开展口岸基础设施建设；另一方面由市领导带队到国家口岸办就北海市报批口岸扩大开放的问题进行专题汇报，请求国家口岸办给予政策支持。

航空口岸 2010年12月恢复北海—香港空中航线，每周（周一和周五）往返各2班，19：20～20：20香港飞北海、21：20～22：20北海飞香港。航线的开通结束了北海市航空口岸7年多有口岸无航班的历史。

编制《广西北海市"十二五"口岸发展规划》 2010年2月，市口岸办依据《广西北部湾经济区发展规划》和《国务院关于进一步推进广西经济社会发展的若干意见》，从有利于北海市经济社会长远发展的大局出发，组织编制《广西北海市"十二五"口岸发展规划》，将铁山港区、涠洲岛港区纳入北海港口岸扩大开放范围、将沙田港区纳入石头埠港对越边地贸口岸扩大开放范围，争取列入国家"十二五"口岸发展规划和2011年年度验收开放计划。2010年2月8日市政府《关于审定广西北海市"十二五"口岸发展规划的函》并附《广西北海市"十二五"口岸发展规划》报送自治区口岸办。2010年5月20日自治区政府《关于报送广西第十二个五年口岸发展规划意见的函》呈报海关总署审批。 （张军旗）

北海海关

【概述】 2010年，北海海关按照南宁海关确定的"深化基础建设，优化整体功能，进一步推进西部强关建设"全年工作主题，围绕大监管体系建设和西部强关建设等重点工作，优化监管和服务，发挥整体监管效能，通过树正气、抓规范、促落实加强自身建设和基础工作，提高防控廉政和执法两个风险能力，按照"严管厚爱"理念加强队伍管理，提升队伍整体素质，履行把关服务各项职责，促进地方经济平稳发展。

2010年，北海海关共监管进出口货物610万吨，同比增长13.4%；货值25.4亿美元，同比增长59.7%。累计入库税收13.6亿元，同比增长38.3%，其中关税4亿元，同比增长42.1%；进口环节税9.6亿元，同比增长36.8%。监管进出境运输工具3180艘次，监管进出境人员8.5万人次，监管边境小额贸易进口货物7.9万吨，监管集装箱5.7万标箱，同比增长61.8%。保税监管业务平稳有序发展，全年共办理保税加工备案合同18份，备案金额1.5亿美元，同比增长6.4%，核销到期手册16本，报核及时率、结案及时率达到100%。其中，北海出口加工区办事处全年共监管进出口货物5万吨，同比增长63.7%，进出口总值6.6亿美元，同比增长1倍。

【综合治税】 2010年，北海海关按照综合治税的工作要求，坚持量质并举，定期研究税收形势，实时掌握税收进度情况，加强税收分析工作，提高税收征管掌控能力。全年该关累计入库税收13.6亿元，同比增长38.3%。其中关税4亿元，同比增长42.1%；进口环节税9.6亿元，同比增长36.8%。为做好税收征管工作，该关充分发挥职能管理作用，加强通关、监管、边贸、稽查、加工区、缉私等部门的联系配合，形成有机统一的综合治税大格局。在日常税收征管工作中，该关加强报关单的审核并及时、准确地对进出口应税货物开出税票，全年审核报关单21821份。为做好审价工作，该关多角度、多渠道、多方式收集北海口岸常见进出口应税货物的价格信息资料，在审价岗位建立价格信息档案资料；对涉嫌低报价格的商品按照海关估价程序开展价格质疑及价格磋商工作，做到依法估价，同时，开展对大宗涉税商品的专项稽查和贸易价格调查，加强对加工贸易成品、边角料内销征税征管力度，抓好对内销货物审价工作，确保应收尽收。北海口岸作为西南企业进出口货物的海运通道之一，常年进口主要税源货物有原矿类货物、无烟煤、石油副产品、煤油等，出口主要税源货物有化肥、重晶石及磷铁等。为稳定税源，北海海关努力提高货物通关效率，优化通关环境，加强减免税审批及其货物后期管理，全年审批减免税227万元，同比增长6.39倍。为确保税收，该关严格审核企业提交的原产地证书，防止不法企业利用伪证来逃避海关税收征管，规范企业申报，做好进出口货物取样送检工作，严厉打击瞒报伪报行为，防止税款的跑、冒、滴、漏，通过综合治税完成税收任务。

【提高监管效能】 2010年，北海海关共监管进出境船舶1761艘次，监管境内转关运输工具1401艘次，监管进出口货物610万吨，同比增长13.4%，货值25.4亿美元，同比增长59.7%，共监管进出境人员8.5万人次，监管边境小额贸易进口货物7.9万吨。

加强职能管理，确保监管到位 为了确保监管到位，该关一是严格落实科领导带班制度，加强对监管一线的监督、检查和指导，及时处置各类监管紧急和疑难问题；二是组织业务骨干对原有的业务流程、岗位职责等内部制度进行梳理，完善内控机制，进一步细化岗位分工，明确岗位职责，理顺业务流程，有效提高工作效率；三是开展业务分析和自查工作，坚持开展业务分析自查等制度，及时解决监管工作中出现的问题；四是努力增强查验的针对性，提高查验能力和水平。

推进监管场所规范整改达标 2010年，该关加大力度抓好辖区监管场所规范整改工作，明确相关工作措施和要求，督促经营企业和有关部门落实达标整改工作要求。铁山港石头埠北林码头及新奥码头、北海电厂煤码头等3个1~8类的监管场所已经达到《中华人民共和国海关监管场所管理办法》规定的有关要求，顺利通过南宁海关验收。

加强关警融合工作 2010年，北海海关以业务深度融合、加强海关正面监管为重点，进一步推进关警融合工作：一是健全完善情报风险合署办公等工作机制，抽调风险管理部门和分局情报部门人员成立风险布控中心，制定风险布控中心工作职责和管理办法，有目的、有重点地分析、收集监管工作中的走私动态，实现对监管区域偷装偷卸、伪报瞒报等各种走私违法行为的有效掌控；二是成立货运渠道简单案件工作组，快查快办监管现场申报不实简单程序案件；三是成立联合业务机动核查小组，根据风险分析指令对进出口货物通关监管情况进行机动核查；四是注重以查办案件为纽带，完善业务部门联动机制，把缉私力量和工作中心转移到主战场上来，突出合力作用发挥，进一步推动海关实际监管有效落实。

【推进出口分类通关改革】 2010年，北海海关推行以企业守法管理为核心，以海关风险管理为手段，以海关口岸现场监管的前期和后期管理为保障，对不同风险等级的出口货物实施“低风险快速放行”、“低风险单证审核”、“高风险重点审核”3种分类通关作业模式，实现通关作业方式由“纸面人工为主、逐票审核”向“电子自动为主、重点审核”转变。为了落实好该项工作，海关在实施前通过成立相应的领导小组、制订工作方案、召开企业座谈会、发放宣传资料、在业务窗口设立人工专岗、多种媒体宣传等方式推进出口分类通关改革工作，在实施过程中，做好对外咨询解释工作，同时强化内部的风险分析，完善内部管理程序，提升管理水平。2010年8月16日在北海海关实施以来，所有被海关评定为A类及以上等级的企业向海关申报的低风险出口货物，经海关计算机系统对电子数据报关单完成电子审核后，计算机实现自动快速放行，企业在完成报关单申报后的很短时间内即可收到海关放行信息，在提高通关效率、降低企业通关成本等方面获得更多便利。

该项改革通过构建差别化海关通关作业制度，让高资信企业能够享受到分类通关改革“低风险”管理的便利，实现有效监管与高效运作相统一，企业运营与海关管理双赢的良好局面。

【保税业务稳步发展】 2010年，北海海关密切关注保税监管业务运行质量，加强对保税监管合同备案、内销征税审价、深加工结转、单耗管理和核销各环节的监管，对辖区有在执行手册的企业进行了21次实地

北海海关分类通关改革暨诚信共赢企业座谈会现场　　北海海关　供

核查,确保执法评估各项指标达标。辖区加工贸易企业进口料件主要有蓝湿牛皮、电子产品零部件,珍珠、制手袋原材料等,出口成品主要为皮革、变压器、珍珠、手袋等。2010年,该关办理合同备案18份,备案金额1.5亿美元,同比增加6.4%。北海海关含出口加工区2010年经批准内销补税984.4万元。

【支持和服务地方经济建设】

加大对北海出口加工区支持力度　2010年,北海海关根据加工区业务增长情况,调整和充实人员,保证加工区监管和通关业务的开展,定期了解和研究确定加快通关效率的措施,引导企业正确运用各项政策,合理调整产业导向,解决加强监管和高效运作的问题。支持保税物流功能拓展,促进加工区功能升级,2010年,加工区保税物流业务稳步增长,共注册保税物流企业6家,保税物流实际进出口总值8000万美元,货物种类包括保税仓储的液晶显示板、木材、葡萄酒、桐油等。11月,商务部、人力资源社会保障部、海关总署决定认定北海市为第三批加工贸易梯度转移重点承接地的13个地区之一,为此,北海海关做好东部加工贸易产业转移的服务工作,促进出口加工区快速发展。全年北海出口加工区共有海关注册备案企业40家,其中东部产业转移30家,占75%,加工区办事处全年共监管进出口货物5万吨,进出口总值6.6亿美元,同比增长1倍。

不断优化监管环境,促进企业通关便利　2010年,北海海关各业务部门通过走访企业,为企业提供政策宣传和业务咨询,关注企业通关热点、难点问题,及时指导协调解决通关疑难,同时落实企业分类管理措施,坚持实施24小时预约通关制度,加快减免税备案及审批手续。全年共审批减免税227万元,同比增长6.39倍。

推动地方加强口岸基础设施建设　一是始终把监管场所规范工作放在重要位置,通过上门走访等方式推进监管场所规范建设;二是加强与地方政府联系配合,对北海口岸扩大开放提出意见和建议;三是多次召开会议研究,协助地方政府做好北海出口加工区扩区申报以及规划建设工作。　　(邱德平)

走私查缉

【概况】北海海关缉私分局是国家设在北海口岸的海关专门缉私机构,主要职能是走私犯罪侦查、海关行政案件查处、海关情报、海关缉毒、海上缉私、反走私综合治理等海关打私工作职能。2010年,北海海关缉私分局内设办公室、政工科、侦查科、法制科、情报科、海上缉私科、海上缉私一中队、海上缉私二中队、海上缉私三中队等9个科级机构,另设有科级专职督察员1名。年末民警职工85人,其中民警63人。

2010年,北海海关缉私分局坚持打击走私工作“不动摇,不松懈,不麻痹”,贯彻“打防结合、综合治理、突出重点、坚持不懈”的打私工作方针,转变缉私执法理念,创新工作方法,调整缉私策略,综合运用刑事执法、行政执法和反走私综合治

海关缉私警察查获南宁关区海上一次性走私冻品数量最多案件
北海海关缉私分局　供

海关缉私警察查获海上偷运走私成品油船只　　北海海关缉私分局　供

理三种手段，共查办走私违规案件96起，总案值6379.94万元。其中：立案侦查走私犯罪案件6起，案值1911.11万元，涉税552.39万元；立案调查走私案件19起，案值34.56万元，涉税10.03万元；立案调查违规及其他违法案件40起，案值3883.48万元，涉税461.44万元；缉私罚没入库579.2万元，缉私补税入库59.13万元。

【效能建设】 2010年，北海海关缉私分局始终保持反走私高压态势，通过风险管理平台监控、秘密力量阵地控制、监管现场突击检查等多种方式，立案办理海关监管区域走私违规案件52起，总案值3893.86万元，同比分别增长2.7倍、3.4倍，分别占全年立案数、案值的88.1%、99.4%，案件结构进一步趋向合理。在海关各业务现场设立缉私警务室，切实提高办案效率，规范申报不实简单程序案件处理，全年立案办理简单程序、简易程序案件11起，推动了海关实际监管的有效落实。完善海关监管与缉私信息共享、互动机制，及时向海关监管部门反馈办案结果31次，协助核查直接退运货物15批次、企业（报关员）信息10次，通过缉私工作补税59.13万元，缉私工作服务海关监管作用得到有效发挥。坚持“打团伙、破大案、摧网络”，始终把打击团伙走私作为主攻方向，全年立案侦查走私犯罪案件6起，案值1911.11万元，涉税552.39万元，同比分别增长2倍、43倍、41倍，刑拘犯罪嫌疑人30人、逮捕20人、取保候审13人，移送人民检察院审查起诉9人。侦破了南宁关区海上一次性查获汽车和冻品数量最多的“9·29”走私汽车案和“10·30”走私冻品案，震慑了辖区走私违法犯罪活动。对查获的走私案件深入分析情报线索，巧妙综合运用情报手段，侦查扩线抓获犯罪嫌疑人9人，实现了从源头上打击和震慑走私的效果。围绕重点地区、重点渠道、重点商品，组织开展了飓风行动、打击矿产品走私、打击毒品走私、打击出口骗退税、打击矿渣走私等一系列专项行动，查获涉嫌走私案件52起，总案值1884.84万元，查获涉嫌走私的汽车4辆、成品油344吨、固体废物299吨、冻品685吨及其他物资一大批。强化对北海辖区海域的巡控力度，安排缉私艇出海75航次，航时720小时，航程4039海里，查获海上偷运走私案件20起，总案值1344.84余万元，同比分别增长6倍、2.3倍。针对陆路过道走私活动，采取不定期巡查和重点设卡相结合措施，查获过道走私案件32起，总案值540余万元。此外，通过网上追逃手段，抓获在逃犯罪嫌疑人4人，保证了执法的连续性，巩固了缉私办案成果。

【执法建设】 2010年，北海海关缉私分局牢固树立创先争优意识，全面提高规范化执法水平，年内执法效率及执法质量都有明显提高。根据南宁海关制度建设工作安排，修订制度6件、废止制度38件、保留制度1件，巩固了缉私执法和行政管理基础。全面实施内控管理，严格执法质量考评，发现问题及时进行反馈和整改，执法纠错能力明显提高。自觉接受监督，支持和配合国家审计、总署巡视、总署督察内审、总局驻点督察等检查工作，高度重视反馈问题，逐项研究落实整改措施，

缉私警察查获走私汽车案件

北海海关缉私分局　供

缉私警察查获的走私汽车　　北海海关缉私分局　供

有力促进了各项工作。着力健全完善办案台账制度和办案日志，落实层级审批、集体议案和请示汇报等制度，促进了执法和管理水平的不断提高。全年所办案件均未出现执法偏差，无不捕不诉案件和行政复议、行政诉讼案件。

【队伍建设】 2010年，北海海关缉私分局落实“五必谈”、“五必访”，为民警购买单警装备，落实医保、体检、年休等福利政策，开展人文关怀，切实加强心理疏导，构建了健康良好、积极向上的和谐氛围。深入开展精神文明创建活动，组织“青年文明号助万家”主题实践活动，北海海关缉私分局侦查科被北海团市委正式命名为北海市青年文明号集体。结合“感动海关——我身边的故事”主题教育，开展“挖典型、树品牌”专题活动，挖掘、培育了3个先进科室和16名先进个人典型，评选出“北海分局2010年度十大工作亮点”，2名个人荣立三等功，1个集体、21名个人受到南宁海关缉私局嘉奖，2个党支部、4名党员被北海海关机关党委评为先进支部和个人，充分发挥了典型的示范引领作用。研究制定并组织落实年度党风廉政建设和反腐败工作计划，切实将党风廉政建设融入到缉私执法和日常管理活动的全过程。大力推动内控机制建设，全面启动岗位职责、控制节点、内控流程梳理工作，为内控机制的不断循环和改进打下了良好基础。深入开展“知惧思戒、严守法纪”警示再教育、《廉政准则》学习月、“四查”教育整顿等一系列廉政教育警示活动，丰富教育形式，拓展教育内容，队伍拒腐防变的思想道德防线进一步加强。充分运用HL2008系统加强网上执法督察，发挥关警融合“三察合一”监督制约作用，加强对重点执法办案环节和非执法领域高风险管理环节的监督检查，队伍保持了平稳、健康发展。　（郭　涛）

出入境检验检疫

【概况】 2010年，北海出入境检验检疫局（以下简称“北海局”）下设办公室、政工科、财务科、检务科、检验检疫一科、检验检疫二科、检验检疫三科等7个科室，及北海机场办事处（副处级）、北海出口加工区办事处（副处级）、铁山港办事处等3个办事处，下辖综合技术服务中心和烟花爆竹检测中心（和广西检验检疫局共同管理）2个事业单位。年末在职职工76人，其中硕士研究生学历7人，高级技术职称12人（其中研究员1人），中级技术职称29人。

2010年，北海局围绕国家质检总局“123456”工作思路和广西局工作部署，深入开展“质量提升”活动，积极推动大质量机制和大质检文化建设，严把国门，服务发展，全年共检验检疫出入境货物8418批次，货物总值95451.3万美元，较上年批次增加17.8%，货值增加11.7%；其中检验检疫不合格货物41批次，总值421.9万美元。签发各类检验检疫证书6278份；签发通关单9731份；签发普惠制产地证1251份，金额7274.7万美元；签发一般产地证书2968份，金额18727.6万美元。检验检疫出入境集装箱61390个标准箱。

商品检验　共检验进出口商品7316批，货值85592.6万美元。其中检验出口商品5890批，货值41819.7万美元，检出不合格出口商品29批，货值22.5万美元。检验进口商品1426批，货值43772.9万美元，检出不合格进口商品4批，货值387.5万美元。

动植物检疫　共检疫进出境动植物及其产品4035批，货值34010.3万美元。其中检疫进境动物及动物产品558批，4935.9万美元，检疫出境动物及动物产品3036批，22319.7万美元；检疫进境植物及植物产品68批，5744.2万美元，检疫出境植物及植物产品373批，1010.5万美元。

卫生检疫　共检疫出入境交通工具1549艘次；检疫出入境人员82308人次；传染病监测健康体检1400人次，霍乱口服疫苗接种348人，检出传染病及病原携带者141例，其中检出传染病梅毒4例，急性乙型肝炎6例，HIV（Human Immunadeficiency Virus，人类免疫缺陷病毒）阳性1例；非传染病625例；入境集装箱卫生处理23801个标准箱。

【疫情疫病防范】 加强口岸核心能力建设，切实提高疫情防范工作的

2010年9月13日开展“质检邀您看企业，食品安全大家行活动”。图为社会各界代表参观西河食品有限公司　　北海出入境检验检疫局　供

有效性。口岸卫生检疫核心能力建设是2010年北海局重点督办事项之一。局领导高度重视,成立了口岸核心能力建设领导小组及相应的工作小组,制定工作方案,采取多项措施完善硬件和软件建设：一是争取多方协作,加强基础设施建设。与口岸办和口岸投资、管理、运营部门紧密协作，依照国家有关规定和建设方案要求加强基础建设，使口岸卫生检疫基础设施建设达到要求；二是加大技术设备投入，加强专业实验室建设。筹资建设口岸病原体和常见有毒有害快速检测实验室以及微生物、理化和媒介生物监测实验室。优化综合实验室检测资源,实现实验室网络资源共享；三是加强工作体系建设，推进卫生检疫各项工作体制机制的建设；四是加强专业队伍建设,强化业务和技术管理,合理设置口岸卫生检疫工作岗位,按需配置专业人员；五是做好迎接广西局专家组预考核的各项准备工作，在预考核验收中获得了标化分93.5分，并根据专家组指出的存在问题,责任到人,逐项整改。六是加强口岸疫病疫情防控和突发卫生事件应急处置工作,总结甲型H1N1流感防控工作经验，及时调整和完善口岸防控措施,实行“三个联合”(进一步完善与属地政府部门传染病或突发公共卫生事件的联防联控工作机制；进一步完善与口岸查验部门的传染病疫情防控合作工作机制；进一步完善与越南毗邻口岸卫生检疫部门的传染病联防联控工作机制。)“四项制度”(进一步落实传染病疫情收集制度；进一步落实传染病疫情评估制度；进一步落实传染病疫情报告和通报制度；进一步落实传染病疫情或突发公共卫生事件处置制度。)为主要内容的“3+4”口岸传染病疫情防控工作模式，进一步落实联防联控机制,使口岸检疫、排查等工作常态化、程序化。

进口奶牛和进口食蟹猴的隔离检疫　2010年对1批2800头新西兰进口奶牛进行隔离检疫。检出4头阳性牛，作扑杀并深埋无害化处理。隔离检疫了2批600只食蟹猴,检出肠道寄生虫阳性22只。

进境肉类检验检疫　2010年,北海成为总局批准的、广西区内唯一的进境肉类产品指定入境口岸。北海局首次开展进境肉类的检验检疫，全年受理并检验检疫进境肉类产品32批次,2237.54吨，货值284.7万美金。

【检验检疫和监管】2010年，北海局深入开展质量提升活动，全面提升产品质量、管理质量和服务质量及社会质量意识。按照国家质检总局和广西局质量提升活动方案的部署要求,结合北海实际,细化方案,制定措施,抓好落实。

开展食品安全专项整顿工作　一是对辖区内所有出口食品生产企业的质量管理体系的建立和运行情况进行检查，检查工作主要是与卫生注册备案复查、HACCP(Hazard Analysis and Critical Control Ponit,危害分析和关键控制点）证书验证评审、迎接越南官方检查、跟踪评审及日常监管等结合开展,4家企业由于不符合俄罗斯注册要求被取消了

2010年北海成为广西区内唯一的进境肉类产品指定入境口岸。图为局长梁山高(右一)指导工作人员对第一批进口肉类进行检验　　北海出入境检验检疫局　供

对俄罗斯注册资格,2家企业因自身原因被注销了卫生注册登记证书,1家企业因尚未取得生产许可证而被暂停产品出口报检资格。二是对出口水产品备案养殖场和备案渔船进行清理检查,有12家养殖场因不及时申请换证复查等原因被取消了备案资格,有18艘渔船因不能持续符合备案渔船的要求被取消了出口备案资格。三是开展“质检邀您看企业,食品安全大家行”活动,北海局成立领导小组,制定活动方案,邀请社会各界的9名代表观摩广西西河食品有限公司的质量管理控制过程以及北海局对该企业的检查过程,督促企业落实食品质量安全主体责任。四是在辖区内14家出口水产加工企业中开展“质量对比提升”活动,帮助各企业在管理、技术、质量等关键环节上进行对比,分析差距,找出原因,制定措施,实现质量提升。五是开展出口水产品残留监控和进出口食品安全风险监控工作,按计划完成了全年的抽样和送检任务,共送检出口水产品样品172个,出口浓缩果汁7个,进口水产品2个,分别送广西局技术中心、检科院、深圳局、天津局等实验室检测有机氯、类固醇类、氨苯砜等17类残留物质共494种监测物质,没有出现残留物质超标的情况。

开展进出口农产品质量专项整治 一是做好出口农产品注册登记和出口产品的质量监管,完成北海辖区所有进出口农产品的种植、养殖、加工、包装、存放单位的检验检疫机构注册登记的工作。按规范现场考核申请注册的企业,全面建立企业档案,进一步加强对原料进厂、生产加工、储运和进出口等全过程安全质量监管。二是加强进出口动物注册场、出口饲料生产企业的管理,对辖区内的2家供港活猪注册饲养场、7家出口注册登记/备案饲料生产企业进行清理整顿,进一步规范企业质量档案,确保进出口动物及其产品的质量安全。

加强监管,确保进出口商品符合要求 一是加大对废物原料的检验监管力度,严格采用废物原料电子监管系统进行监管,实行持证上岗和双岗制,全年检验进口废物原料共199批、8.89万吨、6610万美元,同比分别增长76.1%、535.8%、458.7%,无环保不合格的情况。二是加强化矿产品的检验监管工作,完善进口矿产品品质检验工作流程,对质量控制关键点进行密切跟踪,强化检测手段和技术,确保检验质量。全年检出不合格商品共92批(品质不合格5批,短重87批),货值747.9万美元。北海局对云南某公司从澳大利亚进口的一批共11308湿吨锌矿取样进行品质检验,结果水分含量为27.84%,比外方提供的结果严重偏高。该批货物经鉴重结果干吨短少约973.36吨,干吨短重率达10.76%,短重货值9.1万美元,北海局及时出具检验证书,维护了企业利益,为企业减少了经济损失。三是加强鉴定业务和检验鉴定机构的管理,及时收集整理获得许可的社会检验鉴定机构名单,加强检验鉴定机构和从业人员的资格监管,促进检验鉴定市场良性发展,2010年未发现社会检验鉴定机构在北海口岸进行非法作业的情况。

【服务地方外经贸】

服务重点项目 2010年,铁山港码头建设是广西的重点建设项目之一。北海局多次参加该码头建设的讨论会、协调会,为该码头的扩大开放能早日列入国家“十二五”口岸发展规划出谋划策;多次与北海市政府、口岸办、广西北部湾港务集团等部门进行磋商,提供检验检疫基础设施规划方案等多份报告,为北海市政府和码头业主能按照国家相关规定建设口岸检验检疫设施,使码头尽快通过验收提供帮助。

帮助边贸企业走出困境 由于越南煤价上涨,进口煤关税上调,国内企业需求减少等多方因素,石头埠边贸企业(以进口煤炭为主要业务)2010年进口煤炭数量锐减,处境困难。为了帮助企业尽快走出困境,工作人员帮助企业分析当前形势,建议边贸企业开阔视野,拓展进口货物种类,增加诸如木薯干片、红螺贝、虾壳粉以及原木等货物的进口,促进边贸业务的发展。企业采纳建议后,北海局指导企业用好用足国家的边贸优惠政策,并指导企业按规定和程序做好进口货物的通检业务,得到了企业的高度赞誉。

服务“三农” 2010年,北海局加强对出口农产品企业的法规宣传和技术指导,帮助企业完善农药、化肥、兽药、疫苗、饲料及添加剂等农业投入品安全使用管理制度;帮助出境竹木草注册企业完善以有害生物、有毒有害物质控制和溯源管理等为核心的质量管理体系,确保质量体系有效运行,完善各项记录,加大对原料进厂、生产加工、储运和出口等全过程安全质量把关与控制;逐步提高农产品出口准入门槛,提升出口农产品质量安全水平。

强化服务意识,力促企业发展 一是扶持出口加工区保税物流市场建设,派员与出口加工区管委会人员同赴江苏张家港保税港区、上海洋山保税港区等地学习取经,通过对进境仓储葡萄酒实施预先检验,进口时分批核销的检验监管新模式,将检验周期由原来的10~15天缩短到7天;探索完善了风险管理监管模式,实现变批批检验为抽批检验,提高工作效率。2010年北海局检验检疫以保税仓储物流贸易方式进口的红酒3批,货值8.9万美元;进出口桐油3批,54.4吨,货值15.13万美元;进口木材(红木)2批,261.74立方,352.79吨,货值76.02万美元。二是加大宣传力度,帮扶企业应对技术性贸易壁垒。继续做好WTO(世界贸易组织,World Trade

Organization）信息的收集和发布工作，共收集各类信息50余条，涉及食品、电子、机电、玩具、木制品等方面，收集国外有关的最新标准，指导企业根据进口国标准组织生产，避免损失。三是利用检验检疫技术和信息优势，为企业举办形式多样的政策宣传贯彻会和技术培训班，做好出口工业品企业分类管理、企业信用管理等政策宣传贯彻工作，及出口水产企业和烟花爆竹企业的检测技术培训等，提高了企业对国家有关政策的认知和企业的自检自控能力。

为报检企业和报检员提供优质高效的服务　2010年，北海局从窗口建设、服务能力、工作质量和原产地签证管理等方面开展自查并进行了有效的整改，制定出受理审单、签证等工作规范，进一步提升了窗口形象和服务能力；在政务大厅添置填单台，建立了服务卡，免费提供了饮用水，为企业办理检验检疫业务提供有效的帮助和服务，得到了企业的普遍好评；2010年，派员参加广西局组织的检务工作人员能力测试，取得了优秀成绩。

【加强自身建设】

加强和改进党的建设取得新成效　一是制定印发了《中共北海检验检疫局党组关于进一步加强新形势下党的建设的实施意见》，进一步加强以党组中心组学习为重点，以开展创建"学习型党组织"为载体的党的建设。组织撰写的《牢固把握服务中心，建设队伍两大任务，不断加强和改进机关党建工作》一文荣获北海市直属机关工委2010年度课题调研成果优秀奖。二是围绕局中心工作，开展"创先争优"活动，在"服务泛北、对接东盟"和推进检验检疫科学发展中建功立业。烟花爆竹检测中心在创先争优活动中被北海市直机关工委评为"成绩突出基层党组织"。三是开展"服务基层、服务企业、服务困难群众"为主题的党日主题实践活动和与基层党组织开展"结对共建先锋同行"活动，增强党组织的战斗力、影响力。四是进一步通过党组中心组学习、专题理论学习以及支部党课学习、邀请党校专家讲党课等形式，使"讲党性、重品行、作表率"深入广大党员心中，进一步推进机关作风建设。

加强党风廉政建设　一是制定印发了《北海检验检疫局2010年反腐倡廉工作任务分工实施方案》等文件，加强廉政建设；二是加强对党风廉政建设工作落实情况的督促检查，特别是加强对廉政敏感岗位监督管理办法落实情况的检查，继续完善廉政敏感岗位管理档案，及时落实轮岗交流制度；扎实开展"纪律教育月"活动，认真组织学习《廉政准则》、《警示教育读本》，组织召开了2010年度党员领导干部专题民主生活会，与结对共建基层党组织同上一堂党课，同时开展多种形式的警示教育活动，进一步提高了干部职工的思想政治素质和廉洁从政的意识。

精神文明建设和检验检疫文化建设　结合日常检验检疫业务开展检验检疫文化建设，重点在树立检验检疫文化品牌上下工夫，把打造检验检疫文化品牌纳入文明单位创建规划当中，使之成为提升文明单位创建水平的重要载体。组织多种形式的文明文化创建活动；组织撰写弘扬大质检文化论文4篇，其中1篇荣获国家质检总局大质检文化建设征文三等奖、广西检验检疫系统大质检文化建设征文一等奖；烟花爆竹检测中心组织开展检验检疫技术文化建设试点活动，弘扬"检得了、检得出、检得好、检得快"的质检文化精神。

岗位技能培训　2010年，北海局严格执行岗位技能教育培训制度，进一步探索人员队伍培训管理科学化的有效途径。共外派参加各种形式的业务培训46人次，组织参加系统内业务技能竞赛5次，参加人员24人次，均取得了较好的成绩。

【科技兴检】

实验室检测整顿与业务开展　2010年，北海局开展实验室检测整顿工作，提高检测工作质量。成立检测整顿工作领导小组，制定活动方案和详细的工作计划，对制度建设和落实、委托检验、人员管理、检测能力、仪器设备使用和维护、检测过程管理等6个方面的内容开展自查，10月通过广西局的检测整顿工作验收。烟花爆竹检测中心与中检广西公司开展检验合作，主要是水产品中重金属、农药残留的检测，此外还有皮革、牛奶、酒类、中药材等的重金属检测，检验项目由最初的4个覆盖到主要进口国所有检测项目。2010年，烟花爆竹检测中心拓展新业务——汽车用气体发生器类产品危险特性分类定级。广东局和上海局指定认可该中心出具的汽车用气体发生器类产品的检测结果，全年共完成7批次的检测业务。2010年，实验室新增气相色谱仪、半自动核酸提纯仪、食品安全检测仪、荧光显微镜、高压灭菌锅、体视显微镜、凝胶成像系统等仪器设备24台套。

科研成果　2010年，共有《联合国烟花分类默认表中闪光成分试验装置的研制及其应用研究》1项质检总局科研项目和检验检疫行业标准12项获得立项，进行质检总局科研项目《烟花爆竹实施联合国GHS的应用研究》的研究工作。共发表《北部湾出口贝类麻痹性贝类毒素的风险评估》、《中国北海—越南下龙湾邮轮甲型H1N1流感防控措施评析》等7篇论文。此外，《和谐社会视域下的大质检文化建设刍议》获国家质检总局大质检文化征文三等奖、广西检验检疫系统大质检文化征文一等奖，《棕榈液油酸价测定不确定度的初步分析》获得广西检验检疫系统食品检验专业论文奖，《牢固把

握服务中心建设队伍两大任务不断加强和改进机关党建工作》荣获北海市直属机关2010年度课题调研成果优秀奖。（覃仕英）

海事管理

【概况】 2010年，北海海事局按照广西海事局"保安全、保稳定、强服务、重创新、快发展"和"三个服务"的要求，以水上交通安全监管为中心，以辖区陆岛客船运输航线、船舶载运危险品和应急队伍建设等为重点，全面落实各项工作举措，确保了辖区水上安全形势持续稳定。全年发生等级以上水上交通事故1起、沉船1艘、死亡失踪0人、直接经济损失50万元，事故四项指标均创历史新低。

【水上交通安全】 2010年，北海海事局以"安全生产年"活动为契机，开展"世博安保"、"平安亚运"、"大船小证"、"两船"、"海上游"、"渔家乐"、"浮船坞"和"沙滩船厂"等16个专项整治活动，出动执法船艇(车)622艘(车)次，执法人员870人次，检查船舶510艘次，发现并纠正各种缺陷465项，查处船舶21艘，滞留船舶8艘。有效降低了事故风险，维护了水上通航秩序。2010年，加大通航安全监督检查力度，坚持静态监管与动态巡航检查相结合，共派出巡航车船1197车(艘)次，执法人员3356人次，巡航里程19990海里，纠正碍航、碍泊行为156起，清理碍航物16处，切实维护了辖区的通航环境和通航秩序。全年，共审批水上、水下施工作业11次，发布航行通告19次、航行警告13次。

【海上搜救】 2010年，北海海事局暨北海海上搜救中心办公室接警63次，其中协调搜救30次。遇险人数112人，协调救起102人，救助成功率91.07%。遇险船舶28艘，救起22艘，救助成功率78.6%。为社会挽回经济损失共计494万元。2010年，北海海事局先后与市水产畜牧兽医局、广西公安边防总队海警第一支队、市卫生局、南海救助局北海基地签订应急联动合作协议，基本形成了海事、救助、渔业、军警、社会力量共同参与的专群结合、军地结合的海(水)上搜救应急联动格局，并多次开展搜救技能培训和实战演练，积极派员参加相关业务培训，加大对船长、轮机长等优秀航海人才的引进力度，不断提高应急队伍专业技能，培养了一支"作风过硬、技术精湛、反应快速、协调指挥能力强"的海事搜救协调队伍。定期举行海上突发险情应急反应演习，加强交流沟通，成功协调指挥了多次重大搜救行动。12月19日，北海海上搜救中心及时果断指挥协调各方救助力量，仅用2.5小时便成功救起"桂北渔19079"轮8名遇险渔民。

【防台工作机制】 2010年，影响北海辖区的热带风暴（台风）有3个(03号"康森"、04号"灿都"、05号"蒲公英")，北海海事局坚持"宁可防而不来，不可来而无防"的防抗原则，提前做好应急准备工作，制定《北海海事局2010年防台预案》，层层布置、层层落实责任，把各项措施细化到每个环节、岗位和人员，真正做到领导到位、责任到位、措施到位、人员到位。

【船舶安全监管】 2010年，北海海事局开展船舶安检221艘次，其中PSC（Port State Control，港口国监控)检查55艘次，滞留4艘次，重点跟踪船舶到港检查率达100%。2010年，做好船舶进出港签证和国际航行船舶进出口岸审批查验工作，共办理船舶进出港签证7391艘次，办理国际航行船舶进出口岸查验1506艘次；完成船舶登记216艘次；完成5家航运公司和17艘船舶安全管理体系审核申请材料的审查上报；开展10次航运公司进行了安全和防污染管理督查；对5家船员服机构进行了业务督查。

【船员管理】 2010年，北海海事局从抓船员培训工作入手，抓住船员质量源头管理。建立和完善违法船员和责任船员的数据库和档案，及时上报强制培训人员名单。2010年，共组织举办海船高级船员知识更新班4期，共有93人参加；小海轮船员安全知识培训班1期，44人参加；完成丙类船员适任证书（9期，108人)和丁类船员适任认证书(3期，84人次）考试报名和资格审核上报工作。全年共签发船员适任证书395本；签发船员服务簿728本，船员积分卡727本。

【危管防污管理】 2010年，北海海事局加强危管防污管理监督力度，主要抓源头、抓预防。全年共审批载运各类危险货物船舶1839艘次，危险货物288.6万吨。登轮检查船舶载运危险品安全和防污检查1347艘次，发现和整改缺陷99项；危险品集装箱开箱检查127个，纠正缺陷108项；完成8艘船舶的《船舶垃圾管理计划》和《船上油污应急计划》的审批，签发防污文书28套；船舶污染物接受处理作业6616艘次。北海辖区危险货物安全和船舶防污染监督管理形势稳定，没有发生船舶载运危险货物和船舶污染事故。

（善国乘）

科学技术

综　述

2010年，北海市共有科学研究与技术开发机构12个(其中自治区属2个、市属7个、县属3个)。2010年，北海市科技工作重点支持电子信息和海洋产业的研究与开发，在搭建创新创业服务平台、产学研科技合作、科技成果转化、鼓励知识产权创造与保护等方面取得了明显的成效。通过"专业孵化器为重点，综合孵化器相结合"的方法，推进科技企业孵化器建设，致力形成这些产业的中小企业积聚效应。已经建成北部湾电子信息产业孵化基地、综合孵化基地、精品孵化基地、博士及留学人员创业园和创业中心等5个孵化基地，孵化总面积1.48万平方米，配套制订了相应的孵化器管理办法、企业入驻合同等。其中，市科技局与中电集团北海产业园合作共建孵化面积达5000平方米的高规格、电子信息产业专业孵化器已建成投入使用，入驻初创型科技企业近20家；与深蓝科技发展公司合作共建的电子信息产品公共测试中心也投入使用，面向电子信息中小企业开展电磁兼容测试、环境测试、电量标准测试等三大检测服务。通过国家级高新技术创业服务中心（孵化器）为科技型中小企业在办公和中试生产场地租金、科技项目立项、投融资、税收、商务及科技服务等各方面配套提供优惠政策。鼓励和引导企业建设博士后工作站和技术开发中心、工程技术研究中心等创新载体，为科技企业提供公共技术创新平台。2010年，北海拥有2个国家"863"计划产业化基地、3个博士后工作站以及6个自治区级工程技术研究中心。组织申报国家农业科技园区。2010年12月北海国家海洋农业科技园区被科技部批准为国家农业科技园区。　(谢真国)

科技计划和科技开发

【科技计划】 2010年，北海市(含合浦县）承担自治区科技计划项目43项，总投资约1.57亿元，获得上级科技研发经费868万元。承担国家级科技计划项目4项，获科技研发经费155万元。2010年，下达北海市科学研究与技术开发计划共54项(其中自筹项目11项)，总投资5.84亿元，其中安排科技研发经费590万元，单位自筹5.58亿元。其中，工业类项目20项，安排研发经费410万元；农业类项目10项，安排研发经费61万元；社会发展、科普、软科学类项目22项，安排研发经费89.5万元；其他项目2项，安排研发经费29.5万元。项目实施后，预计年增产值9.78亿元，年增利税1.33亿元。

(沈琮远)

【高新技术】 2010年，全市以电子信息、海洋生物为龙头的高新技术产业保持较好的发展势头，高新技术企业规模不断扩大，高新技术实现技术上的突破，重点项目取得进展，为北海经济发展提供良好的科技支撑。

2010年，北海市辉煌化工陶瓷有限公司、广西长城计算机有限公司、冠德科技(北海)有限公司、北海石基信息技术有限公司、广西粤海饲料有限公司等5家企业顺利通过国家高新技术企业认定评审。2010年，全市共有国家级高新技术企业15家。

2010年，在电子信息、海洋生物、生物制药、节能环保等领域中优选出一批重点项目申报国家和自治区科技计划项目，共组织实施各类工业科技计划项目40项，其中：国家火炬计划项目1项，国家中小企业创新计划项目2项；自治区级工业科技计划项目18项；市级工业科技计划项目19项。北海市生产力促进中心的"广西北海出口公司信息产品测试公共服务平台建设"项目获得国家火炬计划45万元经费支持。北海辉煌朗洁环保科技公司的"高效稀土 LPG(液化石油气)汽车尾气催化器"和北海新宏鱼粉设备有限公司的"新型封闭式鱼粉生产设备"等 2 个项目获得 160 万元的国家创新基金的扶持。广西中粮生物质能源有限公司的"木薯燃料乙醇生产及废渣综合利用新技术开发"、合浦果香园食品有限公司"出口型芒果原浆加工关键技术研究与开发"等 18 个项目被列入自治区级工业科技计划，共获自治区科技经费支持 505 万元。2010 年下达"中国电子北海产业园公共服务平台建设"、"汽车专用低压压敏电阻产业化"、"利用罗非鱼下脚料提取鱼油技术开发与示范"等 19 个工业科技项目，总投资 3.4 亿元，科技经费支持 404 万元。

2010 年，北海市与广西民族大学、广西工学院、广西师范学院、桂林电子科技大学等高校签署了校企合作框架协议。2010 年，合浦果香园食品有限公司与广西大学联合进行科技攻关"出口型芒果原浆加工关键技术研究与开发"项目，北海蓝波湾海洋生命科技有限公司与中科院海洋所合作"北部湾海参高值化深加工技术与系列产品开发"项目，北海市辉煌朗洁环保科技有限公司与南昌大学合作"高效稀土 LPG(液化石油气)汽车尾气催化器(欧Ⅳ)"项目。（蓝庆毅）

【农业科技】 2010 年，北海市国家、自治区和市级农业科技开发项目共立项 28 项，其中国家级 1 项、自治区级 18 项、市级 9 项。项目总投入 3.77 亿元，其中科技经费 534 万元，银行贷款 600 万元，自筹 3.66 亿元。达产后年可新增产值 6.27 亿元，利税 1.35 亿元。

铁山港区人民政府承担的国家科技富民强县专项行动计划"木薯产业化技术与示范"项目，引进木薯优良品种 6 个，筛选、推广早、中、迟熟高产优质木薯良种 3 个，建立木薯标准化栽培技术集成示范基地，进行木薯深加工产品开发及加工技术示范，建设完善农村科技服务体系。

广西东园生态农业科技有限公司承担的自治区科技攻关与新产品试制"益生菌转化农产品加工下脚料为牛饲料的技术研究"项目，利用当地的农产品加工下脚料，通过特定益生菌群及其发酵的方法，开展将农产品加工下脚料转化为优质牛饲料的研究与示范，开发廉价的牛饲料资源，变废为宝，提高养牛的效率和效益，提高饲牛的免疫力和预防消化道疾病。

广西正五海洋产业股份有限公司承担的自治区科技攻关与新产品试制"滩涂文蛤高效健康养殖技术集成与示范"项目，根据文蛤的生物特性科学地选择场址，创新性地研究开发文蛤敞开式养殖场微生物修复、滩涂二段式养殖、触线式防止文蛤向低洼地过度聚集等技术，解决广西北部湾地区当前滩涂文蛤养殖业普遍存在的场地老化、多病害、成活率低、产量低、效益低等共性技术问题，提高文蛤的抗病能力和成活率，提高产量和效益。充分利用和保护滩涂资源的生态环境，发展健康高效养殖，建设滩涂文蛤高效健康养殖示范基地，制订滩涂文蛤养殖技术规范。

北海市铁山港区远景水产养殖专业合作社承担的市科技攻关与新产品试制"咸淡水罗非鱼、锯缘青蟹混养技术研究与示范"项目，在铁山港区营盘镇彬塘深街口滩面进行对虾养殖低产塘改造，建设成罗非鱼、锯缘青蟹混养示范基地，合理混养密度、科学投喂管理，进行生态高效的养殖模式及技术攻关。

北海市种子管理站、北海市农业技术推广中心共同承担的市科技成果推广与产业化示范"厚皮甜瓜北甜 1 号的选育及集成栽培技术试验示范与推广"项目，选育出果实外观漂亮、中早熟、肉脆、可溶性固形物含量高、耐贮存、抗病抗逆性强，适合南方地区高湿大棚栽培的厚皮甜瓜品种"北甜 1 号"；同时，研制出因地制宜的、操作性强的厚皮甜瓜集成栽培技术规程。（杨小英）

科技成果和奖励

【科技成果】 2010 年，北海市经科技主管部门组织专家鉴定的科技成果 15 项，其中农业(含水产)3 项、医疗卫生 10 项、检测 2 项。这些科技成果中，达到国内先进 5 项、区内领先 4 项、区内先进 6 项。通过市级科技成果登记 17 项，推荐、通过自治区科技成果登记 4 项。

【科技进步奖】 2010 年，广西新未来信息产业股份有限公司完成的《50D 高能型氧化锌压敏电阻器》科技成果，获广西科技进步奖三等奖。评出北海市科技进步奖 19 项，经北海市人民政府批准，授予"方格星虫池塘高密度养殖技术的研究"、"复合添加剂化学湿法 SPD 防雷模块研制生产"2 项成果为 2010 年度北海市科学技术进步奖一等奖，授予"绿仙螺旋藻生物发酵破壁技术工艺"等 4 项成果为 2010 年度北海市科学技术进步奖二等奖，授予"基质金属蛋白酶 -2(MMP-2)、-9(MMP-9)在慢性宫颈炎、宫颈上皮内瘤样变(CIN)及宫颈癌的表达"等 13 项成果为 2010 年度北海市科学技术进步奖三等奖，颁发荣誉证书和奖金。（沈琼远）

专利申请和技术市场

【专利申请】 2010 年，北海市企业、法人和个人向国家知识产权局申请专利 179 件，比 2009 年增长67.28%，其中发明专利申请43件、实用新型专利申请102件、外观设计专利申请34件。专利授权91件，比2009年增长9.64%，其中发明专利授权12项，实用新型专利49项，外观设计专利30项。（朱其宝）

【技术市场】 2010年，北海市技术市场工作得到了快速发展，在搭建政产学研、科技咨询、科技中介、技术交易、网站建设，科技创业、技术转移、科技"一周三会"等服务平台取得了较大的发展，技术合同认定登记及服务工作取得了突破，被认定为广西首批技术转移示范机构。2010年，组织北海市企业参加了广西科技活动周、北京国际科技博览会、重庆高新技术交易会、深圳国际高新技术交易会、南宁东盟国际博览会等，通过会议开展"一招三引"工作，为企业策划、包装项目43项，有效组织签订技术合作项目合作，共促成签约技术合作项目10项，合同金额3.58亿元。此外，配合广西技术转移联盟理事会，在北海市召开了首届"广西技术转移联盟理事会议"。2010年，市技术合同认定登记突破了零的记录，年技术合同认定登记达到了2.24亿元，占自治区全年技术合同认定登记量的51%，位于广西各地市前茅。（苏立东）

科学技术普及

【科技活动周开幕式与科技表彰大会】 2010年5月14日，在市政府小礼堂举行"2010年北海市科技活动周开幕式暨科技表彰大会"，副市长董仕军、市人大副主任许光波、市政协副主席林梅溪，市科技局局长黄健以及市科技活动周领导小组各成员单位的领导、市直有关部门及各有关单位领导和科技人员和受表彰的科技项目的主要完成人员共500多人出席了开幕式和表彰大会。

【珠城科普广场活动】 2010年5月15日，在北部湾广场举行2010年广西青少年"我爱祖国海疆"暨珠城科普广场活动启动仪式，北海市政府、市政协、市科技局、市科协领导以及北海市科技活动周领导小组各成员单位、各中小学师生共1000多人参加了启动仪式。

同日，由北海市科技局牵头，组织全市各主要部门、单位和科技企业，围绕"携手建设创新型北海"这一主题，突出"节约能源资源、保护生态环境、保障安全健康"，按照贴近实际、贴近生活、贴近群众要求，在北海市中心北部湾广场举行了声势浩大的"珠城科普广场活动"。市环保局的节能环保科普知识、市地震局的抗震知识、市卫生局的医疗专家咨询与义诊、市科协的科普大篷车、青少年科学DV作品演示及我爱祖国海疆——"迎世博"宣传海报设计比赛获奖作品展示等17个专题科普展览与咨询，吸引5000多市民、学生参观和咨询，发放科普资料10000多份。另外，在新产品、新技术展中，有合浦果香园食品有限公司、北海杰通科技贸易有限公司、北海生巴达生物科技有限公司、北海黑珍珠海洋生物科技有限公司等8家科技企业参与，企业以展板、实物等形式，向市民展示北海市企业最新研发的新成果、新产品、新技术。

5月15～21日，由北海中学、北海一中、北海二中、北海三中、北海五中、北海六中、北海七中、北海九中、银海区银滩镇曲湾村小学9支"我爱祖国海疆"科普考察队近500名学生，参加了红树林生态环境的调查、种植红树林幼苗、走进海洋科研所活动。

【科技文化卫生三下乡】 2010年5月19日，组织市科技局、文化局、卫生局、社科联、科协、农业局、水产畜牧兽医局、妇联、人口计生委、新闻出版局，广西海洋研究所、广西北海喷施宝有限责任公司、北海市福林绿色生物肥有限公司和合浦县科技、文化、卫生、计划生育等部门以及山口边防派出所等18个单位，到合浦县山口镇开展送科技三下乡活动，山口镇近万名群众参与了此次活动。该次活动发放科技资料2.32万份，为群众解答科普知识、种养技术疑难问题2129个；现场培训农民660人；赠送肥料2000份（包、袋、合）和计生药品一批；免费测量血压212人次、开农作物病害防治药方30多份；出动市科普大篷车进行宣传；宣传展板60块。（沈琼远）

科技服务体系建设

【科技信息化和网络建设】 2010年，北海市科技信息化建设以"体现科技特点，提供专业信息服务，促进成果转化，形成产业规模"为宗旨，搭建科技信息网络服务平台，以"北海市科技局官方网站"为核心，外链国家科技部网站、广西科技信息网，完善建设中国沿海技术交易网、"三农"服务网络平台、引进创新科技服务网络平台、中小企业创新科技服务网等，打造北海市科技信息网络服务平台。信息网络服务平台已建成科技人才和专家数据库、科技成果数据库、专利技术项目数据库、高新技术企业及项目数据库等专业数据库。2010年，进一步推进农村信息化建设。建成了能整合广西科技信息网络中心、合浦县现代农业信息网、合浦县政务网等各级涉农网站和农村社会服务组织相关资源，加大对先进的网络技术，对等网技术，VOIP技术的运用。初步形成了以合浦"三农"科技信息网，合浦县农业科技服务热线"966118"，手机短信服务体系，专家咨询诊断系统，供求信息发布系统，农产品价格行情发布系统的"三农"科技信息服务体系；形成了包含科技项目库，技术信息成果库、农业专家数据库、农产品信息库等符合“六个一”建设标准的三农网中心。建设了常乐镇、总江村、莲南村、党江海鸭蛋生产协会、石湾农业专家大院、石康镇、石康丰果蔬产业股份合作社、山口镇8个镇、村、专业行业组织、专业大户下级信息服务示范站点。“三农”科技服务节点的规模覆盖7个乡镇，覆盖农村人口55万人。

【科技企业孵化器建设】 2010年，创建具有电磁兼容、环境等测试功能的电子信息产品公共测试中心以及孵化面积达5000平方米的电子信息产业专业孵化器。2010年，入驻各类孵化基地的科技企业共81家，累计毕业企业27家。（谢真国）

防震减灾

【概况】 北海市地震局是市政府直属正处级事业单位，承担北海市行政区域内防震减灾行政管理职能，依法履行防震减灾主管机构的各项职责。2010年内设综合办公室、监测预报与应急科、震害防御科3个职能科室。下辖北海市地震科技咨询服务中心。北海市地震局荣获“全国2009年度市县防震减灾工作综合评比创新奖”，合浦石康井地下流体水位观测获“2010年度自治区观测质量优秀奖”。

【地震监测】

地震观测　2010年4月和10月，分别完成北海市咸田、石康地下流体观测站数字化改造工程，废止原模拟观测手段，全面采用集成水位、水温、气温、气压、降雨、电磁波等6项自动记录功能的数字化仪器，实现北海市地震微观观测数字化，全面提高了地震前兆观测精度，地震监测能力跨越提升。

2010年，北海市的监测手段运行正常，监测设施与环境保护良好。全年实行24小时震情值班制度及节假日期间领导带班制。对现有的观测台站实行制度管理，做到每天按时观测，及时进行资料的整理分析，做到定期检查，保证仪器正常工作，观测资料准确、及时、连续、可靠。对北海市区、合浦县山口、常乐、乌家4个国家级强震台和北海震情速报节点站进行例行和定期的维护管理。

震情研究　2010年，北海市地震局始终牢固树立“震情是第一要务”的观念，把地震监测预报、震情跟踪工作当作首要任务。坚持每天从因特网和周边4省区收集最近地震目录，加以整理归类，进行研究，结合北海市实际，探索北海及周边地区地震发生的机理、规律；坚持做好季度、半年、年终震情会商工作。

群测群防“三网一员”建设　2010年完成对北海市及市辖一县三区地震动物宏观观测点全面实地检查工作，落实采取市、县（乡）镇三级管理的模式。1月发文县（区）人民政府要求对乡镇一级行文明确防震减灾工作分工领导兼任防震减灾助理员。至11月，全市23个乡镇7个街道办均以正式文件明确了防震减灾工作分工领导兼任防震减灾助理员，保证了市级及市辖一县三区都有专门机构和人员抓“三网一员”的建设工作，确保“三网一员”的工作正常开展，强化北海市地震动物宏观点的管理和观测水平。2010年，北海市共有28个地震宏观观测点、2个地震微观观测点，48名防震减灾联络员。12月3日在北海市数字地震指挥中心举办了“2010年度防震减灾工作培训班”，专项就地震群测群防工作进行了业务培训，保证了防震减灾工作在基层、社区、乡村扎实开展并收到实效。

【地震应急】

应对地震事件　2010年6月14日，合浦县乌家镇（东经109.03°，北纬21.77°）发生2.8级地震；8月17日，钦州市灵山县与南宁市横县交界丰塘镇（东经109.33°，北纬22.59°）发生3.5级地震，两次地震均在北海市一定范围引发“市辖区将发生大地震”的谣言，市地震部门迅速启动应急预案，采取应对措施，稳妥平息地震谣传事件，保证了正常的社会生活秩序。

完善地震应急预案体系　地震应急预案是保障地震应急工作高效、有序地进行，最大限度减轻地震灾害的重要保证。在完成市、县、乡、镇（街道办事处）三级的地震应急预案体系之后，2010年，北海市辖县区各中小学校修订和完善各自地震应急预案，至10月30日，北海市市直中小学均完成了各自的地震应急预案，并制定全校师生的紧急疏散路线。北海市地震应急预案体系得到进一步纵向细化延伸。

开展校园地震应急避震演练　为了提高中、小学生的防震减灾意识和对突发事件的心理承受力、应变力，北海市地震部门与教育部门联合开展校园避震演练活动。5月12日，分别在北海市第五中学、第八中学和北海市实验学校进行了应急避震演练。同日，合浦县所有中小学17万师生全部参加了应急避震演练，是历次地震应急避震演练活动中发动最广泛、参与人数最多、规模最大的一次，也是教育面最广的一次。通过演练，增强了学校师生防震减灾意识和提高了地震中师生的地震应急避震能力。

【震害防御】 按建设工程抗震设防管理程序，对一般工民建工程项目进行场地测试复核，确定抗震设防要求；对重要工程、特殊工程、生命线工程和可能产生次生灾害的建设工程，实施地震安全性评价确定抗震设防要求。2010年7月，北海市地震部门重新列入北海市政务服务中心独立窗口。2010年,全市建设工程抗震设防要求审核项目共590宗(20宗进行了地震安全性评价),其中合浦县540宗全部在承诺期限内办结,办结率100%。

【防震减灾宣传】

举办第十一届防震减灾宣传周活动 2010年5月7~13日,北海市举办了第十一届防震减灾宣传周活动。市防震减灾工作领导小组办公室围绕"积极防御地震灾害、构建安全和谐社会"主题,精心组织、具体布置,有条不紊地开展宣传工作。各有关单位也按照北海市人民政府的通知要求,相互配合,按"积极、慎重、科学、实效"要求展开各项宣传活动,活动周期间,在《北海日报》举办"防震减灾大家谈",连续刊登《加强防震减灾 关注生命安全》等一系列文章;在北部湾广场举办"防灾减灾日"现场咨询活动,重点宣传《中华人民共和国防震减灾法》、《建筑工程抗震设防要求管理规定》以及如何提高避震技能的相关科普知识,收到了良好的宣传效果。

面向基层普及防震减灾科普知识 充分利用科技、文化、卫生"三下乡"、科技活动周、科普宣传月、"5·12"汶川地震、"7·28"唐山地震周年纪念日等特殊时段、时机,组成"北海市防震减灾科普宣讲团",举办防震减灾知识讲座,将防震减灾知识普及教育推向机关、社区、学校、农村。2010年3~10月,宣讲团到北海市一小、十二小,合浦县第五中学、合浦县实验小学等学校开展专题讲座16次,共发放宣传资料6万多份。此外,巡展防震减灾宣传板报,受宣传、普及人数达3万多人次。

(邓 雄 罗春强 曾 嵘)

气 象

【概况】 北海市气象局主要担负气象地面观测、高空探测以及雷达监测、北海市区域内陆地和北部湾海面的公众气象预报预警、为市人民政府和有关部门及时提供决策性气象服务和专业气象服务、组织实施北海市人工影响天气作业、管理北海市雷电灾害防御及进行雷电灾害评估、开展气象法律宣传和气象执法、发展气象科技服务等工作。2010年,局下设办公室、人事教育科、业务科(含执法办)、气象台、天气雷达站、探空站、地面观测站、气象科技服务中心、财务服务中心、后勤服务中心、防雷减灾中心、天虹防雷工程公司、气象宾馆有限公司,下辖合浦县气象局和涠洲岛气象站。2010年,全局在职职工99人,离退休职工67人;硕士1人,本科42人,专科14人,中专25人;副研级高工10人,工程师37人,助工49人,技术员1人。针对春季、秋冬季出现的严重旱灾,大力开展抗旱救灾气象服务。制定了《2010年抗旱救灾气象服务预案》,气象预报准确及时,气象服务积极主动,及时开展人工增雨作业,取得了显著效果。2010年影响北海的台风如"康森"、"灿都"、"蒲公英"等,均做到了提前预测、准确预报、及时汇报、跟进服务,为政府提供了准确的决策服务,赢得了地方政府领导的高度信任;5月份,北海市人民政府发出《关于印发〈北海市防灾减灾公共气象预警信息发布平台建设工作方案〉的通知》,计划用一年半时间在全市一县三区及港口、码头、广场、城镇、街道、旅游景区、人员密集场所及边远农村建立34块气象预警显示屏;建成了党江镇气象信息服务站;北海市十三届人民政府第74次常务会议审议通过了《北海国家气象观测站气象探测环境保护专项规划》和《涠洲岛国家基本气象站气象探测环境保护专项规划》,有力地推动和促进了北海市气象探测环境保护工作。

北海市气象局负责承担的科技项目《基于中尺度自动气象站的气象要素自动监测报警系统》获得北海市2010年科技进步三等奖。2010年,北海市气象局有2篇论文在国内2级气象核心专业期刊上发表,有5篇论文在国内气象一般专业期刊上发表,3篇论文参加广西气象专业学术会议交流;有2人荣获中国气象局高空250班无错情优秀观测员奖励,1人荣获中国气象局地面250班无错情优秀观测员奖励,1人荣获中国气象局农气观测250班无错情优秀观测员奖励,局长彭福祥获得广西防汛抗旱救灾先进个人称号。

【气象服务】 2010年北海市气象局完成了各项气象服务工作,为地方各级党委、政府提供了科学的、有针对性的决策服务和决策建议,做好气象防灾、减灾工作,把气象灾害损失降到最低。

汛期气象服务 2010年汛期(4~10月)期间,北海市气象局为地方政府提供气象服务,共发出《重大气象服务专报》4期,《天气快报》8期,《气象服务信息》66期,《专项气象服务》32期。同时坚持长、中、短期、短时预报服务相结合,预报服务与实况服务、农气服务相结合,书面材料汇报与电子文档演示相结合,自治区气象局气象短信平台与市气象局决策服务短信平台相结合,广播、电视、报纸、"12121"、网站、警报系统服务与预警信号、新闻发布会、电视走马字幕服务相结合,预报意见与防灾减灾建议服务相结合,加强与国土、交通、交警、教育、电信等部门进行协作,使得2010年汛期的重大天气过程服务都很及时,得到了地方领导和社会的一致好评。

决策气象服务 一是坚持重大天气过程一把手在第一时间当面向地方主要领导汇报。在重要天气过程期间,局长多次向市委、市政府领导汇报预报意见、天气实况和防灾减灾建议。二是采取多种服务方式开展决策服务。除每天向市委、市政府和防指等发送传真外，还根据服务内容,采用气象服务信息、专项气象服务、重大气象服务专报等规范的材料进行汇报；还通过决策服务短信平台，及时向市四套班子和各防汛成员单位领导以及各乡镇村负责人开展预警短信服务；三是在服务策略上，采用渐进服务和重点服务的方法。在可能出现灾害性天气时,根据把握程度确定服务面,首先向防汛办汇报，在确定灾害肯定会发生时,立即扩大服务面;根据不同季节和灾害可能造成的影响，以及领导对天气的关心程度，突出重点开展服务，重点向分管的市领导进行汇报。并将服务策略列入会商内容，使决策服务意见从领导到预报员都能知晓，保证了决策服务和对媒体采访等口径的一致。四是突出做好对农业、水利、海洋、教育等职能部门的服务。五是做好气象灾害的评估与灾情调查工作。灾害发生后,能在第一时间赶赴现场调查、收集灾情并及时上报。

公众气象服务　努力达到在最短时间、以最快速度向社会公众传递最新气象信息。除利用广播、电视、报纸、“12121”电话、气象短信、网站等发布外,还通过预警信号、新闻发布会、电视走马字幕等开展服务,每次气象灾害来临之前,都主动联系各家媒体,及时地、广泛地传播气象信息。

突发灾害性天气预警信号发布　2010年，共计发布或更新各类预警信号17次，其中台风预警信号4次,暴雨13次。按照预警信号等级划分:橙色12次,黄色4次,蓝色1次。按照预警效果分类,提前预警3次,过程预警1次,实况预警12次,空报1次，提前预警比率占到16.7%。预警短信发布条数16条,预警短信发给政府及各部门决策人员2732人次，接收天气预警短信人次数302万。

新闻发布会　2010年，北海市气象局召开新闻发布会3次。1月18日，召开气象新闻发布会发布近期天气预报，并与多家媒体就北海市气象新闻发布工作展开了全面而细致的探讨;3月23日召开“纪念世界气象日”新闻发布会，宣传2010年世界气象日主题——“世界气象组织——为了你的安全和福祉的60年”;9月29日，召开国庆节气象新闻发布会，发布国庆节假日期间天气预报。

国庆黄金周气象服务　2010年国庆黄金周,北海气象局发布《专项气象服务》传真市委、市政府、市防汛办、市旅游局、市假日办等部门和广播电台、电视台;电子邮件发送至海事局、渔监局、海运公司等专业服务单位；通过天气短信滚动发布黄金周天气预报,及生活出行建议等；接受全市各新闻媒体记者采访,发布国庆黄金周天气预报。

【气象业务与现代化建设】　北海市气象局位于北海冠头岭上的新一代多普勒天气雷达投入业务运行,每天24小时连续开机观测，对半径230千米范围内影响北海的热带气旋和强降水云系进行监测预报预警。2010年5月,西场镇70米测风塔、山口镇英罗70米测风塔、营盘镇100米测风塔等3个风能测风塔顺利通过中国气象局的验收，正式投入业务使用，纳入全国气象监测业务网体系。2010年12月,北海市气象局在合浦县党江镇建立了气象信息服务站，对气象信息服务站的场地进行了装修，配备有先进的电脑,开通了宽带网络,党江镇气象协理员在电脑上可以随时浏览北海市气象局和合浦县气象局最新发布的气象为农业服务信息和气象灾害预警信息，包括针对党江镇水稻种植和水产养殖业的气象服务信息。

（李　宇　陈雪莲）

水文地质

【南康盆地中段1：50000环境地质调查评价工作完成】　北海市南康盆地中段1：50000环境地质调查评价属北部湾经济区地质环境综合调查评价与区划计划项目中的重点调查区部分,“北部湾经济区环境地质调查”项目始于2009年,为续作项目。2010年1月11日,中国地质调查局以中地调函水〔2010〕03-06-01下达了2010年的工作任务。项目目标任务:一是大致查明南康盆地中段含水层岩性、结构、厚度、富水性、地下水类型、地下水补径排和动态特征等水文地质条件、水质情况、开采利用现状等;二是了解地下水资源的分布状况，圈定供下一步勘查，具有集中开采潜力的富水地段,初步评价地下水资源量,为北海市区和铁山港工业区寻找应急(后备)地下水源地。

2010年，北海地勘院完成南康盆地中段1：50000重点区环境地质调查750平方千米；水文地质钻探1062米，以及孔组抽水试验3组;采集地下水样130组,土壤分析样10组,岩石力学样12组,砂、土颗粒分析样100组；防城港河流入海口淤积监测4次；完成中国地质调查局下达的各项工作任务,并于2010年12月20日通过中国地质调查局武汉地调中心的野外资料验收。

【合浦盆地地热资源勘查取得重大突破】　2010年12月15日北海地勘院组织在合浦盆地地热田施工了探采结合井，成功打出第一口地热井,抽出井口水温度达到60℃,水量接近60立方米/小时，勘查工作取得突破性进展。

地热井位于合浦盆地地热田大山角块段,即合浦县石湾镇清水村。

井深1807米，经过抽水试验和采样分析表明是一口具有医疗价值的地热矿水井，其中有5项指标（硫化氢、氟、锂、偏硼酸、偏硅酸）达到具有医疗价值的热矿水标准。毒理性指标、放射性指标、细菌指标全部符合要求，属无毒、无细菌污染的水。热水水质反映出沉积环境具有海相特征，热水矿化度、氯离子等含量高，盐度(1.28%)相当于现代海水的1/3(现代海水平均盐度约3.5%)，含有远古海水。根据含水介质的地质年代分析，地热水形成于E2-E1时代，距今约3000万~5000万年。

（欧业成　黄喜新　黄玉婷）

科学技术协会

【**概况**】 2010年，北海市科学技术协会内设办公室、学会部、普及部、青少部4个职能部门，下辖科技活动中心1个事业单位。所属市级学会(协会、研究会)40个，会员7000余人；县(区)科协4个；县(区)级学会(协会、研究会)18个，会员2000余人；街道科协7个，会员132人；乡镇科普协会20个，会员1155人；农村专业技术协会23个，会员2978人；企业科协3个，会员330人；大专院校科协2个，会员303人。

【**学会工作**】

学术交流　市科协所属学会(协会、研究会)2010年举办各种学术会议42次，学术报告35场次，交流论文580余篇，在各类刊物上发表论文350余篇，参会总人数达2430余人次。市医学会把会员的学术活动作为职称评定的一项重要内容，全年开展各类学术活动25场次，学术报告32场次，提高了会员的业务素质和学术水平。市兰花协会组织会员参加在贵州省贵阳市举行的国际兰花学术研讨会并在会上作了精彩的报告，受到好评；送展的兰花取得了1个金奖、5个银奖、8个铜奖。市心理健康研究会同广西医科大学、武汉科技大学联合举办“中学生心理健康”研讨会。市科普创作协会请德国五官专家和奥地利儿科专家到第二人民医院、市有关社区等作学术报告。市老科协组织科技人员到学校、社区共举办各种科普讲座53场次，参加人员42574人次，对提高北海医务人员业务水平和青少年、市民健康知识和科普知识起到了促进作用。此外，各学会结合自身的专业，开展具有影响力的学术活动。如迎春兰花展、“世界气象日”活动、“世界环保日”纪念活动、“世界电信日” 活动、“世界消防日”活动、“世界土地日”活动、中小学生心理健康教育活动、“心理健康教育热线”等。

建言献策　出台了《北海市学术交流及专家学者建言献策行动实施方案》，着力打造为市委、市政府科学决策提供有效服务的学术交流平台。市老科协、咨询协会、医学会等承担和组织科技人员开展了一系列课题调研，其中一些调研报告受到市政府和有关部门的高度重视，为市委、市政府科学决策提供了参考依据。市科协、市职业学院、市银河公司、合浦县科协分别作为全国、全区的科技人员状况调查站点，深入全市各个行业和部门进行调研，搜集了大量一手素材，为市委、市政府利用好科技工作者为北海经济社会发展服务提供了重要决策依据。除此之外，市咨询协会承担了中国科协下达的中国少数民族技能状况调研课题、市职业学院承担了广西区科协下达的北部湾地区水产品安全监管状况研究的课题等。这些活动的开展进一步提升了学会的建言献策和决策水平。

科技咨询与服务　围绕企业自主创新能力、节能减排以及发展低碳经济，市科协所属学会为市有关企业提供科技咨询服务，为企业提供技术服务110多项，签订合作协议38项，为企业创直接经济效益1100多万元。市老科协与科方科技公司、喷施宝公司、北海绿色生物有限公司、果香园果汁有限公司等企业签订了合作协议，为企业提供咨询服务。市气象学会与海洋渔业捕捞公司、北海盐业公司、港务局等单位签订了协作对子，为这些单位提供中、长、短期气象咨询服务。市环保学会与市重点项目单位签订合作协议，为市重点项目提供咨询服务。市高新技术产业协会与市供电局签订协作对子，为供电局提供配电设备自动化等技术服务。围绕“三农”问题，市农学会、市畜牧兽医学会、市电机工程学会、市医学会、市农机学会等，开展科技下乡、科技扶贫、科普惠农兴村等活动，为提高农民科学素质、建设社会主义新农村作贡献。

为科技工作者服务　2010年新成立“北海市亚健康研究会”、“红酒文化协会” 和桂林电子科技大学北海学院科协。各学会普遍加大为会员服务的工作力度，会员管理越来越规范化、制度化。进一步加大举荐人才和表彰优秀科技工作者的力度，推荐银河公司和新未来公司等2名科技人员参加全市优秀拔尖人才和优秀科技人员的评选活动。推荐卢飞龙参加中国科协优秀科技工作者的评选并获奖。推荐市职业学院和市人民医院2人参加全区 “讲·比”活动评选并获奖。推荐1人参加全区优秀拔尖人才评选。据不完全统计，全年共表彰优秀科技人员110余人次。

【**科普活动**】

《全民科学素质行动计划纲要》督查　2010年，国务院办公厅组织对各地实施《全民科学素质行动计划纲要(2006~2010~2020年)》(以下简称《纲要》)情况进行督查。督查方案下发后，这项工作得到了北海市政府的高度重视，于4月26日印发了《北海市人民政府办公室关于印发全民科学素质行动计划纲要落实情况督查方案的通知》，部署所辖县（区）《纲要》办公室及市《纲要》领导小组成员单位开展自查、总结工作。市《纲要》办于5月14日召开了2010年北海市全民科学素质工作领导小组会议，对实施《纲要》迎检工作进行了专门部署。6月中旬，组织人员对县（区）《纲要》办和市《纲要》领导小组部分成员单位进行实地抽查。对抽查存在的问题责成有关单位认真查找原因、完善措施，提出解决问题的方法。9月初顺利通过国务院办公厅督查组的抽检。

社区科普　发挥海城区创建新一轮“全国科普示范城区”的带动作用，紧抓滨海特色、打造科普品牌，广泛开展社区居民喜欢参与、乐于推动的科普活动，提高社区居民的科学素质。充分利用海洋之窗、火山口国家地质公园、海洋研究所、海底世界等国家、自治区级科普教育示范基地，建立了基地、学校、社区三位一体的海洋文化网络，科普教育基地定期免费或优惠向市民、青少年开放，加大科普惠民力度；针对居民喜欢开展文艺活动的特点，继续联合和安商港在流动人员多、人员密集度高的和安文化广场开展“北海市周末科普广场”活动，每周末播放一场科普电影，每月举办一场社区科普文艺晚会，每季开展一次综合性的科普活动；以“和谐海城·文明家园”为主题，把社区科普工作和社区党建工作、精神文明建设、文化建设有机结合，通过广泛开展“科普进社区”、“社区共建日”、“全民学习日”、“节约能源日”等活动，使社区中的文化资源由单个的点形成了覆盖整个社区的网络，受益对象由特定人群扩展到全体社区成员；广泛开展群众性科普文体活动，如展览会、知识讲座、演讲比赛、书画笔会、戏曲沙龙、赛龙舟等，并评选“科普示范家庭”。8月6日，海城区召开了创建2011～2015年度全国科普示范县（市、区）工作动员会，创建工作全面铺开。

农村科普　着重特色、实效、适用，重点扶持辐射面宽、经济价值高、受益面广的海养、渔业生产，选择有积极性、带动性、典型性的科普示范基地、农技协加入“科普惠农兴村计划”队伍，主抓“科普服务站”建设和“五个一培训工程”，加强农村科普实施建设。2010年组织“科普惠农兴村计划”项目申报，获全国优秀农技协3个、优秀农村科普示范基地1个，自治区级优秀项目2个，共获科普惠农奖补资金90万元。争取中国科协支持，为银海区银滩镇曲湾村建立“华硕科普图书室”1个，获价值5万多元的电脑和科普书籍。此外，历年获奖的单位和个人共建立科普惠农服务站59个，在依靠科技走致富道路的社会主义新农村建设中，真正起到了传、帮、带的积极作用。2010年承担县级以上科技项目18项、推广新技术24项、推广新品种22个、辐射带动农户3939户。统筹“五个一培训工程”和“农村党员大培训”师资、技术、经费、场地资源，结合北海农渔业经济特点、生产特点和自然生态资源状况，共举办“农村适用技术培训班”127班次、培训农村党员和农民5219人。科普服务站积极参加全国、自治区“科技活动周”活动，开辟农家课堂53次，开展科技咨询活动26次，发布农产品信息13000多条，更新科普宣传栏123期（次）。首次组团参加中国（扬凌）农业高新科技成果博览会和广西实施“科普惠农兴村计划”五周年成果展示会，展示项目突出海洋特色。此外，市科协加强农村科普网络建设，筹建市级农技协，建立章程，健全制度，大力发展团体会员、个人会员，为建立市级农技协打好基础。

重点科普宣传活动　充分利用“科技活动周”、“全国科普活动日”、“十月科普大行动”等重要科技活动平台，广泛发动，致力打造主题突出、内容丰富、形式多样、特色鲜明、成效显著的精品科普活动。9月28日，在北海海滩公园举办“全国科普日暨北海市十月科普大行动”启动仪式，围绕“科学引领未来，低碳改变生活”主题，开展一系列特色科普宣传活动，有北部湾“科普大篷车”联合行动、涠洲岛“爱岛、知岛、保岛”特色科普宣传活动、“科学引领未来低碳改变生活”科普咨询活动、“低碳生活你我共参与”科普游园活动、“发展低碳生产，倡导生态种养”

优劣真假中草药鉴别科普咨询活动　　市科协　供

——“五个一培训工程”观摩公开课，优劣、真假中草药鉴别咨询活动等，受到群众的广泛欢迎。开展校园科普活动，各校以青少年科技创新大赛为平台，与各科研机构、科普教育示范基地联手，建立“大手拉小手”关系，提高青少年的科考能力和科考水平；组织开展“科技下乡”、农村适用技术培训，“科普惠农兴村计划”先进单位和个人结合各自项目优势特点，举办农家课堂、田埂课堂等当地农民学得会、用得来的农村适用技术培训班，帮助农民走依靠科技致富的道路；开展社区科普宣传活动，开展以“低碳生活”、“关爱健康”为主题科普文艺晚会，组织相关学会在社区广泛开展“防灾救灾”、“我的低碳生活”、“安全健康”等流动科普展、科学知识竞赛、科普讲座、科普教育基地参观等群众喜观看喜欢参与的科普活动，提高城镇公众科学文化素质，促进社区和谐发展。

【青少年科技活动】

科技竞赛 组织开展2010年北海市青少年科技创新大赛，收到全市各中小学校报送来科技作品343件，选拔推荐50个项目(作品)参加2010年全区青少年科技创新大赛，获一等奖16个，二等17个，三等奖13个，“十佳优秀辅导员”2人，“十佳”求知计划教师2人，优秀组织奖6个。北海一中的“走进红树林，探究红树林生物的多样性”、北海八中的“全自动未来医院”、海城区二小的“食物变质识别镜”、北海市外国语学校的“多功能基因改造机械蚯蚓”分别被推荐参加全国青少年科技创新大赛的科技实践活动、少儿科幻画项目决赛，获二等奖2个，三等奖1个。9月，组织参加在北京举行的首届全国青少年科学影像节活动，北海中学《金海湾边上的“黑围巾”》、北海八中《如何用环保的方法驱除蚂蚁》科学DV作品获一等奖，北海七中《“低碳生活”》科普动画作品获二等奖，北海八中《深度呐喊》、《远去的——低碳出行方式》科普漫画作品获二等奖，北海八中《海边建起大风车》优秀科技摄影作品获二等奖。

青少年科学DV作品演示　　市科协　供

科技实践活动 继续在“全国科技活动周”期间开展北海市青少年品牌科普活动——“我爱祖国海疆”青少年科技实践活动。围绕“珍爱我们的蓝色家园，珍视海洋环境”主题，开展了一系列活动。一是举行了声势浩大的2010年广西青少年“我爱祖国海疆”北部湾海岸环保大行动、我的低碳生活——2010年青少年科学调查体验活动启动仪式。向县(区)、农村留守儿童文化室捐赠科普图书、向学校赠送我的低碳生活——2010年青少年科学调查体验活动手册、向科普考察队授“我爱祖国海疆”科考旗、向全市青少年发出了“低碳生活，我们行动起来”倡议书。二是开展了珠城科普广场活动。有科普板报展、科普咨询、青少年科学DV作品演示、科普海报展、高新产品展等。三是开展了丰富多彩的“我爱祖国海疆”北部湾海岸环保大行动活动。有科普大篷车进校园、“迎世博”宣传海报设计比赛、红树林生态环境调查、种植红树林幼苗、走进海洋科研所、一平方米的红树林世界小学生观察日志比赛、保护海洋环境主题书法(软笔)比赛、我镜头中的蓝色家园摄影作品比赛等。活动吸引了全市40多个城乡中小学校，近5万名青少年学生、科技教师和科普志愿者踊跃参与。此外，市科协充分发挥北海地域特点，利用科普教育基地资源，开展“快乐科普校园行”、“爱科学月”、“大手拉小手科技传播”等活动。围绕求知计划项目主题活动，开展了“低碳在我身边”、“家庭低碳小能手”等一系列活动。动员和督促海洋之窗、海底世界、海洋气象观测站、涠洲岛国家地质公园等一批海洋科普内容丰富的科普教育基地优惠向青少年学生开放，联系红树林研究所实验室、红树林科普研究基地等一些科研所免费向青少年开放；组织老科技工作者、基地科技工作者、科普志愿者为青少年学生做科普报告、辅导实验、讲解海洋科普知识，有效培养青少年学生爱科学、爱海洋、爱家乡的高尚情操。

（廖思伟　王行美　刘家娥）

教　　育

综　　述

2010年，北海市有各级各类学校663所，教职工2.04万人(其中专任教师1.64万人，特级教师29人)，在校生35.62万人。其中幼儿园171所，举办学前班的学校362所，在校幼儿4.43万人；小学394所，在校生15.34万人；普通中学82所，在校生10.42万人；中等职业学校8所，在校生2.81万人；高等院校5所，在校生2.6万人；特殊教育学校2所，在校生184人；工读学校1所，在校生25人。全市小学校园占地面积5573017平方米，校舍面积920643平方米；普通中学校园占地面积3200396平方米，校舍面积988539平方米。小学生入学率99.8%，初中生入学率99.28%，小学毕业生升学率99.3%，初中毕业生升学率93.5%；外来务工人员随迁子女入学率达99%以上。

至年底，北海市教育局列入"北海三年跨越发展工程"的4个重点项目共完成投资3.5亿元，其他项目完成投资约1亿元，共计约4.5亿元。2010年，北海市共承担中央、自治区以及市本级的校安工程项目100个，完成投资9505万元，建设校舍9.2万平方米。占地面积28公顷、总投资2.6亿元的北海中学异地搬迁项目于12月21日正式开工，已完成投资5000万元；占地约0.77公顷、总投资1100万元的市机关幼儿园新园区于3月10日开工建设，已完成投资850多万元。资助学生3.9万人次，金额2300万元；并首次对市直普通高中家庭经济困难学生进行了资助。

全市农村义务教育学校公用经费标准小学从原来每生每年300元提高到400元，初中从原来每生每年500元提高到600元；家庭经济困难寄宿生生活费补助标准小学生从原来每生每年500元提高到750元，初中生从原来每生每年750元提高到1000元；同时，将城市免学杂费和补助公用经费标准提高到与农村义务教育学校公用经费补助标准一致的水平。

全市勤工俭学总产值3100万元，纯收入450万元，补助教育经费440万元。发行书刊612万码洋，学生装32万套，使用防近视纸张330吨。

4～5月，合浦县、银海区、海城区和铁山港区以优良的成绩通过了义务教育阶段学校常规管理工作自治区的评估验收；6月，铁山港区高标准通过了广西中小学财务管理示范县的评估验收，被定为广西中小学10个示范县之一；11月，铁山港区"两基"巩固提高工作通过自治区复查。

2010年，成立北海市学前教育协会，编制学前教育"十二五"规划；开展了乡镇示范性幼儿园评估。初步构建了覆盖城乡的学前教育体系，形成了国家、集体和个体办园共同发展的学前教育新格局。在全市387所学前教育机构中，城市占84所，县、镇占97所，农村占206所，学前教育整体发展居全区中上水平。秋季学期，海城区启智学校并入市特殊教育学校；市特殊教育学校成为自治区立项建设的5所第一批示范性特殊教育学校之一。全市中小学、幼儿园布局调整规划工作方案已经市政府批准实施，50万元项目前期经费到位。全市深入开展了学校、幼儿园及周边治安综合整治"百日行动"，先后召开了8次校园安全专题会议，开展了12次安全大检查，现场督查学校食品、饮用水安全和传染病防控工作达206次，发放督查整改意见书17份。全市教育系统无安全责任事故发生，无治安刑事案件发生，无群体性事件发生。

北海市教育科研课题立项数、结题数与教师数之比两项指标均居全区第一。修订了《进一步加强我市教育科研工作实施方案》等规章制度；启动了《北海历史文化名城读本》编写项目和全市特色学校教科研基地项目，建立了市三中、六中有效课堂教学模式研究基地。成立北海特级教师工作坊；恢复创办学术期刊《北海教育》；成功尝试了北海市第一次高考模拟考试自主命题。2010年，开展了全市中小学教学仪器设备、图书的检查、调研和统计；组织人员6次共到53所中小学进行调研和常规管理评估，检查了海城区实验室标准化建设试点情况。全市有13所中小学荣获“全国中小学图书馆先进集体”，10名教师荣获“全国中小学图书馆先进工作者”称号。

2010年，全市高中学生共有108509人次参加会考；全市有21319人参加中考，其中市辖区8851人，合浦县12468人；全市有12557人参加高考，其中市辖区5795人，合浦县6762人。高考全市上清华、北大线7人，录取6人；600分以上21人；高考一本上线率仅次于桂林市，居全区第二，二本和三本上线率均居全区第一。

【加强队伍建设，提升教师综合素质】 2010年，北海市教育局制定了《北海市教育局2010年教师教育和教师队伍建设工作计划》，开展了百名优秀党员教师、特级教师、优秀骨干教师到县区乡镇学校开展送教活动；组织了中小学和中职校84名校长、教师参加全国和自治区各类研修班、培训班；组织425名教师参加“英特尔未来教育”项目核心课程培训。组织师德宣讲团在市直学校和一县三区共开展7场“北海市首届十大师德模范巡回宣讲报告会”，听报告人数5000多人；选派5名校级领导到北京西城区学校挂职；邀请北京师范大学管理学院毛亚庆博士和广西新闻出版局王栗教授给全市中小学校长作学校管理讲学，参加培训的校级领导1120人次；邀请著名教育专家魏书生、陈康金等到北海市讲学，培训教师4000人次。海城区组织137所中小学、幼儿园的领导200余人参加全国中小学校长校园安全管理国家级远程专题培训，133名教师参加暑假“英特尔未来教育”项目核心课程培训，174名教师、48名学校二层机构负责人和70名校长参加岗位提高培训。

【学校卫生保健】 2010年，市教育部门与43个下属单位全面签订了食品安全责任状；会同有关部门开展4次食品和饮用水安全专项督查，出具56份指导意见书和22份整改意见书；举办全市学校食堂食品安全管理员培训班培训406人。在自治区教育系统率先组建了专业体检队伍，完成了对市直、海城区和银海区中心校以上学校共60659名学生的体质健康监测工作，建立了自治区较为完善的学生健康监测信息数据库。就学校卫生管理工作的开展，全年累计培训市直和市辖三区学校领导、校医、保健教师1199人次。北海市率先在自治区成立青少年心理健康教育协会，建立了心理咨询室、团体辅导室，以及专业网站“北海心理网”，为心理健康工作者和师生员工提供网上交流、学习心理科普知识的平台。市学校卫生保健所和市青少年心理健康教育协会成功地对受到合浦县西场镇西镇村“4·12”事件影响的学生进行了团体心理辅导，消除因事件给学生带来的不利影响，得到了自治区相关领导和专家的高度评价，在自治区心理危机干预相关会议上作为成功案例公开表扬和推广。2010年，北海市第一中学教师何茵茵和合浦县公馆中学教师褚秀芬制作的预防艾滋病健康教育课件分别荣获全国一等奖和三等奖。全年北海市有34所学校获得自治区级“卫生优秀学校”称号，是自治区唯一连续8年无中小学和幼儿园集体食物中毒事件的地市。

【学生资助】 2010年，市教育局推进教育公平，保障和改善民生，贯彻落实家庭经济困难学生的各项资助政策。全年共资助学生38823人次，资助金额2329.29万元。其中，对普通高中资助5634人，资助金额251.67万元；对中等职业技术学校资助33189人，资助金额2077.62万元。

基础教育

【概况】 2010年，北海市各级基础教育学校650所，在校生302122人，专任教师14602人。其中幼儿园（班）171所，举办学前班的学校362所，在校生44336人，专任教师1502人；小学394所，占地面积5573017平方米，建筑面积920643平方米，在校生153377人，专任教师7155人；普通中学82所，占地面积3200396平方米，建筑面积988539平方米，在校生10.42万人，专任教师5904人；特殊教育学校2所，在校生184人，专任教师34人；工读学校1所，在校生25人，专任教师7人。全市定期组织人员通过听课、查资料、实地考察等方式加强对民办小学执行课程计划、招生、学籍、征订教材和疾病防控、校园安全等工作的管理、督查和指导。合浦县利用中央资金2334万元安排18个项目的农村初中食堂、宿舍工程，筹措资金完成一批农村学校的基础设施和远程教育项目。先后组织3批支教队共192人到缺员较多的东片地区学校支教，并多次下乡跟踪、督促、考察；先后组织青年骨干教师1800多人次“送教下乡”。实施合浦县中小学学生厕所改造工程，对全县90所没有学生厕所、现有学生厕所毁损严重及缺额较大的中小学进行学生厕所新建、回建或维修加固，共投入资金600万元。北海市海城区九小校长钟建华作为广西唯一的小学代表赴北京参加英特尔未来教育项目十周年庆典，并以“疍家渔歌研究”项目摘取全国中小学英特尔未来教育项目实践应用一等奖。该校老师吴晓华的“老街研究”项目同时获得全国中小学英特尔未来教育实践应用二等奖。银海区教研室小教组获中国教育学会“经典诵读校本教材”评比集体一等奖。市实验学校荣获“全国教学论文评比优秀组织奖”。铁山港区对南乐小学进行扩建，完成了9所中小学的厕所改造工程，建成卫星接收系统60个，计算机教室12个，光盘播放点60个，全区中小学拥有计算机856台。4月，北海市举行示范幼儿园开放周活动。12月9日，北海市海城区第一家民办幼教党支部成立暨揭牌仪式在银湾双语幼儿园举行。

【幼儿教育】 2010年，市机关幼儿园围绕“创办特色幼儿园，打造教育品牌”的目标，从“精、和、新、实、践、趣、个、励、诚、爱”等10个字上下工夫。一是校园文化的“精品”特色。挖掘本土渔家风情、地域海洋文化以及民族民间特色的内容，开展以“民族传统文化”与“地域海洋文化”为主题的校园文化活动。让幼儿园一草一木、一砖一瓦都成为靓丽的人文景观。二是人本管理的“和谐”特色。从小处着手，事事处处关心每位教师的进步成长。三是课程改革的“创新”特色。将科学的教育理念渗透到幼儿一日活动之中，开发了富有北海特色的艺术欣赏园本课程——“渔家美”等；并形成和出版了《优秀论文集》、《优秀活动设计汇编》、《优秀教育活动范例》(光盘)等课程实践成果。四是打造团队的“激励”特色。实施“青蓝工程”、“名师工程”和“强园工程”，发挥榜样的力量作用；以老带新，新老配合，取长补短；同时采取激励与引导相结合。五是师德建设的“实践”特色。开展“师表工程”、“践行工程”、“爱心工程”、“敬业工程”以及“形象工程”等活动。六是科研兴园的“务实”特色。实施“教学即教研，问题即课题，成长即成果”的教研工作原则。结合园的实际，推行“三级科研工程”，即：鼓励年青教师积极参与园本课题研究，提高教师专业理论水平；骨干教师主动申报地市级、自治区级科研课题，以科研成果推出精品课堂；名师与科组长争取国家级科研课题研究，打响该园在国内幼教领域的品牌。此外，还有艺术教育的“兴趣”特色、幼儿发展的“个性”特色、家园互动的“诚信”特色和保教工作的“爱心”特色等。市一幼通过了自治区绿色幼儿园复评；该校的广西教育科学“十一五”规划C级课题《幼儿园体育特色的研究》通过专家鉴定而结题。市二幼探索全日制与寄宿制教育双轨并行和师德建设、环保教育为重点的办学模式，2个相关自治区级课题相继结题。市三幼组织教师每个星期与家长交流一次幼儿在园的发展情况，各教学班每月出版一期《家长园地》，每个学期举办一场“家长教育讲座”和一次“家长开放日”活动。暑假期间，海城区、银海区、铁山港区和合浦县的幼儿园开展“园长与教师进社区进家庭”活动，有针对性地走访幼儿家庭，提供家庭教育指导，构建家庭、学校、社区三位一体教育网络。

【中小学教育】

三区中小学教育　2010年，海城区组织了由小学特级教师、学科带头人、优秀教师组成的讲学团，专门选送小学各学科优质课下到合浦县各乡镇中心校展示，以“示范课＋反思＋互动＋专家点评”的形式与农村孩子、农村教师“零距离”接触，实现教育资源共享、教育成果共享、先进教育理念共享，促进城乡教育均衡发展。该区提出“一线工作法”(即情况在一线了解、问题在一线解决、作用在一线发挥、形象在一线树立)，多次组织教研员下到辖区内的三小、五小、六小、十六小、高德小学、驿马小学、翁山小学、马栏小学、团江小学、庙山小学等10所学校听课，开展走访活动；在三小开展“金秋杯”课堂教学评比，七小开展“美文诵读”，十二小开展“党员示范课”，逸夫小学开展“银湾杯”课堂教学评比活动，从中发现学科教学中的薄弱点，提出改进的途径和措施。该区各中小学还以“四化”(即净化、绿化、美化、文化)为目标，建设书香校园、绿色校园、文明校园、人文校园，让校园每一处都有风景，每一面墙壁都会说话。例如：该区三小的“校园壁画”，六小的“艺术长廊”，九小的“蛋家风情”，十小的“古韵画廊”，十五小的“200米文化长廊”，高德小学等学校的“榕树会场”，地角中学的“劳动实践基地”，涠洲中学的“火山植物园”等等。2010年，银海区制定《银海区教学质量监控评价方案》，派出教研人员对各中小学学科教学质量定期检测；同时通过教材培训、学科骨干教师培训、新课程实验教材研讨会、教导主任培训班、优质课观摩、“五项技能”比赛、“送教下乡”等培训和活动提高教师业务素养；并以学术研讨和课题研究去解决新课程中的难点问题。铁山港区制定了《北海市铁山港区义务教育阶段“控辍保学”实施细则》等文件，把“控辍保学”作为“两基”工作的重中之重，层层落实“控辍保学双线目标责任制”。每学年初，该区政府都与各镇、区教育局签订责任状，镇政府与各村(社区)，区教育局与各中学、中心校签订“控辍保学目标责任书”；并要求各级党政挂点包村(社区)的领导干部，各村(社区)包组干部，把辖区内的学生入学作为重要工作内容，纳入干部年度工作考核。明确规定：若因家庭经济困难等因素辍学的，由包村(组)干部负责，若因学生学习困难辍学则由学校、班主任和任课教师负责，层层分解，落实责任。在黄稍中小学搬迁分流工作中，为了确保每个学生不因搬迁耽误课程，保证让每个学生能正常上学，铁山港区政府投入了分流费用200多万元，每天派专车接送学生；至今为止，黄稍中小学没有一个学生因搬迁分流而辍学。该区共发放普法宣传资料14000多份，要求各中小学在每学年结束前都要将有关教育法律法规的宣传内容以“告家长书”、“致家长的一封信”等形式，连同学生成绩通知单一起发送到每个家庭；要求学校每学期至少召开1～2次家长座谈会，向家长宣传《义务教育法》、《未成年人保护法》及面对新的形势如何搞好家庭教育等。市实验学校确立每月中心活动：3月，开展教师美文诵读比赛；4月，举办青年教师素养大赛和骨干教师教学论坛；5月和9月，开展学科组论课活动，教师人人参与；11月，举行“扬帆杯”课堂教学比赛。

市直中学教学教研活动　北海市教科所组织各主要学科教研员到铁山港区黄稍中学、海城区涠洲中学等送教下乡20多次；暑假，在全市范围内专门对19个学科的中小学教师进行课改培训，参加教师3000多人次，每个教研员每半月组织学习课改规划方案一次，一个月开展一次大型中心组活动，开展教材教法、学法指导研究。该所还成功结题了省级重点课题《北海市义务教育均衡发展研究》、《北海市学校布局发展研究》。由北海中学教师杨迅、全梅山，南康中学教师孙益辉建立3个特级教师工作坊，针对教学实践疑难问题开展校本研究，8月份获得广西师范大学教育科学院的好评并被立项。北海三中确立“以兴趣促发展，以特长促全面”的教育思想，开设了武术、篮球等6个活动项目，丰富学生的第二课堂，促进校本课程的开发；同时，开展“讲学稿”教学模式实验：初中各学科按教材实际把相关任务分给教师；主备教师根据教材内容实际编写教学稿；学科组开会集体备课，对教学稿分析；由主备教师定稿，并付印、提前发给学生预习；课前一天收回再分析，科任教师根据其中发现的问题调整教学方法；上课时把教学稿发给学生，有针对性进行讲课教学，提高课堂教学效率，减少学生课后作业量。北海六中学习江苏洋思、东庐等地名校经验，推行“导学训练”的教学模式，变灌输为引导，提高学生自主学习能力。该校学生刘俊杰被评为北海市“十佳少年”后，代表广西到北京参加全国中学生论坛活动。北海七中以科研提高教育教学质量，开展《高中文科综合科学生自主学习能力的培养》课题研究，引导学生进行积极有效的预习：对学生提出明确的学习目标，提前发放预习提纲(学案)，学生通过预习，完成适量的预习作业；精心设计教学过程和创设学生自主学习的教学环境：如历史科经常采用“阅读＋活动”教学模式，政治科推行“合作复习法”；加强学生常规学习策略、方法、技巧的研究与传授：注重加强阅读方法(读图方法)指导，指导学生掌握和运用多种记忆“窍门”，引导学生学会归纳总结，引导学生进行阶段性的复习、归纳和总结，总结有机联系的知识，形成知识网；指导学生学会查阅检索资料。进行《“自学—辅导”课堂教学模式研究》课题研究，数学教师把原来由教师系统讲授的部分，改为在教师指导下由学生自学教材，教师主要解答学生的疑难；教学模式一般流程是：基本训练—导入新课—学习新知(自学课本内容)—尝试课本练习—合作讨论—教师精讲—达标课堂练习—教学总结。语文科、英语科、体育科、电教科等学科则分别开展了《文言文阅读优化教学研究》、《针对高中英语学习两极分化现象的研究》、《北海市高中学生身体素质现状分析研究》、《趣味性知识抢答系统的研究及开发》等课题的研究。2010年，该校申报的3个自治区课题《新课改下普通高中学科人文教育实践研究》、《新课改下提高普通高中教师人文素养实践研究》、《新课改下培养学生人文素养的实践研究》获准立项；学校被评为全国“十一五”教育科研先进集体。北海八中坚持“科研求质量”原则，通过“教学实践，发现问题—教学研究，解决问题—教学反思，发现新问题”的循环过程去提高课堂教学效率。并结合学校实际，在教师和学科组开展了《少数民族地区研究性学习在学科课程中的渗透研究》、《新课标下初中互动式教学的实践研究》、《新课程下中学教师素质的现状及对策研究》、《先学后教教学模式的实践研究》、《综合实践活动课程研究与实验》、《促进教师专业化发展的实践研究》等课题的研究。

中等职业教育

【概况】　2010年，北海市有中等职业技术学校9所，专任教师833人，在校生2.81万人。其中国家级重点中等职业学校2所(市中职校、市卫校)，自治区示范性中等职业学校1所(市卫校)，自治区合格中等职业学校6所，自治区示范性专业6个，校内实训基地52个，校外实训基地74个。全市中职学校招生1.2万人，完成自治区下达任务数的111%；毕业生初次就业率保持在90%以上；全市实际投入职教攻坚资金6443万元，完成年度任务数的124%。占地20公顷、总投资2.6亿元的市中等职业技术学校暨市职教中心新校区于2009年12月25日开工建设，一期工程于2010年年底完工，累计完成投资5058万元；占地2公顷、总投资5000万元的北海电子职业技术学校新校区暨实训基地于2010年6月1日开工建设，至年底一期工程主体全部封顶，完成投资3500

万元。北海市卫生学校招生人数3080人，创历史新高，在校生逾万人。合浦县中等职业技术学校的电子实训基地和石康职校的绢花实训基地先后投入使用；合浦县中等职业技术学校还筹措35万元、上级拨款150万元购置汽车维修专业设备。铁山港区完成了该区中等职业学校的筹建并招生，在校生71人。北海市中等职业技术学校入选教育部“国家中等职业教育改革示范学校”，荣获广西中等职业学校教科研“20强”称号；上海世博会期间，选送了60余名学生作为志愿者参与世博会的服务。北海市组队参加“2010年全区职业技能比赛”6个大项、21个小项的比赛，取得了一等奖2个、二等奖4个、三等奖10个；组织参加“第一届(2010年)广西职业教育新时代刘三姐”评选表彰活动，有6名女生当选“刘三姐”。这两次比赛结果是北海市中职学校历年来参加自治区级技能大赛取得的最好成绩。

【职业学校教育改革】

北海市中等职业技术学校　2010年，北海市中等职业技术学校在重视学生上好校内实训课的同时，制订了学生参加社会实践的计划，先后安置了900多名学生到上海世博民企馆、北海永昶集团、建兴集团、模雅特集团、北海强盛汽车公司、广西新中北科技有限公司北海分公司、北海凯旋大酒店、科达美实业有限公司等30余家企业顶岗实习。同时，该校在教学形式和方法上根据不同的专题内容，分别采取案例教学、讨论式教学、互动式教学、体验式教学以及现场教学等，充分利用多媒体等现代化教学手段，调动学生学习兴趣，提高学生的职业素质和能力。

北海国发信息技术学校　2010年，该校以市场为导向，结合自身特点，围绕实现“人才标准由技能型向素质型转变，办学重心由重数量增加向内涵发展转变，专业设置由专门化向综合化转变，学生出路由单一就业向就业和升学并重转变”的四个转变，经常性开展上公开课、比武课、考核课等教研活动；抓好教师的备、教、改、辅、考等各教学环节的管理；整合资源，优化课程设置。该校在原有合作单位的基础上增加了现代办公设备总汇、永兴电脑公司(单位)等，填补了几年来计算机专业学生不能校外见习的空白；恢复了与香格里拉大饭店的合作，拓宽学生见习途径。该校组织学生参加广西区电子商务大赛，有50%学生进入了复赛。

合浦县中等职业技术学校　2010年，该校开设的专业有汽车运用与维修、计算机及外设维修、模具设计与制造、电子技术应用、音乐艺术、旅游服务与管理、会计、粤剧等8个专业。该校根据自治区的各专业示范性教学方案，具体制定了教学指导方案，结合实际开设德育课、专业课和文化基础课；同时实行产学结合进行教育教学，电子专业、汽车维修专业等专业的毕业生通过实训课的动手操作，以及参加技能资格证书的相关考核后就直接走上工作岗位，实现由知识型到实践型的转轨。该校筹措资金近15万元，先后派出学校领导及15位教师到上海、广东、长春、南宁、玉林柴油机厂等地的高等学校、大型企业挂职锻炼或参加培训学习；定期对教师进行校本培训，使“双师型”教师逐渐增加。

银海区中等职业技术学校　2010年，该校注重提高教师自身的专业化和教育教学能力，凡是有上级举办的职业教育教学和教改科研培训、学习，学校都派出教师参加。暑假，该校派出培训教师30多人次；上半年，组织以班主任为主的30多人到贵港市考察学习。该校在多次派员对生源市场进行调查后，大力推行“大中专连读”招生办法，完成了年度招生计划；推进“校企一体”办学模式，实现校企“无缝”对接，与市内外多家企业结对帮扶，解决了学生校外顶岗实习的难题；学生到企业顶岗实习的守纪率、巩固率、安全工作、实习合格率是近五年来最高的。在组织学生参加市级、自治区级职业学校技能大赛中，该校学生黄善斌获自治区技能大赛计算机项目二等奖。

高等教育

【概况】 2010年，北海市高等教育学校5所，年度招生人数首次突破万人大关，共招生1.04万人，比2009年增加5500人；在校生2.6万人，教职工逾1800人，专任教师逾900人。其中北海职业学院全日制学生5189人，教职工320人，专任教师234人；北海广播电视大学学生3000多人，教职工38人，专任教师35人；北京航空航天大学北海学院学生8518人，教职工611人，专任教师200多人，教授58人，副教授62人；桂林电子科技大学职业技术学院学生近6000人，教职工400多人，专任教师155人；北海艺术设计职业学院学生3100人，教职工435人，专任教师282人。秋季，全市5所高校共招生10336人，其中北海职业学院2500人，北海广播电视大学1200人，北京航空航天大学北海学院2858人，桂林电子科技大学职业技术学院2778人，北海艺术设计职业学院1000人。12月，为期10天的由教育部学生体育协会、中国足球协会主办的2010年全国大学生女子足球锦标赛决赛阶段比赛在北京航空航天大学北海学院进行，共有广州中医药大学、中央民族大学、河北师范大学、广州体育学院、北京中医药大学、北京师范大学、河南大学、内蒙古师范大学、天津城市建设学院、铜仁学院、徐州师范大学、重庆科技学院等12支球队参加比赛。

【北海职业学院】

2010年，学院全日制在校生5189人，教师总数320人，其中专任教师234人，硕士及研究生以上学历83人；专任教师中具有高级职称的教师占15.8%，专业课教师中具有“双师”素质的占35.4%。2010年录取新生人数为2827人，报到人数2135人，年度招生首次超过2000人大关，报到率为85.4%(按原始计划计算)。各系认真按《北海职业学院2010届毕业生就业工作的意见》做好2010届毕业生就业指导、推荐工作；成功举办2011届毕业生双向选择校园洽谈会。

2010年，学院开展“党组织建设年”和“创先争优”活动，夯实党组织建设科学发展的基础，选出新一届党委和纪委；实施“大学生党的基本知识教育工程”，抓好培养年轻党员的“源头工程”，发展了117名新党员，举办2期入党积极分子培训班，400多名入党积极分子参加了培训。抓好中层干部管理素质培训和能力培养工作，全年党委派出培训22人次，其中培训1个月以上的6人次。1人被提拔任正科级领导职务，1人考取了县区科级领导岗位。推进“结对共建、先锋同行”活动，为洪潮村小学捐赠图书460册；落实该村筹建贴心超市的3000元经费。团委组织团员青年开展“心系灾区，情暖玉树”等活动，捐款47723元。

学院在完成了“港口设备与自动控制”自治区示范性实训基地设备建设后，已获得自治区教育厅推荐申报2010年中央财政支持的职业教育实训基地建设项目；已向自治区教育厅争取到“轮机工程技术”实训室专项建设经费100万元。

教学改革 一是重点推荐《大学生职业发展与就业指导》申报国家级精品课程，推荐《特种车辆驾驶与维修》和《网络管理员》申报自治区级精品课程，“港口物流”教学团队申报自治区级教学团队。二是组织编写教材《大学生职业发展与就业指导》及《经济数学》等研究成果。三是组织各系根据2010年招生计划，制订了4个新增专业(方向)人才培养方案和修订了25个原有专业(方向)人才培养方案；组织制订了《北海职业学院优质专业评估指标体系》，为顺利实施2010级各专业(方向)人才培养工作和启动院级优质专业建设提供了制度保障。四是完成了《高职英语教学改革研究与实践》的开题论证，制订了《北海职业学院英语课程改革试点方案》。五是开展“质量工程”总结工作。

教师队伍建设 全年学院共引进教师17人(硕士研究生2人，工程师1人，轮机工程、物流管理等紧缺专业教师5人，本科毕业生9人)；教师中3人获得硕士学位、5人获得研究生班学历、5人报读在职研究生、17人报读研究生课程进修班、3人获得副教授职称，20人获得讲师职称；2人获得北海市优秀教师荣誉称号，1人获得“北海市第六批青年专业技术人才”荣誉称号。开展思想政治理论课骨干教师培训，全年送培20人次。

获奖学金 按照国家下达的指标评出获国家奖学金的学生4人，获国家励志奖学金的学生131人，获国家助学金的学生1222人，获自治区人民政府奖学金的学生26人。

课题立项 学院获得了9个市厅级以上的课题立项，包括省部级7项，市厅级2项，省部级立项项目增多，立项课题的类别也得到了拓展。2010年结题课题10个，全部通过结题鉴定。完成该院2011年新增专业申报工作，共申报电子信息工程技术、数字媒体技术、投资与理财、商务经纪与代理、人物形象设计5个专业。组织2008、2009级师生2923人次参加25个工种共26种证书的国家职业资格鉴定考试和特种作业上岗证考试，比2009年同期增加873人次，增幅达40%以上，平均通过率达80%以上。毕业生就业率平均达90%以上，连续被评为广西高校毕业生就业工作先进集体。

专业设置 学院的专业建设从2006年的19个专业21个方向发展到2010年的26个专业29个方向，初步形成了以港口、海洋(含滨海旅游)、高新技术产业类专业为主体，辅以其他第三产业专业，形成优势互补、协调发展，适应市场需要的专业体系。设有电工电子、机械、物流、餐旅、经济管理等9大类102个校内实训(实验)分室，与行业企业合作建立了66个校外实训基地，其中港口设备与自动控制实训基地已成为自治区示范性高等职业教育实训基地。新增自治区级精品课程1门，院级精品课程9门。全日制在校生从2006年的3178人发展到2010年的5189人。校园面积由5.8公顷增加到约21.33公顷，新增建筑面积6万平方米。新建学生宿舍一幢并正式投入使用。基本完成5.73公顷土地的清场赔偿工作及土地详规和总平方案的规划报建工作。固定资产由3000万元增加到1亿多元，其中教学实训设备总值增加1600万元，达到2000万元。图书资料由1万余册增加到23万册。

【北海市广播电视大学】 2010年，北海电大围绕创建“示范性基层电大”申报工作的开展，以校长为第一责任人，集中力量做好迎评的各项工作，并将申报的各项书面材料按时上送广西电大。2010年，投入资金10多万元安装了8个监控摄像头，对老化的校园电网进行了改造，对存在安全隐患的教师宿舍进行了翻新改造，加固加高了围墙。全年招生1200人；在校生3000多人。新建合浦白沙教学点，教学网络已覆盖全市一县三区(合浦县的廉州镇、公馆镇、山口镇、石康镇、闸口镇，海城区的涠洲镇，铁山港区的兴港镇等）；同时，学校依托已有的2个学习中心开展系列培训，并在铁山港区兴港镇新建了1个数字化学习中心。

学校以开展现代远程教育研究为重点，推进学校科研工作，先后有广西科教“十一五”规划重点课题——《数字化手段推进广西北部湾经济区学习型社区建设实践研究》、新世纪教改工程2010年项目重点资助课题——《依托电大资源建设广西地方社区学院的理论和实践研究》和《建设北部湾经济区企业、居民社区、基层农村终身教育平台，服务广西新发展的实践研究》等3个省级课题获准立项。建成了远程双向视频系统、校园网、多媒体教室、电子阅览室、多媒体课件制作室和VBI接收系统、LED大型电子屏幕，共有高配置计算机300多台。学校实现了从封闭式校园管理到网络化、开放式的管理方式转变，突破了时空限制，使任何人在任何时候、任何地点都能参与学习。2010年，学校还参与“广西北部湾经济区人才培养远程合作项目”，承办了首届合作项目年会，被确立为首个项目基地。

【北京航空航天大学北海学院】 2010年，学院占地面积73.5万平方米；设有经济与管理学院、软件与信息工程学院、外国语学院、规划与生态学院、东盟国际学院、旅游管理学院、现代体育学院、艺术学院等8个专业学院；23个招生专业共报到新生2858人，比2009年增加513人；在校全日制本科生8518人。全校有教职工611人，其中教授58人，副教授62人。

2010年，学院贯彻落实董事会领导下的院长负责制，提高综合管理和服务质量，围绕“国际化、应用型”的办学定位，以教学为中心，通过开展“教学秩序稳定月、教学管理规范月、教学质量推进月、考风考纪建设月”活动，深化教育教学内容、方法和课程体系改革，确保了教学管理工作规范有序、科学高效。同时，完成了23个专业的新版教学培养计划编制工作，将“高素质、有理论、重实践、会动手”的人才培养目标贯彻其中。学院实施以改革人事分配制度为核心的校内管理体制改革，制定一系列人才引进政策，确立了重实绩、重贡献、向高层次人才和关键岗位倾斜的激励机制。在与国内外高校及学术机构的交流与合作中，新增了包括本升硕预科项目、短期派遣留学生项目、暑期交流访问团、暑期带薪实习以及汉语游学团等5个合作项目，同时继续开拓与东盟国家的高等教育合作。学院与澳大利亚、新西兰、泰国、越南等国家的20多所高校建立了友好合作关系，可提供国外短期留学、出国进修、国际预科、双本学历、本升硕等学习机会。

学院重视信息化建设和就业指导教育，探索“实习就业联动”机制，在深圳、北京、桂林等10多个城市建立了67个实习就业基地，与上千家用人单位建立了合作关系；全年组织校园招聘会45场，到校招聘企业达200多家，为学生提供岗位5200多个。2010年毕业生1192名，比上年增长135.11%；毕业生初次就业率达81.71%，比上年增长19.58%。在2006级毕业生中，有22人考取了中国科学技术大学、武汉大学等著名高校的硕士研究生。

2010年，学院成功承办了第二届全国独立院校英语研讨会、2010中国大学生女子足球锦标赛、中国西部友好城市元老足球赛、长寿杯“7+2”全国元老足球赛等重要会议和赛事。组织各年级学生参与服务北部湾城市形象大使大赛、中越青年大联欢、中国—东盟博览会等重大活动。新建学生宿舍楼2栋、新足球场3个、网球场2个、垃圾转运站1个，增设了运动场的灯光及围护设施，改造学校招待所、教师公寓和综合服务楼四楼，整改了校园河道和南、北门的荒地。

【桂林电子科技大学职业技术学院】 2010年，学院北海校区占地面积36.04公顷，辖东校区和西校区两部分，校舍建设面积总共18万多平方米，比上年增加了8万多平方米。学院教职工400多人，专任教师155人；在校生近6000人。设有数控技术、机械制造与自动化、模具设计与制造、制冷与冷藏技术、微电子技术、汽车检测与维修技术、汽车技术服务与营销、通信技术、电子信息工程技术、计算机通信、计算机信息管理、计算机应用技术、计算机多媒体技术、软件技术、电脑艺术设计、装潢艺术设计、广告设计与制作、工业设计、会计、市场营销、电子商务、社会体育、法律事务、应用英语等24个专业。

学院的人才培养目标是“素质高，技术精”，强调专业动手能力。在多方调查研究的基础上，学院从实际出发形成了高职教育办学思路：一是职业素质教育。内容包括基本的待人接物、沟通和写作等基本的、具有普适性的职业技能。二是岗位基础教育。每个系的学生，不分专业，都应掌握若干基本的专业技能。三是专业技术教育。注重实践能力的培养，理论为实践服务；注重尖子学生的培养；加强校企合作；建立常态化的调研机制。学院开展校外实习基地建设，先后与北海港务集团、交通银行、中国银行、农村信用合作社、北海市中级人民法院、北海香格里拉大酒店以及南宁、桂林、柳州、广州、东莞、南京等地的多家单位建立了实习基地。

东校区现有教学楼5栋，共计61间教室，其中多媒体教室32间。实训楼面积11428平方米，已使用面积约6826.2平方米，共有16个专业实验室和4个计算机机房。其中有电子类实验室7个：模拟电路实验室、数字电路实验室、单片机实验室、数据通信实验室、音视频实验室、综合布线实验室、EDA实验室，每个实验可容纳40人/次；2个实训中心：数控技术加工中心（拥有价值29万元/台的立式加工中心4台）、金工实训中心（拥有普通车床49台，数控车床7台，铣床6台）；1个创新基地：大学生科技创新基地，基地拥有价值超过200万元的SMT（表面组装技术Surface Mounted Technology）生产线1条；计算机机房4个：电脑逾500台。自建校至2010年新生入校前，计算机台套数将达千台，其他实验设备台套数也将超过千台，共计价值1500多万元。

西校区一期工程包括5栋教学楼、2栋学生宿舍楼、食堂、后勤楼、后勤服务楼、青工楼、运动场等功能载体，总建筑面积近10万平方米，投资超过1.6亿元。于2010年暑假陆续竣工，并在9月新生开学前投入了使用。

2010年3月29日桂林电子科技大学副校长古天龙率由机电工程学院、电子工程学院、教务处相关领导和教师组成的考察团到广东海洋大学进行调研。学院向自治区教育厅申报开设若干海洋相关专业。1～3月，2008级470多名学生到建兴光电科技（北海）有限公司和永昶科技电子（北海）有限公司开展生产实习。4月，学院书记雷堂彩、副院长朱名日等一行4人赴广东中山、珠海、惠州、东莞和深圳等地对广东美的环境电器制造有限公司、TCL通讯科技控股有限公司、康佳集团等10多家企业进行调研，以寻求双方合作和安排学生的实习就业。5月，学院与北海工业园区及"珠三角"等地部分企业商谈学生生产实习和顶岗实习事宜。

【北海艺术设计职业学院】 2010年，学院在自治区和市政府及其教育行政主管部门的领导、支持和指导下，完成了以教学为中心、以专升本为重点的各项任务。

教学建设与科研立项 1月上旬，以原国家教委计划建设司司长徐敦潢为组长的全国高等学校设置评议委员会专家组一行8人代表国家教育部，就该院申报设置本科学院的工作抵达该院进行实地考察。2010年，学院始终以教学为中心，以"升本"为动力和契机，全力做好相关土地、校舍的规划和材料的申报等具有决定意义的工作，推动和促进教学改革与发展。推进教学规章建设、学科专业建设、课程建设、实践教学建设、教学质量建设、教材建设等六大建设；同时围绕教学质量的提高，组织开展教研教改、名师大讲坛、教学评价、教学督导等一系列特色活动。

2010年，学院科研处正式挂牌成立，统筹管理全院科研力量；完善学院科研管理相关制度，通过奖励、量化考核等激励机制激发教师的科研积极性，强化教研、科研项目申报的宣传力度和立项组织、指导工作，指导教师完成了2010年度自治区级科研立项和教改立项申报工作。据统计，学院教师在各级各类期刊上公开发表论文21篇、艺术作品7件；主持和参与科研立项23项，其中参与国家级社科立项1项；学院主持自治区级立项13项，院级立项9项。全年学院投入科研经费50多万元。

教师队伍建设与学生管理 学院通过多种途径吸纳高学历高职称和有实践经历、经验的人才充实教师队伍，组织部分教师参加继续教育公需课、研究生课程班学习，以及参加学历进修和实践实训锻炼。教师中在读研究生11人，选送北京、上海学习进修12人，报考在职或全日制研究生19人。另外，在不影响教学工作的前提下，不少专业教师参加专业实践工作，将理论与实践相结合，努力提高"双师"素质。

学院通过多种途径开展学生思想政治教育，不仅党政领导亲自抓，亲自上课，而且所有副院长、副书记、思政理论课学科带头人都为学生上思政课，解读人生；此外，通过周一升旗全院晨会、重大纪念节日、主题班会等形式开展思想政治教育。创新学生管理模式，形成教书育人、管理育人、读书育人"三位一体"的育人体制；实施全方位育人、全天候育人、全院育人的"三全"育人实践。成功举办了第九届田径运动会，第十届沙滩运动会暨第六届沙雕比赛，第六届校园文化艺术节，社团活动周等活动。2010年为贫困学生提供勤工助学岗位145个，平均每人每月发送补贴250元，发放资助金额15.32万元。寒假前夕，学院为每一位勤工助学的学生发放车费补贴300元，共计19500元。

招生与就业 招生工作方面：抓形象宣传，创学校品牌，树学校声誉；以及科学分析招生形势，合理编制招生计划。就业方面：以"提高毕业生就业工作水平、提高毕业生就业质量、提高毕业生就业率"为重点，及时调整就业政策，多方积极争取，开拓就业渠道，形成了"多方争取，层层负责，扩大就业渠道"的工作模式。做好2006～2010届毕业生的就业跟踪工作；对49家用人单位实地考察，对毕业生满意度在98%以上。截止2010年8月25日，应届毕业生就业人数828人，就业率达到87.25%，超过当月全区高校应届毕业生初次平均就业率。

奖（助）学金评选发放 做好国家助学贷款和国家奖、助学金的评选和发放工作。全年办理国家生源地助学贷款资助175人，已办理成功163人，金额共97.4万元；国家助学金资助766人，资助金额114.9万元；国家奖学金奖励2人，奖励金额1.6万元；国家励志奖学金奖励61人，奖励金额30.5万元；自治区人民政府奖学金奖励9人，奖励金额2.7

万元。

参赛与获奖　学院环艺系084班学生刘明亮、张若男的艺术作品在山西大学承办的2010年（嘉俊）太原年会暨国际学术交流会上和2010年“和成新人杯”全国青年室内设计大赛中荣获二等奖；103名学生参加全国大学生英语竞赛“D”类初赛，16名成绩突出，1名入选代表学院参加广西区复赛。（姚致光）

市委党校

【概况】 2010年，中共北海市委党校全面贯彻落实党的十七届四中全会精神和中央、自治区党校工作会议精神，按照市委和上级党校对党校工作的要求积极开展工作，各方面都取得较明显的成绩。2010年，充分发挥自身工作的优势，先后与驻市海军91457部队、广西中粮集团生物质能源有限公司签订了党建共建协议，在军地共建全军首家水兵党校当中取得了良好效果，成为北海市开展“结对共建、先锋同行”活动先进典型和创先争优活动先进党组织典型。

市委党校按“一校两院”（市行政学院、市社会主义学院）的架构，内设办公室、人事科、教务科、行政科、干部培训科、教研一室、教研二室、科研室、电教信息中心9个科室。在职教职工46人，其中，副教授5名、高级讲师2名，讲师15名、中学一级教师2名，助教1名。

【干部培训】 2010年，市委党校共举办研讨班和培训班7期，轮训培训各级领导干部413人次。其中，配合市纪委、市委组织部举办新任处级干部廉洁从政学习班1期，培训新任职领导干部121人；承办县处级领导干部专题研讨班5期共254人，承办中青年后备干部培训班1期38人。在教学管理上，按照增强针对性和实效性的要求精心设计了中青班和县处级干部自选专题研讨班的教学计划；在教学内容上，增加党的十七届四中全会精神以及廉政教育内容，坚持把党性教育作为必修课，探索适合不同班次学员特点的党性教育的途径、方式和考核办法。向区组织部、区党校上报40个案例，充实了教学内容。

【理论宣讲】 由校领导亲自带队深入到市委市政府有关部门及部队、企业、乡镇、街道和农村等单位进行理论宣讲达117次，接受宣讲人数达8500人次。同时，配合市委宣传部、市电视台完成宣传“北海三年跨越发展工程”的12项专题采访任务，与市社科联合作承办10期2000人的“北海历史文化大家谈”讲座任务。

【科研工作】 2010年，市委党校坚持科研为教学服务、为当地党委政府决策服务的方针，完成论文或调研报告共29篇，其中省级刊物发表或省级理论研讨会获奖6篇、市级刊物发表或市级理论研讨会获奖4篇。申报并获准的省级科研课题1项，申报并获准的市级科研课题1项，申报并获准的校级科研课题2项。组织中青班学员围绕“北海三年跨越发展工程”开展8项课题调研活动。成功举办北海市党校系统党的建设理论研讨会。

【队伍建设】 2010年，市委党校重点加强对教师培训。年内选送12名教师（含合浦县委党校4名）到自治区党校参加师资培训，选送4名教师到自治区社会主义学院参加师资培训，选派2名管理骨干到基层部门挂职，选派1名教辅人员到自治区党校相关处室跟班学习。积极推动试讲和评课环节，召开教师备课会4次。成功举办了北海市党校系统优质课选拔赛，打造了北海市党校品牌课程。（彭　卫）

文　化

综　述

【概况】 2010年，北海市共有文化单位52个（含县、区和乡镇文化站），其中，文化行政单位5个，事业单位47个；在编干部职工共470人，其中市直文化系统在编干部职工252人、专业技术人员208人。

2010年，全市文化系统贯彻落实北海三年跨越发展战略决策，以申报国家历史文化名城、实施文化惠民工程、开展文化精品对外交流、推进文化项目建设等为重点，提升城市文化软实力，有力促进了全市文化事业的发展繁荣。全市文化工作硕果累累：申报国家历史文化名城喜获成功，配合完成了中央电视台专题片《走遍中国——走进北海》的拍摄，大型舞剧《碧海丝路》荣获全国精神文明建设“五个一工程奖”和广西桂花特别奖，市少年儿童图书馆荣获全国“全民阅读示范基地”和自治区公共图书馆先进集体称号，市画院“北部湾画风—北海水彩画”被列入文化部全国画院优秀创作扶持项目，市图书馆被授予全国公共图书馆二级馆并荣获2010年全区公共图书馆服务效果评选一等奖，市文物管理所被评为广西第三次文物普查先进集体，市文化市场稽查队被评为全区文化市场管理先进集体，市群艺馆舞蹈美术等作品荣获第二届“魅力北部湾”群众文艺评比12项金奖。

【全力配合申报国家历史文化名城工作】 2010年，市文化局充分发挥北海历史文化底蕴深厚的优势，加强对历史文化的研究保护和利用，组织专门力量开展座谈研讨、收集整理资料、确认历史文化遗存、落实历史文化保护相关要求，加强与国家和自治区相关部门的工作衔接，邀请上级领导和专家到北海实地考察指导；配合市委、市政府做好申报国家历史文化名城相关工作，整理、核实、申报文本有关文物方面的文字资料，考证相关文物点的地理位置、面积、年代等方面的数据，对申报文本中的文物资料进行审核修改。11月9日，申报国家历史文化名城获得成功。

【文化惠民工程日益深入民心】 围绕“月月有计划、周周有活动”的安排，2010年，北海歌舞剧院、市粤剧团、市群众艺术馆、市图书馆、市少儿图书馆及县区演出单位下农村、进广场、进社区、进企业、进校园、进军营、上海岛开展群众喜闻乐见的文化系列活动。以基层为舞台，以群众为主体，保障人民群众基本文化权益，让人民群众共享文化发展的成果。全年共组织“文化惠民”文艺演出150多场次、指导市、县区群众文艺团队演出92场次、赠送图书5000多册、赠送北海水彩画30多幅。组织举办了元旦、春节、清明、端午、中秋文艺晚会和“五一”、“十一”广场演出周、“历史文化宣传月”活动。开展了“百场欢歌惠珠乡”、“休渔文化演出周”、“千团万场”等群众文化系列活动，受到群众的欢迎和好评。

【城乡群众文化活动蓬勃开展】 一是广场群众文化活动丰富多彩。以政府引导、社会主办、群众主唱的模式，广泛开展广场群众文化活动。北部湾广场、海门广场、合浦还珠广场、廉州广场、铁山港南康镇文化广场等群众文化活动常年不断，常办常新。二是阵地文化活动形式多样。举办了“北海历史文化名城图片展”等。全年共举办各类艺术展览70多次，展出作品1000多件、举办各类艺术培训班49期、培训学员2000多人次。三是县区乡镇群众文化活动广泛开展。合浦县开展了“玫瑰世家杯”龙舟大赛等城乡群众文体活动；海城区“疍家文化艺术节”已成为群众文化品牌，社区蓝天艺术队的文化节目《奔腾》应邀参加韩国首尔国际中老年艺术节文艺展演荣获金奖;银海区开展了"海门杯"龙狮比武大赛和"侨港休渔期群众文体活动月"等活动;铁山港区陂塘村海港粤剧团等7支农民文艺队常年以农民喜闻乐见的节目进行演出活动,深受群众欢迎。

【文化交流合作日趋活跃】 2010年,努力打造具有市场竞争力的文化产业品牌,《碧海丝路》、《珠还合浦》、《咕哩美》等精品剧目开始走向市场,北海歌舞剧院、市粤剧团赴粤港澳的商业演出取得了良好的开端;"北部湾画风——北海水彩画"晋京展览,市画院组织20多位画家创作80多件作品参展,北海水彩画品牌在京城艺术界引起轰动,获得好评;市文艺创作研究所应香港星辉研艺社邀请组团赴香港演出;邀请广州红豆粤剧团等近20个区内外文艺团体到北海演出;市北海歌舞剧院承办中越青年大联欢文艺晚会。

【文化基础设施建设稳步推进】 2010年,多方争取上级建设资金支持,采取市场运作等方式,推动文化基础设施建设。编制文化建设项目14项列入市发改委项目库;合浦县汉文化主题公园二期开工建设;北海市群众艺术馆改造项目完成了资产评估;北海城市博物馆前期筹备工作正紧锣密鼓地推进;18个村级公共服务中心建设任务全面完成,并在元旦期间开展了文体活动。

【文化市场管理规范有序】 2010年,开展了文化市场护苗和"平安世博"等专项整治行动。全年共组织文化市场稽查1831次,出动稽查人员3535人次,检查场所4544家次,受理举报28起,查处28起,全年查处违规文化经营单位15家。制定了《文化局行政审批专用章使用管理规定》,严格执行限时办结制度,文化审批事项均在1~3个工作日内办结。全年无行政复议和行政诉讼,提高了行政效能。

【文化产业逐步发展】 2010年,北海歌舞剧院、市粤剧团、市群众艺术馆、市艺术学校分别举办了音乐、舞蹈、绘画等各类培训班。艺术培训产业逐步发展,北海艺术培训品牌正在逐渐形成;文艺演出业发展势头良好。2010年,北海歌舞剧院、市粤剧团共组织商业演出200多场次,演出收入达300多万元;市群众艺术馆下属广告美术公司不断拓展业务,生产规模不断扩大,产业收入突破200万元;北海的贝雕技艺已经成为广西民族传统手工艺的一朵奇葩,贝雕产业稳步发展壮大,日益成为对外文化交流的一张名片。

社会文化

【广场文化活动】 2010年,北海市群众艺术馆举办了北海市"和谐文化服务行"暨"千团万场"群众文化活动年启动仪式,开展"百场欢歌惠珠乡"群众文艺演出活动。举办了"'唱兴北海·喜迎新春'大型文艺晚会"、"北海历史文化大展演"、"我们的节日·清明颂"文艺晚会、"迎新春全市少年儿童画展"、"庆'六一'少年儿童绘画作品展"、"欢乐和谐贺新春"曲艺晚会等专题群众文化活动,配合举办"北海历史文化宣传月活动启动仪式"。全年组织文化进社区、广场演出53场,指导业余曲艺团在海门广场演出210多场,观众20万人次。

【阵地文化活动】 2010年,共举办各类艺术展览12次,展出作品638件,举办艺术研讨会2次,艺术讲座3次,举办各类艺术培训班219期,培训学员4130人次,上报文化大事记10期、文化数据10份,出版群文信息5期、出版群众艺术橱窗11期。

【"文化惠民"活动】 2010年,市群众艺术馆业务干部累计下基层约239天,人均18天,培训文艺骨干和业余爱好者4530多人次。举办基层文艺骨干培训班,举办"2010年基层(社区)文艺骨干业务培训班",培训内容有民族民间舞组合、北海水彩画欣赏、声乐等,来自海城区基层的文艺骨干共45人参加了培训学习。5月开始,组织举办全免费的公益性文艺培训班,其中举办舞蹈培训班3期,培训学员75人次;声乐培训班1期,培训学员12人。

【第二届"魅力北部湾"活动】 10月,第二届"魅力北部湾"群众文化活动在钦州举行,市群众艺术馆组织选送了优秀文艺节目3个,美术、书法、摄影作品45件,群众文化论文20篇,参加"魅力北部湾"群众文艺优秀节目展演、"魅力北部湾"美术书法摄影作品展、"魅力北部湾"广西群众文化理论研讨会等三大项活动。获金奖12个,银奖22个,铜奖24个。

【非物质文化遗产保护】 2010年,举办第五个"文化遗产日"宣传活动,开展"非遗"宣传进校园、社区活动。同时,组织了民间舞蹈《耍花楼》、民间音乐《西海歌》、《东海歌》、杂技与竞技《南蛇过垌》(传统武术)等非物质文化遗产项目传承人在北部湾广场进行宣传演出。先后在北部湾广场、合浦县公馆镇、独树根东社区、市华侨中学等地举办了多次非物质文化遗产成果图片展。2010年,共举办非物质文化遗产成果图片展9次、非物质文化遗产专场展演2场,向市民发放宣传资料200多份。《南蛇过垌》列入市级非物质文化遗产名录,《老杨公》、《疍家婚礼》、《北海咸水歌》、《外沙龙母庙会》、《北海贝雕技艺》等5个项目被列入自治区级非物质文化遗产名录。编辑出版了《北海市非物质文化遗产荟萃》一书。

【艺术教育培训活动】 2010年,北海市业余艺术学校开展器乐、工艺、书法、舞蹈、少儿美术、高考美术等艺术培训活动,共有2000多人次参加艺术班的培训,同时,组成北海艺术少儿键盘乐与广西南宁市少儿键盘乐学生、广西艺术学院学生进行少儿钢琴演出交流活动。举办北海春节少儿广场音乐会,有民乐、西洋乐、打击乐等20多个节目在广场演出。组织学生参加全国钢琴比赛广西分区赛。组织少儿美术选手参加全国美术作品大赛,1人获铜奖。组织选手参加广西少儿钢琴比赛。8月,组织选手参加广西青少年钢琴大赛,2人获特等奖,5人获金奖。9月,举办北海市少儿庆中秋少儿音乐会。10月,组织少儿选手参加全国海伦杯青少年钢琴大赛,获1个金奖,2个银奖。

专业文艺团体

【北海市文艺创作研究所】 2010年,全所文艺家创作发表的文艺作品60多首(篇),获奖10项,其中,歌曲作品《你我一起成功》被定为第四届贵州省残疾人运动会会歌,《全民健身,放飞梦想》被定为第四届湖南省浏阳市全民健身运动会歌,《洁白的羽毛 洁白的梦》荣获中国首届羽毛球文化节会歌征集入围奖,《你行我也行》荣获全国体育运动会会歌征集入围奖,《不奇怪》、《京家小哈妹》分别在广东电视台"快乐童声"六一晚会、广西电视台"童声飞扬"六一晚会播出,《有一种人》、《九零后一代》、《柳丝丝,雨丝丝》等作品发表在《歌曲》、《儿童音乐》、《广播歌选》等刊物,个人CD专辑《今生有幸》由中国唱片总公司等出版发行。客家歌曲节目《清清白白好做人》参加福建省举办的"全国首届'海峡两岸'客家歌曲演唱大赛"进入20强,入选总决赛。承办大型歌舞音乐晚会"我们的节日——清明",驻市各兵种部队代表、市四家班子领导和社会各界人士近2000人观看了晚会演出。为涠洲岛驻军培训业余音乐人才,参与并完成"中越青年友好"联欢活动辅导任务。组织辅导民间音乐小分队赴香港演出,9月上旬,辅导歌手并组队赴福建龙岩参加"客家歌曲"演唱大赛。

【北海市画院】 2010年,画家们紧紧抓住打造北海水彩画品牌的系统工程开展创作活动。全年,在国家级画展、刊物上入选和发表的画作80幅,省级30幅。春节期间,举办北海市水彩画年展,举行晋京展出前的学术座谈会,邀请上海、北京的专家共同研讨北海市水彩画作的特点,提高画作的创作水平。7月,广西区党委宣传部、北海市人民政府、广西区文联主办,在北京中国美术馆举办了"北部湾画风——北海水彩画作品展",市画院组织水彩画作80幅参展,原中共中央政治局委员、全国人大常委会副委员长李铁映观看了画展,中国文联、文化部、中国美术家协会的领导出席了开幕式,新华社、《人民日报》、中央电视台等媒体和报刊对画展进行了报道。

【北海歌舞剧院】 2010年,共演出136场,"文化惠民"演出40场,其中1~9月演出收入110万元,观众17.03万人。年初,组织全体演职人员创演了《爱在天地间》的赈灾义演文艺晚会。1、2月间,分别参加铁山港区工商联大型迎春文艺晚会、市公安系统《警徽耀珠城》春节文艺晚会。5月,以精品剧目舞蹈诗《咕哩美》、大型舞剧《碧海丝路》参加"北海历史文化大展演"活动。6月,在北部湾广场参加大型文艺晚会《北部湾·端午情》。7月,参加《北部湾城市形象大使大赛》北海赛区总决赛。同时,与海城区第十六小学开展共建活动,组织文艺编导小组对该校进行文艺培训。8月,参加中越青年大联欢晚会的演出。9月,参加中秋晚会《明月共潮生》。10月,在南宁市举行的第一届广西青年舞蹈比赛中,一举夺得3个一等奖,1个二等奖和6个三等奖。并组团赴玉林参加玉林市中小企业商机博览会开幕式演出。

【北海市粤剧团】 2010年,市粤剧团全面加强演职员的业务训练,组织排戏授课与实践讲座2期,参培人员80余人次,多渠道提高演职员的综合素质和业务能力。同时创作、编排一批优秀剧目和折子戏,添置了舞台灯光等一批演出设备。全年演出场次共121场,其中商业性演出80场,文化下乡、广场、社区宣传,慰问部队演出41场,观众达11.5万人次,演出票房收入50万元。年初,在市人民剧场开展了粤剧演出周活动,连续上演四场古装粤剧。5月,以大型古装粤剧《珠还合浦》,参加了北海历史文化宣传月演出,展演9场,观众4800人次。6月,在海门广场举行"北海市粤剧团小百花艺术团'六一'儿童节文艺晚会",观众350人。在北部湾一号广场举行"大海湾端午情"文艺晚会,观众1500人。7月,应邀赴广州市文化公园粤剧文化广场中心大舞台演出,节目以《珠还合浦》等4台古装粤剧为主打戏,获得了观众的好评。著名粤剧表演艺术家红线女,广东省粤剧院粤剧当家小生丁凡、当家花旦蒋文端等粤剧名家连续到场观看。8月,应邀赴澳门作文化交流演出,在澳门永乐大戏院举行"敬老献温情2010澳门——北海粤曲交流晚会",演出了《牡丹亭》、《梦会太湖》、《六月飞霜》、《紫钗记之剑合钗圆》等传统古装折子戏,澳门各界及各大社团约700名老人及当地粤曲爱好者观看了演出，澳门中文报纸《濠江日报》8月20日以半版的篇幅报道了演出盛况。

公共图书馆

【北海市图书馆】 2010年，采编新书2418种3850册，馆藏总量22万册(含电子书刊、报刊合订本)，办理图书借阅证3200个(不含临时阅览证)，服务读者30万人次(含借阅书刊、展览、讲座以及馆外流通点服务人次)，举办讲座、演出、展览、报告会等活动共65场次，参加人数6万多人次。全部取消临时阅览证，并降低复印费、网络使用费、借书逾期滞纳金等费用，所有图书全部开架，广大读者只需凭身份证，即可免费看书、看报、看杂志。实现了与广西图书馆的VPN互联（虚拟局域网），为读者提供丰富的信息资源，包括电子漫画、名师讲坛、10万种电子图书、论文数据库、法律信息数据库、全国学术期刊数据库等。开展“双拥文化耀珠城”系列大型军民文化活动，包括征文、摄影展、文化讲座。展出北海市双拥摄影作品100幅，优秀征文50篇，双拥板报12块。全国双拥模范城检查组特别题词：“北海市图书馆——文化拥军的典范”。春节期间，“北海文史图书视频展播”在市图书馆举行，展出北海文史图书100多册，并投影播放北海历史文化名城专题资料片，受到读者的欢迎和好评。4月23日世界读书日，为驻市海军81大队及通信二连送书上门，并赠送图书300册及电子读书卡50张，建立了图书流通点。5月19日，到合浦县山口镇参加全市科技文化卫生“三下乡”活动，免费发放种养资料300份，展示科技新书200册。5月20日，到合浦县公馆镇及六甘村参加由市文化局组织的文化下乡活动，赠送图书300册。6月25日，到侨港镇参加“百场欢歌惠珠乡”北海市侨港休渔文化周活动启动仪式，并向侨港镇文化站赠送图书200册。9月28日，参加市“十月科普大行动”启动仪式，并到侨港镇开展文化下乡活动，展示科技新书，免费发放农业种养资料200份。2010年，北海市图书馆被文化部评定为国家二级图书馆。

【北海市少年儿童图书馆】 2010年，共接待小读者17万人次，借阅书刊35万册次，分编著录图书2111种，2803册，出版新书推介、书评专栏12期。全年共开展读者活动37次，参加读者活动3.5万人次，送书下乡13次，集体外借2350册，利用中央配套资金安装了一套价值16000元防盗监控系统，强化了防盗设施。完成中央32万元配套资金的设备购置，建立了多媒体电子阅览室及完善多功能报告厅设施。在北部湾广场开展新春益智游园活动，内容有：科普、钓鱼、丢圈、投篮、知识有奖竞猜等活动，展出了“历史文化名城——北海”大型摄影图片展，有近千人次参观了展览。在“世界读书日”，推出以“保障阅读权利，享受阅读快乐”为主题的系列读书活动。内容有：图片展、新书展、免费发放借书证等，受到广大市民的欢迎。承办的“全国少年儿童阅读年”活动成果摄影展在湖南长沙首展，并陆续到全国各地巡展。举办庆“六一”少年儿童游园活动，在中山公园开展钓鱼、套动物、北海历史知识竞猜、北海历史文化图片展等活动，有1000多小朋友们参加。与银海区高德小学一起举办庆“六一”校园知识竞赛，组织展出的100幅北海历史文化图片展受到师生们的欢迎，约1000多人观看了图片展。暑假期间，为丰富广大少年儿童读者的文化生活，新开设的电子阅览室举办“缤纷假期　欢乐共享”专题资源影视展播活动，内容有“身边的科学”、“身边的奥秘”、“双百人物原创动漫”和“西游记”等动漫资源，还有《孙文少年行》等适合读者观看的电影。与金太阳培训中心联合举办“北海历史文化”图片观后感征文活动。5月，荣获自治区公共图书馆先进集体称号。6月，中国图书协会授予“全民阅读示范基地”，成为全国少儿图书馆界唯一获此殊荣的单位。

文化市场

【治理整顿】 2010年，北海市文化市场稽查队以建设平安市场为出发点和落脚点，集中治理整顿市场。2010年，共组织检查2053次，出动稽查人员4125人次，检查文化经营场所5154家次，查处并处罚违规文化经营单位17家，依法吊销娱乐经营单位《娱乐经营许可证》1家，依法停业整顿互联网经营单位1家，查删歌舞厅违法卡拉OK歌曲200首，查处并依法停业整顿违法经营音像制品单位9家，证据登记保存非法音像制品2210张，与市电信部门联合过滤违法音乐网站86家，受理举报32起，查处32起。荣获全区文化市场执法三等奖、文化市场统计一等奖。

【网吧管理】 2010年，以查处网吧接纳未成年人、查处未核对上网消费者的有效证件、查处经营场所安全生产为总抓手，与市各相关部门以及市海城区政法委、综治办以及银海区文化广电和体育局等多次联合行动对市区、城乡结合部和乡镇以及中小学校周边的网吧、电子游戏室、歌舞娱乐场所等进行了突击检查，不断加大网吧接纳未成人进入的违规行为的处罚力度，依法停业整顿网吧1家。坚持文化市场管理的最低检查频度、公布举报电话、坚持日常监管“三班制”检查制度，发挥“五老”(老干部、老专家、老教师、老模范、老党员)网吧义务监督员参与净化文化市场经营的监督作用。7月14日,组织“五老”文化市场义务监督员举行座谈会,市关工委领导作文化市场义务监管的工作部署,共同交流网吧监督的经验和体会。

【专项整治行动】 2010年,召开全市文化市场经营单位的业主大会,动员广大业主参与文化市场的平安、规范系列专项行动。组织开展为期5个月的“整治网络手机等淫秽色情及低俗内容专项整治行动”及“元旦、春节期间文化市场集中整治行动”。加强城村结合部、乡镇(农村)的文化市场为重点的日常检查。自治区文化厅、文化稽查总队的领导分别5次到北海检查文化市场并抽查了市区、县(区)、乡镇农村的文化市场开展专项整治行动的工作情况。4月14日,市人大副主任许光波等一行4人检查《互联网上网营业场所管理条例》的落实情况,并抽查区(县)、乡镇农村的8家网吧以及2家农村文化信息站。4~5月,配合市委政法委、市工商、公安、综治、城管、教育等部门联合开展专项的突击行动,检查学校周边的网吧、电子游戏室、歌舞厅等经营场所。7月,配合市城管执法部门查处并取缔了海景广场一带非法经营露天音乐吧等。8月,配合市工商部门查处并取缔长青路102烤鱼吧等无证照经营场所。10月,市政协副主席陈小琴率市政协社会法制委员会、市文化局、公安局、司法局、教育局、团市委、机关工委等部门开展“网络对青少年负面影响问题”专题调研,并组织学校老师代表、学生家长代表、网吧业主代表等进行了专题座谈会。

【音像制品经营查处】 配合全市开展联合行动检查音像制品的零售、出租,查处并取缔非法音像流动摊点3个,证据登记保存非法音像制品2950多张,查处了违规经营的音像制品单位9家,依法停业整顿音像制品经营单位9家,维护了音像制品市场的经营秩序。

【捐款献爱心活动】 4月,倡议文化经营场所业主向青海玉树地震灾区捐资捐物,配合市文化局在市人民剧场举办了“情系玉树,大爱无疆”赈灾演出晚会,共181家文化经营场所业主捐款205292.1元。8月15日悼念甘肃舟曲特大泥石流遇难同胞,在这两次的特大自然灾害悼念活动中,全市文化经营单位自觉停止一切娱乐活动,没有违规经营行为发生。

【文化市场安全监管】 2010年,把安全检查细化落实到组长和队员,安全责任落实到业主。实施了白天重点查处网吧、电子游戏室违规行为,晚上加大对娱乐场所的安全生产检查和监管力度。检查经营场所的疏散通道、物品放置以及出入口的通畅情况等。对6家不按规定落实安全制度的歌舞厅发出了限期整改通知书,对珠海路老街的无证照酒吧已作为案件移送至市工商行政管理部门,要求依法取缔。对全市的电子游戏机室的年审进行现场型拍照存档,对不符合法规要求的电子游戏室不予年审。把全市现经营的文化经营单位的信息进行了全面的统计,为上级部门提供真实的文化经营单位数据。实施网吧电子监控软件的安装,组织落实了全市(含合浦县)的网吧电子监控软件的安装工作并组织培训,为实现与全区联网电子监控平台打好基础。

【演出市场经营管理】 2010年,北海市演出公司发挥人民剧场的优势,面向市场,接待演出共46场,会议22场,观众达7万多人次,收入62万元,比去年增长32%。解决了部分债务问题,提高了职工25%工资收入。接待演出大型音乐舞蹈剧《咕哩美》、《碧海丝路》20场。邀请北京残疾人艺术团来北海演出《千手观音》文艺节目,邀请广州市红豆粤剧团演出大型现代粤剧《刑场上的婚礼》以及大型古装粤剧《黄飞虎反五关》。

文物保护

【文物宣传】 2010年,北海市文物管理所通过各种方式,宣传文物法和北海文物,先后接待了国家文物局局长单霁翔、副局长童明康以及国家历史文化名城评估考察组等,向各级领导、专家、学者详细介绍了北海老街、北海近代建筑等重点文物。5月,免费开放大清邮政北海分局旧址陈列馆和普度震宫,在德国森宝洋行旧址和侨港镇文化公园举办“北海申报国家历史文化名城”的文物图片展。6月,在北部湾广场举办文化遗产日宣传活动,发放文物法宣传资料和北海文物宣传知识。

【文物保护与督查】 坚持每周两次的文物巡查制度,定期检查各文物保护单位的安全情况,发现安全隐患,及时处理。配合广西投资集团做好一体化项目内的文物勘察工作,对该项目所在铁山港海湾进行了文物调查和勘察。做好涠洲城仔圣母堂维修工程。会同文化市场稽查队对破坏白龙珍珠城遗址、油行村碉楼的违法行为进行了处理。对市区重点文物保护单位的消防安全情况进行了一次全面排查。8月,配合国家博物馆水下考古中心和广西文物考古研究所开展北海水下考古调查工作。

【文物普查】 2010年,根据新规范重新填写《第三次全国文物普查不可移动文物登记表》并录入数据库。复查不可移动文物118处,其中,确定消失的不可移动文物9处;新发现不可移动文物132处，并对部分文物点进行了复查和补查。在新发现的文物点中，古遗址11处，古墓葬5处、古建筑27处、石窟寺及石刻2处、近现代重要史迹及代表性建筑87处；完成"第三次文物普查"田野调查工作任务。4月底，全市实地普查阶段工作已初步通过自治区文物局验收。北海市文物普查队被评为广西第三次文物普查实地调查阶段先进集体，邓兰和廖元恬被评为广西第三次文物普查实地调查阶段先进个人。 （徐锡维）

文学艺术界联合会

【概况】 2010年，市文联按照市委、市政府"打造北海历史文化名城"的部署，加大精品创作和打造文化品牌力度，继续打造"八桂书风"、"北海水彩画"、"北部湾作家群"品牌。2010年，召开"繁荣珠城文学艺术事业，服务北海三年跨越发展"专题座谈会、市文联九届六次全委（扩大）会。市委书记、市人大常委会主任王小东出席市文联九届六次全委（扩大）会议作重要讲话并和与会代表合影留念。在北京中国美术馆成功举办了"北部湾画风——北海水彩画作品展"、组织摄影作品参加"风生水起北部湾——广西摄影作品晋京展"在北京中国军事博物馆展出。指导市曲艺家协会、市书法家协会、市美术家协会、市摄影家协会做好换届工作。开展中国文联"朝霞工程"少年文艺人才的推荐选拔工作，北海市第二批6名（含合浦）家庭困难的少年文艺人才获得"朝霞工程"扶助款。作家伍道扬、画家肖畅恒与广西区党委宣传部签约创作两年；陆刚夫被评为北海市第九届优秀专家，享受市政府津贴；作家谢凌洁加入中国作协；"北部湾画风——北海水彩画"入围文化部创作类扶持计划，是广西唯一入选此次计划的项目。12月1日市文联搬迁到北京路海尚巴黎5楼办公。

【举办各项文艺活动】 2010年，举办了迎春文艺晚会、迎春晚会、迎春曲艺晚会、北海市青少年迎新年民族音乐会、元宵节新年音乐会、欢度元宵钢琴二胡演奏音乐会、清明文艺晚会、端午二胡演奏音乐会、大海端午情文艺晚会和纪念毛主席《在延安文艺座谈会上的讲话》发表68周年北海原创音乐演唱会、庆国庆曲艺广场晚会、北部湾形象大使北海赛区总决赛大型文艺晚会；举办北海市2010年迎春美术书法摄影展，2010年北海市迎春美术展，2010年120胶片迎春摄影作品展，庆国庆北海美术、摄影晋京作品展，庆国庆书法展，第二届北海老街文化艺术节——晋京水彩画汇报展，第五届北海书法临摹与创作展，河南著名青年书法家张良书法作品展；举办了北海文学30年研讨会；与《杂文选刊》共同举办全国第四届杂文笔会暨首届杂文大赛协调会；协助银海区举办银海区机关幼儿园美术作品展，指导北航北海学院摄影协会开展摄影活动并举办摄影作品展览；为北海历史文化图片展和北海市重要场所大型城市形象宣传牌提供图片共600张；为世界客属恳亲大会提供近百幅图片，制作画册供市领导赴台湾考察宣传。开展和谐新春1000幅春联送农村活动，组织市书法家走进营盘镇白东大王岭村送春联、义务写春联，帅立国、张九先等老领导大力支持，亲自为村民挥毫写春联，受到群众热烈欢迎。组织"文化惠民"工程下乡演出活动，在北部湾广场及侨港镇等地演出100多场；协助自治区文明办、市文明办组织自治区书法家到铁山港区兴港镇民乐村写春联、送春联活动；配合组织舞剧《碧海丝路》和舞蹈诗《咕哩美》在市人民剧场再次公演20场；组织文艺家协会会员参加北海历史文化之旅万人行等活动。丰富了北海市广大人民群众的文化生活，受到群众欢迎。

【开展采风及文艺交流活动】 2010年，市文联继续采取"请进来、走出去"等方式，开展文化艺术交流活动。2010年，组织美术家参加2010年魅力北部湾和北海水彩画晋京展写生采风活动；组织参加广西文联元宵歌海晚会；组织参加中越青年大联欢文艺晚会。7月6日，北部湾画风——北海水彩画作品晋京展在中国美术馆开幕，此次画展引起社会各界的广泛关注，《人民日报》、中央电视台等国家级强势媒体约30家进行报道。组织摄影作品参加风生水起北部湾——广西摄影作品晋京展、参加全国第23届摄影展览。组织美术书法摄影作品作品参加广西文联成立60周年美术书法摄影作品展；组织作品参加广西农民画展，有18幅入选参展；组织作品参加广西大地水彩画年展，有13幅参展；组织作品参加第二届广西八桂书风网络展、首届册页展等。组织《碧海丝路》参加第五届中国（广州）艺术节。组织戏剧家协会会员赴广州市文化公园中心台演出并赴澳门进行文化交流、演出，与红线女艺术中心、广州市红豆粤剧团联艺在北海的演出。与川渝企业联合会、四川商会共同策划了美丽北海、浪漫银滩、爱心传递活动，从北海出发一路西行，途经云贵川桂4省区13地，行程近5000千米，宣传北海及北海文化。

2010年，接待广西文联北海采风团一行，接待由中国作家协会、中国烟草总公司、中华文学基金会组织的金叶育才图书室捐赠活动工作组一行，邀请中国作家协会常务副主席陈建功、鲁迅文学院前常务副院长胡平、著名作家周民震、韦其麟、邓一光等到北海进行文学讲座、交流。

【出版作品】 2010年，董晓燕创作的《美丽不化妆》散文集由作家出版社出版，《凄美的婚礼》荣获中国散文家协会举办的“中国最浪漫爱情故事征文”优秀奖；胡世娟著作《半岛潇雨》由方正出版社出版；《合浦书法作品集》由大众出版社出版。北海历史文化丛书之《美丽北海》、《珍珠故事》、《珠乡史话》已进入最后编辑阶段，拟于2011年出版发行。

【协会文艺创作活动】

市作家协会　2010年，市作协编撰、花城出版社出版的《发轫之路——北海文学三十年》共45万字，收录了北海91位作家和12位北海籍作家的资料，系统地总结了北海30年文学之路，较全面反映了北海作家的创作风貌和艺术水平。4月，召开《发轫之路——北海文学三十年》出版座谈会，中国作家协会副主席陈建功和冯艺、杜渐坤、张燕玲等作家、评论家与会。6月，配合中华文学会向全市15所中小学赠送了价值近百万元的书籍。9月，召开北海老作家座谈会。11月，召开北部湾作家写作培训班，邀请中国作协副主席陈建功、中国作协创研部主任胡一平讲课。12月，召开2010年作协大会推选北海市作家协会第四届领导班子候选人。2010年，共有会员106人，其中全国会员7人，自治区会员40人，市会员52人。

市美术家协会　2010年，到北海职业学院开展水彩画班教学活动、为北海市第五小学开展农民工孩子画北海美术创作活动。2010年，肖畅恒的《网语》和《从桂林北海水彩画联展谈广西水彩画现状》、包建群的《珠海路》、吴明珠的《渔家女》、吴志刚的《船缆》、傅刚的《退役的铁锚》、黄小其的《涠洲天主教堂》、蔡群徽的《春满田园》刊登在《中国水彩》48期。《美术家》第八期选登打造北部湾文化品牌北部湾画风——北海水彩画作品展。《艺术》第九期刊登北部湾画风——北海水彩画的文化形态和审美特征（谢麟）、物欲碾压过的幸存者——意会北海画家群的心路历程与艺术感动（高峻）和33位北海画家的水彩画作品。7月2日《中国艺术报》刊登“自然之美　自在之美”——打造北部湾美术品牌（潘琦）、贵在写自己的真切感受——看北部湾画风——北海水彩画作品展（邵大箴）。7月11日《人民日报》第8版登载北部湾画风劲吹——北海水彩画作品展选登。8月7日《美术报》刊登北海水彩画——北部湾的文化品牌。2010年，发展了5名美协新会员。

市摄影家协会　2010年，利用摄影作品的直观、感性、持续的优势开展摄影活动，为北海申报“国家历史文化名城”作贡献。组织会员分8个小组，一县三区各乡镇文物点拍摄古建筑和文物，出色完成了市里的拍摄任务。所拍图片成为北海市编制申报“国家历史文化名城”文本和录制名城专题幻灯片及举办各种展览的宝贵资料；11月9日，国务院批准北海为“国家历史文化名城”，北海摄影界功不可没。春节期间在北部湾广场举办大型“北海历史文化图片展”和在市文化局大院开辟“北海历史文化展览馆”的图片制作和布展任务；组织历史文化图片深入城乡巡回展示，全年共展示26场次，观众达4万多人次。

2010年，影协为市对外宣传和市旅游部门提供了大量的图片，用于出版北海风光画册、挂历、台历、宣传册；在报刊、杂志和网络等媒体发表了大量北海风光风情图片；为中央电视台四频道“走遍中国，走进北海”7集专题电视片提供大量图片，并承担了市委宣传部主编的《走进北海》画册的图片编辑和拍摄人任务。刘海贤在2010年的《数字家庭》杂志第7、9、10、11期连续发表有关摄影方面的图文稿件5篇，文字超过18000字，配文精美图片有40多幅。李君光、邓超斌作为新华社签约摄影师向新华社供稿，有近20组（幅）被采用。与银海区政府举办银海旅游长廊摄影比赛，收到作品700多幅。策划并承办了全国少年儿童阅读获得成果摄影展，该展览成为“阅读年”的重要活动之一，先后在长沙和长春等地巡展，成为中国图书馆规模较大的摄影展览活动。11月，举办大画幅摄影讲座，邀请广东和广西大画幅摄影家主讲。

指导合浦县摄影家协会、北航北海学院摄影协会、市青年摄影家协会和北海365网色影沙龙开展工作。帮助各中小学摄影兴趣小组开展活动，派会员到各学校讲学。派会员到学校、部队、银行等单位讲课。2010年，共推出了近10个个人摄影专版。12月26日，市摄影家协会召开第五次会员代表大会，选举产生了新一届理事会和领导班子。2010年，有40人加入市摄影家协会。

市书法家协会　2010年，举办北海——新余作品联展、珠海书家（合浦籍）张宪梅刻字展；湖南娄底市副市长、湖南省书协副主席、娄底市书协主席鄢福初带队到北海考察，举办北海书法家笔会；利用互联网开展书法宣传，胡达文（白草屋主）、清心（张建敏）、娜夫（陈美东）等是活跃在网络一线的版主、网友。唐雄先将书法与刻陶艺术结合起来，在全国工艺美术展览中获金、银奖，获广西工艺美术大师称号；李世华8月被广西组委会邀请到上海世博会参加“广西周”活动，向参观者进行篆刻创作表演。

市音乐家协会　2010年，召开了北海市音乐家协会2010年会员大会，举办北海市青少年迎新年民族音乐会、元宵节新年音乐会。5月23日，举办“纪念毛泽东同志在延安文艺座谈会上讲话发表68周年‘北海原创音乐’演唱音乐会”；组织举办“六一”少儿红色旋律音乐会，举办北海原创音乐歌曲演唱大赛。扩大完善了北海原创音乐网，继续在北海电台开辟“北海原创音乐每周一歌”栏目。

2010年，新发展12个会员，推荐4人加入广西音乐家协会，推荐2人加入中国音乐家协会。

市舞蹈家协会　2010年，1月举办了2010年迎春文艺晚会；配合大型历史舞剧《碧海丝路》在市人民剧场连续公演，场场爆满，好评如潮；8月举办合浦人防晚会和中越青年大联欢文艺晚会；9月组织参加广西电视台《我邀明月颂中华》中秋大型文艺晚会；10月15日参加广东汕尾海丰助学兴教文艺晚会；10月参加玉林博览会大型文艺晚会；11月参加广西南宁康全药业成立15周年文艺晚会和南珠之歌大型文艺晚会；12月参加防城第二届金花茶节大型文艺晚会和广东电白政协成立30周年文艺晚会。

市戏剧家协会　2010年，1月为配合市“文化下乡”组织综合性节目到营盘石村、公馆六甘村、兴港镇、福成镇等地演出。2～3月以《珠还合浦》、《文武状元争驸马》、《马福龙卖箭》、《花王之孙》、《盲仔断肠歌》、《洛神》等优秀剧目在广东吴川、茂名、电白、化州等地共演出35场，收到了良好的社会效应和经济效益。5月配合“北海历史文化宣传月”，粤剧团共献演10晚《珠还合浦》。7月赴广州文化中心演出《珠还合浦》、《文武状元争驸马》、《花王之孙》、《马福龙卖箭》等剧目，广东粤剧著名艺术家红线女老师亲临观看指导，并与全体演职员合影留念。8月赴澳门进行为期4天文化交流演出，增进两地的友谊。10月配合市委宣传部邀请粤剧著名艺术家红线女欧凯明率团来北海市献演，促进市粤剧事业的发展。11～12月组织综合节目送戏下乡到福成、营盘、西场、兴港镇等，共演出20场。

市曲艺家协会　2010年，4月召开年会，总结工作，布置任务。5月，谢振红主讲了专题《丰富多彩的北海民间民俗文化》；6～9月，组织文艺进社区、工厂、农村、广场进行演出8场；10月，组织节目参加第二届“魅力北部湾”钦州群众文艺活动，获“魅力北部湾”群众文艺优秀节目展演曲艺节目创作一等奖、表演二等奖、组织优秀奖；会员撰写的论文参加第二届“魅力北部湾”群众文化理论研讨会获奖，其中获一等奖1篇，二等奖4篇，三等奖2篇，优秀奖4篇。12月，组织参加了“2010年北海市‘群星风采’优秀文艺展演周”曲艺专场演出。12月16日，召开曲协换届大会，选举产生了新一届曲协理事会和领导班子。2010年，发展会员5名，共有会员87名，其中省级会员5名。

此外，配合政府开展非物质文化遗产收集研究工作，会员承担了蛋家民俗文化和赛龙船、老杨公、耍花楼、公馆木鱼、咸水歌、东海歌、西海歌等民间文艺项目的整理研究工作，参加了“珠还合浦”民间故事收集整理工作。协助完成了《北海咸水歌》、《疍家婚礼》、《外沙龙母庙会》、《老杨公》等项目成功申报自治区级非物质文化遗产项目。

（杨　子）

出版·广播电影电视

新闻出版

【概况】 北海市新闻出版局成立于1996年2月，同年6月增挂北海市版权局的牌子。2004年1月将北海市“扫黄打非”的职能划入，“扫黄打非”工作机构（办公室）设在该局。2010年10月，根据《中共北海市委员会、北海市人民政府关于北海市人民政府机构设置的通知》，将北海市新闻出版局由市人民政府工作部门调整为在市文化局挂牌，不再保留北海市版权局的牌子。全局在编人员16人。租赁北海市公安局交通警察支队海城区大队五楼办公，地址在北海市广东南路2号。2010年，根据《中共北海委员会、北海市人民政府关于印发〈北海市人民政府机构改革实施意见〉的通知》规定，组建北海市文化市场综合行政执法支队，原北海市文化市场稽查队和北海市新闻出版局稽查队（北海市新闻出版局下辖行政执法综合类事业单位，参照公务员法管理）职责整合划入该支队，为北海市文化局（新闻出版局）下属正科级综合行政执法机构，对北海市文化市场实行统一行政执法。

市新闻出版局主要职责是审批图书零售业务，发放《中华人民共和国出版物经营许可证》；按广西壮族自治区新闻出版局的委托核准“三印”（复印、打印、影印）企业，发放《印刷经营许可证》；审核出版物印刷企业、包装、装潢印刷业；监督管理全市报刊社、驻市记者站、通讯社；核准发放内部资料性出版物《准印证》；管理全市著作权工作，组织查处市内的著作权侵权案件，调解《著作权》纠纷；对全市新闻出版活动（包括出版物的出版、印刷或复制、发行）实施监督管理，依法查处违禁出版物和出版、印刷、复制、发行单位的违法违规活动；对网络出版进行监管；组织部署北海市的“扫黄打非”工作，负责北海市“扫黄打非”办公室日常工作，对互联网不良信息进行查处和治理。

【农家书屋工程建设】 2010年，北海市农家书屋建设任务104家，其中，合浦68家，海城区10家，银海区15家，铁山港区11家。为顺利推进农家书屋建设工程，北海市新闻出版局召开2010年农家书屋建设部署工作会议，下拨农家书屋建设资金3万元。统一制作“农家书屋”牌104块，印制《农家书屋借阅制度》等三项制度牌312块，购买灭火器200个，免费配送到每一个农家

国家新闻出版总署巡视员翟丽凤（中）到北海检查农家书屋建设情况

市新闻出版局 供

书屋，保证农家书屋建设。同年5月，分别与合浦县、海城区、银海区、铁山港区共同分批举办农家书屋管理员业务培训班，先后有104名农家书屋管理员参加了培训。6月，全市104家农家书屋建设任务全部完成。2010年下半年，国家新闻出版总署和广西新闻出版局有关领导多次到到北海市检查农家书屋建设情况，给予高度的肯定。特别是农家书屋工程的信息收集工作在自治区是一枝独秀，得到了自治区新闻出版的通报表彰，在自治区农家书屋建设经验交流会作了经验介绍，有3家农家书屋和3个先进农家书屋管理员受到了自治区新闻出版局的表彰。

【北海书城项目建设】 北海书城项目是2010年北海市重点建设项目之一。项目总用地面积3000平方米，计划总投资3000万元。该项目于2010年3月签订合作协议。按协议，项目由北海市新华书店和北海市昌旭房地产有限公司合作开发建设。2010年该项目已完成规划选址、立项备案、土地预审、用地审批、总平及单体方案等相关手续。项目待设计条件审批后即可动工。

【报刊审读工作】 2010年，全市各主流媒体坚持正确的导向，围绕北海市工作大局，弘扬主旋律，营造了健康向上的舆论氛围。加强了报纸出版的监管，全年审读报纸约54330万字，撰写报纸审读报告约60篇，受理内部资料出版物申请大样13份（字数共计152.01万字），撰写审读意见13篇，发现一个问题纠正一个，帮助报纸提高办报质量，确保报纸出版业的健康发展。1篇审读报告2010年获得了国家新闻出版总署颁发的“优秀报刊审读报告”荣誉。

【年检工作】 2010年，按时完成出版物经营许可证和印刷经营许可证的年检工作。全市175家出版物经营单位有147家通过年检，缓期年检28家。符合条件的72家印刷企业和全市125家打印复印单位，通过了自治区新闻出版局的审核登记。对年检中要求上报的各种资料、数据严格审查和把关，力求填报数字完整准确。严格执行职业资格证和岗位培训证书管理制度。审核新申办印刷企业和变更打印复印单位10家，新核准发行企业11家，办结时间都在3个工作日内完成，远远低于对外承诺所需15个工作日的要求。全年受理行政审批均按照规定时限内完成，办结率100%。协助全市的4家报社、3个驻市记者站年检顺利通过了年检，并做好记者证新证的发放工作。

【新闻出版市场管理】 2010年，该局采取得力措施管理新闻出版市场。从各乡镇到市区大街小巷展开拉网式的检查，共检查了全市印刷企业和相关单位170多家。严禁非法印刷和违规印刷，采取有效措施防止非法出版物在北海市出现。强化对发行行业管理，分4批次召开北海市165家出版物发行单位会议，要求经营业主不得销售传销类非法出版物，对发行销售涉嫌传销类非法出版物行为要及时举报，协助追踪源头。业主们纷纷承诺不摆售非法传销类出版物，并相互监督。

【繁荣出版物市场】 2010年，北海市出版物品种约1200种，出版物发行单位销售出版物码洋约4000万元，从业人员约781人。组织北海市新华书店以及教育、京都、学府书店参加“科技惠及民生”系列活动中的“送书下乡”活动，深入到大、中、小学校、部队及山口、南康、福城等乡镇，流动送书、展销图书共28次，展出各类图书近千个品种，拓展了农村出版物市场，丰富了农村群众的精神文化生活。

【版权保护工作】 2010年，开展“知识产权宣传周”和“知识产权宣传服务广场日”以及“拒绝盗版，从我做起”——绿书签签名主题活动。采取悬挂横幅、出版板报、张贴标语等多种形式广泛宣传著作权法知识。举办“4·26”销毁盗版光盘活动，销毁盗版光盘3.5万张。开展软件正版化率分析和警示教育，努力提高北海市机关单位使用正版软件的自觉性。坚持联合执法和日常巡查，特别是加强在元旦、春节等重大节日期间的检查，收缴各类盗版、非法音像、电子出版物2.6万多张，留置审查非法经营者2人。

加强对市辖一县三区政府部门使用正版软件工作的督促检查，确保县区政府使用正版软件工作的顺利进行。县区政府部门现使用的电脑共计3588台，其中操作系统软件有合法授权的电脑达70%～80%，杀毒软件正版化率达90%以上。推进北海市第四批使用正版软件工作，重点放在银行、保险和金融企业，42家企业完成了软件正版化工作。对两所图书馆进行实地检查，重点检查图书馆的进货渠道和向读者提供的复制资料是否有合法授权。

【“扫黄打非”工作】 按照“早发现、早排查、早预防、早处置”的原则，2010年该局坚持日常监管与集中行动相结合，在封堵和查缴政治性非法出版物、非法报刊、淫秽色情音像、打击“四假”、侵权盗版等工作中，成效显著。2010年共出动执法人员430人次，车辆180多台次，开展各种多部门联合集中清查行动12次，检查各类书报摊点350多家，音像制品经营场所150多家，计算机软件经营单位46家（次），收缴各类非法图书及报刊6.5万多册，非法音像制品2万余张，（其中淫秽音像制品1980张，涉嫌非法传销图书2.7万多册，非法电子出版物及盗版软件1400盘，非法“六合彩”资料1200

广西扫黄打非办工作人员在检查北海市出版物市场　　市新闻出版局　供

余份),取缔各类游商复印、图书报刊等无证经营摊点 51 个。教育、处理游商走贩 145 人次,移交公安机关处理 5 人。

查缴政治性非法出版物　将全市各夜市、地摊、小巷、大排档等游商出没地带纳入稽查目标范围,跟踪和排查,加强对车站、码头特别是个体货运站、物流公司等货物流通领域检查,并时刻保持与国保、安全以及机场、码头及航空港的海关、边检执法人员的联系,及时将相关稽查信息传达下去。2010 年北海市没有发现任何一种政治性非法出版物,收缴各类色情游戏光盘、淫秽音像光盘、黄色书刊等 1700 多册(盒)。

整治互联网和手机媒体淫秽色情及低俗信息　按照自治区的要求,组织、协调、督促北海市经营电信业务各运营商对手机 WAP 网站进行全面自查,并发动群众进行举报。加大对手机网站传播淫秽色情信息监控和过滤力度。2010 年,营运商共删除不良信息 5 个,封堵网站 18 个,关闭栏目 18 个,曝光 1 个,整改谈话 1 个,移送公安部门处理 1 个。

打击非法传销类出版物和非法“六合彩”码报行为　召开打击传销类非法出版物新闻发布会和发行业业主大会,阐述政府打击传销的决心,从源头上遏制了传销出版物的势头。联合海城区政法委、工商局、治安支队、派出所等部门成立打击涉嫌非法传销书刊行动专案组。该局除了保证白天的稽查任务外,在 2010 年 7 月还成立了特别行动小组,坚持每天晚上巡查。期间,在公安、工商等部门的大力配合下,开展联合行动 10 余次,查缴以传销人员为销售对象的非法书刊、照片、音像制品等 2.6 万多册(盘)。停业整顿书店一家,取缔、教育、劝告非法摊点、人员近 100 个(人次),端掉大小窝点 3 个。北海市销售涉嫌非法传销书刊的现象得到了有效抑制。此外,对个别公开半公开兜售非法“六合彩”码报资料的书报亭和游商进行查处,在文明、贵州、东海、新桥市场等收缴各类非法“六合彩”码报 1000 多份,北海市公开销售非法“六合彩”码报状况得到根本扼制。

整治“四假”,强化教辅读物监管　加大对“四假”(假报刊、假记者站、假记者、假新闻)查处力度。把“查市场”作为规范报刊发行的重要手段,对全市出版物市场实施无缝监管,稽查人员坚持市场情况通报反馈,联合市邮政部门及时截获了由正常渠道流入北海市的非法报刊。在全市范围内认真开展对进校教材、教辅读物专项治理行动。检查中小学校 12 所,检查大型出版物经营店 5 家,检查有出版物印刷资质的印刷企业 5 家,检查学校周边经营出版物经营场所 12 家(次),取缔以经营教辅为主的无证摊点 3 个,收缴盗版教辅资料和新华字典等 120 多本。专项检查中,北海市尚未发现各中小学校使用非法、盗版教辅的行为。

(孟　杰　张德传　王新砚)

《北海日报》《北海晚报》

【概况】 2010 年是全面实施“北海三年跨越发展工程”的第一年,这一年,《北海日报》和《北海晚报》坚决贯彻市委决策部署,全面落实市委九届八次、九次全会精神,牢牢把握正确导向,成功组织一系列重大宣传战役,为服务北海三年跨越发展、维护社会和谐稳定提供了强有力的舆论支持。

2010 年,《北海日报》周六由 4 版改为 8 版,周日一版改为要闻版,增加了新闻量;《北海晚报》由周五刊改为周七刊,并将周日刊改为《经济资讯》,版面由原来的 4 个增加到 20 个,丰富了内容。两报发行总收入比 2009 年度增 4.15%。两报通过飞机、轮船、长途汽车发行,扩大了北海对外宣传的力度。两报广告收入同比增长 2.7%。其中,日报完成计划 110%,晚报完成计划 180%。

2010 年,《北海日报》共获得省级以上各类新闻奖 44 项,《北海晚报》共获得省级以上各类新闻奖 26 项。

【新闻宣传工作】

宣传市委九届八次全会精神　日报出版了 2 期“学习贯彻市委九届八次全会精神专版”,策划组织了“解

报社全体党员和入党积极分子到百色参观学习，并在百色革命烈士纪念碑前重温入党誓言　　刘海贤　摄

读《政府工作报告》"系列报道。

开设跨越发展相关专栏　日报先后开设了"实施'北海三年跨越发展工程'"、"开展创先争优，共谋跨越发展"、"开展'工作落实年'活动，推动北海三年跨越发展"、"弘扬北海历史文化，推动三年跨越发展"、"回顾'十一五'，展望'十二五'"等专栏。全年共刊发相关报道120余篇，唱响了主旋律，拓宽了报道面。

突出重大项目建设报道　日报开设"大力推进项目建设"专栏，先后推出《建兴光电科技园区投产》、《白水塘生活垃圾处理厂扩建工程开工》、《北海炼油异地改造石化项目土建全面铺开》等重大项目建设报道30多篇，充分展示了北海发展的强劲力量。

做好争创国家历史文化名城报道　两报精心策划，全面部署"北海历史文化宣传月"活动报道，跟踪报道"北海历史文化大展播、大展演、大展示"活动。日报刊发"北海历史文化宣传月"图片专版13个，刊发图片近百张；刊发言论稿件和理论文章20多篇；出版"北海历史文化专版"，刊发《北海历史文化500题》170多期；举办"北海历史文化知识竞赛"活动；利用副刊"珠城史话"专栏宣传北海历史文化等。国务院正式批复把北海市列为国家历史文化名城后，两报进行了多角度、立体式的报道，《北海日报》在一版开设"大家说'名城'"专栏，以荣获"名城"为契机，全面激发广大市民的荣誉感和自豪感。

其他重要报道　两报还重点报道了年初贾庆林等中央领导考察北海、年中工作会议、赴台招商、整治"五乱"、第五届北海国际沙滩旅游文化节、中国—东盟博览会、抗旱保丰收和打击传销专项行动等。

【创先争优和党的建设】 2010年，北海日报社以创先争优活动为动力，将活动内容融入报社各项工作，全面推动报社全年目标任务的完成。

成立机构加强领导　成立了领导小组，制定活动方案，提出了"三年跨越求发展、新闻宣传创先进、服务大局争先锋"的实践主题。先后召开了活动动员大会、"七一" 评优活动和表彰大会、党建研讨会；党总支、各党支部和每一名党员都对照"五个好"、"五带头"、"五表率"的目标要求，签订了公开承诺书；设立了共产党员先锋岗，出版了创先争优宣传板报，在报纸上开设了创先争优宣传专栏；党总支还组织党员和入党积极分子，专程前往百色革命老区参观学习，重温入党誓词，感受时代使命。

加强基层党组织建设　发挥党员骨干记者的作用，完成各项重大报道任务；开展"结对共建、先锋同行"活动，向结对单位海城区十一小赠送了价值2万多元的电脑、胶印纸、作文本和小学生课外读物等，开展了每个党员向十一小捐赠一本书活动，与十一小全体党员一起观看

报社向结对共建单位海城区十一小赠送图书　　李君光　摄

了大型舞蹈诗《咕哩美》和廉政教育电影《北极雪》及举行“同上一堂党课”活动等。

打造学习型党组织　制定党员干部理论学习计划，修订完善中心组学习制度，向全体干部印发《干部选拔任用四项监督制度主要内容自我测试题》，出版学习干部选拔任用四项监督制度板报，推动学习，营造气氛。报社还在市教育书店建立读书学习基地，为职工提供学习方便。

【夯实基础改善办报条件】 2010年，报社多方筹集资金，用于提高装备水平、改善办公条件和职工工作生活环境。为部分记者配备了笔记本电脑、数码照相机、录音笔等采访工具；改良采编系统；改善发行员送报条件，提高发行员的工资和福利待遇；整修办公区下水道及更新环卫设施；腾出空房为条件困难的单身记者解决临时住房问题；想方设法更换办公室的破旧空调，改善职工的办公条件；组织在职和退休职工免费体检；利用节假日慰问老党员和困难职工等。（许开德）

广播电影电视

【概况】 2010年11月，根据《北海市人民政府机构改革实施意见》，北海市广播电视局更名为北海市广播电影电视局，在市文化局挂牌。市广播电影电视局是市政府主管全市广播电影电视工作的职能部门。2010年内设办公室、宣传科、科技科、社管科、人保科、监察室。局机关有公务员15人。全系统有干部职工370人，其中高级职称20人，中级职称114人，初级职称59人。下属单位6个：北海人民广播电台、北海电视台、北海广播电视报社、北海市广播电视艺术团、北海银滩有线电视管理处、北海市微波电视传播中心等。2010年，北海电台开设新闻综合、交通广播两套频率，每天播音时间各19小时，发射标称功率10KW；北海电视台开设新闻综合、经济科教和公共3个专业频道，每天累计播出节目48小时，发射标称功率5KW；市区有线电视网用户6万余户；《北海广播电视报》为4开20版的周报。北海市已基本形成了无线、有线和卫星接收相结合的传输覆盖体系，广播电视综合覆盖率走在全自治区的前列。

【宣传报道】 2011年，紧紧围绕学习贯彻党的十七届五中全会精神和《国务院进一步促进广西经济社会发展的若干意见》、“北海三年跨越发展工程”、学习型党组织和学习型领导班子建设、创建北海历史文化名城、防风抗灾、泛北部湾经济合作论坛、上海世博会“广西周”等重大活动、重大事件，开设专栏、专题，全力抓好宣传报道工作，共播发相关新闻稿件、专题近2000篇（条），为推进北海科学发展、和谐发展、跨越发展，营造了良好的舆论环境。全年共播发广播电视新闻稿件19580篇，新闻专题820个。

节目改版　北海电台从7月1日起推出了全新改版节目。这次改版的新闻节目保留了关注民生、关注民情、关注民意的主题栏目，如通过大事、小事、好事、新鲜事、有趣事和人民群众身边的事，从不同的侧面、不同层面、多角度的报道，推动和谐社会建设的《935新闻社区》和通过与听众互动，以精彩的对话和沟通，诚挚的交流，关注社会热点，展现新闻背后事件的《935新闻访谈》，新增了《百姓热线》节目。这是继该台在2006年开通《政风行风热线》后的又一条沟通百姓的“连心线”。上半年，北海电视台对经济科教频道和公共频道的一些栏目进行了改版。改版后的《房地产》节目，突出“关注民生，引领时尚”的节目特色，得到观众的好评。公共频道的《时尚生活》节目全面改版，增加了“乐活乐活”和“时尚资讯”板块；正酝酿改版的《旅游大世界》节目，将加入《“三年跨越”谈旅游》、《旅游资讯》等子栏目，使节目内容更丰富，更贴近观众。

承办大赛和活动　由市政府主办，北海电视台承办的2010“嘉福杯”北部湾城市形象大使大赛于9月底进行了总决赛。北海电视台开辟《美丽新鲜报》专栏，对大赛的各种活动都进行了详细的报道，播发相关新闻58条。这是北海电视台独立操作的一台时间长、涉及面广、影响力大的赛事。

由北部湾经济合作组织主办、北海电视台承办的《今日北部湾》电视栏目异地采访活动5月18～19日在北海举行。来自广西区的钦州、防城港，广东省的湛江、茂名、徐闻，海南省的海口、儋州、东方、临高、澄迈等3省（区）13市（县、区）的嘉宾、电视台记者深入北海出口加工区、工业园区、银滩、铁山港工业区、百年老街等地进行实地采访报道，通过打造这一电视栏目，增进各地城市电视媒体间的交流与合作，加强观众对北部湾经济区以及周边城市的了解，集合力量共同打造美丽的北部湾形象。

对外宣传工作　组织北海电台、北海电视台先后对北海重点项目建设、招商引资、民生工作、环保工程、抗旱工作等经济社会方面的亮点进行新闻采制并上送广西台、中央台播出。2010年，北海电台被广西电台采用的稿件458篇，被中央人民广播电台采用的稿件95篇，其中在《新闻和报纸摘要》、《全国新闻联播》中播出15篇；北海电视台被广西电视台采用的稿件304篇，专题44个，被中央电视台采用的稿件30篇，其中在《新闻联播》中播出3篇。

【播出保障】

确保安全播出　根据广电事业

的发展以及所面临的防控形势变化，2010年，广电局不断完善安全播出管理组织机构和应急机制，完善技术监测监管和调度指挥体系，加强管理规范化建设，保证了元旦、春节、“五一”、国庆等重要节日和全国、全区、全市“两会”，世博会、中国—东盟博览会、亚运会、亚残运会等重大活动的播出安全，全系统的安全播出水平和应急保障能力等到了进一步的提升。

推进设备改造　2010年，完成了北海电台直播机房改造、音频工作站升级和数字调音台更新，完善了直播功能，提高了播出质量和可靠性。投资280多万元的“电视数字硬盘播出系统”于8月6日正式开播，实现了播出、管理一体化，满足了24小时不间断播出的要求，降低了播出事故发生率，改善了北海电视台的节目播出质量。此外，北海电台、电视台冠头岭无线发射添置了同等功率的备机；广电大院实施了供电增容工程，同时为各播控中心机房集中配备了150千伏安的大功率发电机组，这些项目的实施，为安全播出工作增加了保障。

提前完成村村通工程　2009～2010年，北海市的村村通广播电视工程建设任务是采用直播卫星方式，完成对159个20户以上自然村广播电视盲村的有效覆盖。通过各级广电工作者的共同努力，于8月份全面完成了全市159个村点4770套设备的安装建设任务（其中第二批加密型任务为55个村点1635套），用户数据信息也全部录入完毕。提前2个月完成设备发放率和录入率双100%，并列全区第一。在长效体制建设方面，协助厂家在县(区)建立了“村村通”直播卫星设备售后维修服务站，为直播卫星用户看好电视提供及时的技术保障。

全面改善市级台覆盖　争取自治区广电局和市财政的支持，完成了北海电台、电视台合浦闸口马头岭无线差转发射机及天馈系统的购置和安装调试工作，于11月2日正式开播，较好地解决了合浦县东片、铁山港区部分区域数十万群众长期以来收听收看本地广播电视节目难的问题。

【行业管理】

专项行动　2010年，全市(含一县三区）共派出车辆50多台次，工作人员150多人次，深入到县区、乡镇、村、社区，开展了拉网式大检查。开展打击非法安装使用卫星电视广播地面接收设施行为的行动，先后依法取缔了海上夜巴黎、三中路千禧公寓、百货公司宿舍、金威广场等非法安装使用卫星电视广播地面接收设施的行为。为了遏制回流城(镇)违规安装、使用村村通加密型直播卫星接收设备的蔓延，2010年4～7月和2010年10～11月，在全市开展了2次严厉查处回流城(镇)违规安装使用村村通加密型直播卫星接收设备行为专项行动，未发现回流现象及骗取盗卖国家村村通设备现象。

新媒体新业务管理　加强了IP电视、手机电视、互联网视听节目、户外大屏幕、楼宇电视、移动多媒体等新媒体新业务管理工作。与相关部门配合，开展了一系列“扫黄打非”专项行动，打击利用互联网传播淫秽色情信息的行为，封堵网上有害信息。重点对北海市新闻类网站或重点论坛的网络视听节目进行了监看监管。

监管违规广告　对广播电视媒体刊播的广告进行定期或不定期的监听、监看，发现问题及时整改。2010年，责令电台、电视台整改违规广告达30多条。电台、电视台违规播放广告的现象明显减少，基本达到了广电总局17号令对广告播出的要求。

【为民办实事】 2010年，牵头实施市政府为民办实事事项是农村电影放映工程。共投资28万元新购买8台数字电影放映机于12月上旬下拨三区。同时，向国家广电总局争取到的3台数字电影放映机，1台数字电影放映车，也已分别下拨到县区使用。2010年，全市放映农村公益电影4180场，观众147.9万人次，完成全年计划任务的101.55%，实现国家广电总局要求的农村一个行政村每月放映1场电影的目标。

【广播电影电视中心建设】 北海广播电影电视中心项目选址在冯家江新区行政中心一带，用地规模按约3.33公顷（50亩）控制，建筑面积27200平方米，总投资6900万(不含土地款)。到10月中旬，完成了项目规划选址，办理了项目规划许可证；落实了项目前期经费30万元；完成可研报告；政府对项目用地进行了批复，项目用地已完成放线定点；项目已进入前期设计准备阶段。根据8月23日市政府项目推进会的要求，该局与市国土资源局、规划局、发改委等部门进行了对接，“十二五”期间项目争取建成并投入使用。

【加强党的建设】 2010年，局党组织按照建设学习型党组织的要求，组织全系统党员、干部累计学习培训时间达12天，进一步统一了广大党员干部的思想，凝聚了人心。同时，扎实开展创先争优活动和党组织建设年活动。成立领导小组，建立学习制度，全体党员向群众作出了公开承诺并进行了公示。把活动与全局的思想建设和组织、作风建设结合起来，与具体业务工作和解决实际问题结合起来，以活动的开展促业务的发展。此外，结合“工作落实年”活动的要求，实行党员领导干部工程进展责任制，实行定人员、定责任、定进度、定标准、定奖惩的措施，全面推动各项工作的顺利开展。

（刘江河　方国瑾　吴小燕）

卫　生

综　述

【概况】 2010年，北海市总人口166.84万人，全市财政对卫生事业投入4.56亿元（含全市行政事业单位医疗经费），比2009年增长24.25%，占财政支出的7.23%。卫生系统固定资产总值累计6.34亿元。2010年，全市拥有医疗卫生机构（不含村级及以下机构）355个，其中医院（含卫生院）47个；卫生人员总数9177人，其中卫生技术人员6633人，乡村医生1188人，个体医生821人，平均每千人口卫生技术人员3.97人；全市拥有病床4312张，其中医院（含卫生院）4307张，全市平均每千人口医院病床2.59张；全年诊疗525万人次，门诊人次460万人次，急诊人次53万人次，住院14.68万人次，出院14.66万人次；每一门诊人次医疗费用78.64元，平均每一出院病人医疗费用3300.44元。

【卫生项目建设】 2010年，全市卫生系统基础建设总投资2.21亿元，其中基建投入1.7亿元，设备投入5160.4万元。2010年，计划总投资4.9亿元，建筑面积10.67万平方米的市第二人民医院迁建项目年底开工建设，基建累计投入2862万元；计划总投资5965万元，建筑面积2.38万平方米的合浦县人民医院门诊综合大楼基建累计投入3959万元；市人民医院住院大楼已完成建设投入使用；国家扩大内需项目，自治区、市级重点项目的市中医院住院楼、铁山港区人民医院住院楼已完成建设；北海市卫生学校二期工程其中的2栋学生宿舍楼已投入使用，教学楼进入装修阶段；东街、中街、高德社区卫生服务中心3个项目正在进行主体建设；

北海市人民医院

12 个村卫生所国债项目已经全部竣工；银海区人民医院、合浦精神病医院等项目已完成立项、可研、选址、申报等项工作。

【队伍建设】 继续实施科教兴医战略和"十百千"人才开发工程。2010 年市直医疗卫生单位有卫生专业人员 3475 人，有 51 人晋升高级职称。在人才学历构成方面：具有硕士研究生学历 77 人，本科学历 1108 人，大专学历 1132 人，中专以下学历 976 人。在人才职称构成方面：具有高级职称 313 人（其中在职正高级专业技术人员 40 人），中级职称 1064 人，初级职称 1526 人。引进医学硕士 18 人，本科生 120 人。卫生人才结构进一步优化，综合素质全面提高。2010 年共完成科研立项 14 项，其中 5 个项目为自治区卫生厅项目，8 个项目荣获北海市科学技术进步奖，其中一等奖 1 项、二等奖 1 项、三等奖 6 项；有 1 个项目获得广西医药卫生适宜技术推广奖三等奖。2010 年，全市发表在正式医学期刊论文共 499 篇，其中核心期刊 116 篇。

卫生改革

【实施国家基本药物制度试点综合改革】 2010 年，自治区实施基层医疗卫生机构综合改革工作的统一部署，北海市分 2 批实施综合改革试点工作，改革的任务包括：推进国家基本药物制度实施工作；改革经费保障制度、完善运行补偿机制；改革人事制度，建立定编定岗、全员聘用的用人机制；改革分配制度、实施绩效考核。海城区作为广西区第一批实施国家基本药物制度试点区，该区 3 家乡镇卫生院于 2 月 28 日起实施国家基本药物制度，全部药物（包括国家基本药物和非基本药物）实施零差价销售，库存的非基本药品全部在 6 月 30 日前按进价零差率销售完。在第一批试点工作取得阶段性成效的基础上，第二批试点工作于 12 月 15 日启动，合浦县、铁山港区、银海区 21 个乡镇卫生院和市直 6 个政府举办的社区卫生服务机构实施国家基本药物制度。年内，全市所有乡镇卫生院和政府举办的社区卫生服务机构全部顺利实行国家基本药物制度。

【实施绩效工资制度】 2010 年，按照改革事业单位工作人员收入分配制度工作的总体要求，稳步推进北海市公共卫生与基层医疗卫生事业单位收入分配制度改革工作。国家规定执行事业单位岗位绩效工作制度的公共卫生与基层医疗卫生事业单位包括：疾病预防控制、健康教育、妇幼保健、精神卫生、应急救治、采供血、计划生育技术服务等专业公共卫生机构及乡镇卫生院和城市社区卫生服务机构的正式工作人员。

【医改项目】 2010 年，实施百万贫困白内障患者手术复明项目。与市残联合作，按时按质完成全国"百万贫困白内障患者手术复明项目"200 例手术任务；开展医学检验结果互认。为减轻患者负担，在全市二级以上医疗机构范围内开展医学检验结果互认工作。2010 年，各医疗机构在诊治工作中共互认医学影像 3868 人次，节省费用 53.71 万元，互认检验结果 4849 人次，节省费用约 38.45 万元；开展公立医院门诊预约服务，方便群众看病就医。年内，电话预约就诊患者共有 4936 人；开展临床路径试点工作。市人民医院、市第二人民医院和合浦县人民医院为试点医院，共选定 14 个专业 23 个病种。2010 年，3 家试点医院共选择病例进入路径 578 例。进入临床路径的病种的住院天数及费用较以往有了明显的下降。

疾病预防控制

【传染病疫情报告】 2010 年，全市无甲类传染病报告，亦无非典、人禽流感、炭疽等重大传染病疫情发生。共报告法定传染病 16674 例，其中发病前五位的病种是：手足口病、肝炎、急性出血性结膜炎、梅毒、肺结核。总发病数较 2009 年上升 105.43%，主要上升病种为急性出血性结膜炎和手足口病。

【艾滋病防治】 2010 年 6 月，市委市政府下发了《关于切实加强艾滋病防治工作的决定》、《北海市防治艾滋病攻坚工程实施方案》和《北海市防治艾滋病攻坚工程十大专项工程实施方案》，在全市推进实施为期 5 年的防治艾滋病攻坚工程。成立了市防治艾滋病攻坚工程领导小组，8 月召开了攻坚工程启动会，市政府与县区政府签订了责任状，9 月和 11 月组织召开了 2 次多部门协调会，协调落实艾滋病防治工作。多部门参与，针对不同的人群，采取多种形式广泛开展艾滋病防治宣传工作。全市初步形成了政府主导、部门负责、全社会共同参与的艾滋病综合防治工作机制，艾滋病防治工作成效显著。

美沙酮维持治疗人数稳步上升，正在治疗人数 299 人，美沙酮维持治疗年保持率 66.2%，超过国家指标要求。以性病门诊为依托，针对性服务人群的外展服务和个体医性病诊疗服务的管理工作进展顺利。2010 年，全市建立健全覆盖 6 个不同人群的监测网络。建立自愿咨询检测门诊 8 个，初筛实验室 6 家，确证实验室 1 家。通过加强性服务小姐、吸毒人群、男男性接触人群、外来农民工等高危人群综合干预工作，规范性病门诊和血液制品管理，做好监测发现，推进抗病毒治疗，阻断艾滋病母婴等综合防治措施，艾滋病发病态势继续控制在广西最低水平。

【非典、人禽流感防治】 2010年，北海市进一步完善非典、人禽流感疫情应急预案，建立长效机制，健全疫情监测网点，规范监测内容；建立与农业部门的联动机制，及时掌握信息动态；加强重点人群、重点部位监测；开展各类人员培训，开展群众宣教，普及非典、人禽流感和流感防病知识。2010年，北海市继续保持非典、人禽流感等发生的零记录。

【手足口病防治】 2010年4月初，市卫生局与市教育局联合下文启动学校手足口病防控工作。市人民政府组织召开专题会议，制定下发防控工作方案、病原学监测方案，迅速组织开展技术培训、宣传教育、疫情监测、组织疫情处置、加强传染源管理和重症救治。共举办培训班56期，培训医疗卫生单位业务骨干、学校负责人、校医等5000多人次；印发宣传资料30万份，发送手机短信42万条。有效控制流行规模，减少了疫情危害。全年报告手足口病8296例，发病率为532.87/10万，发病率比2009年增长744.48%，报告重症病例120例，死亡8例；报告3起幼托机构聚集性发病。

【鼠疫、霍乱防治】 2010年，全面落实《鼠疫防治预案》要求，开展鼠密度调查，加强血清学监测。认真落实首诊医生负责制，加强对老疫区、重点行业和重点人群的霍乱疫源检索，组织开展专业人员培训和演练，落实综合防治措施，全市已连续64年无鼠疫发生，连续9年无霍乱发生。

【传染病和慢性非传染性疾病防治】

结核病防治　规范结核病控制项目运作，健全结核病防治机构和综合医疗机构的合作机制，提高肺结核病人发现率和转诊到位率。2010年，全市共免费检查可疑肺结核病人3364人，发现登记结核病人1329例，新发现涂阳病人422例，除了个别因药物反应不能使用免费抗痨方案外，1198例病人得到免费抗结核治疗。传染性肺结核病人督导治疗率100%，新涂阳肺结核病人治愈率94.0%，系统管理率100%，超过国家85%治愈率要求。

伤寒、乙脑和狂犬病防治　强化伤寒病人管理，加强伤寒疫点消毒和食品卫生监督，2010年报告伤寒、副伤寒4例（合浦县1例，银海区2例，铁山港区1例）。认真开展蚊媒密度、消长、生态习性等监测，加强乙脑疫情监测。做好狂犬病疫情的监测和上报工作，抓好医务人员狂犬病防制知识培训，强化犬伤门诊建设，广泛开展狂犬病防治知识宣传，切实提高群众的自我防护意识。2010年全市发生狂犬病7例（全为合浦县病例），死亡7人，狂犬病发病率位于全区14地市的第13位。

麻风病、疟疾防治　以“消除麻风病运动”为契机，健全麻风病防治三级网络，推进全市麻风病防治工作，对麻风现症病人按要求给予规范管理，规则治疗率、联合化疗率和监服率均为100%。加强发热病人和流动人口疟疾血检管理，全面实施传染源监测和人群健康教育为主的防治策略，2010年全市疟疾发热血检3509人，均为阴性，进一步巩固了北海市基本消除疟疾的成果。

慢病、精神病管理　截止11月底，登记管理的慢病病人17349人，其中专案规范管理高血压12098人，糖尿病1959人，其他慢病4011人，基本上能对辖区慢病病人实行规范化管理。各社区卫生服务机构能认真开展重性精神疾病健康管理工作。使用新的《居民健康档案》为重症精神病病人建档、随访和年检，精神病康复管理934人次。结合2010年开展的肇事精神病人排查行动，对重性精神病人进行了造册登记，各社区也对本属地确诊病人建立健康档案。

【免疫规划】 2010年，继续做好《疫苗流通和预防接种管理条例》宣传贯彻，进一步加强基础免疫和强化免疫，全面实施扩大国家免疫规划，加强监测力度，维持无脊髓灰质炎状态，加速消除麻疹进程，推广儿童预防接种信息化建设，进一步规范流动儿童管理，全市开展对3岁以下儿童的糖丸疫苗强化免疫和对8月龄~14岁儿童的麻疹疫苗普种活动，接种率达到自治区卫生厅的目标要求。新生入学入托预防接种证查验工作得到逐步完善，开展查验接种证的小学、托幼机构共738所，查验率为100%。全市儿童乙肝疫苗、卡介苗、脊髓灰质炎疫苗、百白破疫苗、麻疹疫苗、A群流脑疫苗、A+C群流脑疫苗、乙脑疫苗和甲肝疫苗的全程接种率分别为98.91%、99.70%、99.24%、99.16%、96.87%、98.33%、93.66%、97.57%和89.10%，乙肝疫苗首针接种合格率94.16%，有效控制可免性传染病的发生和流行；麻疹发病率0.19/10万，控制在自治区颁布标准以下；北海市连续28年无白喉。2010年，按照自治区统一部署和《2009~2011年北海市15岁以下儿童补种乙肝疫苗项目实施方案》的相关要求，在全市范围内继续对15岁以下未免疫人群实施乙肝疫苗接种，进一步降低该人群乙肝病毒感染率和乙肝表面抗原携带率。

卫生监督执法

【普法工作】 2010年，开展全市卫生系统“五五”普法工作，突出“三个重点”，利用“四种载体”，推动“法律六进”工作，并通过市普法办和自治区卫生厅“五五”的普法验收检查。

【食品安全】 2010年，北海市人民政府成立了北海市食品安全整顿工作领导小组并印发了《2010年食品安全整顿工作安排》，进一步明确了全市各部门食品安全整顿工作主要任务和职责。与各县（区）、各相关部门分别签订了食品安全整顿工作责任书，落实监管责任。2010年，全市没有发生食品安全事故。

【量化分级管理】 2010年，对全市962家公共场所（住宿业399家、美容美发422家、沐浴场所56家、娱乐场所32家、游泳场所6家）实施了卫生监督量化分级管理，并全部评定了等级。全市公共场所量化分级管理率达98.6%，量化评级率达98.6%；按照相关法律法规开展公共场所卫生现场卫生监测检验工作，共进行现场卫生监测881家，合格率100%。全市公共场所经营单位自主规范管理率达80%以上。

【医疗服务市场】 2010年，依法加强对医疗机构、母婴保健、血液安全、传染病、放射诊疗的监督管理，维护正常的医疗秩序，保障医疗质量和医疗安全，提高医疗服务质量。继续推行民营医疗机构量化分级管理制度。全年完成医疗机构量化分级管理178家，量化率为97.3%。加大对全市医疗服务市场的监管力度，严厉打击非法行医行为，共处理群众投诉25起，调查处理率达100%，罚款2.9万元，监测违法医疗广告95条（次），查处非法医疗广告10起。

【卫生监督】

学校卫生监督工作 2010年，联合开展对学校传染病防控重点单位进行监督检查，推行学校卫生量化分级管理制度，联合下发了《北海市学校卫生与托幼机构卫生保健量化分级管理工作方案》及《北海市学校卫生量化分级管理标准评分表（试行）》等6份评分标准，并与教育部门联合举办了学校卫生量化分级管理培训班。全市学校量化率达到85%以上。联合教育部门对12所学校进行A级评定工作，评定A级11家，B级1家。协助做好中、高考学生食宿卫生安全监管工作，确保了中、高考点学生食宿安全。

职业卫生监督工作 2010年，重点对职业卫生服务机构和用人单位职业健康监护情况进行监督检查，开展用人单位卫生监督量化分级管理工作。全市有90%以上的用人单位开展了量化分级管理工作，其中35家达到了量化标准，占全市相关用人单位的41%，其中有6家达到A级标准，20家达到B级标准。

生活饮用水卫生监督工作 2010年，加强对集中供水单位、二次供水单位、学校生活饮用水的卫生监督检查。对存在的问题提出限期整改意见，并抓好整改意见的落实。确保各项措施落实到位，及时消除不安全隐患，有效保障生活饮用水卫生安全质量。

重大会议活动的预防性卫生监督保障工作 2010年，重点加强全市重大会议活动、节假日及中高考期间的卫生安全执法工作。重点加强公共场所经营单位的监督检查，指导其完善和配备卫生设施，确保重要节假日公共场所和旅游景点的市民和游客的卫生安全；加强学生高考、中考期间住宿场所的卫生监督执法工作。开展预防性卫生监督，确保全市学生高考、中考期间的卫生安全。

【卫生许可】 2010年，规范卫生许可，加强从业人员管理。全年共受理公共场所、医疗机构卫生许可申请1673份，发放公共场所卫生许可证562张，公共场所卫生许可证年审248张，发放医疗卫生许可证件829件。举办从业人员卫生知识培训班103期，参加培训9630人，合格9245人，培训合格率为96%；发放从业人员上岗卡9118张（其中发放食品卫生从业人员上岗卡3539张、公共场所从业人员上岗卡5579张），公共场所从业人员上岗卡年审785张；五病调离人数157人。

妇幼保健和干部保健

【妇幼保健】 2010年，争取政府支持，下发了《北海市免费婚前医学检查实施方案（试行）》和《北海市地中海贫血防治计划》，落实了免费婚检经费，成立了北海市降低出生缺陷实行免费婚前医学检查工作市际联席会议制度，指定免费婚检定点机构，召开专题会议，研究对策，加强协调，形成合力推动免费婚检工作。两次组织协调相关部门开展大型宣传活动，取得了较好成效。制定了《北海市卫生局地中海贫血防治计划实施方案》和《2010年北海市地中海贫血防治培训工作实施方案》，按自治区分配的培训计划指标，对205名相关人员进行培训。铁山港区被列入广西产前筛查和新生儿筛查补助试点项目区，项目于10月份启动。合浦县妇幼保健院通过了自治区二级甲等妇幼保健院评审。2010年全市住院分娩率达99.69%，3岁以下儿童系统管理率89.8%，孕产妇系统管理率92.45%，孕产妇死亡3例，10万孕产妇死亡11.5人，婴儿死亡率5.27‰，达到广西2010年《两纲》目标。

【干部保健】 2010年，全市干部保健工作以预防为主，开展干部预防保健、健康教育、健康促进、健康指导和健康干预工作，抓好保健基地专家队伍建设。组织离、退休保健对象座谈会1次,健康宣教知识讲座2次,为离、退休保健对象在门诊候诊时播放健康教育录像198场次,预防接种3人次,发放健康宣教资料1320份及预防保健用药65人份。健康体检539人,保健对象体检率达到92.3%,处级干部体检率达到91.76%;根据体检结果,做好疾病危险因素分析评估和指导意见,建立干部健康档案750多份。做好疾病预警机制,开展上门巡诊工作,组织保健基地专家到保健对象单位及住地巡诊19次,共服务152人次,上门对出院保健对象进行疾病追踪会访22人次,开展中医特色干部门诊及社区卫生服务,做好慢性病的监测和疾病追踪复查工作。执行大会医疗25次,共派出医务人员82人次,完满完成大会医疗保健任务。

农村卫生

【基层卫生设施及队伍建设】 2010年,一县三区农村全面开展基本公共卫生服务均等化工作。建立农民居民健康档案是九类公共卫生服务的主要项目,合浦县农村居民建档率为26.47%,铁山港区建档率为31.82%,银海区建档率为39.48%,海城区建档率为47.92%。全市农村居民建档数33.21万人,建档率为29.53%,均达到了20%的医改任务目标,推动了农村公共卫生服务项目的实施。2009年中央补助北海市基层医疗机构的数批医疗设备共分发11批次,分到乡镇卫生院的有:4台呼吸机、714张不锈钢诊床、10张不锈钢骨科牵引床、4个不锈钢中西药柜、全自动血球仪6台、B超1台、新生儿抢救台10台;分到村卫生室的有:707台简易急救箱、712台冰箱、小型毁形机714台、小灭菌器1台。开展农村卫生技术人员培训,其中培训:村卫生室村医861人,乡镇卫生人员104人,农村全科医生35人。

【新型农村合作医疗】 2010年,全市参合农民总数为107.5万人,总参合率达95.69%,一县三区参合率均超过全年自治区下达的90%的工作目标;参合农民每年每人筹资150元,其中中央财政补助60元,自治区财政补助37元,市补助10.5元、县区补助12.5元,农民自筹30元,共筹资1.61亿元;全市实行"母婴捆绑"报销,将精神病人住院报销比例提高到70%;印发了23个批次的《北海市城市建设用地被征地农民纳入新农合范围实施方案》,为征地过程中的失地农民享受新农合提供政策支持;乡级、县级、县级以上定点医疗机构住院报销都提高了5%;住院报销最高限额超过5万元,达到了参合农民住院报销限额超过2009年农民人均可支配纯收入6倍以上的目标;一县三区参合农民受益255.71万人次。住院人次7.98万人,住院补偿总额1.02亿元,人均补偿费用1273.49元,人均补偿率为42.27%。门诊支出为3299.03万元,其他支出为437.96万元。资金使用共计1.39亿元,基金使用率为86.33%;铁山港区完成区级新农合信息平台建设。银海区开展新农合门诊统筹,并实行"一卡通"报销方式。合浦县开展新农合支付方式改革试点工作。2010年,铁山港区、银海区获自治区新农合先进县殊荣。分别举办了北海市新型农村合作医疗定点医疗机构人员培训班、北海市新型农村合作医疗管理和经办机构人员培训班,参加的学员分别为110人和90人。4月召开了北海市新型农村合作医疗基金监管工作会议。按照《广西壮族自治区新型农村合作医疗基金督察制度》要求,进行了2次对全市新农合经办机构和定点医疗机构的专项督查。

【对口支援工作】 根据自治区《关于城市卫生支援农村卫生工作的实施办法》,认真做好"万名医师支援农村卫生工程"和广西第五周期对口支援工作。市人民医院于2010年4月开始对口支援合浦县人民医院、铁山港区人民医院和上思县人民医院,以提高县级医院的业务水平;组织市人民医院等13家二级以上医疗机构、疾控中心和卫生监督所对口支援5家乡镇卫生院。通过支援,受援单位软硬件建设方面均得到提高,各项统计指标大多数取得良好效果,患者满意度高。

【卫生下乡】 2010年,市医学会组织医务人员到银海区侨港镇,合浦常乐、山口镇等地为群众义诊4次,这些大型的科普宣传、义诊活动得到群众的好评,现场义诊群众近2000人次,发放宣传资料4600多份。

医政管理

【社区卫生服务】 2010年,国债项目驿马、新西街和地角社区卫生中心已建成投入使用,社区卫生服务辖区覆盖率为100%,服务人口覆盖率为92.17%。

印发了《北海市2010年基本公共卫生服务项目实施方案》。社区卫生服务机构录入城市居民健康档案达8.26万人份,其中计算机管理4.03万份,建档率为45.44%,超过了40%的工作目标。举办健康讲座243期,参加人员1.89万人次,出版宣传专栏242期,发放健康教育期刊6.28万张,印发宣传资料26.16万份,居民基本卫生知识知晓率为80.3%;居民基本卫生防病行为形成率为78.94%。为辖区65岁以上老年人建档1.69万份,健康体检1.06万人次,健康干预1.04万人次。建立了传染病报告制度和突发公共卫生事件报告制度,在甲流、手足病口病、红眼病等疫情的控制中发挥了应有的作用。传染病疫情报告率98.85%,及时率97.25%,准确率

99.47‰。全市3岁以下儿童系统管理率90.95%,新生儿访视率98.15%,婴儿死亡率5.03‰,5岁以下儿童死亡率7.15‰。孕产妇保健覆盖率为96.42%,孕产妇系统管理率91.42%,高危管理率100%,孕产妇住院分娩率99.53%,孕产妇死亡率12.19/10万。登记管理慢病病人1.73万人,其中高血压专案规范管理1.21万人,糖尿病专案规范管理1959人,其他慢病管理4011人。使用新的《居民健康档案》为重症精神病病人建档、随访和年检,精神病康复管理934人次。家庭病床管理736人,门诊治疗8.31万人次,出诊9566人次,急诊抢救28人次,双向转诊97人次,康复治疗1991人次。派出社区卫生人员参加培训,包括全科医生18人、全科医生骨干4人,中医类别全科医生8人。北海卫校培训基地完成了市内外135名社区护士培训任务。2009年中央补助北海市社区卫生服务机构2批次医疗设备:包括全自动尿分析仪7台、电脑和投影仪等6套。按照《广西壮族自治区城市社区卫生服务补助政策实施办法》,组织了2次检查组对社区卫生服务机构公共卫生服务项目情况的专项检查,根据检查结果下拨公共卫生服务补助资金。

【血液质量管理】 2010年,全市用血总量为3.5万个单位,比2009年的2.79万个单位增长28%。5月5日,合浦爱心献血屋顺利建成并正式投入使用。在全区率先开展所有血液制品滤除白细胞新项目,加强血站质量体系的内审和管理评审工作,年底完成血站质量体系文件第三版换版工作。

【医院管理年活动】 开展“以病人为中心,以提高医疗服务质量”为主题的医院管理年和医疗质量万里行活动,制定了《2010年北海“医疗质量万里行”活动方案》,重点加强医疗质量控制体系的建设,进一步健全医疗机构管理核心制度,开展质量控制,不断提高各级医疗机构的医疗服务质量和水平。制定了《北海市2010年度创建“平安医院”活动方案》,督导全市各医疗机构积极开展“平安医院”创建工作,确保医疗安全。通过开展专项活动,各级医疗机构办院宗旨和方向进一步端正,“以病人为中心”的理念更深入人心,在提高医疗质量、改进医疗服务方面取得了明显实效。全年医疗服务总量达历史新高,全市门(急)诊人次达525万人,较2009年递增19万人,入院人次达15.6万人,较2009年递增2万人。较好地满足了社会对医疗卫生服务的需求。市卫协会获得2010年“全区先进社会组织”荣誉。

【药事管理】 2010年,加强麻醉药品、第一类精神药品管理,共对243名从业医务人员进行麻醉药品、第一类精神药品使用及管理知识岗位培训和考核,合格180人,合格率75%;继续开展《麻醉药品、第一类精神药品购用印鉴卡》有效期满重新换证工作;持续推进药品使用动态监测工作,加强临床药物应用动态指导及管理。

【中医工作】 2010年,加强中医网络建设。海城区范围内利用民营资本增设了1家一级中医医院,填补了北海市无一级中医院的空白;市中医院制剂室顺利通过了药监部门的换证检查验收,“利腰酒”等制剂的注册申请已上报自治区卫生厅评审;6月圆满完成全国中医药现状调查,共完成调查表近2000份。12月完成全国社区中医药服务监测工作,市海城区海角社区卫生服务中心、黄海路社区卫生服务站等9个社区卫生服务机构被选定为全国社区中医药服务监测点的单位;顺利完成2008、2009年两年的项目任务,在市区范围内培养了426名推广人才。2010年12月,在全市范围内开展“中医中药中国行广西文化科普宣传周活动”,活动有北部湾广场的活动启动仪式、大型义诊咨询活动、中医药文化科普资料发放、各社区卫生服务机构开展的健康讲座等,共计发放宣传资料3万份,义诊咨询3000人次;市中医院的《带皮神经营养血管岛状皮瓣的临床应用》、《可塑性跟骨钛钢板治疗跟骨骨折临床应用》及《北海市哮喘儿童中医体质分类研究》科研课题已结题并进行鉴定,达到广西区内先进水平,正申报市级科研成果进步奖。《高血压病中医证型与血脂、血尿酸关系临床研究》、《自拟消肿黄药水对软组织损伤消肿止痛的临床疗效观察》及《整脊手法治疗腰椎不稳症临床研究》获2010年北海市科技局科研立项;市中医院全院药品比例下降3%,而中草药使用率同比增长58.2%。先后获得广西区卫生系统唯一的“广西区价格诚信单位”、“北海市价格诚信单位”、“首届全国中医医院总务后勤先进单位”、“全区免疫规划先进集体”、广西中医学院授予的“2009~2010学年实践教学工作先进单位”等称号。

【护理管理】 2010年,开展优质护理示范工程活动:制定下发《全市优质护理示范工程活动实施方案》,市护理质量控制中心举办了一期培训班,确定了市人民医院为自治区级重点联系单位,市中医院、市二医院及合浦县人民医院等3家医院为市级重点联系单位(5个重点病区),10月份增加市第二人民医院为自治区级重点联系单位,同时将全市所有二级医院纳为市级重点联系单位。通过活动的开展,护理人员主动服务意识和责任意识得到提高,基础护理比以前得到落实,护士关注病人基础护理和生活护理观念得到转变,护理质量管理进一步得到完善,护理人力资源得到充分利用,患者对护士的满意度进一步提高,护理工作投诉比原来减少。组织开展"5·12"国际护士节纪念活动、30年护龄证书证章颁发活动和唱响"中国护士之歌"活动。

【医学考试】 2010年,全国卫生专业技术资格考试共计8169人次,比2009年增加2086人次。初级士、初级师和中级3个级别共有864人合格,比2009年增加196人;全国医师资格实践技能考试868人,考试合格618人,合格率71.2%;住院医师规范化考试111人,比2009年增加25人,合格人员78人,合格率73.58%。

爱国卫生运动

【爱卫活动】 2010年,全市以开展第22个爱国卫生月暨2010年世界卫生日活动为契机,开展以"城市化与健康"爱国卫生宣传和以"抗旱救灾卫生防病"为主题的爱国卫生月活动。4月11日市爱卫办组织市卫生、环保、环卫等6个部门在市北部湾广场开展以形式多样的"城市化与健康"为主题的世界卫生日及爱卫月统一宣传活动,市长连友农签署了北海市开展世界卫生日主题活动倡议书。在爱卫月活动期间,通过一系列爱国卫生活动,对城乡环境卫生进行综合整治,全市城乡卫生面貌有了较大改观,城市形象和品位进一步提升。

这次活动全市共召开各级动员会650次,广播电视播放133余次,出动车辆80台次,悬挂横额200多条,张贴标语2200条,宣传画5000张,设咨询台100台次,发放宣传资料10万份,出版卫生宣传专栏500期,举办健康教育讲座课堂180多次,共受教育群众12万多人次。市直及一县三区组织医疗卫生单位卫生技术人员,深入社区、街道、学校、乡镇、村、屯开展全民健康教育宣传和卫生咨询活动,向群众宣传卫生科普知识、各种传染病、常见病、多发病的防治,接受咨询4.2万多人次。全市形成了一个强有力的宣传舆论网络,收到了预期的效果。出动军民18万余人,清理小街小巷1000条,清扫街道责任区8.2万平方米,清除小广告8600份,清洗护栏杆4万米,清理绿地(含清除杂草)3.64万平方米,清理垃圾、堆积物1260吨,疏通下水道54360米,填平洼地1.25万平方米,绿(美)化街道(粉刷树木、房屋)3.26万平方米,清扫单位小区、居民庭院1500个,治理集贸市场50个,清理卫生死角600多处,治理城中村及城乡结合部72个,清除孳生地200处,清理"五乱"现象300多处。出动卫生监督人员960人次,监督整顿食品餐饮单位600多家。通过全方位综合整治,有效地提高了环境卫生质量,城乡环境卫生面貌大为改观。

开展春秋季除四害活动。根据《全国爱国卫生运动委员会关于印发〈2010~2012年全国城乡环境卫生整洁行动方案〉的通知》及《自治区爱卫会关于印发〈2010~2012年广西城乡环境卫生整洁行动方案〉的通知》精神,结合开展第22个爱国卫生月活动和"预防甲型H1N1流感、手足口病等肠道传染病","开展以城乡环境卫生整洁为主题的迎国庆爱国卫生运动和秋季除四害活动"。在全市范围内开展了多次除四害活动:建立健全了组织机构和长效机制,灭害前组织专业消杀小组对市区公共场所、医院、宾馆、机关等120多个单位场所进行有害生物密度监测及投药灭鼠、灭蚊蝇活动,并根据北海四害密度的种群特点食性,选择安全、有效的灭害药剂。组织专业队伍,统一对全市公共场所、单位进行投药灭害,并做到"时间饱和、空间饱和、药量饱和"。大力开展城乡环境卫生综合整治,清除"四害"孳生地。共投入除四害经费20万元,投放灭鼠药25吨,灭蟑药1200公斤,市区公共场所鼠密度由灭前28%降至灭后5%,四害密度得到有效控制。

【农村改厕】 2010年,继续以项目运作方式整村连片推进农村改厕工作。中央核批北海市2009年改厕项目4000座;2010年中央改厕项目3000座,共计7000座;分别是合浦县4000座、海城区、银海区、铁山港区各1000座。优先安排执行项目能力强的县区和社会主义新农村建设试点,2009年项目4000座确定合浦县、海城区10个乡镇130个自然村。2010年项目确定合浦县、银海区、铁山港区10个乡镇68个自然村。按照项目管理的要求,市、区分别成立了由爱卫、宣传、卫生、林业、财政等部门组成的农村改厕项目工作领导小组,制定了项目实施方案,明确各部门分工及责任,实行目标责任制管理。市爱卫办组织各县区开展改厕健康教育和技术培训工作,督促指导各县区加强领导,落实责任制。各县区政府成立了项目领导小组和技术指导小组,加强对农村改厕项目的领导和督导,层层签订责任状。11月通过了自治区改厕项目终期考核组的验收检查,全市完成中央改厕项目7000座,圆满完成2009~2010年中央改厕项目任务,全市农村卫生厕所普及率达66.26%。

为进一步落实北海市农村饮水安全工程卫生学评价和水质卫生监测工作目标和任务,市疾控中心按照自治区卫生厅、爱卫办的工作部署,开展了市辖一县三区35个点的农村饮水安全工程水质卫生监测项目;完成35个建成的农村饮水安全集中供水工程140份水样的水质卫生监测项目任务。

【创卫工作】 组织开展创建爱国卫

生先进单位、卫生县城、卫生镇、村活动，以实施“城乡清洁工程”为平台，坚持“坚持标准、重在质量、示范带动”原则，进一步完善创建程序；不断巩固自治区城市的成果，对申报自治区卫生创建系列单位进行培养和指导。提高创建质量。根据《自治区爱卫会关于2010年卫生创建复审工作安排的通知》精神，结合实施城乡环境卫生整洁行动，2010年10月12～17日，市创卫复审检查组对北海市2006年获得的自治区卫生先进单位和卫生村28个单位进行复审考核，有22个卫生先进单位、5个卫生村符合自治区标准，通过自治区爱卫会复审重新确认为“自治区卫生先进单位”和自治区卫生村。新创建市级卫生先进单位5个，卫生村4个，自治区卫生先进单位5个。

【健康教育】 2010年，认真落实《全国健康教育与健康促进工作规划纲要(2005~2010)》和《广西执行全国健康教育与健康促进工作规划(2008~2010年)实施方案》，以“健康生活、健康社区”为主题，以国家基本公共卫生服务健康教育项目为依托，以社区、村、企业、学校为基础，动员和协调社会各个部门，借助各种传播途径，普及卫生保健知识，增强人们的健康意识和自我保健能力，改变不良的生活方式，促进全民健康素质的提高。积极开展城市社区的健康教育与健康促进，建立健全政府领导，健康教育专业机构指导，社区卫生服务机构为骨干，社区居委会为基础的城市社区健康教育与健康促进工作网络。组织开展“健康进社区”活动。社区卫生机构有固定的健康教育宣传专栏，结合社区实际，开展以合理膳食与营养、饮水饮食卫生、家庭常用消毒知识、家庭急救与护理、心理卫生、体育健身等为主的健康教育宣传；开展九大公共卫生健康教育项目，充分利用社区卫生服务中心（站）开展对传染病、慢性非传染疾病的高危人群的健康教育；社区卫生人员上门医疗、体检的同时主动进行有针对性的健康知识宣传；社区卫生服务机构要采取知识讲座、夜校等形式，为本社区居民宣传健康知识，针对影响健康的主要危险因素，开展社区综合干预；加强社区卫生机构医务人员健康教育的业务培训。年内，全市城市居民健康知识知晓率和健康行为形成率分别达到82.9%和77.8%。各社区卫生服务中心按时完成中央公共卫生服务健康教育项目。

组织“亿万农民健康促进行动”，大力宣传普及“中国公民66条健康素养”倡导科学、文明、健康的生活方式。在全市医疗卫生系统广泛开展创建无烟单位活动，贯彻落实卫生部等4部门《关于2011年起全国医疗卫生系统全面禁烟的决定》精神，确保2011年实现卫生行政部门和医疗卫生机构全面禁烟的目标。全市申报无烟医疗卫生单位有63家，大多数单位已达到无烟单位标准，环境得到改善，创建工作初见成效。全年共印发控烟宣传资料5万份，健康教育宣传小册子4万册，刊登报刊12期，出板报560期，播出控烟公益广告片400频次，收视率达80万人次。全市抽样调查：居民健康行为形成率82.9%；相关卫生知识知晓率为：住院病人95%、中小学生92%、干部职工、村民88%。

红十字会工作

2010年1月，北海红十字会开展为海地灾区赈灾募捐工作，共收到捐款3.38万元，已逐级上解广西红十字会、中国红十字会总会。3月在全市社会各界开展西南抗旱救灾募捐活动，共收到社会各界捐款31.53万元，募捐款用于“春雨行动”的3个饮水工程；4月开展青海玉树抗震救灾募捐活动，共收到捐款247.44万元，全部上解自治区红十字会，市红十字会荣获中国红十字会总会颁发的“青海玉树抗震救灾先进集体”称号。春节期间，组织开展“红十字博爱送万家”，共慰问特困家庭450户，发放慰问金1500元，发放慰问品约12.6万余元。2010年，首次到斜阳岛送温暖，使岛上困难渔民也享受到红十字会的关怀。5月，市红十字会、市总工会、共青团北海市委、市妇联共同组织开展“救心行动”募捐活动，共收到爱心捐款41万元，已全部上解广西红十字基金会。2010年，北海市有24名贫困家庭先天性心脏病患儿得到救助，全部手术治疗成功。

（伍朝胜　李伟春　黄文胜　翟　伟　谈正昭　庞碧华　何祥光　刘青华　伍海燕　陈忠如　高悦民　叶　海　岳海东　左　宁　陈志满　韦晓东　陈　源　利　平）

体　　育

综　述

2010年，北海市体育局内设办公室、群众体育科、竞赛训练科、监察室，在编人员13人，下辖北海市业余体校、北海市体育馆、北海市沙滩海洋体育中心。全市有篮球、乒乓球、游泳等体育协会17个，俱乐部12个；社会体育指导员1300多人，体育传统项目学校9所。全年举办各类群众体育活动30次，其中全市性体育活动7次；承办自治区级以上体育赛事4次。

2010年，北海市业余体校在参加自治区各项比赛中共获得金牌56枚、银牌46枚、铜牌53枚的好成绩，有2个队和34名运动员获得体育道德风尚奖。向自治区各运动中心输送体育苗子26人、区体校7人。

【北海市竞技体育工作座谈会】2010年8月30日在市体育局四楼会议室召开。市体育局领导班子、合浦县文体局分管领导、业余体校领导及各项目主教练共28人参加了会议。会议由市体育局副局长陈道武主持，会议总结了2010年度各项目锦标赛的情况，认真分析了北海市竞技体育发展的机遇与优势及存在的主要问题，统一思想认识，理清发展思路，明确竞技体育近期、中期、远期发展目标及保障措施。

【北海市群众体育工作研讨会】2010年9月14日在市体育局四楼会议室召开。市体育局领导、市教育局领导、一县三区文体局分管的领导以及各体育协会、俱乐部负责人共37人参加了研讨会。研讨会由市体育局副局长邱方宁主持。会议主要围绕开展北海市群众体育工作中所取得的成绩和贯彻落实群众体育工作中存在的难点问题及建议进行研讨。

【2010年广西竞技体育工作会议】2010年9月27~28日在北海市召开。自治区体育局局长容小宁、副局长吴数德、纪检组长吴海琴和自治区体育局各处(室)、各运动中心、各市体育局、特邀单位领导及技术代表共172人参加会议。会议由自治区体育局副局长吴数德主持，北海市副市长文政出席了27日上午的会议并致欢迎词。区体育局局长容小宁、副局长吴数德和纪检组长吴海琴分别作了重要讲话。会议要求全区竞技体育工作者，要抢抓机遇，查找差距，深入分析影响和制约广西竞技体育事业发展的主要问题，坚持创新，科学发展，积极探索竞技体育工作新思路。强调要认真实施竞技体育金牌工程、大力加强竞技体育人才队伍的建设、加大竞技体育硬件基础设施的投入、加大业余训练体育事业经费的投入、强化科学管理、扩大竞技体育对外交流合作。会议对筹备第12届区运会的各项工作进行了布置，并提出了明确要求。

【北部湾体育中心建设专家咨询会】2010年6月20日在南洋国际大酒店召开。市长连友农，副市长杨志远、张鹏，市体育局和市高昂公司领导，国家奥林匹克体育中心副主任彭维勇等4名在国内体育设施设计、建设与管理方面具有丰富经验的权威专家，以及南宁、玉林、钦州等市体育局和场馆建设管理单位负责人应邀参加。会上，项目设计单位广东省建筑设计院、中智华体（北京）有限公司分别介绍了北部湾体育中心一期工程的设计理念、设计要点及概算。与会专家介绍了国内外现代体育场馆设计的要求、标准及趋势，对设计尤其是体育工艺设计存在的问题提出修改意见，并根据北海的城市规模、发展现状，对体育场馆建设、运作管理等方面提出了意见和建议。市长连友农在充分听取专家各方的意见后强调，项目责任单位、业主要按照市委、市政府的决策和部署，依法依规推进项目建设；设计单位要按专家形成的意见，在5个工作日内调整和完善设计方案，并切实测准投资概算，既要考虑美观实用，又要考虑投资承受力；各施工单位要根据调整完善后的设计图纸，尽快做出相应方案，加强施工力量，在确保建设工程质量的基础上加快施工进度；业主单位和责任单位要加强协调，按专家的意见逐项抓好落实，确保工程按时完成。

群众体育

【2010年“迎春杯”老年门球赛】 2010年1月28~31日在中山公园举行。由北海市体育局、北海市老年人体育协会主办，北海市门球协会协办。全市各单位共24支球队168名老年人参加了比赛。北海市供电局门球队获第一名、合浦县老体协门球队获第二名，北海市老龄一门球队获第三名。

【2010年北海市新春篮球比赛】 由北海市体育局、北海市总工会主办，北海市总工会工人文化宫承办的“2010年北海市新春篮球比赛”，于2月16~20日（农历正月初三至初七）在北海市工人文化宫篮球场举行。共有8支球队参赛，经过5天角逐，四方物流队获冠军、合浦体校获亚军、沈阳31中获季军。

【2010年北海市“贺岁杯”足球赛】 2月14~18日（农历正月初一至初五）在北海海浪体育训练基地举行。由北海市体育局主办，北海市业余体校承办。共有8支队伍，192人参加，经过5天的激烈角逐，云杉红酒坊队获得第一名、北海市体校队获得第二名、玉琦科技队获得第三名。

【2009~2010“漓泉杯”广西城市业余足球联赛——北海赛区比赛】 2010年4月4日在北海海浪体育训练基地落下帷幕。本届联赛由北海市体育局主办，北海市业余体校承办，燕京啤酒（桂林漓泉）股份有限公司和北海海浪体育训练基地协办。从2009年7月25日开始至2010年4月4日结束，历时近8个月，30支队伍分为甲、乙两个级别进行比赛，经过30轮共397场激烈角逐，遂一决出了甲级联赛前八名，乙级联赛前五名。麦大水产和八鑫实业队分获甲、乙组冠军。组委会评选出甲、乙两级联赛的“最佳射手”各1名和甲级联赛的“最佳阵容”前、中、后、守门4名运动员。评出最佳守门员为徐光平、最佳前锋为易德伟、最佳中场为黄宁、最佳后卫为吴勇、最佳射手为叶瑞友。

【第二届广西体育节北海启动仪式暨北海沙滩运动会开幕式】 2010年8月8日在北海海滩公园隆重举行。拉开了为期100天的新一轮全民健身系列活动的帷幕。启动仪式由市委常委、宣传部长、副市长廖德全主持，市委副书记曹坤华、市委秘书长伍国辉、市人大副主任张玉兴、市政府副市长张鹏、市政协副主席林梅溪、韩江初，北海军分区副司令员蔡雄以及市体育局领导出席启动仪式。参加启动仪式的还有市游泳协会、八达自行车俱乐部成员、市业余体校运动员及市民共1000多人。

【第二届广西体育节北海市老年人体育健身展示会】 2010年9月26日，由人民政府主办，市体育局、市老年人体育协会承办的第二届广西体育节北海市老年人体育健身展示会在北部湾广场隆重开幕。市人大常委会副主任张玉兴、市政协副主席林梅溪、市老年人体育协会主席宁铿、市老年人体育协会执行主席禤德科以及市体育局、市老体协、县区文体局、县区老体协相关领导参加了展示会开幕式。市老龄协会太极拳队、合浦县老体协健身球队等20多支运动队380名老年体育爱好者参加了太极拳（剑）、木兰拳（剑）、健身操等3个大项的比赛。获得太极拳（剑）一等奖的运动队是市老龄协会太极拳队，获得木兰拳（剑）一等奖的运动队是合浦县老体协木兰剑队，获得健身操一等奖的运动队是红叶艺术团、海城区老体协玉香腰鼓队、安达武术队腰鼓队。

【第二届广西体育节海峡两岸水上摩托车摩托艇表演赛】 8月11日在星岛湖举行，由广西区体育局、广西社会体育运动发展中心、北海市体育局、北海市旅游局、中国台湾水上摩托车协会联合举办。参加表演的12名选手来自台湾和安徽，其中有获得过全国摩托艇花样比赛冠军的选手。

【广西“机电杯”首届环北部湾汽车集结赛】 8月8~10日在“环北部湾”高速公路和二级公路上进行。比赛线路经南宁、玉林、北海、钦州、防城港等5个城市，总行程近800千米。本届比赛比以往的赛事更具平民化、低门槛的特点，只要有2年以上的驾龄，年龄在25岁以上、60岁以下，持有合法驾驶执照的车手都可报名参赛。8月10日，北海站举行发车仪式，来自全自治区各地30辆私家车参加了北海至防城路段的比赛。

【第二届广西体育节“真龙杯”业余羽毛球俱乐部争霸赛（北海赛区）】 2010年9月17~18日在万泉城球馆举行，共有167人参加比赛。经过两天的激烈角逐，北海恒正设计羽毛球俱乐部代表队夺得第一名，风帆羽毛球俱乐部代表队和北海长青羽毛球俱乐部代表队分别获得第二名和第三名。

【“真龙杯”广西第二届城乡万人气排球赛北海赛区决赛】 2010年10

月 23~24 日，在市工人文化宫羽毛球馆举行，本届比赛由自治区体育局主办,北海市体育局承办,北海市工人文化宫、广西中烟工业有限责任公司协办。参加北海赛区决赛的共有 34 支队伍 300 多人,比赛分城乡街道组(男、女子)、公开组(男、女子)和单位混合组。经过 2 天的激烈角逐，获得乡镇街道组第一名的是铁山港代表队，获得单位混合组第一名的是海城区文化体育广播电视局，获得女子公开组第一名的是北海至信小额贷款有限公司，获得男子公开组第一名的是北海四方物流有限公司。

【北海市第十八届中学生运动会】 2010 年 11 月 4 日至 12 月 12 日在全市各场馆举行,设游泳、羽毛球、田径、篮球、男足、乒乓球 6 个项目的比赛。其中游泳比赛由北海市教育局、北海市体育局主办，于 2010 年 11 月 5 日在北岸游泳场举行。获得普高组团体总第一名的是北海中学、第二名是北海市第七中学、第三名是北海市第二中学；获得初中组第一名的是北海市第一中学、第二名是北海市第五中学、第三名是北海市第三中学；获得普高组第一名的是北海中学、第二名是北海第二中学、第三名是北海七中;获得初中组第一名的是北海一中、第二名是北海八中、第三名是北海五中。

竞技体育

【劳义在广州第十六届亚运会上获得 2 项冠军】 2010 年北海籍田径运动员劳义代表中国参加第十六届亚洲运动会,11 月 22 日，劳义在 100 米决赛中奋力拼搏,以 10 秒 24 的优异成绩获得金牌，填补了中国在亚运会田径男子 100 米没有金牌的空白。26 日劳义与队友团结协作、密切配合、顽强拼搏、力压群雄,最终以 38 秒 78 的成绩取得了 4×100 米接力比赛金牌,相距 20 年中国又重新捧回该项目金牌。为中国竞技体育作出了积极贡献。

2010 年广州亚运会 100 米冠军劳义在北海庆功会上介绍亚运会盛况

体育局 供

【北海籍运动员参加国际国内比赛成绩喜人】 2010 年北海籍运动员参加国际和国内各项锦标赛 8 个项目获得第一名,6 个项目获得第二名,4 个项目获得第三名,1 个项目获得第四名,2 个项目获第五名,1 个项目获第六名,1 个项目获第七名。

【参加 2010 年广西青少年年度锦标赛成绩喜人】 广西青少年年度锦标赛于 2010 年 7 月 16 日至 8 月 25 日在自治区各地市、县举办。北海市组织 413 名运动员参加举重等 17 个项目的比赛，共获得金牌 56 枚、银牌 46 枚、铜牌 53 枚。其中北海市业余体校派出 337 名运动员参加 14 个项目的比赛，获得金牌 42 枚、银牌 38 枚、铜牌 48 枚的好成绩,分别是:田径获得 4 金、3 银、5 铜,游泳获得 6 金、6 银、7 铜，跆拳道获得 8 金、8 银、9 铜,摔跤获得 8 金、7 银、8 铜,散打获得 2 金、2 银、1 铜,女子柔道获得 5 金、3 银、2 铜,羽毛球获得 1 银、2 铜，乒乓球获得 1 银、1 铜,武术套路获得 1 银、2 铜,举重获得 3 金、5 银、3 铜，足球获得 1 金，帆板获得 4 金、5 铜,拳击获得 1 铜，蹼泳获得 1 金、2 银、3 铜。合浦县业余体校派出 76 名运动员参加田径、女子篮球、男子篮球、射箭 4 个项目的比赛,田径获得 2 金、1 银、五个第四名的成绩,女子、男子篮球夺得冠军，射箭获得 10 金、7 银、5 铜的好成绩。这是历年来北海市参赛项目和人数最多的一年，也是取得金牌最多的一年。

【2010 年中国大学生女子足球锦标赛】 2010 年 12 月 6~14 日在北京航空航天大学北海学院举行，来自全国各地高校的 12 支队伍 280 名运动员参加了比赛,其中,国家女足队员毕妍等 13 位名将也参加了该项赛事。经过 9 天 30 场比赛的激烈角逐,河北师范大学摘得甲组冠军,徐州师范大学以不败战绩荣获乙组冠军。

【2010 年长寿杯 7+2 全国足球赛】

2010年11月12~16日在北航北海学院举行，由中国足球协会主办，北海市足球协会、北京航空大学北海学院现代体育学院承办。参赛运动员要求男队员年满60岁以上、女队员年满33岁以上，比赛采取9人制形式进行，每场比赛必须有2名女队员上场。本次比赛共有来自全国10支队伍200多人参加了比赛，北海远方足球队组队参加了比赛。经过激烈角逐，广东队获得冠军。

【“羽林争霸”红牛城市羽毛球挑战赛(北海赛区)】 “羽林争霸”2010红牛城市羽毛球赛于9月4日起在两广地区10座城市点燃战火，有超过200支队伍，2500名业余好手为争夺“城市冠军杯”展开角逐。“羽林争霸”红牛城市羽毛球挑战赛在广西分南宁、柳州、桂林、北海、玉林5个赛区。其中北海赛区是由自治区体育局主办，广西球类运动发展中心、北海市体育局承办，北京红牛饮料销售有限公司广西分公司协办。有社会团体、企事业单位共21支队伍，210人报名参赛。于2010年9月11~12日在北海市万泉城球馆展开激烈角逐。经过两天一夜的角逐，获得冠军的是合浦兴利生物代表队，亚军是北海长青俱乐部队，季军是恒正设计俱乐部队。

体育设施

【北部湾体育中心一期工程】 2009年12月30日开工建设，业余体校项目进展顺利，至2010年12月31日，已全部封顶，除训练馆外，生活楼、教学楼等均已装修完毕，主体育场完成2400根桩基础施工后，于4月20日停工，原因主要是需对设计方案和投资概算进行调整。2010年完成投资7050万元。

【山东省体育局北海训练基地】 2010年8月9日，由北海市人民政府与山东省体育局在济南签订协议书。项目占地约47公顷，总投资超过6亿元，由主训练场、皮划艇训练场、帆船帆板训练场3部分构成，包括足球、游泳等25个奥运项目，可同时容纳2500人训练。规划设计及征地等前期工作已启动，计划2011年6月正式动工建设，皮划艇训练场2011年底基本完成土建工程，主训练场2012年底建好投入使用。

【北岸游泳场改造工程】 项目计划总投资1400万元，改造内容包括游泳池维修改造，加设观众座位，新建一幢三层体育健身娱乐综合楼，综合楼2010年12月动工建设，计划2011年5月建好投入使用。

【农民体育健身工程】 2010年利用上级专项资金及自筹资金253万元，建设了两个乡镇农民体育健身工程、8个行政村篮球场、6个城乡风貌改造村的体育设施以及12个村级公共服务中心体育设施建设。

体育产业

【冬训基地】 2010年冬训期间，北海海浪基地共接待了42支队伍约2500人，分别来自黑龙江、吉林、辽宁、大连、北京、天津、山东、河南、内蒙古、山西、陕西、青海等省、市、自治区，除了男、女足球队，还有田径、棒垒球、射箭、自行车等5个项目。中国足协沙滩足球队、国家藤球队均在北海市开展冬训。

【体育彩票销售】 2010年，北海市体育彩票销售点由上年的47个增加至73个，比去年增加了36%，销售彩票2939万元，比去年同期翻了一番。

2010年参加国际国内比赛北海籍获奖运动员成绩统计表

运动员	性别	项目	比赛时间及地点	比赛名称	比赛项目及成绩	名次
劳　义	男	田径	2010年4月江苏昆山	2010年全国田径大奖系列赛昆山站	男子100米10.39秒	第一名
		田径	2010年6月重庆	2010年全国田径冠军赛暨大奖赛总决赛	男子100米10.21秒	第一名
		田径	2010年6月重庆	2010年全国田径冠军赛暨大奖赛总决赛	男子4×100米接力39.60秒	第二名
		田径	2010年7月广东肇庆	2010年全国田径大奖系列赛肇庆站	男子100米10.37秒	第三名
		田径	2010年8月山东济南	“北大资源”杯2全国田径锦标赛暨第十六届亚运会选拔赛	男子100米10.31秒	第一名
		田径	2010年8月山东济南	全国田径锦标赛暨第十六届亚运会选拔赛	男子100米10.31秒	第一名
		田径	2010年9月克罗地亚	世界杯田径赛	男子100米10.38秒	第六名
		田径	2010年11月广州	第十六届亚运会	男子100米10.24秒	第一名
		田径	2010年11月广州	第十六届亚运会	男子4×100米接力38.78秒	第一名
庞桂斌	男	田径	2010年6月重庆	2010年全国田径冠军赛暨大奖赛总决赛	男子4×100米接力39.60秒	第二名

续表

运动员	性别	项目	比赛时间及地点	比赛名称	比赛项目及成绩	名次
钟礼蒸	女	游泳	2010年3月重庆	2010年全国少儿游泳锦标赛(重庆赛区)	50米仰泳38.47秒	第七名
		游泳	2010年3月重庆	2010年全国少儿游泳锦标赛(重庆赛区)	仰泳全能73.1分	第三名
		游泳	2010年3月重庆	2010年全国少儿游泳锦标赛(重庆赛区)	4×50米自由泳2分08.31秒	第三名
		游泳	2010年3月重庆	2010年全国少儿游泳锦标赛(重庆赛区)	4×50米混合泳2分33.09秒	第四名
乔　敏	女	蹼泳	2010年8月广东湛江	全国青少年蹼泳锦标赛	女青组50米双蹼26.01秒	第二名
		蹼泳	2010年8月广东湛江	全国青少年蹼泳锦标赛	女青组100米双蹼56.97秒	第二名
		蹼泳	2010年8月广东湛江	全国青少年蹼泳锦标赛	女青组200米双蹼2分09.57秒	第一名
梁　琳	女	游泳	2010年4月宁夏银川	“蓝山帝景”2010年全国女子水球冠军赛		第二名
莫凤敏	女	水球	2010年8月山东日照	中国水上运动会水球比赛暨全国水球锦标赛		第一名
蔡小燕	女	帆板	2010年8月山东日照	中国水上运动会暨全国帆船帆板锦标赛	女子米氏板团体总分	第三名
王振昌	男	跆拳道	2010年8月河南许昌	全国少年跆拳道锦标赛	男子甲组45公斤级	第五名
莫　佩	女	跆拳道	2010年8月河南许昌	全国少年跆拳道锦标赛	女子甲组46公斤级	第五名
何小婷	女	跆拳道	2010年8月河南许昌	全国少年跆拳道锦标赛	女子甲组49公斤级	第二名

2010年北海市业余体校运动员参加自治区锦标赛奖牌统计表

项目	金牌	银牌	铜牌	团体总分	团体总分排名	参赛人数
帆板	4	—	5	—	—	4
游泳	6	6	7	408.5	第五名	60
举重	3	5	3	36	—	10
乒乓球	—	1	1	—	—	18
柔道	5	3	2	35	第三名	30
田径	4	3	5	166	第七名	52
男子摔跤	4(古典式)	3	5	42	古典式第二名	37
	3(自由式)	4	2	39	自由式第三名	
女子摔跤	1	—	1	7	—	
足球	1	—	—	30	第一名	22
跆拳道	8	8	9	—	第一名	46
蹼泳	1	1	2	29	—	13
武术散打	2	2	1	29	第三名	11
武术套路	—	1	2	—	—	19
拳击	—	—	1	4	—	1
羽毛球	—	1	2	—	男第四名、女第五名	22
射箭	10	8	5	—	—	16
男女篮球	2	—	—	—	—	24
田径(合浦)	2	1	—	99	—	36
总计	56	46	53	—	—	421

(陈　瑛)

外事·侨务

外事工作

【因公出国（境）审批办理】 2010年,市外事办共办理因公出国(境)团组425批693人次,其中,赴港、澳343批523人次，其他国家、地区82批170人次。其中,参加中央及自治区组团39批41人次，培训16批18人次;邀请外国人来华21批31人次;颁发公务护照60本、因公普通护照68本、港澳通行证227本。党政干部出国人数108人次,同比减少16%。

【礼宾接待工作】 2010年，市外事办共接待或协助接待各国外宾、香港特别行政区以及各国驻华领事机构共计28个团组724人次。其中，来自美国、日本、印尼、南非、阿联酋、刚果(布)等16个国家和地区团组17批672人次,驻华领事馆团组11批52人次。这些团组中既有高级别的政府官员，也有涉及林业、环境、新闻通讯、艺术、学校教育等各行业的企业家、学者等。此外,还接待了前来参加“2010泛北部湾区域经济合作市长论坛”的越南、泰国、柬埔寨、菲律宾、日本、韩国等6个国家17个省市51名外宾和4个驻华领事馆9名官员，以及中越青年大联欢活动越南青年代表团北海分团347人。其中,参加“2010泛北市长论坛”副省级以上的嘉宾6名:越南高平省副省长农文宝、越南海防市副市长黄文记、泰国莫拉限府副府尹Sommai Prijasilpa、柬埔寨白马省副省长盖恩萨塔、柬埔寨西哈努克省副省长Prak Chansokha和柬埔寨金边市副市长Touch Sarom。其他重要的外宾团组有：斯道拉恩索集团全球总裁博观纳一行、泰国内政部部长差瓦乐·参威拉军一行、刚果(布)可持续发展、林业经济与环境部部长亨利·琼博一行、新加坡贸工部兼新闻通讯及艺术部政务次长陈振泉一行等。

【涉外事件处理】 2010年，市外事办共参与处理了涉外事件8起。其中有：越南籍犯罪嫌疑人NGUYEN THI TUYET MAI触发《中华人民共和国刑法》第三百五十八条之规定，涉嫌强迫卖淫罪，被北海市公安局逮捕事;5月12日桂北渔15067号等4艘渔船被不明国籍炮艇追赶事件;5月15日桂北渔12071号等9艘渔船被印尼船只追赶，其中3艘渔船被印尼渔船抓扣事件;6月23日桂北渔2005号等23艘渔船受不明国籍炮艇无理骚扰与抓扣事件。

【国际交流活动】

与日本八代市的交流　2010年3月,北海市医疗卫生代表团访问日本八代市，先后参观了东京急救医院、八代市综合医院和熊本劳灾医院等日本医疗机构，重点考察了日本医疗机构的技术设备和管理体系，并与相关业务人员进行了深入的学术交流。在八代市访问期间,代表团还拜会了八代市福岛市长,并参观了八代市图书馆，举行了赠书仪式;同年3月,八代市熊本高专森内教授一行3人访问北海，考察北航北海学院和北海职业技术学院，并与校方领导进行座谈，探讨学生交流事宜;7月，北航北海学院组织学生代表团访问八代市，开展学生交流活动。八代市福岛市长会见并宴请了学生代表团一行;8月，八代市福岛市长和敏率政府代表团前来北海市出席“2010泛北部湾区域经济合作市长论坛”,这是福岛市长去年上任后的首次来访;10月,八代市候鸟保护及栖息地考察团到北海市访问,参观考察了金海湾红树林、涠洲岛、山口红树林保护区等地,与北海市民间志愿者协会工作人员进行座谈,并向北海市图书馆捐赠图书。

与澳大利亚黄金海岸市的交流　2010年8月底,以市委常委、宣传部部长、副市长廖德全为团长的北海市教育代表团访问了黄金海岸市。访问期间，代表团一行拜会了黄金海岸市政府，与格里菲斯大学进行

2010 年 8 月 14 日，市长连友农与柬埔寨白马省副省长盖·恩萨塔在北海市香格里拉酒店共同签订《中华人民共和国北海市和柬埔寨王国白马省关于建立友好省市关系协议书》现场

市外(侨)办　供

座谈，对两市的教育合作项目进行了详细的探讨;8 月中旬，应黄金海岸市邀请，北海市环保代表团访问该市，考察环保科技产品及技术，探讨两市在环保方面合作的可行性;9 月，以市议员彼得·扬为团长的黄金海岸市代表团到访北海市，与北海市进行友好交流，双方对两市友好关系和今后的发展以及明年派遣城建规划代表团到黄金海岸市学习培训等事宜进行了探讨;12 月 19 日，中央电视台中文国际频道播出“城市 1 对 1”节目。为配合央视做好这期节目，市外事办与黄金海岸市联系、协调和沟通，做了大量具体的前期和现场工作，确保了节目如期播出，为宣传北海，展示北海国际交流工作成果作出了贡献。

与美国塔尔萨市的交流　2010 年 4 月，北海市选送绘画作品参加塔尔萨市举行的“国际友好城市青少年艺术竞赛”并获奖。这是北海市第 17 次选送作品参赛，13 次获奖;11~12 月，塔尔萨华盛顿高中师生代表团来北海市北海中学进行访问学习，两市师生进行了深入的交流，除与师生们一起生活和学习外，还应邀参加了他们组织的福利院活动。

与韩国的交流　2010 年 7 月底，应韩国浦项市的邀请，北海市派出以市政协副主席林梅溪为团长的代表团访问该市，参加该市举行的国际烟花节活动，考察参观了浦项的港口、浦项制铁公司(POSCO)和智能机器人研究所;8 月，韩国群山市市长代表、群山市驻青岛办事处所长鲁昶湜应邀率团参加“2010 泛北市长论坛”。

与东盟各国的交流　2010 年 7 月下旬，市政协副主席黄濑鲁率团分别出访泰国合艾市和菲律宾普林塞萨港市，介绍了“2010 泛北部湾区域经济合作市长论坛”相关情况，并促成了合艾市轮罗杰·夸潘奇副市长和普林塞萨港市市长代表罗杰里奥·弗洛勒特率团出席论坛;北海市人大副主任罗恩平率团出访越南、老挝、缅甸、柬埔寨等 4 国，分别向对方介绍了“2010 泛北部湾区域经济合作市长论坛”相关情况，促成了一批重要嘉宾前来出席论坛;同月，北海市人大副主任罗恩平率团访问柬埔寨白马省，介绍了“2010 泛北部湾区域合作市长论坛”相关情况，并促成白马省副省长盖·恩萨塔率团出席论坛。

【2010 泛北部湾区域经济合作市长论坛】 2010 年 8 月 13 日，北海市举行了以“合作、交流、共赢、发展”为主题的“2010 泛北部湾区域经济合作市长论坛”。本次论坛，市外事部门精心策划，加强联络与沟通，邀请到来自越南、泰国、柬埔寨、菲律宾、日本、韩国等 6 个国家 17 个省市的市长或市长代表共 51 名外宾参会，比去年增加了 7 个城市，其中

2010 年 8 月 25 日，市委书记、市人大常委会主任王小东(右四)，市长连友农(右三)等会见越南代表团(中越青年大联欢)

市外(侨)办　供

有 6 个省市的副市长和副省长参会;越南驻南宁总领馆、老挝驻南宁总领馆、柬埔寨驻南宁总领馆、新加坡驻广州总领馆等 4 个驻华领馆共 9 名官员参会。本届论坛参会的国外城市和外宾人数之多、区域之广、规格之高,均创历史新高。此外,市外事办还承担了外事接待、会见宴请、礼宾礼仪、会场翻译、友城签约等方面的工作。得到了市委、市政府的充分肯定和表彰。

论坛期间,北海市与白马省签订了《中华人民共和国北海市和柬埔寨王国白马省关于建立友好省市关系协议书》,正式确立友好省市关系。

【"中越青年大联欢"活动】 2010 年 8 月下旬,市外事办承担了庆祝中越建交 60 周年 "中越青年大联欢"北海分会场的活动,圆满完成了各项工作任务,得到外交部、自治区外办和市委、市政府以及越南青年代表、国内青年代表及社会各界的高度评价和一致好评,实现了自治区组委会"让中央满意、让双方青年满意、让群众满意"的预定目标。

【国外无偿援助项目】 2010 年,通过努力,市外事办争取到德国驻广州总领馆援建北海市铁山港区营盘镇石村小学项目资金 9500 欧元(约合人民币 8 万元),修建了一条长 700 米、宽 5 米的进校道路。此项目的建成,解决了该村 1113 户人孩子上学行路难、骑车难问题,为当地学生创造了更安心舒适的上学环境,为石村教育事业的发展提供了帮助。

侨务工作

【开展关爱工程】 2010 年,市侨办实施关爱归侨侨眷工程系列活动。

慰问归(难)侨活动 为深入贯彻落实国务院侨办提出的在全国侨办系统大力实施"归侨侨眷关爱工程"的精神。市侨办争取市财政资金支持,多方筹集慰问资金,广泛开展慰问贫困归侨侨眷活动。2010 年 2 月 1~6 日,在市委常委、组织部长蔡中平、副市长杨志远的带领下,市侨办联合有关部门,深入侨港镇、赤江华侨陶器厂、高德陶器厂、高德瓷器厂、前卫农场等归侨安置点,走访慰问部分特困归难侨侨眷、归难侨侨眷下岗职工和鳏寡病残归难侨侨眷,并送去慰问金和米、油等慰问品。该活动共慰问特困归难侨侨眷、下岗归难侨职工和鳏寡病残难侨侨眷近 510 户,发放慰问金共计 14 万元。此外,"六一"国际儿童节前夕,为全市 52 名归难侨适龄儿童发放了慰问金。

资助难侨贫困学子 2010 年 7 月 6 日,市侨办组织开展"华侨中学归难侨子女学生与北海一中学生结对联谊活动",来自华侨中学的 16 名归难侨子女学生与市一中 16 名"结对子"学生。通过开展结对联谊活动,搭建一个交流沟通的平台,让归难侨子女学生有机会与市区学生进行学习交流。

奖励优秀"三侨"考生 9 月 3 日,市侨办会同市侨联举行奖励优秀"三侨"考生暨资助贫困"三侨"学子活动,对在今年高考中取得优异成绩的 11 名"三侨"考生和 2 名家庭贫困的归难侨学子进行了奖励和资助。

归侨侨眷技能培训 2010 年,全市侨务部门会同农业、科技、水产、人劳社保等部门,通过举办培训班、专题讲座、现场观摩、分级培训、咨询服务、发放资料等多种形式,推动安置点归难侨侨眷培训工作的开展。全年共举办归难侨侨眷劳动技术培训班 20 期(班),培训归难侨侨眷 395 人次,短期劳动技能培训 930 多人次,推荐就业 100 人。

【侨务信访】 2010 年,市侨办共接到侨胞信访 186 人次,信件 6 件。其中,协调有关部门,妥善解决了香港同胞王祥明的侨房补偿问题,使用单位补偿给王祥明 20 多万人民币。

【归侨侨眷身份证明办理】 2010 年,市侨办按照《归侨侨眷权益保护法》和有关侨务法规的规定和程序,严格把好政策、证件关,提高办理"三侨"考生和归侨侨眷身份证明的效率和质量。2010 年,共为 24 名"三

2010 年 9 月 3 日,北海市外(侨)办、侨联联合开展 2010 年奖励"三侨"高考学生暨资助贫困学生活动 市外(侨)办 供

2010年北海市外事侨务工作会议现场　　市外(侨)办　供

侨"考生、2名归侨出具了身份证明，使他们按侨务法规和有关政策享受应有的照顾。

【侨务调研】 2010年，市侨办围绕归侨侨眷生产生活的热点难点问题，深入基层开展侨务调研活动，了解广大归侨侨眷的生产生活，为他们解难事、办实事、做好事：一是8月初，配合自治区人大外事华侨委员会主任委员盛忠雄为组长的自治区人大调研组到北海市就侨胞投资发展及合法权益保护工作情况进行专题调研，调研组还深入北海长城科技公司和北海创新科存储技术有限公司等侨资企业进行了实地考察和调研；二是为掌握全市归侨侨眷危旧房现状及改造工作情况，8月，市侨办配合市人大外侨民宗委对全市归侨侨眷危旧房现状及改造工作情况进行了一次全面调研。市人大听取了市政府关于全市归侨侨眷危旧房现状及改造工作情况的汇报，有效地推进了北海归侨侨眷危旧房改造工作；三是10月中旬，市侨办配合市政协外事联谊和民族宗教委员会，对全市包括侨资企业在内的外资企业的现状及发展经营情况进行调研。调研组通过召开汇报会、座谈会、发放问卷、实地考察和个别走访等方式开展工作，基本掌握了侨资企业、外资企业的发展经营情况和存在的困难和问题，为今后开展为侨资企业服务提供了依据。

【侨法宣传】 2010年是《中华人民共和国归侨侨眷权益保护法》颁布实施20周年。为进一步宣传贯彻侨法，让广大归难侨侨眷和社会各界了解《中华人民共和国归侨侨眷权益保护法》，增强侨务法治意识。市侨办按照"涉侨部门联动、市县(区)侨办互动、一个县(区)一个主题、一个安置点一个活动"的思路，开展声势浩大的侨法宣传月和侨法"进侨乡、进社区、进侨场"等系列活动。5月28日，市侨办在北海市铁山港区滨海农场前卫农场举行侨法宣传活动。活动期间，还举行了"滨海农场归侨侨眷活动中心"揭牌仪式，同时还进行侨法知识抢答、篮球友谊赛和游园等活动。6月18日，在合浦县还珠广场举行大型的纪念《中华人民共和国归侨侨眷权益保护法》颁布实施20周年大型文艺晚会，把侨法知识宣传融入到文艺节目中，收到了良好的社会效果。当天晚上，合浦县四家班子领导以及1500多人观看了晚会。7月2日，市侨办联合银海区侨办、侨港镇政府、市歌舞团在侨港镇举行了纪念侨法颁布实施20周年文艺晚会。歌舞团演员为广大归侨侨眷奉献了一场精彩的文艺演出同时，把侨法及侨务知识宣传融入到文艺节目中，使侨法宣传更深入人心，家喻户晓，收到了良好的社会效果。

【来访接待】 2010年，市侨办共接待到北海市访问、考察、投资的海外华侨华人、港澳同胞共25批680人次。主要团组有：加拿大中国洪门民

2010年5月28日，市侨办在铁山港区开展侨法宣传活动　　市外(侨)办　供

2010 年 4 月 9 日，市侨办举办北海市海外华侨华人恳亲会　　市外(侨)办　供

治党总部代表团、“中国—东盟自由贸易区背景下的广西新商机介绍会”华商考察团、原越南西北莱州侨校师生及乡亲代表团、澳大利亚眼科慈善医务工作者代表团等。重要侨领有：加拿大中国洪门民治党总部总主委邝立焯、加拿大中国洪门民治党埃德蒙顿市支部主委邝健民、美国大纽约华商总会会长刘其达、加拿大中华总商会执行会长谢尚华、原新加坡广西暨高州会馆主席成立超、美国纽约工商会主席叶沸腾、英国华夏文化协会会长贝学贤等。

【侨务联谊】 2010 年，市侨办在办好一年一度的“北海市海外华侨华人恳亲会”、“北海市侨界迎春茶话会”、“北海市海交会迎春茶话会”等活动的基础上，创造机会，以联谊为载体构筑联系海内外侨胞情感的平台和窗口。一是 4 月 9 日，市侨办联合有关部门共同主办“2010 年北海市海外华侨华人恳亲座谈会”。50 多名回乡省亲的海外侨胞、港澳台同胞欢聚一堂，共叙乡情，共谋发展。在恳亲会上，向海外侨胞赠送了北海市宣传资料、侨港镇建镇 30 周年画册和光碟一套，推介、宣传北海。二是做好原越南西北莱州侨校师生及乡亲联谊寻根活动的接待工作。3 月 26~29 日，来自 10 多个国家和地区的 360 名原越南西北莱州侨校师生及乡亲到北海开展联谊寻根活动。市侨办协助做好各项对接工作，协调有关部门做好接待工作，组织他们到侨港镇进行参观考察，并举行了宣传推介活动。文政副市长会见了海外华侨华人代表，向他们介绍了北海经济社会发展等情况。27 日晚，在侨港镇文化中心举行了联谊文艺晚会，来自云南河口《侨谊乐园》、侨港镇《侨声曲艺》、柳州《侨友文艺》和云南越柬老文联等文艺团体共同为侨校师生和乡亲献上了一台精彩的文艺演出。

（刘　冬）

北海市归国华侨联合会

【献爱心送温暖活动】 2010 年 1 月，自治区侨联领导在市侨联领导的陪同下，先后到合浦县工贸公司、赤江华侨陶器厂、侨港镇等安置点看望和慰问 13 户特困归侨侨眷家庭，送去慰问金及慰问品共计 8400 元；2 月，在市委常委、组织部长蔡中平、市人大常委会副主任顾乃峰、副市长杨志远的分别带领下，到铁山港区赤江华侨陶器厂、高德华侨新村、侨港镇慰问困难归侨侨眷家庭 700 多户，送去慰问金共计 11 万元；市侨联还走访慰问了 22 名侨界有影响人物、侨界元老遗属，机关离退休人员和 38 户特困归侨侨眷家庭，送去慰问金及慰问品共计 7200 元。

【为侨捐资助学】 2010 年，市侨联经过努力，一是从广西华侨爱心基金会争取到助学款 10000 元，分别资助 3 名贫困大学生每人 2000 元和 4 名贫困中学生每人 1000 元；二是筹资 5000 元与市外事(侨)办联

市委常委、组织部长蔡中平接待来访的美国、越南、中国香港、中国台湾钦廉灵防(四属)同乡会考察团　　市侨联　供

合举行2010年奖励优秀"三侨"考生暨资助贫困"三侨"学生活动，对考上大学的11名优秀"三侨"考生给予奖励；三是经市侨联牵线搭桥，由南宁澳华房地产有限公司董事长韦生贵、台湾财团法人爱心第二春文教基金会陆大民各捐助20万元建设的合浦县星岛湖乡洪潮小学"澳华侨心教学楼"、银海区福成镇平联小学"天福爱心教学楼"，已于2010年4月份正式投入使用；四是为侨港镇华侨小学争取到自治区侨联、广西华侨爱心基金会捐赠价值8.3万元的2207册书籍，建立"侨心图书室"。

【协调侨民利益关系】 2010年初，市侨联了解到侨港镇居民2艘渔船（"桂钦渔20218"和"桂北渔61062"）遇险沉没的情况后，多次与侨港镇政府、侨港镇建华公司、船主的父亲卢成发进行协调，促使卢成发与部分死者家属达成赔偿协议。其中一名死者家属因未能与卢成发达成赔偿协议，将卢成发连带侨港镇建华公司起诉到北海市海事法院，要求按照非农业人口赔偿，总计30多万元，后经市侨联与海事法院的协调，最终双方达成10万元赔偿协议。6月12日，根据自治区高级法院通知，市侨联出席赤江华侨陶器厂涉侨资产（总值4507万元）执行回转协调会。在会上，市侨联主席周庭雯强调赤江华侨陶器厂作为一个国家安置归侨的企业，是一个特殊的群体，任何组织或者个人不得侵犯其合法权益，要求保证归侨侨眷的合法权益不受侵害，避免了国有资产的流失。2010年，市侨联协调有关方面，帮助旅非华侨范延取回51万元购房款，帮助美籍华人陈金生取回房产所有权。

【联谊工作】 2010年1月，与市外事（侨）办联合举办北海市2010年侨界迎春茶话会，来自美国、法国、加拿大、日本、丹麦、澳大利亚等国的华人华侨代表和社会各界人士250多人聚集嘉莱酒店。3月，310名散居世界各地的原越南西北莱州侨校师生云集北海，参加越南西北莱州侨校师生暨乡亲2010广西北海联谊会，市侨联主席周庭雯与原越南西北莱州侨校师生代表座谈，希望他们通过捐资办学、扶贫助困、引资引智，参与北海的各项建设，促进北海与海外的交流与合作。4月，接待美国、越南、中国香港、中国台湾钦廉灵防（四属）同乡会考察团一行到北海考察；9月，市侨联组织机关干部职工随自治区侨联考察团到上海参加世博会，并到南通市侨联学习取经；11月份，市侨联主席周庭雯随北海市代表团赴广东河源市参加世界客属第23届恳亲大会，并与来自世界各地的客家乡亲进行亲切交流；11月3日，2010年广西"五市"侨联经验交流会在梧州市召开，市侨联主席周庭雯率领侨联专干参加会议，并作题为《积极探索创新，争取党委政府支持》的主题发言；12月份，接待澳大利亚华侨回国考察；与市侨办、银海区侨办、侨港镇政府联合举办海外华侨华人恳亲会；指导北海市越南姑苏群岛归侨联谊会开展换届选举工作；接待新加坡老华侨陈帅文，台湾同胞陈国璋、高金印等。全年共接待海内外侨界人士22批次690人。

【参政议政】 2010年，市侨联分别组织撰写了《关于将涠洲岛建设成国际旅游岛的建议》、《关于加强与东盟各国广西同乡会联谊，促进北海经济社会发展的建议》、《关于安装道路交通摄像头，加强道路交通监管的建议》、《关于请求将"银海区侨港镇归难侨安置楼改造项目"列入北海市政府为民办实事项目的建议》、《关于要求提高侨港镇归难侨新农保退休待遇的建议》、《关于尽快修通金海大道（四川路至云南路段）排污排水系统的建议》、《关于在北海建设广西第三个高等学校密集区的建议》等提案。在广西侨联参政议政工作会议暨自治区侨联界人大代表和侨联界政协委员座谈会上，市侨联主席周庭雯作题为《加强实践探索，努力提高参政议政工作水平》的发言。

在2010年召开的北海市政协八届五次全会上，市侨联委员撰写

台湾财团法人爱心第二春文教基金会陆大民捐助建设的银海区福成镇平联小学"澳华侨心教学楼"交付使用

市侨联 供

2010年,北海市越南姑苏群岛归侨联谊会开展换届选举工作　　市侨联　供

的《关于解决我市主要道路交通拥堵问题的建议》、《关于做好北海"三农"工作的建议》、《要重视解决1.4万归侨居民住房拥挤和楼房安全隐患问题》提案获优秀提案。

【调研活动】 2010年，市侨联围绕实施"北海三年跨越发展工程"工作重心,关注城市发展、侨资企业生产经营和涉及广大侨界群众的民生问题,先后撰写《关于加快广西国营赤江华侨陶器厂发展的对策建议》、《关于加快推进我市归难侨安置点住房改造的对策建议》、《北海市归侨侨眷住房及危旧房改造情况汇报》等调研报告。

【宣传活动】 2010年，市侨联向自治区侨联、市政协、党史办等单位上报信息近百条,印制并发放《北海侨讯》4期约400份；以出板报和挂横幅形式开展《归侨侨眷权益保护法》颁布20周年纪念活动;参加合浦县人民政府主办的《归侨侨眷权益保护法》颁布20周年纪念活动;与致公党北海市委会深入侨港镇联合开展送法律、送医疗下乡活动,通过采取有奖问答和发放侨法知识手册等形式与广大群众进行互动，加深了群众对侨法的了解；在广西华商会和广西越南、柬埔寨、老挝归侨联谊会2010年换届之际，推荐北海市6名华商、14名归侨分别加入华商会和联谊会，进一步扩大北海侨联的社会影响;市侨联撰写的《争取党委政府重视和支持，促进侨联基层组织新发展》文章被中国侨联编入《全国侨联基层组织建设经验交流会材料汇编》。

【队伍建设】

思想教育　2010年，市侨联组织集中学习8次，先后专题学习习近平在深入学习实践科学发展观活动总结工作调研座谈会上的讲话,《国务院关于进一步促进广西经济社会发展的若干意见》，中央纪委、中央组织部《印发〈坚决刹住用人上的不正之风——关于12起违规违纪用人典型案件的通报〉的通知》,郭声琨、马飚、周新建在全区人才工作会议上的讲话,云南省严禁查处违反规定突击调整干部问题典型案例,中共黑龙江省委组织部关于李维群在后备干部推荐中拉票问题的通报,自治区旅游局在干部选拔任用中违规问题的通报,《关于建立健全深入学习和长期实践科学发展观长效机制的指导意见》等。

业务学习　2010年，市侨联先后组织全体干部职工学习了中国—东盟自由贸易区的发展与挑战,新加坡、印尼、越南、马来西亚、菲律宾等东盟国家的国家历史、自然资源、经济政策和北海的历史沿革、传统文化、文化遗产状况。

组织建设　2010年市侨联党组织从工商联(侨联)联合党支部划分出来,成立独立党支部,并且新成立了党组和工会组织。

(吴俊起)

原越南西北莱州省侨校校友暨乡亲2010广西北海联谊会　　市侨联　供

社会事务

人口和计划生育

【概况】 2010年，北海市人口和计划生育委员会(以下简称“市人口和计生委”)内设办公室、监察室、政策法规宣传科、发展规划科、科学技术科、流动人口管理科等6个科室，工作人员17人；下属事业单位北海市人口和计划生育服务中心、北海市人口和计划生育药具管理站；代管北海市计划生育协会。共有研究生学历3人，本科学历11人，高级职称4人，中级职称18人。

2009年10月至2010年9月，北海市出生人口19898人，人口出生率12.65‰，同比提高0.4个千分点，不突破自治区下达的人口出生控制计划；死亡率3.48‰；人口自然增长率9.17‰，同比提高0.03个千分点；符合政策生育率92.7%，与上年同比提高3.24百分点；政策外多孩率1.02%，同比下降0.78个百分点；出生人口性别比111.77，同比降低0.64。药具应用率96.84%，使用药具有效率99.95%；综合节育率88.34%，长效避孕率91.97%，同比提高0.09个百分点；农村应落实长效避孕措施的妇女12798人，其中已落实长效避孕措施的妇女10927人，农村人口长效避孕率85.38%。

【宣传教育】 2010年9月25日，市人口和计生委在侨港镇举办纪念中共中央《公开信》发表30周年宣传服务活动，在活动现场设立了咨询服务台、板报展等宣传人口计生政策法规知识，发放宣传资料3000多份、避孕药具500多盒(板)、宣传品300多份。2010年，举办人口计生工作30周年感动人物评选表彰活动，2人受到表彰；制作《辉煌三十年国策耀珠城》画册1册。2010年，开展“送福进万家”活动，将宣传资料、宣传品112950份发放给有关计生家庭。争取国家人口计生委开展免费为独生子女户摄制“全家福”照片工程项目，已完成5000幅独生子女家庭“全家福”照片的制作，深受独生子女户的欢迎。按自治区人口计生委的配置要求，抓好18个村级公共服务中心的“农家书屋”和6个城乡风貌改造二期工程建设“新家庭文化屋”建设。争取国家人口计生委赠予北海市价值30000元的计生书籍，用于10个村级文化屋“人口计生图书角”的建设。全市乡镇(街道办事处)、村(居)都开设固定的宣传栏、宣传橱窗，宣传人口计生政策法规和计生科技知识等。

5月底，与市劳动社保局联合开展农村计划生育家庭就业创业援助行动，共开展就业培训110期，参加培训人数达4614人次，参加培训后就业人数为2895人。

【依法行政】 2010年，市人口和计生委贯彻落实行政执法责任制和执法过错责任追究制，加强与人民法院的沟通协调，建立和完善非诉计划生育行政案件执行工作的长效机制。2010年，全市依法发放一孩服务手册12561本，二孩生育证5455本，没有发生违法审批、发放生育证的行为。加强“两个纪律”(人口和计划生育群众工作纪律和检查考评工作纪律)执行情况的检查。

9月27～29日，北海市开展人口计生系统基层文明执法专项活动，对市辖一县三区各抽查了1个乡镇(街道办事处)、1个村(居)的执法情况，查摆行政执法中存在的问题，提出整改意见措施，进一步规范了行政执法程序。完善信访工作制度，排查化解矛盾纠纷，全力化解“信访积案”、重信重访案件，没有发生行政侵权案件，也没有因计划生育执法行为不当或违法行政引发的群体性事件、恶性案件及群体越级上访事件。

【综合治理】 2010年，市人口和计生委在推荐代表、评优评先、干部任用、年度考核等问题上，严格执行人口计生审查制，实行“一票否决”制度。全年审核评选先进、文明单位645个次、审核个人1574人次，审核处级干部年度考核792人次，任用提拔干部273人次，其他6450人次。

2010年，市人口和计生委根据北海市综合治理出生人口性别比偏高问题，联合开展打击“两非”（非医学需要的胎儿性别鉴定和非医学需要的选择性别的人工终止妊娠行为）专项活动。制定出台《北海市人口计生委、北海市卫生局、北海市公安局关于进一步加强出生实名登记管理工作的实施意见》，明确部门责任，完善信息动态管理通报制度。9月28~30日，市人口计生委与市卫生局、市药监局、市公安局、市工商局等部门抽调人员组成打击“两非”专项活动督查组，对县区打击“两非”专项活动开展情况进行督查，随机抽查了10家医疗机构、诊所和药店，发现并查处了1起未取得《母婴保健技术服务执业许可证》开展终止妊娠手术的案件。

【技术服务】 2010年，市人口和计生委开展优质服务先进单位创建活动，确定年度目标，加强指导检查。2010年，海城区荣获2010年“全国计划生育优质服务先进单位”称号，银海区获“全区计划生育优质服务先进单位”称号。

推进“优生促进工程” 2010年，开展出生缺陷一级预防工作，提高出生人口素质，全市投入29万多元专项经费实施“优生促进工程”，组织计生技术人员参与地中海贫血防治工作，采取板报、橱窗、专栏、讲座和科技“三下乡”等形式广泛宣传预防出生缺陷的优生优育知识和预防艾滋病知识。全市共组织开展健康教育宣传58次，出版板报28期，发放保健知识宣传资料约35万多份、张贴标语3400多条、宣传画2400份。推广引导育龄妇女孕期定时定量增补叶酸（斯利安），减少出生缺陷发生。全年免费发放斯利安2863人次，出生缺陷一级预防覆盖率达86%，出生缺陷发生率为8.22‰，同比下降0.59个千分点，低于自治区平均水平。

推进国家免费孕前优生健康检查项目试点工作 指导督促合浦县专款专用国家拨付的225万元及当地配套的40万元专项经费。2010年，已为全县符合政策计划怀孕的育龄妇女5743人进行检查。9月16日，在北京召开的国家免费孕前优生健康检查项目试点工作汇报会上，合浦县的试点工作得到了国家人口计生委的表扬。

设备建设与药物应用 2010年，市人口计生服务中心添置了血细胞分析仪、酶标仪等一批设备，引进了新型口服避孕药——优思明，应用了新型节育环——曼月乐；与武汉康圣达医学检验中心有限公司合作，开展目前国际上最先进宫颈癌细胞学检查技术——宫颈液基细胞学检查，已检查55人次。

拓宽药具发放网点 在原有社区、村（居）委会为主的固定发放网点基础上，增加了临时发放网点，如在渔村、港口、建筑工地流动人口集中的地方设立药具发放点。2010年，市人口计生药具管理站还组织人员到出口加工区为农民工发放避孕药具。共检查避孕药具销售点药店53家，均未发现销售国家免费提供的避孕药具。

【基层基础工作】

服务站所标准化建设 2010年，市人口和计生委大力推进县乡服务站所标准化、规范化建设。全市已建成20个标准化、规范化的县乡级计划生育服务站所。合浦县计划生育服务站应配备计生技术人员16人，已配备19人，配备率达119%；新建成的19个乡级计划生育服务所应配备技术人员53人（5个中心乡所每个所配备5人，已配备25人；4个中心二类、10个普通乡所每个配备2人，已配备28人），已配备53人，配备率达100%。

“诚信计生” 2010年，创新村（居）民自治方式，开展“诚信计生”试点工作，取得明显成效。市级举办市、县、乡级诚信计生领导干部培训班3期，参加培训360人次。通过广播、电视、报刊、网络、板报等媒体宣传诚信计生。9月15日，北海市在合浦县廉州镇政府会议室召开全市诚信计生工作现场推进会。市委常委、宣传部长，副市长廖德全出席会议并作了重要讲话。市政府副秘书长冯学清以及县区党委、政府分管领导，人口计生局正、副局长，镇（乡、街道办）分管领导、人口计生办主任、计生服务所所长，部分村（居）委党支部书记，市人口计生委及下属单位副科级以上干部共220多人参加了会议。与会人员参观了诚信计生现场点廉州镇马江村委、石湾镇清水村委。2010年全市426个行政村（居）委已有301个村（居）委会开展诚信计生活动，诚信计生协议书签订率67.61%，达到了自治区要求的30%以上的目标，创建示范村（居）40个，创建率为9.40%，达到了自治区要求的5%以上的目标。

开展创建计划生育村（居）民自治合格村、先进村活动 2010年全市426个村（居、社区）创建的计划生育村（居）民自治合格村（居）324个，比2009年增加63个；创建的计划生育村（居）民自治先进村（居）217个，比2009年增加48个。

开展“两无一提高”活动 2010年，开展计划生育“两无一提高”（即乡镇、街道无政策外多孩出生，村、社区居委会无政策外出生，提高计划生育率）活动。实行层级动态管理，执行“市级党政领导包县区，县级党政领导包乡镇，市、县区直单位包村（居），乡（镇、街道办）党政班子成员包村（居），村（居）委干部包组包户到人”的责任捆绑制，全面推进“两无一提高”活动。全市426

群众在签订诚信计生协议　　市人口和计生委　供

个行政村全部开展创建“两无一提高”活动，有12个乡镇（街道办）、89个村（居）委达到“两无一提高”活动的标准。

【信息化建设和规划统计】 2010年，市人口和计生委开展“十一五”终期评估和“十二五”规划编制工作。借鉴在北海市召开的“国家人口和计划生育委员会人口发展战略与‘十二五’规划课题汇报会”的有关成果，制定了《北海市“十二五”人口和计划生育事业发展规划》。

出生人口统计质量　2010年，北海市开展人口和计划生育基础信息核查工作。6~8月，市人口和计生委联合市统计局、国家统计局北海调查队、市监察局、市司法局等部门在全市范围内开展了以核查出生人口统计质量为重点的《中华人民共和国统计法》和《统计违法违纪行为处分规定》贯彻执行情况大检查，对检查结果进行了通报；同时，开展了基层WIS系统录入工作的检查。

人口计生信息化建设　2010年市级投入16.34万元用于人口计生信息化建设，添置、更换电脑一批，更新了网络设备。全市计划生育家庭奖励扶助救助信息系统、流动人口计划生育管理信息系统、人口出生动态监测系统运行正常，各级操作人员按时登入并及时录入相关信息，按时完成全员人口录入任务。各级人口计生部门对信息系统产生的数据进行科学分析，发挥系统信息咨询、监督、指导和决策功能，为科学制定《北海市人口和计划生育工作“十二五”规划》提供了基础信息。

电子政务公开　按规定做好政府信息公开资料的收集和发布工作。全年公开政府信息101条，其中，本级文件信息15条，上级文件信息3条，公示公告4条，部门动态和政务信息77条。2010年，在政府门户网站受理、答复电子信访34件，内容涉及一孩《生殖健康服务手册》、二孩《生育证》办理、行政事业单位年终执行计生奖励等问题。

【兑现保费和奖励】 2010年，市人口和计生委协调发改委、卫生、人力资源和劳动社会保障、财政等部门贯彻落实国家、自治区和北海市有关人口计生的奖励扶助政策法律法规，发挥计划生育的利益导向作用。一是足额兑现了独生子女保健费。应兑现农村独生子女保健费2613人，兑现金额21.96万元，兑现率100%。二是全市落实非财政拨款企、事业单位实行计划生育人员退休时增加5%工资2940人，金额约88.68万元，兑现率100%；增加10%工资1人，金额0.09万元，兑现率100%。三是人口计生、卫生部门为参加新型农村合作医疗的农村独生子女户、双女结扎户承担个人缴费，共帮助17404名农村独生子女户和双女结扎户缴费29.83万元，代缴率达100%。四是全市有99名农村独生子女户及双女结扎户的子女高考中考获得加分。五是给予农村独生子女户、双女结扎户在生产技术培训、招工就业等方面优先照顾和安排，技术培训3117人，劳务输出2336人。全年全市应兑现国家农村计划生育家庭奖励对象850人，应兑现特别扶助对象21人，均100%兑现。

【流动人口管理】 2010年，市人口和计生委加强综合治理，推进流动人口计划生育服务管理区域“一盘棋”。加强流动人口计划生育服务管理信息化建设。2010年，运用国家PADIS流动人口子系统加强对流动人口的服务和管理。已建立并投入使用1个市级平台、4个县级平台，市、县级平台应用率达100%；全市30个乡（镇、街道办）有27个建立了平台并投入使用，乡级平台应用率达90%。及时更新、完善流动人口数据库，年末全市流动人口登记在册56278人，已录入52971人，全员流动人口入库率94.12%，个案信息项目全且准确。做好流动人口成年育龄妇女办（查）证、建档工作，全年全市流出成年育龄妇女9187人，已办证8497人，办证率92.49%；流入已婚育龄妇女6986人，已查证（建档）6966人，查证（建档）率均为99.71%。利用PADIS流动人口网络化协作功能开展流动人口双向计生服务管理，建立流入和流出两地经常性工作协作制度，及时向流出地通报育龄妇女避孕节育和生育情况。为现居住地、户籍地流动人口育龄妇女办理婚育证明、孕检证等相关证件2940个，处理来电、来函904个。2010年，落实流动人口已婚育龄妇女免费避孕节育措施856例，免费技术服务支出28.41万元。流动人口避孕药具应免费发放5838人次，已免费发放5822人次，免费发放率99.73%，应免费孕检11850人，已免费孕检11759人，免费孕检率99.23%；流动人口应有14838人获得免费计划生育技术服务，已有14817人获得免费计划生育技术服务，免费计划生育技术服务率达99.86%。加强与公安、综治、住建等部门的协调沟通，探索完善北海市流动人口服务管理工作新机制，制定了《关于在海城区建立流动人口服务中心(站)，开展流动人口服务管理工作新机制试点工作的方案》，在海城区开展流动人口服务管理试点工作，成立1个流动人口服务管理中心，下辖11个流动人口服务管理站，公开招聘55名流动人口协管员开展工作。市人口计生委从本委经费中拨出11.5万元支持11个流动人口服务管理站的办公设备、流动人口快速采集系统网络的建设。

【队伍建设】

实施“强基提质”工程　2010年，市人口和计生委加强计生队伍职业化建设，组织实施“强基提质”工程。一是分级分类培训人口计生干部。市级举办人口理论知识培训班1期，参加培训126人次；政策法规知识培训班4期，参加培训100人次；科技知识培训班18期，参加培训230人次；统计知识培训班3期，参加培训100人次；流动人口知识培训班2期，参加培训120人次。二是开展生殖健康咨询师培训及考试工作，组织市、县区、乡镇(街道办事处)计生技术人员进行生殖健康咨询师的培训和考试，抓好合浦县的试点工作。三是举办知识竞赛。3月12日举办《流动人口计划生育工作条例》知识竞赛。3月16日开展全市人口和计划生育技术大比武，合浦县代表队获得团体一等奖，代表北海市参加2010年广西人口和计划生育技术大比武竞赛，获得组织奖。8月6日，举办全市计划生育药具“三基”(基本理论、基本知识、基本技能)知识竞赛。

开展作风建设年活动　2010年，参加市纪委、监察局组织开展的政风行风热线上线工作，认真倾听群众的呼声，主动接受人民群众的监督，及时解决有关问题。全面实施“阳光计生行动”，市、县、乡、村各级全面实行政务公开、人口计生法律法规公开、办事程序公开、“两个纪律”公开和村级党员干部生育情况公开，实现“阳光管理”、“阳光服务”、“阳光维权”，发挥“12356”阳光计生服务热线和行风监督员的作用，把行风建设贯穿于日常工作的始终。全市所有县区均开通了“12356”阳光计生服务热线，乡(镇、街道办事处)以上人口计生部门均聘请了监督员，加强社会对人口计生部门及其工作人员依法行政、文明执法的监督。

开展“双评”活动　2010年，北海市开展了为期2个月的“请农民兄弟姐妹评计生活动”和“请流动人口农民工评计生活动”，分别发放问卷2137份和6345份，农民兄弟姐妹、流动人口农民工对计划生育工作整体情况和各项具体工作的满意率分别为96.4%和96.2%，满意率比去年有所提高。12月，市人口计生委获“第十三批自治区文明单位”(市级唯一政府部门)荣誉称号。

【计生协会】 2010年，北海市有计生协会组织699个，会员221533人，占总人口的14%，同比增加6个基层协会组织和11431个会员。2010年，市计生协会注重自我教育、自我管理，自我服务，发挥自身优势，开展丰富多彩的活动，为基层人口计生工作做了大量有益的工作。全年投入保费约9.58万元为3193户城镇无单位及农村独生子女户、农村双女户办理国寿爱心保险。

(周燕华)

残疾人工作

【概况】 2010年，北海市残疾人联合会(以下简称“市残联”)，为正处级事业团体单位。机构改革核定市残联机关事业编制8人，内设2科1室，下属残疾人劳动就业服务中心编制6人，残疾人康复培训中心编制6人，盲人按摩管理指导中心编制2人。市辖一县三区残联机构级别定为正科级单位。2010年，为推动残疾人社会保障体系和服务体系建设，北海市出台《关于促进残疾人事业发展的实施意见》。这对加快残疾人综合服务设施建设，创建“全国无障碍建设城市”，起到了积极作用。

【残疾人就业】 2010年，市残联帮助残疾人办理求职登记420人，走访有就业需要的残疾人500人；举办残疾人电脑技术培训班4期，参训人数138名；举办3期盲人按摩培训班，50名盲人参训，就业率达100%。

与县(区)残联联合，举办12期残疾人种养技术培训班，650名农村残疾人免费参加了种养技术培训；举办了3场残疾人专场招聘会，向用人单位推荐637名残疾人，帮助73人享受就业专项扶持政策。上述活动使农村残疾人提高了技能，创造了稳定就业的机会，有的残疾人还走上了致富道路。如：合浦县残疾人杨绍军由于自主创业取得显著成绩，被评为全国残疾人“自强创业之星”。至年底，县(区)残联新安置120名残疾人就业，征收残疾人就业保障金880多万元，比增8.6%。

【残疾人康复工作】 2010年，市残联在残疾人康复培训中心分别开设聋儿语训班、脑瘫儿童训练班和自闭症儿童康复训练班，各有13名聋儿、28名脑瘫儿童和9名自闭症儿童参加康复训练。举办2期社区康复协调员培训班，350名社区康复协调员参训。举办1期残疾人辅助器适配技术暨无障碍知识培训班，基层残联负责康复工作的35名工作人员参训。为200名贫困精神病患者免费发药，对其中的10名重病而贫困的精神病患者实施住院救助。为655名白内障患者实施了复明手术，免费救助200例。培训8名智障儿童家长，盲人定向行走训练6例，为38名缺肢残疾人安装假肢，为贫困残疾人免费配发辅助器具554件。

【残疾人扶贫保障工作】 2010年，北海市在残疾人扶贫保障方面，作了以下工作：一是对500名智力、精神和重度残疾人实行居家托养补贴，每户每年补贴1000元，50万元资助资金拨付到受助的残疾人家庭，让残疾人及时享受到党和政府的关爱和温暖。二是全市投入20万元、对200户农村贫困残疾人给予每户1000元的项目扶持资金支助的“党员扶残温暖同行”工程全面开展，解决部分残疾人的脱贫问题。三是走访慰问残疾人2052户，送给残疾人慰问金及慰问品折合人民币55.6万元，为残疾人办好事做实事663件。四是投入20万元，继续为5000名贫困残疾人办理重大疾病医疗保险。全年有25名残疾人得到赔付金，总金额达37万元。五是指导银海区残联按照《北海市银海区新型农村社会养老保险试行办法》的规定，着重抓好落实农村残疾人参保工作，参加“新农保”的残疾人达2000多人，符合条件的残疾人均得到惠及。

【基层残疾人组织建设】 2010年，市残联与财政局、民政局、人事局等部门联合下发了《关于进一步加强和规范基层残疾人组织建设的意见》及《关于进一步完善残疾人专职委员选聘工作的通知》等文件，为进一步加强和规范基层残疾人组织奠定了坚实的基础。通过公开考核和推荐，市残联配备了30名乡镇残疾人工作协管员，加强乡镇残联工作。全市社区、村委残疾人专职委员工作补贴纳入当地财政预算。市残联举办了3期残疾人专职委员培训班，对105名残疾人专职委员进行了业务培训，提高残疾人专职委员的业务素质和工作能力。市残联加快核发第二代残疾人证，到农村社区、上边防海岛核发残疾人证。全年核发残疾人证18767本，累计核发26803本，残疾人持证率达26.05%，名列全区前茅。市残联荣获全区“十一五”发放残疾人证先进单位。

【残疾人教育】 2010年，市残联开展残疾人大学生和残疾人子女大学生的就学资助活动，对残疾人学生和残疾人子女助学工作进行了层层部署，对贫困对象进行调查摸底，及早掌握资助对象信息。同时，多方筹集助学金为全市新考入高等院校的6名残疾人大学生和58名残疾人子女大学生发放了每人1000~2000元的助学金；筛选推荐10名全日制高中或职业高中残疾人学生获交通银行每人1000元的资助；利用国家彩票公益金资助50名特校残疾学生，三项资助金额共计14万元。

【残疾人宣传工作】 2010年，市残联安排分管领导在北海电台《935新闻访谈》节目作了2次残疾人事业专题访谈，加强对新修订的《中华人民共和国残疾人保障法》、《残疾人就业条例》等法律法规的宣传；充分利用新闻媒体重点报道全市残疾人工作中的重大事件，宣传残疾人事业的有关政策，弘扬扶残助残和自强不息的先进典型，倡导社会更加关心残疾人，关注残疾人事业。全年在各类新闻媒体发表残疾人事业新闻报道42篇。电视台及电台播报扶残助残新闻21条(次)。配合市创建全国无障碍城市工作领导小组编制《大爱无障碍》宣传册1册。在“七一”和“12·4”法制宣传日期间，安排9人次配合市直机关工委到北部湾广场开展咨询和宣传残疾人法律法规活动，发放宣传资料8500份。

【残疾人文体活动】 2010年，市残联创造条件开展形式多样的文体活动：一是组织全市200名残疾人代表前往北海工业园区中电集团电子生产线—北海出口加工区—北海海洋之窗等处参观，让残疾人感受北海改革开放和经济建设发生的可喜变化。二是在“国际聋人节”期间，组织聋人朋友开展气排球比赛、象棋比赛，组织盲人朋友开展“卡拉OK”比赛，组织45名盲人观“看”电影。三是组织残疾人运动员参加全区第七届残运会暨第二届特奥会，在运动会上，北海市残疾人运动员获得金牌9枚、银牌14枚、铜牌9枚的好成绩。此外，在全国第五届特奥会上，北海市残疾人运动员周莉获得了2枚银牌、1铜牌枚。

【残疾人信访维权工作】 2010年，市残联共接待来信来访16件，办理市长热线电话1件，市领导大接访1件，市政府办转来信访件2件，办结率100%；积极配合市法律援助中心免费为残疾人提供法律援助13件，为残疾人挽回各项损失合计30多万元，有效维护了残疾人的合法权益。

【残疾人综合服务设施建设】 2010年，市残联争取中央扩大内需资金120万元装修的市残疾人康复培训中心已部分投入使用。建筑面积分别为752平方米、1000平方米的海城区、铁山港区残疾人综合服务中心已建成。2010年，市政府划拨2.07公顷土地作为北海市残疾人康复综合服务中心和重度智力、精神残疾人劳动托养服务中心的用地，并安排510万元作为启动资金，建一座新的残疾人综合服务中心。

【创建全国无障碍建设城市】 2010年，市残联协助市创建全国无障碍建设城市工作领导小组，对各单位、各公共场所进行坡道、盲道等无障碍设施改造。同时，市残联扎实开展无障碍进家庭的试点工作，投入15万元资金为30户家庭进行楼梯和卫生间扶手、闪光门铃、语音对讲门铃、无障碍浴室等设施实施改造，着重为肢体、听力、视力残疾人创造家庭生活无障碍环境。通过共同努力，北海市通过了全国无障碍建设城市检查组的检查验收。

【中国残联"十一五"规划检查组视察北海】 2010年10月底，中国残联党组副书记、常务副理事长、国务院残工委秘书长王乃坤率领国务院残工委第七检查组到北海市检查，检查组一行上涠洲岛实地考察残疾人工作，在岛上召开残疾人代表和基层残疾人工作者座谈会，检查了海城区独树根东社区残疾人文化进社区工作，实地视察市特殊教育学校和市残疾人康复培训中心，听取了北海市残工委关于"十一五"规划执行情况的报告。检查组认为北海市执行残疾人事业"十一五"规划工作扎实，全面完成了规划的各项任务招标。

（梁鸿君　陈清志）

老龄人工作

【概况】 2010年，第五届北海市老龄协会有会长1人，副会长2人，秘书长1人，常委共7人，内设财务部、文艺部、组织部、权益部、旅游部、后勤部、慰问办。下设老年活动中心、娱乐室、会议室、阅览室、教室、舞蹈排练室等，设施常年对老年人开放使用。至年底，市老龄协会共有会员3700多人，分为108个活动小组，组长180人。

【老年人思想教育工作】 2010年，市老龄协会充分利用《北海日报》、《北海晚报》、《广西老年报》等新闻媒体，宣传报道老年人的老有作为、老有所乐、充分发挥老年人余热的事迹，同时利用北海市老龄协会的现有场所，举办各种宣传教育版报和专刊，2010年，先后出版报和专刊共10多期。

【老龄人文体活动】 市老龄协会以各种形式，组织所属各活动小组开展丰富多彩的文体活动。2010年，协会所属的文艺队先后在社区、广场、公园等场所累计演出18场(次)。

1月15日，龙队参加全市第四届"海门杯"狮龙大赛获第二名；大年初二，点睛大会上，红霞艺术团担任颁奖司仪，并在颁奖演出表演了《盛世欢鼓》；1月28~31日参加北海市"迎春杯"门球比赛，获得第三名；2月3日，红霞艺术团、三队参加全市文艺年拜会在市群艺馆的演出；2月5日，在北部湾广场参加"和谐社会"与"千团万场"演出；3月12日，廖锦香在香港参加第八届国际武术节，获得女子F14组太极拳比赛冠军；4月18日与南宁老年旅行社进行联谊演出；4月30日在中山公园举办庆"五一"文艺演出；2010年5月2日在北部湾广场百姓苑参加庆"五一"演出；6月25日，参加侨港镇休渔期文化周开幕式的演出；7月1日在中山公园和北部湾广场参加2次庆"七一"文艺演出；8月24日晚参加全市优秀业余文艺团体优秀节目展演：采茶舞、播米舞；9月26日参加第二届广西区体育节，由市老龄协会代表北海老年人参赛的体育健身展示赛"组合太极拳"获第一名；9月30日在中山公园举办"庆国庆"演出；10月3日晚上，在北部湾广场参加市组织的"庆国庆"演出；10月16日，在大润发商场前举办"敬老节"文艺演出；10月全市"国庆杯"门球赛，获第三名；此外，市老龄协会还组织联谊交流活动。全年共组织旅游1581人(次)，其中一日游1441人(次)，外地旅游140人(次)。并经常与市博铧医院、区老年旅行社等单位联合举办各种老年保健知识讲座、文艺联欢等活动。

（廖锦香）

民族工作

【开展民族关系监测评价处置机制工作】 2010年8月起，全市各县区开始陆续推进民族关系监测评价处置机制工作。2010年，市民族宗教局（以下简称"民宗局"）统一部署建立市级民族工作信息资料库，并指导全市各级民族工作部门展开相关工作。由市民宗局代市应急办拟定的《北海市涉及民族方面群体性事件应急预案》已印发各成员单位，各县（区）也参照制订了各自的民族关系方面群体性事件应急预案。通过全方位的制度构建，北海市横向到各单位、纵向到各县（区）、乡（镇）、村的民族关系监测评价处置机制总体框架已基本建立。

合浦县民宗局　已初步建立民族工作信息员队伍、民族关系协调员队伍、少数民族知名人士资料库、少数民族党代表、人大代表、政协委员联系制度、民宗局与少数民族知名人士沟通联谊制度、民族关系信息收集加工和汇总上报制度、民族关系监测评价制度，涉及民族因素事件和民族矛盾纠纷处置制度。

海城区民宗局　已建立少数民族人士信息资料库，组成了民族信息员和调解员队伍。

银海区民宗局　已建立部分民族工作资料库。

铁山港区民宗局　独立设立信息资料库，建立了民族工作信息员队伍,民族关系协调员队伍,具体负责民族聚居点、流动人口少数民族群众和三镇少数民族的情况信息汇报、调解工作。建立交流联谊制度(即召开知名人士、调解员信息员和民族工作人员座谈会）和信息上报制度。

【民族团结宣传月】　为配合民族关系监测评价处置机制的建立，积极营造良好的政策氛围，进一步宣传党和国家的民族政策，让社会各界更具体、直观地了解民族政策和民族工作,2010年7月在全市开展了民族团结宣传月活动。民族工作部门在全市各县(区)、乡(镇)主要路口、繁华地段、少数民族聚居点悬挂横幅109多条，板报、宣传栏进机关、社区30多次,宣传小册子到农村2000多本。铁山港区民宗局与文化部门加强合作，利用广播电视站在黄金时间宣传民族团结事迹和民族政策，使全区各族群众接受民族政策的教育。市民宗局还联系宣传、文化、建委、科协等单位,在北部湾广场设立固定民族宣传栏，扩大民族政策宣传的影响。

【管好用好少数民族发展资金】 2010年，市民宗局落实好少数民族发展资金项目，使项目能够按规范、保质保量,发挥实效。县区各民宗局严格按照年初制订的实施方案,采取招标、议标等方式确定有资质的单位进入，在项目实施前和验收后都进行公示，资金和工程质量管理由市、县(区)民宗局、财政局以及乡镇政府进行监督,由市、县、镇、村四级联合进行验收。做到完成一个就及时投入使用一个，很好地发挥了项目的作用。2010年,市民宗局争取到国家民族发展项目资金18万元，实施高德军屯村级道路和垌尾人畜安全饮水管道工程；南康镇秋风塘村民饮水问题已落实、营盘镇鹿塘村2000多名群众行路难已得到解决。同时还为8名特困少数民族优秀学生争取了1.6万元入学补助费，并及时发放到学生（家长)手上。

【做好民族文化体育工作】　2010年，市民宗局认真做好北海市参加全区第十二届少数民族传统体育运动会的组队、训练、参赛工作。本次民运会,北海市派出了54人(其中：运动员、教练员、领队44人,工作人员7人,正副团长3人)组成的代表团参加本届运动会，参加6个大项目(射弩、陀螺、投绣球、武术、板鞋竞速、高脚竞速)、35个小项的比赛。本次比赛，北海市代表团共获得3枚银牌、6枚铜牌、1个第四名、5个第五名、2个第六名。

（农　军）

宗教工作

【加强对宗教政策法规的学习、贯彻】　2010年,市民宗局组织全市宗教工作干部加强对《宗教事务条例》、《宗教教职人员备案办法》、《宗教活动场所设立审批和登记办法》、《宗教教职人员认定办法》等宗教政策、法律法规的学习，提高政策水平、业务技能和解决问题的能力。指导各宗教团体组织广大信教群众学习党的宗教政策、国家的法律法规和《宗教事务条例》,进一步增强国家意识、公民意识和法律意识,依法规范宗教活动。

【依法加强对宗教事务管理】　2010年，市民宗局指导各宗教团体开展教务工作：一是加强与市天主教两会、市基督教两会、市佛教协会的联系,增进了与宗教团体、宗教界代表人士和信教群众之间的了解和互信；二是配合推进市普度寺建设领导小组的工作，进一步健全市佛教协会普度寺异地重建筹建班子,帮助协调解决建设工程中遇到的问题,促进依法依规进行建设;三是应市基督教会的邀请，到合浦星岛湖参加观摩基督教退休会；四是加强与自治区伊斯兰教协会沟通，引导在北海的穆斯林依法依规开展礼拜活动，努力寻求解决穆斯林缺乏场地过宗教生活的问题和途径；五是指导宗教团体开展宗教教职人员认定备案工作和宗教活动场所财务管理试点工作，推动宗教团体和宗教活动场所的制度化、规范化建设;六是指导市基督教两会成功举办纪念基督教三自爱国运动60周年及祝福祖国文艺晚会；七是召开全市实施《宗教事务条例》5周年座谈会,与全市宗教工作干部和宗教界人士进行了交流和座谈。

【履行服务职能】　2010年，市民宗局按照自治区宗教事务局的部署，开展宗教教职人员社会保险问题调研，为解决宗教教职人员后顾之忧做好基础工作。2010年,市民宗局还就涠洲城仔圣母堂维修问题开展调研,寻找维护信教群众合法利益的解决方案。（农　军）

社会福利工作

【儿童福利】　根据民政部等十五部委《关于加强孤儿救助工作的意见》和民政部关于机构供养儿童养育标准不低于1000元、散居孤儿养育标准不低于600元的要求，抓好养育资金落实工作。2010年合浦县社会福利院、合浦县儿童福利院120名儿童的养育金提高了100元，月人均为300元,海城区29名孤儿月人均684元,铁山港区21名孤儿月人均684元,市社会福利院70名孤儿月人均1000元。其他孤儿分别享受低保或农村五保保障。2010年办理国内收养登记30例,办理港澳台收养登记1例。

【老年人福利】 推进居家养老工作，确定正元老人公寓和贵州路社区2个单位为“居家养老”试点单位。争取自治区民政厅下拨资金26.5万元用于扶持8家民办养老机构。2010年,全市共有民办养老机构10家,床位790张。此外,市福利院和市长青老龄活动中心无障碍建设项目已落实资金120多万元，逐步完成整改任务。

【福利彩票发行】 2010年，市民政部门狠抓福利彩票规范管理，适时调整营销策略和营销方式,沉着应对复杂多变的市场形势，努力创造和谐发展的内外部环境，即开型福利彩票整体发展实现了新的跨越与突破。2010年全市共发行即开型福利彩票2105万元。突破了自2004年大奖组停止销售后每年发行量不足1000万的局面。比去年增长422.69%,增幅达322.69%。超额725万元完成自治区民政厅下达的1380万元全年计划任务,为北海市发展社会福利事业提供有力的资金保障。（赖　乾　林明锤）

婚葬管理

【婚姻登记】 2010年，市民政部门认真贯彻落实全国婚姻登记规范化建设视频工作会议和全区推进婚姻登记规范化建设现场会议精神,广泛开展“创建全国婚姻规范化合格单位”活动。在抓好规范管理的同时严把婚姻登记关，严格婚姻登记条件、程序和规范婚姻登记管理,不断提高婚姻登记合格率。北海市全年共办理国内外结婚登记21482对，离婚登记1382对,其中涉外、涉华、港澳台结婚登记198对，离婚登记18对,登记合格率达100%。同时,坚决执行市政府有关免费婚检工作的要求，大力协助有关部门搞好免费婚检工作。

【殡葬工作】 2010年，市民政部门大力推进殡葬改革步伐,实施“六公开”(即:殡葬服务项目、收费标准、服务内容、服务程序、服务承诺、服务监督)制度,提高服务水平,切实维护了服务对象的合法权益，得到服务对象的好评。2010年,全市共火化尸体2708具,其中市殡仪馆火化1848具,合浦县殡仪馆火化860具。全年完成13个项目共3100多座坟墓的迁移工作，确保北海市重大项目顺利推进。

（赖　乾　林明锤）

县区概况

合浦县

【概况】 合浦县位于广西南部，北部湾畔，南流江入海口。钦州—北海铁路、兰海高速公路及325、209国道过境。2010年辖13个镇和2个乡，县人民政府驻廉州镇，行政区域面积2380平方千米。2010年末全县人口102.05万人，其中农村人口59.05万人；人口自然增长率9.75‰；耕地面积5万公顷，农田有效灌溉面积3.35万公顷，粮食播种(含复种)面积6.7万公顷，经济作物种植面积3.49万公顷；海岸线长329千米，0~10米等深海域2.93万公顷，海滩涂2.7万公顷，有海洋生物经济物种500多种；等级公路里程1448.49千米，其中高速公路110千米，境内铁路40千米。玉林—铁山港高速公路、钦州—北海高速铁路、玉林—铁山港铁路在建。主要旅游景点(区)有国家级海洋类型自然保护区山口红树林，国家重点文物保护单位大士阁和汉墓群，自治区级旅游度假区星岛湖，以及汉代文化公园、东山寺、海角亭、东坡亭、文昌塔和南珠森林公园等。全年接待游客53.5万人。重要矿产资源有高岭土、石灰石、钛铁、石膏和重晶石。著名地方产品有珍珠、对虾、大蚝、青蟹、花生、甘蔗、蚕桑、东园家酒、香山鸡嘴荔、桂圆、合浦鹅等，是著名的中国南珠之乡。

2010年，全县生产总值133亿元，同比增长13.1%；其中第一产业45.66亿元，同比增长4.6%；第二产业46.89亿元，同比增长21.4%；第三产业40.45亿元，同比增长15%；三次产业结构为34.3∶35.3∶30.4。财政收入5.83亿元，同比增长27.48%；农业总产值79.61亿元，同比增长4.17%；工业总产值112.85亿元，同比增长19.64%，其中：规模以上工业产值73.1亿元，同比增长20.89%；规模以上工业增加值26.66亿元，同比增长31.2%；全社会固定资产投资104.79亿元，同比增长65.75%；外贸进出口总额13137.34万美元，同比增长26.9%；其中出口6734.21万美元，同比增长26.02%；进口6403.13万美元，同比增长27.8%。内资到位45.85亿元，实际利用外资4940万美元。金融机构存款余额116.48亿元，新增存款18.66亿元，同比增长19.08%；贷款余额54.19亿元，新增贷款余额9.91亿元，比年初增长37.75%。城镇居民人均可支配收入16257元，同比增长12.73%；农村居民人均纯收入5447元，同比增长15.82%；社会消费品零售总额为40.63亿元，同比增长19.87%。

县委书记：罗诗汉

县人大常委会主任：方庆山

县　长：蒋　达

县政协主席：张均雄

【三项主要经济指标突破百亿元】 2010年，全县上下深入学习实践科学发展观，努力克服国际金融危机和年初干旱、洪涝灾害带来的不利影响，克难攻坚，真抓实干，实现了经济社会平稳较快发展的目标。2010年，实现合浦生产总值133亿元、增长13.1%。工业总产值112.85亿元、增长19.64%，其中：规模以上工业产值73.1亿元、增长20.89%。全社会固定资产投资104.79亿元、增长65.75%。该县坚持把项目建设作为工作的重中之重，按照“四定”要求，采取非常办法、非常措施、非常力度、非常速度、非常政策，强力推进中央扩大内需项目、区市层面重大项目和全县统筹推进的61项重大项目，取得了较好成效，进一步改善了全县的基础设施，有效促进了经济总量的扩大和产业结构的优化，增强了发展后劲。重大项目建设取得显著成效，引领县域工业化、城镇化快速发展，社会事业不断进步。特别是地方生产总值、工业总产值、全社会固定资产投资3项主要指标“超百亿元”，标志着合浦迈向科学发展的新阶段。

【城市建设大步推进】 2010年，合浦县大力加快城市建设，城建重大项目累计完成投资3亿元：县城污水处理厂及配套管网一期工程项目竣工运行，改变了合浦县没有污水处理设施的历史；西门江综合整治一期工程拆迁工作量完成95%以上，还珠大道延长线等配套工程已经完工，路网、河堤和滨江路等附属工程快速推进；文体中心基础设施建设进展顺利；合浦大道除铁路立交桥外，路面工程基本完成；还珠南路改造顺利完工，为城南新区加快建设奠定了坚实基础。投入资金1.8亿元，完成了一批道路项目、路灯及绿化景观工程，市政公用设施不断完善，城市的功能日趋健全，城市面貌大大改观。房地产业继续保持健康快速发展势头，2010年在建房地产项目34个，在建10层以上高层建筑近100幢。山口、常乐等重点镇建设稳步发展，石湾等小城镇建设有新的改观。

【财政收入创历史新高】 2010年，合浦县财税部门全面贯彻落实科学发展观，狠抓收入征管，着力支持经济发展，积极改善民生，深化财政改革，加大财政监督力度，超额完成北海市下达的财政收入任务，全县财政收入创下了历史新高。一是财政收入增量大。全年组织的财政收入58240万元，比增27.46%，新增量为12546万元，年增量首次超过亿元，其中税收收入完成53015万元，超过2009年全年的财政收入。二是财政收入增长高位运行。县全年财政收入增长27.46%，增幅高于全区平均增幅，位居全市县区之首，全年有8个月财政收入增长超30%。三是保持财政收入高质量。财政收入中，全年非税收入占财政收入的比重仅为8.97%(全区为19.39%)，占地方一般预算收入的比重为18.63%(全区为30.9%)。

【大兴水利建设】 2010年，合浦县大兴水利基础设施建设，全年完成水利投资2亿多元，再创历史新高。解决了一大批群众最关心、最直接、最现实的水利问题。一是建成了石康镇、星岛湖乡等17宗农村饮水安全工程，解决了10万群众和学校师生的饮水不安全问题；二是完成了石湾大白水水库灌区和公馆南山水库灌区节水改造项目等一批农田水利项目建设；白沙干渠除险加固工程已基本完工，改善和恢复灌溉面积约6666.67公顷。三是石康水库除险加固工程总投资2000多万元，已于2010年8月完工投入使用，在全区提前3个月完成建设任务，受到自治区水利厅的通报表扬。四是更螺围标准海堤工程已完成投资5000多万元，建成标准海堤15千米。五是冬春水利建设持续掀起高潮。全县冬修水利累计完成投资1.58亿元，同比增长12.6%，投入工日62万工日，同比增长32.8%；完成土石方102万立方米，同比增长22.3%，清淤渠道235千米，完成计划的132%；恢复和改善灌溉面积约1.13万公顷，完成计划的120%。

【大力开展植树绿化工作】 2010年，合浦县认真贯彻落实自治区党委、政府实施“绿满八桂”造林绿化工程的决策，通过开展“大种树，优生态”主题活动，动员社会力量踊跃参与植树造林，做好全县的造林绿化、通道绿化、城镇绿化、村组绿化和园区绿化等重点绿化工作，全县植树造林任务共约2866.67公顷，水源涵养林约20.67公顷，义务植树200万株，“百万农户种千万棵树”活动完成31万株，城区绿化3公顷，全面完成了上级下达的任务。全县有林面积约7.19万公顷，森林绿化率34.1%，县城建成区绿化率36.94%，绿地率31.74%。

【住房保障水平不断提高】 2010年，合浦县加大保障性住房建设力度，廉租房、经济适用房建设快速推进。一期廉怡小区廉租住房项目概算投资1523万元，规划建设264套廉租住房，套型面积49.39平方米，建筑面积13812.14平方米。项目于2009年3月18日开工建设，2010年5月30日竣工落成，共有264户低收入家庭已经搬进入住，解决了近1000人的住房困难问题。二期廉丰小区廉租住房项目规划总投资2194万元，建设廉租房324套，总建筑面积16102平方米，于6月30日开工建设。经济适用住房一期工程占地1公顷，建设经济适用住房5幢共204套，总建筑面积16585平方米，总投资1965.99万，2009年6月开始动工建设，2010年底项目工程已经全部完工并按《合浦县经济适用住房的销售方案》通过摇号确定了购房户，售房工作正在进行中，204户住房困难家庭的住房问题将得到解决。

【人口计生工作创省优】 2010年，合浦县用心打造计生优质服务新品牌，塑造计生惠民新形象。全县人口计生工作紧紧围绕“保进步、争先进、创省优”的总目标，创新工作机制，加大工作力度，人口计生工作水平继续得到提升。2010年，合浦被列为全国100个免费孕前优生健康检查项目实施试点县之一，为此，合浦优化县、乡、村三级服务流程，建立孕前优生健康检查档案，做到档案资料规范化、专业化管理。通过开展宣传发动，孕前优生检查相关知识进市场、进广场、进商场、进体育场、进游乐场的“进五场”活动，把“等群众上门检查”的观念改为“下去为群众检查”，消除了对人口计生工作的误解，让群众在计生“暖心”服务中享受到实实在在好处。2010年，合浦新改扩建计生技术服务所11个，占乡镇总数73%，所有乡镇配备1~3辆计生服务车。全县实行医学检查10798人，查出高风险人群2398人，圆满完成了国家下达的任务。全县人口计生各项指标完成情况良好，符合政策生育率92.73%，政策外多孩率控制在1.3%以下；全县落实"四术"13378例，征收社会抚养费2036万元，圆满完成自治区、北海市下达的人口计生各项任务。继2009年荣获自治区人口计生工作进步奖之后，2010年又获"广西计划生育优质服务先进单位"、"全区计划生育协会先进单位"、"北海市人口计生工作先进单位"等荣誉称号，为创建"国优"奠定了良好基础。

【农业机械化水平走在全区前列】 2010年，合浦县大力实施农机科技示范宣传推广项目，引导农民购好农机、用好农机。严格执行购机补贴政策规定和补贴专项资金管理办法，依程序按规范做好各个环节的工作，热情主动为购机户办理申报、选机和提货等服务，让购机者真正享受国家支农惠农政策的好处，进一步调动和激发了全县农民购买农业机械的积极性，有效地促进了县农机装备量的增长。2010年，共完成各级补贴资金795万元，吸引农民投入资金1380多万元，购买各类机械7945台，受益农户4176户。其中购买了大马力拖拉机8台，收割机3台，插秧机60台，旋耕机33台，深耕机4台，水田耕整机115台，手扶拖拉机667台，甘蔗装载机46台、增氧机4635台。该县先后建成了1个约33.33公顷的水稻机械化示范基地和1个面积共100公顷的甘蔗、木薯机械化示范基地。全县农机装备的迅猛增加和投入使用，加快了促进农业综合生产力的发展和农村劳动力的大量释放。2010年，全县主要作物耕种收综合机械化水平已达34%，其中水稻耕种收综合机械化水平达51%，为全区之首。

【民生工程扎实推进造福百姓】 2010年，合浦县结合上级要求和地方实际，列出了为民办好的12件实事好事，不断改善民生。一是村村通自来水工程。2010年累计完成农村饮水安全工程17宗，解决饮水不安全人口9.66万人，累计完成投资4845.16万元，党江、闸口两镇基本实现村村通自来水。二是标准海堤建设工程。累计建成标准海堤17千米，完成投资3151万元。三是县城供水源改造工程。前期勘测工作已完成，水源选取和管路铺设方案已确定，可研报告已编写完成。四是市政公共设施改造工程。市政公共设施改造工程超过1000万元，3座公厕改建已全部完成，22条小街小巷建设年底全部完成。五是水库移民保障工程。水库移民项目建设完成投资1228万元。六是通村公路硬底化工程。已投资3726万元，建设80条共132.7千米农村公路。投入资金330万元，改造危桥2座。七是农村危房改造工程。农村危房改造完成2421.3万元投资，实现1000户5.35万平方米改造任务。八是住房保障工程。廉租房一期廉怡小区已于2010年4月份建成，7月份入住，完成投资1525万元；廉丰小区廉租房(324套)二期工程已动工建设。经济适用房一期工程已经完成。九是农网完善工程。220千伏还珠变送变电工程年度计划投资1500万元，已完成3300万元；110千伏赤西变工程已完成年度计划投资3670万元；110千伏山口变工程2010年计划投资597万元，已完成276万元；望圩变工程2010年计划投资700万元，已完成1050万元。十是民政民心工程。筹措资金7108.96万元，保证全县城市低保补助月人均150元，农村低保补助月人均50元，达到自治区要求标准，实现应保尽保。筹集资金450万元，已新建30个五保村。从2010年1月1日起给全县96名百岁老人每人每月发放高龄生活补贴100元。十一是中小学校厕所改造工程。中小学校改厕改造工程共90个项目，已竣工83个项目。十二是社会保障工程。农村劳动力转移就业培训3898人，完成任务130%。被征地农民培训322人，完成任务107%；水库移民培训1825人，完成任务101%；下岗失业人员就业再就业1376人，完成任务115%。转移就业12.1万人，完成任务100%。加强企业养老保险、医疗保险等工作，实现"应保尽保"。

【合浦豇豆成为上海世博会特供农产品】 2010年，合浦县把豇豆生产作为优化产业结构、增加农民收入的一项主要项目，严格按照无公害操作规程生产，形成无公害蔬菜产业化、打响合浦现代农业品牌。为了提高豇豆的品质和产量。县农业部门大力推广薄膜小拱棚种植技术，推广无公害种植，新技术能让豆角少病虫害、少用农药，不仅节约了农民的农药成本，而且为豇豆达到无公害指标打下了基础。合浦豇豆品质好、货源充足，尤以该县石湾镇豇豆示范基地生产的豇豆闻名全国，成功入选2010年上海世博会特供农产品。2010年，合浦县豇豆种植面积超过2.5万亩，亩产达到2500~3000公斤，全县豇豆生产产值达到2亿元，种植豇豆的农民人均比上年增收1800元。合浦豇豆主要生产基地——石湾镇东江村被自治区人民政府命名为"广西豇豆村"。

【危房改造任务全面完成】 根据自治区人民政府办公厅《2010年广西农村危房改造工程试点实施方案》，2010年合浦县15个乡镇均列入国家扩大农村危房改造试点范围，投资2421.3万元，支付补助资金1618.3万元，完成推广应用新墙材料120户，建筑面积5.35万平方米。2010年，按照自治区和北海市时间进度要求顺利完成了1000户危改任务。危房改造工程全部竣工验收，全部群众可以入住。1000户贫困农户告别危房，住进了“安心房”。在开展危改工作的过程中，合浦县坚持以人为本，创新工作方式，努力把危改工程打造成为惠民工程、优质工程、民心工程，取得了较好成效，让群众真正得到了实惠，赢得了群众的广泛好评，收到了良好的社会效益。

【合浦籍运动员劳义夺得广州亚运会“两金”】 2010年，在广州亚运会上，合浦籍运动员劳义奋力拼搏、力压群雄，勇摘男子100米和4×100米接力2项金牌，成为亚运史上中国第一个男子百米冠军，结束了中国参加亚运会36年来该项目无百米冠军的历史，为国家争得了荣誉，为家乡增光添彩。在返回家乡的庆功报告会上，合浦县为劳义颁发了合浦县杰出青年荣誉证书和奖金。

【教育质量不断提升】 2010年，合浦县充分发挥廉州中学、合浦一中两所自治区示范性高中的示范作用，带动促进各高中发展，积极争取高中建设专项经费，提升高中办学实力，通过外引内调提高师资水平，大力强化高中教学质量管理，采取有力措施促进教学质量的提高。2010年高考又再创辉煌，实现了全县高考理科总分单人在全区排名、上清华北大录取线人数、重点上线人数、本科上线人数及本专科上线人数的新跨越，取得了历史上的最好成绩。全县参加高考考生6829人，比2009年减少442人；重点线上线人数409人，比2009年增加16人；二本以上上线人数1897人，比2009年增加206人，增幅为12.18%，上线率为27.78%，增幅为4.52%；本科上线人数3757人，比2009年增加1073人，增幅为39.98%，上线率为55.02%，增幅为18.11%；600分以上14人，比2009年增加7人，增幅为100%；上北大、清华录取分数线5人，创合浦县高考历史的最好成绩。

【集体林权制度改革工作基本完成】 2010年，合浦县按照自治区、北海市的部署，扎实推进林改工作，取得较好成效。年底，全县累计完成外业勘界面积约6.88万公顷，占总任务6.92万公顷的99.5%，其中2010年完成勘界面积2.3万公顷，占任务1.87万公顷的123.1%；累计完成发证面积6.76万公顷，占发证总任务6.82万公顷的99.1%，其中2010年完成发证面积3.78万公顷，占任务3.13万公顷的120.7%；2010年发生的林地权属纠纷33宗，调结31宗，调结率94%。通过实施深化集体林权制度改革，激活林业经营机制，该县林改成效逐步显现。通过落实责任山、自留山和“谁造谁有”政策，明晰产权，签订承包合同，发(换)林权证，让群众吃下了“定心丸”，保障了林农的合法权益，增强了他们发展林业的信心，加大了对林业的投入。实施林改之后，落实集体山林承包、租赁和转让，盘活了集体山林资产，实现了村级财务和林农两增收，群众满意度达99%。

【西门江改造取得初步效果】 2010年，西门江综合整治一期工程是合浦县实践科学发展观、造福群众的一项重大民心工程，也是全县人民多年的共同心愿。项目建设范围为东至车沟底，西至西门江，南至双江桥，北至下新桥，项目总投资估算1.8亿元。通过对西门江河道进行综合整治，提高防洪排涝和治污能力；对其两岸实施拆迁整治，对两岸土地统一规划，开展旧城改造，建设具有地方特色的临江商业、住宅建筑，并进行绿化、美化、亮化建设，完善道路、排水、排污等基础设施，打造县城新亮点。项目于2009年5月动工建设，截至2010年底，西门江河道整治工程已完成护岸1.8千米，完成工程量达95%；还珠大道延长线已完成；1号路、2号路建设进展顺利，完成工程量分别为74.3%和71%；廉中桥和滨江路全面投入施工。此外配套的搬迁户回建区和回建公寓楼已建成，搬迁户得到妥善安置。2010年，西门江整治效果初步显现，滨江地区成为市民休闲娱乐的好去处。

【县城污水处理厂建成投入使用】 2010年，合浦县城污水处理厂及配套污水管网一期工程项目建成，建设规模及主要内容为污水处理能力5万立方米/日，铺设配套污水管网总长24.5千米，项目总投资23751万元。县城污水处理厂是合浦县实施的重点项目，该县根据自治区的统一部署，扎实按照“四定”要求，倒排工期、挂图作战，加班加点、大干快上，保证了重点项目快建设、实事工程早竣工。项目自2009年7月开工建设以来，经过全县上下的共同努力，于2010年6月按照自治区和北海市的要求如期建成投产。结束了长期以来合浦县城污水直排江河的历史。

【渔业科技入户助农增收】 2010年，合浦县大力开展渔业科技入户活动，取得了显著效果。2010年全县渔牧业人均纯收入2696元，比2009年人均增收225元，被评为广西特色水产业先进县。合浦县作为全国渔业科技入户示范县，把南美白对虾、单性罗非鱼作为主推品种，累计建立了科技示范户3600户，示范面积76305亩；对虾示范户年均亩产622.6公斤，年均亩利润5665.6元；罗非鱼示范户年均亩产988.4公斤，年均亩利润1958.3元。合浦县已建立对虾、罗非鱼养殖出口备案基地20个，面积10857亩，全县80%以上对虾、罗非鱼通过出口企业加工销往国外市场。

【推广超级稻种植】 2010年，合浦县认真抓好粮食生产工作，采取切实有效的工作措施，大力推进超级稻生产，帮助农民增产增收。该县在党江镇九坡村、流星村分别建立了两个百亩超级稻攻关田，辐射带动了党江镇九坡村、流星村和廉州镇洋塘村超级稻推广中心示范区，示范面积达133.33公顷。据统计，2010年合浦县全年粮食播种面积67522公顷，其中水稻播种面积43470公顷，推广超级稻种植面积11020公顷，同比增长14.8%。超级稻平均每亩增产60公斤，农民平均每亩增收126元。

【农村金融改革试点工作进展顺利】 2010年，合浦县被列为全自治区扩大农村金融改革试点县后，该县扎实按照改革试点要求推进各项工作，农村金融改革试点工作发展态势良好，取得了阶段性成效。2010年全县金融机构存款余额达116.48亿元，新增存款为18.66亿元，增长19.08%；贷款余额54.19亿元，新增贷款余额为9.91亿元，比年初增长37.75%，其中涉农贷款16.4亿元，占新增存款87.8%。金融改革试点工作开展以来，发放各项涉农贷款为48亿多元。

【廉州镇】 合浦县人民政府所在地，是合浦县政治、经济、文化、交通中心，位于北海市北郊，全镇总面积176平方千米，辖30个村(居)委会，总人口17.43万。该镇历史文化悠久，阜民路、中山路被列为历史文化街区。辖区内有中等专业学校3所，中小学41所。有戏院、影院、工人文化宫、文化馆、图书馆、博物馆、体育场等文体设施。有广西区重点保护文物汉墓群、县重点保护文物海角亭、东坡亭、文昌塔、惠爱桥、魁星楼等名胜古迹。镇辖及村(街)集体企业41家，私营、个体企业3588家；县辖国有、合资及其他企业28家。主要工业产品有烟花爆竹、五金、机械、建材、药材、商标印刷、纸箱包装、工艺美术等50多类，其中20类100多个品种进入国际市场。耕地面积4047.8公顷，海滩涂面积1700公顷。主要农产品有水稻、甘蔗、蔬菜、瓜果等。主要水产品有虾、蟹、大蚝、文蛤、贝类、各类淡水鱼。2010年，财政收入完成21340万元，比增47.7%；实现工业总产值57.95亿元，比增18.7%；农业总产值86136万元，比增4.02%；全社会固定资产投资30.53亿元，比增59.95%；农民人均纯收入6359元，比增4.96%。

【党江镇】 党江镇位于合浦县城西南5千米，沿江临海，地势平坦，土地肥沃，水源充足，素有“稻蛋基地、鱼米之乡”的美誉，是广西区水稻生产基地之一。行政区域面积81.5平方千米，下辖18个村(居)委会，总人口48613人。设中小学19所。海岸线105千米，拥有0~10米等深海滩涂1.2万公顷，文蛤、虾、蟹、鱼、贝等十分丰富。耕地面积3360.07公顷，海养面积1200公顷，是全县海养大镇。养殖品种有南美白对虾、文蛤、大蚝、弹跳鱼等，专门从事海洋捕捞的中深海渔船450多艘，2010年水产品总产量9万多吨。工业企业有烟花爆竹、造船和海产品冷冻等行业。2010年，财政收入完成245万元；实现工业总产值9199万元，比增55.75%；农业总产值11.11亿元，比增3.89%；全社会固定资产投资1.89亿元，比增91.19%；农民人均纯收入5458元，比增15.34%。

【西场镇】 位于合浦县城西部30千米，南临北部湾，海岸线长51.8千米，总面积175平方千米，下辖1个居委会，26个村委会，2010年末人口96168人。教育医疗卫生条件较完善，辖区内有高完中1所，初级中学4所，小学23所，中心幼儿园1所；一级甲等中心卫生院1所，27个村级合作医疗卫生所。小城镇建设步伐加快，城镇建设日新月异。乡村等级公路纵横交错，水陆交通便利，西场客运站已建成投入使用。全镇工业以烟花爆竹、制糖工业为主，辖区内有西场烟花爆竹厂、烟花爆竹出口厂以及北海糖业龙头企业西场永鑫糖业有限公司；中国华电集团新能源开发有限公司拟开发西场风电场项目，建设装机总容量200兆瓦的风力发电厂。全镇耕地面积7333.3公顷，亚热带季风气候，四季分明，雨量充沛，农业以种植优质甘蔗、水稻为主；全镇海水养殖面积2955公顷，主要水产品有大蚝、文蛤、对虾、跳鱼、蚶等。2010年，完成财政收入2091万元，比增26.96%；实现工业生产总产值5.38亿元，比增12.42%；农业总产值11.20亿元，比增5.32%；全社会固定资产投资4.86亿元，比增77.52%；农民人均纯收入5509元，比增19.51%。

【沙岗镇】 位于合浦县城西北20千米，依山傍海。合西公路、钦北铁路贯穿镇境。区域面积104平方千米，耕地面积3927.6公顷。辖15个村委会，1个社区，总人口3.97万人。辖区设中学1所，小学14所。全镇种植业以水稻、甘蔗、红薯、木薯、花生等作物为主，水产品主要有文蛤、对虾、大蚝、弹跳鱼等，畜牧业以生猪、三鸟为主，家禽年出栏量近200万羽以上，生猪出栏量2万多头，有“合浦鹅”和“七星红仁蛋”等农特产。该镇沿海农村充分利用咸酸低产田开发养殖对虾和弹跳鱼，可养面积年均保持666.67公顷以上，通过不断提高技术，成为农民增收一大亮点。主要工业企业有合浦华强烟花爆竹厂、沙岗烟花爆竹厂、合浦瑞丰淀粉厂、祺丰有机化肥厂等。2010年，全镇完成财政收入745万元，比增50.2%；实现工业总产值1.19亿元，比增24.96%；农业生产总值5.76亿元，比增4.26%；全社会固定资产投资1.49亿元，比增

119.02%；农民人均纯收入 5483 元，比增 26.43%。

【乌家镇】 位于县城西部，与钦州市钦南区“三那”（那思、那丽、那彭）交界。全镇总面积 196 平方千米，辖 7 个村（社区）委会，总人口 1.58 万人。辖区内有初级中学 1 所，小学 6 所，幼儿园 4 所，卫生院 1 所，卫生所 11 个。主要名胜古迹四帝宫是县级文物保护单位，至今已有约 500 年的历史。乌家镇土地、山林资源丰富，交通便利。镇辖集体企业 3 家，私营、个体企业 349 家；县辖国有、合资及其他企业 2 家。主要工业产品有木材加工、烟花爆竹等。耕地面积 3733 公顷，其中水田占 11%左右。主要农产品有甘蔗、水稻、玉米、木薯、辣椒及水果等。2010 年，完成财政收入 904 万元，比增 162.79%；实现工业总产值 3.14 亿元，比增 16.8%；农业总产值 1.71 亿元，比增 11.36%；全社会固定资产投资 1.64 亿元，比增 61.17%；农民人均纯收入 5496 元，比增 16.24%。

【闸口镇】 位于合浦县城东 32 千米，东南部濒临北部湾铁山港，西北为大廉山脉延伸的丘陵，中部为山地平原，海岸线长 27.75 千米，较高山脉有海拔 213.8 米的蛇颈岭、观音岭及火通岭等，总面积 118 平方千米。下辖 17 个村委会和 1 个居民委员会，167 个自然村，301 个村小组。2010 年末，辖区内总人口 4.41 万人。全镇耕地面积 1974 公顷，其中水田 1456 公顷，坡地 518 公顷，人均耕地面积 0.05 公顷。主要农作物有水稻、花生、甘蔗、木薯、玉米等。盛产鱼、虾、蟹等水产品。全镇有民营企业、个体企业 328 家。主要企业有水泥厂、爆竹厂、建材厂及采矿加工企业等。镇内有普通中学 1 所，小学 19 所，幼儿园 2 所。镇内有卫生院 1 所，村级卫生所 25 所。矿产资源主要有石灰石、高岭土、原煤、黄铁矿等，初步探明石灰石储量 1 亿吨。2010 年，完成财政收入 416 万元，比增 32.48%；实现工业总产值 2.95 亿元，比增 7.8%；农业总产值 2.29 亿元，比增 2.89%；全社会固定资产投资 1.45 亿元，比增 140.42%；农民人均纯收入 4314 元，比增 16.12%。

【公馆镇】 合浦县人口大镇、经济强镇、文化名镇。位于县城东 51 千米，全镇总面积 178.5 平方千米，辖 24 个村（居）委会，总人口 130345 人。辖区内有中学 4 所，小学 38 所。有影剧院、文化广播电视站、歌舞厅、网吧等文体设施。有县级文物保护单位关帝庙、鳌鱼寺、公馆中学文治书院和盐田红树林等名胜古迹。有合资民营、个体企业 358 家，上规模企业有 25 家。主要工业产品有烟花爆竹、水泥建材、造纸、印刷、包装、五金、机械、药材、农产品和食品加工、工艺美术等 50 多类，其中烟花爆竹等 15 类 100 多个品种进入国际市场。耕地面积 3642 公顷，海滩涂面积 400 多公顷。主要农产品有水稻、红薯、玉米、甘蔗、豆类、蔬菜、水果等，其中香山鸡嘴荔枝闻名全国。主要水产品有虾、蟹、大蚝、文蛤、贝类、各种淡水鱼。2010 年，完成财政收入 3037 万元；实现工业总产值 10.4 亿元，比增 6.44%；农业总产值 2.77 亿元，比增 4.43%；全社会固定资产投资 11.36 亿元，比增 31.08%；农民人均纯收入 5756 元，比增 15.24%。

【曲樟乡】 地处合浦县城东北部的大廉山脉腹地，东与玉林市博白县的松旺镇、菱角镇毗邻，北与钦州市浦北县的泉水镇、石冲镇接壤，西与县辖常乐镇相连，南与县辖公馆镇、闸口镇交界。辖区面积 137 平方千米，下辖 11 个村委 168 个村民小组，总人口 25682 人。全乡耕地面积 599.07 公顷，山地面积 1.12 万公顷，辖区水库面积 0.07 万公顷。教育、文化、卫生、广播电视和电话通讯设施基本配置，综合社会配套服务机构基本建立健全。全乡有小学 17 所，初级中学 1 所，有文化广播电视站 1 个，有卫生院 1 所。该乡山清水秀，自然和人文旅游资源丰厚独特，山高水长，客家村落点缀在山水之间，形成一幅美好的自然画卷。突出的人文古迹有山心村灵隐寺、璋嘉村陈氏宗祠、曲木营下冲客家土围屋、爱国名将陈铭枢故居、璋嘉村客家土围子、老君庙、三宝岩仙人洞、文昌庙等典型民间建筑和浓郁的客家民俗风情。山水人文旅游资源开发已列入北海市、合浦县两级党委、政府的“十一五”规划，定位为“曲樟山水客家文化风情旅游区”。经济社会呈加快发展态势，实现村村通公路、通电、通电话，农村改水、改厕、改栏的进展明显加快，乡村人居环境质量得到提高。2010 年，完成财政收入 42 万元；实现工业总产值 4319 万元，比增 8.2%；农业总产值 7750 万元，比增 9.54%；全社会固定资产投资 1.29 亿元，比增 232.95%；农民人均纯收入 3234 元，比增 15.53%。

【白沙镇】 位于合浦县城东面，距县城 64 千米。东与博白县龙潭镇相邻，南临北部湾，西隔铁山港与南康、闸口两镇相望，北与公馆镇相连。交通发达，325 国道和渝湛高速公路穿境而过，全镇总面积 224.9 平方千米，下辖 1 个社区，23 个村委会，320 条自然村。2010 年末，总人口 117044 人，耕地面积 5782 公顷，其中水田 3448 公顷，旱坡地 2334 公顷；林地面积 0.4 万多公顷。地势北高南低，地貌类型多样，面海靠山，自然条件优越，既有山地，亦有丘陵台地，更有平坦的海滩涂，可开发利用的浅海滩涂 4000 公顷，低丘山地 3000 公顷。全镇有普通初中 3 所，小学 23 所，小学分校 14 所。镇设卫生院1所,村委共设有58间卫生所。矿产资源较为丰富,主要有高岭土、石英砂、石灰石、玻璃砂等,分布于平田、独山、沙尾、东风、西坎等地,其中石灰石矿带宽3千米,长20千米。工业以烟花爆竹、塑料、泡沫、制糖等行业为主,有合浦伟恒糖业有限公司、白沙爆竹一厂、爆竹二厂、塑纸包装厂等。农业以海水养殖业和糖蔗种植及粮食生产为主,基本上形成海水养殖带、原料蔗种植带、粮食种植带等三条农业产业带。2010年,完成财政收入924万元,比增70.79%;实现工业总产值3.76亿元,比增15.86%;农业总产值6.7亿元,比增5.29%;全社会固定资产投资3.54亿元,比增88.79%;农民人均纯收入5052元,比增12.35%。

【山口镇】 位于合浦县东部,是合浦县的东大门,是两广(广东、广西)、三县市(合浦县、博白县、廉江市)交界点,渝湛高速公路和325国道过境,距广西北海市、广东湛江市机场、港口均为90千米,距沙田港14千米,陆路和海上交通十分便利。行政区域面积123.6平方千米,辖16个村(居)委会,总人口8.05万人。耕地面积3558公顷,海岸线长42千米,海滩涂面积1111公顷,盛产海沙串、沙虫、龙利、沙甲、黄丝、螃蟹、明虾等。沿海可养殖珍珠、对虾、青螃、蚝蛎、文蛤、泥蚶、鱼、栉江瑶等。有国家级海洋类型自然保护区山口红树林和国家一级保护动物——儒艮,国家级重点文物保护单位永安大士阁;有3所中学,其中1所高完中,有27所小学,1所中心幼儿园;有医院1间,病床60张;有木偶戏班8班,粤剧团3班;电视调频塔20座,有线电视用户12000多户。该镇是自治区、合浦县两级小城镇建设试点镇,国家重点镇,小康示范镇,是北部湾经济区13个四级城镇建制之一。北部湾经济区一大批基础设施项目的建设,有几个项目已经落户该镇,主要包括铁山港东岸区进港公路(山口至榄根港)、山口经沙田至红树林公路、110KV山口输变电工程等。辖区内有广西最大的综合批发市场——两广市场和北海市的重点招商引资项目——山口红树林温泉旅游项目。山口汽车站是广西区内投资规模最大的乡镇级汽车站。2010年,完成财政收入1167万元;实现工业总产值3.75亿元,比增8.33%;农业总产值4.83亿元,比增4.44%;全社会固定资产投资4.28亿元,比增40.28%;农民人均纯收入达5557元,比增23.19%。

【沙田镇】 位于合浦县的东南部,是合浦县最边远的沿海乡镇,东、北面与山口接壤,西、南面濒临北部湾,距离县城92千米。全镇总面积为36平方千米,辖区有6个村委会,总人口19671人,耕地面积535.53公顷。全镇海岸线长16.8千米,海域滩涂面积3000公顷。全镇有渔船600多艘。镇内有初级中学1所,小学7所。境内有合浦儒艮国家级自然保护区,沙田有“美人鱼之乡”的美称。大坡岭岗有新石器时代的文化遗址,属县级文物保护单位。海产品资源丰富,盛产鱿鱼、大虾、墨鱼、沙虫,各种优质蟹类、贝类等60多种海产品;主要的农产品有:木薯、红薯、花生、甘蔗、西瓜等。镇辖沙田港位于北部湾的东北端,毗邻广东湛江市,距海口市123海里,距越南海防市154海里,是粤西、广西东部地区通往海南及东南亚的海上“窗口”。沙田港是难得的天然良港,海岸线绵长而曲折,航道畅通,建港条件十分优越。2010年6月,北部湾沙田港码头建设项目和航道疏浚项目正式动工建设。镇内有集体、私营、个体企业95家。2010年,全镇财政总收入267万元,比增270.83%;实现工业总产值6036万元,比增8.2%;农业生产总值4.56亿元,比增1.8%;全社会固定资产投资4.01亿元,比增88.32%;农民人均纯收入6304元,比增16.12%。

【石湾镇】 位于合浦县北部11千米,南流江下游。东连石康镇,东北接常乐镇,北靠钦州市灵山、浦北县,西邻星岛湖乡,南与廉州镇交界,南北高速公路、合浦灵山公路贯穿全境。区域面积245平方千米,辖17个村(社区)委会,2010年末总人口48728人,耕地面积4069.3公顷,林地面积5200公顷。辖区内有初级中学2所,小学17所,幼儿园8所,卫生院1所。有文化馆、图书室、体育场等文体设施,有海上丝绸之路始发港(大浪古城遗址)等名胜古迹。该镇以农业为主,主要农产品有水稻、甘蔗、黄麻、蔬菜、玉米等。2010年,以石湾为主产地的“合浦豇豆”列为上海世博会广西5个特供农产品之一。主要水产品有罗非鱼、鲳鱼、叉尾等淡水鱼。全镇有千头养猪场4个,年出栏肉猪5.2万头;石湾“放坡鸡”养殖形成规模化,年出栏肉鸡198万羽。放坡鸡、豆角、苦瓜、罗非鱼等特产量多质优,畅销国内外。2010年,完成财政收入465万元,比增22.37%;实现工业总产值1.2亿元,比增11.79%;农业总产值4.35亿元,比增8.32%;全社会固定资产投资1.22亿元,比增28%;农民人均纯收入5721元,比增13.06%。

【石康镇】 位于是合浦县城东北部,距县城19千米,是全国小城镇建设示范镇、自治区重点镇,地处南流江下游冲积平原,地势平坦,土壤肥沃,气候温暖湿润,拥有丰富的高岭土和河沙、卵石等自然资源。合山高速、209、325国道和南流江过境,交通便利。区域面积195平方千米,耕地5660公顷,辖26个村(居)委员会,总人口7.41万人,集镇常住人口约2.6万人。有高完中1所、职业中学1所、初级中学3所、小学25所。有影剧院、影视室、灯光球场等文化设施，群众性文体活动活跃，曾荣获全国先进文化中心、自治区先进体育乡镇称号。石康镇历史悠久，民风淳朴，政治稳定，文化发达。现存县级保护文物唐城遗址、二埠水山冈遗址、豹狸缸瓦窑遗址、顺塔、罗公祠、万善寺、银锭井、华身靛厂作坊遗址等古迹。拥有集体企业7家，私营企业300家，个体企业650家，外资企业1家。主要工业产品有烟花爆竹、陶瓷、高岭土、麻纺织品等10多类，产品畅销国内外。耕地面积5660公顷，主要农产品有水稻、甘蔗、花生、玉米、木薯、蔬菜瓜果等。水产养殖以淡水鱼类为主。2010年，完成财政收入2010万元，比增32.5%；实现工业总产值6.53亿元，比增23.59%；农业总产值5亿元，比增3.94%；全社会固定资产投资5.05亿元，比增47.02%；农民人均纯收入5878元，比增9.8%。

【常乐镇】 地处合浦县北部，距离合浦县城30千米，北海港60千米，北与浦北县交界，南与闸口镇相连，东与曲樟乡毗邻，西与石康、石湾两镇相邻。全镇总面积256平方千米，辖22个村民委员会，2个社区委员会，有自然村280个，村民小组510个，总人口7.91万人。城区共有6条主要街道和南北两个新区，常住人口约3万人，总面积3平方千米。浦北至铁山港二级公路穿境而过，南流江纵穿全境，交通便利。镇内多为丘陵地和南流江冲积小平原，西部为南流江沿岸小平原，东部为低丘（缓丘）山地，地势平坦，土地肥沃，镇内有高岭土矿、金矿、铁矿等矿产资源，其中高岭土储藏量达3.2亿吨。辖区内文化、卫生、体育、教育等公共设施齐全，有中小学28所、幼儿园21所和医院1所；有一个可容纳3000观众的标准灯光球场和莲南、莲北、石城等5个村级灯光球场和镇村图书室6个，藏书共2万多册；有民间剧团5个、大型超级市场2个和功能齐备的客运站、停车场；有企业258家，其中规模以上5家，主要工业产品有丝绸、酒精、高岭土、纸板、烟花爆竹等10多类。耕地面积5300公顷，山地面积10000多公顷，主要有蚕桑、蔬菜、木薯、林木、水果等五大支柱产业，是合浦县的工业重镇、农业大镇，是北海市主要的冬季农业开发示范基地、蔬菜基地、蚕桑基地和林木生产基地。农业主要产品有桑蚕、蔬菜、木薯、甘蔗、花生等，其中蔬菜、桑蚕产业闻名区内外，是著名的蚕桑之乡。2010年，完成财政收入1336万元，比增17.71%；实现工业总产值5.81亿元，比增32.68%；农业总产值4.71亿元，比增1.29%；全社会固定资产投资4.92亿元，比增89.95%；农民人均纯收入5225元，比增29.49%。

【星岛湖乡】 1995年1月18日建乡，因南国星岛湖坐落境内而得名。乡政府驻地位于县城北部的上洋圩镇，距县城9千米。乡辖区东与廉州镇交界，南与党江镇隔河相望，西与沙岗镇接壤，北与乌家镇、灵山县和钦州市相连。全乡总面积154.48平方千米，辖9个村委会，178个村民小组，总人口2.65万人。有耕地面积2274公顷，主要以种植水稻、甘蔗、花生、木薯、豆类、黄红麻等农作物为主；林地面积5133公顷，主要以优质龙眼、荔枝等经济林作物和速生林、松树等木材林为主；境内矿产资源丰富，探明的石膏矿储量达2.7亿吨，高岭土储量大、品位高。被称为“南国星岛湖”的省级旅游度假区和中央电视台《水浒传》拍摄外境基地，坐落在方圆600平方千米的洪潮水库库区，内有大小岛屿1026个，景色优美，发展旅游业和第三产业有着得天独厚的优势。全乡共有幼儿园1所，小学9所，初级中学1所，卫生院1所。2010年，完成财政收入1517万元，比增65.25%；实现工业总产值8.82亿元，比增62.72%；农业总产值2.62亿元，比增4.65%；全社会固定资产投资1.61亿元，比增49.6%；农民人均纯收入5142元，比增11.61%。

（周利强）

海城区

【概况】 海城区位于北海市区西南部，辖7个街道办事处和1个镇，行政区域面积141.24平方千米。广西区最大的岛屿——涠洲岛坐落该区。2010年末，海城区人口29.1万人，人口自然增长率7.67‰。全年实现地区生产总值67.1亿元。农林牧渔业总产值21.4亿元，工业总产值49.19亿元。全社会固定资产投资完成额181亿元。实际利用外资910万美元。财政收入5.69亿元，其中一般预算收入2.84亿元，财政一般预算支出3亿元。城镇居民人均可支配收入17192元，农村居民人均纯收入5645元。城镇居民可支配收入和农民人均纯收入完成总量在全市一县三区排名第一，财政收入总量、全社会固定资产投资增速在全市一县三区排名第二。是全国科普示范县（区）、全国计划生育优质服务先进单位、自治区未成年人思想道德建设工作先进区、自治区爱国拥军模范单位、自治区低保工作先进单位、广西区2009～2010年实施全民科学素质工作先进单位、广西招商引资工作先进县区。

中共区委书记：伍国辉（任至2月），祝小东（2月任职）

区人大常委会主任：陈希光

区　长：祝小东（任至2月）

毛艳琼（5月任职）

区政协主席：许光远。

【三大产业结构得到调整】 2010年，海城区突出提升工业竞争力，充分挖掘企业潜力，扶持企业做大做强，全区规模工业企业总产值27.77

举全区之力抓好民生路网工程(二期)11条道路的征地拆迁工作

海城区 供

亿元。发展壮大农(渔)业,花卉、蔬菜、香蕉等特色农业产业进一步扩大。远洋捕捞和水产养殖业稳步发展,完成农林牧渔业总产值21.4亿元,海洋产业继续保持广西区领先地位。大力繁荣商贸旅游业,南珠大道和迎宾大道沿线汽车销售服务带渐成气候,北部湾广场核心商业圈日趋凸显,房地产业快速发展,旅游业持续升温,全区第三产业经营收入累计达212.43亿元,年均增长15.22%。三大产业结构为18.5∶42.2∶39.3。

【重大项目建设强力推进】 2010年,海城区全面完成市交付的民生路网二期工程共11条道路、广西沿海铁路扩能改造项目、垃圾转运站和加油站项目、涠洲中石化项目、土地储备项目、工业园区项目建设、主干道路网项目、学校、医院项目以及万景海产及附属设施升级扩建改造等48个项目征地拆迁工作,涉及1个镇6个办事处。2010年依法按程序和谐征用土地约113.25公顷。区负责牵头实施的2010年北海市三年跨越发展重点项目涠洲油田伴生气综合利用工程二期项目、富丽华五星级酒店改造工程、北部湾假日大酒店建设项目、万景海产生产线及附属设施升级扩建改造项目都落实"四定"要求。

【固定资产投资创新高】 2010年,海城区深入开展"项目发展年"活动,项目建设力度和固定资产投资增长为历年最好。积极推进市重点项目建设,加大力度推进区"三个一批"(新建、续建、竣工)30个项目的建设。继续做好房地产企业的服务工作,完成房地产固定资产投资51.8亿元。2010年,全区完成固定资产投资181亿元,同比增长54.8%,完成投资额创历年同期之最,总量列全市第一位,增速列全市第二位。

【民生工作得到加强】 2010年,海城区社会保障覆盖面不断扩大,城镇居民基本医疗保险参保人数达到11.5万人。低收入群体基本生活得到保障,全区享受城市低保人数39.62万人次,农村低保人数4.76万人次。新型农村合作医疗有序开展,全区参合农民5.2万人,参合率达94.5%。完成自治区下达的2批共6个人饮项目,总投资190万元,解决饮水不安全人口约3000人。积极配合完成"民生路网"工程二期建设,出色完成民生路网工程(二期)11条道路的征地拆迁任务。争取政策性配套补贴资金952.56万元,本级筹集资金317.52万元,为1008名困难企业退休职工办理了长期医疗保险,提前2年多完成了市下达的任务。被定为北海市唯一的广西区统筹城乡就业试点县(区),并连续5年被评为北海市就业工作先进县(区)。

【城乡建设力度加大】 2010年,海城区大力实施"环境靓区"战略,不断改观城市形象。牵头依法拆除了

促进城乡充分就业取得实效

海城区 供

计生服务上渔船　　海城区　供

遗留多年、群众反映强烈的富贵路、花园街乱搭乱建，清理西南大道两旁以及北部湾路等地段违法建筑，2010 年共拆除违章建筑 12 万平方米。发挥城管职能，市容环境和城市管理得到改善。加快推进小街小巷建设，筹资 61 万元铺建松涛小区等 7 条道路、安装小街小巷路灯 25 条共 105 盏，维修陈文村等 30 条小街小巷道路，城市功能逐步完善。深入开展"城乡清洁工程"，主动联合开展市容市貌、交通秩序、运输车辆洒漏污染专项整治工作。"城中村"改造加快推进。

【荣获"全国计划生育优质服务先进单位"称号】 2010 年 12 月，海城区荣获"全国计划生育优质服务先进单位"称号，是广西区获此殊荣的 14 个县区之一。

【招商引资再摘广西先进桂冠】 2010 年，海城区招商引资实现跨越式发展，共引进内资项目涠洲油田伴生气综合利用工程、北部湾假日大酒店、万景海产生产线及附属设施升级扩建改造项目、中央民大附中北海国际学校等 45 个，引进内资到位资金 31.1 亿元，完成全年计划的 106%，同比增长 27%；引进外资项目 2 个，分别是富丽华大酒店改造和明高房地产有限责任公司，实际利用外资 910 万美元，完成全年任务的 122%，同比增长 107.3%，其中全口径统计 400 万美元，商务部口径统计 510 万美元。2010 年，海城区再次被评为"广西招商引资工作先进县区"。

【高质量完成第六次全国人口普查工作】 2010 年，海城区高度重视第六次全国人口普查工作，全区共抽调普查员、指导员 2400 人，按要求全面完成第六次全国人口普查工作。

【科技文化卫生"三下乡"暨"和谐文化服务行"活动全面开展】 2010 年，海城区区委组织部、宣传部、卫生局、文体局、科协、扶贫办等部门加强协作，举办海城区 2010 年春季科技文化卫生"三下乡"暨"和谐文化服务行"——"千团万场"群众文化活动。全年全区共举办群众文化活动 15 场和科普演讲活动 14 场，满足了群众对文艺生活和科普知识的渴求。

【高德港跨海大桥竣工通车】 2010 年 12 月 21 日，连接海景大道一段和二段的高德港大桥竣工通车。位于北海环半岛滨海道路高德内港出海口处的高德港跨海大桥，2008 年 8 月开工建设，采用下承式拱桥结构形式（提篮式拱桥结构），全长 1 千米，总投资逾 9000 万元。其中，大桥主路 99 米，引桥 241 米，道路 660 米，按城市干次道 1 级、行车速度按每小时 40 千米设计，现已成为北海交通的重要节点和该市廉州湾畔一座地标性建筑。

中央民族大学附中北海国际学校开工庆典　　海城区　供

科技文化卫生"三下乡"暨"和谐文化服务行"活动全面开展　　海城区　供

【北海南珠汽车站落成】 2010年10月26日,北海南珠汽车站举行隆重的落成典礼。南珠汽车站由广西运德集团投资8000多万元建设,占地面积约4.67公顷,总建筑面积22560平方米,按照交通运输部一级客运站标准建设。站场有发车位32个,日运送旅客3.5万人次。整体设计以"海浪"、"海蚌"和"珍珠"为主题的北海南珠汽车站充满南国海滨韵味。

【涠洲盛塘村被列为自治区历史文化名村】 2010年,海城区大力抓好历史文化名村、名街申报工作。2010年,涠洲盛塘村被列为自治区历史文化名村。

【疍家文化发展形势喜人】 2010年,海城区疍家咸水歌、外沙龙母庙会被列为首批自治区级非物质文化遗产项目。作为疍家文化代表,高德街道办事处高莱社区疍家艺术团受邀参加了在韩国举办的文艺汇演,并获得"国际中老年艺术节文艺汇演金奖",进一步加大了海城区疍家文化资源的挖掘、整理、传承和展示力度,组织《疍家人的海上婚礼》拍摄,配合中央电视台《走遍中国》栏目录制并在央视播出。

【涠洲镇】 位于北海市区南面21海里,辖涠洲、斜阳两岛,总面积26.88平方千米(其中涠洲岛24.99平方千米,斜阳岛1.89平方千米)。2010年,全镇总人口1.52万人,80%以上为客家人,下辖百代寮、盛塘、公山、荔枝山、城仔、后背塘、西角、竹蔗寮、斜阳9个村委会及南湾、东湾2个居委会,53条自然村,耕地面积796.2公顷。气候属于中国东部南亚热带季风性气候区,四季无冬,夏季无酷暑,年均气温22.6℃,年平均降雨量为1380.2毫米。岛上群众主要从事农业种植及渔业生产,农业以种植香蕉、水稻、花生、木薯等作物为主;渔业以浅海捕捞刺钓为主。涠洲岛附近海域是北部湾重要渔场,盛产海参、珍珠、钱包鱼等名贵水产品,有着丰富原海洋资源。岛上有鳄鱼山公园、天主教堂、石螺口浴场、滴水丹屏、五彩滩等主要旅游景点,1995年广西壮族自治区批准为自治区级旅游度假区;涠洲岛火山地质公园是国家地质公园;2008年在《中国国家地理》杂志"选美中国"活动中,涠洲岛被评为中国十大最美丽海岛,位列第二。近年来,涠洲镇积极调整产业结构,加快城镇化建设,大力发展旅游观光、特色农业、海水养殖、服务业等新型产业和渔业观光、海水养殖等产业,旅游业和养殖业迅猛发展。2010年,全镇实现农林牧渔业总产值1.63亿元,同比增长6%;完成粮食产量970吨,同比增长1.1%;工业总产值0.89亿元,同比增长15%;第三产业营业收入8627万元,同比增长15%;固定资产投资4.91亿元,同比增长 17%;农民人均纯收入3539元,比增13%;完成财政收入1087.9万元,同比增长19.84%。是全国创建文明村镇工作先进村镇、第四届全国创建文明工作先进村镇、北海市平安乡镇。2010年,涠洲岛火山国家地质公园鳄鱼山景区荣膺国家4A级旅游景区。

【东街街道办事处】 位于市区东面,东到上海路,南至湖海路,西至广东路,北至海边,辖区属北海中心地段,是集商贸、居住、休闲的繁华区。下辖茶亭路、黄海路、南珠东、北部湾东、政法路、铜鼓里等6个社区居委会,160个居民小组,区域面积3.5平方千米,人口6万多人。2010年,第三产业完成6.17亿元,固定资产投资完成10.29亿元。实现新增就业1035人,其中下岗失业人员实现再就业380人,"4050"人员实现再就业194人,开发公益性岗位5个,全部安置"4050"人员。接收退管人员469人,累计接收退休人员3346人。社会保险基金征缴养老保险290万元,失业保险184人,医疗参保人数17978人,工伤参保人数230人,生育参保104人。2010年拆除东海路违章建筑,配合修建一职高门前路、黄海路社区主干道等。

【中街街道办事处】 位于市区中心,东起广东北路,西至四川北路、旺盛路,南起北海大道,北临廉州湾,是北海市商贸、文化中心,北海市政府和海城区政府办公驻地在辖区内。2010年,辖区面积4.5平方千米,常住人口7.55万人,下辖珠海东、中山东、中山西、新中路、新安街、文明路、公园路、塘仔里、体育里、南珠路、广场东里11个社区居委会。辖区内的珠海路、中华街、兴华街、民建一街、中山路是北海较早的商业繁华区。辖区内濒临海边的北海百年老城是近年兴起的旅游景点，是中国保存最长的骑楼老街之一，又称"百年西洋街"。近年来，中街街道办事处以推进社区建设为契合点，辖区房地产、商贸、金融、服务业等第三产业迅猛发展，环北部湾广场商业圈初具雏形，珠海路老城旅游业培育已见成效。2010年，完成第三产业增加值3.33亿元，固定资产投资额10.28亿元，招商引资1.6亿元。是自治区基层低保规范化建设先进街道办事处、北海市平安街道办事处。

【西街街道办事处】 位于市区中心地段，东至四川南路，南至重庆路，西至西藏路，北至北部湾西路。2010年，下辖5个社区居委会，2个家属委，面积3平方千米，人口3.34万人。驻有贵州省驻北海办事处、市纪委、市财政局、市广播电视局、文本区海事局、武警北海市支队、中国银行北海分行、建设银行北海分行、交通银行北海支行、农业银行北海分行、宝谊商场、启东商场、国发商场、甲天下大酒店、顺风大厦、皇都大酒店等。辖区有小学2所。2010年，辖区第三产业营业额24.70亿元；全社会固定资产投资完成6.03亿元，其中工业投资4800万元，技改投资3200万元，制造业投资2300万元；共引进区外境内资金1.3亿元。是北海市平安街道办事处。

【海角街道办事处】 位于市区西北部，东起四川北路，南至北部湾南路，西至西藏路、渔政码头，北至北部湾海岸，辖区面积4.7平方千米。2010年，下辖6个社区居委会，4个渔业发展中心，总人口5.04万人。辖区有小学4所，初中、职校各一所。是北海市旅游购物、海洋捕捞、工业、文化、教育中心，北海港和外沙海鲜岛坐落在辖区内。2010年实现工业总产值5.9亿元；渔业总产值2.96亿元；第三产业营业额6.97亿元，固定资产投资额5.44亿元；招商引资1.5亿元。独树根东社区获第四批全国文化先进社区、国家级社区体育健身俱乐部、全国和谐社区建设示范社区、广西节能减排家庭和示范社区创建活动示范社区、第十二批自治区文明单位、自治区劳动保障系统"优质服务示范窗口"、北海市节能减排社区等称号。2010年，北海市唯一新社会组织珍珠行业协会党支部和楼栋党支部——正虹广场党支部成立；独树根东社区党支部荣获自治区先进基层党组织、北海市先进基层党组织。

【地角街道办事处】 位于北海市区西端，驻地角中路中段，东至红坎大道、银河科技园，南至北海大道，西至大墩海，北濒北海港，因地形呈三角形凸入海面而得名。辖区面积10.3平方千米，管辖上寮、下寮、新营、昆明路4个社区居委会，6个渔业发展中心(公司)。2010年末总人口20384人。地角岭有3座炮台遗址，属北海市文物保护单位。辖区有"八一大队"、海警支队、海关后勤部队、海军某军仓库、陆军某通信连队、陆军某电子靶场等驻军单位。建于1963年12月20日的地角女民兵连是全国民兵预备役工作先进单位、全民国防教育先进单位、践行革命军人核心价值观先进单位。2010年，完成农林牧渔业产值1.23亿元；固定资产投资额1.5亿元。是自治区计划生育"两无一提高"活动先进单位、北海市平安街道办事处。

【高德街道办事处】 是陆路进出北海市区的门户，位于市区东北面，东至铁路，南至西南大道，西至上海路，西北临廉州湾，北与合浦县接壤，区域面积72平方千米。2010年，下辖赤西、军屯、垌尾、翁山、马栏、开江、高农、高莱8个村委会和上海中路、上海北路、沙脚、岭底、庙山、高德第一社区6个居委会，人口5.1万人；耕地933.33公顷；海岸线长7千米，10米以内浅海及滩涂面积1666.67公顷。南北二级公路贯穿全境，交通十分便利。北海市工业园区和海城区民营工业园均在辖区内。2010年完成工业总产值3.5亿元，农业总产值3.21亿元；固定资产投资额21亿元；招商引资完成7亿元；第三产业总收入10亿元。2010年被评为"自治区文明单位"、"北海市科学发展优秀乡镇"、"北海市平安乡镇(街道)"、平安建设工作先进乡镇(街道)。

【驿马街道办事处】 位于市区西南部，东与高德街道办事处交界，西临北海港深水码头，南与银海区银滩镇接壤，北与市区相连，辖区面积18平方千米，耕地面积393.33公顷。2010年，下辖西边垌、驿马2个村委会以及西塘、银湾、怡海、白屋、湖海路5个社区居委会，23条自然村，37个村民小组，总人口10.11万人。北海火车站在辖区南端，十多条城市主干道路贯穿全办，强盛集团、银河电子、北海石化等北海市较大企业均在辖区内，有隆昌市场、金癸水果批发市场、贵州路市场、北京路市场、建材市场、小商品批发市场等7个市场，银晖大酒店、利源大酒店等2个星级宾馆，物流企业60多家，民营、私营企业100多家，个体工商户3000多户，住宅小区250多个，是北海市建材、小商品批发零售集散地。2010年，驿马街道办以建设宜居街道为目标，以深入实施"城乡清洁工程"和建设"平安驿马"为契机，大力加强辖区卫生、治安整治和社区服务工作，凸显人文和谐的人居环境，促进经济和社会各项事业迅速。2010年，完成征地拆迁142亩，确保了辖区内10多个项目的顺利推进，为北海市民生路网工程（二期)8个路段提供了施工平面，确保了各路段预期通车。2010年农林牧渔业总产值完成8557万元，比增20%；工业总产值完成1119万元，比增15.01%；第三产业总产值10.43亿元，比增15%；农民人均纯收入6000元，比增8%；招商引资3.2亿元，完成年计划139.13%；固定资产投资18.95亿元，完成年计划100%；代征房屋租赁税36.95万元，完成年计划123.17%。驿马街道办重点抓好计划生育优质服务、文明执法以及“诚信计生”活动，是海城区唯一向市里推荐的的计生工作先进单位。2010年发动25173人参加城市居民医疗保险，完成任务的106%；发动6707人参加农民新农村合作医疗，参合率达100%。开办就业培训3期，培训146人次，新增就业人员573人，社会和劳动保障各指标超额完成。　（顾能文）

银海区

【概况】 银海区位于北海市中南部，以境内有著名旅游胜地北海银滩及拥抱浩瀚的北部湾大海而得名“银海”。东与铁山港区相连，西与海城区接壤，南濒临北部湾，北与合浦县交界。区人民政府原驻北海市长青东路1号，2005年10月南迁至辖区内新世纪大道与广东南路交汇处。至2010年末，银海区下辖福成、平阳、银滩、侨港4个镇40个村委会7个社区居委会，行政区域面积475.16平方千米，总人口15.25万人，耕地面积18012.91公顷，林地面积7095.4公顷。境内有高速公路、铁路、机场、国际客运码头等基础设施，北海福成机场为广西三大机场之一，区位优势明显，交通便捷，是北海通往全国、走向世界的重要门户。辖区占北海半岛大部，全区4镇均临海，海岸线长115.6千米，20米深以内的浅海滩涂面积1.12万公顷；有电建、南沥2个天然渔港。年平均气温22.6℃；主要矿产资源有陶土、高岭土、石英砂等。境内有中国首家最大的活体贝类珊瑚馆以及海洋之窗、冠头岭国家森林公园、大江埠旅游风情村、大冠沙生态旅游风景区等一批著名的景区景点，旅游资源得天独厚，境内海滩延绵百里。北海银滩因其滩长平、沙细白、水温净、浪柔软而被誉为“天下第一滩”。北航北海学院、桂电北海学院、北海设计职业学院、北海市卫生学校等多所高、中等院校入驻该区，办学规模不断扩大，银海区正成为北海市迅速发展的旅游教育文化新区。

2010年，银海区认真贯彻实施《国务院关于进一步促进广西经济社会发展的若干意见》和“北海三年跨越发展工程”，坚持常规工作抓细责实求规范、薄弱环节克难攻坚求突破、优势项目抓点培优求出彩，加快推进新城区、新城镇、新农村“三新”和工业化、城镇化、农业产业化、旅游产业化“四化”建设，顺利完成了“十一五”规划的预期目标，经济社会发展跨上了新的台阶。年末，全区实现地区生产总值37亿元，农林牧渔业总产值26.04亿元，全社会固定资产投资额87.6亿元，规模以上工业总产值13.44亿元，财政收入4.2亿元，其中地方财政收入2.21亿元，内联引资35.02亿元，直接利用外资832.3万美元，城镇居民人均可支配收入17146元，农民人均纯收入5452元。

银海区区委书记：李德全
区人大常委会主任：龙绍忆
区　长：邓昌达
区政协主席：林秀霞（女）

【固定资产投资创新高】 2010年，银海区按照“四定”（定人员、定责任、定时间、定进度）的要求，建立完善了项目定期研究、项目台账跟踪、项目服务包干负责、项目风险金抵押等若干制度，制作发放重点项目服务联系卡，加强对重点项目的跟踪服务，确保银滩改造、冠岭项目、“银滩一号”等一批事关银海区乃至北海发展全局的重点项目顺利推进。年末，银滩改造和建设项目共签拆迁协议1399宗，完成任务的96.55%；冠岭项目一期主体工程已完工，二期工程征地工作有条不紊推进；天隆体育休闲公园项目三栋休闲会所进入装修阶段；“银滩一号”项目主体工程和北海中学异地搬迁项目开工建设；北部湾体育中心教学楼、宿舍楼等装修工程基本完成；桂电北海学院教学楼、宿舍楼等项目竣工；电建一级渔港扩建工程港池、护岸、码头等主体工程进展顺利。在一批重点项目的拉动下，全区完成全社会固定资产投资额87.6亿元，同比增长50%。

【众人抗旱保春耕】 2010年初，银海区出现了历年罕见的旱情，全区农作物受旱面积0.93万公顷，其中水田缺水面积0.29万公顷。面对严重干旱，银海区把抗旱救灾工作作为头等大事，做到“四个到位”：一是领导到位。区四家班子领导，区直各部门、各镇领导干部按照分片包干责任制，深入抗旱第一线，到村队、到现场指导抗旱工作，全方位开展抗旱自救，确保了抗旱与春耕生产工作顺利开展。二是人员到位。全区共组织工作队员500多人，分赴各村组、田间地头，指导群众开展抗旱工作。三是责任到位。区水利部门根据春耕生产用水需要，积极做好生产供用水计划，指导当地群众维修现有水利设施和田间灌排渠道，清沟排淤，打深井，挖旱井，筑塘坝等，最大限度地增强农田灌溉能力；财政部门积极筹措资金，对抗旱救灾所需资金给予支持；发改部门加强与电力部门的联系，保障农村抗旱、生活用电需要；农机部门积极做好农机具购置补贴发放和农机具维修等工作；经贸部门加强与当地供销部门的协调，做好化肥、农药、农膜等农资的供应，满足了抗旱与春耕生产需要，进一步调动了全区广大人民群众抗旱保春耕生产的积极性。四是资金到位。采取了“三个一点”(区财政支持一点、镇财政拿出一点、群众自筹一点)的办法，全区共筹集抗旱经费350多万元。2010年3月31日，银海区组织区直机关干部为抗旱保春耕捐款18250元。至2010年上半年，全区累计投入抗旱人数6万多人次，投入各种机械5000多台次，累计打抗旱水井670口，清淤渠道40多千米，抗旱保苗0.31万公顷，完成春播春种面积1.7万公顷。

【大棚农业种植面积位居广西前列】 2010年，银海区采取政府补贴与加快示范基地建设相结合、扶持种植示范户和引导发动群众相结合的办法，加大扶持大棚农业发展的力度。一是出台了扶持政策，计划从2010年起连续3年扶持以大棚农业为重点的特色效益农业的发展，力争到2012年，全区大棚农业种植面积超过0.13万公顷。2010年，全区共筹措资金近100万元，建设和完善古城、宁海和平阳等大棚种植基地的基础设施，新建一个大棚种植示范点。3月，银海区在福成镇宁海大棚果蔬种植基地召开了大棚农业种植现场会，加大宣传推广力度，让广大农民看到区委、区政府扶持大棚种植的决心。二是成立了专项工作领导小组，对碰到的困难和问题及时召集相关部门研究解决，确保了大棚推广工作顺利进行。三是由区委、区政府出面协调农村信用社等金融部门，帮助大棚种植户解决贷款等问题。四是区农业水利、科技等部门和各镇政府积极做好大棚种植“产前、产中、产后”的技术指导和服务工作。五是由区政府提供资金支持，出台大棚种植奖励办法，采取“传、帮、带”方式，提高农民种植大棚的积极性。5月，自治区党委副书记陈际瓦到北海考察调研现代农业时，对银海区发展大棚农业给予了肯定。年末，全区大棚农业种植面积超过600公顷。据银海区农业部门初步统计，银海区大棚农业占整个北海大棚农业种植面积的85%以上，种植面积位居广西前列，通过发展大棚农业增加农民收入1.5亿元以上。

【规划建设新产业园】 银海区现有的工业园区——银滩工业园受城市规划等客观条件影响，需要进行异地搬迁。2010年，银海区区委、区政府立足区情，在福成镇规划了面积达133.33公顷的银海区产业园，承接银海区工业园和近郊加工企业的搬迁，配套服务北海工业园区、铁山港临海工业区，为全区工业经济发展搭建新平台。2010年，银海区加大对企业的跟踪服务力度，新培植二建洪业等4个规模以上企业。开展节能减排攻坚，完成6家企业的节能减排任务。年末，银海区产业园项目控制性详细规划已通过了北海市规划委员会审批，进入了环境评估阶段。

【旅游休闲长廊建设开局良好】 2010年，银海区整合辖区内18个旅游景区景点的资源，计划把东起古城、西至冠头岭建设成为富有特色和活力的银海区旅游休闲长廊。2010年，已制作120米长的大型户外宣传广告，发放1万本旅游宣传册，举办“休闲长廊杯”摄影大赛，对旅游休闲长廊进行系列专题宣传报道，对银滩旅游特色产品进行了包装设计，提高了旅游休闲长廊的知名度，带旺了旅游人气，促进了商贸旅游业发展。

2010年，银海区全力配合推进高星级宾馆、酒店等高端旅游休闲基础设施建设，不断完善旅游配套服务设施。继冠岭项目、“银滩一号”、天隆体育休闲公园项目、佛教文化园等重大旅游项目开工建设后，12月22日，辖区内腾飞北海大酒店、北海银滩洲际大酒店两个五星级标准酒店项目正式开工建设。腾飞北海大酒店项目位于北海市渔业基地以东，大墩海村以南，约用海8公顷。建筑面积约为16万平方米，总投资约12亿元人民币，计划按照五星级酒店的标准要求建设。包括酒店主体建筑、贵宾接待区、国际会议中心、会所、迷你运动城、淡水游泳区、景观广场、草坪广场、沙滩浴场、沙滩排球场和海上休闲广场等设施。北海银滩洲际大酒店坐落于北海银滩中路北侧、上海路以东200米，距银滩公园门口100米处，占地面积3.13公顷，计划按国际五星级酒店标准设计，项目预算总投资3.5亿元人民币，总建筑面积约8万平方米(一期工程为5.3万平方米)。酒店设计有豪华客房、总统套房和可容纳600人的大型宴会厅。这两项目建成后，将成为银滩新的地标性建筑。

【城乡面貌明显改善】 2010年，总投资500多万元的平阳镇店塘村、老旧场村、沟边村风貌改造建设工作顺利完成，受益群众154户、636人，北海市城乡风貌改造二期工程经验推介会在银海区召开。投入资金300万元，完成平阳镇石桥塘村、店塘村“花香人家”项目基础设施建设。全区200户农村危房改造项目全部完工。侨港城镇改造项目回建安置楼A区一号楼加紧筹建。银海区辖区内的银滩改造北背岭回建区供水、供电、排污等工程和各主干道、回建区宅前道路基本完工，公共汽车和路灯开通，82.2%拆迁群众搬迁入住。总投资180万元的银滩镇和侨港镇主要道路“五化”工程顺利完成，银滩镇和侨港镇等新城镇建设面貌一新。深入开展市容环境整治，配合拆除违章建(构)筑物32处，清理卫生死角600多处，辖区镇容村貌管理整洁有序。

【重大动物疫病免疫】 2010年，银海区新成立区动物卫生监督所，在区水产畜牧站增挂牌子，实行"一套人马，两块牌子"管理。创新工作措施，变春秋季集中突击免疫为常年免疫，即不分季节，只要畜禽达到应免疫日龄即进行免疫，动物免疫密度和抗体合格率创新高，实现应免密度100%免疫，抗体合格率70%以上。一是制定切实可行的高致病性禽流感等重大动物疫病免疫工作实施方案，出台《银海区高致病性禽流感等重大动物疫病免疫操作规程》等新规定。二是改变以往春秋两季集中突击免疫按日计酬的防治员补贴方式，实行免疫数量与防疫补贴相挂钩。防疫员多劳多得，提高了防疫员的工作效率和工作积极性。三是实行责任制，区与镇、镇与村层层签订重大动物疫病防控工作责任书，将工作目标层层分解落实到位。四是加大口蹄疫等重大动物疫病常年免疫工作的宣传力度，发动村干部及广大养殖户配合村级防疫员的工作。工作人员无论中午或是休息日，只要是用户需要，随叫随到。五是加强基层动物防疫队伍建设。村级防疫员由北海市统一进行培训、考试上岗。2010年全区有防疫员44人，持有资格证42人。经过创新工作措施，银海区高致病性禽流感等重大动物疫病免疫工作基本做到了"镇不漏村，村不漏户"，确保了全区畜禽常年处在重大动物疫病的免疫有效期内，有效防止重大动物疫病的发生。

【渔业安全生产与水产养殖】 2010年，银海区全力抓好台风季节、重大节日和伏季休渔期间的渔港渔船防火防事故等安全工作，确保伏季休渔期间没有安全事故发生，取得了连续12年休渔无事故的好成绩。更新建造大功率钢质渔船57艘，组织大功率灯光罩网渔船153艘次开赴西沙、南沙渔场生产，开发外海红鱿鱼资源。推进对虾、罗非鱼两大优势品种标准化养殖，全区对虾养殖面积1333.33公顷，罗非鱼养殖面积333.33公顷。新开展3个养殖场无公害产地认定产品认证和6个养殖场水产健康养殖示范场的申报创建工作。年末，全区有无公害产地认定产品认证养殖场9个、出口备案养殖场15个，备案面积323.53公顷，有3个水产养殖场通过了农业部颁发的水产健康养殖示范场称号。2010年，银海区荣获"广西特色水产业先进县区"称号。

【新型农村社会养老保险试点工作进展顺利】 银海区新农保试点工作自2010年底启动后，北海市和银海区分别把此项工作列为2010年为民办实事之首来抓。一是积极争取北海市编制委员会于2010年8月批复同意成立银海区新型农村社会养老保险经办中心，核定编制9名。区政府在办公用房非常紧张的情况下，专门调剂出一间面积比较大的办公室作为新农保经办中心办公地点，并划拨经费购置了必要的办公设备。各镇及所辖村(社区)借助原有的基层劳动保障平台，配备镇、村协管员，保证开展工作必需的人手。二是依托自治区农保中心配发的电脑设备，完善全区新农保网络平台建设，实现了自治区、银海区及乡镇新农保信息系统的联网。三是及时制定了《新农保领导小组会议制度》、《挂钩分片联系制度》、《财会制度》等规章制度，对参保对象范围、保费缴纳、养老保险待遇审批、个人账户管理、基金监督管理等事项进行了明确规定，进一步规范了管理。四是在抓好60周岁以上的老年人、五保供养对象，重度残疾人员及低保对象等特殊群体的参保工作的基础上，采取"捆绑式"，动员60岁以上的老年人的本村子女参保；积极发挥农村党员干部的榜样作用，动员农村基层干部家庭、党员家庭率先参保，带动其他群众参保，提高参保率。五是建立通报、报告制度，实行周报制，每周对各镇及所辖村(社区)的新农保工作进展情况在区行政中心电子屏幕上进行通报，以通报促进度，以先进促后进。六是成立了以区政府牵头，公安户籍管理部门为主的工作组，进村入户对没有户口簿和身份证的农民群众进行调查，开设"绿色通道"，热情为群众办理户口簿和身份证，确保群众能及时办理参保手续。全年全区累计收缴新农保个人参保费308.67万元，发放基础养老金884.14万元，完成参保人数40616人，参保率84.26%，提前完成北海市政府下达4万人的参保任务。

【荣获自治区新型农村合作医疗工作先进县区】 2010年，银海区不断提高新型农村合作医疗的服务水平，形成有效的运行机制，使广大农民群众得到更多实惠。一是积极向上级争取资金20万元，在广西率先搭建了银海区新农合管理信息化建设平台，提高了新农合工作效率和监管能力。二是在辖区定点医疗机构实行了即时补偿制度，免费推行使用"一卡通"，方便参合农民就诊和报销医药费，成为北海市新农合工作的一大亮点。全区共有23369人次参合农民得到医药费用补偿，受益率为20.64%，其中住院补偿7966人次，普通门诊补偿15403人次；基金总支出1300.37万元，其中住院补偿1233万元，住院补偿率为40.18%。三是根据银海区没有区级医院，参合农民无法享受区级定点医疗机构补偿待遇的实际情况，经多方努力，聘请北海市第二人民医院作为银海区区级定点医疗机构。四是进一步完善了银海区新农合基金补偿方案，使参合农民受益面更广，参合积极性明显提高。2010年，全区新型农村合作医疗基金标准提高到每人每年150元，参合人数为111479人，参合率达到98.1%，超过北海市平均水平，工作得到自治区、北海市肯定，荣获自治区新型农村合作医疗工作先进县区。

【基层卫生服务设施建设初见成效】2010年，银海区加大基层卫生服务设施建设力度，银滩中心卫生院搬迁项目和福成中心卫生院住院综合楼项目建成。积极筹建银海区人民医院，项目初步选址在市长沙路以东，杭州路以北，占地面积5.29公顷，总建筑面积11200平方米，项目计划总投资3003万元，2010年已编制了《关于设置北海市银海区人民医院的可行性报告》，成立项目领导机构，取得了单位法人登记。

【实现行政办公及绩效管理电子信息化】

电子政务建设　2010年，银海区将电子政务建设列入当年重点工作，经过3个多月软件设计，银海区电子政务及绩效管理系统于当年8月正式开通试运行，在北海市一县三区率先实现行政办公及绩效管理电子信息化。通过银海区电子政务及绩效管理系统，基本实现文件收发报送、通知公告发布、电子邮件收发、人员绩效管理、个人信息通讯录、部门公共资源共享、政府内部交流、群发手机短信等功能。结合区电子政务系统创新绩效管理手段，对每个部门及个人工作和任务完成等情况，通过系统收集、统计和反映出来，提高工作效率，节约行政成本。实现干部指纹考勤系统和电子政务系统连接，使各部门出勤情况统计更加直观便利。借助电子政务系统的建设，对区政府局域网和电子屏幕进行升级改造，增添多项设备，大大改善区政府局域网的稳定性和安全性，使银海区电子办公条件日渐完善。

区政务服务中心　2010年，银海区积极筹建区政务服务中心，共投入资金30多万元，采购了电脑等办公设备，12月底正式投入运行。区政务服务中心将区直12个部门25项行政审批、非行政审批和公共服务事项集中办理，初步设立7个办事窗口，实行“一站式”办公、“一条龙”服务，提高了行政效率。制定了包括窗口管理、学习培训、投诉处理、办件通报、考核评比等在内的17项管理制度，设立行政效能投诉窗口，加强了窗口工作人员学习培训、管理和监督，确保了政务服务中心的正常化、规范化运行。

【平安银海建设取得新成效】2010年，银海区积极创建社会和谐稳定模范区，建立健全维护稳定大责任、大调解、大信访、大防控、大安全“五大机制”，深入开展书记大接访、“信访积案化解年”和“人民调解加强年”等专项活动，全年没有发生影响社会稳定的重大群体性事件和重要案件，重信重访率明显下降。2010年，重拳整治非法采石、非法采砂等10项重大安全生产隐患，全区安全生产形势实现总体平稳好转。高度重视校园安全工作，区财政拨出专项经费20万元，解决了部分中小学加高围墙、增加保安人员、安装监控系统等急需问题。加强治安巡防和“严打”整治，有效整治社会治安突出问题，累计立刑事案件494起（含补立年前案），破获259起（含年前案和外辖区案），破案率为53.6%，其中：立“两抢一盗”案件（2010年案，下同）316起，比2009年同期326起减少10起，下降3.07%。各镇建立综治信访维稳中心，综治资源得到有效整合，综治基层基础工作进一步加强和巩固。

【开展人口计生创优活动成效明显】2010年，银海区开展创建全国计划生育优质服务活动和“诚信计生”、“两无一提高”活动成效明显，全区人口计生工作上新台阶。一是开展创建全国计划生育优质服务活动，制定了《银海区2010年开展创建全国计划生育优质服务先进单位实施方案》，突出抓好福成、侨港、银滩等镇计划生育服务所标准化建设，配备完善3个镇计生服务所的仪器设备，按照上级要求配备了15名技术服务人员。抓好经常性妇检活动，2010年全区应检妇女9534人，已检9346人，妇检率达98%以上。二是开展“诚信计生”试点活动，制定了《银海区诚信计生试点工作实施方案》，选择5个村（社区）作为开展“诚信计生”的试点村（社区）。通过试点带动，全面铺开34个村（社区）的“诚信计生”，占全区村（社区）72.34%。成立诚信计生小组779个，14006人参与“诚信计生”试点活动，签订协议达95.6%以上，占全区已婚育龄妇女83.39%。6月30日，自治区人口计生委副主任冯国平到银海区检查指导“诚信计生”工作，给予了充分肯定。9月13日，在广西“诚信计生”工作推进会上，银海区和侨港镇分别在大会上发言。三是开展创建计划生育“两无一提高”（即乡镇、街道无政策外多孩出生，村、社区居委会无政策外出生，提高计划生育率）活动，2010年全区有3个镇、9个村（社区）达到“两无一提高”标准。

【福成镇】位于银海区东北部，北与合浦县接壤，西与平阳、银滩两镇交界，南濒北部湾海面，东与铁山港区相连。至2010年末，全镇行政区域总面积293.8平方千米，辖21个村委会和1个社区、240个自然村、459个村民小组，总人口8.21万人，其中农业人口7.1万人；耕地面积1.01万公顷，林地面积3800公顷；有初高中学校3所，小学21所，幼儿园8所；卫生院3所，卫生所48个；文化站1个。驻有星星农场、三合口农场、竹林盐场、星星糖厂、北海福成机场。北铁一级公路以及南康—北海、合浦县城—营盘两条县级公路皆穿境而过。西村、白龙两浅海内港，千吨级船可直达北部湾沿岸各城市。该镇是银海区农业大镇、北海市糖原料主要基地，2010年全镇种植高产高糖甘蔗6133.3公顷、良种水稻2533.3公顷、良种木薯1566.7公顷。2010年，该镇在稳定甘蔗作为支柱产业的基础上，大力扶持发展大棚瓜果等高效设施农业，至年末全镇高产高效大棚种植面积400公顷，其中大棚瓜果种植面积380公顷，产值1.44亿元。共修建大小硬度化、简易村级公路50多千米，交通状况大大改善。福成至白龙、端田标准化海堤等重点基础设施项目建成，城乡基础设施进一步完善。面积达133.33公顷的银海区产业园项目落户该镇。全镇实现地区生产总值10.47亿元，工业总产值7.66亿元，农林渔牧总产值6.2亿元，全社会固定资产投资16亿元，财政收入2048万元，农民人均纯收入3650元。

【平阳镇】 平阳镇位于北海市东部，原名高德镇。2005年8月，北海市乡镇撤并后更名为平阳镇。距北海市区5千米，北接廉州、福成两镇，东南与银滩镇相连，东面临海。南北高速公路、钦北铁路、北铁公路、市迎宾大道纵横贯穿辖区，是进北海市区的陆上门户。至2010年末，全镇行政区域总面积62平方千米，下辖7个村委会，总人口1.27万人，耕地面积1600公顷，林地面积1200公顷；有初级中学2所，小学6所，幼儿园6所；卫生所9个；文化站1个。2010年，平阳镇立足资源优势，继续优化花卉产业区域布局，实现全年花卉销售总额达1000多万元。孙东村66.67公顷蔬菜节水灌溉基地建成并产生效益。全镇有6个品种24个系列的蔬菜产品通过自治区无公害产地验证。新农村建设水平得到进一步提升，建成店塘村"农家乐"及石桥塘村"花香人家"二期工程项目，完成平阳村委店塘村、老旧场村、沟边村等3条自然村城乡风貌改造工程。全镇实现农业总产值2.11亿元，工业总产值完成64750万元，固定资产投入14.3亿元，财政总收入1227万元，农民人均纯收入5220元。

【银滩镇】 位于北海市东南郊，是2005年7月由原西塘镇和咸田镇合并成立的新镇。东与平阳镇相连，南至北海银滩，西至冠头岭海岸，北与海城区接壤（以铁路为界）。至2010年末，全镇行政区域总面积79.8平方千米，辖15个村（社区）委员会，总人口3.21万人，耕地总面积618.8公顷，林地总面积253.5公顷，海水养殖1600公顷；有初级中学4所，小学14所，幼儿园5所；卫生院1所，卫生所15个；文化站1个。辖区驻有北航北海学院、桂电北海学院、北海设计职业学院、北海市卫生学校等多所高、中等院校。市广东路、新世纪大道、滨海公路、海景大道等10多条城市主干道贯穿该镇。拥有银滩景区、南沥冠岭、海洋之窗、田野生态观光园、牧马人、大江埠旅游风情村、金海湾生态旅游风景区等著名景区景点，旅游资源得天独厚，每年有超过300万的旅客前来旅游度假。2010年，落户该镇的北海市城镇化建设重点项目广西国际旅游休闲度假北海冠岭、"银滩一号"、北部湾体育中心、天隆体育休闲中心、北海佛教文化园等相继开工建设。广西新农村建设示范村——银滩新村的水、电、路灯、道路等基础设施日趋完善，850户村民乔迁新居。全镇实现地区生产总值12.54亿元，社会固定资产投资57.45亿元，农林渔牧业产值6.69亿元，工业总产值13.69亿元，财政收入2048万元，农民人均纯收入5211元。被评为"北海市经济发展优秀乡镇"。

【侨港镇】 侨港镇位于北海市区南部，地处北海银滩中段，是1979年经广西壮族自治区人民政府批准成立的全国唯一的越南归国难侨安置建制镇。至2010年末，全镇行政区域总面积1.1平方千米，辖3个社区居委会1个村委会，总人口1.7万人，其中归侨侨眷占95%以上；有初级中学1所，小学1所，幼儿园6所，卫生院1所，文化站1个，影剧院1个；有800多艘总功率12万千瓦的渔船，年捕捞量达10万吨以上，年水产品加工能力达到6万吨，是广西最大的海产品深加工基地和北海市主要渔业生产基地之一。2010年，落户该镇的国家一级渔港——电建渔港改造项目顺利推进，完成总投资2075万元。全年更新改造大功率钢质渔船57艘，渔业生产总值8亿元，比增5.9%。投资130多万元改造侨港风情一条街，越式菜、侨港风味小吃深受游客喜爱，成为北海市餐饮业的亮点。全镇实现地区生产总值6.8亿元，工业总产值9.59亿元，财政收入674万元，固定资产投资9.35亿元，农民人均纯收入4986元。获2009年度北海市科学发展进步乡镇称号。

（刘贵文）

铁山港区

【概况】 铁山港区位于北海市东部，辖南康、营盘、兴港3个镇，行政区域面积394平方千米。海岸线总长53千米，滩涂80平方千米。2010年末总人口16.8万人，人口自然增长率9.62‰；完成地区生产总值31.6亿元，比上年增长13.2%；财政收入3.28亿元，增长17.99%；农林牧渔业增加值12.8亿元，增长2.96%；实现工业总产值24.77亿元，增长29.4%；规模以上工业增加值4.98亿元，增长17.6%；全社会固定资产投资13.3亿元（不含铁山港工业区），增长49.44%；城镇居民人均可支配收入17155元，增长13.69%；农民人均纯收入5226元，增长13.6%；三次产业比例由2009年的38∶43∶19调整为2010年的40.6∶32.7∶26.7。

中共区委书记：叶　山

区人大常委会主任：欧万海

区　长：刘志明

区政协主席：冯卓武

【临海工业新城迅猛崛起】 2010年是铁山港区工业新城迅猛崛起的一

铁山港区深水公共码头设计年吞吐量为1200万吨，一期1~2号泊位已建成开港。图为1~2号泊位

年。铁山港区抓抓广西北部湾经济区开放开发这一千载难逢的机遇，全面落实《国务院关于进一步促进广西经济社会发展的若干意见》，深入实施“北海三年跨越发展工程”，积极面对大开发、大建设所面临的大征地、大搬迁。其中大工业项目有：北海炼油异地改造石油化工(20万吨/年聚丙烯)项目成功落户并如期开工建设，一期总投资60.69亿元，项目用地面积129.59公顷，计划2011年9月建成投产，投产后年销售收入将达到300多亿元、利税70多亿元；320万立方米原油商业储备和北海—南宁成品油管道首站等一系列石化配套项目如火如荼地建设；北海迄今为止最大的工业项目诚德新材料一期工程从开工到竣工历时一年，完成投资30亿元人民币，将于2011年3月21日竣工投产。一期项目已完成了烧结系统、初炼系统、精炼系统及配套设施，形成了年产量达60万吨，年产值100亿元的规模。同时，二期、三期项目也已在紧锣密鼓的推进中，回转窑矿热炉系统将于2011年下半年建成投产，2012年二期建成后，将形成流程复合、产品多元、成本集约、高附加值镍合金产业；圣安时代一指键项目基本建成；华润、永固和大韩重一等3个混凝土项目建成投产；高新区标准厂房、丰环标准厂房等2个项目均已建成厂房主体；林浆纸一体化、中信大锰、远洋船舶修造等一批项目相继落户并联袂推进。铁山港区工业从结构单一、规模偏小的旧格局，大步迈向以石化产业为龙头，电力、冶金、船舶修造等多种产业竞相发展的崭新格局，一座日益繁荣的工业新城正在迅猛崛起，这将对北海乃至广西社会经济发展产生巨大的影响。

【承载大工业发展的基础设施日臻完善】 2010年，铁山港区矢志建设的铁山港航道二期工程顺利完工，铁山港10~15万吨深水公用码头1~2号泊位建成开港，全年水路货运量完成6.28万吨、货运周转量1449万吨、港口吞吐量410万吨，同比分别增长15.53%、15.03%、16.55%；4号路、进港路、7号路、兴港路、石化3.1千米配套道路等城区道路已经通车，工业区44.7万吨日供水工程和5万吨/日生活水厂及管网工程已经建成，110千伏和220千伏2个配套变电站及2条供电线路投入使用，2万吨/日污水处理厂基本完工，3~4号泊位、玉铁高速公路、新建铁山港铁路支线、合河铁路铁山港支线、中石化铁路专用线和经四路、经五路、纬七路、新二路、8号路等基础项目正在加快建设，铁山港已具备承载大型产业项目的条件。

【服务项目及征地搬迁和谐开展】

区委书记叶山(右二)陪同市长连友农(右三)、市人大常委会副主任李蔚(左一)等领导指导项目征地搬迁工作

2010年，铁山港区在服务项目和征地搬迁过程中，本着“征地搬迁一处，发展一地，造福一片，稳定一方”的原则，耐心细致地做群众的思想工作，动员一切可以动员的力量，争取群众的理解和支持，经常与搬迁群众一起拉家常、做家务、干农活，交心谈心，拉近了干群距离，执行国家有关征地搬迁的优惠政策，努力实现群众利益的最大化，切实为搬迁群众解决实际困难，2010年，在征地、在建设的各类项目达55个，其中在征地的有32个，涉及征地600多公顷，搬迁5000多户，迁坟2900多座，先后投入区、镇两级干部600多人次，其中不到2个月时间就完成了北海诚德新材料项目二期工程共约49公顷的征地任务，做到了文明征地、和谐搬迁，有力确保了项目的建设用地，再次验证了“铁山港区速度”。

【招商引资新突破】 2010年，铁山港区共接待客商121批583人来访考察，洽谈项目19个，签订铁山港年产50万吨生物柴油生产基地等投资合同、协议和意向项目7个，总投资额约为36亿元人民币。实际到位资金72亿元，完成全年任务的114%。其中内资区外项目到位资金约62亿元，实际利用外资269万美元，比增28.1%。

【城镇建设联动推进蓬勃发展】 2010年，一批事关铁山港区发展全局的重大基础项目相继建成，实现了临海工业区与城镇建设同步推进，临海工业的承载能力大幅提升，兴港路小区、滨江生活区项目建成，兴港镇城镇已现雏形，工业区新城发展框架初步形成，营盘镇结合项目建设，启动了新城规划扩建，南康镇作为铁山港工业区“后花园”环境更加优化，品位大幅提升，南康镇金辰花苑、南珠小区等2个小区房地产项目建成并销售，打造了铁山港区、北海市乃至全广西非城市中心区乡镇房地产业的新亮点，成为北海市乡镇房地产建设的一枝独秀。工业化、城镇化建设步伐的加快，带动了第三产业蓬勃发展，通过典型引路，引导第三产业全面融入大开发、大建设，有力地促进了港航、运输、建材、修理、批发、零售、餐饮等行业蓬勃发展。2010年，新增注册登记发展的个体工商户275家，私营企业32家，内资企业3家；第三产业年均保持在两位数以上的高位增长，实现产值6.1亿元，增长13.6%。

【节能减排与工业增效相得益彰】 2010年铁山港区积极开展节能减排工作，支持北海电厂、华劲北海糖业等企业实施技术改造，关闭了龙腾酒精厂等列入国家淘汰落后产能的企业，实现了节能减排和工业增效预期目标。2010年，铁山港区规模以上万元工业增加值能耗同比下降3.95%，重点用能企业节能量50157吨标准煤，完成全年任务的107%，其中：国投北部湾发电有限公司实现工业总产值123966万元，万元工业总产值耗能率同比下降3.93%，节能量为41516吨标准煤，完成全年任务的108%；广西华劲集团股份有限公司北海糖业分公司实现工业总产值35073万元，万元工业总产值耗能率同比下降4.8%，节能量为8641吨标准煤，完成全年任务的102%。

【教育事业优先发展】 2010年，铁山港区各级各类学校61所，其中小学51所，初级中学7所，完全中学2所，中职校1所；教职工1613人，教师学历合格率100%，专科以上学历占80%以上；中学高级教师45人，中级教师662人，中高级教师占专任教师的45%以上；市级以上优秀教师80人、教学明星45人；75%以上教师参加了各级科研活动，有875名教师在省级以上的各类教学教研和科研活动中获奖；获得自治区级各类荣誉称号的优秀教师、教育工作者17人，获得市级优秀教师、优秀教育工作者31人；省级立项课题5项，市级立项课题15项，教师专业素养全面提高，教育教学质量跃上新台阶。2010年，铁山港区紧紧抓住中小学危房改造工程、义务教育学校校舍安全工程等工程建设的历史机遇，多渠道筹集资金5425.5万元，扩建南乐小学，完成全区9所中小学的厕所改造工程，新、改、扩建校舍4.5万平方米，消除中小学危房3.45万平方米，完成36个中小学危房改造工程项目和8个校舍安全工程项目，投入学校消防、防雷等安全设施改造方面的资金达500万元；异地搬迁新建黄稍中学和黄稍小学2所学校。全区城乡九年制义务教育实现了全免费；安排资金3013万元兑现了义务教育学校教职工的绩效工资；全年办理生源地贷款605人，贷款金额351.79万元；义务教育阶段贫困寄宿生生活费补助3403人，补助金额255.4万元；大学新生入学路费补助178人，补助金额7.4万元；中央彩票公益金资助贫困高中生103人，共发放资助金额10.3万元；广西普通高中助学金资助名额146人，资助金额14.6万元；库区移民子女免学费补助20人，补助金额0.79万元；中等职业技术学校各项补助合计11人，补助金额8250元；偿还了自治区审计认定的“普九”债务资金1557.54万元。五年累计教育投入约4.2亿元，比“十五”时期增长79%；“两基”工作在2007年顺利通过了国家验收，2010年又顺利通过自治区复查。2010年，南康镇中心校被评为广西百所优秀乡镇中心校；铁山港区荣获“广西中小学常规管理达标和广西中小学财务规范管理示范县(区)”和“广西中小学规范管理十佳县(区)”等荣誉。

【医疗卫生水平明显提高】 2010

新建成的铁山港区人民医院

年，铁山港区投入1650万元建成了铁山港区人民医院住院综合大楼，新改扩建了一批镇卫生院和村卫生所；有效防控了甲型H1N1流感、手足口病和禽流感等传染病疫情；实施"降消"项目成效显著；实施免费婚检，婚前医学检查工作走在广西前列。为城乡居民免费提供219万元的公共卫生服务；完成农村改厕项目1000座；新农合惠民效应得到充分体现，农民参合意愿持续增长，全区参合人数143409人，比2009年增加了5948人，参合率达97.5%，受益农民10.5万人次，2010年被评为广西新农合先进县(区)。

【农渔牧业发展强基固本】

种植业　2010年，铁山港区农业人口15.45万人，实有耕地面积9992.83公顷，其中水田面积2620.7公顷，旱地7372.13公顷；农作物播种面积25286.67公顷，比上年增长2.46%，复种指数253%，比上年增9.5个百分点，总产量63.08万吨，比上年增长7%；农村经济总收入12330万元，比上年增长1.5%；粮食生产以稻谷为主，粮食播种面积7029公顷，粮食总产量29142吨，平均亩产276.4公斤，粮食总产、单产分别比上年增0.3%和8.9%；种植甘蔗面积4326.7公顷，比上年增长1.6%，总产量328400吨，比上年增长3.6%；木薯种植面积4173.33公顷，总产量达到141921.8吨，比上年增长23%；蔬菜种植面积3746.67公顷，总产量73900吨，比上年增长20.9%；水果总产量5384吨，比上年增长49%；花生种植面积3733.33公顷，总产量11300吨，分别是上年的104%和112%，良种覆盖率达83%，示范推广品种为"粤油7号"。全区从以甘蔗、木薯等品种为主的传统农业，已向良种化、基地化和标准化发展，无公害蔬菜等基地生产规模不断扩大，示范基地发展到7200公顷。

水利建设与畜牧养殖　铁山港区水利建设共投入资金4352.02万元，完成水毁堤段18处，其中陂坝5处，有效保护耕地353.33公顷；建成人饮安全工程9处，打深井9口，泵房9座，水塔9座，完成管道铺设59千米，解决火甲、小马头、栗山、彬定、川江、斑鸠冲、富屋、前卫农场总部和六队等9个点共10000多人饮水困难；完成白龙海堤标准化三、四期工程建设长度1.5千米，南康江疏浚综合治理工程建设河堤达标0.6千米，修复重建水门2座，完成崩岗治理10处；同时积极开展水利冬春修工程，完成渠道清淤3千米，新增防渗渠道5千米，恢复灌溉面积200公顷，改善灌溉面积333.33公顷，治理水土流失面积0.2平方千米，海河堤加固3.47千米。畜牧养殖业快速发展，建成了5个标准化规模猪场和1个规模牛羊养殖场；动物疫病防控工作成效明显，免疫密度达99%以上。

捕捞与养殖　全区拥有三证齐全捕捞渔船223艘，竹木筏1595艘。全区海水育苗场15家，育苗水体3万立方米。标准化规模水产养殖场400公顷，出口备案场3个共320.87公顷，健康养殖示范场2个共242公顷。海水养殖功能区规划更加完善，对虾和名贵鱼、贝类等水产养殖迅速发展，主要养殖品种有金鲳、石斑、鲈鱼、真鲷、美国红、军曹鱼、石鲂等，2010年石头埠网箱养殖基地海水名贵鱼类养殖网箱已达7000个，养殖面积达12万平方米，年产鱼8000吨，产值达2.08亿元，创出了品种新、规模大、效益好的新亮点。2010年，铁山港区石头埠网箱养殖已发展成为广西最大的网箱养殖基地，产品销往日本、韩国、香港等地，产业发展呈现了布局区域化、品种多元化、生产产业化、营销品牌化的特色，经济效益看好，成为广西示范性网箱养殖基地，促进了渔区一方的经济快速发展。

【林业生产稳步发展】　2010年，铁山港区深入推进集体林权制度改革工作，以重点工程项目为抓手，大兴植树造林，生态环境保护取得了明显成效，全区森林资源总量保持在9333.33公顷以上。2010年，共完成造林绿化200公顷，完成计划总任务的100%。完成义务植树60万株；造林育苗(桉树)面积2公顷，育苗株数80万株，苗木出圃数70万株；绿化苗木面积增加到47.33公顷，苗木13万株，产值3367万元；加强对

铁山港区蔬菜种植基地

现有绿化苗木的管理，苗木出圃率、销售量逐年提高，共完成用材林、防护林的中幼林抚育管理845公顷，完成任务的105.62%。

【新农村建设硕果累累】 2010年，铁山港区先后修建了国防路—赤江厂、石村进村道路、北铁路经塘仔—青山头、青山头—坳村、东村小学—上林村、大树岭—红花根等6条共24.55千米农村公路以及对福成—营盘国防公路营盘段约12.46千米进行了三级公路改造；建成了南康江桥、滨海桥、山嘴桥等3座桥梁；完成富屋村等10个便民候车亭。投入资金105万元，整治了危险路段8千米，改造危桥、危涵3座，铺设了南康—石头埠、民主塘—龙门等30千米的减速带等安保设施，公路安全通行能力逐步改善。全区农村公路总里程达到271.33千米，比“十五”末增加了78.25千米，84%的行政村实现通水泥路或柏油路。科技信息服务网络建设、农业良种良法引进推广、科技富民强区和科普惠农兴村成效显著。铁山港区村庄面貌不断改观，群众精神面貌焕然一新，塘仔、彬塘等一批村庄被列为广西“百村示范村”和北海市新农村“十村示范村”。

【民政与计生工作全面加强】 2010年，铁山港区建成了万国活石村、残疾人综合服务中心、老年人活动中心和大塘村、莲塘村、南乐村、杨屋村共4条五保新村，城乡低保做到应保尽保，纳入城镇低保4252人、农村低保7232人，帮扶济困和救灾救济工作显著，发放金额1334.43万元。“诚信计生”、“两无一提高”（即乡镇、街道无政策外多孩出生，村、社区居委会无政策外出生，提高计划生育率）、阳光计生、奖励扶助、宣传教育和打击“两非”（非医学需要的胎儿性别鉴定和非医学需要的选择性别的人工终止妊娠行为）等一系列计生工作创新发展，成绩卓著，铁山港区先后荣获了自治区人口计生工作创新奖、自治区人口计生网站通讯通联先进单位、自治区人口计生墙报宣传通联工作先进单位、自治区阳光计生先进单位奖和北海市人口计生目标管理责任制（党政线）进步奖，北海市人口计生目标管理责任制（计生线）先进奖等荣誉。南康镇高田村被评为“全国计划生育村民自治示范村”；陂塘村被评为“自治区计划生育村民自治示范村”；营盘镇被评为“创自治区计划生育两无一提高”达标单位。

铁山港区石头埠网箱养殖基地

【就业与社保工作取得新成绩】 2010年，铁山港区投入50万元，健全了区、镇人力资源市场和村级劳动保障工作站，全区村级劳动保障工作站实现了全覆盖，全区年均新增就业岗位1500个以上。2010年，重点面向被征地农民开展失业登记、职业介绍、组织就业招聘会及劳务输出等各项活动，共向被征地农

副市长陈玉玉(左三)深入到林地指导铁山港区营盘镇林改工作

民提供职介服务约900人次，组织被征地农民参加各种招聘会，实现劳务输出500人，其中促成130名失地农民与诚德新材料公司达成就业意向,不断拓宽农村富余劳动力,尤其是被征地农民的就业渠道。在就业培训上，全年共组织免费职业技能培训2100人次,区职业技能培训中心与区中等职业技术学校合作，为北海诚德新材料项目定向培训急需的机修钳工专业学员60多名,有32人已参加北海市劳动和社会保障局组织的等级考试;另外,大力鼓励被征地农民参加项目施工建设，解决失地农民就业达300多人以上;开发公益性岗位105个,已经安排被征地农民就业困难人员25人，正在组织录用安排就业80人。全年，铁山港区实现新增农村劳动力转移就业7996人,新增城镇就业人数1605人,养老、工伤和失业保险等参保率不断提高，被评为北海市就业和再就业工作先进县区。

【发展成果惠及民众】 2010年,铁山港区全面落实各项支农惠农政策,发放农民和渔民生产补贴、兑现能繁母猪、水稻良种等各类补贴6074万元。库区移民后期扶持力度加大,建设了3条移民新村。投入资金2000万元完成农村危房改造700户，发放860户城镇低收入家庭住房困难户补贴430万元。全区的家电销售量达到4765件(台),销售金额938.41万元,补贴资金108.30万元,补贴兑付率为92.82%。规范了公务员津贴补贴，提高了住房公积金缴纳比例，为乡镇干部和教师办理了医疗保险,村干部待遇多次提高。农民人均纯收入从3147元提高到5226元，城镇居民人均可支配收入从9345元提高到16623元。2010年，投资212万元建设了南康镇大塘村、营盘镇鹿塘村和兴港镇彬池、陂头等4个村级文化广场；投入近50万元，完成了各镇有线电视光纤网络的开通。“十一五”期间共投入510万元，建成了各镇文化综合楼，13个村镇文化广场和45个村级球场等一批文体活动场所,区、镇、村三级文化阵地不断完善；文明创建活动深入开展。2010年,铁山港区被评为自治区第五轮文明城区，南康镇被评为自治区历史文化名镇。

【平安建设显成效】 2010年，铁山港区调处各类矛盾纠纷1094起,调结1068起,调解成功率为97.6%;受理土地纠纷案件85起,结案82起,调结率96%;调处历年积案6起,调结5起,调结率为83%,防止群体性上访30起,有效地把矛盾化解在萌芽状态。同时坚持严打高压态势,以打防控为主线，积极开展“打黑除恶”、“收枪治爆”,打击“两抢一盗”、“整治网吧”等专项斗争,共立刑事案件374起,破获190起,发现受理治安案件1194起,查处1194起,抓获刑事案件成员164人，刑拘112人,逮捕105人,移诉92人,抓获违法人员374人，其中治安处罚303人(警告11人,罚款193人,拘留99人),强制戒毒35人,其他36人,打掉犯罪团伙12个,抓获团伙成员44人,抓获上网逃犯38人,收缴各种非法枪支76支,缴赃物赃款折款60万余元，在侦破命案方面，命案4起,全部侦破,侦破贩毒案件12起,其中大案3起,逮捕毒贩14人。同时切实加强安全生产监督管理,对交通、危险品、烟花爆竹、易燃易爆物品、建筑行业等重点行业实行重点监管,没有出现大的安全事故,确保铁山港区社会治安大局和谐稳定,群众安全感普遍提高,2010年被自治区评为无邪教达标县（区),是全市唯一获得此殊荣的县区。

【南康镇】 位于铁山港区北部,辖区总面积175.4平方千米，总人口6.42万人,下辖15个村委会和1个社区。2010年，全镇农业总产值达3.42亿元,比上年增长15.9%,规模以下工业产值4.86亿元，比增10.1%，固定资产投资3.86亿元,比增9.6%，招商引资实际到位资金0.67亿元,比增10.3%,财政总收入达1.34亿元,比增15.57%,农民人均纯收入5320元，比增20.14%,城镇居民可支配收入7932元，比增25.84%。2010年,南康镇荣获自治区历史文化名镇、自治区第七届“南珠杯”特等奖、自治区平安建设先进镇和北海市经济发展先进镇等殊荣，高田村委也被评为自治区村民自治模范村与自治区文明村。

2010年，南康镇通过融资2000多万元，对朝阳大道进行全面改造，重新铺设了水泥钢筋结构路基，并对大道两旁人行道进行水泥硬底化铺设，完成了乡镇街道修建，大街小巷全部实现水泥硬底化，同时还修建了综合市场、大米市场、政府大院左侧、康乐路等6条排污沟。投资200多万元完成了朝阳大道、长安路、民主路等主街道的绿化、美化、亮化工程；镇街新种绿化树365棵，新铺草坪5301平方米，新建绿化带83处，新装路灯126盏，新配置道路指示牌33个，新购环卫车21辆，新配置垃圾筐1593个、铁皮垃圾桶135个，新增停车场3个，城镇绿化率达39.3%，人均绿化面积10.9平方米。投资60万元对南康中心花坛进行改造升级，建成独具南康特色的标志性大型艺术雕塑——康泰明珠，既美化了环境又方便了交通。投入200多万元完善了自来水供水系统，自来水覆盖率90%以上。加快了社内、三塘、秋风塘三大无公害蔬菜基地和高田玉米制种示范基地，龙门螺旋藻基地、火甲良种肉猪、种猪养殖基地，雷田、大塘对虾养殖等基地建设，特色农业规模进一步扩大。全年新增高效经济作物1466.67公顷，对虾养殖面积突破333.33公顷。投入200多万元修建了村级道路7条共120多千米，投入190万元推进农村能源建设和改厕工程，新建农村沼气池43座、卫生厕所120座，重点实施“阳光工程”和“千万农民实用技术大培训”，农业劳动力转移就业新增4531人，城镇新增就业人数1523人。筹措投入400多万元，新建镇、村文体场馆16000多平方米，在朝阳大道南端路旁新建南珠休闲广场，并安装了大批健身器材；南康镇北部湾声乐团、陂塘粤剧团等一批业余文艺团体的“舞台”更加宽广，文化吸引力、感染力和影响力不断增强，各种文艺演出丰富多彩，全镇文艺团体演出400多场，居自治区首位。

【营盘镇】 位于铁山港区南部，濒临北部湾，盛产珍珠，是“南珠”的故乡，脍炙人口的“合浦珠还”故事便发生于此。如今犹存南珠城遗址、千层珠贝残墙、太监碑和断头龟、珍珠亭。全镇辖10个村委会和2个社区居委会，109条自然村，地域面积99.8平方千米，其中耕地面积2725.4公顷（水田591.9公顷），林地1607公顷。2010年末全镇总人口58457人，其中农业人口57178人，财政总收入6331万元，是自治区重点镇之一。

营盘镇区位优势独特。南部濒临北部湾，与海南省隔海相望，地处北部湾经济区铁山港——龙潭组团的前沿，北海市重点项目——北海市炼油异地改造石油化工项目和原油商业储备库就座落在其境内。建设中的营盘中心渔港是国家级渔港，也是大西南黄金水道之一。

营盘镇东西海岸线长27千米，浅海滩涂众多，盛产方格星虫、鱿鱼、墨鱼、对虾等200多种海珍产品，是广西主要渔业生产基地之一。2010年全镇有渔船2470艘，形成浅、中、深海协调发展的格局。主要农作物为甘蔗、木薯、西瓜等，全镇甘蔗种植面积达1186公顷，西瓜107公顷，蔬菜775公顷，木薯1103公顷，粮食总产量8633吨。

营盘镇社会各项事业不断进步，交通等基础设施建设日臻完善，全镇各村公路实现硬底化；村居文化活动室普及率达80%以上，群众性的文体活动得到全面发展；全镇有96%的村民参与了新型农村合作医疗组织，村级卫生诊所12家，营盘卫生院通过了创建镇甲等卫生院的验收。

【兴港镇】 位于铁山港区东部，濒临铁山港，全镇总面积111平方千米，下辖13个村委会和1个社区，121个自然村，总人口5.26万人，拥有丰富的淡水资源、港口资源和优质的高岭土、石英砂等矿产资源，盛产对虾、沙虫、文蛤、青蟹及各种鱼类。2010年全镇实现财政总收入6204万元，规模以下工业总产值17831.65万元，农业总产值37120万元，粮食总产量达11239吨，水产品产量达38994吨，农民人均纯收入5245元。

2010年，兴港镇以农业增产、农民增收、农村发展为核心，不断优化农业产业结构，改善农业基础设施，全年共投入24.7万元修复加固粟山、谢家海河堤，新建彬池、婆围2个农村饮水安全工程，大力引导群众发展特色、高效作物种植，其中水稻种植820公顷，西瓜252公顷，花生730公顷，辣椒200公顷，名贵鱼贝类养殖长足发展，农民取得良好的经济效益，有效拉动经济增长，交通运输、餐饮、服务业等第三产业日益繁荣。

兴港镇作为铁山港临海工业区的“桥头堡”和主阵地，通过大项目的强力拉动，特别是中石化北海炼油异地改造石化项目及北海诚德新材料项目的顺利推进和深水公用码头正式开港，积极引进一批上下游产业配套项目，实行组团式发展，逐步加深产业链，相关产业聚集区雏形初现，一指键家居智能系统、高新区标准厂房等2个项目均已建成厂房主体；中信大锰、远洋船舶修造等项目抓紧推进，全镇上下呈现出热火朝天的发展态势。同时，为了配合项目建设的顺利开展，交通基础设施日益完善，继深水公用码头1号、2号泊位竣工投产后，3号、4号泊位全面动工建设；7号路竣工通车，合河铁路铁山港支线、玉铁高速抓紧施工，现代交通网络初具规模。

（李派欣）

先进人物

2010年全国劳动模范、先进工作者

全国劳动模范　邹　春

邹春，女，汉族，1965年出生，北海市果香园果汁有限公司物流部主任兼工会主席。2010年荣获“全国劳动模范”称号。

邹春18年如一日，爱岗敬业，勇于奉献。在任原料生产一线果场班主管期间，她深入到削果工人中间，耐心地引导并教她们学技术，还向厂部申请为她们解决住宿问题，提供免费的夜宵、降暑的凉茶和糖水，深得工人们的信任和尊敬。她不计个人得失，在没有补贴的情况下，身兼公司工会主席之职。为构建和谐劳动关系，她主动与公司协商，经常召开职代会切实维护员工的合法权益。为提高企业的凝聚力，邹春经常组织员工开展丰富多彩的文体活动，并建起了职工书屋，现职工书屋藏书共1000多册，并配置电视机和影碟机及3台电脑上网。每年她都代表公司及公司工会慰问困难、生病、生育的员工或员工家属。

在全球金融危机之时，邹春代表全体员工与果香园董事会签订了“不裁员、不减薪、不放无薪假”的协议。由于市场萧条和多家罐头厂倒闭，造成大量热带水果积压，公司决定逆势而上，面对大量涌入果香园的水果，邹春早出晚归，亲自指挥装卸工卸果、装货、发货，保证果农、果商的车能够及时装卸。经一年的努力，公司业绩呈上升态势，全年各种热带水果加工达8450吨，产值8100万元，浓缩果汁在国内外销售额达7439万元，比上年同期增长28%，出口比去年同期增长4%，创汇达527万美元，比上年同期增长44%。正如果香园董事长黄辛所说：“这都是我们企业员工悉心耕耘，日积月累的结果。”

邹春凭着对工作的执著，在实现企业和职工利益双赢中作出了卓有成效的贡献，连续多年荣获公司年度优秀员工奖；2003、2007年被评为北海市下岗失业人员就业和再就业工作先进个人；2004年在北海非公有制企业“双爱双评”活动中被评为优秀职工；2006年获广西五一劳动奖章；2007年被评为合浦县“三八”红旗手；2007年当选为广西壮族自治区第十一届人大代表；2008年当选为全国总工会十五大代表；2009年获全国五一劳动奖章；2009年当选为自治区总工会第十一次代表大会代表。

全国劳动模范　邹才辉

邹才辉，男，汉族，1965年出生，中共党员，中石化集团公司北海分公司常压车间主任兼党支部书记。2010年荣获“全国劳动模范”称号。

邹才辉在工作中严格要求自己，坚持长年在操作一线的经验，使他对装置的工艺操作和现场管理极其熟悉，处理问题及时、准确，职工们都称他为“常压活字典”、“常压定海神针”。为了解决常二线的馏程控制以及产品合格率、收率降低，甚至有出黑油现象的难题，他组织车间技术人员进行课题攻关，提出了解决方案并组织实施，使柴油质量提高到了99.5%以上，收率也提高了0.5个百分点。

在管理上，他率先在车间内部推行班组经济核算，建立健全班组经济核算体系，加工费用同比节约100多万元。为了解决装置安全平稳生产及进一步降低能耗，他提出技术改造并组织实施。通过技改后，共节约资金约321万元。

他数年如一日，心系职工和生产，“车间有些事情，我还是放心不下”是他的口头禅。凡遇重大操作或事故，无论何时他都亲临现场，为了解决生产中出现的问题，他经常加班加点，废寝忘食，顾厂不顾家。即使劳累成疾卧病在床，也不忘打电话到车间了解生产情况，指导现场问题的处理。特别是在检修期间，由于工期短，任务重，为了带领全车间

职工圆满完成任务，他总是身先士卒，每天早上6点赶到车间，晚上12点以后才拖着疲惫不堪的身躯往家赶。作为车间党政一把手，在日常工作中，他结合单位实际，不断改进思想政治工作方法，挖掘职工思想和行为中的闪光点，在长期的探索中，逐步形成了一套独具常压车间特色的思想政治工作新路子，使职工保持高昂的工作热情，促进了安全生产和队伍稳定。他处处为职工着想，车间大部分职工年纪轻，离家远，逢年过节，他都坚持与岗位职工一起度过。职工过生日他亲自买蛋糕登门祝贺。对于有困难的职工，他更是给予了无微不至的关怀和帮助。职工们都发自内心地称他为“常压一哥”。

邹才辉曾先后获得“滇黔桂石油勘探局劳动模范”、“中国石油化工集团公司环境保护先进工作者”、“北海市优秀党务工作者”、“广西壮族自治区劳动模范”等荣誉称号。

全国劳动模范　王合喜

王合喜，男，汉族，1956年出生，中共党员，北海市银海区银滩镇曲湾村党支部书记、村委会主任。2010年荣获“全国劳动模范”称号。

王合喜敢闯敢干，是当地远近闻名的种养王。创业初期经过一些波折后，他遍访全市的养殖大户和行家里手，掌握了一套成熟的禽畜养殖技术，后来在充分掌握市场信息的基础上，他抢占市场先机改养鹌鹑，当年他养殖的200多万只商品鹌鹑，很快销售一空，获利10多万元，之后王合喜又先行一步，涉足对虾养殖。为了提高养殖技术，王合喜多次到广西海洋研究所拜师学艺，并与泰国正大集团卜蜂公司进行技术合作，率先在北海成功引进了泰国先进生态式养虾技术。2004年，他第一次在30亩虾塘进行地膜式无公害养虾，平均亩产达900公斤，最高亩产达到1250公斤，比传统养虾亩产高出1倍。目前，他个人拥有对虾养殖场4个，高标准对虾高位池38个，对虾种苗场1个，养殖总面积约14.67公顷，还有鹌鹑养殖场2个，鹌鹑饲料加工场1个，年产鹌鹑种苗230万尾，年总收入100万元，固定资产800万元。

2008年，为了支持配合全市重大项目的推进，他带领村委干部，对拆迁户进行耐心的说服教育工作。近几年来，全村共完成上级下达的土地征用任务44.8公顷，完成房屋拆迁20多户，无一出现纠纷、上访现象，确保了市重点项目顺利动工。王合喜热心公益，他出资4500元帮曲湾小学建成了一个停车棚；每年都拿出2000元，自费订阅各种报刊赠送给村委，供村民阅览；为了解决村民行路难问题，他慷慨解囊捐资10000多元，为村民修补了一条700多米的水泥路。他想方设法争取上级部门的支持，筹集资金100多万元，修缮了村中的3千米水泥道路。“5·12”汶川大地震，他个人捐款10000元，并交纳特殊党费3000元。

带领群众共同富裕，是王合喜最大的愿望。当鹌鹑养殖在村里形成了规模，成为群众增收脱贫的项目后，他又引导和动员群众大力开展无公害对虾养殖，并积极为周边农户提供优质对虾种苗和饲料，提供产、供、销“一条龙”的全程服务。在他的扶持带动下，曲湾村近年来新增虾塘约133.33公顷，村民人均收入仅此一项就增加了1000多元。近年来，在他的帮助扶持下，曲湾村共有200多户村民因养殖鹌鹑、对虾致富。在王合喜的带领下，如今的曲湾村村民人均收入由他上任时的3300多元提高到去年的5100元，村集体经济年收入由空白发展壮大到20多万元，村委也先后获得了人口计生工作先进单位、先进基层党组织等荣誉，并被授予“北海市科普示范村”称号。

全国先进工作者　周怀慷

周怀慷，男，汉族，1965年出生，中共党员，北海市合浦廉州中学副校长。2010年荣获“全国先进工作者”称号。

周怀慷有着国家级骨干教师，优秀专业技术拔尖人才，广西“新世纪十百千人才工程”第二层次人才等诸多荣誉。有慕名的家长揣着钱请他做家教，社会上的高考补习班高价请他上课；广州、深圳等大城市的学校提供好条件想“挖走”他，但都被他婉言谢绝。组织考核他到县教育局工作，他却说：“我觉得自己更适合在教学一线工作。”

周怀慷有一整套独特的教学理念和教学风格，无论教哪一类学生都非常有效。学生们说，周老师的教学方式总是那么新颖，充满魅力，能一步步启迪和拓展我们的创新思维能力，带着我们探寻科学的奥秘，跟着他的教学思路，我们的成绩在不知不觉中就提高了。作为国家级的骨干教师，他年复一年耕耘在教学第一线，历来所教班级高考成绩独占鳌头，他曾担任班主任和英语教学的一届高三毕业班，一次性考上清华大学和北京大学的就有5人，所教的英语3人进入全区前10名，2人为全区状元。2002年以来，全县考上清华大学和北京大学的学生大部分都出自他执教英语和做班主任或级主任的班级。

肩挑多担，不负众望。在担任分管教学工作的副校长后，周怀慷仍年年身负毕业班班主任、年级主任和高三英语教学的重担，与此同时千方百计抓好教风和学风建设。2006年高考全校上本科线人数达1274人，其中重点268人，比上一年增加67人，最高分660分，列北海市第一名，全市640分以上6人，廉州中学占5人。2007高考上重点线人数达到306人，本科以上的上线人数达1617人，居全市第一。2009

年的高考在全区划定本科上线人数比前两年大幅度减少的情况下，全校上一本线的人数仍达301人，上本科线的人数尤其是上一本线人数有明显的增加。

潜心研究，成绩斐然。周怀慷学术造诣高，始终走教学与科研相结合之路，教学与研究相得益彰。他主持的2项研究项目通过国家验收，成果获得有关专家好评；公开发表论文20多篇，7篇被收入中国基础教育期刊全文数据库，论文观点被国内专家、学者多次引用，成为区内外知名的基础教育研究英语学科带头人。2008年他被广西壮族自治区人民政府选为广西“新世纪十百千人才工程”第二层次人才，是首次人选这一工程的中学教师。2009年获广西对优秀专家的资助奖励。

周怀慷从教20多年来，甘为人梯，无怨无悔，努力探索着自己的教育教学方法。2002年获得广西五一劳动奖章，2003年获全国中小学外语教师园丁奖，2004年被评为北海市优秀拔尖人才和北海市“十佳”教师，2005年被评为自治区先进工作者，2006年被选为北海市第九次党代会和广西区第九次党代会代表，同年获得全国五一劳动奖章并被自治区人民政府授予“特级教师”称号和荣誉功勋章一枚。2008年当选第十一届全国人大代表，自治区人民政府选他为广西“新世纪十百千人才工程”第二层次人才。

（北海市总工会）

2010年广西区劳动模范、先进工作者

广西区劳动模范　文祖珩

文祖珩，男，汉族，1972年出生，广西合浦西场永鑫糖业有限公司一车间副主任兼党支部书记。2010年荣获“广西区劳动模范”称号。

在日常工作中文祖珩任劳任怨、身先士卒，有一次公司3号锅炉发生故障，他不顾生病体弱，拼命参加抢修；2007年公司扩建，连续2个月加班加点，工作忙时女儿也顾不上，叫姐姐帮忙照顾；2009年负责4000多公顷甘蔗面积测量，他累计骑车2500多千米，徒步600多千米，经他亲自测量的甘蔗面积达400多公顷；2009年公司推行“四标一体”工作，他率先实行工作流程和工作标准推广应用，大大提高了工作效率和工作质量。工作中他勇于创新改进设备，为公司节省资金284.09万元。2007荣获“北海市岗位技术能手”称号，2009年被授予广西区五一劳动奖章。

广西区劳动模范　宋永平

宋永平，女，汉族，1976年出生，中共党员，北海市公共汽车有限公司二车队7路车驾驶员。2010年荣获“广西区劳动模范”称号。

宋永平做一行爱一行，爱岗敬业，努力为乘客提供优质服务，乐于助人，扶老携幼，拾金不昧，以热情的服务意识赢得了广大乘客的称赞和同事的好评。12年来，她从没有发生过交通事故及交通违章记录，多次被评为公司先进生产工作者和优秀党员，曾获得北海市建委系统的优秀共产党员称号，2006年被自治区公安厅交警总队评为优秀驾驶员，2009年被自治区妇联、公安厅交警总队联合评为“玫瑰平安使者”，还被评为“广西三八红旗手”。

广西区劳动模范　梁国兵

梁国兵，男，汉族，1966年出生，广西正五海洋产业股份有限公司维修车间维修工。2010年荣获“广西区劳动模范”称号。

梁国兵勇于探索更新生产技术、创新实用的生产设备，根据市场竞争的需要以及出口产品工艺要求，独立设计安装了适合不同产品的生产设备，对原有设备的自动化升级改造，提高了效率和质量，降低了成本，减轻了工人劳动强度，同时也提高了经济效益，连年获得公司的技术创新奖奖励。2008年获得北海市人民政府科学技术进步二等奖。

广西区劳动模范　李球发

李球发，男，汉族，1974年出生，中共党员，广西电网公司北海供电局输配电管理所。2010年荣获“广西区劳动模范”称号。

李球发坚守在电网2000多千米输配电线路设备的运行、维护和抢修工作中。完成带电作业1216次，处理故障缺陷526起，完成110千伏以上线路913基杆塔2172片瓷瓶带电更换技改任务，减少设备停电约2576小时，所管辖设备连续多年来没有发生因维护不到位、不及时而引起电网大面积停电。2008年主动请缨参加桂林地区电网抗冰灾复电抢修，在冰灾现场奋战26天。在重大任务面前他坚守岗位，曾圆满完成了北京奥运会、新中国建国60周年等保供电任务。

广西区劳动模范　林志毅

林志毅，男，汉族，1970年出生，北海市北海港股份有限公司。2010年荣获“广西区劳动模范”称号。

林志毅爱岗敬业，连续4年荣获北海港劳动模范称号。工作上他以身作则，吃苦在前，迎难而上，根据货源情况合理安排机械的保养、维修，在紧急情况发生时，他充分调动技术骨干的力量，组织得力的抢修队伍，随时随地可打硬仗。为了港口生产，林志毅没有完整地休息过一个假日，不分白天和黑夜，不计较个人利益得失，勇挑重担，为港口生产发展贡献自己的力量。

广西区劳动模范　唐小琼

唐小琼，男，汉族，1967年出生，中共党员，北海竹林盐场。2010年荣

获“广西区劳动模范”称号。

五工区一班是一个盐田设备差,生产能力低下的班组。为扭转落后局面，唐小琼长年累月在盐田上钻研,不断攻克技术难关。在他的带动和影响下，全班的面貌发生了根本的变化,他所在的工区生产连年大幅度增长,长幅在15%以上,成为全场产量最多、效益最好、职工工作热情和积极性最高的工区之一。多次被评为“先进班组”称号。唐小琼曾多次被评为场“十佳技工”、劳动模范。

广西区劳动模范　庞子信

庞子信,男,汉族,1956年出生,中共党员，合浦县沙岗镇大山村。2010年荣获“广西区劳动模范”称号。

庞子信团结和带领村委一班人,引导村民大力调整农业结构,连续几年保持村民年均纯收入递增200元以上。每年帮扶20多户困难农户解决生产资金的困难，使100多户农民走上脱贫致富之路。每年都从村委拿出3万多元，集中供养全村的五保老人和孤儿，并利用集体积累，兴办了全县第一个村级敬老院。庞子信2004年被自治区评为“十大敬老孝亲”人物,同年获国家孝亲敬老提名奖,2005年获“北海市劳动模范”称号。

广西区劳动模范　邓明旭

邓明旭,男,汉族,1957年出生,中共党员，铁山港区南康镇高田村。2010年荣获“广西区劳动模范”称号。

邓明旭争取农业发展项目资金,改善农业生产条件。组织成立村农副产品流通协会，成立全市第一个农民专业合作社，并与广西瑞特种子有限公司长期合作，建立高田杂交玉米制种基地；大搞蔬菜种植等,村民人均年增收入350元以上。组织村民集资和积极争取上级支持,铺建村水泥道路5千米。组织发动群众筹集资金修建村文化设施。几年来,赌博治安案件等零发生,实现了全村无毒、无赌、无案件发生。

广西区劳动模范　尹文荣

尹文荣,男,汉族,1961年出生,中共党员,海城区高德办事处。2010年荣获“广西区劳动模范”称号。

尹文荣先后建成了海城区第一条养殖种鹌鹑—孵鹌鹑苗—养肉鹌鹑—饲料加工的产业链。拥有2公顷禽类养殖场、1个全自动的孵化场、1个饲料加工厂,6.67公顷股份珍珠番石榴、4公顷花卉苗圃以及近66.67公顷淡水鱼养殖水面,是总资产达500万元的种养植专业户。尹文荣通过企业安排村民和返乡农民工就业，引领村民加入养殖鹌鹑致富的行列。2007年,他率先捐资2万元资助村级组织活动场所建设,在他的带动下,集科技活动室、党员电教室于一体的办公大楼投入使用,并建成了“农家书屋”、“村镇小广场”、村篮球场。

广西区劳动模范　石宗全

石宗全,男,汉族,1966年出生,中共党员，北海新奥海洋运输有限公司“东方公主号”邮轮轮机长。2010年荣获“广西区劳动模范”称号。

石宗全爱岗敬业，对技术精益求精，经常利用休息时间苦练基本功,在没有光亮的情况下,也能随时拿到所要的工具。每当修船时候,他都带领轮机部的员工尽量多接自修工程,在他的带动下,维修中不但节省了开支,还缩短了修理期,并且在同类船舶中，机器完好率也是最高的。为了工作,他几年未休过假,毫无怨言，为企业改制后的稳定与发展作出了贡献。

广西区劳动模范　苏旭辉

苏旭辉,男,汉族,1971年出生,北海市自来水公司工程师、生产技术科科长。2010年荣获“广西区劳动模范”称号。

苏旭辉成功地进行了PLC远程测控、扩容变频等技术和新标准水质达标的攻关，节约费用近600万元,累计增加收入近千万元。他推行先进的管理手段,编制安全手册、岗位操作规程和安全管理制度，组织制定防汛、防风、抢修等预案及实施演练,公司连续4000天无重大安全事故发生；公司还通过了全国节水型社会建设重点项目考评的验收。他为有关管理及技术工人授课1650多人次。2008年获自治区“南珠杯”先进个人称号。

广西区劳动模范　唐建波

唐建波,男,汉族,1974年出生,北海惠科电子有限公司总工程师。2010年荣获“广西区劳动模范”称号。

唐建波熟练掌握LCD技术,2002~2006年受公司外派在印度尼西亚PT.MAG.Industrial Citra公司工作，全面负责公司LCD产品的研发工程和产品品质。2006年回国后随国家产业政策调整，加入北海惠科电子有限公司担任总工程师职务，主导公司的LCD（Monitor和TV)技术升级与改造,主要项目有LCM的CELL Bonding,LED LCD的研发,以及BL的技术改造。北海惠科电子有限公司分别于2007、2008、2009年度连续获得自治区商务厅颁发的“广西对外贸易明星企业”的光荣称号。

广西区劳动模范　谢庆华

谢庆华,男,汉族,1967年出生,中共党员，中国电子科技开发有限公司总经理。2010年荣获“广西区劳动模范”称号。

谢庆华提出“立足高端,构建产业链，打造北部湾电子信息产业基础”的发展战略并付诸行动。在产业园的带动下，北海市电子信息产业2009年产值突破100亿元，比上年翻一番。2010年初,中国电子北海产业园被确定为自治区重点支持的11个产业园区之一，中国电子北海产业园项目被列入自治区2010年“十八大”技术改造工程项目。构建了一个“国内领先、国际一流”的现代、生态、人文、环保、绿色的北部湾电子城，成为中国电子信息产业辐射东盟的重要窗口。

广西区劳动模范　黄炳权

黄炳权，男，汉族，1953年出生，中国民主建国会会员，北海市政协常委，合浦县政协常委，工商联广西区常委，北海市工商联副主席，合浦县工商联副主席。2010年荣获“广西区劳动模范”称号。

黄炳权先后创建了合浦东园饭店、东园家酒厂、东园生态农业科技有限公司、东园珠宝有限公司。其中东园饭店自1993年至今一直高居合浦县饭店行业纳税额榜首。东园家酒厂创出了合浦县第一个广西著名商标品牌。东园生态农业科技有限公司建成了全国规模最大的奶水牛养殖场，建立的循环经济模式被广泛推广。东园珠宝有限公司修复了合浦七大古珠池之一的乌坭池，这也是唯一得到修复的古珠池。共安置了700多人就业，每年产值近亿元，上缴税费500多万元。

广西区劳动模范　徐　伟

徐伟，男，汉族，1965年出生，中国民主建国会会员，广西新未来信息产业股份有限公司董事长。2010年荣获“广西区劳动模范”称号。

在徐伟的领导下，公司销售收入、税金、净利润等财务指标连年增长。在2009年全球性经济危机中，公司逆势而上，实现销售收入1.28亿元，上缴各项税金657.6万元，实现净利润2394万元，迈入了广西电子信息产业中唯一的中国电子元件百强企业。拥有国家专利及专有技术16项，被认定为国家级高新技术企业，并获得中国优秀民营科技企业创新奖，青藏铁路建设奖等荣誉称号。热心公益事业，3年来为社会增加300多个就业岗位，吸收了100多名下岗职工再就业。为公益事业先后出资、捐资60多万元。

广西区先进工作者　包其盛

包其盛，男，汉族，1958年出生，中共党员，北海市城市绿化管理站修剪班班长。2010年荣获“广西区先进工作者”称号。

包其盛有过硬的技术本领，经他移植的乔木、花灌木成活率达90%以上。为了把100多年树龄的榕树移植到北部湾广场，他在10多米高的大树上爬上爬下，从开挖到种植再到气根的维护，整整用了一个多月的时间。他组建了花灌木修剪班，用一系列具有浓郁滨海城市特点的植物造型装点北海市容，并创造出具有北海特色的修剪方法。1999年被评为市创建“中国优秀旅游城市”先进个人，2007年他所负责的班组获得“广西区工人先锋号”的荣誉称号。

广西区先进工作者　冯　兵

冯兵，女，汉族，1968年出生，北海市城市规划设计研究院总工程师。2010年荣获“广西区先进工作者”称号。

冯兵任规划院总工以来，全面负责规划院的技术管理工作，运用娴熟的建筑结构概念及设计理论，审查建、结施工图，合理有效地组织各专业设计人员开展设计工作，努力把好质量关。2006年荣获了全区优秀设计单位称号、2009年第一次获厅级优秀设计奖。参加了上百个项目的设计工作，多项北海市政府城市重点建设项目以及近百项工程项目的审图工作，有效指导了北海的城市建设。

广西区先进工作者　廖　焱

廖焱，女，汉族，1958年出生，中共党员，中学高级教师，北海市机关幼儿园园长兼党支部书记。2010年荣获“广西区先进工作者”称号。

作为广西21世纪“园丁工程”的导师及幼儿教育学科带头人，廖焱积极探索教学新模式和课程改革的新路子，使北海市机关幼儿园成为广西乃至国内有一定影响的品牌幼儿园，廖焱也成为一名专家型的园长。近年来，廖焱事迹分别编入《中华成功人才大辞典》及《中国专家人才库》等书籍。2009年教师节前夕，廖炎作为广西选派模范教师代表赴北京参加表彰大会，受到了党和国家领导人的亲切接见。

广西区先进工作者　蒋智勇

蒋智勇，男，汉族，1965年出生，中共党员，北海市人民医院儿科主任。2010年荣获“广西区先进工作者”称号。

蒋智勇在北海率先开展新生儿窒息的复苏及合并症的抢救、极低出生体重儿综合治疗、换血疗法治疗新生儿高胆红素血症、TOREH检测诊断新生儿宫内感染、肝素及莨菪类药物治疗新生儿硬肿症等新技术项目，填补了北海的空白并达到国内先进水平。协助产科成功抢救重度窒息患儿35例，在新生儿缺氧缺血性脑病治疗方面，成功救治重度患儿60余例。率先在区内开展静脉高营养治疗技术项目，超低出生体重儿、极低出生体重儿救治成功率达95%以上，达到区内先进水平。参与开展的科研项目《剖宫产与新生儿高胆红素血症关系的研究》获2005年北海市科技进步一等奖。

广西区先进工作者　庞小莲

庞小莲，女，汉族，1969年出生，中共党员，北海市农业技术推广中心副主任。2010年荣获“广西区先进工作者”称号。

庞小莲积极组织参加农业新技术的试验与推广工作，《膜下滴灌节水高效栽培技术试验示范与推广》项目获得2007年度北海市科技进步二等奖，推广应用该技术面积6900公顷，增效节本4236万元;《农作物“三避”技术应用示范与推广》项目获得2008年度北海市科技进步二等奖，示范推广面积2.08万公顷，新增产值7456万元;《超级稻新品种引进及集成栽培技术试验示范与推广》项目获得2008年度北海市科技进步三等奖，节本增收3918万元。她向农民群众讲授安全使用农药的知识，使我市蔬菜农药残留合格率从2004年的84%提高到现在的99.03%。

广西区先进工作者 陈开平

陈开平，男，汉族，1956年出生，中共党员，北海亚叉岭至铁山港一级公路收费站站长。2010年荣获“广西区先进工作者”称号。

在陈开平的带领下，收费站全体员工团结奋进和谐一致，做到“应征不漏，应免不征”，2008年总收入为1558万元，比上年同期增收203万元，2009年总收入为2044万元，比2008年同期增收486万元，增长率为26%，为北海交通建设作出了贡献，该收费站5年连续获自治区“青年文明号”，获北海市总工会授予职工职业道德建设“十佳单位”称号。陈开平也多次获交通系统的先进表彰。

广西区先进工作者 黄乃煜

黄乃煜，男，汉族，1963年出生，中共党员，北海市工商行政管理局监察室主任。2010年荣获“广西区先进工作者”称号。

黄乃煜的腿多次受伤，又长期患胃病，但他几十年如一日，从未休过公休假，任劳任怨地忘我工作。他积极为群众办实事、好事600多件，调处各类案件200多件无差错，分管的纪检监察、党建工作多次受到上级表彰。他被同事们称为“好管家”。先后荣获“全国工商系统优秀工商人员”、“广西五一劳动奖章”、“优秀青年经济卫士”等多项殊荣。

广西区先进工作者 苫佑文

苫佑文，男，汉族，1963年出生，中共党员，北海市北海中学校长。2010年荣获“广西区先进工作者”称号。

苫佑文主持制订了一系列教育教学管理规定，素质教育不断深入，办学质量不断提高，学校教学成绩显著。近几年广西科技创新大赛中学校获一等奖约占自治区总数的1/3，高考本科上线率近3年分别为86%、93%、90%;为北海市连续3年在全区高考成绩名列前茅作出了突出贡献。学校结题的国家、自治区及市级科研课题共17项，正在研究的课题12项。实施“名师工程”，加强校本研修。开展“一帮一”拜师结对活动，进行业务考试和评比，打造名师，大力提升教师队伍素质。学校评为自治区“文明单位”、“绿色学校”、“优秀卫生学校”。

（北海市总工会）

附　　录

文件目录

2010 年中共北海市委、市政府部分文件目录

文　号	文 件 名 称
北发〔2010〕1 号	《中共北海市委员会、北海市人民政府关于创建社会和谐稳定模范市的决定》
北发〔2010〕2 号	《中共北海市委员会关于进一步加强政法队伍建设的意见》
北发〔2010〕3 号	《中共北海市委员会、北海市人民政府关于进一步加强和改进信访工作的意见》
北发〔2010〕4 号	《中共北海市委员会、北海市人民政府关于印发北海市贯彻落实〈国务院关于进一步促进广西经济社会发展的若干意见〉工作方案的通知》
北发〔2010〕5 号	《中共北海市委员会常委会 2010 年工作要点》
北发〔2010〕6 号	《中共北海市委员会关于 2010 年全市理论学习的通知》
北发〔2010〕10 号	《中共北海市委员会、北海市人民政府关于全年下达实施北海三年跨越发展工程目标任务的通知》
北发〔2010〕11 号	《中共北海市委员会、北海市人民政府关于促进残疾人事业发展的实施意见》
北发〔2010〕12 号	《中共北海市委员会、北海市人民政府关于切实加强艾滋病防治工作的决定》
北发〔2010〕13 号	《中共北海市委员会、北海市人民政府关于进一步加强新时期科协工作的实施意见》
北发〔2010〕14 号	《中共北海市委员会、北海市人民政府关于开展“工作落实年”活动的通知》
北发〔2010〕15 号	《中共北海市委员会、北海市人民政府关于表彰 2009 年度全市科学发展优秀乡镇和进步乡镇的决定》
北发〔2010〕16 号	《中共北海市委员会、北海市人民政府关于印发北海市委常委同志出席活动安排规定的通知》
北发〔2010〕17 号	《中共北海市委员会、北海市人民政府关于北海市人民政府机构设置改革的实施意见的通知》
北发〔2010〕19 号	《中共北海市委员会、北海市人民政府关于印发北海市人民政府机构改革的实施意见的通知》
北发〔2010〕20 号	《中共北海市委员会、北海市人民政府关于表彰北海市第九批优秀专家第六批优秀青年专业技术人才的决定》
北发〔2010〕21 号	《中共北海市委员会关于制定国民经济和社会发展第十二个五年规划的建议》
北发〔2010〕22 号	《中共北海市委员会、北海市人民政府关于加快经济发展方式转变的决定》
北发〔2010〕23 号	《中共北海市委员会关于印发〈2010～2020 年北海市党政领导班子后备干部队伍建设规则〉的通知》
北发〔2010〕24 号	《中共北海市委员会、北海市人民政府关于在全市推行“农事村办”的实施意见》
北办发〔2010〕3 号	《中共北海市委办公室关于认真学习贯彻市委九届八次全会精神的通知》
北办发〔2010〕4 号	《中共北海市委办公室、北海市人民政府办公室关于印发北海市深入开展民族团结宣传教育活动实施方案的通知》

续表

文　　号	文　件　名　称
北办发〔2010〕5号	《中共北海市委办公室、北海市人民政府办公室关于对市辖县区和市直单位2009年度惩治和预防腐败体系建设工作进行检查的通知》
北办发〔2010〕12号	《中共北海市委办公室、北海市人民政府办公室关于集中精力做好当前工作促进跨越发展的通知》
北办发〔2010〕13号	《中共北海市委办公室、北海市人民政府办公室印发北海市2010年领导干部公开大接访活动实施方案》
北办发〔2010〕15号	《中共北海市委办公室、北海市人民政府办公室关于印发北海市三千工作人员深入农村开展强基惠农春季大行动实施方案的通知》
北办发〔2010〕20号	《中共北海市委办公室、北海市人民政府办公室关于切实做好当前旱灾应对工作的紧急通知》
北办发〔2010〕23号	《中共北海市委办公室关于印发北海市开展机关党组织与基层党组织"结对共建、先锋同行"活动方案的通知》
北办发〔2010〕24号	《中共北海市委办公室印发关于在全市党组织建设年活动的实施意见的通知》
北办发〔2010〕30号	《中共北海市委办公室、北海市人民政府办公室关于加强社会公共安全管理积极防控突发事件的通知》
北办发〔2010〕31号	《中共北海市委办公室关于认真学习贯彻胡锦涛总书记在全党深入学习实践科学发展观活动总结大会上的重要讲话精神的通知》
北办发〔2010〕32号	《中共北海市委办公室印发关于在全市基层党组织中开展"党内互助共进"关爱帮扶活动的意见的通知》
北办发〔2010〕37号	《中共北海市委办公室关于印发北海市党建工作考核办法(试行)的通知》
北办发〔2010〕38号	《中共北海市委办公室关于转发中共北海市委组织部关于加强培养选拔年轻干部工作的实施意见的通知》
北办发〔2010〕39号	《中共北海市委办公室关于印发2010年北海市"百名干部实践锻炼计划"实施方案的通知》
北办发〔2010〕40号	《中共北海市委办公室关于印发中共北海市委党的建设工作领导小组2010年工作要点的通知》
北办发〔2010〕42号	《中共北海市委办公室、北海市人民政府办公室关于印发北海市争创全国双拥模范城宣传工作方案的通知》
北办发〔2010〕44号	《中共北海市委办公室、北海市人民政府办公室关于印发北海市2010年旱灾灾区困难群众生活救助工作方案的通知》
北办发〔2010〕45号	《中共北海市委办公室、北海市人民政府办公室关于印发起草中共北海市委员会关于制定国民经济和社会发展第十二个五年规划的建议工作方案的通知》
北办发〔2010〕46号	《中共北海市委办公室印发关于推进学习型党组织建设的实施意见的通知》
北办发〔2010〕48号	《中共北海市委办公室、北海市人民政府办公室关于印发中共北海市委员会2010年工作要点确定的工作任务分解表的通知》
北办发〔2010〕49号	《中共北海市委办公室关于印发北海市2010～2012年深化干部人事制度改革实施方案的通知》
北办发〔2010〕51号	《中共北海市委办公室、北海市人民政府办公室转发〈自治区党委办公厅自治区人民政府办公厅关于进一步加强机构编制管理严格落实"三定"规定的通知〉的通知》
北办发〔2010〕52号	《中共北海市委办公室、北海市人民政府办公室关于印发北海市政府门户网站内容保障工作方案的通知》
北办发〔2010〕55号	《中共北海市委办公室关于印发北海市迎接全国双拥模范城(县)考评试点和自治区双拥模范城(县、区)检查验收工作方案的通知》
北办发〔2010〕60号	《中共北海市委办公室转发中共北海市委组织部　中共北海市委宣传部关于在全市基层党组织和党员中深化"科学发展先锋行"深入开展创先争优活动的方案的通知》
北办发〔2010〕69号	《中共北海市委办公室、北海市人民政府办公室关于减少外出公务活动进一步抓好工作落实的通知》

续表

文　　号	文 件 名 称
北办发〔2010〕73号	《中共北海市委办公室、北海市人民政府办公室关于印发北海市查处损害投资软环境行为营造高效廉洁政务环境的实施方案的通知》
北办发〔2010〕77号	《中共北海市委办公室、北海市人民政府办公室转发市委政法委关于在全市进一步深入开展"大排查、大接访、大调解、大防控"活动的工作方案的通知》
北办发〔2010〕79号	《中共北海市委办公室关于做好2011年度重点党报党刊发行工作的通知》
北办发〔2010〕83号	《中共北海市委办公室、北海市人民政府办公室关于涠洲镇实行成建制托管等事项的通知》
北办发〔2010〕84号	《中共北海市委办公室关于召开中国共产党北海市第九届委员会第九次全体会议的通知》
北办发〔2010〕86号	《中共北海市委办公室、北海市人民政府办公室关于严格执行领导干部外出请假报告制度的通知》
北办发〔2010〕88号	《中共北海市委办公室、北海市人民政府办公室关于印发北海市被列为国家历史文化名城庆典工作方案的通知》
北办发〔2010〕90号	《中共北海市委办公室、北海市人民政府办公室关于评选北海市申报国家历史文化名城先进单位和先进工作者的通知》
北办发〔2010〕91号	《中共北海市委办公室、北海市人民政府办公室印发关于市场化运作方式建设住房存在问题的清理整改意见的通知》
北政发〔2010〕7号	《北海市人民政府关于印发北海市基层医药卫生体制综合改革试点实施方案的通知》
北政发〔2010〕14号	《北海市人民政府关于进一步加强扩大内需中央投资项目建设管理的通知》
北政发〔2010〕15号	《北海市人民政府关于公布第二批市级非物质文化遗产保护名录的通知》
北政发〔2010〕19号	《北海市人民政府关于全力推动我市铁路建设工作的通知》
北政发〔2010〕20号	《北海市人民政府关于表彰市劳动模范和先进工作者的决定》
北政发〔2010〕21号	《北海市人民政府关于印发北海市绿线管理办法的通知》
北政发〔2010〕26号	《北海市人民政府关于表彰2009年度北海市科学技术进步奖的决定》
北政发〔2010〕30号	《北海市人民政府关于对2009年度纳税增长大户企业进行表彰奖励的通知》
北政发〔2010〕32号	《北海市人民政府关于进一步加强市政务服务中心建设的意见》
北政发〔2010〕34号	《北海市人民政府关于印发北海市防治艾滋病攻坚工程实施方案(2010～2014)的通知》
北政发〔2010〕37号	《北海市人民政府关于印发北海市2010年节能减排工作目标实施方案的通知》
北政发〔2010〕38号	《北海市人民政府关于深入推进质量兴市战略的决定》
北政发〔2010〕39号	《北海市人民政府关于印发北海市实施质量兴市战略工作任务及目标分解方案的通知》
北政发〔2010〕40号	《北海市人民政府批转北海市教育局关于进一步加快推进北海市中小学校舍安全工程建设的实施意见的通知》
北政发〔2010〕41号	《北海市人民政府关于调整北海市城镇基本医疗保险统筹基金最高支付限额的通知》
北政发〔2010〕42号	《北海市人民政府关于建立行政执法与审判工作联席会议制度的通知》
北政发〔2010〕43号	《北海市人民政府关于印发北海市"绿满八桂"造林绿化工程实施方案的通知》
北政发〔2010〕45号	《北海市人民政府关于发放劳动模范和先进工作者荣誉津贴的通知》
北政发〔2010〕46号	《北海市人民政府关于试行国有资产经营预算的意见》
北政发〔2010〕47号	《北海市人民政府关于印发全市市级部门行政审批项目清理结果的通知》
北政发〔2010〕48号	《北海市人民政府关于印发北海市文化娱乐项目用地供地暂行办法的通知》
北政发〔2010〕52号	《北海市人民政府关于加快市辖区政务服务中心建设工作的通知》
北政发〔2010〕53号	《北海市人民政府关于表彰2009年度就业再就业工作先进集体和先进个人的决定》
北政发〔2010〕54号	《北海市人民政府关于印发北海市廉租住房保障家庭准入管理暂行办法、北海市市区廉租住房分配暂行办法和北海市市区廉租住房租赁管理暂行办法的通知》
北政发〔2010〕56号	《北海市人民政府关于印发北海市推进城市和国有工矿棚户区改造工作方案的通知》

续表

文　　号	文　件　名　称
北政发〔2010〕57号	《北海市人民政府关于加强城区新建和改建项目公共服务设施建设管理工作的通知》
北政发〔2010〕58号	《北海市人民政府转发国务院、自治区政府关于坚决遏制部分城市房价过快上涨的通知》
北政发〔2010〕60号	《北海市人民政府关于印发北海市直机关绩效考评奖励方案的通知》
北政办〔2010〕89号	《北海市人民政府办公室关于印发2010年自治区和北海市为民办实事工作方案的通知》
北政办〔2010〕90号	《北海市人民政府办公室关于印发2010年政务服务公开政府信息公开工作要点的通知》
北政办〔2010〕91号	《北海市人民政府办公室关于印发北海市2010年整治违法排污企业保障群众健康环保专项行动实施方案的通知》
北政办〔2010〕92号	《北海市人民政府办公室关于设立重大项目征地拆迁资金蓄水池的通知》
北政办〔2010〕93号	《北海市人民政府办公室关于印发北海市手足口病防控工作方案的通知》
北政办〔2010〕98号	《北海市人民政府办公室关于印发2010年审计项目计划的通知》
北政办〔2010〕99号	《北海市人民政府办公室转发广西壮族自治区政府办公厅关于加强地质灾害防治工作的紧急通知》
北政办〔2010〕108号	《北海市人民政府办公室关于印发北海市举报非法生产经营烟花爆竹奖励办法的通知》
北政办〔2010〕109号	《北海市人民政府办公室关于进一步规范和完善政府新闻发布工作的通知》
北政办〔2010〕111号	《北海市人民政府办公室转发国务院办公厅关于进一步严格征地拆迁管理工作切实维护群众合法权益的紧急通知》
北政办〔2010〕116号	北海市人民政府办公室关于印发北海市学校安全协管员队伍建设工作方案的通知》
北政办〔2010〕117号	《北海市人民政府办公室关于印发2010年北海市农作物良种补贴项目实施方案的通知》
北政办〔2010〕118号	《北海市人民政府办公室关于进一步加强我市气象灾害防御工作的通知》
北政办〔2010〕120号	《北海市人民政府办公室关于印发北海市运动员教练员和有关人员奖励办法的通知》
北政办〔2010〕121号	《北海市人民政府办公室关于做好当前防汛突发事件处置工作的紧急通知》
北政办〔2010〕127号	《北海市人民政府办公室关于印发北海市辖区基准地价更新工作方案的通知》
北政办〔2010〕131号	《北海市人民政府办公室关于印发北海市海上渔业纠纷治安案件处置方案的通知》
北政办〔2010〕135号	《北海市人民政府办公室关于进一步加强社会保险扩面征缴工作的通知》
北政办〔2010〕140号	《北海市人民政府办公室关于印发北海市2010年造林绿化工作方案的通知》
北政办〔2010〕144号	《北海市人民政府办公室关于2010年市人大代表建议政协提案办理情况的通报》
北政办〔2010〕145号	《北海市人民政府办公室关于印发北海市2010年地质灾害防治方案的通知》
北政办〔2010〕146号	《北海市人民政府办公室关于转发广西壮族自治区对“十一五”节能减排工作行政过错责任人问责办法的通知》
北政办〔2010〕156号	《北海市人民政府办公室关于印发北海市开展强农惠农资金专项清理和检查工作实施方案的通知》
北政办〔2010〕157号	《北海市人民政府办公室关于印发北海市涠洲岛爱民固边模范岛创建方案的通知》
北政办〔2010〕160号	《北海市人民政府办公室关于印发第二届广西体育节北海市全民健身系列活动实施方案的通知》
北政办〔2010〕165号	《北海市人民政府办公室关于印发2010年北海市推广高效照明产品实施方案的通知》
北政办〔2010〕167号	《北海市人民政府办公室关于进一步推进银滩保护立法工作的通知》
北政办〔2010〕170号	《北海市人民政府办公室关于印发开展2010年第三季度重点项目“征地拆迁日”工作方案的通知》
北政办〔2010〕174号	《北海市人民政府办公室关于印发北海炼油改造异地石油化工(20万吨/年聚丙烯)项目配套道路拓宽路段征地搬迁工作实施方案的通知》
北政办〔2010〕177号	《北海市人民政府办公室关于印发北海市第二人民医院搬迁项目征地工作实施方案的通知》
北政办〔2010〕179号	《北海市人民政府办公室关于印发2010年北海市农村危房改造工程试点实施方案的通知》
北政办〔2010〕180号	《北海市人民政府办公室关于印发北海市地中海贫血防治计划的通知》
北政办〔2010〕181号	《北海市人民政府办公室关于印发北海市药品信息报告与发布制度的通知》

续表

文 号	文 件 名 称
北政办〔2010〕183 号	《北海市人民政府办公室关于印发北海市集中开展严厉打击非法违法生产经营建设行为专项行动工作方案的通知》
北政办〔2010〕185 号	《北海市人民政府办公室关于印发北海市 2010 年防震减灾工作实施方案的通知》
北政办〔2010〕188 号	《北海市人民政府办公室关于印发北海市 2010 年进一步加强淘汰落后产能工作实施方案的通知》
北政办〔2010〕190 号	《北海市人民政府办公室关于开展北海市村镇规划编制工作的通知》
北政办〔2010〕193 号	《北海市人民政府办公室关于对重点项目"四定"工作落实情况进行督查的通知》
北政办〔2010〕194 号	《北海市人民政府办公室关于严格控制城市景观照明的通知》
北政办〔2010〕199 号	《北海市人民政府办公室关于印发北海市创建全国无障碍建设城市工作改造任务分解表的通知》
北政办〔2010〕202 号	《北海市人民政府办公室关于印发加油站项目供地工作安排表的通知》
北政办〔2010〕203 号	《北海市人民政府办公室关于印发北海市减轻企业负担专项治理工作方案的通知》
北政办〔2010〕205 号	《北海市人民政府办公室关于印发北海市"十一五"节能减排预警调控方案的通知》
北政办〔2010〕206 号	《北海市人民政府办公室关于加快我市财政支出进度的通知》
北政办〔2010〕216 号	《北海市人民政府办公室关于做好市十三届人大六次会议代表建议和市政协八届五次会议提案办理工作的通知》
北政办〔2010〕217 号	《北海市人民政府办公室关于印发北海市"早餐示范"工程实施方案的通知》
北政办〔2010〕219 号	《北海市人民政府办公室关于印发防治艾滋病攻坚工程十大专项工程实施方案的通知》
北政办〔2010〕220 号	《北海市人民政府办公室关于印发北海市实施国家基本药物制度试点综合改革工作方案的通知》
北政办〔2010〕221 号	《北海市人民政府办公室关于印发建立健全烟草市场清理整顿工作长效机制实施意见的通知》
北政办〔2010〕223 号	《北海市人民政府办公室关于开展控制中小学生辍学专项行动的通知》
北政办〔2010〕224 号	《北海市人民政府办公室关于表彰在广西通志·政府志(北海市部分)编纂工作中成绩突出的先进个人的通报》
北政办〔2010〕228 号	《北海市人民政府办公室关于印发合浦至湛江铁路北海段征地拆迁工作实施方案的通知》
北政办〔2010〕229 号	《北海市人民政府办公室关于抓好 2010 年全市秋冬种和秋冬菜生产的通知》
北政办〔2010〕230 号	《北海市人民政府办公室关于印发北海市创建节水型城市实施方案的通知》
北政办〔2010〕235 号	《北海市人民政府办公室关于印发北海市跨市县区(区)林权纠纷调处工作方案的通知》
北政办〔2010〕238 号	《北海市人民政府办公室关于印发北海市 2010 年农村居民因灾倒塌房屋恢复重建工作方案的通知》
北政办〔2010〕239 号	《北海市人民政府办公室转发自治区政府办关于进一步做好消防工作坚决遏制重特大火灾事故的通知》
北政办〔2010〕243 号	《北海市人民政府办公室关于印发新建铁路合浦至河唇线铁山港支线征地拆迁工作实施方案的通知》
北政办〔2010〕246 号	《北海市人民政府办公室关于印发 2010 年北海市水库移民新村工程建设工作方案的通知》
北政办〔2010〕251 号	《北海市人民政府办公室关于建立北海市农村基础设施建设工作联席会议制度的通知》
北政办〔2010〕252 号	《北海市人民政府办公室关于印发北海市农村公路管理养护体制改革实施方案的通知》
北政办〔2010〕254 号	《北海市人民政府办公室关于印发北海老城综合整治方案的通知》
北政办〔2010〕256 号	《北海市人民政府办公室关于开展北海老城综合整治的通知》
北政办〔2010〕257 号	《北海市人民政府办公室关于印发北海三年跨越发展工程 2010 年重点项目四定完成情况检查验收方案的通知》
北政办〔2010〕258 号	《北海市人民政府办公室关于印发北海市林下经济发展工作方案的通知》
北政办〔2010〕260 号	《北海市人民政府办公室关于印发新建铁路铁山港支线项目征地搬迁工作实施方案及细则的通知》
北政办〔2010〕261 号	《北海市人民政府办公室关于印发第二批实施国家基本药物制度试点综合改革工作方案的通知》

文件选编

北海市人民政府关于公布北海市征地统一年产值标准的通知

北政发〔2010〕2号

各县、区人民政府，市政府各部门，各管委会，市直各事业、企业单位：

北海市征地统一年产值标准已经广西壮族自治区人民政府桂政函〔2010〕6号文批准，现予公布，自本文印发之日起实施。现将有关事项通知如下：

一、凡北海市行政区域范围内集体农用地（基本农田和自然保护区除外）和建设用地（农民自留就业用地除外）的征收补偿计算均适用于北海市征地统一年产值标准。涉及征收基本农田的，按照一般农用地征收补偿标准的1.3倍进行补偿；征收农民自留就业用地补偿标准按照一般农用地补偿标准的2.0倍确定；征收集体未利用地补偿标准按照一般农用地补偿标准的0.4倍确定；依法收回国有农用地的，可按照有关规定参照北海市征地统一年产值标准进行补偿。大中型水利水电工程建设需要征收我市所辖范围土地的，年产值按照北海市征地统一年产值标准执行，补偿倍数按照国务院有关规定执行。

二、北海市征地统一年产值标准（具体见附表）中，具体应用于补偿的是分区域征地统一年产值标准、分区域补偿倍数和分区域补偿标准。县域统一年产值标准、补偿倍数和平均补偿标准只作为我市和自治区级平衡的对象，不作为具体实施的标准。

三、对已经国务院和自治区人民政府批准征收土地的，征收土地补偿按已批准的征收土地方案组织落实；已经依法履行征收土地报批前期工作程序、并已呈报自治区人民政府或国务院进行农用地转用和土地征收手续的，征收土地补偿原则上按照报批的征收土地方案落实；已经依法履行征收土地前期工作程序，但尚未呈报自治区人民政府或国务院进行农用地转用和土地征收手续的，征收土地补偿标准按北海市征地统一产值标准执行。

四、征地统一年产值标准由土地补偿费和安置补助费两部分构成，不包含对青苗和地上附着物的补偿。对青苗和地上附着物的补偿，在我市尚未出台新的青苗和地上附着物补偿标准前，按《广西壮族自治区实施〈中华人民共和国土地管理法〉办法》的有关规定和《北海市人民政府关于同意调整北海市辖区征地拆迁附着物补偿标准的批复》（北政土字〔2008〕68号）补偿标准执行。

五、北海市征地统一年产值标准，根据我市经济发展状况，原则上每三年调整一次。

六、各县、区人民政府要认真执行北海市征地统一年产值标准，严格按照北海市征地统一年产值标准有关要求实施，规范征收土地行为，认真做好宣传工作，切实维护被征地单位和群众的合法权益，确保北海市征地统一年产值标准顺利实施。

附件：

北海市征地统一年产值标准

县、区名称	县（区）域统一年产值标准（元／亩）	补偿倍数	平均补偿标准（元／亩）	区域编号	区域所在乡镇	分区域统一年产值标准（元／亩）	分区域补偿倍数	分区域补偿标准（元／亩）
市辖区	1655	21	34755	Ⅰ1	南康镇	1630	20	32600
				Ⅰ2	营盘镇	1630	20	32600
				Ⅰ3	兴港镇	1630	20	32600
				Ⅱ1	平阳镇	1650	21	34650
				Ⅱ2	银滩镇	1670	22	36740

续表

县、区名称	县(区)域统一年产值标准(元/亩)	补偿倍数	平均补偿标准(元/亩)	区域编号	区域所在乡镇	分区域统一年产值标准(元/亩)	分区域补偿倍数	分区域补偿标准(元/亩)
市辖区	1655	21	34755	Ⅱ3	侨港镇	1670	22	36740
				Ⅱ4	福成镇	1650	20	33000
				Ⅲ1	高德办	1670	22	36740
				Ⅲ2	驿马办	1690	22	37180
				Ⅲ3	地角办	1670	22	36740
				Ⅲ4	涠洲镇	1650	21	34650
合浦县	1527	20	30540	Ⅰ1	西场镇	1500	20	30000
				Ⅰ2	乌家镇	1500	20	30000
				Ⅰ3	星岛湖乡	1530	20	30600
				Ⅰ4	石湾镇	1530	20	30600
				Ⅰ5	常乐镇	1530	20	30600
				Ⅰ6	曲樟乡	1470	20	29400
				Ⅰ7	公馆镇	1550	20	31000
				Ⅰ8	白沙镇	1550	20	31000
				Ⅰ9	山口镇	1550	20	31000
				Ⅰ10	沙田镇	1500	20	30000
				Ⅰ11	闸口镇	1530	20	30600
				Ⅰ12	石康镇	1530	20	30600
				Ⅰ13	廉州镇	1600	20	32000
				Ⅰ14	党江镇	1500	21	31500
				Ⅰ15	沙岗镇	1530	20	30600

注:征收基本农田按照一般农用地标准的1.3倍进行补偿。

二○一○年一月三十一日

北海市人民政府关于公布第二批市级非物质文化遗产保护名录的通知

北政发〔2010〕15号

各县、区人民政府,市政府各部门,各管委会:

现将《北海市第二批市级非物质文化遗产名录》(共计2项)印发给你们。请按照《国务院关于加强文化遗产保护的通知》(国发〔2005〕42号)、《广西壮族自治区人民政府关于加强我区非物质文化遗产保护工作的意见》(桂政发〔2005〕47号)和《北海市人民政府关于加强我市非物质文化遗产保护工作的意见》(北政发〔2006〕34号)文件精神及有关要求,认真贯彻"保护为主、抢救第一、合理利用、传承发展"的工作方针,切实做好非物质文化遗产的保护、管理和合理利用工作。

附件: **北海市第二批市级非物质文化遗产保护名录**

序 号	类 别	遗产名录	申报地区或单位
1	传统手工艺	北海贝雕技艺	北海市二轻联社 北海市恒兴珠宝有限公司
2	传统体育与竞技	李家拳系列:南蛇过垌	合浦县文体局

二○一○年四月十五日

北海市人民政府关于公众参与历史文化名城保护的意见

北政发〔2010〕1号

各县、区人民政府，市政府各部门，各管委会，市直各事业、企业单位：

为进一步推进北海历史文化名城保护中的公众参与，加强历史文化名城保护的监督管理，强化公众参与和公众监督，增强历史文化名城保护的科学性、合理性和可行性，切实保障公众权益和国家利益，根据《中华人民共和国行政许可法》、《中华人民共和国城乡规划法》、《广西壮族自治区城市规划公示制度（暂行）》等有关规定，结合本市实际，提出以下意见：

一、公众参与历史文化名城保护是指市民、企事业单位、社会团体参与历史文化名城保护过程，包括历史文化名城保护规划、保护措施的意见征集活动；参与重要地段（如历史文化街区、文物保护单位周边）的建设项目重要建设方案的意见征集活动；参与对历史文化名城保护和管理的监督活动。

二、市城市规划局负责向社会公布关于历史文化名城保护的规划方案、保护范围、保护措施等内容，通过座谈会、论证会、听证会以及通过媒体、网络等方式向社会公开征求意见并接受公众监督，对公示意见作出信息反馈。

三、市文化、宣传、规划部门负责对历史文化名城保护内容进行广泛宣传。

四、在历史文化街区和历史文化风貌区内、文物古迹和历史建筑周边建设重要项目的，建设单位在向市城市规划局提出规划申请之前，应报请市城市规划局邀请有关的利害关系人、人大代表、政协委员、居民代表等参与城市规划座谈会，征询公众对拟建项目对保护历史文化名城影响的意见。

一般性建设项目审批及各专业规划审批，市城市规划局必须进行批前、批后公示。公示可采取电视、报纸、在线网站、公示牌（栏）等形式，公示文件中必须注明收集征询意见的联系方式。

公示的内容和要求应按照《广西壮族自治区城市规划公示制度（暂行）》执行。公示的项目和内容须满足国家有关保密工作的规定。规划的图文资料应隐去不宜公开的内容。

五、公示应建立意见采集和反馈机制，公布意见箱（包括网站意见箱）和联系、监督电话，市城市规划局及时收集反馈意见。

六、公众可采取下列方式参与历史文化名城保护：

（一）通过北海市城市规划局设置的意见箱、网站等平台提出意见和建议；

（二）接受市城市规划局的邀请参加有关历史文化名城保护规划、保护措施等的评审会、论证会、听证会，现场发表意见；

（三）通过市城市规划局设置的公示栏、规划展示点等监督历史文化名城保护的有关信息的公示情况；

（四）接受市城市规划局的聘请，担任历史文化名城保护义务监督员；

（五）向市城市规划局举报各类违反历史文化名城保护规定的行为；

（六）对历史文化名城保护的行政执法行为进行监督。

七、本意见自发文之日起试行。

二〇一〇年一月三十日

中共北海市委员会　北海市人民政府
关于表彰北海市第九批优秀专家第六批优秀青年专业技术人才的决定

近年来，我市深入实施人才强市战略，切实加强人才队伍建设，各类人才锐意进取、扎实工作，勇于创新、勤于奉献，充分发挥学科、学术带头人和业务技术骨干作用，为推动北海改革开放和经济社会又好又快发展作出了积极贡献、创造了可喜成绩，涌现出一批德才兼备、业务精湛、业绩突出的优秀代表。为了表彰先进、弘扬优秀人才奋力拼搏、无私奉献的精神，鼓励更多优秀人才脱颖而出，推动北海跨越发展，市委、市政府决定，授予卢明等10位同志“北海市第九批优秀专家”称号，授予王丽玲等17位同志“北海市第六批优秀青年专业技术人才”称号，并按照《北海市优秀专家评选管理办法》（北发〔2005〕21号）、《北海市优秀青年科技人才评选管理办法》（北发〔2005〕20号）进行管理，享受有关待遇。

希望受到表彰的优秀专家和优秀青年专业技术人才珍惜荣誉、戒骄戒躁、再接再厉，不断提升学术水平和创新能力，争取创造更大业绩。全市人民特别是各类人才要以受表彰的优秀专家和优秀青年专业技术人才为榜样，在各自的工作岗位上努力学习、扎实工作、开拓创新，为推动北海跨越发展贡献自己的智慧和力量。

全市各级党委和人民政府及各部门各单位要认真学习贯彻全国、全区人才工作会议精神，深入贯彻落实科学发展观，大力实施人才强市战略，落实人才政策，加强人才工作，大力营造适宜人才成长发展的外部环境和干事创业的良好氛围，努力形成人才荟萃、人才辈出的良好局面，为推动北海科学发展、和谐发展、跨越发展提供强有力的人才保证和智力支持。

附件：1.北海市第九批优秀专家名单（10名）

2.北海市第六批优秀青年专业技术人才名单（17名）

中共北海市委员会
北海市人民政府
2010年11月9日

附件1

北海市第九批优秀专家名单（共10人，以姓氏笔画为序）

卢　明　北海市农业技术推广中心
卢飞龙　北海市水产畜牧兽医局渔政渔港监督支队
李金明　北海市人民医院
陆刚夫　北海市文学艺术界联合会
麦齐好（女）　北海市广播电视大学
邹贤刚　北海蓝海洋生物药业有限责任公司
钟宇华　北海市人民医院
程　鹏　北海银河高科技产业股份有限公司
蔡德惠　广西新未来信息产业股份有限公司
廖　焱（女）　北海市机关幼儿园

附件2

北海市第六批优秀青年专业技术人才名单（共17人，以姓氏笔画为序）

王丽玲（女）　合浦县石湾镇中心小学
王英日　合浦县农业局土壤肥料工作站
包日勇　合浦县廉州中学
刘天旺　北海职业学院
朱金荣　北海市人民医院
刘晓峰　广西中粮生物质能源有限公司
李　萍（女）　合浦县人民医院
李秀玲（女）　北海市农产品质量检测中心
李俊宁　北海市第二人民医院
花芳泰（女）　合浦县教育局
苏会璇（女）　北海市人民医院
庞小莲（女）　北海市农业技术推广中心
庞业伟　合浦县教育局
钟　宏　北海市人民医院
梁华晟　北海市人民医院

黄绍芬（女） 广西新未来信息产业股份有限公司
廖武雁（女） 北海市铁山港区水产畜牧站

北海市人民政府关于印发北海市城市绿线管理办法的通知

北政发〔2010〕21 号

各县、区人民政府，市政府各部门，各管委会，市直各事业、企业单位：

《北海市城市绿线管理办法》已经市十三届人民政府第 70 次常务会议审议并原则通过，现印发给你们，请认真贯彻执行。

二〇一〇年四月二十九日

北海市城市绿线管理办法

第一条 为贯彻实施国家《城市绿线管理办法》，落实城市绿线管理制度，加强城市生态环境建设，改善人居环境，提高城市绿化总体水平，促进城市可持续发展，根据《中华人民共和国城乡规划法》、《中华人民共和国环境保护法》、《中华人民共和国城市绿化条例》、《建设项目环境保护管理条例》、《城市绿线管理办法》和有关法律法规，结合本市实际，制定本办法。

第二条 本办法所称城市绿线，是指城市各类绿地范围的控制线，包括已建成绿地的控制线和规划预留绿地的控制线。

第三条 本办法适用于本市城市规划区内城市绿线的划定、监督和管理。

第四条 市城乡规划主管部门、市园林绿化行政主管部门按照职责分工，负责本市城市规划区内城市绿线的监督和管理工作；市建设、国土、环保、林业、水利、城管、公路、交通、铁路等部门依照各自职责，协助做好城市绿线的监督和管理工作。

第五条 市城乡规划主管部门、市园林绿化行政主管部门应密切合作，组织编制城市园林绿地系统规划和规划环评报告书，与城市总体规划协调并经市政府批准后纳入城市总体规划。城市绿地系统规划应当确定城市绿化目标和布局，规定城市各类绿地的控制原则，按照规定标准确定绿化用地面积，分层次合理布局公共绿地，确定防护绿地、大型公共绿地等的绿线。

第六条 控制性详细规划应当提出不同类型用地的界线、规划绿地率控制指标和绿化用地界限的具体坐标。

第七条 修建性详细规划应当根据控制性详细规划，明确绿地布局，提出绿化配置的原则或者方案，划定绿地界线。

第八条 城市绿线由市城乡规划、园林绿化行政主管部门按照城市现有绿地、风景名胜、自然地貌以及已批准的城市园林绿地系统规划所涉及的绿化地域，予以划定，经市人民政府批准后实施。

第九条 经批准的城市绿线应向社会公布，接受公众监督。任何单位和个人都有保护城市绿地、服从城市绿线管理的义务，有监督城市绿线管理、举报投诉城市绿线管理违法行为的权利。

第十条 任何单位和个人不得擅自调整城市绿线，因特殊情况确需调整的，应当按照《中华人民共和国城乡规划法》、《中华人民共和国环境保护法》、《中华人民共和国城市绿化条例》、《建设项目环境保护管理条例》、《城市绿线管理办法》的规定进行，并报市人民政府批准。

第十一条 城市现有绿地和新建绿地，由市园林绿化行政主管部门登记造册并明确管理单位。市园林绿化行政主管部门应当建立城市绿地的数据库，实行绿地数据的动态管理。

第十二条 城市规划区内新建工程项目的用地选址，必须符合城市园林绿地系统规划的要求。市城乡规划主管部门在审批城市绿线内用地选址时，须征求市园林绿化行政主管部门和市环保行政主管部门等相关部门的意见。

第十三条 居住区绿化、单位绿化及各类建设项目的配套绿化都要达到《城市绿化规划建设指标的规定》（建设部 1993 年）的标准。各类建设工程要与其配套的绿化工程同步设计，同步施工，同步验收。达不到规定标准的，不得投入使用。

第十四条 城市绿线内所有绿地、植被、绿化设施等，任何单位和个人不得擅自移植、砍伐、侵占和损坏，不得改变其绿化用地性质，不得进行经营性开发。

第十五条 城市绿线内的用地，任何单位和个人不得擅自改作他用，不得新建违反绿化规划要求的各类建筑物、构筑物或其他设施。任何部门不得违反规定，批准在城市绿线范围内进行建设。城市绿线范围内不符合规划要求的建筑物、构筑物及其他设施应当限期迁出。因特殊需要，在城市绿线的控制线内新建建筑物、构筑物及其他地上设施的，须经市城乡规划、市园林绿化及市环保行政主管部门及相关部门共同组织专家论证、审查，并在同类区域内落实补足绿地措施和经济补偿措施后，报市人民政府批准。因建设或其他特殊情况需要临时占用城市绿线内用地的，必须依法办理相关审批手续。同时，临时占用绿地单位必须按广西壮族自治区物价局《关于城市园林绿化补偿费收费问题的通知》(桂价费字(2001)308 号文)的标准交纳补偿费。

第十六条 任何单位和个人不得在城市绿线范围内进行拦河截溪、取土采石、设置垃圾堆场、排放污水以及其他对生态环境构成破坏的活动。

第十七条 违反本办法第十四条、第十五条第一款、第二款有关规定的，由市城乡规划主管部门和市城市园林绿化行政主管部门，按照《中华人民共和国城乡规划法》、《中华人民共和国城市绿化条例》、《城市绿线管理办法》等有关规定予以处罚。

第十八条 违反第十六条有关规定的由市园林绿化行政主管部门责令改正，并处一万元以上三万元以下的罚款。

第十九条 对违反本办法的直接责任人或单位负责人，可以由其所在单位或上级主管机关给予行政处分；构成犯罪的，依法追究刑事责任。

第二十条 城镇体系规划所确定的，城市建成区外的防护绿地、绿化隔离带等绿线划定、监督和管理参照本办法执行。

第二十一条 本办法由北海市城乡规划主管部门和北海市城市园林绿化行政主管部门负责解释。

第二十二条 本办法自 2010 年 4 月 29 日起施行。

北海市人民政府关于调整城镇基本医疗保险统筹基金最高支付限额的通知

北政发〔2010〕41 号

各县、区人民政府，市政府各部门，各管委会，市直各事业、企业单位：

根据《中共广西壮族自治区委员会、广西壮族自治区人民政府关于深化医药卫生体制改革的实施意见》(桂发〔2009〕29 号) 和《北海市人民政府关于印发北海市医药卫生体制五项重点改革 2009 年工作安排的通知》(北政发〔2009〕89 号)，结合我市实际，现就调整我市城镇基本医疗保险统筹基金(以下简称统筹基金)最高支付限额有关事项通知如下：

一、调整范围和对象

(一)北海市城镇职工基本医疗保险：按照《北海市人民政府关于实施〈北海市城镇职工基本医疗保险制度实施办法(试行)〉的通知》(北政发〔2000〕44 号)规定参加北海市城镇职工基本医疗保险的单位及其人员；按照《北海市人民政府办公室关于印发〈北海市国家公务员医疗补助暂行办法〉等六个补充办法的通知》(北政办〔2004〕4 号)规定参加北海市困难企业及其职工住院统筹医疗保险的单位及其参保人员，以及参加北海市城镇灵活就业人员医疗保险的人员。

(二)北海市城镇居民基本医疗保险：按照《北海市人民政府关于印发北海市城镇居民基本医疗保险暂行办法的通知》(北政发〔2009〕43 号)规定参加北海市城镇居民基本医疗保险的人员。

二、调整标准

(一)北海市城镇职工基本医疗保险：结算年度内，统筹基金累计支付正常参保人员的医疗费用最高限额，从原来的本市上年度职工年平均工资的 4 倍，提高到本市上年度职工年平均工资的 6 倍(最高支付限额与连续参保时间挂钩)。

(二)城镇居民基本医疗保险：自然年度内，统筹基金累计支付参保人员的医疗费用最高限额，从原来的 4 万元提高到本市上年度居民可支配收入的 6 倍。

三、本通知自印发之日起实施。

二〇一〇年八月六日

北海市人民政府关于深入推进质量兴市战略的决定

北政发〔2010〕38 号

各县、区人民政府,市政府各部门,各管委会,市直各事业、企业单位:

为深入贯彻落实科学发展观和《中共广西壮族自治区委员会　广西壮族自治区人民政府关于实施质量兴桂战略的决定》(桂发〔2009〕37 号)精神,转变经济发展方式,全面提高我市产品质量、工程质量、服务质量和生态环境质量,提升城市品牌,促进我市经济社会协调发展,现决定在全市范围内深入推进质量兴市活动。

一、实施质量兴市战略的重大意义

"十五"以来,我市质量工作取得了很大的进步,各企业通过改善技术装备水平,加强管理,为提高质量打下了一定的基础。全民质量意识明显增强,产品质量、工程质量、服务质量和生态环境质量逐步提高,争创优良工程和实施客户满意服务越来越受到重视。由于我市总体质量水平不高,还不能满足人民生活水平日益提高和社会不断发展的需要,名牌战略实施力度不够,与国内先进地区和城市相比还有较大的差距,主要表现在:主要工业产品采用国际标准或国外先进标准生产的不多,部分产品科技含量低、档次低、效益差、竞争力不强;食品企业规模小,管理难到位,企业争创名牌积极性不高;部分工程质量达不到国家标准和规范要求;产品售后服务跟不上,部分企业管理不严,质量管理有效手段不足等等。

质量是生产力和科技发展水平的重要标志,也是一个地区综合实力的客观反映,必须根据国务院《质量振兴纲要》、《北海市国民经济和社会发展第十一个五年规划纲要》、《北海市人民政府关于做好北海三年跨越发展工程实施工作的通知》的目标要求,通过开展质量兴市活动,全面提升我市产品质量、工程质量、服务质量和环境质量总体水平,打造广西北部湾经济区一流水平,在中国—东盟自由贸易区具有较高知名度和影响力的质量强市。

二、实施质量兴市战略的指导思想、基本原则和主要目标

(一)指导思想。

坚持以邓小平理论和"三个代表"重要思想为指导,深入贯彻落实科学发展观,围绕建设富裕文明和谐新北海的目标,以企业为主体,以深入实施技术标准战略和名牌发展战略为载体,着力加强公共检验检测平台建设、质量诚信体系建设、质量法制建设和人才队伍建设,切实强化质量工作在转变经济发展方式,应对市场竞争、提高自主创新能力、节约资源能源、维护社会和谐等方面的宏观调控和基础保障功能,夯实质量基础保障体系,加强重点领域质量安全监管,建立符合社会主义市场经济要求的质量工作机制,全面提升我市质量总体水平。

(二)基本原则。

坚持关注民生、以人为本。把保障民生、促进经济发展、维护社会和谐作为实施质量兴桂战略的根本宗旨。

坚持企业为主、政府推动。强化企业主体地位和质量责任,推进企业自主创新和技术进步。通过制定鼓励和扶持政策,充分发挥政府在质量工作中的主导作用。

坚持统筹兼顾、突出重点。把解决关系国计民生的重点质量问题、全面增强我区产品的市场竞争能力、努力提高全社会质量总体水平作为重中之重。

坚持全民动员、社会参与。建立健全"企业自律、政府监管、市场引导、社会参与"相结合的工作机制,努力营造全社会"共驻质量大堤、共享和谐生活"的良好氛围。

(三)主要目标。

到 2015 年,重点产品质量监督抽查合格率达到 95%以上,出口商品检验合格率居全区前列,规模工业企业主导产品采用国际标准或国外先进标准达到 90%以上,培育中国名牌 2~3 个,广西名牌 30 个,国家地理标志产品 2~3 个,中国驰名商标 1~2 件。竣工工程质量和安全、卫生指标全部达到国家标准或规范要求,大中型工程建设项目一次验收合格率达到 100%,并通过竣工验收备案。机关行政服务、现代物流、旅游、商贸、金融、交通、通信等主要服务行业的服务质量显著提高,顾客满意率达到 90%以上。生态与环境质量进一步改善,节能降耗、资源综合利用水平大幅度提高。万元 GDP 能耗下降到 0.95 吨标准煤,规模以上万元工业增加值能耗下降到 2.04 吨标准煤,工业重复用水率达到 78%,主要污染物排放总量持续下降并控制在国家规定的范围内,主要河流水环境质量进一步改善,城市空气环境质量全面达到优良水平。质量指数排序进入全区平均水平以上。

到2020年，全市质量总体水平和产业、企业整体素质基本适应国内国际竞争需要，重点领域的质量水平达到全区先进水平，产品质量、工程质量、服务质量和生态与环境质量与全面建设小康社会的基本要求相适应，质量工作对国民经济和社会发展起到重要的支撑作用。

三、实施质量兴市战略的工作重点

（一）建立质量兴市长效机制。

一是建立质量兴市目标责任制，编制相应目标责任，确定考核项目、内容与方法，按年度逐项考评质量兴市目标落实情况。二是建立健全质量兴市活动的各项规章制度，切实加强本地产（商）品的质量监管。三是建立绩效考评机制，实施质量兴市工作年度绩效考评。

（二）政策引导，扶优治劣，加大实施名牌战略。

一是实施名牌发展战略，促进我市经济增长方式的根本转变。以市场需求为导向，努力开发“三高”产品及旅游产品；加强对实施名牌发展战略的指导，坚持“扶优扶强”的原则，引导生产要素向优势企业、名牌产品生产企业流动，形成以品牌企业为龙头的品牌产业链和品牌产业聚集群，带动优势产业发展，增强产业竞争力，提升品牌效益、品牌知名度与综合竞争力，实现“品牌产品—品牌企业—品牌产业—品牌城市”的品牌梯度升级。二是加强信用制度建设，全面提升我市企业和产品的信用水平。以政府引导、市场推进、企业为主、社会评价为原则，加快制订企业等级的评价方法与标准，把依法注册、依法纳税、公平买卖、财务管理、债务管理、资产管理、产品质量、工程质量、服务质量、质量认证和规章制度等作为评价指标，构建企业信用体系的基本框架和运行机制。三是完善质量兴市服务体系。积极发展质量公证和咨询等机构，为社会提供检验测试、产品认证、质量体系认证、信用评价、工程和设备监理等方面的服务。

（三）突出主体，加强自律，提高质量水平。

一是引导企业面向市场，以满足用户和消费者的需要为目标，提高现有产品质量水平；制定切实可行的质量发展目标，增强产品的市场竞争力；将质量工作纳入企业业绩考核体系，完善企业内部质量考核制度；加强技术管理，积极开展认证工作，加快与国际惯例接轨，不断提高企业整体质量管理水平。二是加强建筑工程管理，提升工程质量水平，竣工工程质量全部达到国家标准或规范要求，功能完备、环境友好、安全可靠、资源节约等全方位、全寿命的综合满意指标不断提高。三是加强规范市场经济秩序，推行服务质量国家标准，使交通运输、邮电通讯、现代物流、宾馆旅游、医疗卫生、金融保险、信息咨询、商贸经营等传统和新兴服务行业的服务质量符合规范化、标准化、现代化的要求，提升服务业和区域性现代商贸物流中心整体质量水平。四是加强环境监测和环境质量评价体系建设，建立先进的环境监测预警体系和完备的环境执法监督管理体系，完善节能减排指标体系、监测体系和考核体系，加大实施能效标志和节能产品认证管理力度，综合运用法律、行政、经济和技术手段，全面改善空气质量、水质和土壤质量。

（四）加大投入，加强公共检验检测平台建设。

各部门要围绕支柱产业和特色产业发展的需要，打造一批技术装备精、检测水平高、支撑能力强的国家级、自治区级产品质量监督检验中心、食品安全与食源性疾病监测和风险评估中心、农产品质量监督检验中心及重点实验室，为企业和社会提供科学、准确、高效的技术服务，促进技术专利化、专利标准化、标准国际化，保障公共安全、引领科技创新、支撑产业发展。

（五）深入推进标准化战略。

一是围绕我市海洋产品、石化、电力、造纸和木材加工、电子信息、海洋生物产品、医药制造、修造船及海洋工程装备等优势特色产业建立技术标准体系。二是加强对涉及人身健康和安全的产品品质分析测试技术与方法等基础性标准研究和制定工作，建立健全从原料验收、生产加工、包装贮运到销售消费全过程的产品质量安全和食品质量安全标准体系。三是加快制定农产品市场准入技术要求、农业投入品风险评估技术要求、环境和动植物安全风险评估技术要求等农产品质量安全标准，农业标准体系建立健全以优质、特色、生态农产品为主体的农产品质量安全标准体系。四是建立健全工程质量安全标准体系。建立健全以建筑、道路、水利等工程建设质量安全为重点的工程质量安全标准体系，大力推进工程建设质量安全标准的实施。五是抓紧制定或配合制订覆盖机关行政服务、现代物流、金融保险、旅游、文化、会展、商贸、医疗卫生、交通、电信、邮政等服务行业的服务标准。六是健全节能减排、生态与环境质量标准体系，并加快推进实施。鼓励和扶持各类组织参与国际标准和国家标准的制（修）订工作。

（六）加强质量诚信体系建设，建立和完善质量信用评价制度。

通过建设质量诚信评价体系，构建质量信用信息交流平台，推动质量信用资源开放共享等，进一步完善社会监督约束机制，打造诚实守信的社会经济环境。要建立健全机关行政效能考核评价体系，推行政务公开，强化首问负责制、限时办结制和责任追究制，通过机关行政服务质量带动质量诚信体系建设。

四、实施质量兴市战略的主要措施

(一)把质量工作纳入国民经济和社会发展规划。

要进一步强化在质量工作中的主导地位,把质量工作纳入地方国民经济和社会发展规划。结合落实国家产业调整和振兴规划,加快制定我市质量发展纲要,明确质量发展中长期目标、任务和措施。大力开展质量兴市、质量兴县(区)、质量兴业活动,调整和优化产业结构,加快淘汰落后产业,提高经济运行质量和效能。完善质量状况分析报告制度,建立健全以质量指数为主要内容的宏观质量综合评价指标并纳入国民经济和社会发展统计和评价考核体系。

(二)加强组织领导,协调配合,全面推进质量兴市活动。

各级各部门要充分认识质量兴市活动的重要性和必要性,要调整市质量兴市活动领导小组成员,由市长任组长、分管副市长任副组长、成员单位主要负责人任领导小组成员,统筹协调实施质量兴市活动工作中的重大问题,统一部署有关重大行动。加强联席会议制度,互通情况,研究部署质量兴市活动的各项工作,互相配合,形成合力,确保质量兴市活动深入开展。

(三)强化企业主体作用,提高企业质量意识。

强化企业是质量安全的第一责任人意识,指导和帮助企业提高质量意识,要对所生产经营的产品质量安全负责,要把保证质量安全、提高质量水平作为首要责任,严格执行国家法律、法规和强制性标准,确保出厂产品合格,确保产品质量安全。

(四)建立质量投入机制,建立完善质量奖励政策。

各级政府要按规定加大对质量工作的投入力度,根据财权与事权相统一的原则,安排必要的经费支持质量兴市工作。逐步加大技术标准体系建设、产品质量监督抽查、公共检验检测平台等专项经费的投入力度,按照国家有关规定提供口岸和边民互市贸易点的检验建议基础设施。企业要加大对产品质量改进、新产品研发和技术进步的资金投入。设立“市长质量奖”,对在质量兴市工作中做出显著成绩的单位,给予表彰和奖励。对获得自治区质量奖、自治区级及自治区级以上名牌产品的企业,对参与国际、国家标准制(修)定的单位给予一定扶持。

(五)加快质量法制建设,加强人才队伍建设。

深入贯彻落实国家质量法律、法规,开展全民质量法制教育,着力增强全社会的质量法治意识。加强质量执法队伍建设,改进和充实执法装备,提高执法人员的综合素质和执法水平。加强质量人才梯队建设,加强质量领域的对外合作与人才交流,着力培养一批质量管理、计量、标准化领域、卫生学评价和风险评估、工程质量、环境生态质量的学科带头人和技术专家。加快推进质量及相关专业技术人员职(执)业资格制度,工业企业的关键岗位配备一定数量的质量工程师和具有质量职(执)业资格的技术人员。

(六)加强宣传,加强质量文化建设。

一是采取多种形式,在全社会普及质量法律、法规知识教育,分层次抓好各类人员的质量意识教育。二是充分发挥舆论宣传对质量兴市工作的导向作用,引导全社会重视质量,支持质量工作,形成良好的舆论氛围。三是对国家、省政府和市政府表彰的质量管理先进单位和个人,名牌产品生产企业,以及产品质量、工程质量、服务质量长期保持稳定的企业,大力宣传,及时总结、推广企业行之有效的管理经验。四是畅通公众质量投诉和维权渠道,深入开展“质量月”、“3·15”保护消费者权益日等群众性质量活动,提高全民质量意识,形成人人重视质量、人人关心质量、人人参与质量、人人监督质量、人人享受质量的良好社会氛围。

二〇一〇年七月二十八日

中共北海市委办公室、北海市人民政府办公室关于印发《北海市政府门户网站信息更新管理暂行办法》的通知

市辖县区党委和人民政府,市委各部门,市级国家机关各委办局,各人民团体,各有关单位:

现将《北海市政府门户网站信息更新管理暂行办法》印发给你们,请认真贯彻执行。

中共北海市委办公室

北海市人民政府办公室

2010年6月10日

北海市政府门户网站信息更新管理暂行办法

为确保北海市政府门户网站信息更新的时效性、准确性,规范各部门内容保障工作,保证以最新、最全、最权威的政府门户网站信息及时全面反映我市的政治、经济和社会发展动态,特制定本办法。

一、政府门户网站信息更新维护的机构及责任市政府经济研究中心是北海市政府门户网站信息更新维护的管理机构,负责制定落实门户网站信息采集、编校、审核和报送工作流程,做好门户网站信息维护更新的监督工作,督促检查各单位信息维护更新情况。

市辖县区党委和人民政府、市委各部门、市级国家机关各委办局、各人民团体、各有关单位(以下简称各有关单位)是政府门户网站信息更新维护的执行机构,负责本单位网页内容及相关栏目、专题信息采集、编校、审核、更新及维护工作。要成立专项工作领导机构及工作机构,制定政府门户网站信息更新制度,建立信息上网的内容审查、保密审查制度,明确任务、时限、分工与责任,做到信息供稿、信息审核、信息发布工作落实到个人,并将信息维护管理人员情况报市政府经济研究中心备案,如有变动及时告之。相关工作人员必须严格执行国家有关计算机网络运行安全、保密规定,严禁涉密信息、有害信息上网,如因违反规定造成后果的,将由有关单位依法追究相关单位负责人和当事人的责任。

二、政府门户网站信息分类及其更新时效性要求各有关单位切实遵循“以公开为原则,不公开为例外”的原则,按照《中华人民共和国政府信息公开条例》的规定,在门户网站向社会公开相关信息。主要包括:

(一)领导动态。市四家班子主要领导的活动情况由市政府经济研究中心链接有关新闻媒体报道,领导的重要讲话、文献等内容信息如产生,应在10个工作日内完成门户网站内容更新。此项工作主要由四家班子办公室负责提供,市政府经济研究中心积极配合完成。

(二)新闻动态。新闻动态主要包括《北海日报》、北海人民广播电台、《北海电视台》、《北海晚报》、《北海新闻网》等本地主流媒体的有关北海社会经济发展的新闻报道,此类信息在产生或变更当日必须完成更新。市委宣传部、市外宣办等职能部门负责协调工作。

(三)县区、部门和单位信息。包括市辖县区和市直各部门各单位及驻市单位的主要职责、机构组成、领导分工简历、政策法规、联系方式等部门基本信息。以上各类信息如发生变更,须在变更后3个工作日内完成门户网站内容更新。

(四)政务信息、工作动态。政务信息、工作动态作为网站信息更新的重点,各有关单位要积极主动编辑和与本单位职能相关的各类政务信息、工作动态信息,发布到本单位网页的相关栏目中。要求各有关单位根据工作实际发布的政务信息、工作动态信息每月至少4条;政务信息、工作动态信息必须在信息产生后1个工作日内完成门户网站内容更新。

(五)数据信息、分析报告。包括各有关部门收集、汇总、分析的关于北海市社会经济发展可公开的相关数据、分析报告等信息。此类信息产生后3个工作日内须完成门户网站内容更新。

(六)网上办事。各有关单位应将本单位承担的所有行政许可和为社会服务的办事指南(包括内容事项、受理部门、岗位责任人及联系方式、办事依据、办理流程、办理期限、收费情况)、相关法律法规、办理表格以及办理过程中常见的问题在门户网站上详细公布。与本部门所承担的行政许可和社会服务职能有关的信息,必须在产生或变更后3个工作日内完成内容更新。

(七)政务邮件。各有关单位必须在门户网站上公布受理社会公众建议、意见、投诉的服务渠道,包括投诉电话、受理时间和受理网上投诉的电子邮件,接受群众监督。

各有关单位要建立快速反馈机制,对门户网站转发与本部门职能有关的政务邮件,一般性咨询、求助类信件必须在3个工作日内答复;投诉类信件必须在5个工作日内答复,如投诉事情较复杂无法保证处理时间的必须在回复中详细说明理由。

三、政府门户网站信息更新督促和检查市政府经济研究中心每天根据不同类型信息及其更新时限进行检查督促,每月在政府门户网站上公布网站信息维护更新情况并通知责任单位。

对经过三次通知仍没有按时完成信息维护更新的有关单位及相关责任人,将由市政府经济研究中心书面报告市监察局按程序予以通报批评。

主题词:文秘工作　政府门户网站　管理办法　通知

中共北海市委办公室
2010年6月10日印发

地方文录

北海学生抗日武装自卫队的成立

中共北海市委党史研究室供稿

1938年10月，日本侵略军占领广州、武汉以后，中国抗日战争由战略防御阶段逐渐转入战略相持阶段。日本帝国主义为了封锁中国的对外交通和打通西南通道，牵制其余战场及巩固其占领的据点，在进攻广东沿海一带后，又于1939年11月15日从钦州湾登陆，进攻广西，钦县与南宁分别于17日、24日被日本侵略军占领。此时，日军虽然没有占领北海，但北海与钦县近在咫尺，加上日军的飞机、军舰不断到北海附近，对市区、地角、廉州等地进行空袭，对海港进行封锁，北海的战争气氛日益紧张，广大市民为避战祸，纷纷向农村或外地疏散，合浦一中(今北海中学)也迁到了小江和大石屯，北海随时有被日军占领的危险。但驻扎在北海的国民党军一七五师，为了保存实力，避免与日军作战，不认真抵抗日军的侵略，并于1939年6月撤离北海，远离抗日前线。留守北海的只有一些地方自卫队、治安警察以及一个防空哨所，全部兵力不足200人，战斗力不强，如遇日军登陆进攻，很难抵御。

面临这种危难的处境，中共廉北区委和北海党组织认为，为了抗御入侵日军，必须掌握有自己的武装，并认真执行党的抗日民族统一战线政策，力争合浦县第五区署的支持，建立一支抗日武装队伍，保卫北海。1939年11月初，中共廉北区委决定，把尚留在北海的学生、教师和其他社会青年以及国民党一七五师派驻北海的以郭兆荣(中共党员)为组长的工作组组织起来，成立一支以学生为主的青年学生队伍，由区委委员庞自直接领导。为了取得合法地位，党组织决定，由共产党员李梓明、郭兆荣联系国民党合浦县第五区署区员李坚(刘瑞图的秘书)，取得李坚的支持，一同向区长刘瑞图说明当前的严重形势和青年学生的正义要求，并提出建议，由区署提供武器、弹药、给养，由合浦一中(今北海中学)组织人员，建立北海学生抗日武装自卫队，一旦日军登陆，即可参加作战，保卫家乡。由于大敌当前，形势紧张，加上李梓明及其兄弟李坚与刘瑞图有一定关系，常与刘瑞图倾谈形势，分析时事，做刘瑞图的工作。因此，刘瑞图同意提供枪支弹药和经费，组建北海学生抗日武装自卫队。

11月上旬，由李梓明、庞自带领工作队全体人员到第五区署召开成立大会，区长刘瑞图出席大会并发表了讲话。刘瑞图在讲话中指出，现在国难当头，北海处在抗日前线，不管是什么人，什么党派，只要是抗日救国，保卫家乡的，我们都支持。

这些话得到了全体人员的热烈鼓掌，表示拥护。大会正式宣布成立北海学生抗日武装自卫队，称为合浦第五区抗日武装自卫团学生队(简称北海学生队)，隶属合浦县武装自卫团。李梓明为队长，林振仁(国民党员)为副队长，庞自为政治指导员，郭兆荣为宣传员。北海学生队共有60多人(其中共产党员10多人)，包括合浦一中(今北海中学)学生，青抗会、妇抗会的会员，小学教师，海燕剧团人员和一七五师工作组成员。为了加强党的领导，学生队建立了党支部，由庞自兼任支部书记。会后，区署即发给工作队45支步枪并配备子弹。学生队虽然挂名在合浦第五区抗日武装自卫团之下，但学生队的主要负责人都是共产党员，党组织是学生队的核心，学生队的主要活动计划都由党组织决定。因此，北海学生队是自中共北海地方组织成立以后，第一支由北海党组织领导的爱国进步武装队伍。

北海学生队的任务：一是广泛开展抗日救国宣传；二是协助维护市区内的治安和居民的疏散，防止盗窃、赌博、打架等不良行为的发生；三是监视海面日军的活动，配合地方自卫队随时准备打击登陆的日军。此外，学生队还派共产党员陈文山、张启泰、张家保等到大墩海协助地方自卫队做政治工作，以提高队员们的思想觉悟，增强保家卫国的决心。

北海学生队总队部设在北海警察所(今北海二小内)，下设政工组，负责全队的政治工作，还分3个分队。

第一分队部分队员(主要是女队员)驻守队部，协助总队开展抗战宣传及联络、救护工作和维护市区内的治安和居民的疏散。其余队员驻守游泳场，负责监视游泳场一带海面敌情。有一天晚上，日军武装汽艇在游泳场附近企图作试探性登陆，被学生队站岗人员发现后，开枪射击敌艇，迫使敌艇仓皇逃走。

第二分队驻外沙岛，负责监视外沙一带海面敌情。这时，日本军舰经常在外沙海面耀武扬威，有时驶近海岸炮轰北海。队员们面对强敌的野蛮行径，经常在海岸线上加紧巡逻警戒，随时准备还击敢于入侵的敌人。

两个分队除了监视游泳场和外沙一带海面敌情之外，还进行以下活动：一是进行抗战宣传教育工作。学生队的宣传人员通过刷写标语、出墙报、油印出版《学生队报》等形式，进行抗战宣传教育工作。《学生队报》是三日一期的油印小报，它以共产党的“坚持抗战，反对投降；坚持团结，反对分裂；坚持进步，反对倒退”三大方针为指导思想，宣传党的抗战主张，分析抗战形势，指导学生的活动，鼓舞教育队员、民众。

二是进行防空救护、防盗防特工作。学生队队员轮流巡视市区，以防坏人乘机入屋偷盗，保护群众财产。每星期六，学生队队员集中学习军事和救护知识，以提高军事素质。遇敌机侵扰轰炸，学生队队员冒着炮火，逐户协助居民疏散掩蔽，协助救护人员抢救伤员，扑灭大火，保护房屋。

三是密切注意敌人的动向，深入了解敌情。学生队平时十分注意日本侵略者的动向，若有日军可能进攻北海的情况，就立即报告学生队总队部。11月中旬，为了配合日军在钦县、防城登陆，敌机不断轰炸冠头岭，敌舰不断驶近冠头岭海面游弋，全市处于战时状态，居民和商人大部分已疏散，只留下老人看家。地角、外沙的渔民也冒险开船逃往外地，市内只有一些警察和自卫队。这时，主要依靠学生队维护全市治安，掩护群众防空、转移等工作。国民党一七五师撤离北海前，曾计划实行“焦土抗战”政策，在珠海路、中山路几个中心点放置了木柴、禾草、煤油等燃烧物，一旦日军登陆便放火烧街。一七五师撤走时，把这任务交给地方政府。11月14日晚上10点左右，冠头岭防空监视哨来电话报告说：“发现有四五十名日军乘船驶向冠头岭。”区长刘瑞图接到报告后，未深入了解情况，就断定是日军进攻北海，于是刘瑞图遵照一七五师的旨意，立即下令秘书李坚通知学生队放火烧街，并催促居民紧急疏散。但是，学生队负责人接到刘瑞图的命令后，没有立即执行，认为放火烧街是关系居民切身利益的一件大事，必须慎重对待，先把情况弄准确再作打算。于是，学生队队长李梓明立即叫区署的话务员曾琳打电话与冠头岭哨所联系，复查核实情况。经一再查询，原来是日军在钦县龙门登陆，钦县犀牛脚乡的群众连夜开船逃到北海避难。因此，刘瑞图撤销放火烧街的命令。由于学生队的努力，北海才避免了一场火劫，否则，北海会像长沙那样，毁于一炬了。事后，学生队党支部认为，放火烧街是错误的做法。烧了街，不仅全市人民遭到巨大损失，居民流离失所，无处栖身，也阻止不了日军的补给和进攻。学生队负责人向刘瑞图申述了这种利害关系，并得到刘瑞图的同意，派人撤除所有的放火点，免除后患。

第三分队驻北海郊区东星乃沟村，负责做后方群众工作，准备开辟一个抗日游击根据地。乃沟村位于北海、合浦、福成的交界处，第五区署在那里设有一个物资仓库，存放着一批枪弹、被服等。学生队党支部认为乃沟村是个开展游击战有基础的村庄，因而计划在日军一旦攻占北海时，以学生队为基础，利用第五区署的武器物资，发动当地农民，在乃沟村建立抗日游击根据地，开展抗日游击战争。

学生队刚到乃沟村时，当地群众不了解这些带枪的青年学生，不同意他们进村住宿，只让他们住在村外的一间旧油坊里，面积只有十多平方米，十多个人住得很拥挤。但学生队员热情很高，一住下就立即开展群众工作，向群众宣传抗日，说明来意，并帮助群众挑水、扫地、劈柴，下地干农活，逐渐得到群众理解，知道学生队是为了抗日救国、保卫家乡而来的，便让学生队住进村中的祠堂里。学生队进村后，严格遵守纪律，不损害群众利益。有一次，队员们在擦枪的时候，有一个女队员不慎走火打中禾草棚，不知何故草棚起火了。学生队将火扑灭后，向群众道歉，并照价作了赔偿。更使群众感动的是，队员们把带来的不多的药品，用来帮助患病的村民治病。因此，学生队得到当地群众的信任和支持。接着，学生队便发动群众，广泛开展抗战宣传教育工作，举办农民识字班，教群众识字，结合讲述抗日救国保家乡的道理，提高群众的政治觉悟和文化知识；并出版墙报，组织少年儿童唱抗日歌曲，鼓舞民众的抗日爱国热情。12月，第三分队队长潘伟德离开乃沟村后，中共廉北区委从合浦战地服务团抽调谭俊到乃沟村担任第三分队队长，并将第三分队党小组改为党支部，由谭俊兼任党支部书记，同时从合浦县城抽调中共党员王文崑、罗志辉到该支部协助工作。党支部的主要任务是发动群众，建立农村抗日游击根据地。谭俊到乃沟村后，深入村里与村民“三同(同住、同吃、同工作)”，选择贫苦农民为教育培养对象，积极发展党员，发展党组织，为抗日游击根据地的建立奠定了组织和群众基础。

1940年1月，国民党沙岗自卫大队副队长王国光参与奸商活动，外运大米、桐油等物资资助占据涠洲岛等地的日本侵略者，从中牟取暴利，大发国难财。并且奸商活动越来越猖獗，造成粮价暴涨，人民深受其害。2月21日，中共廉北区委和西场区委发动反奸商的群众性请愿斗争。北海学生队根据党组织的指示，连夜奔赴廉州，会同合浦战地服务团等组织，发动群众一起参加请愿。学生队主要负责人公开发表演说，编写宣传材料，揭露奸商罪恶。在他们的宣传鼓动下，2000多名各界群众到合浦县政府参加请愿行动，县长李本清被迫与群众见面，答应降低米价，查办奸商。

北海学生队参加请愿行动，引起了国民党合浦县当局的注意。而日军侵占南宁、钦县所形成的钦廉地区的紧张局势有所缓和，国民党合浦县当局便采取了种种手段，扼杀学生队。国民党合浦县当局先将支持北海学生队的区长刘瑞图调任合浦县参事,改任李本清的亲信潘承銮为区长兼警察所长,并免去经常与北海党组织接触的李坚五区署职员之职,继而停止学生队的供给,下令解散学生队,收缴学生队的武器,还逮捕了学生队队长李梓明。3月,北海学生队被迫解散了。学生队解散后,队中大部分共产党员遵照上级党组织的指示,转移到农村山区,继续开展抗战工作;其余的爱国青年和学生分别到各地继续坚持抗日救国工作。

亭阁文化　人文荟萃

——北海历史文化话题之卅九

作者:范翔宇

北海茶亭

北海市区的茶亭路因曾建有一座茶亭而名。关于这座茶亭的历史,坊间有许多传闻,也因此杜撰了许多奇谈怪论。特别是关于茶亭的一幅楹联,更是弄出了二三十个版本,虽然各个版本之间只是一二字之差,却也足见茶亭在老市民心中的影响。这副楹联是:老的少的村的俏的或往或来休嫌茶淡茶浓请饮一杯息息心头名利火,士耶农耶工耶贾耶莫忙莫速不同亭长亭短且坐片刻谈谈世上古今风。

北海茶亭建于何时?查清末梁鸿勋所著的《北海杂录》中,有"茶亭篇"专为之述,全文如下:

茶　　亭

北海地只一隅,无名胜可以登览。惟埠之东二三里,林深菁密,望之蔚然,亭峙其间。是亭也,询诸土人,佥曰,先是吕祖师、李大仙乩示,此地颇佳胜,又当往来要冲,其建亭便。光绪二十三年,梁君超振、梁君凝忠等,遂劝捐兴建,即年亭成。亭中镌吕、李二仙象,盖志始也。三水孝廉梁君知鉴为之撰序;贡生梁君殿藻为这书丹,勒诸贞珉。亭颇高敞,石桌凳咸具。夏秋之交,好施者时陈茗于亭,以街路之渴者、征夫过客,少住佳。当夫夕阳在山,清风徐来,北海人士,咸登观而散步焉。亭后有庙曰普渡震宫,光绪二十四年,亦众善士捐助而建者也。座分前后,崇奉偶像,皆懔懔有生气,庙貌灿然,为北海诸庙冠。守庙有二善士,好清净,地方颇整洁,庭前鲜花芳草,四时缤纷。故廉官之临北海也,所属送往迎来,多伺候其间,冠盖相望。

从梁鸿勋的记述中我们可以了解到茶亭建成的有关资料。

茶亭的建成是起于风水之说。因为当地人相信吕洞宾和铁拐李两位仙人的"乩示"二人扶丁字形木架在沙盘上划出字来,据说是为人决疑治病,预示吉凶的话,认为这个地段是老街的要冲之地,要盖一亭子来"挡冲"以利风水。于是,在清光绪二十三年(1897年),由梁超振、梁凝忠等牵头,发起劝捐集资,当年就把亭建好了。亭里还刻放着吕洞宾和铁拐李两位仙人的肖像,并立有建亭碑记,将筹建茶亭的经过刻在石碑上,碑记是由三水的梁知鉴撰写的。亭中还设有石枱石櫈,夏秋之间,还在亭中备置凉茶,供往来行人解渴之用。每当夕阳西下,老街的居民都喜欢到亭边散步或中登临眺望。亭后面的普渡震宫,建于光绪二十四年(1898年)。廉州府城里的官员莅临北海,人们都是在此亭举行迎来送往的仪式,非常热闹。

由此可见,建此亭的初衷是为风水之说,后来成为民众游歇的公益场所,又再成了接送官员举行仪式的地方,再而成了老街的标志性建筑。后来有人为此亭撰写了一副对联:茶甘溥帝德,亭胜驻仙踪。

由于这副对联嵌"茶亭"二名,于是后人便以"茶亭"称之,相沿至今。

民国三年(1914年),僧人弘能到普渡震宫挂单,登临此亭,感时局之纷扰写下了《北海茶亭题壁》一首:

棋枰角胜日纷纷,一局雌雄固未分。
问鼎频繁奔政客,易帜早晚替将军。
禅门凛凛森兵气,海角沉沉不战云。
驻锡难寻干净土,高亭望断送斜曛。

这是至今可见的为数极少的北海茶亭诗,从中亦可知茶亭之存续。

廉州茶亭

与北海茶亭相比，廉州府城的茶亭却没能如此幸运地引起人们的重视，府城当年几座重要的茶亭至今几乎没人提起。

廉州较早的茶亭是接龙亭，位于府城南门外，因亭旁有接龙庵故名。该亭始建于清乾隆年间，原为官亭，来往官员均在该亭接送，市民送别朋友也相送至此握别。清咸丰年间，由当地塘兵负责置茶水于该亭内，供来往路人小憩饮用，是时该亭起了茶亭作用。接龙亭原有"接龙亭碑记"一块立于亭侧，记述建亭事迹。亭柱上刻有柱联："歇歇松松力，谈谈饮饮茶。"从这口语的撰句中可知，这是民间人士之作。接龙亭毁于1958年，碑记、亭联无存，只在老一辈民间口碑中流传。

廉州的茶亭中，能存续至今的是县城东郊4千米处的老鹤江茶亭。该亭建于清同治三年（1864年），原为四柱砖木结构。民国初年曾毁于兵燹。民国九年（1920年）得姓杨乡绅出资重建，重建时改为六柱砖木结构的亭子，有回廊，前后石级上迭。茶亭重建后，杨姓乡绅每天派工人挑茶送亭内，供来往客商、樵夫饮用。

杨姓乡绅的善举甚得民众称颂，邑人清末贡生郭赓祥专为之撰联云："前路赤日炎炎，问君能行几步；这里凉风习习，邀你暂停片刻。"

老鹤江茶亭东依老虎岭，岭下林木茂密，为廉州居民伐薪烧柴之地，樵夫过客大都在茶亭小憩、饮水，以解疲劳。

老鹤江茶亭西望廉州，古城景色一览无遗，每年春秋二季到此郊游者，莫不登此亭，饱览山色城景，文人学士临流赋诗，日薄西山，尽兴而归。可惜，此亭在1990年的经济开发中被毁。

廉州古城西北还有五里亭，可惜，该亭也未得保存以传后世。廉州知府李经野曾为该亭联云："廉泉煎茶留过客；茶亭送宾慰行人。"

此外，在廉州古城中，还有大量的古亭阁，如：海角亭、东坡亭、还珠亭、瑞芝亭、爱民亭、惠民亭、憩亭、仰止亭、清乐轩、长春亭、观嫁亭、邑翠亭、惠田亭、大士阁、奎文阁、斗杓阁、魁星阁、三元阁、玉皇阁、生生阁等等，因此而积淀的亭阁文化更是蔚为大观。

其间，东坡亭景观群的文化积淀最为丰富绮丽。

东 坡 亭

在柔和的春色中，柳枝刚抽绿丝，亭畔的花朵已经争先吐艳了，把整个东坡亭掩映得严严密密，藏在红花绿叶之中。亭的四周湖水环绕，倒影相连，拱桥、凉亭、书院、老树簇拥着东坡亭在湖水中央约会，只有那逶迤而去的石径，牵动着人们的脚步，情不自禁地留恋其中。

亭之西，花架沿湖而立，正是春暖花开时节，红红绿绿间，一幢老式建筑的小礼堂被粉刷成橙黄色，格外夺目，这就是建于清光绪十九年（1893年）的味经书院旧址。味经书院是珠城十大书院之一，原来的书院房产有三座，以经典、理性、词章为教学基础课。光绪三十一年（1905年），中国最后的一次科举考试结束后，朝廷命各地的书院改为学堂制，廉州府将味经书院改为工艺讲习所，成为廉州府城最早开设现代课程的学校。民国十一年（1922年），又改为合浦县第二高等小学，两年后合并入第一高等小学。一百多年间，味经书院与东坡亭隔着湖水厮守，像一对相恋的情侣，直到海枯石烂，地老天荒，形影相随。

亭之北，曲径通幽，绿柳拂岸，花映湖光。走过风雨亭和石拱桥，在绿阴的拂引下，来到了一幢古色古香的楼房前，这是合浦师范的图书馆。图书馆建于民国十九年（1930年），原名中山图书馆。说起中山图书馆的建设，还有一段故事。当时合浦县代县长李仲平因渎职而被罚款，时任国民革命军第一集团总司令陈济棠命令从李仲平的罚款中拨出一万元，在音公祠旧址建了一座大型的图书馆，并取名为中山图书馆。在此后的80年间，这座图书馆就这样默默地隐掩在东坡亭背后，不愿人们知道自己身世。味经书院、中山图书馆、东坡亭隔着湖水彼此守望似在相互倾诉说着想念之情。

亭之东，有自治区重点文物保护单位———东坡井。东坡井相传是苏东坡在廉州时，见城中居民习惯于直接从西门江中取水饮食，不卫生，于是带领吏民挖掘了这口井，珠乡人为之取名为东坡井。东坡井和东坡亭曾一度湮没，直到乾隆四十年（1775年），当时的廉州知府康基田在修建廉州城内的水利工程时，才发现了东坡井，并加以修复，建碑以证，才使之得以存留至今。

亭之南，东坡塘是也。东坡塘也是康基田的功劳。康基田修建廉州城水利工程时发现了东坡井之后，又通过寻访城中老人，了解到东坡亭的旧址，于是"顾念公所居不可澌灭，乃鸠工庀材，求之度之，不三旬而告成"重建东坡亭。接着，康知府又“自北而南引水，环绕东注”，建成具有排洪泄水功能的面积达百多亩的水塘，为了纪念苏东坡，也把此塘称为东坡塘。为后世形成了东坡三景，即东坡亭、东坡井、东坡塘。

正如康基田在《苏公遗迹记》所记：

廉人以东坡名其亭与井，爱公犹是也。

然夷考其时，公之折辱亦甚矣！始以隆谪，安置惠州，居二年，惠人从游者众，营居白鹤观。当事闻而恶之，益屏置琼州，极至儋耳非人所居之地。有司犹以僦官屋为不可，依桄榔树下，置地筑屋，儋人运甓畚土助之，始得安居。自古贤人君子，不遇于时，困顿抑郁未有如此之甚者。迨量移至廉，旋复徙永。计公居廉为时未久，顾何以得此于廉人也？廉人思公慕公，积至数百年之久。名其亭与井以为荣，入人之深有如此也，盖天地之正气，不容息灭；天理之在人心，无间岁时。文忠立朝大节，謇谔不回，一以结人心，厚风俗为主。天下之人，想望丰采。泊出典方州，明习吏事，凡所施设，悉与民宜。至于窜逐遐荒，转徙靡定，躨之愈穷，处之尔泰，泊然无所芥蒂，所至无问贤愚，咸奔走而慕乐之，屺以居游之久暂移易其心哉？廉之亭与井，直与惠之白鹤观、儋之桄榔庵，同一著美，山水亦为生色也。史称公迁儋居廉，惟幼子过随侍，著书为乐，时从其父老游，若将终身，此亦足以见公之心。

而廉人爱公深而且久，如韩山韩水之传于无穷者，其来有自。为文，以勒诸石。

东坡亭西侧是扁舟亭，扁舟亭也是珠乡人为纪念苏东坡而建。亭名扁舟，寓意坡翁“芒鞋不踏名利场，一叶扁舟寄渺茫”的情怀。

1100年6月，苏东坡接到获赦量移廉州的诏令后，立即从海南启程北归，到达石城（古合浦郡地，今廉江）海岸时，因海上风高浪急无法行船，只好离船上岸在兴廉村净行院留宿。在客途阻滞中，苏东坡回顾近十年间的仕宦流放生涯，感慨之中，挥毫写下了《夜雨宿净行院》一诗：

芒鞋不踏名利场，一叶虚舟寄渺茫。
林下对床听夜雨，静无灯火照凄凉。

苏东坡一生遭际坎坷，宦途确如江上行舟，他的诗中也多以江上行舟借喻。如：“清风明月乘扁舟，荡桨摇橹江上游。直至中流风浪起，何时会掉泊沙洲。”“小舟从此逝，江海寄馀生。”“扁舟震泽定何时，满眼庐山觉又非。”“舟行瞿塘口，两耳风鸣号，扁舟落中流，活如一叶飘。”他在《答李端书》中，更是无限感慨：“得罪以来，深自闭塞，扁舟草履，放浪山水间，与渔樵杂处，往往为醉人所推骂。”扁舟亭为四柱双檐小亭是士子官宦暇日在湖面载酒、抒怀赋诗的好去处。如清知府李经野诗云：“寂寞春亭晚，廻环水竹幽。两年余宦迹，一叶此虚舟。廛市城边远，烟波槛外浮。当时紘诵地，帐生仰前个。轩无清乐址，塘又属东坡。我有扁舟兴，亭宜载酒过。桥平通细草，水暖种新荷。久坐应垂钓，微躯愧笠蓑。”辛亥革命时，廉州镇台衙门的火药局爆炸，东坡亭和扁舟亭夷为平地。民国七年（1918年）重建东坡亭和扁舟亭。扁舟亭建成后，曾请广西大学校长马君武题匾额。

抗日战争时，东坡亭和扁舟亭被日寇飞机炸毁。1944年10月珠乡名流士绅张国元、黄质文、邓世增、岑盛轩、许甘谱等发起集资重建东坡亭和扁舟亭，并将东坡湖一带辟为“东坡公园”，在今东坡亭东20米处建东坡公园门楼一座，门楼两侧有房。以建公园余资，在扁舟亭旧址复建扁舟亭。当时东坡公园内已有古亭三座，众汉将扁舟亭改建为半中半西的现代建筑，一可作阅览室二可作儿童游戏室。其面积约300多平方米，成长方形，四周有廻廊。亭建成后初作中山图书馆阅览室。

后又改作合浦电报局和茶室。亭内原有一联为：“绿柳飒飒赋歌好；扁舟悠悠可唱和。”

1945年广东省第八区行政督察专员公署董煜将专员公署设在东坡公园内的味经书院。董煜将东坡亭前的东坡湖四周筑石，拓宽湖边四周的路，可通汽车，称环湖路。湖边四周植柳种花，并在东坡湖南边奎文路北侧增建，东坡公园牌坊一座，牌坊为两柱单门，重檐建筑。牌坊内侧东坡湖通真君庙塘的出水处，建石拱桥一座，使环湖路四通无阻。东坡公园管理处曾置四只游艇供市民游湖。斯时，扁舟亭边泊舟，东坡亭旁赏花，东坡湖中听荷，别有一番景致。

1947年，在扁舟亭东的镇台衙旧址（即今合浦师范）建合浦卫生院。新中国成立后，合浦卫生院改建合浦师范学校，扁舟亭改作合浦师范学生教室音乐室或阅览室。1996年扁舟亭为定为合浦县重点文物保护单位。

走进东坡亭，最先映入眼帘的是“万里瞻天”四个大字，这是苏东坡从海南渡海来到廉州后，游览海角亭时挥笔写下的。苏东坡亲笔手书的原迹早已湮没了。

光绪年间廉州知府李经野亲自临摹苏东坡的书法，重新仿制了一幅并制成匾，据称尽得苏东坡书法神韵，可惜该匾在“文革”中被砸烂。现在存的“万里瞻天”匾是后来人们集苏东坡字体仿制的。走过“万里瞻天”匾，迎面而来的是光绪十五年刻制的苏东坡绣像，绣像刻在一块一米多长的石板上，属阴刻工艺，因此更加突出苏东坡“风波万里”来到廉州时的坚毅与沉稳。

东坡亭内原有对联五副，其中两副的作者大有来头，一是国民党元老，曾任国民政府立法院院长胡汉民所书，其联云：“就地建亭，共怀前世文章伯；有人载酒，要访斯州山水乡。”

另一位是广西著名学者，广西大学第一任校长马君武所书，其联云：“两朝政绩，一代文宗，人间威凤祥麟，浩气岂随春梦去；白浪珠江，绿波南浦，海角蛮烟瘴雨，谪星曾感夜光来。”

苏东坡到了廉州后，得到了廉州吏民的热情款待，在廉州太守和石康县令的陪同下，他登上海角亭“万里瞻天”，在长春亭中尝廉州龙眼，于清乐轩里品合浦月饼，去东山寺访禅论佛，临荷花池听笙赋诗，使他一洗“静无灯火照凄凉”的孤寂失落，心境顿感开朗快慰，欣然作诗表谢意：“悬知合浦人，长诵东坡诗。”

苏东坡离开合浦后，珠乡人民建亭纪念，就在荷花池(即今东坡湖)建亭一座，以“扁舟”名之。后人又在东坡亭刻联记之曰：“岭峤归程颖滨归约，方以扁舟出世宜兴田好事心违；惠州宅圮琼岛祠荒，只余万里瞻天海角亭高遗物在。”

至今，亭中已无先贤墨宝，只有亭内的碑记在无言地诉说，引发游人无穷的思情。

北海的古亭阁，随着岁月的推移，时代的更替，其中也积累了大量的碑记诗联，如海角亭(因北海历史文化500题中一有专文介绍，在此不复述)，历代为之作记立碑题诗歌赋者有三四十处(人)之多，这些碑记诗联歌赋本身就是极为精彩的史料。但是，也有相当大部分的古亭阁已无存，幸有这些碑记诗联歌赋的流传，我们今天才有幸从中得一二。今录三款碑文如下，与读者共享。

《水田亭碑》明·知县　包　易

廉为粤边郡，濒海负山，层峦叠嶂，故高埠之地多而原隰之地少，一遇旱虐。鲜克有秋，民多艰食。前兹守令以迁徙去代靡，常无暇经理。嘉靖乙未，郡伯惠安张公以进士初任行人以建言谪官，复由提举迁知廉州府事，首询民瘼，以水利为己任乃躬。之高亢若多懽、若五木、若陈调、若木水、若大浪，咸遍历焉。乃命民曰：庤乃钱，镈其并力，合作无稍后。以是疏筑渠沧，咸授以法，每田一成则于江之可障者上下筑堤，广三丈，宽衣十八丈，高如广之半，俾水泉由沟以远之，遂自遂以达之亩，且周视地形，水势之高下，而经营导引之，次第毕皋，期月而告成。坝塍坚厚，水圳旁达，昔为亢区，今为原隰。如此类者，不下数十处，厥功大矣。斯民惧无疑昭示，来兹爰于水田之畔，造亭竖碑，以志遗爱，而嘱余为记。余不文，因就农夫野老所口述而执笔记之如此。

从《水田亭碑》中，我们可以了解到，这是明代廉州知府张岳带领郡民修筑水利工程的惠民事迹。张岳是著名的清廉勤政好官，他在四年廉州知府任上，以不持一珠而清名著世。

《募修斗杓阁记》清·合浦知县　杨　昶

郡城之有斗杓阁也，创建于田司马将以正颓风而立标的，阁供玉帝翼以二斗。使人知心性源流，以文昌武曲使人知崇正黜邪。廉俗馅鬼而媚神，遇灾祥祈祷，锣角喧哗达旦，彼亦不知所敬者何神，所祀者何鬼，特听命巫师耳。至以斗杓，名阁而语之曰：你媚鬼神不如禳星斗，舍昭昭而索之冥冥，妄矣。第阁成于乙卯岁于今未及一纪，屡遭飓风，倾欹摧裂。于是，诸生吴秉极、李廷相、石子璋、邱为高、谭忠言、刘振瑛、邓应选阁枕讲院之右，朔望瞻拜频加，感额非所以导迎善气也，爰谋之学博，霍陈两君，重加修葺，闻之形家曰：是阁也，恰抱府署龙砂之左，所以镇海门者，此阁也大有关系。余亦信是说之非诞。计所费当百余缗，未尝妄干檀越，乃撙节清俸以成之。绅士亦乐助者，听不数月而今碧辉煌，陈钟鼓，竖幡幢。

老泉曰：用力少而成功多。其是之谓乎。因序以告后来，兹庶有嗣而修之者，而此阁可以不废。

从这篇《募修斗杓阁记》中，我们可以了解到，清代的官员对于民间的迷信行为，不是采取简单的一刀切，而是采取引导，代替的方式去转变民众的错误认识。

《重修还珠书院砥柱亭记》清·廉州知府　张珝美

还珠书院者，八闽施公守郡时所建，以为诸生讲学之地也。阅十余年，更建一亭，重檐复道，曲槛廻廊，郭城差峨，巍然在望。江流漭漭，汩汩盘折南来。亭适当其冲，故也名其亭为砥柱。云夫廉以珠还名郡，因孟尝去住复还之事，俾后之守斯图者，顾名思义，宁为其廉，勿为其贪尤以云劝也。书院为瀚墨之场，文人学士游息其中，求明圣贤之道，或分斋讲习，为苏湖之弟子，活明经论道。为南州之关里，或读书谈道，为河汾之教授。教学之地，以教学之名，名之可也而亦曰还珠。还珠云者，施公之所以自砭，亦若后来者不可听，诸日就榛芜而惟以兴学教士为急急也。况砥柱之名又矫随俗之习，力廻狂澜为中流砥柱，是书院与斯亭之建，皆所以自为，劝而又以劝，后之守斯土者也。司马庄公目睹颓垣败瓮，蠹掾摧棣，斯而捐资而重葺之，会合浦尹鹿功亦与有同志，爰鸠工庀料，阅三月竣事。鹿公集僚方宾朋落之，并嘱余记其成，余惟欧阳公记丰乐亭事，以其地僻事简，爱其俗之安闲，以为宣上恩德，与民共乐，刺史之事，今我皇上久到化成，重熙累洽，民生百有余年，熙熙皞皞，钦和食德而不自知。余与诸君子有事兹土，当岁物之屡丰，生齿之日繁，而地无虎豹，事无空惚，修葺亭榭，以与都人士讲习讨论，剥削浮饰，切劘性情，期日进于有成，则不惟使斯民相与安此丰年之乐，且知所以沃乎诗书之泽，庶后之人克继前徽，而以前人之所望，于后来者可藉，以少慰也。独是，事无取乎，徒袭其名，而在克尽其实，修举废坠，美事也。兴学育士，美名也。若士之从游资地者敦行守道，不徒有其名，而克勉其实，则书院与亭之建庶不徒烟云花雨之状，可以娱目溪声鸟语之异，可以悦耳而与逃名悟寂骚人放客，扪萝蹑蹬，得以徜徉而肆志者等矣。爰是缕而书之，所以自劝而并劝乎讲学于其地者。

这篇《重修还珠书院砥柱亭记》，则记述了修建砥柱亭的前因后果，补正了史籍中对砥柱亭失记的缺项，较完整地为后人保存了砥柱亭的史迹，这是十分难得的。

还珠亭的由来

北海的历史亭阁建筑，每座都有着一个事典传奇，而大部分也都有楹联碑刻为记，即使有的历史亭阁建筑在岁月的烟雨中湮没了，但由于楹联碑刻的传世，仍然给后人留下史迹记录，使千百年后的人们还能领略其风采。还珠亭就是其中之一。

还珠亭建于明朝以前，这是有史料可查的，一般说法是始建于宋代，明代景泰五年(1454年)重建，明万历年十八年(1590年)重修、至清代康熙年间重修，这些史实都有当时重建或修复还珠亭的碑记查证，由此可见历代官府及珠城贤达对还珠亭的重视，也反映出人们对清廉吏治的深切渴望和期待。

当时的还珠亭规模颇大，景观壮丽，由四部分景点组成，其中包括孟尝风流坊、还珠亭、孟太守祠、孟尝衣冠冢。因为还珠亭居中并且建亭最早，故以还珠亭称之。据史籍记载，还珠亭始建于宋代时，只是一个单独的亭子，“屡见兵火，漫不可识”(明·李骏《合浦还珠亭记》)，还珠亭在战乱中湮没了。“景泰五年，郡守江右李君逊，构地于稍南而新作之，既建亭其中，又立祠其后”(明·李骏《合浦还珠亭记》)。明代重建的还珠亭是在原址向南移建，并且还在亭后建有一祠，这个祠就是孟太守祠。因此，时人作诗云：“合浦还珠世所称，危亭移建事更新(明·林锦《还珠亭》)。”还珠亭比东山寺重建迟了38年，又都是在雷廉古道边，同时列为古“廉阳八景”是理所当然的事，也为今人考证还珠亭故址提供了旁证。

既然还珠亭是纪念孟尝功德的，重建时又在亭后增建了孟太守祠，为了彰显孟尝的高风亮节，人们在还珠亭前建起一个石雕牌坊，名曰“孟尝风流坊”。牌坊门柱镶嵌有一副对联：“孟尝何处去了；珍珠几时飞回？”这座“孟尝风流坊”极尽精工细雕，坊顶瓦当上有镂空的双龙抢珠，翘檐角上雕有丹凤朝阳，从梁架到门柱甚至基石、瓦顶无一不是精工刻的雕花或飞禽走兽图案。可以肯定地说，孟尝风流坊在当时应该就是一件精致绝伦的建筑精品。

穿过“孟尝风流坊”，走进还珠亭，来到孟太守祠。由于史料欠缺，无法了解到孟太守祠的建筑景观，但从明代诗人的诗歌中仍可见一斑：“祠古人犹仰，庭空雀自喧。柩衣重瞻拜，怀感思悠悠(明·饶秉鉴《孟太守祠》)。”从诗中可知当年孟太守祠香烛烟火之盛，同时从“柩衣重瞻拜”一句中还知道，孟太守祠后还有一座坟墓，“柩衣”就是孟尝的衣冠冢。据记述，合浦人民为了感念孟尝，专门为他建了一座衣冠冢每年春祀秋祭，焚香奠酒。衣冠冢为半球状，以花岗岩作基座，冢身以泥土堆起，冢前立有墓碑，篆书刻字“故汉孟尝太守衣冠墓”。置身于还珠亭景观环境中，不禁使人霍然产生“为官合浦去珠还，万古流芳天地间。富贵心轻如敝屣，贞廉名重并高山”明·甘泽《孟太守祠》)的警醒顿悟。

明代廉州府佥事李骏，所写的《合浦还珠亭记》，是记载明代重建还珠亭的经典史料，全文如下：

合浦古郡也，今为县隶廉州府。旧有亭曰还珠，盖以表孟堂之异政也。亭在今府治东北还珠岭下，屡经兵火，漫不可识。

景泰五年，郡守江右李君逊，构地于稍南而作新之，既建亭其中，又产祠其后，工力费用皆措置有方，民悉欣然从事，无有怨咨。经始于是岁之冬，落成于明年之夏，适予按部期郡，遂以记请。予惟州郡守吏，铁不贵于诸侯，而势等尔。诸侯始封，其地大者不过五百里，小者仅百里而已。今郡地至于千里，州犹不下数百里，俗之登耗，政之巨细，金谷之出纳，教化之张弛，皆悬于长吏之贤否。以故择吏者慎之。方汉室既东，政尚督责，当时这为郡者，率皆衄于货宝，专务诛求，由是含胎孕珠之蚌，亦皆苦之而徙于他境。为政之弊，一至于此，尚何望有其所建明哉！独孟君之来也，去其害而兴其利,通其政而和其民,礼乐教化之具华修,慝伏凌苦之灾不降。由是人无瘥札、物无疵疠,虽池中产珠之蚌,尝徙于他境者,亦皆感之而复还。夫以无知之微物且然,若孟君者,诚可为东汉守吏之最,而足为师表百世者也。今去孟君几千百年,而人之思孟群者同于一日,则知善政之感于人心,殆千载一时而未尝不取法于孟君焉。

《元代野史》也以合浦还珠亭为题材,在第九十三回中作《还珠亭冤鬼泄愤》篇,全文如下:

合浦之东,旧有还珠亭,以汉时孟尝为合浦太守,治称神明,失珠复还,后人因建亭以表之。此亭路当孔道,宋初,亭中过客宿者,往往无故自毙,县令不能决,久之,此亭遂废。

宋穆宗景新五年,孟缙云来守廉州,政通人和,百废俱兴,慨然欲复修此亭,以励守宰。县令吏胥等阻之,以为此亭久废,多出疑案,不可复建。孟太守不听,鸠工庀材,不日告成,更为匾额,名之曰还珠亭。县令吏胥皆私相窃议曰:“从此亭中又多事矣。”

孟太守下车伊始,亦闻昔年许多疑案,尚未深信,是夜即宿亭中,以瞻其异,县令吏胥皆为太守危。孟太守宿至更许,果见一紫罗衫女子,血溅满面,伏地称冤。太守曰:“有何冤状?”女子曰:“妾夫为石城县令,任满宿此亭,亭长无状,枉杀妾家二十余口,埋在亭下,盗取财物。”太守曰:“石城与廉州接壤,道经官员被人劫杀,合浦县宰独不知耶?”女子曰:“当时钟明亮寇乱潮阳,各处县宰御寇且不暇,宁计及此?”孟太守又问:“女全家被亭长谋杀,自应冤构亭长,何过客经此,辄遭魅魔令毙,是何道理?”女子泣曰:“妾冤沉海底,蓄忿无可发泄,故逢人即诉,彼薄福之人,见妾即自惊毙,非妾之罪也!”孟太守点头道是,又问亭长何人?女子曰:“即充太守门下公干,所称燕颔虎头毛太尉者也。”太守得实,挥之令去。曰:“为汝昭雪,勿得恋此。游魂为厉,则滋汝罪戾矣!”女子叩头而出。

孟太守次日亦不明言其故,细察府中吏役,并无姓毛之人。

迟疑未发,暗思此人必虎而冠者,府中无之。县内必有此人,又察县令吏役册籍,亦无一姓毛者。

一夕,微服至茶肆中,坐定,见往来无非胥役,纷纷议论,谓某案非某人不可,某案非某人莫办,众皆哗然。又一役曰:“今龙门江海船被劫,失去贡物无算,杀死防海千户兵卒十余人,谁任此案?”一役曰:“此案非毛太尉不可。”众皆然之。

孟太守闻言惊骇,又未便向前细问,回衙去讫。翌日比案,见各役纷纷销纳文结,惟钦州龙门江一案未销。太守问此案谁人承办,众役禀曰:“戚扬。”太守冷笑曰:“非燕颔虎头之毛太尉乎?”众役皆曰:“然。”时戚扬已苍颜白发,在旁伏地禀曰:“此案系水寇抢劫,早晚恐未能拿获,乞假以日月。”太守曰:“此案姑且少待,更有还珠亭戕官谋财一案,戚扬须急为办理。”遂飞签下之,戚扬闻言色变,悚息待命。太守即传人役,并合浦县宰,齐至亭中,令人往下深掘之,共得尸二十七具,县令错愕不知所出。太守曰:“此石城县令及家口之尸也,县公鞫问戚扬,便知端委。”戚扬此时,已汗流浃背,方欲跪下,忽两眼一昏,见一紫罗衫女子上前,喷血满面,登时晕死。

县令命人以水沃之,复苏,即将谋杀情状一一说出。

时戚扬已成巨富,更拘其家小,用重刑拷问,尽皆吐实。

天道好还,戚扬昔日行劫,杀石城令二十七口,及今四十年,仍以全家二十七口抵罪,分毫不爽。孟太守令将石城令二十七尸,葬之高原,竖碑立墓,此亭遂传至今日,毫无他异。

还珠亭始建于宋代,虽然缺乏史料记述,苏东坡 1100 年农历七月至八月初在廉州小住,他在友人陪同下游遍珠城景观,所到之处均留诗作,也没有一言半句提及还珠亭及孟太守祠。

而宋廉州团练使陶弼题则有《廉州孟太守祠》诗云:“昔时孟太守,忠信行海隅。不贼蚌蛤胎,水底多还珠。”

又有《合浦还珠亭》诗称:“合浦还珠旧有亭,使君方似古人清。沙中蚌蛤结胎满,潭底蛟龙睡不惊。”

陶弼生活在 1017 ~ 1080 年,他来廉州任职的时间是在宋仁宗年间,宋仁宗在位 1023~1063 年,即比苏东坡量移廉州早了四十年,据此可确定,还珠亭的建成年代起码是在 1063 年以前,如斯是,还珠亭距今有近千年的历史了。还珠亭毁于民国二十年(1931 年)的战火,民国二十五年(1936 年),当时的县政府开始着手修复还珠亭,并绘制了效果图和施工图纸,惜抗日战争事起而被搁置,因此成了一个千秋遗憾。

关于还珠亭的原址何处,有多种说法,《合浦还珠亭记》所述是“府治东北”,其他史料称“亭在还珠岭下”。查《廉州府志》记述:“还珠岭在府治东北二里处,东山寺后侧。”更有今人考证在今廉州北河路口北边的原二轻人力车厂内(轻化设备厂)。诸多说法,方位基本一致,互为印着一个延续春秋的期待,那就是还珠亭景观早日“珠还合浦”。

双贞亭

一些民间故事也在古代亭阁中得以保存流传,双贞亭就是一例。

廉州府城城西南三里处有文昌塔,塔下有著名的国家重点保护文物汉墓群。这里长眠着两千多年前汉家征战将士和从京城贬斥来的达官贵人。两千年来，枯草荒丛，夕阳古塔相伴，没有人知道在此长眠者姓甚名谁，累累荒塚之上，也没有半片残碑为这些长眠者作记。然而，古塔之侧却建有一亭，亭中刻碑记事，为两个普通的女子立传作记。该亭名曰“双贞亭”，建于清朝嘉庆年间，记述着一个哀绝凄美的故事。

清朝嘉庆年间，廉州府城中有一贡生姓林名炳章。林炳章有一女，因排行第三人皆以三姑娘称之。三姑娘自幼聪慧勤巧，深得林炳章疼爱，与诗友酒客相聚时，林也常将三姑娘带在身边，众人皆开玩笑，争与林炳章订娃娃亲。林炳章也不时教三姑娘一些书艺画工、诗词曲赋。

那三姑娘悟性高，一学即会，众人皆称她有折桂之才，可惜了女儿身，也正是应了那句“红颜薄命”，三姑娘长到二八年华，正在待嫁之际，林炳章染病身亡，撇下一门寡妇孤儿艰难度日。

林炳章死后，上门提亲的人络绎不绝，来者多是倾慕三姑娘美色和才艺，大有踏低门槛之势。三姑娘的母亲平日里很少外出应酬，根本就不知门外三尺的世态人事。在众多的提亲者当中，答应了一许姓子弟，并确定了迎娶佳期，只等吉日良辰，大红花轿临门，便把三姑娘嫁出去。

却说那三姑娘自小跟随父亲应酬于书社画坊之间，多少也闻知一些世事风情、人间炎凉。她知道母亲把自己许给许姓人家之后就暗中打听许姓人家的情况。谁知，不打探犹可，打探得来的消息，使三姑娘如五雷灌顶。原来这户许姓人家没有儿子，派人来提亲并不是为了求女为媳，而是贪图三姑娘的声色才艺，已与青楼约定了高价将三姑娘买到青楼作妓。三姑娘得知许家的这一阴招，悲愤万分，本欲离家脱逃以求自由之身，但一转想，母亲已领了许家的聘礼定金，并已支付了弟弟的读书求学费用，如果自己一走了之，必然被许家逼索追债，到时岂不是连累了母亲及弟弟？于是，三姑娘决定以死相抗来保持自己女儿家的清白，以维护林家世代书香门第声誉。

嘉庆十八年（1813年）六月二十二日，三姑娘一早便把屋里屋外打扫干净，并将专门为外出求学的弟弟缝制的一套赴考的衣服叠好，又为母亲洗净了床褥被铺，还一直陪母亲做针线活到深夜，直到母亲入睡之后，三姑娘才换上事先准备的衣服，自已将衣服上所有的袖口裤脚密缝结实，不留半点缝隙。之后，又将发髻梳起，结结实实地扎紧，一丝不乱。

做完了这些之后，三姑娘平静地来到父亲的灵位前上了三炷香，然后趁着夜色跳进了西门江。

第二天，人们在西门江出海口沙洲上发现了三姑娘的遗体。令人惊讶的是，三姑娘面色如生，身上的衣服整齐紧密，头发丝毫不乱。更令人惊讶的是，与三姑娘遗体并排在一起的，还有一个与之年龄相仿的女子，更奇巧的是，经寻访得知，该女子也姓林，是党江倒流村人，也是为了逃避婚姻而自杀身亡的。乡人感念三姑娘及此林女的贞烈，于是将二人遗体运至文昌塔下，合葬在一处，并在墓旁建一亭，亭中竖贞女碑，记二女殉节之事，并取名为“双贞亭”。双贞亭占地面积约一亩，背靠文昌塔面向廉乾大道（清代廉州府城进入乾体军营的专用官道）。双贞亭三面墙体建成大拱门形，外建回廊曲栏，与西南方向的三界古庙为邻，又和廉乾大道牌坊隔路相对，构成了文昌塔、双贞亭、三界古庙、廉乾大牌坊景观群落，成为一时之胜景，可惜至今庙已被拆，亭也湮没，碑又失踪，牌坊无存，只有古塔孤耸于荒草古墓之中，诉说着当年的故事……双贞女的故事还见于后人的悼念诗词或碑文，如清代和浦县令马倚元就有《挽林贞女》诗记其事：

林家有女清无比，从容甘向水中死。
在昔贫闺待字年，渍渍贤名震梓里。
母也惛不辨莠良，恶姻缘久被人指。
盟不可背势难全，誓将一死酬天只。
更深月出悄无人，密密手自缝衣履。
慷慨堕楼赴清流，夏日炎蒸容不毁。
有亲在堂岂轻生，女子之道当如是。
幽光暨德不终磨，歌思祗今遍遐迩。
名节不亡赖有此，嗟夫此真奇女子。

大士阁

除了亭台之外，在众多的阁楼中，大士阁的历史文化内涵是最辉煌的。

大士阁又名四排楼，位于合浦县城东南85千米永安古城的中心，因在阁楼上供奉观音大士而得名。大士阁的建成年代已不可考，一说建于明洪武年间（1368~1398年），一说始于明万历四年（1576年）。虽然始建年代之说有差异，但大士阁建于明代，在清道光年间曾重修一次，是确定的。

大士阁是由两座敞开式的亭阁相连的建筑，但其内部构造和上、下层平面却是一个统一的整体。它采用具有南方建筑特点的穿斗式和抬梁式相结合的大木构架，整个建筑以后座的四柱厅为中心，全阁坐北向南，分前后两阁，后亭高7.43米，前亭高6.38米。建筑面积248.5平方米，底层建筑面积为167.5平方米，二层建筑面积为81平方米。面阔3间，进深6间，分前后两阁，上下两层，前后阁相连通，中无天井分隔。两阁相连，浑然一体。

上层阁楼式，下层无围栏敞开式，整个楼阁采用穿斗式和抬梁式相结合大木构架，大木构件全部用南方铁木，主要承重结构为36根圆柱，柱基为雕刻宝莲花的石垫，其中一根立柱柱脚悬空，是全阁最精巧、最奇特的部分。

各柱间有72条牵梁联系着，有108个矮子顶，梁柱纵横交错，全用榫卯或穿枋连接，不用一钉一铆，角柱、柱头、梁架、托脚、攀间、出檐等部位的建筑格调有明显宋元时期建筑风格。站在楼下仰望，木条上下左右穿插，最令人惊讶的是，36根圆柱支撑在入土10厘米的宝莲花石垫上。石垫下没有任何人造基础，使得整个建筑布局精巧，结构严密，合理协调，艺术精湛，构成一个优美稳固的统一体。

屋檐有三级挑梁，每级均有木垫子承托，亭内各梁间也有木垫子作支承。两亭檐部紧连，均为重檐歇山顶，屋顶用板瓦、筒瓦仰覆相扣。每顶有九脊，各条脊上都有精致的花纹装饰。前座的正脊正吻兽是一对展翅凌空的凤凰，脊正面中央是一幅二龙戏珠图，两条堆贴浮雕的游龙栩栩如生。

后座的正脊正吻兽则是一对鼓目圆睁的龙首鱼身怪兽，鳞、角分明，凶猛异常。各条垂脊、戗脊的装饰更为丰富多彩，有的垂兽是仰首欲腾的蛟龙，有的脊兽是雄狮戏金钱，还有各种形象生动的鸟、兽，果、树、花卉等浮雕，把各条脊的正反两面装饰得色彩斑斓，充满着浓厚的生活气息和民间艺术特色，艳丽壮观。

大士阁在建筑学上有很大的科学艺术研究价值，更是研究南方古建筑的重要实物资料。自明代以来，合浦曾遭多次风暴袭击和地震摇撼，附近几里内庐舍倒塌，该阁却岿然屹立，是合浦县保存最长久、最完整的古建筑物，现为国家级重点保护文物单位。

大士阁不用一钉一铆而构成一个优美稳固的统一体的鬼斧神工，倾倒了古今中外的游客，工匠名师的同时，也在民间留下了"梦建大士阁"的传说。

大士阁是建在永安古城中心位置的，在永安古城一般乡民的心中，是古城吉祥的象征，因为大士阁的建成，在他们心中不但有着共同的寄托，还有着一个共同的神奇之梦。这个神奇之梦又是同在一个晚上。有一天晚上，永安城里的居民都做了一个梦，一个白衣仙人在问他们，要在城中建一座宫殿，问他们是否愿意参加？梦中答应参加修建宫殿的人，在梦中都参加了劳动，并且第二天一早起来都感到满身疲倦。令他们惊奇是，当他们来到梦中劳动工地的城中心时，竟然出现了一座宫殿。在宫殿旁还建有一排碑廊，碑廊上刻着参加建宫殿者的名字，更使他们惊讶的是，凡是前天晚上在梦中报名参加修建宫殿的人，都有名字在上面。

而上面不刻名字的，都是没有报名参加修建宫殿者。于是，乡民们经过商议之后，根据前天晚上大家见到的白衣仙人的形象，认定是观音大士显圣在永安城修建了这座宫殿，就一致决定把这座宫殿作为观音法座的道场，即大士阁。据乡间传说，大士阁安放了观音大士法座后，一些当初没有在梦中报名参加修建宫殿的人觉得不好意思，就慢慢地迁走了。

来到永安，在探访大士阁过程中，遇上健谈的老人家，除了向你大谈特谈古城和大士阁的种种神奇之外，还会神秘地告诉你一个"情况"：大士阁当年在大军（解放军）渡海解放海南岛时，还做过解放军第四野战军司令员林彪的指挥所。虽然林彪只在大士阁上住了一夜，但此后大士阁还一直保留着林彪用过的枱椅，只是到了后来才除去了。老人的故事言之所见，非常逼真。1951年1月，合浦确实动员全县力量，配合解放军第四野战军做好解放海南岛的支前工作，四野的首长也曾到合浦检查，并表扬了合浦的支前工作。永安古城老人所言"林彪指挥所"之事，也成为永安古城人文的一个亮点而口碑相传。

这就是大士阁，永远有说不完的故事和传奇，永远有绵长的思忆和寄托。

综上所述，廉州古城的亭阁建筑，具教化记事录异之功用，其中收录了各个历史时期大量社会信息，包括史志典籍记载的史迹，为后世留下了可资参考借鉴的文化传承。

魁星楼

位于合浦廉州中学内的魁星楼，建于清乾隆十八年（1753年），该阁为方形尖顶三层亭阁式楼阁，高15米，底边长4.75米，占地面积约22.6米。底层为条石基脚，廊四周有檐柱。南北有两个拱门，二层四壁开方窗，三层东西开方窗，南北开圆窗，均为琉离质瓷陶窗。楼顶琉璃瓦脊、四角翘檐，檐上置座狮，座檐立凤凰，阁顶冠以葫芦。魁星楼临江而立，阁内祀奎文星君。此后又多次修建，增建了凝波轩，逝者亭、漾江轩、浮碧榭，凤海楼、砥柱亭等建筑，现为县级重点文物保护单位。但是，对于魁星楼为何又称魁星阁、奎文阁呢，一般的资料均无详说，清代合浦贡生李廷相的《重建魁星楼碑记》，就解释了这个问题：

我廉向无魁星楼阁，郡伯徐公莅任三年载，百废俱举，尤以振兴文教为首务。壬演孟夏，乃于旧文明门上兴建魁星阁，功既竣，命相纪之郡人士，有言于相者曰：北斗第一星为魁，主兵。壁旁十六星为奎，主文。此天文家言也。宋时，五星聚奎，肇始道学，是其明验。后世伪奎为魁，复肖字象形，塑鬼状持斗者祀之。宜亭林老人有科目中人皆弗识字之诮。兹之署额，阖请诸郡伯以正其伪。复由言于相者曰：事不贵于独异，而贵于从同。政不尚于察琐而尚于识天下。魁之一己，奎之是娇异也。娇之奎使待考。寻是务琐也。务琐则隘，岂郡伯建阁之初心哉。夫鬼神曷灵灵于人心，古者，壁画琵琶，未题居士相与，神之而神，即刿今魁宿尸而祝者，殆遍海内，谅鬼神亦随人心惟转移矣。且尝考之，朱之少读书，每夕辄有多目神与之商略，学遂日进，事见朱子集序。后世谓神则魁宿，又天中记谓，东坡死后。在天为魁，是魁之为神。固无定人无定形也。北斗第一星职兵者，故名魁，而文昌星亦有斗魁戴筐之号，是魁之为名，固无定星也，又安见象焉。应文明之宿不可称魁，而鬼形持斗者，必非其真象欤。维时，相弗能决备质于公，公曰：善哉。后说之深，得余心也。相退爰志诸石，一见公之为政不矜不隘，类有如斯署阁者。公讳成栋，字翊苍，襄平人。

长春亭

长春亭是廉阳八景之一，但由于苏东坡获赦从儋州迁廉州时曾下榻于邓氏园林的清乐轩与长春亭。苏东坡离开后，廉州吏民在清乐轩与长春亭之间建起了东坡亭而纪念之。长春亭因此而隐让于东坡亭，鲜为人知。幸而，清乾隆年间廉州知府康基田在《苏公遗迹记》中记录了长春亭的前世今生：

余治廉之明年，开疏城河，宣泄城内池塘积水，于城东隅得东坡古井。去井百弓有池百馀亩，碧水清泠，游鱼浼潞，中有二洲，立亭于上，曰东坡。里人云：此东坡当年结庐处也。考郡志，宋元符三年，文忠自雷移廉，所居有清乐轩、长春亭，擅园池竹木之胜，与廉左藏及刘仲几诸人啸吟其中。今之亭与井是耶非耶，欲问其处而风流歇绝，荒烟漫草，寻访无由，盖胜迹之淹没久矣。顾含公所居不可澌灭，乃鸠工庀材，揉之度之，不三旬而告成。临其轩，廓然而清回；登其亭，翼然而高明，树色波光，掩映于帘檐。几度间，为一郡胜概。

康基田还在其《长春亭》诗中为后人记述了长春亭的景致：

孤亭屹中流，南岸交清樾。
渚花张素锦，春芳无时歇。
坡公海外来，结庐烟水窟。
沉埋六百载，岁月飘以忽。
怀古想胜游，苔藓剔残碣。
仰止在高山，遗踪不可没。
绣桷与芝楣，凌波见突兀。
白云起蓬蓬，清泉流汩汩。
灵旌庶来游，把酒酬江月。

瑞芝亭

瑞芝亭位于府学孔庙的泮池旁。泮池，也称月池。泮池意即泮宫之池，泮宫是古代学宫的代称，因春秋时鲁国建宫于泮水之上，后为诸侯读书的地方，到了汉代，称生员入学为入泮，泮宫也就成了学校的代称。府学中设泮池意是有科学身份的人聚集之所。泮池上有状元桥，为圆拱石桥，只有考上状元的人才能从桥上通过。“泮池夜月”自宋明以来就是古廉州的“廉阳八景”之一。泮池旁有一株古木棉树，已有数百年树龄。明正德三年（1508年）五月，泮池旁突然长出了一株五色的大灵芝，引起了大家的关注，认为是圣朝德政所致。官府为此专门在泮池附近建了一座“瑞芝亭”。此后，又屡有五彩灵芝出现，郡民均视之为祥瑞，岁时祀之。廉州府的官员因此为之作《瑞芝亭记》，详述此事，使孔庙于庄严之中又多了几分神奇。

（原载于《北海日报》2010年9月19日）

索　　引

说　　明

一、本索引是《北海年鉴·2011》的内容分析索引。正文(包括条目、文献、资料、图片和表格)中凡具有独立检索意义的完整资料,都可以通过本索引进行检索。

二、本索引按汉语拼音字母(同音字按声调)顺序排列。类目、分目、次分目作索引款目用黑体字排印,其余款目均用宋体字排印。表格、图片、示意图在其款目后分别注明"表"、"图"或"示意图"。

三、索引款目后的数字表示内容所在的页码,数字后的拉丁字母(a、b、c)表示栏别(即版面的1、2、3栏)。空2字起排的款目为上一主题的"附见"。同一主题的"参见",只标页码。内容有交叉的款目,为便于读者检索,在本索引中重复出现。

四、"特载"、"特辑"、"附录"、"图片专辑"在栏目的内容不作索引。

A

B

C

D

E

F

G

J

K

L

M

N

P

Q

R

S

T

W

X

Y

Z